赣州年鉴

GANZHOU YEARBOOK

中共赣州市委党史研究室（赣州市地方志研究室）编

2022

方志出版社
Publishing House of Local Records

图书在版编目（CIP）数据

赣州年鉴. 2022 / 中共赣州市委党史研究室（赣州市地方志研究室）编. —北京：方志出版社，2022.12
ISBN 978-7-5144-5496-3

Ⅰ. ①赣… Ⅱ. ①中… Ⅲ. ①赣州—2022—年鉴
Ⅳ. ①Z525.63

中国版本图书馆 CIP 数据核字（2022）第 238872 号

责任编辑：王娜
责任校对：刘玉霞
责任印制：梅中英
出 版 者：方志出版社
地　　址：北京市朝阳区潘家园东里 9 号（国家方志馆 4 层）
邮　　编：100021
网　　址：http://www.zgfzcb.cn
发　　行：方志出版社图书营销中心（010-67110500）
印　　刷：赣州新博印刷有限公司
开　　本：889 毫米×1194 毫米　1/16
印　　张：30.875
字　　数：1283 千字
版　　次：2022 年 12 月第 1 版
印　　次：2022 年 12 月第 1 次印刷
定　　价：360.00元

《赣州年鉴》编辑委员会

顾　　问：吴忠琼
主任委员：李克坚
第一副主任委员：张　骅　赖正文
副主任委员：谢卫东　温　海　钟福林　陈上海
成　　员：市委保密和机要局　市发改委　市教育局　市科技局
市工信局　市公安局　市民政局　市司法局　市财政局
市人社局　市自然资源局　市生态环境局　市住建局
市交通运输局　市水利局　市农业农村局　市商务局
市文广新旅局　市卫健委　市应急管理局　市审计局
市国资委　市林业局　市市场监管局　市体育局
市统计局　市档案馆　人民银行赣州市中支　市税务局
主要负责人及各县(市、区)政府主要负责人

《赣州年鉴》总编室

总　编　辑：陈上海
副总编辑：徐井生　陈　安　廖伟东
编辑部主任：廖伟东
编辑部副主任：陈晔明　徐文菁
编　　辑：赖建明　朱俐华　许伟卿　黄　云　钟　强　肖　佳
谢　晨　王　宇　王志辉　周　俊　曹　虹　赖　芳
彩页编辑：徐文菁　王　宇

编辑说明

一、《赣州年鉴（2022）》以马克思列宁主义、毛泽东思想、邓小平理论、“三个代表”重要思想、科学发展观、习近平新时代中国特色社会主义思想为指导，坚持辩证唯物主义和历史唯物主义的立场、观点和方法，力求客观记述赣州市自然、政治、经济、文化、社会和生态建设等方面的发展变化情况，重点记述赣州市坚决贯彻习近平总书记视察江西和赣州重要讲话精神、统筹新冠肺炎疫情防控和经济社会发展、大力实施“三大战略、八大行动”、建设革命老区高质量发展示范区的工作成就和经验。全面记述新时代赣州市各地、各部门(单位)、各领域的新进展、新变化、新成效。

二、《赣州年鉴（2022）》收录范围以赣州市现有行政区划为界。记述时间以 2021 年 1 月 1 日至 12 月 31 日为限。为完整反映事件的全貌，彩页、特载和个别条目记述时间略有突破。

三、《赣州年鉴（2022）》采用分类编辑法，按类目、分目、条目三个层次设置，部分内容需设子分目，条目为写实单元。

四、《赣州年鉴（2022）》设置“特载”“专记”“大事记”“市情概貌”“赣南苏区振兴发展”“中国共产党赣州市委员会”“赣州市人民代表大会”“赣州市人民政府”“中国人民政治协商会议赣州市委员会”“中国共产党赣州市纪律检查委员会 赣州市监察委员会”“民主党派”“群众团体”“法治”“军事”“经济管理”“农业”“乡村振兴”“工业”“园区建设”“商贸服务业”“旅游业”“金融业”“经济贸易”“交通运输”“信息化建设”“城乡建设”“生态环境”“教育”“科学技术”“文化”“卫生健康”“体育”“社会生活”“应急管理”“县（市、区）”“人物 荣誉”“附录”等内容。前彩页设置“数读赣州”“美丽赣州”“党史学习教育”“工业倍增升级”“对接融入粤港澳大湾区”“省域副中心城市建设”“赣南苏区振兴发展十周年”等专栏。

五、《赣州年鉴（2022）》资料由市直各部门（单位）、各县（市、区），赣州、龙南、瑞金经济技术开发区和有关中央、省属驻市单位提供。

六、《赣州年鉴（2022）》正高级专业技术职称资格人员名单由赣州市人力资源和社会保障局提供；荣誉录由各供稿单位提供，未提供资料或依据者缺载。

七、《赣州年鉴（2022）》所列数据，除统计部门正式公布的外，均由各有关部门和行业提供，并经供稿单位审核。因统计口径等原因，有些部门和行业个别数据与统计部门数据不尽一致时，以统计部门数据为准。

八、书中条目记述内容未写明时间的，均为 2021 年年度内容；随文图片说明凡 2021 年拍摄且有具体日期的均不标注年份。

九、市制土地面积计量单位“亩”，在群众日常生产生活中仍作为土地面积的计量单位，所以书中记述有关土地面积时部分仍使用亩作为计量单位。

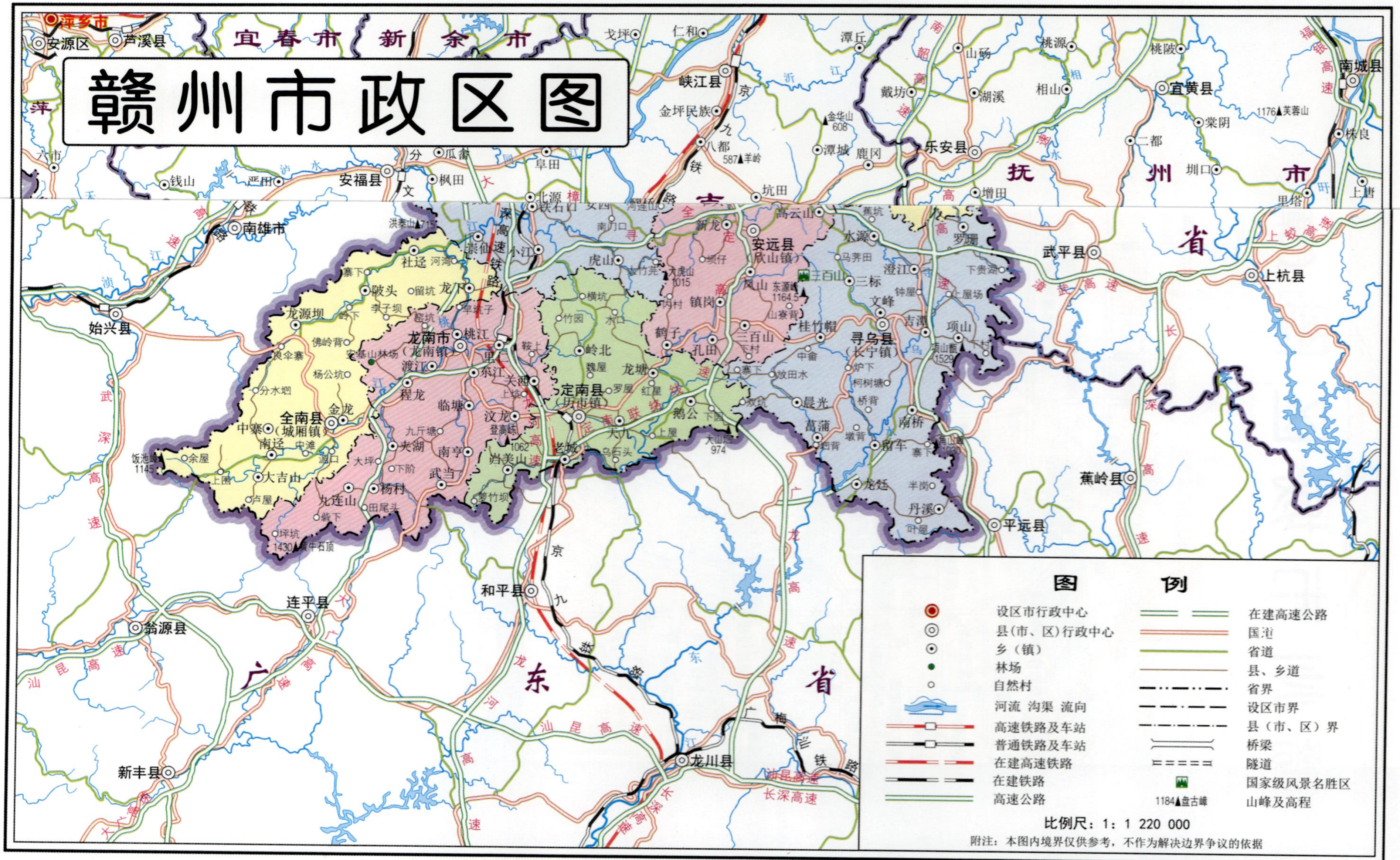

审图号：赣 S(2021)002 号

江西省自然资源档案馆 编制

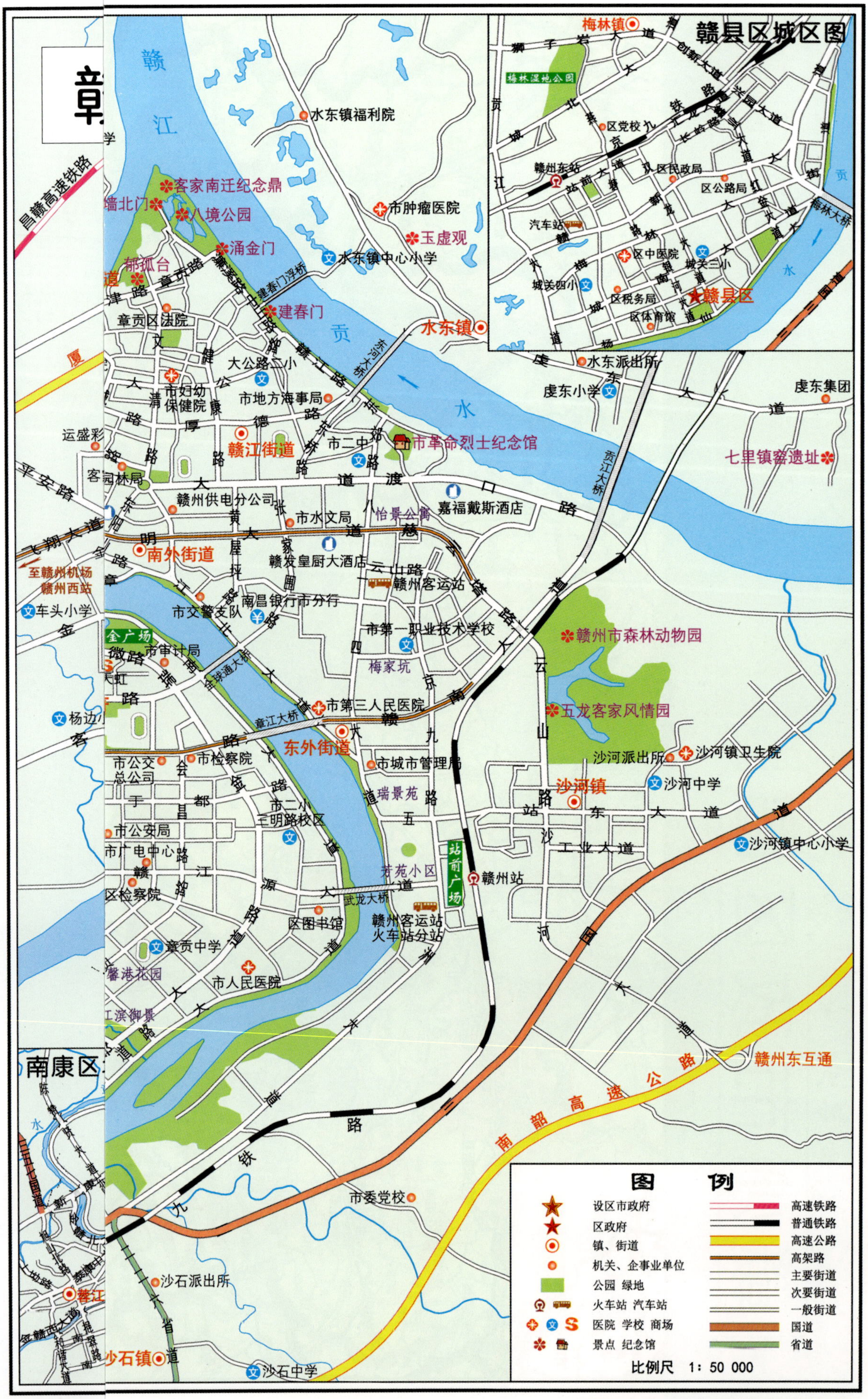

审图号：

江西省自然资源档案馆编制

2021年，赣州市坚决贯彻习近平总书记视察江西和赣州重要讲话精神，统筹新冠肺炎疫情防控和经济社会发展，大力实施“三大战略、八大行动”，深入打好“项目大会战”，地区生产总值突破4000亿元，主要经济指标增幅持续保持全省“第一方阵”，连续五年获全省高质量发展考评先进，同步全面建成小康社会，革命老区高质量发展示范区建设取得新进展，“十四五”实现良好开局。

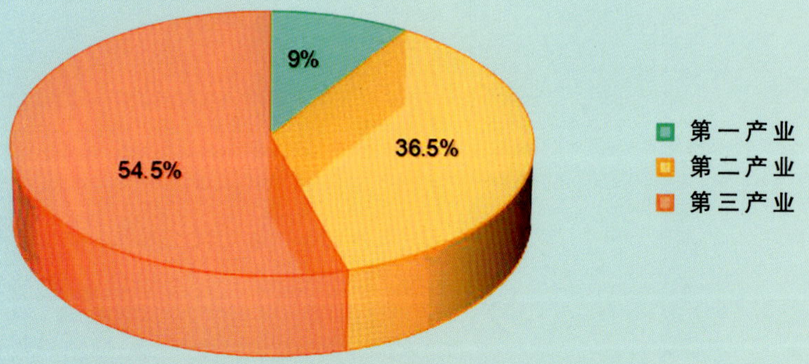

图1　2021年赣州市地区生产总值构成图

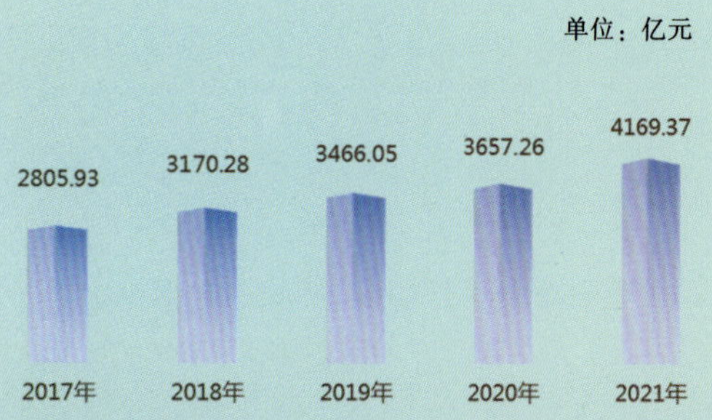

图2　赣州市地区生产总值图

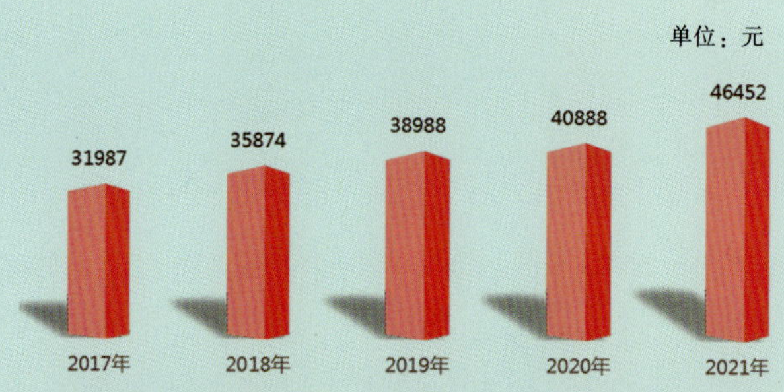

图3　赣州市人均地区生产总值图

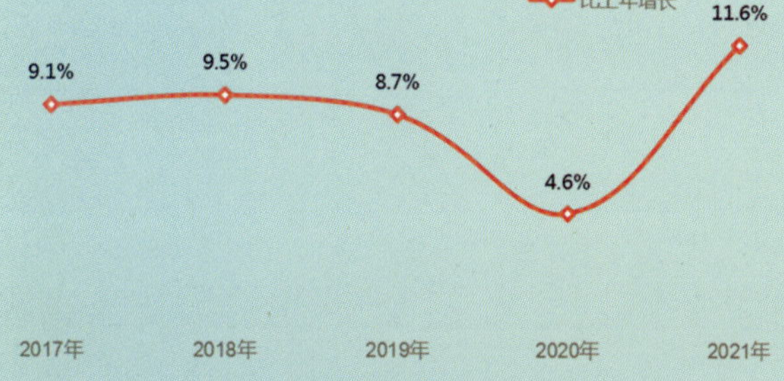

图4　赣州市规模以上工业增加值增速图

图5　赣州市固定资产投资增速图

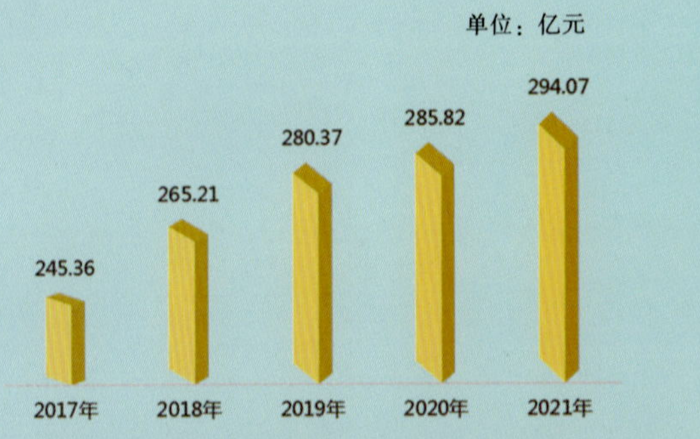

图 6　赣州市一般公共预算收入图

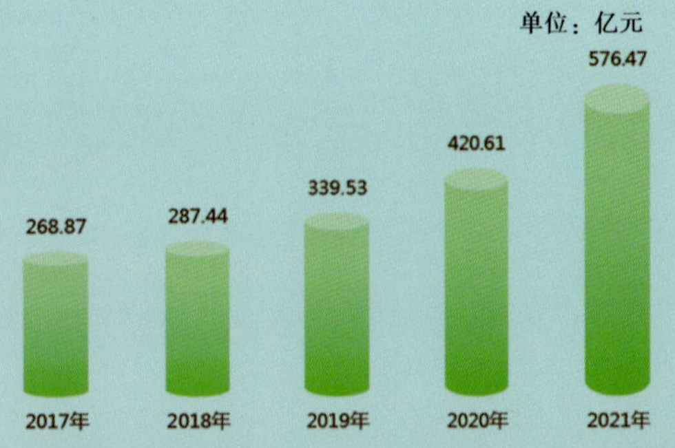

图 7　赣州市出口总额图

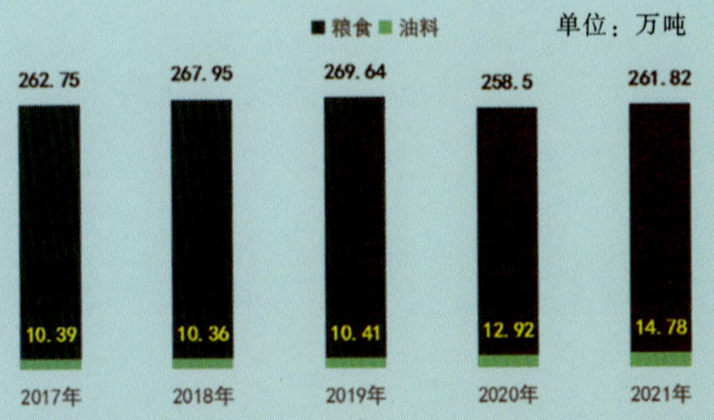

图 8　赣州市粮食和油料产量图

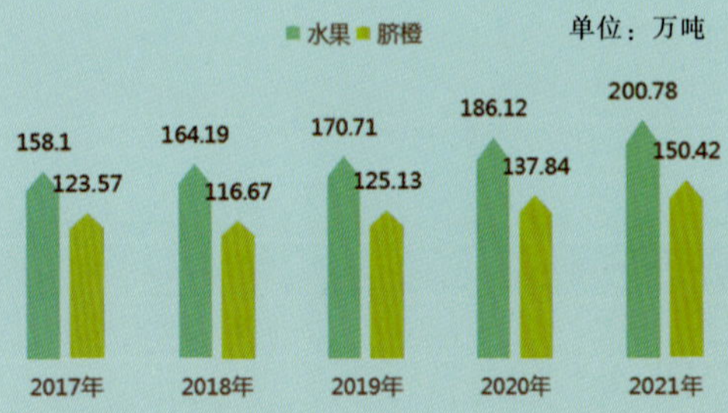

图 9　赣州市水果、脐橙产量图

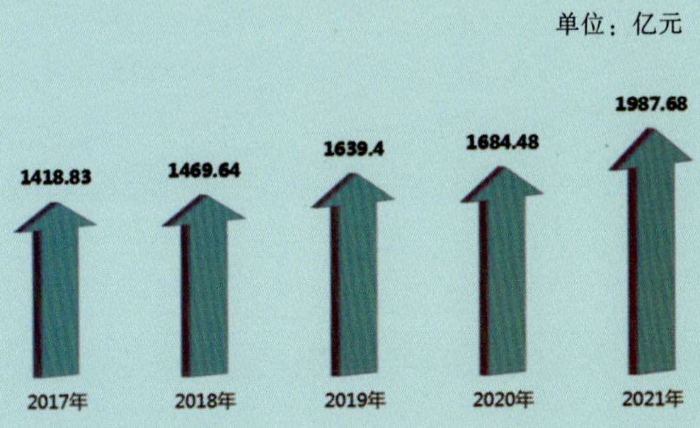

图 10　赣州市社会消费品零售总额图

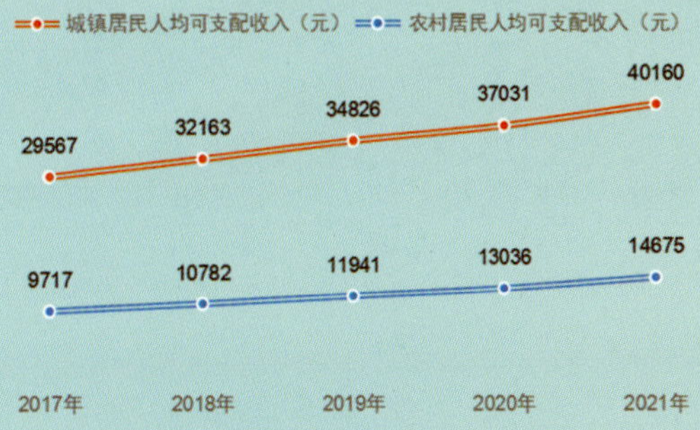

图 11　赣州市城乡居民人均可支配收入图

◆ 2021 年，赣州市入选全国城市体检样本城市、中国十大“心仪之城”，全国文明城市通过复检。图为赣州市中心城区　　（朱海鹏摄）

◆ 章江新区　　(2021 年，赣州市委宣传部供图)

◆ 赣州城市中央公园　（2021年，赣州市地方志研究室供图）

◆ 蓉江新区　（2021年，雷静芳摄）

◆ 2021 年 11 月，安远县、上犹县、信丰县获评全省文明城市。图为信丰县城一角（左图）

（信丰县史志研究室供图）

◆ 2021 年 12 月，上犹县获评国家水土保持示范县。图为上犹县城全景（右图）　　（钟芳亿摄）

◆ 2021 年 6 月，定南县、大余县、龙南县获评全省美丽宜居示范县。图为定南城北新区　　（朱金堂摄）

◆ 2021年7月，崇义县三产融合做法入选全国“两山”实践模式与典型案例。图为崇义县新世界美景 （黄国文摄）

◆ 2021年11月，全南县被授予“中国天然氧吧”称号。图为美丽宜居的全南县城 （全南县委宣传部供图）

◆ 2021年10月，石城县入选第五批国家生态文明建设示范区。图为石城县城夜景

（石城县史志研究室供图）

◆ 2021年10月，寻乌“废弃矿山综合治理”入选中国生态修复典型案例。图为寻乌县城 （寻乌县史志研究室供图）

◆ 上犹县营前镇石溪村　(2021 年，刘承文摄)

◆ 会昌县和君小镇 (2021 年，李穗摄)

◆兴国县鼎龙乡　　（2021 年，林宗健摄）

◆红色历史文化名村——于都县段屋乡围上村　　（2021 年，李穗摄）

◆瑞金市叶坪乡朱坊村（2021年，赣州市农业农村局供图）

◆全南县城厢镇黄埠村沙坝仔（2021 年，赣州市委宣传部供图）

◆宁都县小布镇（2021 年，李枝椿摄）

◆ 2021年3月8日，中共赣州市委召开全市党史学习教育动员会

（刘凯摄）

◆ 2021年3月26日，中共赣州市委组织部组织机关全体党员干部，在革命圣地井冈山开展“追忆光辉党史 延续红色星火”主题党日活动暨专题培训

（赣州市地方志研究室供图）

◆ 2021年6月5日，首届瑞金论坛学习中国共产党的历史学术研讨会在瑞金举行

（赣州市委宣传部供图）

2021年，赣州市扎实开展党史学习教育，紧紧围绕“学史明理、学史增信、学史崇德、学史力行”总要求，学党史、悟思想、办实事、开新局，党史学习教育取得实效、走在前列。

◆ 2021年5月19日，中共赣州市委理论学习中心组开展“重走长征路”现场教学活动，弘扬革命精神，传承红色基因，奋力走好新时代长征路 （刘凯摄）

◆ 2021年8月27日，中共赣州市委党史研究室组织党员干部到大余县开展党史学习教育暨主题党日活动。图为参加活动人员参观南方红军三年游击战争纪念馆

（赣州市地方志研究室供图）

◆ 2021 年 3 月 19 日，章贡区“五老”宣讲团成员向学生们讲述党的历史故事。当日，章贡区解放街道举行“缅怀先烈忆党史 不忘初心感党恩”主题活动　（胡江涛摄）

◆ 10 月 12 日，赣县区三溪乡联合赣州国投集团，在福龙家园易地搬迁安置社区举行“携手同在 情暖重阳”主题系列活动　（赣南日报社供图）

◆ 2021 年 8 月，在由中央广播电视总台、教育部、国家语言文字工作委员会联合主办的全国大学生党史知识竞答大会中，赣南师范大学获团队一等奖　（赣州市委宣传部供图）

◆ 2021 年 6 月 28 日，赣州市举行“学习强国”党史知识大赛总决赛　　（赣州广播电视台供图）

◆ 2021 年 6 月 18 日，赣州团市委在赣州师范高等专科学校音乐厅举办“学党史 强信念 跟党走——团团学党史 党课开讲了”系列活动　　（赣州市地方志研究室供图）

◆ 2021 年 3 月 16 日，讯康科技的工人正在生产线上忙碌，该企业是粤企入赣的典型代表

（赵国梁摄）

◆ 2021 年 8 月，现代家居产业被列入全省“五星级产业集群”。图为美克美家智能车间

（赣州市委宣传部供图）

产业

◆ 2021 年 7 月 15 日，赣州凯马汽车制造公司生产线上，工人对轻卡汽车做质量检测。从单一的孚能科技电池等零配件生产到赣州凯马、国机智骏等整车生产、销售，赣州市的新能源汽车产业链快速形成

（刘青摄）

◆ 2021 年，赣州经济技术开发区营业收入超 1000 亿元，赣州千亿园区实现“零的突破”

（雷静芳摄）

◆ 2021 年 11 月 18 日，于都县获评中国服装优质制造创新示范基地。图为于都县赢家时装智能制造工厂（赣南日报社供图）

2021 年，赣州市大力实施工业倍增升级行动，全市工业发展提速、量质齐升。全市规模以上工业企业达 2478 家，总数列全省第一位；规模以上工业增加值同比增长 11.6%，营业收入 4533.21 亿元，同比增长 30%，利润总额 301.68 亿元，同比增长 35.9%，工业固定资产投资增长 13.7%。

集群

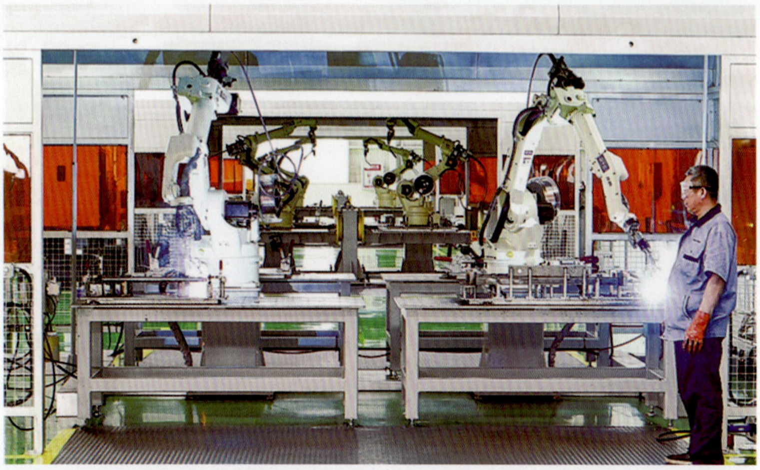

◆ 2021 年，世界 500 强中国威高集团落户章贡区，青峰药谷发展开启“青峰+威高”双龙头、“生物医药+医疗器械”双链驱动模式　　（赣南日报社供图）

◆ 2021 年，赣州市牵头组建的国家稀土功能材料创新中心组建运行，入驻赣州高新区　　（赣州市委宣传部供图）

◆ 2021 年 12 月 13 日，龙南江西志浩电子科技有限公司获 2021 年江西省“5G+工业互联网”应用示范工厂称号　　(赣州市委宣传部供图)

◆ 定南科睿云计算中心　　(2021 年，赣州市委宣传部供图)

◆ 赣州市数字政务自助服务大厅　　(2021 年，赣南日报社供图)

◆ 2021 年，赣州蓉江新区已建成全省最大的数据存储库赣南数据湖示范中心并投入运营

（赣州市委宣传部供图）

数字经济

◆ 2021 年 9 月，信丰 5G 产业园入选江西省首批 5G 产业基地

（赣州市委宣传部供图）

2021年，赣州市主动融入粤港澳大湾区，大力推动基础设施互通、产业互补、市场融合、资源共享，加快建设对接融入粤港澳大湾区桥头堡，成为大湾区产业转移承接重地、优质农副产品供应基地、深受欢迎的旅游目的地。

◆ 2021年4月7日，赣（州）深（圳）组合港开通运营暨“双区联动”跨境电商班列开行 （赣州市委宣传部供图）

◆ 2021年6月30日，龙南至深圳铁海联运班列开通仪式举行。图为开通仪式现场 （龙南海关供图）

◆ 2021年4月30日，粤港澳大湾区蔬菜产业合作交流大会在赣州举行　　（郭芷汇摄）

◆ 2021年12月10日，赣州经济技术开发区（粤港澳大湾区）产业招商推介会在深圳举行
（赣州经济技术开发区供图）

◆ 建设中的南康区赣粤产业合作区格力电器（赣州）智能制造基地　　（2021年，赖愈先摄）

◆ 2021 年 5 月 26 日，赣州市人民政府与广州市人民政府签署深化战略合作协议

（赣州市委宣传部供图）

◆ 2021 年 9 月 16 日，南方医科大学南方医院与赣州市人民医院共建国家区域医疗中心在赣州市人民医院南院正式启动

（杨院群摄）

◆ 2021 年 12 月 6 日，第三届世界赣商大会在赣州举行。图为项目签约仪式现场　（郭芷汇摄）

◆2021 年 12 月 17 日，赣州市打造对接融入粤港澳大湾区桥头堡暨粤企入赣“投资合作推介会”在深圳举行　（刘凯摄）

◆ 2021 年 12 月 28 日，赣州市“亲清赣商”惠企政策兑现平台上线暨首批惠企资金直达企业发布仪式举行　（赣州市委宣传部供图）

◆ 2021年4月30日，赣州大剧院投入使用。赣州大剧院是中部地区省域副中心城市中规模大、功能全、全国领先的综合文化艺术交流中心 （赣州市地方志研究室供图）

◆ 2021年9月30日，兴泉铁路兴国至清流段开通运营 （赣州市交通运输局供图）

◆ 2021年12月14日，华能瑞金电厂二期全面建成投产 （赣州市委宣传部供图）

2021年，赣州市加快建设省域副中心城市，高标准编制国土空间总体规划，扎实建设教育、科研创新、金融、商贸物流、文化旅游、医疗养老“六个区域性中心”，城市能级不断提升。

◆ 2021年12月10日，赣深高铁开通运营　（赣州市交通运输局供图）

◆ 赣南大道高架快速路立交桥　（2021年，赣州市地方志研究室供图）

◆ 章贡区老城区通过旧房改造，道路维修等措施，环境面貌焕然一新 (2021 年， 何旭红摄)

◆ 2021 年 10 月 14 日，瑞金机场 2600 米飞机跑道全线贯通，标志该机场建设进入新的阶段

(赣州市地方志研究室供图)

◆ 2021 年 10 月 7 日，赣州市全民健身中心项目施工现场，工人们正在施工。该项目规划建设“一场两馆”（综合体育场、综合体育馆、游泳跳水馆）集全民健身、体育竞赛、休闲娱乐于一体的市民健身活动场所　(朱海鹏摄)

◆ 2022 年 1 月 25 日，赣浙国华信丰电厂新建工程 1 号机组并网成功　(赣州市委宣传部供图)

◆ 赣南脐橙喜获丰收
（2020 年，赣州市委宣传部供图）

◆ 2021 年 4 月 28 日，赣州方特东方欲晓主题公园开园 （赣州市委宣传部供图）

◆ 2021 年 12 月 23 日，中国稀土集团有限公司在赣州成立 （赣州市委宣传部供图）

◆ 2021 年 12 月 28 日，第二届中国（赣州）纺织服装产业博览会在江西于都开幕 （赣州市委宣传部供图）

◆ 赣州市打造现代化蔬菜产业基地，持续带动农民增收致富。图为全南县江河田园蔬菜智能中心
（2019 年，赣州市委宣传部供图）

产业结构持续优化

十年栉风沐雨 产业结构持续优化

赣南脐橙以**681.85亿元**的品牌价值稳居全国区域品牌水果类第一位，2021年全市脐橙产量150.42万吨，比2012年增长20.2%。

十年栉风沐雨 产业结构持续优化

服务业对经济增长的贡献率由2012年的41.4%提高至2021年的**54.5%**，成为推动全市经济发展的主引擎。

◆ 2020 年 10 月 10 日，中科院赣江创新研究院在赣州挂牌成立　（赣州市委宣传部供图）

◆ 南康家居小镇　（2021 年，赣州市委宣传部供图）

城乡面貌日新月异

十年苦干实干

城乡面貌日新月异

2021年，全市城镇化率达**56.35%**，比2012年提高15.4个百分点，年均提高1.7个百分点。中心城区城市建成区面积超200平方公里，居住人口超200万人。

十年苦干实干

城乡面貌日新月异

截至2021年，全市共建有自然保护区51处，面积达**23.06万公顷**，占全市国土面积的5.9%。

◆ 赣州市先后获评全国文明城市、国家卫生城市、国家森林城市 (2021年，肖祝元摄)

◆ 2017年，安远县被评选为首批“四好农村路”全国示范县

(赣州市委宣传部供图)

◆ 2019年12月25日，兴国县埠头乡枫林村入选第一批国家森林乡村

(赣州市委宣传部供图)

◆ 定南国家青少年足球训练中心内，青少年足球梯队队员正在训练(2019年，赣州市委宣传部供图)

◆ 赣州市持续增加优质教育资源供给，推进学前教育普惠发展。图为兴国第一幼儿园小朋友在开心奔跑(2021年，赣州市委宣传部供图)

◆ 赣州市聚焦困难老人照护托养需求，推进公办养老机构设施提档、服务提升、管理增效。图为宁都赖村敬老院 (2019年，赣州市委宣传部供图)

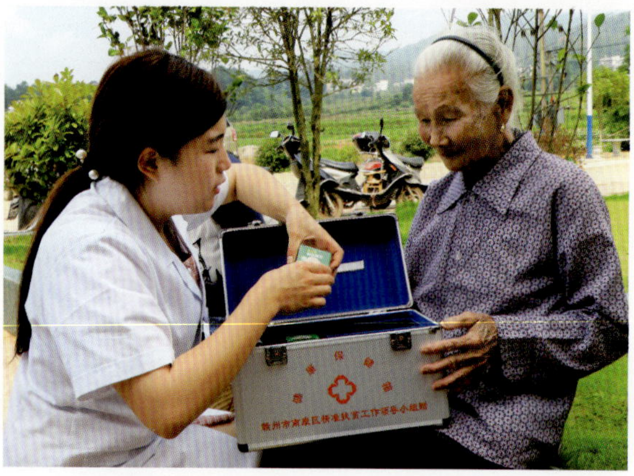

◆ 南康区为全区每户贫困家庭发放一个装有保健必备药品和医用品的家庭保健箱 (2021年，赣州市委宣传部供图)

◆ 于都县梓山镇潭头村新貌　　(2021 年，赣州市委宣传部供图)

社会民生明显改善

十年用心用情

社会民生明显改善

2021年，全市九年义务教育巩固率**99.74%**，高中阶段毛入学率93.27%，普通高等教育在校生增加到13.1万人，较2012年净增4.6万人。

十年用心用情

社会民生明显改善

城镇居民人均可支配收入由2012年的1.87万元增加到**4.02万元**，由全省第11位前移至第9位；农村居民人均可支配收入由2012年的0.53万元增加到1.47万元，增速连续九年居全省第1。

芝麻开门节节高　幸福写在笑脸上

（本页图片由赣州市委宣传部提供）

总目录

目 录

特 载

专 记

大事记

市情概貌

赣南苏区振兴发展

中国共产党赣州市委员会

赣州市人民代表大会

赣州市人民政府

中国人民政治协商会议 赣州市委员会

中国共产党赣州市纪律检查委员会 赣州市监察委员会

民主党派

群众团体

法　治

军 事

经济管理

农　业

乡村振兴

工　业

园区建设

商贸服务业

旅游业

金融业

经济贸易

交通运输

信息化建设

城乡建设

生态环境

教　育

科学技术

文　化

卫生健康

体　育

社会生活

应急管理

县（市、区）

人物　荣誉

附　录

特　载

赣南苏区振兴发展战略实施十周年

赣州是全国著名的革命老区，是土地革命战争时期中央苏区的主体和核心区域。中共中央总书记习近平曾先后2次亲临赣州视察指导，9次对赣南苏区振兴发展作出重要指示批示。2012年以来，在习近平总书记的关心推动下，《国务院关于支持赣南等原中央苏区振兴发展的若干意见》《国务院关于新时代支持革命老区振兴发展的意见》《赣州革命老区高质量发展示范区建设方案》（以下分别简称《若干意见》《新时代意见》《建设方案》）先后出台实施，赣南苏区振兴发展上升为顶层设计、国家战略，赣南老区发展迎来历史新机遇、翻开历史新篇章。十年来，赣州市始终牢记习近平总书记“原中央苏区振兴发展工作要抓好，这具有政治意义”“让老区人民过上好日子”的殷殷嘱托，感恩奋进、苦干实干，以高度的政治自觉和使命担当推进赣南苏区振兴发展，推动赣南苏区取得历史性发展成效，老区人民多年来奋力追求的“振兴梦”，已从“谋篇布局”变成“现实场景”。

——*十年奋斗，综合实力显著增强*。主要经济指标增速持续高于全国、全省平均水平，位居全省前列，高质量跨越式发展迈出坚实步伐。2012—2021年，赣州地区生产总值年均增长9.2%，高于全国、全省年均水平2.5个、0.5个百分点。人均GDP占全国、全省平均水平比重分别由49.8%、69.6%提高至57.4%、70.9%。2021年，赣州GDP总量突破4000亿元，居全国百强城市第65位，排名较2011年前移43位。

——*十年奋斗，如期实现全面小康*。215.6万贫困人口全部脱贫、1023个贫困村（含167个深度贫困村）全部退出、11个贫困县全部摘帽，贫困发生率由2011年的26.71%降至零，实现中华人民共和国成立以来全市最大规模人口脱贫。农民人均可支配收入增幅连续9年领跑全省，达14675元，增长2.1倍，城乡居民收入提前三年实现比2010年翻一番。城乡收入比由3.43∶1缩减到2.74∶1，城乡收入差距明显缩小。

——*十年奋斗，优势产业快速壮大*。全市规模以上工业企业由781家增加到2478家，企业总数和净增数均居江西省第1位，比2011年增长2.2倍。赣州千亿产业、千亿园区、百亿企业均实现“零的突破”。中国稀土集团、中科院赣江创新研究院落地赣州，填补江西无央企总部和大院大所直属机构的空白。赣南脐橙品牌价值稳居全国区域品牌（地理标志产品）水果类第一、实现“七连冠”，“赣南茶油”连续四年荣登中国地理标志产品区域品牌百强榜。服务业增加值占GDP比重突破50%，在全省率先实现上市公司A股板块全覆盖。

——*十年奋斗，城乡面貌焕然一新*。南康、赣县撤市（县）设区、龙南撤县设市，省域副中心城市加快建设，2021年全市常住人口城镇化率达56.35%，较2011年提高17.01%，中心城区建成区面积和人口分别突破200平方千米和200万人，约为10年前的1.5倍。昌赣高铁、赣深高铁通车运营，结束无高铁历史，赣州深度融入大湾区“2小时经济圈”。建设美丽乡村示范点1046个，干线公路通行状况达到历史最好，新建改造农村公路2.7万千米，实现村村通客车、通动力电、连4G网。

——*十年奋斗，发展活力全面迸发*。科技体制、农业农村、综合医改、国资国企等重点领域改革不断深化，一批改革经验成为全国典型，实现江西省全面深化改革考评“六连冠”。成功创建全国文明城市、国家卫生城市、国家森林城市，连续五年荣获“长安杯”。赣州打造对接融入粤港澳大湾区桥头堡上升为省级战略，与深圳对口合作取得突破性进展。赣州国际陆港从无到有、实现爆发式增长，获批全国内陆第8个开放口岸和全国内陆首个国检监管试验区。成功落户吉利科技、格力电器、富士康等知名企业，实际利用省外资金、实际利用外资、进出口总额分别增长3.6倍、2.5倍、3.5倍。航空口岸获批临时对外开放，为老区与世界零距离对接架起“空中桥梁”。

一、牢记“让老区人民过上富裕幸福的生活”的深情嘱托，全力以赴脱贫攻坚、改善民生，让老区群众共享振兴发展成果。让苏区人民过上富裕、幸福的生活，与全国同步进入全面小康，是习近平总书记和党中央的明确要求。全面践行以人民为中心的发展思想，把国家扶持资源用在刀刃上，财政支出的近七成、新增财政的近八成用于改善民生，10年整合投入民生类财政资金5560.11亿元，年均增长16.85%。全力打赢脱贫攻坚战。坚持以脱贫攻坚统揽经济社会发展全局并作为第一民生工程，扭住“两不愁 三保障”目标，尽锐出战、精准施策，结合实际探索产业扶贫“五个一”机制、易地扶贫搬迁“交钥匙”工程等做法，全力攻克“贫困堡垒”，贫困县全部摘帽、贫困村全部出列，消除绝对贫困和区域性整体贫困。老区群众激动地说：“最好的亲戚是共产党，最大的恩人是习主席。”优先解决突出民生问题。改造农村危旧土坯房69.52万户，建设农村保障房1.74万套，近300万农民住上新房；解决296.75万人的农村饮水安全问题，提升改善454万农村居民饮水条件；集中供水率提高至93%、自来水普及率达91%，实现25户以上人口自然村全部通水泥路。着力提升公共服务水平。新（改、扩）建校舍1132万平方米，改造校舍危房230.6万平方米，完成农村义务教育学校标准化建设工程项目1994个，校舍D级危房全面消除。全市每千常住人口床位数6.03张，比2011年增长122.5%，县、乡、村三级和城市社区医疗卫生服务机构实现全覆盖。养老机构总床位从2.44万张增加到5.7万张，城市社区居家养老服务站点实现全覆盖。长期困扰老区人民的住房难、喝水难、用电难、行路难、上学难等问题得到有力有效解决，老区人民的获得感、幸福感、安全感一天比一天充实。

二、牢记“要聚集主导产业，打造有影响力的产业集群”的深情嘱托，坚定不移主攻工业、壮大产业，着力增强老区发展内生动力。习近平总书记指出，“推动高质量发展，要把重点放在推动产业结构转型升级上，把实体经济做实做强做优。”近年来，坚持把振兴发展的重心逐步转到增强发展内生动力上来，着力打造具有赣州特色的现代产业体系，全力提升“造血”功能。坚定不移推进工业倍增升级。先后实施三轮主攻工业倍增升级行动，加快培育形成现代家居、有色金属、电子信息、纺织服装、新能源及新能源汽车、医药食品等“1+5+N”特色产业集群，培育省级重点工业产业集群12个，战略性新兴产业集群3个，家具产业获评江西省五星级产业集群，南康家具产业基地、赣州高新区新材料（稀有金属）先后获批国家新型工业化产业示范基地，赣州成为全国最大的实木家具制造基地。高新技术企业由2011年的26家增至2021年1067家，赣南苏区高质量发展院士专家战略咨询委员会在赣州成立，拥有国家稀土功能材料创新中心等一批国字号科研创新平台。大力发展现代农业。全力打好“富硒牌”，持续做大做强“赣南脐橙”“赣南茶油”“赣南蔬菜”等特色农业品牌，赣南脐橙种植面积11.66万公顷、产量150万吨，产值166亿元，较2011年翻一番，种植面积、产量均居世界第一。油茶面积突破20万公顷（300万亩），油茶产业综合产值达120亿元，“赣南茶油”获批国家地理标志保护产品，赣州成为全国油茶产业发展示范市。建成蔬菜大棚1.87万公顷（28万亩），认定粤港澳大湾区“菜篮子”生产基地48家。全市规模以上农业龙头企业由2011年的411家增加到2021年的682家，赣县、信丰被认定为国家现代农业示范区。加快发展现代服务业。获批商贸服务型国家物流枢纽、国家普惠金融改革试验区、跨境电商综合试验区，金融机构由2011年73家增加到191家，成为赣粤闽湘四省九市中金融机构最多、种类最全、金融总量最大的设区市。旅游总收入突破1500亿元，赣州跻身全国12大重点红色旅游区。经过十年努力，赣南曾经“一矿独大”产业格局成为历史，特色产业焕发勃勃生机，呈现“百花齐放”“满树繁花”的发展态势。

三、牢记“要把基础设施建设放在重要位置”的深情嘱托，着力统筹城乡发展、补齐短板，夯实老区高质量发展基石。习近平总书记强调，“要把基础设施建设放在重要位置，加快水利、能源、通信、市场等建设，从根本上改善生产生活条件。”抓住国家在重大项目规划布局、资金安排上给予倾斜支持的机遇，坚持基础设施先行，按照合理布局、适度超前的原则，加快实施一批交通、能源、水利等重大项目，赣南城乡基础设施相对落后的状况得到极大改观。加快构建立体交通网络。全力推进交通强国试点建设，赣深高铁、昌赣高铁、赣瑞龙铁路、赣龙铁路扩能改造工程、兴泉铁路、赣韶铁路等建成运营，“一纵一横”高速铁路和“两纵两横”普速铁路网加快形成，铁路营运里程达923千米。“四纵四横九联”高速公路网加快形成，高速公路通车里程达1559千米、占全省1/4。实施普通国省道改扩建近1800千米，等级结构大幅提升，国道县域覆盖率达100%，国省干线基本实现县县双通。瑞金机场有序建设，黄金机场升格为国际空港、迈入中型机场行列，旅客吞吐量突破208万人次。曾经的“交通末梢”成为全国综合性交通枢纽。全面提升能源保障能力。华能瑞金电厂全面投产，信丰电厂稳步推进，实现500千伏电网输入“双环网、双通道”、220千伏变电站县县“全覆盖”的历史性突破，全市电力装机总容量达779万千瓦。西气东输二线和三线赣州段工程、樟树—吉安—赣州成品油管道建成投产。加快完善水利基础设施。实施166个河流治理工程，治理河长720千米，防护农田长度163.55千米。完成806座病险水库除险加固，建成寻乌太湖中型水库和8座小型水库，定南洋前坝中型水库下闸蓄水，县级以上城市建成应急水源或双水源。完成18个小型农田水利重点县（项目县）建设，实施章江等13个大中型灌区续建配套与节水改造工程，新增、恢复、改善灌溉面积18.98万公顷（284.73万亩）。梅江灌区等重大项目列入国家“十四五”专项规划、打破赣州近30年没有国家重大水利项目的局面。十年振兴发展，大道通衢，大城崛起，老区旧貌换新颜、城市乡村大变样是老区人民的普遍感受。

四、牢记“做好治山理水、显山露水文章”的深情嘱托，持续推进生态建设、环境保护，筑牢我国南方重要的生态屏障。习近平总书记指出，“要像保护眼睛一样保护自然和生态环境，推动形成人与自然和谐共生新格局”。积极践行“绿水青山就是金山银山”理念，正确处理经济发展与生态保护的关系，坚持在发展中保护、在保护中发展，不盲目追求GDP增长，不以牺牲环境为代价换取振兴发展，建立领导干部环境损害“一票否决”、约谈问责、终身追究“责任链条”，坚持用最严格制度、最严密法治保护生态环境，坚决把高污染高耗能高排放项目拒之门外。投入资金189.95亿元，率先实施国家山水林田湖草生态保护修复试点，实施10年时间改造66.67万公顷（1000万亩）低质低效林工程，森林覆盖率稳定在76.23%以上、列江西省首位。全力守护东江源头一草一木，在全国较早探索实施跨省流域生态补偿机制——东江流域上下游横向生态补偿机制试点，完成2轮试点任务，为湾区人民涵养东江源头一泓清水。完成废弃稀土矿山治理面积92.78平方千米，还清近半个世纪来的“生态欠账”，完成新增水土流失治理面积6281.51平方千米，昔日“光头山”变成今朝“花果山”，水土保持“赣南模式”在全国推广，列为全国水土保持改革试验区。国家生态文明试验区建设成果丰硕，生态文明示范创建和生态环境质量保持全省前列，获评全国首批生态文明典范城市、中国绿色发展优秀城市、中国最具生态竞争力城市。

五、牢记“推进改革开放走深走实”的深情嘱托，稳步推进深化改革、扩大开放，全面激发振兴发展活力。习近平总书记指出：“改革开放是决定当代中国命运的关键一招，也是决定实现‘两个一百年’奋斗目标、实现中华民族伟大复兴的关键一招”。坚持深化改革扩大开放，建好“大平台”、扩大“朋友圈”，发展动力活力持续释放。试点平台加快建设。用好国家赋予的先行先试权，争取开展200余项省级以上示范试点，新时代文明实践中心建设试点、教育改革发展试验区、集体林权综合改革试验示范区等在全国取得示范成果，赣州成为国家部委改革创新的“试验田”和获批国家级试点平台最多的设区市之一。重点改革取得突破。紧扣习近平总书记强调的科技体制、农业农村、生态文明、社会民生等重点领域改革，以点带面推动全市改革实现新突破，着力破除制约振兴发展的体制性障碍、机制性梗阻。对标粤港澳大湾区，实施优化营商环境“一号改革工程”，打出“全产业一链办”、工程建设项目“一站式集成”审批、“市县同权”、惠企政策“免申即享、即申即享”、企业“安静生产期”等改革组合拳，努力实现“大湾区能做的，赣州也要能做到”，打响“干就赣好”营商环境品牌。开放合作持续深化。加快融入粤港澳大湾区，与深圳、广州、东莞等市战略合作取得积极进展，国务院明确支持赣州与深圳开展对口合作，赣粤产业合作试验区、深赣港产城特别合作区顺利推进。赣州综合保税区通关运行、迈入全国综保区B类方阵，正式获批调整至赣州国际陆港，一线外贸进出口总额突破百亿元大关。赣州国际陆港汽车整车进口口岸、进口肉类指定口岸通过验收，中欧（亚）班列开行数进入全国内陆港“第一方阵”，成为全国功能最齐全的内陆口岸之一。如今的赣南，改革开放的春风孕育着无限的生机活力，跃动着发展的蓬勃朝气，老区不老，生机勃发。

六、牢记“要从红色基因中汲取强大的信仰力量”的深情嘱托，传承弘扬苏区精神、长征精神，全力讲好赣南红色故事。红色是赣南最鲜明的底色，红色基因是赣南老区人民最引以为豪与弥足珍贵的历史财富。赣州市坚持把学习贯彻习近平新时代中国特色社会主义思想

赣州中心城区（2021，林宗健摄）

与传承红色基因紧密结合起来，大力弘扬苏区精神和长征精神，扎实开展党的群众路线教育实践活动、“三严三实”专题教育、“两学一做”学习教育、“不忘初心、牢记使命”主题教育、党史学习教育等活动，干部群众坚定捍卫“两个确立”，“四个意识”“四个自信”“两个维护”融入血液、铸入灵魂，厚筑了新时代红色江山的“铜墙铁壁”，打造最讲党性、最讲政治、最讲忠诚、最讲担当的红土圣地。广泛开展“永远热爱党，永远跟党走”主题教育、百万群众缅怀革命先烈清明祭典、“五红”等系列活动，全面实施革命遗址保护工程，打造大型赣南采茶歌舞剧《八子参军》《一个人的长征》、电影《八子》、赣南民俗音画《客家儿郎》、剧目《永远的歌谣》等一批红色文艺精品，激励全市广大党员干部坚守初心使命、传承红色基因、赓续红色血脉。大力弘扬寻乌调查唯实求真精神，坚持密切联系群众，坚决破除形式主义、官僚主义，持续掀起“效能革命”“作风革新”，努力争创新时代“第一等工作”。赣南老区人民感党恩、知党恩，把“感恩共产党”“感恩总书记”写上墙、唱进戏，镌于心、践于行，老百姓得实惠、共产党得民心成为赣南大地的时代强音。

十年振兴浪潮涌，老区蝶变换新颜。这是习近平新时代中国特色社会主义思想在赣南大地的生动实践，是我们党不忘初心、牢记使命的真实写照，是社会主义制度优越性的充分彰显。十年来，习近平总书记始终将赣南老区人民记挂在心，党中央、国务院对赣南老区高看一眼、厚爱三分，国家层面先后出台 281 个配套支持文件，召开 7 次部际联席会议，40 个中央国家机关及有关单位对口支援赣州，先后安排四批 161 名挂职干部奔赴赣南，“调动一切力量”支援老区建设。正是“上接天线、下接地气”的高效落实机制，才使得赣南苏区振兴发展战略成为落实最好、成效最明显的国家区域发展战略之一，赣南红土成“热土”、老区变“特区”。经国务院批复国家发展改革委印发《建设方案》，这是党中央赋予赣州的历史使命，是一项政治责任，也是一次发展赶考，我们将按照“作示范、勇争先”的目标定位和“五个推进”的更高要求，解放思想，改革攻坚，开放创新，担当实干，加快建设革命老区高质量发展示范区。

——*聚焦全面推进乡村振兴，在促进城乡协调发展上先行示范*。坚持农业农村优先发展，统筹推进“五个振兴”，加快城乡融合发展，努力探索具有赣南特色的乡村振兴路径。巩固和拓展脱贫攻坚成果，加快发展现代农业，加强富硒农产品开发，建设全国重要的富硒农产品供应基地。实施赣南脐橙绿色发展、品质品牌提升工程，完善质量标准体系，打造世界级优质脐橙产业基地。大力发展蔬菜产业，创建更多大湾区“菜篮子”生产基地，建设中部地区蔬菜产业发展中心、南方重要蔬菜集散地。推动油茶产业提质增效，积极发展生猪、畜禽、茶叶等区域特色产业，促进一、二、三产融合发展。

——*聚焦发展特色优势产业，在产业创新发展上先行示范*。深入实施创新驱动发展战略，发挥中科院赣江创新研究院、中国稀土集团“双龙头”作用，加快创建国家稀土技术创新中心、稀土国家重点实验室等战略科技平台，打造区域性科研创新中心和国家创新型城市。聚焦现代家居、有色金属、电子信息、纺织服装、新能源及新能源汽车、医药食品等主导产业，力争培育 1 个 5000 亿元、5 个 2000 亿元和 N 个 500 亿元的“1+5+N”产业集群，形成支撑工业发展的“四梁八柱”。大力培育百亿级企业、千亿级园区，推动各开发区在全省全国位次前移，挺起高质量跨越式发展的产业脊梁。

——*聚焦打造美丽中国赣州样板，在生态文明建设上先行示范*。坚持精准治污、科学治污、依法治污，打好蓝天、碧水、净土保卫战，持续推进中央和省环保督察反馈问题整改，推进“五气”同治、“清河行动”和土壤修复治理，解决好群众关注的突出环境问题。推进长江经济带共抓大保护，开展国家生态综合补偿试点，争取建立东江流域上下游横向生态补偿长效机制，实施矿山生态修复、低质低效林改造、水土流失治理等生态工程，建设山水林田湖草沙生命共同体示范区、全国水土保持高质量发展先行区和绿色矿业发展示范区。

——*聚焦推进改革开放走深走实，在内陆双向开放合作上先行示范*。扎实推进深化改革开放行动，纵深推进“放管服”、国资国企、财税金融、农业农村等重点领域改革，实施好优化营商环境对标提升行动，打造比肩湾区的营商环境。全面深化与深圳对口合作，主动融入大湾区产业链、供应链、服务链，在基础设施、开放平台、产业合作、体制机制等方面实现全方位对接，打造“老区+湾区”合作样板。完善赣州国际陆港口岸功能，发展现代食品、汽车进口、肉类加工分拨、木材集散等临港经济，创建中欧班列集结中心，打造内陆百万标箱大港。

——*聚焦健全公共服务体系，在增进老区人民福祉上先行示范*。牢记“江山就是人民，人民就是江山”，用心用情用力解决群众“急难愁盼”问题，每年实施一批民生工程，办好一批民生实事，逐步实现共同富裕。实施更加积极的就业政策，健全覆盖城乡的就业创业服务体系。围绕部省共建教育改革发展试验区，深化教育教学改革，推进高水平综合性大学建设，努力办好人民满意教育。加快健康赣州建设，推动优质医疗资源扩容和区域均衡布局，建设南方医院赣州医院、广东省人民医院赣州医院，建成国家区域医疗中心。

——*聚焦弘扬革命精神，在传承红色基因上先行示范*。发挥红色文化资源丰厚和优良革命传统富集的优势，弘扬苏区精神、长征精神，高标准建设长征国家文化公园（赣州段）等重大项目，大力发展红色培训和红色旅游，引导广大党员干部群众发扬革命传统，建设红色旅游融合发展示范区，打造新时代传承红色基因高地，推动这片“最讲党性、最讲政治、最讲忠诚、最讲担当”的红土圣地，向着建设革命老区高质量发展示范区的更高目标阔步前进。

（市苏区振兴办供稿）

赣州市加快实施数字经济“一号发展工程”工作纪实

2021年，赣州市深入贯彻新发展理念，落实高质量发展要求，聚焦“三大战略”，紧盯“八大行动”，坚持把数字经济创新发展作为推进建设新时代革命老区高质量发展示范区的重要抓手，深入贯彻省委省政府关于深入实施数字经济“一号发展工程”的决策部署，突出“数字产业化、产业数字化、数字化治理”主线，加快打造赣深数字经济走廊。聚生态、促转型、优服务、重创新，成功举办全球区块链创新发展大会，陆续落地格力电器（赣州）智能制造基地项目、阿里巴巴（赣州）创新基地、富士康工业互联网智能制造项目，获评全省首个国家信息消费示范城市，承建全省首个省级信息安全产业园，获批省级数字经济创新发展实验基地，成功入选国家区块链创新应用综合性试点城市（全国仅15个，全省唯一）。数字经济已成为赣州高质量跨越式发展的新动能、新引擎。

紧扣发展战略固本强基，数字经济发展支撑基础全面夯实

赣州把数字经济作为推动全市创新发展的重大战略选择，高标准编制《赣州市“十四五”数字经济发展规划》，持续强化“赣南数谷”的目标定位，在章贡区、赣州经济技术开发区、蓉江新区打造数字经济发展核心区。加快形成“一谷一带三片区”发展格局，沿着赣深高铁从北到南打造“赣深数字经济走廊”，依托章贡区省级信息安全产业园，发展“信创+网安”，依托赣州经济技术开发区区块链产业园，加快区块链技术创新应用，依托蓉江新区北斗时空大数据产业园，推动北斗+时空大数据产业落地，围绕赣州经济技术开发区、信丰县、“三南”（龙南、定南、全南）片区，聚焦高端新型元器件研发制造，着力布局5G基站设备、终端相关零部件制造，以章贡区、赣州经济技术开发区、蓉江新区为核心，推动软件信息服务与各领域的融合应用，布局人工智能高端装备制造及软件服务。

为深入实施数字经济“一号发展工程”，赣州市高位推动，成立市政府主要领导担任领导小组组长、分管市领导担任副组长的市数字经济创新发展领导小组，出台支持数字经济发展相关政策，推动数字经济创新发展，举办数字经济创新发展大会，进一步浓厚数字经济发展氛围。至2021年底，赣州市“十四五”时期数字经济发展蓝图正加快展开，赣州数字经济发展高地正加速崛起。

赣州市聚焦“硬支撑”和“软实力”双向发力，把“新基建”作为数字经济的基础保障来抓，升级完善统一的数据共享互通平台，加快实施重大科技攻关行动，加大高层次人才培养引进力度，不断强化数字基础设施支撑、数据要素支撑、技术创新支撑、数字人才支撑。2021年实施新基建项目132个，完成投资310.82亿元，建成市级云计算数据中心3个，赣南数据湖成为全省最大的光磁一体化数据存储中心。

截至2021年底，赣州市累计开通5G基站11195个，数量居全省第二。大力推动运营商对光纤宽带网络进行升级改造，加快部署千兆宽带网络，提升网络用户覆盖能力，赣州中心城区和各县市主城区覆盖率由2020年的77%提高到100%。

创新是引领发展的第一动力。科技创新日益成为赣州数字产业发展的强大引擎。赣州科技创新中心建设跃上新台阶。中科院赣江创新研究院落户赣州，是中科院在江西设立的第一个直属科研机构，有效填补江西无大院大所直属机构的空白。注重发挥企业在科技创新中的主体作用，引导企业把发展重心、资源和空间聚焦到创新力培育上来。至2021年底，全市有高新技术企业1100余家，其中2021年新增229家，“十三五”历年增幅全省第一；获认定国家科技型中小企业1147家。先后设立中国联通（江西）工业互联网研究院、中科院宁波智研院赣州智能产业创新研究院等。

注重数字赋能创新驱动，数字产业规模能级加快提升

2020年8月，以“价值互联，链接世界”为主题的全球区块链创新发展大会在赣州市举办，大会发布全国首个城市级基础链——赣州链，集成“脐橙链”“家具链”“长征链”等多条子链。

赣州在推进数字经济发展的过程中，始终将产业发展放在重要位置，充分发挥数字产业化、产业数字化双螺旋作用，坚持精准发力，加快提升数字产业规模能级。

在数字产业化方面，赣州市大力培育信创、5G、区块链、北斗时空大数据等特色数字产业，积极推广智能制造、工业互联网、物联网等数字技术产业化步伐。

赣州信创产业是赣州市数字经济的一张“名片”，被工信部评价为“走在全国地级市第一方阵”。继组建赣州信创联盟后，2021年8月，成功获批组建省级信创联盟，至年底，联盟已吸引行业知名企业91家，注册落地企业51家，并有19家荣获中国信息协会“2020—2021年度信创优秀解决方案”奖项，引进的一批行业领军企业承接省内超10亿元的信创项目，占全省市场份额的50%以上。通过联盟平台，有效推动信创产业上下游、省内外企业交流合作、抱团发展。

紧抓“新基建”发展历史机遇，大力推进信丰、龙南5G产业园建设，形成从基础材料、配套器件、关联芯片，到终端设备、平台应用比较完整的产业链条。

抢滩登陆智慧新能源领域，建成全省最大的充电设施网络，公用和专用充电桩数量占全省的1/2。组建江西国特智慧新能源公司，推进“车联网、充电网、数据网”三网融合，运用大数据平台实现能源的安全高效管理，被省领导称为新能源充电桩领域的“赣州模式”。

在产业数字化方面，赣州市大力推进数字经济与实体经济深度融合，通过数字化赋能家具、纺织服装等传统产业。运用“5G+区块链+工业互联网”技术，打造南康家具产业智联网、木材交易中心、共享智能备料中心、共享喷涂中心、创新设计中心、销售物流中心，构建“供产销运”全产业链网络，助力南康家具产业产值迅速突破2000亿元大关。在全省率先落地2个工业互联网标识解析二级节点，其中赢家时装发挥节点资源优势，打造工业互联网应用平台，已有行业及上下游130家企业接入平台，已注册超过1969万个标识编码，解析量达到2736万次；标识解析综合二级节点已接入标识企业76家，涵盖新能源、生物医药、现代家具、电子信息等行业，累计标识注册量560万个标识编码，标识解析量2.26亿次。信丰县、龙南市5G产业园获批首批省级5G产业基地，江西志浩2020年被评为工信部工业互联网试点示范。龙南骏亚成功入选工信部企业上云典型案例，打破江西省工业互联网项目没有部级典型成果的历史。江西于都南方万年青水泥有限公司是江西省工业企业第一家5G应用示范企业，通过打造“5G+工业互联网”智慧工厂，大大提高了生产效率。科睿特入选工信部第三批“专精特新小巨人”企业，在政务一体化服务和智慧旅游等方面处于中小企业行业领先水平。

坚持民生为本融合发展，数字治理应用水平深入拓展

数字经济只有跟实体经济高度融合，才能真正发挥它的潜力；数字经济只有找准民生需求点，才能真正发挥它的价值。为此，赣州市加快推进数字经济在民生领域的应用和推广，通过深入实施“上云用数赋智”行动，推进“数字+政务”“数字+教育”“数字+医疗”“数字+文化”“数字+养老”发展，深化政府运行方式，着力创造美好数字化生活，全面提升数字化治理能力，切实以数字化推动经济转型升级和社会治理创新。

大力推进数字惠民。推行智慧医疗应用，建设“看医生”掌上医疗项目，实现市民病历资料、检查检验结果等信息在市属公立医院间互通互认；推出“处方共享”应用，建设预约挂号、分级诊疗、远程会诊、健康咨询、移动支付便民应用平台，推动优质医疗资源均等化，提升市民就医服务体验感。获批国家健康医疗大数据应用示范中心。

推行智慧社保应用，推进社保卡跨部门“一卡通用”，涵盖交通出行、旅游观光、文化体验、公共服务、待遇补贴、医疗健康、创业融资等七大领域，获人社部肯定，相关做法在全国推广。

推行智慧旅游应用，整合全市旅游产业资源，打造“数说赣州、云游赣州”赣州文旅大脑智慧应用品牌，构建大数据管理中心、应急指挥调度中心，为游客畅游赣州提供“吃喝玩乐购”等惠民服务，连续两年获得工信部信息化消费示范项目。

对标大湾区深化“放管服”改革，推进政务数据共享应用，提升政务服务现代化能力。系统集成“赣服通”赣州分厅、“12345”政府服务热线等8个“互联网+政务服务”平台，与深圳、东莞等9个地市签订“跨省通办”协议，线上服务事项全省最多。上线城市服务、企业服务、疫情服务、无证办理、一链办理等5个专区。推动平台建设一体化。建设统一政务综合受理平台，通过统一受理、跨部门协同，打造政务服务“一网通办”，实现一次告知、一表申请、一口受理、一网办理、统一发证、一体管理，形成企业经营许可“一链办”、新生报名“不见面”、涉企政策“园中通”、村居证明“掌上办”等赣州特色，政务服务效能显著提升，政务服务工作稳居全省前列，“12345”热线获得2020年度全国最佳政务热线卓越百姓服务奖。

大力发展数字经济，是实现高质量跨越式发展的必然选择。赣州数字经济基础能力加速提升，数字经济发展势能加快形成。赣州市将深入实施《赣州市“十四五”数字经济发展规划》，大力实施数字经济“一号发展工程”，着力打造高质量跨越式发展新引擎。

（摘选自《赣南日报》2022年2月25日第4版）

专　记

赣州市党史学习教育工作综述

2021年，赣州市党史学习教育开展以来，在中共中央和省委指导组的精心指导下，把深入学习贯彻习近平新时代中国特色社会主义思想作为首要政治任务，紧紧围绕“学史明理、学史增信、学史崇德、学史力行”的总要求，学党史、悟思想、办实事、开新局，党史学习教育务求实效、走在前列。中共中央第六指导组在赣州市调研指导时指出，赣州市在用好用活红色资源、深入推进为民办实事等方面措施实、效果好。赣州市分别在全国全省会议上介绍新时代文明实践中心服务群众和亲情连线做法经验。

一、主要做法及成效

（一）对标对表、从严从实，推动全市党史学习教育高质量、有特色、见实效

高标准起步，高质量开局。市委高度重视，成立以市委书记吴忠琼为组长，相关市领导为副组长，35个市直部门为成员单位的领导小组。市委学教办组建5个工作组，抽调65名人员集中办公并成立临时党支部。市委常委会先后4次专题研究部署学习教育重点工作，一盘棋统筹、一体化推进。市委书记吴忠琼率先垂范，带头深入会昌县、瑞金市、宁都县、兴国县、南康区等地调度“我为群众办实事”实践活动，2次到江西理工大学调研指导党史学习教育工作，并为师生讲专题党课，积极参加所在支部学习研讨，以普通党员身份参加组织生活会，带头现场接访、解决问题。20个县（市、区）、132个市直单位一把手担负起第一责任人责任，组建工作专班，推动党史学习教育向纵深发展。市委政法委、市检察院、市法院、市公安局、市司法局科学统筹谋划，将党史学习教育与政法队伍教育整顿紧密融合、一并落实、相互促进。

精细化部署，高频次调度。制定《关于在全市开展党史学习教育的实施方案》《党史学习教育重点工作安排》，将学习教育三个阶段工作分别细化为43项、27项、17项具体举措，实施项目化、清单化管理。先后下发深入推进“两新”组织党员、企业园区党员、流动党员党史学习的《工作提示》以及《关于进一步推进党史学习教育走深走实的通知》，将上级部署要求落地落细。各地结合实际创新方式方法，如赣州经济技术开发区按照共建共享共用模式，整合“一屋（创客书屋）一厅（路演厅）两室（电教室、党员活动室）”等孵化器配套设施，打造集阅读、学习、观影、参观等多功能为一体的“一站式”党史学习教育阵地，为“两新”党组织、企业党员职工“学习在园区、工作在园区”提供便利。针对市县乡换届的工作实际，加强工作衔接，防止断档断线、“新官不理旧账”。如赣县区采取换届“三个一”工作法，要求履新单位主要领导第一时间专题调度、第一时间组织专题学习、第一时间开展走访调研，层层压实责任。市委学教办发挥牵头抓总作用，先后组织召开全市党史学习教育工作培训会、“我为群众办实事”工作推进会、巡回指导工作培训会等7次工作调度会，明确工作目标，落实任务要求，掌握工作方法。建立每周工作例会调度机制，市委巡回指导组列席会议，共召开调度会38次。建立工作组领导挂点联系、小组分片调研指导制度，根据工作任务开展具有针对性的调研指导，推动党史学习教育方向不偏、力度不减。

全覆盖督导，精准化指导。组建10个市委巡回指导组，开展专题培训，下沉20个县（市、区）、117个市直机关和15个市属院校、国有企业开展巡回指导。全市共派出273个巡回指导组，实现巡回指导督导全覆盖、无盲区。市直机关工委结合被指导单位多的实际，将市直单位划分为5个网格片区，成立5个巡回指导小组，

分片开展巡回指导。强化分类指导，对企业、学校、农村、社区领域，以及青少年、妇女、流动党员、非公经济组织和社会组织党员等群体的党史学习教育作出专门安排，采取“工前学”“班后学”“周日学”等形式开展学习教育。指导开好专题组织生活会，市委巡回指导组全程列席各地党政“一把手”专题组织生活会，全市15343个党支部（不含非公党支部）高质量完成专题组织生活会。建立巡学、考学、赛学机制，明确将党史学习教育工作情况纳入领导班子和领导干部年度考核，作为年度党建考核的重要内容。坚持严督实导，市委巡回指导组开展巡回指导督导3752次，参加学教单位重要活动367次，发现问题593个，下发督办函、提醒函341期。各县（市、区）根据要求灵活开展督促指导，如南康区抽调32名工作人员组成巡回指导组实行全覆盖指导督导，形成下发清单、反馈问题、跟踪整改、及时汇报、定期通报闭环工作机制。

（二）聚焦主题主线、学深悟透，全市上下更加坚定感党恩、听党话、跟党走

党史学习入脑入心。市委中心组把党史学习教育作为重要学习内容，落实每月学习日制度，开展党史专题集体研讨7次，赴苏区干部好作风纪念馆、红军长征小道现场教学，研读中央指定学习书目、“三部简史”“三个历史决议”，深刻领悟“两个确立”，坚决做到“两个维护”。市委中心组党史学习规范化制度化科学化的经验做法被中宣部选入典型案例，也是全省唯一入选案例。持续深入学习习近平新时代中国特色社会主义思想，举行习近平总书记视察江西和赣州两周年系列活动，研究出台《关于贯彻习近平总书记视察江西和赣州重要讲话精神加快推进革命老区高质量跨越式发展的实施意见》，确保习近平新时代中国特色社会主义思想在赣州落地生根、开花结果。抓好重点人群的学习教育，举办全市县处级以上领导干部党史学习教育专题读书班，组织1562名县处级以上干部集中封闭学习，县处级以上干部讲专题党课1482次。开展“光辉历程　奋斗有我”活动，举办思政课教师、传承红色基因骨干系列培训班，组织党组织书记上专题党课，推进党史学习教育进校园、进课堂，让红色基因代代相传。赣州师专组织学生赴于都中央红军长征出发纪念馆、长征第一渡、祁禄山红军长征小道等红色景点开展思政课，让思政课变得生动活泼、有趣有味。赣南卫职院通过大学生讲“四史”，将党史学习教育融入思政课堂，开启思政课程新模式。团市委通过线上线下方式开展“团团学党史　党课开讲了”活动，组织开展庆祝中国共产党成立100周年“青春心向党　奋斗新征程”，赣州青年“五四”风采展演，以青少年喜闻乐见的形式深入开展学习教育。市直各单位学在前、作表率，市委办公室、市政府办公室将党史学习教育列入每月学习固定议题，采取领导干部带头讲、党员干部领题讲、红色景点现场学、结合工作谈体会等方式融入日常、抓在经常。市委政研室结合岗位实际，编印《党和国家领导人关于调查研究的重要论述摘编》《习近平总书记关于调查研究的重要论述摘编》等内部资料，引导党员干部从百年党史中汲取经验智慧，在学思践悟中弘扬调查研究唯实求真精神。

宣讲阐释声势浩大。坚持把宣讲作为党史学习广覆盖、入基层的重要手段，创新宣讲方式，为广大党员干部群众送去精神食粮。一方面，开展专题宣讲。组织全市党员干部先后6次聆听中央、省委宣讲团报告。紧扣党史学习教育、国发3号文件《国务院关于新时代支持革命老区振兴发展的意见》、“七一”重要讲话、中共十九届六中全会等主题，组建市委宣讲团开展4轮大规模巡回宣讲120余场，引导党员干部群众铭记历史、感恩奋进。另一方面，开展特色宣讲。依托全市2921个新时代文明实践中心（所、站），组织理论宣讲志愿者和基层宣讲员组成宣讲队，开展山歌宣讲、围屋讲堂等特色宣讲活动2.1万余场，用群众化的语言解读党史大道理。组建红军后代老干部党史学习教育宣讲团，先后赴赣州市第八中学、章贡中学、章贡区工商联、赣南师范大学等地，开展唱红色歌曲、讲红色故事、作党史报告等多种形式的宣讲，推动党史学习教育进农村、进社区、进企业、进校园。安远县充分发挥新时代文明实践站（所）阵地作用，组建宣传队伍进村入组，通过“屋场会”“板凳会”等形式宣讲中共十九届六中全会精神，让党员群众坐得住、乐意听、记得牢。上犹县利用“乡间夜话”特色平台，精心策划党员群众诉变化、红色戏曲下乡等活动，将“党史课堂”开到田间地头。章贡区组建“五老”宣讲团，以乡言乡语、学言学语生动鲜活开展宣讲。宁都县从宁都籍革命后代中聘请一批宣讲员，进行专门培训和课程打造，由基层单位自主“点单”学习。寻乌县组织优秀志愿者组建“理响寻乌”品牌宣讲团，下设“理论先导”“百姓名嘴”“山歌老王”等特色宣讲队，让百年党史“飞入寻常百姓家”。

学习形式丰富多彩。印发《关于创新学习形式推进党史学习教育走深走实的实施方案》，引导各级党组织探索读书沙龙、学习小组等形式学党史、悟思想，倡导每日学习一小时、每月读一本书、每季度听一堂党课或讲座。在全市开展“学好党的历史　讲好党的故事”主题诵读活动，各级党组织书记带头诵读，收到作品4000余件，1555件作品通过微信刊播，点播人数超过百万人次。组织开展音乐党课，以中国共产党的诞生和中央苏区时期历史事件和人物故事，以史串歌，以歌叙史，再现一幅幅苏区革命历史画卷。组织比赛促学，举办赣州市线上党史知识大赛，营造以赛促学浓厚氛围，参与人数达到407万人次。创新服务辅学，针对流动党员推行“网络助学”模式，把课堂建在网上、把党员连在线上，采取微信送学、指尖送学等方式，确保流动党员流动不“漏学”、离乡不“离学”、务工不“误学”。针对年老体弱党员实行“送学上门”“结对帮学”，把党史课堂搬到家里、送到身边。如崇义县创新流动党校备学、点学、讲学、助学、送学等“五学”模式，打通基层党史学习教育“最后一公里”。

宣传简报争创一流。抓紧抓实宣传和简报工作，每周研究宣传和简报选题，并对各地各单位上稿情况进行

通报。中央主要媒体持续聚焦赣州，发稿316条（其中《新闻联播》23条）、中央主要新闻网站刊发264条、省直主要媒体刊播286条、“学习强国”江西学习平台刊发212条，上稿数列全省设区市第一。一批重磅稿件引起广泛关注，如纪念中央革命根据地创建暨中华苏维埃共和国成立90周年之际，《人民日报》、中央广电总台、《光明日报》等央媒集中推出报道30余篇，尤其是新华社推出多篇报道，每篇点击量都过百万。市直媒体从3月15日起在重要版面重要时段显著位置统一开设党史学习教育专题专栏专页，每天至少推出一篇党史学习教育稿件，持续报道赣州市各地各单位党史学习教育情况，刊发原创稿件3400余篇。各县（市、区）精心组织宣传，会昌县在县直主流媒体、县直单位、镇村微信公众号开设专栏，打造贯到底的宣传矩阵。全南县唱响红色主旋律，在城区主干道、汽车站、居民小区、机关单位等醒目位置，设置宣传标语，将宣传触角延伸到最基层。深入总结提炼党史学习教育过程中好经验、好做法，向中央、省级简报报送约稿100余篇。截至12月29日，赣州市在中央《党史学习教育简报》上稿25条，其中单列综合稿5条，瑞金、兴国、于都、寻乌等县（市）在中央简报均上稿3条，上稿总数列全省设区市第一，遥遥领先其他设区市；在省简报上稿242条。

（三）深挖资源，赓续血脉，红色教育接地气、入人心、焕生机

主题研讨影响深远。争取高规格举办中央革命根据地创建暨中华苏维埃共和国成立90周年座谈会，中央政治局常委、中央书记处书记王沪宁作重要讲话，省委书记易炼红作专题发言。承办“学习中国共产党的历史学术研讨会”“建党百年红色文艺经典研讨会”两场全国性研讨活动，开展纪念人民军工创建90周年系列活动、纪念宁都起义胜利暨红五军团成立90周年座谈会等活动。深化党的调查研究重大课题研究，推出《调查研究——中国共产党百年辉煌之成功秘诀》等高质量研究成果。

红色资源用好激活。加强革命旧址遗迹设施建设和修缮保护，推出瑞金中华苏维埃历史纪念园、中央红军长征出发地纪念园、毛泽东寻乌调查纪念馆等“红色地标”700多处，打造资源独特、内涵丰富的实境课堂。大余南方三年游击战争纪念馆建成开馆，会昌革命历史纪念地被中宣部命名为全国爱国主义教育示范基地。注重红色资源的开发利用，启动编制重点红色资源推介名录，建立赣南红色故事库。以瑞金、兴国、于都、会昌等地为重点，串联共和国摇篮景区、“苏区干部好作风”纪念园等红色景点，打造重走长征路、追寻初心之旅等红色研学路线。国内首座红色文化高科技主题公园——赣州方特东方欲晓推出沉浸式体验教育，寓教于乐，投入运营后广受欢迎，5月28日开园至年底，超过80万人次自发前往体验；大型实景演艺项目《浴血瑞京》《夜渡于都河》震撼人心，长征国家文化公园赣州段等项目加快推进。各地充分发挥本地红色资源在党史学习教育中的教化作用。于都县将全县118处不可移动革命文物进行维护修缮，将“长征第一渡”、毛泽东旧居何屋等30个红色旧址打造成干部党性教育现场点。瑞金市以苏区历史为依托，精心选定毛主席旧居、红军广场、红井、黄沙华屋烈士林等特色景点，打造群众路线教育实践基地。崇义县完善“上堡整训”旧址，成功纳入全国建党百年红色旅游百条精品线路。

红色文艺精品迭出。深入贯彻习近平总书记“要从瑞金追根溯源”的重要指示精神，开展红色主题精品创作，赣南采茶戏《一个人的长征》《八子参军》入选中宣部、文旅部、中国文联庆祝中国共产党成立100周年优秀舞台艺术作品展演剧目。其中，《一个人的长征》先后在赣州市、南昌市公演，并赴北京录制央视专题节目。实施“五个一批”红色题材创作工程，拍摄《从瑞金出发》《苏区干部好作风》等一批文献纪录片，制作《毛泽东寻乌调查》《十七棵松》等一批广播剧，创作《陈赞贤》《扩红》《乙妹》《红游记》等一批党史题材微电影和红色动漫，推出《中央苏区简史》《永恒的初心》《用好调查研究这个传家宝》等一批出版物，制作发行《苏区精神放光芒》等一批音像制品。信丰县以南方三年游击战争为题材，组织140余名文艺骨干组建“赣南游击词合唱团”，创作的主题歌曲《赣南游击词》在“学习强国”学习平台《颂歌献给党》专栏刊发，取得良好社会反响。

“五红”活动蓬勃开展。牢记习近平总书记“把红色故事继续讲下去”的嘱托，常态化开展读红色经典、讲红色故事、唱红色歌曲、看红色电影、参观红色教育基地“五红”活动。市委中心组带头赴兴国、于都开展“弘扬苏区干部好作风”和“重走长征路”现场教学。开展“唱支山歌给党听”“节日里的党史教育”等群众文化活动，举办“脱贫攻坚成就展”“档案里的赣州”“百年风华美术书法作品展”等系列主题展览，组建“红色文艺轻骑兵”进乡村巡回演出，以群众喜闻乐见的形式把百年党史送入千家万户。各地各部门开展丰富多彩的“五红”活动。市委组织部利用周末时间，分两期到井冈山开展“追忆光辉党史 延续红色星火”主题党日活动暨专题培训。市纪委市监委组织党员干部到于都开展“学党史祭先烈，新长征再出发”现场教学活动。市委党史研究室深入兴国开展主题党日活动，在刘启耀纪念馆上专题党课。兴国县以“党的故事我来讲”为主题，深入开展青少年网络微视频征集活动，引导广大党员干部群众争当红色基因的传承者和宣传者。于都县充分用好长征文化名片，打造长征纪念月、长征之歌艺术节等文化活动，组建以小学生为主的“小红星讲解员”和由红军后代组成的“长征源合唱团”等队伍，讲解长征故事，传唱《长征组歌》，已完成510场全国巡回演出。

（四）学史力行、办好实事，提升人民群众获得感、安全感、满意度

重点突出、发力精准。发挥媒体平台渗透快、覆盖广的优势，在市级报纸、电视、广播、网络媒体发布“我为群众办实事”意见建议征集通告，打通“12345”政府服务直通车、“网上信访”、领导信箱等平台，广泛

征求人大代表、政协委员的意见建议，集中反映民声民意。对照“九个必须”的根本要求，加强对群众反映集中的突出问题、高质量跨越式发展的痛点难点堵点问题、历史遗留问题等“硬骨头”问题的收集整理，汇总形成全市重点民生项目清单1244项，其中市级重点民生项目62项。坚持下管一级，将市县两级重点民生项目全部纳入项目库，实行“一盘棋”调度、台账式动态管理。根据形势政策变化，按程序调整补充项目清单，其中市级清单修改完善4项，县级清单新增21项，移出20项，总数由1181项增至1182项。至年底，市县两级重点民生项目已全部办结。组织对重点民生项目实行“三评”（即群众评议、部门评价、综合评估），群众评议方面，对市县两级项目开展3次集中亮晒，“解决就业创业难题”“实施亲情连线行动”等18个市级项目好评率为100%；部门评价方面，省直部门对51项市级项目评价为“好”、11项为“较好”。市直部门对1182项县级项目评价为“好”，平均得分99.28分；综合评估方面，正按照省委学教办下发正式方案执行，12月底前全部完成。

领导挂帅、党员冲锋。对重点民生项目，建立领导领办制度，问题不解决，责任不脱钩。市级重点民生项目62项，市领导领办21项；县级重点民生项目1182项，县领导领办783项；其余市级41个、县级399个重点民生项目全部由责任单位“一把手”领办。赣州蓉江新区实行问题交办机制，每个区领导领办1件重点民生项目，集中亮晒、逐个评议、逐个销号，确保每件重点民生实事得到解决、经得起检验。发挥基层党组织战斗堡垒作用和党员先锋模范作用，深化岗位建功和志愿服务，落实“社区吹哨、党员报到”机制，在窗口单位和服务行业推行党员亮身份、树形象，服务身边人，办好身边事。如市委宣传部推动全市依托新时代文明实践中心和数字乡村建设，实施“亲情连线”行动，搭建外出务工人员与留守老人联系交流平台。大余县组织基层党员，全面推行讲清“小道理”、宣传“小榜样”、开展“小活动”、管好“小网格”、召开“小会议”、做好“小事情”的“六小工作法”，为群众办实事、解难题。广泛发动全市212个市直（驻市）单位与77个社区结对，深入开展疫情防控、环境整治、健康义诊、法律政策科普和全国文明城市创建等志愿服务活动8112场，帮助群众协调解决问题2.7万个。龙南市结合创建全国文明城市，实施“城市网格化管理+硬化、绿化、亮化、美化、文化、特色化”模式，以“万元项目”为抓手，着力解决市民关注的街道破损、排污不畅、线管杂混等问题。开展“将心比心 终端检验”专项活动和“一线体验”活动，通过设身处地、换位思考，优化办事流程、提升办事效能，解决实际问题。市人社局开展“局长走流程”专项活动，局领导班子成员以办事群众或经办人员的身份体验人社窗口服务，着力解决群众办事过程中的痛点堵点难点问题。组织开展“我为群众办实事”十佳先进单位评选，树立鲜明的价值导向、效果导向。

三是攻坚破难、成效显著。通过多方发力，一批涉及群众切身利益的难点问题得到解决。全市新增停车位5.14万个，新增学位6.98万个，大班额率降至1.59%；推进全市既有住宅加装电梯工作，累计受理申请525台，完成加装245台。协调国家油气管网公司加快办理相关县西二线、西三线开口供气，从根本上解决赣州市管道天然气通气“最后一公里”问题。一批公共服务优化升级。建成居家和社区养老服务设施3193个，全市实现特困失能老年人集中照护。完成特殊困难老年人居家适老化改造1673户、评估2080户。全市新增大型体育场馆2个、社区（行政村）体育设施113个，农民体育健身工程23个、乡镇多功能运动场32个。规范全市中小学课后服务管理，实现中小学课后服务城区义务教育阶段学校全覆盖，解决“四点半”难题。会昌县加大对民办普惠性幼儿园扶持和管理力度，按200元/生·年给予补助。赣州市卫健委加快建设全市“全民健康信息平台”“掌上医疗平台”，在全市二级及以上公立医疗机构实施CT、核磁共振等检测结果互认制度，畅通医疗信息共享通道，解决群众“看病难”“看病贵”问题。定南县统筹推进县、镇、村三级医保业务经办一体化，激活镇村“神经末梢”，让医保服务随手能办。一批惠民措施落地见效。开展“替烈士看爹娘、为烈属办实事”行动，市委市政府主要领导带头参与，走访烈属34759人次，对生活困难的烈属发放抚恤金和生活补助金4.3亿元。石城县针对部分烈属农产品滞销问题，采取“一户一对接”，建立清单档案，帮助销售农产品57万元。赣州市“五个优先”关怀帮扶军、烈属和红军后代等做法，获中央第六指导组充分肯定。一批历史遗留问题得到解决。针对房地产、工程建设、劳动保障等领域的“硬骨头”问题，群众反复反映、久访不息的“陈旧账”问题，全面落实领导包案责任，激活信访联席会议机制，发挥综治、司法、调解、“两代表一委员”“五老”乡贤等多元共治作用，推动问题切实解决。章贡区针对飞龙景苑返迁房280余套不动产权证11年办证难问题，联合市住建局、市自然资源局全力加以解决，赢得群众真心点赞。全市共排查交办重复信访案件等历史遗留问题1089件，经上级审核认定全部化解，办理进展列全省第一。

（五）服务中心大局，两手抓两促进，赣南老区展新颜、开新局、谱新篇

招大引强全面发力。立足赣州的发展实际，把推动解放思想作为重要的学习内容。市委书记亲自带队，组织党政代表团赴广东学习考察，持续深化与广州、深圳、东莞等城市合作，加快建设赣粤产业合作试验区、深赣港产城特别合作区，格力电器、美克美家等即将竣工投产，开创“湾区+老区”合作共赢范例。常态化开展“三企入赣”“双招双引”活动，成功承办第三届世界赣商大会，举办粤企入赣投资合作推介会，新签约10亿元以上项目69个、20亿元以上项目32个、50亿元以上项目5个、百亿元以上项目1个，新引进项目数列全省第一；中国稀土集团落户赣州，是第一家总部落户江西的央企；吉利科技、广东道氏、江丰电子等落户赣州，越来越多的大企业大项目看好赣州、投资赣州。市工商联利用党史学习教育契机，推动全国工商联携手知名民营

企业振兴革命老区“赣州行”活动，促成签约各类投资项目126个，签约总额达912亿元。

营商环境不断优化。把学习党史与学习改革开放史、学习贯彻中央深改委会议精神有机贯通起来，用好改革关键一招。全面对标大湾区，开展提升营商环境专项行动，打响“干就赣好”品牌，经验做法获省委书记易炼红批示肯定，营商环境评价综合排名居全省前列。持续深化简政放权，市委书记吴忠琼高频调度“放管服”改革，创新推出惠企政策集中兑现改革，实现“免申即享”“即申即享”、直达企业；探索推进“市县同权”改革，在全省率先组建市县两级行政审批局。开展“一网通办”数字化改革，整合政务服务和数据管理职能，一批高频事项实现“一件事一次办”。在全国率先启动政务服务“跨省通办”，覆盖3省11市、90个事项。在全省创新实施“全产业一链办”改革，相关做法在国务院办公厅内刊登载介绍。在全省首次探索异地招投标改革，相关经验在全国推广。创造性开展工程建设项目“一站式集成”审批改革，在全省先行实施施工图审查改革，试行中低风险项目“豁免审批”，审批时限压减约30%。建立政务帮办机制，试点开展规范涉企行政执法改革，推行企业“安静生产期”，打造无差别营商环境。赣州经济技术开发区推行“不见面”开标及远程异地评标、开展工程建设项目审批制度改革、推行免费邮寄和开办企业首套免费刻章等服务，得到企业点赞。

工业倍增升级取得突破。在学习党史中凝聚攻坚克难的智慧和力量，不断补短板、强弱项。深入实施产业链链长制，工业发展跑出“加速度”，规模以上工业营业收入、实现利润分别同比增长30%、40%。持续壮大产业集群，建立家居产业智联网等“一网五中心”，连续八年举办家具产业博览会，现代家居产业入列全省“五星级产业集群”；江钨产业园开工建设，金力永磁成为全球第一大稀土磁材工厂；纺织服装产业集群产值突破1000亿元；吉利动力电池、佳纳能源等重大项目落地开工。积极培育工业经济新动能，推动打造赣深数字经济走廊，入选全国数字百强城市，战略性新兴产业、高技术制造业和装备制造业增加值均同比增长30%以上。扎实推进开发区创新发展，实施开发区放权赋能，赣州经济技术开发区营收超1000亿元。开展优质企业梯次培育行动，预计新增百亿企业3家以上，规模以上工业企业、省级专精特新中小企业数量均居全省第一。设立100亿元的重大工业项目投资引导资金，全年为企业降低各类成本超130亿元。

乡村振兴稳步推进。通过学习党史，自觉将党在革命、建设、改革中积累的宝贵工作经验运用到乡村振兴的伟大实践中。扎实推进巩固拓展脱贫攻坚成果同乡村振兴有效衔接，新选派1775支工作队、5395名队员驻村帮扶，实现结对帮扶全覆盖；保持主要帮扶政策总体稳定，持续加强易致贫返贫人群监测帮扶，巩固提升“两不愁三保障”和安全饮水成果，着重抓好产业就业帮扶，易地搬迁后续扶持有关做法在全国推广。加快发展现代农业，粮食产量实现“十八连丰”；赣南脐橙品牌价值保持水果类第一、实现“七连冠”；新建规模设施蔬菜基地0.46万公顷（6.97万亩），粤港澳大湾区“菜篮子”基地认定数占全省97%；建成全国唯一的国家油茶产品质检中心；成功注册“赣南高山茶”集体商标；发布首个省级富硒地方标准；一批规模屠宰加工和冷链仓储突破性项目建成投产。扎实推进乡村建设，接续实施城乡环境综合整治，统筹完善城乡基础设施配套，农村污水设施建成数、覆盖村庄数均列全省首位。持续加强乡风文明建设，石城县“请客不收礼、节俭办宴席”做法得到民政部肯定。

（市委办供稿）

2021年赣州市工业经济发展回眸

2021年，赣州市深入实施工业强省战略，强力推进工业倍增升级行动，全速推动工业高质量发展，现代家居产业集群成为全省5个“五星级产业集群”之一，赣州经济技术开发区工业营收首次突破千亿元，开源科技、同兴达科技、江钨新材、东薪再生资源营收突破百亿元……全市工业呈现出发展提速、量质齐升、后劲增强、新旧动能转换加快的喜人态势。2021年，赣州市规模以上工业增加值同比增长11.6%，规模以上工业营业收入4062.9亿元，同比增长31.8%，实现利润总额259.5亿元，同比增长38.4%。

产业集群持续壮大

2021年年底，南康家居小镇迎来盛事，国家级工业设计中心在南康正式揭牌，是全省首个企业类工业设计中心，为做大做强南康家居产业注入新的强劲动能。赣州市在推进现代家居产业集群发展中，坚持走规模化、智能化、品牌化发展路子，建立完善家居产业智联网、木材交易、创新设计、智能备料、共享喷涂、销售物流等“一网五中心”，依托赣州国际陆港，不断扩大“朋友圈”。世界500强企业格力电器落户南康区后，已吸引集聚居然之家、美克美家、大自然家居、左右等家具家装龙头企业，家具、家电、家装融合发展格局初步形成。

2021年，赣州市深入实施产业链链长制，建立“七个一”工作机制，促进产业集群量质齐升，现代家居、有色金属、电子信息、纺织服装、新能源及新能源汽车、医药食品等“1+5+N”产业体系加快构建。

有色金属产业培育南方稀土、金力永磁、开源科技、江钨新材、腾远钴业等一批龙头企业，金力永磁成为全球第一大稀土磁材工厂，腾远钴业获得深交所创业板上市委审议通过。中科院赣江创新研究院组建科研团队16个，引进科研人员233名，启动14项科研攻关项目，国家稀土功能材料创新中心加快建设，承担稀土领域科研及产业化项目200余项，成果转移转化20余项。

电子信息产业通过积极参与大湾区产业协作分工、承接大湾区产业转移，大力引进行业巨头，加快补链延链强链，已形成液晶显示模组、印制线路板两条完整的产业链条。培育营收超100亿元的同兴达科技、50亿元的立德电子、20亿元的联茂电子和深联电路等龙头骨干企业，引进恩嘉智能电子、章贡九木大数据等一批50亿元以上项目。建设全省首个信创计算机整机生产制造基地，实现信创计算机“赣州造”。

在推进纺织服装产业集群发展上，赣州市积极主动承接福建、广东等省纺织服装产业转移，打造区域特色生产基地，构建“中心工厂+卫星工厂”网络协同新模式，完善线上线下面辅料、服装专业市场、研发设计中心，进一步畅通产业链、供应链。培育赢家时装、新百伦领跑等营收超10亿元的龙头企业。

新能源及新能源汽车产业利用资源优势及动力电池、永磁电机和电控等产业基础，着力打造从新能源汽车零部件到整车的完整产业链。吉利动力电池、道氏技术钴盐前驱体正极材料项目相继落地。

医药食品产业依托中国医药工业百强企业青峰药业、威高集团，大力发展中成药、高端仿制药、化学创新药、中高端医疗器械产业，形成以青峰药业、威高集团为引领的“药品+医疗器械”产业集群；赣南脐橙、赣南茶油等品牌价值持续提升，富硒食品工业体系加速构建。

项目建设强力推进

持续强力投资未来，2021年研发经费为1317亿元，2012—2021年累计投研发费用超过6000亿元。

赣州高新区的赣州寒锐新能源钴新材料生产项目，5栋崭新的厂房已经全部完成，4栋主厂房内工作人员正在对各类设备进行安装与调试。该项目占地45.27公顷（679亩），总投资50亿元，分两期建设，项目竣工达产后，可实现年产1万吨金属量钴新材料及2.6万吨三元前驱体。为加快推进项目建设，企业方、施工方及相关部门通力配合，赣县区还组建项目推进工作专班，蹲点一线攻坚，着力突破重点、难点问题，确保项目建设提速度、见实效。

重点项目建设是拉动工业经济增长的重要“引擎”，2021年，赣州市牢牢抓住项目建设这个“牛鼻子”，狠抓产业招商，掀起建设热潮。赣州市注重创新招商举措，采取资本招商、商协会招商、中介招商等方式，积极对接紫荆汇富、盈科资本等知名投资机构，联合开展产业项目精准招商，举办中国（赣州）新材料产业发展供需对接会、2021年赣州瑞兴于“3+2”经济振兴试验区产业合作推介会等各类招商推介会。2021年1月至11月，全市新签约工业项目346个，签约总金额2795.71亿元，其中“5020”项目27个。

全力推动引进项目早日落地生效，全市各地纷纷组建项目服务专班，帮助协调解决项目在落地推进中的各类重点、难点问题。2021年1月至11月，市重点调度的321个亿元以上工业项目全部开工建设，开工率100%，竣工222个，竣工率61.37%，当年完成投资1409.5亿元，完成年度计划128.43%。投资125亿元的龙南佳纳新能源项目顺利开工建设，吉利12Gwh动力电池项目快速推进，美克美家、恩嘉智能科技已试产，寒锐新能源、吉锐新能源、济民可信一期等项目主体厂房实现封顶。

园区是工业项目建设的主载体，为提升园区承载力和发展水平，持续加大园区投入，园区基础设施投入实现三年“翻两番”，积极推进标准厂房建设，解决诸多企业发展场地等问题，促使一大批企业能够快速落地。2016—2021年，全市累计建成标准厂房3754万平方米，已使用2724万平方米，利用率达72.6%，入驻企业2974户。

发展动能更加强劲

2021年，赣州市持续加大龙头企业培育力度，“一企一策”支持龙头企业发展，同时大力实施中小企业成长工程，不断激活企业发展的内生动力。2021年，全市净增规上工业企业192家，列全省第2位。优质中小企业队伍不断壮大，全市共有省级专精特新中小企业291家，位居全省第1位，有国家制造业单项冠军企业1家、国家专精特新“小巨人”企业12家、省专业化“小巨人”企业24家、省制造业“单项冠军”企业3家。

为进一步优化企业发展环境，赣州市全面对标大湾区，优化惠企政策兑现流程，推进免申即享、线上办理、直达企业，推行政企圆桌会议制度，用情用力帮助企业纾困解难，2021年市、县两级共召开政企圆桌会议102次，梳理问题545个，现已办结478个，不但解决诸多企业的个性问题，还推进电镀配套、纺织服装水洗产业园和面辅料市场建设等产业链共性问题的解决。

与此同时，大力推动企业创新能力建设，以及企业数字化、智能化改造。2021年，赣州市新增省级企业技术中心13家、省智能制造标杆企业7家，上云企业超7000家，国家高新技术企业达1094家，列全省第2位。

（摘选自《赣南日报》2022年1月24日第5版）

大事记

1月

1日　赣州西至南昌西早、中、晚开行3列“标杆车”（全程运行时间短、停站少、速度快，不用待避其他列车），全程运行时间1小时40分左右。

4日　赣州市召开领导干部会议。省委书记刘奇出席会议并讲话，根据省委决定，吴忠琼任赣州市委委员、常委、书记。省委常委、省委组织部部长刘强主持会议并宣读决定。省委办公厅、省委组织部有关负责人，市四套班子副厅级以上领导，赣州军分区司令员，市法检“两长”，以及各县（市、区）委书记、县（市、区）长，市委各部门、市直及驻市各单位、各人民团体主要负责人等出席会议。

5日　市委常委会召开（扩大）会议，传达学习贯彻省委书记刘奇在全市领导干部会议上的讲话精神，研究具体落实措施。省委常委、副省长、市委书记吴忠琼主持会议。

同日　省委常委、副省长、市委书记吴忠琼到瑞金市和于都县调研，瞻仰革命旧址。

同日　2020年度省平安建设考评赣州述职大会召开。市委副书记、市长曾文明出席并作述职报告。

同日　经省政府批准，撤销赣州市南康区龙华乡，设立赣州市南康区龙华镇，以原龙华乡行政区域为龙华镇行政区域；撤销瑞金市叶坪乡，设立瑞金市叶坪镇，以原叶坪乡行政区域为叶坪镇行政区域；撤销兴国县永丰乡，设立兴国县永丰镇，以原永丰乡行政区域为永丰镇行政区域。

8日　国家卫健委等部门联合召开2018—2019年度无偿献血表彰电视电话会，赣州市获无偿献血先进省（市）奖；2377人获无偿献血奉献奖，其中金奖509人、银奖511人、铜奖1357人；21人获无偿献血志愿服务奖，其中五星级1人、四星级1人、三星级1人、二星级2人、一星级16人；市公安局交通警察支队、兴国县卫生健康委，朱鑫华等分别获无偿献血促进奖单位奖、特别奖和个人奖。

同日　工信部公布2020年信息消费示范城市名单，赣州市被评为特色型信息消费示范城市，是全省唯一入选城市。

9日　省委常委、副省长、市委书记吴忠琼到赣州经济技术开发区、赣县区调研。

同日　市委副书记、市长曾文明到市疫情防控应急指挥部，调度疫情防控工作。

上旬　教育部复函江西省人民政府：经教育部党组会议研究决定，同意江西理工大学应用科学学院转设为赣南科技学院，学校标识码为4136013434。赣南科技学院是独立设置的本科层次公办普通高等学校，由江西省负责领导和管理。

上旬　工信部公布第二批专精特新“小巨人”企业名单，赣州市朝阳聚声泰（信丰）科技有限公司、赣州市豪鹏科技有限公司获认定。

上旬　商务部公布2020年新认定的国家外贸转型升级基地名单，江西获批6个国家外贸转型升级基地，其中于都县获批纺织服装产业国家外贸转型升级基地，赣州经济技术开发区获批新型材料行业国家外贸转型升级基地。

上旬　国务院农民工工作领导小组授予994人“全国优秀农民工”称号，授予100个单位“全国农民工工作先进集体”称号。赣州市江西金力永磁科技股份有限公司成型操作员温小珍等4名农民工获“全国优秀农民工”称号，宁都县人力资源和社会保障局获“全国优秀农民工工作先进集体”称号。

11日　市委召开党外人士座谈会，就市委关于制定国民经济和社会发展第十四个五年规划和2035年远景目标的建议，听取各民主党派市委会、市工商联负责人和无党派人士代表的意见和建议。省委常委、副省长、市委书记吴忠琼主持。市委副书记、市长曾文明等出席。

11—13日　省委常委、统战部部长陈兴超到赣州市调研统战工作。省委常委、副省长、市委书记吴忠琼出席相关活动。

11—13日　省政协党组成员、副主席刘卫平到于都县实地了解产业发展、项目建设等情况。

12日　全国爱卫办印发《全国爱卫会关于命名2018—2020周期国家卫生城市（区）的决定》。赣州市获批“国家卫生城市”。

同日　省委常委、省纪委书记、省监委代理主任马森述到瑞金市走访慰问部分优抚对象、困难群体、敬老院以及困难企业等。省委常委、副省长、市委书记吴忠琼，省纪委副书记、省监委副主任魏晓奎，市委副书记、市长曾文明参加走访慰问或出席相关活动。

同日　省委常委、副省长、市委书记吴忠琼到赣州火车站、市人民医院南院、市疫情防控指挥部等疫情防控一线调研督导，并主持召开座谈会。

12—13 日　福建省龙岩市党政考察团到赣州市考察，并就进一步深化务实合作进行座谈交流。省委常委、副省长、市委书记吴忠琼与龙岩市委书记李建成及考察团一行在赣州市座谈。龙岩市委副书记、市长张国旺，赣州市委副书记、市长曾文明等分别参加相关活动。

13 日　全国政协常委、省政协副主席谢茹到南康区走访慰问并调研。省政协常委、港澳台侨和外事委员会主任曾粮，省归国华侨联合会党组书记、主席张知明参加。

13—14 日　广东省河源市党政代表团到赣州市考察乡村振兴、城市规划建设和产业发展等工作，并就深化务实合作进行座谈交流。省委常委、副省长、市委书记吴忠琼与河源市委书记、市人大常委会主任丁红都及考察团一行在赣州国际陆港举行座谈。河源市委副书记、市长林涛，赣州市委副书记、市长曾文明等分别参加相关活动。

14 日　市委党建工作领导小组召开会议，听取 2020 年市委履行全面从严治党主体责任抓党建工作情况汇报，调度部署下一步工作。省委常委、副省长、市委书记吴忠琼主持。市委副书记、市长曾文明等领导以及市委党建工作领导小组其他成员出席会议。

同日　农业农村部公布第三批全国农村创业创新典型县名单，崇义县入选。

15—19 日　全市六大攻坚战工作流动现场会召开。省委常委、副省长、市委书记吴忠琼，市委副书记、市长曾文明等市四套班子领导，各县（市、区）和赣州经济技术开发区、龙南经济技术开发区、瑞金经济技术开发区、赣州高新区、蓉江新区党政主要负责人及市直有关部门主要负责人，实地察看各地六大攻坚战项目 60 个。

20 日　中国共产党赣州市第五届委员会第十次全体（扩大）会议在赣州市召开。市委常委会主持会议。省委常委、市委书记吴忠琼就《中共赣州市委关于制定全市国民经济和社会发展第十四个五年规划和二〇三五年远景目标的建议（讨论稿）》起草情况进行说明并作总结讲话。市委副书记、市长曾文明总结 2020 年全市经济工作。

中旬　江西省文化和旅游厅组织开展的全省文博场馆红色主题社会教育示范项目推介活动，评选出全省文博场馆红色主题社会教育示范项目 10 个、优秀项目 10 个。赣州市文博单位申报的 4 个项目入选示范项目，3 个项目被评选为优秀项目。

21 日　赣州市召开劳动模范和先进工作者表彰大会。省委常委、市委书记吴忠琼出席并讲话。市委副书记、市长曾文明主持会议。

同日　省支持赣南等原中央苏区振兴发展工作推进会在南昌市召开。市委副书记、市长曾文明汇报相关情况。省发改委主任张和平等 19 个省直部门有关负责人出席会议。

同日　赣州军分区党委第一书记任职大会召开，宣布吴忠琼任赣州军分区党委委员、常委、第一书记。省军区少将政委徐贵福宣读决定、颁发任职通知书并讲话。省委常委、市委书记、军分区党委第一书记吴忠琼作表态讲话。市委常委、军分区大校政委陈李忠主持会议。军分区大校司令员刘涛出席会议。会议以电视电话会议形式召开，各县（市）人武部设分会场。

同日　全国麻风防治行业奖"马海德奖"揭晓，获"马海德奖"者有 10 人，赣州市皮肤病医院副主任医师许传勤入选，为全省唯一获奖者。

22 日　教育部党组成员、副部长孙尧率调研组到上犹县调研对口支援工作。教育部职成司司长陈子季随同，省政府副秘书长樊雅强，省委教育工委副书记、省教育厅厅长郭杰忠等陪同。

26 日　兴泉铁路江西兴国至福建宁化段实现贯通，标志兴泉铁路在江西境内全线贯通。兴泉铁路正线全长 495.867 千米，是江西兴国至福建泉州的国家一级铁路，设计时速 160 千米，该线途经赣州市兴国、于都、宁都和石城 4 个县。

30 日　赣州市文化和旅游研究院揭牌仪式暨赣州文化和旅游产业发展论坛在赣州市举行。

31 日　赣州市向中国科学院赣江创新研究院交付首批人才住房和科研人员用车。省委常委、市委书记吴忠琼出席，并交付住房钥匙、汽车钥匙。省人大常委会副主任、市委副书记、市长曾文明主持。

下旬　共青团中央办公厅下发《关于扩大〈中长期青年发展规划（2016—2025 年）实施县级试点工作的通知〉》，确定全国中长期青年发展规划试点地区 73 个，章贡区成为江西省入选的 2 个试点县之一，试点时间为 2020 年 12 月至 2021 年 12 月。

2 月

1 日　全市 2020 年度基层党建工作述职评议会议召开。省委常委、市委书记吴忠琼主持并讲话。省人大常委会副主任、市委副书记、市长曾文明等出席会议。省委组织部有关人员到会指导。

2 日　省公路管理局公布 2020 年度全省"最美十大农村公路"名单，安远县凤山至梅屋公路上榜。

5—7 日　省政协副主席、民进省委会主委汤建人率调研组一行到赣南师范大学、赣州高新区瀚川自动化科技有限公司等地实地调研高校科研项目和智能制造研发企业的发展状况。

6 日　市委在赣州市召开全市领导干部会议，宣布省委关于赣州市政府主要领导调整的决定。许南吉任赣州市委委员、常委、副书记，提名为赣州市政府市长候选人。曾文明不再担任赣州市委副书记、常委、委员职务，提名免去其赣州市政府市长职务。省委常委、市委书记吴忠琼主持会议并讲话。受省委委派，省委组织部副部长、省人大常委会选任联工委主任徐忠出席会议并讲话。曾文明和许南吉先后讲话。

6—7日　赣州市供销合作社联合社第一次代表大会召开。省委常委、市委书记吴忠琼对全市供销合作社工作提出要求。省供销联社党组书记、理事会主任李晓刚出席并讲话。会议审议通过赣州市供销合作社联合社章程和理事会、监事会、财务工作报告，选举产生市供销合作社联合社第一届理事会、监事会。

7日　市纪委五届六次全会召开。省委常委、市委书记吴忠琼出席并讲话。市委副书记、市政府党组书记许南吉等出席。市委常委、市纪委书记、市监委主任唐舒龙主持会议并作工作报告。

8日　全市深化事业单位改革试点工作动员部署会召开。省委常委、市委书记吴忠琼出席并讲话。市委副书记、市政府党组书记许南吉主持会议。会议以视频形式开到县（市、区）。

同日　市五届人大常委会第三十五次会议召开，审议通过接受曾文明辞去市长职务，决定许南吉为市政府代理市长。

同日　全市召开安全生产工作紧急视频会。市委副书记、代市长许南吉出席并讲话。会后，许南吉带队到赣州火车站等地，实地检查督导春运安全工作。

8—9日　福州市委副书记、福州新区管委会常务副主任林飞率福州市考察团在赣州市考察赣州国际陆港项目建设有关工作，福州市副市长杭东随同考察。市委副书记、代市长许南吉等出席相关活动。

18—20日　中国人民政治协商会议赣州市第五届委员会第六次会议在赣州市召开。省委常委、市委书记吴忠琼出席并讲话，要求各级党委加强和改进对政协工作的领导，把政协工作纳入重要议事日程和工作考核内容，及时研究解决政协工作重大问题。市领导许南吉等应邀出席。市政协主席彭业明向大会作市政协五届五次会议以来的工作总结报告。

19—21日　赣州市第五届人民代表大会第六次会议在赣州市青少年活动中心学术报告馆召开。省委常委、市委书记吴忠琼等出席参加会议。大会主席团常务主席赵多仙主持大会。市委副书记、代理市长许南吉代表赣州市人民政府向大会报告工作。在市五届人大六次和三次全体会议上，实到493名大会代表以无记名投票的方式，补选许南吉为市政府市长。

中旬　国家发改委备案同意赣州市2家国有集团企业在香港发行境外债券，共4.5亿美元，是赣州市国企首次获批发行境外债券。

22日　市委副书记、市长许南吉到赣州经济技术开发区和章贡高新区调研园区规划建设和工业发展等情况。

24日　省委常委、市委书记吴忠琼，市委副书记、市长许南吉等市四套班子领导，与市直（驻市）有关单位和赣州经济技术开发区部分干部职工200多人，到赣州高铁新区朝阳公园一期参加2021年义务植树活动。

26日　赣南医学院第一附属医院省级重大疫情防控救治基地项目正式奠基。该项目总投资约1.9亿元，规划用地面积35533平方米，新建感染楼建筑面积28680平方米，购置300台（套）相关医疗设备，设置病床260张，其中ICU重症病床100张。

28日　省委常委、市委书记吴忠琼参加指导江西理工大学2020年度党委领导班子民主生活会。省委督导组组长、省委教育工委书记叶仁荪到会指导并作点评。

下旬　中共中央宣传部命名第六批全国学雷锋活动示范点和岗位学雷锋标兵，江西省2个单位和2名个人上榜，其中赣州市于都县扶贫办被命名为全国学雷锋活动示范点。

下旬　住房和城乡建设部、工业和信息化部、民政部、中国残联、全国老龄办联合发布《关于表彰全国无障碍环境市县村镇的决定》。宁都县小布镇获评“创建全国无障碍环境示范市县村镇”，章贡区获评“创建全国无障碍环境达标市县村镇”。

下旬　由省委教育工委、省教育厅、省教育工会联合主办的江西省“新时代学生心中的好老师”宣传推介活动完成推荐工作，赣州市5名教师获评首批“新时代学生心中的好老师”。

3月

1日　赣州市举行重大项目集中开工竣工活动。市委副书记、市长许南吉宣布项目竣工并下达开工令。此次集中开工竣工的335个重大项目中，有集中开工项目265个，总投资2025.03亿元；有集中竣工项目70个，总投资679.5亿元。

1—3日　省委常委、市委书记吴忠琼率队赴浙江省杭州市、上海市考察招商，对接洽谈重点项目合作。其间会见吉利控股集团董事长李书福，考察知名企业，与长三角赣籍商会代表座谈，并出席上港集团与赣州国际陆港签署战略合作协议仪式。

2日　市委副书记、市长许南吉到瑞金市叶坪乡黄沙村华屋、叶坪乡山岐村就乡村振兴、农业产业发展、春耕备耕等工作开展调研。

同日　省妇联公布2020年度江西省“三八红旗手”、江西省“三八红旗集体”名单。南康区第一人民医院新生儿科及预防接种门诊护士长刘秋英等12名赣州人获评省“三八红旗手”；江西青峰药业有限公司质量控制部等9个赣州集体获评省“三八红旗集体”。

4日　赣州市与长江生态环保集团有限公司签署共抓长江大保护合作框架协议。中国长江三峡集团党组书记、董事长雷鸣山在赣州市考察交流并参加签约仪式。省委常委、市委书记吴忠琼，市委副书记、市长许南吉等陪同或出席合作交流座谈会。

7—8日　广东省揭阳市考察团到赣州市考察并开展红色教育活动，

双方就务实合作进行座谈交流。省委常委、市委书记吴忠琼与揭阳市委书记、市人大常委会主任蔡朝林及考察团一行在赣州座谈。

8日　市委召开全市党史学习教育动员会。省委常委、市委书记吴忠琼出席并讲话。市委副书记、市长许南吉等出席。

同日　市委召开中央巡视反馈意见整改工作动员部署会。省委常委、市委书记吴忠琼出席并讲话。市委副书记、市长许南吉主持会议。

同日　省工信厅公布2020年全省两化深度融合示范企业和示范区名单，赣州爱康光电科技有限公司等10家企业获评2020年省级两化深度融合示范企业。

9—10日　省委常委、市委书记吴忠琼到全南县、定南县和龙南市，调研工业发展、"三南"园区一体化和承接粤港澳大湾区产业转移等工作。

9—10日　中国工程院院士、空军军医大学国家分子医学转化科学中心主任陈志南一行到赣州市调研，并洽谈赣南转化医学研究院项目落地事宜。

10—11日　省委常委、市委书记吴忠琼到大余县池江镇兰溪村彭坑，参观陈毅旧居，实地察看项目建设进展，调研党史学习教育、春耕生产、示范镇建设等工作。

10—11日　省政府党组成员任珠峰一行到赣州市调研工业经济发展情况。省政府副秘书长熊科平、省工信厅副厅长何琦参加调研。市委副书记、市长许南吉陪同。

上旬　中国共产主义青年团中央委员会、教育部、中国少年先锋队全国工作委员会公布2020年度"全国优秀少先队员""全国优秀少先队辅导员""全国优秀少先队集体"名单，赣县区城关第四小学少先队员刘翊、信丰县花园小学少先队员郭雨馨获"全国优秀少先队员"荣誉称号，南康区唐江红旗学校少先队大队辅导员郭衍亮、赣州市红旗大道第二小学少先队大队辅导员刘平获"全国优秀少先队辅导员"荣誉称号，兴国县实验小学少先队大队、赣州市蟠龙中心小学六（3）中队获"全国优秀少先队集体"荣誉称号。

上旬　省市场监管局下达2021年第一批江西省地方标准制修订计划，由赣州市参与制定的《实木儿童家具生产技术规范》《板式家具余料利用技术规范》2项家具地方标准获批立项，实现赣州市参与家具地方标准制定零的突破。

11日　全市政法队伍教育整顿动员部署会召开。省委常委、市委书记吴忠琼出席并讲话。

12—14日　国机集团总经理、党委副书记吴永杰到赣州市考察企业生产经营、科技创新、战略规划等情况。省委常委、市委书记吴忠琼，市委副书记、市长许南吉出席相关活动。

13日　省委书记、省人大常委会主任刘奇到赣州市宣讲全国"两会"精神。省委常委、市委书记吴忠琼，市委副书记、市长许南吉等分别陪同。

同日　赣州市人民政府、赣州经开区管委会与吉利科技集团有限公司签订投资合作协议。吉利控股集团董事长李书福到赣州市考察交流并出席签约活动。省委常委、市委书记吴忠琼，市委副书记、市长许南吉陪同或出席签约活动。

15—16日　水利部副部长陆桂华一行到赣州市调研水土保持等工作，并开展党史学习教育。省政府副省长罗小云一同调研。省委常委、市委书记吴忠琼陪同调研。

16日　纪念市关工委成立25周年暨全市关心下一代工作会议在赣州举行。省委常委、市委书记吴忠琼出席并讲话。

16—17日　省军区少将副司令员刘殿荣一行到上犹县、崇义县、大余县、信丰县调研人民武装工作。

16—18日　福建省三明市政协考察组一行，到赣州市考察用好国家政策加快革命老区振兴发展的经验做法。

17日　市委全面依法治市暨政法工作会议在赣州召开。省委常委、市委书记吴忠琼出席并讲话。

19日　由市金融办、江西理工大学、人民银行赣州市中心支行、赣州市金融研究院和赣州银行共同设立的赣州红色金融文化研究所在赣州银行设立。启动会上，9名专家教授获颁聘书。

中旬　市政府发出通报，授予虔东稀土集团股份有限公司、龙南骏亚电子科技有限公司、江西省第十一建设有限公司"2020年赣州市市长质量奖"；授予赣州市同兴达电子科技有限公司、赣州市南康区金海家具有限公司"2020年赣州市市长质量奖提名奖"。

中旬　2020年江西工业遗产旅游基地名单公布，赣州市章贡区原赣州水泵厂遗址（宋城壹号文化创意产业园）、定南县岿美山钨矿遗址入选。

22日　江西省赣南等原中央苏区振兴发展工作领导小组会议在南昌召开。省委书记刘奇主持。省领导易炼红、陈兴超、吴忠琼出席会议。

同日　以"红色文艺经典的时代光芒"为主题的建党百年红色文艺经典研讨会在赣州市举行。中国文联党组成员、书记处书记董耀鹏出席开幕式并作主旨发言，中国文联文艺评论中心主任徐粤春主持开幕式和主题研讨，省委宣传部副部长黎隆武等致辞，中国文艺评论家协会副主席、省文联主席叶青主持圆桌论坛。

23—25日　省委常委、市委书记吴忠琼分别到国家发改委、教育部、工业和信息化部、国家能源局、中国科学院、中国石油化工集团有限公司、全国工商联、国家林业和草原局等部委和中央单位走访，就有关工作开展座谈交流。教育部部长陈宝生，中共中央统战部副部长、全国工商联党组书记、常务副主席徐乐江，中国科学院院长侯建国，国家能源局局长章建华，国家发改委副主任丛亮，教育部副部长孙尧，工业和信息化部副部长王江平，国家林业和草原局局长关志鸥、副局长刘东生，中国科学院副院长张涛，中国石油化工集团有限公司副总经理李永林等分别出席相关活动。

24日　"健康中国行·重走长征路"智能医疗基层公益活动在于都县启动。中国宋庆龄基金会主席王家瑞出席相关活动。全国政协人口资源环境委员会副主任黄跃金，中国宋庆龄基金会党组书记、常务副主席杭元祥等随同。省政协副主席、党组副书记陈俊卿，市委副书记、市长许南吉陪同或出席相关活动。

25日　由赣州国际陆港管委会牵头，赣州海关、市发改委、市商务局、市市场监管局等部门制定的《赣州国际陆港开展汽车平行进口试点实施方案》在商务部完成备案，赣州市即日起可开展平行车进口企业试点工作。

25—27日　重庆市政协副主席宋爱荣率重庆市政协调研组一行，到赣州市就“传承红色文化，推动文旅融合发展”专题进行学习考察。

26日　根据中央、省委关于政法队伍教育整顿的部署要求，省委常委、市委书记吴忠琼从“充分认识开展教育整顿的重大意义”等4个方面作专题党课报告，对全市政法队伍教育整顿进行再动员、再部署。省政法队伍教育整顿第七驻点指导组组长刘贤清、副组长王飞及指导组全体成员出席。

同日　江西省金融机构支持赣州经济高质量发展产融对接活动举行。省金融机构与赣州市有关企业现场签约项目36个、场外签约项目43个，总金额176.86亿元。省委常委、市委书记吴忠琼出席并讲话。

29日　全国扫黑除恶专项斗争总结表彰大会在北京市举行。赣州市章贡区人民法院获评“全国扫黑除恶专项斗争先进集体”，1人获评“全国扫黑除恶专项斗争先进工作者”。

30日　于都县农村产业融合发展示范园被国家发改委等7个部委列入第三批国家农村产业融合发展示范园创建名单。

30—31日　国家开发银行党委书记、董事长赵欢一行到瑞金市、于都县开展支持革命老区振兴发展工作调研。

4月

1日　全市组织部长会议暨县乡领导班子换届工作会议召开。省委常委、市委书记吴忠琼对做好全市组织工作提出要求。

同日　市委副书记、市长、市主攻工业倍增升级领导小组组长许南吉主持召开市主攻工业倍增升级领导小组第一次会议，研究有关文稿，听取一季度工业经济运行及有色金属产业链情况，协调解决存在的问题。

2日　市委副书记、市长许南吉现场调研环保督察反馈问题整改工作，先后到中梁江督府西湿地公园、市一水厂原取水口、赣州经开区金凤梅园，调研小溪臭味扰民问题整改、水源地保护区内雨污混排口整治、排污口整改等工作情况。

6日　赣南苏区振兴发展工作领导小组召开2021年第一次会议。省委常委、市委书记吴忠琼主持会议。市委副书记、市长许南吉等出席会议。

同日　赣州市召开江西赣商联合总会企业家座谈会。省委常委、市委书记吴忠琼出席相关活动，市委副书记、市长许南吉出席座谈会并讲话。省商务厅相关负责人以及部分赣商企业家代表出席座谈会。

7日　赣（州）深（圳）组合港开通运营暨“双区联动”跨境电商班列开行。省委常委、市委书记吴忠琼出席活动，并宣布赣深组合港开通运营暨“双区联动”跨境电商班列发车。

同日　全市配合做好中央第二轮生态环境保护督察工作部署会召开。市委副书记、市长许南吉出席并讲话。

7—9日　省委副书记叶建春到赣州经开区、章贡区、于都县、瑞金市、宁都县、兴国县调研。省委常委、市委书记吴忠琼，市委副书记、市长许南吉等分别陪同调研。

8日　全市严肃换届纪律集体谈话会议召开。省委常委、市委书记、市换届工作领导小组组长吴忠琼出席并讲话。

8—10日　全市县处级以上领导干部学习贯彻中共十九届五中全会精神专题研讨班暨党史学习教育专题读书班分别在市委党校和青少年活动中心学术报告厅同步进行。省委常委、市委书记吴忠琼出席开班式并作辅导报告。结业时，市委副书记、市长许南吉作总结讲话。

9日　省委常委、市委书记吴忠琼主持召开市县乡领导班子换届工作领导小组会议。市委副书记、市长许南吉等出席会议。

10日　中国工程院党组书记、院长李晓红率队到于都县、赣县区和赣州经开区，开展“学党史、办实事”院士走进革命老区活动，并调研考察有关企业和产业园。中国工程院党组成员、秘书长、中国工程院院士陈建峰，中国工程院院士干勇、朱蓓薇、吴光辉、黄小卫等参加调研考察。省委常委、市委书记吴忠琼，副省长罗小云，市委副书记、市长许南吉等分别陪同。

上旬　赣州市政府教育督导委派出3个实地核查组，对龙南市、定南县、安远县、兴国县、宁都县、会昌县等6个县（市）党政领导干部2020年度履行教育职责情况进行实地核查。

上旬　由江西文化艺术基金资助、赣南师范大学承办的“赣南采茶戏声腔艺术人才培养”项目培训班在赣南师范大学开班。江西省相关县市，赣南地区及广东粤北地区的专业院团、文化馆、高校和社区文艺骨干参加培训。

12—14日　全国政协常委、全国政协文化文史和学习委员会副主任王儒林率调研组到赣州，就“推动出版业高质量发展，扩大优质文化产品供给”开展调研。全国政协文化文史和学习委员会副主任阎晓宏，原国家新闻出版广电总局副局长吴尚之，中国出版集团公司原董事长谭跃等全国政协委员随同调研。市委副书记、市长许南吉等陪同调研。

12—14日　科技部国际合作司司长叶冬柏率青年调研团先后到中国科学院赣江创新研究院、赣县区中科拓又达智能装备科技有限公司、章贡区青峰药业创新天然药物与中药注射剂国家重点实验室、赣南师范大学和江西理工大学进行“创新能力开放合作”专题调研。

13日　市委副书记、市长许南

吉到定南县岭北镇上下营稀土新工艺开采试验点和上下营稀土尾水处理站、志达电站出境断面水质监测点以及章贡区华劲纸业公司，检查调研环保督察问题整改工作。

13—14 日　全国人大常委会法制工作委员会副主任张勇率调研组一行到赣州市开展《中华人民共和国军人地位和权益保障法（草案）》立法调研。

13—14 日　省高级人民法院党组中心组集体学习暨党史学习教育专题读书班在瑞金市举办。省高级人民法院党组书记、院长葛晓燕参加并主持学习活动。

14 日　国家广电总局党组成员、副局长孟冬就贯彻落实《国务院关于新时代支持革命老区振兴发展的意见》精神，做好对口支援及支持赣南等原中央苏区振兴发展等工作，到大余县梅岭三章纪念馆调研并召开座谈会。国家广电总局公共服务司司长邓慧文随同调研，市委副书记、市长许南吉出席相关活动。

15 日　省委常委、市委书记吴忠琼到章贡区中梁江督府西湿地公园，赣县区时间公园东侧桃源溪黑臭水体治理现场及城北污水处理厂、红金工业园，赣州经开区金凤梅园污水直排问题整改现场，调研督导环保督察问题整改工作。

15—16 日　最高人民检察院检察委员会副部级专职委员张志杰一行到赣州市开展党史学习教育，并调研基层检察院建设。

16 日　新时代赣南苏区振兴发展工作部署会召开。省委常委、市委书记吴忠琼出席并讲话。

16—18 日　中央纪委常委、国家监委委员崔鹏一行到赣州市调研农村基层党的建设、作风建设等情况，并接受革命传统教育。

17 日　由延安大学倡议发起，赣南师范大学、井冈山大学、遵义师范学院、阿坝师范学院、甘肃民族师范学院等长征沿线 6 所高校联合开展的“学党史·网上重走长征路”活动在赣南师范大学启动。活动通过网络直播，在各高校同步启动。

18 日　在第十届中国城市物流发展年会上，寻乌县广寻现代物流园获评“2020 年度中国城市物流高质量发展创新成果奖”；被中国交通运输协会物流技术装备专业委员会评为“2020 年度数智化物流产业示范基地”。

18—20 日　广东省政协副主席袁宝成率调研组一行到南康区赣州国际陆港、江西华源新材料股份有限公司等地，就“加快产业集群数字化转型，推动先进制造业高质量发展”“战略性产业集群发展中的问题及对策建议”和“落实‘一核一带一区’战略，全力推动广东内河航运扩能升级”等专题开展调研。省委常委、市委书记吴忠琼，市委副书记、市长许南吉等出席相关活动或陪同。

19 日　中华全国总工会在北京举行 2021 年全国先进女职工集体和个人表彰大会。于都县人民医院党办主任黄志英荣获全国“五一巾帼标兵”称号。

同日　《赣州年鉴（2020）》入选第五批中国年鉴精品工程“中国精品年鉴”名单，此次全国仅有 18 部年鉴入选，其为全省首部获“中国精品年鉴”称号的地方综合年鉴。赣州市成为全国唯一的“志书、年鉴双精品”设区市。

20 日　第十一届全国中小学外语教师园丁奖暨全国三“十佳”外语教师（全国“十佳”小学外语教师、全国“十佳”初中外语教师、全国“十佳”高中外语教师）名单公布，赣州市章贡中学邓弘媚、赣州中学朱韵燕、于都县第二中学杨庆华、赣州市教研室李晓红获全国中小学外语教师园丁奖。其中，邓弘媚获全国“十佳初中外语教师奖”，是全省唯一同时获此 2 项荣誉的教师。

中旬　第二十八届江西省报纸副刊好作品（2020 年度）获奖作品公布，赣南日报社选送的《八年振兴路 一曲奋进歌——写在〈国务院关于支持赣南等原中央苏区振兴发展的若干意见〉出台实施八周年之际》等 10 件作品上榜。

21 日　国务院办公厅印发《新时代中央国家机关及有关单位对口支援赣南等原中央苏区工作方案》。方案明确，对口支援赣南等原中央苏区工作，对口支援单位包括 63 个中央国家机关及有关单位，受援地包括江西省赣州市。工作期限为 2021—2030 年。

同日　2021 年江西省产融合作主导产业重点企业名单公布，赣州市赣州晨光稀土新材料股份有限公司等 49 家企业入围。

22 日　省委党史学习教育第二巡回指导组到赣州市开展党史学习教育巡回指导工作，并召开座谈会听取有关情况汇报。省人大监察司法委副主任委员、省委第二巡回指导组组长陈晓春率队出席并讲话。23 日，省委第二巡回指导组到于都县和兴国县进行调研指导，实地了解赣州市党史学习教育工作开展情况。

同日　在交通运输部召开的全国交通运输脱贫攻坚总结暨巩固拓展脱贫攻坚成果全面推进乡村振兴会议上，市交通运输局获“全国交通运输脱贫攻坚成绩突出集体”称号。

22—23 日　省委副书记、省长易炼红到瑞金市叶坪乡华屋村、江西金拉铜箔公司等地就党史学习教育、产业发展和项目建设进行调研。省委常委、市委书记吴忠琼，市委副书记、市长许南吉等分别陪同调研。

22—23 日　省政府副省长胡强到赣州市江西中电汽车，赣州汇森集团、南康家居小镇调研。

22—24 日　省委常委、省委宣传部部长施小琳到赣州市调研长征国家文化公园江西段建设、党史学习教育及新时代文明实践等工作。

23 日　赣州市与上海中医药大学签署战略合作框架协议。上海中医药大学党委书记曹锡康率队到赣州市开展党史学习教育并出席签约活动。省委常委、市委书记吴忠琼等陪同或出席合作交流座谈会。

同日　全国工商联携手知名民营企业振兴革命老区赣州行活动启动会召开。会议以视频形式召开，北京市、赣州市分设会场。全国工商联副主席邱小平，全国工商联秘书长赵德江，全国工商联联络部部长马君等在北京市会场出席。副省长胡强，省政协副主席、省工商联主席雷元江，省政府副秘书长宋雷鸣，市委副书记、市长许南吉等在赣州市会场出席。

同日　由江西省文化和旅游厅、赣州市人民政府主办的“红土情深·嘉游赣”系列推广活动（广州）暨2021江西赣州旅游推广及项目招商会在广州市举行。

25日　赣南采茶戏《一个人的长征》在赣州市青少年活动中心学术报告馆首次公演，700余名观众现场观看。

26日　全市主攻工业倍增升级暨开放型经济工作会议召开。省委常委、市委书记吴忠琼出席并讲话。市委副书记、市长许南吉主持会议。

同日　宜春市代表团到赣州市考察全国文明城市创建及常态化管理、新时代文明实践等工作。宜春市委书记于秀明率团。省委常委、市委书记吴忠琼会见代表团一行。市委副书记、市长许南吉等参加相关活动。

同日　中国第八届家具产业博览会线上博览会在南康区跨境电商产业园开幕。

26—27日　周边国家驻华使节团到于都中央红军长征集结出发地纪念园、瑞金叶坪革命旧址群等地考察访问。使节团成员有老挝、文莱、缅甸、泰国、阿富汗、尼泊尔、蒙古国、新加坡、马来西亚、马尔代夫、越南11个亚洲国家，其中包括7名驻华大使。外交部亚洲司大使王福康等领导陪同。

27日　省委常委、市委书记吴忠琼到南康区格力电器（赣州）智能制造基地、大自然家居高端智能制造（南康）基地项目、美克数创智造园、月星智能制造生产基地项目，调研家具产业链及重大项目建设，现场研究解决具体问题。

同日　市委副书记、市长许南吉主持召开瑞兴于“3+2”经济振兴试验区建设工作领导小组第六次会议。

同日　中国（赣州）国际陆港发展暨国际木材供应链可持续论坛在赣州国际木材交易中心举行。

同日　2021年庆祝“五一”国际劳动节暨“建功‘十四五’、奋进新征程”主题劳动和技能竞赛动员大会在北京人民大会堂举行。赣州市赢家时装（赣州）有限公司获“全国五一劳动奖状”，赣州市德普特科技有限公司研发部经理黄培峰、江西金力永磁科技股份有限公司胚料工序手动成型操作员温小珍、赢家时装（赣州）有限公司技术员郑赖敏、江西铁山垅钨业有限公司丰田坑口101采矿台班长黄小清获“全国五一劳动奖章”，赣州汇明木业有限公司开料组、赣州市石城县河长办公室、江西环境工程职业学院水处理技术团队获“全国工人先锋号”。

27—30日　国家林草局副局长刘东生到赣州市调研林业工作。省委常委、市委书记吴忠琼出席相关活动。

28日　中国（赣州）第八届家具产业博览会暨首届国际进口木材贸易博览会在南康家居小镇开幕。开幕式上，签约项目13个，总金额超370亿元。省委常委、市委书记吴忠琼出席并为“南康家具产业发展十大突出贡献奖”获得者颁奖。副省长陈小平宣布开幕。国家林草局副局长刘东生讲话。市委副书记、市长许南吉致欢迎词。国家有关部委、省直有关单位、全国性的行业协会、出版机构及有关央企相关领导，家具、家电、家装龙头企业代表，美国、日本、芬兰、加拿大、瑞典、加蓬、缅甸等20多个国家和地区的驻华使馆参赞及经销商、采购商代表，沿海主要港口代表，高校和科研机构代表，国际国内知名的物流企业、电商企业、新材料企业及电商协会代表，全国家具类十大展会代表，国内外知名木材贸易商代表等出席活动。

同日　全省现代家具产业链链长制工作推进会在南康区召开。省委常委、市委书记、全省现代家具产业链链长吴忠琼出席并讲话。

28—30日　中华全国供销合作总社监事会副主任原梅生一行到信丰县、瑞金市调研，并出席江西供销（信丰）冷链物流园开园仪式和粤港澳大湾区蔬菜产业合作交流大会开幕式。

29日　市政府和江西师范大学在赣州签署乡村振兴战略合作框架协议。市委副书记、市长许南吉，江西师范大学党委书记黄恩华出席并致辞。

30日　全国首个乡村红色记忆图书馆，在兴国县东村乡小洞村揭牌。毛泽东、朱德等老一辈革命家的后人向图书馆捐书。朱德之孙、空军少将朱和平，开国上将萧华之女萧霞，开国上将陈奇涵之子陈崇北等出席揭牌仪式。

同日　首届中国客家小吃节在安远县民俗古街西街坝开幕。

4月28日，中国（赣州）第八届家具产业博览会暨首届国际进口木材贸易博览会在南康家居小镇开幕（刘凯摄）

同日　粤港澳大湾区蔬菜产业合作交流大会（赣州）在信丰县举行。大会集中签约23个重点农业项目，签约总资金168.2亿元。中华全国供销合作总社监事会副主任原梅生等领导及市委副书记、市长许南吉等出席。

同日　农业产业对接融入粤港澳大湾区暨蔬菜产业高质量发展高峰论坛在信丰县举行。论坛由赣州市人民政府、粤港澳大湾区“菜篮子”工作办公室主办。

下旬　国家京剧院副院长林琳、国家京剧院三团副团长徐畅率队到兴国县东村乡中心小学，代表国家京剧院和中国光华科技基金会向东村乡中心小学所在地的孙晶岩老区工作室红色记忆图书馆，捐赠书籍2000多册。

下旬　“宁都黄鸡”“宁都辣椒”通过农业农村部审核，获得“全国名特优新农产品”证书，系赣州市首次入围全国名特优新农产品。

5月

6日　市推动长江经济带建设领导小组暨市级总河（湖）长和总林长会议在赣州召开。省委常委、市委书记吴忠琼出席并讲话。市委副书记、市长许南吉主持会议。

8—10日　由中国膜工业协会、中国科学院赣江创新研究院共同主办，赣州市科技局和《膜科学与技术》编辑部承办的“第七届全国膜分离技术在冶金工业中应用研讨会”在赣州市召开。中国科学院院士，中国科学院过程工程研究所所长、研究员张锁江，中国科学院原秘书长、中国科学院大连化学物理研究所研究员邓麦村等出席研讨会。来自中国膜工业协会会员单位与中国科学院赣江创新研究院等16家科研单位、34所高校的近300人参加。

10—12日　市委副书记、市长许南吉在北京拜访国家发改委、财政部、海关总署、国家能源局、国家铁路集团等部委单位，就有关工作加强对接汇报，争取支持。

上旬　国务院食品安全委员会发布关于表彰全国食品安全工作先进集体和先进个人的决定，赣州市市场监管局被授予“全国食品安全工作先进集体”荣誉称号。

10—12日　以“中国品牌，世界共享；聚力双循环，引领新消费”为主题的2021年中国品牌日活动在上海市展览中心举行。赣州市南康区康企家具品牌运营管理有限公司等5家企业入选，是赣州市入选企业最多的一年。

11日　国家知识产权局正式向赣州市核发“赣南高山茶”集体商标注册证（第34505269号），这是赣州市又一个成功注册冠以“赣南”的农业产业类集体商标。

11—12日　省委常委、市委书记吴忠琼到大余县、崇义县和上犹县，调研生态文明建设、绿色产业发展、乡村振兴、文旅产业发展等工作。

11—15日　由中国残联组织中国残疾人艺术团开展的“共享芬芳　共铸美好”公益巡演江西行活动在赣州市举行。中国残联党组成员、副主席、副理事长程凯，中国残联宣文部副主任李德富，中国残疾人特殊艺术指导中心副主任李东梅出席活动并调研。省委常委、市委书记吴忠琼等出席相关活动或陪同调研。

12日　江西省第三代社会保障卡首发仪式在于都县举行。人社部信息中心党委书记、副主任董英申，省人社厅厅长钟志生等出席首发式。

12—13日　国家卫生健康委副主任李斌到赣州市调研卫生健康工作。国家卫生健康委宣传司副司长米锋随同调研。

12—14日　全国政协副主席刘奇葆率领全国政协党外委员视察团到赣州，开展以“学习百年党史，增进‘四个认同’”为主题的专题视察活动。全国政协委员、教科卫体委员会副主任蔡名照，全国政协副秘书长韩建华等参加视察。省委常委、市委书记吴忠琼，省政协副主席、党组副书记陈俊卿，市委副书记、市长许南吉等分别陪同或出席相关活动。

12—14日　国家生态综合补偿试点工作现场会在赣州召开。省委常委、市委书记吴忠琼，市委副书记、市长许南吉出席相关活动。国家发改委地区振兴司副司长王心同等出席会议。

13—14日　正和岛企业家考察团到赣州市考察座谈。正和岛创始人兼首席架构师刘东华率团。省委常委、市委书记吴忠琼，市委副书记、市长许南吉出席相关活动。

14日　赣州市与江西省铁航集团签署投资合作框架协议。省委常委、市委书记吴忠琼，市委副书记、市长许南吉，与省铁航集团党委书记、董事长温治明一行举行工作会谈。

16日　9时58分，赣深高铁与昌赣高铁线路南端成功对接，标志着赣深高铁江西段正线钢轨铺设全部完成。

17日　吉利赣州动力电池（一期）12亿瓦时项目正式开工建设。市委副书记、市长许南吉出席活动并宣布项目开工。

17—19日　2021年全省旅游产业发展大会召开。会上，赣州市荣获“2020年度全省旅游产业发展先进设区市”称号。石城县荣获2020年度全省旅游产业发展先进县、国家全域旅游示范区。

18日　赣州市与国家开发银行江西省分行签署“十四五”时期系列合作协议。省委常委、市委书记吴忠琼与在赣州市出席相关会议的国家乡村振兴局副局长夏更生、国家开发银行副行长周清玉一行会谈，并见证签约。国家发改委振兴司副司长王心同，商务部财务司二级巡视员贵芸等参加相关活动。

同日　由中央组织部会同中央网信办共同组织的“走进红色美丽村庄”网络主题宣传采访活动在于都启动。中共中央组织部新闻办、中央网信办传播局、省委组织部、省委网信办有关负责人，省委常委、市委书记吴忠琼等参加启动仪式或出席相关活动。

19日　市委理论学习中心组重温中共中央总书记习近平视察江西和赣州重要讲话精神暨党史学习教

育改革开放新时期历史专题学习会举行。省委常委、市委书记吴忠琼主持并讲话。省委第二巡回指导组组长陈晓春、副组长梁纯平到会指导。

同日　由中国记协主办的“学党史 悟思想·红土地上践初心”中央媒体赴赣州学习调研活动在于都县启动。34家中央和全国性行业类媒体的40名采编骨干参加活动。

同日　由外交部主办、省外办承办的第一期“外事红色教育课堂”在瑞金开班。省委常委、市委书记吴忠琼出席相关活动，外交部外事管理司司长王同庆在开班仪式上致辞并调研。该班首期在赣州市开展为期2天的学习，北京、天津、上海等17个省市区和南昌、上饶、抚州等省内设区市外事系统干部近90人参加学习。

20—21日　最高人民检察院党组书记、检察长张军率最高检调研组一行到赣州市开展“回头看”，就落实习近平法治思想、结合党史学习教育和政法队伍教育整顿、传承好红色基因进行调研督导。省委常委、市委书记吴忠琼，省检察院党组书记、检察长田云鹏，市委副书记、市长许南吉等领导分别陪同调研或出席相关活动。

20—21日　中共中央组织部副部长、中央编办主任周祖翼一行到赣州市开展基层管理体制创新工作调研和党史学习教育。省委常委、市委书记吴忠琼，市委副书记、市长许南吉等市领导分别陪同。

20—22日　全国人大常委会委员、全国人大监察和司法委员会副主任委员李钺锋一行到赣州市开展推进监察监督全覆盖情况专题调研。

中旬　2021中国品牌价值评价信息发布暨中国品牌建设高峰论坛在上海会议中心举行。赣南脐橙、赣南茶油再次位列地理标志百强榜第6位和第54位；江西青峰药业有限公司以品牌强度788，品牌价值8.45亿元进入制造业品牌医药健康组榜单；赣州市位列百强城市品牌（地级市）榜第31位。

中旬　2021年国际大学生数学建模竞赛成绩揭晓，江西应用技术职业学院参赛队伍获国际一等奖1项、国际二等奖3项。此次全国获得一等奖的高校中仅有2所为高职院校，江西应用技术职业学院创造全国高职高专院校为全国获奖数量最多的高职院校。

中旬　江西省农业农村厅公布首批“赣鄱正品”认证品牌名单，赣南脐橙、赣南茶油、上犹绿茶、宁都黄鸡等赣州9家企业品牌入选“赣鄱正品”第一批认证品牌。

中旬　中国林场协会发布，阳明湖景区（犹江林场）入选2021年度国有林场干部挂职锻炼基地，成为全国国有林场58个挂职基地之一。

21日　数创智联科技园项目在赣州集中签约，14家企业分别与章贡区人民政府、赣州蓉江新区管委会签署14个项目合作协议，签约金额超100亿元。中国科学院院士周成虎出席签约并在赣州市调研。

21—22日　省委书记刘奇到赣州市调研。省领导赵力平、吴忠琼，市领导许南吉陪同调研。

22日　赣州绿色金融研究院揭牌仪式暨首届赣南苏区绿色金融发展论坛在赣南师范大学学术报告厅举行。由市政府金融办、九江银行赣州分行、赣南师范大学经济管理学院共建的赣州绿色金融研究院正式揭牌成立。

24日　赣南科技学院正式揭牌。市委副书记、市长许南吉，省委教育工委委员、省教育厅总督学曹伴好共同为赣南科技学院揭牌。江西理工大学主要负责人、赣南科技学院过渡期管理委员会负责人等出席活动。

同日　赣州、吉安政法队伍教育整顿调度推进会在赣州市召开。省委常委、省委政法委书记、省政法队伍教育整顿领导小组常务副组长尹建业出席并讲话。省委常委、市委书记吴忠琼出席相关活动。

24—27日　省委常委、市委书记吴忠琼率赣州市党政代表团赴广东省开展为期4天的学习考察。市委副书记、市长许南吉等全程参加学习考察。24—25日，赣州市与深圳市在深圳举行合作交流座谈会。广东省委副书记、深圳市委书记王伟中，江西省委常委、赣州市委书记吴忠琼出席并讲话。深圳市委副书记、市长覃伟中，赣州市委副书记、市长许南吉分别介绍两市经济社会发展情况。25—26日，赣州市党政代表团到东莞市实地考察学习。26日，赣州市与东莞市举行合作交流座谈会。东莞市委书记、市长肖亚非主持并讲话。肖亚非、许南吉等分别介绍两市经济社会发展情况。26—27日，赣州市党政代表团在广州召开座谈会。吴忠琼主持并讲话。许南吉等出席。26日下午，广东省委书记李希，广东省委副书记、省长马兴瑞在广州与吴忠琼一行座谈交流。广东省委常委、广州市委书记张硕辅，广东省委常委、省委秘书长张福海，广东省政府秘书长、办公厅主任叶牛平等出席相关活动。

25日　赣州市与北航投资有限公司在深圳签署人才合作协议。省委常委、市委书记吴忠琼，市委副书记、市长许南吉与北航投资有限公司董事长夏炜一行座谈交流。

同日　全省系统整治电信网络诈骗违法犯罪工作现场推进会在赣州市召开。省委常委、省委政法委书记尹建业，省政府副省长、省公安厅厅长秦义出席并讲话。

同日　赣州市关爱退役军人协会正式成立并举行第一届理事会会议。

25—28日　全国政法队伍教育整顿中央第八督导组组长蒋卓庆率队到赣州调研督导，在赣州市公安局等政法单位实地检查教育整顿情况，并主持召开全市工作汇报会和重点案件剖析座谈会。省委常委、省委政法委书记尹建业陪同调研督导。省委常委、市委书记吴忠琼汇报工作并作表态讲话。中央第八督导组江西小组组长邱敏、扫黑除恶督导专员王会平，省委政法委常务副书记林强，省第七驻点指导组组长刘贤清、副组长王飞、王仁华，市委副书记、市长许南吉等出席相关活动。

25—29日　省政协副主席、党组成员刘卫平到赣州市开展“发展壮大新型农村集体经济”专题调研。

26 日　赣州市人民政府与广州市人民政府签署深化战略合作协议，与国家知识产权局专利局专利审查协作广东中心签署战略合作框架协议。赣州市行政审批局与广州市政务服务数据管理局签署政务服务“跨省通办”合作协议，赣州城投集团与广州无线电集团签署战略合作框架协议。广东省委副书记、省长马兴瑞，江西省委常委、赣州市委书记吴忠琼，广东省政府秘书长、办公厅主任叶牛平，赣州市委副书记、市长许南吉出席签约活动。广东省委常委、广州市委书记张硕辅主持签约活动。

同日　中国劳动和社会保障科学研究院与赣州市人社局共建“劳动和社会保障研究与创新基地”签约暨揭牌仪式在赣州市章江宾馆举行，双方就合作共建事宜进行座谈交流。中国劳动和社会保障科学研究院院长金维刚出席活动。

27 日　省政府副省长罗小云到高校联系点赣南医学院、乡村振兴联系点南康区调研。

28 日　赣州方特东方欲晓正式开园。省委常委、市委书记吴忠琼出席活动并宣布开园。市委副书记、市长许南吉致辞。

下旬　省委改革办评选汇编并发布中共十八届三中全会以来全省 40 佳改革案例，赣州市 5 个改革案例入选。

下旬　国家市场监管总局下发文件，国家油茶产品质量检验检测中心（江西）正式获批成立。

6 月

1 日　由新华网出品的“百年风华”原创音乐史诗赣州专场在赣州大剧院开启全国首演。新华网股份有限公司党委书记徐珊娜，市委副书记、市长许南吉等出席。

2 日　赣州市乡村振兴局正式挂牌成立。

2—3 日　深圳市创新投资集团党委副书记、总裁左丁在赣州市考察企业、开展培训活动。省委常委、市委书记吴忠琼，市委副书记、市长许南吉分别会见。

2—3 日　长征沿线、革命老区市州政协“助推长征国家文化公园建设、助力革命老区振兴发展”协商联席会议第一次会议在赣州市举行。江西省赣州市、抚州市、吉安市，四川省泸州市、阿坝藏族羌族自治州、甘孜藏族自治州，陕西省延安市，贵州省遵义市，福建省三明市、龙岩市，甘肃省白银市、甘南藏族自治州，广东省梅州市等十省（自治区）19 个市州政协领导出席会议。

3 日　市政企圆桌会暨稀土钨稀有金属产业链链长会召开。市委副书记、市长许南吉主持。

同日　中央国家机关及有关单位对口支援赣州市第四批挂职干部座谈会召开。省委常委、市委书记吴忠琼出席并讲话。市委副书记、市长许南吉主持。市振兴办汇报 2020 年度对口支援工作情况，第四批对口支援挂职干部代表作发言。

同日　全省 2021 年质量提升项目现场推进会在赣州召开。

3—4 日　省政协副主席汤建人一行到赣州市开展“发挥高校思政工作培根铸魂、启智润心作用”专题调研。

3—5 日　国家烟草专卖局副局长韩占武一行到赣州市调研国家烟草专卖局对口援建兴国、党史学习教育、烟叶生产、烟草行业巡视等工作。

4 日　政法队伍教育整顿“三个规定”宣讲会在赣州市举行。政法队伍教育整顿省第七驻点指导组组长刘贤清作宣讲报告。省委常委、市委书记吴忠琼，市委副书记、市长许南吉等出席会议。

同日　水利部下发《关于表彰全面推行河长制湖长制先进集体和先进个人的决定》，公布获国家表彰名单。寻乌县水利局被评为“全面推行河长制湖长制工作先进集体”。石城县水利局党组书记、局长温萍水，寻乌县水利局河湖长制工作股股长曾晶，上犹县水利局党组书记、局长华明桂被评为“全面推行河长制湖长制工作先进工作者”。石城县丰山乡党委副书记、乡长、乡级副总河长许贵州，寻乌县长宁镇党委书记、乡级总河长古德勤被评为“全国优秀河（湖）长”。

5 日　中国政策科学研究会和江西省社会科学院主办的首届瑞金论坛学习中国共产党的历史学术研讨会在瑞金举行。十一届全国政协副主席、中国人口福利基金会会长、审计署原审计长李金华作主旨演讲。省委常委、市委书记吴忠琼出席并致辞。中信改革发展研究基金会理事长孔丹主持。

6 日　非遗中的红色资源寻访活动启动暨革命故事、红色歌谣新书发布仪式在赣州举行。全国政协文化文史和学习委员会副主任雒树刚出席活动并在赣州市调研。文化和旅游部党组成员、中国非物质文化遗产保护协会会长王晓峰，省委常委、宣传部部长施小琳，省委常委、市委书记吴忠琼，市委副书记、市长许南吉等分别陪同。

6—8 日　科技部党组成员、科技日报社社长李平到瑞金叶坪革命旧址群、于都中央红军长征集结出发地纪念园、瑞金红井革命旧址群、“二苏大”旧址等地开展“党建百年”主题党史学习教育调研。省委常委、市委书记吴忠琼，市委副书记、市长许南吉出席相关活动。

8—11 日　内蒙古自治区政协副主席郑福田率考察团先后到瑞金市叶坪革命旧址群、红井革命旧址群、“二苏大”革命旧址，于都中央红军长征集结出发地纪念园、毛泽东同志旧居等地，就“红色文化资源保护挖掘和利用”开展考察。内蒙古自治区政协党组成员、内蒙古自治区政协常委魏军参加考察。

9 日　市政府新闻办、市统计局召开新闻发布会，公布赣州市第七次全国人口普查数据。赣州市常住人口为 897 万人。

10—11 日　市委副书记、市长许南吉到龙南市黄沙小流域稀土尾水处理站、龙南保税物流中心、全南县龙源坝镇雅溪古村等地调研相关产业发展情况。

10—12 日　中国人民银行党委书记、中国银保监会主席郭树清先后到瑞金叶坪革命旧址群（苏维埃国家银行旧址）等地，调研金融支持赣南苏区振兴发展工作；在定南县主持召开金融支持赣南等原中央苏区振兴发展座谈会，到人民银行赣州市中心支行、赣州银保监分局走访。省政府副秘书长王前虎，省地方金融监管局局长韦秀长，人民银行南昌中心支行行长张瑞怀，江西银保监局局长李赛辉，市委副书记、市长许南吉等陪同。

上旬　中央文明办在河南开封举办“中国好人榜”发布活动，赣州市上犹县特殊教育学校校长蒙芳获评“敬业奉献好人”。

上旬　江西省工业强省建设工作领导小组公布2020年度全省工业高质量发展先进设区市、县（市、区）名单，赣州市获评“2020年度全省工业高质量发展先进设区市”，章贡区获评“2020年度全省工业高质量发展一类先进县（市、区）”，信丰县、龙南市获评“2020年度全省工业高质量发展二类先进县（市、区）”。

上旬　省工信厅发布关于江西省新型墙体材料生产企业和产品目录（2021年第2批）的公告，赣州6家企业生产的新型墙体材料产品获省新型墙体材料产品认定。

上旬　赣州银行发放全省首笔跨境金融区块链服务平台出口信保保单融资给赣州市一纺织企业，金额为14万美元。标志着江西省外贸企业信保融资进入区块链时代。

11日　省委常委、市委书记吴忠琼到北京走访中共中央组织部、国家国防科工局、中国电子科技集团有限公司、国家电力投资集团有限公司等部委和中央企业，就有关工作进行对接沟通。中共中央组织部副部长王晓萍，干部教育局局长张福根、组织二局局长石军，国家国防科工局党组书记、局长张克俭，中国电子科技集团有限公司党组书记、中国电子科技集团有限公司董事长陈肇雄，国家电力投资集团有限公司党组副书记、国家电力投资集团有限公司总经理江毅等分别参加有关活动。

12日　赣深高铁全线轨道在广东省河源市和平县和一村铺设正式贯通。

15日　省委常委、市委书记吴忠琼在北京走访国家部委和中央企业，分别与中国证券监督管理委员会、中国中化控股有限责任公司领导座谈交流。中国证监会党委委员、副主席赵争平，中国中化党组书记、董事长宁高宁，省地方金融监管局局长韦秀长，江西证监局局长唐理斌等分别参加相关活动。

16日　省委常委、市委书记吴忠琼到章贡区赣州罗茨化工技术有限公司、中石化赣州分公司和乐油库、南康区横市镇横市村湾下组肖明绚等9户人家的屋后滑坡隐患点，督导安全生产大排查及地质灾害隐患治理工作。

17—19日　全国人大常委会委员、民盟中央副主席、中国科协副主席、中国工程院副院长邓秀新，在瑞金市叶坪革命旧址群、红井革命旧址群、“二苏大”革命旧址等地开展党史学习教育现场教学活动，并到瑞金市黄柏乡塘背岗、坳背岗脐橙基地调研脐橙产业发展。

18日　赣南茶油高品质联盟成立。

20—21日　省委常委、市委书记吴忠琼到石城县调研文化旅游产业发展等工作。

中旬　国家体育总局公布首批全国县域足球典型名单，定南县上榜。

21—22日　省委党史学习教育领导小组办公室副主任、省委党史研究室主任俞银先率省委党史学习教育第五调研指导组，到南康区格力小镇、赣县区城关小学、赣县区燕南小区老旧小区改造现场等地，调研指导党史学习教育相关工作。

22日　市第五届“十大科技创新人物”表彰大会在赣州市召开。

同日　市委副书记、市长许南吉到会昌石磊集团、会昌和君小镇调研安全生产和社会稳定工作。

24—25日　省政府副省长罗小云在赣州市开展“七一”走访慰问、调研，并在赣南医学院讲党史学习教育专题党课。

24—25日　上海市奉贤区委书记庄木弟率考察团到于都中央红军长征集结出发地纪念园、大余大龙山生态旅游示范点、江南宋城历史文化街区、阳明湖、南康家居小镇等地考察生态文明建设、古城保护等工作。

24—26日　贵州省铜仁市考察团在赣州市考察新型工业化、新型城镇化和文化旅游发展等工作。

25—26日　由中国贸促会、全国政协人口资源环境委员会、国家林业和草原局、江西省人民政府联合主办的2021中国国际生态竞争力峰会在赣州市举行。峰会以“打造绿色实力、分享生态红利”为主题。全国政协副主席、农工党中央常务副主席何维出席并讲话。全国政协人口资源环境委员会副主任黄跃金，中国国际贸易促进委员会、中国国际商会会长高燕，省委常委、市委书记吴忠琼，全国绿化委员会办公室专职副主任胡章翠，上海合作组织副秘书长阿泽姆巴基耶夫·穆拉特别克，泰王国驻华大使馆公使衔参赞陈金盛，俄罗斯驻华大使馆参赞米赫叶夫·阿列克谢出席并致辞。副省长胡强主持开幕式。省政协副主席刘卫平，市领导许南吉，以及来自俄罗斯、美国、日本、泰国、斯里兰卡、土耳其、刚果等国使节和政企代表等出席。

28日　赣州市公安机关庆祝中国共产党成立100周年安保誓师大会暨特巡警拉动演练在市体育中心广场举行。省委常委、市委书记吴忠琼现场观摩并讲话。省政法队伍教育整顿第七驻点指导组组长刘贤清、副组长王飞等领导出席。

同日　赣州市智慧医疗数字化平台正式上线。省委常委、市委书记吴忠琼出席活动。

29日　市委、市政府举行赣州市庆祝中国共产党成立100周年重大项目集中开工活动，总投资超1100亿元的107个重大项目集中开工。省委常委、市委书记吴忠琼下达开工令。市委副书记、市长许南吉讲话。

同日　省第七驻点指导组向赣州市反馈政法队伍教育整顿评估意见。省委常委、市委书记吴忠琼出席会议并讲话。

6月29日，赣州市举行庆祝建党100周年重大项目集中开工活动（刘凯摄）

30日　龙南至深圳铁海联运班列正式开通。

下旬　中共中央宣传部新命名111个全国爱国主义教育示范基地，赣州市会昌革命历史纪念地上榜。

下旬　省委表彰一批全省优秀共产党员、全省优秀党务工作者和全省先进基层党组织。赣州市的袁守根等22名个人被授予“全省优秀共产党员”称号，吉志雄等10名个人被授予“全省优秀党务工作者”称号，瑞金市叶坪乡党委等11个集体被授予“全省先进基层党组织”称号。

7月

3日　省委常委、市委书记、市级总河长吴忠琼到赣江干流（赣州段）巡河督导。

5—6日　湖南省怀化市市委副书记、市长黎春秋率考察团到赣州市南康区考察赣州国际陆港（铁路口岸）和物流产业园建设工作，并开展座谈交流。市委副书记、市长许南吉陪同。

8日　省委常委、市委书记吴忠琼到市中心城区实地查看市妇保院新院等重点项目建设，调研“五区一体化”建设，并主持召开座谈会，调度部署下一步工作。市委副书记、市长许南吉参加调研或出席座谈会。

8—10日　中国工程院院士、空军军医大学国家分子医学转化科学中心主任陈志南，武汉大学教授李红良一行到赣州市开展学术交流并考察调研。

9日　全市扫黑除恶专项斗争总结表彰暨常态化扫黑除恶专项斗争推进会召开。省委常委、市委书记吴忠琼出席会议并讲话。

同日　广东省政活动协副主席邓海光率考察组一行，到赣州市开展“助力推动粤北地区绿色产业发展”专题考察。

同日　全国医保基金监管信用体系建设试点总结评估集中评审会在赣州召开。国家医保局基金监管司副司长段政明，省医保局副局长何桑出席。

同日　全市政法队伍教育整顿总结大会召开。省委常委、市委书记吴忠琼出席并讲话。省政法队伍教育整顿第七驻点指导组组长刘贤清讲话。省政法队伍教育整顿第七驻点指导组副组长王飞、王仁华等领导出席会议。

9—11日　第十五届中国民间文艺山花奖·优秀民间艺术表演（舞龙）初评活动暨石城县第九届旅游文化节在石城县举办。中国民协分党组书记、驻会副主席邱运华，江西省文联党组书记马玉玲出席相关活动。

10日　中国卒中学会第七届学术年会开幕式在北京国家会议中心召开。会上，赣州市人民医院神经内科的国家“十三五”科技重大专项课题——重大新药创制的“氯吡格雷用于急性非致残性脑血管事件高危人群的疗效Ⅱ（CHANCE-2）”被国家神经系统疾病临床研究中心授予三等奖。

上旬　工信部公布80个案例为2020年企业上云典型案例名单，全省共4个企业案例入选。赣州市2个企业案例上榜。

上旬　国家知识产权局发布第二十二届中国专利奖授奖决定，赣州市有2个专利入围，分别是江西青峰药业有限公司的“合成拉考沙胺的新方法”获得中国专利优秀奖，美克国际家居用品股份有限公司的“壁柜（caracole-CLA-016）”获得中国外观设计优秀奖。

上旬　农业农村部等8部委下发《关于公布2020年国家农民合作社示范社和全国农民用水合作社示范组织名单的通知》，赣州市有信丰县信明农业发展专业合作社等9家农民合作社入选国家农民合作社示范社。上犹县、石城县被列为全国农民合作社质量提升整县推进试点单位。

12日　2021年赣州瑞兴于“3+2”经济振兴试验区产业合作推介会在福建省泉州市召开，为全国工商联携手知名民营企业振兴革命老区赣州行系列活动之一。推介会签约项目10个，投资总额101.2亿元。市委副书记、市长许南吉致辞。

同日　2021年生态文明贵阳国际论坛在贵阳市开幕，生态环境部发布《“绿水青山就是金山银山”实践模式与典型案例（第一批）》。崇义县案例“江西省崇义县立足特色果业资源引领三产互促并进”入选《延伸产业链条，促进业态融合——“生态+”复合产业模式》《“绿水青山就是金山银山”实践模式与典型案例（第一批）》。

同日　“全国妇女爱国主义教育基地”揭牌仪式在赣州瑞金市叶坪中华苏维埃共和国妇女生活改善委员会旧址举行。

12—13日　副省长任珠峰到赣州市调研工业产业发展情况。

14日　省委副书记叶建春到大

余县宣传宣讲习近平总书记“七一”重要讲话精神，调研宅改试点工作并主持召开全省农村宅基地制度改革试点工作座谈会。省委常委、市委书记吴忠琼等陪同或出席相关活动。

同日　省十三届人大代表第6期培训班在瑞金市开班。省人大常委会党组书记、副主任赵力平出席开班仪式并讲话。

14—15日　省人大常委会党组书记、副主任赵力平到赣州市开展红色革命遗址和革命文物保护情况、“四好农村路”项目有关情况、美丽农村路和秀美乡村建设情况调研。省委常委、市委书记吴忠琼出席相关活动。

14—15日　国家能源局党组成员、副局长林山青一行到赣州市信丰县调研对口支援工作，并开展结对共建。

15—16日　省长易炼红到赣州龙南市、南康区调研并到赣县区开展党史学习教育“我为群众办实事”实践活动。省委常委、市委书记吴忠琼，市委副书记、市长许南吉等陪同。

15—16日　中国科学院副院长、党组副书记阴和俊一行到赣州市调研中国科学院赣江创新研究院建设工作。

19日　“瑞金号”红色城市天启卫星冠名仪式在赣州瑞金市举行，国家文化公园建设工作领导小组办公室专职副主任、文化和旅游部资源开发司二级巡视员白四座等出席。活动由浙江嘉兴、陕西延安、江西瑞金三地人民政府与北京国电高科共同主办。“瑞金号”卫星于7月19日8时19分成功发射。

同日　深夜，赣州蓝天救援队接到应急管理部门指令，赴河南郑州参与抢险救援。20日3时，9名队员带着冲锋舟、橡皮艇、急救箱等救援设备，驰援1000千米外的郑州。23日，赣州蓝天救援队9名队员在完成抢险救援任务后，从河南郑州返回赣州。

19—20日　全省设区市政协秘书长工作交流座谈会暨红色走读活动在赣州市举行。省政协党组成员、秘书长汪爽出席并讲话。设区市、省直管县（市）政协秘书长等参会。

中旬　省住房和城乡建设厅、省发展和改革委员会、省财政厅发布通报，对全省2020年度棚户区改造工作积极作为成效明显的地方予以激励支持，赣州市和石城县上榜。

中旬　国家林业和草原局批复同意，在南康区开展进口松木板材利用试点。

21日　省委常委、市委书记吴忠琼先后到大余县明发矿业，新华工业小区，黄龙镇旱田村、大龙村和南方红军三年游击战争纪念馆，调研督导中央环保督察反馈问题整改及农村宅基地改革工作。

同日　爱国主义教育基地朱开铨故居在瑞金市叶坪镇揭牌。

21—23日　江西省乡村振兴职业技能大赛暨全国乡村振兴职业技能大赛江西选拔赛在赣州市体育中心举行。大赛设13个赛项，有280名选手竞技。

22日　2021中国创新创业成果交易会成果转化基地授牌暨项目发布对接会在赣州经济技术开发区高层次人才产业园举行。赣州市小微企业创业孵化基地被批复认定为“2021中国创新创业成果交易会成果转化基地”，是全省唯一获此殊荣的平台。省科协主席史可等出席会议并共同为赣州市小微企业创业孵化基地授牌。

同日　中国钢结构协会全装配式住宅第二届全国装配式钢结构建筑发展研讨会在赣州市于都县召开。中国工程院院士江欢成等领导出席会议或相关活动。

25日　“奔跑吧·少年”2021年全国青少年万人滑启动仪式暨“新长征杯”全国青少年冰雪（滑轮）邀请赛在赣州市于都县开幕。江西等7个省份的18支队伍参赛，3天开展28个竞赛项目。

25—28日　国家发改委地区振兴司副司长王心同率由国家发改委、科技部、工业和信息化部、交通运输部、国家乡村振兴局、中咨公司组成的联合调研组，到赣州市开展赣州革命老区高质量发展示范区建设专题调研。省委常委、市委书记吴忠琼，市委副书记、市长许南吉出席相关活动。

27—28日　全国人大常委会委员、全国人大华侨委员会副主任委员、致公党中央副主席曹鸿鸣一行，到赣州市开展“中国发展论坛·2021”前期筹备工作调研。市委副书记、市长许南吉出席相关活动。

28日　全国工商联携手知名民营企业振兴革命老区赣州行活动工作对接会在赣州市召开。全国工商联副主席邱小平出席并讲话。省委常委、市委书记吴忠琼出席相关活动。省委统战部副部长、省工商联党组书记高鹰群，全国工商联机关有关部门负责人和直属商会代表出席。市委副书记、市长许南吉作工作情况介绍。

同日　赣州市中心城区首台新能源出租车上路运营，标志着全市出租车行业开启新能源汽车时代。

同日　赣州中学举行全国文明校园揭牌仪式。在中央文明委公布的第二届“全国文明校园”名单中，赣州中学、大余县东门小学、寻乌县城关小学上榜。

29日　中国共产党赣州市第五届委员会第十一次全体（扩大）会议在赣州召开。省委常委、市委书记吴忠琼代表市委常委会向全会报告市委五届十次全会以来的工作。市委副书记、市长许南吉传达省委十四届十三次全会精神。

同日　市委副书记、市长许南吉主持召开市疫情防控应急指挥部工作会，部署全市常态化疫情防控和疫苗接种工作。

30日　南方红军三年游击战争纪念馆在大余县正式开馆，系全国首家系统梳理记载和全面展示南方8省15个游击区三年艰苦斗争历史的纪念馆。

同日　《箫声琴韵——李凤云王建欣琴箫埙音乐会大师课》首届艺术大讲堂在赣州大剧院举办。著名的“琴箫伉俪”李凤云、王建欣夫妇为赣州市民授课。

下旬　赣州澳丽尔化妆品有限公司获海关AEO（经认证的经营者）高级认证，成为全省首家获得海关高级认证资质的化妆品企业，是全市第四家获海关AEO高级认证的企业。

下旬　赣州“初心路”“客家情”“阳明游”精品旅游线路引客入赣项目、“饮水思源”港澳青少年游学推广项目，入选江西省文化和旅游厅发布2020年江西省旅游宣传推广典型案例名单。

下旬　在贵州省六盘水市举行的第十二届“四方杯”全国优秀语文教师选拔大赛暨新教材、新思路、新方向观摩课大会上，赣州一中教师曾凡华作为江西省唯一代表参赛，并夺得全国一等奖第一名。

下旬　在全国网上信访工作会议上，赣州网上信访工作经验做法被列为全国先进典型，是获此荣誉的全国2个设区市之一。获得全国性荣誉，在赣州信访工作历史上属首次。

8月

2—3日　商务部副部长王受文率队到赣州市全南县调研对口支援工作，并出席对口支援工作座谈会、全南投资推介会。省委常委、市委书记吴忠琼，副省长胡强，省政府副秘书长宋雷鸣，省商务厅厅长谢一平，市委副书记、市长许南吉等分别参加会谈或出席相关活动。

3日　省委常委、市委书记吴忠琼与新一届县（市、区）党政正职集体谈话。

同日　市委副书记、市长许南吉先后到市中心城区的赣州黄金机场、方特“东方欲晓”主题公园、市第五人民医院、市疫情防控应急指挥部，实地督导疫情防控工作，暗访赣州极地海洋世界。

同日　教育部职业教育与成人教育司发布《关于公布职业教育示范性虚拟仿真实训基地培育项目名单的通知》，江西应用技术职业学院智慧国土国家虚拟仿真实训基地入选教育部培育项目。

4日　赣州市与南昌海关签署合作协议。省委常委、市委书记吴忠琼，市委副书记、市长许南吉，南昌海关关长、党委书记张格萍参加。

4—6日　海关总署党委委员、海关总署副署长王令浚率调研组在赣州市调研对口支援工作。全国海关信息中心党委书记、副主任王桦，南昌海关党委书记、南昌海关关长张格萍，海关总署财务司副司长赵燕敏，南昌海关党委委员、南昌海关副关长李宇随同调研。省委常委、市委书记吴忠琼，市委副书记、市长许南吉等陪同或出席相关活动。

6日　《人民日报》理论版刊发省委常委、市委书记吴忠琼的理论文章《弘扬苏区精神 激发奋进动力》。

9—11日　新华社江西分社社长、分党组书记沈锡权一行到赣州市采访调研中华苏维埃共和国成立90周年、红色中华通讯社成立90周年和新华社对口支援瑞金工作情况。

10日　市委副书记、市长许南吉先后到赣州市全民健身中心、市人民医院蓉江院区项目现场调研重点项目建设，并召开相关工作座谈会。

同日　2021中国南昌“VR（虚拟现实技术）+党史学习教育”应用场景路演推介会在南昌市科创城展示中心举行。由中共赣州市委组织部、江西理工大学联合自主研发的“网上VR初心馆”获铜奖。

上旬　商务部、国家开发银行共同印发《关于对口支援全南县工作方案的通知》，对全南县开展新一轮对口支援工作。

上旬　中央巡视工作领导小组办公室印发《关于开展市级巡察机构在上下联动中更好发挥作用试点工作的通知》，确定7个市作为试点单位，其中赣州成为江西省唯一入选城市。

上旬　农业农村部官网公示全国农业科技现代化先行县共建名单，赣州市信丰县入选。

12日　由九三学社赣州市委员会、江西省土木建筑学会主办，赣州旅游投资集团有限公司等承办的“第二届客家杯设计大赛——走进阳明湖零碳民宿小镇设计夏令营”在赣州市举办。

17日　副省长孙菊生到赣州市调研疫情防控和新冠病毒疫苗接种工作。

19日　省委常委、市委书记吴忠琼先后到赣州市第五中学、赣州市大坪明德小学等地，就进一步减轻义务教育阶段学生作业负担和校外培训负担工作，以及学校开学疫情防控准备工作进行调研督导。

20日　中心城区和“大上崇”片区县（区）委书记座谈会召开。省委常委、市委书记吴忠琼主持。

中旬　中国医师协会介入医师分会2021年年会在南京举行。赣州市人民医院微创介入荣获“中国肝癌介入MDT联盟卓越诊疗中心”称号。这是江西省内唯一获此殊荣的介入MDT（多学科综合治疗）团队。

中旬　赣州市8家企业入选国家第三批专精特新“小巨人”企业。

中旬　中国农业技术推广协会江西赣县湖羊“科技小院”在赣州绿林湾农牧有限公司揭牌。

中旬　经中国贸促会商事认证中心与海关总署关税司协调同意，赣州市贸促会列入贸促系统中国—东盟自贸协定项下原产地签证机构和人员信息国际备案名单。标志着市贸促会正式获批受理签发中国—东盟自贸协定优惠原产地证书（简称FROM-E证书）。

中旬　省工信厅公布2020年度省级工业产业集群综合评价暨星级产业集群评定结果，赣州市南康家具产业集群被认定为五星级产业集群，赣州经开区电子信息产业集群被认定为四星级产业集群，信丰数字视听产业集群被认定为三星级产业集群，五星级产业集群所在的南康经开区被认定为产业集群高质量跨越式发展示范园区。

中旬　国家文物局公布庆祝中国共产党成立100周年全国革命文物百佳讲述人名单。107名百佳讲述人中，瑞金中央革命根据地纪念馆副馆长杨丽珊上榜。

23—26日　广东省乡村振兴调研组先后到寻乌县菖蒲乡千亩柑橘生态复种示范基地、幸福小镇等地，调研乡村振兴有关工作。全国政协委员黄先耀率队，广东省委农办专职副主任、省乡村振兴局专职副局长梁健参加调研。

24日　省委常委、市委书记吴

忠琼到信丰县、全南县和定南县，就对接融入粤港澳大湾区等工作进行调研。

同日　赣州市第五批市级非物质文化遗产项目代表性传承人名单公布，分十大类别共85人。

24日至9月5日　第十六届夏季残疾人奥林匹克运动会在日本东京举行，8月30日，赣州籍运动员邓雪梅在女子举重86公斤以上级决赛中夺冠。

25日　省委常委、市委书记吴忠琼到龙南市开展高质量发展重大课题领题调研，并主持召开对接融入粤港澳大湾区及开放平台建设座谈会和河西片区县（市）委书记座谈会。

28日　赣州银行职工肖龙在2021年江西省“天工杯”劳动和技能竞赛——第七届全国职工职业技能大赛江西选拔赛网络与信息安全管理员赛项省级决赛中获二等奖。

30日　全国统计干部党性教育基地在赣州市瑞金干部学院揭牌。国家发改委副主任兼国家统计局局长、党组书记宁吉喆出席并讲话。国家统计局党组成员、副局长毛有丰，国家统计局总经济师、办公室（国际司、政研室）主任毛盛勇等出席。市委副书记、市长许南吉主持。

下旬　省委组织部、省委宣传部、省委党史研究室、省农业农村厅4家单位联合公布江西省第二批、第三批省级红色名村名单。赣州市共有20个村入选。

下旬　中国地质学会公布全国首批30处天然富硒土地名单，赣州市于都县梓山镇天然富硒地块入选。

下旬　赣州市入选2018—2020年江西省食品安全治理示范城市。章贡区、兴国县、全南县、上犹县入选2018—2020年江西省食品安全治理示范县。

下旬　财政部、商务部、国家乡村振兴局3个部门确定全省6个县（市）新增为2021年国家电子商务进农村综合示范县。赣州市于都县、寻乌县入选。

下旬　赣南师范大学王阳明研究中心教授李晓方领衔的科研团队在宁都田野调查时，发现明代廉吏陈勉宗族族谱。

下旬　教育部思想政治工作司、中央广播电视总台社教节目中心颁发荣誉证书，表彰在全国大学生党史知识竞答大会中取得优异成绩的高校。赣南师范大学获评团队一等奖，马克思主义学院2019级学科教学（思政）专业硕士研究生薛芳获评个人“最佳风采奖”。

9月

3日　全市国土空间规划编制暨“三区三线”统筹划定试点工作推进会在赣州市召开。市委副书记、市长许南吉讲话。

4日　因国务院督查组在赣州市暗访督查期间发现赣州育才技工学校存在收费乱象问题，市政府就违规收费问题约谈赣州育才技工学校，并专门召开会议调度整改工作。

5日　赣州市首个集园林绿化与垃圾处理为一体的新型垃圾中转站——水东中转站投入使用。

6—7日　安徽省安庆市考察团到赣州市考察依托国际陆港发展家具产业集群的经验做法。安庆市委书记张祥安率队，安庆市政府副市长刘克胜参加考察。江西省委常委、赣州市委书记吴忠琼出席相关活动。

8—10日　省政府副省长陈小平到安远县三百山生态保护基地、孔田镇高屋村等地，实地调研松材线虫病防治、林长制和生态环境保护、村庄规划和农村环境整治，以及赣江源溯源生态文旅融合、赣江源国家级自然保护区“山水工程”项目等工作。

9日　省委常委、市委书记吴忠琼到于都县调研乡村振兴、红色旅游发展等工作，并召开座谈会，调度推进长征国家文化公园项目建设，听取中央红军长征出发纪念馆改扩建和《夜渡于都河》剧院项目情况介绍。

9—10日　省政府副省长胡强到石城县大由乡中力白莲专业合作社、屏山镇高标准蔬菜产业基地等地，调研乡村振兴和粮食生产工作。省委常委、市委书记吴忠琼出席相关活动。

9—10日　省委常委、市委书记吴忠琼到会昌县西江镇、瑞金市谢坊镇蔬菜产业园，调研巩固拓展脱贫攻坚成果、推进乡村振兴等工作。

10日　河东片区县（市）委书记座谈会在瑞金召开。省委常委、市委书记吴忠琼主持会议。

上旬　省发展改革委公布江西省第三批大众创业万众创新示范基地名单，赣州市南康经济开发区等2个园区3家企业入选名单，全省仅25家基地获得认定。

上旬　寻乌县太湖水库工程获2021年度江西省水利工程优质（赣鄱）奖。

12日　全市县（市、区）委书记座谈会召开，就市第六次党代会报告征求县（市、区）委意见。省委常委、市委书记吴忠琼主持。

13—15日　省委常委、省委统战部部长陈兴超到南康区格力电器（赣州）有限公司、赣州经开区台湾部落民俗文化村等地调研。省委常委、市委书记吴忠琼出席相关活动。

14—15日　全国工商联携手知名民营企业助推赣州革命老区振兴发展大会系列活动在赣州市举行。14日，省长易炼红会见中央统战部副部长、全国工商联党组书记、常务副主席徐乐江等嘉宾和民营企业家。全国工商联党组成员、副主席邱小平，全国工商联副主席李湘平、郑跃文、南存辉，省领导陈兴超、吴忠琼、张鸿星、雷元江，市领导许南吉等参加会见。14—15日，中央统战部副部长、全国工商联党组书记、常务副主席徐乐江到上犹县元源新材料有限公司、阳明国际垂钓基地、梅水乡园村村，江西理工大学黄金校区、市工商联等地，调研对口支援、民营企业发展等工作。全国工商联党组成员、副主席邱小平，全国工商联党组成员、秘书长赵德江等随同调研。省委常委、统战部部长陈兴超，省委常委、市委书记吴忠琼，省政协副主席、省工商联主席雷元江，市委副书记、市长许南吉等分别陪同。15日，全国工商联携手知名民营企业助推赣州革命老区振兴发展大会开幕式在赣州市召开。省委副书记、省长易炼红，中央统战部副部长、全国工商联党组书记、常务副主席徐乐江出席大会并致辞。省委常委、市委书记吴忠琼介绍赣州市投资环境。全国工商联党组成员、副主席邱小平，全国工商联副主席李湘平、郑跃文、南存辉，省政协副主席、省工商联主席雷元江，市领导许南吉等出席。副省长张鸿星主持会议。全国工商联相关直属商会负责人，400余名知名企业家代表以及部分省级工商联有关负责人等参加会议。

15日 赣州市劳动模范协会成立暨第一次会员代表大会召开。大会表决并通过《赣州市劳动模范协会章程》《赣州市劳动模范协会第一次会员代表大会选举办法》，选举产生赣州市劳动模范协会领导机构，张志雄当选为赣州市劳动模范协会会长。

同日 第十四届全运会开幕式在西安奥体中心体育场举行。江西187名运动员参赛，其中有23名队员来自赣州。21日，赣州市攀岩队队员林鹏辉、谢贵珍在全运会成年组男女攀岩速度比赛中分获1枚铜牌。23日，赣州选手李威宇在男子自由式摔跤57公斤级比赛中获铜牌。

16日 南方医科大学南方医院与赣州市人民医院共建国家区域医疗中心在赣州市人民医院南区启动，标志着南方医科大学南方医院赣州医院成立。中国科学院院士侯凡凡、南方医科大学南方医院院长李文源等出席活动。

同日 中远海运—澳丽尔全程铁海联运专列从赣州国际陆港开出。这是赣州国际陆港2021年第863趟铁海联运“三同”班列，也是首列全程提单的赣州—厦门—美国铁海联运班列。

17日 投资超100亿元的江西佳纳能源科技项目在龙南市开工建设。省委常委、市委书记吴忠琼宣布项目开工。

同日 2021年全国科普日赣州主场活动启动仪式在赣州科技馆举行。市委宣传部、市教育局、市科技局等主办单位相关负责人，以及科技工作者代表、青少年学生代表100余人参加启动仪式。

中旬 赣州市的赣州建工集团有限公司、江西裕丰智能农业科技有限公司被认定为2021年度江西省企业技术中心。

中旬 经济日报社举办的“大美中国·小康印记”全国视觉大赛评选结果揭晓，赣南日报社作品《红色村脱贫“密码”》（作者：刘青 陈地长）获“大美中国·小康印记”全国视觉大赛金奖。

中旬 省文化和旅游厅印发《关于公布江西省第四批省级非物质文化遗产代表性项目代表性传承人的通知》，赣州市新增25名，全市获评省级非遗代表性传承人达到100名。

中旬 赣州市申报“国家市场监管重点实验室（稀土产品检测与溯源）”获国家市场监督管理总局批准建设，是全省首家获批准建设的国家市场监管重点实验室。

22日 市委召开部分市直单位正职集体谈话会议。省委常委、市委书记吴忠琼出席并讲话。

同日 市纪委市监委召开市直单位新提任正处级领导干部任前廉政谈话会，对27名市直单位新提任正处级领导干部进行集体谈话。

23日 在第四个“中国农民丰收节”期间，国家乡村振兴局和江西省人民政府共同在赣州市于都县举办“兴产业促消费、庆丰收感党恩”主题活动。国家乡村振兴局副局长夏更生讲话，副省长张鸿星致辞。国家乡村振兴局社会帮扶司司长李富君，省乡村振兴局局长刘洪，市委副书记、市长许南吉等出席活动。赣州市22家企业现场消费帮扶签约，达成意向签约30项，签约资金9.4亿元，相关省（区、市）共推荐28个消费帮扶签约项目，签约金额61.1亿元。

同日 省政府副省长任珠峰到位于赣州市石城县的江西新百伦领跑体育用品有限公司、省鞋类产品质检中心（石城），宁都县赣锋锂业等地调研工业及县域经济发展情况。

23—24日 省委书记刘奇先后到赣州市大余县南方红军三年游击战争纪念馆、崇义县上堡梯田等地调研。省委常委、市委书记吴忠琼，省委常委、省委秘书长吴浩参加调研。

24日 由中国和平利用军工技术协会、江西省工业和信息化厅（省国防科工办）、赣州市人民政府共同主办的纪念人民军工创建90周年江西系列活动在兴国县启动。副省长任珠峰，国家国防科技工业局副局长吴艳华，市委副书记、市长许南吉致辞。

27—29日 中国共产党赣州市第六次代表大会在赣州大剧院召开。省委常委、市委书记吴忠琼代表中国共产党赣州市第五届委员会向大会作报告。市委副书记、市长许南吉主持。省委指导组组长、省委编委办主任兼省委组织部副部长傅世平到会指导。通过无记名投票方式，选举产生中共赣州市第六届委员会委员72名、候补委员13名，选举产生中共赣州市第六届纪律检查委员会委员40名，选举产生赣州市出席中共江西省第十五次代表大会代表82名。通过关于中共赣州市第五届委员会报告的决议、关于中共赣州市第五届纪律检查委员会工作报告的决议。

28日 广东省人民检察院党组书记、检察长林贻影率广东省检察机关对口援助调研组到赣州市人民检察院、章贡区人民检察院等地调研。江西省委常委、赣州市委书记吴忠琼，江西省人民检察院党组书记、检察长田云鹏，赣州市委副书记、市长许南吉出席相关活动。广东省广州市人民检察院党组书记、检察长欧名宇，江西省人民检察院党组副书记、副检察长罗晓泉等随同。

29日 中国共产党赣州市第六届委员会第一次全体会议在赣州举行。受中国共产党赣州市第六次代表大会主席团的委托，省委常委、市委书记吴忠琼主持会议。省委指导组组长、省委编委办主任兼省委组织部副部长傅世平到会指导。全会以无记名投票方式，选举吴忠琼、许南吉、唐舒龙、陈李忠、田辉、饶华东、邱建军、胡剑飞、许忠华、李文信、何琦、孙敏为中共赣州市第六届委员会常务委员会委员。全会选举吴忠琼为市委书记，许南吉、唐舒龙为市委副书记。

同日　由赣州交通控股集团有限公司负责建设、总投资约10.32亿元的赣州螺溪洲大桥及105国道连接线工程正式开工建设，建设工期28个月。

30日　上午，在全国第八个烈士纪念日，省委常委、市委书记吴忠琼，党史学习教育省委第二巡回指导组组长陈晓春、副组长梁纯平等在市革命烈士纪念馆仪典广场出席向烈士敬献花篮仪式。市委副书记、市长许南吉主持仪式。市厅级以上领导，离退休老干部代表，市人大常委会、市政府、市政协党组成员、秘书长，章贡区、赣州蓉江新区党政主要负责人，国家部委挂职干部代表，市委各部门、市直及驻市有关单位、各人民团体主要负责人，以及烈士后代、英模、荣立战时二等功以上的老兵、“爱国拥军模范”、“最美退役军人”代表，解放军、武警官兵、消防救援大队代表，公检法干警代表，学生代表等参加在仪典广场举行的敬献花篮仪式。

同日　兴泉铁路兴国至清流段开通运营。赣州市宁都县、石城县告别不通火车的历史。

同日　格力电器配套和家具智能制造12个项目在南康区集中签约，总投资52.8亿元。

下旬　第六届“创客中国”江西省中小企业创新创业大赛决赛结束。赣州赛可韦尔科技有限公司废旧动力电池绿色循环利用集成装备项目获企业组二等奖，为全市唯一获奖项目，并晋级第六届“创客中国”国赛。

下旬　《赣南高品质油茶籽油》(GNCYGPZ-001-2021）团体标准由赣南茶油高品质联盟批准发布，10月1日正式实施。

10月

2日　创新与转化医学（赣州）高峰论坛暨赣南医学院建校80周年纪念大会在赣南医学院黄金校区举行。省政府副省长罗小云出席并讲话。中国工程院院士詹启敏、中国医学科学院北京协和医学院党委书记姚建红、南昌大学党委书记喻晓社出席并致辞。中华全国总工会书记处原书记、中国老区建设促进会原副会长李永海，中国工程院院士王学浩，中国科学院院士周成虎，中国科学院院士黄路生等出席。

8日　赣州城市投资控股集团有限责任公司发行1.5亿美元债券。

上旬　全省首批5G产业基地公布，信丰县5G产业基地、龙南市5G产业基地入选。

11—13日　省人大常委会副主任曾文明率调研组到赣州市开展前三季度经济运行情况调研。省委常委、市委书记吴忠琼，市委副书记、市长许南吉分别出席相关活动。

11—14日　由来自中央、省、市媒体记者及网络名人、自媒体人共40余人组成的赣深高铁媒体走线采访团到赣州顺高铁沿线开展为期3天的采访活动。

12日　全国福彩系统部分地市级主任培训班在赣州开班，中国福利彩票发行管理中心党委书记、主任安宁出席开班仪式并在赣州调研福利彩票工作。

13—15日　省委常委、省委宣传部部长梁桂到赣州就党史学习教育、文化强省建设推进大会筹备等工作进行调研。省委常委、市委书记吴忠琼陪同。

15—17日　中华全国供销合作总社理事会主任梁惠玲率队到赣州市，调研深化供销合作社综合改革、加强基层供销社建设、对口支援和乡村振兴等工作。省政协副主席刘晓庄，省供销联社理事会主任李晓刚，市委副书记、市长许南吉等分别陪同调研。

16日　国家统计局第16期部门统计人员业务培训班在赣州开班。国家统计局党组成员、副局长毛有丰出席开班仪式并讲话，国家统计局总统计师曾玉平主持开班仪式，国家统计局设管司司长徐荣华，省政府副秘书长王前虎，省统计局党组书记、局长万庆胜等出席。市委副书记、市长许南吉出席相关活动，中央和国务院有关部门以及行业协会61个部门的统计人员参加培训。

17日　赣州市贵州商会成立，江西景晨家具有限公司董事长景应书任商会会长。

同日　在第七届中国国际“互联网+”大学生创新创业大赛总决赛中，赣南师范大学荣获金奖1项、铜奖1项。

17—18日　省委常委、省委统战部部长陈兴超到赣州市调研基层统战工作。省委统战部分管日常工作的副部长刘文华随同调研。市委副书记、市长许南吉出席相关活动。

18日　省委常委、市委书记吴忠琼在北京走访国家发改委、教育部、国家能源集团等国家部委和中央企业，就新时代支持革命老区振兴发展有关工作进行对接沟通汇报。全国政协副主席、国家发改委主任何立峰，教育部党组书记、教育部部长怀进鹏，国家能源集团党组书记、董事长王祥喜先后会见吴忠琼。

同日　2021年全国“体校杯”男子组足球比赛在于都县开赛，全国26个省、自治区、直辖市和北京体育大学的30支代表队参赛，裁判员、教练员和运动员人数超过800人。

18—19日　中国社会科学院秘书长、党组成员赵奇在赣州市调研乡村振兴和对口帮扶工作。省社科院党组书记田延光陪同调研。

19日　以“一起传递梦想之光”为主题的中国宋庆龄基金会捷豹路虎中国青少年梦想基金——“青少年视力关爱江西行”活动启动仪式在赣州市举行。中国宋庆龄基金会党组成员、副主席井顿泉等出席。启动仪式由中国宋庆龄基金会、捷豹路虎中国、首都医科大学附属北京同仁医院主办，省委统战部、省卫健委协办，市卫健委、市人民医院承办。

20日　以“文化惠民 感恩奋进”为主题的赣州第六届文化惠民周活动在赣州市体育中心开幕。省委常委、市委书记吴忠琼等出席开幕式。

中旬　2021年江西省绿色技术

创新企业培育名单公布。赣州市的江西挺进环保科技股份有限公司等3家企业入选。

中旬　江西省互联网医院监管平台上线启动仪式暨江西省首批互联网医院授牌仪式在省卫生健康委举行。赣州市人民医院领取互联网医院牌匾。

中旬　江西省市场监管局确定首批“江西绿色生态”品牌建设试点县（市、区）项目，全省7个县（市、区）入选，寻乌县、上犹县名列其中。

中旬　中国证监会命名第四批18家全国证券期货投资者教育基地，其中赣州市政府金融办、国盛证券联合建设的国盛证券投资者教育基地获授“国家级证券期货投资者教育基地”。

21日　省委宣传部和市委、市政府主办的2021江西文化产业发展高峰论坛在赣州举行。论坛主题为“红色基因传承与红色文化旅游创新发展”。省委常委、省委宣传部部长梁桂，省委常委、市委书记吴忠琼出席并致辞。数字经济投融资联盟副理事长、中国互联网投资基金管理有限公司董事长吴海等嘉宾，省直有关部门负责人，市委副书记、市长许南吉等出席相关活动。

22日　由赣州市人民政府主办的赣南茶油形象发布会暨高峰论坛在赣南宾馆召开。国家林业和草原局发改司副司长苏祖云等出席会议。

23—25日　第三届阳明文化国际论坛暨第二十一届明史国际学术研讨会在龙南举行。厦门大学国学院教授、中国明史学会会长陈支平，南京大学历史学院教授、中国明史学会常务副会长范金民，北京行政学院校刊编辑部研究员、中国明史学会常务副会长高寿仙，中国社会科学院古代史研究所研究员、中国明史学会副会长兼秘书长张宪博等明史和阳明文化知名专家学者，以及国内外阳明文化爱好者等160余人参加活动。

25日　赣州选手何珊珊在陕西省西安市举行的全国第十一届残疾人运动会暨第八届特殊奥林匹克运动会比赛中，以4分57秒92的成绩获女子T11级1500米冠军和1分2秒43的成绩获T11级400米亚军。

27日　政协赣州市第六届委员会第一次会议在赣州大剧院召开。会议应出席委员479名，实际出席委员446名，符合政协章程规定。赣州市政协六届一次会议主席团会议由主持人徐兵主持开幕大会。省委常委、市委书记吴忠琼，市领导许南吉等应邀出席。

28日　赣州市第六届人民代表大会第一次会议在赣州召开。大会应到代表538人，实到代表523人，符合法定人数。大会执行主席吴忠琼等出席。市长许南吉代表赣州市人民政府向大会作工作报告。大会主席团常务主席赵多仙主持大会。

29日　赣州市政协六届一次会议在赣州大剧院闭幕。新当选的市政协主席徐兵在闭幕大会上发表讲话。大会由市政协副主席蓝应尚主持。市领导许南吉等在主席台就座。会议通过市政协六届一次会议决议、市政协六届一次会议提案审查情况的报告。

30日　赣州市第六届人民代表大会第一次会议，在赣州大剧院闭幕。大会执行主席吴忠琼、许南吉等在主席台就座。大会审议批准政府工作报告和各项报告，确定赣州市今后五年经济社会发展的奋斗目标和任务；依法选举产生新一届市人大常委会组成人员，市人民政府市长、副市长，市监察委员会主任，市中级人民法院院长、市人民检察院检察长。大会执行主席、省委常委、市委书记吴忠琼发表讲话。新当选的市人民政府市长许南吉在闭幕大会上讲话。大会主席团常务主席、新当选的市六届人大常委会主任赵多仙主持闭幕大会。会议通过关于政府工作报告的决议；通过关于赣州市人大常委会工作报告的决议；通过关于赣州市中级人民法院工作报告的决议；通过关于赣州市人民检察院工作报告的决议。

同日　赣州市六届人大一次会议新当选的市一级国家机关工作人员集体向宪法宣誓。省委常委、市委书记、大会执行主席吴忠琼监誓，市委副书记、市长、大会执行主席许南吉，市人大常委会主任赵多仙分别领誓。此次参加宪法宣誓的人员有：赣州市第六届人民代表大会常务委员会主任、副主任、秘书长、委员，市人民政府市长、副市长，市监察委员会主任，市中级人民法院院长，市人大各专门委员会组成人员。新当选的市人民检察院检察长须报经省人大常委会批准任命后，再进行宪法宣誓。

30—31日　吉安市党政代表团在赣州市学习考察文化旅游、对外开放、产业发展及平台建设等工作，双方就深化务实合作进行座谈交流。省委常委、市委书记吴忠琼，市委副书

10月21日，2021江西文化产业发展高峰论坛在赣州举行（刘凯摄）

记、市长许南吉与吉安市委书记王少玄，吉安市委副书记、市长罗文江及代表团举行座谈或陪同考察。

30—31 日　为期 2 天的全省重点车辆查验查缉技能竞赛在赣县区举行，全省设区市的 11 支代表队参加竞赛。赣州市公安局交警支队获 5 个第一。

30 日至 11 月 6 日　第 19 届中国大学生攀岩锦标赛暨 2021 年全国中学生攀岩锦标赛在江西应用技术职业学院举行。

下旬　江西省命名 10 个单位为江西省科普小镇。赣州市有南康家居特色小镇、寻乌县文峰乡幸福小镇 2 个单位入选。

下旬　“南康家具”首家一线城市品牌馆在南京开业，标志着南康家具“百城千店”战略开始在埠外落地。

下旬　生态环境部公布第 47 号公告，决定命名 100 个地区为第五批国家生态文明建设示范区，石城县入选第五批国家生态文明建设示范区。

下旬　由中国社会科学院农村发展研究所、江西师范大学、江西省社会科学界联合会共同主办的第五届全国原苏区振兴高峰论坛在瑞金举行。中国社科院、中国浦东干部学院、中国人民大学、东北师范大学等多个研究机构、高校的专家学者共 200 余人参会。

11 月

2 日　纪念中央革命根据地创建暨中华苏维埃共和国成立 90 周年座谈会在北京举行。中共中央政治局常委、中央书记处书记王沪宁出席会议并讲话。陈希主持会议，孙春兰、黄坤明、万鄂湘、刘奇葆和苗华出席会议。中央党史和文献研究院院长曲青山、军事科学院院长杨学军、江西省委书记易炼红先后发言。中共中央党政军群有关部门负责人，省领导叶建春、吴忠琼、吴浩，福建省、广东省有关负责人，老红军亲属代表及省有关部门负责人，市领导许南吉等参加会议。

2—5 日　首届赣州市职业农民中级职称评审会召开。在全省设区市尚属首次。全市共受理职业农民申报材料 1682 份，其中中级职称 595 份、初级职称 1087 份。

4 日　经中共中央批准，吴忠琼任江西省委副书记。

同日　省委副书记、代省长叶建春到赣州国际陆港、南康家具产业共享智能备料中心等地调研，推进工业高质量发展。省委副书记、市委书记吴忠琼，市委副书记、市长许南吉分别陪同调研或出席座谈会。

8 日　在中央革命根据地创建暨中华苏维埃共和国成立 90 周年之际，省委副书记、市委书记吴忠琼到瑞金市瞻仰革命旧址，先后到叶坪革命旧址群、红色名村泽覃乡安治畲族村、日东乡贡潭村缅怀先烈丰功伟绩并开展调研。

同日　全市重大项目建设百日攻坚活动推进会召开。市委副书记、市长许南吉出席并讲话。

8—9 日　省委常委庄兆林到赣州市调研红色文化保护传承工作。省委副书记、市委书记吴忠琼出席相关活动。市委副书记、市长许南吉等陪同调研。

9 日　省委副书记、市委书记吴忠琼到宁都城乡，就巩固拓展脱贫攻坚成果、推进乡村振兴、工业倍增升级等工作进行调研。

9—11 日　自然资源部党组成员、副部长凌月明到赣州市调研乡村振兴及自然资源管理等工作。自然资源部人力资源开发中心副主任、自然资源部乡村振兴办副主任杨学军参加调研。省政府副省长陈小平，省自然资源厅厅长张圣泽，省地质局局长陈祥云，省政府办副主任杨俊，市委副书记、市长许南吉等陪同。

上旬　中国企业联合会、中国企业家协会公布 2021 年中国服务业企业 500 强，赣州银行连续 4 年登榜。

上旬　中共中央农村工作领导小组办公室、农业农村部、中央宣传部、民政部、司法部、国家乡村振兴局公布第二批全国乡村治理示范村镇名单。其中，赣州市大余县新城镇水南村、大余县黄龙镇叶墩村、上犹县梅水乡园村村、安远县车头镇车头村上榜。

上旬　省质量强省领导小组通报 2020 年度设区市人民政府质量工作考核结果，赣州市以 100.38 分位列全省第一，是唯一突破考核总分 100 分的设区市。

上旬　由教育部教师工作司、中国教师发展基金会实施的 2021 年乡村优秀青年教师培养奖励计划入选教师名单公布，赣州市兴国县隆坪中心小学教师刘伟、龙南市杨村镇中心小学教师赖允建上榜。

上旬　由赣州市章贡区人民检察院、共青团赣州市章贡区委推送的赣州市阳光社会工作服务中心被列为全国未成年人检察工作社会支持体系示范建设单位。

15—16 日　省委书记易炼红到赣州市社区、企业和农村，宣讲中共十九届六中全会精神。省领导吴忠琼、吴浩，市领导许南吉分别陪同。

17—21 日　赣深高铁五城党媒联动暨“五城耀粤赣 融抱大湾区——走进多彩河源”大型采访活动启动仪式举行，深圳报业集团、赣南日报社、东莞报业传媒集团、惠州报业传媒集团以及河源日报社 5 家媒体负责人参加。

18 日　市委人才工作领导小组会议在赣州召开。省委副书记、市委书记吴忠琼出席会议并讲话。

同日　六届市委第一轮巡察工作动员部署会召开。六届市委第一轮巡察将对市委教育工委（市教育局）、市委党校等 5 个市直单位，以及赣州广播电视大学、赣州职业技术学院（含赣州农业学校、赣州技师学院）、赣南卫生健康职业学院等 7 个市属院校开展常规巡察。

同日　省政府副省长胡强到赣州市调研乡村振兴工作。

19 日　由省农业农村厅、赣州市人民政府主办的 2021 赣南脐橙博览会暨赣南脐橙产业发展五十周年纪念活动在信丰启动。全国人大常委会副委员长、中国农工民主党主席、中国红十字会会长陈竺通过视频致辞。省委副书记、市委书记吴忠琼出席并宣布开幕。农业农村部国家首席兽医师（官）李金祥，副省长胡强，省委农办主任、省农业农村厅党组书记、省乡村振兴局党组书记江枝英，市委副书记、市长许南吉分别致辞。中国工程院院士罗锡文等出席。

同日　农业农村部国家首席兽医师（官）李金祥在赣州市调研农业生产工作。

中旬　经南昌海关所属赣州海关关员快速审核验放，首列“跨境电商（9710 模式）+铁海联运”班列从赣州国际陆港驶出，运抵荷兰。

中旬　江西省文化和旅游厅印发《关于公布 2021 年江西省省级全域旅游示范区名单的通知》，公布 13 家创建单位为 2021 年江西省省级全域旅游示范区，赣州市崇义县、于都县、大余县、安远县入选。

中旬　交通运输部研究确定北京市通州区等 61 个县（区、市）为第二批城乡交通运输一体化示范创建县，安远县上榜。

中旬　第三批全国乡村治理典型案例发布，大余县的“时间银行助推乡村善治”经验做法，入选全国 38 个典型案例之一。

中旬　省商务厅发布全省“百佳赣菜名店”，赣州市 9 个县（市、区）的 13 家名店上榜。

23 日　中共中央宣传部、中央文明办在北京召开拓展新时代文明实践中心建设工作电视电话会议，全国 5 个省、市、县在会上分别作交流发言。省委副书记、市委书记吴忠琼在省分会场参加会议，并就赣州市推进新时代文明实践中心试点建设的做法经验进行汇报交流。

24 日　国家医疗保障局在赣州召开深化医疗服务价格改革试点动员部署会，专门动员部署改革试点工作，宣布江西省赣州市等 5 个城市被列为改革试点城市。

25 日　以赣南师范大学工业（家具）设计中心为依托，联合南康区家具企业组建的“江西省赣璞设计有限公司”被工信部认定为第五批国家级工业设计中心。

26—28 日　“水利是农业的命脉”暨中央苏区水利史学习研讨会在瑞金市召开。水利部副部长田学斌，副省长罗小云，市委副书记、市长许南吉出席会议并讲话。

27 日　赣州市首批职业农民职称证书颁发仪式在信丰举行，全市共有 1633 名“田秀才”“土专家”获得职称。

29 日至 12 月 1 日　省委常委、副省长任珠峰一行到赣州市出席江钨产业园开工仪式并调研国有企业、工业企业发展情况，省委副书记、市委书记吴忠琼出席相关活动。市委副书记、市长许南吉陪同。

30 日　省委巡视整改抽查情况反馈会在赣州市召开。省纪委常委、省监委委员包静出席会议并讲话，省委第五巡视组组长、省委第一巡视整改抽查组组长蔡厚勇反馈巡视整改抽查情况。市委副书记、市长许南吉主持会议并作表态发言。

30 日至 12 月 1 日　新华社总编辑、党组副书记傅华一行在赣州市调研。

30 日至 12 月 1 日　江西财经大学校长邓辉一行在赣州市调研，并出席江西财经大学与市中级人民法院校院合作签约仪式。

下旬　赣州市不动产登记中心与珠海市不动产登记中心通过视频方式，举行不动产登记“跨省通办”框架合作协议线上签约仪式。

下旬　位于南康区赣州国际陆港电子信息产业园，国内首座工业级无人机射流式风洞试验室开展适应性测试，标志着该风洞试验室建成启用。

下旬　省商务厅组织开展 2021 年度“江西出口名牌”认定工作，26 家企业被认定为 2021 年度“江西出口名牌”企业，6 家赣州企业上榜。

12 月

1 日　省委常委、省政府党组副书记梁桂到赣州市公安局交通警察支队，专题研究道路交通安全工作。

同日　市委副书记、市长许南吉主持召开全市工业倍增升级行动领导小组第一次全体会议。

1—2 日　全省文联文艺志愿服务工作现场会在赣州召开。省文联党组书记马玉玲出席并讲话。

1—2 日　赣深高铁宣传活动采访采风团走进赣州，新华社、中央广播电视总台、《光明日报》、《经济日报》等 10 余家中央媒体及江西省和广东省 40 余家主流媒体的 110 余名记者分别到赣州经开区、南康区、信丰县等地进行采访采风。

2 日　江西省人民政府与国家医疗保障局在瑞金签订《共建全国医疗保障系统党性教育基地合作备忘录》。国家医疗保障局局长、党组书记胡静林，省委常委、省政府党组副书记梁桂出席。国家医疗保障局党组成员、办公室主任颜清辉等出席活动。

同日　2021 年省支持赣南等原中央苏区振兴发展工作推进会在赣州召开。省委常委、省政府党组副书记梁桂主持并讲话。市委副书记、市长许南吉汇报相关情况。

同日　全省工会创新创业工作现场会在赣州召开，与会人员先后观摩南康区跨境电商产业园职工创新创业服务站和章贡区职工创新创业服务站，赣州等三地总工会就职工创新创业工作在会上作经验介绍。

同日　全省高速公路服务区提质升级推进会在赣州召开，与会人员先后到南康服务区、大余服务区观摩，了解高速公路服务区提质升级工作情况。推进会上，省交通运输厅通报全省高速公路服务区提质升级工作情况，大余县、南康区等服务区作经验交流发言。

3 日　赣州市中心城区首批商住项目配建人才住房摇号分配仪式举行，329 户人才家庭通过公开摇号中签方式获得人才住房。

4 日　赣州市疾控中心举行仪式，欢迎赣州疾控系统驰援上饶铅山抗疫的首批 7 名英雄凯旋。

5—6 日　自然资源部党组书记、部长、国家自然资源总督察陆昊一行到赣州市调研。

6 日　第三届世界赣商大会在赣州市举行。省委书记易炼红出席并致辞。省委副书记、代省长叶建春主持大会。省委副书记、市委书记吴忠琼致辞。省领导史文斌、曾文明、陈俊卿，市领导许南吉等出席。全国工商联副主席、江西赣商联合总会会长、科瑞集团董事局主席郑跃文，珠海格力电器董事长兼总裁董明珠等赣商及“新赣商”代表先后致辞。会议表彰50名2019—2020年度江西省回乡投资优秀赣商代表；并举行项目签约仪式，共签约130多个项目，金额超过2000亿元。

同日　第三届世界赣商大会“战友”企业家座谈会在赣州召开。省政府副省长胡强出席并讲话。

同日　赣州重点产业招商推介会在赣州大剧院举行。市委副书记、市长许南吉向出席大会的赣商赣才推介赣州重点产业。

同日　江西绿色食品产业对接会暨赣州市现代农业产业招商推介会在赣州召开，现场签约项目18个，总投资55.5亿元。

7日　省政府副省长胡强到崇义县调研乡村振兴和农业农村工作。

7—8日　省政府副省长陈小平到定南县、寻乌县调研自然资源、环境保护、废弃稀土矿山治理等工作，并宣讲中共十九届六中全会及省第十五次党代会精神。

7—9日　省政府副省长罗小云到赣州市调研科技创新、乡村振兴等工作。

10日　京港高铁赣州至深圳段开通运营，赣州至深圳最快铁路旅行时间由5小时32分压缩至1小时49分。赣深高铁北起江西省赣州市，南至广东省深圳市，线路全长434千米，设计时速350千米。

同日　赣深高铁首发暨融入粤港澳大湾区“双招双引”启动。省委副书记、市委书记吴忠琼宣布赣深高铁首发暨融入粤港澳大湾区“双招双引”启动。省委常委、副省长任珠峰宣读省委、省政府致昌九城际铁路公司感谢信。

同日　2021赣州经开区（粤港澳大湾区）产业招商推介会在深圳举行，推介会现场签约12个电子信息产业项目，签约金额86.2亿元，粤企、台企、港企、澳企等150余家大湾区企业参与推介会。

上旬　市纪委市监委分3批对换届以来99名新提任市直单位（国企）处级领导干部开展任前集体廉政谈话。

上旬　赣州市获得工信部、财政部下拨的小微企业融资担保降费奖补资金3581.2万元，获得资金总量居全省设区市第一，占全省设区市获得该项资金总和的35%。

12日　由赣州市人民政府、中国欧洲经济技术合作协会欧盟工作委员会联合主办，信丰县人民政府、赣州市果业服务中心、赣州广播电视台承办的赣南脐橙文化周活动在北京正式启动。中国欧洲经济技术合作协会副理事长潘锋，王府井集团副总裁周晴出席活动。活动以线上“学习强国”强国城兑换购买与线下现场展销赣南脐橙相结合的方式，集中宣传赣州、推介赣南脐橙。

同日　省委常委、省委政法委书记张鸿星到赣州市调研政法工作。省委副书记、市委书记吴忠琼出席相关活动。省委政法委常务副书记林强等领导分别陪同调研。

同日　赣州市举行欢送第26批援突尼斯医疗队（赣州分队）座谈会，为6名即将离开祖国，远赴非洲突尼斯开展医疗卫生援助工作的赣州援外队员加油。

同日　10时，江西快线一架皮拉图斯PC-12NG型8座飞机安全平稳降落在赣州机场，后续执飞赣州—景德镇航线。标志着赣州机场正式开通赣州—景德镇短途运输航线。

13日　2021江西民营企业百强名单出炉。赣州市同兴达电子科技有限公司、赣州立德电子有限公司入选。

同日　中国人保财险定南支公司为定南县林业局承保的野生动物致害政府救助责任保险正式落地。是赣州市首单“野生动物致害责任保险”业务。

14日　2020—2021年度中国建设工程鲁班奖揭晓，南康家居小镇PPP项目孵化器工程、新建南昌至赣州铁路客运专线站房和生产生活用房及配套工程CGFJ-5标上榜。

同日　中共赣州市委、赣州市人民政府、赣州军分区共同主办的纪念宁都起义胜利暨红五军团成立90周年座谈会在宁都县举行。省委副书记、市委书记吴忠琼，中央档案馆原馆长、国家档案局原局长杨冬权，省军区少将副政委李晓亮出席并讲话。宁都起义、红五军团等革命后代代表、红五军团征战地代表，中央党史和文献研究院七部副主任班永吉，省委宣传部副部长、省文明办主任龚建文等领导出席。

同日　国内首辆永磁磁浮列车“兴国号”在武汉下线，将用于首条“红轨”线路——兴国永磁磁浮技术工程示范线。“兴国号”列车由江西理工大学、中铁工业旗下中铁科工集团联合研制。

15日　由赣州市人民政府、中国欧洲经济技术合作协会欧盟工作委员会联合主办的赣南脐橙（北京）文化周活动分别走进欧洲联盟驻华代表团、走进军营。中国欧洲经济技术合作协会副理事长潘锋、欧盟驻华使团农业参赞彭达明，以及欧盟各国驻华参赞出席活动。

16日　2021年湘江战役赣南籍红军烈士祭奠仪式在广西桂林市兴安县红军长征突破湘江烈士纪念碑园“革命理想高于天”雕塑广场举行。赣州市直有关部门负责人，部分县（市、区）分管领导和退役军人事务局局长，及湘江战役赣南籍红军烈士后代代表参加。

同日　“红色传承，绿色发展”湘鄂赣三省22个县（市、区）举行跨省通办线上集中签约仪式，赣州市瑞金市、崇义县、信丰县在瑞金分会场与其他各县（市、区）签订合作协议。

同日　中央党校（国家行政学院）副校（院）长李毅一行到赣州市调研。省委党校（江西行政学院）常务副校（院）长曾志刚等陪同调研。

16—17日　全省新的社会阶层人士统战工作“百城百点”实践创新基地建设经验交流会在赣州召开。省委统战部副部长刘伟旗等出席。

17日　赣州市打造对接融入粤港澳大湾区桥头堡暨“粤企入赣”投资合作推介会在深圳举行。现场签约项目20个，签约金额369亿元。省委副书记、市委书记吴忠琼出席并致辞。

同日　“2021年赣企融湾路演

活动”在招商银行深圳分行举行。江西省金融监管局局长韦秀长、深圳市金融监管局二级巡视员肖志家、深创投集团总裁左丁、招商银行公司金融总部副总经理兼同业客户部副总经理彭科等出席。活动由赣州市人民政府、深创投集团、招商银行联合主办，赣州市政府金融办、深圳市政府引导基金承办。2000 多家北京、上海等地的企业与投资机构通过路演实时直播线上参与活动。

18 日　省委副书记、市委书记吴忠琼在深圳走访部分重点企业，考察洽谈项目，并见证签订有关合作协议。

同日　生态环境部副部长赵英民率队到赣州市崇义县，调研生态环境保护和振兴发展工作，并召开座谈会。副省长陈小平、省生态环境厅厅长徐延彬等陪同调研或出席相关活动。

19 日　2021“中国体育彩票·SAVA 杯”环鄱阳湖自行车精英赛赣州·安远·三百山站开赛。此次比赛吸引 260 余名专业精英车手、业余及本地骑行爱好者参加。

同日　2021 江西森林马拉松系列赛（大余站）暨 2021 江西·大余森林马拉松运动嘉年华活动在大余县梅关国家森林公园牡丹亭景区鸣枪开跑，3000 余名选手参赛。

19—20 日　北航投资考察团的 30 余名北京航空航天大学校友企业家，到赣州实地考察并参加赣州市对接融入粤港澳大湾区“双招双引”推介会暨共建赣州市驻粤港澳大湾区人才服务站签约仪式。北航投资考察团由北航投资有限公司董事长夏炜率领。省委副书记、市委书记吴忠琼出席相关活动。

中旬　“江西绿色生态”品牌建设大会公布江西省首批 40 家通过“江西绿色生态”认证的企业名单，赣州市 7 家企业上榜。

中旬　国家标准化管理委员会公布第二批国家级消费品标准化试点项目评审结果，全国共确定试点项目 76 项，于都纺织服装消费品标准化试点项目入选。

中旬　赣州市 16 处烈士纪念设施被批准为第一批市级烈士纪念设施。

中旬　2021 年全国“体校杯”男子组足球比赛在于都县江西省青少年体育后备人才训练基地开赛，共有来自全国各地的 30 支代表队参赛。

中旬　中央宣传部、中央文明办、全国妇联揭晓 999 户 2021 年全国“最美家庭”。石城县的廖学经家庭等 5 户家庭获此殊荣。

22 日　赣州市法学会第七次会员代表大会召开。省委副书记、市委书记吴忠琼，省法学会专职副会长刘朝阳等到会祝贺。会议审议通过赣州市法学会第六届理事会工作报告，选举产生第七届理事会。邓忠平当选赣州市法学会新一届理事会会长。

23 日　江西省法学会在赣州举办中央苏区法制研究会 2021 年年会暨纪念中华苏维埃共和国成立 90 周年学术研讨会，省法学会专职副会长刘朝阳等出席。

25 日　华为中国大学生 ICT（信息通信技术）大赛 2021 全国总决赛颁奖典礼在线上举行，江西环境工程职业学院战队荣获实践赛网络赛道高职组一等奖。

同日　由中国医院协会地（市）级医院分会主办，南方医院赣州医院（赣州市人民医院）承办的中国医院协会地（市）级医院分会 2021 年学术年会、江西省医院协会地（市）县级医院分会年会暨赣州市第五届医院管理论坛召开。

26 日　省委常委、省委统战部部长黄喜忠到赣州市于都县、会昌县考察调研。

28 日　以“新长征·新时尚·新智造”为主题的第二届中国（赣州）纺织服装产业博览会在于都县开幕。省政府副省长罗小云出席并宣布开幕。开幕式上共签约项目 20 个，总投资 129.1 亿元。

同日　由环球时报社、中国亚洲经济发展协会和中国经济新闻联播网联合主办的“2021 中国经济高峰论坛”及颁奖典礼在上海举行。会上公布“2021 中国经济十大最具投资价值开发区”评选结果，赣州经开区入选。

31 日　2021 年各民主党派大调研协商会暨同心圆智库课题成果汇报会在赣州召开。省委副书记、市委书记吴忠琼出席并讲话。

下旬　农业农村部公布第十一批全国“一村一品”示范村镇及 2021 年全国特色产业十亿元镇亿元村名单。崇义县上堡乡水南村、章贡区沙石镇入选全国“一村一品”示范村镇，于都县梓山镇潭头村入选全国特色产业亿元村。

下旬　江西省公布首批“赣出精品”名单，16 项“赣州制造”产品入选。

下旬　江西省高品质智慧社区建设试点社区（项目）名单发布，赣州市 3 个社区（项目）上榜。

下旬　赛迪顾问城市经济研究中心研究并发布《2021 城市综合竞争力百强研究》，赣州挤入百强列 62 位。12 月 15 日，赣州被授予 2017—2020 平安中国建设示范市第五届“长安杯”，全国连续 5 届授予“长安杯”的设区市只有 3 个，赣州是其中之一，赣州也是全省唯一一个同时荣获平安中国建设示范市，也是这次全省唯一被授予“长安杯”的设区市。

下旬　由中国国家画院、河南省委宣传部、河南省文联共同主办，中国国家画院交流合作部、河南省美术家协会、郑州美术馆等联合承办的“第七届全国画院美术作品展览”开展。最终赣州蒋洪亮的中国画《南国逸趣》等 3 件作品正式入选第七届全国画院美术作品展，其中蒋洪亮的中国画《南国逸趣》喜获晋京优秀作品。

本栏编辑：徐文菁　王　宇

市情概貌

自然地理

【地理位置】 赣州市位于赣江上游，江西省南部。东邻福建省三明市和龙岩市，西接湖南省郴州市，南毗广东省梅州市、韶关市，北连江西省吉安市和抚州市。地处北纬24°29′—27°09′，东经113°54′—116°38′。纵距295千米，横距219千米，全市总面积39379.64平方千米，占江西省总面积的23.6%，为江西省最大的行政区。赣州市是珠江三角洲、闽东南三角区的腹地，是内地通向东南沿海的重要通道，也是连接长江经济区与华南经济区的纽带。“据五岭之要会，扼赣闽粤湘之要冲”，自古就是“承南启北、呼东应西、南抚百越、北望中州”的战略要地。赣州市人民政府驻章贡区，距省会南昌市383千米，距首都北京市1746千米，距广东省广州市418千米。

【地势地貌】 山脉的分布和走向组成地貌骨架。环绕赣州市四周的有武夷山、雩山、诸广山及南岭的九连山、大庾岭等，众多的山脉及其余脉，向中部及北部逶迤伸展，形成周高中低、南高北低的地势。群山环绕，断陷盆地贯穿于全市，以山地、丘陵为主，占总面积的80.98%。其中，全市丘陵面积24053平方千米，占全市土地总面积的61%；全市山地总面积8620平方千米，占全市土地总面积的21.89%；兼有50个大小不等的红壤盆地，面积6706平方千米，占全市土地总面积的17%。全市海拔高度平均在300—500米之间，有海拔千米以上山峰450座，崇义县、上犹县与湖南省桂东县三县交界处的齐云山鼎锅寨海拔2061米，为最高峰，赣县区湖江镇张屋村海拔82米，为最低处。

西部中、低山构造剥蚀地貌 主要分布在赣州西部的上犹县崇阳、寺下以西，崇义县西部及大余县内良、河洞、荡坪、左拔一线，主要山体为罗霄山脉南的诸广山脉及南岭山脉的大庾岭，海拔500—2061米，其特点是新构造运动上升强烈，基岩裸露，山坡陡峭，山顶多呈锯状、垄状，局部地方因沿节理裂隙风化和强烈流水侵蚀切割，可见锯齿状峰林、石笋、蘑菇山；有V形峡谷和嶂谷发育，也有瀑布、温泉分布。境内为赣江支流上犹江、章水等河流发源地，植被茂密，森林、草场、水利资源丰富。

南部低山、丘陵构造剥蚀地貌 主要分布在赣州市南部的赣县区、于都县、会昌县、瑞金市南部及信丰县、安远县、寻乌县、龙南市、全南县、定南县全境。主要山体为九连山和武夷山南段。其中，强烈上升和侵蚀切割较强的低山地貌分布在中山的山前地带，如会昌县北面的武夷山南段，寻乌县的中山排、桂竹帽，信丰县的金盆山、油山，龙南市的九连山，海拔500—1000米，其特点是新构造运动上升较强，山坡陡峭，山脊呈鳍状、垄状、尖峰状，流水切割较强，有V形谷发育，境内为赣江支流桃江、湘江、濂水等河发源地，植被覆盖好，为主要林区，以次生林居多，草场、矿产、水利资源丰富；间歇抬升，中等侵蚀和剥蚀丘陵地貌主要分布在低山区的山前地带，海拔200—500米，其特点是新构造运动缓慢，具有间歇抬升现象，基岩裸露，有薄层风化壳发育，并有崩塌、滑坡现象，流水切割中等，山坡较陡，山脊平缓，呈长垣状、垄状、馒头状，植被较稀疏，多河曲和侵蚀小盆地发育，为林农垦殖区。

中部丘陵河谷侵蚀堆积地貌 主要分布在赣州市中部的于都县红色盆地底部及赣江主要支流上犹江、章江、桃江、贡水等河流中、下游两岸，海拔小于300米，其特点是新构造运动升降缓慢，有间歇性，风化强烈、风化壳厚，沟谷宽广，流水平缓，水土流失严重，有崩塌、滑坡、坳谷和冲沟发育，垄岗多向河谷倾斜，坡度缓，山脊多呈垄岗状、波浪状，植被稀疏，岗地、阶地自然水源不足，但土壤肥沃，水利设施较好，是重要的农业区。

东北部低山、丘陵构造剥蚀地貌 主要分布在赣州市东北部的兴国县、宁都县、石城县及于都县、瑞金市北部，主要山体为雩山山脉及武夷山山脉的北段。其中，较强上升中度侵蚀切割低山地貌分布在雩山山脉两侧和武夷山山脉北段，其特点是新构造运动上升较强，流水侵蚀切割中等，山势较陡，山脊呈锯状、垄状，境内为赣江支流平江、梅江、绵江等河流发源地，植被覆盖较差，森林资源较少，水利

资源较丰富，草山、草坡较多，为森林培植、农牧区；以剥蚀为主中等侵蚀缓慢抬升的丘陵地貌分布在低山前缘和断陷盆地地区，其特征是新构造运动缓慢抬升，山势平缓，呈缓坡状、垄状、馒头状，风化强烈，境内植被稀疏，森林资源贫乏，水土流失严重，为水土保持和主要农业区。

溶蚀侵蚀地貌　由灰岩组成的岩溶丘陵地貌，主要分布在于都县梓山镇及银坑乡、瑞金市的云石山乡、会昌县的西江镇等地。山体多奇峰怪石，呈锯状、垄状或为面牙式、石林式山脊，有暗河、溶洞发育。由红岩形成的丹霞低丘陵地貌，主要分布在龙南市的武当山、宁都县的翠微峰和赖村、章贡区通天岩等地。由含钙质的厚层沙砾岩，经流水沿裂隙长期侵蚀，形成了岩壁直立或近似直立的石柱，桌形山、方山、单面山和各种洞穴等。

【山脉河流】 赣州市位于南岭之北，山峰环列，山峦起伏，坡度较陡，一般在16—45度。环绕于四周的山脉：东有武夷山脉盘踞，为赣、闽两省天然分水岭，东属福建省、西属江西省；南有南岭山山脉的大庾岭和九连山横亘，为赣、粤两省天然屏障，岭南是广东省，岭北是江西省；西有诸广山山脉屏后，将赣、湘两省相连，西麓为湖南省，东麓为江西省；中东部有雩山山脉贯穿，以宁都县肖田乡为发端，从东北向西南的兴国县、于都县延伸至赣县区、安远县和会昌县，斜坐在贡江岸边。武夷山山脉，蜿蜒在石城县、瑞金市、于都县、会昌县、寻乌县、宁都县的部分地方，面积7932.65平方千米，占全市总面积的20.14%；南岭山山脉（大庾岭和九连山），盘踞在大余县、信丰县、全南县、龙南市、定南县全境和安远县、寻乌县、会昌县、南康区、赣县区、于都县、章贡区的部分地方，面积17613.28平方千米，占全市总面积的44.73%；诸广山山脉，盘踞在上犹县、崇义县的全部和大余县、南康区、赣县区、章贡区的部分地方，面积6707.73平方千米，占全市总面积的17.03%，其东麓主要山峰齐云山海拔2061.3米，为赣南境内第一峰；雩山山脉，盘踞在宁都县、于都县、兴国县、会昌县、安远县、赣县区的部分地方，面积7125.98平方千米，占全市总面积的18.1%。

赣州市四周山峦重叠、丘陵起伏，溪水密布，河流纵横。地势周高中低，南高北低，水系呈辐辏状向中心——章贡区汇集。赣南山区成为赣江发源地，也成为珠江之东江的源头之一。千余条支流汇成上犹江、章水、梅江、琴江、绵江、湘江、濂江、平江、桃江9条较大支流。其中，上犹江、章水汇成章江；其余7条支流汇成贡江；章贡两江在章贡区相会而成赣江，北入鄱阳湖，属长江流域赣江水系。另有百条支流分别从寻乌县、安远县、定南县、信丰县流入珠江流域东江、北江水系和韩江流域梅江水系。区内各河支流，上游分布在西、南、东边缘的山区，河道纵坡陡，落差集中，水流湍急；中游进入丘陵地带，河道纵坡较平坦，河流两岸分布有宽窄不同的冲积平原。

赣江以章江、贡江二水在章贡区汇合而得名，古代传说以“赣巨人”而得名。主源为贡水，发源于石城县横江镇洋地石寮岽，为江西省最大河流。赣州市境内赣江长度45千米（自章贡区八境台至赣县区尧口），自南向北流向。河流落差11米，平均坡降0.24‰。赣江在境内处北纬24°30′—27°10′、东经113°55′—116°35′。流域面积3.64万平方千米（包括由湖南省、广东省、福建省流入的流域面积101平方千米），约占赣江总流域面积8.12万平方千米的44.8%，流域形状近似侧面开口的马头形，全区18个县（市、区）基本属于赣江上游区。

赣江一级支流。章水——古称豫章水，章贡区俗称境内章水为西河。发源于崇义县聂都山张柴洞，流经崇义县、大余县、上犹县、南康区、赣县区，在章贡区八境台汇入赣江。章水主河长199千米，由西向东流，落差861米，平均坡降4.33‰。章水流域面积7696平方千米（包括由广东省、湖南省流入的流域面积599平方千米），流域形状近似四方形，地势西南面高，东北面低。

贡水——古称湖汉水，又称雩江、会昌江，章贡区俗称境内贡水为东河。发源于石城县横江镇洋地石寮岽（赣源岽），流经石城县、瑞金市、会昌县、于都县、宁都县、兴国县、全南县、龙南市、信丰县、安远县、赣县区，于章贡区八境台汇入赣江。

贡水主河长278千米，落差309米，自东向西流，贡水流域面积26589平方千米（包括由广东省、福建省流入的流域面积282平方千米），流域形状近似倾斜的菱形，东西狭，南北长，东南高，西北低。

赣江二级支流。上犹江——原名豫水，又名犹水、北章水。发源于湖南省汝城县东岗岭，流入集龙墟后入江西省，经崇义县、上犹县，于南康区凤岗镇三江口流入章水。主河长189千米，落差615米，平均坡降3.25‰。流域面积4583平方千米，其中510平方千米来自湖南省。流域形状似梯形，自西向东蜿蜒于山岭之间，河床多礁石险滩，上犹江电厂即建在铁扇关下著名的陡水滩上。

朱坊河——又称扬眉水、河田水。发源于崇义县宝山瘌痢石，经崇义县扬眉、南康区朱坊，于镜坝流入章水。主河长80千米，自西向东流，落差475米。流域面积367平方千米。

湘水——又称雁门水。发源于寻乌县大坳上，流经寻乌县罗珊和会昌县筠门岭、右水、麻州，于会昌县城与绵江汇合流入贡水。主河长101.34千米，自南向北流，平均坡降1.63‰。流域面积2056.2平方千米，其中133平方千米来自福建省，流域形状近似长方形。

濂水——又称梅林江、安远江，发源于安远县九龙嶂，流经安远县、会昌县、于都县，在会昌县境内桑园坝流入贡水。主河长126千米，自西南流向东北，落差508米，平均坡降4.13‰。水流湍急，险滩较多。流域面积2259.4平方千米，形似菱形。

小溪水——又称新陂河。发源于安远县老村耙泥嶂，流经于都县祁禄山、小溪、新陂，于小溪口流入贡江。主河长60千米，自南向北流，落差305米，平均坡降3.2‰。流域面积664平方千米，形似柳叶形。

桃江——又名信丰江。发源于赣、粤交界的全南县饭池嶂，流经全南县、龙南市、定南县、信丰县、赣县区，于赣县区伏坳流入贡水。主河长289千米，自西南流向东北，落差558米，平均坡降1.93‰，水流湍急，多险滩礁石。流域面积7803.44平方千米，其中有149.27平方千米来自广东省，流域形似关刀形，地势东、南、西三面高，北面低，成马蹄形。

绵江——又称瑞金河，是贡水在会昌县县城以上的上游河道，发源于石城县鸡公岽，流经瑞金市日东乡、象湖镇、武阳镇、谢坊镇，在会昌县县城注入贡水。主河长130千米，自东北流向西南，落差243米，平均坡降2.13‰。多险滩礁石。流域面积1863平方千米，其中有135平方千米来自福建省，形似梯形。

澄江——又名西江河、九堡水。发源于瑞金市仙坛脑，流经瑞金市九堡镇、云石山乡、会昌县西江镇、小密乡，在于都县水口流入贡水。主河长88千米，落差239米。流域面积831平方千米，似“L”字形。

梅川——古称河水，也称宁都江、梅江。发源于宁都县与宜黄县交界的王陂嶂，流经宁都县肖田乡、洛口镇、东山坝镇、石上镇、梅江镇和瑞金市瑞林镇及于都县葛坳乡、段屋乡，于龙舌嘴流入贡水。主河长220千米，自北向南流，过宁都县城后改向西南流，落差528米，平均坡降2.4‰。至新街河道弯曲接近360°，俗称吊洲湾，裁弯取直后建水电站。河道固定中洲多达50个以上，洲上灌木丛生，两岸多荒山，水土流失严重。流域面积6789.12平方千米，东、西、北三面高，南面低，形状近似“Y”字。

平江——又称兴国江、平固江。发源于宁都县猴子嶂，流经兴国县兴江乡、古龙冈镇、长冈乡、潋江镇、龙口镇、赣县区南塘镇、吉埠镇，于江口塘流入贡水。主河长132千米，自东北流向西南，过兴国县县城后改向南流，落差753米，平均坡降5.7‰。流域面积2926平方千米，似“T”字形，其中水土流失面积约占57%，兴国县境流域范围内85%山地面积水土流失，造成河床普遍淤高2—4米，沙河床高于农田。

【气候水文】 气候　赣州市地处中亚热带南缘，属亚热带丘陵山区湿润季风气候，具有冬夏季季风盛行，春季降水集中，四季分明，气候温和，热量丰富，雨量充沛，酷暑和严寒时间短，无霜期长等气候特征。

降水　全市年平均降雨量为1236.9毫米，比历年少2.3成，但降水时空分布不均。年总降雨量以崇义县1487.1毫米为最多，会昌县1021.9毫米为最少。除5月、11月、12月降雨量偏多以外，其他月份降雨量均偏少。

1—3月，全市平均降雨量为165.3毫米，比历年同期少5.5成。其中会昌219.4毫米为最多，定南县111.9毫米为最少。1月全市平均降雨量为6.9毫米，比历年同期少9成，位列历史同期第四低位，其中寻乌县0毫米、安远县2.2毫米、石城县4.3毫米，位列历史同期第一低位。

4—6月，全市降雨量为629.8毫米，接近历年同期。降雨量最多为瑞金市822.1毫米，降雨量最少为会昌县480.9毫米。汛期降雨量集中期出现在5月，5月全市平均降雨量为332.7毫米，比历年同期多4.3成，其中降雨量最多为大余县428.1毫米，比历年同期多9.3成。

7—9月，全市降雨量为251.1毫米，比历年同期少3.9成。降雨量最多为龙南市341.5毫米，降雨量最少为会昌县119.8毫米。

10—12月，全市降雨量为190.7毫米，比历年同期多1.7成。降雨量最多为崇义县307.9毫米，比历年同期多8.1成，降雨量最少为安远县101毫米。

气温　全市年平均气温为20.5℃，比历年高1.1℃，创历史新高。各县市年平均气温在19.4℃—21.5℃。以于都县21.5℃为最高，石城县19.4℃为最低。全市极端日最高气温39.3℃，7月29日出现在于都县；全市极端日最低温度-6.9℃，1月12日出现在石城县，位列1月当地历史同期第一低位。

1—3月，全市平均气温为13.7℃，比历年同期高2.8℃，为历史同期第一高位，但冷暖起伏大，极端最低气温偏低；最高为定南县14.7℃，最低为石城县12.2℃。全市入春时间早，除石城县以外，其他县（市、区）日平均气温稳定超过10℃，初日出现在1月20日，比常年提早50天。

4—6月，全市平均气温为24.0℃，比历年同期高0.8℃；最高为于都县24.8℃，最低为石城县22.8℃。4—6月极端最高气温普遍偏高，6月极端最高气温37.9℃，19日出现在上犹县，为当地历史同期第一高位。

7—9月，全市平均气温为28.7℃，比历年同期高1.4℃；最高为于都县30.4℃，最低为全南县27.1℃。

10—12月，全市平均气温为15.6℃，与历年同期持平；最高为定南县16.8℃，最低为石城县、崇义县14.5℃。10月气温起伏明显，前高后低，10月2日兴国县（37.2℃）、10月3日会昌县（36.6℃）日极端最高气温为当地历史同期第一高位；10月1日定南（35.5℃）、10月2日石城县（35.8℃）、10月4日上犹县（36.6℃）日极端最高气温同为当地历史同期第二高位；10月4日信丰县（36.3℃）、龙南市（35.9℃）、安远县（35.2℃）日极端最高气温同为当地历史同期第三高位。

日照　全市年平均日照时数为1851.6小时，比历年多241.0小时。全市年平均日照时数以龙南市2003.0小时为最多，为当地历史同期第三高位；以崇义县1602.6小时为最少。

1—3月，全市平均日照时数为443.4小时，比历年同期多214.9小时，最多为寻乌县 499.4 小时，最少为崇义县 374.4 小时。

4—6 月，全市平均日照时数为 341.0 小时，比历年同期少 10.4 小时，最多为安远县 397.2 小时，最少为崇义县 284.6 小时。

7—9 月，全市平均日照时数为 691.6 小时，比历年同期多 104.7 小时，最多为南康区 762.5 小时，最少为崇义县 612.8 小时。

10—12 月，全市平均日照时数为 375.6 小时，比历年同期少 47.2 小时，最多为寻乌县 417.5 小时，最少为崇义县 330.8 小时。

主要气象灾害及气候事件　寒潮、冷空气、大风过程　1 月 6—13 日，受强冷空气天气影响，全市出现“降温幅度大、过程气温低、持续时间长”的寒冷天气。其间全市平均气温 4.2℃，较常年同期偏低 4.1℃。其中 9 日、12 日和 13 日早晨全市最低气温降至-6℃—1℃，有 8 个县（市、区）最低气温创历史新低，出现比较严重的霜（冰）冻。赣州市国家站出现 1 站 7 级大风（石城县 14.3 米/秒）；区域站出现 4 站 9 级大风（安远县凤山乡 23.9 米/秒，石城县胜江村 23.1 米/秒，安远县孔田镇 22.9 米/秒，赣县区储潭乡 21.4 米/秒），14 站 8 级大风，17 站 8 级大风，16 站 7 级大风。

11 月 6—7 日，受高空低槽、切变线和冷空气影响，全市出现一次降水过程。11 月 8 日石城县、会昌县出现寒潮天气。

12 月 1—3 日，受冷空气影响，全市出现一次降温天气过程，赣州市大部分地方出现霜冻，过程降温 5℃—7℃，过程最低气温-1.4℃。12 月 24—27 日全市出现一次寒潮天气过程，平均气温下降 9℃—11℃，局部降幅达 12℃以上，全市大部分山区出现雨凇雾凇天气。

区域性暴雨天气过程　2 月 9—10 日，受南支槽东移和切变线共同影响，全市出现大范围暴雨天气过程，雨势较缓，未造成严重灾害。

5 月 16—17 日，受高空短波槽、低层切变线和西南急流共同影响，全市多地出现暴雨并伴有雷电、大风等强对流天气，共导致章贡区、赣州经开区、信丰县、大余县、上犹县、崇义县、安远县、全南县、会昌县、南康区等 10 个县（区）72 个乡镇 26797 人受灾，约 1736.72 公顷农作物受灾，房屋损害 101 户 176 间，直接经济损失 4045.89 万元。

5 月 19—21 日，受高空短波槽、低层切变线和西南急流共同影响，赣州市中部以北出现暴雨并伴有雷电和短时强降水、大风等强对流天气，导致赣县区、于都县、兴国县、石城县、瑞金市 5 个县（市、区）44 个乡镇 12684 人受灾，约 1081.83 公顷农作物受灾，直接经济损失 2612.61 万元。

6 月 3—4 日，受低层切变线影响，全市部分地方出现对流性暴雨天气过程，大余县、宁都县、兴国县 3 个县 22 个乡镇 860 人受灾，农作物受灾面积 80.38 公顷，直接经济损失 259.65 万元。

6 月 21—22 日，受低层切变线影响，赣州市部分地方出现对流性暴雨天气过程，上犹县、崇义县、龙南市、宁都县、于都县、会昌县 6 个县（市）25 个乡镇 6000 余人受灾，农作物受灾面积 550.4 公顷，直接经济损失 1629.57 万元。

强对流天气过程　3 月 30—31 日，受低层西南急流加强影响，会昌县、于都县、信丰县出现冰雹、大风天气。会昌县永隆乡、中村乡，于都县盘古山镇出现大风冰雹灾害，52 公顷农作物受灾，22 公顷绝收，7 户 20 间农房瓦面被砸毁，直接经济损失 280.33 万元。

5 月 7—9 日，受高空低槽和西南急流加强影响，全市部分县（市、区）出现冰雹、大风、短时强降水等强对流天气，共导致于都县、瑞金市、赣县区、宁都县、兴国县、会昌县、南康区、石城县、全南县和崇义县 10 个县（市、区）49 个乡镇 9716 人受灾，紧急避险转移 2882 人，约 789.63 公顷农作物受灾，房屋损害 181 户 332 间，直接经济损失 2744.6 万元。

5 月 11—12 日下午，瑞金市、兴国县出现冰雹、大风、短时强降水等强对流天气，导致瑞金市壬田镇、瑞林镇、日东乡、黄柏乡、大柏地乡、岗面乡和兴国县社富乡 7 个乡镇 1837 人受灾，雷击死亡 1 人，约 91.4 公顷农作物受灾，房屋损害 43 户 68 间，直接经济损失 314.42 万元。

5 月 27—31 日，低层切变线在赣州市南北摆动，赣县区、安远县、全南县、寻乌县 4 个县（区）31 个乡镇 7764 人受灾，约 497.5 公顷农作物受灾，房屋损害 16 户 29 间，直接经济损失 1623.9 万元。

干旱　受降水持续偏少影响，2021 年初全市部分地区出现秋冬连旱。2 月上旬前，全市大部分地区出现重度以上气象干旱。2 月 9 日至 2 月底，在自然降水和人工增雨的共同作用下，全市平均降水 88.5 毫米，旱情基本得到解除。3—4 月，全市部分县（市、区）出现干旱情况。5 月开始全市降水较多，旱情解除，全面进入汛期。7 月初雨季结束后，赣州市干旱逐渐开始发展，特别是南部，以寻乌县为主。7 月一直处于中—重旱状态，旱情较为严重。8 月中旬全市出现明显降水过程，旱情得到一定缓解。8 月下旬开始赣州市受气温偏高，降水偏少影响，旱情又开始有所发展。9 月至 10 月中旬赣州市气温异常偏高，降水偏少，日照异常偏多，受降水持续偏少影响，全市气象干旱快速发展，兴国县、赣县区、于都县、瑞金市、定南县为重旱区，其中会昌县进入 9 月后一直处于特旱区。10 月下旬，全市经过二次降温降水过程，旱情得到缓解，截至 11 月底，赣州市气象干旱基本解除。

高温天气（日极端最高温度≥35℃）　全年全市平均高温日为 59.35 天，比历史同期多 29 天，创 1961 年后新高，以上犹县 90 天为最多，于都县 88 天，南康区 86 天，寻乌县 25 天为最少。全市 12 个县（市、区）高温日数均创当地历史新高。

低温冻害　1 月 6—8 日，受强冷空气天气影响，瑞金市蔬菜基地受损 60.9 公顷，脐橙受灾 2600 公顷，共造成直接经济损失 40597.99 万元。宁都县北部乡镇及山区出现雨夹雪，并伴冰霜冻，大部分乡镇受灾，农作物受灾面积 1087.97 公顷，直接经济损失 2954.76 万元。

水文特征　全年实测径流量 151.54 亿立方米，全市径流量年内分配不均衡，汛期（3—9 月）实测径流量为 118.63 亿立方米，占全年径流量的 78.3%，非汛期径流量为 32.91 亿立方米，占全年径流量的 21.7%。赣州市河川径流量补给主要是降水，属雨水补给型。

各主要水文站水位特征值一览表

表 1　　单位：米

特征值	梅川汾坑站	贡水葫芦阁站	贡水峡山（二）站	平江翰林桥站	桃江信丰站	桃江茶芫站	桃江居龙滩站	贡水赣州站	章水窑下坝站	上犹江田头站	章水坝上站
2021 年最高	129.26	138.90	104.88	110.94	143.89	138.97	106.21	97.38	118.53	112.62	98.75
历年最高	134.50	144.44	109.98	115.06	147.92	144.52	112.75	103.29	121.53	120.32	103.83
2021 年最低	123.62	136.03	98.58	107.26	140.96	135.89	102.20	90.68	114.63	110.61	96.25
历年最低	123.62	135.09	98.58	107.26	140.91	135.87	102.20	90.68	114.35	110.53	93.82
警戒水位	130.00	140.00	108.00	112.00	147.00	143.00	109.00	99.00	119.00	116.50	99.00

【自然资源】　赣州市地处中亚热带，位置优越。

因距海洋较近，可受海洋气候调节，又因四周高山环列，相对减缓了东南台风和西北寒潮的侵袭，因此气候温暖，热量充沛，湿润多雨，兼有天时、地利，自然资源比较丰富，具有较大的经济优势，堪称宝地。

土地资源　全市土地由于地质构造关系和受成土诸因素影响，形成土地类型地域性强，土地利用差异明显；山地多、平原少，耕地面积小、耕地后备资源不足；土地绝对数量大，人均占有量少的特点。

水资源　域内大小河流 1270 条，河流面积 14.49 万公顷，总长度为 16626.6 千米，河流密度为每平方千米 0.42 千米。在水资源中，地表水资源为 327.53 亿立方米，地下水资源可动量为 79.13 亿立方米，占河川总流量的 24.46%。境内温泉 53 处，除章贡区、南康区、赣县区外，其余 15 个县（市）均有分布，以寻乌县 14 处为最多。水温最高 79℃的 1 处，出水量最大的为崇义县分水坳温泉，每秒 50 升。部分温泉水开发用来旅游、养殖、洗涤等。

赣州市基本属于富水区。赣州市多年平均水资源量为 336.52 亿立方米，人均水资源量约 4000 立方米，高于全省、全国人均水资源占有量。

森林资源　赣南是中国商品林基地和重点开发的林区之一。植物区系具有种类繁多，成分复杂，起源古老等特点。保留大量的第三纪植物区系，是古老植物种属的“避难所”，是东亚植物区系的发源地之一，还是中国特有植物珍贵树种较多的地区。在动物地理区划上，赣州市属东洋界华中区东部丘陵平原亚区，有较多森林野生动物（昆虫）种类分布在境内各地。西南部的九连山，是中国中亚热带南缘东端自然生态系统保存最完整的地段，保存了一些野生动植物的活化石和珍贵树种。

植物资源　据历年多次森林植物调查资料估算，境内森林野生有经济价值的植物主要有 3 类 220 科 2298 种。其中，蕨类植物 31 科 74 种，裸子植物 9 科 29 种，被子植物 180 科 2195 种。在这些植物中，有乔、灌、藤本树种 1600—1800 种，掌握的有 134 科 1736 种，采集有标本的 126 科 384 属 1170 余种。其中，乔木树种 500 余种，灌木（含藤本）树种 650 余种，竹类 2 种；有珍稀濒危树种 124 种，属于国家一、二、三级保护树种 40 余种；引进树种 200 多种。赣州市树木园采种育苗上山造林和原有的树种保存 1300 多种，其中珍稀树种 131 种。赣州市地形复杂，地域差异大，森林树种垂直分布比较明显，综合《江西森林》等书籍、资料和调查情况，植物资源情况为：海拔 500 米以下丘陵岗地的林木树种多为马尾松、杉木、油茶、毛竹、黄竹、茅栗、白栗、樟树、苦槠、银木荷、南岭栲、红楠等；海拔 500—700 米的低山多为壳斗科的麻栎、锥栗、丝栗栲等，黄檀、拟赤杨、马尾松、毛竹、杉木、泡桐、漆树、深山含笑、乌桕、观光木、茶梨、猴喜欢、天料木、苦梓、杜英属、小山竹、黄樟、大叶楠、厚皮树、枫香等树种；海拔 700—1000 米的山地多为甜槠栲、钩栗、山合欢、椴树、冬青、光皮桦、化香、竹柏、黄杨、枫香等树种；海拔 1000 米以上低中山地多为天然灌木类，如杜鹃、乌饭、檵木、小叶石楠、马银花、猴头杜鹃、野山茶、吊钟花、冷箭竹等树种。尽管赣南林地纬度相差 2—3 度，但林木树种水平分布上差异不大，树种分界线不明显。境内被列入《国家重点保护野生植物名录》（第一批）的有 30 种，其中赣州市国家一级保护野生植物 2 种，国家二级保护野生植物 28 种。

分别是：南方红豆杉（国家一级）、伯乐树（国家一级），樟（香樟）（国家二级）、闽楠（国家二级）、金钱松（国家二级）、华南五针松（国家二级）、南方铁杉（国家二级）、福建柏（国家二级）、穗花杉（国家二级）、榧树（国家二级）、红豆树（国家二级）、花榈木（花梨木）（国家二级）、厚朴（国家二级）、观光木（国家二级）、毛红椿（国家二级）、黄连（国家二级）、香果树（国家二级）、山金柑（国家二级）、金豆（国家二级）、伞花木（国家二级）、银钟花（国家二级）、榉树（国家二级）、苦梓（国家二级）、马蹄香（国家二级）、青钱柳（国家二级）、八角莲（国家二级）、柳叶蜡梅（国家二级）、半枫荷（国家二级）、草珊瑚（国家二级）、突托蜡梅（国家二级）。

微生物资源 境内森林有经济价值的微生物资源主要是野生大型真菌，有2纲、6目、21科、84种，其中菌纲目19科、80种，复菌纲2目2科4种。

动物资源 赣州市历史上曾有剑齿象、犀牛、大熊猫、金丝猴、长臂猿、麋鹿等动物繁衍生息。随着气温的下降，北宋以后，上述动物逐渐向西南退缩，先后在赣州市绝迹。中华人民共和国成立后，有关部门曾多次开展野生动物调查，基本查清了赣州市森林野生动物（包括昆虫）的种类和分布。除森林昆虫18目、130科、912种，并发现有全国新种、江西新种69种外，赣州市有陆生野生保护动物125种，其中，国家级保护的有48种，省级保护的有77种。这些野生动物，既有南北广泛分布的种类，也有分布于华南亚区的种类，还有与西南亚区相似的部分动物种类。有经济价值较高的和稀有的华南虎（20世纪60年代前有，20世纪80年代后销声匿迹）、金钱豹、猕猴、水鹿、水獭、苏门羚、平胸龟、黄腹角雉、白鹇、穿山甲、棘胸蛙、蟒蛇等，也有国家名产云豹和金猫；还有江西新种花姬蛙、三叶蹄蝠。据1997—2000年赣州市林科所按照全省统一组织、统一技术方法的调查结果，赣州市共有森林陆生脊椎类野生有经济价值的动物336种，分别隶属于29目、86科。其中，鸟类17目、43科、198种，属东洋界区系的103种，古北界的63种，白喉斑秧鸡等19种是江西的新纪录，雀形科种类占99种；境内常见鸟类有白头鹎、乌鸫、大山雀、灰胸竹鸡、八哥、画眉、环颈雉等10多种；在境内繁殖的鸟有125种，占鸟类总数的63.13%；冬候鸟51种、旅鸟13种。野生兽类7目、23科、55种，其中较为稀有的兽类有猕猴、棕鼯鼠、银星竹鼠、赤狐、豺、小灵猫、大斑灵猫、金猫、豹、黑熊（群众反映有黑麂、华南虎、斑羚）；栖息于山地的兽类有47种，占85.45%；东洋界区系的有45种，占81.82%。两栖类2目、7科、26种，优势种类有中华蟾蜍、沼蛙、泽蛙、黑斑蛙、花臭蛙、棘胸蛙和大泛树蛙等。爬行类3目、13科、56种（蛇类调查于1992年5月至1994年10月，发现38种），其中优势种类有石龙子、北草蜥、赤链蛇、王锦蛇、草游蛇、水赤链、游蛇、小头蛇、灰鼠蛇、滑鼠蛇、中国水蛇、银环蛇、眼镜蛇、竹叶青等。赣州市的爬行动物区系以东洋界成分为主体，占85.71%。另据初步调查，境内有陆生非脊椎类野生动物昆虫类18目、130科、912种，主要为森林昆虫，其中鳞翅目最多，鞘翅目、半翅目次之。

矿藏资源 赣州市是全国重点有色金属基地之一，素有“世界钨都”之美誉。发现矿产62种，其中有色金属10种，稀有金属10种（铌、钽、稀土、锂、铍、锆、铪、铷、铯、钪），贵重金属4种（金、银、铂、钯），黑色金属4种（铁、锰、钛、钒），非金属25种（盐、萤石、滑石、透闪石、硅石、高岭土、黏土、瓷土、膨润土、水晶、石墨、石棉、石膏、芒硝、重晶石、云母、冰洲石、钾长石、硫、磷、砷、碘、大理岩、石灰岩及白云岩），燃料5种（煤、石煤、泥炭、油页岩、石油）。全市保有矿产储量的潜在经济价值达3000多亿元。1983年，国际矿物协会新矿物与矿物命名委员会审查通过并正式确认的赣南矿，为世界首次发现的新矿物。

建置 区划

【建置沿革】 赣南形成行政区的历史悠久。三国吴嘉禾五年（236）设置相当于设区市一级的行政机构——庐陵南部都尉。两宋分设南安、赣州2个政区，简称“南赣”。又因地处赣江上游、江西南部，并于清康熙年间和民国初先后置分巡赣南道和赣南道，亦俗称“赣南”。

秦 秦始皇三十三年（前214），秦发大军分五军戍五岭，其中一军守庾岭之界，置南壄县，隶九江郡，赣南有行政建制县始于此。

汉 高帝元年（前206），南壄属楚；高帝四年（前203），改九郡为淮南国，南壄隶之；高帝五年（前202），汉灭楚，南壄始隶汉；高帝六年（前201），置豫章郡，南壄隶之；同时增设赣县、雩都二县，赣县筑城于益浆溪（今章贡区蟠龙镇一带）。西汉末年，王莽称帝，史称新莽（9—23），改豫章郡为九江郡，赣南三县隶之。东汉建武元年（25），九江郡复名豫章郡，南壄县改为南野县，赣县、雩都、南野三县仍属豫章郡。兴平元年（194），孙策据江南，分豫章郡置庐陵郡，赣县、雩都、南野三县隶之。

三国 吴嘉禾五年（236），分庐陵郡置南部都尉，治雩都，赣南设区市一级行政机构始于此；析赣县置平阳，析南野置南安，析雩都东北白鹿营地置阳都；后析阳都的陂阳地置陂阳，不久又改名为揭阳。庐陵南部都尉领七县：赣县、雩都、南野、南安、平阳、阳都、揭阳。

晋 西晋太康元年（280），改南安为南康，改阳都为宁都，改平阳为平固；西晋太康三年（282），罢庐陵南部都尉，置南康郡，治雩都，将南野并入南康，南康郡领六县；太康五年（284），揭阳复名为陂阳。西晋元康元年（291），南康郡改属江州都督府。东晋永和五年（349），南康郡治由雩都迁至章江、贡江二水间（今章贡区河套老城区）。

东晋义熙七年（411），南康郡治毁于战乱，移至贡水东南（今章贡区七里镇）。

南北朝 南朝宋永初元年（420），改南康郡为南康国，治所迁回雩都。大明五年（461），析宁都虔化屯置虔化县。南朝齐永明元年（483），南康国复为南康郡。

南朝梁大同十年（544），析雩都东南三乡地置安远县，后废。大宝元年（550），南康郡地大庾改属广东东衡州始兴郡。承圣元年（552），复迁南康郡治至章江、贡江二水间（今章贡区河套老城区）。自此，一直相沿为州、府治及行署、专署所在地。南朝陈（557—589），赣县与南康互易县名。陈太建十三年（581），由始兴郡分置安远郡，并于安远郡置大庾镇。

隋　开皇九年（589），改南康郡为虔州，隶洪州总管府。平固并入赣县，虔化并入宁都；开皇十年（590），改安远郡为大庾县，隶广州总管府始兴郡；开皇十三年（593），陂阳县设石城场，同年一起并入宁都，虔州领四县：赣县、雩都、南康、宁都。开皇十六年（596），大庾县废县为镇，隶虔州南康县；开皇十八年（598），改宁都县为虔化县。大业元年（605），虔州改为南康郡，赣县与南康互复原名；大业十三年（617），农民起义军据虔州称帝，国号楚。

唐　武德五年（622），南康郡复称虔州，仍隶洪州总管府。贞观元年（627），虔州隶江南道，辖县如前。永淳元年（682），析南康东南地，置南安县（大概辖今信丰、龙南、定南、全南等地）。神龙元年（705），升大庾镇为大庾县。开元二十一年（733），虔州属江南西道，领县如旧。天宝元年（742），虔州复为南康郡，改南安县为信丰县；析南安百丈地置百丈镇，后改虔南镇。乾元元年（758），南康郡又复改为虔州。贞元四年（788），分雩都东南三乡及信丰一里，复置安远县，虔州领赣县、雩都、信丰、南康、大庾、虔化、安远七县。咸通六年（865），并江南西道置镇南军，虔州属之。天祐元年（904），析雩都县象湖镇淘金场置瑞金监。

五代十国　后梁开平三年（909），卢光稠依附后梁，虔州属梁；开平四年（910），以虔、韶两州置百胜军。乾化元年（911），析南康西南地置上犹场。贞明四年（918），改虔南镇为虔南场。南唐升元元年（937），改百胜军为昭信军，虔州属之。保大十年（952），改上犹场为上犹县；次年，改瑞金监为瑞金县，改虔南场为龙南县，改石城场为石城县，虔州领赣县、雩都、信丰、南康、大庾、虔化、安远、上犹、瑞金、龙南、石城十一县。

宋　开宝八年（975），改昭信军为军州。太平兴国元年（976），改军州复为虔州，隶江南西路；太平兴国七年（982），析赣县潋江镇之七乡及庐陵泰和部分辖地置兴国县，析雩都县东南六乡于九州镇置会昌县，虔州领十三县。淳化元年（990），分虔州原辖之南康、大庾、上犹三县另置南安军，治大庾，虔州领十县；自此，赣南分为两个政区，均隶江南西路。宣和三年（1121），龙南县改名虔南县。南宋绍兴二十三年（1153），校书郎董德元上书言：“虔”字为虎头，“虎头州非佳名”，诏令改虔州为赣州（取章、贡二水合流之义），赣州之名始于此。

同年，虔化县改名宁都县，虔南县复改龙南县。嘉定四年（1211），上犹县改名为南安县。绍定四年（1231），升会昌县为会昌军，仍隶赣州。咸淳五年（1269），会昌军复为会昌县。

元　至元十三年（1276），改江南西路为江西行中书省，简称“行省”，赣州、南安军均隶江西行省；至元十四年（1277），赣州和南安军分别改为赣州路总管府和南安路总管府；至元十五年（1278），江西行省治所迁赣州；至元十六年（1279），江西行省治所迁回隆兴（今南昌市），南安县改名为永清，直隶江西行省；次年，永清复名上犹县，改隶南安路；至元二十四年（1287），并龙南县入信丰县，并安远县入会昌县，赣州路总管府领赣县、雩都、信丰、兴国、宁都、会昌、瑞金、石城八县。元贞元年（1295），升宁都、会昌为州，以石城县隶宁都州，以瑞金县隶会昌州，赣州路总管府辖宁都、会昌两州及赣县、雩都、信丰、兴国四县。至大二年（1309），复置龙南、安远两县，隶赣州路。元至正二十五年（1365），赣州、南安两路改为府，宁都、会昌两州复为县，赣州府领赣县、雩都、信丰、兴国、宁都、会昌、瑞金、石城、龙南、安远十县，南安府领大庾、南康、上犹三县。

明　洪武九年（1376），江西中书省改为江西承宣布政使司，赣州府和南安府均属之；洪武十八年（1385），江西分为五道，赣州、南安两府均属岭北道。成化十三年（1477），设分巡岭北道于赣州，赣州、南安两府属之。弘治七年（1494），置南赣巡抚都察院于赣州，称虔院；弘治十七年（1504）撤销。正德四年（1509），复置南赣巡抚都察院；正德十二年（1517），从上犹、南康、大庾三县划出部分辖地立崇义县，隶南安府，至此，南安府辖大庾、南康、上犹、崇义四县。嘉靖三十六年（1557），增设分守岭北、岭东、岭南、漳南四道，统于虔院，岭北巡、守两道治赣州，赣州、南安两府隶之；嘉靖四十年（1561），分出潮州程乡县及武平、安远、兴宁、上杭等县辖地置平远县，隶赣州府；嘉靖四十二年（1563），只以程乡之义化等镇及兴宁之大信都为平远县，余地划回原辖县；平远县改隶广东潮州。隆庆三年（1569），析安远、信丰、龙南部分地置定南县，隶赣州府。万历四年（1576），析安远之寻邬等十五堡，置长宁县，隶赣州府，至此，赣州府领赣县、雩都、信丰、兴国、宁都、会昌、瑞金、龙南、安远、石城、定南、长宁十二县，南安府领大庾、南康、上犹、崇义四县。

清　顺治三年（1646），沿袭明制，赣州、南安两府领县各如明时，改隶江西承宣布政司。康熙四年（1665），罢虔院；康熙八年（1669），撤销岭北巡、守两道；康熙十年（1671），置分巡赣南道，赣州、南安两府隶之。雍正九年（1731），改分巡赣南道为分巡吉南赣道，增辖吉安府。乾隆十九年（1754），升宁都县为宁都直隶州，辖瑞金、石城两县，赣南自此分为赣州府、南安府、宁都直隶州三个政区；同年，改分巡吉南赣道为吉南赣宁兵备道，增辖宁都直隶州；乾隆三十八年（1773），改定南县为厅，隶赣州府。光绪二十九年（1903），划龙南之大龙堡、新兴堡及信丰之镇南、扬溪、步口、回戈堡，置虔南厅，隶赣州府，至此，赣州府领赣县、雩都、信丰、兴国、会昌、龙南、安远、长宁八县及定南、虔南两厅，南安府领大庾、南康、上犹、崇义四县，宁都直隶州辖瑞金、石城两县。

中华民国　民国元年（1912）废州、府、厅；民国2年（1913），统一全国县制，地方政权只设省、县两级，原宁都直隶州及定南、虔南两厅均改为县，赣南17个县，统辖于江西省政府；民国3年（1914），江西省设浔阳、豫章、庐陵、赣南四道，赣南道，治赣县，领赣县、雩都、信丰、兴国、会昌、安远、长宁、龙南、虔南、定南、宁都、瑞金、石城、南康、大庾、上犹、崇义17个县；民国4年（1915），改长宁县为寻邬县；民国15年（1926），废赣南道，其辖县复直隶于江西省政府；民国20年（1931），会昌、寻邬、安远、龙南、定南、虔南、上犹、崇义、大庾九县直属于陆海空军司令部南昌行营党政委员会，赣县、雩都、信丰、南康、兴国五县划为江西省第五行政区党政委员会分会统辖，广昌、宁都、石城、瑞金四县划为江西省第六行政区党政委员会分会统辖；民国21年（1932），全省划为13个行政区，赣南各县分属第九、第十一、第十二、第十三行政区，兴国县归第九行政区，第十一行政区（后改称赣南行政长官公署）设赣州，辖赣县、南康、信丰、上犹、崇义、大庾六县，第十二行政区设宁都，辖宁都、广昌、石城、瑞金、雩都、会昌六县，第十三行政区设龙南，辖龙南、定南、虔南、安远、寻邬五县；民国22年（1933），第十一、十三行政区合并，改名赣南政务专员公署，先设大庾，后迁赣州，辖第十一、十三行政区原领11个县；民国24年（1935），全省改划为8个行政区，赣南各县分属江西省第四、八行政区，第四行政区设赣州，辖赣县、南康、信丰、大庾、上犹、崇义、龙南、定南、虔南、安远、寻乌11个县，第八行政区设宁都，辖宁都、广昌、石城、瑞金、会昌、雩都、兴国七县。

苏区时期（1928—1935年）　赣南多数县先后成立苏维埃政府，分别隶属于江西、湘赣、粤赣、赣南省苏维埃政府。1930年6月，赣西南苏维埃政府下属设于赣南的东河、西河苏维埃政府办事处合并成立赣南革命委员会，为赣南统一的临时政权机构，先后驻于都步前岗、赣县江口、信丰县城等地，辖瑞金县、兴国县、赣县、信丰县、于都县、南康县、寻乌县、石城县8个县苏维埃政府，安（远）于（都）会（昌）赣（县）边界和于北区苏维埃政府，并管辖南雄县苏维埃政府；10月，在信丰成立党、团合并的赣南行动委员会，赣南革命委员会改称赣南办事处，驻信丰县，辖于都县、兴国县、赣县、信丰县、寻乌县、瑞金县、安远县、崇义县8个县及于北区苏维埃政府。1931年4月，宁都、石城2个苏维埃政府隶属赣西南苏区东路办事处；6月，撤销赣南各办事处，原办事处所辖县（区）由江西省苏维埃政府直接领导；9月，宁都分设宁都、彭湃2个县，宁都县驻黄陂，彭湃县驻固村，均直辖于江西省苏维埃政府；10月，湘赣省苏维埃政府成立，赣南的上犹县、崇义县、信丰县3个县由苏维埃政府隶属于湘赣省苏维埃政府领导；11月，中华苏维埃工农兵第一次全国代表大会在瑞金叶坪召开，大会成立中华苏维埃共和国临时中央政府，驻瑞金，瑞金因此被称为“红都”，瑞金县划为中华苏维埃共和国临时中央政府直属县，县城改名为“瑞京”。1932年2月，宁都、彭湃2个县合并后成立宁都县临时苏维埃政府；4月，正式成立宁都县苏维埃政府，直隶于江西省苏维埃政府；4月，成立中共河西道委，辖上犹、崇义、南康、遂川及赣县、万安等河西苏区；9月，信丰和南康苏区机关在赣县韩坊设立信康县苏维埃政府，仍隶属江西省苏维埃政府；10月，上犹、崇义等2个苏区县失陷，2个县苏维埃政府停止活动。1933年1月，中共江西省委机关迁入宁都县城，再迁入驻县城城北七里村；中共临时中央政治局从上海迁入中央苏区瑞金县；1月，宁都县改名博生县；7月，从博生县划出洛口、长胜地区，加上洛口与广昌、宜黄、瑞金、兴国等县的毗邻地，分别成立洛口县和长胜县苏维埃政府；8月，从会昌县划出西江、筠门岭地区，加上西江与于都县的黄龙、宽田、沙心等区，分别成立西江县和门岭县苏维埃政府；8月，从石城县分出横江、大由、珠江、洋地、龙岗等区，加上毗邻的瑞金及福建宁化县部分辖地，增设太雷县；以兴国县均村地区为中心，增设杨殷县；均隶属于江西省苏维埃政府；同月，以于都、会昌、西江、门岭、寻乌、安远、信康7个县设立粤赣省，驻会昌文武坝。1934年2月，寻乌县苏区全部和安远县苏区大部失守，2个县遂合并成立寻安县苏维埃政府，仍隶属于粤赣省；3月，信康县改名登贤县，辖原于都畚岭、小溪和原赣县长洛、大田以及原会昌茶梓、乱石等10个区苏维埃政府，隶属于江西省苏维埃政府；5月，长胜、西江、太雷3个县划属中央人民委员会直接领导；6月，登贤县改隶属于赣南战地委员会；7月，中央决定设立赣南省，驻于都县城；8月，成立赣南省苏维埃政府，辖寻安、门岭、信康赣、兴（宁）龙（川）、赣县、于都、登贤、杨殷等苏区县；9月，门岭县与寻安县合并，在于都小溪成立寻（乌）安（远）会（昌）县苏维埃政府，隶属于赣南省，不久停止活动；10月，石城、兴国、宁都县城失陷；同月，在瑞金成立中华苏维埃共和国中央政府办事处，治所由瑞金云石山迁至于都宽田；中央政府办事处以宽田为中心，成立瑞西县苏维埃政府，直属中央政府办事处领导；11月，合并兴国县东南部苏区和胜利县西南部苏区，设立兴胜县，同时成立兴胜县苏维埃政府，辖于江西省苏维埃政府；11月，瑞金县、于都县、会昌县失陷。1935年3月，中央苏区全部丧失。

赣县解放（1949年8月14日至9月30日）　1949年8月14日，赣县解放，划出赣县原辖的赣州镇设赣州市，江西赣州分区行政督察专员公署驻赣州市，辖赣州市、赣县、南康、大庾、上犹、崇义、信丰、龙南、定南、虔南、安远、宁都、雩都、兴国、瑞金、会昌、石城、寻邬18个县（市）；8月27日，赣西南行政公署成立，驻赣州市，辖赣州、宁都、吉安3个分区；9月中旬，成立宁都分区（原议名瑞金分区）行政督察专员公署，驻宁都，原江西赣州分区行政督察专员公署管辖的宁都、雩都、兴国、瑞金、会昌、石城、寻邬7个县及抚州分区所辖的广昌，改由宁都分区行政督察专员公署管辖，赣州分区行政督察专员公署领赣州市、赣县、南康、大庾、上犹、崇义、信丰、龙南、定南、虔南、安远11个县（市）。

中华人民共和国　1949年11月，撤销赣州分区行政督察专员公署，其所辖县（市）改由赣西南行政公署直接管辖。1951年6月，撤销赣西南行政公署，成立赣州区专员公署，为江西省人民政府派出机关，驻赣州市，辖原赣州分区行政督察专员公署所领11个县（市）；宁都分区行政督察专员公署为省直接管辖。1952年8月，撤销宁都分区行政督察专员公署，所领8个县，除广昌划归抚州分区管辖外，余均改隶属于赣州区专员公署。赣州区专员公署领18个县（市）：赣州市、赣县、南康、大庾、上犹、崇义、信丰、龙南、定南、虔南、安远、宁都、雩都、兴国、瑞金、会昌、石城、寻邬。1954年，撤销赣州区专员公署，成立赣南行政公署，驻赣州市；同年7月，广昌县划入管辖，赣南行政公署共辖19个县（市）。1957年，经国务院批准，改变县用名字，雩都改于都，大庾改大余，虔南改全南，寻邬改寻乌。1964年5月，撤销赣南行政公署，成立赣州专员公署，驻地与辖县如旧。1968年2月，成立赣州专区革命委员会；1971年1月，改名为赣州地区革命委员会。1978年8月，撤销赣州地区革命委员会，设立赣州地区行政公署。1983年10月，广昌县划归抚州地区管辖。1990年9月，成立赣州经济技术开发区，直属赣州地区，1991年12月，改称赣州黄金岭经济技术开发区，隶属赣州市。1994年5月，经国务院批准，撤销瑞金县，设立县级瑞金市。1995年3月，国务院批准南康撤县设市，南康市为县级市。

1998年12月，国务院批准撤销赣州地区设立赣州市，撤销县级赣州市改为章贡区。1999年2月14日，江西省人民政府下发通知，撤销赣州地区和县级赣州市，设立地级赣州市和赣州市章贡区，市人民政府驻新设立的章贡区。新设立的赣州市辖1个区、2个市、15个县：章贡区，瑞金市、南康市，赣县、信丰县、大余县、上犹县、崇义县、安远县、龙南县、全南县、定南县、兴国县、宁都县、于都县、会昌县、寻乌县、石城县。

1999年7月，黄金岭经济技术开发区上划隶属地级赣州市；10月与赣州市高新技术产业开发区合并，成立赣州黄金开发区。2004年6月，赣州黄金开发区更名为赣州经济技术开发区。2008年11月，赣州经济技术开发区更名为赣州开发区。2009年2月，分出章贡区湖边镇、南康市潭口镇划归赣州开发区管辖，赣州开发区辖蟠龙、潭东、湖边、潭口4个镇和黄金岭街道办事处。2013年10月，经国务院批准同意撤销南康市，设立市辖南康区。南康区三江乡的解胜、博罗、筱坝3个行政村划归潭东镇管辖。南康区潭口镇的下坝、金塘、台头、村头4个行政村划归南康区龙岭镇管辖。潭东镇、潭口镇划归章贡区管辖。2016年10月，经国务院批准，同意赣县撤县设区为赣县区，以原赣县的行政区域为赣县区的行政区域。2016年3月，赣州蓉江新区获批成立，2017年5月正式挂牌。蓉江新区是赣州市成立的城市新区，是赣州市政府派出机构，为正县级建制。管理区域范围：北起上犹江（凤岗至蟠龙段）；南至潭口镇上元村；西起蓉江（潭口龙岭交界段）；东至章江，包括潭东镇、潭口镇全域，以及蟠龙镇武陵村、坝上村、当塘村、虎形村、箩渡村5个行政村全域（含黄金村位于坝上村的部分土地），黄金岭街道办事处坪路村、新路村2个行政村全域。2020年6月12日，国务院批准撤销龙南县，设立县级龙南市；6月29日，省政府批准龙南撤县设市；7月25日，龙南市挂牌成立。2020年12月7日，省政府批准，撤销章贡区水南镇，设立章贡区水南街道办事处和章贡区章江街道办事处。2021年1月6日，经省政府批准，撤销赣州市南康区龙华乡，设立赣州市南康区龙华镇，以原龙华乡行政区域为龙华镇行政区域；撤销瑞金市叶坪乡，设立瑞金市叶坪镇，以原叶坪乡行政区域为叶坪镇行政区域；撤销兴国县永丰乡，设立兴国县永丰镇，以原永丰乡行政区域为永丰镇行政区域。2021年年底，赣州市辖3个区、13个县，代管瑞金市、龙南市2个县级市，有284个乡镇、9个街道。另管理国家级经济技术开发区4个：赣州经济技术开发区、赣州高新技术产业开发区、龙南经济技术开发区、瑞金经济技术开发区。

【行政区划】 2021年年末，赣州市辖章贡区、南康区、赣县区3个市辖区，以及信丰、大余、上犹、崇义、安远、定南、全南、宁都、于都、兴国、会昌、寻乌、石城13个县，代管瑞金、龙南2个县级市，共18个县级政区。全市有9个街道、147个镇、137个乡（含民族乡1个），560个居民委员会、3459个村民委员会。

赣州市行政区划情况一览表

表 2　　单位：个

县(市、区)	乡(镇、街道)	居委会	村委会
章贡区(8个镇、7个街道)	沙石镇、水东镇、沙河镇、水西镇、蟠龙镇、湖边镇、潭东镇、潭口镇、解放街道、赣江街道、南外街道、东外街道、黄金岭街道、水南街道、章江街道	111	112
南康区(7个镇、11个乡、2个街道)	唐江镇、凤岗镇、横市镇、龙岭镇、龙回镇、镜坝镇、龙华镇、浮石乡、横寨乡、朱坊乡、太窝乡、三江乡、十八塘乡、麻双乡、大坪乡、坪市乡、隆木乡、赤土畲族乡、蓉江街道、东山街道	57	278
赣县区(12个镇、7个乡)	梅林镇、王母渡镇、沙地镇、江口镇、田村镇、南塘镇、茅店镇、吉埠镇、五云镇、湖江镇、储潭镇、韩坊镇、阳埠乡、大埠乡、长洛乡、大田乡、石芫乡、三溪乡、白鹭乡	36	276
瑞金市(8个镇、9个乡)	象湖镇、壬田镇、谢坊镇、沙洲坝镇、瑞林镇、九堡镇、武阳镇、叶坪镇、日东乡、黄柏乡、大柏地乡、丁陂乡、冈面乡、万田乡、云石山乡、泽覃乡、拔英乡	27	219
龙南市(9个镇、5个乡)	龙南镇、武当镇、杨村镇、汶龙镇、程龙镇、关西镇、里仁镇、渡江镇、九连山镇、桃江乡、东江乡、临塘乡、南亨乡、夹湖乡	16	91
信丰县(13个镇、3个乡)	嘉定镇、大塘埠镇、古陂镇、大桥镇、新田镇、安西镇、小江镇、铁石口镇、大阿镇、油山镇、小河镇、西牛镇、正平镇、虎山乡、崇仙乡、万隆乡	49	263
大余县(8个镇、3个乡)	南安镇、新城镇、池江镇、青龙镇、樟斗镇、黄龙镇、吉村镇、左拔镇、浮江乡、内良乡、河洞乡	15	105
上犹县(6个镇、8个乡)	东山镇、陡水镇、社溪镇、营前镇、黄埠镇、寺下镇、梅水乡、油石乡、安和乡、双溪乡、水岩乡、平富乡、五指峰乡、紫阳乡	16	131
崇义县(6个镇、10个乡)	横水镇、扬眉镇、过埠镇、铅厂镇、长龙镇、关田镇、龙勾乡、杰坝乡、金坑乡、思顺乡、麟潭乡、上堡乡、聂都乡、文英乡、乐洞乡、丰洲乡	10	124
安远县(8个镇、10个乡)	欣山镇、孔田镇、版石镇、天心镇、龙布镇、鹤子镇、三百山镇、车头镇、镇岗乡、凤山乡、新龙乡、蔡坊乡、重石乡、长沙乡、浮槎乡、双芫乡、塘村乡、高云山乡	24	152
定南县(7个镇)	历市镇、岿美山镇、老城镇、天九镇、龙塘镇、岭北镇、鹅公镇	20	120
全南县(6个镇、3个乡)	城厢镇、大吉山镇、陂头镇、金龙镇、南迳镇、龙源坝镇、中寨乡、社迳乡、龙下乡	10	86
宁都县(12个镇、12个乡)	梅江镇、青塘镇、长胜镇、黄陂镇、赖村镇、固村镇、石上镇、东山坝镇、洛口镇、小布镇、黄石镇、田头镇、竹笮乡、对坊乡、固厚乡、田埠乡、会同乡、湛田乡、安福乡、东韶乡、蔡江乡、大沽乡、肖田乡、钓峰乡	39	299
于都县(9个镇、14个乡)	贡江镇、铁山垅镇、盘古山镇、祁禄山镇、银坑镇、罗坳镇、禾丰镇、岭背镇、梓山镇、罗江乡、小溪乡、利村乡、新陂乡、靖石乡、黄麟乡、沙心乡、宽田乡、葛坳乡、桥头乡、马安乡、仙下乡、车溪乡、段屋乡	39	353
兴国县(9个镇、16个乡)	潋江镇、江背镇、古龙岗镇、梅窖镇、高兴镇、良村镇、龙口镇、城岗镇、永丰镇、兴江乡、樟木乡、东村乡、兴莲乡、杰村乡、社富乡、埠头乡、隆坪乡、均村乡、茶园乡、崇贤乡、枫边乡、南坑乡、方太乡、鼎龙乡、长冈乡	20	303
会昌县(6个镇、13个乡)	文武坝镇、筠门岭镇、西江镇、周田镇、麻州镇、庄口镇、清溪乡、右水乡、高排乡、晓龙乡、珠兰乡、洞头乡、中村乡、站塘乡、永隆乡、富城乡、小密乡、庄埠乡、白鹅乡	32	243
寻乌县(7个镇、8个乡)	长宁镇、晨光镇、留车镇、南桥镇、吉潭镇、澄江镇、桂竹帽镇、文峰乡、三标乡、菖蒲乡、龙廷乡、丹溪乡、项山乡、水源乡、罗珊乡	14	173
石城县(6个镇、5个乡)	琴江镇、小松镇、屏山镇、横江镇、高田镇、赣江源镇、木兰乡、丰山乡、大由乡、龙岗乡、珠坑乡	25	131

人口　民族

【人口】 2021年年末，全市户籍总人口为984.02万人，其中城镇人口327.21万人、乡村人口656.81万人。年末常住人口898.00万人，其中男性462.12万人、女性435.88万人，常住人口城镇化率为56.35%。

【民族】 全市人口以汉族为主。少数民族中畲族人口最多，此外，还有蒙古族、回族、藏族、维吾尔族、苗族、彝族、壮族、布依族、朝鲜族、满族、侗族、瑶族、白族、土家族、哈尼族、哈萨克族、傣族、黎族、傈僳族、高山族、佤族、拉祜族、水族、东乡族、纳西族、景颇族、独龙族、土族、达斡尔族、仫佬族、羌族、布朗族、撒拉族、毛南族、仡佬族、锡伯族、塔吉克族、怒族、乌孜别克族、鄂温克族等民族，共41个少数民族。分布在18个县（市、区）和赣州经济技术开发区及赣州蓉江新区。

赣州名片

【江南宋城】 宋朝定名赣州，中原货物顺赣江而下，途经赣州大余梅关驿道，再进入岭南至珠江到达广州后出海，赣州成为当时全国36座大城市和海上丝绸之路的必经之地，迎来历史上政治、经济、文化的最鼎盛时期。“商贾如云，货物如雨，万足践履，冬无寒土”，就是当时盛极一时的真实写照；大文豪苏东坡吟咏宋代赣州“八境见图画，郁孤如旧游。山为翠浪涌，水作玉虹流”。赣州保存地面文物数量居江西城市之首，其中不乏宋代文物的精品和孤品，被誉为“宋城博物馆”。这里有全国唯一、城形周长6.5千米的宋代城墙，至今仍保留4座城门（北门、西津门、建春门、涌金门）、2座炮城（八境台和西津门炮城）和3600多米古城墙，古城墙上仍有镌刻着北宋熙宁年间以来的521种、数万枚铭文砖；雄踞章贡两江交汇处的八境台，苏东坡在此写下《虔州八境图八首并序》，“览群山之参差，俯章贡之奔流”，开启城市八景文化先声，八境台已成为赣州最重要的地理标志之一，是观瞻三江合流风光的最佳处；郁孤台因爱国词人辛弃疾一曲“郁孤台下清江水，中间多少行人泪”声名远播；“江南第一石窟”通天岩，保存着王阳明、蒋经国等历代文人墨客的诗词题刻和美好传说，是一方清雅的避暑胜地；“江西四大名窑”七里镇古窑址，主要有晚唐五代时期的青瓷与白瓷，宋元时期的青白瓷与酱釉瓷以及黑釉瓷，产品曾经漂洋过海外销到韩国、日本等国，古窑址中的周屋坞窑是截至2021年中全国所见窑室最大的龙窑；总长12.6千米、集水面积约2.7平方千米的宋代地下排水系统福寿沟，二沟线路走向按“福”“寿”篆书字形设计，历经千年而不涝，被誉为中国城市建设史上的奇迹，是“海绵城市”的典范工程，有1.8千米仍在使用。

【红色故都】 赣州（俗称赣南）是土地革命战争时期中央苏区的主体和核心区域，是中华苏维埃共和国临时中央政府所在地，是中华人民共和国的摇篮、毛泽东思想的重要发祥地、苏区精神和苏区干部好作风的主要发源地、党的群众路线的重要形成地和中央红军长征出发地，艰苦卓绝的南方红军三年游击战争主阵地。毛泽东、周恩来、刘少奇、朱德、邓小平、陈云等党的第一代、第二代中央领导集体重要成员，中华人民共和国十大元帅中的9位，10位大将中的8位，1965年前授衔的上将、中将、少将中的586位，都在中央苏区战斗、工作和生活过。赣州为中国革命胜利、共和国诞生做出巨大贡献和牺牲，仅有名有姓的烈士就达10.82万余人，分别占全省、全国首批登记在册有名有姓烈士总数的43.8%、7.5%，长征出发时赣州籍红军占2/3，长征路上平均每千米就有3名以上赣州籍烈士倒下。赣州走出134名中华人民共和国开国将军（江西仅有的3名上将均为赣州籍），仅兴国县就有56名，兴国被誉为“将军县”。赣州所辖18个县（市、区）都是中央苏区县，其中瑞金、兴国、于都、宁都、南康、赣县、信丰、上犹、崇义、安远、会昌、寻乌、石城等13个县（市）为“全红县”。全市列入县（市）级以上文物保护单位的革命旧居旧址186处，其中国家级53处、省级22处；有市级以上爱国主义教育基地102个，其中国家级7个、省级21个，还有全国性行业系统的爱国主义教育基地35个，被列为全国十二大重点红色旅游区。

【客家摇篮】 赣州是中原先民南迁定居第一站、客家人主要聚居地和客家民系、客家文化的摇篮。

至今保存完好的上千座客家围屋，被誉为中国民居建筑奇葩；赣南采茶戏、兴国山歌、于都唢呐、石城灯会等国家级非物质文化遗产流传至今。客家是历史上由于战乱、饥荒等原因，中原汉民渐次南下进入赣闽粤三角区，与当地畲瑶等居民发生融合而形成的一个独特而稳定的汉族支系，具有独特的客家方言系统、文化民俗和情感心态。全市95%以上为客家人，占全球客家人的12%，占大陆客家人的15%。2004年11月，世界客属第十九届恳亲大会在赣州举行，确立赣州“客家摇篮”的历史地位。赣南客家方言是中国七大方言之一，是客家文化口头传承的重要载体，被学术界称为中原唐宋时期古汉语“活化石”。赣南客家建筑主要包括主流客家民居和围屋，客家围屋主要为方形围，集家、堡、祠于一体，被称作“东方古罗马城堡”，全市保存完好的有上千座，主要分布在龙南、全南、定南三县（市）以及安远、寻乌、信丰的南部。此外，赣南各地还有不少“九厅十八井”的府第式民居构成的古老村落，赣县白鹭、瑞金密溪、宁都东龙、寻乌周田等十几座具有深厚客家文化内蕴的古村落，是中原文化的标本，展现着客家人色彩斑斓、璀璨夺目的历史文化。赣南客家民俗种类繁多，灯彩表演、龙舟竞赛、“九狮拜象”以及赣南采茶戏、兴国山歌、于都唢呐、石城灯会等国家级非物质文化遗产，穿越时空，流传至今，演绎着客家文化的迷人魅力，赣南采茶歌舞剧《山歌情》《快乐标兵》《八子参军》先后获“五个一工程”奖。客家饮食文化内涵深刻，南安板鸭、兴国红薯干、会昌豆腐干、信丰萝卜脆等饮誉海内外。

【世界橙乡】 赣州被誉为“世界橙乡”，脐橙种植面积10.4万公顷，为世界最大，年产量居世界第三、全国第一。自20世纪80年代以来，赣州历届党委政府常抓不懈，广大果农艰苦奋斗，全市上下齐心协力，赣南脐橙从单纯的种植业发展成为集种植生产、仓储物流、精深加工于一体的产业集群，成为赣州名副其实的农业“当家树”、农村“致富树”和农民“摇钱树”。2020年全市脐橙种植面积11.33万公顷、产量 138 万吨，产值 139 亿元。全市脐橙灾毁果园恢复种植和新开发基地 0.71 万公顷，果品品质世界一流，独特的气候土壤条件和先进的栽培管理水平，孕育出世界一流的脐橙果品。赣南脐橙获“国优产品”、农业部“优质农产品”“优质果品”等称号。国内外专家对赣南脐橙给予高度评价，认为其外观和品质均已超过美国“新奇士”脐橙。

2011 年，赣南脐橙地理标志证明商标被国家工商总局商标局认定为中国驰名商标；2013 年，“赣南脐橙”获得“最具影响力中国农产品百强区域公用品牌”；2015 年，“赣南脐橙”获“最受消费者喜爱的中国农产品区域公用品牌”；2016 年，被评为“全国名优果品区域公用品牌”；2017 年，“赣南脐橙”获“最受消费者喜爱的中国农产品区域公用品牌”“中国百强农产品区域公用品牌”等称号；2018 年，“赣南脐橙”获“中国最受欢迎柑橘区域公用品牌 10 强”。2020 年，举办 2020 赣南脐橙网络博览会，赣南脐橙以品牌强度 895，品牌价值 678.34 亿元列为全国区域品牌（地理标志产品）第六位、水果类第一，获“2020 年度最受欢迎的果品区域公用品牌 100 强”“区域公用品牌二十强”“2020 年标杆品牌”等。2021 年，中国品牌价值评价信息发布暨中国品牌建设高峰论坛在上海会议中心举行，赣南脐橙再次位列地理标志百强榜第六位，品牌价值达 681.85 亿元，连续 7 年蝉联全国区域品牌水果类第一。赣州市赣南脐橙产区被认定为第一批中国特色农产品优势区。初步建立起覆盖全国的市场营销体系，不但走进国内所有大中城市市场，而且远销俄罗斯、阿联酋、新加坡、马来西亚、哈萨克斯坦、印度尼西亚等国家，赣南脐橙产业发展实现了中国加入 WTO（世界贸易组织）之后抵御国外脐橙入侵的战略部署，赣南脐橙品牌驰名全国，享誉海外。

赣南脐橙的科研技术国内领先。赣南利用丘陵山地开发种果，不与粮食争地，大力推广“五统一分”“三大一篓”“三保一防”“猪—沼—果”生态开发模式，成为南方山区综合开发的楷模。在黄龙病背景下，赣南脐橙逐步形成“3+5”集成技术新成果，即以“三板斧”（防木虱、砍病树、种无毒苗）防治措施有效防控柑橘黄龙病，以“五提升”（坚持生态建园、彻底深翻改土、实行矮化密植、种植假植大苗、病虫综合防控）高品质栽培措施促进赣南脐橙升级发展。主持制定赣南脐橙、脐橙 2 个国家标准。“柑橘优异种质资源发掘、创新与新品种选育和推广”项目获国家科技进步二等奖。获批组建专门从事脐橙科技研发、成果工程化、技术示范推广的国家脐橙工程技术研究中心。

【世界钨都、稀土王国】 赣州是全国重点有色金属基地之一，素有“世界钨都”“稀土王国”之美誉。黑钨和离子型中重稀土储量均居全国第一，是中国钨业发祥地、中国南方离子型稀土主产区。赣州是中国钨资源及冶炼产品的主要集散地，全国 2/3 的钨精矿在赣州实现冶炼加工。全市离子型稀土资源储量在国内外同类型矿种中位居第一，占全国同类稀土资源保有储量的 60% 以上，在国内外同类型矿种中位居第一。赣州的离子型稀土包含全部 17 种稀土元素，除轻稀土中的镧、铈、镨、钕外，铽和镝等重稀土元素含量丰富。铽和镝等重稀土元素可以成为“超级工业维生素”，世界上只有中国有，在其他国家几乎没有发现过可采的储量。重稀土中的钆、铽、钬、铒、铥、镱、镥和钇已知可采储量亦几乎为中国独有。

名胜古迹

【赣州古城墙】 始建于北宋嘉祐年间（1056—1063），后经 900 多年的不断修缮、加固，形成周长 6.5 千米、高大雄伟的赣州城墙。赣州因城墙坚固，江水三面环城，易守难攻，故有“铁城赣州”之称。太平军两次攻城，中央苏区时期红军六次攻城，都没有攻破。古城墙保留砌有数以万计的带有文字的砖，被称为铭文砖。铭文砖上载有不同朝代的不同内容，主要是“某某年”“某某督造”“某某窑烧造”等。铭文砖达 521 种，最早的铭文砖造于北宋熙宁二年（1069），最晚的铭文砖造于民国 4 年（1915）。铭文砖记载了赣州古城的兴衰、嬗变，对于研究中国古代城市建设，有十分重要的价值。赣州古城墙是全国保留的唯一的宋代砖城墙，全国重点文物保护单位。现存古城墙有 3600 米，现有城墙、城门不仅是游览景点，还为赣州城防洪发挥重要作用。

【八境台】 始建于北宋嘉祐年间（1056—1063），位于章贡区老城区东北隅的龟角尾城墙上，是和古城墙同时修建的一座石楼。此台建成时，主持建造的虔州知州孔宗瀚曾将登台所见绘成《虔州八境图》，并请苏东坡按图题诗八首。八境台因此得名。北宋绍圣元年（1094），苏东坡被贬岭南路经赣州时，曾亲临八境台。在遍览赣州的旖旎风光之后，深感原诗“未能道其万一”，遂补作后续一篇。

宋代孔宗瀚和苏东坡所见的赣州八景是石楼、章贡台、白鹊楼、皂盖楼、郁孤台、马祖岩、尘外亭和峰山。八境台建成后曾屡遭火灾，1984 年重建时，改为钢筋混凝土仿古结构。新台于 1987 年落成，共 3 层，高 28 米，斗拱飞檐、画梁朱柱，并采用琉璃瓦盖面，内部装修有天花、藻井、彩绘，整个建筑流光溢彩，蔚然壮观。发源于南岭山脉的章江和发源于武夷山脉的贡江，在八境台下汇合成赣江。登上八境台，可一览两江汇合胜景。

【郁孤台】 位于赣州城区西北部贺兰山顶，海拔 131 米，是赣州市老城区的制高点，台上建有 3 层高的仿木结构楼阁，为省级重点风景名胜区。因坐落于山顶，以山势高阜、郁然孤峙得名。创建年代史籍未详，距今最少有 1200 多年的历史。李渤、苏东坡、辛弃疾、岳飞、文天祥、王阳明、郭沫若等名人都在郁孤台留下过诗词。其中，南宋著名词人辛弃疾留下名词《菩萨蛮·书江西造口壁》，郁孤台从此名扬天下。

【古浮桥】 赣州市中心城区三面环水，自宋代以来，陆续在章、贡两江上架设浮桥。北宋熙宁年间（1068—1077），知军刘瑾在章水上架设第一座浮桥（西津桥）；南宋乾道年间（1165—1173），知军洪迈在贡水上架设东津桥（东河浮桥）；南宋淳熙年间（1174—1189），知军周必正在镇南门外的章江上架设南河浮桥（南桥）。赣州城区的3座浮桥，从宋代开始建造，除战乱时偶有废止外，一直沿用到现代。1985年，西河人行桥建成后，拆除西津门古浮桥。1990年，南河大桥建成后，南河古浮桥拆除。保存至今的为最长的东河浮桥，全长400米，共用100只木舟，每3只木舟为一组，整座浮桥分为33节，每天定时开启，以通行船只。2007年6月，新建一座集景观与交通功能于一体的浮桥（南河浮桥），全长350米，桥面宽5米，桥体由90艘小船编成30节浮桥船组成。

【福寿沟】 福寿沟位于赣州市章贡区老城区，修建于北宋熙宁年间（1068—1077），一直沿用至今。工程由数度出任都水丞的水利专家刘彝主持，是罕见的成熟、精密的古代城市排水系统。唐末虔州刺史卢光稠因时扩城，由于扩城工程浩大、城西北地势低洼及城市排水系统规划建设的不合理等原因，赣州城居民屡屡遭受洪涝灾害的侵袭，百姓苦不堪言。北宋熙宁年间，赣州知军刘彝上任后，目睹洪涝灾害给城市百姓带来的损失和痛苦，经过反复的思考和实地踏勘，主持修建福寿沟。根据城市地势西南高、东北低的地形特点，福寿沟以州前大街（今文清路）为排水分界线，“福沟排城东南之水，寿沟排城西北之水”（摘自《赣州府志》）。打开福寿沟古地图，可清晰地看到在龟形的赣州古城图上，一个古篆体“寿”字形结构下水道和一个古篆体“福”字形结构下水道平布在其上，沟因形而命名。福寿沟呈砖拱结构，沟顶分布着铜钱状的排水孔。福寿沟完全利用城市地形高差，采用自然流向办法，使城市雨水、污水自然排入江中。但每逢雨季，江水上涨超过出水口，也会出现江水倒灌入城的情况。于是刘彝又根据水力学原理，在出水口处，“造水窗十二，视水消长而后闭之，水患顿息”（摘自《赣州府志》）。福寿沟的水窗是一项颇具科技含量的设计，原理是每当江水水位低于水窗时，即借下水道水力将水窗冲开排水；反之，当江水水位高于水窗时，则借江水力将水窗自外紧闭，以防倒灌。福寿沟工程主要分为三大部分。第一部分，将原来简易的下水道改造成矩形断面，砖石砌垒，断面宽大约0.9米，高1.8米左右，沟顶用砖石垒盖，纵横遍布城市的各个角落，将城市的污水收集排放到贡江和章江。第二部分，将福、寿二沟与城内的三池（凤凰池、金鱼池、嘶马池）以及清水塘、荷包塘、蕹菜塘、花园塘、铁盔塘等几十口池塘连通起来，既增加城市暴雨时的雨水调节容量，减少街道淹没的面积和时间，又可利用池塘养鱼、淤泥种菜，形成生态环保循环链。第三部分，建设12个防止洪水季节江水倒灌、造成城内内涝灾害的水窗，这种水窗结构由外闸门、度龙桥、内闸门和调节池四部分组成。

2019年12月29日，中国唯一的地下排水系统博物馆——福寿沟博物馆开馆，它的建成在赣州、江西乃至全国文化旅游市场填补了一项空白。博物馆在展陈上利用镜面、投影、结构、艺术装置等互动体验方式，重建虚实关系、模糊虚实边界，以沉浸式虚拟漫游，让参观者从宏观到微观全面剖析福寿沟，向世人展示中国古代城市地下排水系统的样板。

【通天岩风景名胜区】 全国重点文物保护单位、国家AAAA级旅游景区。景区位于章贡区西北郊6.8千米处，由摩沙岩石山组成，是典型的丹霞地貌风景区，具有“状若瓜瓠，石峰屏列，岩深谷邃，窍可通天”的特征。通天岩石窟开凿于唐朝，兴盛于北宋，至今保留着唐朝至宋代的石龛造像359尊，宋代至民国的摩崖题刻128品，被誉为“江南第一石窟”。主要景点有通天岩、翠微岩、忘归岩、同心岩、广福寺、玉水池、一滴泉、玉岩亭、惜春亭和群玉阁等。

【瑞金共和国摇篮旅游区】 国家AAAAA级旅游景区、全国重点文物保护单位、全国爱国主义教育示范基地、全国红色旅游经典景区。景区位于江西省赣州瑞金市，占地面积303.33公顷，由叶坪、红井、“二苏大会”、中华苏维埃纪念园（南园和北园）、中央苏区军事文化博览园等景区组成。景区风景秀丽，基础设施完善，是全国旅游观光、培育爱国情感和民族精神的重要基地，是赣闽边际红色旅游集散中心。

叶坪景区　距瑞金市区6千米，占地面积10.67万平方米，是全国保存最为完好的革命旧址群景景区之一。主要景点有中共苏区中央局、中央政府旧址，红军烈士纪念塔，红军烈士纪念亭，红军检阅台，公略亭，博生堡等。

红井景区　距离瑞金市区5千米，是中华苏维埃共和国临时中央政府1933年4月至1934年7月的办公地点。主要景点有闻名海内外的红井、中央执行委员会旧址（毛主席旧居）、中央人民委员会旧址，以及中央各部委旧址等。

“二苏大会”景区　距离瑞金市区5千米，中华苏维埃共和国临时中央政府从叶坪迁至沙洲坝后，在该地召开“二苏大会”，主要景点有中央政府大礼堂、防空洞、诗山梅园、中央革命博物馆旧址、人民民主专政广场、人大旧址、人大陈列馆等。

中华苏维埃纪念园景区　位于瑞金市区城西塔下寺，毗邻中华苏维埃共和国历史纪念馆，占地面积66.67公顷，分为南园和北园，是一个集革命传统教育、情景体验为一体的大型红色旅游公园，主要有中央革命根据地历史博物馆、红五星广场、苏区精神铜字、中华苏维埃纪念鼎等景点。

中央苏区军事文化博览园　地跨沙洲坝镇官山村和金龙村，占地面积51.2万平方米，是集红色革命传统教育、国防军事集训和观光休闲为一体的特大型旅游景点。主要景点有中共中央政治局旧址、中央军委旧址、兵工厂旧址、统战部旧址、共青团旧址、六届五中全会旧址和李德故居等。

【中央红军长征集结出发地纪念园】 位于赣州市于都县城东门渡口，建于2009年，2020年5月获评国家AAAA级景区。纪念园占地面积4公顷，由游客服务中心、小广场与主题雕塑、集结广场、纪念广场、中央红军长征出发地纪念馆等组成。纪念园入口的主题雕塑高7.5米，底座长8.6米，雕塑正面主题为“渡河出发”，体现当年中央红军夜渡贡水（于都河）集结出发长征的情景；雕塑背面主题为“依依惜别”，体现当年于都人民依依不舍地送别出征战士的情景。集结广场中间的红五星代表的是红军第一、第二纵队，围绕在周围的5个红色钢铁构架，代表的是中央红军的一、三、五、八、九军团。象征当年由中央机关工作人员组成的2个纵队以及中央红军的5个军团在于都河北岸集结、休整，渡过贡水（于都河）出发长征。2019年5月20日，中共中央总书记习近平视察赣州于都，瞻仰中央红军长征出发纪念碑，察看中央红军长征集结出发地旧址原于都县城东门渡口，参观中央红军长征出发纪念馆。

【兴国苏区干部好作风纪念园】 国家AAAA级旅游景区。“全国爱国主义教育示范基地”，中央党校、国防大学等众多高等院校和相关单位的教育基地，“中国井冈山干部学院”现场教学点。纪念园占地33.87公顷，是集参观学习、旅游观光、休闲娱乐于一体的公共游览公园。主要有将军馆、苏区干部好作风陈列馆、将军广场、大型群雕、国防教育广场、休闲广场、将军湖、将军岛等。

【三百山景区】 国家级风景名胜区、国家AAAAA级旅游景区、国家森林公园。位于赣州市安远县，是粤港居民饮用水东江的发源地，被誉为“东江之源”，是全国唯一香港同胞饮水思源旅游胜地。总面积137.6平方千米，由福鳌塘、九曲溪、东风湖、仰天湖、尖峰笔五大景区和东江源温泉旅游度假区、东生围两大独立景点构成。景区内森林覆盖率98%，“三百群峰、原始林海、源头群瀑、峡谷险滩、火山地貌、高山平湖”，被誉为“三百山六绝”，三百山内有木本植物116科2500多种，野生动物400余种，空气中负氧离子最高达7万个/厘米^3，一年四季气候温凉，舒适宜人，被誉为“基因宝库”“天然氧吧”。

【阳明山国家森林公园】 国家AAAA级森林景区、最美“中国森林养生基地”。景区位于赣州市崇义县，距崇义县城4千米，总面积6889.8公顷，地处亚热带湿润季风气候带，植被类型为亚热带阔叶林，森林覆盖率98.6%，平均气温14.2℃，空气清新，平均负氧离子达9.6万个/厘米^3，被上海大世界吉尼斯总部授予“空气负离子浓度值最高的风景旅游区”，有“江南绿色宝库”和“天然氧吧”之称。主要景点有阳岭之巅、观音泉、兰溪沟谷雨林、云隐寺等。

【丫山风景区】 国家AAAA级旅游景区、江西首个AAAAA级乡村旅游点、中国运动休闲特色小镇。

景区位于赣州市大余县城东10千米处，占地面积2000公顷，因最高峰双秀峰呈“丫”字形而得名，地处北纬25°，世界公认的黄金生态带，森林覆盖率92.6%，空气、水、土壤环境质量均达到国家一级标准。以山、林、泉、湖、瀑、洞、石等自然生态景观和寺庙等人文历史景观构筑而成，以“生态秀美、人文醇厚”为突出特色。主要景点有雨后云海、四季花海、万亩竹林、卧龙谷、兰香谷、龙鼎湖、幸福天路、天行健等。

【汉仙岩国家级风景名胜区】 汉仙岩风景区地处江西省会昌县境内，闽粤赣三省交界处。1995年被列为省级风景名胜区，2010年被评为国家水利风景区，2011年被评为国家AAAA级景区和江西省优秀新旅游景区。有“虔南第一山·仙境汉仙岩”“八仙圣地·风景独好”的美誉。汉仙岩因传说八仙之一的汉钟离在此修炼成仙而得名，是江南典型的丹霞地貌景观，中心景区南北长约15千米，东西宽约5千米，面积约为75平方千米，由汉仙岩、汉仙湖、盘古山、羊角古堡、汉仙温泉、过江坪古松林等景区组成，蕴涵着深厚的八仙文化、盘古文化、客家文化和红色文化。汉仙岩有景点近百处，其中古建筑和古石刻48处。游人置身汉仙岩间，举目所见，皆为奇景，且景中有景，景景有传说。如“群象出山、合掌门、僧帽石、壁立万仞、会仙台、仙人洞、天台、问天台、天子万年、汉钟离得道处、天根、月窟、舍命烧香、一线天、通天洞、仙姑鞋、神豹、神马峰、神龙峰、神虎峰、祈雨台、神龙峡、天门、三龟觅仙、巨蟒探水、双蟒出水、天下第一鹰、田螺伏岸、寿星观景、猿猴望天、和尚背尼姑”等。

【赣州世界客家非遗文旅街区】 赣州世界客家非遗文旅街区（以下简称“世客街”）位于赣州经济技术开发区金凤路，是在原金凤梅园的基础上打造的一条“内古外绿”的世界客家非遗文化主题历史街区，是赣州经济技术开发区最大的餐饮、休闲、文化、娱乐“一站式”集约消费街区。街区占地面积110.67公顷（1660亩），街长5.8千米，整体分3期建设，总投资约20亿元。其中，项目一期投资5亿元，于2022年6月4日开街，街区构建非遗美食展示区、客家非遗博物馆、非遗产品加工展示区、客家民俗展演区和游玩娱乐区等五大主题特色。

“世客街”项目按照国家AAAA级景区标准建设，以客家非遗文化、迁徙历史和客家美食、非遗体验展示为核心，并以世界客家文化展示中心、世界客家文化交流中心、世界客家文化体验中心、世界客家文化研学中心四大主题进行规划，构建“一带一路、一水一文、一轴一心”总体布局，形成“一院、二堂、三馆、四艺、五区，六业、七迁、八乡、九坊、十景”产品体系，倡导时尚、健康、快捷、多元化的消费新观念，为“客家摇蓝”赣州再增添一个集客家文化与非遗传承互动体验于一体的新去处，打造赣州又一张独具客家文化魅力的新名片。

“世客街”借助全国非遗与旅游融合发展优选项目平台，充分调动赣州市非遗资源及力量，通过与非遗传承人精诚合作，常态化开发非遗预制菜，打造非遗网红店，创建文旅品牌，让非遗旅游有学、有看、有吃、有玩。首批客家熏鸡、客家酸酒鸭、客家黄元米果、客家灰水粄、客家黄糍粑等10余种菜品已上市，受到市场热捧。

赣南客家名菜、名小吃

【概况】 2022年5月27日，赣州市人民政府新闻办联合市商务局召开发布会，公布赣南客家菜“十大名菜、十大名小吃”。四星望月、宁都三杯鸡、赣州小炒鱼、醋果子炒大肠、南康荷包胙、客家酿豆腐、酸酒鸭、利村牛肉、阳明湖胖鱼头、三鲜猪血获得赣南客家菜“十大名菜”称号。瑞金牛肉汤、安远三鲜粉、崇义水饺、黄元米粿、大余烫皮、赣南喫粉、信丰萝卜饺、凤眼珍珠、石城薯芋饺、会昌豆干获得赣南客家菜“十大名小吃”称号。2021年7月，赣州市启动赣南客家菜“十大名菜、名小吃”评选，评选经过县（市、区）推荐、群众性品鉴、网络投票、专家评审等环节，从历史、文化、特色、美感、味道等方面开展评选，同时对菜品及小吃的市场推广难易度及市场认可度进行考量，最终评选出有代表性、有特色、有社会影响力、广受消费者欢迎的赣南客家十大名菜和十大名小吃。

【赣南客家名菜】 “四星望月” 兴国县的风味名菜，为江西名菜。1929年4月，红四军从闽西回师赣南，毛泽东来到兴国县。中共兴国县委领导人陈奇涵、胡灿、肖全芳等在兴国百年老店“黄隆顺”宴请他，大厨梅春凤为毛泽东制作兴国鱼丝、素炒雪豆、腊肉炒春笋、腌菜扣肉4个炒菜和1个兴国米粉鱼。4个炒菜围着1个大小尺余的竹蒸笼盛着的米粉鱼。毛泽东品尝后大加赞赏，问这个菜叫什么名字。众人答“家常菜，没啥正名字。”陈奇涵请毛泽东为此菜命名。毛泽东指着菜说：“你们看圆蒸笼像月亮，4个碟子像星星。我看就叫它‘四星望月’。”众人一致叫好。此菜流传至今，已成为赣州客家名菜。

1972年12月，邓小平到兴国故地重游，点名要品尝“四星望月”。1996年9月19日，中共中央总书记江泽民到兴国视察，也特意安排这道菜。三代领导人在同一个地方品尝同一道菜，在中国烹饪史上也较为罕见。郭沫若品尝“四星望月”时，称赞该菜为“天下第一菜”。

制作方法是将鲜鱼肉切成5分宽、1分厚的鱼片，拌上辣椒酱、味精、茶油、姜末、豆粉等，待装入笼。蒸笼底铺上一层青菜，菜叶上放上用沸水汆至八成熟的并拌好盐、油、味精、辣椒酱的湿粉干。将蒸笼入锅内用旺火蒸；待上热气后，放入鱼片，复用旺火蒸15分钟，再将辣椒酱、酱油、味精、熟茶油调成的卤汁浇在鱼片上，撒上葱花即成。此菜色泽金黄，清香浓郁，肉质嫩滑，鲜辣无腥。

赣南客家菜“四星望月”

宁都三杯鸡　三杯鸡系民间风味菜，起源于宁都，至今仍是宁都菜的主打菜之一。西晋太康元年（280），太平里有相依为命的母子二人，母病重，久卧于床，奄奄一息。儿孝，讨鸡一只、米酒一杯、盐一把、油一匙掺，炭火炖熟喂母，引官厨寻香而来，品其香味扑鼻、口感爽滑、味道醇厚、肉质鲜嫩、鸡块色泽金黄，问何以作？得其详而返。遂官厨以一杯香油（植物油）、一杯酱油、一杯糯米酒烹鸡示人，曰三杯鸡。此乃孝义鸡是也。“宁都三杯鸡”曾被评为“中国菜”之江西十大经典名菜，2008年入选奥运会主菜单，2020年被评为赣菜“十大名菜”之一。常作为贵宾宴席用菜。原料选用本地三黄鸡净肉900克、姜30克、葱结20克、辣椒少许、山茶油100克、米酒100克和酱油90克。制作方法如下：选取三黄鸡，色泽鲜黄，将其宰杀，清理鸡毛，内脏清理、洗净；三黄鸡去除鸡脚尖和鸡尾，剁成长约4厘米，宽约3厘米的方形块，拍姜、葱、小米椒入砂锅打底，把剁好的鸡块码在沙煲中；把三杯调料依次按米酒、酱油和山茶油的顺序倒入已放好三黄鸡的沙煲中，用大火烧沸10多分钟，间隔翻动几次，改文火慢炖至汁收浓，挑出小米椒、姜、葱，淋上少许麻油，摆盘即可上桌。此菜色泽红润油亮、质地滑软细嫩、原汁醇厚、香味浓郁、味美咸鲜。

赣南客家菜“宁都三杯鸡”

赣南小炒鱼　赣南小炒鱼是明代凌厨子（王守仁在赣州任巡抚时的厨师）首创的地方风味菜，属赣菜系赣南客家菜，为江西赣州的一道特色菜。小炒鱼选用鲜草鱼，去头去尾，切成块状，配以生姜、四季葱、红椒、小酒（醋）、酱油、水酒等佐料烹饪而成。赣南小炒鱼具有色泽金黄、味鲜嫩滑、略带醋香的特点。不仅本地人喜爱，外地客人也以一尝“小炒鱼”为快。

赣南客家菜“赣南小炒鱼”

醋果子炒大肠　醋果子炒大肠雅称炒东坡。做法为取猪大肠洗净切成段，用本地的一种特殊酸菜即醋果子作为主要配料，再加其他佐料爆炒而成，其特点是色泽素雅，味道酸美，入口滑嫩，是一道颇具地方风味的佳肴。

赣南客家菜“醋果子炒大肠”

南康荷包胙　南康荷包胙，又叫荷包扎、荷包肉、状元肉，是流行于江西省原南安府（今南康、大余、崇义、上犹）的一道名菜。每逢红白喜事，主家答谢亲朋好友的宴席上都少不了“荷包肉”。荷包肉即用荷叶包扎的米粉肉。赣南各地的做法大同小异，其主料是猪肉，配料是炒熟的米粉，再以糖、盐、酱油、胡椒粉、八角、五香粉、鲜汤等作调料，制作时把猪肉和调料搅拌均匀、腌上 1 个小时，用 3 张荷叶扎成下圆上尖的“状元帽”状，以旺火蒸上 5 小时左右即成。此菜色泽金黄、荷叶清香、软糯酥烂、肥而不腻、营养丰富、老少皆宜。

经过历代厨师的不断改进，南康荷包胙成为一道赣南客家名菜。荷包胙于 2010 年被省商务厅评为“中国赣菜名菜”，2019 年被江西省餐饮协会评为“江西名菜”，2011 年 1 月 27 日的中央电视台 2 套《消费主张》栏目和 2019 年 1 月 16 日的中央电视台《发现之旅》栏目先后做过专题报道。2020 年，南康荷包胙被评为“赣州市市级非物质文化遗产”。

赣南客家菜“南康荷包胙”

客家酿豆腐　客家人由中原迁往江西、广东、福建、台湾等地，有千年的历史。来到南方，没有面粉，交通不便，吃不到中原一带人们最喜欢吃的饺子。于是，客家人创造性地把饺子馅酿入豆腐里面，做出客家人最喜爱吃的“客家酿豆腐”。

赣南客家菜“客家酿豆腐”

定南客家酸酒鸭　为定南县久负盛名的独特菜肴。酸酒鸭制作技艺：选取当地饲养的瘦肉型菜鸭，杀后净毛清膛洗净；将鸭子放入锅里煮熟，但不得蒸煮太久，以保其色、香、味俱全；起锅后，将熟鸭切成块状，摆放于盘中；将准备好的姜末、辣椒末、大蒜末、食盐和当地盛产的纯正糯米酸酒等佐料放入碗中（俗称酸辣碗）搅拌均匀，随鸭肉一并上席。食用时，可将鸭肉蘸着佐料吃，也可把佐料直接倒入盘中拌着鸭肉一起吃。具有色泽金黄、香味浓郁、肉质嫩滑、肥而不腻的独特风味。

赣南客家菜“定南客家酸酒鸭”

利村牛肉　利村牛肉，香辣可口，鲜嫩无比。主料是牛肉，辅料是薯粉、姜片、蒜片、猪油、盐、味精、料酒、小米椒、香麦叶。把牛肉切片，腌制好盐味；锅放猪油，先后下锅姜、蒜、小米椒、香麦叶、牛肉爆炒香，同时加酱油，放少许料酒，翻炒几下淋明油即可。

赣南客家菜“利村牛肉”

阳明湖胖鱼头　阳明湖胖鱼头，因汤中鱼肉形似珊瑚而得名，主材为阳明湖野生大鳙鱼，鱼头熬汤，鱼肉剁茸加入浓汤中煲熟。明代李时珍在《本草纲目》中记载“鳙之美在于头”，俗语云“鱼头三钱叁（三）”，民间也一直有吃鱼头滋补走好运的说法。

赣南客家菜“阳明湖胖鱼头”

三鲜猪血　三鲜猪血，古代屠夫杀猪一般选在凌晨四五点钟，杀完猪调制好猪旺再取三鲜（小肠、猪肝、精肉）一锅烩，煮煮先吃不抵工钱不计费，权当夜宵，俗话说“尝鲜”。

赣南客家菜“三鲜猪血”

【赣南客家名小吃】　瑞金牛肉汤　“瑞金牛肉汤”又叫“兜汤”，是红都瑞金市最具特色的传统美食。自清朝开始，该菜品以牛肉生姜熬汤制作而成，牛肉汤进入瑞金人的餐桌，传承至今，成为瑞金市非物质文化遗产项目，也被评选为中国名小吃。

在红色苏区，牛肉汤是生活中最重要的美食，也是瑞金老表箪食壶浆、犒劳红军的第一选择，有“第一红色小吃”之美称。瑞金牛肉汤与红军有着许多的故事，开国上将杨成武将军甚至把它与党的事业、国家的未来联想在一起！在一次打完胜仗见到毛泽东主席，一起吃过瑞金牛肉汤后，写下诗歌《忆古城暴动、第一次见到毛主席》：

一更霜露浓，二更寒气重。
三更军旗急，四更歼敌忙。
五更到瑞金，痛饮庆功酒。
喝罢牛肉汤，迎来红太阳！

预示党和国家的未来像红太阳一样红红火火！瑞金牛肉汤多次参加大赛夺得特金奖荣誉，并且得到中央电视台 2 套、7 套、10 套和省电视节目的报道。

准备好鲜牛肉 500 克、红薯粉 100 克、生姜 10 克、酱油 5 克、葱花（个人酌量）、盐 15 克、味精 25 克、鸡精 15 克、其他调味料可由自己爱好尝试添加。具体做法为先将牛肉切丁或切短长条（短长条口感更佳），加入少许冷水将牛肉打湿即可，再加入 100 克红薯粉，此步骤最重要，需要用手来回抓牛肉，尽量把牛肉和粉掺匀，手抓时间越长越好（10 分钟之内），这样抓出来的牛肉口感极佳，嚼劲十足。切记，抓的要有力，时间要长。将水烧开（1500 克水）后将牛肉一点一点地放入开水中，切勿一起全倒入，待水再次烧开后再用冷水调 50 克红薯粉，倒入汤中，这样能让汤看起来更浓更晶莹剔透。此时加盐、味精、鸡精。而且在汤第一次煮开的时候要每隔三五分钟搅动一次，以防粘锅。最后烧开汤就可以放葱花、生姜、辣椒酱了，依各人爱好，适量添加，鲜美的瑞金风味牛肉汤即做成功。

赣南客家名小吃“瑞金牛肉汤”

安远三鲜粉　相传，明朝江南才子唐伯虎因慕名赣南安远的九龙茗茶，云游至安远府。登九龙嶂、赏九龙茶、看采茶戏后，便留宿山上一茶农家，热情好客的客家大嫂取来猪瘦肉、猪肝、猪小肠放在一起煮成汤，盛在煮熟后的客家米粉上作为接待主食。唐伯虎大赞这米粉香、嫩、滑，为之取名“三鲜”，并赋诗一首：“猪肝米粉小肠煎，安远俏娘巧手闲。”是指桌前闻香颤，汤成即尝赞三鲜。

至此，“安远三鲜粉”名扬天下，传承至今。

赣南客家名小吃“安远三鲜粉”

黄元米粿　传统风味小食品，黄元米粿历史悠久，早在明朝正德年间就被列为贡品，是赣南农家常备年货、民间待客礼品。色黄味鲜，细密滑腻，可汤煮、蒸食，也可油炒、油炸，且耐久存，煮食方便。黄元米粿制作方法：先备黄元柴灰，加开水过滤成灰水，用大禾米浸米一夜，次日用大甑蒸熟成饭，再将饭拌灰水，摊开晾干、蒸热，置于大石臼内，用硬木棍捣烂成团，起臼后，揉搓均匀，切块做成各种形状的米粿。

赣南客家名小吃“黄元米粿”

崇义水饺　崇义水饺的历史故事。抗日将领陈大庆戎马一生，偶有闲暇，颇好美食。陈大庆虽是南方人，对水饺却情有独钟，陈将军不仅在河南南阳公馆时顿顿必吃水饺，还会把饺子打包带在战事的旅途中，不时吃上几个填肚子。日复一日，久吃必腻，为给陈大庆换饺子的口感，南方厨师陈昌年和北方厨师张振夫、吴忠怀决定研究改良水饺风味。历经数日反复尝试，终于精研出“皮薄晶亮、馅鲜多汁、爽滑筋道、久吃不腻”的“陈氏水饺”配方，其口感既保留北方水饺的风味，又独创适合南方人口味的淡香馅料，深得陈大庆赞赏。

当代崇义水饺产业的发展。1983 年，刘锦富在自家门口开办崇义县第一家“陈记水饺”店。随后，刘锦富的 10 个子女先后开办数十家“陈记水饺”连锁门店。1986 年，“陈记水饺”更名为“崇义水饺”，从此走出家族式的传承和经营模式。随着一批又一批下岗工人和乡村农民到“崇义水饺”拜师学艺，全国各地已开设 1100 余家，“崇义水饺”成为赣南老表创业致富的平台。

赣南客家名小吃“崇义水饺”

大余烫皮　大余烫皮（米板、腊皮）是南迁客家人对大米制品的创造。烫皮由选米、浸泡、磨浆、蒸熟成为鲜烫皮（湿烫皮）。早餐主要吃鲜烫皮（加各种配料可制作上百个品种），还有煮烫皮丝、炒烫皮丝、拌烫皮丝。早餐吃烫皮贵在汤料，这是客家地区仅有的。湿烫皮晒干切成小方块叫烫皮骨（超薄烫皮骨作零食），烫皮骨用热沙炒（膨化）叫沙炒烫皮，油炸后叫油炸烫皮，湿烫皮切成丝晒干叫干烫皮丝（客家人的面条），用烫皮做成的花叫“烫皮花”，在烫皮上画画叫“烫皮画”，用竹制提篮配装沙炒烫皮、油炸烫皮、烫皮花统叫“烫皮篮”（客家人迎宾送礼之佳品）。

大余烫皮是“江西名小吃”、“中国（地域）十大名小吃”，获海峡客家烹饪大赛（小吃）特金奖、赣州市第一届美食节特金奖等十多个奖项。2020 年冬季至 2021 年春季，省委书记刘奇，省委常委、组织部部长刘强，省委常委、赣州市委书记吴忠琼曾分别考察大余烫皮制作企业并给予高度评价。

赣南客家名小吃“大余烫皮”

赣南嗖粉　据传，明代著名理学家王阳明在赣州任巡抚时，曾在赣州府的“甓园”（现赣州公园）内府衙理事。政务之余的夜晚，他经常带自己身边的一个学生（其妹夫）同去大街小巷夜巡私访。在一次私访途中，王阳明偶遇卖赣州嗖粉小吃的小贩，他一面品尝味道独特的赣州嗖粉，一面了解民间诉求。王阳明吃嗖粉之事在赣州城里不胫而走。于是，后来有些知情人又将赣州嗖粉小吃称为“阳明嗖粉”。

传承几百年的赣州府嗖粉小吃，已家喻户晓，让人百吃不厌。

赣南客家名小吃“赣南嗖粉”

信丰萝卜饺　宋朝时，客家先人南渡，感怀北方饺子的味道，但南方不产小麦，无法制作饺子皮；恰巧赣南地区的红薯粉做饺子皮柔软透亮又劲道，且本地盛产的萝卜个大汁多甘甜，几经琢磨，创造出独特口味的饺子——信丰萝卜饺。

信丰萝卜饺为信丰县独特传统小吃，有皮薄馅盈、色青形美、香甜咸辣俱全等特点。信丰萝卜汁多、肉嫩、鲜脆、爽口，将信丰鲜萝卜切片蒸熟，置筲箕内剁碎如泥，投入适量薯粉、辣椒、酱油、大蒜、味精等，用生油入锅将上列各项炒熟作馅。另将肉片炒熟，并备小块鲜鱼片待用。然后，将碾细的薯粉余熟风凉后加适量生粉，擀成薄饺子皮。将包成如月牙形的萝卜饺置于笼内，以旺火蒸 2 分钟，即可蘸酱油、麻油吃。信丰萝卜饺味美不腻，是赣南独特的健康小吃。

赣南客家名小吃“信丰萝卜饺”

凤眼珍珠　凤眼珍珠是客家的传统名菜，蕴藏着客家美食的精华。其生产历史悠久，起源于清朝，祖祖代代传承此菜的生产工艺和烹饪技术，是客家人逢年过节或宴请宾客筵席上的一道主菜。

凤眼珍珠因颗粒似细小珍珠，晶莹剔透而名扬海内外。因烹制别具匠心，煮成珍珠汤，润滑爽口，如咽珠玑，淡而清甜，厚而不腻，既宜喜宴佳肴，又适家常便饭，既有滋补清热、降压的作用，又有醒脑、明目的作用，故被称作是纯天然绿色食品。

凤眼珍珠采用单一原材料——番薯制作而成。红薯通过加工成粉末状，加入少许水反复揉捏。用带有网眼的筛子过滤凤眼大小的粉团，盛在干燥的大锅中，逆向揉动。把成团的薯粉放入圆底锅中摊开（不烧火），用手顺时针将薯团轻压在锅上不停地在锅中旋转，使薯团慢慢分解成为一颗颗细小的像珍珠一样的薯粉颗粒，人们称为“珍珠米”。由于颗粒大小不匀，须用米筛过滤出均匀的珍珠米，偏大的珍珠米再放入锅中重复上一道程序，使每颗珍珠米大小均匀。这样，珍珠米便制作成功。珍珠汤的烹调技艺也是有一定讲究的，先在锅中放一勺水，待水煮沸以后，将珍珠米逐步分批撒入锅中，不能一次性倒入，不然珍珠米会因耐不住高温而成一团糊状。待煮至珍珠仍留微小白点时，取出纳入凉水中浸泡松散，再重新烧一锅开水，放入珍珠。

当珍珠被煮熟全部漂浮在水面上时，用漏勺捞起，倒掉剩余的开水；至颗粒如鱼眼时，再入高汤中烹饪。加入油、盐、葱等调料，即可盛起放入碗中，珍珠汤便烹调而成了。煮好的珍珠汤热气腾腾。只见珠丸累累，闪闪发光，芳草香花点缀其间，幽香袭人。再吃上一口，倍觉肠胃舒适，脑清目明。凤眼珍珠汤，有滋补、清热、降压、醒脑、明目的作用。

赣南客家名小吃“凤眼珍珠”

石城薯芋饺　芋子蒸熟去皮，加薯粉搓成面皮，韭菜切碎和猪肉做馅，然后包成饺子形状，或蒸，或煮亦可。

唐朝玄宗末年爆发“安史之乱”，当时朝中有一黄姓官员举家南迁，一路颠沛到石城停下脚步并繁衍生息，因思念故土，老爷常常对月哀叹，其夫人见状便想做家乡面粉饺以慰老爷。苦于南方无面，夫人便用地瓜粉和芋子和成皮，包入肉馅制成水饺。煮熟端给老爷，老爷尝后大悦，称赞夫人，并与邻里分享。从此薯芋饺便一直流传至今，也成为石城人非常喜爱的一道美食。

2011 年 4 月，被江西省烹饪餐饮饭店行业协会评为“江西名小吃”；2011 年 10 月，被江西省商务厅、江西省烹饪餐饮饭店行业协会评为“中国赣菜名小吃”；2013 年 8 月，获中国广昌国际莲花节美食创意烹饪大赛“纪念奖”；2014 年 10 月，被福建省烹饪协会、海峡两岸首届（宁化）客家小吃节组委会评为“特金奖”；2016 年 11 月，被第一届赣南客家美食文化节组委会评为“金奖”；2019 年 5 月，被江西省烹饪餐饮饭店行业协会评为“江西名小吃”。

赣南客家名小吃“石城薯芋饺”

会昌豆干　会昌豆干又称会昌酱干、酱油豆干，是赣州市会昌县有名的传统特色小吃，有数百年历史，历史上曾被列为贡品。会昌豆干选用当地优质黄豆和天然香料制作，黄豆经井泉水充分浸泡后，用石磨细磨成浆，再用棉质白布袋过滤去渣，滤浆入锅后用旺火煮沸，豆浆起锅稍凉后加入卤水，不用石膏和其他添加剂，豆浆被点化成豆腐花，再掌勺搅拌均匀后，将其舀在事先用棉纱布铺好的一个个小木格内包裹起来，盖上木板压上块石，施压脱水去格后形成手掌大小的方块状，晾干后加入由十余种香料调好的上等酱油，文火烘烤而成为光亮透明的会昌酱干。会昌豆干制作技艺独特，工艺复杂，纯手工完成。会昌豆干富含人体所必需的脑磷脂、氨基酸和各种维生素，集香、咸、辣、甘于一体，食用方便、风味独特、营养丰富，吃后口齿留香，让人回味无穷。

赣南客家名小吃“会昌豆干”

客家非遗

【赣南采茶戏】　赣南采茶戏具有悠久的历史，由汉族民间采茶歌和采茶灯演唱发展而来，继而成为一种有人物和故事情节的民间小戏，总的特点是：表演欢快，诙谐风趣，载歌载舞，喜剧性强，富有浓郁的乡土气息，颇受群众喜爱。

【兴国山歌】　兴国山歌传说起源于“木客”号子，生动活泼，形式多样，生活气息浓郁，有独唱、对唱、“三打铁”、联唱、轮唱等形式和锁歌、盘歌、斗歌、猜花、丢观音、黄鳅咬尾、绣褡裢、藤缠树、树缠藤等种类。

【东河戏】　东河戏集高腔、昆腔、乱弹多种声腔于一身。东河高腔音，既有大锣大鼓的弋阳腔唱调，又有小锣小鼓的青阳腔曲牌，还有音平调缓的四平腔声韵，展现弋阳诸腔的系列风貌。同时，东河戏的舞台艺术古朴而时尚，有古代杂技魔术，有近代的电光亮片，有模仿神像、动物的身段功架，也有冲破舞台的台上台下的对打表演，是一座丰富多彩的艺术宝库。

【客家古文】　赣南客家古文是赣南地区的一种民间曲艺。客家古文以方言为主，音乐唱腔具有浓郁的地方客家色彩，表演灵活多变，道具轻便简单，内容多为宣传扬善除恶、劫富救贫、伸张正义、反抗压迫、反抗封建婚姻、追求个性解放等群众喜闻乐见的传说。

【赣南客家匾额习俗】　赣南客家匾额习俗遍布赣南会昌、上犹、于都等县。在赣南的村落分布着聚族而居的各个姓氏，每个村落都分布着规模不同或支系不同的姓氏宗祠、族祠。在各种各样的祠堂里，都挂有堂匾、功德匾、寿匾和其他匾额。

【赣南客家围屋营造技艺】　赣南客家围屋主要分布在龙南、定南、全南，以及寻乌、安远、信丰的南部，龙南现存围屋 376 座，最具代表性。当初，为防匪患及野兽侵扰，多数客家人聚族而居，形成防御性极强的围合式民居建筑——客家围屋。伴随生存环境的剧烈变迁，围屋的营造技艺也发生相应的显著变化。

【赣南客家擂茶制作技艺】 赣南客家擂茶是客家先民在流迁、生产、生活积累中形成的一种保健饮食习惯，基本原料是茶叶、糯米、芝麻、黄豆、花生、盐、茶油及各种青草药。客家擂茶尤以全南县的客家擂茶历史积淀最为深厚、特色最为鲜明、最具代表性。

【石城灯会】 石城灯会的特点主要有：灯彩品种多，有马灯、茶蓝灯、龙灯、莲花灯、板桥灯等；制作精美，形象逼真；灯彩与音乐舞蹈有机结合。

石城灯会寄托着神灵崇拜和火神崇拜，主要表达目的是祈求国泰民安、风调雨顺、五谷丰登、消灾除恶。

【于都唢呐“公婆吹”】 赣南一般百姓家里婚丧寿庆、盖新房、庆丰收、上大学等，都要请唢呐乐手来热闹一番。在赣南各县（市）中，最有特色的唢呐要数于都唢呐。于都唢呐吸取赣南采茶戏“灯腔”“茶腔”音乐的内涵与特色，曲牌繁多。

吹奏讲究“鼓板分明，粗细结合，高昂悠扬，音乐协调”。

【信丰古陂蓆狮犁狮】 信丰县古陂蓆狮舞、犁狮舞表演热烈、紧张，把犁田、采收等生产生活活动以艺术化、形象化的表现形式融入舞蹈动作之中，具有浓郁的乡土气息。传说在明朝末期或清乾隆年间，谢氏祠堂在古陂建成时，古陂圩的谢姓人民为举办庆典，在中国传统的龙灯和狮舞的基础上产生灵感，创造出既是狮又像龙的节日庆祝载体，其主体是用竹木做成骨架，外扎草席制成的狮子身，副体则是由多个插满香火的稻草束组成。

国民经济和社会发展状况

【概况】 全年地区生产总值4169.37亿元，同比增长9.1%。其中，第一产业增加值427.52亿元，增长7.2%；第二产业增加值1652.34亿元，增长8.7%；第三产业增加值2089.51亿元，增长9.8%。三次产业结构为10.3∶39.6∶50.1。非公有制经济增加值2658.11亿元，增长10.9%。

年末全市户籍总人口为984.01万人，其中城镇人口327.21万人，乡村人口656.8万人。年末常住人口898.00万人，常住人口城镇化率为56.35%。

2021年年末常住人口数及构成情况表

表3

指　标	年末数（万人）	比重（%）
全市常住人口总量	898.00	100.00
#男	462.12	51.46
女	435.88	48.54
#0—15岁	213.27	23.75
16—59岁	543.47	60.52
60周岁及以上	141.27	15.73
#65周岁及以上	103.52	11.53

全年居民消费价格比2020年上涨1.4%，其中食品烟酒价格下跌0.9%。在食品烟酒价格中，粮食价格下跌0.5%，鲜菜价格上涨12.9%，畜肉价格下跌19.5%。商品零售价格上涨2.5%。

2021年居民消费价格指数一览表

表4

指　标	比2020年涨跌（%）
居民消费价格	1.4
#食品烟酒	-0.9
衣着	0.8
居住	0.7
生活用品及服务	0.1
交通和通信	4.6
教育文化和娱乐	6.8
医疗保健	0.2
其他用品和服务	1.5

【农业】 全年农林牧渔业总产值696.58亿元，增长9.0%。粮食播种面积50.31万公顷，增长0.4%。油料播种面积6.12万公顷，增长30.4%。其中油菜籽2.04万公顷，增长228.9%。蔬菜播种面积14.63万公顷，增长4.5%。

全年粮食总产量261.82万吨，增长1.3%。油料产量14.78万吨，增长14.4%。其中油菜籽2.55万吨，增长242.5%。蔬菜产量414.89万吨，增长6.1%。

烟叶产量1.34万吨，增长2.6%。茶叶产量0.5万吨，增长0.4%。水果产量200.78万吨，增长7.9%。其中脐橙产量150.42万吨，增长9.1%。

全年肉类总产量85.84万吨，增长15.0%。其中，猪肉产量57.11万吨，增长17.2%；牛肉产量3.77万吨，增长33.0%。禽蛋产量6.60万吨，增长2.2%。牛奶产量4.89万吨，下降1.9%。年末生猪存栏372.49万头，增长13.3%；生猪出栏692.36万头，增长13.7%。

全年水产品产量31.20万吨，增长3.6%。其中，养殖水产品产量30.86万吨，捕捞水产品产量0.34万吨。

2021年主要畜牧、水产品产量及其增长速度一览表

表5

产品名称	单位	产量	增长（%）
肉类总产量	万吨	85.54	15.0
#猪肉	万吨	57.11	17.2
牛肉	万吨	3.77	33.0
禽肉	万吨	24.74	8.6
牛奶	万吨	4.89	-1.9
禽蛋	万吨	6.60	2.2
出栏肉猪	万头	692.36	13.7
家禽出笼	万羽	16708.07	7.2
水产品产量	万吨	31.20	3.6

【工业与建筑业】 全市规模以上工业增加值增长11.6%，分轻重工业看，轻工业增长4.8%，重工业增长15.6%。分经济类型看，国有企业下降16.9%，集体企业增长123.7%，股份制企业增长14.9%，外商及港澳台商投资企业增长1.7%，其他经济

类型企业增长24.3%。分行业看，35个行业大类中26个行业实现增长，其中计算机、通信和其他电子设备制造业增加值增长43.4%、仪器仪表制造业增长53.7%、食品制造业增长7.7%、医药制造业增长34.3%、电气机械和器材制造业增长10.1%、纺织服装、服饰业增长6.2%。新产业加速发展，高技术制造业增加值增长33.2%，快于规模以上工业21.6个百分点，占全市比重为21.0%；装备制造业增加值增长30.5%，快于规模以上工业18.9个百分点，占全市比重为30.1%。

全年建筑业总产值606.4亿元，增长15.2%。其中建筑工程产值523.0亿元，增长14.6%，占建筑业总产值的86.2%；安装工程产值52.8亿元，增长48.7%，占安装工程总产值的8.7%；其他产值30.6亿元，下降11.7%，占其他总产值的5.1%。资质以上总、专包建筑业企业共868家，增加207家。其中特级和一级总、专包企业30家，增加3家；二级企业175家，增加26家；三级及其他企业663家，增加178家。

【服务业】 全年服务业增加值突破2000亿元，达2089.51亿元。其中批发和零售业增加值327.58亿元，增长12.0%；住宿和餐饮业增加值112.49亿元，增长20.0%；金融保险业增加值295.64亿元，增长4.4%；房地产业增加值344.45亿元，增长7.1%。全年规模以上服务业企业营业收入增长23.8%。全年交通运输、仓储及邮政业增加值169.79亿元，增长12.0%。铁路货物运输量468.42万吨，增长86.6%；铁路旅客运输量1619.68万人次，增长12.1%。公路通车里程45295千米。其中高速公路（赣州境内）通车里程1559千米。公路货物运输量22955万吨，增长27.6%；货物运输周转量160.3亿吨千米，增长22.0%；旅客运输量2469万人，下降55.5%；旅客运输周转量20.8亿人千米，下降46.0%。

机场旅客吞吐量180.9万人次，增长23.7%；过站旅客吞吐量30.3万人次，增长19.7%；运输起降1.74万架次，增长17.7%。

2021年规模以上工业主要产品产量及其增长速度一览表

表6

产品名称	计量单位	指标值	同比增长(%)
原盐	万吨	77.80	6.0
精制食用植物油	吨	7644.20	-15.5
饮料酒	千升	34120.31	9.7
#白酒(折65度)	千升	6769.00	26.6
布	万米	7620.10	16.8
服装	万件	31584.14	8.7
人造板	万立方米	175.38	15.9
家具	万件	3961.50	20.8
机制纸及纸板	万吨	33.72	-10.9
烧碱(折100%)	万吨	32.46	52.8
中成药	吨	5637.55	28.2
化学纤维	吨	33775.30	17.8
水泥	万吨	1906.51	-3.4
钢材	万吨	144.92	11.9
十种有色金属	吨	46344.77	16.8
铜材	万吨	31.05	18.6
锂离子电池	亿只	1.68	50.3
太阳能电池(光伏)	万千瓦	32.59	80.8
灯具及照明装置	亿套(台、个)	2.31	4.8
显示器	万台	641.55	45.1
液晶显示屏	亿片	2.37	8.1
电子元件	亿只	48.53	-71.5
印制电路板	万平方米	2982.51	27.8
发电量	亿千瓦时	116.70	21.7
其中:火力发电量	亿千瓦时	59.38	28.5
水力发电量	亿千瓦时	10.61	-30.0

2021年公路运输量及周转量一览表

表7

指　　标	单位	指标值	增长(%)
货物运输量	万吨	22955.0	27.6
旅客运输量	万人	2469.0	-55.5
货物运输周转量	亿吨千米	160.3	22.0
旅客运输周转量	亿人千米	20.8	-46.0

全年共接待旅游总人数1.41亿人次，增长3.6%；旅游总收入1528.8亿元，增长8.1%。

年末民用汽车保有量127.94万辆，增长9.1%。年末私人汽车保有量120.58万辆，增长9.2%。

全年完成电信业务收入65.2亿元。年末固定及移动电话用户总数1013万户，其中移动电话用户933.5万户，固定电话用户79.5万户。固定互联网宽带接入用户293.9万户，增加34.3万户。全年邮政行业业务总量30.08亿元，增长31.1%，邮政行业业务收入32.12亿元，增长19.3%。全年完成邮政函件业务42.38万件，包裹业务3.78

万件，快递业务量 19768.41 万件，快递业务收入 21.52 亿元。

【国内贸易】 全年社会消费品零售总额 1987.68 亿元，增长 18.0%。限额以上单位实现消费品零售额 526.5 亿元，增长 21.1%。其中商品零售额 500.2 亿元，增长 20.9%；餐饮收入 26.3 亿元，增长 39.4%。通过公共网络平台实现的商品销售额 26.9 亿元，增长 101.7%。限额以上单位商品零售额分类中，粮油、食品类增长 22.0%，服装、鞋帽、针纺织品类增长 62.1%，日用品类增长 29.9%，家用电器和音像器材类下降 3.5%，汽车类增长 18.7%，石油及制品类增长 18.7%，化妆品类、建筑及装潢材料类、中西药品类分别增长 86.2%、17.3%和 19.5%。

【固定资产投资】 全年固定资产投资增长 11.6%。其中民间投资增长 13.2%。分产业投资看，第一产业投资增长 32.0%，第二产业投资增长 13.7%，第三产业投资增长 9.0%。分企业类型看，国有企业投资增长 15.2%，有限责任公司投资下降 0.4%，股份有限公司投资增长 45.5%，私营企业投资增长 17.2%，港澳台商企业投资增长 0.0%，外商投资下降 32.9%。分领域看，工业投资增长 13.7%，基础设施投资增长 2.4%，房地产开发投资增长 2.3%。

2021 年分行业固定资产投资增长速度一览表

表 8

行　业	增长（%）
总计	11.6
农、林、牧、渔业	32.1
农、林、牧、渔专业及辅助性活动	35.0
采矿业	16.0
有色金属矿采选业	122.4
制造业	14.2
农副食品加工业	-21.0
纺织服装和服饰业	11.2
家具制造业	42.0
化学原料及化学制品制造业	10.6
非金属矿物制品业	44.6
有色金属冶炼及压延加工业	13.1
电气机械及器材制造业	-1.9
计算机、通信和其他电子设备制造业	-0.8
电力、热力、燃气及水的生产和供应业	9.2
电力、热力的生产和供应业	20.4
水的生产和供应业	-18.0
批发和零售业	-39.8
交通运输、仓储和邮政业	-6.2
住宿和餐饮业	-37.1
信息传输、软件和信息技术服务业	403.5
金融业	502.4
房地产业	13.1
租赁和商务服务业	-25.0
科学研究和技术服务业	-47.2
水利、环境和公共设施管理业	1.9
居民服务、修理和其他服务业	71.9
教育	3.2
卫生和社会工作	52.7
文化、体育和娱乐业	117.0
公共管理和社会组织	-48.0

全年房屋施工面积 4624.18 万平方米，增长 8.8%；房屋竣工面积 334.62 万平方米，增长 1.4%；商品房销售面积 1412.25 万平方米，增长 17.3%；商品房待售面积 89.33 万平方米，下降 9.3%。商品房销售额 994.90 亿元，增长 16.8%。

【对外经济】 全年货物进出口总额为 737.39 亿元，增长 46.6%。其中，进口总额 160.92 亿元，增长 94.9%；出口总额 576.47 亿元，增长 37.1%。一般贸易出口总额 454.86 亿元，增长 29.0%，民营企业出口总额 433.36 亿元，增长 31.9%，占出口总额比重分别达 78.9%、75.2%。机电产品出口总额 282.39 亿元，增长 50.1%；高新技术产品出口总额 133.14 亿元，增长 112.3%，占出口总额比重分别达 49.0%、23.1%。全年实际利用外资 23.51 亿美元，增长 8.6%，现汇进资 3.70 亿美元，增长 25.8%。利用省外 2000 万元以上项目资金达 1093.58 亿元，增长 9.5%。

【财政金融】 全年一般公共预算收入 294.07 亿元，增长 2.9%。其中税收收入 200.07 亿元，下降 1.8%，占一般公共预算收入的比重为 68.0%。一般公共预算支出 961.09 亿元，下降 1.6%。民生支出 804.76 亿元，占一般公共预算支出的比重为 83.7%。其中科学技术、农林水、住房保障支出分别达 30.71 亿元、130.78 亿元、25.19 亿元，分别增长 3.7%、2.0%、15.7%；教育、卫生健康、交通运输支出分别达 218.15 亿元、116.82 亿元、27.51 亿元，分别下降 0.9%、0.6%、17.7%。年末金融机构人民币各项存款余额 6415.49 亿元，比年初增加 406.14 亿元。其中住户存款 4270.68 亿元，比年初增加 432.46 亿元。各项贷款余额 6611.66 亿元，比年初增加 847.25 亿元。其中短期贷款 1594.95 亿元，比年初增加 188.63 亿元；中长期贷款 4522.72 亿元，比年初增加 523.29 亿元。全年保费收入 136.65 亿元，下降 0.4%。其中财产险保费收入 41.49 亿元，下降 8.1%；人身险保费收入 95.16 亿元，增长 3.3%。

【人民生活与社会保障】 全年城镇居民人均可支配收入 40160 元，增长 8.5%；农村居民人均可支配收入 14675 元，增长 12.6%。城镇居民人均消费支出 24357 元，增长 10.8%；农村居民人均消费支出 13604 元，增长 16.5%。城镇居民家庭恩格尔系数 31.8%，下降 0.4 个百分点；农村居民家庭恩格尔系数 34.7%，下降 0.8 个百分点。

全年社会保险基金筹集总额 239.57 亿元，增加 20.99 亿元。城乡居民养老保险基金筹集总额 32.64 亿元，增加 3.98 亿元；城镇职工养老保险基金筹集总额 183.62 亿元，增加 37.44 亿元；机关事业养老保险基金筹集总额 42.19 亿元，增加

2017—2021 年城乡居民生活改善情况一览表

表 9

指　　标	单位	2017 年	2018 年	2019 年	2020 年	2021 年
城镇居民人均可支配收入	元	29567.0	32163.0	34826.0	37031.0	40160.0
农村居民人均可支配收入	元	9717.0	10782.0	11941.0	13036.0	14675.0
城镇居民家庭恩格尔系数	%	33.6	31.9	30.8	32.2	31.8
农村居民家庭恩格尔系数	%	36.1	34.0	33.4	35.5	34.7

2.04 亿元；工伤保险基金筹集总额 2.54 亿元，增加 0.32 亿元；失业保险基金筹集总额 2.04 亿元，增加 0.19 亿元。

年末参加城镇职工基本养老保险人数 165.64 万人，增加 20.74 万人；参加城乡居民基本养老保险人数 438.11 万人，增加 17.59 万人。参加工伤保险人数 71.40 万人，增加 2.71 万人。参加失业保险人数 40.15 万人，增加 2.15 万人。

全年全市共 3.64 万名城镇居民和 33.37 万名农村居民得到政府最低生活保障。全市有综合福利院和敬老院共 271 个。其中综合福利院 16 个、敬老院 255 个。全市有民办养老服务机构 55 个。

【教育和科学技术】 全年研究生教育招生 2559 人，在校研究生 6700 人，毕业生 1387 人。普通高等教育招生（不含研究生）4.15 万人，在校学生 13.09 万人，毕业生 2.95 万人。各类中等职业教育（包括中等专业和中等职业学校）招生 4.68 万人，在校学生 11.87 万人，毕业生 3.23 万人。普通高中招生 8.27 万人，在校学生 24.08 万人，毕业生 7.75 万人。普通初中招生 14.87 万人，在校学生 46.25 万人，毕业生 16.79 万人。普通小学招生 12.77 万人，在校学生 82.07 万人，毕业生 14.09 万人。特殊教育招生 1644 人，在校生 9710 人，毕业生 2285 人。学前教育在园幼儿 34.48 万人。九年义务教育巩固率为 99.74%，高中阶段毛入学率为 93.27%。

全年境内授予专利权 1.98 万件，PCT（专利合作条约）专利申请受理量 31 件。境内有效发明专利 0.36 万件，每万人口发明专利拥有量 4.06 件。

全年国家重点研发计划共安排 5 个重点专项。全年共签订技术合同 1349 项，技术合同成交金额 69.7 亿元，增长 408%。

【文化卫生和体育】 年末电视人口覆盖率 99.98%，广播人口覆盖率 99.97%。

全市有文化馆 19 个，组织文艺活动 932 次；乡镇文化站 283 个，组织文艺活动 4834 次；专业艺术表演团队 19 个，演出场次 2884 次；公共图书馆 19 个，有藏书 529.31 亿册，图书流通 202.46 亿册次；博物馆 23 个，文物藏品 8.61 万件（套），参观人数 255.33 万人次。

年末全市共有卫生机构 8687 个。其中医院 169 个，社区卫生服务中心（站）52 个，卫生院 327 个，村卫生室 6718 个，诊所、卫生所、医务室共 1294 个，疾病预防控制中心 22 个，专科疾病防治院（所、站）27 个，妇幼保健院 19 个。卫生技术人员 5.68 万人。其中执业医师和执业（助理）医师 2.04 万人，注册护士 2.59 万人。卫生机构床位 6.01 万张。

全市共组织有影响的各类群众健身活动 602 次，参与人数 500 万人次；市级体育社会组织 73 个（其中市级协会 54 个，市级俱乐部 19 个（含市级青少年俱乐部）；二级裁判员发展人数 398 人，二级运动员发展人数 184 人；公共体育场地（市本级管理使用）9 个，其中田径场地 3 个，体育馆 1 个，全民健身广场 1 个，游泳馆（池）3 个。全市有少儿体育学校 19 个，在校学生 8313 人，专职教练员 125 人。

【资源环境和安全生产】 全市共有森林公园 31 个，面积 14.93 万公顷。其中国家级森林公园 10 个，面积 12.10 万公顷；省级森林公园 21 个，面积 2.83 万公顷。全市森林覆盖率 76.23%。

全市自然保护区 51 个，总面积 23.06 万公顷。其中，国家级自然保护区 3 个，面积 4.79 万公顷；省级自然保护区 8 个，面积 5.74 万公顷；市县级自然保护区 40 个，面积 12.52 万公顷。

全市环境空气质量优 192 天，良 171 天，轻度污染 2 天，未出现中度污染和重度污染天气，优良率为 99.5%。全市地表水Ⅰ—Ⅲ类水质断面比例为 98.6%。全市有空气自动监测站 38 个，环境监测站 17 个，污水处理厂 51 座（其中生活污水处理厂 23 座、工业污水处理厂 28 座）。

全年发生安全生产事故 103 起、死亡 108 人，分别比 2020 年下降 27%、13.6%。工矿商贸企业就业人员每 10 万人生产安全事故死亡人数 0.54 人，下降 47.3%；道路交通事故万车死亡人数 0.81 人，下降 20.6%。

注：1. 部分数据因四舍五入的原因，存在着分项与合计不等的情况。

2. 地区生产总值，一、二、三产增加值，规模以上工业增加值，批发和零售业增加值，住宿和餐饮业增加值，金融保险业增加值，房地产业增加值，交通运输、仓储及邮政业增加值绝对数按现价计算，增长速度按可比价计算。

3. 2020 年部分数据已进行修订。

（本栏图片由市商务局提供）

本栏编辑：王　宇

赣南苏区振兴发展

综　述

【概况】 2021年，赣州市认真落实《国务院关于支持赣南等原中央苏区振兴发展的若干意见》，以下简称《若干意见》）和《国务院关于新时代支持革命老区振兴发展的意见》，以下简称《新时代意见》），致力革命老区高质量发展示范区建设，全力争取革命老区"1+N+X"政策支持，推动新时代赣南苏区振兴发展步入新阶段。经济规模和质量效益实现"双提升"，主要经济指标增速保持全省"第一方阵"，地区生产总值在全国地级及以上城市排位由2015年的第101位跃升至第66位、增速实现"十三五"时期全省"五连冠"，连续四年荣获全省高质量发展综合考评第一名；成功创建并蝉联全国文明城市，获评国家卫生城市、国家森林城市，赣州进入综合实力提升最快、城乡面貌变化最大、群众获得感最强、干事创业氛围最浓的时期。城乡居民收入提前三年实现比2010年翻一番，赣南老区人民如愿与全国人民一起同步实现全面建成小康社会的目标。

【老区人民生活越来越好】 长期困扰赣南人民的上学难、看病难、吃水难、出行难、用电难等问题基本解决；赣州进入经济社会发展最快、城乡面貌变化最大、老百姓受益最多的时期。累计改造农村危旧土坯房69.52万户、棚户区21万户，建设农村保障房1.74万套，近300万名农民住上安全舒适的新房；全面解决近300万名农村人口饮水安全问题，集中供水率提高至93%、自来水普及率达91%，赣南老百姓喝上了干净水；改扩建城乡学校5821所，校舍面积增加2/3，提前2年全域通过国家县域义务教育发展基本均衡评估认定。

【自主造血功能越来越强】 打造一批在全省乃至全国有影响力的特色产业，产业结构单一、竞争力不强的问题有效改善，高质量发展的内生动力澎湃强劲。"1+5+N"（即培育1个产值超5000亿元、5个超2000亿元、N个超500亿元）产业集群齐头并进，4个千亿元产业集群蓬勃发展；赣南脐橙种植面积和产量世界第一，品牌价值稳居水果类区域品牌全国榜首，粤港澳大湾区"菜篮子"生产基地48家；国家AAAA级旅游景区实现县县全覆盖，旅游总收入突破1500亿元，赣州跻身全国十二大重点红色旅游区。

【突出短板弱项日益补齐】 赣州牢牢把握国家倾斜支持机遇，大力解决重大基础设施短板弱项，赣南大地大城崛起、大道通衢、大网融通，拉近了与沿海地区的时空距离，缩小了与发达地区的硬件差距，交通闭塞的局面一去不复返，能源供给不足的问题有效改善。立体交通网络加快构建，高速公路通车里程占全省1/4，国省干线基本实现县县双通，赣州即将进入"双机场"时代。能源保障能力全面提升，水利基础设施加快完善，赣粤运河启动研究论证工作，赣州港五云千吨级货运码头加快建设，千吨级船舶将直抵赣州。

【生态文明建设再上台阶】 赣州获评全国首批生态文明典范城市、中国绿色发展优秀城市、中国最具生态竞争力城市，中国南方地区重要生态屏障进一步巩固。PM2.5、PM10浓度均值降幅全省第一，集中式饮用水源地水质达标率100%，完成两轮东江流域上下游横向生态补偿机制试点，确保一江清水流向广东和香港。打通"两山"转换通道，践行"绿水青山就是金山银山"理念。

【振兴发展活力全面激发】 弘扬敢为人先的改革精神，实施深化改革开放攻坚行动，赣南成为"老区中的特区"，一些制约发展的瓶颈问题加快解决，一批长期想改的重点事项取得突破，创新创业的环境大踏步接轨先进地区，得到越来越多客商的青睐，成为开放高地、创业之州。累计获批国家级以上试点示范事项124个，成为国家部委改革创新的"试验田"，创造一批可复制推广的"赣州经验"；以"大湾区能做的，我们也要能做到"为目标，实施营商环境优化升级"一号改革工程"，"干就赣好"品牌更加响亮；赣州国际陆港"无中生有"爆发式发展，实现国际贸易"起运港""目的港"功能，与深圳盐田港首创"跨省、跨关区、跨陆海港"通关新模式，中欧（亚）班列开行量进入全国内陆港“第一方阵”，入选国家多式联运示范工程。

政策措施

【《新时代意见》贯彻落实】 深入贯彻落实习近平总书记视察江西和赣州重要讲话精神，争取《国务院关于新时代支持革命老区振兴发展的意见》倾斜支持，明确支持赣南等原中央苏区部际联席会、中央国家机关及有关单位对口支援赣州、执行西部大开发政策等重大核心政策顺利延续，文件普惠性政策65处，直接点明或指向赣州的政策26处，在革命老区地市中处于第1位。全力推动《新时代意见》贯彻落实，先后组织召开市政府常务会、市委中心组学习（扩大）会、市苏区振兴发展工作领导小组会、新时代赣南苏区振兴发展工作部署会等对《新时代意见》进行专题学习及研究部署。

制定出台赣州市《贯彻落实〈新时代意见〉的实施意见》，明确需推进的103项重大事项。全力对接争取国家批复《赣州革命老区高质量发展示范区建设方案》（以下简称《建设方案》），牵头代起草《建设方案》并推动以省政府名义上报国务院，争取部委联合调研组到赣州市开展专题调研，先后4次组成专班赴国家发改委相关司局对接汇报。

【北上对接】 发挥牵头抓总作用，推动落实各地各部门主要领导“每两个月至少要赴中央对口支援单位对接汇报一次、每月至少要赴省直对口厅局对接汇报一次”制度，组织开展2次全市性集中“北上”赴国家部委、省直厅局对接活动，重点对接争取《建设方案》重大政策事项。牵头做好市委、市政府主要领导及分管市领导“北上”对接工作。

印发《新时代赣南苏区振兴发展2021年工作要点》，定期调度“北上”争取工作进展。克服疫情影响，年内组织2次集中“北上”对接，召开3次“北上”对接工作调度会，重点对接争取《建设方案》重大政策事项。积极与国家、省级层面对接争取，争取省委召开省苏区振兴发展领导小组第十次会议，省政府召开2次省支持赣南等原中央苏区振兴发展工作推进会议，共研究涉及赣州市重大事项20项；研究提出一批拟提请部际联席会第八次会议研究解决事项并上报。协调争取兴泉铁路建成通车、瑞梅铁路可研获国家发改委批复等23项重大事项落实到位，56项取得积极进展。持续抓好西部大开发政策跟踪落实，178项政策执行到位。

【省赣南等原中央苏区振兴发展工作领导小组会议】 3月22日，省委书记刘奇主持召开省赣南等原中央苏区振兴发展工作领导小组会议，并强调，坚持以习近平新时代中国特色社会主义思想为指导，深入贯彻落实习近平总书记视察江西重要讲话精神，立足新发展阶段、贯彻新发展理念、构建新发展格局，大力弘扬井冈山精神、苏区精神和长征精神，抢抓机遇、乘势而上，感恩奋进、担当实干，加快推进赣南等原中央苏区高质量跨越式发展，努力走出一条新时代革命老区振兴发展的新路，以优异成绩庆祝中国共产党成立100周年。省领导易炼红、陈兴超、吴忠琼、胡强出席会议。会议听取赣南等原中央苏区振兴发展有关情况汇报，审议《关于贯彻落实〈国务院关于新时代支持革命老区振兴发展的意见〉的实施意见》和《赣南等原中央苏区振兴发展2021年工作要点》。

【省支持赣南等原中央苏区振兴发展工作推进会】 12月2日，2021年省支持赣南等原中央苏区振兴发展工作推进会在赣州召开。省委常委、省政府党组副书记梁桂主持并讲话。市委副书记、市长许南吉，吉安、抚州两市政府负责人分别汇报相关情况。省发改委主任张和平对提请会议协调解决事项作统一答复。省政府副秘书长王前虎，市领导胡剑飞、罗瑞华，省苏区办副主任、市发改委主任、市苏区振兴办主任卢述银，以及省教育厅等14个省直部门有关负责人出席会议。

【执行西部大开发政策】 2020年4月28日，财政部、国家税务总局、国家发改委联合发布《关于延续西部大开发企业所得税政策的公告》，明确在保持优惠范围、优惠力度和优惠方式“三个基本不变”的情况下，自2021年1月1日至2030年12月31日，对设在西部地区的鼓励类产业企业减按15%的税率征收企业所得税，赣州等4个非西部地区可比照西部地区的企业所得税政策执行，赣州市执行西部大开发税收政策得到延续。统筹调度政策执行情况，定期梳理汇总赣州市执行西部大开发政策情况，对已经执行到位的具体政策或西部标准继续做好跟踪落实，确保政策有效落实。2021年，全市218户企业享受西部大开发税收优惠政策，减免企业所得税7.22亿元，有力助推苏区产业发展，增强企业竞争力。

【争资争项】 2021年，全市共争取上级各类资金820亿元，同口径增长5%。成功争取赣南区域国土绿化试点示范项目成为国家首批、江西省唯一中央财政支持国土绿化试点示范项目，获中央奖补资金1.5亿元；赣州市以综合排名第一的成绩，入选江西省2021年度财政支持深化民营和小微企业金融服务综合改革试点城市，获中央财政奖补资金4000万元；成功争取亚洲开发银行批准1.71亿欧元贷款，支持全市乡村振兴和生态保护建设等。

对口支援

【对口支援政策延续】 2021年，部省“1+2”对口支援政策（即中央国家机关及有关单位、省直机关及有关单位、省内高等院校及科研机构等3项对口支援政策）体系得到全部延续，形成“40+36+19”的对口支援（即40个中央国家机关及有关单位、36个省直机关及有关单位、19个省内高等院校及科研机构对口支援赣州市）工作格局。对口支援以来，按照“援县促市”的要求，全力推动争取对口支援部委发挥职能优势和资源优势，在政策、项目、资金、人才等方面予以一系列特殊支持和帮扶。每月编印《工作简报》发布对口支援工作动态，协调督促各地各部门争取对口支援单位在政策实施、项目安排、资金投入等方面加大支持力度。2021年，中央对口支援单位共有43位副职以上领导到赣州调研指导，其中9个中央对口支援单位主要领导亲自带队调研指导；33个对口支援单位新出台高含金量的帮扶支持文件，支持政策体系进一步完善。

【挂职干部作用发挥】 完善落实挂职干部日常交流机制，先后组织召开4次挂职干部座谈会和1次集中调研活动。组织挂职干部2次集中赴部委及省直厅局，协助对接《建设方案》及部际联席会事项。督促落实挂职干部定期到市直部门单位帮助工作机制，梳理提报80项“援县促市”事项并协助推动落实，支持筹建国家钨与稀土产业计量测试中心、支持设立和开办和君职业学院等52项“援县促市”事项已完成，其余事项紧跟顺利。

【印发《新时代中央国家机关及有关单位对口支援赣南等原中央苏区工作方案》】 4月21日，国务院办公厅印发《新时代中央国家机关及有关单位对口支援赣南等原中央苏区工作方案》。

该方案强调，要以习近平新时代中国特色社会主义思想为指导，全面贯彻中共十九大和十九届二中、三中、四中、五中全会精神，认真落实中共中央、国务院关于新时代支持革命老区振兴发展的战略部署，立足新发展阶段、贯彻新发展理念、构建新发展格局，充分发挥中央国家机关及有关单位职能作用，激发赣南等原中央苏区内生发展动力，努力构建人才、产业、项目、创新等相结合的对口支援工作格局，探索新时代推动革命老区高质量发展、逐步实现共同富裕的有效途径。

该方案明确，对口支援赣南等原中央苏区工作，对口支援单位包括63个中央国家机关及有关单位，受援地包括江西省赣州市、吉安市、抚州市和福建省龙岩市、三明市所辖共43个县（市、区）。工作期限为2021年至2030年。支持其他革命老区重点市县学习借鉴赣南等原中央苏区经验做法，结合中央国家机关及有关单位选派干部挂职锻炼，探索建立合作机制。方案要求，国家发改委、中央组织部要加强统筹协调，会同各对口支援单位和受援地明确工作总体目标和重点任务，扎实推进落实对口支援各项工作任务。各对口支援单位要加强与受援地沟通协商，健全领导有力、联系紧密、运转高效的工作推进机制。江西、福建等有关省份和受援地要落实主体责任，明确任务分工，加强沟通衔接，参照方案推进省级部门和企事业单位对口支援革命老区，确保对口支援工作取得实效。各对口支援单位要结合自身职能和优势，充分考虑受援地比较优势和发展需要，以干部挂职、人才培训、营商环境营造、产业和创新平台建设等为重点，科学编制并推动落实对口支援实施方案。要把红色资源作为坚定理想信念、加强党性修养的生动教材，选派优秀干部到赣南等原中央苏区和其他革命老区挂职锻炼。要聚焦提升内生发展动力，支持受援地培训一批专业技术人才，推广一批改革创新举措，实施一批有利于推动高质量发展的政策与项目。国家发改委、中央组织部要及时跟踪对口支援工作进展情况，加大督促检查力度，定期组织工作成效评估，并将评估结果纳入地方政府绩效评价考核体系。

6月3日，中央国家机关及有关单位对口支援赣州市第四批挂职干部座谈会召开 （刘凯摄）

先行先试

【重点领域改革】 赣州市加强改革系统集成、协同高效，谋划实施市级层面重点改革事项867项，如期完成中共十八届三中全会以来改革总结评估工作，连续5年获评全省全面深化改革工作先进单位。扎实推进供给侧结构性改革，“三去一降一补”（去产能、去库存、去杠杆、降成本、补短板）任务全面落实，降成本优环境专项行动为企业减负近600亿元。“放管服”改革取得新突破，在全省率先全覆盖挂牌组建县级行政审批局，市本级“最多跑一次”事项占比达91%，着力打造“四最”营商环境。顺利完成市县党政机构改革，基本完成深化事业单位改革试点，五大领域综合行政执法改革顺利收官。国资国企改革深入推进，市属国企整合重组为七大集团。生态文明体制、科技体制、

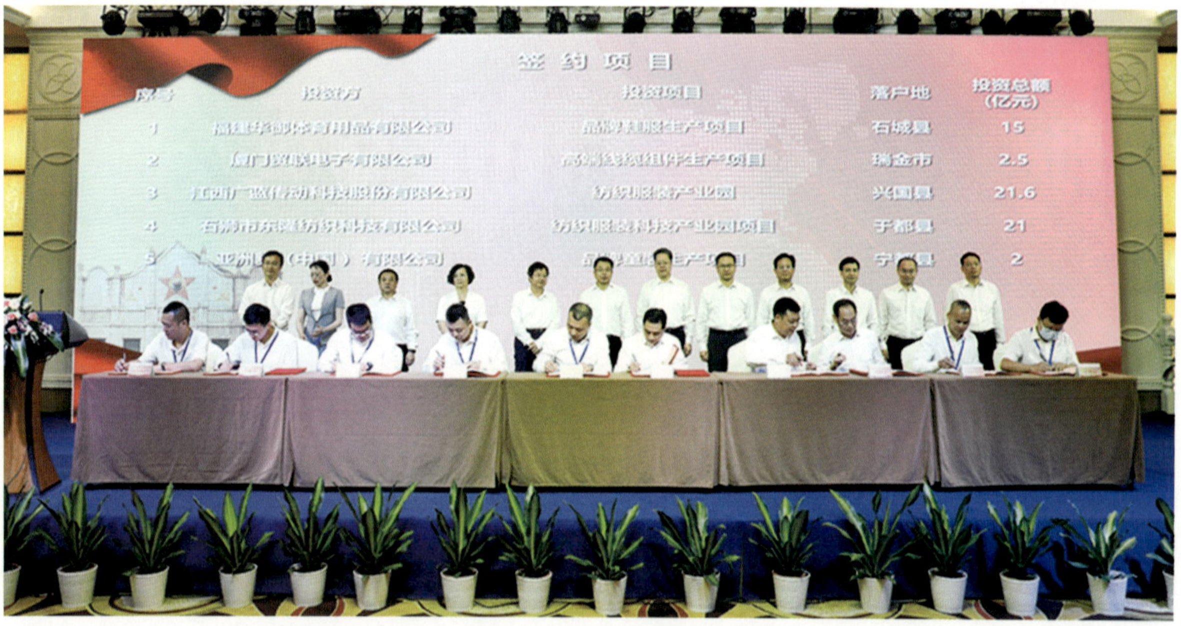

7月12日，赣州市在泉州举办2021年瑞兴于“3+2”经济振兴试验区产业合作推介会（郭芷汇摄）

农业农村、社会民生领域等重点领域改革取得新成效，农村集体产权制度改革基本完成，在全省率先实现医保部门市以下垂直管理。“互联网+第四方物流”等一批改革经验成为全国典型。

【瑞兴于经济振兴试验区建设】 编制完成并印发实施《赣州市瑞兴于“3+2”经济振兴试验区“十四五”发展规划》。争取市政府主要领导召开第六次试验区建设领导小组会议。延续市直部门及市属国有企业对口支援试验区机制，完善出台对口支援瑞兴于试验区考评办法，推动对口支援单位提出的175个年度支持事项落地见效。加快重大项目建设，兴泉铁路建成通车，瑞金机场、瑞兴于快速交通走廊等重大项目加快推进。推动瑞金经开区“一区五园”协同发展、品牌共用、政策共享、一体化招商，成功举办2021年瑞兴于“3+2”经济振兴试验区产业合作推介会，共签约项目10个，总投资约101.2亿元。

【内陆双向开放高地】 赣州国际陆港从无到有、实现爆发式增长，成为全国内陆第8个对外开放口岸和首个国检监管试验区、全省唯一一个国家“一带一路”多式联运示范工程，获批建设进口木材、肉类、汽车整车等指定口岸，持续深化与盐田港、广州港、宁波港等港口合作，常态化开行中欧（亚）班列、铁海联运班列和内贸班列，中欧（亚）班列开行量进入全国内陆港“第一方阵”，“一带一路”重要节点城市建设迈上新台阶。扎实推进赣州综合保税区高水平开放，在全省率先实现赣州至香港货运直通，跨境电商出口货物量居全省前列。航空口岸获批临时开放，龙南海关挂牌成立，赣州成为全国革命老区中唯一同时拥有铁路、公路和航空口岸的城市。

【对外开放合作】 对接融入粤港澳大湾区迈出坚实步伐，深化与广州、深圳、东莞等城市务实合作，赣粤两地产业发展、文化旅游、人才交流等领域合作成效显著，深赣港产城特别合作区建设进展顺利，打造“特区+老区”共赢发展的全国范例。积极参与长江经济带发展，主动对接海西经济区和长三角一体化发展，成功与宁波、龙岩等地签订合作框架协议，与上海、昆山等地开展国家级园区结对共建。持续加强与革命老区交流合作，首倡发起与遵义、延安、桂林等地联合举办“红军长征论坛”。扎实开展“三请三回”“三企入赣”“粤企入赣”系列活动，引进格力电器智能制造生产基地、吉利动力电池等一批投资超百亿元的重大项目。对外贸易逆势上扬，全市进出口总值、实际利用外资分别实现年均增长14.26%、9.6%。

（刘志坚）

本栏编辑：陈晔明

中国共产党赣州市委员会

综　述

【概况】 2021年是中国共产党成立100周年、全面建设社会主义现代化国家新征程开启之年和“十四五”开局之年，是党和国家历史上具有里程碑意义的一年，也是赣州改革发展历史上具有重要意义的一年。市委坚持以习近平新时代中国特色社会主义思想为指导，全面落实中共十九大和十九届历次全会精神，坚决贯彻中共中央总书记习近平视察江西和赣州重要讲话精神，聚焦“作示范、勇争先”目标定位和“五个推进”重要要求，认真落实省第十五次党代会、市第六次党代会精神，大力弘扬伟大建党精神和苏区精神、长征精神，坚持稳中求进工作总基调，立足新发展阶段，完整、准确、全面贯彻新发展理念，服务和融入新发展格局，统筹疫情防控和经济社会发展，持续做好“六稳”“六保”工作，大力实施“三大战略、八大行动”，深入打好“项目大会战”，纵深推进全面从严治党，着力打造最讲党性、最讲政治、最讲忠诚、最讲担当的红土圣地。地区生产总值突破4000亿元，主要经济指标增幅持续保持全省“第一方阵”，连续5年获全省高质量发展考评先进，同步全面建成小康社会，革命老区高质量发展示范区建设取得新进展，“十四五”实现良好开局。

【学习贯彻习近平新时代中国特色社会主义思想】 政治理论学习不断强化。坚持把学习宣传贯彻习近平新时代中国特色社会主义思想作为首要政治任务，跟进学习中共中央总书记习近平最新重要讲话、重要文章和重要指示批示精神，增强“四个意识”、坚定“四个自信”、做到“两个维护”。深化党委（党组）会议“第一议题”“每月学习日”等制度，市委理论学习中心组带头开展集体学习18次，对县（市、区）和市直单位党委（党组）中心组理论学习开展巡听指导，确保入脑入心。用好“学习强国”等各类学习、宣传平台，落实领导干部上思政课制度，积极开展分众化宣传宣讲，推动党的创新理论飞入寻常百姓家。

开展习近平总书记视察江西和赣州2周年相关活动，出台贯彻实施意见，及时跟进督办贯彻落实情况。胸怀“两个大局”、牢记“国之大者”，认真抓好中央和省委巡视反馈意见、中央和省环保督察反馈问题整改落实，确保落地生根、开花结果。全面对标党中央、省委部署，高质量编制“十四五”规划《中共中央关于制定国民经济和社会发展第十四个五年规划和二〇三五年远景目标的建议》和《中华人民共和国国民经济和社会发展第十四个五年规划和2035年远景目标纲要》，召开赣州市第六次党代会，提出解放思想、改革攻坚、开放创新、担当实干工作思路，明确“三大战略、八大行动”重点任务，加快建设革命老区高质量发展示范区。深入落实新时代赣南苏区振兴发展战略，争取国务院出台《关于新时代支持革命老区振兴发展的意见》，成功延续国家部委对口支援、部际联席会议制度、执行西部大开发等特殊扶持政策。

【党史学习教育】 聚焦“学党史、悟思想、办实事、开新局”，建立常态化调度机制，确保规定动作做到位、高质量，自选动作有特色、见实效。精心组织庆祝中国共产党成立100周年系列活动，推动举办纪念中央革命根据地创建暨中华苏维埃共和国成立90周年座谈会、宁都起义胜利暨红五军团成立90周年、人民军工创建90周年等重大活动。用好用活红色资源，广泛开展“五红”（即读红色家书、讲红色故事、唱红色歌曲、观红色影视、看红色展馆）活动，组织开展“弘扬苏区干部好作风”和“重走长征路”现场教学，开设“理润讲堂”等学习平台，举办“学习强国”党史知识大赛，引领广大党员干部学史明理、学史增信、学史崇德、学史力行。大力开展“两优一先”对象评选表彰，向3.6万余名老党员颁发“光荣在党50年”纪念章。扎实开展“我为群众办实事”实践活动，建立领导领办制度，市县两级1244项重点民生项目年度任务基本完成。

【高质量跨越式发展】 工业倍增升级　聚焦“1+5+N”重点产业，大力实施工业倍增升级行动，全市规上工业实现营收4533亿元、同比增长30%。落实产业链链长制推进延链补链强链，引进吉利科技、富士康、佳纳能源等龙头企业，新增 2 个千亿元产业和 4 家百亿元企业。中国稀土集团在赣州组建成立，填补江西无央企总部的空白。推行政企圆桌会议和企业安静生产期制度，全力帮助企业做大做强，落实减税降费政策等为市场主体减负 161 亿元，规上工业企业总数居全省第一，新增上市企业 5 家，列全省第一。大力推进开发区改革创新，抓好放权赋权、节地增效、腾笼换鸟等重点任务，多数开发区在全省实现进位，赣州经开区迈入千亿元园区方阵。

科技创新动能　实施重大攻关项目“揭榜挂帅”，整合有限资金支持重大科技创新，鼓励引导企业加大研发投入，新增高新技术企业 234 家，占全省 1/5，战略性新兴产业、高技术制造业、装备制造业增加值增幅均达 20%以上。全力支持中科院赣江创新研究院发展，一期项目竣工投用，入驻科研团队 16 个、专家人才 233 名。国家稀土功能材料创新中心建成运营。获批建设中国（赣州）知识产权保护中心，每万人有效发明专利拥有量增长 32.8%。与中国工程院共建院士咨询委员会，与深圳北航投资集团共建大湾区人才服务站，实施“苏区之光”人才计划，探索“双聘制”“周末式”“项目化”引才模式，加快建设人才住房和人才服务综合体，新培养外国院士和国家级重大人才工程人选各 1 人，落地院士专家平台 20 个、产学研项目 9 个，新引育产业领军人才 30 人、高层次人才 531 人、急需紧缺人才 7996 人。

深化改革开放走深走实　用好改革开放“关键一招”，大力实施优化营商环境“一号工程”，优化、取消、下放一批审批事项和权限，推动 333 个政务事项“全程网办”、44 项惠企政策实现“免申即享”、“即申即享”、直达企业。工程建设项目“一站式集成”审批、全产业一链办、施工图审查等改革在全省推广，在全国率先启动政务服务“跨省通办”，营商环境评价进入全省前列。深化农业农村、国资国企等重点领域改革，事业单位改革全面完成，“三医”（医疗、医保、医药）联动等改革走在全省前列，大余县“智慧宅改”得到党中央肯定。提升对外开放水平，组织党政代表团到浙江、上海、广东等地学习考察，深化与深圳、广州、东莞等城市合作，成功组织第三届世界赣商大会、“粤企入赣”投资合作推介会等重大招商活动，新签约项目 397 个、总投资 3159 亿元，引进“5020”（国家级开发区每年至少引进一个 50 亿元的产业项目，省级开发区每年至少引进一个 20 亿元的产业项目）项目 23 个。赣州国际陆港实现国际贸易“起运港”“目的港”功能，入选国家“一带一路”多式联运示范工程，赣深组合港开通运营，实现铁路集装箱吞吐量 22.3 万标箱、增长 19.1%。跨境电商进出口订单 81.1 万票，增长 8.1 倍。赣州综保区置换得到国务院批复，开通至东盟跨境直通车，进出口总额达到 120.3 亿元，增长 280.5%。商贸服务型国家物流枢纽建设经验在全国推广。

乡村全面振兴稳步推进　严格落实“四个不摘”要求，新选派 1809 支工作队、5477 名队员驻村帮扶。扎实推进巩固拓展脱贫攻坚成果同乡村振兴有效衔接，加强易致贫返贫人口监测帮扶，开展“两不愁三保障”及饮水安全“回头看”，易地搬迁后续扶持、“防贫保”等做法全国推广。农村居民人均可支配收入增幅全省第一。加快发展现代农业，粮食生产实现“十八连丰”；推动赣南脐橙进京城，赣南脐橙品牌价值蝉联全国水果类第一；新建设施蔬菜基地 5573.33 公顷，大湾区“菜篮子”基地认定数占全省的 97%；改造提升低产油茶林 1.33 万公顷，建成全国唯一的国家油茶产品质检中心；生猪复产增养势头良好，信丰温氏等大型畜禽屠宰和深加工项目建成投产；获批部省共建绿色有机农产品基地先行先试区，建成富硒产业示范基地 118 个。接续实施城乡环境综合整治，完善城乡基础设施配套，农村污水设施建成数、覆盖村庄数均列全省首位，超额完成“厕所革命”三年攻坚任务，崇义县获评“全国村庄清洁行动先进县”，定南县、大余县、龙南县获评全省第二批“美丽宜居示范县”。

城市能级提升取得突破　加快省域副中心城市建设，推进“五区一体化”联动发展，“一环三联”快速路网基本形成，中心城区建成区面积突破 208 平方千米，人口达 207 万人。积极开展“项目大会战”，组织重大项目集中开（竣）工、百日攻坚、流动现场会等活动，省大中型项目、市重点项目投资完成率均超年度计划 40 个百分点，赣深高铁、兴泉铁路、瑞金电厂二期等重大项目建成投运；6 个重大水利项目纳入国家“十四五”专项规划，打破赣州近 30 年没有国家重大水利项目布局的局面。多措并举激活消费、提升人气，积极发展首店经济、夜间经济，发放电子消费券近 6000 万元，国庆假期赣州线下商圈热度增幅列全国 68 个大中城市第一名，网络零售额突破 600 亿元、占全省 1/3。加快特色文化旅游发展，安远三百山创国家 AAAAA 级旅游景区、大余丫山创国家级旅游度假区有序推进，长征国家文化公园（赣州段）等项目加快建设，方特东方欲晓等一批文旅项目成为“网红打卡地”，2021 年全市旅游接待人数 1.4 亿人次，旅游总收入 1528.8 亿元，分别较 2019 年增长 4.78%、8.54%。普惠金融改革试验区建设成效明显，落户上交所资本市场服务江西基地，存贷比首次突破 100%，债券融资余额超千亿，创历史新高。

美丽赣州建设　牢固树立“绿水青山就是金山银山理念”，科学有序落实碳达峰、碳中和部署要求，拒绝不符合环评要求的项目 75 个，清查违规“两高”项目 42 个。全力打好污染防治攻坚战，PM2.5 平均浓度全省最低，空气质量优良天数比例全省第一。在全省率先建立跨地区河长制工作协作机制，实现市域内河长制协作机制全覆盖，全市 4604 名河长巡河 15.4 万余次，河湖长制工作考核全省第一，水质综合指数居全省前列。启动实施矿山生态修复三年行动，入选全国绿色矿业发展示范区。水土保持生态治理“赣州模式”在全国推广，被列为全国水土保持高质量发展先行区。接续开展低质低效林改造和松材线虫病防治，获批全国首批中央财政国土绿化试点示范项目。巩固全国文明城市、国家卫生城市创建成果，打响“赣深高铁开通”宣传品牌，入选中国十大“心仪之城”。

群众生活品质 深入践行以人民为中心的发展思想，全力以赴排民忧解民难，全年民生支出804.8亿元，占一般公共预算支出的83.7%，省市101件民生实事较好完成。科学精准落实常态化疫情防控措施，有序推进新冠疫苗接种，持续巩固疫情防控成果。城镇新增就业、新增转移农村劳动力均超额完成年度任务。义务教育超大班额全面消除，“双减”政策有效落地，课后延时服务实现全覆盖。赣南科技学院、和君职业学院开办招生，结束赣州没有市属本科和民办高职院校的历史。上线智慧医疗数字化平台，与南方医科大学南方医院、广东省人民医院共建国家区域医疗中心。推动西气东输三线工程，瑞金、于都等县开口供气，居民用气价格每立方米下降1.1元。改造城市棚户区1.49万户、老旧小区137个，新增停车泊位5.1万个，既有住宅加装电梯建成数全省第一。城市居家和社区养老服务设施基本实现全覆盖。全面完成社会救助提标提补。基本实现公益性殡葬设施城乡全覆盖。

【民主法治建设】 *民主政治建设扎实有效* 支持和保证市人大常委会依法履职，《赣州市燃气管理条例》正式实施，物业管理、生活垃圾管理等立法工作有序推进，基层立法联系点实现县域全覆盖，监督工作和代表工作务实推进，持续打好人民代表大会制度初始发祥地品牌。加强和改进新时代人民政协工作，发挥政协专门协商机构作用，支持开展政治协商、民主监督和参政议政，强化基层工作力量配备，创新打造“好商量”协商品牌。坚持强化党管武装工作，扎实开展双拥共建和全民国防教育，积极推进国防动员准备，全力做好驻市部队服务保障。稳步推进计生协改革与转型发展国家试点，统筹加强工会、共青团、妇联、文联、社联、残联、侨联、台联、科协、红十字会、贸促会等群团工作。

社会各方力量广泛汇聚 持续夯实基层统战工作基础，统筹加强党外代表人士队伍建设，顺利完成各民主党派、工商联和知联会换届工作，大力支持民主党派、无党派和同心圆智库等方面力量建言献策、履职尽责，巩固深化大统战工作格局。着力促进非公有制经济“两个健康”发展，举办全国工商联携手知名民营企业振兴革命老区赣州行活动，签约金额超900亿元，实施“万企兴万村”行动，市非公有制企业维权服务中心诉求办结率达97%。深入开展民族团结进步创建，启动第六轮对口支援少数民族乡村工作。依法加强宗教事务管理，严厉打击非法宗教活动，宗教领域保持和谐稳定。扎实做好港澳台侨各项工作，安远三百山香港青少年国民教育基地被列为全国统战工作实践创新项目。

平安法治建设深入推进 积极开展市域社会治理现代化试点，扎实开展政法队伍教育整顿，常态化推进扫黑除恶专项斗争，专项整治电信网络诈骗等突出问题，公众安全感、夜间出行安全感等指数全省第一，获评“平安中国建设示范市”，连续5届夺得“长安杯”。有效防范化解重大风险，政府债务风险总体可控，金融、房地产市场平稳健康发展。加强信访突出问题排查处置，信访积案化解走在全省前列，网上信访工作成为全国典型。全面压实安全生产责任，扎实做好防灾减灾、道路安全、食品安全等工作，持续开展“零点行动”，安全生产事故起数、死亡人数分别下降27%、13.6%。大力推进法治赣州建设，高标准制定“八五”普法规划，深化拓展“法律明白人”培养工程，获评一批全国民主法治示范村（社区）。全面推行行政执法“三项制度”，行政机关负责人出庭应诉率保持全省前列。在全省率先设立县级公共法律服务中心和司法行政复议服务点，2个基层所获评“全国模范司法所”。

【党的建设全面加强】 市委常委班子旗帜鲜明讲政治，深刻领会“两个确立”的决定性意义，把做到“两个维护”作为最高政治原则，不断提高政治判断力、政治领悟力、政治执行力。严格遵守政治纪律和政治规矩，坚决落实中央八项规定精神，认真执行民主集中制、请示报告等各项法规制度。积极践行党的群众路线，带头结对帮扶群众、接待群众来访、开展调查研究、挂点联系企业。加强和规范党内政治生活，认真落实双重组织生活制度，高质量开好专题民主生活会，班子凝聚力、战斗力持续增强。

严格落实意识形态工作责任制，开展意识形态工作检查和巡察，坚决维护意识形态领域安全。扎实推进新时代文明实践中心（所、站）建设，相关做法在全国会议上作经验介绍。加快市县媒体融合发展，加强网络阵地管理，及时稳妥处置突发敏感网络问题。全方位宣传推介赣州，精心组织策划主题宣传活动，在中央主流媒体刊载报道数量全省第一。创作大型理论文献纪录片《从瑞金出发》、赣南采茶戏《一个人的长征》等一批优秀红色文艺作品，高质量举办第六届文化惠民周。广泛开展群众性精神文明创建，获评一批全国道德模范提名奖、五一劳动奖、“中国好人”奖。

严格落实中央、省委换届纪律要求，开展深入细致的调研谈话，18个县（市、区）、284个乡镇领导班子完成换届。突出年轻化、专业化，注重基层一线导向，县级党政班子、乡镇领导班子平均年龄分别为43.2岁、35.9岁，全日制大学及以上学历占比分别为43.3%、59.8%，县乡班子配备质量历届最好。从“五方面人员”择优选拔乡镇（街道）领导班子成员189人，从企事业单位选调乡镇领导班子成员106人。组建10个换届风气巡回督查督导组，市本级受理的县乡换届举报、反映拟提任副处级差额考察人选问题分别比上届下降28%、42%。争取赣州被中共中央组织部列为全国基层干部教育培训六个试点城市之一，实施新时代基层干部“凝心·强基·赋能”主题大培训，大规模开展换届后党员干部教育培训，各级干部抓落实、促发展能力得到提升，抓项目、抓招商的劲头更足，一批困扰多年的征地拆迁、环保督察整改等问题顺利推进。

将党建工作与经济社会发展工作同部署、同调度、同研究，市委常委会会议研究基层党建工作37次，市委全会2次听取落实党建工作责任制抓党建工作情况报告，推进基层党建“三化”建设提质增效。深入推进抓党建促乡村振兴，大力推动“红色名村”建设，高质量完成村（社区）“两委”换届选举工作，因地制宜发展乡镇经济和壮大村集体经济，推动所有村集体经济经营性收入过10万元、68.82%的村过20万元、30.43%的村过30万元，相关做法得到中组部、省组部肯定。扎实做好城市社区管理体制改革后各项工作，积极打造“红色物业”，推进物业党建联建。统筹抓好机关、国企、学校、医院等领域党建，落实“两新”组织党建行业管理部门责任，基层党组织战斗堡垒和党员队伍先锋模范作用进一步彰显。

加强对“一把手”和领导班子的监督，对1156名市管干部开展政治谈话，市管干部政治谈话基本实现全覆盖。严肃查处违反中央八项规定精神问题，深化治理违规吃喝、违规收送礼品礼金等突出问题，开展党员干部和公职人员酒驾醉驾问题专项治理，深挖细查顶风违纪、隐形变异“四风”问题。大力整治形式主义、官僚主义，持续为基层减负，查处问题242个，处分173人。落实公务员职务与职级并行制度，实施乡镇干部夫妻跨县分居“团圆机制”，积极开展澄清正名、容错纠错，坚决打击诬告陷害行为，激励干部担当作为。坚持“三不”一体推进，聚焦政法、国企、金融、涉粮等重点领域，以及教育医疗、养老社保、乡村振兴等与群众息息相关的民生问题，保持惩治腐败高压态势，全市立案查处违纪违法问题3213件、处分3246人、留置59人。统筹做好查办案件“前后半篇文章”，深化以案促改，强化警示教育。高质量推进“市级巡察机构在上下联动中更好发挥作用”全国试点，五届市委巡察圆满收官，六届市委巡察实现稳步开局。

重要会议与活动

【全市领导干部会议】 1月4日下午，市委召开全市领导干部会议，宣布省委关于赣州市委主要领导调整的决定。根据省委决定，吴忠琼任赣州市委委员、常委、书记。省委书记刘奇出席会议并讲话，省委常委、省委组织部部长刘强主持会议并宣读决定。吴忠琼、曾文明分别讲话。

2月6日上午，市委召开全市领导干部会议，宣布省委关于市政府主要领导调整的决定。经省委常委会研究决定，许南吉任赣州市委委员、常委、副书记，提名为市政府市长候选人；曾文明不再担任赣州市委副书记、常委、委员职务，提名免去其市政府市长职务。吴忠琼主持会议并讲话。省委组织部副部长、省人大常委会选任联工委主任徐忠出席会议并讲话。曾文明和许南吉分别讲话。

【党外人士征求意见座谈会】 1月11日下午，市委召开党外人士座谈会，就市委关于制定国民经济和社会发展第十四个五年规划和2035年远景目标的建议，听取各民主党派市委会、市工商联负责人和无党派人士代表的意见和建议。吴忠琼主持会议并讲话。

【中共赣州市委五届十次全体（扩大）会议】 1月20日，中共赣州市委五届十次全体（扩大）会议召开。全会传达学习中共十九届五中全会、省委十四届十二次全会精神和中央、省委经济工作会议精神，听取和讨论市委常委会工作报告、市委履行全面从严治党主体责任抓党建工作情况报告，审议通过《中共赣州市委关于制定全市国民经济和社会发展第十四个五年规划和二〇三五年远景目标的建议》，研究部署2021年工作。市委常委会主持会议。吴忠琼就“建议（讨论稿）”起草情况进行说明并作总结讲话。市委副书记、市长曾文明总结部署经济工作。

【市六大攻坚战工作流动现场会】 1月15—19日，赣州市召开六大攻坚战工作流动现场会，行程2000多千米，现场察看项目60个，采取点、线、面结合的方式，全面了解各地攻坚战项目建设等情况。

【全市县处级以上领导干部学习贯彻党的十九届五中全会精神专题研讨班暨党史学习教育专题读书班】 4月8—10日，赣州市举办县处级以上领导干部学习贯彻中共十九届五中全会精神专题研讨班暨党史学习教育专题读书班。吴忠琼参加读书班学习并作辅导报告。

【全省现代家具产业链链长制工作推进会】 4月28日下午，全省现代家具产业链链长制工作推进会在南康召开。会上，吴忠琼向全省现代家具产业链专家咨询委员会专家颁发聘书。省市场监管局、省工信厅汇报现代家具产业链链长制工作和全省家具产业发展总体情况。赣州、宜春、抚州分别汇报各自家具产业链建设情况，11名专家和3名企业家代表作发言，提出意见建议。

【市党政代表团赴广东省学习考察】 5月24—27日，吴忠琼率赣州市党政代表团赴广东深圳、东莞、广州等地学习考察，加强赣粤交流合作，推动对接融入粤港澳大湾区。广东省委书记李希，省委副书记、省长马兴瑞，省委副书记、深圳市委书记王伟中，深圳市委副书记、市长覃伟中，以及东莞市委书记、市长肖亚非分别与代表团进行座谈交流，广东省委常委、广州市委书记张硕辅出席并主持相关签约仪式。

【首届瑞金论坛·学习中国共产党的历史学术研讨会】 6月5日，中国政策科学研究会和江西省社会科学院主办的首届瑞金论坛·学习中国共产党的历史学术研讨会在瑞金举行。十一届全国政协副主席、中国人口福利基金会会长、审计署原审计长李金华作主旨演讲。中国政策科学研究会会长、中共中央政策研究室原主任、中共中央原文献研究室主任滕文生，文化部原部长、当代著名作家王蒙，十三届全国政协常委、民族和宗教委员会主任、中国社会科学院原院长王伟光，中共中央组织部原副部长、中共中央原党史研究室主任、中国中共党史学会会长欧阳淞，中共中央原文献研究室副主任陈晋，中国社会科学院原副院长、党组副书记李慎明，中共中央原文献研究室常务副主任、中国中共文献研究会副会长、中华人民共和国史学会副会长杨胜群先后作大会发言或视频连线。省委常委、市委书记吴忠琼出席并致辞。中信改革发展研究基金会理事长孔丹主持。

【2021 中国国际生态竞争力峰会】 6月25—26日，由中国贸促会、全国政协人口资源环境委员会、国家林业和草原局、江西省人民政府联合主办的2021中国国际生态竞争力峰会在赣州市举行。全国政协副主席、农工党中央常务副主席何维出席并讲话。全国政协人口资源环境委员会副主任黄跃金，中国国际贸易促进委员会、中国国际商会会长高燕，省委常委、市委书记吴忠琼，全国绿化委员会办公室专职副主任胡章翠，上海合作组织副秘书长阿泽姆巴基耶夫·穆拉特别克，泰王国驻华大使馆公使衔参赞陈金盛，俄罗斯驻华大使馆参赞米赫叶夫·阿列克谢出席并致辞。副省长胡强主持开幕式。省政协副主席刘卫平，以及来自俄罗斯、美国、日本、泰国、斯里兰卡、土耳其、刚果等国的使节和政企代表等出席。

【“七一”表彰大会】 6月29日上午，赣州市召开“七一”表彰大会。吴忠琼出席并讲话。会议以视频方式开到县（市、区）。会上，市领导为全市优秀共产党员、优秀党务工作者和先进基层党组织获奖代表颁奖，“两优一先”（优秀党务工作者、优秀共产党员和先进基层党组织）代表作发言。

【中共赣州市委五届十一次全体（扩大）会议】 7月29日，中国共产党赣州市第五届委员会第十一次全体（扩大）会议在赣州召开。全会深入学习贯彻习近平总书记在庆祝中国共产党成立100周年大会上的重要讲话、视察江西和赣州重要讲话精神，以及省委十四届十三次全会精神，听取和讨论上半年市委常委会工作报告、市委履行全面从严治党主体责任抓党建工作情况报告，审议通过《关于召开中国共产党赣州市第六次代表大会的决议》，动员全市上下弘扬伟大建党精神，奋进新征程、建功新时代，加快建设革命老区高质量发展示范区，确保“十四五”开好局、起好步。市委常委会主持会议。吴忠琼代表市委常委会向全会报告市委五届十次全会以来的工作，并部署下一步工作。

【全国工商联携手知名民营企业助推赣州革命老区振兴发展大会】 9月15日，全国工商联携手知名民营企业助推赣州革命老区振兴发展大会在赣州召开。省委副书记、省长易炼红，中央统战部副部长、全国工商联党组书记、常务副主席徐乐江出席大会并致辞。省委常委、市委书记吴忠琼介绍赣州投资环境。全国工商联党组成员、副主席邱小平，全国工商联副主席李湘平、郑跃文、南存辉，省政协副主席、省工商联主席雷元江出席。省政府副省长张鸿星主持会议。

【中国共产党赣州市第六次代表大会】 9月26—29日，中国共产党赣州市第六次代表大会在赣州召开。大会选举产生第六届市委委员、候补委员、市纪委委员和出席省第十五次党代会代表，听取和审查中共赣州市第五届委员会的报告，审查中共赣州市第五届纪律检查委员会的工作报告。

【中共赣州市第六届委员会第一次全体会议】 9月29日下午，中国共产党赣州市第六届委员会第一次全体会议在赣州举行。全会选举吴忠琼、许南吉、唐舒龙、陈李忠、田辉、饶华东、邱建军、胡剑飞、许忠华、李文信、何琦、孙敏为中共赣州市第六届委员会常务委员会委员。选举吴忠琼为市委书记，许南吉、唐舒龙为市委副书记。

【纪念中央革命根据地创建暨中华苏维埃共和国成立90周年座谈会】 11月2日，纪念中央革命根据地创建暨中华苏维埃共和国成立90周年座谈会在北京举行。中共中央政治

9月26日，中国共产党赣州市第六次代表大会召开（市地方志研究室供图）

局常委、中央书记处书记王沪宁出席会议并讲话。陈希主持会议，孙春兰、黄坤明、万鄂湘、刘奇葆和苗华出席会议。座谈会上，中央党史和文献研究院院长曲青山、军事科学院院长杨学军、江西省委书记易炼红先后作发言。中央党政军群有关部门负责人，省领导叶建春、吴忠琼、吴浩，福建省、广东省有关负责人、老红军亲属代表及省有关部门负责人等参加会议。

【2021 年省支持赣南等原中央苏区振兴发展工作推进会】 12 月 2 日下午，2021 年省支持赣南等原中央苏区振兴发展工作推进会在赣州召开。省委常委、省政府党组副书记梁桂主持并讲话。

【第三届世界赣商大会】 12 月 6 日，第三届世界赣商大会在赣州举行。省委书记易炼红出席并致辞。省委副书记、代省长叶建春主持。省委副书记、市委书记吴忠琼致辞。省领导史文斌、曾文明、陈俊卿出席。全国工商联副主席、江西赣商联合总会会长、科瑞集团董事局主席郑跃文，珠海格力电器董事长兼总裁董明珠，深圳同兴达科技董事长、总经理万锋，宁德时代联合创始人、副董事长李平等赣商及“新赣商”代表先后致辞。会议表彰 50 名 2019—2020 年度江西省回乡投资优秀赣商代表；并举行项目签约仪式，共签约 130 多个项目，金额超过 2000 亿元。其中，现场签约项目 30 个，金额 747.6 亿元。会前，易炼红、叶建春、吴忠琼等省领导会见部分赣商代表。

【赣深高铁首发暨融入粤港澳大湾区“双招双引”启动】 12 月 10 日 9 时，赣深高铁首发暨融入粤港澳大湾区“双招双引”启动仪式在赣州西站举行。吴忠琼出席并宣布活动正式启动。省委常委、副省长任珠峰宣读省委、省政府致昌九城际铁路公司感谢信。

【纪念宁都起义胜利暨红五军团成立 90 周年座谈会】 12 月 14 日，纪念宁都起义胜利暨红五军团成立 90 周年座谈会在宁都县举行。省委副书记、市委书记吴忠琼，中央档案馆原馆长、国家档案局原局长杨冬权，省军区少将副政委李晓亮出席并讲话。宁都起义、红五军团等革命后代代表、红五军团征战地代表，省、市相关部门负责人出席。

【赣州市打造对接融入粤港澳大湾区桥头堡暨“粤企入赣”投资合作推介会】 12 月 17 日，赣州市打造对接融入粤港澳大湾区桥头堡暨“粤企入赣”投资合作推介会在深圳举行。经过前期对接洽谈，赣州市成功引进大湾区项目 30 个，投资总额 536 亿元。会上，现场签约项目 20 个，签约金额 369 亿元。吴忠琼出席并致辞。粤港澳大湾区部分商（协）会、知名企业负责人及客商代表等出席。

【中国稀土集团有限公司成立大会】 12 月 23 日，中国稀土集团有限公司成立大会在赣州举行。国务委员、国务院党组成员王勇出席并为中国稀土集团揭牌。国务院国资委主任郝鹏，省委书记易炼红，工信部副部长王江平出席并讲话。省委副书记、代省长叶建春出席。国务院国资委副主任翁杰明主持并宣读中国稀土集团组建批复文件。省委副书记、市委书记吴忠琼出席并致辞。国务院副秘书长王志清，中国铝业集团有限公司董事长姚林、总经理刘祥民，中国五矿集团有限公司董事长翁祖亮，中国银行行长刘金，省委常委、副省长任珠峰，省委常委、秘书长史文斌，国家有关部委、企业、金融机构，省直有关单位负责人出席。

重大决策部署

【提出关于制定全市国民经济和社会发展第十四个五年规划和二〇三五年远景目标的建议】 1 月 20 日，市委五届十次全体会议通过《关于制定全市国民经济和社会发展第十四个五年规划和二〇三五年远景目标的建议》。1 月 24 日，《中共赣州市委关于制定全市国民经济和社会发展第十四个五年规划和二〇三五年远景目标的建议》正式印发。建议总结“十三五”时期全市国民经济和社会发展取得的历史性成就，分析“十四五”时期赣州发展面临的新机遇、新挑战，明确“十四五”时期全市经济社会发展的总体要求，从综合实力、产业发展、改革开放、城市能级提升、生态文明建设、人民生活水平、社会治理等 7 个方面提出“十四五”时期全市经济社会发展的主要目标。

【事业单位改革试点】 按照中央、省关于深化事业单位改革试点的要求，根据《中共江西省委机构编制委员会关于赣州市深化事业单位改革试点工作方案的批复》精神，赣州市稳妥有序地推进深化事业单位改革试点工作。2 月 7 日，市委办公室、市政府办公室印发《赣州市深化事业单位改革试点实施方案》，提出要坚持以习近平新时代中国特色社会主义思想为指导，深入学习贯彻习近平总书记关于深化事业单位改革的重要论述以及视察江西和赣州重要讲话精神，统筹开展深化事业单位改革试点工作。改革要坚持党的全面领导、以人民为中心、优化协同高效、稳步扎实推进的原则，重塑布局体系，完善制度机制，实行政事分开、事企分开、管办分离，优化整合机构，精简压缩规模，提升公益服务能力和水平，持续推进治理体系和治理能力现代化，为高质量跨越式发展提供服务支撑。

【深入开展党史学习教育】 3 月 17 日，市委印发《关于在全市开展党史学习教育的实施方案》。方案提出，在全市开展党史学习教育，要坚持以马克思列宁主义、毛泽东思想、邓小平理论、“三个代表”重要思想、科学发展观、习近平新时代中国特色社会主义思想为指导，紧紧围绕学懂弄通做实党的创新理论，坚持学习党史与学习新中国史、改革开放史、社会主义发展史相贯通，做到学史明理、学史增信、学史崇德、学史力行，引导全市广大党员、干部学好百年党史，传承红色基因，凝聚奋进力量，努力推动学习教育高质量、有特色、见实效，确保规定动作做到位、自选动作有特色、务求实效走前列，切实把赣州打造成最讲党性、最讲政治、最讲忠诚的地方，加快推进赣州高质量跨越式发展。

【全面推进乡村振兴加快农业农村现代化】 4月9日，《中共赣州市委、赣州市人民政府关于全面推进乡村振兴加快农业农村现代化的实施意见》印发。文件提出，新发展阶段要准确把握“三农”工作重心的历史性转移，坚持加强党对“三农”工作的全面领导，坚持农业农村优先发展，加快建成现代农业强市，走出一条新时代革命老区乡村振兴发展新路。2025年，现代农业强市建设取得重要进展，农业生产结构和区域布局明显优化，现代乡村产业体系基本形成，乡村建设行动成效显著，乡村面貌发生较大改观，城乡居民收入差距持续缩小，开创了革命老区农业农村高质量跨越式发展新局面。文件从实现巩固拓展脱贫攻坚成果同乡村振兴有效衔接、推进农业大市向农业强市迈进、全面实施乡村建设行动、稳妥推进农业农村改革、加强党对“三农”工作全面领导5个方面提出21条政策措施。

【推进巩固拓展脱贫攻坚成果同乡村振兴有效衔接】 4月9日，《中共赣州市委、赣州市人民政府关于实现巩固拓展脱贫攻坚成果同乡村振兴有效衔接的实施意见》印发。文件提出，要落实中央关于设立五年过渡期和“四个不摘”的要求，保持现有主要帮扶政策总体稳定，并逐项分类优化调整，合理把握节奏、力度和时限，逐步实现由集中资源支持脱贫攻坚向全面推进乡村振兴平稳过渡。到2025年，全市脱贫人口“两不愁三保障”持续稳定实现，农村低收入人口帮扶长效机制比较完善，坚决守住不发生规模性致贫返贫的底线，脱贫县产业就业质效双升、农民收入增速高于全市平均水平，乡村振兴政策体系、工作体系、制度体系基本建成，基础设施和公共服务明显改善，乡村高质量发展后劲明显增强。文件从健全动态监测和分类帮扶机制、健全脱贫攻坚成果巩固拓展长效机制、扎实做好有效衔接的重点工作、强化有效衔接支撑保障等4个方面提出20条政策措施。

【贯彻落实《国务院关于新时代支持革命老区振兴发展的意见》】 4月15日，《中共赣州市委、赣州市人民政府贯彻落实〈国务院关于新时代支持革命老区振兴发展的意见〉的实施意见》（赣市发〔2021〕7号）印发。文件指出，《国务院关于新时代支持革命老区振兴发展的意见》（国发〔2021〕3号）把支持赣南等原中央苏区振兴发展作为重要内容，提出支持赣州建设革命老区高质量发展示范区，是继《国务院关于支持赣南等原中央苏区振兴发展的若干意见》（国发〔2012〕21号）后国家给予赣南老区的又一重大政策文件。全市上下要从全局和战略的高度，认真学习领会其精神实质和丰富内涵，感恩奋进、积极作为，持之以恒抓好各项目标任务和政策措施落实，全面开启新时代赣南苏区振兴发展工作新局面。文件从充分认识重大意义、全面把握总体要求和工作目标、认真落实各项任务、加强组织领导4个方面对贯彻落实国发〔2021〕3号文件作出部署。

【开展政治谈话加强对“一把手”和领导班子的监督】 4月22日，《中共赣州市委关于开展政治谈话加强对“一把手”和领导班子监督的实施意见》印发。文件根据《中国共产党党内监督条例》和《党委（党组）落实全面从严治党主体责任规定》等党内法规以及《中共江西省委关于开展政治谈话加强对“一把手”和领导班子监督的意见》等要求，提出开展政治谈话的重要意义，明确开展政治谈话的重点内容、对象、分工、方式方法、工作步骤，以及政治谈话涉及问题的整改要求。

【大力实施“1+5+N”工业倍增升级行动】 4月23日，市委办公室、市政府办公室印发《赣州市“1+5+N”工业倍增升级行动方案（2021—2023年）》。文件提出，要全面贯彻市委五届十次全会精神，大力发展“1+5+N”产业集群，推动全市工业倍增升级，推动工业经济高质量跨越式发展，力争通过3年努力，实现规上工业、产业集群、企业倍增升级目标。要按照“育龙头、补链条、建平台、保要素、强集群”的发展路径，强化“两城两谷两带”（新能源汽车科技城、现代家居城、中国稀金谷、青峰药谷、赣州电子信息产业带、赣州纺织服装产业带）建设，实施项目攻坚、企业梯次培育、补链延链强链、创新赋能、产业数字化和数字产业化、开发区改革创新等“六大行动”，重点培育1个产值超5000亿元（现代家居产业集群）、5个产值超2000亿元（有色金属、电子信息、纺织服装、新能源及新能源汽车、医药食品产业集群）、N个产值超500亿元（其他特色产业集群）的产业集群。

【加快推进革命老区高质量跨越式发展】 5月13日，《中共赣州市委、赣州市人民政府关于深入贯彻习近平总书记视察江西和赣州重要讲话精神加快推进革命老区高质量跨越式发展的实施意见》（赣市发〔2021〕10号）印发。文件指出，中共中央总书记习近平视察江西和赣州重要讲话精神，是全市做好各项工作的根本遵循和行动指南，要坚持以中共中央总书记习近平视察江西和赣州重要讲话精神统领全局，持续用力、久久为功，坚定不移沿着总书记指引的方向阔步前进，持续推动党中央和省委决策部署在赣州落地生根、开花结果，以实际行动和工作成效增强“四个意识”、坚定“四个自信”、做到“两个维护”。要聚焦“作示范、勇争先”目标定位和“五个推进”重要要求，立足新发展阶段、贯彻新发展理念、构建新发展格局，深入落实省委

“二十四字”工作思路，扎实推进“三大战略”，聚焦“六大主攻方向”，纵深推进全面从严治党，努力打造全省高质量跨越式发展的重要增长极和全国构建新发展格局的重要战略节点。

【优化法治营商环境】 为规范涉及企业等市场主体的行政执法行为，着力解决困扰企业发展的多头执法、随意执法、过度执法等问题，进一步优化法治营商环境，9月29日，市委办公室、市政府办公室印发《关于优化法治营商环境规范涉企行政执法工作的意见（试行）》。文件根据中共中央、省委关于优化法治营商环境的决策部署和《中华人民共和国行政处罚法》《江西省优化营商环境条例》等法律法规，从建立完善涉企行政执法制度、严格规范涉企行政执法行为、加强涉企行政执法监管、强化涉企行政执法监督保障等4个方面提出15条政策举措。

【建立市“八大行动”协调推进工作机制】 11月14日，市委办公室、市政府办公室印发《关于建立市“八大行动”协调推进工作机制的通知》。成立市委“八大行动”领导小组和工业倍增升级、科技创新赋能、深化改革开放、乡村全面振兴、城市能级提升、美丽赣州建设、提高民生品质、党建质量过硬等8个专项行动领导小组。其中，市委“八大行动”领导小组由市委书记任组长，市委副书记、市长和市委专职副书记任副组长，市人大常委会主任、市政协主席、市委各常委、市政府各副市长以及市政府秘书长任成员，领导小组负责统筹推进全市“八大行动”工作，审议“八大行动”年度工作计划，协调解决重大问题。

2021年中共赣州市委、市委办公室重要文件选目一览表

表10

序号	文件名	文件号
1	中共赣州市委关于制定全市国民经济和社会发展第十四个五年规划和二〇三五年远景目标的建议	赣市发〔2021〕1号
2	中共赣州市委关于印发《市委常委会2021年工作要点》的通知	赣市发〔2021〕2号
3	中共赣州市委印发《关于在全市开展党史学习教育的实施方案》的通知	赣市发〔2021〕3号
4	中共赣州市委、赣州市人民政府关于全面推进乡村振兴加快农业农村现代化的实施意见	赣市发〔2021〕5号
5	中共赣州市委、赣州市人民政府关于实现巩固拓展脱贫攻坚成果同乡村振兴有效衔接的实施意见	赣市发〔2021〕6号
6	中共赣州市委、赣州市人民政府贯彻落实《国务院关于新时代支持革命老区振兴发展的意见》的实施意见	赣市发〔2021〕7号
7	中共赣州市委关于开展政治谈话加强对“一把手”和领导班子监督的实施意见	赣市发〔2021〕8号
8	中共赣州市委、赣州市人民政府关于印发《赣州市推进江西内陆开放型经济试验区建设行动方案》的通知	赣市发〔2021〕9号
9	中共赣州市委、赣州市人民政府关于深入贯彻习近平总书记视察江西和赣州重要讲话精神 加快推进革命老区高质量跨越式发展的实施意见	赣市发〔2021〕10号
10	中共赣州市委关于学习宣传贯彻市第六次党代会精神的通知	赣市发〔2021〕12号
11	中共赣州市委、赣州市人民政府转发《赣州市法治宣传教育工作领导小组关于开展法治宣传教育的第八个五年规划（2021—2025年）》的通知	赣市发〔2021〕13号
12	中共赣州市委关于转发《赣州市人大常委会2022年立法计划》的通知	赣市发〔2021〕14号
13	中共赣州市委关于进一步坚持和加强党对政法工作绝对领导健全落实党领导政法工作制度机制的通知	赣市办发〔2021〕15号
14	中共赣州市委办公室、赣州市人民政府办公室关于印发《赣州市深化事业单位改革试点实施方案》	赣市办发〔2021〕1号
15	中共赣州市委办公室、赣州市人民政府办公室印发《关于加强文物保护利用改革的实施意见》的通知	赣市办发〔2021〕2号
16	中共赣州市委办公室、赣州市人民政府办公室关于印发《赣州市国资国企改革创新三年行动实施方案（2021—2023年）》的通知	赣市办发〔2021〕3号
17	中共赣州市委办公室、赣州市人民政府办公室关于印发《赣州市“1+5+N”工业倍增升级行动方案（2021—2023年）》的通知	赣市办发〔2021〕5号
18	中共赣州市委办公室关于印发《市委文件制定工作规范》的通知	赣市办发〔2021〕9号

续表 10

序号	文件名	文件号
19	中共赣州市委办公室、赣州市人民政府办公室印发《关于优化法治营商环境规范涉企行政执法工作的意见（试行）》的通知	赣市办发〔2021〕11 号
20	中共赣州市委办公室、赣州市人民政府办公室关于印发《“十四五”赣州市档案事业发展规划》的通知	赣市办发〔2021〕13 号
21	中共赣州市委办公室印发《关于充分发挥政协专门协商机构作用推进全市基层协商民主建设的实施意见（试行）》的通知	赣市办发〔2021〕14 号
22	中共赣州市委办公室、赣州市人民政府办公室关于印发《加快建立健全生态产品价值实现机制行动方案》的通知	赣市办发〔2021〕15 号
23	中共赣州市委办公室、赣州市人民政府办公室关于印发《赣州市中小学校和教师减负正面清单》的通知	赣市办字〔2021〕3 号
24	中共赣州市委办公室、赣州市人民政府办公室关于印发《赣州市委、市政府领导班子成员安全生产职责清单》的通知	赣市办字〔2021〕12 号
25	中共赣州市委办公室关于印发《赣州市新时代基层干部“凝心·强基·赋能”主题大培训行动方案》的通知	赣市办字〔2021〕17 号
26	中共赣州市委办公室、赣州市人民政府办公室关于印发《赣州市驻村第一书记和工作队选派管理办法（试行）》的通知	赣市办字〔2021〕19 号
27	中共赣州市委办公室、赣州市人民政府办公室印发《关于加强市属国有企业规范管理的若干规定》的通知	赣市办字〔2021〕23 号
28	中共赣州市委办公室、赣州市人民政府办公室关于建立市“八大行动”协调推进工作机制的通知	赣市办字〔2021〕25 号
29	中共赣州市委办公室、赣州市人民政府办公室关于印发《深化中心城区城管体制机制改革总体方案》的通知	赣市办字〔2021〕26 号
30	中共赣州市委办公室、赣州市人民政府办公室关于切实抓好粮食生产工作的通知	赣市办发电〔2021〕16 号
31	中共赣州市委办公室、赣州市人民政府办公室印发《关于 2021 年全市招商引资工作的意见》的通知	赣市办发电〔2021〕33 号
32	中共赣州市委办公室关于印发《深入学习宣传贯彻习近平总书记在庆祝中国共产党成立 100 周年大会上重要讲话精神的实施方案》的通知	赣市办发电〔2021〕55 号
33	中共赣州市委办公室关于印发《赣州市学习宣传贯彻党的十九届六中全会精神总体安排》的通知	赣市办发电〔2021〕82 号
34	中共赣州市委办公室关于印发《赣州市学习宣传贯彻省第十五次党代会精神工作方案》的通知	赣市办发电〔2021〕83 号
35	中共赣州市委办公室关于做好党的十九届六中全会精神宣讲工作的通知	赣市办发电〔2021〕84 号

（市委办）

综合协调服务

【概况】 2021 年，市委办公室围绕市委重要会议、重要活动、重要接待等工作，强化兜底意识和细节把控，组织承办全国工商联携手知名民营企业赣州行、中国稀土集团挂牌成立等 260 余场次会议活动，做好市委主要领导到国家部委对接汇报及广东、上海、浙江等地学习考察的组织服务，较好完成 239 批次重要接待任务，其中正部级 29 批、副部级 149 批。

【综合文稿起草】 提高以文辅政的政治性和有效性，完善文稿起草、领题调研等机制，全年起草或修改各类综合文稿 580 篇 260 余万字，起草的市第六次党代会报告等文稿反响较好。推进重点课题研究，集思广益研究谋划赣州“十四五”发展思路。谋划市委主要领导专题听取 15 个部门“放管服”改革工作情况，开展市级办事流程和服务平台体验活动，为市委深化改革开放、优化营商环境提供参考。积极主动发挥信息参谋作用，向中办、省办报送信息 613 篇、采用 191 篇，2 篇获中共中央领导人批示。

【公文办理】 精益求精做好公文办理工作，全年办理中央、省、市和下级各类来文 4000 余件，审核各类发文 400 多件。制定并严格执行《市委文件制定工作规范》，将 3 个文稿退回不以市委文件形式印发，将 6 个文稿退回补充相关程序或作进一步修改完善，向 1 个文稿质量较差的部门发送提醒函。向省委办公厅报备市委党内规范性文件26件，备案审查县（市、区）、市委部门报备规范性文件379件。

【服务群众】 紧扣民心这个最大的政治，带着感情做好群众工作，室务会成员常态化到市接访大厅接访，领衔督办网友留言问题。有力推进民声通道工作，办结群众诉求600余件，在全省设区市率先召开民声通道工作新闻发布会。有序启动南田村乡村振兴帮扶工作，制定《南田村乡村振兴总体规划》与核心区详细规划，首批7个项目正在推进，继续做好红河村巩固脱贫攻坚成果工作。全员上阵深化文明城市创建工作，累计参与志愿服务活动420余人次，获评赣州市优秀志愿服务组织、深化全国文明城市建设先进集体称号。

【档案及其他工作】 高质量做好档案工作，举办档案里的赣州——庆祝中国共产党成立100周年档案文献展，开展档案专项执法检查，完成脱贫攻坚、疫情防控“两类档案”归集，全国企业数字档案馆（室）建设试点项目顺利验收，系全国首家。

全面深化改革

【概况】 2021年，赣州市委落实“解放思想、改革攻坚、开放创新、担当实干”把“深化改革开放”作为“八大行动”之一，以前所未有的力度扛起改革重任、推进改革落实，为建设革命老区高质量发展示范区提供强劲动力。获评全省全面深化改革工作先进。全年筹备召开市委深改委会议4次，听取专项汇报21个，出台改革文件89个，编制全面深化改革“十四五”研究报告。组织全体班子成员分期分批带队到周边3个省和大湾区等9个地市，开展改革工作大学习大调研活动。对标省委全面深化改革“十大攻坚行动”，研究制定《2022年赣州市深化改革开放行动工作方案》，提出市级层面主攻的14项重点改革事项。建立改革跟踪问效提示函、交办函、督办函“三函”制度，开设“改革跟踪问效”专刊，发函27件，全程跟进任务落实。改革信息宣传扎实有效，全年刊发《赣州改革动态》35期、“近期改革要闻”24期，在省委改革办上稿量居全省第一。“全托管+一体化”医改、废弃矿山“三化”治理等3个改革经验在中央政研室（改革办）内刊推介；医保垂直管理等4篇信息在国家发改委《改革内参》刊发；“请客不收礼、节俭办宴席”移风易俗改革在中央改革办《改革情况交流》刊发；“赣州市‘防贫保’长效机制助力乡村振兴”入选“2021年度中国改革典型案例”；赣州市优化营商环境改革做法获省委书记易炼红批示肯定，并列入省委深改委第十九次会议专题审议内容，被评为“江西省全面深化改革十佳案例”。赣州市代表全省接受中央改革办专项督察，全面深化改革工作得到充分肯定；赣州优化营商环境改革做法获省委书记易炼红批示肯定，省委深改委会议专题审议赣州深化改革打造新时代“第一等”的营商环境调研报告。

研究制定《2022年度赣州市深化改革开放行动工作方案》，谋划提出14项具有引领性关键性的重点改革事项，争创新时代“第一等”改革业绩。市级层面117项重点改革任务全面完成或达到时序进度。

【实施优化营商环境“一号工程”】 落实“大湾区能做到的，我们也要能做到”的要求，系统化集成化推进优化营商环境改革，赣州营商环境评价排名前进4位，进入全省“第一方阵”。

在全省率先组建市县两级行政审批局，探索开展“市县同权”改革，实行“一个标准对外”，实现市县两级“一枚印章管审批”，市本级审批人员减少75%以上，审批时限压减50%。

实施“一网通办”数字化改革，市政务服务数据管理局挂牌运行，推动政务服务和数据管理深度整合，333个政务事项“全程网办”，90个高频事项“跨省通办”。

创新实施工程建设项目“一站式集成”审批改革，在全省率先开展施工图审查改革，市本级政府投资项目、企业投资项目、中低风险项目审批时限分别由106个、60个、48个工作日压缩至75个、45个、30个工作日，相关经验做法在全省推广。

探索招投标监管和异地招投标机制，率先在全省建成“赣州串通投标犯罪预警模型”，上榜国家发改委“招投标领域30项创新成果”并在全国推广；在全省率先探索实施市外投资项目异地招投标方式，最大限度满足企业项目建设需求。

在全省首创惠企政策兑现“线上一网、线下一窗”改革，首批44项市级惠企政策实现“免申即享、即申即享”、直达企业，已为1368家企业线上兑付惠企资金9379万元。

探索推行涉企行政执法改革，建立企业“安静生产期”制度，积极推进多领域实施包容免罚清单模式，建立政企圆桌会议、营商环境社会监督员等制度，尽情尽力助企纾困，涉企服务水平提升。

【供给侧结构性改革】 围绕建设高标准市场体系，提升要素市场化配置效率，推出一批改革硬招实招，新旧动能转换全面提速。

在全省创新实施“全产业一链办”改革，实行“一企一策”精准服务，助推“1+5+N”产业集群延链补链强链，有色金属、电子信息规模以上工业营业收入均首次突破千亿元，同兴达科技等4家企业营业收入突破百亿元，相关经验做法在国务院办公厅《要情信息》刊发推介。中国稀土集团挂牌成立，结束江西无央企总部落户历史。赣州经济技术开发区营业收入达1160亿元，成为全市首个“千亿园区”。

实施创新驱动发展战略，中科院赣江创新研究院一期项目、国家稀土功能材料创新中心等国字号平台建成运营，中国（赣州）知识产权保护中心、国家市场监管重点实验室获批建设，成功加入大湾区科技协同创新联盟，首批4个“揭榜挂帅”项目完成揭榜对接，获省科学技术奖数量和质量均创历史新高，获评全省唯一国家特色型信息消费示范城市，科技创新动能加速集聚。

推进普惠金融改革试验区建设，创新推出“信用易贷”“致富大棚贷”等信贷产品，银行存贷比首次突破100%；企业上市“映山红行动”深入实施，新增上市企业5家、数量居全省第一。

推进国资国企改革创新3年行动，市本级经营性国有资产集中统一监管比例达100%，作为唯一设区市在全省地方国企改革领导小组会议上作交流发言。

在全省率先开展土地征收成片开发，编制全省首个土地征收成片开发方案，为全省范围内土地征收成片开发提供编制蓝本和宝贵经验。

文旅产业加快融合发展，全国首家红色文化主题公园——方特东方欲晓乐园建成运营，郁孤台特色文化街区入选首批国家级夜间文化和旅游消费集聚区，“红色摇篮·革命赣南”精品线路入选国家“建党百年百条精品红色旅游线路”。

创新运营“赣深组合港”，在全国首创“跨省、跨关区、跨陆海港”通关新模式，实现“同港、同价、同等效率”。在全省创新打造“中欧班列+跨境电商”贸易模式，实现跨境电商全业态开通，获批平行进口汽车试点、国际进口木材贸易博览会永久举办地，货物进出口量突破3000万票，成为全省开放型经济的引爆点。

【农业农村改革】 制定全面推进乡村振兴加快农业农村现代化“21条措施”，深化农业农村重点领域改革，乡村振兴推进机制不断完善。

创新实施精准防贫保险，探索建立防止返贫长效机制，持续巩固拓展脱贫攻坚成果，助力乡村振兴，相关做法得到中央政治局常委、中央书记处书记王沪宁的批示，并呈送中央政治局常委参阅。

在全省率先开展职业农民中级职称评审，首批1633名职业农民获颁职称证书，着力培育打造高素质新型职业农民队伍。

创新开展农村综合性改革，集成化推进农村集体产权制度、土地制度、经营制度“三改合一”，农业农村活力有效激发，全市所有行政村集体经济经营性收入达10万元以上，大余“智慧宅改”等做法得到中央和省级层面肯定，兴国易地扶贫搬迁“点长制”经验在全国推广。

建立健全农村人居环境管护长效机制，启动实施乡镇建设3年行动、农村人居环境整治提升5年行动，统筹推进交通强国建设等全国试点，深入推进农业水价综合改革，城乡环卫一体化第三方治理基本实现，自然村组实现保洁全覆盖，城乡环境综合整治获设区市综合考评第一名，定南“N2N”农业生态循环发展新模式在全国推广。

深化“请客不收礼、节俭办宴席”移风易俗改革，积极培育文明乡风，相关经验做法获民政部肯定并在中央改革办《改革情况交流》刊发。

【生态文明体制改革】 深入践行“绿水青山就是金山银山理念”，拓展“两山”转换通道，生态产品价值实现机制建设走在全省前列。

探索废弃矿山“三化”治理新路径，成功争取全省唯一中央财政支持国土绿化试点示范项目，水土保持生态治理“赣州模式”在全国推广，入选全国绿色矿业发展示范区、水土保持高质量发展先行区，相关经验做法在中央政研室《综合研究》刊发。

建立流域生态保护补偿长效机制，推进市内流域上下游横向生态保护补偿，全流域上下统一、齐抓共管水生态环境保护和修复的制度体系基本建立，相关经验做法在《人民日报》头版头条单篇刊发并在全国推广，全国生态综合补偿试点工作现场会在赣州召开。

探索构建生态产品价值实现机制，建立健全优质生态产品供给、生态产品价值核算评估、生态产业化和产业生态化、生态资源权益交易、绿色金融改革创新等机制，全省首笔碳排放权配额质押融资业务落地赣州市，上犹县、石城县、寻乌县入选首批省级生态价值实现机制示范基地，崇义县“三产融合”、完善民营林场培育做法分别入选全国“两山”实践模式与典型案例、全国林业改革发展典型案例。

【民生领域改革】 加快建设部省共建赣州教育改革发展试验区，全市新增学位27.1万个，“双减”工作入选全省“我为群众办实事”三十佳典型案例，赣州经济技术开发区与清华大学附属中学实现合作办学。赣州市第一所市属本科高校——赣南科技学院和全国唯一建在农村的大学——和君职业学院开办招生，填补没有市属本科和民办高校空白。市属职业院校管理体制改革启动实施，对接大湾区组建职业教育联盟稳步推进。

创新打造新型城市医疗集团和国家区域医疗中心，以广东省人民医院赣州医院为龙头组建全省首个城市医疗集团，推动与南方医科大学南方医院、广东省人民医院共建国家区域医疗中心取得积极进展，赣州市人民医院、赣南医学院第一附属医院入选全国地级城市医院百强。

在全省率先探索推进医保垂直管理体制改革，建立覆盖全民、城乡统筹、权责清晰、持续运行的多层次医疗保障体系，相关经验做法在中央政研室《综合研究》刊发并在全国推广。全国医保基金监管信用体系建设试点顺利通过国家总结评估，受邀参加第四届全国医疗保障高峰论坛并作交流发言。

创新革命老区“红色文化+社会治理”新模式，赣州连续7届获评“平安中国建设示范市”，连续5届夺得“长安杯”，公众安全感等4项指数排名全省第一，并作为全国4个地市代表之一，在第三次全国市域社会治理现代化试点工作会议上作交流发言。

【健全全面从严治党制度体系】 全域纵深推进新时代文明实践中心建设全国试点，作为全国5个省市县代表之一，在全国拓展新时代文明实践中心建设工作电视电话会议上作交流发言。

实施基层党建“三化”（标准

化、规范化、信息化）建设提质增效和质量过硬行动，推动农村、社区、机关、国企、学校、非公企业等领域基层党组织组织力不断增强，抓党建促乡村振兴做法在《人民日报》刊发，非公有制企业党建“333”工作法获评“全国非公企业党组织发挥实质作用创新案例”。

构建“事业留人、感情留人、环境留人”的政策体系，探索“双聘制”“周末式”“项目化”等柔性引才模式，新培养外国院士1人、国家级重大人才工程人选1人，新引育产业领军人才30人、高层次人才531人、急需紧缺人才7996人，2项经验做法分别获评全国最佳、优秀创新案例。

高质量推进“市级巡察机构在上下联动中更好发挥作用”全国试点，相关经验得到中央巡视办、省委主要领导肯定，全省试点工作总结暨经验交流会在赣州召开，总结推广赣州试点成果。

在全省率先探索建立失实检举控告澄清正名机制，为受到失实检举控告的99名党员干部、7个单位进行澄清，相关做法得到省纪委省监委主要领导批示肯定。

【其他领域改革】 人大立法机制更加健全，《赣州市燃气管理条例》公布施行，物业管理、生活垃圾管理等立法有序推进。民主协商机制更加完善，创新打造“好商量”协商品牌。市县两级行政复议体制改革全面完成，在全省率先设立县级公共法律服务中心及司法所“行政复议服务点”。试点示范成效显著，全国信息消费示范城市、商贸服务型国家物流枢纽等试点示范取得新成果，“互联网+第四方物流”、全国乡村治理体系建设试点等13个国家级试点示范经验在省级以上推广，“先行先试”改革效应持续放大。

表　彰

【市委、市政府表彰】 4月23日，市委、市政府决定对赣州经济技术开发区等10个“2020年度主攻工业先进县（市、区）”，江西青峰药业有限公司等12户“2020年度主攻工业优强企业”，赣州经济技术开发区等10个“2020年度开放型经济工作先进县（市、区）”，深圳小分队、上海小分队2个“2020年度招商引资先进驻点小分队”，万盛龙等49名“2020年度全市‘招商标兵’”，深圳市赣州商会等12个“2020年度优秀外埠商会”予以通报表扬。

7月4日，市委、市政府作出关于表彰奖励深化全国文明城市建设工作先进集体和先进个人的决定。其中，对市委宣传部等9个单位集体记二等功，对市委组织部等20个单位集体记三等功，授予市纪委市监委等95个单位“深化全国文明城市建设工作先进集体”称号；对温海等19人记二等功，对邱杰等22人记三等功，授予陈忠玉等100人“深化全国文明城市建设工作先进个人”称号；授予赖钊等300人“深化全国文明城市建设工作优秀志愿者”称号。

12月7日，市委、市政府决定，授予章贡区、赣州经济技术开发区、南康区、信丰县、于都县、瑞金市、石城县、全南县、上犹县、崇义县等10个县（市、区）“2020年度高质量发展先进县（市、区）”称号。

【市委表彰】 6月28日，市委决定，在庆祝中国共产党成立100周年之际，对张霖等100名“优秀共产党员”、邹晓春等100名“优秀党务工作者”、赣州市章贡区东外街道党工委等100个“先进基层党组织”予以表彰。

督查工作

【概况】 2021年，市委督查工作坚持政治督查定位，担当尽责、攻坚克难，充分发挥督查利剑作用，较好完成各项工作任务，为推动中央、省、市决策部署落地生根、开花结果作出积极贡献。2021年，在2020年度省委督促检查工作考核中，赣州被评为先进设区市，名列全省第一。《继承和发扬苏区时期督查工作的优良传统，努力提高狠抓落实的工作能力》一文在中办《督查工作交流》2021年第2期刊登。

【督查制度机制建设】 印发《2021年度市委督促检查工作考核办法》，提高全市督查工作规范化、科学化水平。制定《市委主要领导指示批示要求督办流程》，对信息收集整理、督办立项等8个督查环节进行优化改进。完善督查成果转化运用机制，将督查成果写入市委主要领导讲话，提交市委有关会议研究，并将督查报告抄送相关地方和部门，确保督办事项整改落实到位。建立周一例会制度，加强干部业务交流学习。抓好跟班学习长效机制落实，全年共有12人到市委督查室跟班学习。

【重点工作督查】 围绕贯彻落实中共中央总书记习近平视察江西和赣州重要讲话精神、中共十九届五中全会精神、中央八项规定精神、全面贯彻新发展理念等中央决策部署开展综合督查和专项督查8次，全力做好中办回访调研服务，重点抓好长征体验园项目、云石山矿区开采破坏生态环境等中办反馈问题的整改落实。全年跟踪办理省委主要领导对赣州工作的指示批示事项10项，承办省委督查室督办事项38件，牵头起草《贯彻落实省委书记易炼红同志在赣州调研期间所提工作要求责任分工方案》。跟踪督办市委主要领导指示批示事项19批次、109项，督办市委常委会议决事项17项，牵头起草《贯彻落实市第六次党代会报告重点任务责任分工》，有力推动党中央、省委和市委各项决策部署落地见效。全年共下发督办函111件，起草《督查报告》25期，市委主要领导作出批示4次，圆满完成年度各项工作任务。

【基层减负】 认真落实中共中央、省委、市委关于整治形式主义为基层减负的新部署新要求，对老问题、新表现坚决整治，切实减轻基层负担。全年组织召开2次市委整治形式主义为基层减负工作联席会议，印发《市委整治形式主义为基层减负联席会议2021年工作要点及责任分工》《2021年督查检查考核计划》等文件。组织开展整治形式主义、为基层减负工作暗访督查，并起草2期督查通报，推动教育、卫生等行业领域以及“指尖上”形式主义问题整治工作，基层获得感持续增强。建立为基层减负监测机制，定期收集基层接受上级督查和市、县两级制发文件召开会议情况。加强对市直部门督查工作监督指导，严格执行计划外事项报备审批制度，有效防止多头督查、重复督查问题。2021年，市级重点精简类文件、召开会议、督查检查考核同比分别减少25.3%、21.2%、16.2%，为基层减负工作取得新成效。

【聚焦群众“急难愁盼”】 始终把为人民群众服务作为督查工作的出发点和落脚点，及时回应群众诉求，解决事关群众切身利益问题，不断增强群众幸福感、满意度。对2021年以来江西电视台二套《都市现场》栏目曝光赣州市13起“怕慢假庸散”问题整改落实情况进行“再回访”，确保问题整改落实到位；结合党史学习教育，深入开展“我为群众办实事”实践活动，对收集群众反映的停车难、交通秩序、教育医疗等8个方面21个“急难愁盼”问题定点督办；牵头开展市级办事流程和服务平台体验活动，对体验发现的19个问题梳理形成问题清单，进行分解督办；每月安排督查室分管领导或干部参加市领导接访日活动，协助接访市领导和市直单位推动解决相关信访问题。

（市委办）

组织工作

【概况】 2021年，全市组织部门深入贯彻习近平新时代中国特色社会主义思想，认真落实中共十九届六中全会精神，以及省第十五次党代会、市第六次党代会精神，紧扣中心大局，聚焦主责主业，积极担当作为，推动组织工作提质增效，为建设革命老区高质量发展示范区提供坚强组织保证。全年在市委党校（行政学院）和瑞金干部学院开设各类主体班45期，示范培训干部2851人次。对全市1565名县处级干部进行中共十九届五中全会精神普遍轮训，高规格举办中共十九届六中全会和省第十五次党代会精神专题研讨班。精心组织开展“两优一先”对象推荐、表彰工作，全市有3名（个人）、43名（个人） “两优一先”对象分别受到全国、全省表彰。严把选人用人政治关，深入实施《赣州市领导干部政治素质考察办法（试行）》，对政治上不合格的实行“一票否决”。持续加强人才政治引领吸纳，深入开展“弘扬爱国奋斗精神、建功立业新时代”活动，遴选8个文旅综合体、度假区作为高层次人才疗养基地，成功举办院士咨询委员会2021年会，有力提升对高层次人才的政治引领力和吸附力。

【县乡领导班子换届】 针对换届工作体量大、任务重、调整面大的特点，坚持提早谋划、挂图作战、分类研判，市县统筹、打破壁垒、盘活资源，大力选拔对党忠诚、实绩突出的干部。认真做好省第十五次党代会代表推选，精心做好市、县党代会人事安排和组织选举等工作。积极回应干部关切，做到组织需要、个人表现和个人意愿相结合，让广大干部心齐气顺。严明换届纪律，认真开展警示教育，整个换届风清气正、平稳有序。换届后，县乡领导班子结构更优、功能更强，树立好导向、换出新活力。县（市、区）党政班子平均年龄43.2岁，比上届下降1岁，比换届前下降3.7岁，每个县（市、区）党政班子中至少有1名“85后”干部；乡镇领导班子平均年龄35.9岁，每个乡镇至少有1名30岁以下的班子成员。县（市、区）党政班子中全日制大学及以上学历占比43.3%，比上届增加17.4%，比换届前增长13.3%；乡镇班子中全日制大学及以上学历占比59.8%，比上届上升21.3%，相关经验做法在全省组织部长会议上作典型发言。

【干部队伍建设】 成功争取赣州市为全国基层干部教育培训试点市，大力推进基层干部“凝心·强基·赋能”主题大培训，创新开展“双百微课程”教学大赛，7门精品网络课程在中国干部网络学院上线，全年共举办各类班次346期，培训基层干部10万余人次，组织承办全省乡镇党委书记培训示范班，相关做法在中组部《全国干部教育通讯》刊登。先后举办新时代干部教育培训“百年百课十佳”好课程评选活动和基层干部教育培训“双百微课程”教学大赛，评出好课程42门、十佳课程11门、优秀微课程77门，入选全省好课程3门、优秀教学点2个，处全省前列。深化与中国井冈山干部学院交流合作，用好“干部党性教育培训五地联盟”合作交流平台，持续选派44名干部到国家部委和广州、深圳等发达地区跟班学习锻炼。选派8名市直单位年轻干部到乡镇挂职锻炼，抓好169名省选调生、15名博士党政储备人才的教育培养和日常管理。在全省率先成功开展聘任制公务员试点工作。持续释放职务职级并行制度“红利”，先后对88名不再提名的县（市、区）四套班子成员晋升职级。深化乡镇机关工作人员绩效考核，实施乡镇干部夫妻跨县分居“团圆机制”，推动22对夫妻实现“团圆梦”。从“五方面人员”（即乡镇事业编制人员、优秀村党组织书记、选调生、第一书记、驻村工作队员）择优选拔乡镇（街道）领导班子成员189人，从企事业单位选调乡镇领导班子成员106人。

【干部管理监督】 采取全覆盖集中观看警示片、全覆盖专题学习、全覆盖发放学习资料、全覆盖开展谈心谈话方式，推进换届风气宣传教育工作。组建10个换届风气巡回督查督导组，先后开展5轮换届风气督导，建立市纪委监委、市委组织部信访举报办理协作机制，得到省委换届风气督导组高度肯定，相关经验做法在中组部《组工信息》刊载。推进中央、省委巡视反馈问题整改工作，积极支持配合市委巡察工作，制定支持配合“市级巡察机构在上下联动中更好发挥作用”试点的若干措施，相关做法在中央巡视办试点工作简报刊载。开展领导干部违规兼职（任职）、“近亲繁殖”、领导干部经商办企业等突出问题专项整治，对1185名领导干部个人有关事项填报情况进行核查，查核一致率达97.55%，居全省前列。坚持激励和约束并重，每季度梳理汇总不担当不作为、容错纠错减责、失实举报澄清正名情况，向省委组织部报送8名典型案例，有效形成鼓励担当、容错纠错的良好氛围。

【基层党建】 坚持把基层党建“三化”建设和“质量过硬行动”作为主抓手，提出10个大项50条具体措施，基层党建实现“从抓规范到提质量、从抓基础到强功能”的提升。深入推进抓党建促乡村振兴，出台15条干货措施，向乡村振兴重点村全覆盖选派第一书记和工作队员，相关做法得到《人民日报》、新华网等中央媒体宣传推介。高质量做好村（社区）“两委”换届，党组织书记指标“两升一降”明显，致富能手占比84.37%，“一肩挑”比例达到99.52%，选优配强“红色带头人”队伍的做法得到中组部肯定，在《全国基层组织建设工作情况通报》刊发。开设4期“乡村振兴大讲堂”，举办全市村党组织书记换届任职培训班，累计培训乡村干部11.1万人次，有效提升乡村干部抓乡村振兴能力。大力推动“红色名村”建设，在全市筛选105个资源禀赋较好的村实行重点建设，打造120个乡村振兴模范党组织，示范带动农村基层党组织全面进步、全面过硬，相关做法在全省会议作典型发言，在《人民日报》刊发。提出实施村集体经济提质增效3年行动计划，推行“1+N+1”强村带弱村模式，推动全市215个集体经济强村结对帮带437个弱村、示范带动215个中等村，促进村集体经济全面增收。2021年全市所有村级集体经济经营性收入稳定在10万元以上，68.82%的村超过20万元，13.6%的村超过50万元，相关经验做法在全省基层党建重点任务推进会上作典型介绍。实施社区党组织书记“学历提升工程”，推行社区党建网格化管理，以物业党建联建破题社区治理难点、痛点、堵点问题，党建引领城市基层治理做法在中组部《党建研究》刊载。开展“三亮三创两服务”（“三亮”是亮身份、亮职责、亮承诺；“三创”是实践创新、岗位创效、服务创优；“两服务”是服务市委“三大战略”和“六大主攻方向”）活动，推动机关党建和业务深度融合。持续推动市、县领导班子成员带头到学校上思政课，大力推行中小学党组织领导下的校长负责制，建立健全学校党建结对共建评估机制。组织实施临床医技科室党支部书记“双带头人”培育工程，持续健全公立医院党组织体系。探索实施“党建引领·融合赋能”行动，对不同类型国企领导人员制定差异化党建分类考核指标。完善市委“两新”工委党建工作联席会议制度，理顺各个行业单位的管理责任。

【人才强市】 高质量服务中科院赣江创新研究院，推动组建研究团队16个（含院士团队9个）、入驻专家人才233人、招收就读博硕士408人。加强与中国工程院深化院士咨询委员会联系，聘请院士36人，落地院士专家站、工作站20家，合作产学研项目9个；高规格举办2021年年会，新聘院士委员3人，达成合作意向11个。高层次人才培养引进实现新突破，入选外国院士和国家级重大人才工程各1人，20人（含中科院赣江创新研究院13人）新入选省“双千计划”，评选首批“苏区之光”人才计划60人。引进院士11人、国家级重大人才工程入选者14人，引育产业领军团队29个，博士、正高等高层次人才572人。争取1名博士服务团成员挂职、5名省高层次人才服务团成员留任。新增国家级人才平台4个、省级人才平台37个。与深圳北航投资开展人才战略合作，创新双聘制、周末式、项目化柔性引才模式，引进262个高水平湾区人才项目落地。“五年十万套人才住房”工程加快实施，2021年新建人才住房3.4万套、分配1万余套，共筹建9.06万套、分配4.86万套，中心城区首批商品房配建的人才住房启动集中分配，共329户人才入住新居。高品位打造人才服务综合体，投资1.84亿元、总面积46万平方米的人才公园和占地8.66公顷的人才小镇加快建设。遴选8个文旅综合体、度假区作为高层次人才疗养基地，给予345名市级直接联系专家4000元疗养经费。做优人才服务，构建人才服务中心、窗口、热线、线上“四位一体”服务平台，开辟“一网通”办平台，推动人才待遇兑现“即申即享”。协调解决子女入学1271人次、配偶安置11人等。全市人才工作在全省考评中实现“四连冠”，2项经验做法获评全国最佳创新案例、优秀创新案例。

（余秀中　杨义宝）

宣传工作

【概况】 2021年，全市宣传思想文化战线坚持以习近平新时代中国特色社会主义思想为指导，深入贯彻中共十九大和历次全会精神，贯彻落实省第十五次党代会和市第六次党代会精神，紧扣庆祝中国共产党成立100周年主题，围绕“三大战略、八大行动”，自觉肩负起举旗帜、聚民心、育新人、兴文化、展形象的使命任务，先后1次面向全国推介赣州经验、7次在省级以上重要会议作典型发言，为革命老区高质量发展示范区建设提供坚强思想保证和强大精神力量。

【理论武装】 突出抓好理论学习。始终把学习贯彻习近平新时代中国特色社会主义思想作为首要政治任务，建立健全党委（党组）“第一议题”、基层党组织“每月学习日”、中心组学习“巡听指导”等制度，2021年累计组织市委中心组集体学习18次，其中学习研讨11次，举办专题讲座9次，开展现场教学2次；对3个县（市）和18个市直单位开展巡听指导。中宣部《宣传工作》总结推介赣州市党委中心组学习巡听指导工作经验，并列入2021年全国宣传思想工作创新案例。

创新开展理论宣讲。充分发挥各级基层宣讲阵地的作用，广泛开展面向基层、面向群众的理论宣讲，做到精准传播、有效覆盖。市、县两级组织领导干部、党员、基层宣讲队伍深入企业、村居、社区、学校等基层，广泛开展中共十九届六中全会、党史学习教育、学习贯彻《国务院关于新时代支持革命老区振兴发展的意见》专题、习近平总书记“七一”重要讲话精神专题宣讲，累计宣讲1.76万余场，受众226.08万余人次。

持续深化理论研究。推进中宣部重大委托课题“为人民打天下为人民治国家——中国共产党苏维埃红色政权道路的探索实践与现实启示”研究，形成1个总报告和6个子报告共25万字。11月2日，经中共中央批准在北京召开纪念中央革命根据地创建暨中华苏维埃共和国成立90周年座谈会。深化党的调查研究、重大课题研究，推出《调查研究——中国共产党百年辉煌之成功秘诀》等高质量研究成果。

【牵头组织实施全市党史学习教育】 精心部署组织实施市委常委会先后3次专题研究部署学习教育重点工作，领导小组5次召开会议研究推进学习教育工作。制定《党史学习教育重点工作安排》，将学习教育3个阶段工作分别细化为43项、27项、17项具体举措，实施项目化、清单化管理。建立每周工作例会、工作组领导挂点联系、小组分片调研指导等制度，开展巡回指导督导3752次，参加学教单位重要活动367次，发现问题593个，下发督办函、提醒函341期。

不断深化学习研讨，开展党史专题集体研讨7次，到苏区干部好作风纪念馆、中国工农红军长征小道现场教学，认真研读中央指定学习书目、“三部简史”（《中华人民共和国简史》《改革开放简史》《社会主义发展简史》）、“三个历史决议”（《关于若干历史问题的决议》《关于建国以来党的若干历史问题的决议》《中共中央关于党的百年奋斗重大成就和历史经验的决议》）。举办全市县处级以上领导干部党史学习教育专题读书班，组织1562名县处级以上干部集中封闭学习，县处级以上干部讲专题党课1482次。在全市开展“学好党的历史讲好党的故事”主题诵读活动，各级党组织书记带头诵读，收到作品4000余件，1555件作品通过微信刊播，点播人数超过百万人次。

发挥红色资源优势，承办“学习中国共产党的历史学术研讨会”“建党百年红色文艺经典研讨会”两场全国性研讨活动，开展纪念人民军工创建90周年系列活动、纪念宁都起义胜利暨红五军团成立90周年座谈会等活动。打造重走长征路、追寻初心之旅等红色精品研学路线。举办线上党史知识大赛，营造以赛促学的浓厚氛围，参与人数达到407万人次。

用心用情办好实事，将市县两级重点民生项目全部纳入项目库，对重点民生项目，建立领导领办制度，问题不解决，责任不脱钩，一批涉及群众切身利益的难点问题得到解决。全市新增停车位5.14万个，新增学位6.98万个，大班额率降至1.59%；既有住宅加装电梯245台，建成居家和社区养老服务设施3193个，走访烈属34759人次等。全市在中央《党史学习教育简报》上稿25条，在中央主要新闻媒体刊发339条相关新闻报道，4个“我为群众办实事”案例入选省30佳典型案例评选，得到中央第六指导组、省委第二巡回指导组的高度肯定。

【宣传报道】 重大主题宣传浓墨重彩。围绕深入学习宣传贯彻中共十九届六中全会、省第十五次党代会、市第六次党代会精神，“三大战略、八大行动”，赣深高铁开通运营等主题，精心组织策划宣传活动，为建设赣南革命老区高质量发展示范区营造浓厚氛围。以赣深高铁开通运营为例，《人民日报》、新华社、《江西日报》等100余家媒体以及旗下的网站、抖音、客户端、微信公众号全面刊发赣深高铁开通运营稿件500余条，新媒体总点击量超4亿次，12次登上抖音热榜。

市外宣传连续4年全省第一。在中央主流媒体发稿1174条，其中头版头条稿件35篇，整版报道15个，其他头版稿件102篇（条）、版面头条174篇（条）。尤其是9月24日《经济日报》头版头条刊发《赣州示范——践行习近平经济思想调研记》，得到“学习强国”学习平台等媒介平台持续推介，融媒体报道总点击量接近2亿次，点赞31.8万次。在“学习强国”学习平台发稿390余篇，连续推出3套专项答题和赣南客家文化等14道答题。赣南脐橙（北京）文化周活动精彩纷呈，既提高赣南脐橙的品牌影响力，又促进赣州市文化产业发展，达到宣传招商的效果。

媒体融合取得重要进展。成功争取中宣部将赣州市列入全国地级市媒体融合发展试点地区。市融媒体中心与网上新时代文明实践中心、“学习强国”赣州学习平台“三合一”取得初步成效。对20个县级融媒体中心进行全面评估和奖补，龙南市、寻乌县融媒体中心综合排名进入全省前十名。市级阅读量千万级新媒体产品13个，县级融媒体中心阅读量超过5万多人次，原创作品1603篇，26篇作品登上国庆节黄金周全省优秀文旅融媒体作品热榜，“红都瑞金”抖音在新华智云发布的2021年11月全国县级融媒体中心短视频传播量排行榜中位列第一名。

【文明创建】 新时代文明实践中心建设经验唱响全国。始终将新时代文明实践中心建设摆在突出位置，市财政2年共安排1.2亿元专项资金，用于乡村一级所（站）建设运营，已建成乡镇（街道）实践所287个，覆盖率91%；建成行政村（社区）实践站2451个，覆盖率

62%；在学校、文明单位、工业园区、旅游景区等延伸领域建成实践中心（所、站）365个，打造了一大批“不设墙”的实践广场、公园、基地等。2021年春节期间，央视《新闻联播》连续6天关注赣州新春佳节氛围和文明实践工作。11月23日，在中宣部拓展新时代文明实践中心建设工作电视电话会议上，赣州市作为全国5个代表之一介绍经验做法。

全国文明城市建设持续深化。赣州市于2017年成功创建第五届全国文明城市，并在2020年全国文明城市三年一届的总评中取得全国设区市第13名的好成绩，成功蝉联全国文明城市荣誉。创建成功后，市委、市政府倍加珍惜这块“金字招牌”，专门出台“1+N”措施，以全国文明城市“保牌进位”为抓手，统筹推进文明家庭、文明校园、文明单位、文明村镇创建，积极培育和践行社会主义核心价值观，营造崇德向善的良好社会风尚。至2021年年底已有1个全国文明城市（县级），3个全国文明城市提名，9个省级文明城市和13个市级文明城市提名。

群众性精神文明创建表彰数量全省最多。在12月底召开的全省精神文明建设表彰大会上，信丰县、安远县、上犹县获评“第七届江西省文明城市”荣誉称号，廖竹生、袁守根获评“第七届江西省道德模范”称号，游兰英家庭、邓小红家庭获评“第二届江西省文明家庭”称号，61个村镇获评“第七届江西省文明村镇”称号，255个单位获评“第十六届江西省文明单位”称号，入选数量全省最多。

【文化发展】 *文化保护传承力度加大* 赣州成为长征国家文化公园建设重点段，中宣部主要领导先后2次听取赣州市长征国家文化公园赣州段建设情况汇报，给予充分肯定和大力支持。组建市红色资源保护发展中心，加强红色资源保护和开发利用，推出会昌风景独好园等700多处“红色地标”。瑞金中央革命根据地纪念馆被列为2021年度中华民族文化基因库（一期）红色基因库试点单位。大余南方三年游击战争纪念馆正式开馆。“人民共和国从这里走来——中华苏维埃共和国史”陈列展览正式开展。“红色摇篮·革命赣南”精品线路成功入选国家“建党百年百条精品红色旅游线路”。

文艺精品创作持续发力 组织创作了大型理论文献纪录片《从瑞金出发》、赣南采茶戏《一个人的长征》《宁都起义》、山歌剧《苏区干部好作风》、音乐剧《赣南游击词》、动漫《长征先锋》《红游记（第二季）》等一批优秀红色文艺作品。其中赣南采茶戏《一个人的长征》入选中宣部、文化和旅游部、中国文联庆祝中国共产党成立100周年优秀舞台艺术作品展演剧目，并赴中央电视台录制专题节目。大型理论文献纪录片《从瑞金出发》入选国家广电总局建党百年重点创作片目。红色动漫《长征先锋》先后在11个长征沿线电视台、爱奇艺、腾讯等15个网络平台线上播出。

文化产业高质量发展 高质量承办2021文化强省建设推进大会系列活动。赣州方特东方欲晓主题公园火爆运营。打造赣南特色文化一条街。举办首届红色创意设计大赛。2021年，新增全国乡村旅游重点村等品牌14个，郁孤台历史文化街区被列为首批江西省特色文化街区培育单位，江南宋城街区入选首批国家级夜间文旅消费集聚区公示名单。2021年前三季度，全市规上文化企业251家，在全省排名第三，比2020年增加51家；实现营业收入171.93亿元，增长1.9%。

【意识形态】 *建立常态化督导考核机制* 坚持“五个纳入”（纳入党建工作责任制，纳入领导班子和领导干部目标管理，纳入执行党的纪律监督检查之中，纳入综合目标管理，纳入干部考核内容），进一步压紧压实主体责任，推动意识形态工作落地、落细、落实。2021年，对20个县（市、区）和108个市直（驻市）单位进行意识形态工作检查，对29个单位党组织进行意识形态工作巡察，构建“专项检查发现问题—专项督查督促整改—年度考核跟踪问效”的工作机制。

学校思政阵地建设 出台《关于加强新时代中小学思想政治理论课教师队伍建设的实施意见》，组织463名市、县党政领导到学校上思政课。发挥思政教育关键引领作用，打造“学百年党史、听脱贫故事、看乡村振兴”等思政专题教学，将红色党史融入思政教学。组建大学生宣讲团和马克思主义理论宣讲团，190多万名师生参加。

宗教场所管理 在全市宗教界开展“爱党爱国爱社会主义”主题教育，“四进”工作实现全覆盖。加强宗教基础信息调查，以赋码换证工作为抓手，依法撤并、降格宗教活动场所274处，规范管理农村宗教活动场所500余处。依法依规治理宗教领域突出问题，坚决遏制非法宗教向学校、农村渗透，积极防范化解宗教领域重大风险。

（刘　方）

统战工作

【概况】 2021年，全市统战工作坚持以习近平新时代中国特色社会主义思想为指导，深入学习贯彻习近平总书记关于加强和改进统一战线工作的重要思想和《中国共产党统一战线工作条例》，认真落实中央、省委统战部的工作部署和市委的工作要求，紧紧围绕“三大战略、八大行动”，充分发挥统一战线法宝作用，广泛凝聚共识，积极汇聚力量，各领域统战工作取得明显进展。

【凝聚思想共识】 深入学习传达中共十九届六中全会精神，以及省第十五次、市第六次党代会精神，在统战领域中开展主题宣讲活动，不断强化共同思想政治基础；扎实开展统一战线党史学习教育，持续学习习近平总书记“七一”重要讲话精神，举办庆祝中国共产党成立100周年“七个一”系列主题活动，组织召开党外人士庆祝中国共产党成立100周年座谈会，举行全市统战系统中国共产党成立 100 周年书画展，开设“同心诵读”和“党史知识”专栏并常态化推送统战系统优秀党史诵读作品和党史知识，通过系列活动，进一步凝聚听党话感党恩跟党走的强大精神力量。

【民主党派工作】 协助各民主党派、工商联、知联会及同心圆智库围绕市委市政府工作大局开展调研活动形成调研报告；认真开展政治协商，组织召开党外人士座谈会，就“十四五”规划和党代会报告征求意见建议；联合各民主党派深入挂点联系村开展“送医送法下乡”活动，引进浙江省各大医院民主党派医疗专家组成“同舟·名医大讲堂”到市内开展健康讲座、教学查房，受到广泛好评；举办民主党派委员读书班，组织召开支持全市各民主党派基层支部规范化建设工作流动现场会。

【无党派代表人士、党外知识分子和新的社会阶层人士工作】 举办全市无党派代表人士和党外知识分子培训班，依托瑞金社会主义学院建设同心圆教育基地，累计培训 3500 余人次。赣州师范专科学校率先成立市属高校知联会。赣州数字经济产业园、南康区家居小镇、南芳律师事务所、创新者公园等一批新的社会阶层实践创新基地逐步成熟，全市打造实践创新基地 27 个；举办 2021 年新的社会阶层代表人士培训班和党史学习专题培训班，组织开展新的社会阶层人士开展“学党史、听党话、跟党走”系列活动，筹划举行“网络人士寻美江西”采风活动、网络人士助农公益直播带货等活动，反响强烈。

【民族宗教工作】 铸牢中华民族共同体意识。深入开展民族团结进步创建活动，召开全市民族团结一家亲工作站建设现场会，全市共建站 31 个。首次举办少数民族代表人士（含民族乡村干部）培训班。组织“宣传中央民族工作会议精神·《我跟红军走》全市民族乡村巡演活动”到 15 个县（市、区）17 个民族乡村巡回演出，观演群众达 4000 余人次；审核少数民族高考考生 1037 人，落实少数民族中考生加分 295 人；启动第六轮对口支援少数民族工作。指导赣州经济技术开发区、市清真寺管委会达成协议，顺利完成穆斯林墓区整体搬迁。

维护宗教领域和谐稳定。做实做细宗教基础信息工作，全市有宗教活动场所 1270 处，教职人员 1333 人，信教群众 367458 人。持续开展治理基督教私设聚会点“回头看”，发现并治理 4 处。联合有关部门开展邪教、非法宗教出版物清查行动和农村地区非法宗教出版传播活动整治行动，查处非法宗教印刷品 3958 本；完成网络销售平台以及广告公司专项摸排行动，配合开展“清朗”“净网”行动。召开驻市、市属高校民族宗教工作联席会议，相关工作经验得到省委常委、省委统战部部长陈兴超批示肯定，经验文章发表在《中国宗教》杂志 2021 年第 12 期。坚持宗教中国化方向，组织宗教界人士开展庆祝中国共产党成立 100 周年系列活动，举办全市僧伽、居士培训班和全市宗教界代表人士培训班，召开赣州市开展“三爱”主题教育活动部署会和宗教界“爱党爱国爱社会主义”座谈会暨全市性宗教团体负责人联席会议，再次统一更新完善“四进”宣传栏内容。全省“百万网民学法律”宗教专场获组织奖。

【非公有制经济工作】 协助举办全国工商联携手知名民营企业振兴革命老区赣州行活动，500 余名全国知名企业家齐聚赣州共商振兴发展，签约项目 126 个、签约资金 912 亿元。市非公有制企业维权服务中心累计办结诉求 191 件，办结率 96.95%，全市营商环境评价由全省第 7 名上升至第 3 名。召开赣州市“万企兴万村”行动启动大会，创新“企业+不定向捐赠”“企业+定向捐赠”“企业+冠名基金”“企业+爱心助学”等模式助力乡村振兴，引领民营企业家支持乡村教师“领头雁计划”，收到捐赠款 629.49 万元。扎实推进非公党建，市非公有制经济组织党委下辖 156 个党组织，党员 1423 名。

【港澳台及海外统战工作】 完善联系侨界重点人士工作制度，建立侨界代表人士人物库；认真开展“侨资企业服务提升年”活动，对全市 168 家侨资企业进行再走访，收集解决各类经营难题 111 个，接待港澳台侨各界代表人士 101 人次，开展以侨招商推介会 4 场，成功举办新西兰华人晨晓先生江西画展（赣州站）和宋庆龄基金会赣州捐赠活动。加强安远三百山“饮水思源·香港青少年国民教育基地”统战品牌建设，积极向中共中央统战部和省委统战部汇报对接基地建设情况，安远三百山香港青少年国民教育基地被中共中央统战部列为全国 100 项统战工作实践创新项目。

【党外代表人士队伍建设】 赣州市首次被列为全省党外干部实践锻炼基地，5 名党外干部到赣州市挂职锻炼，任市政府部门副职。举办全市党外中青年干部培训班等 11 个主体班次，培训学员 600 余人，覆盖民主党派、无党派、新阶层、民营经济和民族宗教代表人士等各类统战对象，培训人数、覆盖面均居于全省前列；推动 18 个县（市、区）全部设立社会主义学院。会同市委组织部做好市县领导班子换届党外干部推荐和安排使用工作，进一步调整优化政协委员结构，圆满完成市政协委员人选推荐提名、征求意见、考察、民主协商和大会选举，得到市政协书面表扬感谢。

（叶腾芳　叶　菡）

政策研究

【概况】 2021 年，市委政研室（改革办）围绕“两个服务”（服务市委科学决策、服务全面深化改革），推进“三改三提”（改进学风、改进文风、改进作风，提高标准、提高能力、提高质量），抓实主责主业（党建主体责任，重大改革推进、重点课题调研、重要文稿起草“三大主业”），扎实推进各项工作落实，连续6年获评全省改革工作先进，连续两届获评省级文明单位，全市政研改革工作取得新进展、呈现新气象。

【重大课题调研】 组织开展科组领题调研活动，广泛征集调研成果，参谋助手作用有效发挥。市委政研室（改革办）牵头开展高铁新区、赣州国际陆港、综合保税区、职业教育、阳明湖景区等管理体制，以及中心城区五区行政许可事项等调研；聚焦开好市第六次党代会、“三大战略、八大行动”等重点工作，组织开展深化改革开放、“赣闽铁路环线”、省域副中心城市建设、对接融入大湾区、乡村振兴等系列课题调研；针对工作推进中的痛点堵点，走下去摸实情、走出去学经验，起草形成“拉闸限电”“点状供地”等一批调研成果。全年共完成调研报告34篇，编发《决策参考》30期，其中《广东省“十四五”规划〈纲要〉对我市“融湾”的几点启示》《山东省推进行政审批“市县同权”改革》《政策找企业资金秒直达——成都、温州、佛山等地落实惠企政策的做法》等26篇次获易炼红、吴忠琼等省市领导批示，一批决策建议转化为市委、市政府重大决策。

【重要文稿起草】 倡导短新实文风，不断增强文稿的思想性、针对性和实效性。围绕服务保障开好党代会，高质量完成市第六次党代会简报编印工作。围绕服务市委，牵头或参与起草《市第六次党代会报告》《关于深入贯彻习近平总书记视察江西和赣州重要讲话精神 加快推进革命老区高质量跨越式发展的实施意见》等重要文件51篇，以文辅政能力不断提升。

【刊物信息编撰】 大力抓好改革宣传，充分用好《决策参考》《赣州改革动态》《政研与改革》《今日赣州》和“赣州改革”微信公众号宣传阵地。2021年共编发《决策参考》30期、《赣州改革动态》35期、《政研与改革》17期、《今日赣州》6期。

（刘　央　胡　芸）

机构编制

【概况】 2021年，全市机构编制系统深入贯彻市委和市委编委决策部署，持续深化和巩固重点领域体制机制改革，强化机构编制日常管理，深入推进编办自身建设，机构编制管理和改革工作取得新成效，为全市经济社会平稳健康发展提供机构编制保障。深化事业单位改革试点工作基本完成，持续做好党政机构改革“后半篇”文章，基层管理体制改革走在全省前列，作为江西现场调研点，代表全省汇报经验做法，得到中央调研组肯定；在全国率先探索医保市以下垂直管理体制改革，完成初步构建。

【重点领域机构改革】 基本完成深化事业单位改革试点工作。大幅整合职责相同相近，清理撤销规模过小和职能弱化机构。市本级事业单位由改革前的656个精简为252个，精简比例61.6%，县（市、区）事业单位由改革前的4152个精简为1385个，精简比例66.7%。市本级收回事业编制1000余名，事业单位结构布局进一步优化，如期完成“三定”规定或改革有关事项批复、机构挂牌、处级领导职数核定调整、参公单位认定、岗位设置、经费调整、法人登记等改革任务，并会同市委组织部妥善处理改革中涉及的13个单位107名混岗人员安置问题，已接受省事改办初步评估。

持续做好党政机构改革“后半篇”文章。全面完成党政部门内设机构及其领导职数整改工作，按照中央和省部署，调整市县扶贫办公室机构设置，全面组建乡村振兴局，为乡村振兴和脱贫攻坚有效衔接提供体制保障。率先推动市级以下医疗保障垂直管理体制改革，实现县级医保机构一体上划，人、财、物一体上收，形成“1+18”的行政管理体制和“1+20”的经办服务体制，初步构建垂直管理体制。完成市大数据发展管理局机构职责调整，撤销市大数据发展管理局，相关职责分别划转至市发改委、工信局和行政审批局，同时将市行政审批局加挂的“政务服务管理办公室”牌子更名为“政务服务数据管理局”。跟踪推进市直单位“放管服”改革，完成城管等部门单位与市行审局职责编制人员划转事宜。积极配合市委改革办推进完善高铁西站管理体制机制改革，明确高铁西站由赣州经开区管理事项。

全面启动开发区行政管理体制改革。全面摸清全市各类开发区（功能区）管理机构底数并建立台账。在广泛听取意见建议的基础上，结合实际起草《赣州市清理规范开发区管理机构促进开发区创新发展

2月8日，全市深化事业单位改革试点工作动员部署会召开（市编委办供图）

工作方案（讨论稿）》，已报省委编办审核。扎实推进基层整合审批服务执法力量。做好乡镇（街道）机构改革“后半篇”文章，推动乡镇全面履行“三定”规定，落实统一指挥协调机制，有效承接赋权事项，规范综合行政执法，加强基层网格管理，全面实现“一枚印章审批、一支队伍执法、一个平台指挥、一张网格治理”。5月，中央编办主任周祖翼在赣州市调研并对乡镇机构改革成效予以充分肯定。

【机构编制管理】 向民生领域倾斜　重新核定中小学教职工编制，与原有编制相比增核1276名编制；全面落实市属高校编制备案制管理办法，为赣州师专、赣南卫职院、赣州职院等3所市属高校新增编制外备案数687名。

重点领域保障　聚焦“三大战略、八大行动”，新组建市红色资源保护发展中心，重组果业发展中心、水土保持中心等事业单位，做好中科院赣江创新研究院、赣南科技学院等重点领域机构编制保障服务工作。

强化规范管理　清理规范在事业单位任职领导干部占用行政编制问题，累计腾退市本级行政编制9名，一定程度上缓解了市直行政机关编制紧张的情况。探索事业单位政府购买服务改革优化编制配置，制定出台《事业单位政府购买服务改革优化编制配备管理办法（试行）》，按照“以事定费、以费腾编”的原则，探索事业单位政府购买服务优化编制配备试点工作。

机构编制刚性约束　推动机构编制法规制度纳入各级党委（党组）理论学习中心组学习、党校（行政学院）主体班次、经责审计，将机构编制工作纳入市直部门单位年度绩效考核，完成对章贡区、瑞金市等6个县（区、市）9名党政正职领导干部任职期间机构编制工作情况专项检查。抓好中央、省委巡视反馈问题整改工作，中央、省委巡视反馈的70个问题，已完成整改67个。组织开展全市机构编制核查，审核全市核查统计数据，督促各县（市、区）委编办整改各类问题26个。按照分层管理原则做好处级领导职数报备和科级领导职数备案工作。加强超编整治力度，完成消化超编人员255名。

职责调处　积极协调解决各部门单位之间职责争议，明晰教育、市管、交通、公安等单位职责边界与关系，有效解决涉及义务教育“双减”、非法营运等17个职责权限问题。牵头推动市自然资源局、市住建局沟通协商，进一步明确历史文化名城名镇名村保护和监督管理职责，强化部门科学履职。

（张　琦）

机关党建

【概况】 2021年，市直机关党组织坚持落实“第一议题”制度，认真抓好习近平新时代中国特色社会主义思想的学习贯彻，树立“四个意识”、增强“四个自信”、捍卫“两个确立”、做到“两个维护”。严守党的政治纪律和政治规矩，严肃认真开展党内政治生活，坚持和完善每月一次的“党日活动”和重温入党誓词以及“今天是我的政治生日”等政治仪式，不断增强机关党内政治生活的政治性、时代性、原则性、战斗性。持续开展“争作‘三个表率’、建设‘模范机关’”活动，认真落实18项创建措施，进一步强化政治机关意识。

【模范机关创建】 聚焦中心大局，印发《关于开展“三亮三创两服务”推动机关党建和业务深度融合的活动方案》，推动模范机关创建工作走深走实。广泛宣讲和认真贯彻《国务院关于新时代支持革命老区振兴发展的意见》，邀请深圳市委党校专家作专题辅导，引导广大党组织和党员干部在乡村振兴、疫情防控和经济社会发展等中心工作中发挥示范作用。机关各级党组织结合“百日攻坚”活动，积极融入粤港澳大湾区，以“湾区标准”提升服务品质，推动高质量发展。开展“两优一先”对象评选表彰，召开市直机关“七一”表彰会，100名优秀党员、100名优秀党务工作者和100个先进党支部受到表彰，向1247名老党员颁发“光荣在党50年”纪念章，27个市直机关单位党组织和党员分别受到全国、全省、全市表彰。

【机关党的思想建设】 深入开展“七一”重要讲话精神的学习，创作“宣讲+演唱”模式的“传承红色基因、传唱红色经典”音乐党课，在“学习强国”学习平台播出后，访问量突破10万人次，受到广大党员的好评。发挥市直机关“合唱团”作用，推动“音乐党课”进机关、下基层，开展3场集中演出。分别在井冈山革命教育基地、甘祖昌干部学院、会昌和君教育小镇、瑞金干部学院等地，组织189名党组织负责人，举办专题示范培训班，推动中共十九届六中全会精神和省、市党代会精神在基层的贯彻落实。市直单位领办的市级层面62件实事项目办结率100%，同时高质量完成市直单位层面办实事清单项目。其做法在省直机关工委《机关政治生活》头条刊发推介。

落实意识形态责任制，及时完善意识形态领域工作管理制度，定期分析研判意识形态领域形势、对意识形态工作进行安排部署、听取意识形态工作汇报、在党内通报意识形态领域情况，把意识形态工作纳入党建工作规划，纳入党建工作责任制，纳入党建目标考核范围，同机关党建工作同部署、同落实、同检查、同考核。强化对市直机关工委运营的“工委党务公开网”和“赣州机关党建”政务微信公众号的管理，严格落实《中共赣州市直属机关工委党务公开网、政务微信管理办法》，重新明确《市直机关工委“一号一网”发稿审核流程》，严格稿件审核把关制度，确保发布的信息安全可靠、准确无误。

【机关党史学习教育】 把推进党史学习教育作为贯穿全年的重大政治任务，坚定自觉抓紧抓实抓好。采取“走出去、请进来”形式，举办2场专题宣讲报告会、2期“市直机关大讲堂”，邀请名家专家讲深讲透党的光辉历史，坚定感铭党恩、永跟党走的信念信心。探索新形式，以赣南等原中央苏区史、红色故事，以及长征组歌等经典红色歌曲为主基调，创作“宣讲+演唱”模式的“传承红色基因，传唱红色经典”音乐党课，并在“学习强国”学习平台播出，受到广大党员一致好评，访问量突破10万人次。联合举办党史学习教育暨“党史”知识竞赛，发动市直机关1万多名党员参与比赛。印发党史学习教育口袋书到市直（驻市）单位各基层支部和全体党员，实现基层支部和党员干部全覆盖。组建5个督导小组深入市直机关单位经常性开展督导，大力开展“我为群众办实事”实践活动，推动落实单位党组（党委）书记及班子成员到支部联系点上专题党课638次，确保党史学习教育高质高效。在网站、微信公众号等开辟党史学习教育专栏，设置“党史诵读”“党史知识”“我为群众办实事”等板块，拍摄“党史故事汇”短视频，宣传展示市直机关单位学习、工作动态和先进典型，为市直机关单位聚焦“三大战略、八大行动”营造浓厚氛围。

【机关党建责任落实】 贯彻《党委（党组）落实全面从严治党主体责任规定》，以及《市直机关党建工作“四级五岗”责任清单》，推动机关各级党组织及其负责人履行抓好机关党建责任。落实“月调研、季调度、年考核”工作机制，将《条例》落实情况作为调研督查重点内容，每季度对基层党组织落实情况进行抽查，全覆盖开展机关党建责任落实情况调研，不定期组织开展机关党建工作交叉检查，通过下发通报和点对点反馈问题相结合的方式督促抓好整改落实，将平时调研督导情况综合纳入年终党建考核，有效压实各级工作责任。分网络区召开基层党组织书记述职评议会，106名机关党组织书记参加述职；落实党员市领导履行“一岗双责”提醒机制，向党员市领导通报其所分管单位机关党建工作情况。积极向上级组织部门报送党建特色项目，由工委报送《织密“清单网”激活“一盘棋”——市直机关工委以“四级五岗”责任清单一体推进机关党建质量提升》获全市基层党建特色（创新）项目二等奖。

【机关党建“三化”建设】 实施党建质量过硬行动，系统梳理党中央、省委、市委关于机关党建工作党内制度法规，编印《机关党建文件汇编》，配发到977个机关党支部。梳理《机关“三化”建设提质增效和质量过硬2021年重点项目清单》，遴选9个单位先行示范、提供样板。专题召开机关党建“三化”（标准化、规范化、信息化）建设提质增效和质量过硬部署会，对“50条重点项目清单”进行解读，选取先进单位现场演示PPT，5个网络区分别选取示范单位召开推进会，介绍机关党建“三化”建设提质增效和质量过硬工作情况，实现基层党务干部学习示范全覆盖。以每月党建工作日为抓手，采取现场会、调度会、约谈反馈等形式，推进机关党建“三化”建设提质增效和质量过硬工作。加强党员教育监督管理，深化党员分类管理和党性体检工作。突出政治标准，严把党员发展关口，举办3期发展对象培训班，对774名党员发展对象进行集中培训，全年发展党员473名；开展2018年以来发展党员工作抽查调研，及时督促发展党员不严格不规范问题整改到位。

【机关工会活动】 制定《市直机关党内关怀帮扶若干措施（试行）》，积极开展走访、慰问等关爱活动，走访慰问各类党员职工代表468人（户），发放慰问金（含物资）83.58万元。建立困难职工帮扶工作机制，推进干部职工互助保障工作，积极做好“送温暖”“金秋助学”等工作。营造比学赶超浓厚氛围，开展“五一劳动奖”评选推荐和“先进基层工会、优秀工会干部和岗位标兵（先锋）”评选活动，推荐市直机关干部职工4人获评市“五一劳动奖章”，表彰“先进基层工会”20个，“优秀工会干部”27名，“机关岗位标兵（先锋）”32名，营造向先进看齐学习的氛围。丰富文体活动，激发干部职工工作干劲，组织开展全民健身月“兴业银行杯”气排球赛，迎国庆“新时代·新长征”系列篮球赛等，调动干部职工工作的积极性，激发干部职工的工作热情和干劲。

【机关作风建设】 强化责任落实，提高机关纪委规范化建设水平，制定机关纪委建设和机关纪委书记履责清单，优化《市直单位机关党的作风和纪律建设考核细则》，科学设置指标和分值，将机关纪委建设要求细分为5大项目18个子项目，以考核为抓手，推进机关纪委建设。进一步配齐配强机关纪委专职副书记，通过任职考察、日常调研、举办机关纪委专职副书记履职培训等方式，提升机关纪检干部政治和业务素质。强化执纪问责，推进案件质量稳步提升，深入实施和宣传《市直机关纪检监察工委审理案件工作流程和文书规范（试行）》，发挥审核把关作用，审理案件63件，改变处分档次9件，退回补证8件，纠正定性6件，纠正条款适用18件。全面从严推进自身建设，严格执行中央八项规定及其实施细则精神，从严规范机关管理，狠抓制度执行，开展政治家访活动，规范党员干部工作时间以外的言行，针对近几年出现的违纪违法情况，深挖剖析原因，持续开展党风廉政警示教育，增强党员干部遵规守纪的思想自觉和行动自觉。

（市直机关工委）

对台事务

【概况】 2021年，赣州市对台工作全面落实中央、全省对台工作会议精神，扎实推进党史学习教育，推动全市对台工作取得实效。全年新增台资合同项目11个，实际进资8962万美元，以全南县雅溪古村为基础成功申报江西省首家对台交流基地，组织开展“我们一起过中秋”

两岸家庭线上团圆活动等活动。市委台办被评为平安建设工作先进单位、公共机构节能工作先进单位、绩效考评良好单位，顺利通过省、市级文明单位复查。

【两岸交流】 2021年，发挥赣州旅台乡亲众多、客家文化底蕴深厚的工作优势，“线上”“线下”同步发力，推动两岸交流交往，进一步融洽两地同胞情感，增进台湾同胞的国家认同、民族认同、文化认同。先后开展两岸客家采茶戏线上交流、两岸青少年珠心算竞赛、“我们一起过中秋”两岸家庭线上团圆宴、台胞台属红色研学和庆祝中国共产党成立100周年系列活动。立足客家文化优势，以全南县雅溪古村为基础，成功申报江西省首家对台交流基地，为进一步推动赣州与台湾两地客家文化交流夯实硬件基础。全年慰问台胞台属90余户，组织参与交流活动人员近800人次。

【服务台胞台企】 年内，专门举办台企座谈会和“法律入园区进台企”主题宣讲，组织43家台企的负责人参加“推进两岸跨境人民币业务培训班”，在全市范围开展“办实事精准服务台企月”主题活动，深入台资企业走访调研全覆盖，广泛宣传中共十九届五中、六中全会精神和惠台政策措施，帮助台企解决实际困难，对已签约和在建台资项目开展跟踪服务。汇总编印《关于促进赣州与台湾经济文化交流合作若干措施》细化解读读本，梳理惠台政策办事流程51项，打通政策落地“最后一公里”，积极协调有关部门为台湾同胞接种新冠疫苗提供便利，为台胞台商在赣州学习生活就业创业提供同等待遇，进一步坚定台企扎根赣州、快速发展的信心。

【涉台经济】 2021年，赣州市依托海峡两岸产业合作区赣州产业园平台建设，稳步推进赣州与台湾两地经贸融合发展。市领导率团参加江西（东莞）招商引资推介会，赣州市在会上作海峡两岸产业合作区赣州产业园专题推介，签约项目4个。多次组织赴东莞、深圳、广州等地对接台企、台协，考察东莞威保运动器材、广仑电子、凯励电子等台资企业20余家，拜会东莞台资企业协会会长吴胜丰、东莞威保运动器材董事长许新居等重点台商，邀请19个台商团组到赣州参访考察；积极组织赣州市台企参加第四届中国国际进口博览会、第十二届东莞台湾名品博览会，展示赣州台企发展的良好形象。常态化对已签约和在建台资项目进行调度，开展跟踪服务，推动项目早开工、早投产、早见效。年内，全市新增注册及增资台资项目11个，实际进资8962万美元。

【对台宣传】 组织力量参与《台湾工作通讯》“助力台企发展”主题宣传报道活动，向涉台媒体推送稿件20余篇。6月，积极组稿参与《人民日报》海外网、《台湾联合报》联合开展的“大陆新发现”专题报道活动，在台湾《联合报》、《经济日报》、联合新闻网、经济新闻网等岛内媒体刊播赣州专稿，向岛内宣传赣州历史文化、自然景观和秀美乡村，让台湾同胞直观感受祖国的大好河山，扩大赣州在岛内影响力。加强涉台宣传教育，举办全市对台宣传知识讲座，组织全市台办系统干部参加“党旗飘扬在对台工作岗位上”主题征文活动，推送征文稿件35篇，获征文比赛个人一等奖和优秀组织奖。

（廖　珏）

信访工作

【概况】 2021年，全市信访系统深入贯彻落实中共中央总书记习近平关于信访工作的重要指示批示精神，牢记为民解难、为党分忧的政治责任，真抓实干、锐意进取，开创信访工作新局面，为实施“三大战略、八大行动”，建设革命老区高质量发展示范区提供保障。全市信访总量29172批42541人次，分别同比下降22.53%、16.48%，下降幅度高于全省平均水平15个百分点。

重复信访量占比26.66%，同比2019年下降8个百分点，低于全省平均水平9个百分点。得到省委副书记、市委书记吴忠琼的高度肯定和省信访工作联席会议的通报表扬。

【信访矛盾化解攻坚】 充分发挥市信访工作联席会议作用，矛盾化解攻坚取得重要成效。中央联席办交办的第一批1089件信访积案已化解1073件，化解率98.53%，化解进度和质量位居全省前列。赣州市在全省专项工作会议上作经验交流发言。“清存量、控增量”攻坚治理工作涉

7月23日，全市初信初访办理工作现场会在兴国县召开（市信访局供图）

及的509件重点案件全部按照“三到位一处理”要求办结化解。省委信访局主要领导表扬赣州市为全省的专项工作做出大贡献。

【信访制度改革】 建成信访数据自动采集、汇总和分析的信访大数据综合研判分析平台，通过强化信访数据集成管理、大数据智能引领、大数据赋能加持，实现网上信访工作进一步提质增效。赣州市网上信访工作被列为全国先进典型，在7月27日全国网上信访工作专题会议上作经验交流，是全国唯一获此荣誉的地级市，实现赣州市信访工作历史性突破。省领导专门作出批示予以肯定，《江西日报》《江西改革动态》《赣州改革动态》刊载赣州市信访大数据改革做法。

【信访源头治理】 坚持和发展新时代“枫桥经验”，在全市所有乡镇（街道）设立信访工作联席会议，实现市、县、乡全覆盖。持续抓好省信访工作联席会议关于加强领导干部接访等规定的落地执行，市、县“四套班子”领导干部接访4079次，处理信访事项3052件，办结率95.37%，停访息诉率93.33%。推进全国信访工作示范县、全省信访工作“三无”县创建工作，南康区、宁都县获评全国信访工作示范县（区），占全省获评数量的1/3。南康区、赣县区、信丰县、大余县、上犹县、崇义县、安远县、全南县、定南县、兴国县、宁都县、会昌县、寻乌县、石城县等14个县（区）获评全省信访工作“三无”县。

【信访干部队伍建设】 坚持把政治建设摆在首要位置，打造忠诚干净担当的高素质专业化信访干部队伍。高质量推进巡视巡察整改工作，中央第五巡视组巡视反馈意见、省委第六巡视组反馈意见自查自纠问题以及五届市委第九轮巡察反馈问题整改工作全面完成。组织全市信访干部到井冈山、大余、石城等地举办四期业务培训班，全面提升信访干部综合素养。结合换届工作进一步加强基层信访队伍建设，推动县级信访部门逐步配齐配强班子力量。市委信访局被省委、省政府评为第十六届江西省文明单位。市人民来访接待中心被全国妇联评为“2021年度全国三八红旗集体”。

（郭文峰）

老干部工作

【概况】 2021年，用心用情、精心精细提供服务保障，不断满足老干部对美好生活的向往和需求。在全市开展离休干部生活待遇政策落实情况自查自纠工作，全面落实离休干部精准服务“一户一策”。围绕党史学习教育“我为群众办实事”实践活动，切实解决离退休干部的“急难愁盼”问题。围绕庆祝中国共产党成立100周年，在全市离退休干部党支部中开展“我看建党百年新成就”系列调研，用好“离退休干部工作”“赣鄱老干部”“赣州老干部”微信公众号、“银耀赣鄱”信息化网络平台等开展线上党史学习。全年组织全市离退休党员干部约11.5万人次，参加5场中组部举办的全国离退休干部党史学习教育网上专题报告会。赣州市20个离退休干部党支部被省委组织部、省委老干部局命名为首批全省离退休干部“示范党支部”，数量全省最多。赣州市老年大学功能型党组织建设工作被评为全省老干部工作精品创新案例。信丰县退休干部袁守根被中共中央、国务院表彰为“全国脱贫攻坚先进个人”，被中共中央表彰为“全国优秀共产党员”。市委退休干部黄南雄被授予“第五届全省最美老干部”称号。

【思想政治建设】 开展全市离退休干部党史学习教育，围绕党史学习教育目标要求，结合老干部实际，精心组织，创新形式，成效突出。赣州市“推动离退休干部党史学习教育走深走实”的经验做法在中组部“离退休干部工作”微信公众号上刊发。举办市直单位离退休干部党支部书记中共十九届六中全会和省、市党代会精神宣讲报告会暨党建工作培训班，引导广大退休干部成为讲政治、顾大局的表率。紧扣全省基层党建“三化”建设和全市基层党建质量提升行动目标任务，开展创建省级离退休干部“示范党支部”活动，推动全市离退休干部党建工作提质增效和质量过硬。在信丰县召开全市离退休干部党建工作暨省级“示范党支部”创建活动现场推进会，表彰先进，推动后进。积极争取市委组织部从留存党费中增加离退休干部党建工作经费，由25万元增至38万元。联合市委组织部召开以“双抓双促，推动全市离退休干部党建工作提质增效”为主题的新闻发布会，介绍近年来全市离退休干部党建工作的主要做法和成效，引起良好社会反响。

【落实政策待遇】 在全市开展离休干部生活待遇政策落实情况自查自纠工作，全面落实离休干部精准服务“一人一策”，细化亲情化、个性化、多样化服务措施。为全市年龄偏大、行动不便的离退休党员干部开展“送学上门”活动，为10名抗战时期参加革命工作的离休干部提高享受副省（部）级医疗待遇或按副省（部）级报销医疗费。向市（厅）级离退休干部发放征求意见建议函，从围绕中心工作建言献策、落实政治生活待遇、提高老干部工作服务水平、发挥老干部特长优势、老干部生活困难和问题、近期“微心愿”需求等6个方面掌握了解老干部的所思所想，帮助解决实际问题，充分发挥老干部的作用，得到老干部的称赞和肯定。精心组织市本级1000余名离休、县级及以上退休干部参加健康体检，积极主动沟通协调，新增市妇幼保健医院为体检医院，体检医院由原来4家增至5家，老干部体检更加就近方便。管好用好市老干部电子信息服务平台，全年共为离退休干部开展上门保洁和家电水电维修服务1842次，老干部日常生活问题得到及时有效解决。在严格落实疫情防控措施的前提下，市老年大学开学复课。开展“六个一”（组织一次专题学习、开好一次主题党日活动、上好一次专题党课、开发一批精品课程、策划拍摄一批影视和音乐剧作品、办好一批民生实事）系列党史学习教育主题活动，把老年教育嵌入新时代文明实践活动，其做法经验2次被中组部“离退休干部工作”微信公众号刊发。举办全国老年大学第三期党史学习教育主题培训班，在中国老年大学协会建党百年主题演讲活动中，成为全国获奖最多的市级老年大学。

【离退休干部作用发挥】 组建赣州市老干部党史学习教育、红军后代老干部党史学习教育、关工委“五老”党史学习教育等3个宣讲团，发挥老干部熟悉党史、赣南苏区史的独特优势和作用，深入机关、学校、社区等基层开展巡回宣讲，弘扬伟大建党精神、长征精神和苏区精神，推动党史学习教育走深走实，相关活动和做法成效得到中组部“离退休干部工作”微信公众号、《江西日报》、《赣南日报》等主流媒体宣传报道。组织离退休干部开展“颂歌献给党，奋进新时代”庆祝中国共产党成立100周年暨党史学习教育诗歌原创作品征集和诗歌朗诵会，举办全市离退休干部“追寻红色印迹，展示老区风貌”摄影艺术展等活动，讴歌辉煌百年党史，展示赣南大地巨大成就。在江西省关工委成立30周年暨全省关心下一代工作表彰大会上，赣州市28个关工委组织获评“全省关心下一代工作先进集体”，56名“五老”人员获评“全省关心下一代工作先进个人”。

（曾立凤 钟 云）

党校工作

【教学工作】 2021年，全市党校教育工作坚持把习近平新时代中国特色社会主义思想作为干部教育培训的核心内容，理论教育和党性教育占比为79.96%，其中党性教育占比29.56%。着力打造精品课程，1门课程入选全省干部教育培训“好课程”，6门课程入选全市干部教育培训“好课程”，4门课程入选2年“十佳课程”。全年举办主体班42期，培训学员2970人次；积极开展红色培训和党性教育，承接培训班70期，培训学员4567人次。

【科研工作】 全年共发表论文50余篇，其中在《学习时报》上发表3篇。课题“以习近平新时代中国特色社会主义思想为指导对赣州市融入粤港澳大湾区营商环境举措研究”获得中央党校课题立项；2020年中央党校立项课题“习近平关于革命老区振兴发展重要论述研究”顺利结项；全省党校系统立项一般课题6项，青年课题1项，协作课题1项；市社联课题14项。在各类理论研讨会获奖成果9项，其中省级二等奖2项，三等奖2项，优秀论文2项；市级二等奖2项，三等奖1项。编印《中共赣州市委党校2021年科研咨政蓝皮书》。

【教学保障】 全面完成事业单位机构改革工作，核定机构编制数和领导职数工作，调整了事业单位岗位设置方案。进一步建立健全人员调动、请销假等制度；加强校园文化建设，建设党校文化长廊；抓紧基础设施建设，学员综合楼建设有序推进，主体工程已经封顶，新教学楼建设项目已进入设计阶段。积极服务全市新冠肺炎疫情防控工作，年初将学员宿舍楼作为市级集中隔离观察点，并高质量为隔离人员和工作人员提供了后勤保障服务。

【业务指导工作】 举办全市党校系统庆祝中国共产党成立100周年理论研讨暨提升科研能力师资培训班；加强与县级党校课题协作，立项协作校级课题11项。会同市委组织部开展县级党校（行政学校）办学质量评估工作。

（戴 茜）

瑞金干部学院

【概况】 2021年，瑞金干部学院围绕建设“省内示范、全国一流、富有苏区特色”的干部学院目标，突出“追根溯源”和“治国理政”两大特色教学品牌，深化教学改革，埋头苦练内功，推动资源共享，强化要素保障，迈出内涵式高质量发展的坚定步伐。用好统战法宝，汇聚人才力量，聘请38名各级各类专家学者为学院客座教授，助推学院内涵式高质量发展。

【培训工作】 始终坚持把习近平新时代中国特色社会主义思想作为开班培训第一课，开发《学习贯彻习近平新时代中国特色社会主义思想》《学习贯彻习近平总书记在庆祝中国共产党成立100周年大会上的讲话精神》等专题教学课程，扎实开展习近平新时代中国特色社会主义思想进教材、进课堂、进头脑“三进”工作。围绕中心、服务大局，把《对接融入大湾区，在新征程中开新局》《新时代、新征程，新起点、新跨越——〈国务院关于新时代支持革命老区振兴发展的意见〉解读》《全面推进乡村振兴加快农业农村现代化建设步伐》等课程纳入市委主体班培训课程。结合乡村振兴、主攻工业、现代服务业，开展“习近平新时代中国特色社会主义思想在赣州的生动实践”现场教学，打造习近平新时代中国特色社会主义思想在赣州的生动实践教学示范点8个，呈现市委中心工作成效的现场教学点9个。全年累计办班200期，培训学员10484人，坚持疫情防控和教育培训“两手抓、两手硬”，守住“零疫情”的底线。学员满意度不断提高，吉林省工商业联合会、中共桂林市委党校、赣州市肿瘤医院（三六二）医院、中国医学科学院北京协和医院、江西省机关事务局、国务院国资委、四川省委党校、赣州市国投集团纪委、江西省交通运输厅等9家单位送来感谢信。

【教学科研】 依托赣南丰富的红色资源，倾力打造“治国理政”和“追根溯源”两大教学品牌，先后开发《中央苏区党的建设》《中央苏区时期毛泽东调查研究的实践与启示》等7个专题教学课，《为信念出征》《关心群众生活，注意工作方法》等

7个主题教学课。构建瑞金共和国摇篮教学区，赣南等原中央苏区教学圈，赣州、遵义、延安等长征主题教学线的“一区一圈一线”特色教学体系。精心打造“不忘初心、追根溯源、执政为民”“新时代弘扬苏区干部好作风”等5条主题教学线路。编印出版《党史现场教学点解说手册》《党性教育创新教材选辑》2本教材，提升教学水平。坚持“情理史融合”，通过红色初心故事汇、红舞台教学，以及唱红歌、诵红诗、读红色家书等特色辅助教学模块，党性教育的感染力、穿透力显著增强。

【师资队伍建设】 建立“1+N”结对帮带制度，即每名院领导和骨干教师与N名中青年教师结对，组织每位教师结对1—2名红军后代或历史亲历者“亲戚”，助推教师快速成长。同时，通过集体备课、集中试讲、过关测试等方式，全方位提高教学水平。年内申报的10项课题均通过评审，教师朱奕南申报的《中央苏区时期金融人物的研究》入围赣州红色金融文化研究所面向社会公开招标课题；朱奕南、朱荣兰、李明胜申报的《中华苏维埃时期社会建设的实践探索与启示》课题，获中华苏维埃代表大会制度史系列课题二等奖；教师刘畅撰写的《苏区历史对新时期党员干部理想信念教育探讨》在《中国教工》刊登；在市“双百微”好课程评比中，学院有8名教师获奖，取得优异成绩。

【交流活动】 坚持开门开放办学，用好赣州·遵义·延安·龙岩·桂林“五地干部党性教育培训联盟”这个平台，积极开展交流培训和理论研讨。2021年，学院共承接10个来自“联盟”地区的培训班，培训521人次，先后安排19批班次973人次前往福建龙岩开展教学。加速“融湾”步伐，积极主动与大湾区内的重点城市、大中专院校、国企、机关事业单位等加强对接，接待粤港澳大湾区到学院调研23批次，承办27期来自大湾区的班次，培训效果获学员广泛好评。全面合作走深走实，影响力不断增强，新增挂牌“中国医学科学院北京协和医学院干部党性教育基地、中海油能源发展装备技术有限公司瑞金党史教育实践基地、全国统计干部党性教育基地、国家医疗保障系统党性教育基地、江西应用职业技术学院思政教育社会实践基地、中共中国船舶集团有限公司党校党性教育基地”等6个党性教育基地，与深圳改革开放干部学院、深圳人大培训中心、广州市政府系统培训中心等单位，签订战略合作协议。

【教学服务】 根据学院发展需要，理顺部门职责，选优配强部门负责人，结合干部特长，及时调整部门工作人员。树立解决问题“不找领导找制度”鲜明导向，围绕新时代干部教育培训新要求，建立健全管理制度和办事流程，新修订各项管理制度39项。不断拓宽招才引才渠道，招聘硕士研究生1人、选调专业人才7人、带班老师9人。落实落细疫情防控措施，加强宿舍、餐厅、交通工具等重点场所、重要设施的常态化消杀检查。全力推进新院区建设，主体工程全面封顶，室内外装修、校园绿化等同步快速推进。

（瑞金干部学院）

保密工作

【概况】 2021年，市国家保密工作认真贯彻落实中央、省委、市委部署要求，围绕中心、服务大局，守正创新、开拓进取，各项工作取得新成效、新突破，获评全省普法工作先进单位，全省保密工作优秀集体。设立正科级全额拨款事业单位——市保密技术服务中心。

【保密宣传教育】 积极组织参加庆祝中国共产党成立100周年保密知识竞赛、保密文化作品和红色保密故事征集等系列活动，10篇红色保密故事入选全国卷，其中2篇获得全国二等奖，编印《对党忠诚保守秘密——赣州红色保密故事选编》，组织开展全市红色保密故事演讲比赛。利用“赣州保密”微信公众号发布保密知识及警示案例400多篇，累计阅读量超100万人次。举办4期“保密大讲堂”，持续开展“订单式”保密知识讲座，为市直单位和县（市、区）授课18次，累计培训7300余人次。在全省设区市率先建设集红色保密文化、保密警示教育、保密技术演示、保密知识测试等功能于一体的市级保密教育实训平台，列为江西省法治宣传教育基地。

【保密监督检查】 推动把贯彻落实中共中央总书记习近平关于保密工作重要指示批示精神和中央、省委、市委关于保密工作的决策部署情况纳入市县党委巡察工作内容。加强对重点领域、敏感行业、重要涉密单位保密监督管理，对有关市直单位开展进驻式检查，建立全市涉密人员数据库，进一步规范涉密人员管理。加大保密违法违规追责问责力度。建设保密监管一体化平台和赣州市保密监控中心，提升保密技术监管水平，完成庆祝中国共产党成立100周年活动网络保密协同监管保障工作。

（杨　菁）

史志编研

【概况】 2021年，市委党史研究室（市地方志研究室）认真学习习近平新时代中国特色社会主义思想，深入贯彻落实中共十九届六中全会、省第十五次党代会和市第六次党代会精神，服务市委“三大战略，八大行动”，以奋发有为的精神状态，努力推动全市史志工作取得新成效。赣州市地方志办获评人力资源社会保障部和中国地方志指导小组联合表彰的“全国地方志系统先进集体”，胡日旺被评为全国党史系统先进个人，陈安撰写的《论中央苏区与西北苏区》被评为2016—2020年全国党史和文献部门优秀科研成果论文类三等奖。《赣州年鉴（2020）》入选“中国年鉴精品工程”，并获评第八届全国地方志优秀成果（年鉴类）设区市级综合年鉴特等奖，是全省唯一。

4月，整合中共赣州市委党史工作办公室、赣州市地方志办公室、赣州市中央苏区研究中心（赣州市苏区精神研究所），组建中共赣州市委党史研究室（加挂赣州市地方志研究室牌子），6月开始合并办公。

【史志宣教】 派出专家先后为中央军委政治工作部、江西省高级人民法院、揭阳市委、赣州市纪委等部门单位进行党史学习教育辅导授课120余场次。派出专家为揭阳市委、珠江水利委员会环境监测中心、广州高新区灵秀小学、深圳特发集团有限公司等作专题报告，宣传苏区历史和苏区精神。省、市两级党史学习教育宣讲团成员胡日旺、陈上海、陈安，先后在豫章师范学院、江西建工集团、江西理工大学、安远县、定南县、兴国县、上犹县、崇义县、赣州经济技术开发区等地开展宣讲活动。胡日旺在全市县级以上领导干部“学习贯彻党的十九届五中全会精神专题研讨班暨党史学习教育专题读书班”上作专题辅导报告。

参与录制《讲武堂》之《中央红色交通线》节目，接受中央电视台新闻直播间《江西·奋斗百年路 启航新征程之“赣南三整”——探索建立新型人民军队》栏目专访，接受《记住乡愁》栏目专题采访。联合开展《赣南红色讲坛》活动，在赣州电视台播放6期。在人民网联合承办《党史中的赣州故事》专栏，先后刊登赣州党史故事40个。《中国影像方志》栏目播出《江西卷安远篇》，全方位展示安远风土人情、历史地理、文化饮食。

【资料管理使用】 新增入库书籍62种，对资料室收藏的图书资料目录进行分类整理，形成电子化资料目录；向市委办、市委组织部、市苏区办、市委统战部等多家单位及部分媒体提供资料借阅服务，为领导决策、政府部门和社会各界人士提供市情咨询服务，为编写《赣州市兵要地志》、赣南引进香猪情况、赣南脐橙申报国家地理标志产品提供大量资料；开展脱贫攻坚口述史料征集活动，下发《关于印发〈征集脱贫攻坚口述史料征集工作方案〉的通知》，收集整理受全国表彰的脱贫攻坚先进单位和先进个人口述史料，年内完成14个单位。

【理论研究】 出版《纪念寻乌调查90周年理论研讨会论文集》；完成《林伯渠在中央苏区》《瑞金建政》《赣州党史百年百事》书稿编纂，《中国共产党江西省组织史资料》赣州部分、《中国共产党赣州历史第二卷（1949—1978）》资料补充及修改完善；完成中央党史和文献研究院专项引导资金一般项目“中央苏区卫生防疫史料选编”课题结题，该项成果出版申请材料提交中央党史和文献研究院；江西省委宣传部2020年中国特色社会主义理论专项委托课题“长征精神研究”结题，课题成果《永恒的力量——长征精神》鉴定结果为良好；在《经济日报》《学习时报》《新阅读》《世纪风采》《党史文苑》《赣南日报》等报刊媒体发表党史文章30余篇。陈安申报省社科“十四五”基金重点委托项目“中央苏区医疗卫生史与红医精神的时代价值研究”获准立项。《中国共产党初始国家制度建设探索研究》在全市中华苏维埃代表大会制度史课题论文评审中获三等奖。

【启动精品年鉴区域建设】 在全省率先开展精品年鉴区域建设，推动《安远年鉴（2021）》打造“中国年鉴精品工程”。制定《〈安远年鉴（2021）〉精品年鉴编纂指导分工安排表》，派出精干力量分组指导《安远年鉴（2021）》编纂工作，对《安远年鉴（2021）》分纂稿进行审读修改。举办精品年鉴培训会，派出业务骨干为《安远年鉴（2021）》编纂人员及撰稿人员200余人授课。组织精品年鉴指导小组人员到安远县现场指导3次，并召开精品年鉴编纂工作座谈会。《安远年鉴（2021）》成功入选“中国年鉴精品工程”，是全省首部县级中国精品年鉴。11月，赣州市在第六期全国年鉴主编培训班上介绍创建精品年鉴经验，成为全国8个精品年鉴编纂单位发言代表之一。

【党史审读审看】 审读审定《围屋风云》等10余部影视作品大纲，审读《中国共产党龙南历史》（第一卷）、《中国共产党安远历史》（第一卷）及《中央苏区统一战线史》、《赣州市赣县区革命老区发展史》、《革命老区龙南发展史》、《寻乌县革

2021年，省委党史学习教育领导小组办公室材料简报组在安远县参观文明实践中心（市地方志研究室供图）

11 月 2 日，赣州市地方志研究室在第六期全国年鉴主编培训班视频会议上作打造年鉴“精品之路”经验交流发言　（市地方志研究室供图）

命老区发展史》、《赣州市章贡区革命老区发展史》、《中国红色保密故事》等多部党史书稿，对党和国家功勋荣誉馆、寻乌县罗福嶂会议陈列馆展陈大纲、上堡整训纪念园项目概念性设计方案、赣南三整暨崇义革命历史陈列馆陈列大纲、方特东方欲晓主题乐园设计方案等进行评审，对各县（市、区）红色文化陈列方案以及红色名村建设方案等进行史料把关。组织相关专家多次到乡村振兴点于都县段屋乡围上村铜锣湾开展调研，结合党史资源和红一军团历史，帮助挖掘在围上村及围上籍红军的革命故事，提高铜锣湾红色历史底蕴。

【“两志”编纂工作】　开展《赣州市扶贫志》《赣州市全面小康志》工作。11 月 10 日，市政府办印发《关于开展编纂赣州市扶贫志和全面小康志工作的通知》，成立赣州市扶贫志和全面小康志编纂委员会，由市政府分管领导担任主任委员。成立赣州市扶贫志编辑部、赣州市全面小康志编辑部，落实办公场所，各责任单位成立编辑机构，确定编纂人员，完成资料篇目收集。启动《赣州市扶贫志》《赣州市全面小康志》编纂工作，印发《赣州市扶贫志编纂工作实施方案》《赣州市全面小康志编纂工作实施方案》，召开赣州市扶贫志和全面小康志编纂工作启动大会暨业务培训会。

【《赣州年鉴（2021）》出版发行】　《赣州年鉴（2021）》由线装书局出版发行。全书共 36 个类目、261 个分目、1400 个条目，132.5 万字，全面、客观、准确记述市委、市政府深入贯彻落实习近平总书记视察江西和赣州重要讲话精神，统筹推进新冠肺炎疫情防控和全面建成小康社会工作，建设革命老区高质量发展示范区的工作成就和经验，以及赣州市各地、各部门（单位）、各领域的新进展、新变化、新成效。

【《赣州市 2020 年度大事记》出版发行】　《赣州市 2020 年度大事记》出版发行，全书共 28.2 万字。该书客观记述赣州市 2020 年度中的大事、要事、新事，突出记录全市在政治、经济、社会、文化工作等方面发生的重大事件、召开的重要会议、作出的重大决策、开展的重要活动，充分展示市委、市政府统筹推进疫情防控和经济社会发展，扎实做好“六稳”工作，全面落实“六保”任务取得的重要成就和重大成果。

【资政服务】　派员多次到北京市对接纪念中央革命根据地创建暨中华苏维埃共和国成立 90 周年活动的筹备工作。联合市委宣传部等单位承办宁都起义胜利暨红五军团成立 90 周年纪念活动。胡日旺、陈上海分别担任市委党史学习教育领导小组材料简报组组长、副组长，抽调 4 名科级干部到市委学教办材料简报组和宣传报道组从事简报编纂和宣传报道工作，中央学教办第六指导组到赣州市调研指导工作期间对材料简报组的工作给予充分肯定。派员参与全国政协副主席刘奇葆、中央环保督导组组长宋秀岩、共青团中央书记处第一书记贺军科、外交部外管司司长王同庆、党史学习教育中央第六指导组等到赣州考察的领导及专家学者的接待讲解工作。参加长征国家文化公园赣州段的建设，为各项目建设建言献策。参与全市红色文旅项目建设督查。开展庆祝中国共产党成立 100 周年系列活动。联合市委宣传部等单位主办赣州市“学习强国”党史知识大赛，为大赛提供相关试题，并派出专家担任总决赛评委；联合市委宣传部等单位主办“赣州市线上党史知识竞答”活动并提供试题 200 道；向全市党史部门征集“学习强国”赣州试题，为“学习强国”学习平台提供试题 300 余道。

（陈晔明　曹　虹）

机关服务保障

【概况】　2021 年，赣州市机关事务管理中心紧紧围绕市委、市政府各项决策部署，不断强化机关事务管理，较好地完成“保运转、优服务、促发展”各项工作任务。严格执行外来人员进入市政中心凭有效证件登记管理制度，组织消防演练，开展餐饮厨艺、中式铺床、安保、驾驶、会务接待、水电抢修等技能培训，提高干部职工职业素养和能力水平，择优选派技能标兵参加省机关事务管理系统技能竞赛活动。精心筹备省行政中心赣南特色农产品展示活动，布展销售 794 种特色农产品及扶贫产品，在“云上江西”APP 上推选 42 种特色农产品进行展销，制作《品味天下、臻美赣州》专题宣传片。妥善处理维修保养事项 1000 余人次，全年零星维修 396 项，组织水电工对市政中心、市委生活大院和市政府生活大院设施设备日常排查 1200 余人次，保证设施设备正常运转。督促食堂改善餐厅及后厨环境卫生，增加早、中、晚餐供应种类，机关食堂全年服务用餐人员累计 632867 人次。

【安全保卫】 全年核查登记外来人员 115952 人次，接待处置非正常上访人员 105 批 1409 人次。制定安全生产责任清单，修订应急预案，层层落实安全生产责任，全年开展安全隐患集中大排查 8 次，日常巡察 1000 余人次。扎实做好消防安全管理工作，及时更换过期或失效消防器械，就市政中心消防设施维护保养工作采购消防维保公司，对市政中心消防设施进行专业化维护，专业化服务。

【市政中心疫情防控】 及时跟进市疫情防控指挥部要求，做好市政中心常态化疫情防控工作。在机关食堂投放口罩售卖机，在电梯口、食堂、会议室等公共场所的醒目位置张贴防疫提示，常态化要求进入食堂、超市、电梯等公共场所必须佩戴口罩。每周对会议室等人员密集场所公共区域消杀。8 月，及时启动“三码”（健康码、行程码、健康登记码）联查，中心领导分别带队在院内通道入口查验“三码”，登记疫苗接种情况，累计向 42 个单位反馈未接种疫苗 73 人，对机关工作人员带头接种疫苗起到良好推动作用。

【重大会务接待活动】 完成市第六次党代会后勤保障工作，认真做好市“两会”、六大攻坚战流动现场会、中国共产党成立 100 周年系列活动、挂职干部座谈会、赣商大会等重大会议接待、车辆保障等工作。全年累计服务市四套班子各类会议 2091 次，接待参会人员 89426 人次，会务接待工作得到广泛认可和好评，收到来自相关会议主办方表扬信 2 封。

【制止餐饮浪费】 联合行业主管部门开展践行制止餐饮浪费行动督查，与市公节办到各党政机关食堂明察暗访，检查情况纳入公共机构节能考核评比。带头做好市政中心机关食堂制止餐饮浪费工作，市政中心 2 个食堂全年餐余垃圾产生量下降 30.27%，用水量下降 14.76%，用电量下降 6.48%，天然气耗量下降 12.37%，节约成效显著。指导各县（市、区）落实相关责任，营造机关带头的良好风气，其中章贡区机关事务管理中心、上犹县机关事务管理中心在制止餐饮浪费工作方面得到省管局表扬。

【公务用车管理】 严格落实公务用车管理办法，规范公车配备和使用管理。根据“四统一”（项目编码统一、工程量清单计算规则统一、统一计量单位，项目名称统一）原则审批备案全市 213 台公车更新购置工作；持续推进全市公务用车信息化平台建设，市本级及大部分县（市、区）全面转为信息化约车，累计派车 447493 单；严格执行公车标识化管理，推动北斗定位装置全面覆盖；保质保量完成 2020 年度公车统计工作，积极探索车改后基层公务用车保障工作，及时总结上报经验做法，中心上报的理论文章参加国家机关事务管理局“启程十四五”公务用车主题征文评选，获三等奖 1 篇、优秀奖 1 篇，全市新能源车推广使用工作被省管局评为省级公务用车管理领域示范点；全年保障市党代会等重大接待任务 22 项，市本级“三大平台”累计出车 1.8 万批次，安全行驶 484.2 万千米，市应急调研接待用车驾驶班被评为“2021 年赣州市工人先锋号”，1 名驾驶员获“赣州市 2021 年先进工作者”称号。

【办公用房管理】 严格执行《党政机关办公用房管理办法》，调配市大数据管理局、市党史学教办等 12 个单位 99 间办公用房、4 间会议室，面积 2754 平方米。9 月组织全市党政机关办公用房使用情况摸底调查，进一步整治违规使用办公用房行为。严格按照相关规定审查办公用房维修改造事项，对市自然资源局等 11 家单位办公用房维修改造出具审查性意见。

【市政中心配套基础设施建设】 完成北区 12 部电梯及综合楼 1 部电梯采购更换项目，合理优化候梯时间及乘梯时间，受到干部职工一致好评。完成院内道路维修项目，完成道路维修面积约 3 万平方米，改造北区停车场透水混凝土约 3700 平方米，改造污水管道 621 米，改善市政中心办公生活环境。利用国庆假期，协调市供电部门对市政中心南区配电房电力设施进行改造，更新电力设施设备，优化电力配置，提升用电保障水平。推进人行通道访客管理道闸系统建设，在市政中心南大门、东大门、北区办公楼（双子楼）前厅安装人行通道访客管理道闸系统，实现人脸识别通行，加强对两轮车及行人的出入安全管理。启用市体育中心地下停车场、东大门外南侧停车场，缓解院内“停车难”问题，新增停车位 602 个。对市政中心院内停车位进行重新规划，取消容易造成拥堵的不合理车位，加大停车管理力度，维护院内停车秩序。

【节约型机关建设】 通过政府采购形式推广新能源汽车应用，全年购置新能源汽车 95 辆，其中县（市、区）75 辆。与市四套班子机关联动做好节支降费工作，全年市政中心人均用水量同比下降 12.92%，人均用电量同比下降 10.53%。引进专业公司对市政中心零星维修工程预结算审核把关，审减资金率达 16.86%。

（邱海帆）

本栏编辑：陈畔明

赣州市人民代表大会

综　述

【概况】　2021 年，赣州市人大常委会坚持以习近平新时代中国特色社会主义思想为指导，围绕全市经济社会发展大局依法履职尽责，全年共制定地方性法规 3 部，备案审查规范性文件 337 件，听取有关报告 10 项，检查 2 部法律法规实施情况，开展专题调研 7 项，作出决定决议 19 项，任免国家机关工作人员 139 人次，组织宪法知识任前考试 162 人次、宪法宣誓 196 人次，办理代表意见建议 272 件，为推动赣州市“十四五”良好开局、奋力推进高质量跨越式发展作出积极贡献。

【专题调研】　围绕工业倍增升级，开展纺织服装产业转型升级专题调研，走访重点企业 19 家，针对产业结构、技术创新、用工矛盾、企业成本等问题提出对策建议；开展科技创新平台建设专题调研，提出开展科技创新促进条例立法工作等意见建议。围绕省域副中心城市建设，开展中心城区五区一体化、文化旅游新业态专题调研，联合各县（市、区）人大围绕“一核五区”区域经济社会发展重点工作组织代表集中视察。围绕优化营商环境，听取审议打造对接融入粤港澳大湾区桥头堡落实情况的报告，组织 372 名人大代表评议全市法院服务保障营商环境优化工作，助力打造一流营商环境。

【建议督办】　制定出台代表建议重点督办工作办法，建立常委会主任会议成员牵头督办和市政府分管领导领办、各专工委具体督办工作机制，重点督办 15 件市五届人大六次会议代表建议，切实解决一批群众“急难愁盼”问题。优化代表建议办理流程，推动代表建议办理工作纳入绩效考核，听取审议代表建议办理情况报告，跟踪推进代表建议 B 类件二次办理工作，以实际成效回应群众关切。2021 年，交办代表建议 272 件，其中大会期间 269 件，闭会期间 3 件，均已完成办理工作。

【六届市人大代表构成】　赣州市第六届人民代表大会有 538 名代表，来自 19 个选举单位。工人、农民代表 115 名，占代表总数的 21.38%，比上届上升 0.61%；专业技术人员代表 64 名，占代表总数的 11.90%，比上届上升 0.50%；领导干部代表 258 名，占代表总数的 47.96%，比上届下降 0.84%；妇女代表 159 名，占代表总数的 29.55%，比上届上升 2.90%；少数民族代表 12 名，占代表总数的 2.23%；归侨、侨眷、港澳台眷属代表 4 名，占代表总数的 0.74%；非中共党员代表 201 名，占代表总数的 37.36%。

【代表工作】　组织人大代表专题调研和集中视察，统筹安排代表参加“一府一委两院”联系代表活动。组织人大代表围绕对接融入粤港澳大湾区、推动中心城区五区一体化发展、“会寻安”生态示范区建设、全域旅游助力乡村振兴等主题开展专题调研，引导人大代表为赣州市高质量跨越式发展贡献智慧。制定出台代表联络工作站工作细则，推进代表联络工作站（室）规范化建设，组织全市各级代表常态化进站开展活动。落实常委会组成人员联系基

1 月 21 日，市人大常委会到信丰县开展村（居）“两委”换届工作调研
（市地方志研究室供图）

层代表制度，健全基层代表列席常委会会议、常委会领导与列席代表座谈等机制。扩大代表对常委会立法、监督等工作参与的深度和广度。

【人大代表建议办理】 市五届人大六次会议人大代表建议272条，其中财贸金融类8条，占比2.94%；科教文卫类51条，占比18.75%；农林水类32条，占比11.76%；工交类76条，占比27.94%；综合类85条，占比31.25%；城建环保类20条，占比7.35%。

市五届人大六次会议人大代表部分建议办理情况表

表11

编号	标题	领衔代表	分类	主办单位	协办单位	办理结果
020	关于支持赣（州）韶（关）铁路扩能工程按高铁标准进行规划建设的建议	廖永平等10名代表	工交类	市铁路建设发展中心	市发改委	A
027	关于请求将赣州农业学校整体搬迁到于都办学的建议	陈阳山等41名代表	科教文卫类	市农业农村局	市委教育工委、市教育局	A
100	关于要求对高标准农田建设后存在问题的农田进行整改的建议	胡海兰等10名代表	农林水类	市农业农村局		A
101	关于增加水质检测设备的建议	邵芬等11名代表	农林水类	市水利局	市政公用集团	A
132	关于支持宁都高级技工学校升格为宁都技师学院的建议	余路晓等29名代表	科教文卫类	市人社局	市委教育工委、市教育局	A
134	关于支持石城打造成为对接融入粤港澳大湾区的品牌运动鞋服智造基地的建议	刘晓波等15名代表	综合类	市市场监管局	市发改委、市工信局、市商务局、市委教育工委、市教育局、市自然资源局	A
139	关于支持石城产业园调园扩区的建议	刘晓波等19名代表	工交类	市发改委		A
141	关于支持石城建设成为全国知名的温泉康养旅游目的地的建议	刘晓波等19名代表	综合类	市文广新旅局	市发改委、市民政局、市卫健委	A
143	关于支持宁都建设童装（校服）产业基地暨打造全国重要童装（校服）智造产业基地的建议	邱建军等29名代表	工交类	市工信局	市商务局、市市场监管局、市委教育工委、市教育局	A
145	关于争取安徽阜阳至江西鹰潭至瑞金接瑞梅铁路建设的建议	刘定辉等29名代表	工交类	市铁路建设发展中心	市发改委	A
152	关于争取将梅江灌区项目纳入国家“十四五”规划和水利部水安全保障专项规划的建议	陈清云等10名代表	农林水类	市水利局	市发改委	A
155	关于协调将景鹰瑞铁路纳入国家“十四五”建设规划并加快建设的建议	刘晓波等19名代表	工交类	市铁路建设发展中心	市发改委	A
156	关于将石城硅产业列入全市稀金产业板块进行重点培育的建议	刘晓波等15名代表	工交类	市工信局		A
173	关于从市级层面大力扶持推动“天心整军”旧址保护开发工作的建议	赖玉梅等17名代表	科教文卫类	市文广新旅局		A
177	关于将上犹县纳入赣州市城市轨道交通线网规划的建议	蓝青等12名代表	工交类	市铁路建设发展中心		A
178	关于在上犹建设赣南采茶戏大舞台的建议	赖晓岚等12名代表	科教文卫类	市文广新旅局	上犹县政府	A
188	关于强化口岸协调管理职能的建议	王庆军等23名代表	财贸金融类	市商务局	赣州国际陆港管理委员会	A
193	关于给予南康城乡规划倾斜政策的建议	王俊等15名代表	城建环保类	市自然资源局		A
205	关于加强赣州市打击走私综合治理工作建议	王庆军等12名代表	综合类	赣州海关		A
259	关于从市级层面举全力将三百山打造成赣州文化旅游拳头产品的建议	肖旺等17名代表	科教文卫类	市文广新旅局	市发改委、市公路发展中心、市政府办公室	A

重要会议

【市五届人民代表大会第六次会议】 2月19—22日，市五届人民代表大会第六次会议在赣州召开。大会应到代表542人，实到代表493人。会议表决通过《关于政府工作报告的决议》《关于赣州市国民经济和社会发展第十四个五年规划和二〇三五年远景目标纲要的决议》《关于赣州市2020年国民经济和社会发展计划执行情况与2021年国民经济和社会发展计划的决议》《关于赣州市2020年预算执行情况和2021年预算的决议》《关于2020年生态文明试验区建设情况报告的决议》《关于赣州市人民代表大会常务委员会工作报告的决议》《关于赣州市中级人民法院工作报告的决议》《关于赣州市人民检察院工作报告的决议》《关于设立赣州市第五届人民代表大会教育科学文化卫生委员会、农业和农村委员会、城乡建设环境与资源保护委员会的决定》。会议选举许南吉为市人民政府市长，选举产生五届人民代表大会常务委员会副主任、秘书长、委员，以及市五届人民代表大会教育科学文化卫生委员会、农业和农村委员会、城乡建设环境与资源保护委员会主任委员、副主任委员、委员。

【市六届人民代表大会第一次会议】 10月28—30日，市六届人民代表大会第一次会议在赣州召开。应到代表538人，实到代表528人。大会审议批准政府工作报告和各项报告，确定赣州市今后五年经济社会发展的奋斗目标和任务；依法选举产生新一届市人大常委会组成人员，市人民政府市长、副市长，市监察委员会主任，市中级人民法院院长、市人民检察院检察长。

【市五届人大常委会会议】 1月11日，五届人大常委会第三十四次会议召开。会议审议并表决通过《关于接受马健、李远恩、李细妹、陈文俊、黄志高、曾小良、曾明健辞去江西省第十三届人民代表大会代表职务的请求的决定》《赣州市五届人大常委会第三十四次会议补选江西省第十三届人大代表办法》；补选邱凌、巫欣春、赵多仙、黄文发、廖小波、叶富安、曾令峰、曾雷为江西省第十三届人民代表大会代表。

2月8日，市五届人大常委会第三十五次会议召开。会议决定市五届人大六次会议于2月19日在赣州召开。会议审议通过《赣州市人民代表大会常务委员会关于召开赣州市第五届人民代表大会第六次会议的决定》《赣州市第五届人民代表大会第六次会议议程（草案）》，决定提请赣州市第五届人民代表大会第六次会议预备会议审议；审议通过《赣州市人民代表大会常务委员会工作报告（讨论稿）》，决定提请赣州市第五届人民代表大会第六次会议审议；审议通过有关人事任免议案；审议通过《赣州市人民代表大会常务委员会关于接受胡雪梅同志辞去赣州市人民政府副市长职务的请求的决定》《赣州市人民代表大会常务委员会关于接受曾文明同志辞去赣州市人民政府市长职务的请求的决定》《赣州市人民代表大会常务委员会关于许南吉同志为赣州市人民政府代理市长的决定》；审议通过《赣州市第五届人民代表大会常务委员会代表资格审查委员会关于代表资格的审查报告》；审议通过《赣州市第五届人民代表大会第六次会议主席团和秘书长名单（草案）》，决定提请赣州市第五届人民代表大会第六次会议预备会议审议；审议通过赣州市第五届人民代表大会第六次会议列席人员范围。

3月11日，市五届人大常委会第三十六次会议召开。会议审议通过《市人大常委会法工委关于2017年以来规范性文件备案审查工作的报告》；审议通过《赣州市人民代表大会常务委员会关于撤销有关工作委员会的决定（草案）》；审议通过《赣州市人民代表大会常务委员会关于接受邹冲同志辞去赣州市人大常委会委员职务的请求的决定（草案）》；审议通过有关人事任免议案。会后举行宪法宣誓仪式，市人民政府副市长高世文、罗瑞华等相关国家工作人员，以及市五届人大六次会议通过的教育科学文化卫生委员会委员、农业和农村委员会委员、城乡建设环境与资源保护委员会委员进行宪法宣誓。

4月13日，市五届人大常委会第三十七次会议召开。会议审议《赣州市人民政府关于提请审议授予董明珠等10人“赣州市荣誉市民”称号的议案》，作出《赣州市人民代表大会常务委员会关于授予董明珠等10人“赣州市荣誉市民”称号的决定》；审议通过《赣州市第五届人民代表大会常务委员会代表资格审

2月19日，赣州市第五届人民代表大会第六次会议召开

（市人大办供图）

10月，市六届人大一次会议举行向宪法宣誓仪式（市人大办供图）

查委员会关于个别代表的代表资格审查报告》和有关人事任免议案。

4月29日，市五届人大常委会第三十八次会议召开。会议听取审议《市人大常委会执法检查组关于检查〈赣南客家围屋保护条例〉实施情况的报告》《市人民政府关于医疗保障工作情况的专项工作报告》《市人民检察院关于诉讼监督工作情况的专项工作报告》；表决通过《赣州市燃气管理条例（草案表决稿）》；审议《赣州市物业管理条例（草案）》；表决通过《赣州市人民代表大会常务委员会关于接受鲍峰庭同志辞去赣州市人民代表大会常务委员会副主任职务的请求的决定》《赣州市人民代表大会常务委员会关于接受仲先东同志辞去赣州市人民代表大会常务委员会委员、法制委员会主任委员职务的请求的决定》。

6月28日，市五届人大常委会第三十九次会议召开。会议听取审议《市人大常委会执法检查组关于检查〈宗教事务条例〉实施情况的报告》《赣州市人民政府落实〈关于打造对接融入粤港澳大湾区桥头堡的意见〉的专项工作报告》《关于全市水利建设情况的专项工作报告》，审议有关人事任免议案。会后举行宪法宣誓仪式，此次会议任命的国家工作人员进行宪法宣誓。

7月16日，市五届人大常委会第四十次会议召开。会议审议通过《赣州市人民代表大会常务委员会关于接受周才東辞去江西省第十三届人民代表大会代表职务的请求的决定》和有关人事任免议案。

8月25日，市五届人大常委会第四十一次会议召开。会议书面通报《市人大常委会2021年上半年工作情况和下半年工作安排》；听取审议《赣州市中级人民法院关于全市人民法院服务保障营商环境优化工作情况的自评报告和市人大常委会评议工作组评议情况的报告》《赣州市人民政府关于2021年上半年全市国民经济和社会发展计划执行情况的报告》《赣州市人民政府关于2020年度市级预算执行和其他财政收支的审计工作报告》《赣州市人民政府关于2020年市级决算（草案）》《2021年上半年全市预算执行情况的报告》《赣州市人民政府关于2021年市级一般公共预算和政府性基金预算调整方案（草案）》《2021年地方政府债务限额的报告》《市人大财经委关于2020年市级决算草案的审查结果报告》《关于2021年市级一般公共预算和政府性基金预算调整方案（草案）》《2021年地方政府债务限额的审查结果报告》；审议《赣州市生活垃圾管理条例（草案）》和其他议案；听取审议《赣州市人民政府关于污染防治攻坚战情况的专项工作报告》，并就有关问题开展专题询问。会议审议通过《赣州市人民代表大会常务委员会关于批准2020年市级决算的决议（草案）》《赣州市人民代表大会常务委员会关于批准2021年市级一般公共预算和政府性基金预算调整方案以及2021年地方政府债务限额的决议（草案）》《市人民政府关于市五届人大五次会议人大代表建议B类件二次办理情况的报告》《赣州市人民代表大会常务委员会关于赣州市第六届人民代表大会代表名额分配和选举问题的决定（草案）》《赣州市人民代表大会常务委员会关于接受邱建军同志辞去赣州市人民代表大会常务委员会副主任职务的请求的决定（草案）》，审议有关人事任免议案和其他决定（草案）。

9月17日，市五届人大常委会第四十二次会议召开。会议审议通过《赣州市人民代表大会常务委员会关于接受高世文同志辞去赣州市人民政府副市长职务的请求的决定（草案）》、《赣州市人民代表大会常务委员会关于接受唐舒龙同志辞去赣州市监察委员会主任职务的请求的决定（草案）》、《赣州市人民代表大会常务委员会关于接受江阶虎同志辞去赣州市人民检察院检察长职务的请求的决定（草案）》、《赣州市人民代表大会常务委员会关于饶华东同志代理赣州市监察委员会主任职务的决定（草案）》《赣州市人民代表大会常务委员会关于熊良明同志代理赣州市人民检察院检察长职务的决定（草案）》和有关人事任免议案。

9月30日，市五届人大常委会第四十三次会议召开。会议审议通过《赣州市第五届人民代表大会常务委员会代表资格审查委员会关于赣州市第六届人民代表大会代表的代表资格审查报告》。表决通过有关人事任免议案。

10月13日，市五届人大常委会第四十四次会议召开。会议听取审议《赣州市人民政府关于2020年度全市国有资产管理情况的综合报告》。会议决定市六届人大一次会议于10月28日召开。会议审议通过《赣州市第六届人民代表大会第一次会议议程（草案）》《赣州市人民代表大会常务委员会工作报告（讨论稿）》《赣州市第六届人民代表大会第一次会议主席团和秘书长名单（草案）》，决定提请赣州市第六届人民代表大会第一次会议预备会议审议；表决通过《赣州市第六届人民代表大会第一次会议列席人员范围（草案）》；审议有关人事任职议案。

【市六届人大常委会会议】 11月16日，市六届人大常委会第一次会议召开。会议学习中共十九届六中全会精神、中央人大工作会议精神，以及赣州市人民代表大会常务委员会议事规则；听取审议《赣州市人民政府关于我市“七五”普法规划实施情况和“八五”普法工作安排情况的报告》，作出《关于开展第八个五年法治宣传教育的决议》；审议通过赣州市第六届人民代表大会常务委员会代表资格审查委员会主任委员、副主任委员、委员名单和人事任免议案。会议举行宪法宣誓仪式，此次会议任命的国家工作人员进行宪法宣誓。

12月17日，市六届人大常委会第二次会议召开。会议审议通过《市人大常委会关于接受许南吉同志辞去赣州市人民政府市长职务的请求的决定》。

12月31日，市六届人大常委会第三次会议召开。会议审议《赣州市生活垃圾管理条例（草案二次审议稿）》；审议通过《赣州市人民政府、市人大常委会选任联工委关于市五届人大六次会议代表提出的建议、批评和意见办理情况的报告》《赣州市人民代表大会常务委员会关于召开赣州市第六届人民代表大会第二次会议的决定（草案）》；审议《赣州市第六届人民代表大会第二次会议议程（草案）》《赣州市人民代表大会常务委员会工作报告（讨论稿）》《赣州市第六届人民代表大会第二次会议主席团和秘书长名单（草案）》，决定提请赣州市第六届人民代表大会第二次会议预备会议审议；审议通过《赣州市第六届人民代表大会第二次会议列席人员范围（草案）》《赣州市第六届人民代表大会常务委员会代表资格审查委员会关于个别代表的代表资格审查报告》。会议听取审议《赣州市人民政府关于我市2020年度市级预算执行和其他财政收支审计查出问题整改情况的报告》，召开联组会议，对市公安局、市中级人民法院、市检察院、市交通运输局、市自然资源局、市医疗保障局等6个部门2020年度市级预算执行和其他财政收支审计查出问题整改情况开展满意度测评。市六届人大一次会议选举的市检察院检察长熊良明在会议上进行宪法宣誓。

【市人大常委会主任会议】 1月9日，市五届人大常委会召开第六十六次主任会议。会议讨论《赣州市人民代表大会常务委员会关于接受马健等同志辞去江西省第十三届人民代表大会代表职务的请求的决定（草案）》《赣州市五届人大常委会第三十四次会议补选江西省第十三届人大代表办法（草案）》《关于建议提请市人大常委会第三十四次会议补选邱凌同志等为省十三届人大代表的报告》；研究召开市五届人大常委会第三十四次会议的有关事项。

2月8日，市五届人大常委会召开第六十七次主任会议。会议讨论《赣州市人民代表大会常务委员会关于召开赣州市第五届人民代表大会第六次会议的决定（草案）》《赣州市第五届人民代表大会第六次会议议程（草案）》《赣州市人民代表大会常务委员会工作报告（讨论稿）》《赣州市人民代表大会常务委员会关于接受胡雪梅同志辞去赣州市人民政府副市长职务的请求的决定（草案）》《赣州市人民代表大会常务委员会关于接受曾文明同志辞去赣州市人民政府市长职务的请求的决定（草案）》《赣州市人民代表大会常务委员会关于许南吉同志为赣州市人民政府代理市长的决定（草案）》《赣州市第五届人民代表大会常务委员会代表资格审查委员会关于代表资格的审查报告（草案）》《赣州市第五届人民代表大会第六次会议主席团和秘书长名单（草案）》《赣州市第五届人民代表大会第六次会议列席人员范围（草案）》；研究召开市五届人大常委会第三十五次会议的有关事项。

3月9日，市五届人大常委会召开第六十八次主任会议。会议讨论《市人大常委会关于听取和审议市人民检察院关于诉讼监督工作情况专项工作报告的方案》《市人大常委会关于听取和审议市人民政府关于我市医疗保障情况专项工作报告的方案》《市人大常委会关于开展〈赣南客家围屋保护条例〉执法检查的方案》《市人大常委会关于开展〈赣州市历史文化街区和历史建筑保护条例〉立法调研的方案》《市人大常委会法工委关于2017年以来规范性文件备案审查工作的报告》《赣州市人民代表大会常务委员会关于撤销有关工作委员会的决定（草案）》《赣州市人大代表建议重点督办工作办法（试行）》《赣州市人民代表大会常务委员会关于接受邹冲同志辞去赣州市人大常委会委员职务的请求的决定（草案）》；研究召开市五届人大常委会第三十六次会议的有关事项。

4月12日，市五届人大常委会召开第六十九次主任会议。会议讨论《赣州市人大常委会2021年代表工作计划（讨论稿）》、《市人大常委会关于开展〈宗教事务条例〉执法检查的方案》、《赣州市燃气管理条例（草案三次审议稿）》（讨论稿）、《市人大常委会关于同意授予董明珠等10人“赣州市荣誉市民”称号的决定（草案）》、《赣州市第五届人民代表大会常务委员会代表资格审查委员会关于个别代表的代表资格审查报告（草案）》、拟重点督办的市五届人大六次会议代表建议选题；研究召开市五届人大常委会第三十七次会议的有关事项。

4月27日，市五届人大常委会召开第七十次主任会议。会议讨论《市人大常委会专题调研组关于全市检察机关开展诉讼监督工作情况的调研报告》《市人大常委会关于听取和审议市人民政府落实〈关于打造对接融入粤港澳大湾区桥头堡的意见〉情况专项工作报告的方案》《市人大常委会专题调研组关于全市医疗保障工作情况的调研报告》《市人大常委会执法检查组关于检查〈赣南客家围屋保护条例〉实施情况的报告》《市人大常委会关于开展全市科技创新平台建设专题调研的方案》《市人大常委会立法调研组关于〈赣州市历史文化街区和历史建筑保护条例〉的立法调研报告》《市人大常委会关于听取和审议市人民政府关于水利建设情况专项工作报告的方案》《市人大城建环资委关于〈赣州市物业管理条例（草案）〉的初审报告》、《赣州市人大代表联络工作站工作细则（试行）（讨论稿）》；讨论关于增加赣州市人大常委会立法专家库专家的有关事宜、赣州市人大常委会规范性文件备案审查专家库人选的有关事宜；讨论《赣州市人民代表大会常务委员会关于接受鲍峰庭同志辞去赣州市人民代表大会常务委员会副主任职务的请求的决定（草案）》《赣州市人民代表大会常务委员会关于接受仲先东同志辞去赣州市人民代表大会常务委员会委员、法制委员会主任委员职务的请求的决定（草案）》；研究召开市五届人大常委会第三十八次会议的有关事项。

4月29日，市五届人大常委会召开第七十一次主任会议。会议讨论《赣州市燃气管理条例（草案建议表决稿）》。

5月30日，市五届人大常委会召开第七十二次主任会议。会议讨论《市人大常委会关于对全市法院推进一站式多元解纷和诉讼服务体系建设工作情况开展专题调研的方案》《市人大常委会关于对全市残疾人权益保障工作开展专题调研的方案》《市人大常委会关于对我市文化旅游新业态发展情况开展专题调研的方案》，讨论关于增加赣州市人大常委会基层立法联系点的有关事宜。

6月25日，市五届人大常委会召开第七十三次主任会议。会议讨论市人大常委会关于组织人大代表评议全市人民法院服务保障营商环境优化工作的方案、市人大常委会专题调研组《关于打造对接融入粤港澳大湾区桥头堡的意见》落实情况的调研报告、市人大常委会专题调研组关于全市水利建设情况的调研报告、市人大常委会关于听取和审议市人民政府关于污染防治攻坚战情况专项报告并开展专题询问的方案、市人大常委会执法检查组关于检查《宗教事务条例》实施情况的报告；研究召开市五届人大常委会第三十九次会议的有关事项和宪法宣誓工作方案。

7月16日，市五届人大常委会召开第七十四次主任会议。会议讨论市人大常委会关于开展纺织服装产业转型升级专题调研的方案、《赣州市人民代表大会常务委员会关于接受周才东辞去江西省第十三届人民代表大会代表职务的请求的决定（草案）》；研究召开市五届人大常委会第四十次会议的有关事项。

7月30日，市五届人大常委会召开第七十五次主任会议。会议讨论市人大常委会专题调研组关于全市法院推进一站式多元解纷和诉讼服务体系建设工作情况的调研报告、市人大常委会专题调研组关于全市残疾人权益保障工作的调研报告、市人大常委会专题调研组关于赣州市科技创新平台建设情况的调研报告、市人大常委会关于开展巩固拓展脱贫攻坚成果同乡村振兴有效衔接专题调研的方案、市人大常委会关于开展污染防治攻坚战情况专题询问的方案、市人大常委会关于督导县乡两级人大换届选举工作的方案、关于赣州市第六届人大代表名额分配和选举工作方案。

8月23日，市五届人大常委会召开第七十六次主任会议。会议讨论市人大常委会评议工作组关于全市人民法院服务保障营商环境优化工作评议情况的报告、市人大财经委关于2021年上半年全市国民经济和社会发展计划执行情况报告的审议意见、市人大财经委关于2020年度市级预算执行和其他财政收支审计工作报告的审议意见、市人大财经委关于2020年市级决算草案的初步审查意见、市人大财经委关于2021年市级一般公共预算和政府性基金预算调整方案（草案）以及2021年地方政府债务限额的初步审查意见、市人大常委会专题调研组关于全市纺织服装产业转型升级情况的调研报告、市人大常委会关于听取和审议市人民政府关于2020年度全市国有资产管理情况综合报告的方案、《赣州市人民代表大会常务委员会关于同意上犹县撤县设区行政区划变更方案的决议（草案）》、市人大城建环资委关于《赣州市生活垃圾管理条例（草案）》的初审报告、市人大常委会专题调研组关于污染防治攻坚战情况的调研报告、市人大常委会法工委关于推迟审议《赣州市物业管理条例（草案）》的汇报、《赣州市人民代表大会常务委员会关于赣州市第六届人民代表大会代表名额分配和选举问题的决定（草案）》、《赣州市人民代表大会常务委员会关于接受邱建军同志辞去赣州市人民代表大会常务委员会副主任职务的请求的决定（草案）》；研究召开市五届人大常委会第四十一次会议的有关事项。

9月16日，市五届人大常委会

召开第七十七次主任会议。会议讨论市人大常委会关于开展市中心城区“五区一体化”情况专题调研的方案、市人大常委会专题调研组关于赣州市文化旅游新业态发展情况的调研报告、《赣州市人民代表大会常务委员会关于接受高世文同志辞去赣州市人民政府副市长职务的请求的决定（草案）》《赣州市人民代表大会常务委员会关于接受唐舒龙同志辞去赣州市监察委员会主任职务的请求的决定（草案）》《赣州市人民代表大会常务委员会关于接受江阶虎同志辞去赣州市人民检察院检察长职务的请求的决定（草案）》《赣州市人民代表大会常务委员会关于饶华东同志代理赣州市监察委员会主任职务的决定（草案）》《赣州市人民代表大会常务委员会关于熊良明同志代理赣州市人民检察院检察长职务的决定（草案）》；研究召开市五届人大常委会第四十二次会议的有关事项。

9月30日，市五届人大常委会召开第七十八次主任会议。会议讨论市人大常委会专题调研组关于全市巩固拓展脱贫攻坚成果同乡村振兴有效衔接情况的调研报告、赣州市第五届人民代表大会常务委员会代表资格审查委员会关于赣州市第六届人民代表大会代表的代表资格审查报告；研究召开市五届人大常委会第四十三次会议的有关事项。

10月11日，市五届人大常委会召开第七十九次主任会议。会议讨论市人大常委会专题调研组关于全市国有资产管理情况的调研报告、市人大常委会各督办单位关于对市五届人大六次会议代表建议重点督办情况的报告、《赣州市人民代表大会常务委员会关于召开赣州市第六届人民代表大会第一次会议的决定（草案）》《赣州市人民代表大会常务委员会工作报告（讨论稿）》《赣州市第六届人民代表大会第一次会议议程（草案）》《赣州市第六届人民代表大会第一次会议主席团和秘书长名单（草案）》《赣州市第六届人民代表大会第一次会议列席人员范围（草案）》；研究召开市五届人大常委会第四十四次会议的有关事项。

11月15日，市六届人大常委会召开第一次主任会议。会议学习《赣州市人民代表大会常务委员会议事规则》、《赣州市人民代表大会常委会委员会主任会议议事规则》、《赣州市人民代表大会常务委员会关于开展第八个五年法治宣传教育的决议（草案）》、市人大常委会关于对2020年度市级预算执行和其他财政收支审计查出问题整改情况进行重点督办并开展满意度测评的方案、市人大常委会专题调研组关于市中心城区“五区一体化”情况的调研报告、《赣州市人大常委会5年立法规划项目库（2022—2026年）（讨论稿）》、《赣州市人大常委会2022年立法计划（讨论稿）》、《赣州市第六届人民代表大会常务委员会代表资格审查委员会主任委员、副主任委员、委员名单（草案）》；讨论人事任免事项，讨论市六届人大常委会主任、副主任、秘书长分工安排；研究召开市六届人大常委会第一次会议的有关事项和宪法宣誓工作方案。

12月17日，市六届人大常委会召开第二次主任会议。会议讨论人事任职事项，讨论《赣州市人民代表大会常务委员会关于接受许南吉同志辞去赣州市人民政府市长职务的请求的决定（草案）》等，研究召开市六届人大常委会第二次会议的有关事项。

12月30日，市六届人大常委会召开第三次主任会议。会议讨论市人大财经委关于2020年度市级预算执行和其他财政收支审计查出问题整改督办情况的汇报、《赣州市人大常委会计划预算审查监督咨询专家库管理办法（修订讨论稿）》及专家库成员人选名单、市人大法制委关于《赣州市生活垃圾管理条例（草案）》修改情况的汇报、《赣州市生活垃圾管理条例（草案二次审议稿）（讨论稿）》、关于市五届人大六次会议代表提出的建议、批评和意见办理情况的报告；讨论《赣州市人大常委会组成人员联系市人大代表的办法（试行）》《赣州市人民代表大会常务委员会关于召开赣州市第六届人民代表大会第二次会议的决定（草案）》《赣州市第六届人民代表大会第二次会议议程（草案）》《赣州市人民代表大会常务委员会工作报告（讨论稿）》《赣州市第六届人民代表大会第二次会议主席团和秘书长名单（草案）》《赣州市第六届人民代表大会第二次会议列席人员范围（草案）》《赣州市第六届人民代表大会常务委员会代表资格审查委员会关于个别代表的代表资格审查报告（草案）》；研究召开市六届人大常委会第三次会议的有关事项。

人大立法

【立法工作】 2021年，科学编制5年立法规划项目库，确定21个项目为今后5年的立法规划项目，其中审议项目15个，预备项目6个。坚持问题导向、急需先立的原则，编制2022年立法计划。聚焦扫黑除恶专项斗争中暴露出的燃气行业乱象，出台《赣州市燃气管理条例》。推进《赣州市物业管理条例》《赣州市生活垃圾管理条例》立法工作，分别完成一审、二审。有序拓宽社会各方参与立法的途径，在民主立法中推动全过程人民民主。对全市范围内涉及行政处罚、野生动物保护、长江流域保护等内容的地方性法规、地方政府规章和规范性文件以及涉及计划生育的地方性法规和各级人大及其常委会决议、决定开展全面清理。经清理，规范性文件拟废止4件、拟修改3件、继续有效4件。

【基层立法联系点建设】 贯彻落实《深圳市人大常委会与赣州市人大常委会合作框架协议》，借鉴深圳市人大常委会设立基层立法联系点的做法，增加37个基层单位作为市人大常委会基层立法联系点，实现各县（市、区）基层立法联系点全覆盖。

【立法人才队伍建设】 与江西理工大学合作共建赣州地方立法研究基地。做好市人大常委会主要领导对赣州地方立法研究基地工作开展情况的调研工作，推动赣州地方立法研究基地工作开展，与江西理工大学续签赣州地方立法研究基地共建协议。完善立法专家库，在原有27名立法专家的基础上，完善和扩充立法专家库，通过相关单位推荐、考察等程序，新增5名实务型立法专家；建立规范性文件备案审查专家库。4月，聘请33名来自全市各行业各领域的专业性较强的工作人员作为市人大常委会规范性文件备案审查专家库专家，为赣州市规范性文件备案审查工作提供智力支持。

【法规备案审查】 履行监督职责，提升备案审查工作质效，通过搭建“专工委+智库”审查模式，灵活运用法工委初步审查、分送专工委审查等方式，提高审查质量。2021年，共向省人大常委会报备决议、决定19件，全部通过省人大常委会审核接收；收到制定机关报备的规范性文件337件，其中市政府规范性文件7件，各县（市、区）人大常委会决议、决定330件。

【立法宣传】 利用新媒体，办好赣州人大官网“人大立法在进行”宣传专栏，发布法规制定、修改、审议、批准、公布等环节动态信息。坚持每一部法规施行前召开新闻发布会，介绍法规制定过程和主要内容、特色亮点，对法规进行解读宣传，提高法规的知晓度。7月，组织召开《赣州市燃气管理条例》颁布实施新闻发布会。

依法行权

【概况】 2021年，赣州市人大常委会依法行使人事任免权，确保市委人事安排意图通过法定程序顺利实现，全年共任免国家机关工作人员139人次，决定接受辞职10人。制定出台代表建议重点督办工作办法，重点督办市五届人大六次会议代表建议15件。加强审计查出问题整改情况督办，对6个市直部门单位审计查出问题整改情况开展重点督办。

【人事任免】 2月8日，市五届人大常委会第三十五次会议决定接受胡雪梅辞去赣州市人民政府副市长职务的请求、接受曾文明辞去赣州市人民政府市长职务的请求，通过许南吉为赣州市人民政府代理市长的决定，批准任命许南吉为赣州市人民政府副市长、高世文为赣州市人民政府副市长、李兵为赣州市统计局局长；批准免去林长茂的赣州市统计局局长职务，韩高峰的赣州市人大社会建设委员会副主任委员职务，姜昊昂的赣州市中级人民法院民事审判第三庭副庭长、审判员职务，刘武的赣州市人民检察院检察员职务。

3月11日，市五届人大常委会第三十六次会议决定接受邹冲辞去赣州市人大常委会委员职务的请求；批准任命罗瑞华为赣州市人民政府副市长，吴诗东为赣州市国有资产监督管理委员会主任，李爱军为赣州市人大常委会选举任免联络工作委员会副主任，温光填、赖辉为赣州市监察委员会委员；批准免去高志坚的赣州市国有资产监督管理委员会主任职务、邹冲的赣州市人大财政经济委员会副主任委员职务。

4月13日，市五届人大常委会第三十七次会议批准任命曾伟平为大余县人民检察院检察长、曾萌芽为于都县人民检察院检察长、曹胜民为赣县区人民检察院检察长、晏利民为定南县人民检察院检察长、廖信明为宁都县人民检察院检察长；批准免去袁建的赣州市生态环境局局长职务，常方平的赣州市中级人民法院审判委员会委员、审判员职务，王显家、张建辉的赣州市人民检察院检察员职务。

4月29日，市五届人大常委会第三十八次会议决定接受鲍峰庭辞去赣州市人民代表大会常务委员会副主任职务的请求，仲先东辞去赣州市人民代表大会常务委员会委员、法制委员会主任委员职务的请求；批准免去吴品才的赣州市人大常委会法制工作委员会副主任职务。

6月28日，市五届人大常委会第三十九次会议批准任命傅小新为赣州市生态环境局局长、黄海军为赣州市监察委员会副主任、刘雁翔为赣州市中级人民法院刑事审判第一庭副庭长、刘群城为赣州市人民检察院检察委员会委员、温波为赣州市人民检察院检察员；批准免去周小云的赣州市中级人民法院审判委员会委员、审判员职务，罗美娥的赣州经济技术开发区人民法院审判员职务，温波的赣州市人民检察院副检察长、检察委员会委员职务。

7月16日，市五届人大常委会第四十次会议决定接受周才柬辞去江西省第十三届人民代表大会代表职务的请求；批准任命梁春华为赣州市中级人民法院审判员、姜昊昂为赣州市人民检察院检察员；批准免去温斌的上犹县人民检察院检察长职务。

8月25日，市五届人大常委会第四十一次会议决定接受邱建军辞去赣州市人民代表大会常务委员会副主任职务的请求；批准任命罗瑞华为赣州市乡村振兴局局长；批准免去雷贻辉的赣州市人民检察院副检察长、检察委员会委员职务，梁进的赣州市人民检察院检察员职务。

9月17日，市五届人大常委会第四十二次会议决定接受高世文辞去赣州市人民政府副市长职务的请求、唐舒龙辞去赣州市监察委员会主任职务的请求、江阶虎辞去赣州市人民检察院检察长职务的请求；批准通过饶华东代理赣州市监察委员会主任职务、熊良明代理赣州市人民检察院检察长职务；批准任命张骅为赣州市人民政府副市长，饶华东为赣州市监察委员会副主任，熊良明为赣州市人民检察院副检察长、检察委员会委员、检察员；批准免去刘文彦的赣州市文化广电新闻出版旅游局局长职务，李良东的赣州市城市管理局局长职务，刘章宏的赣州市大数据发展管理局局长职务，葛志程的赣州市中级人民法院副院长职务，张继田的赣州市人民检察院副检察长、检察委员会委员、检察员职务，曾文俊的赣州市中级人民法院民事审判第一庭庭长、审判委员会委员、审判员职务，蒋桥生的赣州市中级人民法院金融审判庭庭长、审判委员会委员、审判员职务，黄中林、侯为民、施赛的赣州市中级人民法院审判员职务，陈萍、李玺的赣州市人民检察院检察委员会委员、检察员职务，钟伟民、黄太斌的赣州市人民检察院检察员职务，唐艳艳的赣州经济技术开发区人民检察院副检察长、检察委员会委员、检察员职务。

9月30日，市五届人大常委会第四十三次会议批准任命赖彩明为赣州市中级人民法院审判员；批准免去陈定宇的赣州市监察委员会副主任职务，刘安、马维新的赣州市监察委员会委员职务。

10月13日，市五届人大常委会第四十四次会议批准任命葛振瑞为章贡区人民检察院检察长、孔小毛为南康区人民检察院检察长、曹胜民为赣县区人民检察院检察长、曾涛为信丰县人民检察院检察长、曾伟平为大余县人民检察院检察长、段文冬为上犹县人民检察院检察长、施赛为崇义县人民检察院检察长、王鹏为安远县人民检察院检察长、郭金红为龙南市人民检察院检察长、钟振滨为定南县人民检察院检察长、陈萍为全南县人民检察院检察长、廖信明为宁都县人民检察院检察长、曾萌芽为于都县人民检察院检察长、谢灯为兴国县人民检察院检察长、温朝晖为瑞金市人民检察院检察长、钟伟民为会昌县人民检察院检察长、王泉花为寻乌县人民检察院检察长、魏海涛为石城县人民检察院检察长。

11月16日，市六届人大常委会第一次会议审议通过赣州市第六届人民代表大会常务委员会代表资格审查委员会主任委员、副主任委员、委员名单；批准任命谢卫东为赣州市人民政府秘书长，卢述银为赣州市发展和改革委员会主任、赣南苏区振兴发展工作办公室主任，孙传忠为赣州市教育局局长，郭澜为赣州市科学技术局局长，梁丁盛为赣州市工业和信息化局局长，刘志强为赣州市公安局局长，赖木生为赣州市民政局局长，黄立为赣州市司法局局长，朱敏为赣州市财政局局长，李卫国为赣州市人力资源和社会保障局局长，傅小新为赣州市生态环境局局长，余钟华为赣州市住房和城乡建设局局长，谢文才为赣州市交通运输局局长，宋怡萍为赣州市水利局局长，孙晖为赣州市农业农村局局长，华晓斌为赣州市商务局局长，李俊锐为赣州市文化广电新闻出版旅游局局长，刘春文为赣州市卫生健康委员会主任，朱钦军为赣州市退役军人事务局局长，邹焕铁为赣州市应急管理局局长，肖作信为赣州市审计局局长，吴诗东为赣州市国有资产监督管理委员会主任，叶日山为赣州市林业局局长，钟小刚为赣州市人民政府金融工作办公室主任，黄蕙为赣州市市场监督管理局局长，李诒芸为赣州市体育局局长，李兵为赣州市统计局局长，杨永飞为赣州市人民防空办公室主任，廖丽萍为赣州市乡村振兴局局长，薛斌为赣州市医疗保障局局长，吴忠浩为赣州市城市管理局局长，刘洪梅为赣州市行政审批局局长，温光填、陈珉为赣州市监察委员会副主任，赖纯平、刘丰春、叶成霖、钟宏为赣州市监察委员会委员，谢定强为赣州市中级人民法院副院长、审判委员会委员、审判员，刘永晟为赣州市人民检察院副检察长、检察委员会委员、检察员，廖迪、徐俊为赣州市中级人民法院审判员，张文洲为赣州经济技术开发区人民法院院长、审判委员会委员、审判员，郭复彬为赣州经济技术开发区人民检察院检察长、检察委员会委员、检察员，黄林南为赣州经济技术开发区人民检察院检察委员会委员、检察员；批准免去黄华的赣州市监察委员会副主任职务，黄捷的赣州经济技术开发区人民法院院长、审判委员会委员、审判员职务，黄林南的赣州经济技术开发区人民检察院检察长职务。

12月17日，市六届人大常委会第二次会议决定接受许南吉辞去赣州市人民政府市长职务的请求等。

【依法监督】 听取审议计划预算执行情况报告，审查批准市级预算调整方案和债务限额，促进经济健康发展。加强审计查出问题整改情况督办，对6个市直部门单位审计查出问题整改情况开展重点督办并进行满意度测评，督促市财政部门及各预算单位健全预算管理机制、强化预算刚性约束。落实市委《关于建立市人民政府向市人大常委会报告国有资产管理情况制度的意见》，听取审议国有资产管理情况综合报告，切实摸清“家底”，推动国有资产保值增值。

开展巩固拓展脱贫攻坚成果同乡村振兴有效衔接专题调研，听取审议水利建设情况报告，推进乡村全面振兴。听取审议污染防治攻坚战情况报告并开展专题询问，配合省人大开展“环保赣江行”活动和固废法执法检查，助力打好蓝天、碧水、净土三大保卫战。听取审议医疗保障情况报告，抓好中小学生午餐午休等问题督办，开展残疾人权益保障专题调研，推动保障群众合法权益。开展法院推进一站式多元解纷和诉讼服务体系建设情况专题调研，听取审议检察院诉讼监督情况报告，增强群众司法获得感。

（曾　劲）

本栏编辑：周　俊

赣州市人民政府

统筹疫情防控和经济社会发展

【概况】 2021年，赣州市深入贯彻中共中央总书记习近平视察江西和赣州重要讲话精神，统筹疫情防控和经济社会发展，做好“六稳”“六保”工作，实现“十四五”精彩开局。全市主要经济指标增幅全部高于年初计划，地区生产总值增长9.1%，一般公共预算收入同口径增长11.7%，固定资产投资增长11.6%，社会消费品零售总额增长18%，实际利用省外2000万元以上项目资金增长9.5%，实际利用外资增长8.6%，出口总额增长37.1%，城镇、农村居民人均可支配收入分别增长8.5%、12.6%，规模以上工业增加值增长11.6%。全市经济总量突破4000亿元，达4169亿元。

【社会经济稳步增长】 2021年，赣州市加大力度扩投资，实施省级大中型项目445个、市级重点项目249个、“大会战”项目843个，分别完成年度计划投资的143.5%、142.7%、136.6%；兴泉铁路建成通车，遂大高速开工建设，信雄高速全线施工，瑞金电厂二期全面投产，信丰电厂一期首台机组具备并网条件，西气东输三线开口供气，4个抽水蓄能电站、6个重大水利项目纳入国家“十四五”规划。促进社会消费，发放电子消费券近6000万元，国庆假期赣州线下商圈热度增幅列全国68个大中城市第一位，获全省“百县百日”文旅消费季活动直播带货大赛第一名，网络零售额突破600亿元，占全省1/3，获评全省唯一国家特色型信息消费示范城市。稳定外贸，实现铁路集装箱吞吐量22.3万标箱，增长19.1%，跨境电商进出口订单81.1万票，增长8.1倍，赣州综保区外贸总量突破100亿元，增长280.5%。

【产业转型发展】 赣州市推动工业倍增升级，规模以上工业实现营收4500亿元，增长30%，有色金属、电子信息产业规上工业营收均首次突破1000亿元，于都中国服装优质制造创新示范基地、南康家具获评全省五星级产业集群，全市战略性新兴产业、高技术制造业、装备制造业增加值增幅均达20%以上。规上工业企业净增228家，总数达2478家，总量居全省第一；新增高新技术企业234家，占全省20%；入选省独角兽和瞪羚企业21家，增长50%；净增营收超百亿元企业4家，总数达5家。赣州经济技术开发区营收超1000亿元，赣州千亿元区实现“零的突破”。国家稀土功能材料创新中心、中国南方稀有金属贸易集散中心建成运营，赛宝实验室龙南检验检测认证服务中心挂牌成立，中国（赣州）知识产权保护中心、国家市场监管重点实验室（稀土产品检测与溯源）获批建设。发展现代农业，落实耕地保护，粮食生产超额完成省定任务，实现“十八连丰”；新增脐橙5913.33公顷，赣南脐橙品牌价值蝉联全国水果类第一；新建设施蔬菜基地5573.33公顷，建成粤港澳大湾区“菜篮子”产品赣州配送分中心，新增大湾区“菜篮子”生产基地36个，总数达48个，增量、总量均为全省最多；改造提升低产油茶林1.33万公顷，建成国家油茶产品质检中心；成功注册“赣南高山茶”集体商标；全省首个富硒产业标准化技术委员会获批筹建，建成富硒示范基地110个；新增农业产业化国家重点龙头企业3家；赣县区入选全国农业农村信息化示范基地，瑞金市被列为农产品产地冷藏保鲜整县推进试点，信丰温氏等大型畜禽屠宰和深加工项目建成投产。推动服务业复苏，方特主题公园火爆运营，江南宋城街区入选首批国家级夜间文化和旅游消费集聚区，全市旅游接待1.4亿人次，总收入1529亿元；金融机构存贷比突破100%，新增上市企业5家，引进险资75.1亿元，均为全省最多，债券融资余额超千亿，创历史新高。

【城乡建设】 国土空间规划编制和“三区三线”（“三区”城镇空间、农业空间、生态空间3种类型的国土空间；“三线”永久基本农田保护红线、生态保护红线、城镇开发边界3条控制线）试划试点工作取得阶段性成果。全市完成城市棚户区改造1.49万户，137个老旧小区改造全部开工，新增绿道绿廊50.2千米、停车泊位5.1万个，既有住宅加装电梯建成数列全省第一，2项工程获中国建设工程鲁班奖，入选全国城市体检样本城市、中国十大“心仪之城”。启动乡村建设行动，完成村点整治建设2812个，基本实现城乡环卫一体化第三方治理，自然村组实现保洁全覆盖，整改农村问题户厕3.8万个，农村生活污水处理设施建成数及覆盖村庄数、省级森林乡村创建数均居全省第一，崇义县获评全国村庄清洁行动先进县。实施普通国省道升级改造660千米，完成农村公路建设2271千米，寻乌县获评“四好农村路”全国示范县，安远县入选全国城乡交通运输一体化示范创建县。打好污染防治攻坚战，推进中央和省环保督察反馈问题整改，全面划定“生态保护红线”，启动实施新一轮生态环保基础设施建设三年行动计划，完成全国水土保持改革试验区建设，市“生态云+双碳”大数据平台建成试运行，争取全省唯一中央财政支持国土绿化试点示范项目，中心城区PM2.5平均浓度全省最低、空气质量优良天数比例全省第一，水质综合指数居全省前列，土壤环境质量保持稳定，入选全国绿色矿业发展示范区、水土保持高质量发展先行区，宁都县、于都县、兴国县入选全国全域土地综合整治试点，上犹县获评国家水土保持示范县，全南县被授予“中国天然氧吧”称号，石城县获评国家生态文明建设示范区，崇义县三产融合做法入选全国“两山”实践模式与典型案例，寻乌县“废弃矿山综合治理”入选中国生态修复典型案例。

【深化改革开放】 2021年，赣州市对标大湾区深化“放管服”改革，工程建设项目“一站式集成”审批、全产业一链办、施工图审查等改革在全省推广，333个政务事项“全程网办”，90个高频事项“跨省通办”，44项惠企政策实现“免申即享、即申即享”直达企业，为1368家企业线上兑付惠企资金9379万元，创新实施异地招投标、企业“安静生产期”等做法，落实减税降费政策等为市场主体减负161亿元。市县两级共召开政企圆桌会议113次，为企业解决困难问题535个，营商环境评价上升4位，进入全省“第一方阵”。完成百户国企混改攻坚行动任务，推进农业农村、自然资源、生态环保等重点领域改革，兴国县节约集约用地获国务院督查激励。成功承办第三届世界赣商大会、全国工商联携手知名民营企业赣州行、“粤企入赣”投资合作推介会等重大招商活动，新签约项目397个，总投资3159亿元，引进吉利科技、佳纳能源等“5020”项目23个，新引育产业领军人才30名、高层次人才531名、急需紧缺人才7996名。与广州市、东莞市、郴州市签订合作协议，加入大湾区科技协同创新联盟，赣州国际陆港实现国际贸易“起运港”“目的港”功能，入选国家“一带一路”多式联运示范工程，赣深组合港、赣州至东盟跨境直通车开通运营，龙南国家外贸转型升级基地获批，商贸服务型国家物流枢纽建设经验在全国推广。

【民生改善】 全年民生支出804.8亿元，占一般公共预算支出的83.7%，50件民生实事基本完成。城镇新增就业8.27万人，新增转移农村劳动力11.8万人，均超额完成年度任务。新（改、扩）建公办幼儿园51所，建成投用学校73所、新增学位6.9万个；赣南科技学院、和君职业学院开办招生，打破赣州市无市属本科和民办高校的历史。做好常态化疫情防控，有序推进疫苗接种工作，连续23个月无新增病例。市妇幼保健院新院建成试运行，智慧医疗数字化平台正式上线。医保市级统筹改革做法获国家推广，赣州市入选国家深化医疗服务价格改革试点城市。城市居家和社区养老服务设施基本实现全覆盖，农村互助养老服务设施覆盖81.7%的行政村。城市社区“15分钟健身圈”基本形成，定南县获评全国县域足球发展典型。安全生产形势总体平稳，公众安全感、公安满意度和法院满意度等指数居全省第一，检察院满意度和司法行政满意度居全省前列，获评“平安中国建设示范市”，连续5届夺得“长安杯”。

（任小彬）

重要会议

【市政府党组（扩大）会议】 2021年，赣州市人民政府召开五届市政府党组（扩大）会议20次，六届市政府党组（扩大）会议7次。

1月6日，召开市政府党组会议。会议传达学习省委书记刘奇在全市领导干部会议上的讲话精神和市委常委（扩大）会议精神。

4月1日，召开市政府党组会议。会议传达学习中共中央总书记

1月6日，市政府召开党组会议（郭芷汇摄）

习近平在党史学习教育动员大会上的重要讲话精神、省委书记刘奇在全省党史学习教育动员大会上的讲话精神、市委书记吴忠琼在全市党史学习教育动员大会上的讲话精神；会议讨论研究《市政府党组关于开展党史学习教育的实施方案》。

4月14日，召开市政府党组（扩大）会议。会议传达学习中共中央总书记习近平在中央财经委员会第九次会议上的重要讲话精神、在《求是》杂志发表的重要文章《努力成为世界主要科学中心和创新高地》、在福建考察调研时的重要讲话精神、对革命文物工作作出的重要指示精神和3月30日中共中央政治局会议精神，全国扫黑除恶专项斗争总结表彰大会精神，全省市厅级主要领导干部学习贯彻中共十九届五中全会精神专题研讨班开班式会议精神、3月23日平安江西建设领导小组全体会议精神、3月24日党史学习教育中央宣讲团专题宣讲报告会精神、3月26日省级总河（湖）长和总林长会议精神；会议讨论研究并原则通过《市政府党组2021年工作要点》《市政府党组2021年意识形态工作方案》。

6月1日，召开市政府党组（扩大）会议。会议传达学习中共中央总书记习近平在《求是》杂志发表的重要文章《用好红色资源，传承好红色基因，把红色江山世世代代传下去》《把握新发展阶段，贯彻新发展理念，构建新发展格局》，传达学习4月30日中央政治局会议精神，中共中央总书记习近平在中央政治局第二十九次集体学习、推进南水北调后续工程高质量发展座谈会、全球健康峰会、中央全面深化改革委员会第十九次会议上的重要讲话精神，在中国科学院第二十次院士大会、中国工程院第十五次院士大会、中国科协第十次全国代表大会上的重要讲话精神，省委书记刘奇在赣州调研期间的讲话精神；会议讨论研究并原则通过《市政府党组2021年党风廉政建设和反腐败工作方案》《赣州市人民政府领导班子工作总结》。

11月19日，召开市政府党组（扩大）会议。会议传达学习《中共中央关于党的百年奋斗重大成就和历史经验的决议》，学习中央革命根据地创建暨中华苏维埃共和国成立90周年座谈会精神，中共中央总书记习近平在中央政治局第三十四次集体学习、亚太经合组织工商领导人峰会、第四届中国国际进口博览会开幕式上的重要讲话精神，学习第八届全国道德模范座谈会精神，学习2020年度国家科学技术奖励大会精神，中共中央总书记习近平在参观国家“十三五”科技创新成就展时的重要指示精神和11月2日国务院常务会议精神，省委书记易炼红在赣州市调研期间讲话精神；讨论研究并原则通过《中共赣州市人民政府党组会议制度》。

12月1日，召开市政府党组（扩大）会议。会议传达学习中共中央总书记习近平在《求是》杂志发表的重要文章《坚持用马克思主义及其中国化创新理论武装全党》、中共十九届六中全会公报、在中央全面深化改革委员会第二十二次会议上的重要讲话精神、在第三次“一带一路”建设座谈会上的重要讲话精神、在中央军委人才工作会议上的重要讲话精神，国家主席习近平在中国—东盟建立对话关系30周年纪念峰会上的重要讲话精神、在亚太经合组织第二十八次领导人非正式会议上的重要讲话精神、11月18日中共中央政治局会议精神、11月17日和11月24日国务院常务会议精神、省纪委《转发〈赣州市纪委市监委关于刘伟民诬告陷害他人等严重违纪违法问题及其教训警示的通报〉的通知》精神；听取市政府党组2021年党风廉政建设和反腐败工作情况汇报、2021年履行意识形态工作主体责任情况汇报。

【五届市政府常务会议】 2021年，五届市政府常务会议共召开20次，具体研究事项如下。

1月23日，召开市政府第七十九次常务会议。会议讨论研究并原则通过《政府工作报告》《赣州市国民经济和社会发展第十四个五年规划和二〇三五年远景目标纲要》《关于赣州市2020年国民经济和社会发展计划执行情况与2021年国民经济和社会发展计划草案的报告》《关于2020年生态文明试验区建设情况的报告》《关于赣州市2020年全市和市级预算执行情况及2021年全市和市级预算草案的报告》《2021年赣州市本级政府预算草案汇编》《赣州市火灾事故调查处理规定》《赣州市新冠肺炎疫情应急指挥部通告》，会议学习贯彻《保障农民工工资支付条例》。

2月25日，召开市政府第八十次常务会议。会议讨论研究并原则通过《赣州市人民政府北京居然之家投资控股集团有限公司战略合作协议》，2020年赣州市市长质量奖（组织奖）拟奖名单；传达学习《国务院关于新时代支持革命老区振兴发展的意见》主要精神及研究贯彻落实意见，中央、省委农村工作会议主要精神及研究贯彻落实意见，粤港澳大湾区桥头堡建设领导小组第二次会议精神及研究贯彻落实意见，听取关于省委第六巡视组巡视反馈意见整改情况。

3月3日，召开市政府第八十一次常务会议。会议讨论研究并原则通过《粤港澳大湾区桥头堡建设2021年工作要点》《省域副中心城市建设2021年工作要点》《赣州市“项目大会战”（2021—2023年）实施方案》《赣州市人民政府长江生态环保集团有限公司共抓长江大保护合作框架协议》《赣州市推进江西内陆开放经济试验区建设行动方案》《赣州市物业管理条例》。

3月11日，召开市政府第八十二次常务会议。会议讨论研究并原则通过《市委市政府贯彻落实〈国务院关于新时代支持革命老区振兴发展的意见〉的实施意见》《新时代赣南苏区振兴发展2021年工作要点》《赣州市人民政府省交通投资集团有限责任公司遂川至大余高速公路（赣州段）合作建设协议书》《赣州市章江新区控制性详细规划（修编）F21地块（三馆一书城项目）、F26地块规划调整》《赣州市章江新区控制性详细规划（修编）J24地块（市人民医院南院）规划调整》《赣州经济技术开发区管委会吉利科技集团有限公司12亿瓦时+30亿瓦时动力电池项目投资合作协议书》的通报。

4月1日，召开市政府第八十三次常务会议。会议讨论研究并原则通过《中共赣州市委赣州市人民政府关于全面推进乡村振兴加快农业农村现代化的实施意见》《中共赣州市委赣州市人民政府关于实现巩固拓展脱贫攻坚成果同乡村振兴有效衔接的实施意见》《2020年度主攻工业考评结果》，《赣州市“1+5+N”工业倍增升级行动方案》《赣州市“1+5+N”和重点产业链推进协调小组组成人员》《2021年赣州市工业倍增升级考评方案》《2020年度全市开放型经济工作先进单位、招商标兵及优秀外埠商会的通报》《2021年全市招商引资工作意见》《2021年度全市开放型经济工作考核评价办法》《关于健全招商引资项目落地协调机制的通知》《赣州市人民政府关于提请审议授予董明珠等10人“赣州市荣誉市民”称号的议案》，传达学习全国、全省新冠病毒疫苗接种工作电视电话会议精神，听取全市疫情防控和疫苗接种工作情况的汇报。

4月14日，召开市政府第八十四次常务会议。会议听取全市一季度经济运行情况和做好下一步经济工作的建议，全市环保突出问题补短板工作情况汇报（含稀土矿山治理、污水管网治理），当前全市教育重点工作情况及下一步工作安排，讨论研究并原则通过《赣州市中心城区2021年土地储备计划》《赣州市中心城区2021年国有建设用地供应计划》，北京和南昌办公用房处置问题建议，《赣州市人民政府与上海中医药大学战略合作协议》。

4月22日，召开市政府第八十五次常务会议。会议听取全市“三大战略”“六大主攻方向”工作情况汇报，全市教育重点工作情况汇报，国家统计督察反馈意见整改工作情况汇报，全市深化“放管服”改革工作情况汇报，全市“项目大会战”工作情况汇报；讨论研究并原则通过《2021年度市厅级领导挂点联系重大项目安排》《赣州市优化提升营商环境专项行动方案》《关于全面对接融入粤港澳大湾区的责任分工方案》《关于进一步加强全市光伏发电项目管理工作的通知》《赣州市人民政府江西师范大学关于乡村振兴战略合作的框架协议》《赣州市人民政府江西省铁路航空投资集团有限公司投资合作框架协议》，讨论研究并原则同意关于赣州市中心城区快速路一期道路工程PPP项目年度可用性服务费有关事宜的汇报。

5月8日，召开市政府第八十六次常务会议。会议书面传达学习《政府督查工作条例》精神；会议听取前一阶段安全生产工作情况汇报，研究部署下一步工作；听取配合中央第四生态环境保护督察边督边改工作情况汇报，研究部署下一步工作；听取赣州发投集团等市属国企向赣州经开区工发集团提供总计11亿元借款用于吉利动力电池项目建设有关情况通报；会议讨论研究并原则同意市公交公司7宗划拨用地作价出资转增国家资本金、赣州市中心城区工商业用气顺价、清算2020年度口岸“三同”试点专项补助资金等有关事宜，讨论研究并原则通过《赣州市“节地增效”三年行动工作方案（2021—2023年）》《赣州市中心城区既有住宅加装电梯暂行办法（修订版）》《赣州市建立和完善房地产市场平稳健康发展长效机制工作方案》《赣州市住房公积金归集和提取管理办法（修订版）》《赣州市住房公积金贷款管理办法（修订版）》《关于提升审批效率推行“豁免审批”若干措施（试行）》《赣州市人民政府与上海期货交易所、省金融监管局、江西证监局战略合作协议》。

6月1日，召开市政府第八十七次常务会议。会议传达学习全省经济发展环境审计查出问题整改工作会议精神，研究贯彻落实意见；听取2021年1—4月民生实事项目实施情况汇报，讨论研究并原则通过《赣州市革命老区高质量发展示范区建设方案》《关于大力发展“首店经济”促进消费升级的若干措施（试行）》《赣州市关于贯彻落实江西省〈推进外贸高质量发展三年行动方案（2021—2023年）〉的实施意见》《关于委托实施部分市本级土地供应管理事项的意见（试行）》《赣州市加快推进媒体深度融合发展的实施方案》，讨论研究并原则通过《表彰2020年度社会治安综合治理目标管理及平安赣州建设先进县（区）、先进单位和安全感测评公众满意县（市）、公众满意政法单位以及2017—2020年度赣州市社会治安综合治理优秀县建议名单》，讨论研究原则同意《赣州市赣江流域生态保护和综合治理工程项目政府和社会资本合作（PPP）协议》《赣州市人民政府中国银行股份有限公司江西省分行战略合作协议》《赣州市人民政府北京银行股份有限公司战略合作协议》《赣州市人民政府国家开发银行江西省分行签署开发性金融支持赣州“十四五”经济社会高质量发展合作协议》《广州市人民政府赣州市人民政府深化战略合作协议》《赣州市人民政府东莞市人民政府合作框架协议》《赣州市人民政府国家知识产权局专利局专利审查协作广东中心战略合作框架协议》《南昌海关赣州市人民政府关于充分发挥海关监管服务保障作用全力推进新时代赣南苏区振兴发展合作协议》，讨论研究并原则同意关于拨付2021年工业技术改造投资专项资金事宜。

6月18日，召开市政府第八十八次常务会议。会议听取市“十四五”专项规划、区域规划编制工作情况汇报，讨论研究并原则通过《关于加快总部经济发展若干政策措施（试行）》《支持赣州基础设施建设实施方案》《赣州市行政规范性文件管理规定》《2021年度县（市、区）高质量发展综合考核评价办法》《赣州市2021年度市直（驻市）单位绩效考评工作方案》《赣州市政企圆桌会议制度》《支持赣州生态环境保护修复实施方案》《支持赣州巩固拓展脱贫攻坚成果实施方案》《支持赣州红色旅游发展实施方案》、赣州民航2021年航线发展有关事宜、《赣州市人民政府郴州市人民政府湘赣边区域合作示范区城市发展合作框架协议》《赣州市人民政府中国葛洲坝集团股份有限公司战略合作协议》、

2021（第十届）中国国际生态竞争力峰会赣州市筹备工作情况汇报。

6月29日，召开市政府第八十九次常务会议。会议听取关于市中心城区建设用地审核工作领导小组第三次会议审核通过建设用地事项的情况通报，讨论研究并原则同意《赣州市矿山生态修复三年行动方案》《赣州市2020年度市直（驻市）单位绩效考评结果》《赣州市关于深化施工图审查改革的实施意见（试行）》《赣州市生活垃圾管理条例》。

7月6日，召开市政府第九十次常务会议。会议听取市振兴办、市发改委、市委六大主攻方向办关于全市“三大战略”“六大主攻方向”上半年工作情况汇报和下半年工作安排建议的汇报，听取市发改委、市应急管理局、市生态环境局有关工作情况汇报及研究下半年工作安排，听取市自然资源局、市住建局关于解决市中心城区不动产登记办证、安置房逾期交付问题的汇报；会议讨论研究并原则同意《全市稀土钨产品销售奖励办法（暂行）》《赣州旅投集团接收寻乌工投集团51%股权划转合作有关事宜》，关于市政府驻京办和市财政局在北京、南昌的待处置房产划转给赣州旅投集团有关事宜的通报，《江西省商务厅中国进出口银行江西省分行赣州市人民政府支持赣州市国家级经济技术开发区创新提升打造改革开放新高地合作协议》《中国进出口银行江西省分行赣州市人民政府战略合作协议》，讨论研究《赣州市鼓励社会化力量招商办法》。

7月21日，召开市政府第九十一次常务会议。会议听取2021年上半年赣州市法治政府建设、全市“项目大会战”、招商引资及“大棚房”问题专项清理整治行动“回头看”排查工作情况汇报，研究部署下半年工作安排；讨论研究并原则同意《上犹县撤县设区行政区划变更方案》《关于推进高质量气象现代化助力新时代赣南苏区振兴发展实施意见》《赣州市旅游产业高质量发展三年行动计划（2021—2023年）》《赣州市全域旅游发展总体规划（2021—2035年）》《赣州市人民政府长江生态环保集团有限公司城市智慧水管家合作框架协议》《赣州市人民政府广东省人民医院合作共建区域医疗中心项目框架协议》。

8月2日，召开市政府第九十二次常务会议。会议听取全市耕地“非农化”“非粮化”情况汇报、近期市中心城区拟供应国有建设用地的情况汇报，讨论研究并原则同意《关于进一步加强矿产资源管理的若干规定》《赣州市美丽乡镇建设五年行动方案》《关于表彰2020年度赣州市建筑龙头骨干重点扶持企业的通报》《赣州市人民政府南方医科大学南方医院合作共建国家区域医疗中心协议》《赣州市人民政府广东省人民医院章贡区人民政府合作共建国家区域医疗中心协议》，关于组织实施赣州市中心城区生活污水治理厂网一体化（一期）工程相关事宜。

8月19日，召开市政府第九十三次常务会议。会议传达学习《中共中央办公厅国务院办公厅关于进一步减轻义务教育阶段学生作业负担和校外培训负担的意见》主要精神和研究贯彻落实意见，听取全市生态环境保护督察整改进展情况汇报，讨论研究并原则同意《南方医科大学南方医院赣州医院项目建设工作方案》《赣州市“十四五”生态环境保护规划》《赣州市生态环保基础设施建设三年行动计划（2021—2023年）》《赣州市“十四五”应急体系规划》《赣州市“十四五”“三南”（龙南、全南、定南）园区一体化发展规划》《赣州市重大工业项目投资引导资金管理办法（2021年修订版）》《关于进一步加强统计基层基础工作的实施意见》《赣州市防范和惩治统计造假弄虚作假责任制实施办法》《郁孤台等文物景点免费开放工作方案》。

9月1日，召开市政府第九十四次常务会议。会议传达学习《中华人民共和国行政处罚法》，国务院关于坚决遏制“两高”（高耗能、高排放）项目盲目发展电视电话会议主要精神和研究赣州市贯彻落实意见，听取全市“大棚房”问题专项清理整治行动“回头看”工作情况汇报，讨论研究并原则同意《赣州市工程建设项目“一站式集成”审批改革工作方案》《赣州市政务服务“一网通办”数字化改革三年攻坚行动方案》《关于进一步加强赣州市12345政务便民热线工作的意见》《赣州市财政“十四五”规划》《赣州市“十四五”能源发展规划》《赣州市高铁经济带“十四五”发展规划》《赣州市矿产资源总体规划（2021—2025）》《赣州市“十四五”推进农业农村现代化规划》《赣州市贯彻落实〈江西省打造赣菜品牌三年行动计划（2021—2023年）工作方案〉》。

9月18日，召开市政府第九十五次常务会议。会议书面传达学习全省工业强省推进大会精神、全省商贸消费工作调度会议精神，学习贯彻《江西省政府投资管理办法》精神，讨论研究并原则同意《关于进一步明确市政府常务会议研究“三重一大”事项范围的通知》《关于加强市属国有企业规范管理若干规定》《赣州市城镇生活污水治理三年攻坚行动方案（2021—2024年）》《关于优化法治营商环境规范企业行政执法工作的指导意见》《赣州市重大项目建设百日攻坚活动方案》《赣州市“十四五”服务业发展规划》《赣州市“十四五”公共服务体系建设规划》《赣州市中心城区五区一体化发展规划》《赣州市“十四五”数字经济发展规划》《赣州市“十四五”水安全保障规划》《赣州市人民政府中国科技开发院共建“科创飞地”合作协议》《赣州市人民政府功夫动漫股份有限公司战略合作协议》。

9月25日，召开市政府第九十六次常务会议。会议学习贯彻《中华人民共和国安全生产法（2021年修订）》精神，听取全市巩固拓展脱贫攻坚成果同乡村振兴有效衔接工作情况汇报，讨论研究并原则同意《政府工作报告》《赣州市贯彻落实中央生态环境保护督察报告整改方案》《赣州市新型产业用地管理办法（试行）》《赣南脐橙产业高质量发展行动计划（2021—2025年）》《赣州市英雄烈士纪念设施保护管理办法》《赣州市“十四五”制造业高质量发展规划》《赣州市气象事业发展“十四五”规划》，讨论研究并原则同意关于优化赣州方特东方欲晓项目投资经营模式相关事宜，关于赣州旅投集团投资赣州方特二期项目相关事宜，关于增设临时污水处理设施进一步改善黄沙溪水质相关事宜。

10月13日，召开市政府第九十七次常务会议。会议听取前三季度全市“三大战略”“六大主攻方向”工作情况汇报和下一步工作安排的建议，听取前三季度全市经济运行情况和下一步工作建议，讨论研究并原则同意《加快建立健全生态产品价值实现机制行动方案》《赣州市大（余）上（犹）崇（义）幸福产业示范区发展规划》《赣州市会（昌）寻（乌）安（远）生态经济区发展规划》《赣州市“十四五”现代物流业发展规划》《赣州市“十四五”消防救援事业发展规划》《赣州市失业保险市级统收统支实施办法》《赣州市人民政府中国中化控股有限责任公司战略合作协议》，核定市公交总公司2020年度运营亏损规制补贴有关事宜通报，关于支持促进2021年国庆假期、第四季度旅游商贸消费优惠政策事宜。

10月20日，召开市政府第九十八次常务会议。听取前三季度全市安全生产工作情况汇报和研究部署下一步工作，听取三季度全市生态环境保护工作情况汇报和研究部署下一步工作，听取近期全市信访工作情况汇报和研究部署下一步工作，讨论研究并原则同意《2021年中心城区第五批次国有建设用地使用权供应方案》《赣州市“十四五”国土空间生态修复规划》《关于加快发展保障性租赁住房的实施方案》《赣州市调整和完善新能源汽车产业发展的若干政策》。

【六届市政府常务会议】 2021年，六届市政府常务会议共召开5次，具体研究事项如下。

11月5日，召开市政府第一次常务会议。会议传达学习全省文化强省推进大会会议精神，研究赣州市贯彻落实意见，听取2021年未成年人思想道德建设工作情况汇报；讨论研究并原则同意《赣州市市本级政府性资金项目预、结算评审管理办法《关于调整市区土地出让收入分成体制的方案》《关于进一步加大赋权力度支持开发区高质量发展的意见（试行）》《赣州市国土空间规划委员会工作规程》《2021年市中心城区第六批次国有建设用地使用权供应方案》《赣州市市级储备粮管理办法》《赣州市供销集团有限公司组建工作方案》《赣州市中心城区市政基础设施建设“十四五”规划》《赣州市“十四五”卫生健康事业发展规划》，讨论研究并原则同意2021年度市本级卫生健康专项资金分配有关事项、拨付赣南科技学院生均经费等资金有关事项。

11月19日，召开市政府第二次常务会议。会议学习贯彻《江西省消防安全责任制实施办法》，听取2021年全市禁毒工作情况汇报，研究部署下一步工作；讨论研究并原则同意《赣州市政府投资项目工程增量管理办法（试行）》《赣州市企业破产处置府院联动机制工作方案》《赣州市市级企业破产案件援助资金管理使用办法（试行）》《赣州市惠企政策兑现“线上一网线下一窗”改革工作方案》《赣州市本级惠企政策专项资金管理暂行办法》《赣州市2020年度县（市、区）高质量发展综合考评结果》《深化中心城区城管体制机制改革总体方案》《赣州市“十四五”就业促进规划》《赣州市“十四五”综合交通运输体系规划》《2021年市中心城区第七批次国有建设用地使用权供应方案》，讨论研究并原则同意关于支持赣粤产业合作区（南康片区）有关事项。

12月1日，召开市政府第三次常务会议。会议学习贯彻全省“双碳”和“两高”会议主要精神，研究赣州市贯彻落实意见；听取赣州市第三次全国国土调查主要情况汇报，研究部署下一步工作；讨论研究并原则同意《赣州市人民政府华福证券有限责任公司全面战略合作协议》《赣州市人民政府北京京东世纪贸易有限公司战略合作框架协议》《2021年市中心城区第八批次国有建设用地使用权供应方案》。

12月10日，召开市政府第四次常务会议。会议学习贯彻《法治政府建设实施纲要（2021—2025年）》，研究赣州市贯彻落实意见；学习贯彻全国城镇燃气安全排查整治动员部署电视电话会议精神，研究部署赣州市下一步工作；讨论研究并原则同意《赣州市关于推动工业倍增升级支持制造业高质量发展的若干政策措施（试行）》《赣州市“十四五”文化和旅游发展规划》《赣州市养老服务体系建设“十四五”规划》《赣州市“十四五”医疗卫生服务体系规划》及赣州稀土集团参与组建中国稀土集团有限公司事宜。

12月28日，召开市政府第五次常务会议。会议听取赣州市2021年政务公开工作情况汇报、赣州市2021年度食品安全工作情况汇报，讨论研究并原则同意《赣州市2021年主要经济指标完成情况及2022年主要经济指标安排建议》《“十四五”支持革命老区巩固拓展脱贫攻坚成果衔接推进乡村振兴实施方案》有关情况及赣州市任务分工的汇报、《2021年度争资争项工作评先评优办法》《赣州市2022年民生实事工程安排意见》《赣州市人民政府中国国际工程咨询有限公司战略合作协议》《关于支持中国稀土集团落户赣州的若干政策》《赣州市全民科学素质行动规划纲要实施方案（2021—2025年）》《赣州市进一步强化科技创新赋能的若干政策措施》《赣州市“十四五”科技创新规划》和中科院赣江创新研究院建设发展的有关事项，以及《2021年市中心城区第九批次国有建设用地事项》中5宗7.26万平方米划拨用地方案、1宗15.17万平方米国有建设用地收回方案，《关于进一步加强城市精细化管理的通知》。

（杨树成）

重要决策

【赋权开发区高质量发展】 2021年，赣州市人民政府印发《关于进一步加大赋权力度支持开发区高质量发展的意见（试行）的通知》，按照“解放思想、依法依规、应放尽放、放管结合、优化服务”的原则，赋予国家级开发区市级权限、省级开发区县级权限，激发开发区发展活力。年内，市级制定支持国家级开发区高质量发展赋权事项指导目录57项，赋予（进驻）赣州经济技术开发区行政权力和公共服务事项110项，其中行政权力事项15项，公共服务事项95项。

赣州市支持国家级开发区高质量发展赋权事项指导一览表

表12

序号	赋权部门	事项名称	事项类型
1	市行政审批局	权限内水利工程建设项目初步设计文件审批	行政许可
2	市行政审批局	权限内水利工程验收	行政许可
3	市行政审批局	权限内建筑施工企业安全生产许可证核发	行政许可
4	市行政审批局	燃气经营许可证核发	行政许可
5	市发改委	油气(长输)管道竣工测量图备案	其他行政权力-备案
6	市发改委	油气(长输)管道停止运行、封存、报废备案	其他行政权力-备案
7	市消防救援支队	公共聚集场所投入使用营业前消防安全审查	行政许可
8	市人防办	人民防空工程质量监督手续办理(可以与施工许可证合并办理)	其他行政权力-其他
9	市住建局	房地产经纪机构及其分支机构备案	其他行政权力-备案
10	市应急管理局	生产安全事故应急救援预案备案(市级权限)	其他行政权力-备案
11	市金融办	小额贷款公司变更审批	其他行政权力-其他
12	市交通运输局	公路建设项目施工许可	行政许可
13	市交通运输局	公路建设项目施工图设计文件审批	行政许可
14	市交通运输局	水运建设项目施工图设计文件审批	行政许可
15	市交通运输局	公路建设项目竣工验收	行政许可
16	市交通运输局	水运建设项目竣工验收	行政许可
17	市交通运输局	建设港口设施使用非深水岸线审批	行政许可
18	市交通运输局	港口危险货物作业的建设项目安全设施设计审查	行政许可
19	市交通运输局	新建、改建、扩建储存、装卸危险货物的港口建设项目安全条件审查	行政许可
20	市交通运输局	港口采掘、爆破施工作业许可	行政许可
21	市交通运输局	出具公路工程参建单位工作综合评价等级证书	行政确认
22	市交通运输局	公路工程交工验收报告备案	行政确认
23	市交输运输局	公路建设项目招标文件、招标投标情况书面报告备案	其他行政权力-备案
24	市交通运输局	水运建设项目招标文件、招标投标情况书面报告备案	其他行政权力-备案
25	市交通运输局	公路水运工程工地试验室备案	其他行政权力-备案
26	市农业农村局	外国人在中国境内对国家重点保护农业野生植物进行野外考察审批	行政许可
27	市农业农村局	省重点保护水生野生动物利用特许	行政许可
28	市农业农村局	农用地土壤污染责任人认定	行政确认
29	市农业农村局	农业机械事故认定	行政确认
30	市农业农村局	农村集体经济组织赋码登记	行政确认
31	市农业农村局	兽药经营企业经营场所面积、仓库及相关设施、设备、质量管理有关人员变更备案	其他行政权力-备案
32	市农业农村局	饲料、饲料添加剂生产企业委托生产备案	其他行政权力-备案
33	市农业农村局	农用地地块修复方案及效果评估报告备案	其他行政权力-备案
34	市农业农村局	渔业船员基本信息档案和培训备案	其他行政权力-备案

续表 12

序号	赋权部门	事项名称	事项类型
35	市农业农村局	拖拉机驾驶培训机构年度备案	其他行政权力-备案
36	市农业农村局	从事农村土地承包经营权流转服务的中介组织备案	其他行政权力-备案
37	市农业农村局	渔业船舶水上安全事故民事纠纷调解	其他行政权力-行政调解
38	市农业农村局	侵犯农业植物新品种权损害赔偿调解	其他行政权力-行政调解
39	市农业农村局	拖拉机驾驶培训机构理论教员、教练员考核	其他行政权力-其他
40	市农业农村局	农作物种子质量纠纷田间现场鉴定	其他行政权力-其他
41	市农业农村局	责令停止生产、经营超过6个月或者关闭的企业交回兽药生产许可证、兽药经营许可证	其他行政权力-其他
42	市林业局	临时占用林地审批(防护林地或特种用途林林地面积5公顷以上其他林地面积20公顷以上)	行政许可
43	市林业局	城市规划区内湿地占用的审批	行政许可
44	市林业局	野生动物物种鉴定	行政确认
45	市林业局	退耕还林跨区域占一补一备案	其他行政权力-备案
46	市财政局	没有规定执收单位的政府非税收入项目的执收	行政征收
47	市财政局	政府采购投诉处理	行政裁决
48	市人社局	机关单位流动到企业基本养老保险个人账户一次性补贴核定	行政确认
49	市人社局	机关事业单位和企业立功获奖人员提高退休费待遇核定	行政确认
50	市人社局	企业实行不定时工作制和综合计算工时工作制审批	行政许可
51	市人社局	人力资源服务许可(延续许可)审批	行政许可
52	市人社局	经营性人力资源服务机构开展人力资源服务业务备案	其他行政权力-其他
53	市人社局	经营性人力资源服务机构设立分支机构、更改名称、住所、法定代表人或者终止经营书面报告	其他行政权力-其他
54	市人社局	创业孵化示范基地认定	行政确认
55	市人社局	企业吸纳重点群体就业认定	行政确认
56	市人社局	技能大师工作室建设项目申报	行政确认
57	市人社局	社会保险基金监督举报奖励	行政奖励

【发展"首店经济"】 2021年，赣州市人民政府办公室印发《关于大力发展"首店经济"促进消费升级的若干措施（试行）的通知》，按照构建以国内大循环为主体、国内国际双循环相互促进的新发展格局要求，聚焦重点商圈，围绕零售餐饮、文体娱乐、生活服务等业态，招引国内外具有影响力、代表性的知名品牌和原创品牌开设"首店"〔国际品牌企业在赣州开设中国（内地）、江西、赣州第一家门店，或国内品牌（含港澳台）企业在赣州开设江西、赣州第一家门店〕或"首店型"总部企业〔首店以赣州为总部或区域总部的国际品牌企业或国内品牌（含港澳台）企业〕。对到赣州开设的"首店"企业开辟"首店经济"绿色通报，强化服务保障，在选址、推广等方面给予支持。

【推进总部经济发展】 2021年，赣州市人民政府办公室印发《关于加快总部经济发展若干政策措施（试行）的通知》，确定总部型企业认定标准，分为综合型总部企业和职能型总部企业，其中综合型总部企业分为制造业总部企业，建筑业总部企业，商贸和物流业总部企业，文化和旅游、教育、卫生和社会服务、体育和娱乐、居民服务等总部企业，互联网、软件和信息技术业总部企业，现代农业总部企业以及其他总部企业；职能型总部企业分为3类，为销售中心职能总部、运营中心职能总部、研发中心职能总部。对被认定为总部企业的企业给予投资支持、经营贡献奖励、提能升级奖励、办公用房补助等扶持政策，并给予迁营、"一事一议"等特别支持政策。

【政企圆桌会议】 2021年，赣州市人民政府办公室印发《赣州市政企圆桌会议制度（试行）》。政企圆桌会议是指由市领导主持召集专题解决企业实际困难的议事会议，主要采取产业链会议和综合性会议2种形式。其中，产业链会议由市领导（产业链链长）召集，原则上每个产业链每 2 个月召开一次，邀请本产业内相关企业家代表或行业协会（商会）负责人参会；综合性会议每季度由市主要领导召集，邀请全市一、二、三产业内 10 名以上企业家代表或行业协会（商会）负责人参会，会议上由企业家代表围绕企业发展存在的问题和需要政府层面给予协调支持的事项发言，由责任单位现场解答回复。全年，市县两级共召开政企圆桌会议 113 次，为企业解决困难问题 535 个。

（曾 斌）

2021 年赣州市政府部分重要文件一览表

表 13

序号	文件名	文件号
1	关于印发 2021 年 50 件民生实事项目安排意见的通知	赣市府发〔2021〕1 号
2	关于印发赣州市国民经济和社会发展第十四个五年规划和二〇三五年远景目标纲要的通知	赣市府发〔2021〕2 号
3	关于推进高质量气象现代化助力新时代赣南苏区振兴发展实施意见	赣市府发〔2021〕6 号
4	关于印发赣州市"十四五"推进农业农村现代化规划的通知	赣市府发〔2021〕8 号
5	关于印发赣州市"十四五"应急体系规划的通知	赣市府发〔2021〕9 号
6	关于印发赣州市高铁经济带"十四五"发展规划的通知	赣市府发〔2021〕10 号
7	关于印发赣州市"十四五"服务业务发展规划的通知	赣市府发〔2021〕11 号
8	关于印发赣州市英雄烈士纪念设施保护管理办法的通知	赣市府发〔2021〕13 号
9	关于印发赣州市"十四五"公共服务体系建设规划的通知	赣市府发〔2021〕14 号
10	关于印发赣州是中心城区五区一体化发展规划（2021—2025 年）的通知	赣市府发〔2021〕15 号
11	关于印发赣州市"十四五"制造业高质量发展规划的通知	赣市府发〔2021〕16 号
12	关于印发赣州市"十四五"生态环境保护规划的通知	赣市府发〔2021〕17 号
13	关于印发赣州市"十四五"数字经济发展规划的通知	赣市府发〔2021〕19 号
14	关于印发赣州市"十四五"网络安全和信息化发展规划的通知	赣市府发〔2021〕20 号
15	关于印发进一步加大赋权力度支持开发区高质量发展的意见	赣市府发〔2021〕21 号
16	关于印发赣州市全民科学素质行动规划纲要实施方案（2021—2025 年）的通知	赣市府发〔2021〕22 号

政府综合事务

【概况】 2021 年，市政府办公室强化"五型政府"建设，组织各地各部门认真梳理第五轮次、第六轮次制约高质量跨越式发展突出困难问题清单，抓紧抓好市级层面突出困难问题办理工作。深入推进"问政赣州"平台应用。至 2021 年年底，共转办帖文 43865 件，办理回复 43266 件，回复率 98.63%。

【以文辅政】 积极对接革命老区"N+X"政策出台，审核印发《贯彻落实〈国务院关于新时代推动革命老区振兴发展的意见〉实施意见》《粤港澳大湾区桥头堡建设 2021 年工作要点》《关于支持中国稀土集团落户赣州的若干政策》《省域副中心城市建设 2021 年工作要点》《赣州市中心城区五区一体化发展规划（2021—2025）》等重要文件，有序推进实施。协调推动与广州市、深圳市、东莞市等签订框架合作协议。加快推进赣深客专、兴泉铁路、华能瑞金电厂二期等重大项目建设，推动"三大战略"实施取得成效。推动关键领域重点改革，出台《关于进一步加大赋权力度支持开发区高质量发展的意见》。开展优化提升营商环境专项行动，推动施工图审查改革、"豁免审批"改革、"全产业一链办"改革等在全省率先启动。加快推进"亲清赣商"企业政策兑现平台建设，探索实行惠企政策"一站式集中"兑付模式。推动建成全省首个"数字政务指挥舱"，启动"一网通办"数字化改革，上线全省首个"不见面开标"开标系统。

【政务公开】 组织学习宣传国务院《政府信息公开条例》，举办业务培训，提升政务公开质量和水平。拓展和创新渠道，加快线上线下政务公开和服务融合。发挥主平台作用，全市在政府综合门户网站信息公开平台累计主动公开政府信息 592 万余条，答复办理依申请公开政府信息 449 件，答复率 100%。

【信息服务】 建立综合文稿办理制度，每月定期收集梳理市政府重点工作，充实更新资料数据库，推动上下协同、信息共享，提升市政府综合文稿、政策文件写作水平，全年起草或修改政府工作报告等各类综合文稿880余篇。加强对政府工作的谋划和思考，践行“一线工作法”，牵头组织换届政府工作报告起草等重大调研，参与市第六次党代会报告起草等综合调研，推进市政府12个重点课题研究，为决策提供建议参考。发挥信息参谋作用，全年编发《每日汇要》250期，采编各地各部门信息1600余篇；向国办、省办上报信息756篇，国办采用22篇、省办采用129篇，7篇获国务院领导批示，采用排名列一类设区市前列。编印《赣州市人民政府公报》6期、《经济分析与情况研究》10期，编制调研参阅10期。

【督查督办】 健全完善市政府重点工作督办制度及跟踪督办机制，围绕《政府工作报告》任务落实、市领导指示批示办理、重要会议议决事项落实等大事要事，加强督查督办，推动工作落实。组织开展安全生产、春季粮食生产、重大项目建设等工作督查11次，督办市政府常务会议议决事项89项，督办市委市政府主要领导指示批示事项120项，督查“利剑”作用充分彰显。其中，督办赣县区吉埠镇农村饮水等问题，有效解决3000多户群众饮用水问题，督促市水利局对全市农村饮水问题开展摸排整改，起到督查一件、带动一片的效果。完成迎接国务院第八次大督查有关工作，争取国务院督查激励政策，连续5年赣州市至少有一项工作获得国务院督查激励表彰。高效核查办理国务院“互联网+督查”平台问题线索301件，协调督办网民向省长、市长留言事项41件、112件，转办落实信访件473件，推动一批群众关切的问题得到妥善解决。认真办好建议提案，全年办理省市人大代表建议265件、省市政协提案308件，按时办结率100%。

【“五型”政府建设】 2021年，赣州市“五型”（忠诚型、创新型、担当型、服务型、过硬型）政府建设提出全面对标大湾区，坚持刀刃向内、自我革命，持续深化“放管服”改革，打造“四最”（政策最优、成本最低、服务最好、办事最快）营商环境，分4批次梳理下发465个制约高质量跨越式发展的问题清单，逐一明确牵头领导、责任部门、完成时限，推动全市“五型”政府建设。

【深化“放管服”改革】 2021年，赣州市在全省率先推行相对集中行政许可权改革试点，市、县两级行政审批局全部挂牌成立，实现“一枚印章管审批”。创新实施“全产业一链办”、工程建设项目“一站式集成”审批、简化施工图审查等改革，压缩审批时限30%以上。推行“无证办、智能办、跨省办、帮代办、一链办”等服务，市本级90%以上事项办理“最多跑一次”，80%以上服务事项实现“掌上办”，企业开办半天可以办结。

【健全监督机制】 年内，赣州市常态化梳理集中破解制约高质量跨越式发展突出困难问题，健全监督评价机制，发挥“五型”政府建设监督员作用，完善“大众评公务”活动，推动政府系统全面落实“五型”政府建设要求。推动全民参与机制，推进示范县市区、示范乡镇创建活动，加大宣传力度，营造深化“五型”政府建设的浓厚氛围。

（曾　斌）

行政审批

【概况】 2021年，赣州市行政审批工作紧扣“大湾区能做的，我们也要能做到”的要求，以审批体制改革为重点，以政务数字化为突破，高密度推出系列改革举措，激发市场主体内生动力，企业群众办事便利度和满意度大为提升。“全产业一链办”改革、施工图审查改革、惠企政策兑现改革等多项改革做法、改革举措领跑全省。

【“跨省通办”合作】 年内，与广东省、福建省、湖南省等3省11市签订“跨省通办”合作协议，通过全程网办、代收代办、多地联办等途径，将90个高频事项纳入通办范围。

【“全产业一链办”改革】 赣州市推出“全产业一链办”改革，服务主导产业延链补链强链。在各级政务大厅设立首位产业“一链办”专区，围绕产业链上企业全生命周期涉及的审批事项进行梳理，将38项省市级权限下放至试点县区，为500余家重点招商引资企业提供全链审批服务。推行企业开办便利化改革，企业开办实现“0.5天”零成本，将企业登记、公章刻制、申领发票、社保登记、公积金等业务形成一套表格，申请材料由30个减至7个，开办环节由6个合为1个，全面对标大湾区营商环境指标水平。

【施工图审查改革】 针对企业反映突出的图审机构少，施工图审查成本高、耗时长等问题推出施工图审查改革，采取低风险工程取消图审，特殊工程必须图审，一般工程自主图审，直接惠及900多家企业，全年为企业减负约1500万元。

【试行“豁免审批”改革】 为降低审批门槛、提升审批效率，通过对部分低风险及形式性审批和政务服务事项，采取直接豁免、告知承诺制、备案等方式提升审批效率，精简审批环节，将首批12个低风险过程性审批或备案事项纳入“豁免清单”，全年减少企业跑动10万次。

【工程建设项目“一站式集成”审批】 针对工程建设项目审批存在环节多、时间长、流程不畅、审批事项互为前置等问题，赣州市重构审批流程，将项目审批从4个阶段优化为3个阶段，事项从49个减至40个，政府及企业投资项目审批时间从106个、60个工作日压缩至75个、45个工作日，审批时限达到大湾区营商环境指标水平。

【“12345”热线特色服务运行】 2021年，“12345”政务服务便民热线全年接话52.1万通，转办工单14.58

万件，按期办结率 99.35%，群众满意率 97.17%。建立“市长热线日”制度，设立营商环境、法律援助、劳动者维权等特色专席，协调解决 500 余件市场环境、执法监管、拖欠农民工工资等问题。

【启动“一网通办”数字化改革】 6 月，赣州市启动“一网通办”数字化改革攻坚，抽调业务骨干组成工作专班，启动数字政务业务中台、智能审批平台、“亲清赣商”平台建设，破解部门间数据壁垒、信息孤岛问题。创新建设全省首个“数字政务指挥舱”，打通 12 个省市级部门业务系统，实现 62 项智能审批和“一件事一次办”，333 个事项“全程网办”。

【试行惠企政策集中兑现改革】 赣州市率先在全省推出惠企政策兑现“线上一网线下一窗”改革，线上建设“亲清赣商”惠企政策兑现平台，线下在各级政务服务中心设立“政策兑现专窗”，设立 5000 万元的市级“惠企资金池”，市本级首批上架 44 项惠企事项。12 月 29 日，赣州市“亲清赣商”平台正式上线，首批惠企资金 9379 万元惠及 1368 家企业。

【推行“不见面开标”改革】 建成全省首个“不见面开评标”系统，5 月 18 日首个项目开标。会同市发改委建设“赣州串通投标犯罪预警模型”，被国家发改委纳入全国“招投标领域 30 项创新成果”。

（庄明辉）

6 月 22 日，全市政务服务“一网通办”集中攻坚行动启动会召开
（市行政审批局供图）

外　事

【对外交流合作】 2021 年，市外办打通驻外使领馆信息渠道，争取上级支持。5 月向各县（市、区）政府、市商务局等 30 个单位征集外事服务需求 12 条，涉驻日本、美国、加拿大等 12 个国家使领馆协调事务，全市对外投资企业在外人员疫苗接种等部分事项得到解决。

拓展对外合作渠道。完成巩固 1 个已有友城（塞拉利昂弗里敦市）、新签订 1 个正式友城（加拿大万锦市）和新争取 3 个意向友城（奥地利莱奥本市、匈牙利森特什市、泰国普吉府）目标。推动中匈“双区联动”［在 2 月 9 日中国—中东欧国家领导人峰会中，赣州国际陆港、匈牙利中欧商贸物流合作园区、阳光捷通三方签订的《中欧商贸物流合作园区与中国（赣州）跨境电子商务综合试验区“双区联动”合作协议》］项目合作，整合匈牙利出口促进局广州代表处等外事资源，推动赣州国际陆港与匈方共同运行赣州至布达佩斯中欧班列跨境电商专列，打造跨境电商数字口岸和数字园区，建设数字供应链服务体系。建立与香港特区政府驻武汉经贸办工作联络机制，牵头市发改、商务部门、赣州经开区以及代表性港资企业与该办拓展交流、深化合作。

完成周边国家驻华使节代表团、2021 中国国际生态竞争力峰会、上合组织传统医学论坛等 22 个国家重要外宾团组 8 批 60 余人次访问赣州的接待工作，多次收到主办方书面感谢信。

【对外宣传“赣州故事”】 讲好赣州故事，重点围绕全市入选的全省首批授牌外事参观点（瑞金、于都）特有的红色、绿色、古色文化资源，编制参访路线。选取“十七棵松的故事”作为外宾参访保留节目，受到来访外宾、上级领导赞赏。推动赣南文化“走出去”，支持阳明国际文化论坛、世界客属第 32 届恳亲大会申办等活动，扩大赣州文化的国际影响力。

【服务企业】 组织外事服务工作组先后多次赴企业宣传推介 APEC（亚太经济合作组织）商务旅行卡、涉外疫情管控形势下外国人来华办理签证申办流程等。全年审核转报申办 APEC 商务旅行卡 2 批 5 人次，审核报批外国人来华签证邀请函 17 批 29 人次，畅通外国专家入赣州渠道，保证项目进展，促进赣州市复工复产。开展“安全先行、防范先行、文明先行”活动，针对涉外企业，及时推送领事保护知识，开展对外投资风险防范培训，督促加强内部安全防范，全市 57 家对外投资企业签订《企业落实安全生产主体责任承诺书》。针对个人出境经商、求学、旅游等活动，由公安部门梳理出 8 万多本有效护照信息，以短信形式做好疫情防控和在外安全提示。妥善协调处置赣州市领事保护及涉外案（事）件 8 起。

【涉外防疫】 强化在市疫情防控指

挥部涉外工作组的统筹作用，牵头海关、商务、教育、台办、卫健、公安等单位，持续完善信息排查、"三站一场（火车站、汽车站、高铁站、飞机场）"排查转运和应急预案、涉外隔离酒店场所管理、境外人员在赣州信息日报告制度等运行机制，开通24小时中英文服务热线，抓好疫情防控期间全市外籍人士疫情防控、疫苗接种等工作。全市507名外籍人员接种疫苗人数336人，境外返回人员全部进行闭环管理，未出现一例失管漏管现象。贯彻执行中央、省、市有关疫情防控期间因公出国（境）管理规定，优化工作流程，严把审批关口，确保全市对外交流与合作有序开展。

（曾　劲）

政策发展研究

【重要文稿起草】 2021年，赣州市发展研究中心参与市委、市政府重要文稿起草工作，牵头起草《关于创新管理体制促进乡镇经济发展的意见》政策文稿。服务苏区振兴发展，参与起草《赣州建设革命老区高质量发展示范区实施方案》等文稿。聚焦脱贫攻坚及乡村振兴战略实施，参与起草《赣州巩固拓展脱贫攻坚实施方案》。

【课题研究】 2021年，赣州市发展研究中心牵头开展推进乡镇经济发展课题调研，组织3个调研组分赴市内调研，并到广东省佛山市、浙江省杭州市等地学习调研，组织责任单位开展乡镇财力、乡镇产业、城镇建设和土地开发、乡镇招商引资等4个专项调研，形成《创新乡镇管理体制促进乡镇经济发展调研报告》。区域金融中心建设、蔬菜、红色旅游、健康养老和智能制造等特色产业第二批5个人才课题结题，成果汇编成《赣州产业人才研究报告》呈市领导决策参考。谋划推进新一轮人才新政、科技创新赋能、数字经济、稀土全产业链高质量发展、践行"两山"高质量转化途径、打造营商环境高地、千亿级产业园区建设等7个人才专项课题和决策咨询课题研究。

【专题调研】 2021年，高质量撰写调研报告9篇。《让城市会思考让生活更美好——杭州建设"城市大脑"的经验启示》调研成果获省委书记易炼红批示；《赣州市实施农机购置补贴政策存在的问题及对策建议》相关政策意见被纳入市委、市政府乡村振兴政策意见；《以美丽乡村建设为载体推进全域旅游大发展——浙江桐庐经验及对赣州的启示》《奋力建设革命老区高质量发展示范区——关于2022年全市经济社会发展工作思路的思考》《中部省份省域副中心城市竞争力比较研究》等报告获得好评。

【智库建设】 策应高质量发展决策需求，加强与市直单位和市域智库的联系，增强紧扣经济社会发展重点开展调查研究的能力。推进赣南苏区人才发展合作研究院建设，组织新一轮人才课题研究，为赣南苏区振兴发展提供智力支持和人才保障。加强与国务院发展研究中心、省政府研究室的对接汇报。编发《发展研究》内刊24期，刊物质量得到肯定。

（王　琛）

驻外（派出）机构

【驻北京联络处】 2021年，市政府驻北京联络处按照市委"解放思想、改革攻坚、开放创新、担当实干"的工作思路，用实际行动奏响"干就赣好"最强音。全年累计联络协调保障赣州市委、市政府及相关部门在京开展对接活动600多人次。拜访国家部委、中央单位40多个，走访央企、国企和民企60多个，收集有价值招商信息20条。报送部委要讯、外埠动态等相关信息1.2万多篇。成立赣州在京流动党员党委，并建立工作职能、理论学习、工作制度、议事规则等一系列制度规定，做法在人民网、《光明日报》、"学习强国"学习平台等和省市媒体报道。

政务联络　联络协调保障市委、市政府及相关部门在京开展对接活动600多人次，其中先后9次保障市委、市政府主要领导走访、拜会19个国家部委、央企国企、大院大所。推动出台《国务院关于新时代支持革命老区振兴发展的意见》和国务院办公厅《新时代中央国家机关及有关单位对口支援赣南等原中央苏区工作方案》。年内，有12项重大事项纳入国家发改委"十四五"革命老区基础设施建设实施方案，33项重大事项纳入赣州革命老区高质量发展示范区建设方案。16项重

3月23日，驻北京联络处有关人员陪同市领导走访国家部委和中央单位

（驻北京联络处供图）

大事项纳入“十四五”支持革命老区巩固拓展脱贫攻坚成果衔接推进乡村振兴实施方案，多个重大事项纳入“十四五”支持革命老区红色旅游发展实施方案，推动中国残联出台《支持赣州市残疾人事业高质量发展的实施意见》，协助推动首个央企中国稀土集团总部落户赣州。

招商引资　围绕赣州主导产业，紧盯“高精尖”项目，发扬“五皮”精神，全员开展招商。拜访国家部委、中央单位 40 多个，走访央企、国企和民企 60 多个，收集有价值招商信息 20 条。主要领导外出招商活动 28 次，先后组织 2 批央企、中国 500 强企业、上市企业赴赣州商务考察，组织 4 名企业家参加江西第三届世界赣商大会，完成北京赣州企业商会换届工作。2021 年，先后在赣州经济技术开发区、章贡区、信丰县、定南县签约落地 10 个招商项目，总投资 150 亿元，实际进资 7.9 亿元。

服务保障　积极拓宽信息渠道，建立与重要部委信息沟通联系机制，围绕赣州“三大战略”“八大行动”，紧盯国家部委政策动态、沿海发达地区产业动向，认真收集、梳理、研判、报送有价值的信息，为市委、市政府提供参考。向赣州市委、市政府报送部委要讯、外埠动态等相关信息 1.2 万余篇，市委办信息室采用信息数在 117 个市直驻市单位中得分排名第四名，市政府信息室采用信息数在 5 个市驻外机构中排名第一名。

服务赣州　推介推动“赣菜进京”“赣品进京”，引领在京乡贤新开“赣南客家菜推广店”3 家，举办第三届“四星望月”美食节，推动 100 余种赣南特产入驻北京新发地农产品批发市场，宁都黄鸡直供中办食堂。组织开展“赣州脐橙文化宣传周”活动，先后组织“赣南脐橙进王府井、进欧盟使馆、进军营”3 场活动，赣南脐橙作为老区扶贫农产品入驻中宣部食堂。积极为赣州在京企业纾难解困，协助北京城建远播机械工程有限公司解决旧厂房搬迁事宜，给北京神州儿女康复中心捐赠一批价值 5000 余元的康复用品。

（欧阳源）

【驻上海联络处】　招商服务　2021 年，赣州市政府驻上海联络处全面贯彻落实市委主要领导“驻外机构的主要任务就是招商引资”工作要求，采取工作力量一边倒的方式，全员出击，全力以赴推进招商引资工作。年内，陪同江苏瀚之源科技公司、中国水环境集团及上海新产业光电技术有限公司等 13 家公司到赣州商务考察共 8 批次，100 多人；走访上海市赣州商会、杭州赣州商会、长三角宁都商会等 10 余家长三角区域的赣州商协会组织，组织 10 余批次客商回赣开展商务考察，先后引进吉利新能源、舟基集团赣县洞库冷链等一批重大项目。全年累计新签约项目 3 个，签约金额 340 亿元，完成实际进资 10.5 亿元。

慈善公益及社会事业　年内，组织 34 名上海医疗专家分别赴龙南市、定南县、全南县、信丰县等 4 县（市）开展医疗义诊活动，累计诊疗病人 960 余人次，开展专题知识讲座 6 次。积极协调赣州市教育局、慈善总会等单位，联合长三角赣州商会等单位发起“长三角赣南人慈善助学认助第七季活动”，认捐困难学子 94 人，认捐金额 9.4 万元。加强与上海瑞金医院的沟通协调，全力支持帮助推进与瑞金市人民医院结对帮扶工作。

信息工作　高度重视信息调研工作，全年先后向市委、市政府报送信息 2900 余条，被市委采用 69 条，省刊采用 2 条。工作动态信息被市委宣传部《赣州宣传》刊载 5 次。

（钟剑锋）

【驻厦门办事处】　2021 年，市政府驻厦门办事处围绕市委、市政府战略部署，立足驻外实际，聚焦方向重点，充分发挥驻外机构的窗口、桥梁和纽带作用，积极推动招大引强、服务保障、信息交流等工作，取得明显成效。累计为来访党政领导、各类招商工作组、学习考察组约 180 人次提供后勤保障服务，为领导机关顺利开展工作、扩大对外交流作出积极贡献。

招商引资　围绕全市产业布局，创新系统性招商模式，先后开展招商引资“大调研、大走访、大摸底”、“招大引强，收官全年”等行动，累计引荐 9 批次优强企业前往赣州考察，同比增长 10%，促成深圳同益股份（厦门电子信息企业关联企业）、厦门悠派项目 2 个项目正式签约，签约资金达 18 亿元，实际进资超 2.53 亿元。

信息调研　全年共收集报送各类信息 1410 条，编辑《海西动态》期刊 8 期，开展调研 2 次，其中 154 条信息分别被赣州市委、市政府信息刊物刊用，由市政府驻厦门办事处报送的《福建省三明市公立医院综合改革分析》信息得到省委主要领导的批示，《关于赣州对接“海西区”融入“大湾区”的几点建议》信息被《今日赣州》刊登。

对接服务　树立“全过程嫁接、全资源服务”理念，为赣厦两地合作交流、经贸往来提供高质量服务。全年累计为赣州市县党政领导、各类招商工作组等 180 余人次赴厦（闽）对接联系工作提供保障服务。发挥驻外机构协调联系作用，推动成立厦门市南康商会、厦门市石城商会，丰富赣厦两地交流平台。引导福建域内商（协）会企业抱团回乡发展，年内组织 2 批乡贤客商回赣考察投资。

瑞兴于“3+2”经济振兴试验区产业合作推介会　7 月 12 日，市政府驻厦门办事处协助举办的瑞兴于“3+2”经济振兴试验区产业合作推介会在泉州晋江市召开。市委副书记、市长许南吉，市人大常委会副主任、宁都县委书记邱建军，副市长胡聚文，省苏区振兴办副主任、市苏区振兴办主任薛强等领导以及国内 100 多位知名企业代表出席推介会。

（谢荣琨）

【驻南昌办事处】　2021 年，市政府驻南昌办事处立足本职、主动作为，推动公务保障、对外联络、招商引资、信访等工作不断优化升级。年内，落实“赣州市国外境外来赣返赣人员南昌管理专班”工作职责，推动顺利转运国外境外来赣返赣人员 139 名。加强改进外埠信息收集，信息报送量增

6月17日，驻南昌办事处到杭州开展招商引资工作，与浙江省工商联召开助力革命老区赣州振兴发展座谈会　　（驻南昌办事处供图）

长20%，被采用170余条。

公务保障　2021年，市政府驻南昌办事处致力于服务赣州市在省会公务大局，完成全年各项公务保障任务。全年累计转呈转报文件100余份，出车750余次、接送1400余人次、行程5.2万余千米、时长3000余小时，有力保障赣州市参加省党代会、省“两会”等重大会议和赣州市在南昌召开市委常委会等公务活动，以及保障对接出台《关于新时代进一步推动江西革命老区振兴发展的实施意见》等支持赣州发展的重大政策和对接推进瑞梅铁路（江西段）、定南通用机场等15个涉及赣州的重大基础设施项目。

对外联络　全年联系拜访相关单位和人员100余次，凝聚关心支持赣州发展更大力量。加强与赣州在昌商协会的沟通，指导南昌市赣州商会党支部加强党的建设和换届后良性运行，指导成立南昌市南康商会，推动壮大乡贤团结发展平台。推动在南昌万寿宫历史文化街区新开业客宴经典、八景台赣南客家美食博物馆等2家赣南客家菜餐饮店，提升赣南菜品文化在南昌的影响力。

招商引资　紧紧围绕赣州“三大战略”“八大行动”和主导产业发展，大力开展招商工作。联系在昌有关商会、企业100余次，“走出去”赴省外招商2次，大力宣传推介赣州招商环境。引荐科大讯飞、辰林教育集团等企业赴赣州开展投资考察6次，推动签约落地江西应用科技学院（龙南校区）、江西文理技师学院（龙南校区）项目，签约资金20亿元，进资3946.7万元，超额完成年度签约任务和进资任务，并推动赣州市人民医院与谈家桢基金会签订合作协议书。

信访工作　坚持把信访工作纳入驻昌工作重要议事日程，及时分析信访形势，处置信访案件，安排部署信访工作。加强与省、市信访部门的联系，积极劝返赣州市赴省信访滞留人员50余人次，并认真做好原驻昌办招待所改制职工的信访疏导稳定工作，引导其通过法律途径维护自身合法权益，多次化解赴京非访隐患，维护赣州稳定大局。

（陈　俊）

【驻深圳办事处】　招才引智　建立企业、医疗、教育、党政机关等各类乡贤人才库，遍布深圳、广州、中山、东莞等地，入库乡贤已经超过600人。推动市委组织部和北航投资开展人才合作，5月引入的北航投资有限公司和赣州市委组织部在深圳正式签署人才合作战略协议；12月，陪同北航校友企业家考察团返赣考察，与市委组织部共建人才服务中心。

招商引资　围绕赣州市“1+5+N”特色产业，持续开展以商招商，推动深圳市新中元电子有限公司与上犹县签约15亿元的电子科技产业项目；江西盛全新能源技术有限公司在全南县实施铁锂新能源电池项目，总投资20亿元，固定投资5亿元；赣州南星开发有限公司在南康家居特色小镇实施星乐度文旅项目，总投资24亿元，固定投资18亿元；江西特瑞森智能厨电有限公司在兴国县工业园实施智能家电产业园项目，总投资2亿元，固定投资2亿元，实际到位资金1亿元；广州锐足车轮有限公司在大余县新城工业小区投资汽车轮毂及配套产品项目项目，总投资1亿元，固定投资9000万元，实际到位资金3000万元。2021年共引进项目5个，签约资金62亿元，到位资金1.3亿元。

（驻深圳办事处）

本栏编辑：周　俊

中国人民政治协商会议
赣州市委员会

综　述

【概况】 2021年，赣州市政协发挥专门协商机构作用，围绕市委“三大战略、八大行动”战略部署，将政协制度优势化为治理效能，助推赣州“十四五”开局起步，为加快革命老区高质量跨越式发展献计出力。协助市委召开政协工作会议，出台《关于充分发挥政协专门协商机构作用推进全市基层协商民主建设的实施意见（试行）》，修订《赣州市政协专门委员会通则》。组织调研视察和协商议政活动20次，征集提案691件，收集社情民意信息236条，召开专题议政性常委会、专题协商会、对口协商会、界别协商会、提案督办协商会9次，调研报告、建议案获市党政领导批示7人次。一批建言成果得到省政协和市委、市政府主要领导的充分肯定和批示，为助推赣州高质量跨越式发展积极贡献政协智慧和政协力量。

为及时跟进学习中共中央总书记习近平重要讲话、重要文章和重要指示精神，创立“每周例会”学习制度，启动与各民主党派和无党派人士“共学”机制，以“书香政协”为平台，开展以党外委员为主体的“增进‘四个认同’、共促苏区振兴”“学百年党史、重走长征路”等具有统战特色和政协特点的“红色走读”活动。

【六届市政协委员构成】 2021年，六届市政协委员总数479名。设29个界别，其中中共界别40人，民革界别17人，民盟界别19人，民建界别18人，民进界别17人，农工党界别18人，九三学社界别17人，无党派人士界别12人，总工会界别15人，共青团界别8人，妇联界别20人，青联界别8人，工商联界别32人，科协界别10人，侨联界别7人，台联界别8人，文艺界别15人，科技界别22人，社科界别14人，经济界别30人，农业界别24人，教育界别20人，体育界别8人，新闻出版界别8人，医药卫生界别15人，社会福利界别8人，少数民族界别9人，宗教界别8人，特邀界别32人。

【赣州市新一届市县政协委员培训班】 11月25—26日，赣州市新一届市县政协委员培训班举行。市、县两级政协委员、政协机关干部、乡镇（街道）联系政协工作的领导共5000余人参加培训班。培训班围绕“深入学习贯彻党的十九届六中全会精神、推动新时代政协工作高质量发展”“如何做新时代合格的政协委员”“坚定文化自信、弘扬优秀传统文化”“认真履行政协职能、做好市县政协工作”等内容进行专题授课。培训班以视频形式举行，在市政中心会议中心设主会场，各县（市、区）设分会场。

【助推高质量跨越式发展】 市政协制定贯彻《国务院关于新时代支持革命老区振兴发展的意见》20条工作举措，引导全市政协系统自觉投身振兴发展伟大事业。主动“北上”对接，在全省设区市政协中第一个赴全国政协机关汇报工作，达成5个方面的支持事项。密切与全国工商联汇报沟通，助推十三届全国政协以来规模最大的视察团到赣州调研指导，促成“全国工商联携手知名民营企业助推赣州革命老区振兴发展大会”在赣州召开。

开展“我市工业倍增升级若干问题及对策”“建强用好赣江创新研究院，提升创新驱动发展能力”专题调研协商，得到省政协和市委、市政府主要领导的充分肯定和批示，并批转相关部门研究落实，其中省政协全文转发《我市工业倍增升级若干问题及对策》给各设区市政协和相关部门参阅借鉴。

围绕乡村振兴下产业高质量发展、村级集体经济发展、全市农业面源污染防治和农村生活污水治理开展专题调研、监督。围绕推进区域性教育中心、支持赣州市人民医院打造区域医疗中心、提升城市管理智慧化水平等开展对口协商、界别协商、提案办理协商，紧盯群众关心关切的热点难点问题，积极组织和引导政协委员提交提案，全年收到反映社情民意信息600余条，编发《社情民意专报》9期，助推农产品冷链物流、农田水利灌溉、高效利用体育设施等一批民生实事的解决。

【文史资料征编】 开展《赣州文史》资料征集出版工作。完成征集关于赣州市各地历史沿革、地理形势、经济文化、名胜古迹、风土人情以及地方传说、名人逸事、烽火年华、虔城艺苑、客家风情、教育逸事等方面内容的稿件15篇。整理编纂《赣南籍老红军战士访谈录》，出版《赣州文史》第四辑。协助省政协完成对市、县政协委员亲友革命故事文史资料和江西“小三线建设”文史资料征集工作。

重要会议

【概况】 2021年，市政协召开全体会议2次、常委会会议6次、主席会议18次。同时，市政协分别召开市政协党史学习教育分享会，住赣全国政协委员宣讲报告会，长征沿线、革命老区市州政协“助推长征国家文化公园建设、助力革命老区振兴发展”协商联席会议第一次会议，全省设区市政协秘书长工作交流座谈会暨红色走读活动，全市政协主席座谈会暨政治谈话等会议。

【市政协全体会议】 市政协五届六次会议 2月18—20日，市政协五届六次会议召开。省委常委、市委书记吴忠琼，市委副书记、代市长许南吉等领导出席会议，听取大会发言，参加联组讨论，与委员们共商大计、共襄发展。会议审议并批准市政协主席彭业明代表政协赣州市第五届委员会常务委员会所作的工作报告；审议并批准市政协副主席廖志刚代表政协赣州市第五届委员会常务委员会所作的提案工作情况报告。会议补选政协赣州市第五届委员会常务委员5名。委员们列席赣州市第五届人民代表大会第六次会议，听取、讨论并赞同许南吉所作的市政府工作报告；讨论并赞同赣州市国民经济和社会发展第十四个五年规划和二〇三五年远景目标纲要（草案）及其他报告。

市政协六届一次会议 10月26—29日，市政协六届一次会议召开。省委常委、市委书记吴忠琼出席并讲话；市委副书记、市长许南吉等市领导出席会议，听取大会发言，参加分组讨论，与委员们共商大计、共襄发展。会议审议并批准市政协副主席苏传辉代表政协赣州市第五届委员会常务委员会所作的工作报告；审议并批准市政协副主席廖志刚代表政协赣州市第五届委员会常务委员会所作的提案工作情况报告。会议选举产生六届市政协主席、副主席、秘书长和常务委员。委员们列席赣州市第六届人民代表大会第一次会议，听取、讨论并赞同许南吉所作的市政府工作报告及其他报告。

【市政协常委会会议】 2月7日，市政协五届十八次常委会会议召开。会议学习省委十四届十二次全会、市委五届十次全会和省政协十二届四次会议精神；协商讨论《政府工作报告（讨论稿）》；审议《政协赣州市第五届委员会第六次会议议程（草案）和日程》《政协赣州市第五届委员会第六次会议选举办法（草案）》《政协赣州市第五届委员会第六次会议选举大会总监票人、监票人建议名单（草案）》，以及人事事项。会议审议通过《政协赣州市第五届委员会常务委员会工作报告（讨论稿）》《政协赣州市第五届委员会常务委员会关于五届五次会议以来提案工作情况的报告（讨论稿）》《关于召开政协赣州市第五届委员会第六次会议的决定》《政协赣州市第五届委员会第六次会议委员分组及各组召集人名单》《关于授权市政协主席会议审议政协赣州市第五届委员会常务委员会第十八次会议未尽事宜的决定》《市政协2021年度协商工作计划》；听取市政府办公室关于市政协五届五次会议以来提案办理情况的通报，市政协各专委会2020年工作总结及2021年主要工作情况汇报。

2月19日，赣州市政协五届十九次常委会会议召开。审议市政协五届六次会议决议（草案）、市政协五届六次会议提案审查情况的报告（草案），决定提请闭幕大会通过；审议人事事项，决定提请选举大会通过或选举。

7月28日，市政协五届二十次常委会会议召开，深入学习贯彻中共中央总书记习近平在庆祝中国共产党成立100周年大会上的重要讲话精神，围绕“工业倍增升级若干问题及对策”专题协商议政。张卿均就学习贯彻中共中央总书记习近平“七一”重要讲话精神作专题辅导；肖明华作“工业倍增升级若干问题及对策”专题调研报告的说明；曾少华、刘铭三、陈金清、

10月26日，中国人民政治协商会议赣州市第六届委员会第一次会议在市青少年活动中心开幕 （市政协办供图）

叶日山、邓卫城、刘瑞林6名委员作专题发言；市发改委、市工信局、市财政局等部门负责人现场答复，与委员们协商交流。会议还通报2021年上半年全市经济运行情况，解读《赣州市“1+5+N”工业倍增升级行动方案（2021—2023年）》，审议通过人事事项。

9月23日，市政协五届二十一次常委会会议召开，围绕“关于建强用好赣江创新研究院，提升创新驱动发展能力”协商议政。会议传达学习市委五届十一次全体（扩大）会议精神。蓝赟作《关于建强用好赣江创新研究院，提升创新驱动发展能力的调研报告（审议稿）》的说明；李志斌、杨斌清等委员作专题发言；市教育局、市科技局、市工信局、市自然资源局、赣州高新区等部门负责人现场答复，与委员们协商交流。会议审议通过关于调整市政协专门委员会设置的决定（草案）。

10月18日，市政协五届二十二次常委会会议召开。会议决定市政协六届一次会议于10月26—29日召开。会议传达学习市第六次党代会精神。协商讨论《政府工作报告（讨论稿）》，市政府办公室通报市政协五届六次会议以来提案办理情况。市委统战部作人事事项有关情况说明。会议审议通过五届市政协常委会工作报告（讨论稿）、五届市政协常委会关于提案工作情况的报告（讨论稿）、关于召开市政协六届一次会议的决定、关于授权主席会议审议五届市政协常委会第二十二次会议未尽事宜的决定，以及六届市政协委员名单等人事事项。会议审议市政协六届一次会议议程（草案）和日程。审议市政协六届一次会议的主持人名单（草案）、副秘书长名单（草案）、秘书处组成人员名单（草案）、委员分组及各组召集人名单（草案）和六届市政协各界别召集人名单（草案）。审议市政协六届一次会议提案审查委员会名单（草案）。市政协各专委会书面汇报五年以来的主要工作。

10月29日，市政协六届一次常委会会议召开。会议审议通过《政协赣州市第六届委员会副秘书长、办公室主任任职名单（草案）》《政协赣州市第六届委员会常务委员会关于设置专门委员会的决定（草案）》《政协赣州市第六届委员会专门委员会主任、副主任任职名单（草案）》。

【市政协主席会议】 1月14日，市政协五届五十八次主席会议召开。会议学习中共中央总书记习近平在省部级主要领导干部学习贯彻中共十九届五中全会精神专题研讨班上的重要讲话、对政法工作作出的重要指示精神；讨论2020年市政协委员履职考核情况、《市政协2020年度优秀政协委员建议人选名单（草案）》、《市政协部分专委会委员调整名单（草案）》、《向市委建议调整的市政协委员名单（草案）》；听取市政协各专委会功能型党支部开展党员委员履职述职和党员常委履职建言点评情况汇报。

1月22日，市政协五届五十九次主席会议召开。会议学习中共中央总书记习近平近期重要讲话和中央重要会议精神、市委五届十次全体（扩大）会议精神；讨论《市政协党组2019年“不忘初心、牢记使命”主题教育专题民主生活会整改落实情况报告》《市政协党组2020年省委巡视整改措施落实情况报告》《市政协党组班子2020年度民主生活会对照检查材料》《政协赣州市第五届委员会常务委员会工作报告（审议稿）》《政协赣州市第五届委员会常务委员会关于五届五次会议以来提案工作情况的报告（审议稿）》；通报市政协党组2020年度民主生活会征求意见的情况；听取市政协五届六次会议大会发言、联组会议发言情况汇报。

2月6日，市政协五届六十次主席会议召开。会议传达学习省委常委、市委书记吴忠琼走访市政协机关时的讲话精神，研究贯彻落实意见；审议《市政协五届十八次常委会会议议程（草案）和日程》《关于召开政协赣州市第五届委员会第六次会议的决定（草案）》《政协赣州市第五届委员会第六次会议议程（草案）和日程》《政协赣州市第五届委员会第六次会议委员分组及各组召集人名单（草案）》《政协赣州市第五届委员会第六次会议选举办法（草案）》《政协赣州市第五届委员会第六次会议选举大会总监票人、监票人建议名单（草案）》《关于授权市政协主席会议审议政协赣州市第五届委员会常务委员会第十八次会议未尽事宜的决定（草案）》，以及人事事项；审议通过《市政协五届五次会议优秀提案名单》《市政协五届六次会议提案工作方案》《市政协各专委会调整委员名单》《政协赣州市第五届委员会第六次会议列席人员名单》《政协赣州市第五届委员会第六次会议联组会议分组安排》。

3月1日，市政协五届六十一次主席会议召开。会议传达学习中共中央总书记习近平近期重要讲话、重要文章精神和中央文件精神，《国务院关于新时代支持革命老区振兴发展的意见》精神，市“两会”精神；讨论《关于市政协五届六次会议召开情况的报告》《2021年〈市政协常委会工作报告〉任务分解安排》。

4月12日，市政协五届六十二次主席会议召开。会议学习中共中央总书记习近平近期重要讲话精神，中央和省委、市委有关文件和会议精神；讨论通过《关于〈中共赣州市委关于新时代加强和改进人民政协工作的实施意见〉贯彻落实情况督查工作方案》《关于制定〈关于充分发挥政协专门协商机构作用，进一步推进全市基层协商民主建设的实施意见〉工作方案》。

5月8日，市政协五届六十三次主席会议召开。会议学习中共中央总书记习近平近期重要讲话精神，以及省、市有关文件精神；通报赴全国政协机关对接汇报情况，并研究对接事项责任落实分工；讨论《2021年重点督办提案安排》《长征沿线、革命老区市州政协“助推长征国家文化公园建设、助力革命老区振兴发展”协商联系第一次会议工作方案》。

6月8日，市政协五届六十四次主席会议召开。会议学习中共中央总书记习近平近期重要讲话、重要文章和重要指示精神，以及中央有关会议、文件精神；传达学习《党委（党组）网络意识形态工作责任制责任清单》《党委（党组）网络安全工作责任制责任清单》，研究贯彻措施；讨论《市政协“增进‘四个认同’，共促苏区振兴”实践活动方案》《市政协五届二十次常委会会议方案》和人事事项；听取长征沿线、革命老区市州政协“双助”协商联系会议第一次会议承办情况汇报。

7月26日，市政协五届六十五次主席会议召开。会议学习中共中央总书记习近平近期重要讲话、重要指示精神，省委十四届十三次全体（扩大）会议和全国、全省政协秘书长工作交流座谈会精神；讨论《关于我市工业倍增升级若干问题及对策专题调研报告》《关于充分发挥政协专门协商机构作用推进全市基层协商民主建设的实施意见（试行）（送审稿）》等文稿，市政协五届二十次常委会会议议程（草案）和日程，以及市政协六届一次会议筹备工作方案。

9月3日，市政协五届六十六次主席会议召开。会议协商讨论上犹县撤县设区行政区域变更事项。

9月18日，市政协五届六十七次主席会议召开。会议学习中共中央总书记习近平近期重要讲话、重要指示和重要文章精神；讨论《政协赣州市第五届委员会常务委员会第二十一次会议方案及议程（草案）、日程》《关于调整市政协专门委员会设置的决定（草案）》《关于召开政协赣州市第六届委员会第一次会议有关事项的请示》《关于市政协六届一次会议提案交办的建议》《关于建强用好赣江创新研究院，提升创新驱动发展能力专题调研报告（讨论稿）》等文稿；听取市政协六届一次会议筹备工作进展情况汇报。

9月30日，市政协五届六十八次主席会议召开。会议传达学习市第六次党代会精神和市委六届一次全会精神，研究贯彻落实意见；讨论《关于召开政协赣州市第六届委员会第一次会议有关事项的请示》《政协赣州市第五届委员会常务委员会工作报告（讨论稿）》《政协赣州市第五届委员会常务委员会关于提案工作情况的报告（讨论稿）》。

10月16日，市政协五届六十九次主席会议召开。会议学习中共中央总书记习近平近期重要讲话、重要指示精神。审议市政协五届二十二次常委会会议议程（草案）和日程，关于召开市政协六届一次会议的决定（草案），关于授权市政协主席会议审议市政协五届二十二次常委会会议未尽事宜的决定（草案），六届市政协委员名单（草案）、各界别召集人名单（草案），市政协六届一次会议提案工作方案，主持人名单（草案）、副秘书长名单（草案）、委员分组及各组召集人名单（草案）、秘书处组成人员名单（草案）、提案审查委员会名单（草案）等人事事项，拟提请市政协五届二十二次常委会议审议通过。审议通过市政协六届一次会议临时党支部名单和会议安排。听取五届市政协各专委会五年工作情况汇报、市政协六届一次会议筹备工作情况汇报。

10月25日，市政协五届七十次主席会议召开。经市政协五届二十二次常委会会议授权，会议审议通过六届市政协增补委员名单、市政协六届一次会议委员分组及各组召集人名单；审议市政协六届一次会议主席团成员、主席团会议主持人和秘书长名单（草案）；审议市政协六届一次会议主席团常务主席和常务主席会议主持人名单（草案）。

10月29日，市政协六届一次主席会议召开。会议审议《政协赣州市第六届委员会常务委员会第一次会议议程（草案）、日程》《政协赣州市第六届委员会副秘书长、办公室主任任职名单（草案）》《政协赣州市第六届委员会常务委员会关于设置专门委员会的决定（草案）》《政协赣州市第六届委员会专门委员会主任、副主任任职名单（草案）》。

11月5日，市政协六届二次主席会议召开。会议学习中共中央总书记习近平近期重要讲话、重要指示精神；研究市政协主席、副主席、秘书长工作分工；讨论《市政协六届二次会议筹备工作方案》等事项。

11月15日，市政协六届三次主席会议召开。会议传达学习中共十九届六中全会和全省、全市领导干部会议精神；讨论《政协赣州市第六届委员会各专门委员会委员名单》。

12月27日，市政协六届四次主席会议召开。会议学习中共中央总书记习近平近期重要讲话、重要指示精神；讨论《关于召开政协赣州市第六届委员会第二次会议的请示》《中国人民政治协商会议赣州市第六届委员

11月5日，市政协召开六届二次主席会议（市地方志研究室供图）

会常务委员会工作报告》等文稿。

12月31日，市政协六届五次主席会议召开。会议学习中共中央总书记习近平近期重要讲话、重要指示精神，以及省委经济工作会议精神；讨论《市政协党组2021年工作情况汇报》《关于建立市政协工作“六大提升行动”协调推进机制的通知》，市政协六届二次会议有关文稿，以及人事事项；听取市政协六届二次会议大会发言、联组发言和小组发言等工作落实情况汇报，以及各专委会2021年工作总结及2022年主要工作汇报。

【市政协党史学习教育分享会】 4月12日，市政协举行党史学习教育分享会。市政协港澳台侨和外事委员会主任王石水分享策划拍摄《共和国从这里走来》《寻找赣南人在长征路上的故事》等红色文化大型电视系列片，以及采访近百位中华人民共和国开国将军、中央苏区历史亲历者及亲属的见闻和感悟。

【驻赣州全国政协委员宣讲报告会】

4月23日，市政协举行驻赣州全国政协委员宣讲报告会。会议组织观看《政协读影》。驻赣州全国政协委员、中非友好协会副会长、华坚集团董事长张华荣宣讲中共中央总书记习近平在全国政协十三届四次会议上的重要讲话精神，以及全国政协十三届四次会议精神和省委、省政协贯彻落实具体举措，张华荣结合自身参会、创业经历，生动阐述中国共产党为什么“能”、马克思主义为什么“行”、中国特色社会主义为什么“好”。住赣州市省政协委员、市政协机关干部50余人参加。

【长征沿线、革命老区市州政协“双助”协商联席会议第一次会议】 6月2—3日，长征沿线、革命老区市州政协“助推长征国家文化公园建设、助力革命老区振兴发展”协商联席会议第一次会议在赣州市举行。市政协主席、党组书记彭业明主持会议并讲话。省政协党组成员、秘书长汪爽，市委副书记、市纪委书记、市监委主任唐舒龙分别致辞。泸州市、延安市、遵义市、阿坝州、三明市等19个市（州）政协主席或副主席参加会议。会议围绕“百年正风华，‘双助’再出发”主题深入研讨交流；开展“红军长征纪念林”植树活动；通过《长征沿线、革命老区市州政协“双助”协商联席会议规则》《促进长征沿线、革命老区市州红色文化旅游深度合作倡议书》《长征沿线、革命老区市州红土地电商联盟成立赣州宣言》；举行长征沿线、革命老区市州政协“双助”协商联席会议第一次会议签名仪式，红土地电商联盟授牌仪式和中央苏区历史分享会；通过《长征沿线、革命老区市州政协“双助”协商联席会议第一次会议纪要》，商定第二次会议由陕西省延安市政协承办；赣州市、泸州市、延安市、遵义市、阿坝州、三明市政协6个发起单位在会上作交流发言，其他参会单位作书面发言。

【全省设区市政协秘书长工作交流座谈会暨红色走读活动】 7月19—20日，全省设区市政协秘书长工作交流座谈会在赣州市召开。会议学习贯彻中共中央总书记习近平“七一”重要讲话精神，传达学习全国地方政协秘书长工作交流座谈会精神。省政协党组成员、秘书长汪爽出席并讲话。省政协副秘书长、办公厅主任杨木生，省政协副秘书长赵波，省政协办公厅副主任钟清滨，驻省政协机关纪检监察组组长周建华，设区市、省直管县（市）政协秘书长等参会。会上介绍省政协机关党建工作等工作情况，11个设区市政协秘书长作交流发言。与会人员到大余县南方红军三年游击战争纪念馆、梅岭三章纪念馆等地开展红色走读活动。

【全市政协主席座谈会暨政治谈话】

12月24日，全市政协主席座谈会暨政治谈话举行。市政协主席、党组书记徐兵主持并讲话。会议学习中共中央办公厅《关于加强和改进新时代市县政协工作的意见》；听取各县（市、区）政协主席、党组书记的履职感悟、工作亮点、创新经验等情况汇报，以及政协工作提质增效的意见建议。

建言献策

【概况】 2021年，市政协紧扣全市发展战略、围绕党政所需协商议政，提出前瞻性、针对性的建议。围绕新时代赣南苏区振兴发展，出台20条贯彻落实《国务院关于新时代支持革命老区振兴发展的意见》工作

7月19日，全省设区市政协秘书长工作交流座谈会在赣州召开
（市政协办供图）

举措，主动“北上”对接，争取十三届全国政协规模最大的视察团到赣州调研指导，促成“全国工商联携手知名民营企业助推赣州革命老区振兴发展大会”在赣州召开。全年共处理691件提案，其中五届六次会议共收到提案343件，立案310件提案，交由95家承办单位办理，截至2021年9月10日，立案的提案按规定全部办复。六届一次会议共收到提案348件，经审查，立案318件，其中16件时效性较强的提案已交给26家承办单位办理，其他提案由于办理时间所限将与市政协六届二次会议提案一并交办。

【专题协商】 围绕“我市工业倍增升级若干问题及对策”进行常委会会议专题协商议政，得到省政协和市委、市政府主要领导的充分肯定，省政协办公厅将此建议案印发全省政协系统学习借鉴，市委办公室批转各地、各部门研究采纳，助推赣州市工业倍增升级工作。聚焦中科院赣江创新研究院的发展规划、基础设施、成果转化、产业对接、要素保障等方面问题深入调研、专题协商，所提建议转化为有关部门政策举措，助推赣州科技创新动能加速集聚。

围绕推进区域性教育中心、支持赣州市人民医院打造区域医疗中心、提升城市管理智慧化水平、建设富有文化底蕴的世界级旅游景区和度假区等开展对口协商、界别协商，推动民生品质进一步提升。紧盯群众关心关切的热点难点问题，积极引导广大政协委员通过提案、社情民意信息、《委员通道》等形式，助推农产品冷链物流、农田水利灌溉、高效利用体育设施等一批民生实事的解决。组织医药卫生教育等界别委员和专家开展“送医、送教、送法进社区”活动，积极参与深化全国文明城市、卫生城市建设。聚焦巩固拓展脱贫攻坚成果同乡村振兴有效衔接，组织委员开展联组会议协商，围绕乡村振兴中的产业发展、农村集体经济、农产品有效供应、人居环境整治等方面进行专题调研、监督，为全市乡村振兴起好步、开好局贡献智慧。

【提案办理】 围绕党政重点工作、人民群众关心关注的热点问题，商请市委办、市政府办协商确定创新驱动、营商环境、乡村振兴、商贸物流、乡村文化旅游、蔬菜产业等方面16件提案，由市委、市政府领导领衔督办；经各方协商，筛选确定“综合交通网建设、圩镇建设、打造客家菜品牌、乡村旅游、民宿健康发展、职业教育、数字经济发展”等方面17件重点提案，由市政协领导分别领衔督办，通过协商座谈、现场调研、视察等方式推动提案的办理，均取得明显效果。

围绕全市经济社会发展热点、民生改善难点的问题，选择加快赣州市农产品冷链物流体系建设、加快推进赣州VR产业链条建设、推进中心城区精细化管理工作、加快出台金融政策支持赣州市文旅产业高质量发展、加强赣州市疾病预防控制体系建设等方面提案编辑5期《重要提案专报》；报送市委、市政府领导和有关部门。其中“加快我市农产品冷链物流体系建设的建议”和“推进中心城区精细化管理工作的建议”得到市政府领导批示，有效地促进提案建议的办理落实。

【赣州市工业倍增升级若干问题及对策专题协商】 4—6月，由市政协领导带队，市政协经济委组织部分委员，围绕“我市工业倍增升级若干问题及对策”这一重大课题，采取点面结合、市内调研与市外比较调研相结合的方式，对赣州市工业发展现状、成效、存在的问题与不足及对策建议等进行调研。调研组先后到南康区、信丰县、龙南市、赣州经济技术开发区等8个县（市、区）调研，并到江苏省苏州市、无锡市，广东省东莞市、佛山市等地学习考察先进经验做法。同时，采取网络调研、查阅资料等方式，对安徽省合肥市等地工业发展情况进行了解。7月下旬，市政协五届二十次常委会会议就赣州市工业倍增升级若干问题及对策进行专题协商。省政协、市委、市政府主要领导对建议案给予批示和充分肯定。省政协办公厅将建议案印发全省政协系统学习借鉴。市委办将建议案全文转发市工信局，各县（市、区）委、政府，赣州经济技术开发区、龙南经济技术开发区、瑞金经济技术开发区、赣州蓉江新区和赣州高新区管委会。

【乡村振兴下产业高质量发展的几个问题及对策建议界别协商】 4—6月，市政协农业和农村委聚焦助力乡村振兴起好步，组织部分委员到兴国县、宁都县、安远县乡、村、基地、农田一线开展“乡村振兴下产业高质量发展的几个问题及对策

12月17日，市政协组织有关调研组在大余县调研工业倍增升级等工作
（市政协办供图）

建议”专题调研，并到宁夏、青海等地学习考察，形成协商报告，提出相关意见建议，供市委、市政府及相关职能部门参考。

【支持赣州市人民医院创建国家区域医疗中心界别协商】 5—6 月，由市政协港澳台侨和外事委员会就“支持赣州市人民医院创建国家区域医疗中心”开展界别协商。到广东省梅州市、韶关市，湖南省郴州市，湖北省十堰市考察学习先进经验。先后 4 次组织相关部门和调研组人员开展座谈交流，协商会后，报告就加强统筹协调，形成工作合力；坚持规划引领，科学有序推进；充分放权赋权，破解瓶颈；加强科研创新，增强内生动力；完善相关政策，强化支持保障；加强内部管理，主动担当作为等方面提出 6 条具有可操作性的意见建议，呈送市委、市政府及相关部门决策参考。

【提升创新驱动发展能力专题协商】 8—9 月，市政协教科卫体委员会组织部分委员和有关专家学者，赴中科院赣江创新研究院和相关部门开展专题调研；因新冠肺炎疫情防控要求，函调学习广东省深圳市、浙江省宁波市、湖北省武汉市、甘肃省兰州市等地先进做法。调研组从“依托赣江创新研究院高标准规划布局未来科技城”“积极创建国家级科研平台并明确发展方向”“着力构建灵活的引才体系”“强化院校合作推动人才培养和科教融合”“积极创建国家科技成果转移转化示范区”“聚焦打造千亿产业集群进一步强化产业链与创新链精准对接”“依托赣江创新研究院，通过创新驱动我市主导产业更高质量发展”“进一步强化政府服务和要素保障”等 8 个方面提出意见建议，形成《关于建强用好赣江创新研究院，提升创新驱动发展能力的建议案》，呈送市委、市政府决策参考。建议案得到市委主要领导的批示，并请市长专题研究，推动有关问题解决。

【加强基层民主协商，推进基层社会治理专题调研】 3—6 月，市政协办公室、市政协社法民宗委组织部分市政协委员就“加强基层民主协商，推进基层社会治理”专题到章贡区、南康区、上犹县等 12 个县（区）开展调研，与市委组织部、政法委等部门（单位）进行协商，并到江苏省徐州市、连云港市和甘肃省金昌市、张掖市学习考察，形成《关于我市推进政协协商与基层协商有效衔接加强基层社会治理情况的调研报告》呈送市委、市政府决策参考。10 月 25 日，市委办公室印发《关于充分发挥政协专门协商机构作用推进全市基层协商民主建设的实施意见（试行）》，要求各县（市、区）委，市委各部门，市直、驻市各单位党组（党委），各人民团体党组结合实际认真抓好贯彻落实。

【推进区域性教育中心建设专题调研】 4—5 月，市政协教科卫体委员会组织部分市政协委员和专家到章贡区、上犹县、龙南市、定南县、于都县、瑞金市开展实地调研，在深入了解赣州市市情后，外出考察学习湖南省长沙市、山东省青岛市教育发展的先进经验做法。调研组从“提升教学质量，扩充基础教育资源；打造职业教育精品，推动产教有机融合；高起点谋划新转设市属本科高校建设，推进高等院校内涵发展；加强教师队伍建设，提升教师教育教学水平；创新工作思路，深化教育改革发展”等五方面提出共 13 条建议，形成《关于加快推进区域性教育中心建设，打造高质量教育体系的调研报告》，呈送市委、市政府作决策参考。报告得到市委主要领导的肯定和批示，要求分管市领导和相关部门就建议做法结合赣州市实际再深化研究落实。

【提升城市管理智慧化水平专题调研】 8 月上中旬，市政协人资环委员会组织部分委员、专家组成专题调研组，到章贡区、市城管局调研，召集市发改委、市财政局、市大数据管理局等相关部门召开座谈会，并通过实地察看、个人访谈等形式，了解赣州市城市管理工作的总体情况及存在的主要困难，重点对数字化城市管理工作进行深入调研，同时对北京市，浙江省杭州市、宁波市等地提升城市管理智慧化的经验做法开展比较研究，形成《关于开展“提升城市管理智慧化水平”专题调研的情况报告》，呈送市委、市政府作决策参考。市政府有关领导作出批示指出，报告分析问题很彻底，建议很有高度并符合赣州实际，要求市城管局认真学习研究，就城市管理智慧化、智能化问题如何得以解决、建成智慧化城市等问题再学习研究，形成工作意见报市政府研究定夺，助推赣州市城市管理智慧化水平有效提升。

（杨懿琳）

本栏编辑：许伟卿

中国共产党赣州市纪律检查委员会 赣州市监察委员会

综 述

【概况】 2021年，市纪委坚持稳中求进、坚定稳妥，一刻不停地推进党风廉政建设和反腐败斗争，纪检监察工作高质量发展取得新成效。全市各级纪检监察机关充分发挥监督保障执行、促进完善发展作用，有力有效保障革命老区高质量发展示范区建设。政治巡察、"惩腐打伞"、澄清正名等工作得到中央巡视办或省纪委、省委巡视办肯定，查处诬告陷害案件的通报经省委主要领导同意后由省纪委全省转发，对腐败低龄化问题的情况分析、开展失实检举控告澄清工作的有关情况报告获省纪委、省监委主要领导批示，赣州作为江西唯一地市入选全国市级巡察机构在上下联动中更好发挥作用7个试点城市之一，试点工作获得省委主要领导和市委主要领导批示。市纪委、市监委被省扫黑除恶专项斗争领导小组评为"全省扫黑除恶专项斗争先进单位"，被市委市政府表彰为"创建国家卫生城市集体三等功"。

聚焦政法系统、国有企业、金融等重点领域，开展粮食购销领域腐败问题专项治理，查办专项治理以来全省"第一案"，取得良好的政治效果、纪法效果和社会效果。

【纪检监察队伍建设】 市纪委常委会坚持用党的创新理论武装头脑，示范引领全市纪检监察干部持续强化思想武装。开展纪检监察工作高质量发展"大学习大讨论大提升"活动，省纪委、省监委主要领导批示肯定。深化模范机关创建，坚持支部建设"负积分管理"制度，机关党建做实做强。把政治标准摆在突出位置，严把选人用人"入口关"，高质量完成市、县、乡纪委换届。深化全员培训，上好思想政治、安全、保密"三堂课"，打造既有高尚"医德"又有高超"医术"的过硬队伍。举办新任县（市、区）纪委领导班子成员提升履职能力培训班，以"书记教书记"的方式开展政治和业务辅导，全市2600余名纪检监察干部同上"一堂课"。实现新任乡镇纪检监察干部和村（社区）纪检委员、纪委书记培训全覆盖。创新审调、审理、巡察、谈话四类"人才库"队伍培养方式，全市419人次抽调到上级纪委监委实践锻炼，政治能力和专业化水平得到有效提升。

【巡察机构工作"赣州样板"】 7月，中央巡视办启动市级巡察机构在上下联动中更好发挥作用试点工作，赣州被选为全国7个试点市之一。对照中央巡视办工作要求，细化50项任务清单，以项目化推进实施。

落实县级巡察规划、巡察方案审核把关机制和专项巡察报备制度，加强对县级巡察工作的指导。统一巡察全覆盖对象统计口径，将全市5959个巡察对象分7个板块建立台账，按照"领域相同、职能相关"的原则，市县联动安排每轮巡察任务。

10月18日，赣州市新任县（市、区）纪委领导班子成员提升履职能力培训班开班 （市纪委、市监委办公室供图）

建立完善巡察与纪检监察、组织、政法等协作机制，通过人员整合、资源共享，凝聚监督合力。六届市委第一轮巡察期间，首次将统战、保密工作纳入巡察监督内容。健全巡察反馈、整改、督办等环节流程，推广巡察整改方案“五方”（纪委监委部门、组织部门、宣传部门、巡察机构和派驻纪检组）会审、整改质量评估、整改满意度测评等机制，推动巡察监督、整改、治理有机贯通。市纪委、市监委、市委组织部、市委宣传部等联合开展巡察整改“大清仓、大起底”调研，对五届市委巡察的112个单位整改情况进行全面起底排查，有力推动巡察反馈问题整改落地见效。

坚持问题导向，围绕熟人社会监督难、“一把手”监督难、市属垂管单位存在监督盲区等难题，结合赣州地域面积广、下辖县（市、区）多等实际，创新授权巡察、交叉巡察、合并巡察等方式，深入总结全市巡察工作中可复制、可推广的经验做法，组织力量开展制度建设集中攻坚，已形成39项制度成果，为全市巡察工作高质量规范化开展提供制度保障。

重要会议

【市纪委五届六次全会】 2月7日，中国共产党赣州市第五届纪律检查委员会第六次全体会议在赣州召开。出席会议的有市纪委委员37人，列席342人。省委常委、市委书记吴忠琼出席全会并讲话。市委常委和市人大常委会、市政府、市政协的领导出席会议。

全会由市纪律检查委员会常务委员会主持。全会总结2020年纪检监察工作，部署2021年工作任务，审议通过唐舒龙代表市纪委常委会所作的《围绕高质量发展忠诚履职尽责，以优异成绩庆祝中国共产党成立100周年》工作报告。

2021年纪检监察工作总体要求是：以习近平新时代中国特色社会主义思想为指导，全面贯彻中共十九大和十九届二中、三中、四中、五中全会以及十九届中央纪委五次全会精神，深入贯彻习近平视察江西和赣州重要讲话精神，认真落实省委十四届十二次全会、省纪委十四届六次全会和市委五届十次全会部署要求，增强“四个意识”、坚定“四个自信”、做到“两个维护”，坚持稳中求进工作总基调，以推动高质量发展为主题，协助党委坚定不移全面从严治党，忠实履行党章和宪法赋予的职责，推动党中央决策部署有效落实，围绕现代化建设大局发挥监督保障执行、促进完善发展作用，一体推进不敢腐、不能腐、不想腐，深化纪检监察体制改革，扎实推进规范化法治化建设，弘扬严实深细作风，加强干部队伍建设，为谱写全面建设社会主义现代化国家赣州篇章开好局、起好步提供坚强保障，以优异成绩庆祝中国共产党成立100周年。

【县（市、区）纪检监察工作半年报告会】 7月6日，市纪委、市监委县（市、区）纪检监察工作半年报告会在赣州召开。市委副书记、市纪委书记、市监委主任唐舒龙出席会议并讲话。市纪委、市监委领导班子成员，各县（市、区）纪委书记、监委主任，市纪委、市监委机关各部门、市委巡察机构、市纪委、市监委各派驻（出）机构、市属国企和市管高校纪委主要负责人以及特约监察员105人参加会议。

上半年，赣州市各级纪检监察机关深入贯彻中共中央总书记习近平视察江西和赣州重要讲话精神，创造性落实中共中央政治局常委、中共中央纪律检查委员会书记赵乐际在江西调研指示要求，重点更加突出，政治监督聚焦“两个维护”，工作更加担当，坚决向腐败问题亮剑，导向更加鲜明，坚持稳中求进总基调和高质量发展，基础更加扎实，纪检监察干部队伍素质不断提高，各项工作取得新成效。下半年，要扎实开展“不忘初心、牢记使命”主题教育，做到主题教育与业务工作“两手抓、两促进”，推进政治监督具体化常态化，坚决破除形式主义官僚主义，坚决做到“两个维护”。持之以恒正风肃纪反腐，锲而不舍落实中央八项规定精神，保持惩腐高压震慑，巩固发展反腐败斗争压倒性胜利；深化纪检监察体制改革，做实做细“四个监督”全覆盖，深化派驻机构改革，高质量推进巡察全覆盖，推进纪法双施双守；持续整治群众身边腐败和作风问题，深化扶贫领域腐败和作风问题专项治理，纵深推进“打伞破网”，扎实推进民生领域集中整治，切实维护群众利益；践行忠诚干净担当，加强政治建设，抓好全

2月7日，中国共产党赣州市第五届纪律检查委员会第六次全体会议召开
（市纪委、市监委办公室供图）

员培训，强化自我监督，打造让党放心、人民信赖的纪检监察铁军。

【市纪委五届七次全会】 9月22日，中国共产党赣州市第五届纪律检查委员会第七次全体会议召开，审议市纪委向市第六次党代会的工作报告（审议稿）。市委常委、市纪委书记、市监委代理主任饶华东主持，市纪委委员出席会议。

会议听取《关于〈中共赣州市第五届纪律检查委员会向市第六次党代会的工作报告（审议稿）〉的说明》，审议、表决并原则通过市纪委向市第六次党代会的工作报告（审议稿），同意将报告提请市委五届十三次全会审议。

【市纪委六届一次全会】 9月29日，中国共产党赣州市第六届纪律检查委员会第一次全体会议召开。会议由中国共产党赣州市第六次代表大会主席团确定的召集人饶华东主持。

会议应到委员40名，实到39名，符合有关规定。会议以无记名投票的方式，差额选举产生新一届市纪委常委（以姓氏笔画为序）：刘丰春、张丽群（女）、陈珉、饶华东、黄海军、温光填、谢骏原、赖辉、赖纯平。随后，等额选举产生饶华东为中共赣州市纪委书记，黄海军、温光填、陈珉为市纪委副书记，并经市委六届一次全会通过。

营商环境专项监督

【政治监督】 聚焦统筹疫情防控和经济社会发展、"三新一高"（新发展理念、新发展阶段、新发展格局，高质量发展）等"国之大者"强化政治监督，全市发现各类问题1431个，谈话提醒640人次，做到党中央重大决策部署到哪里、政治监督就跟进到哪里。监督推动"双减"政策落实落地，查处履责不力等问题14个，批评教育帮助和处理18人，督促"双减"成员单位处理37人。扎实推动中央巡视、中央生态环保督察等反馈问题整改。严查违反政治纪律案件37件，处分37人。协助市委坚决肃清史某某案恶劣影响，不断净化政治生态。

【"关键少数"监督】 加强对"一把手"和领导班子监督，市委出台《关于开展政治谈话加强对"一把手"和领导班子监督的实施意见》，推动对83位省管干部、1156名市管干部开展政治谈话。加强对新提任市管领导干部任前廉政谈话工作，对新一届县（市、区）党政"一把手"、新提任市直单位主要负责人等749名市管干部开展任前廉政谈话，深化运用党风廉政建设履责提示，强化对"三重一大"决策制度执行情况的监督检查。向市厅级领导发送《履责提示》8件次、提示问题33个，推动主体责任落实。以铁的纪律护航换届风气，组织巡回督查、现场督导，换届期间全市提出暂缓或否定性党风廉政意见676人次。紧盯履行管党治党政治责任、落实意识形态工作责任制不力等问题，问责党组织53个，问责党员领导干部、监察对象276人。

【损害群众利益突出问题整治】 牢固树立履行好职责使命就是为群众办最大实事的理念，加大反腐"拍蝇"力度，坚决维护群众切身利益。推进粮食购销领域腐败问题专项整治，查处定南县粮食收储公司原经理缪某某案，打响全省粮食购销领域腐败案件留置"第一枪"，全市立案23件27人，留置10人。聚焦低质低效林改造面积缩水、质效不高等问题，督促市本级职能部门抽查林地5.39万公顷，整改问题35个，立案4件4人，留置1人。紧盯教育医疗、养老社保等重点，集中整治群众身边的腐败问题和不正之风，查处问题639个，处分478人。持续深化生态环保领域腐败和作风突出问题专项治理，查处问题62个，处分51人。加强村（社区）纪检组织建设，实现村（社区）纪检委员、纪委书记待遇保障全覆盖。查处巩固拓展脱贫攻坚成果、乡村振兴方面问题186个，处分161人。常态化推进惩治涉黑涉恶腐败和"保护伞"，推动政法队伍教育整顿深入开展。

【深化反腐败斗争】 始终保持高压态势，以零容忍态度惩治腐败，全市立案3213件，处分3246人，涉嫌职务犯罪移送检察机关47人。其中，市纪委、市监委立案审查调查市管干部34人，坚决查处上犹县检察院原检察长温某，市交通局原党组成员、副局长何某某等一批腐败分子。经省监委指定管辖，查处江

9月29日，中国共产党赣州市第六届纪律检查委员会第一次全体会议召开
（市纪委、市监委办公室供图）

西中烟工业公司原总经理姚某某严重违纪违法案件。坚持受贿行贿一起查，对30名行贿人立案调查。在强大震慑和政策感召下，赣州城投集团原董事长郑某某等53人主动投案。召开换届后首次市委反腐败协调小组会议，凝聚反腐败工作合力。打造办案安全责任共同体，牢牢守住安全底线。统筹做好查办案件前后半篇文章，全市制发纪检监察建议书766份，以案促改治本功效充分发挥。

【落实中央八项规定精神】 以马不离鞍、缰不松手的定力反复抓、抓反复，深入纠治“四风”顽瘴痼疾。严肃查处违反中央八项规定精神问题552个，处分445人，对191起典型案例通报曝光。深化治理违规吃喝、违规收送礼品礼金等突出问题，开展党员干部和公职人员酒驾醉驾问题专项治理，深挖背后隐形变异“四风”问题。坚决整治形式主义、官僚主义，查处问题242个，处分173人。开展优化营商环境专项监督，查处问题132个，处分59人。推进重复信访专项治理，化解重复举报典型件103件，全市检举控告量同比下降35.1%。为受到失实检举控告的99名党员干部、7个单位进行澄清，对39名党员干部、2个单位进行容错纠错。查处诬告陷害行为3人，特别是坚决查处团市委学少部原副部长刘某某诬告陷害问题，并下发全省首个诬告陷害典型案例通报，省纪委向全省转发，有力整治歪风邪气、净化社会风气。

党风廉政建设

【激励干部担当作为】 坚持“三个区分开来”，全市对受到失实检举控告的5个单位、78名干部进行澄清，对2个单位、27名干部进行容错减责，查处诬告陷害行为2人。7月严肃查处一起诬告陷害案件，并在全省通报，属全省首次。

【警示教育】 用好典型案件反面教材，编印发放党员领导干部严重违纪违法案件警示录、典型案件警示教育材料汇编，以身边事教育身边人。打造廉政文化建设精品示范点，展播“学党史铭初心，扬清风树正气”主题短视频，向全体市管干部家属发放《致领导干部家属的一封信》，廉荣贪耻的氛围日益浓厚。

【第十届“廉政文化月”活动】 第十届“廉政文化月”活动由赣州市纪委、市监委、市委宣传部牵头，各县（市、区）纪委监委及赣州广播电视台、赣南日报社、赣州客家新闻网管理中心等市级新闻单位共同组织实施，精心谋划开展形式多样、喜闻乐见的廉政文化活动，积极发动广大党员干部群众参与，不断增强廉政文化的影响力、感染力。活动以“传承红色基因、弘扬廉政文化”为主题，挖掘赣南优秀传统文化、红色文化中的廉洁因素，通过开展“学党史铭初心，扬清风树正气”主题短视频展播、开设“开新局、起好步、创廉风、树正气”专刊专栏、评选一批廉政文化教育基地、编印有关书籍等一系列活动，教育引导广大党员干部牢记初心使命，涵养清正廉洁价值理念，传承红色基因，永葆清廉本色，把好传统带进新征程，将好作风弘扬在新时代。

【扎实开展“我为群众办实事”实践活动】 在党史学习教育中，市纪委、市监委结合纪检监察工作职能，扎实开展“我为群众办实事”实践活动，着眼人民群众最关心、最直接、最现实的问题，让群众在全面从严治党中获得感成色更足。

畅通信访举报“连心桥”。将做好信访举报工作作为掌握群众诉求、回应群众关切的重要载体，用心用情用力解决群众反映强烈的突出问题。开展信访举报宣传周活动，共开展现场宣传535场，发放宣传资料22万余份，现场接待群众来访咨询1.28万余人次，帮助群众解决问题423个。

扎实开展群众身边腐败和不正之风突出问题集中整治。在全市部署开展8个领域突出问题集中整治工作，纠治教育、医疗等领域腐败和不正之风突出问题。全市查处群众身边腐败和作风问题541个、处理744人、处分414人，让群众切实感受到正风肃纪反腐就在身边。

深化整治形式主义、官僚主义。推动解决督查检查考核过多过频等加重基层负担和不作为、慢作为、乱作为等作风顽疾，共查处形式主义、官僚主义问题223个，处理327

6月30日，市纪委、市监委组织市国资委及市属国有企业班子成员及部分中层干部，旁听赣州城投集团原党委委员、副总经理管某某涉嫌受贿案视频庭审，“零距离”接受警示教育（市纪委、市监委办公室供图）

人、处分 156 人。

制度建设

【监督工作重要情况相互通报机制】 为加强市纪委、市监委机关各部门、市委巡察机构及派驻（出）机构监督工作重要信息共享、情况互通，推进纪检监察工作高质量发展，3 月 31 日，中共赣州市纪委办公室印发《关于健全市纪委、市监委机关监督工作重要情况相互通报机制的通知》（赣市纪办字〔2021〕5 号），明确通报内容、通报部门、通报事项、通报时限、通报方式及有关要求。

【派驻机构与被监督单位专题沟通协商机制】 为认真贯彻落实中共中央《关于加强对“一把手”和领导班子监督的意见》和中央纪委国家监委、省纪委、省监委有关派驻机构改革要求，完善派驻监督体制机制，落实“两个责任”，把准职能定位、敢于善于斗争，精准监督、严实监督、有效监督，一体推进不敢腐、不能腐、不想腐，提高派驻监督质量，5 月 28 日，中共赣州市纪委办公室印发《关于加强派驻机构与被监督单位专题沟通协商工作的意见》的通知，明确沟通协商内容、对象、方法，要求各派驻机构主动与被监督单位党组（党委）沟通协商，积极探索专题沟通协商工作内容、形式及发挥有效作用的方式、途径，对党风廉政建设和反腐败工作同题共答、同向发力、形成合力，共同维护风清气正的政治生态。

【“大学习大讨论大提升”活动】 为深入贯彻落实中共中央总书记习近平关于新时代纪检监察干部队伍建设的重要论述和中央、省纪委关于打造纪检监察铁军的要求，10 月，市纪委办公室制订实施方案，在全市纪检监察系统开展“大学习大讨论大提升”活动，通过提高理论学习实效、专题工作研讨、片区工作交流、一人一篇等 10 项具体措施，着力提升纪检监察干部能力素质和业务水平，推动赣州在纪检监察工作高质量发展上“做示范、走前列、出经验”。活动开展以来，分别召开“三不”（不该看的坚决不看、不该问的坚决不问、不该说的坚决不说）一体推进和统筹做好查办案件前后半篇文章座谈会、审查调查安全工作片区研讨会等；市、县两级纪委监委共举办培训班 12 期、培训 3860 人次；选拔全市审查调查人才库 205 人，其中师傅型 13 人、骨干型 39 人、培养型 153 人。省委常委、省纪委书记、省监委主任马森述作出批示肯定。

（温　洋）

巡察工作

【概况】 2021 年，赣州市深入学习贯彻中共中央总书记习近平关于巡视工作重要论述，认真落实上下联动部署要求，持续深化政治巡察，不断提高巡察工作规范化、法治化、精细化水平。3 月 15 日至 4 月 30 日，开展五届市委第十一轮巡察，市委派出 8 个巡察组，对 17 个单位党组织开展巡察，围绕“三个聚焦”（聚焦基层贯彻落实党的路线方针政策和党中央决策部署情况，进一步促进基层党组织和党员干部担当作为；聚焦群众身边腐败问题和不正之风，进一步增强群众获得感幸福感安全感；聚焦基层党组织软弱涣散、组织力欠缺问题，进一步强化政治功能、打造坚强战斗堡垒）共发现问题 389 个，移交问题线索 21 件，涉及党员干部 22 人。7 月，中央巡视办选定赣州为“市级巡察机构在上下联动中更好发挥作用”全国 7 个试点市之一。试点期间，提炼总结并新制定、修订制度性文件 36 个，中央巡视办试点简报刊发赣州市经验做法和制度机制 21 篇（含专刊 3 期）。11 月 18 日，启动六届市委第一轮巡察，市委派出 6 个巡察组，对 12 个单位党组织开展巡察，围绕“三个聚焦”共发现问题 300 个，移交问题线索 22 件，涉及党员干部 25 人。

【全国上下联动巡察试点】 省委副书记、市委书记吴忠琼主动担任试点工作领导小组组长，将试点工作写入市第六次党代会报告部署推进。组建工作专班，将试点工作与编制巡察 5 年规划、开展巡察现场指导督导、启动新一届市县巡察等重点工作一同谋划、一体落实，建立市委 5 个固定巡察组与全市 20 个县（市、区）分片联系指导督导机制。试点期间，形成“三统一大”（即通过统揽全局、统一运行、统筹整合，构建起全市巡察大联动格局）的试

8 月 7 日，赣州市委巡察机构在上下联动中更好发挥作用试点工作启动会召开

（市纪委、市监委办公室供图）

点工作品牌，以及交叉巡察、授权巡察、特聘巡察专员、整改“五方”会审等一批在全省走在前、全国有影响的经验做法；提炼总结并新制定、修订36个制度性文件，为全市巡察工作规范化打下坚实基础。中央巡视办试点简报刊发赣州市经验做法和制度机制21篇（含专刊3期），并得到省委书记易炼红批示肯定和中央巡视办充分肯定。赣州试点做法在全国“省市两级巡视巡察办主任培训班暨市级巡察机构在上下联动中更好发挥作用试点工作总结会议”上作经验介绍，形成“赣州经验”。

【全省巡察指导督导试点】 3月14日至4月26日，省委巡视工作领导小组派出工作组，在赣州市开展巡察指导督导试点，同步跟进五届市委第十一轮巡察。安排市委巡察工作领导小组成员和巡察干部36人次接受个别访谈，组织召开座谈会6次，以领导小组名义召开推进巡察监督与纪检监察、组织等监督贯通融合座谈会，有效传导责任压力。试点期间，修订完善巡察报告、问题线索报告等常用工作模板8个，邀请省委巡视机构领导和业务骨干开展“菜单式”专题辅导，全市510名市县巡察干部通过视频形式同上一堂课；对标中央和省委巡视制度，全面梳理近年来制定实行的5大类38项规范性制度文件，确立“立改废”近期计划和长远规划20项，业务规范得到有效提升。汇编各县（市、区）巡察工作特色亮点经验材料27篇，总结推介工作信息及经验做法5篇。

【五届市委第十一轮巡察】 3月15日至4月30日，开展五届市委第十一轮巡察，市委派出8个巡察组，对市农业农村局（含市果业局）、市林业局、市市场监督管理局（含省家具质检中心）、市卫健委、市应急管理局、赣州阳明湖景区，崇义、定南、瑞金、会昌、寻乌等5个县（市）党委办公室，安远、于都、瑞金、会昌、寻乌、赣州经开区等6个县（市、区）检察院，共计17个单位党组织开展巡察，围绕“三个聚焦”共发现问题389个，移交问题线索21条，涉及党员干部22人，首次实现一届任期内巡察全覆盖。

【市县新一届党委首轮巡察】 采取“县级先巡、市级接力”方式，聚焦教育领域开展市县新一届党委首轮巡察。县级覆盖217个单位党组织，累计发现“三个聚焦”等方面问题5618个。2021年11月18日至2022年1月7日，开展六届市委第一轮巡察，市委派出6个巡察组，对赣州职业技术学院、市科技局、赣州市第一中学、赣州中学、市委教育工委（市教育局）、赣州广播电视大学、市体育局、赣南卫生健康职业学院、市委党校、瑞金干部学院、赣州市第三中学、赣州市第四中学等12个单位党组织开展巡察，围绕“三个聚焦”共发现问题300个，移交问题线索22件，涉及党员干部25人。

【涉粮问题专项巡察监督检查】 根据全省统一部署，9月29日至12月10日，市、县两级派出19个专项巡察监督检查组，对161个单位同步启动涉粮问题专项巡察和监督检查，聚焦责任、作风、腐败查找问题，全市专项巡察监督检查发现问题483个，问题线索86条。

【巡察工作规划编制】 市县联动编制新一届党委巡察工作规划，围绕监督保障“国之大者”和市委“三大战略、八大行动”等决策部署的贯彻落实，分级分类进行巡察轮次预编排，制定县级巡察全覆盖对象统计口径并在全省推广。六届市委任期内巡察全覆盖对象299个，其中市级123个、提级140个、联动36个，首次将市纪委、市监委机关、市委组织部纳入巡察范围。

【五届市委巡察整改“大清仓、大起底”】 9月，组成5个联合调研组，深入112个单位对五届市委巡察整改情况开展为期2个月的“大清仓、大起底”行动，调研期间发现9个单位突出问题11个。

【巡察力量建设】 选优配强巡察机构工作力量。研究制定《关于进一步加强市委巡察机构干部队伍建设的具体措施》《关于建立特聘巡察专员制度的意见》等基础制度，市委巡察办增设指导科、增编3人，公开选调工作人员4名。结合市县换届，积极推动巡察机构干部交流使用，全市巡察干部提拔和进一步使用58人，其中市级巡察机构进一步使用12人，并在全市选拔优秀干部11人充实到市委巡察机构。深化全员培训。探索创新市县巡察业务培训“视频专题辅导+组长送教下县”模式，分片区举办“组长讲坛”，市县两级已累计培训巡察干部1559人次，实现业务培训质量和效果“双提升”。加大“以干代训”力度，从4个县（市）各整建制抽调1个巡察组，统筹安排6名联系巡察工作的县（区）纪委副书记、4名联系巡察工作的县（区）委组织部副部长参加六届市委第一轮巡察。

（张　弘）

本栏编辑：陈晔明

民主党派

民革赣州市委会

【概况】 2021年，中国国民党革命委员会赣州市委员会（以下简称民革赣州市委会）坚持以习近平新时代中国特色社会主义思想为指导，深入贯彻落实习近平总书记对各民主党派提出的“四新”（多党合作要有“新气象”、思想共识要有“新提高”、履职尽责要有“新作为”、参政党要有“新面貌”）、“三好”（各民主党派和无党派人士要做中国共产党的“好参谋、好帮手、好同事”）要求，着力提升“五种能力”（政治把握能力、参政议政能力、组织领导能力、合作共事能力、解决自身问题能力），各项工作取得新成绩。

【参政议政】 2020年开展的《加强赣州市公共卫生应急体系建设的调研》所涉及相关意见、建议，陆续得到有关部门吸收转化；全年组织骨干党员深入多地调研，形成内容翔实、建议中肯的《发展智慧农业助力乡村振兴》调研成果，向市委、市政府主要领导汇报，得到肯定。

在2021年两次市政协会议上，组织提交集体提案12件，有4篇调研文章被列为大会发言，3篇被列入讲台发言，1篇大会发言获得中共赣州市委主要领导批示；党员中的代表、委员们围绕政府工作报告提出的38条意见建议在市政协简报中刊登；2020年有1篇集体提案被评为市政协优秀提案，8名党员被评为“优秀市政协委员”。

在市（县、区）“两会”换届中，领导班子高度关注、积极推荐、主动对接、积极跟踪。民革党员中有4人被选举为新一届市人大代表，23人被推荐为市政协委员，其中1人当选市政协副主席，1人当选市人大常委会委员，7人当选市政协常委。有4名民革党员当选区级人大代表，25名民革党员被推荐为区级政协委员。其中，当选区政协副主席2人，区人大常委会委员1人，区政协常委4人。

【思想建设】 深入学习中共十九届五中、六中全会精神；学习中共中央总书记习近平系列重要讲话精神，特别是在庆祝中国共产党成立100周年大会和纪念辛亥革命110周年大会上的讲话精神；学习省、市党代会以及两会精神等；全年组织线上学习10余次，召开主委会议、全委会议、机关学习会议等20余次。

以学习中共党史为重点，同步学习中国共产党简史、改革开放史、社会主义发展史、多党合作史，并结合民革党史学习广泛开展“三个为什么”大讨论，领导班子带头深入基层支部进行中共党史宣讲活动，组织到兴国红色教育基地开展革命传统教育，结合庆祝中国共产党成立100周年主题组织文艺会演，开展征文、红色诵读等活动。1篇征文获省委统战部优秀作品奖，2名民革党员获省委会红色经典诵读三等奖，1名民革党员入选省委会“七一”线上文艺演出。

“赣州民革”微信公众号全年推送宣传信息200余篇（条），推出25期诵读作品展播、38篇微党课专栏。策划制作《抚今追昔赞盛世》短视频分获民革中央及省委会短视频大赛二等奖。

【组织建设】 全年发展新民革党员14人，平均年龄33岁，100%具有大学以上学历（博士1人，硕士3人），具有中高级职称4人（含科研院校引进的高素质人才1人）。民革党员年龄结构、知识结构和总体素质得到改善和优化。

全年派出3人参加民革全省基层骨干培训班，3人参加民革全省基层组织主委培训班，3人参加全市党外中青班，7人参加各民主党派市委会委员（骨干）培训班，12人参加全市各民主党派新成员培训班，通过系统学习、强化培训，进一步提升民革党员干部的理论水平、思想境界和工作能力。

在全市民主党派基层支部规范化建设工作流动现场会上作经验介绍；2021年成功创建全国示范支部2个，全省示范支部1个；创立民革党员之家9个，其中获评“民革全国优秀党员之家”称号1个，获评“民革全省优秀党员之家”称号1个；1名基层组织主委获民革中央“全国组织工作先进个人”称号。

开展机关标准化、效能化建设。民革赣州市委会获民革中央“全国机关建设工作先进集体”称号，民革赣州市委会机关获“全国第一批节约型机关建成单位”称号，1名机关干部获“民革全省机关建设工作先进个人”称号。

以开展民革“作风建设年”活动为契机，建立健全各项制度，进一步提升内部监督工作。建立市委会领导班子联系基层组织与谈心谈话制度，健全完善民主决策、民主生活会、述职和民主评议等制度，推行支部班子同步召开民主生活会。召开内部监督委员会工作会议，研究制定《民革赣州市委会支部监督员工作实施办法（试行）》，明确监督员工作职责和监督内容；建立监督委员会委员列席市委会全体委员会议、班子民主生活会等重要会议机制，对领导班子及成员遵守多党合作政治准则的情况、贯彻执行组织决议、决定和工作部署的情况进行监督。

【社会服务】 落实帮扶资金10余万元，针对性开展防范返贫风险、巩固脱贫攻坚成果等一系列工作，开展各类社会扶贫活动5次，受益群众上百人次。民革赣州市委会获民革中央“助力脱贫攻坚工作先进集体”，2名党员获民革中央“助力脱贫攻坚工作先进个人”。

推进乡村振兴，到乡村振兴帮扶村实地调研，精准制定帮扶规划，发动党员进行项目对接，达成投资意向超500万元，落实帮扶工作经费1万元，组织捐款捐物2万余元；到村开展助学圆梦、送医送法、中秋送关爱等帮扶活动，惠及基层群众200余人次。

以“同心·博爱”为名片，发动基层组织和党员开展敬老扶弱、送医送药、法律服务、爱心助学、节日慰问等社会服务活动10余次，捐款捐物总价值近20万元。民革赣州市委会“同心·博爱”法律服务点暨赣县区妇女儿童维权中心全年开展公益法律援助案件90余件次，获评“赣州市维护妇女儿童权益先进集体”。

【祖国统一工作】 牵头承办2021年“育苗杯”第五届江西省少儿戏曲小梅花大赛，邀请新北市客属文化协会理事长、理事、会员30多人通过直播平台观看此次比赛活动，通过活动进一步增进海峡两岸同胞之间的亲情、乡情和友谊，为反独促统增添思想助力。

（马德俊）

民盟赣州市委会

【概况】 2021年，中国民主同盟赣州市委员会（简称民盟赣州市委会）按照“四新”“三好”要求，高举中国特色社会主义伟大旗帜，牢牢把握正确的政治方向，充分履行参政职能，着力加强自身建设，各项工作有新进展。

民盟赣州市委会有4个基层委员会，1个总支，32个支部，成员679人，平均年龄为49.34岁。其中，女性成员262人，占38.59%；离退休人员130人，占19.15%；中高级以上职称的有481人，中高级职称占70.84%。

【参政议政】 民盟赣州市委会围绕中共赣州市委、市政府中心工作，聚焦参政议政、民主监督、参加中国共产党领导的政治协商三大职能，主动担当作为，盟市委《关于打造我市富硒蔬菜产业的调研报告》，年初在“十四五”规划座谈会上，获得中共江西省委副书记、赣州市委书记吴忠琼充分肯定，盟市委提出的3条修改意见得到采纳。

2月，在市政协五届六次会议上，盟市委提交集体提案6件，大会讲台发言材料1篇，书面发言材料2篇，盟员政协委员提交提案20多件。彭斌代表民盟赣州市委会在大会上作题为《加快我市城市体育设施建设的建议》的讲台发言。会议对市政协五届五次会议优秀提案进行表彰，1件集体提案、3件盟员委员参与撰写的联名提案被评为优秀提案。

10月，在市政协六届一次会议上，盟市委提交集体提案4件，大会讲台发言材料1篇，书面发言材料2篇，盟员政协委员提交个人提案、联名提案13件，个人大会书面发言材料1篇。彭斌代表民盟赣州市委会作题为《深入推进营商环境“一号工程”打响“干就赣好”品牌》的讲台发言。盟员梁舒慧提供的材料《推动“互联网+社区服务”建设打造新型智慧社区的思考和建议》被盟省委采纳作为大会书面发言材料提交省政协全会，赵佳提供的材料《构建多元乡村综合养老服务体系的思考与建议》被盟省委采纳作为集体提案提交省政协全会。赖昭胜提供的材料《紧紧抓住竹基新材料科技创新重大机遇》被省政协采纳作为大会讲台发言材料提交省政协十二届四次会议，并得到省委、省政府主要领导批示。

结合赣州实际，确定全力打造全国一流红色旅游目的地作为党派大调研课题。课题组先后到省内外实地调研，撰写出《全力打造全国一流的红色旅游目的地调研报告》。

先后组织盟员撰写参加民盟第七届经济论坛、第十二届民盟民生论坛、2021民盟法治论坛。其中，肖天撰写的《双循环新发展格局下赣南革命老区发展战略支点选择》论文入选民盟第七届经济论坛优秀论文。

全年向盟省委报送社情民意信息79篇，被省政协采用5篇。与2020年同期相比，采用率增长100%。

向盟省委申报2021年调研课题27个，比2020年上升300%，立项9个，上升100%。所有立项课题皆结题。

【思想建设】 认真学习贯彻中共十九大和十九届历次全会，习近平新时代中国特色社会主义思想，中共中央总书记习近平视察江西和赣州重要讲话精神及在庆祝中国共产党成立100周年大会上发表的“七一”重要讲话精神，省第十五次党代会和市第六次党代会精神等。不断增强“四个意识”、坚定“四个自信”、做到“两个维护”。年内选派37人次参加中央、省、市社会主义学院举办的培训班学习。

结合党史学习教育，积极参与省委统战部线上举办的统一战线条例知识竞赛；撰写心得体会，上报市委统战部学习《中国共产党统一战线工作条例》（简称《条例》）

心得体会1篇；盟市委主要领导参加市委统战部组织的《条例》学习研讨会并发言。参加庆祝中国共产党成立100周年活动，制定并印发《民盟赣州市委会开展中共党史学习教育方案》。集体观看“七一”庆祝大会，聆听中共中央总书记习近平重要讲话并召开座谈会。

3月，召开庆祝中国民主同盟成立80周年座谈会，邀请老盟员讲授盟史知识；4月，与赣州市图书馆联合举办“书香赣州2021颂党恩客家瓷画百盘作品展”，是赣州美术史上首次展览形式；6月，选送4幅字画参加市委统战部举办的中国共产党成立100周年统战系统书画展，组织4位赣州民盟中国画名家的7幅作品参加在福建省三明市举办的“风展红旗如画——庆祝中国共产党成立100周年闽赣中国画名家作品展”，这是民盟赣州市委会与民盟三明市委会等单位的首次跨省合作；7月，邀请全国政协常委、省政协副主席、民盟省委会主委刘晓庄到赣州为120多位盟员作中共党史学习教育专题讲座；结合大调研活动，6—9月，盟市委组织盟员到井冈山、韶山、嘉兴、上海、临沂、延安、西柏坡、白洋淀等地开展党史盟史现场教学活动；在民盟省委举办的“我与民盟”主题征文中，赣州市8篇征文被评为优秀作品；在民盟省委举办的“四史”微信知识竞赛中，民盟赣州市委会获“优秀集体奖”，3位盟员获“积极参与奖”。全市4个基层委员会、1个总支，32个支部开展70余次的党史盟史学习教育。

年内有60多篇次文章在有关刊物网站发表；赣州民盟微信公众号全年刊发宣传报道127篇；全年宣传工作有图像、有声音、有文字，较好地反映全市盟务工作开展情况。

【组织建设】 建立领导班子“双月”集体学习制度，加强学习的计划性，并把主委会议、机关工作会议等与理论学习有机结合，开展经常性的政治学习。

盟市委主要领导通过走访基层组织和盟员所在单位党组织，到基层一线了解基层组织的实际情况，帮助他们解决一些具体困难。新建章贡区总支“盟员之家”、经济支部“盟员之家”。年内，全市所有的基层组织结合庆祝中国共产党成立100周年和中国民主同盟成立80周年，开展多种形式的组织活动。

全年发展新盟员26人，平均年龄35.6岁，博士研究生2人，硕士研究生7人，全国政协委员1人。

【社会服务】 开展“农村教育烛光行动”。1月到会昌县庄埠乡禾坪下村小学开展捐赠活动，民盟赣南师范大学基层委员会向学校捐赠价值1000元的书包、文具等；5月到上犹县第二小学，开展学党史“同音行动”进校园活动，民盟赣州师范高等专科学校支部向上犹县第二小学捐赠价值800多元的书籍；10月在章贡区水东中心小学举办“彩笔绘童年美丽乡村梦”美术教研暨爱心助学捐赠活动，民盟赣州市机关支部等单位向中心小学捐赠水粉画原料等美术教材教具物资价值1.5万元；多次赴南康区隆木乡中心小学、赣州经济技术开发区潭东中心小学等地开展硬笔书法培训讲座，向隆木乡中心小学捐赠硬笔书法字帖50套以及1台价值1200元的打印机。

文化惠民活动。1月，联合民盟赣州市文体支部开展送春联活动，根据疫情防控需要，盟员书法家书写好春联，通过走访慰问的方式，把春联送到盟员家中，向他们表达盟组织对他们的关心；3月，为庆祝中国民主同盟成立80周年，盟市委与盟员企业在赣州市博物馆二楼精品文物展厅举办“阳明心画·江右风采——王阳明心学系列暨江西明清书画精品展”；6月，盟市委与民盟三明市委会等单位联合在福建省三明市书画院举办“庆祝中国共产党成立100周年闽赣中国画名家作品展”，盟市委组织4名中国画名家的7幅作品参加展览。

党史学习教育。5月，结合党史学习教育“我为群众办实事”活动，盟市委与民盟赣州市经济支部、水南派出所、赣州银行银河支行联合开展“反诈”宣传，筑牢安全“防火墙”主题宣传活动；5月底，组织盟员律师到赣州市皮肤病医院作“学法、懂法、守法”主题讲座；9月，盟市委组织部分盟员律师参加由赣州经开区举办的2021年“质量月”咨询服务活动，为群众宣传《中华人民共和国产品质量法》等法律；12月，到对口帮扶点——大余县河洞乡开展“送法下乡”活动，通过发放法制宣传读本、设立律师法律咨询台、播放法制宣传音响等方式宣传法律知识。

乡村振兴。下半年，盟市委帮扶村调整到大余县河洞乡长岭村。全年盟市委共筹集资金4万元给挂点村和对口帮扶村，帮助村里发展村集体经济及开展基础设施建设。3月，盟市委联合民盟江西应用技术职业学院支部到龙南市杨村镇坰下村开展“拓展空中视野，展现乡村新貌”送科技下乡主题活动，向部分困难家庭送去500多元的慰问物资，为村小学的孩子发放价值500多元的爱心文具用品。6月，盟市委组织盟员医生赴于都县开展“送医下乡”活动，为村民提供免费诊疗、健康咨询及测量心电图等200余人次，发放宣传资料100余份。9月，盟员企业家向南康区幼儿园捐赠现金3万元。

（李　壮）

民建赣州市委会

【概况】 2021年，中国民主建国会赣州市委员会（简称民建赣州市委会）按照“四新”“三好”要求，加强自身建设，围绕市委、市政府重大决策部署，积极履行参政党职能，各项工作取得新进展，迈上新台阶。民进赣州市委会被民建江西省委会评为2020年度新闻宣传工作先进集体、获2020年度重点理论研究成果评比活动优秀组织奖。

【参政议政】 全市民建会员中的人大代表和政协委员向市两会提交个人提案30余篇、集体提案7篇，大会讲台发言2篇。大会发言“推进赣州跨境电商综合试验区建设的建议”“着力打造世界级家居制造之都和家居集散地”及书面发言《有效推动“万企兴万村”行动助力乡村全面振兴》引起广泛共鸣和媒体的持续跟踪报道；市政协联组讨论会中，刘力萍的“建议组建赣州市普惠金融综合服务平台”在会上发言；分组讨论中，王贤俊、尹华香、龙泉合、吉朝晖等10名委员进行重点发言。民建赣州市委会集体提案“加快打造赣州内陆双向开放高地的建议”、会员李沛鸿的联名提案“把蓉江新区打造为城市高质量发展新样板的建议”被评为市政协五届五次会议优秀提案。会员尹华香、龙泉合、钟舒毅3人获评2020年度优秀政协委员。

《抢抓数字经济发展新机遇引领赣南革命老区高质量发展》《农村人居环境治理长效机制建设》2篇调研报告，得到市委、市政府主要领导的口头肯定和书面批示；围绕工业倍增升级主题，先后赴多地学习考察，形成《着力投融资创新助力工业倍增升级》调研报告；向省委会申报立项课题2个，其中会员陈荞的“小学生多元化多方位综合素质评价机制”被民建省委会采用。

组建社情民意信息员队伍，年内向市委办、省委会、市政协等部门提交社情民意信息70余篇，被省委会采用14篇，被省政协采用2.5篇，被民建中央采用1.5篇，被省办采用1篇。其中，《双减政策与5+2延时服务，不宜一刀切》获省委主要领导及省委、省政府分管领导肯定批示。

就全市“十四五”规划和二〇三五年远景目标向民主党派征求意见建议，民建赣州市委会就征求意见稿提出5点具体的意见建议，均被全部采纳。2021年，民建赣州市委会积极参加中共江西省委关于贯彻《中国统一战线工作条例的实施意见》征求意见座谈会、市党代会报告征求意见座谈会等各类民主协商和工作通报会议，积极履行党派民主监督职责。

【思想建设】 参加党史学习教育主题征文活动，向省委统战部和民建省委会提交征文10余篇，其中在省委统战部“同心奋斗听党话、携手前行跟党走”微信征文活动中，会员钟骏华《青石磨的见证》获入围作品奖。参与书画作品展活动，向民建中央、省委会、市委统战部提交书画作品15幅。其中在省委统战部举办的“齐绘同心圆　共筑中国梦”主题书画作品展中，会员冯霄代表江西民建向活动出席领导介绍作品。拍摄微视频，以“向党说句心里话”为主题，向省委会报送6份微视频作品。开展宣讲活动，由主委向市委委员、机关干部、基层主委和会员代表作中共党史学习教育和中共十九届六中全会精神的宣讲报告。开展“我为群众办实事”实践活动，组织医生、律师会员赴会昌、南康和大余等地开展3次送医送法下乡活动。召开专题座谈会，围绕中国共产党成立100周年、中共十九届六中全会等重要活动和会议开展多次专题座谈会。开展革命传统教育，指导和督促基层组织开展实地红色教育，实现基层组织红色教育全覆盖。

民建赣州市委会领导班子成员带头撰写理论研究文章，先后向省委会和市政协报送理论研究文章4篇。其中专职副主委钟彦撰写的《激发组织内生动力在新时代展现新作为》获评优秀理论研究成果，民建赣州市委会在省委会重点理论研究成果评比活动中获优秀组织奖。

完善新闻宣传阵地，在办好季刊《赣州民建》的基础上，创建赣州民建微信公众号。积极向会内和会外不同刊物和网站投稿，共报送征文、新闻、书画等不同类型的稿件近200篇，其中在中央级刊物及网站刊发近30篇，省级刊物及网站刊发50余篇，会外媒体刊发20余篇。

【组织建设】 全年发展新会员16名，平均年龄35岁左右，具有研究生以上学历3人，大学本科学历12人，大专学历1人；男性9人，女性7人；经济界人士12人，占75%，非公有制经济人士5人（企业法人2人）。至年底，市委会共有会员348人，其中经济界人士以及相关专家学者290余人，占比80%以上，企业董事长、总经理、厂长近百人，科级以上干部50余人。

为市和县（市、区）人大和政协推荐一批人大代表和政协委员提名人选，在会员中产生的县（市、区）人大代表5人、政协委员15人，市人大代表3人、政协委员23人。有省政协委员2人。

民建赣州市委会紧扣“六有”（有坚强有力的领导班子、有本领过硬的骨干队伍、有功能实用的服务场所、有形式多样的服务载体、有健全完善的制度机制、有群众满足的服务业绩）、“七好”（政治引领好、坚持学习好、自身建设好、推动发展好、改革创新好、凝聚保障好、保密安全好）标准，加强与当地党委统战部门、党群工作部门及会员的联系，强化对基层组织的指导，推动建设或完善章贡区、赣县区、南康区、赣州经济技术开发区、经济总支、赣南师范大学、江西理工大学等7个会员之家，完善基层组织活动阵地。

全市各基层组织多次联合开展中共党史学习教育、户外拓展、组织建设交流、课题调研等活动，有效加强支部之间的联系和沟通。

【社会服务】 会员在本职领域建功立业。会员吴智尧获“赣州市先进工作者”称号，被司法部授予“法援惠民生·扶贫奔小康”品牌活动先进个人；王观石获江西省科技进步奖一等奖；张普琴获“赣州市助力‘六大攻坚战’巾帼建功标兵”称号；邹鑫被续聘为赣州市法律顾问团成员。

积极融入乡村振兴工作。民建赣州市委会在完成5年的精准扶贫驻村帮扶工作后，7月对乡村振兴工作进行有效衔接和帮扶，结对帮扶大余县高林村，开展系列走访调研和帮扶，为高林村争取到10万元农村社区建设资金，拨付1.5万元乡村振兴工作经费。

关心关注会员及会员企业。全年走访老会员、生病会员等近30

人，针对大病会员和困难会员，积极联系省委会和省同心扶贫基金会，争取慰问金2万余元。多次走访会员单位和企业，向有关部门推荐优秀会员。

10月，成立江西省民建企业家协会赣州市分会，选举何宏为首届分会会长，选举产生11名常务副会长、12名副会长。聘请赖春宝为顾问，任命龙泉合兼任秘书长。开展“双创校园行”等社会服务活动，进一步发挥民建经济界的特色和优势，紧密地整合会员企业的资源，拓展民建组织服务企业、服务社会的渠道和能力。

（胡平平）

民进赣州市委会

【概况】 2021年，中国民主促进会赣州市委员会（简称民进赣州市委会）凝聚思想共识，扎实履职尽责，各项工作业绩突出。民进赣州市委会获“民进全国脱贫攻坚民主监督工作先进集体”“民进全国社会服务暨脱贫攻坚工作先进集体”“民进全国反映社情民意信息工作先进集体”“全国第一批节约型机关”称号，以及民进江西省委会“2020年民进市级组织综合工作先进单位”“民进全省抗击新冠肺炎疫情先进集体”称号。

【参政议政】 全年提交建议70篇，其中6件大会发言、10件集体提案，《关于推进赣州中心城区“五区一体化建设”的建议》被选为大会讲台发言。围绕全市、全省乃至全国经济社会发展中的重大课题进行调查研究，形成调研报告10篇，其中《对标省域副中心城市打造区域性职业教育高地调研报告》于2021年12月31日向赣州市委、市政府专题汇报，得到市委、市政府主要领导的肯定。高质量完成向民进省委会申报立项的“关于振兴乡村中小学艺术教育的建议”“借力借势打造赣南革命老区高质量发展新的‘增长极’——关于推进赣州‘未来科技城’发展的建议”“江西省众创空间现实发展研究”3个课题。创新工作机制，参照省委会做法，开展6项市级课题调查研究。

【自身建设】 民进市委会坚持以习近平新时代中国特色社会主义思想为指导，深入学习中共十九大和十九届历次全会精神、中共中央总书记习近平最新重要讲话精神以及中共中央、中共江西省委、中共赣州市委及民进上级组织的重要决策部署、重要会议、文件和指示精神，将理论学习列为各级会议固定议题，全年召开主委会议16次、全委会议2次、理论学习中心组会议5次，推动学习贯彻往深里走、往实里走、往心里走，始终在思想上、政治上、行动上同以习近平同志为核心的党中央保持高度一致。

发展新成员15名，其中教育文化出版传媒主界别11名，占73.3%；研究生学历、中高级职称、单位中层骨干共12名，占80%，平均年龄34.5岁，截至2021年底会员总数473人。对文清实验支部、南芳法律支部按照“五好”（信念巩固好、组织建设好、队伍凝聚好、制度落实好、作用发挥好）、“六有”（有办公场所、有制度牌子、有活动阵地、有宣传栏、有办公设施、有专项经费）要求进行规范化建设，至年底已有8个基层组织进行规范化建设。开展基层大走访活动，由主要领导带队，深入民进全市27个基层组织实地调研，走访“五区”党委统战部门和支部所在单位中共党组织。全年在民进省级以上刊物、网站、微信公众号等媒体平台发稿148篇（条），其中中央级统战媒体《团结报》发稿4篇（条），民进中央刊物《民主》杂志1篇，团结网、民进中央网站46篇；《江西政协报》1篇，江西民进网站96篇；编辑《民进赣州简报》4期，开设“赣州民进”公众号，刊发宣传信息129篇，全方位宣传赣州民进良好形象。

【民主监督】 6月，经中共中央批准，由中央统战部会同国家发改委、生态环境部共同牵头，各民主党派无党派人士对长江生态环境保护开展为期5年的民主监督工作，其中民进中央对口江西。根据省委会民主监督的部署要求，民进赣州市委会主委带队深入生态环境等部门，通过听取汇报、查看台账等方式，调研赣江流域水生态环境保护发展情况。9月，协助民进中央专家组在大余县、龙南市、定南县、赣县区等4个县（市、区）开展长江生态环境保护民主监督调研，10月形成《赣州市赣江流域水生态环境保护与发展建议》，并提交省委会。

9月9日，民进中央在赣州市开展长江生态环境保护专项民主监督

（陈雨生摄）

【社会服务】 持续开展“1%工程”志愿服务活动。筹集16.54万元资金，分2批次资助赣县区大埠乡中心小学、兴国县龙口中学、宁都中学等198名贫困学子。在市内3所高校为30名学子发放“1%工程·芒果青年助学基金”6万元。在定南县岭北镇中心学校开展“1%工程”法制进校园宣传活动，为学生上一堂“预防未成年网络犯罪”普法讲座。持续开展“1%工程”“音为有爱”支教活动，在章贡区沙石镇龙埠小学组建的春晓合唱团获2021年世界合唱节线上比赛童声组银奖。民进“1%工程”志愿服务赣州站联合市教科所、江西庆金慈善基金会联合开展“全市中小学乡村音乐教师公益合唱训练及音乐教学培训”，全市各县（市、区）的中小学乡村音乐教师60人参加培训。在信丰县西牛镇双东小学开展送教下乡活动，捐赠课桌椅40套、办公椅6张、讲台4张、电钢琴1架、文具礼盒40套，并为学校的5名教师每人赠送保温壶1个；选派医疗专家到会昌县珠兰乡、南康区赤土乡参加市委统战部联合各民主党派、市知联会开展的送医活动。开展“春联万家”活动，举办4场辛丑（2021）年民进“春联万家·奋进新征程”活动，送出对联及“福”字600余副（幅）。

（陈雨生）

农工党赣州市委会

【概况】 2021年，中国农工民主党赣州市委员会（简称农工党赣州市委会）大力实施“五大战略”（政治建党、人才强党、履职兴党、作风固党，制度治党），推进“五大建设”（思想政治建设，组织建设，履职能力建设，作风建设，制度建设），践行“四新”（新气象、新提高、新作为、新面貌）、“三好”（好参谋、好帮手、好同事）要求，广泛凝聚共识，聚合智慧力量，围绕中共赣州市委“三大战略、八项行动”部署，发挥优势，锐意进取、担当实干，各项工作取得显著成绩，为革命老区高质量发展示范区建设作出积极贡献。

农工党赣州市第五届委员会下设23个基层组织，其中2个总支，21个支部。2021年，党员342人，平均年龄为54.86岁；女性党员124人，占36.26%；离退休党员111人，占32.46%；中高级以上职称的254人，占74.27%。

【参政议政】 开展“积极融入大湾区，推进赣州市森林康养产业发展”课题调研。组织调研组到山西省晋城市、辽宁省沈阳市和本溪市开展康养产业发展大调研，结合大余县、上犹县、崇义县、全南县等地调研情况，形成“关于着力发展森林康养产业，加快打造休闲康养度假热门地的调研报告”，向市委、市政府主要领导作专题汇报。做好省委会专项调研课题申报，完成《用好钨、稀土等战略资源，带动产业科技创新能力的提升》等7件调研报告，其中“用好钨、稀土等战略资源，带动产业科技创新能力的提升”被列为省委会中标课题，“关于我市工业倍增升级若干问题及对策的建议”分别获省政协主要领导、市委和市政府主要领导批示；农工党赣州市委会提出的人才使用“周末工程师”和“双向双聘”制的建议，被列入市政府工作报告之中。

在市政协五届六次会议上，市委会提交“对接大湾区，加快我市农产品冷链物流体系建设”“我市未成年人心理健康教育亟待加强”“多措并举，加强出生缺陷防治体系建设”“建立和完善社区康复医疗服务的建议”等4件集体提案、1篇大会讲台发言和2篇书面发言。“关于全力支持‘中国稀金谷’建设，打造赣州经济高质量发展的创新名片的建议”和党员联名的“进一步推进我市老旧小区改造的建议”获评市政协优秀提案，6名党员被市政协评为“优秀政协委员”。在市政协六届一次会议上，提交《稳步推进碳达峰，助力工业高质量倍增》《加快构建完善婴幼儿托育体系，推动三孩政策落地见效》2篇大会发言、3件集体提案、20余件委员个人提案。

全年共报送各类信息、社情民意58件，其中“关于加强农村饮水工程后续管理的几点建议”被全国政协采用，“加强大规模接种新冠疫苗时期的献血招募”“焕发工业遗产活力留住‘工业乡愁’”被省政协采用。2021年，农工党党员参加各类调研视察活动和专题报告会30余人次，提出意见建议100余条，获得社会各界的好评。

【思想建设】 农工党赣州市委会成立中共党史学习教育工作领导小组，制定实施方案。4月21日，举行中共党史学习教育动员会暨启动仪式，作“学习百年党史汲取奋进力量加快苏区振兴”主题宣讲，部署支部开展中共党史学习教育。通过开设专题党课、举行系列活动等方式，宣讲中央党史，使党员深刻感悟到农工党“不忘合作初心”的历史使命，注重从党史中汲取营养和力量，不断夯实对党忠诚、接受中国共产党领导的思想根基。

开展庆祝中国共产党成立100周年系列活动。农工党赣州市委会召开座谈会，庆祝中国共产党成立100周年。农工党赣州市委会班子成员、党员代表等7人围绕庆祝中国共产党成立100周年这一主题，结合自身实际交流发言。农工党赣州市委会以“讲好红色故事、赓续红色血脉”为主题，制作“一生守望”“腰缠万贯的讨米人”等微视频，教育农工党员传承红色基因。

农工党赣州市委会召开主委扩大会议，专题学习中共十九届六中全会精神，要求全市各基层组织和党员把认真学习贯彻全会精神作为当前和今后一个时期的首要政治任务，深刻认识中共十九届六中全会的核心要义，深刻领悟和把握“两个确立”的重大意义和实践要求，坚决捍卫“两个确立”。

农工党赣州市委会50余件稿件被农工党中央、省委会、市委统战部采用。积极组织党员参加“庆祝中国共产党成立100周年”档案文献展、征文比赛、书画展等系列活动，农工党赣州市委会3篇理论研究论文受到农工党中央表彰，其中一等奖 1 篇、二等奖 1 篇、三等奖 1 篇。

【组织建设】 推进示范性支部建设。狠抓示范性支部建设和党员之家建设，各支部广泛开展特色活动。市人民医院支部、南芳法律支部、赣南师大支部、赣南卫职院支部等 4 个支部完成示范性支部建设，市人民医院支部、南芳法律支部、赣南师大支部、赣南卫职院支部、江西理工大学支部、赣县区支部、南康区支部、赣州经济技术开发区支部 8 个支部建成“农工党党员之家”。

规范组织发展工作，严格按照程序，做好入党前的组织考察和培养教育工作，严把质量关。吸纳一批政治素质好、道德品行优、有较大发展潜力的中高级知识分子，不断优化党员队伍结构。全年发展党员 16 人，其中博士 1 人，硕士 4 人，高级职称 3 人，新的社会阶层人士 3 人，担任副科以上领导职务的 2 人，平均年龄 36.6 岁。

做好人大代表、政协委员的提名推荐工作。广泛听取意见，主动和人大、政协、统战部及党员所在单位沟通协商，把一批政治素质好、参政议政能力强、有代表性、善于反映群众诉求的党员推荐到市、县两级人大和政协。4 名党员担任市人大代表，其中市人大常委会副主任 1 人，常委会委员 1 人；24 名党员担任市政协委员，其中常委 7 人；区人大代表 9 人，区政协委员 12 人。

农工党赣州市委会加大力度对党员进行教育培训，推荐 2 名党员赴省社院，参加由省委会举办的第 2 期农工党全省代表人士培训班学习，12 名新党员参加“2021 年度民主党派新成员培训班”，有效提升新党员的政治素质，增强参政履职的责任感与使命感。农工党赣州市委会召开第六届市人大代表、市政协委员履职培训会，30 余名担任新一届人大代表、政协委员的党员参加。

【社会服务】 农工党赣州市委会发挥自身优势，组织基层支部和党员，深入基层开展医疗义诊、捐资助学、送法下乡、服务企业等活动。市人民医院支部到定南县第一人民医院、兴国人民医院开展医学讲座和会诊，到宁都县、上犹县医院进行手术指导。市中医院支部在健康路社区开展中医药文化宣讲、义诊。市直四支部在南康区红柚回收垃圾分类试点项目——芙蓉新城小区开展环境与健康宣传周活动；赣南医学院一附院支部联合南康区支部，到南康区麻双乡义诊。江西理工大学支部先后到江西凯安智能、江西云泰铜业等企业调研，为企业发展提供技术服务；南芳法律支部到宁都县、石城县、上犹县企业进行法治宣传、瑞金市丁陂乡水溪小学开展普法宣传，厚德书院开展“宪法宣传周”法律讲座、赣州七中开展“预防青少年违法犯罪”法律知识讲座。

（黄家坪）

九三学社赣州市委会

【概况】 2021 年，九三学社赣州市委员会（简称九三学社赣州市委会）持续增进政治共识，着力履行参政职能，全面加强自身建设，广泛开展社会服务，各项工作取得新成效。九三学社赣州市委会被九三学社中央评为“脱贫攻坚民主监督先进集体”，被国管局、中直管理局、国家发改委、财政部授予全国“节约型机关”，获评九三学社江西省委“全省市级组织履职考评社会服务先进集体”。在九三学社江西省委会举办的庆祝中国共产党成立 100 周年党史知识竞赛中，获优秀组织奖，2 名社员获先进个人称号；在九三学社江西省委会举办的庆祝中国共产党成立 100 周年征文活动中，单位机关干部获一等奖，3 名社员获三等奖。

【参政议政】 聚焦市委、市政府重要部署和中心工作，提交 2021 年省委会立项课题成果 8 项，提交社情民意信息 24 条。在市政协五届六次会议和市政六届一次会议上，九三学社赣州市委会及委员积极议政建言，提交大会发言 4 篇，提交集体提案 7 件，委员作联组发言、提交提案 40 余件次。参政议政成果转化、采用情况良好，1 项被九三学社中央采用提交成为全国政协十三届四次会议大会提案，2 项被提交为省政协十二届四次会议书面发言提案，1 项被全国政协采用，2 项被九三学社中央采用，2 项被省政协采用；1 项获得全国政协领导批示。深入开展“提升慢性病管理水平，增进全市人民健康福祉”2021 年大调研工作，历时半年，到 7 个国家综合防控示范区、4 个省 6 个市 8 个县区开展实地调研，研究相关政策，分析相关现状，形成调研报告，并在民主党派大调研及同心圆智库初步成果汇报会上作汇报，获得市委、市政府主要领导现场点评。举办 2021 年度参政议政骨干培训会，组织九三学社赣州市委会各级人大代表、政协委员，市委会委员、青工委委员、参政议政骨干和机关工作人员共 100 余人开展参政议政能力提升培训，切实提升社员及干部的参政议政能力。

聚焦赣州市实施“三大战略、八大行动”，集智聚力，积极建言发声。针对赣州市“十四五”规划，站在全局角度，提出的争取发展“国家区域中心城市”、建设“实力城区、活力县城、魅力乡镇、美丽乡村”的发展思路，获市委主要领导现场点评，写入《中共赣州市委关于制定全市国民经济和社会发展第十四个五年规划和二〇三五年远景目标的建议》。九三学社赣州市委会先后在中央、省、市各级媒体刊发新闻报道信息 130 余条。认真总结民主党派发挥特色优势服务当地经济社会发展的工作经验，撰写的《发挥党派特色优势，助力革命老区换新颜》文章在《中国统一战线》杂志刊发。发挥党派特色优势，到乡村振兴定点帮扶村开展中共十九届六中全会精神宣讲，谋划村级发展，开展相关帮扶工作，并提交“关于围绕乡村全面振兴行动，加大对农村法律服务的扶持的建议”“乡村振兴时期赣南老区农村女性参与居家养老问题及对策”等多条建言，助力乡村振兴。

【思想建设】 坚持以习近平新时代中国特色社会主义思想为指导，深入学习贯彻中共十九大和十九届历次全会精神，以及中共中央总书记习近平视察江西和赣州重要讲话精神，认真学习贯彻中央、省、市各级会议及文件精神，以集中学习、座谈交流、多媒体学习、宣讲等方式及时组织各支社、社员及机关干部职工深入学习贯彻中共十九届六中全会精神和省第十五次党代会、市第六次党代会精神，切实把思想和行动统一到会议精神上来。以庆祝中国共产党成立100周年为契机，引导广大社员和机关干部职工学史明理、学史增信、学史崇德、学史力行，学党史、悟思想、办实事、开新局，坚定捍卫“两个确立”、坚决做到“两个维护”。

持续巩固“不忘合作初心，继续携手前进”主题教育活动成果，深入开展“百年荣光·照我前行”主题教育活动，通过开展“七个一”活动，引导社员认真学习“四史”，重温九三先贤与中共通力合作的历史，铭记合作初心，深化政治共识。组织社员参加九三学社中央全国党史知识竞赛、九三学社江西省委会党史知识竞赛、庆祝中国共产党成立100周年征文活动等活动，引导社员以活动开展促学习提升。在九三学社江西省委会举办的庆祝中国共产党成立100周年党史知识竞赛中，九三学社赣州市委会获优秀组织奖，2名社员获先进个人；在九三学社江西省委会举办的庆祝中国共产党成立100周年征文活动中，九三学社赣州市委会机关干部获一等奖，3名社员获三等奖。

组织社员加强对苏区时期的统战理论研究，注重思想建设与参政党理论研究。通过开展“五史”教育、青年社员座谈会、全委会、主委会等形式，就中共党史、多党合作史开展研讨学习，进一步弘扬九三学社爱国、民主、科学优良传统。组织社员先后到九三学社郴州市委会红色文化传承基地、九三学社全国传统教育基地——西南联大旧址和周培源旧居以及瑞金市、寻乌县开展“百年荣光·照我前行”主题教育活动，深入学习九三学社老一辈科学家的光荣事，传承红色基因。

【组织建设】 突出界别特色，吸纳高职称、高学历的优秀人才加入社组织。2021年发展社员10人，其中硕士及以上学历占70%，博士3人，高级职称4人，正处级1人，正科级1人。认真做好六届赣州市人大代表、市政协委员推荐工作。至2021年底，市委会有14个支社，1个筹备组，有社员242人。社员中，高级、中级职称占81%，大学及以上学历占88.4%，研究生及以上学历占41%，博士20余人。担任省、市、县（区）人大代表、政协委员41人次；担任副厅级领导职务或相当职级社员2人，正处级4人，副处级8人，正科级11人，副科级25人（副科实职21人、四级主任科员4人），形成较好的人才队伍和干部梯队。

提升社组织化水平，成立南芳法律支社，不断壮大基层组织队伍。加强社市青工委建设，青工委作用发挥良好，开展2021年大调研、对接粤港澳大湾区、医疗义诊、送法下乡等各项工作。深入开展基层组织规范化建设，不断总结经验并推广到所有支社。与九三学社郴州、河源市委会、成都市委会、昆明市委会开展交流，学习交流提升组织化水平的路径与方法。

组织机关干部先后参加第2期全省民主党派机关干部培训班、九三学社全国机关规范化建设工作培训班、省委会机关建设培训班等，不断提高干部职工的理论水平和业务工作能力。着力加强社务工作规范化建设，顺利迎接2021年度九三学社机关规范化建设交叉检查工作，九三学社赣州市委会得分97.6分，位列全省市级组织前列。加强与基层组织的联系，认真做好基层组织和社员的服务工作。

【社会服务】 创新理念以“线上”方式主办“第二届客家杯设计大赛——走进阳明湖零碳民宿小镇设计夏令营”，围绕如何保护、传承、重塑具有历史或特定意义的老建筑、老街区，让其产生新的生命力开展创作设计。通过赛事的成功举办和赛事成果的有效转化，提升阳明湖景区的知名度，推动当地文旅事业发展，力促乡村振兴。

参与招商引智工作，与大湾区的社员企业、科技服务企业对接联系，宣传赣州市情和招商项目、人才政策。邀请力合科创集团有限公司到赣州考察，达成在深圳建设赣州“科创飞地”共识，获得中共赣州市委主要领导批示。整合资源优势，联合共建“同心学校”。组织有关专家在飞扬路小学开展“保护视力远离近视”讲座和普法宣传，受到师生好评。提升统战工作水平，向中共赣州市委提交“建设赣州市‘统战之家’打造全市统战工作的活动新阵地”的建议，对“统战之家”的功能布局、管理机制和作用发挥提出具体建议。

围绕群众所需，结合开展“百年荣光·照我前行”主题教育活动，深入践行“我为群众办实事”，到挂点村走访慰问农户，送去慰问金和慰问物资；走访慰问70岁以上老社员、市委会退休及困难干部近50人；派出人员参与“保文保卫”工作，并给予工作经费支持；关心关爱老人，开展端午节关爱孤寡老人志愿服务活动、老年社员免费健康体检、重阳节慰问活动。全年深入开展送医送药下乡、科普公益讲座、送法下乡、法律援助、帮扶老人和困难群众、关爱儿童、平安建设和法律知识宣传等社会服务活动20余次。

（梁 茜）

本栏编辑：黄 云

群众团体

赣州市总工会

【概况】 2021年，市总工会围绕市委决策部署，履职尽责、担当作为，各项工作取得新成效。市总工会获评2016—2020年全国普法工作先进单位、2017—2020年全国“遵法守法·携手筑梦”服务农民工公益法律服务行动成绩突出集体、在全国工会城市困难职工解困脱困工作中作出重要贡献的集体、全省工会系统“七五”普法先进单位、全省工会新闻宣传工作先进单位；在2021年全省集体协商竞赛中获一等奖，并作为江西省唯一参赛单位参加第二届全国城市工会集体协商竞赛，获“优秀组织单位”。

【职工思想引领】 发挥“赣鄱劳模宣讲团”作用，组织全市60余位劳模到企业车间、项目工地开展巡回宣讲。2021年，全市各级工会开展各类主题宣讲360余场，线上开展“劳模讲党史”等活动800余次。组织市、区10名教育工会骨干和20名中小学优秀青年教师组成10个“宣讲送教”队，分赴全市边远山村开展中共十九届六中全会、市第六次党代会精神宣讲及“送教下乡”活动。承办省总工会“中国梦·劳动美——永远跟党走奋进新征程”全省职工演讲比赛。

【劳模先进表彰】 召开2020年赣州市劳动模范和先进工作者表彰大会、赣州市庆祝2021年“五一”国际劳动节暨表彰大会，评选推荐全国五一劳动奖状1家、全国五一劳动奖章4人、全国工人先锋号3个，省五一劳动奖状5家、省五一劳动奖章16人、省工人先锋号11个，表彰市五一劳动奖状25家、市五一劳动奖章70人、市工人先锋号35个、第四届“赣州工匠”10人。

【劳模管理服务】 成立赣州市劳动模范协会，在全市命名首批6个职工（劳模）疗休养基地。出台《赣州市职工（劳模）疗休养基地管理办法（试行）》，组织32名省劳模、84名市劳模开展疗休养活动。春节前夕，慰问全市三级劳模1794人，发放慰问金155万元。发放全国、省级劳模生活困难补助金和特殊困难帮扶金226.76万元。

【开展劳动竞赛】 制订全市劳动竞赛计划，广泛开展岗位练兵、技能比武。举办赣州市“中建海峡杯”砌筑工岗位技能竞赛、第三届新能源汽车产业劳动技能竞赛等十项示范性劳动和技能竞赛活动。2021年，全市各级工会组织先后举行各类劳动竞赛3000余场，参与职工40万余人。

【职工创新创业】 持续推进“五小”（小发明、小创造、小设计、小革新、小建议）技术创新活动，加大职工双创服务站建设力度，提高服务职工创新创业能力。市总工会在全省工会创新创业工作现场会上作经验介绍。高标准建设创新创业平台，南康区跨境电商产业园创新创业服务站被省总工会评为“江西省职工创新创业服务站”。建成省级劳模创新工作室2个、市级劳模创新工作室6个。

【职工权益维护】 着力推进法治建设，持续深入开展“尊法守法·携手筑梦”服务农民工法律服务行动，组建服务分队56支，开展实地普法宣传92场，为142家民营企业开展法治体检，线上组织法律政策宣讲32场。在全省率先开展市域范围内“三师一室”（法律援助律师、劳动关系协调师、健康工程师和“沙龙茶叙”劳动争议调解室）维权服务工作学习交流活动，受理劳动争议案件340件，成功调解262件。全面推进“法院+工会”诉调对接工作，受理劳动争议案件69件，成功调解51件，市“工会+”维权服务工作模式和成效得到省总工会充分肯定，并在全省工会深入推进“三师一室”和“法院+工会”工作现场会上介绍经验。开展集体协商集中要约行动，签订集体合同866份；全市企业集体协商建制率达86.5%，评选出优秀职工代表提案20件；推荐上报的企业民主管理微视频大赛作品分获全省二等奖和三等奖。

【服务职工】 以“十件实事”为抓手，推动解决一批职工“急难愁盼”问题。贴息100万元开展“赣州爱工贷”业务，发放贷款98笔1500万元；组织220名一线职工先后赴庐山工人疗养院和大余丫山职工

（劳模）疗休养基地开展疗休养；围绕纺织、家政、面点烹饪、月嫂等市场紧缺工种开展“携手小康”职业技能培训活动，开办培训班80期，培训职工3000多人次，投入资金120多万元；为3200名民营企业女职工免费开展“两癌”筛查；举办单身青年职工联谊活动13场；开展“中国梦·劳动美——永远跟党走奋进新征程”全市职工网上文体展播暨第三届职工网上艺术节活动，收到各类作品838件，14.3万余人次参与，收到投票53万张；开展新就业形态劳动者入会及服务工作，举办新就业形态劳动者集中入会仪式和全市工会组建专题培训班，新建新就业形态劳动者工会组织206个，新增新就业形态劳动者会员3.5万余人，开展“工会进万家·新就业形态劳动者温暖行动”服务月活动；开设职工子女假期爱心托管班，开展“四点半”课后保育服务活动，免费托管暑期职工子女800余人，确定20个“四点半”课后保育服务试点单位；开展制造业产业工人技能提升行动，组织各类劳动和技能竞赛473场次，参加竞赛的企事业单位数量640家，参与竞赛职工32854人，带动岗位练兵30883人次，通过竞赛晋升技术等级的产业工人498人；开展关爱乡村教师健康行动，安排艰苦边远地区9406名农村中小学教师体检。

开展“夏送清凉”活动，发放物资135万多元，走访慰问4.5万余名高温作业下的一线职工；开展“金秋助学”活动，对479名困难职工（农民工）子女进行助学资助，发放助学资金161.8万元；开展“冬送温暖”活动，发放价值1340.48万元的物资，走访慰问职工家庭17035户。推进100名农民工“求学圆梦”学历提升行动。

做好职工互助保障工作，保障计划收入总量连续6年位居全省第一，参保职工突破75万人次，全市6000余人次职工受助，理赔金额2400余万元。市总工会向挂点村农民工、建档困难职工、零工经济就业群体会员、非公有制企业职工、一线建筑工人等群体赠送互助保障，人数1.1万余人，赠送保费金额88万余元。

【产业工人队伍建设改革】 深入实施“产业工人队伍建设改革提升年”行动，先后召开全市产业工人队伍建设改革工作推进调度会和现场推进会，建立市总工会班子成员挂点联系制度，在赣州选取22家单位开展第二批产业工人队伍建设改革试点。赣州市优秀产业工人代表温小珍被中宣部、全国总工会评为“全国最美职工”（全国共10人，江西仅1人）。

10月14日，赣州市召开新时代产业工人队伍建设改革现场推进会（市总工会供图）

【工会自身改革】 市总工会积极对接融入粤港澳大湾区，与深圳市总工会签订合作框架协议；按照市事业单位改革要求，整合赣州市总工会职工教育活动中心、江西省职工保障互助会赣州办事处，组建市职工保障和教育中心；提升基层组织建设覆盖面，推动落实工会组织和工会会员实名制管理，2021年，全市新建工会组织355个，累计录入基层工会信息7414家，工会会员信息67万余人。

（何家鹏）

共青团赣州市委员会

【概况】 2021年，中国共产主义青年团赣州市委员会（简称团市委）紧紧围绕党政中心、服务全市大局、助力青年发展，抓牢政治引领，抓实改革攻坚，抓紧从严治团，推动赣州共青团各项工作取得新进展、实现新突破。团市委被团省委评为“2021年度全省共青团工作优秀单位”，被省少工委评为“2021年全省少先队工作优秀单位”，获“2021年全省少先队辅导员风采展示活动团体特等奖”。

全市有共青团员302644人，其中专职团干部140人，基层团干部30029人。团委675个，团工委73个，团总支379个，团支部11416个（其中学校领域共有团支部5930个）。

【团组织建设】 落实全面从严治党要求，推进团的自身建设取得良好成效。团的基层建设质量持续提升。针对基层团建考核指标全省靠后局面，开展全市基层团建“一边倒”攻坚行动，采取班子成员带队包片、干部蹲点督导等方式，推动各项考核指标排全省中上水平。推进章贡区、石城县县域共青团基层组织改革全省试点工作取得阶段性成效。团的组织覆盖持续提升。在非公领域，推动新建团组织1171个，新建数为全省第一。开展各级团组织助力全市重大项目百日攻坚行动，通过把团支部、青年突击队等建在项目一线的方式，带领团员青年在助力项目攻坚上发挥积极作用。

【青少年思想引领】 以庆祝中国共产党成立100周年为工作主线，举办“青春心向党奋斗新征程”赣州青年风采展演、第三届赣州市青少年红色歌曲合唱大赛、“党的故事我来讲”全市青少年短视频大赛、第五届赣州市青年歌手大赛、“红领巾心向党”全市青少年绘画大赛、“高举队旗跟党走”全市少年儿童“六一”主题队日活动、全市红领巾讲解员大赛、赣州市红领巾巡讲团巡讲活动等市级示范活动，参与青少年达百万人次。把开展好党史学习教育作为团员、少先队员思想政治引领的重大契机，在全市团员、少先队员中开展“学党史、强信念、跟党走”学习教育，一体推动市、县、乡、村四级团组织联动开展专题学习5344场次、宣讲1462场次、培训100余场次，带动少先队组织开展学习活动3521场次。把学习贯彻中共十九届六中全会精神、省第十五次党代会精神、市第六次党代会精神作为重大政治任务，团市委班子成员带头到基层开展宣讲，召开市青年企业家学习贯彻市第六次党代会精神座谈会，举办全市团干部、少先队辅导员和青年文明号创建集体学习贯彻中共十九届六中全会、市第六次党代会精神暨“青马工程”示范培训班，培训基层团学干部、青年工作者256人，实现市级培训全覆盖。开展学习宣传赣州市第六次党代会精神知识竞赛活动。围绕学习市第六次党代会精神，举办学习贯彻市第六次党代会精神知识竞赛活动，513支队伍、1539名选手踊跃参与。

【服务中心工作】 做好中国国际生态竞争力峰会、江西文化产业发展高峰论坛、全国工商联携手知名民企赣州行等大型会议的志愿服务工作。联合市农业农村局等部门开展2021赣南希望脐橙“百企万户亿元”义卖助困活动，在帮助果农销售脐橙的同时，将筹集的爱心款项为低收入家庭青少年提供助学等关爱活动。以“我为群众办实事”实践活动为抓手，在各地行政审批局设立“青年志愿服务站”，解决老年人、残疾人等群体办事不便等问题。实施“情暖童心公益先行·流动少年宫”项目，帮助农村留守儿童实现课外培训的愿望。助力乡村振兴，开展首届“赣州市乡村振兴青年先锋”评选活动。联合市委组织部等部门开展赣州希望工程助力乡村振兴圆梦行动，组织全市1600余个乡村振兴工作队募集资金97.39万元，为2979名困难青少年实现微心愿。参与社会治理，建设全省首个由团市委运营管理的赣州市青少年心理健康科普体验馆。招募18100名青年志愿者参加防疫志愿服务。组建一支8000余人的“青年跑捡团”“河小青”巡河护河服务队，常态化开展生态环保、城乡环境整治等志愿服务。组建一支1000余人的赣青突击队，市本级组建一支100余人的半专业救援力量。招募500余名青年志愿者进驻市县两级行政审批中心，为群众开展领办帮办等志愿服务。

【服务青年成长】 推进《赣州市贯彻落实〈江西省中长期青年发展规划（2018—2025年）〉实施意见》落地落实。加大服务保障力度。将“推动青少年健康发展”以专节的形式写入赣州“十四五”规划纲要，召开市青年工作联席会议第二次全体会议，推动各地各成员单位出台34项涉及青年发展的政策措施。争取市财政每年拨付市本级200万元工作经费，推动章贡区成为国家中长期青年发展规划试点县（区）。精准服务青年需求。实施青年英才“展翅计划”，招募834名大学生到市县两级机关、企事业单位开展实习活动。举办“爱在赣鄱团团有约”青年交友活动，为200余名单身青年人才搭建交流平台。积极培育青年人才。开展“赣鄱乡村好青年”选培工作，选树县级“乡村好青年”4676人，并择优选树省级“乡村好青年”46人、市级537人。有力开展帮扶活动。启动赣州希望工程“快乐足球”项目，通过4年时间，向农村中小学校捐赠10万个足球并组织1000名足球志愿者长期服务100所农村中小学校。启动“心理护航员计划”暨全市中小学教师心理健康知识实务培训项目。响应“双减”政策，联合市关工委为困难家庭未成年子女提供300个市青少年活动中心的免费公益学位。团市委服务青年发展的特色做法在团省委全委扩大会议上作典型发言。

（兰　昕）

赣州市妇女联合会

【概况】 2021年，赣州市妇女联合会（简称市妇联）围绕中心、服务大局，保持和增强妇联组织的政治性、先进性和群众性，强化“引领、服务、联系”职能，赣州市妇女事业和妇联工作取得丰硕成果，获2021年江西省“振兴杯”职业技能大赛家政服务行业职业技能竞赛“优秀组织奖”、“党在我心中”主题活动党史故事汇亲子阅读优秀组织奖、2016—2020年全省普法工作先进单位、2017—2019年度全省无偿献血促进奖、2021年江西省家庭教育优秀微课征集评选活动优秀组织奖、深化全国文明城市建设工作先进集体等奖项，并被评为全国“三八红旗集体”、2021年度全国妇联宣传舆论阵地建设先进榜、江西省脱贫攻坚先进集体。

【妇女思想引领】 始终紧扣“学史明理、学史增信、学史崇德、学史力行”工作目标，推进党史学习教育走深走实。开展“我为群众办实事”活动23项，受益群众30余万人。组织各地“赣鄱红色娘子军”宣讲团、“赣南新妇女运动”巾帼志愿者宣讲队伍，采用群众喜闻乐见的方式，深入基层一线开展宣传教育活动1100多场。围绕庆祝中国共产党成立100周年、学习宣传贯彻中共十九届六中全会、省市党代会精神等主题举办展演、征文、演讲比赛等活动，打造具有本地特色的“村村一台戏”。在全市20个县（市、区）成立巾帼志愿者服务队伍，总数超10万人。各级巾帼志愿者广泛深入开展各类志愿服务活动，利用“我们的节日”等契机深入开展新时代文明实践巾帼志愿服务活动250余场，成为推进文明实践活动开展的重要力量。

【“赣南新妇女运动”】 在全市全面实施“清洁家园”行动，安排20万元资金建设一批市级“清洁家园”先进村（社区），掀起清洁家园工作的新一轮高潮，助力农村人居环境整治和乡村振兴。7月1日，《人民日报》刊登报道赣州市妇女参与清洁家园行动工作。加强市、县、乡、村各级“赣南新妇女运动”宣讲队伍建设，围绕“赣南新妇女运动”10个方面深入村组、屋场、新时代文明实践站、小广场等地开展宣讲活动，引领广大妇女积极主动发挥作用，为助力乡风文明、乡村振兴贡献巾帼力量。持续开展“孝敬老人”“婚事俭办”等活动，各地妇联开展孝敬老人示范户评比、关爱帮扶孤寡老人，组织开展集体婚礼、青年联谊会等活动。12月19日，全省“不要彩礼要幸福”非遗集体婚典在安远县西街坝举行，倡导节俭温馨、婚事新办、向上向善的文明新风，引导新一代年轻人建立正确的爱情幸福观。

【服务发展】 开展“乡村振兴巾帼行动”。扶持41个“巾帼产业示范基地”，开展“技能培训下基层”活动，各地累计开展培训232余场，惠及1.3万余名妇女。巩固拓展“创新创业巾帼行动”。举办线上女性专场招聘会，联合就业部门发放妇女创业贷款6.21亿元，直接扶持创业5003人，带动就业19175人，组织开展家政服务行业职业技能培训1800人次，引领女企业家聚焦市委“三大战略、八大行动”，为企业对接融入粤港澳大湾区营造环境、争取政策。

【关爱弱势群体】 开展“建设法治赣州巾帼在行动”活动，推出“赣南表嫂来学法”系列普法微视频20期，并列入省普法办农村“法律明白人”视频教材。发布首届“依法维护妇女儿童权益十大案例”，制作“十大案例”普法动漫视频。举办妇女“法律明白人”培训320余场，开展儿童防性侵宣讲800余场。推动县级以上妇联主席进党校开展男女平等基本国策宣讲活动。出台赣州市反家庭暴力和儿童保护工作联动机制并常态推动落实，全国妇联在“学习强国”学习平台进行推介。夯实基层维权服务网络，市、县妇联合建立妇女儿童法律维权服务站、法律援助（妇联）工作站、婚姻家庭纠纷调解中心等机构，与公安共建妇女儿童维权站302个，联合市司法局设立赣州市妇女儿童司法鉴定援助中心。组织村（居）妇联主席、妇女小组长常态化开展婚姻家庭纠纷大排查，主动将矛盾纠纷化解在萌芽状态。2021年市妇联收集到涉及婚姻家庭的矛盾纠纷730件，95%以上化解到位。开展“两癌”免费检查工作，扩大城镇困难妇女“两癌”免费检查覆盖面，惠及妇女63.7万人次，争取全国、省级“两癌”专项救助金471万元。争取中国妇基会“母亲健康快车”7辆。开展“春蕾计划——梦想未来”公益行动，全年筹集善款近400万元。开展免费婚检“一站式”服务、“关爱孕产妇地贫儿童”暖爱行动、无偿献血等公益活动，惠及群众200万余人。

【家庭家教家风建设】 年内，评选出市级“最美家庭”66户，推报入选全国“最美家庭”5户，全省“最美家庭”48户。采取网络直播的形式，邀请专业的家庭教育讲师、儿科专家开展《积极陪伴对儿童健康成长的影响》《家庭教育篇·“六一”特辑》《陪孩子健康成长》等宣讲活动，向广大家庭讲授科学的家庭教育知识和儿童护理知识，线上观看人次达10万人次。采取组织市妇联家庭教育讲师团、联合省家庭教育指导中心等方式，深入全市农村（社区）新时代文明实践站、儿童快乐家园，开展《陪伴的力量》《江西省家庭教育促进条例》《家庭教育促进法》等家庭教育宣讲520余场，惠及家长儿童60余万人。坚持儿童优先原则，广泛开展“六一”关爱活动、“把爱带回家”寒假儿童关爱服务“四送”活动、“我为群众办实事”、“亲情连线”活动1200余场。联合市纪委向领导干部家庭发出《致领导干部家属的一封信》，倡导广大领导干部家属做家风建设的推动者。

【基层组织建设】 推进妇联基层组织建设，女性进村委目标100%实现，村（社区）“两委”班子中女性成员和女性正职比例均高于上届，妇女小组长全面配备，并落实每人每月200元的固定补贴。女性进村

3月8日，赣州市举行庆祝“三八”国际妇女节111周年表彰大会暨“赣南新妇女运动”三周年群众喜闻乐见文艺展演　（市妇联供图）

（社区）“两委”工作成效影响力显著，《中国妇女报》、中国妇女网刊发文章介绍赣州市做法。安排专项资金，全面完成对新任村（社区）妇联主席、村（社区）妇女小组长的全员轮训。联合市国资委全力推进国有企业配齐配强妇委会主任，真正实现哪里有妇女，哪里就有妇联组织。

【女性人才培养】 实施家庭教育人才“千人计划”培养工程，计划3年内培养1000名家庭教育人才，至2021年底，已有710名家庭教育讲师通过考核，纳入市妇联家庭教育讲师团管理。着手建立赣州市女性人才信息库，发现和凝聚各类优秀女性人才。

（李　莎）

赣州市科学技术协会

【概况】 2021年，赣州市科学技术协会（简称市科协）紧扣全市发展大局，坚持守正创新，主动履职尽责，结合党史学习教育，持续提升“四服务一加强”（服务科技工作者、服务创新驱动发展战略、服务公民科学素质提高、服务党委政府科学决策、加强自身建设）能力，各项工作不断取得新成效。6月，中国科协副主席、书记处书记孟庆海在赣州调研时，对赣州市科协工作给予充分肯定。

【服务创新驱动发展】 对接融入粤港澳大湾区桥头堡建设。3月，赣州经济技术开发区获批设立中国创新创业成果交易会成果转化基地，是全省唯一一家获评基地。7月，在赣州经济技术开发区召开2021中国创新创业成果交易会成果转化基地授牌暨项目发布对接会。12月，组织赣州6家科技型企业参加“走进创交会”活动。组织参加或举办各类竞赛活动。8月，参加2021年“科创中国”江西省企业创新达人评选，全市科协系统推荐的17人被评为创新达人杰出或优秀代表。10月，组织推荐的8家企业参加江西省企业创新方法大赛，3家企业进入全省区域决赛，南康区企业获一等奖并代表江西省参加全国总决赛、获优胜奖，市科协获“优秀组织奖”。11月，市科协与赣州经济技术开发区管委会联合举办科技创新大赛，10家企业获奖，获得16万元奖金和2400万元金融机构授信额度。强化“三站”（院士工作站、专家工作站、“海智计划”工作站）建设管理。4月，召开市科协“三站”建设暨企业科技创新工作会，部署“三站”建设暨企业科协建设工作。9月，承办2021年江西“海智计划”工作推进会，市科协作典型发言。推荐6家公司申报省级专家工作站，新建立市级专家工作站7家，原院士工作站转为市级专家工作站9家。出台《赣州“海智计划”工作站管理办法》，安排15万元支持3家市级“海智计划”工作站建设。加强专利信息推送。9月，组织全市30余家企业参加江西省2021年科技信息企业应用推广系列活动。11月，举办2021年赣州市科协科技信息企业应用培训会，培训170余人。

【服务人才强市战略】 精心举荐优秀人才。寻乌县科协周晓霖被中国科协评为全民科学素质工作先进个人。中国科学院赣江创新研究院万印华，获2021年江西省“最美科技工作者”称号。推荐于都县李靓萍和赣州经开区张涛参加中国科协主办的青年演讲大赛均获二等奖。成功举办“全国科技工作者日”庆祝活动。开展赣州市第五届“十大科技创新人物”评选表彰活动，评选“十大科技创新人物”及提名奖20名。定南县以县委县政府名义，奖励该县首位市“十大科技创新人物”1万元。赣县区、崇义县、定南县等10多个县（市、区）同步开展优秀科技工作者评选表彰活动。加强与科技工作者的联系服务。建立市、县两级科协直接联系服务科技工作者制度，走访慰问全市建站院士、“海智计划”工作站建站专家和第五届“十大科技创新人物”及提名奖人选44人次，举办2期赣州市未婚青年科技工作者联谊交流会。开展“我为赣州科技创新献良策”活动，搜集整理赣州高端科技人才科技创新意见建议22条。

【科技助力乡村振兴】 开展全市农村党员创业致富带头人培训。联合市委组织部举办全市农村党员创业致富带头人培训班2期，10月在于都县开展富硒水稻种植技术培训，11月在上犹县开展茶叶栽培技术培训，培训240余人次。实施农业实用技术培训助力乡村振兴工程。在定南县、安远县、赣县区、章贡区分别举办全市油茶、脐橙、蜜蜂、食用菌实用技术培训班各1期，培训近600人次。1月，市科协在江西省科协工作视频会议上，作题为“科技助力精准扶贫工作”的典型发言。寻乌县果业协会被中国农村专业技术协会评为“十佳党建强会农技协”，是江西省唯一获该项荣誉单位。

【提升全民科学素质】 加强科普阵地建设。联合“学习强国”用户中心在寻乌县留车中心小学创建全国首个中小学“学习强国”线下科普教育基地，9月建成并对外开放。完成赣州科技馆一至三楼常设展厅更新改造验收，4月1日恢复对外开放，全年接待观众13.8万余人次。10月，筹资130万元对科技馆展厅展品进行更新替换，新增展品15件，改造展项6件。推荐“赣州科技馆”等4个单位申报全国科普教育基地、6个单位申报省级科普教育基地，命名2021年赣州市科普教育基地24个、赣州市农业科普基地11个。9月，南康家居特色小镇、寻乌县幸福小镇成功申报命名为江西省科普小镇。11月，章贡区、南康区、寻乌县、瑞金市获批成为2021—2025年度第二批全国科普示范县（市、区）创建单位。新建农村中学科技馆2家。组织开展中国流动科技馆江西省区域巡展工作，启动6个县级站点流动科技馆巡展，完成5个站点到期换展。组织5家县级科协大篷车申报科普大篷车省级资源共享中心试点工作。开通“科普赣州”抖音号和视频号。发挥科普主

9月29日，“学习强国”科普基地授牌仪式在寻乌县留车中心小学举办，标志着全国首个中小学“学习强国”科普基地建成使用（市科协供图）

力军作用。邀请专家对赣州科技馆展教员进行业务技能提升培训，对瑞金市科技馆全体辅导员进行业务技能培训和考核2期。科技馆开展馆内外科普活动176期351场次，开展科普“六进”（进学校、进社区、进农村、进军营、进园区、进机关）活动101期121场次。在于都县、南康区、寻乌县、赣县区等地开展“科普下乡入村”活动助力新时代文明实践中心建设23期。参加省科普赛事，获江西省科普讲解大赛二等奖2人次。策划的科学课分别获“同上一堂科学课”全国科技馆联合行动科学课资源征集全国赛区二、三等奖，获第七届全国科技馆辅导员大赛东南赛区选拔赛奖项7项。开展丰富多彩科普活动。4月，举办第七届全国青年科普创新实验暨作品大赛赣州赛区活动，赣州市在省级复赛中获奖数量和等级居全省第一，2支队伍代表江西省参加全国总决赛，市科协被评为“优秀组织单位”。5月，举办2021年赣州市青少年机器人竞赛活动。6月，在瑞金举行“红色百年路科普万里行——全国科普大篷车庆祝建党100周年联合行动”启动仪式。7月，举办为期1个月的2021年赣州市公民科普知识网络竞赛活动，约28.7万人次参与答题。全市科协系统开展心理健康知识科普“五进”（进机关、进企业、进社区、进学校、进农村）宣讲系列活动40场次，2万余人次参与活动。组织举办2021年赣州市科技活动周、全国科普日、“中国飞天梦——科普中国万里行（瑞金站）”和青少年科普研学等主题科普活动。

【组织建设】 举办赣州市科协系统干部能力提升培训班，对县级科协主席、基层科协“三长”（农技站站长、中小学校校长、卫生院院长）代表等共100余人进行培训。指导新成立三甲医院科协5家、企业科协16家，新增企业专利信息应用用户11家。优选市柑橘学会等5家学会，对每家学会扶持2万元项目经费。14个市属学会（协会）成立党支部，完成21家市属学会“党建入章”。市公路学会等4家学会获市属社会组织先进集体，7人分别获评市属社会组织先进工作者、优秀党务工作者、优秀党员。

（黎　涛）

赣州市归国华侨联合会

【概况】 2021年，赣州市归国华侨联合会（简称市侨联）围绕服务赣州市“三大战略、八大行动”工作部署，广泛凝聚侨心侨力侨智，取得新进展新成效。市侨联被中国侨联评为全国侨联系统助力脱贫攻坚先进集体，获第二十一届世界华人学生作文大赛优秀组织单位。

【“侨心向党”系列活动】 5月，市侨联在于都长征学院南部校区举办赣州市侨联系统“侨心向党心——庆祝中国共产党建党100周年”主题朗诵比赛，市侨联机关全体党员、退休党员代表，各县（市、区）侨联主席及参赛选手约50人参加活动，19个作品参加比赛。石城县侨联选送的《聚四海侨心筑复兴之梦》获一等奖，于都县侨联获得活动组织奖。12月，市侨联举办“桑梓侨心永向党”全市侨界书画摄影作品展。收到全市侨界群众以及海外赣州籍侨胞中的书法、美术、摄影爱好者参展作品70余件。

【拓展联谊】 积极对接粤港澳大湾区。4月，广东省惠州市侨联在赣州市开展工作交流活动。主动搭建侨商服务平台。联系、对接到赣州参加第三届世界赣商大会侨商。会见法国法中商贸会永久名誉会长、江西露德实业有限公司董事长楼大明，南非江西总商会会长、江西饶俊国际贸易有限公司董事长王俊等江西籍海外侨商一行。接待中国侨联海外委员、巴西江西同乡总会永久名誉会长林周恩，印尼归侨李山博士到赣州考察、回乡探亲。陪同省侨联领导，匈牙利森特什市出口促进局驻广州代表处、匈牙利森特什投资发展有限公司商务代表考察中匈（森特什—赣州）跨境电商项目推介及落地情况。通过市侨商会平台，宣传赣州市重点招商项目及招商引资政策。指导赣州市侨商会召开2021年年会暨二届二次理事会。

【为侨服务】 召开全市侨联工作交流培训会议，加强侨联基层组织建设，提升全市侨联干部和基层侨联建设点工作人员为侨服务能力。全市侨联建成侨胞之家、新侨创新创业基地等基层侨联组织37家，开展调研指导全覆盖。9月，中央红军长征出发地纪念园被正式确认为第九批中国华侨国际文化交流基地。崇义县博物馆（王阳明纪念馆）正式挂牌中国华侨国际文化交流基地，省侨联领导出席揭牌仪式。开展“送温暖、献爱心”走访慰问活动。在春节、端午节等重要传统节日，走访归侨侨眷、侨界老党员和侨资侨属企业。2月，全市侨联系统组织侨联干部职工、归侨侨眷、社区侨胞之家志愿者等收看由江西省侨联等主办的“侨联四海情满赣鄱”2021云端元宵晚会。6月，在端午佳节来临之际，市侨联在宁都县中山北路社区侨胞之家开展“端午粽香、爱侨情长”侨胞之家包粽子活动。9月，举办“月圆侨心山水同庆”2021年赣州市侨界迎中秋、庆国庆座谈会，全市归侨侨眷代表、市侨联委员代表、市侨界政协委员、市侨商会会员、市侨联青委会委员、市中国华侨国际文化交流基地负责人、侨胞之家示范点负责人、各县（市、区）侨联负责人等80余人参加会议，与会人员围绕强化思想引领、增进对外交流、维护侨眷权益、履行社会责任等方面畅所欲言，互相交流。

【参政议政】 做好侨界政协委员推荐工作。从优秀侨界人士中推荐7名市政协六届委员会委员。发挥侨联界别优势，认真履职，在市政协六届一次会议中，委员们围绕“三大战略、八大行动”和侨界群众普遍关心的热点难点问题，提交大会提案8个。委员王健参加调研的《加快构建完善婴幼儿托育体系推动三胎政策落地见效》被列为市政协六届一次会议书面发言材料。钟山、陆娟娟等6名委员的建议入选《市政协六届一次会议简报》。

（孙建伟）

赣州市工商联（总商会）

【概况】 2021年，市工商联围绕市委、市政府的决策部署，紧扣“两个健康”（非公有制经济健康发展和非公有制经济人士健康成长）主题，助推“三大战略、八大行动”，较好完成各项工作任务。市工商联被中央统战部和各民主党派中央、全国工商联表彰为“各民主党派、工商联、无党派人士为全面建成小康社会作贡献先进集体”，理论调研案例“商会民企赣州行助力振兴办实事”获全国工商联系统2021年实践创新成果奖；市工商联获评“江西省‘千企帮千村’精准扶贫行动组织工作先进集体”“2016—2020年全省普法工作先进单位”“江西省脱贫攻坚先进集体”，在2021年全省工商联系统年度考核中从2020年的第6名跃升到第2名。

经5月8日赣州市工商联五届二次执委会议增补，有执委250人，其中领导班子32人、常委70人。领导班子中主席1人、党组书记（常务副主席）1人、专职副主席（副会长）3人、企业家副主席19人、企业家副会长7人、秘书长1人，有4万多家会员企业，直属商会43个（含1个赣州商会联合总会、10个省级异地商会、7个市级异地商会、5个行业商会、15个县域商会、5个综合性商会）。

【非公党建工作】 举办全市非公有制经济领域党员示范培训班和非公有制经济代表人士政治理论学习班。督促指导基层党组织规范落实“三会一课”，稳步推进“三化”建设提质增效。指导成立赣州在北京流动党员党委、嘉福集团党委。全年发展党员68人，培养入党积极分子138名，督促26个基层党组织规范换届，商会“党建入章”有效推进。向34名党员及党务工作者发放慰问金3.4万元，争取党员活动经费29.76万元，推动结对共建单位支持基层党组织党建工作经费21.5万元，解决实际问题68个，联合开展活动122次。市工商联推荐的原麦格纳动力总成赣州公司黄海获评全省优秀共产党员，江西章贡酒业黄晓华获评全省优秀党务工作者。

【赣州行活动】 4—9月，市工商联推动全国工商联和省政府组织开展全国工商联携手知名民营企业振兴革命老区赣州行活动。9月14—15日，举行振兴发展大会，中央统战部副部长、全国工商联党组书记、常务副主席徐乐江和省委副书记、省长易炼红出席并讲话，来自全国各地的商会代表及知名民营企业家500余人参加活动，组织民营企业家分别到瑞金、于都、兴国、上犹等县（市）开展党史学习教育。推动赣州市11个产业小分队及相关县（市、区）“走出去”对接539批次，接待各地商会及企业家到赣州考察

9月15日，全国工商联携手知名民营企业助推赣州革命老区振兴发展大会签约仪式在赣州举行　（市工商联供图）

752 批次，签约各类项目 126 个，签约资金 912 亿元；后续在洽谈项目 91 个，意向投资金额 643 亿元。

【推动赣商赣才回归】 主动加强与市、县外埠赣州商会联系，走访北京、上海、广东、浙江、福建等地 20 多个赣州商会，引进赣商返乡投资项目 263 个，同比增长 10.04%，占比 32.43%；签约资金 933.82 亿元，同比增长 9.87%，占比 21.84%。深圳赣州商会等 12 家外埠商会获市委、市政府通报表彰。

【优化营商环境】 营商环境企业评价。争取省工商联支持，邀请省专家评价组深入赣州市开展营商环境企业满意度自评价，动员引导全市市场主体积极配合省工商联牵头开展的全省 2020 年度营商环境企业评价，参与企业达 7240 户，为全省最多，得到省工商联好评。企业评价结果位列全省第四名，较 2019 年度提升 4 位。全市营商环境综合评价位列全省第三位，比 2020 年提升 4 位，进入全省“第一方阵”。

惠企政策宣传解读。通过举办 4 期“赣州市非公经济大讲堂”，召开各类会议，赴商会、企业调研，汇编政策资料等方式，积极推送鼓励、支持和引导民营经济发展相关举措，帮助民营企业了解政策、掌握政策、运用政策，及时享受政策红利，推动企业健康发展。

非公有制企业维权服务。与赣州市仲裁委建立合作机制，多元化解民营经济领域纠纷，推动仲裁服务商会、服务企业；与法院，检察院，税务等职能部门建立协调机制，充分发挥商会人民调解委员会作用；联合赣州市优化法治化营商环境投诉受理中心，搭建起资源互建、信息互通、工作互动、成果互享等合作机制，调动专业法律服务力量，加大个案维权力度，为非公有制企业提供切合企业发展的全方位法律服务；规范推进县级非公维权服务网络逐步铺开。全市县级维权服务中心共核准编制 49 个，“市本级一中心，各县（市、区）广覆盖”的维权格局进一步规范完善。受理涉及工程款结算、征地拆迁、行政执法、采矿权、涉法涉诉等领域的实质性诉求 64 件，办结 56 件，办结率 87.5%。省工商联及市委，市政府主要领导分别在《市非公企业维权服务中心工作情况汇报》作出批示，给予充分肯定。

【基层组织建设】 加强对基层工商联指导，多次召开县（市、区）工商联负责人会议，组织部分主席、书记赴发达地区学习考察，积极探讨加强新形势下工商联工作新思路新路径，章贡区、南康区、赣县区等 13 家工商联被评为 2020—2021 年度全国“五好”县级工商联。积极推进商会组织有序发展，2021 年新成立赣州市湖北商会、赣州市贵州商会、赣州市新生代企业家商会等 3 家商会；指导市女企业家商会等 9 家商会顺利完成换届；赣州商会联合总会等 6 家商会获评全国“四好”商会，赣州市泉州商会等 9 家商会获评省“四好”商会。加强对外埠商会的联系，指导北京、天津、深圳、宁波、温州、成都等地赣州商会进行换届。

【助力赣南苏区振兴发展】 开展“万企兴万村”行动。贯彻落实全国、全省“万企兴万村”行动启动大会精神，9 月，牵头召开赣州市民营企业“万企兴万村”行动启动大会；巩固拓展“万企帮万村”行动成果，新增项目投资金额 32861.99 万元，新增公益捐赠金额 6613.942 万元，其中全市 48 名企业家累计为乡村教师“领头雁计划”项目捐赠 640.49 万元，覆盖全市 18 个县（市、区）。

支持瑞兴于“3+2”试验区建设。落实市委、市政府关于瑞兴于“3+2”经济振兴试验区建设的统一部署，积极对口支援石城县。加大对石城县投资环境宣传推介，引导会员及赣商到石城投资发展，组织近 30 名市工商联（总商会）兼职副主席、副会长及直属商会会长到石城召开招商推介会；邀请全国工商联五金机电商会会长企业——亿联集团等多批客商到石城县进行投资考察，促成广东粤盛新材料科技有限公司投资 1 亿元到石城县兴建新材料项目。在乡村振兴、维权服务、金融合作、商会建设等方面全面开展支援工作，全力促进石城县经济社会高质量发展。

（王　彬）

赣州市文学艺术联合会

【建党百年献礼】 3 月 22 日，中国文联、中国评协主办、市文联协办的建党百年红色文艺经典研讨会在赣州召开。4 月 14 日，举办“百年荣光·温暖石城”——庆祝建党 100 周年暨 2021 年江西（赣州石城）谷雨诗会，近 20 万人次在线收看诗会盛况。4 月 20 日，举办“庆祝建党百年唱响长征组歌”——赣州市合唱界纪念中国工农红军长征胜利 85 周年专场音乐会。5 月 23 日，举办庆祝中国共产党成立 100 周年——佬俵歌之声合唱专场音乐会，现场观众 1300 余人，网络直播在线人数 2 万余人。5 月 30 日，举办“唱支山歌给党听”——赣州市合唱协会庆祝建党 100 周年公益音乐会。6 月 25 日，举办赣州市音乐界庆祝中国共产党成立 100 周年的红色经典演唱交响音乐会。6 月，举办赣州、鹰潭、吉安三地“学党史、听党话、跟党走”书法美术作品联展。7 月 4 日，举办童心向党·梦想启航——庆祝中国共产党成立 100 周年暨赣州市第十二届舞蹈艺术节优秀少儿舞蹈作品展演活动。举办第十五届中国民间文艺山花奖·优秀民间艺术表演作品（舞龙）初评活动，来自全国 11 个省市区的 12 支舞龙队伍、近 400 名舞龙同台竞技。

【文化惠民】 元旦、春节期间，组织一批文化文艺小分队赴基层开展文化惠民活动。开展“我们的中国梦——文化进万家”赣州书协送万福进万家活动。市摄影家协会组织 18 个县（市、区）摄协开展“我们的中国梦”摄影文化进万家公益服务活动，179 名摄影家深入基层为当地百姓和外地留守人员拍摄全家福和个人照，赠送台历和挂历。组织市文联佬俵歌合唱团参与2021年赣州“云”春节联欢晚会的演出录制。举办“牢记嘱托感恩奋进”摄影作品展，作品聚焦赣南苏区的建设、发展、变化和成就。3月，“山水风骨——温相元作品展”项目在上犹县油画创意产业园开幕。

【文艺志愿服务】 搭建文艺志愿服务体系构架。全市有市级文艺志愿者协会组织1个，县级文艺志愿者协会组织1个，市直专业志愿者服务队伍13个，社会团队文艺志愿服务队伍3个。12月，全省文联文艺志愿服务工作现场会在赣州召开，对赣州市文艺志愿服务工作给予充分肯定。

助力新时代文明实践。在省新时代文明实践志愿服务平台上传赣州市文联文艺志愿服务项目123项，通过“协会挂点、群众点单、文联派单、文艺家接单、受众评单”的志愿服务形式，将文艺志愿服务送达基层。

开展学雷锋志愿者活动。组织5支文艺志愿者服务队，开展7场学雷锋志愿者活动，87名文艺志愿者参与其中。2月25日，市文联机关志愿者深入章江南社区新时代文明实践中心，开展“3·5”学雷锋纪念日新时代文明实践主题志愿服务活动；赣州市摄影家协会文艺志愿者服务队组织18名摄影家到赣县区特殊教育学校开展“学习雷锋好榜样”文艺志愿者服务日活动。

举办“学党史传精神跟党走”中国文艺志愿者在行动主题活动。协调赣州市多家媒体先后播放“精神伟力”特别节目、“欢聚吧第一百个春天”中国文联原创歌曲演唱会、中国文联“时代风尚——中国文艺志愿者崇德尚艺”等特别节目，提升文艺志愿服务工作的社会影响力。

【宣传推介】 推荐赣州市7名作家的7件作品申报江西文化艺术基金2021年度文学创作资助项目，青年作家周娟娟申报宣传思想文化青年英才人选，程箐申报省文化名家暨“四个一批”人才人选，郭玉芳参加全国基层作协负责人著作权保护培训，蓝亮等3人参加江西省“文艺两新”人才研修班。开展“寻找优秀青年摄影师”摄影作品征集活动，配合做好赣州籍知名书法家入馆建档工作。组织文艺评论家观看大型赣南采茶戏《一个人的长征》，撰写专业评论文章在《江西日报》《赣南日报》等媒体刊发，做好舆论宣传推介工作。

（彭炳炎）

赣州市
社会科学界联合会

【概况】 2021年，赣州市社会科学界联合会（简称市社联）团结带领全市广大社科工作者，在围绕中心、服务大局上，努力发挥“桥梁纽带、组织协调、资政服务、社科普及”职能作用，各项工作取得较好成效，统筹推进社科研究、社科普及、社团管理和自身建设等各项工作。市社联有团体会员48个，其中县（市、区）社联18个，市属学会（协会、研究会）30个。

6月2日，召开赣州市社联二届十三次理事会暨党史学习教育推进会，会议总结回顾过去两年的工作，表彰在工作中涌现的先进个人与先进集体，并部署下一阶段的工作任务，有效提振社科队伍士气。组织召开全市社联主席会议和下属社科团体社科学术团体负责人会议，为各县（市、区）社联、各学会（协会、研究会）熟悉业务，推动社科工作发展提供保障。

根据全市事业单位改革工作统一部署，完成下属事业单位改革工作，改革后更名为赣州市社科普及和学会工作部，为正科级公益一类事业单位。

【社科研究】 推动成立市社科规划领导小组，社科研究工作升格为全市性的工作。跨出整合市级各部门课题的步子，将市民政局、市人大办年度重点横向课题和经费纳入赣州市级课题进行管理，统一发布并组织社科界开展研究，实现智力需求和智力供给的有效对接。在全省各设区市率先实现课题数字化管理，上线“赣州社科”课题管理系统，提升课题申报、成果收集、搜索效率。

围绕党委政府现实需求，科学制定《赣州市2021年社会科学研究课题指南》，为广大社科工作者提供良好研究思路。全年课题申报数达1500余项，立项数首次突破千项，达1217项，同比增长31.3%。全年立项5项赣州市社会经济发展重大课题被纳入江西省社科规划地区基金项目管理，分别为“赣州市充分利用《国务院关于新时代支持革命老区振兴发展的意见》的举措及提升自我发展能力的路径研究”“推动赣州打造对接融入粤港澳大湾区桥头堡的创新路径及重点举措研究”“赣州市打造全国一流营商环境研究”“推进赣州稀土和钨产业链高质量发展的科学布局、障碍因子及实现策略研究”“新时代赣州市构建乡村振兴新格局的总体思路和重点举措研究”，相关课题成果得到省领导肯定性批示8次。全年全市有30余项课题成果获江西省第十九次社科优秀成果奖。组织开展2020年市优秀社科成果评奖工作，评选出一等奖5名、二等奖7名、三等奖10名、优秀奖10名。

完成出刊任务，《赣南社会科学》开设《学习贯彻党的十九届六中全会精神》《三大战略八大行动》《学习贯彻党代会精神》等专栏，全年出刊6期，刊发理论文章130余篇60余万字。《新赣州智库》2021年完成出刊12期，其中《从三大地域餐饮品牌看我市餐饮业发展》与赣州出台的打造“赣南客家菜”品牌相关举措高度契合。

【社科普及】 结合党史学习教育，整合市属学会和高校力量，对接学校思政课、新时代文明实践站宣讲报告会需求，开展“百名红军后代讲好千场红色故事”大型主题讲座活动，全年深入基层一线开展1200余场，受众超过80余万人次。整合红军后代故事团、红军后代合唱团资源和高校、大中专院校传媒学院（系）采访实习需求，在高校开展“父辈的故事——红军后代专题采访”

3月18日，庆祝中国共产党成立100周年讲1000场党史故事活动启动仪式在赣州举行　（市社联供图）

活动，让大学生接受党性教育。组织全市社科界开展“唱支山歌给党听”红歌传唱活动，在瑞金市、于都县、兴国县、大余县、会昌县、上犹县、章贡区等多地红色展览馆、革命旧址等爱国主义教育基地开展快闪活动，发动群众广泛参与，抒发对党的热爱。

开展线上宣讲，在抖音、“学习强国”学习平台、微信公众号等新媒体开辟社科普及新阵地，开设“赣南社科云讲堂”“红色故事汇”“一分钟党史故事”“党史你问我答”等网络微讲座专栏，播发党史微讲堂、党史故事、党史知识95篇，其中13篇被江西省社联“社科普及微讲堂”转载刊发。

举办以“永远跟党走建功新时代”为主题的2021年赣州市第十四届社会科学普及宣传周活动，全市社科组织克服疫情带来的不利影响，采取分散式开展、延长活动时间、转为线上活动等方式，开展惠民文艺汇演、党史社科知识竞赛、社科咨询服务、百年征程摄影图片展、宣讲报告会等社科普及活动167项。

探索将社科普及的触角向村（居）一级延伸，在章贡区荷包塘社区尝试设立社联联络站，通过主动对接融入新时代文明实践站，以个性化定制的小活动，将社科知识送到群众中。

【学会管理】 通过分类处置的方式，增强各市属学会的活力，提升学会影响力。采取重点扶持方式，打造以中国明史学会王阳明研究分会、红色文化研究会为代表的一批骨干学会。市红色文化研究会结合党史学习教育组织开展“百名红军后代讲好千场红色故事”活动；市诗词楹联学会编撰庆祝中国共产党成立100周年诗词特刊。换届重整市旗袍文化研究会、国学学会等业务开展不正常的学会，撤销市哲学研究会、马祖禅文化研究会等组织涣散、名存实亡的“僵尸学会”。

【重大活动】 参与2021江西省文化产业发展高峰论坛筹备工作，10月21日，该高峰论坛在赣州市举行。承办第三届阳明文化国际论坛暨第二十一届明史国际学术研讨会，来自海内外160余名明史和阳明学嘉宾、学者出席，巩固赣州市作为阳明文化中心的地位，对打造文化名城起到积极推动的作用。

（张华清）

赣州市贸易促进委员会

【概况】 2021年，中国国际贸易促进委员会江西省赣州市委员会（简称市贸促会）以党史学习教育为抓手，创新工作举措，推动贸促事业高质量发展。争取中国贸促会授权签发多项优惠原产地证，实现全口径签发各类优惠原产地证书，赣州成为全省首家可为本地企业提供商事认证综合服务的设区市；在全市贸促系统开展进园入企“五项服务”（“我为企业送政策、我为企业送服务、我帮企业走出去、我帮企业搭平台、我助企业防风险”）专项活动，经验做法分别在《中国日报》、“学习强国”学习平台、《赣南日报》刊登报道。8月23日，国家机关事务管理局、中共中央直属机关事务管理局、国家发改委、财政部联合授予市贸促会全国“节约型机关”称号。

【投资促进】 对接融入粤港澳大湾区。组队赴广州、深圳等地开展交流考察活动，推介赣州投资环境。与广东潮域展览有限公司、广州西码展览股份有限公司等第三方外贸服务企业建立战略合作伙伴关系，邀请广东国际商会、福建福州客商等到赣州开展投资考察活动。助力优化赣州营商环境。6月，在赣州举办第十届中国国际生态竞争力峰会，出席和参加活动的有国家领导人、国家部委领导、驻华使节、外宾及世界500强企业、央企、知名民企高管，30多家央地媒体报道峰会盛况，提升赣州的整体形象，为赣州走向世界打开窗口，扩大影响。

【贸易促进】 组队进园入企开展“五项服务”专项活动。组织53家企业参加贸促系统组织的15场在线经贸对接会、海外市场推介等活动，通过“赣州贸促”微信公众号发布经贸风险预警、经贸信息快报各43期，帮助企业维护合法权益。推动赣州市“1+5+N”重点产业加快融入新发展格局，联合市商务局制订重点展会计划，确定34场重点展会给予支持。2021年，组织182家企业参加15场2021年赣州市重点展会，申请展位数201个。积极支持企业参加线上展会，167家企业参加11场重点线上数字展会，通过创新数字展会服务模式，将跨境电商平台

6月25日，中国国际生态竞争力峰会在赣州召开（市贸促会供图）

和线上展会相结合，提升数字展会参展效果，参展企业累计获得询盘1.3万余次，开发新客户358家。强化贸促业务培训，与中国贸促会、省贸促会及有关培训机构加强合作，组织159家企业参加6场线上培训；在赣州经济技术开发区、南康区、赣县区、大余县、定南县、信丰县、于都县等地开展7场线下定制化和专业化培训，培训企业160多家。

【商事法律】 优化办证流程。推广商事认证业务"不见面办理"服务，制定并实施原产地证签证业务"预约办理"制度。全年签发一般原产地证778份，增长50.2%，涉及出口金额5612.66万美元，增长78.5%；签发优惠原产地证129份，涉及出口金额346.35万美元，为企业减免进口国关税20.8万美元；签发各类商事证明书64份。拓展商事认证业务范围。先后新获授权签发中国与蒙古国、毛里求斯、东盟、巴基斯坦等自贸协定优惠原产地证书，标志着市贸促会可全口径签发中国各类自贸协定项下优惠原产地证书，赣州市成为全省唯一的可为赣州企业提供一站式、全方位的贸促会商事认证服务设区市。

【县级机构建设】 指导县（市、区）成立贸促机构。2021年，协调推动南康区、于都县、定南县成建制成立贸促会，均为群团组织，正科级事业单位。这是全省首批成建制成立的县级贸促会。启动赣州国际商会筹备工作。推动江西国际商会家具分会正式成立，持续强化对江西国际商会冶金矿业分会和家具分会的指导、服务。

（刘晨东）

赣州市残疾人联合会

【概况】 2021年，赣州市残疾人联合会（简称市残联）切实履行"代表、服务、管理"职能，帮助协调解决残疾人"急难愁盼"问题，提升残疾人的幸福感和获得感。出台的《关于支持赣州市残疾人事业高质量发展的复函》政策，被省政府授予"残运会人才输送突出贡献奖"、省残联系统考核"优秀单位"、教育就业、无障碍建设、宣传文体等多项荣誉；在全省残联各类工作会上，赣州市作为先进代表5次作典型发言，选派的残疾运动员邓雪梅获东京残奥会举重女子86公斤以上级金牌。

全市有各类别残疾人62.8万人，持证的残疾人25.3万余人，其中低保对象残疾人10.33万人，重度残疾人10.51万人，原建档立卡贫困残疾人11.21万人。

【民生兜底】 完成2021年省、市政府民生实事残疾人项目，市残疾人康复中心建设前期工作进展顺利。全市享受残疾人"两项补贴"（困难残疾人生活补贴和重度残疾人护理补贴）有19.85万人次，为3628名困难重度失能残疾人提供照护托养补贴。建立易返贫致贫残疾人跟踪监测机制，全市边缘易致贫户中有残疾人1482人，脱贫不稳定户中有残疾人2868人。联合联通公司为全市听障残疾人提供"畅听王卡"，1万余人听障残疾人受益。为2314户重度残疾人家庭实施无障碍改造。

【康复救助】 全年为2160名8岁以内残疾儿童提供抢救性康复，14121名持证残疾人得到轮椅、盲杖等辅具。规范残疾儿童康复机构，实行康复机构准入制及协议管理，市残联举办康复人才培训2期。市残联联合市财政局等4个部门出台《赣州市残疾人适配基本型辅助器具补贴实施办法（试行）》，推进辅具由实物发放变为货币补贴，建立残疾人辅助器具综合服务网上平台。

【教育就业】 调查全市9520名适龄残疾儿童少年入学情况，入学率超96%以上。为1018名符合条件的机构在训学龄前残疾儿童提供3000元/名的助学补助，确认学校在读的9235名残疾学生和28394名残疾人子女的助学受助资格。在市委党校举办3期残疾人专职委员培训班，培训残疾人325名。组织2021年残疾人就业援助月活动。全市举办25期残疾人职业技能培训班，培训681名残疾人。为689名残疾人购买公益性岗位，选聘2041名残疾人担任农家书屋管理员。严格落实按比例安排残疾人就业政策，加大残保金征收力度，市本级征收残保金2051.45万元，比2020年增加1倍多。

【文化体育】 争取中国残疾人艺术团在赣州市免费举办4场"共享芬芳·共铸美好"公益巡演，开展残疾人文化周、康复体育进家庭活动。选送的节目舞蹈《执梦飞翔》在全省文艺会演中获"表演奖一等奖"，市残联获“优秀组织奖”。赣州市在全省残疾人书画大赛中获一等奖作品3件，三等奖作品4件。在国际、全国性运动上，赣州市残疾人运动员摘金夺银，邓雪梅获东京残奥会举重女子86公斤以上级金牌，何珊珊在全国残运会田径女子11级800米、1500米均获金牌，曾如莹、肖培青分获全国残运会银牌、铜牌。

【深化改革】 推进市县残联改革落地生效，推进各地专门协会法人注册登记，完善村（社区）残协全覆盖建设，出台实施方案，选取赣县作为试点开展村（社区）残协工作，全市各地村（社区）残协全部出台实施方案，赣州市基层组织建设工作在全省会议上作典型发言。残疾人办证事项纳入“赣服通”平台，“两项补贴”资格认定申请实现跨省通办。市残疾人康复就业服务中心、市残疾人法律救助站（市残疾人辅助器具服务中心）整合组建市残疾人综合服务中心。

（钟李荣）

赣州市红十字会

【组织建设】 2021年，全市红十字会实现党组全覆盖；市委编委重新核定市红十字会机关参公管理，增配专职副会长（副处级）领导职数和科级领导职数，重新组建下属事业单位——市红十字会捐献和救助服务中心；理顺县级红十字会管理体制，全市11个县级红十字会列入群团机关参公管理。全市新增红十字基层组织168个，新增基层阵地13个，基层组织基本做到“五有”（有热心红十字事业的带头人、有稳定的会员或志愿者队伍、有规范的管理制度、有稳固的服务平台、有红十字特色活动）建设标准；注册志愿者完成1010人，团体会员新增115个，个人会员发展新增3719人。建立全市红十字会云视频会议系统，市、县两级红十字会全部接入使用省红十字会综合业务管理平台。

【救灾救援】 各县（市、区）均建立红十字应急救援志愿服务队，参与灾害救援、疫情防控、重大赛事、大型活动等应急救援救护服务工作；赣州市红十字救援队被省红十字会授旗为省级救援队，7月，参与浙江省余姚市陆埠镇白鹤村水灾救援工作，转移安置400多名村民。市红十字会备灾中心被授牌为中国红十字基金会赣州备灾仓库，评定为三级备灾仓库。

【应急救护培训】 探索培训“5+N”（进机关、进学校、进社区、进农村、进企业+其他社会组织）模式，上线红十字应急救护培训系统，推进应急救护知识和技能向重点行业、重点领域、重点人群覆盖。2021年，全市完成救护员培训13035人，普及应急救护知识13.45万人次。推动在公共场所配备AED（自动体外除颤器），自筹资金60万元采购20台AED+宣传救护一体机投放到汽车站、高铁站等公众场所。

【人道救助】 开展“红十字博爱送万家”活动，春节期间走访慰问贫困家庭，全市发放慰问金和物资折合350余万元，关爱慰问困难群众2377户，惠及群众2.75万人；持续做好“安心妈妈”基金，救助贫困家庭孕产妇87人，金额9.84万元；做好中央专项彩票公益金大病儿童救助项目，救助白血病儿童53人，救助资金175万元。

【大爱“三献”】 推进“三献”（献血液、献造血干细胞、献人体器官组织）工作。全市采集造血干细胞血样215人份，成功捐献4例，造干志愿者保留项目回访2880人。在全市二级以上医院设立遗体器官捐献咨询服务台54个，新增登记遗体器官志愿者6525人，成功捐献器官64例；遗体器官捐献者纪念园建设列入“我为群众办实事”重点项目清单，市政府批复同意安排351万元用于项目建设。连续第四年举办“三献”宣传月暨无偿献血公益活动，助力赣州市连续五届获“国家级无偿献血先进城市”称号。无偿捐献人体细胞、人体组织、人体器官、遗体写入《赣州市文明行为促进条例》，助推“三献”工作开展。

【公益行动】 全市红十字会系统全年完成社会筹资6589.83万元（市本级完成2547.49万元），其中“99”公益日活动期间在全市开展“我为群众办实事”助力乡村振兴公益月捐等募捐活动，发起“博爱助农、红十字救在身边”等7个母项目、59个子项目，动员16.7万人次参与，募集善款957.1万元，所募资金列全省公募基金会第三名、全省设区市红十字会第三名、赣州市公募组织第一名，“博爱助农”项目获得全国红十字会系统筹款排名前

9月7日，市红十字会举行“红十字救在身边”AED试点投放集中捐赠仪式

（市红十字会供图）

十的互联网项目荣誉。实施“博爱助农”公益项目，“点亮乡村路”子项目筹集资金300多万元，采购1400多盏太阳能路灯投放偏远乡村；“我为家乡建公厕”项目筹集资金980余万元，为全市89个村安装89座博爱乡村公厕，助力“五美乡村”（产业兴旺之美、文明淳朴之美、共建共享之美、自然生态之美、和谐有序之美）建设。打造“博爱助学”公益项目，实施“健康直饮水进校园”行动，为全市59个乡镇中小学校安装直饮水设备96台。开展“博爱助医”公益行动，成立“肖卿福爱心公益基金”，筹资22.8万元帮助困境中的医护人员；发起“赣州让爱无缺”“致敬献血志愿者”公益项目，筹款45万元支持新生儿筛查以及无偿献血志愿者救助。

【志愿服务】 成立涉及应急救援、赈灾救助、生命健康教育、养老护理、社区服务等领域红十字志愿队伍75支，全市注册红十字志愿者7731人。全市成立南丁格尔志愿服务队25支，完成养老护理员培训120人、普及培训4745人，开展健康养老为主要内容的志愿服务活动120多次。组织开展疫情防控、扶贫济困、关爱弱势群体、创文创卫等方面志愿服务。市红十字救援队志愿者杨晋被中国红十字会总会评为“全国红十字志愿服务先进典型”，于都县丁荣椿被评为中国红十字会“会员之星”。

【信息公开和宣传】 严格执行信息公开标准，及时向社会公布捐赠款物收入和使用情况，主动接受社会监督。协调市、县两级民政、财政、税务等部门对2021年度的捐赠收支情况进行第三方审计评估，并按程序申报公益机构税前抵扣资质。执行信息公开制度，做到资金募集、财务管理等捐赠救助信息公开透明。把传播“存善念、重善行”的人道理念和弘扬“人道、博爱、奉献”的红十字精神作为宣传主旋律，不断创新传播形式，讲好红十字故事。在市级主流媒体发表稿件618篇次，在国家级主流媒体发表稿件514篇次，在市级以上主要媒体刊登理论研究或业务工作交流文章4篇。

（谢晓芳）

赣州市计生协会

【概况】 2021年，市计生协积极参与健康赣州建设，以改革为主线，聚焦生育支持和家庭健康，各项工作成效突出，全省计生协年度重点工作和平安江西建设流动人口健康服务考评均获评优秀。

【改革与转型发展】 落实国家改革试点任务，健全组织，调整内设机构和人员编制。深化工作协同，基本实现县级计生协会常务副会长和同级卫健委主任交叉任职。在全省率先完成县级改革方案全面印发。优化领导班子配备，4个协会落实“专兼挂”制度。协调市政府领导分工首次明确计生协地位。实施国家和省级项目11个，其中2021年新增项目7个，争取项目总数位列全省第一，撬动各级政府资金600余万元，覆盖群众13.5万人。

【家庭健康建设】 组织开展赣州市首届家庭健康知识授课大赛，参与选手400余人，聘任36名市级家庭健康指导员和1名省级家庭健康指导员；推荐优秀选手参加省级家庭健康知识授课决赛，获省级三等奖1项、优秀组织奖1项。建设家庭健康服务中心项目点3个。推选18户家庭入选省级“健康家庭”。

【优生优育服务】 承接国家和省级“亲子小屋”项目2个，建设项目点8个，开展亲子活动、家长课堂800余场次，覆盖婴幼儿家庭4600余户。瑞金市“亲子小屋”入选全国典型案例。依托妇幼保健机构新建优生优育指导中心9个。

【维护家庭权益】 承接国家和省级“暖心家园”项目2个，全市运营“暖心家园”达14个；培树先进典型，陈剑平等2人入选中国计生协百名“暖心之星”。办理特殊对象住院护理险2072份，落实住院保险赔付9.4万元。发放慰问补贴500余万元。审核中考加分资格2899人。承接省级流动人口健康服务项目1个，建立商圈、园区计生协组织69个，组织流动人口关爱活动20余场次。

【宣传教育】 举办学党史办实事、“5·29”会员活动日、“6·11”中国人口日、中国共产党成立100周年、全面三孩等宣传活动2800余场次。联合市卫生健康委、市疾控中心、江西理工大学、赣州海关开展“12·1”世界防艾日主题宣传活动。在市级以上媒体投稿180余篇，上稿率位列全省第一。

（陈剑平）

本栏编辑：谢　晨

法　治

人大立法

参见第 95 页“人大立法”内容。

政法委及综治

【概况】 2021 年，全市公众安全感、夜间出行安全感、安全感综合、公安满意度、法院满意度 5 项指标位列全省第一，检察院满意度、扫黑除恶知晓率、扫黑除恶满意度列全省第二。公众安全感、公安满意度连续 3 年全省第一。连续七届获评“平安中国建设示范市”，连续五届获平安中国建设最高奖“长安杯”，全国仅 3 个地市获此殊荣。以营造庆祝中国共产党成立 100 周年安全稳定的社会环境为主线，做好政治安全、信访、社会面管控、公共安全监管等工作，成功化解一批房地产、金融投资、教育等领域突出涉稳问题，及时妥善处置一些网络舆情事件，完成中国共产党成立 100 周年、中共十九届六中全会及省、市重大会议（活动）期间的维稳安保任务，实现重要时期非接待场所进京上访“零”登记。压实“管行业、管领域，必须管稳定”要求，深入开展影响社会稳定问题摸排化解，落实突出问题归口处理责任，对重点涉稳事项及时预警，逐一跟踪督办，全年预警 144 起，全部得到及时有效处置。健全社会稳定风险评估机制，完成社会稳定风险评估 846 件，有 2 件案例入选全省精品案例。全市维护稳定工作经验在 2022 年省委政法工作会议上作大会发言。网上信访工作被评为全国先进，宁都县、南康区被评为全国信访工作“三无县（区）”。全市有 2 人被授予全国公安系统二级英雄模范，3 个集体和 3 人荣立一等功，14 个集体和 15 人荣立二等功，24 个集体和 197 人荣立三等功。

【扫黑除恶专项斗争】 以法治建设为抓手，主动服务经济社会发展大局，充分发挥法治固根本、稳预期、利长远作用，全力护航革命老区高质量发展。全力打击恶性暴力犯罪，连续 11 年现发命案全破。常态化开展扫黑除恶专项斗争，推动各行业领域尤其是信息网络、自然资源、交通运输、工程建设、水利资源、农业农村等“六大重点”行业领域开展重点整治。全年共打掉恶势力犯罪集团 3 个、恶势力团伙 4 个，破获涉恶案件 54 起，扫黑除恶知晓率、满意度均列全省第二。7 月召开全市扫黑除恶专项斗争总结表彰大会，章贡区人民法院被评为全国扫黑除恶专项斗争先进集体；市委组织部杨经纬被评为全国扫黑除恶专项斗争先进个人；30 个单位被评为全省扫黑除恶专项斗争先进集体（单位）；46 名个人被评为全省扫黑除恶专项斗争先进工作者（嘉奖县处级干部）；110 个单位和 168 名个人被评为全市扫黑除恶专项斗争先进集体或个人。

7 月 9 日，全市扫黑除恶专项斗争总结表彰暨常态化扫黑除恶斗争推进会召开
（市委政法委供图）

【打击电信网络诈骗违法犯罪】 赣州市严厉打击电信网络诈骗违法犯罪，率先在全省启动全民反诈宣传，开展“云剑”“云电”“春风”等专项行动，侦破电信网络诈骗刑事案件3249起，挽回经济损失5190.8万元，全省系统整治电信网络诈骗违法犯罪工作现场会在赣州召开。

【改革创新】 结合党史学习教育“我为群众办实事”活动，完成综合行政执法体制、行政复议体制等改革任务，试点开展涉企行政执法改革，探索建立企业“安静生产期”制度，实行涉企行政检查备案制，经验得到省委主要领导的批示及肯定。全市政法系统共推出服务项目468个，为群众（企业）办实事1.3万件，解决一批群众（企业）“急难愁盼”问题。推进多元化解e平台建设，建立“法院+商会”机制，有效维护企业的合法权益。在全省率先设立县级公共法律服务中心及司法所“行政复议服务点”，推进行政复议“最多跑一次”。

深化“放管服”改革，完成法院、检察院财物市级统管和行政复议体制集中管辖改革。建成并投入使用居民身份证制作所、“赣服通赣州分厅”、赣南律师学院、“优化法治化营商环境投诉受理中心”等一批民生改革项目，让改革举措真正惠及广大人民群众。

【市域社会治理】 在全省率先出台《赣州市市域社会治理专项规划（2021—2025年）》，以打造革命老区市域社会治理现代化“赣州样板”为目标，扎实推进市域社会治理现代化，实现“三年任务两年基本达标”目标。建立市域社会治理现代化项目库，推进重点项目建设。全市建设一类视频监控点，完成二、三类视频资源接入，“雪亮工程”顺利通过中央政法委组织的评估验收；建成智能安防小区1583个，完成率107.3%，超额完成省下达任务，工作进度居全省第一。成立赣州市见义勇为基金会，加强社会工作人才队伍建设。大力支持志愿服务组织发展，全市组建1万余支平安志愿者队伍，注册登记平安志愿者68.3万名，“一村（社区）一警（辅警）”建设实现全覆盖。将红色基因融入革命老区市域社会治理，出台《关于创新红色治理进一步打牢社会治理基础的实施意见》，开展“十红”（红色堡垒、红色先锋、红色网格、红色细胞、红色阵地、红色驿站、红色队伍、红色物业、红色教育、红色基金）创建活动，创新建设市域社会治理“六大精品工程”（红色治理、客家调解、法润乡风、文明实践、人文关爱、虔诚平安）。探索《强化政治引领，赓续红色血脉》工作经验，先后在全国第三次市域社会治理现代化试点工作交流会和全省市域社会治理现代化试点工作推进会上作典型发言。组织开展基层治理“双百微课程”教学大赛，培育和选拔一批“土专家”“田秀才”，得到省委政法委领导的充分肯定。加强基层综治中心实体化建设，全市建成市、县、乡、村“四级”综治中心4190个。各县（市、区）综治中心均落实不少于4个事业编制，乡镇（街道）综治中心配备3名以上专职工作人员。开展基层综治中心实体化建设等级创评，县、乡、村三级合格率100%，优秀率分别达到90%、80%、70%。建成社会治理大数据平台，采集事件197.3万条，调解矛盾纠纷27.7万件。创新日评优、周调度、月通报、季约谈、年考评的“五个一”工作制度，该做法在全省市域社会治理相关重点工作调度会上作经验介绍。

【法治宣传与研究】 开展习近平法治思想宣讲活动1471场次、民法典宣传活动1962场次、宪法宣传周系列学习宣传活动1582场次，开展“庭审释法知敬畏”“专家讲法进单位”“课堂学法助成长”“全民考法树典型”“培养工程惠社区”“法治体检润企业”“上门送法暖民心”“网络传法进万家”等“法律八进”活动2774场次。组建政法新媒体矩阵，建立新媒体账号322个，3个选入中央政法委“四个一百”榜单；培树先进典型，全市入选月度“全国平安之星”9人，评为年度“全国平安之星”1人；加强政法宣传，出色完成中央政法委“超级大V的正义之旅”赴瑞金采访、宪法日宣传等任务；参与第十四届中部崛起法治论坛和第十六届泛珠三角法治论坛，赣州市连续5年在中国法学会主办的法治论坛上获奖。

【政法队伍建设】 始终把政治建设放在首位，用好赣南丰富红色资源，一体推进政治教育、红色教育、警示教育和英模教育，开展读红色家书、讲红色故事、唱红色歌曲、观红色影视、看红色展馆“五红”活动，打牢政法干警思想根基。围绕学习教育、查纠整改、总结提升“三个环节”，聚焦筑牢政治忠诚、清除害群之马、整治顽瘴痼疾、弘扬英模精神“四项任务”，在省政法队伍教育整顿第七指导组的驻点指导下，有序有力推进政法队伍教育整顿并取得明显成效。先后2次接受全国政法队伍教育整顿中央督导组下沉督导并顺利通过评估验收。全市共梳理整改顽瘴痼疾问题36个、违规问题2107个，处理处分政法干警1218人，制定预防顽瘴痼疾制度机制611个，从制度机制上规范执法司法行为。市委组织部、市委政法委联合出台《赣州市政法部门干部交流轮岗办法（试行）》，对893名政法干警进行轮岗交流。在全市政法系统开展“十大办案能手”“十大为民干警”评选表彰活动。在全省政法队伍教育整顿群众满意度测评中，全市公安系统群众满意度位列全省第一，法院系统位列全省第二，政法委系统、检察系统、司法行政系统位列全省第三。深入开展“我为群众办实事”实践活动，政法队伍得到全面锤炼和净化，政法系统政治生态持续向好，赢得群众广泛认可。《法治日报》专题报道全市政法系统为民办实事的做法。持续开展政法队伍政治轮训，完成全市1.1万余名政法干警和乡镇（街道）政法委员全覆盖政治轮训，经验做法被《法治日报》刊发。全年全市政法机关共有21个集体和19人获得“国字号”荣誉。

（曹骏飞）

法治政府建设

【概况】 2021年，全市深入贯彻习近平法治思想和中央、省委、市委相关工作会议精神，把法治政府建设摆在重要位置统筹推进，坚持高位谋划、深化改革、依法决策、协调监督、化解纠纷、普治并举，为赣州“十四五”实现良好开局提供坚强的法治保障。推行“双随机、一公开”监管，全市建立抽查事项清单10024项、检查人员名录库12239人、检查对象名录库306464个，开展随机抽查3662次，公示检查结果16656项，办理执法案件2934件，开展联合抽查712次，联合抽查比例达21.48%。全面推进法治政府建设示范创建，向省里推荐申报2个示范创建综合候选地区和2个单项候选项目，其中南康区“法治赋能家具产业转型升级”项目被推荐至中共中央依法治国办公室。

【优化法治化营商环境】 深化行政审批制度改革，市、县两级组建行政审批局，实现“一枚印章管审批”。在全省率先启动施工图审查改革，取消低风险工程图审，一般工程实现自主图审；率先试行“豁免审批”改革，将首批12个过程性审批或备案事项纳入“豁免清单”；率先推出“全产业一链办”改革，为重点企业提供“一站式”定制服务。狠抓事中事后监管，强化投资项目监管，严格政府投资计划管理、规范政府投资项目决策审批、落实固定资产投资项目代码管理制度。加强政务服务质效监管，让群众通过线上方式进行“一事一评”。开展全市行业协会商会乱收费和审计发现问题专项治理及降低市场准入门槛专项清理专项行动，推动“非禁即入”落细落实。优化政务服务，在各级政务大厅设立“政务小哥帮办中心”，为500多家企业提供帮办代办服务，将90个高频事项纳入三省十一市“跨省通办”范围，企业开办实现“0.5天、零成本”。推行惠企政策“线上一网，线下一窗”兑现改革，建设“亲清赣商”惠企政策兑现平台，兑现资金9000余万元。启动政务服务“一网通办”数字化改革，打通4个省级系统、8个市级系统，实现29个事项“一件事一次办”。建成全省首个“数字政务指挥舱”，上线全省首个“不见面开标”系统。

【地方立法】 加快推进重要领域和关键环节立法，《赣州市燃气管理条例》公布施行，《赣州市物业管理条例（草案）》《赣州市生活垃圾管理条例（草案）》完成立法审查。完成《赣州市历史文化街区和历史建筑保护条例》《赣州市扬尘污染防治条例》立法前期调研和草案初稿，启动《赣州市农村住房建设管理条例》立法调研。

【合法性审查规范性文件清理、备案审查】 对市委、市政府有关事项进行合法性审查276件，提出具体意见、建议314条；对市直部门涉法事项审核把关145件，提出具体意见、建议281条；向省政府和市人大常委会报备规范性文件5件，备案登记各县（市、区）政府、市直有关单位规范性文件43件；完成民法典、行政处罚、长江流域保护、野生动物保护、计划生育等5个领域地方性法规规章和规范性文件专项清理，梳理相关规范性文件262件，废止108件，修订1件。

【规范行政执法行为】 细化和规范行政执法投诉举报办理、过错责任追究机制。在行政许可、行政确认、行政给付等行政事项办理中，全面推行证明事项告知承诺制，梳理实行告知承诺制的证明事项112项，方便群众和企业办事创业。推进乡镇综合执法改革，实行一支队伍管执法。落实行政执法人员资格管理和持证上岗制度，新办、换发行政执法证件672件。做好行政执法主体编号工作，认真开展行政执法案卷评查。充分发挥30名行政执法特邀监督员和1071家企业行政检查监测点作用，收集和解决企业有关行政执法方面的诉求，建立企业“安静生产期”制度，实行涉企行政检查备案制度。全年全市行政执法机关向公安机关移送涉嫌犯罪案件232件。

【行政复议与应诉】 市县两级全面完成行政复议体制改革，在全省率先设立县级公共法律服务中心及司法所“行政复议服务点”，推进行政复议“最多跑一次”。市本级立案受理行政复议案件190件，办结163件，纠错率为59.51%，其中办结涉企行政复议案件27件，调解及纠错率达51.85%，有效维护人民群众的

6月25日，深化行政复议体制改革推进会在赣州市政中心召开

（市司法局供图）

合法权益。市政府应诉213件；全市行政机关负责人出庭应诉781件，出庭应诉率达97.72%，持续位居全省前列。

【政务公开】 全市政府综合门户网站信息公开平台累计主动公开政府信息578万余条。市政府门户网站266件依申请公开政府信息全部答复到位，答复率为100%。“12345”政务服务便民热线受理群众各类诉求52.10万件，按期办结率达99.35%，群众满意率达97.17%；“问政赣州”平台共收到网友投诉咨询帖文44694件，办理回复44638件，办理回复率99.87%。

（朱　良）

公　安

【概况】 2021年，全市公安机关统筹疫情防控、护航经济社会发展，扎实推进平安赣州、法治赣州和过硬队伍建设，创造安全稳定的政治社会环境。全市公安满意度、公众安全感、综合安全感、夜间出行安全感、公安队伍教育整顿满意度5项指数均列全省第一。常态化开展疫情防控，摸排出全市疑似非法出境滞留缅北地区人员7794人，核查并推送疫情数据，有效支撑全市疫情防控工作；严格执行监所疫情防控措施，监管场所接种率达100%，实现“人员零感染、疫情零输入”的目标。

【维护社会政治稳定】 化解矛盾纠纷。充分结合“百万警进千万家”等活动，排查化解各类矛盾纠纷2100余起。开展公安信访突出问题攻坚化解等专项工作，通过司法程序办结重点疑难复杂信访事项103件、化解信访案件81件，接待处理信访问题3614件。市公安局被公安部、国家信访局评为“全国公安机关信访工作成绩突出集体”。

网络安全监管。开展“净网2021”、“四断”（断卡、断号、断APP、断设备）专项行动，主、配侦“11+2”（网安部门管辖的侵犯公民个人信息案，组织考试作弊案，非法出售、提供试题、答案，非法侵入计算机信息系统案，非法获取计算机信息系统数据、非法控制计算机信息系统案，提供侵入、非法控制计算机信息系统程序、工具案，破坏计算机信息系统案，拒不履行信息网络安全管理义务案，非法利用信息网络案，帮助信息网络犯罪活动案，编造、故意传播虚假信息案；侦察业务考核的网络赌博案和网络色情案）类案件。

对“重点目标、重要场所、重要领域”防范工作提档升级，确定防范恐怖袭击重点目标，对已完成建设点位进行督导检查，对问题突出的单位送达“工作提示函”。开展宣传活动50余场次，发放宣传物品3万余份。

【打击违法犯罪】 刑事案件侦办。全年全市共立各类刑事案件34734起，破获刑事案件14683起，抓获刑事犯罪嫌疑人13062人，同比分别上升2.64%、89.38%和10.89%，其中破获传统盗抢、电信诈骗、9+1（强迫交易、敲诈勒索、非法拘禁、寻衅滋事、聚众斗殴、故意毁坏财物、组织卖淫、强迫卖淫、开设赌场和故意伤害）类涉恶等主要刑事案件14602起，立破各类现发命案44起、命案积案3起，全市连续11年现发命案全破。崇义县、于都县、寻乌县未发命案。

经济案件侦办。严打涉税领域犯罪，被评为“全国打击虚开骗税违法犯罪两年专项行动成绩突出集体”；研发的串通投标犯罪预警模型被评为全国“招投标领域30项创新成果”。全面防范化解金融领域重大风险，非法集资发案数同比下降27%。全年侦破假冒商标、稀土犯罪、文物犯罪、非法集资、金融诈骗、串通投标等经济犯罪案件267起，参与云端集群战役11起，涉案金额达30亿元。

毒品案件侦办。组织开展“净边2021”“2021赣鄱百日缉毒”“寄递渠道禁毒百日攻坚”等专项行动，破获涉毒刑案106起、刑拘229人、缴获各类毒品37067.87克。组织开展吸毒人员清隐行动，查处吸毒人员317人次，强制隔离戒毒42人，责令社区戒毒57人。

【社会治安管理】 开展社会治安防控体系建设“示范城市”创建活动。推进“新型警力护校园”、校园安防“四个一”（一个安检门、一键报警器、一组储物柜、一间会客室）工程、医院安防设施和派出所智慧警务建设，全市1411所学校已完成“四个一”工程改造，试点推广93个“智慧平安医院”。建设农村“雪亮工程”点位、智慧安防小区，全市所有派出所视频监控室均已完成建设。

整治治安乱点，全年查处黄赌案件3320起（其中跨境赌博类案件86起），抓获涉案人员10253人，其中刑事拘留564人、行政处罚9689人；成功侦破“11·15”“6·19”网络组织卖淫案和“7·9”特大跨境赌博案。

开展“昆仑2021”专项行动，其间侦破食药环知刑事案件339起，查处环境污染适用拘留行政违法案件43起，抓获犯罪嫌疑人455人，涉案金额达23亿元。

社会治安防控，开展“百万警进千万家”“万警千车下基层”活动。拓展“大巡控”机制内涵外延，在全省率先创建“城市快警”勤务机制，累计启动等级巡控勤务138天，投入特巡警45万余人次、车辆10万余辆次，盘查人员、车辆73万余起，处置劫持人质案件1起、突发事件503起，抓获嫌疑人2109人。

组织开展全市公安特巡警实战大练兵比武暨“红蓝对抗”演练、全省特巡警综合演练和全市公安机关庆祝中国共产党成立100周年安保誓师大会暨特巡警拉动演练。

森林资源保护。组织开展“鄱湖2021”护鸟、打击破坏森林和野生动植物资源犯罪、森林防灭火“五项行动”、野生动物犯罪“黄金狙击”、跨境野生动植物犯罪“雷霆2021”等专项行动。全年共办理森林案件968起（其中涉野生动物案件489起、森林火灾案件60起），

5月25日，全省系统整治电信网络诈骗违法犯罪工作现场推进会在赣州召开 （市公安局供图）

打掉犯罪团伙13个，森林火灾案件破案率达95%；对农贸市场、餐饮场所联合检查11718处次。

【户政管理】 全面实行城镇区域“零门槛”落户政策，2021年全市户籍人口9840211人，增加19167人，户籍人口城镇化率33.25%。通过“我为群众办实事”主题活动、错时延时预约服务、设立老年人优先窗口等服务41069人次；进行户口清理整顿，注销应销未销户口15512个；查处身份证案件27起，核实处理人像比对重复户口线索2841条，补充完善16周岁以下户籍人口亲属关系信息30余万条，解决无户口人员378人。身份证管理。自主研发“身份证照片校准”软件，开通身份证制证到全市派出所直通车，确保3—5个工作日到证时效。2021年，全市制发658792张居民身份证，其中异地证10891张；为中考生优先加急制证7410张，为孤寡老人、留守儿童、残障人士等“上门办证”415人次，“上门送证”4357人次。

【出入境管理】 市公安局出入境办证大厅开设外国人“工作许可和居留许可一窗通办”窗口，为企业复工复厂派员出国境等紧急事由开通“绿色通道”。全年全市受理审批各类出国（境）证件申请18408人次，下降51.14%；严防境外疫情输入风险，共列法定不准出境人员619人、内控人员30人，收缴出入境证件51人；对存疑人员申请进行实质性审查491人次、协查174人次；侦办妨碍国边（境）管理、“三非”（非法入境、非法居留、非法就业）等各类案件177起，查处涉案人员252名，执行遣送任务12次、16人。

【交通安全管理】 推进道路运输安全专项整治3年行动，严打“三超一疲劳”（超员、超速、超载和疲劳驾驶交通违法行为）、酒醉驾等严重交通违法行为，查处各类交通违法行为433.38万余起，其中酒醉驾2.1万余起、无证驾驶近8万起、超速行驶10.1万余起、货车超载1.57万余起、客车超员103起。全年全市共发生亡人事故604起，造成633人死亡、198人受伤，直接经济损失350余万元，分别下降20%、18.11%、33.11%、21.66%。道路交通事故预防“减量控大”（减少事故量，控制大事故发生）工作位列全省第一。

【监所安全管理】 开展“减假暂”（减刑、假释、暂予监外执行）案件排查整治，认定1990年至2020年问题案件27件，全部整改纠正，收监执行6人，处理相关责任人28人；组织对全市监管场所安全隐患进行交叉检查，排查出153个隐患问题并全部完成督改。全年全市公安监所转递案件线索129条，协助破获案件32起、抓获32人，化解社会矛盾53起；全市看守所累计收押9974人、出所10945人，拘留所累计收拘10868人、出所9972人，市戒毒所累计收戒155人、出所265人。

【警务“放管服”改革】 全面优化企业公章刊刻等50项政务服务事项，制定服务企业发展实施意见15条，建立警企共建、一企一警服务制度，并快速处理回应18起涉企刑事复核案件。启动户口迁移、户籍类证明“全国跨省通办”及首次申领居民身份证、新生儿入户“闽赣跨省通办”；在主城区（章贡区、赣州经济技术开发区、蓉江新区）推出便民惠民举措“申领居民身份证免费邮寄”活动。

【建议提案办理】 2021年，市本级收到人大代表建议16件（主办9件、协办7件）、政协委员提案39件（主办14件、会办3件、分办22件），分别上升60%、115%，其中关于交通、车辆管理、夜市经济等31件，占比56%。人大建议、政协提案已按要求全部办结，见面走访、落地办理、答复满意率均达100%。

【专项行动】 扫黑除恶专项斗争。全年全市公安机关始终保持对黑恶犯罪高压态势，坚持常态打击，积极推进信息网络领域犯罪打击整治。全年全市共打掉涉黑涉恶团伙7个（其中恶势力犯罪集团3个、恶势力团伙4个），破获刑事案件54起，刑拘犯罪嫌疑人47名，查封、冻结、扣押涉案资产1097.54万余元。打击电信网络诈骗。在全市构建“党政主导、政法牵头、公安主抓、部门主责、市县联动”的反诈工作体系。全年全市“电诈”案件立10210起，破6689起，采取强制措施8747人，挽回经济损失5673.8万元，在全省率先实现“两升两降”（破案数、抓获数上升，案件数、损失数下降）目标。市反诈中心获“全国公安机关成绩突出集体”称号，全市经验做法在全省系统整治电信网络诈骗违法犯罪工作中被推广。打击盗抢犯罪“破案会战”。按照“小案快侦、抢案必破、盗案多破、有赃即追”工作机制，组织全市开展打击盗抢犯罪“破案会战”。其间，全市共立各类盗抢刑事案件3703起、破4401起，全年破案率为56.9%；抓获盗抢犯罪嫌疑人2944人，追回赃款赃物价值766.54万元。快速侦破信丰系列盗窃电缆线案、于都某碎石厂电缆被盗案等一批重特大盗窃案件。“团圆”行动。通过开展“团圆”行动，组织系列以“关爱儿童、反对拐卖”为主题的反拐宣传活动，提升人民群众反拐意识。2021年，全市找回历年失踪被拐儿童54人，组织认亲活动10余场，失踪被拐人员与亲人失散时间最长达31年。先后侦破龙南“2·5”系列拐卖妇女案、会昌收买被拐卖的儿童、妇女案，抓获犯罪嫌疑人9人，解救被拐卖妇女6人、儿童1人。

【执法规范化建设】 推进公安大数据智能化建设、指挥调度改革和信息化警务（勤务）机制改革，形成“三大平台”（警情综合分析平台、重大安保维稳视频预案平台、智能指挥调度平台）、“两个系统”（实战指挥大数据系统、5G巡逻系统）“一张实景图”（AR实景地图）的警情指挥调度格局，在全省率先推行1分钟接派警工作，全市1分钟接派警效率达99.99%。全年全市接报警情1778730起，有效警情404485起，分别上升10.1%和39.5%，其中刑事类43833起、治安类73439起、交通类183619起、救助类37770起、纠纷类54764起，其他类11030起。严格执法监督。创新实行规范执法“五个一”（每月一评议、每月一考核、每月一通报、每月一整改、每月一追究）工作机制，被评为“全国优秀执法监督制度”。全市公安机关开展执法考评259次、考评案件14008起，发现执法问题45218个，整改执法问题41655个，整改率达92.12%。评出优质案件259起，劣质案件296起。全市执法办案质量持续提升，退侦、不捕、不诉案件大幅减少，行政复议维持率和行政诉讼胜诉率均为100%。

【基层基础建设】 开展“枫桥式公安派出所”创建活动，兴国县公安局长冈派出所获第二批全国“枫桥式公安派出所”称号。全市派出所民警共2376人，占县级公安机关警力37.52%，基本解决派出所警力不足5人的问题；28个15人（含）以上派出所推行“一室两队”（综合指挥室，社区警务队、案件办理队）改革。推进交所融合（交警中队和派出所业务职能融合）协作，262个农村所全部实行综合管理服务站工作模式，231个所办理简单高频交管业务。建设社区（农村）警务室1046个，配备驻村辅警，基本实现“一村一辅警”全覆盖。市公安局刑科所理化实验室获评公安部重点实验室，成为全省公安机关唯一拥有2个公安部重点专业实验室的检验鉴定机构。信息化建设。围绕“科技引领、服务支撑、技术保障、统筹管理”着力打造数字警务、建设智慧公安，统筹推进全市公安大数据智能化建设，做好视频资源的建设和整合接入。全市建成智慧安防小区1583个。

警务保障。完善经费保障机制，优化政法转移支付资金分配和监管模式，提高基层经费保障水平。组织全市应急保障演练，提升警务应急保障能力。推进市人民警察学校建设项目和派出所正规化建设，无房所、危房所全部清零；市局业务技术用房暨湛蓝幼儿园项目进入实质性设计建设阶段。全市公安机关增配武装巡逻车，完成公安派出所巡逻车随车装备配备。

【公安队伍建设】 开展党史学习教育、队伍教育整顿、“四项教育”（忠诚教育、宗旨教育、理想信念教育、制度自信教育），倡导“争先创优、担当负责、落实落地、规矩规范”工作理念。队伍教育整顿期间有1054人主动向组织说明问题，12人主动向纪委监委投案，查办案件线索667条，排查整治顽瘴痼疾问题1428条，处分处理957人，建立完善制度机制182项。制定干部民警轮岗交流办法，落实职级序列改革等措施，全市公安机关513名科级干部和民警进行交流轮岗，61人次晋升四级高级警长以上职级，13人晋升三级警监警衔。

警务实训。坚持常训恒练、战训合一，分批次开展全警实战大练兵大比武，分警种、分业务举办专题培训，全市组织各类培训51期，5246人次参学参训参考。在全省、全国各类比武竞赛中获佳绩，先后代表江西参加“论剑2021”获全国三等奖，全省“铸剑2021”、首届刑事技术技能大赛、首届食药侦大赛均获全省第一名。

培树“六大品牌”（民调评警、全民反诈、合成作战、基层基础、红色党建、公安宣传）“苏区红+公安蓝”双色育党建品牌入围全市、全省基层党建特色（创新）项目。开展重温入党入警誓词、重走长征路、“红色文化大讲堂”、“红色故事人人讲”、“红色宣言·向党说句心里话”、“红色年华·我的政治生日感言”等红色教育活动398场次。“赣州公安”微信公众号位列全省政法类微信公众号第一。打造“光头刘sir讲反诈”品牌栏目，微视频先后被中央电视台、中国警察网等媒体报道，综合播放量达8000万余次。

（易保华 成 茜）

检 察

【概况】 2021年，全市检察机关全面学习贯彻《中共中央关于加强新时代检察机关法律监督工作的意见》，坚决落实市委、省检察院决策部署和市六届人大第一次会议决议，从百年党史和人民检察史中汲取智慧和力量，更加忠诚履行法律监督职责，各项工作取得新成效。全市检察机关共办理各类案件24979件，上升20.1%，刑事“案一件比”下降44.65%，减少非必要办案环节463个。11项核心业务数据排名全省第一，23件案件获评最高人民检察院、省高级检察院典型案例。10名个人在全省业务竞赛中获标兵、能手称号，居全省第一，34个集体、33名个人获省级以上表彰，涌现出全国检察机关扫黑除恶专项斗争优秀集体、全国青少年维权岗、全国青年文明号、全国维护妇女儿童权益先进个人等先进典型，群众满意度取得新突破，位居全省第二。开展“大学习、大讨论、大调研、大提升”专项活动，5项工作全省首创，公益诉讼、未成年人检察、公开听证等工作在全省会议上作典型发言，“赣州检察”微信公众号获评中央政法委第三届“四个一百”优秀政法新媒体账号。

【服务民营经济发展】 切实扛起政治责任，自觉把优化营商环境作为“一号工程”，开展主动对接大湾区行动，按照“大湾区能做的，我们也要能做到”的要求，出台服务打造法治化营商环境20条举措，精准精细抓好落实。围绕平安稳定的社会环境，突出打击侵犯企业经营者人身和财产安全犯罪，起诉盗窃、抢夺、敲诈勒索等犯罪1050人，起诉非法拘禁、暴力讨债等犯罪30人，让经营者安心经营、放心投资。围绕规范透明的市场环境，严惩合同诈骗、串通投标、强迫交易等破坏市场秩序犯罪669人，加强提前介入，起诉假冒LV商标等知识产权犯罪75人。围绕公平正义的法治环境，监督纠正以刑事案件名义插手经济纠纷案件12件，督促清理刑事“挂案”件，成功办理意图通过“假官司”参与分配公司执行款的虚假诉讼案件15件，让经营者放下包袱、专心发展。做优羁押必要性审查，减少对企业正常生产经营的影响，灵活适用强制措施，依法不批捕32人，变更强制措施26人。做优涉企案件认罪认罚，考虑企业生存发展，依法不起诉20人，避免“办了案子、垮了厂子”。做优行业治理，坚决整治“小鬼难缠”问题，起诉利用项目审批、资金扶持职权“索拿卡要”等职务犯罪20人，聚焦招投标、安全生产、税收征收等领域存在的问题，发出检察建议146件，推进行业健康有序发展。

【刑事诉讼】 加大惩治犯罪力度，批准和决定逮捕各类犯罪嫌疑人4028人，提起公诉8126人，同比分别上升7%、13.2%。坚决维护社会稳定，常态化开展扫黑除恶专项斗争，起诉涉黑涉恶犯罪77人、“保护伞”3人，成功办理刘某某等人涉黑案等一批有影响的重大案件。严厉打击危害群众安全感犯罪，起诉严重暴力犯罪294人、多发性侵财犯罪1353人，办理涉案金额6.6亿元、被害人3万余人的“牛樟芝”传销案，深入推进“断卡”行动，起诉电信网络诈骗及“两卡”犯罪967人，有力净化社会环境，维护人民群众人身财产安全。

【公益诉讼】 维护城市公共安全，起诉道路交通安全等领域犯罪2158人，发出检察建议56件，提前介入并依法办理全省首例高空抛物案。开展电动自行车安全隐患专项监督，办理相关公益诉讼案件32件，督促行政机关开展专项整治。

服务乡村全面振兴，部署开展农村“白色污染”、河道环境整治等专项监督，发出检察建议317件，推动村居环境整治和饮用水水源保护。强化生态资源保护，起诉破坏环境资源保护犯罪403人，追缴违法所得270万元，办理公益诉讼案件329件，1件办理案件获评全省生态环境保护典型案例。

【未成年人司法保护】 认真贯彻新修订未成年人保护法和预防未成年人犯罪法，推动形成对未成年人的联动保护格局。强化依法保护，起诉性侵、拐卖未成年人等犯罪217人，推动全面落实对性侵未成年人案的提前介入，对性侵学生的涉案原教职工，建议法院发出从业禁止令6份。突出审慎处理，对未成年人涉罪案件，依法不批捕350人、不起诉207人。精准帮教涉罪未成年人，创新“检察官+社工”模式，开展社会调查、附条件不起诉考察、心理辅导等7159人次，发出督促监护令206份，开展家庭教育指导1875次，经帮教的12名未成年人考上大中专院校。延伸检察职能，采取庭审观摩、法治授课等形式，常态化开展法治进校园活动，会同市教育局、市公安局在全省率先开展教职员工违法犯罪记录查询，得到最高检充分肯定。

【检察为民】 用心用情办好群众来信来访，着力化解信访积案和矛盾纠纷，对1652件群众信访案件全部做到7日内程序性答复、3个月内办理过程或结果答复。采取领导包案、挂牌督办、公开听证等方式，成功化解长期重复信访积案39件。加大

9月15日，市检察院召开全市检察长（候选人）会议（市检察院供图）

司法救助力度，办理司法救助案件351件，为461名当事人及其家属发放司法救助金774万余元，上升80.71%。定期发布研判报告，对办案中发现的社会治理问题和行政执法难点，制发检察建议128件，督促加强农村基层组织建设和行业治理。强化认罪认罚从宽制度适用，在全省率先开展听取意见同步录音录像试点工作，将认罪认罚、追赃挽损、促成和解有机结合，认罪认罚适用率达90.87%，上诉率下降40.8%，有效提升社会治理效能。

【检察监督】 诉讼监督 监督刑事立案42件，撤案83件，提出抗诉32件，追捕62人，追诉121人。立案侦查司法人员职务犯罪5人，受理各级监委移送贪污、贿赂等职务犯罪58人，已起诉55人，高质量办理省建工集团原党委书记周某某受贿案、吉水县原县委书记袁某某受贿案等一批在全省有影响的大要案。办理民事诉讼监督案件635件，提请和提出抗诉13件，发出再审检察建议15件、纠正审判违法检察建议53件、民事执行检察建议118件。办理行政诉讼监督案件208件，上升56.39%。公益诉讼立案946件，发出诉前检察建议814件，分别上升17.96%和53.88%，探索办理红色军事文化史迹、公共卫生等新领域案件290件，发出检察建议284件，取得良好效果。

民事检察 以开展专项监督为抓手，排查刑事立案、审判、执行等办案环节突出问题830个，发出纠正违法通知书490件，建议刑罚执行机关不提请减刑、假释、暂予监外执行141件，对不履行财产刑罚的罪犯，提出从严掌握减刑、假释检察意见102件。开展以支持起诉协助弱势群体维权专项活动，办理案件190件，帮助268名农民工追回劳动报酬235.89万元。助力破解民事执行难，开展“终本执行”专项监督，发出检察建议84件。推进行政非诉执行监督，以土地违法查处领域行政非诉执行专项监督为突破口，排查发现执法司法问题176个，发出检察建议29件。聚焦燃气安全开展专项监督，推动《赣州市燃气管理条例》制定出台，针对公民个人信息保护不到位问题，督促执法部门开展商家偷采消费者信息专项执法检查，打破行业“潜规则”。

提升监督质效 提升刑事检察效能，对犯罪性质和社会影响特别恶劣的，依法从严追诉，对因民间纠纷引发的轻微刑事案件，依法从简从快从宽处理，不批捕2044人，不起诉2170人。着力解决“案结事不了”“程序空转”等问题，引导民事诉讼监督案件当事人和解息诉，实质性化解交通处罚、征地拆迁、环境保护等领域行政争议49件。深化公益诉讼协作配合机制，与市审计局建立检审协作机制，在全省率先聘任公益诉讼观察员，营造群众了解、群众参与、群众监督的公益保护浓厚氛围。

内部监督 聚焦不起诉、量刑建议等廉政风险易发多发关键环节，制发流程监控通知书168件，加强常态化监督管理。对撤回起诉、被判无罪等重点案件动态开展案件质量评查，对发现的问题深入整改、逐一销号。及时启动检察官司法责任追究，从严追究司法责任，确保用权不任性、用权受监督。

人大、政协监督 向两级人大及其常委会报告工作61次，市检察院向市人大常委会专题报告诉讼监督工作，认真做好审议意见的贯彻落实，向政协、民主党派、工商联、无党派人士通报情况13次。邀请代表委员视察工作、座谈调研、听庭评议等931人次，对代表委员提出的意见建议按时办结、及时回复。

社会监督 加强检律定期会商，深化与律师良性互动，依法保障律师执业权利，推行网上阅卷“一次不用跑”。持续深化检务公开，组织公开听证302次，举行新闻发布会34场次，邀请人民监督员等各界人士参加检察开放日、案件评查、庭审观摩等活动458人次，公开重要案件信息400条、法律文书6670件，不断提升检务公开透明度。

【从严治检】 认真履行全面从严治党、全面从严治检政治责任，坚决落实中央八项规定精神，持续做好巡视巡察反馈意见整改落实，开展“以身边案警示身边人”教育51场。深入开展队伍教育整顿，集中排查整改六大顽瘴痼疾211个，运用监督执纪“四种形态”处理151人，建立健全长效机制233项。强力推进“三个规定”落实，出台执行“三个规定”等重大事项记录报告制度13条意见，全市共记录报告1143件，上升115.6%。常态化开展检务督察，点名通报曝光违反纪律作风问题12次，让狠抓工作落实成为赣州检察的鲜明标识。充分发挥协管职能，配强配优基层检察院领导班子，新任、调任、交流班子成员44人次，班子年龄、学历、知识结构进一步优化。组织遴选检察官27人，从外地区外系统调入15人。通过上挂下派、交流轮岗、诉辩对抗等多形式多层次加强干警素质培养，不断提升专业能力。加强外力支持，聘任68名生态环境、水利等专业人员兼任检察官助理。抓住新一轮对口援助机遇，借智借力补短板、强弱项，不断增强内生动力，接受援助项目资金215万元。稳妥推进县级检察院财物市级统一管理改革落实，加强薄弱基层检察院建设，有力促进基层基础建设整体提升。

（市检察院）

法 院

【概况】 2021年，全市法院积极践行习近平法治思想，坚决贯彻习近平总书记视察江西和赣州重要讲话精神，紧紧围绕“努力让人民群众在每一个司法案件中感受到公平正义”目标，坚持服务大局、司法为民、公正司法，聚焦“作示范、勇争先”目标要求，巩固争创一流活动成果，推动各项工作取得新成效，为全市“十四五”开好局、起好步提供有力司法保障。全年市中级人民法院员额法官人均结案数创历史新高，群众满意率达98.38%，首次获得全省法院系统第一名。

【服务发展】 优化营商环境，成立专项领导小组，开展办理破产、执行合同提升行动，全面落实优化营商环境“一号工程”。服务深化供给侧结构性改革，推动建立破产处置府院联动机制，审理拉法格公司清算案等破产案件46件。同步建立破产援助资金池，解决“无产可破”案件办理难题。贯彻平等保护理念，着力维护市场主体合法权益，审结涉企案件35328件。积极防范化解金融风险，建立金融诉讼案件快速处置机制，审结金融借款等案件16061件。深化知识产权协同保护，审结知识产权案件527件。服务高水平对外开放，审结涉外案件136件。推动设立赣州国际陆港巡回法庭，助力全市“一带一路”重要节点城市建设。

【刑事审判】 常态化推进扫黑除恶专项斗争，保持高压态势，审结刘某案等涉黑涉恶案件35件126人。章贡法院获评全国扫黑除恶专项斗争先进集体。突出打击重点，审结严重暴力犯罪案件521件，依法对吴某、陈某等手段残忍、影响恶劣的被告人判处死刑。加大对经济犯罪惩治力度，审结电信网络诈骗、非法集资等涉众型案件497件，维护市场经济秩序。与市纪委市监委建立反腐败衔接机制，审结祝某受贿案等职务犯罪案件83件，彰显惩治腐败的坚定决心。强化未成年人专门保护，成立少年法庭20个，审结涉未成年人案件225件。从严惩处毒品犯罪，审结熊某案等涉毒案件198件，2个案例入选“全省法院禁毒典型案例”。

【民事审判】 平等保护民事权益，审结民事案件94553件，其中市中级人民法院审结7442件。积极回应社会关切，审结涉教育、医疗、社保等民生案件5805件，维护群众切身利益。深化家事审判改革，审结婚姻家庭、继承案件10604件，促进家庭关系和谐稳定。坚持弘扬社会主义核心价值观，妥善审理“设立居住权抚养子女”“楼上厨房改卫生间”等案件，有力维护公序良俗。加强涉军维权工作，审结涉军案件11件，保障军人军属合法权益。

【行政审判】 审结行政案件2221件，其中市中级人民法院审结778件。服务法治政府建设，常态化报送行政审判白皮书，建立两级法院季报告制度，行政机关负责人出庭应诉率达94.38%。依托府院联系机制，实质化解征拆类纠纷55件，切实维护行政相对人合法权益。

【环境资源审判】 落实最严格生态环境保护制度，审结环资案件251件，其中公益诉讼案件27件，助力美丽赣州建设。坚持司法惩戒与生态修复并重，将补植复绿、增殖放流等修复方式写入判决主文，压实环境修复责任。推进生态环境资源损害赔偿制度改革，运用诉前磋商机制促成赔偿协议40份，联合建立修复基地5个，切实加强生态环境司法保护。邱某平买卖穿山甲案入选“全省法院十大环境资源典型案例”。助推城乡融合发展。

【审判执行】 大力开展执行专项行动，执结案件64110件，到位金额40.3亿元。2个案例入选“全省法院‘惠民暖心’专项行动十大典型案例”。精准实施联合惩戒，发布执行悬赏令25期195人，纳入失信名单27735人，限制高消费40659例。依法严惩规避执行行为，司法拘留611人，判处拒执罪21人，督促被执行人主动履行义务。张某某拒执案入选“全省法院‘猎狐－2021’专项行动十大典型案例”。

【多元解纷】 依托人民法院调解平台，开展进乡村、进社区、进网格工作，推动多元解纷工作向基层延伸。制定工作规程，聘请特邀调解组织186个、特邀调解员883人，调解纠纷39025起，其中调解成功32347起。完善“法院+工会”等工作模式，快速调处劳动争议1282件，涉案金额2001万元。选取婚约财产、民间借贷等典型案例，开展巡回审判543场，讲好法治公开课。最高人民法院先后出台2个指导意见，在全国法院进一步推广“寻乌经验”等做法。

【审判为民】 紧扣“保民生、保交楼、保稳定”要求，妥善审结涉房地产领域案件9865件，推动房地产市场平稳健康发展。坚持综合性与专业化相结合，统筹推进乡村、城区法庭建设，促进城乡诉讼服务均等化、便捷化。开展“人民法庭解民忧”活动，全市67个人民法庭审结案件22776件，唐江、叶坪法庭经验做法入选“全省新时代人民法庭建设案例”。积极服务全面推进乡村振兴，审结涉农案件1302件。2个案例入选“全省司法服务保障乡村振兴十大典型案例”。

【司法体制改革】 推进司法体制改革，加强司法权力制约监督，完善审判权力和责任清单，压实院庭长监管职责。加强类案及关联案件检索，着力规范自由裁量权，促进裁判尺度统一。落实宽严相济刑事政策，规范办理减刑假释案件908件，适用认罪认罚从宽制度审结案件5287件。深化司法责任制综合配套改革，发挥考核指挥棒作用，创新人员分类考核体系，相关做法得到中组部肯定。深化案件繁简分流。深化“分调裁审”机制改革，配置速裁团队56个，推动“简案快审、繁案精审”。完善刑事速裁工作规程，全市法院18个刑事速裁团队审结25.43%的刑事案件。推动简单案件集中审理，市中级人民法院重新调整民二庭职责，专门审理速裁案件，5名员额法官审结43.72%的民商事二审案件，行政庭1个速裁团队审结22.65%的行政案件。全市法院结案率、一审服判息诉率等核心指标稳居全国法院第一方阵。推进一站式建设。依托移动微法院等应用，跨域立案2868件，网上立案2668件，提升办事体验。审结国家赔偿案件57件，司法救助515人，为309人办理缓减免交诉讼费，彰显司法人文关怀。利用新媒体平台回应群众诉求，“小法管家”解答法律问题3984个。抓实民意中心工作，接听群众来电和留言24402个，建立工单6046个，回访满意率达95.78%。制定监督问责办法，建立“民调评法官”机制，真正做到让群众监督、由群众评价。加快智慧法院建设。升级“法官e助理”平台，整合司法辅助事务，实现开庭排期、文书制作、司法送达“一网通办”，切实减轻办案团队负担。强化科技赋能，应用“审判e管理”在线监管重点案件1015件，市中级人民法院获评全省“审判e管理”示范法院。运用“赣法廉韵”系统，对办案关键节点实行覆盖式动态监测，提升智能管理实效。

【教育整顿】 聚焦中央、省督导组反馈问题，制定整改措施，持续抓好整改落实。紧扣顽瘴痼疾和共性问题，推动建立长效机制。全市20家法院全部通过考核验收，第三方民调测评位居全省法院系统第二名。“三强四联”执行监管模式得到中央督导组肯定，并入选全省健全落实执法司法制约监督机制试点工作。通过政治家访、谈心谈话等方式，广泛宣讲“自查从宽、被查从严”政策，促使干警主动查摆问题。建立台账索引、交叉评查等制度。聚焦审判执行领域突出问题，制定专项工作方案。扎实开展“我为群众办实事”实践活动，出台便民措施209条，为群众办实事2408件，将教育整顿成果转化为群众满意的工作实效。 （市人民法院）

司法行政

【概况】 2021年，全市司法系统全面履行行政立法、行政执法、刑事执行和公共法律服务“四大职能”，突出重点，狠抓落实，为“三大战略、八大行动”提供优质高效的法律服务和法治保障。市司法局高标准制定法治赣州建设规划、法治社会、法治政府建设实施方案以及“八五”普法规划，组织开展线下线上各类普法宣传7714场，向市政府提出各类法律意见建议386件（条），对109宗行政执法案卷提出监督建议，处理市本级行政复议申请239件，市本级通过三大平台（热线、实体、网络）面向群众提供公共法律服务总量达1.4万余人次，选任第二届市级人民监督员130名。市司法局获评全国组织宣传人民调解工作先进集体、江西省脱贫攻坚先进集体、全省扫黑除恶专项斗争先进单位、全省人民调解工作先进单位、深化全国文明城市创建工作集体三等功、全市机关党建红旗单位、全市机关党建示范点。1家市直律师事务所获评全国优秀律师事务所。全市司法行政系统、法律服务行业先后数十余人获全国司法所模范个人、全省扫黑除恶专项斗争先进个人、全省司法行政系统“十大先锋人物”、全国优秀律师、中国律界2017—2020年公益爱心奖、中国律界2017—2020年公益先锋人物、全市政法系统“十大办案能手”等全国、省、市荣誉称号。

【全面依法治市】 市委先后召开市委全面依法治市工作会议、市委全面依法治市委员会第三次会议，高位推动全面依法治市工作。高标准制定法治赣州建设、“八五”普法规划以及法治社会、法治政府建设方案，党政主要负责人履行推进法治建设第一责任人职责及法治政府建设开展实地督察。市政府常务会议专题听取法治政府建设工作情况汇报。扎实开展“践行习近平法治思想、提升人民群众法治获得感满意度”主题实践，《江西依法治省工作简报》整版刊发赣州市经验做法。南康区“法治赋能家具产业转型升级”项目推荐至中央依法治国办。

【推进法治护航工程】 全力优化营商环境，向市政府提出各类合法性审核意见建议380余件，完善行政执法投诉举报办理机制，制定出台执法过错责任追究制度，强化执法监督成果运用。规范涉企行政执法改革，建立“轻微违法不罚”“初次违法不罚”清单，探索设立企业“安静生产期”等做法得到省委书记易炼红批示，相关做法在《江西改革工作简讯》刊载。全力推进法治宣传，开展“一切为了人民——传承红色法治基因”专题宣传活动，召开红色法治文化建设座谈研讨会，举行全市培训班、现场会，纵深推进“法律明白人”培养、法治文化阵地建设，近80%的农户家庭有一名“法律明白人”，实现市县都有法治公园（广场）、乡村都有法治文化阵地。市司法局运用法治手段帮扶民族村做法得到省司法厅肯定，在“法治江西网”刊载。

【公共法律服务体系建设】 建筑面积达2000多平方米的市公共法律服务中心揭牌启用，服务群众人数单日最高达220人次。深化“热线、实体、网络”公共法律服务“三大平台”融合运用，热线平台为群众提供法律服务48455人次，实体平台99926人次，网络平台109人次，法律服务满意率达99.9%，法律服务总量和实体服务平台量均位居全省前列。全市办理公证15400余件、司法鉴定12600余件，赣州仲裁委受理民商事仲裁案件193件。

【律师工作】 举办“一带一路”赣州涉外企业法律服务保障论坛，推动赣州与“大湾区”法律服务行业达成多项合作协议，为全市企业涉外法律纠纷解决路径提供工作思路。举办全市司法行政系统优化法治化营商环境专题讲座，常态化派驻律师到市优化法治化营商环境投诉受理中心值班。组织法律顾问参与行政决策和相关涉法事项合法性审查，列席市政府常务会议审议工作21次，组织公职律师参加市领导接访活动19人次。

综合运用“教育、约谈、惩戒”等措施，有力整治行业违规违纪问题，对19名从业人员作出行政处罚、行业处分，《法治日报》刊载赣州市探索建立律师诚信档案制度做法。

【法律援助】 办理各类法律援助案件9800余件，远超省级下达的办案任务。大力强化法律服务行业监管，发挥全国首创的法律服务回访中心作用，开展回访2万多起，满意率97.48%。《法治日报》刊载赣州市探索建立律师诚信档案制度做法。在全省率先全覆盖乡镇设立“行政复议服务点”，挂牌成立市妇女儿童司法鉴定援助中心，联合妇联设立30个妇女儿童法援工作站，在全省率先开展“下沉一线当所长用心用情办实事”活动。市本级“法律服务回访中心”和“群众投诉受理中心”开展回访20364起，满意率97.48%，受理投诉40起。

【普法工作】 先后2次邀请专家学者围绕学习习近平法治思想在市委中心组学习会上授课，示范带动全市领导干部加强学习。坚持带头学法普法，在市司法局机关大讲堂、全市司法行政业务培训中，结合培训主题，安排学法讲法环节。扎实组织开展“12·4”国家宪法日暨全国法制宣传日、宪法宣传周活动，全市开展普法讲座1471场，组织“法律八进”活动2774场次，结合民法典颁布一周年，开展主题宣传活动1962场次。推动落实“谁执法谁普法”责任制，开展以案释法集中宣传活动1489场，组织参加“百万网民学法律”专场知识竞赛18场，参与人数达60余万人次，市司法局获评“优秀组织奖”。将“法律明白人”培养工程拓展到社区，全市新增培养“法律明白人”15.1万余人，其中骨干3.4万余人。扎实推进县、乡、村法治文化阵地建设，6个村（社区）获评全国第八批“全国民主法治示范村（社区）”。

【人民调解】 成立赣州市人民调解协会，推动人民调解行业自律管理。结合村（居）“两委”换届，同步做好人民调解委员会推选，探索建立新任村（居）委会负责人人民调解能力提升培训机制，全市19人被评定为全省第一批一级人民调解员。全省首创专门命名“章贡老师傅”“赣县智尧释法”“三江乡和合”等15家个人调解工作室，全市调解案件3万余件，成功率达94.1%。选派优秀律师到乡镇（城市社区）挂职推进基层治理法治化，《法治日报》刊发律师公益调解化解矛盾纠纷做法。开展“喜迎建党百年维护和谐稳定”矛盾纠纷排查化解专项行动，最大限度减少社会不稳定因素，有效预防“民转刑”案件发生，全市各级人民调解组织调解案件31879件，成功率达94.1%，涉案金额达2.4亿元。

【社区矫正】 成立市、县委员会，强化党对社区矫正工作的绝对领导。认真组织《江西省社区矫正工作实施细则》学习宣传，广泛开展“四个一”活动，为社区矫正对象开展送温暖献爱心活动40余次，开展心理辅导讲座30余场次，组织就业技能培训30余次。在全省率先出台《社区矫正对象日常管理考核办法》《安置帮教工作专项资金管理办法》，着力打造省级、市级社区矫正安置帮教“双示范”基地。为服刑人员及其亲属、社会帮教工作者提供远程帮教视频会见7413次。严格落实扫黑除恶长效常治机制，抓好违规违法“减假暂”案件自查自纠，走访、摸排社区矫正对象3000余人次。全市在矫2741人，无脱管漏管，重新违法犯罪率远低于全省平均水平。

【基层建设】 市公共法律服务中心和司法行政指挥中心揭牌启用。深入开展智慧社区矫正中心创建，6个县（市、区）智慧社区矫正中心通过省级验收，对18个市级“双示范”帮教基地全部进行新建或改（扩）建。扎实推进司法所规范化建设，创新性提出“政法专项编+事业编+社区矫正辅助人员+专职调解员+大学见习生”人员配备工作思路，2021年有司法所所均人数3.2人，2个基层司法所获评全国模范司法所。

【基层法律服务】 出台“为民办实事”便民利民惠民十条举措，组织开展“公共法律服务三进活动”880余场，发放宣传资料14.5万余份，接待群众咨询3.6万人次。组织开展“法援惠民生助力乡村振兴”“情暖农民工法律援助”等活动，办理公益性公证350件。发挥司法局法律专业优势，在乡村振兴挂点村广泛开展法律宣传。

【队伍教育整顿】 坚持“开门抓整顿”，实行局领导常态化挂点督导县（市、区）司法局机制，全系统认定的113个顽瘴痼疾问题已全部整改到位；市司法局10件问题线索全部办结，满意率83.3%，位居全市政法单位第一。推动建章立制，市司法局制定出台15项制度，巩固教育整顿成果。市司法局领导和科室负责人下沉基层当“司法所长”等做法在《省教育整顿工作简报》《法治日报》刊载。抓好业务培训，加强教育培训，在全省率先开展法律服务行业政治/

6月28日，赣州市公共法律服务中心揭牌（曾小龙摄）

培训班。在全省第一批政法队伍教育整顿满意度测评中，市司法局满意率位居全省司法行政系统第三。

（朱 良）

仲 裁

【概况】 2021 年，赣州仲裁委员会严格按照中央和省市对仲裁工作提出的“完善仲裁制度，提高仲裁公信力”的总体要求，进一步提高办案效率和服务质量，持续打造赣州仲裁品牌，推动仲裁事业“十四五”开好局、起好步贡献自身力量。加强仲裁法律制度宣传，积极服务基层，拓展仲裁案源。赣州仲裁委员会 2021 年受理案件 328 件，增幅 110%，结案 231 件。其中，以裁决方式结案 62 件，占比 26.84%；和解调解结案 169 件，占比 73.16%；未有被法院撤裁，也未有被法院裁定不予执行案件；涉案争议标的金额达 9.32 亿元，增长 48.41%。

【仲裁宣传】 坚持多途径、全方位宣传仲裁法律制度。微信公众号平台成为展示自我、听取意见的重要渠道。全年在微信公众号上发布仲裁动态和赣州仲裁工作 22 篇，微信公众号吸引大量的关注人群，并在持续增加；充分发挥赣州市广播电视台的宣传作用，在宣传仲裁制度、交流工作经验以及介绍赣州仲裁工作。与媒体保持密切合作，提升影响力，与赣南日报社、赣州广播电视台合作，及时刊登报道重大活动及工作动态，以生动的事实和真实的案例宣传仲裁法律制度，展示赣州仲裁形象。

【仲裁服务】 充分发挥仲裁服务基层作用，积极主动融入基层社会治理。推进区域协同发展，进一步健全于都分会、龙南分会、仲裁调解中心及派驻商会、非公有制企业维权中心服务站点的工作运行机制。于都分会和龙南分会设立以来，积极开展实地走访宣传，有重点地对国资中心、城控集团、建投集团等国有企业、民营企业、个体工商户、律师事务所、法律服务所等法律服务机构、农业银行等金融机构进行走访，走访 1500 多家企业、个体工商户，广泛宣传仲裁优势、仲裁法律文书的效力、仲裁的受理范围、仲裁流程等仲裁知识。于都分会全年受理案件 5 件，办结 4 件（调解 3 件、裁决 1 件），涉案标的金额 5295 万元。县政府投资的工程建设合同自 2021 年 8 月以来约定仲裁条款的有近百份，其中标金额最大的合同 5 亿元；受理案件 2 件（办结 1 件），涉案标的金额 116 万元。与赣州市市场监督管理局（知识产权保护中心）共商仲裁服务强化知识产权保护，拟设立知识产权仲裁服务中心。搭建旅游投诉纠纷仲裁平台，起草旅游纠纷仲裁规则，研究制定可行的旅游投诉调解与仲裁衔接的机制，为拟设立旅游仲裁服务中心作准备。进一步打好全市金融风险防控攻坚战，高效化解金融领域矛盾纠纷，成立金融仲裁推进工作专班，上门走访 10 家银行，宣传“金融纠纷仲裁解决机制”“仲裁+金融+互联网”平台。使全市金融机构对仲裁法律制度有进一步了解，开始尝试运用仲裁手段解决已经发生的借款合同纠纷。

7 月 8 日，赣州市仲裁委员会龙南分会在龙南市法律服务中心举行揭牌仪式

（市仲裁委供图）

【仲裁质量和效率提升】 始终坚持公正、专业、高效办案，全力提高办案质量和办案效率。完善立案登记制度，保证及时立案；坚持“调裁结合，能调不裁，以调为主”的理念，提高调解和解率和自动履行率；实行案件跟踪管理，对受理的每起案件登记备案，坚持案件进展每月汇报制度，严格按照仲裁规则审结案件，防止案件久拖不决；规范专家咨询制度，建立重大疑难案件预警机制，对超审限案件、重大案件和疑难复杂案件，做好案件舆情分析、及时报告和研判；严格贯彻执行仲裁文书核阅制度，仲裁文书，严格核阅，确保仲裁文书质量；制定案件回访机制，给当事人和仲裁员致电回访，及时、全面、客观地了解当事人对案件审理工作的意见和建议，促进办案质量和服务水平的提高，进一步提高仲裁的公信力及人民对仲裁的满意度。结合“我为群众办实事”送法进社区活动，先后为 3 个社区讲解仲裁法律制度，介绍仲裁与老百姓的关系。宣传活动现场发放《中华人民共和国民法典》及《中华人民共和国仲裁法》等法律书籍；5 月 28 日，创新办案模式，让当事人少跑路，将仲裁庭搬到于都县上欧工业园小区、当事人“家门口”，开庭审理 1 起建设工程施工合同纠纷案，受到当事人的好评。

（戚培金）

本栏编辑：王志辉

军　事

赣州军分区

【概况】 2021年是中国共产党成立100周年，是落实“十四五”规划的开局之年。赣州军分区党委深入贯彻上级党委决策部署，坚定举旗铸魂，聚焦备战打仗，深化改革创新，坚持强基固本，狠抓工作落实，部队建设始终保持向上向好的发展势头。坚持把党史学习教育摆上政治高位，坚持用百年党史和科学理论武装头脑，由内而外增强历史自觉、历史自信。紧跟时代特点，综合运用网络“云课堂”、驻地“红课堂”、身边“活课堂”和媒体“辅课堂”，教育引导官兵、职工和文职人员始终听党话、跟党走。顺利完成赣州军分区考点的军队高等教育自学考试组考任务。高标准完成军分区军史馆陈列布展工作，稳步推进团单位荣誉室建设，利用灯箱、橱窗等各类载体营造“党的盛典、人民的节日”浓厚氛围，新闻宣传工作位居全省第一，军分区和于都县、瑞金市人武部被省军区表彰为新闻宣传工作先进单位。定南县人武部党委被军委国防动员部表彰为先进旅团级党委，于都县人武部被军委国防动员部表彰为军事训练先进单位。

【军分区党委全体扩大会议】 1月18—19日，召开军分区党委七届四次全体（扩大）会议，传达学习军委国防动员部和省军区党委扩大会议精神，审议通过军分区党委工作报告和纪委工作报告，总结2020年工作，部署2021年任务，在新的起点上奋力开创全市国防动员和后备力量建设新局面。

1月18—19日，赣州军分区召开党委七届四次全体（扩大）会议
（赣州军分区供图）

【党管武装】 1月21日，省军区政治委员少将徐贵福到军分区机关宣布省委常委、市委书记吴忠琼任军分区党委第一书记的任职命令；会上吴忠琼就如何履行第一书记职责、抓好党管武装工作落实、抓紧抓实国防动员各项准备等方面作讲话，体现市委、市政府对国防后备力量建设的高度重视；徐贵福站在政治和全局的高度，从强化党管武装责任、加紧国防动员准备、加强军政军民团结3个方面提出要求，为军分区高标准完成年度任务、开创国防动员事业新局面提供重要遵循。

军分区对照省军区下发的《2020年党管武装工作考评标准》，协调市委办、市政府办、市委组织部、市人社局、市退役军人事务局等地方相关部门，高标准、高质量梳理汇编相关资料，同时收集整理18个县（市、区）党管武装材料，抽调机关相关业务处室负责人成立考评工作组，对20个县（市、区）报送的党管武装自评材料进行集中会审评分，并按照上级要求派专人送至省军区进行量化考评。

召开市委常委议军会，传达学习中共中央总书记习近平关于国防和军队建设重要论述、省委常委议军会、省双拥模范城（县）命名表彰大会以及新修订的《中华人民共和国国防法》主要精神，分析全市党管武装工作形势，部署下步工作重点，并研究出台赣州市《民兵思想政治教育实施细则》《民兵奖惩激励办法》。

【民兵力量建设】 2021年，赣州市县两级始终坚持打牢民兵建设基础，扎实推进民兵组织整顿和深化调整改革工作，全市民兵组织持续巩固夯实，民兵工作水平显著提升。其间，军分区积极发挥民兵建设职能，协调将民兵工作纳入地方党管武装考评和市委督办重要内容，联合市政府下发年度民兵组织整顿实施方案，紧盯基干民兵“五率五例”（基干民兵在位率、专业对口率、出入队率、人装结合率、到点率；党员比例、退伍军人比例、高中以上文化程度人员比例、新质力量比例、检查验收比例）指标，规范抓好整组工作“八个步骤”，严密组织民兵工作检查督导和考评验收，确保民兵工作高质量发展、高标准落实。

【行政管理】 2021年，军分区根据军委国防动员部、省军区统一部署，组织师团两级积极开展“四个秩序”（战备、训练、工作、生活秩序）规范化建设。召开市武委会暨国动委会，研究军分区“四个秩序”规范化建设工作，确定市县财政统筹解决军分区部队“四个秩序”规范建设经费，并由市县城投公司为业主单位，采取“交钥匙”“交实物”的模式组织实施。截至12月，师团两级正规化建设管理水平得到新的跃升，特别是定南县、赣县区、兴国县、于都县、南康区、石城县、全南县人武部，建设精细，管理规范，走在全区“四个秩序”规范建设前列。

根据省军区统一部署及军分区年度工作安排，3月，军分区以新一代共同条令、《军队安全管理条例》、《中国人民解放军保密条例》、《军队基层建设纲要》和各项法规制度为依据，以练兵备战打仗和正规化建设为核心，以增强条令意识、狠抓日常养成、严格作风纪律、正规各项秩序、打牢建设基础为重点，坚持依法治军、从严治军，扎实开展“条令学习月”活动。通过全员参学参训，有力强化官兵职工文职人员法纪意识，有效提升部队正规化管理水平。

9月13日至年底，贯彻军委国防动员部、省军区决策部署，准确把握大事之年确保安全稳定特殊要求，强化大抓安全稳定政治责任，深入扎实开展“百日安全”活动。活动紧盯各类安全风险严防严控，压实责任、传导压力，始终保持大事大抓强劲态势，确保军分区部队高度集中统一和安全稳定。

10月11—17日，围绕“网络安全为人民，网络安全靠人民”主题，通过编发网络安全知识宣传手册，观看“军职在线”网络安全微课展播警示教育片等形式，开展网络安全宣传周活动。通过活动，使官兵、职工和文职人员养成文明上网安全用网依法治网行为，共建共享清朗涉军网络环境。

6月起，采取动员部署、签订《枪支弹药零持有承诺书》、观看警示教育片等形式，开展打击整治枪爆违法犯罪专项行动，在对全体官兵、文职人员和职工进行普遍清查基础上，突出老干部这个重点，向离退休老干部及其家属讲清法律规定和政策要求。军分区结合“四个秩序”、安全检查等时机，对各单位自查情况进行督导，装备实物数与实力数相符，未发现个人私藏枪弹行为。

【征兵工作】 2021年，军分区紧贴“一年两征”首次实施，克服新冠肺炎疫情影响，深入宣传发动，突出大学毕业生征集，完成上级赋予的新兵征集任务，大学毕业生征集数量连续4年翻一番，市级和章贡区“五率”（报名率、上站率、合格率、择优率、退兵率）考评成绩获得全省第一。

【基层人武部建设】 12月，根据省委、省政府、省军区有关文件要求，结合地方机构调整改革已基本完成部分单位合并及职能调整的实际，经各县（市、区）委、政府和人武部上报，在充分吸纳市委组织部、编办意见建议后，报市委、市政府进行批复，中共赣州市委、赣州市人民政府、赣州军分区联合下发《关于赣州市部分人民武装部调整的通知》，上报省军区备案。

4月，根据省军区赋予的乡（镇、街道）、事业单位（含城市社区）基层武装部建设高质量发展的先行试点任务，紧跟省军区试点设计和目标要求，采取调研座谈、理论研讨、实践论证等方式，指导瑞金市人武部开展试点工作，梳理形成《乡镇（街道）、事业单位（行业系统）人民武装部建设高质量发展工作运行机制》《乡镇（街道）、事业单位（行业系统）人民武装部建设高质量发展业务工作指导手册》《乡镇（街道）、事业单位（行业系统）人民武装部建设高质量发展达标考评规定》“三个一”成果，有效推动辖区乡镇（街道）、事业单位（行业系统）人民武装部规范化建设高质量发展。

12月，组织2021年度基层人武部部长业务集训暨资格认证，其间，完成民兵政治工作、党管武装工作制度、民兵战备训练等8个课目理论授课和队列条令等基础训练，组织赴于都县罗坳镇、岭背镇人武部和中央红军长征出发地纪念馆现地教学、学员交流集训体会等活动。5月、10月，遴选2批次专武干部参加全省新任职基层人武部部长业务培训，为强化专武干部强军兴军的自觉意识，提高专武干部务军兴武的履职能力，推动基层武装建设高质量发展提供有力保证。

【全市乡镇（街道）党（工）委书记（基层武装部教导员）专题培训】 10月23—25日，军分区联合市委组织部在苏区干部好作风的发源地——兴国县，组织全市基层武装部教导员专题培训，大力弘扬苏区精神，强化党管武装第一责任，上好党管武装第一课，打牢第一任职基础。省军区政治委员少将鲍泽敏专程前来看望学员，作辅导讲话并一同参加现地教学活动，省委常委、市委书记、军分区党委第一书记吴忠琼为全体学员作总结辅导。此次培训专门安排习近平强军思想辅导授课，组

10 月 24 日，赣州市乡镇（街道）党（工）委书记（基层人武部政治教导员）专题培训辅导班举办　　（古扬康摄）

织学员到兴国烈士陵园、苏区干部好作风纪念馆、将军馆、江西军区旧址现地教学，运用红色资源涵养对党忠诚的政治品格；协调市委办将贯彻落实专题培训精神纳入市委专项督查事项，特别是将民兵工作整改落实情况作为重点督查内容，要求县（市、区）人武部参照市里做法进行专项督办，推动武装工作在基层末端落地见效。

【双拥共建】 2 月 25 日，调整更新赣州市维护国防利益和军人军属合法权益工作领导小组成员。发放 2021 年上半年入伍新兵涉军维权"连心卡"，协调处理 1 起涉军维权事宜（赣县籍曾某某家庭劳务合同纠纷）。8 月底，发放下半年入伍新兵涉军维权"连心卡"。11 月，更新维护国防利益和军人军属合法权益办公室制度牌，跟踪协调处理 1 起涉军维权事宜（某部龙南籍现役军官赖某某家庭医疗纠纷）。

6 月 1 日，军分区综合驻军部队和各团单位意见与市委网信办、市公安局等部门，联合下发《赣州市军地互涉案件侦办协作机制》《赣州市军地网上斗争协作工作机制》，进一步健全军地协作机制。与赣州市卫健委签订《心理服务协议书》，进一步发挥利用地方优质资源，为军分区官兵提供心理健康咨询服务、普及心理健康常识。

军分区积极参与新时代军民共建社会主义精神文明活动，与赣州市税务系统联合开展"学军建队"国防专题实践，组织市税务局机关、派出机构及其他干部，在兴国县国防教育基地完成多期国防专题培训。坚持工作联抓，军税同心筑梦；党史联学，传承红色基因；素质联提，熔炼扎实作风；支部联建，夯实战斗堡垒；文化联享，弘扬鱼水之情。

【国防教育】 2021 年，军分区协调召开市委常委议军会，专题学习新修订的《中华人民共和国国防法》，将新修订《中华人民共和国国防法》的学习宣传纳入各级党委（组）中心组理论学习范围，纳入市县两级党校、行政学院培训课程和中青班国防专题培训内容。邀请专家对全市县（处）级领导干部进行集中授课辅导，结合征兵宣传、民兵整组以及新生入学、学生军训等时机进行广泛学习宣传，扎实有效推动新修订《中华人民共和国国防法》的学习宣传贯彻落实。3 月，高标准完成全省第五期党政领导干部国防专题培训。

4 月 13—15 日，军分区围绕"践行总体国家安全观，统筹发展与安全，统筹传统安全与非传统安全，营造庆祝建党 100 周年良好氛围"主题，整合军地资源，军分区本级和各团级单位开展国家安全知识宣传、形势政策教育、国家安全法规考试、网络互动教育活动。通过活动，强化官兵、职工和文职人员国家安全意识，激发练兵备战打仗热情。

军分区坚持党管军训，始终站在培养国防和军队后备力量的高度抓好学生军训工作。积极与驻市部队、高校协调对接，规范落实军训教练员培训考核，深入开展学生军训工作检查督导，坚决纠治地方培训机构开展学生军训市场化运作和商业化承训。

（廖　俊）

人民防空

【概况】 2021 年，赣州市人防系统解放思想、改革攻坚、开放创新、担当实干，全市人防系统建设高质量发展。全省人防半年工作调度会在赣州召开，市人防办获 2021 年全省人防高质量发展目标管理考核优秀单位，崇义、定南、上犹、兴国、寻乌等 5 个县人防办获县级人防高质量发展优秀单位，市人防办连续 12 年被评为全省人防高质量发展目标管理考核优秀单位。

【人防工程建设】 2021 年，赣州市人防工程项目建设有成效，市本级批准建设人防地下室面积居全省前列。专业队和医疗救护工程占比已提升到 3.76%，实现人防工程建设量质齐升。积极融入城市更新自建人防工程。在全省率先完成《赣州市人民防空建设第十四个五年发展规划》基础上，17 个县（市、区）完成人防专项规划编制，5 个县（市、区）完成片区详规编制。积极构建发展规划、专项规划和详细规划的人防规划体系，使人防工程建设有规可依，新建项目的人防建设指标能及时有效统一纳入供地的规划条件。

【人防战备】 2021 年，赣州市人防办完善战备体系建设，着力加强人防信息化建设，以专项规划引领信息化建设，完成机动指挥平台建设、战备数据录入，启动人防办公指挥一

5 月 12 日，市人防办组织开展“5·12”应急疏散演练 （市人防办供图）

体化平台建设，有序推进市、县人防指挥信息系统建设及升级改造。完成中心城区人防警报器数字化改造，防控警报音响覆盖率达 98%。完成地下指挥所维修改造，指挥中心已完成主体结构，积极推进疏散基地建设。参加全省实战化演练活动，完成省人防办赋予的“重要经济目标防护”演练任务。

【“放管服”改革】 2021 年，市人防办全面梳理本级人防行政权力清单，规范完善办理流程并在政务服务网站公示。人防审批与竣工验收备案已入驻市工程建设项目“一站式集成”。完善联审联批管理制度，市人防工程建设管理实现项目从立项到竣工交付使用，审批、监管、服务工作全程公平、公正、公开无缝对接。

【人防工程维护管理】 2021 年，市人防办扎实履行早期人防工程安全监管主体责任，完成全市早期人防工程的安全生产大排查和老旧人防工事测绘工作，严格落实安全防汛、老旧干道每日巡查制度，人防工程标识标牌设置扎实推进。严格执行《人防工程出租管理制度》，公平、公开、透明开展竞租工作，防止腐败和违纪违法行为发生。

【人防法治建设与宣传教育】 2021 年，市人防办持续加大行政执法力度，办理行政征收案件、行政处罚案件；对人防项目、人防监理单位、防护设备厂、人防施工企业开展“双随机、一公开”执法检查，并及时公开检查结果。充分利用警报试鸣日、新中国人民防空创立日等重要节点，通过文艺演出、图文展板展示、参观人防宣教馆等方式，抓好人防宣传教育，大力宣传人防法律法规。按人手一册要求，给初中二年级学生订购人防知识教材，中学生人防教育落到实处。

【人防专项审计整改】 6 月 4 日，印发《赣州市人防工程建设管理情况专项审计调查反馈问题整改方案》。截至年底，人防工程建设管理情况专项审计反馈具体问题全部完成整改，整改率 100%。经济发展环境审计反馈问题全部完成整改，整改率 100%。通过整改，解决一批历史遗留问题，完成有关的产权登记工作；进一步加强人防工程建设和人防资产管理，完善规章制度，对违规管理行为进行查处，起到很好的警示作用。

（孟 飞 谭志强）

退役军人事务

【概况】 2021 年，赣州市退役军人事务部门深入学习贯彻中共十九大和十九届历次全会精神，中共中央总书记习近平关于退役军人工作重要论述和指示批示精神，坚持以退役军人为中心，以服务保障好退役军人为目标，以“法律政策落实年”活动为抓手，大力推广“尊崇工作法”，全力践行“作示范、勇争先”的目标定位，推动全市退役军人工作取得新成效。

【军转安置】 2021 年，赣州市退役军人安置工作以更大的力度、更实的举措、更高的标准、更优的服务，实现所属部队、接收单位、转业军人“三满意”目标。本着公开、公平、公正“阳光安置”原则，将 100%军转干部安置在公务员单位或者参照公务员管理的单位；随调家属、随军家属全部安置全额拨款事业单位；符合政府安排工作条件的退役士兵全部安置在全额拨款的事业单位（自愿选择到国企央企的除外），满意率达 100%；完成退役士兵社会保险补缴办理业务，办结率达 100%。

【就业创业】 2021 年，赣州市退役军人事务部门坚持“稳就业、保民生，促创业、惠民意”原则，加强职业技能教育培训，实现优质就业、助推成功创业。建立完善就业创业平台，对全市退役军人就业创业情况进行调查摸底。强化退役士兵培训机构管理，开展“订单式”“定向式”“定岗式”职业技能培训；组织退役士兵参加适应性培训，参训率达 100%；落实“三免一补”政策，报名率达 100%。建立 5 个省级、6 个市级退役军人就业创业孵化园地；组建退役军人返乡创业人才库，引导退役军人创业指导团队，为退役军人开展就业创业帮扶。举办 50 余场退役军人专场招聘会，4198 个企事业单位共提供就业岗位 15.25 万个，营造良好的就业创业环境，实现稳就业惠民生目标。

【军休人员、自主择业干部管理】 2021 年，按即退即审、即交即接工作要求，高标准完成“三年移交安置”年度任务，接收安置率 100%；严格落实军休干部“两个待遇”（政治待遇、生活待遇)，先后组织军休人员、自主择业干部疗养4次、义诊1次，开展门球运动会、棋类比赛、军休文艺等各项活动70余次，军休和自主择业干部待遇全面落实，优化服务质量，提升服务水平。

【优待抚恤】 2021年，赣州市退役军人事务部门为全市重点优抚对象发放抚恤补助资金，并于8月1日起按照平均10%的幅度提高发放标准；为47名红军失散人员遗孀发放生活补助108.8万元；为义务兵家庭发放优待金。

严格贯彻《赣州市本级一至六级残疾军人医疗保障办法》和《赣州市重点优抚对象医疗保障实施办法》等文件精神，全年为重点优抚对象落实医疗补资金，对接医保局、卫健委等部门，于4月底推动实现医疗补助“一站式”服务。落实各项优待政策，累计采集退役军人等优抚对象信息数据，并悬挂光荣牌；评定残疾军人和带病回乡退伍军人，并落实抚恤补助待遇，为伤残人员换发新版伤残证件，推动10所光荣院完成转隶工作。8—9月，安排优抚对象到庐山、井冈山、武夷山等地进行短期疗休养；为多名优抚对象落实住房保障；广泛开展走访慰问活动，走访慰问优抚对象并送去慰问金3682万元；组织开展“荣光之路·苏区礼赞”——赣州市百名退役军人先进事迹主题宣传，建党百年走访慰问百岁优抚对象，在党史学习教育中走访慰问军、烈属和红军后代等庆祝建党百年系列活动，在全市营造拥军优属浓厚氛围。

【烈士褒扬】 2021年，赣州市退役军人事务部门广泛开展各项褒扬纪念活动。在清明节、烈士纪念日期间，分别开展“百年英烈·忠诚永铸”系列活动、2021年烈士纪念日纪念活动；12月16日，市政府副市长罗瑞华率市直有关单位领导、相关县(市、区)负责人、代表等一行50余人到广西桂林兴安县红军长征突破湘江烈士纪念碑园举行湘江战役红军烈士祭奠活动；在全市广泛开展“替烈士看爹娘，为烈属办实事”活动和“革命英烈后代关爱行动”。进一步完善工作制度，在全省率先出台《赣州市英雄烈士纪念设施保护管理办法》，印发《赣州市市级烈士纪念设施申报工作规程》，开展第一批市级烈士纪念设施评定工作，共评定16处市级烈士纪念设施，推荐5处申报省级烈士纪念设施。实施烈士纪念设施整修工程，按照“应迁尽迁、集中管护”的原则，稳步推进实施“县级以下烈士纪念设施整修工程”，全市投入资金2000余万元，并积极争取中央补助资金3261万元，对969处烈士纪念设施进行整修。

【双拥工作】 2021年，赣州市退役军人事务部门为全市解决多名现役军人子女入学难问题，为多名立功受奖军人的家庭送喜报，在东部战区《双拥工作简报》、中国政务网、中国网相继刊发双拥工作文稿3篇；深入开展“满怀忠诚讲尊崇千行百业共拥军”活动，并在江西省电视电话会议上作交流发言，有序组织召开“八一”军地座谈会及春节走访慰问驻市部队，进一步营造尊崇军人、支持国防和军队建设的浓厚社会氛围。

【维护退役军人权益】 2021年，赣州市退役军人事务部门创立“战友调解室”，健全完善21个退役军人法律援助平台，开展法律援助60余起，挽回经济损失70余万元。压实工作责任，按照“属地管理、管业务管稳定”原则，将信访积案、重复访双向交办到相关县(市、区)和部门，落实领导包案，实行台账管理。召开专项工作调度会，对信访积案、重复信访事项进行重点跟踪督办，逐案分析研判，明确化解时限。成立巡回督导组，到瑞金市、安远县等指导基层做好化解稳定工作。截至年底，市信访联席会议交办的34件信访积案、重复信访事项，已化解33件，化解率97%。充分发挥退役军人服务中心(站)业务集成、贴近群众的优势，常态化联系退役军人。春节前夕，牵头爱心企业家送出慰问金和粮油等慰问品价值10余万元；联合慈善机构开展“情暖老兵·关爱帮扶”行动，为老年退役军人康养慰藉和困难退役军人子女助学助医捐助13万元。“大走访、办实事”期间，采取日访、夜谈等方式上门入户走访，面对面听取老兵诉求，既化解矛盾问题，又拉近彼此感情。解决医疗、住房、教育、就业等问题300余件。

【退役军人志愿服务】 截至2021年底，全市组建4241支“新长征”退役军人志愿服务队。通过亮身份、

5月25日，赣州市关爱退役军人协会成立大会暨第一届理事会会议在赣州市经济技术开发区恒科产业园召开　　　　(市退役军人事务局供图)

树旗帜、创品牌、办实事、扬正气，展示退役军人“退役不褪军本色、勇挑重担敢担当”的优秀风采，在全社会形成“老兵退役后仍然是最可爱的人”的共识。按照“四级联动、五个统一、由点带面、各有侧重”的工作思路，统一品牌、统一活动主题，统一活动口号，统一服装、统一服务标识，陆续开展丰富多彩的“雷锋在心中老兵在行动”十大系列办实事活动，常态化服务社会大众和退役军人，拓展延伸服务领域。年内，走访慰问退役军人，助力退役军人就业创业，提供帮扶救助资金，参与疫情防控3075次、平安创建687次。

7月23日，市退役军人事务局为于都县教育科技体育局肖瑶获评“赣州最美退役军人”颁发荣誉证书、奖杯和绶带（市退役军人事务局供图）

【农村退役军人培养使用】 2021年，赣州市退役军人事务局建立日常挖掘、后备培养、依法选用的工作机制，结合基层“两委”换届，将符合条件的优秀退役军人依法推选进入村（社区）“两委”班子。全市在村（社区）“两委”任职的退役军人增长10%以上。“兵支书”在“两委”委员中占比提高。开展“兵支书”短视频大赛，引导他们在脱贫攻坚中勇于担当、有所作为。

依托“两站一中心”〔乡（镇）、村（社区）退役军人服务站、县退役军人服务中心〕，探索建立“军人之家”党组织，开展“退役军人党员主题党日”系列活动，组织退役军人“党员政治生日”活动。组建思想政治宣传员队伍，吸纳20余名重点对象参加“老兵宣讲团”，进机关、进社区、进学校、进军营，讲述革命故事和战斗经历，浓厚崇尚英雄的良好氛围。举办首届“回望军旅路奋斗新征程”主题宣讲大赛，吸引多名退役军人参赛，激励引领广大退役军人大力弘扬爱国主义精神，矢志投身新时代新征程。

【“最美退役军人”评选】 2021年，各地会同市（县、区）委宣传部常态化开展“最美退役军人”评选宣传，对照评选标准，坚持以政治表现、思想品德、个人事迹和示范作用作为评选条件，主要从乡村振兴、岗位建功、道德新风3个方面进行综合评审，兼顾不同类型、不同地区、不同行业系统的平衡，优中选优，全市范围评选“最美退役军人”，从中推选全省“最美退役军人”1名，全国“最美退役军人”1人。用短视频、动漫、H5、微信图文等群众喜闻乐见的形式，通过微博、微信、抖音、哔哩哔哩等新媒体进行典型宣传，弘扬正能量。

【退役军人服务保障】 2021年，市退役军人事务局推选瑞金市象湖镇、于都县梓山镇、寻乌县长宁镇为“全国百家红色退役军人服务站”，指导1家乡镇（街道）、11家村（社区）退役军人服务站成功创建为“江西省百家红色退役军人服务站”。申报创建179家全国乡镇（街道）示范型退役军人服务站并顺利通过省级复审验收，提升乡、村两级退役军人服务站建设水平，实现“从有到优”的良好转变。

推荐赣州市教育考试中心为全省“退役军人服务保障先进单位”，赣州金宁保安有限公司董事长陈涛为全省“退役军人服务保障先进个人，完成3个推广“尊崇工作法”示范单位和18名“尊崇之星”的推荐评选工作。与江西渥泰环保科技有限公司签订战略合作签约仪式，为市、县、乡、村4级退役军人服务中心（站）捐赠物联网冷热一体净水设备。与中国退役军人关爱基金会联合为全市退役军人和其他优抚对象赠送保险17.8万份，免费为其提供水滴公益终生专享救助服务、优先就医绿色通道服务和呼吸系统重大疾病保险。与新江南教育集团公司签订战略合作协议，计划5年投入500万元，每年资助拥军高考班120人，拥军中高职班80人，就读高中或中职（技工）、高职。

（李春雨）

本栏编辑：廖伟东

经济管理

发展和改革工作

【**概况**】 2021年，全市发改系统围绕中心、服务大局，聚力攻坚“三大战略、八大行动”，发展改革事业展现新气象、实现新跨越、迈上新台阶。全市10个主要经济指标增幅均高于年度计划，经济总量突破4000亿元大关。其中，地区生产总值增长9.1%、一般公共预算收入增长2.9%（同口径11.7%）、固定资产投资增长11.6%、社会消费品零售总额增长18%、实际利用省外2000万元以上项目资金增长9.5%、实际利用外资增长8.6%、出口总额增长37.1%、城镇居民人均可支配收入增长8.5%、农村居民人均可支配收入增长12.6%等9个指标增幅居全省前3位；规上工业增加值增长11.6%、居全省第四位，较2020年前移4位。

【**产业发展**】 农业生产。粮食总产26.18亿千克、实现“十八连丰”，赣南脐橙区域品牌价值连续7年保持全国水果类第一，建成粤港澳大湾区“菜篮子”产品赣州配送分中心、国家油茶产品质量检验检测中心，“赣南高山茶”集体商标成功注册，生猪产能恢复至正常年份水平，获批筹建全省首个富硒产业标准化技术委员会。

工业发展。中国稀土集团有限公司挂牌成立，填补江西无央企总部空白，规模以上工业企业2478家、数量居全省第一，净增营收超百亿元企业4家、总数5家，赣州经济技术开发区营收超1000亿元、实现千亿园区“零”的突破，有色金属、电子信息产业规模以上营收突破1000亿元，全市规模以上工业营收达4533亿元、增长30%。

服务业发展。赣州市获评全省旅游产业发展先进市，直接融资规模、信用债券发行量增长超80%，“互联网+第四方物流”模式成为全国典型，于都县、寻乌县获评国家电子商务进农村综合示范县，国投天同官园里康养中心、五福居养老康复中心建成运营，服务业增加值增长9.8%，居全省第三位。

【**对接融入粤港澳大湾区桥头堡建设**】 全面对接再深化，赣州市出台全面对接融入粤港澳大湾区责任分工方案，梳理提出18个对接领域规划、48项借鉴争取或参照执行政策、68项对标优化提升营商环境目标。争取支持再加力，推动召开省粤港澳大湾区桥头堡建设领导小组第二次会议，协调解决全市19个重大事项。争取国家发改委及广东省支持深圳市等大湾区城市与赣州市建立对口合作机制。合作交流再升级，推动签订与广州市、深圳市、东莞市合作协议，与广东省级层面及广州、深圳、东莞等重点城市达成29项重点合作事项。推动共建深赣港产城特别合作区。探索与东莞在龙南经济技术开发区共建产业园区。推动22家大湾区主流媒体赣州行。

【**省域副中心城市建设**】 全市推进“六个区域性中心”建设，省域副中

5月26日，赣州市与东莞市举行合作交流座谈会　（市发改委供图）

心城市建设69项阶段性目标和46项年度重点工作全部完成，66个重大标志性项目完成或达到时序进度62个。推动与南方医科大学南方医院、广东省人民医院签订战略合作协议共建国家区域医疗中心。统筹区域板块发展，编制出台高铁经济带、中心城区"五区一体化"、会寻安生态经济区、大上崇幸福产业示范区发展规划，协调解决12项信丰高质量发展示范先行区建设重大事项，举办瑞兴于"3+2"经济振兴试验区（泉州）产业合作推介会，研究提出2025年县（市、区）进位赶超目标。促进城乡融合发展，推进于都省级城乡融合发展试验区建设（全省5个），争取纳入全省特色小镇创建名单8个，占全省的17.8%；培育名单9个，占全省的39.1%（均居全省第一）。

【内外循环活力】 项目大会战。赣深高铁、兴泉铁路建成通车，遂大高速开工建设，信雄高速全线施工，中心城区新（续）建快速路6条40.3千米，南河大桥改造二期工程通车，华能秦煤瑞金电厂二期全面投产，赣浙国华信丰电厂一期首台机组具备并网条件，西气东输三线开口供气，新能源装机和发电量保持全省第一，4个抽水蓄能电站、6个重大水利项目纳入国家"十四五"规划，445个省大中型、249个市重点、843个"大会战"项目分别完成年度投资额的143.5%、142.7%、136.6%。

消费活力。全国（赣州）消费促进月等系列促消费活动举办，大力发展首店经济政策措施出台，开展赣南客家菜"扬名"行动，江南宋城街区入选首批国家级夜间文化和旅游消费集聚区，网络零售额突破600亿元，占全省1/3，国庆假期赣州线下商圈热度增长71%，位居全国68个大中城市第一。

外向型经济。赣州国际陆港实现国际贸易"起运港""目的港"功能，入选国家"一带一路"多式联运示范工程，赣州综保区获批调整至赣州国际陆港，龙南市获批国家外贸转型升级基地，实现跨境电商全业态开通，商贸服务型国家物流枢纽建设经验全国推广，进出口总额突破700亿元。

【动能转换】 科技创新提升。赣州市获批建设中国（赣州）知识产权保护中心、国家市场监管重点实验室（稀土产品检测与溯源），建成运营国家稀土功能材料创新中心，新增国家高新技术企业234家，占全省1/5；上榜独角兽和瞪羚企业21家，增长50%，战略性新兴产业、高技术制造业、装备制造业增加值均增长20%以上。

营商环境优化。对标大湾区开展营商环境优化提升专项行动，推行政企圆桌会议制度，出台加快总部经济发展政策措施，工程建设项目"一站式集成"审批、全产业一链办、施工图审查等改革在全省推广，创新异地招投标、企业"安静生产期"等做法，上线运行"亲清赣商"惠企政策兑现平台，营商环境综合评价前移4位，进入全省"第一方阵"。

数字经济发展。全市新开通5G基站5016个、总数超1.1万个，引进阿里巴巴（赣州）中心，信丰、龙南5G产业园获批首批省级5G产业基地，赣州富尔特、于都南方万年青水泥入选工信部企业上云典型，获批组建省级信创联盟，列为国家区块链创新应用综合性试点，上线全省首个充电基础设施信息服务平台，入选全国数字百强城市。

【配合推进赣南苏区振兴发展】 《赣州革命老区高质量发展示范区建设方案》获国务院批复，争取将14个重大事项、16个重大项目纳入《"十四五"革命老区基础设施建设实施方案》，5个重大项目纳入《推动革命老区红色旅游高质量发展有关方案》（在全国12个革命老区设区市中体现赣州元素最多、含金量最高）。

【规划编制】 《中共赣州市委关于制定全市国民经济和社会发展第十四个五年规划和二〇三五年远景目标的建议》《赣州市国民经济和社会发展第十四个五年规划和二〇三五年远景目标纲要》（为全省唯一未委托第三方机构编制的设区市）编制出台，争取纳入《江西省国民经济和社会发展第十四个五年规划和二〇三五年远景目标纲要》事项124项、占比21.34%（全省第一），调度推进53个专项规划、区域规划编制。

【重大项目建设】 全市组织开展2次重大项目集中开工、"八个一批"重大项目建设百日攻坚、赣深高铁首发暨融入粤港澳大湾区"双招双引"启动仪式等系列主题活动，445个省大中型、843个大会战项目分别完成年度投资计划143.5%、136.6%。分别在全省"项目大会战"动员会（2个设区市之一）、推进会（全省唯一）上作典型发言。57个省重点项目总投资1376.58亿元、年度计划投资322.2亿元，完成年度投资428.2亿元，占比132.9%。249个市重点项目总投资5474.82亿元、年度计划投资1431.26亿元，完成年度投资2042亿元，占比142.7%。赣深高铁、兴泉铁路建成通车，瑞金电厂二期2台百万千瓦机组、信丰电厂一期首台百万千瓦机组并网运行，遂大（遂川至大余）高速开工建设，格力电器智能制造第一条总装线进场安装调试。

【争资争项】 市发改委争取上级补助资金32亿元（占全省20.5%）。会同财政部门争取地方政府专项债192.46亿元（占全省13.8%，居全省第二），发行企业债48亿元（占全省46.8%，居全省第一，发行境外债6.1亿美元（占全省35.8%，居全省第一）。

【生态文明建设】 国家发改委在赣州召开全国生态综合补偿试点工作现场会，生态文明建设工作获国务院督查激励，在全省率先出台加快建立健全生态产品价值实现机制行动方案，废弃矿山治理"寻乌模式"入选中国生态修复典型案例，江西省赣州市乡村振兴环境综合治理项目获2亿美元亚洲开发银行优惠贷款，3个长江保护与修复项目获0.975亿美元世行贷款，5个长江经济带绿色发展项目获1.65亿元中央预算内资金，获批3个省级生态产品价值实现机制示范基地，建成试运行赣州市“生态云+双碳”大数据平台。推动成立碳达峰碳中和领导小组和“两高”（高耗能、高排放）专项工作组，研究制定赣州市碳达峰实施方案和碳达峰碳中和“1+N”政策体系。在全省率先发起节能降碳倡议，按季度印发能耗“双控”（能源消费总量和强度双控）完成情况晴雨表，全面开展“两高”项目摸排核查，坚决遏制“两高”低水平项目盲目发展。

【社会领域发展】 赣州市创建国家区域医疗中心，推动南方医院依托市人民医院、广东省人民医院依托市立医院创建2个国家区域医疗中心，建设方案顺利参加省级预审、国家评审，并纳入国家辅导类创建名单。争取赣州市人民医院获批省级区域医疗中心（全省5个，每个补助2亿元）、赣州市中医院获批国家级中医特色重点医院（全省2个，每个补助1亿元），成为获批全部重大医疗卫生平台的设区市（全省唯一）。争取家政服务提质扩容工作入选国家发改委典型案例（全省3个）。

【民生实事】 牵头开展提高民生品质行动，制定行动方案，梳理2022年项目416个，总投资511.37亿元，年度计划投资191.49亿元。牵头推进民生工程，制定民生工程管理办法，50件市民生实事、139个子项目完成投资388.86亿元。牵头开展“我为群众办实事”实践活动，4个案例入选全省30佳。

（钟　珍）

国有资产管理

【概况】 2021年，全市国资系统全力做好中国稀土集团成立大会各项筹备工作，为全省首家央企总部落户赣州贡献力量。国企改革创新三年行动总体完成率84%，超过预定70%目标，混合所有制改革等6项改革任务走在全省前列。赣州市国有资产监督管理委员会精心组织、有序推进党史学习教育，党史学习教育中央第六指导组在交控集团调研指导时称赞“党建工作做得好，党史学习教育抓得好”。截至年底，全市出资监管企业资产总额2757.3亿元，增长8.9%；负债总额1724.1亿元，增长8.26%；净资产1033.2亿元，增长9.99%；营业总收入289.7亿元，增长30.38%；利润总额29.14亿元。

【国资国企改革】 全市稳步推进混合所有制改革，市属“七大集团”混改子企业151户，混改率65%，列入全省“百户国企混改攻坚行动”的11户混改企业提前半年全面完成任务；完善现代企业制度，市本级企业全面完成公司制改革、全面建立党委前置研究事项清单，93%的市属企业集团和各级子企业实现董事会应建尽建。完善以管资本为主的国有资产监管体制，推进国有资本投资运营公司改革试点，市本级经营性国有资产集中统一监管比例100%。发挥国有企业在关键核心技术攻关中的重要作用，稀土集团、城投集团拥有专利或参与形成的国际、国家或行业标准117项。推进国有企业资产证券化，稳步推进稀土友力科技上市工作，赣州水务集团进入上市辅导期。

【规范国企管理】 全市国资系统坚持底线思维，代市委、市政府研究制定《关于加强市属国有企业规范管理的若干规定》，对市属国企投融资、化债、资金使用等方面作出制度性规范，强化企业风险主体责任意识，对项目资金来源和资金平衡方案严格把关，强化全方位、全链条监管，推动平台公司有序健康发展。从严规范市属国有企业为县（市、区）国有企业融资发债担保，由备案批准调整为需要呈报市政府审议同意。编制《赣州市国资委出资监管企业“十四五”发展规划纲要》，梳理明确“七大集团”主责主业，促进高质量发展。加强企业内设监事会建设，监事会主席列席主任办公会，全年向企业发出提示（建议）函22份，交换意见表11份，向市国资委提交重大事项报告表158份。发挥考核指挥棒作用，规范推进经营业绩考核、企业员工工资总额管理、薪酬管理、企业年金等工作。

【服务项目建设】 全市国资系统发挥国资国企在建设重大民生服务项目、城市功能项目、基础设施项目及重大平台建设等方面的龙头骨干作用，完成一大批重大基础设施和民生项目。“两城两谷两带”产业发展基金和重大工业项目投资引导资金管理规模超200亿元，推动引进上市公司道氏技术、同益股份、美克家居等42个项目落地赣州。支持引进全市重大产业项目，协调市属国企出资11亿元投资吉利新能源汽车动力电池项目。推动央地合作项目5个，总投资290亿元，意向、在谈项目27个。推进省企入赣项目5个，实际进资11.15亿元。粤企入赣重点引进项目2个，总投资85亿元。主动对接融入粤港澳大湾区建设，对口支援瑞兴于经济振兴试验区。多措并举融资约275亿元，支持全市经济社会发展重大项目。

【防范化解风险】 市国资委分别向市委、市政府主要领导、分管领导系统汇报市属国企金融（债务）风险，提出防控风险工作建议。建立全市国有企业〔含县（市、区）〕债务（债券）风险动态监测机制。全面梳理市属“七大集团”债务及为各县（市、区）借款、发债（融资）担保情况，督促完善担保措施。化解政府隐性债务51.88亿元。督促赣州发投集团加大逾期债权投资项目清收处置力度，保障国有资产安全和权益。开展投资项目后评价工作，市国资委组织后评价项目13项，企业自行组织58项。代市政府起草《关于国资国企座谈会上各企业提出的困难问题落实台账》，全面调研梳理市属国企缓建项目。加快市直行政及事业单位经营性资产清理与移交，帮助市属国企办理建成、在建项目缺失证照，制定5项举措盘活利用市属国有企业闲置土地。

12 月 31 日，赣州国资国企党建馆开馆仪式在赣州国投集团一楼大厅举行
（市国资委供图）

【党建引领】 全市国资系统深入开展模范机关创建，坚持党委会议“第一议题”、基层党组织“每月学习日”“3+X”集中学习等制度，党委理论学习中心组全年组织开展集体学习 15 次。推动政治谈话全覆盖，压紧压实监管企业全面从严治党政治责任。班子成员深入企业开展中共十九届六中全会，以及省、市党代会精神宣讲 7 场次，督促指导各企业广泛深入开展宣传宣讲。打造“国资大讲堂”“国资分享汇”“每周微党课”理论武装品牌，市国资系统 6 名干部获评“学习强国”学习平台“学习达人”。做好市国资委网站、微信公众号信息审核把关，央媒刊载赣州市国企信息 25 篇，“学习强国”学习平台刊载 47 篇，省级媒体刊载 108 篇。

开展党史学习教育，成立领导小组，组建工作专班，压实学习教育政治责任。党委中心组先后 2 次进行专题学习研讨，深入学习中共中央总书记习近平在党史学习教育动员大会上的重要讲话和“七一”重要讲话精神、指定学习书目等。组织举办专题讲座、《长征组歌》进国企、党史知识竞赛、“七一”表彰大会暨主题晚会等系列活动。扎实办好群众实事，市国资系统 184 件实事清单办结率 100%，4 部作品在全市“学史力行·我为群众办实事”短视频大赛中获奖，占获奖总数的 20%。协助推动国内首座红色文化高科技主题公园——赣州方特东方欲晓正式投入运营，运行 6 个月吸引游客超过 80 万人次，受到省委领导充分肯定。负责党史学习教育市委第十巡回指导组，完成对市属国企党史学习教育的巡回指导工作。

建成全省首家全景展示中央苏区国资史的“赣州国资国企党建馆”，打造成追根溯源的重要平台、强基固本的重要载体、砥砺奋进的重要引擎。持续推进基层党建“三化”建设提质增效和质量过硬行动，激活国企党建效能。探索实施“党建引领·融合赋能”行动，推动党建与生产经营深度融合，指导打造发投集团“金梧桐”、城投集团“党建+精品工程”、市政公用集团“水管家”等党建融合品牌。选择 3 家子企业探索混合所有制企业党组织工作试点，在全省率先出台《关于加强我市混合所有制企业党的建设工作的指导意见（试行）》。

（张荣菊）

市属国企选介

赣州发展投资控股集团有限责任公司

【概况】 2021 年，赣州发展投资控股集团有限责任公司（简称赣州发展集团）加快经营转型和体制机制改革，履行国有资本投资运营平台的职责，积极践行国有企业使命，交出一份喜人答卷。截至年底，赣州发展集团（本部）资产总额 493.1 亿元，增长 25.53%；实现营业收入（含投资收益）82.61 亿元，增长 29.32%；直接上缴利税 3.19 亿元，同比增长 36.87%。全年集团人均上缴利税达 150 万元，在全市国有企业和金融企业中高居第一。8 月，赣州发展集团获全球三大权威信用评级机构穆迪、惠誉双投资级国际信用评级，成为中部六省第三家、江西省首家获得双投资级国际评级的地市级国企，更是江西全省企业第三家、赣州市首家获得双投资级国际评级的企业。

【重大项目建设】 聚焦全市“三大战略”“八大行动”战略部署，全力支持市级重大项目建设。为旅投集团融资担保 64.98 亿元，保障于都长征国家文化公园、瑞金“红色故都”等市级重大文旅项目建设资金需要。为赣州市城市建设投资集团公司担保 78.5 亿元，保障道路交通等基础设施建设。为瑞金市发债担保 22 亿元，为信丰县发债担保 12 亿元，为蓉江新区发债提供差额补偿 15 亿元，为赣州经济技术开发区吉利动力电池项目提供借款 6 亿元，累计为县域平台发债担保 262.2 亿元，有力推动县域经济发展。总投资 229.1 亿元的“五区一体化”快速路项目稳步推进，3 个路段开工建设，赣南大道四标段全面开工，推动城市能级提升。总投资 57.5 亿元的赣江源流域生态治理项目稳步推进，完成 SPV（特殊目的机构）公司注册及融资落地。瑞兴于快速交通走廊项目完成融资方案制定，并由赣州发展集团通过融资租赁模式借款 4 亿元。

【重大产业链条建设】 发挥基金招商作用，推动全市重大产业延链强链补链，“两城两谷两带”产业基金形成“1+2+N”（1 个引导基金、2 个母基金、N 只子基金）多级母子基金架构，规模逾 160 亿元，下设子基金 16 支，投资项目 21 个，子基金实缴规模 45.18 亿元，实现投资 43.41 亿元，全面覆盖现代家居、有色金属、电子信息、纺织服装、新能源及新能源汽车、医药食品等六大主导产业。其中，与光大控股合作设立的产业投资母基金完成首期 6 亿元资金募集工作，拟投放子基金 7 支，拟直投项目 1 个，君乐宝、牛多多等优质项目有序推进。参与上市公司道氏技术定向增发，成功推动总投资 75 亿元产值超 100 亿元的新能源锂电募投项目落户龙南。参与上市公司同益实业定增，以 1.2 亿元投资拉动总投资 15 亿元、产值超 50 亿元的高分子板棒材项目项目落地信丰县。美克家具成功迁址南康，为省内首家产能迁移和注册地迁址的上市公司。引入珠海康晋等一批企业落地中国稀金谷。引入国内领先的自动驾驶技术企业领骏科技落户赣州经济技术开发区，填补新能源汽车自动驾驶产业空白。引入世界 500 强海尔集团旗下医疗健康板块企业海尔医疗，充实全市医疗器械产业发展短板。

【实体企业发展】 优化股权投资、融资租赁、供应链、周转金、商业保理、小贷等现代金融业务，打好金融服务组合拳，为全市能源、医疗、康养、工业等实体企业提供综合金融服务，助力实体企业健康发展，年内投放金额 90.13 亿元，其中通过融资租赁业务投放地方基础设施、现代服务业等 13.52 亿元。通过供应链业务支持建材、家具等企业以及上市公司 61 亿元。通过保理业务支持电子信息、建筑业等企业 1.6 亿元。通过小贷业务发放贷款 1169 万元。通过还贷周转金业务支持全市 63 家中小微企业 13.9 亿元，为企业节约融资成本 1960 万元。

【业务布局】 赣州发展集团完善基层建设，保理公司、江西金交中心、小贷公司获实质运营，普惠金融大数据公司及征信公司组建完成，金融智慧服务“一库两平台”建设有序推进。做实金控集团，完成与省金控集团 3 亿元增资扩股，推进瑞京资管股权划转以及金盛源集团股权划转事宜。持续推进资本市场布局，累计对接 40 余家上市公司、具体项目超 100 个，投资的迈威生物、逸豪新材即将上市，首个退出项目道氏技术项目盈利超 5 亿元，资本市场又有新成效。投行朋友圈进一步扩大，先后与海通证券、盈科资本、招商证券、上海优势资本、深圳紫荆汇富、宽博资本、啟赋资本、力合科创、清科等国内优秀投研机构建立深度合作，赣州国资基金投行队伍已具雏形。实业经营稳步提升，实现租金收入 3700 万元（含税），能源板块延伸水电站、垃圾发电、天然气和充电桩等领域。

10 月 19 日，赣州发展集团召开第三届董事会第二十三次会议
（赣州发展集团供图）

【风险防控】 逐步压缩退出涉房业务，全年收回地产业务投资本金 9.41 亿元。创新风险隔离举措，扎实推进“五区一体化”投资公司组建。强力推进风险资产清收，实现风险资产清收回款 1.12 亿元，集团风险资产本金余额较上年下降 3.6 亿元，降幅 25.6%。抓好融资工作，实现新增融资 177.83 亿元，有效防范流动性风险，其中直融占比 48.25%，整体融资加权平均成本降幅 39 比特率（BPS）。

（李　斌）

赣州城市投资控股集团有限责任公司

【概况】 2021 年，赣州城市投资控股集团有限责任公司（简称赣州城投集团）聚焦主责主业，勇于担当作为，集团发展“稳”的格局更加巩固，“好”的态势更加明显，实现“十四五”的精彩开局。截至年底，资产总额约 1400 亿元，增长 6.22%，净资产 510 亿元，增长 8.51%，集团位列年度全国城投公司总资产排行榜第 37。全年营业收入约 35 亿元，较上年同期增长 5.45 亿元，增幅 18.44%；利润总额 11 亿元，较上年同期增长 1.23 亿元，增长 12.59%。各项经营指标均创历史最高。全年完成项目 27 个，年度完成投资 96.8 亿元。集团所实施项目占市本级城建计划项目 77%，总投资占比 80%，年度完成投资占比 88%。所有工程项目全年未发生安全、质量生产责任事故，安全生产整体平稳有序，同时代表省、市顺利通过全国农民工工作督查和保障农民工工资支付考核，受到各级部门高度评价。1 月，赣州城投集团获批境外美元债 1.8 亿美元，是赣州市首次获批境外债的企业。

【项目建设】 赣州城投集团完成项目建设 27 个，完成年度投资 96.8 亿元。赣州大剧院建成投运，长征广场

4月30日，赣州市综合文化艺术中心赣州大剧院投入使用

（赣州城投集团供图）

红色文化改造项目和赞贤公园提升改造项目完工并对外开放，中央苏区历史博物馆景观提升项目、江西红色文化展示馆提升改造赣州文化中心配套设施、伍若兰纪念园等一批文化强省项目顺利完工，为丰富群众文化生活、增强文化自信提供新载体。中心城区木栈道维修改造、朝阳公园等项目的投入使用，为市民营造便捷、舒适、优美的公共绿色活动空间。中国南方稀有金属贸易集散中心项目完成建设，成为集稀有金属的智能仓储物流、金融支持服务、计量质量检测、线上线下交易、贸易信息管理等功能于一体，在国内有较强影响力的稀有金属交易集散场所。军分区“四个秩序”场所改造建设项目完工并移交，为军队信息化建设提供平台。

【改革创新】 赣州城投集团贯彻落实市委、市政府、市国资委关于国资国企改革创新三年行动的决策部署，严格压实工作责任，各项改革任务有序进行，25项任务完成18项，超过既定70%目标任务。集团围绕功能定位，按照精简管理、突出核心、强化主体的原则，对各部门、子公司组织架构进行合理优化调整，激发企业活力。

【商品房配建人才住房运营管理】 年内，赣州城投集团接收670套（8.6万平方米）人才住房，办理3.8万余平方米人才住房产权登记。12月3日，完成市本级首批650套人才住房公开摇号，329户人才家庭圆新居梦。后续接收商品房配建人才住房项目52个（72.54万平方米、6433套），完成39个项目（约57.6万平方米、5138套）配建协议签订，服务赣州招贤纳才。

（孙爱林　刘家灿　李德文）

赣州市政公用集团有限公司

参见第271页“供水”内容。

赣州稀土集团有限公司

【概况】 2021年，赣州稀土集团有限公司（简称稀土集团）坚持“一条主线”（习近平总书记关于稀土产业发展的重要指示）、立足“两个层面”（国家稀土战略和实现赣南苏区振兴发展的时代要求）、主攻“三个链条”（稳定产业链、融通供应链、提升价值链）、深耕“四个领域”（资源保障、产业升级、科技创新和环境保护），在稀土产业剧烈变革中找准定位、精准发力，中国稀土集团成功组建，国有资产保值增值目标全面完成，产业合作与重大项目建设成果丰硕，赣州稀土矿山复产有序推进、矿区生态环境历史遗留问题妥善解决，国企改革不断深入、创新能力明显增强、党的领导和党的建设持续加强。全年公司合并营收132.58亿元，增长27.13%；实现利润总额15.60亿元，增长2229.85%，净利润14.32亿元，上缴税费3.36亿元，增长70.56%。资产总额127.67亿元，增长25.57%。资产负债率降低至59.72%，下降5.41%。

【中国稀土集团成功组建】 稀土集团选派精锐力量参与中国稀土集团组建筹备。第一时间派出多位部门正副职骨干组成工作组参与中国稀土集团筹建工作，从研究制定组建实施方案到顺利召开成立大会仪式仅用3个月时间。完成整合重组各项合规程序，公司召开党委会、经营班子会、股东会、董事会，第一时间完成资产股权划转的各项内部决策程序，并委托律师事务所出具法律意见，主动配合，高效完成整合重组涉及的法律、财务等尽调工作。做好中国稀土集团落地的各项保障工作，沟通协调省市各级党委政府出台支持和优惠政策，配合拟定《中国稀土集团成立大会筹备工作方案》，高规格、高质量完成大会各项会务和保障工作。主动垫资1300万元用于集团临时办公楼、周转用房、网络保密系统等的维护、修缮、搭建工作。

【项目建设】 稀土集团构建高端化、智能化、绿色化特点突出的现代化稀土工业体系，按照年度投资计划新投、续投稀土产业项目12个，实际完成投资金额2.68亿元。

【稀土矿山复产】 12月26—29日，以中国稀土集团成立为契机，国家矿山安全监察局再次组织专家组对公司下属7座稀土矿山进行安全设施设计现场审查，经现场踏勘和专家组会议评估，6座矿山通过审查，稀土矿山复产取得重大突破，开采主业恢复。

【环境治理保护】 稀土集团与赣南生态环境监察专员办公室沟通协调，全力推动项环保督察反馈问题整改销号工作，由集团牵头整改的中央环保督察、中央环保督察“回头看”、江西省环保督察“回头看”、长江经济带生态环境警示片反馈的9个生态环境问题全部整改到位并获批销号。常态化开展矿区环境监测，完成13个小流域地表水沿程监测系统布设和地下水污染防控措施建设，配合生态环境部环境工程评估中心完成8个资源县稀土矿区环境监测优化方案编制，并制定印发公司稀土矿区环境监测方案，定期对矿区地表水、地下水、各环保设施现场取样送检，及时统计监测数据、编制月度数据分析报告，详细解掌握矿区环境变化趋势。

【国企改革】 稀土集团落实国企改革三年行动重大决策部署，以改革促发展、促转型、促升级，对照赣州市国企改革创新三年行动实施方案中的54项具体任务，自评完成率82.85%，顺利实现全年完成70%以上的任务目标。

（卢育义）

赣州旅游投资集团有限公司

【概况】 2021年，赣州旅游投资集团（简称集团）以“千亿”战略（资产过千亿元，营收过百亿元，利润过十亿元，跻身全国旅游集团20强，打造1个全国乃至全球知名文旅IP，拥有1家上市公司，获得企业AAA信用评级，运营一家AAAAA级景区）为目标，以“奋斗终身、牺牲一切”的企业理念，围绕赣州市“三大战略、八大行动”全面推进集团高质量发展，资产总额达311.32亿元，净资产111.06亿元，年度完成投资30.5亿元，营业收入12.77亿元，利润总额1.86亿元。集团获评2021年度市级“无烟单位”，获评赣州区块链金融产业沙盒园“2021年度十佳园区优秀企业”称号。阳明湖景区创建省级旅游度假区。旅游集散中心公司获“2020年度江西省经营业绩二十佳优秀旅行社”“2019—2020年度江西省青年文明号”2项省级称号。通天岩党支部获评“全市先进基层党组织”称号。赣南宾馆、章江宾馆、缦廷酒店在“第六届中国国际饭店业大会”上，分获“2021会议接待服务酒店TOP20”“2021中国酒店品质服务TOP100”“2021商务差旅服务TOP20”殊荣。

【项目建设】 方特东方欲晓主题公园正式开园。全面接管运营江南宋城历史文化街区、郁孤台景区、八境台景区、蒋经国旧居以及福寿沟博物馆、魏家大院等项目。“水晶之恋”项目首航运行。正式接管赣州司法鉴定中心。多个项目全面推进，《夜渡于都河》剧院土建工程完工。龙南围屋民宿小镇（一期）宿集项目主体封顶。通天岩景区基础设施建设项目立项，并列入市级专项债项目库。和谐钟塔提升改造项目设计方案基本完成。方特二期项目正式签约。章江宾馆二期项目设计开标。冰雪文旅、央视动漫项目签署框架协议。儿童主题酒店完成场地测绘。

【市场拓展】 集团与携程、广之旅开展旅游营销、引客入赣的合作，对接大湾区合作伙伴57批次，推动“引客入赣”7万余人次。赣州旅投旗下橙芷·秋果酒店（北京天安门广场观旗店）营业。方特人民大食堂开业。赣南宾馆“老字号美食馆”开业营运。与江西文演集团签订合作协议，推动演艺和文化服务内容走进赣州。引进赣南师大国学院，开发阳明廉政思想课及阳明国学课，成立文旅研究院。举办赣州市首届文化和旅游产业发展论坛，承办江西省文化产业发展高峰论坛。引进行业嘉福地产、新旅集团合作开发30.27公顷土地，实现盈利3.26亿元。完成江西赣南油茶产业发展有限公司注册。

【业务创新】 利用数字技术，以社保一卡通为载体，搭建赣州旅游一卡通的消费应用场景体系。启动直播带货等新媒体营销业务。借助阳明湖景区特色，举办主题赏枫节、树木园研学科普、阳明湖民宿小镇民宿设计大赛等系列活动。围绕红培、党建等主题，推出重走长征路、红色兴国等系列红培产品。通天岩景区举办灯光秀、音乐节等活动开创夜游经济。

【金融资产】 全年融资到账38亿元，综合融资成本保持稳中有降态势。全年租金收入1506万元，减免49户承租户租金共计38.6万元。推进省市国企合作，与江西省金融资产管理公司合资设立江西兴虔资产管理有限公司，年业务投放量1.25亿元。深化市县国企合作，完成寻乌工投集团财务并表；与安远旅发集团合作设立安远县东江源文化旅游投资中心项目，注资2亿元支持三百山景区创建国家AAAAA级旅游景区。文旅产业资本管理公司全年新增投放资金11亿元，实现收入超8500万元，净利润超1000万元。

【内控管理】 制定印发和完善《合同管理办法》《固定资产管理办法》《全面风险控制制度》等各类规章制度14个。强化合同管理，完成合同审核1200余份，举办法律培训和知识考试9场。开展安全生产专项整治“十大攻坚战”，进行15次专项调度，开展巡查巡检120次，安全专项检查8次，协调解决各类信访诉求，接待群众来访、来信118件次。

（连邦富　陈泽正）

赣州交通控股集团有限公司

【概况】 2021年，赣州交通控股集团有限公司（简称赣州交控集团）坚持党建引领，主业发展、多元发展取得明显成效、改革创新纵深推进，重点工作收官，高质量发展呈现良好态势。截至年底，集团总资产375亿元，增长7.45%，资产负债率69%。全年实现营业收入24.33亿元，增长25.67%；在兴赣北延高速项目收费性质转变造成增加亏损近3亿元的情况下，仍实现利润约1.29亿元。坚持双轮驱动战略，加快多元化发展步伐，除高速费收入外，其他收入7.6亿元，占总收入的31%。能源板块发展持续向好，赣源石化

9 月 29 日，赣州螺溪洲大桥及 105 国道连接线工程开工仪式举行
（廖俊华摄）

全年实现营业收入 2.1 亿元，利润 2100 万元。

【重大项目建设】 重大项目建设高效推进，融湾新通道—信雄高速项目超额完成 4.8 亿元的年度投资任务，“五区一体化”项目—螺溪洲大桥及 105 国道连接线工程于 9 月开工建设。赣州南收费站 2 个月时间完成改造任务并恢复通车。7 对高速公路服务区完成提质升级改造投入使用。按时足额筹集赣深高铁、兴泉铁路年度市本级资本金 2.84 亿元。“十三五”迎国评获评“全省先进单位”。全年实现航空旅客吞吐量 180.8 万人次，开通航线 30 条，航点 31 个，赣州黄金机场在全国 242 个机场中位列 66 位，较上年上升 1 位。加密赣州至北京航线，赣州市成为省内唯一拥有每日 3 班赴北京航班的非省会城市，实现进北京空中通道早、中、晚 3 个时段全覆盖，突显省域副中心城市地位。

【企业改革】 全市完成国资国企改革创新三年行动重点任务分工涉及赣州交控集团 42 项中的 40 项，完成率 96%。做好赣南设计院、诚正监理公司的整体划转接收，并完成公司制改革。持续完善市场经营机制，加强企业人才市场化管理，中层干部大学以上学历和中共党员数量分别为 81.6%、80%。深化经济布局优化和结构调整，向市场要效益，2020 年、2021 年分别实现非主营业务收入 7.8 亿元、7.6 亿元，连续 2 年其他业务收入贡献率为 31%左右。在资本融通方面勇于创新，集团全年完成融资超 51 亿元，成功引入 15 亿元保险资金，首次在上海证券交易所成功发行 5 亿元 3 年期非公开公司债（利率 4.5%）。赣州交控集团本部分别获得权威评级机构中正鹏元、东方金诚 AA+信用等级评定。

（谢星星）

赣州市国有资产投资集团有限公司

【概况】 2021 年，赣州市国有资产投资集团有限公司（简称国投集团）坚持“稳中求进、高质量发展”的总基调，攻坚克难、奋发有为，基本完成年度各项目标，保持稳中有进的发展态势。年末经营性资产 61.2 亿元。出租资产、赣南专修学院土地及贮木场土地等经营性资产，面积 123.2 万平方米。其中，可出租的房产价值 37.66 亿元。资产总额 124.38 亿元，增长 6.5%；实现营业收入 8.63 亿元，增长 51.5%；利润总额 1.61 亿元，增长 24.8%。

【官园里康养园运营】 10 月 1 日，赣州市章贡区官园里康养园投入运营，软硬件达到全省一流水平，获社会各界好评。项目是由国投集团与天津天同康养集团合作建设，面积 1.36 万平方米，设有养老床位 350 张，是一个集老人住养、医疗康复、文化活动、健康管理、智慧社区平台于一体的智能化综合性康养园区。项目的运营，对提升全市康养产业水平，构建医养康养相结合的高品质养老服务体系具有重要意义。

【赣州国资国企党建馆开馆】 国投集团充分运用信息化手段，打造集国企员工入职教育培训、党员组织生活、中层干部任职廉政教育为一体的赣州国资国企党建馆，12 月 31 日开馆。该馆突出展示中央苏区时期的国资国企历史，以及国资国企服务赣州经济社会发展所作的巨大贡献，成为市国资系统的“红色氧吧”。

【运营市重大工业项目投资引导资金】 全市投放 23 个项目，投放 56.5 亿元，约占全市制造业中长期贷款余额的 45.15%。支持项目实现“1+5+N”六大重点产业集群全覆盖，为赣州市“八大行动”贡献日益凸显。

【钴钨棚改入选全市“我为群众办实事”典型案例】 钴钨棚改成为国资系统唯一入选赣州市“我为群众办实事”汇编的典型案例，据实拍摄的专题片获全市“学史力行·我为群众办实事”短视频大赛一等奖、全市“新媒体优秀作品”奖。

（李　宁）

自然资源管理

【概况】 2021 年，全市自然资源系统，锐意进取、勇毅前行，自然资源工作实现“十四五”良好开局。贯彻落实国家、省、市疫情防控部署，履行职责，紧盯疫情防控重要领域、关键环节，毫不松懈做好疫情防控。北上争取支持，用好用足自然资源部支持政策，充分使用专项下达指标 440 公顷，争取提前下达全年增减挂钩节余指标跨省域调剂资金 9.7381 亿元，有力支撑乡村振兴发展。强化要素保障服务，严格落实“增存挂钩”，全年获批新增建设用地 2980 公顷，完成土地供应 5300 公顷，出让总价 316.53 亿元。

全力推进国土空间规划编制和“三区三线”（城镇空间、农业空间、生态空间，城镇开发边界、永久基本农田、生态保护红线 3 条控制线）第一轮、第二轮试划工作，东山—南水、储谭、罗边等城市重要组团控规编制并获市政府批准实施，全力服务省域副中心城市建设。强基固本夯实基础，完成全市“三调”（第三次全国国土调查）成果验收，数据库成果综合评分位居全省第二，在全省率先完成矿产资源国情调查，编制实施“十四五”基础测绘规划，全力开展自然资源信息化建设三年行动，不断提升自然资源管理现代化水平。践行绿色发展理念，坚持资源集约高效利用，持续推进“节地增效”消化批而未用土地 4373.33 公顷，在全省率先编制与实施《赣州市“十四五”国土空间生态修复规划》，探索废弃露天矿山生态修复市场化模式，全面完成赣南等原中央苏区农村土地整治重大工程绩效评价工作。严格落实耕地保护责任，坚决遏制耕地“非农化”、防止“非粮化”，完成自然资源督察南京局 2020 年土地例行督察反馈问题整改，持续开展执法巡查，切实维护自然资源管理秩序。坚持为民服务，农村房地一体确权登记发证 178.56 万本，发证量占全省 1/4，完成征地拆迁逾期安置问题的整改，切实维护人民群众权益。

【要素保障】 全市全面完成 25 个土地征收成片开发方案编制并获批复，龙南市全省第一个获得省政府批准。严格落实“增存挂钩”，全年获批新增建设用地 2980 公顷，其中省级以上重大单独选址项目建设用地上报国家直接配置新增指标 886.67 公顷，有力保障赣深客专等重大项目建设。推进“节地增效”三年行动，消化批而未用土地 4373.33 公顷，处置工业园区闲置土地 60 宗 369.91 公顷，通过消化存量折算新增指标用于保障各县（市、区）150 批次重点项目用地。完成土地供应 5300 公顷，其中出让用地 2480 公顷，土地成交总价 316.53 亿元，划拨用地 2793.33 公顷，重点保障基础设施、民生实事及房地产项目用地需求。

【规划管理】 全市推进国土空间规划编制和“三区三线”第一轮、第二轮试划工作，形成国土空间总体规划文本和公众版成果。全面完成 18 个县（市、区）土地利用总体规划延续方案编制并获省政府批准同意，保障急需建设 671 个重点项目纳入规划。完成东山—南水、储谭、罗边等城市重要组团控规编制并获市政府批准实施，开展城市滨江绿廊详细设计和水东、储谭组团战略规划与城市设计国际方案征集活动，引领城市能级跃升。聚焦重大项目和基础设施项目建设，完成中心城区规划建筑方案批复 258 件。传承保护城市文脉文化资源，完成《赣州历史文化名城保护规划（2021—2035 年）》和盐街上、石板头历史文化街区保护规划编制。接续推进 42 个乡村建筑风貌特色保护和“一镇两村两类三线”（示范乡镇、传统村落和历史文化名村、试点示范村、文化旅游类项目、公共设施类项目、铁路沿线、城区出入口沿线、景区出入口沿线）风貌营造。优先启动 107 个乡镇国土空间规划编制，选定 380 个村庄先行开展“多规合一”实用性村庄规划编制。

【深化改革】 全市自然资源资系统全面完成局属事业单位改革，局属事业单位从改革前 101 家精简整合至 14 家。启动全民所有自然资源资产所有权委托代理机制试点。完成工业“标准地”供应 164 宗 679.33 公顷，供应数量、规模和占比均保持全省领先。探索新型产业用地 M0 管理政策，支持新产业新业态引育。全面对标“湾区”向“湾区”看齐，在原进驻行政审批窗口 13 项事项的基础上新增 39 项，在原已下放各县（市、区）30 项行政权力事项的基础上再下放 15 项，创新推出规划设计方案审查、规划许可承诺审批制、豁免清单制等一批改革措施，大力推行“竣工测验合一”和不动产登记“交房即交证”、与水电气网过户“一链办”、中心城区五区“全城通办”等新模式，与广东珠海共同开启不动产登记“跨省通办”。市工程建设项目审批“多规合一”业务协同平台和国土空间基础信息平台正式上线试运行，国土空间规划“一张图”实施监督信息系统完成各业务应用模块开发。

【耕地保护】 全市落实最严格的耕地保护制度，坚决遏制耕地“非农化”、防止“非粮化”。组织开展上年度耕地保护目标责任考核，规范土地整治项目管理，完成土地开发项目新增耕地 317.53 公顷，增减挂钩项目新增耕地 355.98 公顷。持续开展执法巡查 10.35 万余次，核查卫片图斑 3.58 万个，巡查到位率和覆盖率位居全省前列，全市立案查处违法用地案件 325 宗，复垦耕地 168.67 公顷。持续开展农村乱占耕地建房整治，整改问题图斑（项目）26 个，恢复耕地面积 1.63 公顷，通报 3 批 16 起典型案例，切实以“长牙齿”的硬措施严守耕地红线。完成上年土地例行督察反馈问题整改 288 个，面积 484.13 公顷。

【节约集约】 全市深入推进“节地增效”三年行动，消化批而未用土地 3773.33 公顷，处置工业园区闲置土地 49 宗 293.13 公顷，推动“腾笼换鸟”。推进工业“标准地”供应，全年全市供应 139 宗 609.8 公顷，占全市新增工业用地的 69%。全面完成赣南等原中央苏区农村土地整治重大工程绩效评价工作，建设规模 1.06 万公顷，总投资 5.77 亿元。“十四五”矿产资源规划编制通过市政府常务会审议并报省自然资源厅审核。严格矿业权审批管理，受理采矿权审批省级及以上发证 60 件、市级发证件 43 件。

【生态修复】 赣州市在全省率先编制与实施《赣州市“十四五”国土空间生态修复规划》，加快推进矿山生态修复三年行动，完成治理面积675.45公顷。寻乌县废弃矿山综合治理经验入选《中国生态修复典型案例集》，成为南方废弃稀土矿山治理修复的典型示范。探索废弃露天矿山生态修复市场化模式，兴国县、赣县区、寻乌县、会昌县、信丰县被列为全省以市场化方式开展生态修复试点县，兴国县小洞村项目成为全省首个市场化推进的矿山修复项目。全面完成赣南等原中央苏区农村土地整治重大工程绩效评价工作，建设规模1.06万公顷，总投资5.77亿元。全力推进矿山生态环境问题大排查大整治专项行动，完成整改1820个。大力推进绿色矿山建设，编制并颁布实施《赣州钨、萤石矿绿色矿山建设规范》，成为全省首个绿色矿山市级地方标准。

【争资争项】 赣州市争取自然资源部连续第十年成体制出台支持赣州经济社会发展的扶持政策文件，在用地指标、增减挂钩等方面给予赣州倾斜支持，争取兴国县土地节约集约利用获国务院通报表彰，奖励66.67公顷用地计划，争取自然资源部安排赣州市11个脱贫县每个县计划指标40公顷，争取国家、省提前下达2021年城乡建设用地增减挂钩节余指标跨省域调剂资金9.7381亿元；争取国家、省提前下达2021年中央自然灾害防治体系建设补助资金0.42亿元，争取中国地质环境监测院帮助建成赣州市地质灾害信息平台。

【维护权益】 全市受理政务服务热线平台、网络问政平台咨询件510件，承办人大代表建议、政协委员提案81件，实现办结率、满意率双百分。地质灾害防治各项工作稳步推进，建立健全地质灾害防治挂点联系工作制度以及地质灾害速报、巡查、应急调查、值班制度，全力以赴保障人民群众生命财产安全。全年办理不动产登记各类业务40多万件，完成97个返迁安置小区、6.44万户的首次登记、1.53万户的转移登记，推动县级不动产登记窗口向基层延伸覆盖，颁发农村房地一体不动产权证书178.56万本，占全省1/4。办理建档立卡贫困户易地扶贫搬迁安置住房登记发证1.72万宗，登记率、颁证率均100%。完成自然资源专项审计16类问题642个项目和省委巡视反馈2013年12月至2020年5月1.58万户征地拆迁逾期安置问题的整改。完成化解227件牵头督办的征地拆迁领域重复信访、信访积案。有力推进地质灾害防治，建成市地质灾害信息平台，派出3443批次4.7万人次进行动态巡排查。全年全市发生地质灾害13起，未造成人员伤亡。规范办理行政应诉案件186件，处理来信来访208件。

【基础建设】 全市完成“三调”（第三次全国国土调查）成果验收，数据库成果综合评分居全省第二，赣州市市本级和南康区、瑞金市等8个县（市、区）获优秀等级。扎实开展2020年度全国国土变更调查，18个县级国土变更调查成果全面通过市、省和国家级核查。全面开展自然资源统一确权登记和新一轮全国耕地后备资源调查评价。在全省率先完成矿产资源国情调查，编制完成2021年度重稀土立项报告和设计，并列入江西省“十四五”期间重点找矿突破项目。顺利推进自然资源部土地储备监测监管系统运行试点工作。编制实施“十四五”基础测绘规划，建成自然资源赣州市卫星应用技术中心，启动实施天地图·赣州2021年更新和章贡区水东、水西片三维航测与1∶500地形图测绘项目。全力开展自然资源信息化建设三年行动，推进档案数字化建设。完成原国土资源部2017年度对口帮扶项目赣州地质博物馆、瑞金沙洲坝中华苏维埃共和国土地人民委员部旧址及史料陈列馆等布展建设。

赣州市第三次全国国土调查主要数据成果新闻发布会召开（2022年2月16日），公布2019年度全市第三次全国国土调查现状数据。见表14：

2019年度全市第三次全国国土调查现状数据情况表

表14　　　　单位：公顷

国土面积	地类构成								
	湿地	耕地	种植园用地	林地	草地	城镇村及工矿用地	交通运输用地	水域及水利设施用地	其他土地
3936321.92	1511.39	366597.67	234557.66	2883644.17	15672.42	206282.98	75590.83	121783.16	30681.64

【自然资源监察】 全市自然资源系统行业乱象整治立案查处500宗，罚没款1.4亿元；对涉嫌刑事犯罪的6起案件及时移送公安机关依法处理；公布第四批自然资源领域市场准入黑名单，对119人涉黑涉恶黑名单人员实施惩戒。开辟涉黑涉恶问题不动产登记查询、查封业务“绿色通道”，协助公安等政法部门查询不动产信息343人次，不动产单元588个，面积11.45万平方米。协助查封登记22件，不动产单元72个，面积3.66万平方米，形成“打财断血”工作合力。以层层过筛的方式对全市违建别墅问题清查整治情况开展“回头看”，以拉网的方式对全市947个重点区域开展“再排查”，36个问题均全部整治到位并上报核销。通过比对核实国家下发年度卫片图斑筛查出的及自行巡查发现的，属于2020年7月3日后新增乱占耕地建房问题图斑（项目）30个，违法占用耕地1.87公顷（其中基本农田1.21公顷）。持续开展农村乱占耕地建房“八不准”（不准占用永久基本农田建房、不准强占多占耕地建房、不准买卖、流转耕

地违法建房、不准在承包地上违法建房、不准巧立名目违法占用耕地建房、不准违反一户一宅规定占用耕地建房、不准非法出售占用耕地建的房屋）宣传，通报3批16起新增农村乱占耕地建房典型案例。全市开展执法巡查8.86万余次，核查卫片图斑2.78万个，监测采矿权171个。立案查处违法用地案件325宗，罚没款1.22亿元。立案查处涉矿类案件66宗，罚没款149.1万元，维护土地矿产利用管理秩序。立案查处未按规划审批实施建设类案件109宗，罚没款1967.4万元。

【不动产登记】 全市加强不动产登记集成服务平台建设，整合五区数据、系统，实现中心城区不动产登记业务“全城通办”。完成与县（市、区）不动产登记系统的对接调试工作，打通全市不动产登记“信息孤岛”，实现“全市通办”的目标。依托集成服务平台，推动“跨省通办”，赣州、珠海两地不动产登记线上签约“跨省通办”合作协议，实现两省双城之间不动产登记业务“马上办、网上办、就近办、一地办”。加强数据融合共享，实现不动产、税务联办。化解中心城区办证历史遗留问题，完成78个返迁安置小区、5.9万户的首次登记，完成进度82.75%。常态化推进转移登记工作，完成1.03万户。按照“一事一议，特事特办”原则，化解企业办证难题，为环境工程学院办理35栋21.28万平方米。为水务集团办理29栋1.55万平方米。为融通公司办理不动产转移登记4宗1万平方米的不动产权证书。推广“交房即交证”工作，为200多户业主办理不动产权证。推进不动产抵押登记“不见面办理”，市本级办理抵押登记业务5.66万件，线上办理占比73%。开设“企业专窗”、“全城通办”专窗、“党员先锋岗”等绿色通道，为江西青峰药业有限公司等364个企业办理转移、变更、更正相关业务。为不便前往登记窗口办理业务的群众提供97次上门服务。落实小微企业减免登记费政策，市本级减免不动产登记费625.41万元，全年减免登记费34.19万元。并开展“无还本续贷”业务，为小微企业续贷2122.99万元。

【土地储备】 全年中心城区新增储备土地1782.7公顷，有效保障中心城区格力制造基地、吉利动力电池、中国科学院江西稀土研究院、市立医院、七里古镇等各类项目用地。按流程及时拨付项目资金，拨付各类资金7.64亿元，其中土储自有资金3.51亿元，转付资金4.13亿元。中心城区完成储备土地入库204宗，除赣县区（78宗）以及审批程序调整未及时组卷（43宗）外，组卷审批83宗。完成城市基础设施及公益设施用地供应，梳理盘活存量商住用地，对56宗市本级储备土地进行专题调研，梳理出具备出让（划拨）条件宗地6宗，土地收益2.95亿元。结合无人机巡查新模式坚持每周四开展市本级储备土地集中巡查38次，建立巡查管护台账。对履职不到位的6个委托管护单位、部门进行约谈，并下发督办函督促限期整改。对原有围挡设施遭到人为破坏或倒塌的及时予以修复，实施临时简易围挡700余米，修复围墙缺口及破损围墙200余米，新建围墙100余米。更新替换围挡公益广告牌200余幅约1000平方米，更新老化绿色人工草坪约1200平方米。清理生活、建筑垃圾、渣土40多处，清运垃圾100余车。利用闲置储备土地实施建好临时停车场，解决城区居民停车难问题，共建临时停车场6个，得到赣江路、建设路、801等社区群众一致好评，取得良好社会效应。完成网上成交土地132宗，面积562.58公顷，成交金额99.32亿元。挂网土地10宗，面积34.33公顷，起始总价9.49亿元。矿业权网上交易2宗，出让收益5.94亿元。矿业权摇号评估有偿处置21宗，出让收益6489.79万元。交易服务费303.49万元。

10月22日，市自然资源局有关人员到赣州经济技术开发区现场调研返迁安置项目建设（市自然资源局供图）

【国土空间调查规划研究】 承担市、县级国土空间总体规划编制技术指南，开展“高铁新区实施行动规划研究”“赣深高铁（兴国—定南）段沿线环境整治”“高速出入口周边环境提升研究”“老城区19个棚改地块规划研究”等一系列研究工作。做好自然资源资产权益清单编制工作。推进市国土空间总体规划、“三区三线”划定工作；做好各县（市）国土空间总体规划的编制工作，以及市级和中心城区五区国土空间规划城市体检评估。承担“住房发展规划”“基础设施建设”等民生项目，以及“百里滨江绿廊”“历史文化名城保护规划”“水西”“梅林”“沙河”控规等一大批重点项目的规划。开展各类村庄规划，服务“乡村振兴”。完成赣州市第三次全国国土调查市级数据库及信息管理系统项目成果并提交验收。国土空间基础信息平台与国土空间规划“一张图”实施监督信息系统建设项目、不动产登记集成服务平台、“多规合一”外部业务协同平台、土地二级市场网上交易系统、自然资源赣州市卫星应用技术中心建设等项目按计划全面推进。

（周丽青　郑家铭）

财　政

【概况】　2021年，全市各级财政部门围绕市委、市政府决策部署，统筹疫情防控和经济社会发展，扎实做好“六稳”工作、全面落实“六保”任务，突出重点领域资金保障，积极的财政政策能提质增效、更可持续，较好完成市五届人大六次会议确定的财政目标任务，实现“十四五”良好开局。

全市一般公共预算收入完成294.07亿元，为预算的105.5%，总量由上年的第三位跃居全省第二，考虑调整省与市、县收入划分改革因素同口径增长11.7%，增幅居全省第三。其中，地方级税收收入200.07亿元，下降1.8%，占一般公共预算收入比重为68%。全市一般公共预算支出完成961.09亿元，支出规模连续14年居全省第一，下降1.6%。上年中央财政一次性安排特殊转移支付22.29亿元。主要支出情况：教育支出218.15亿元，同口径增长0.9%；科学技术支出30.71亿元，增长3.7%；社会保障和就业支出108.68亿元，增长0.7%；卫生健康支出116.82亿元，下降0.6%；节能环保支出42.2亿元，增长2.7%；城乡社区支出69.47亿元，下降14.2%；农林水支出130.78亿元，增长2%；交通运输支出27.51亿元，下降17.7%；资源勘探工业信息等支出21.16亿元，增长9.9%；商业服务业等支出5.25亿元，增长28%；住房保障支出25.19亿元，增长15.7%。

【财政政策】　做好企业负担的“减法”。巩固减税降费政策成效，确保政策红利最快速、高精准直达市场主体，全年新增减免税费27.83亿元，惠及企业及纳税人13.95万户（次），减轻企业负担。抓好西部大开发税收优惠政策的贯彻落实，全年为全市194户次企业减免税收5.09亿元。做好资金补助的“加法”。发挥财政奖补政策引导带动作用，扶持企业发展壮大，拨付中小企业发展及工业技改资金4351万元，支持62家企业实施技术改造，推动培育一批专精特新“小巨人”企业。拨付规上工业企业电价补贴4000万元，有效降低692户规上企业用电成本，推动全市实体经济做大做强。

做好资金撬动的“乘法”。完成首期财政出资6亿元，支持设立总规模100亿元的“1+5+N”产业基金，入股美克家居等上市公司，并创新基金招商模式，支持企业落户发展。全年发放“三个信贷通”（财园信贷通、创业信贷通、小微信贷通）贷款128亿元，惠及企业4000多户，帮助企业降低融资成本6.4亿元以上。金盛源担保集团完成担保金额467.63亿元，缓解企业融资困难。

【财政服务】　支持工业倍增升级，拨付培育龙头企业发展专项资金9225万元支持企业实施智能制造、拨付5518万元支持稀土钨和新能源汽车等重点产业发展升级等。支持巩固拓展脱贫攻坚成果衔接推进乡村振兴，保持过渡期内财政资金投入总体稳定，年内市本级拨付衔接推进乡村振兴补助资金3.88亿元。拨付2.51亿元奖补资金支持全市蔬菜产业发展，支持农业优势产业做大做强。加大科技创新和人才政策支持，拨付创新赣州专项1.1亿元、人才专项资金2933万元，筹集到位资金9亿元支持中科院赣江创新研究院建设，提升区域创新活力。支持现代服务业发展，拨付文旅发展专项资金1.1亿元，支持开展文化强省大会系列活动、赣深高铁开通旅游宣传推介、促进旅游消费等。

全市财政部门坚持底线思维，提高风险防控能力，抢抓“开前门”政策机遇，争取地方政府债券额度300.22亿元，其中新增政府债券236.29亿元，再融资债券63.93亿元。坚决“堵后门”，严格规范政府举债融资行为，综合采取市场化、法治化等措施，稳妥化解存量债务，全市政府债务风险总体安全可控。

【财政资金使用】　全市加大民生领域资金投入。坚持公共财政方向，持续加大对教育、卫生健康、社会保障等民生领域财政资金投入，全

8月30日，市财政局、市税务局联合召开赣州市西部大开发政策执行情况新闻发布会　（市财政局供图）

年全市民生类支出完成 804.76 亿元，占一般公共预算支出的 83.7%，有力保障省 51 件、市 50 件民生实事顺利实施。管好用好赣州市获得的 182.32 亿元直达资金，资金支出进度居全省前列，有效推动资金直达惠企利民第一线。

全市持续优化财政支出结构。坚持用“政府的紧日子”换“人民的好日子”，市本级通过全面实施零基预算改革，取消和压缩专项资金 80 余项；大力压减一般性支出，全市一般公共服务支出下降 1.4%，把节省下来的资金优先用于保障基本民生。

兜牢兜实“三保”（保基本民生、保工资、保运转）底线。始终把“三保”工作摆在全市财政工作的重中之重，健全“三保”预算审查机制，加强库款管理和动态监控，对县级“三保”预算安排市级审查 100%覆盖。市本级努力克服自身财力紧张困难，最大限度下沉财力，年内对县（市、区）转移支付近 20 亿元，基层“三保”支出底线兜实兜牢，有效保障全市各级基层组织运转和基本公共服务。

【争资争项】 全年全市争取上级各类资金 820 亿元，同口径增长 5%。成功争取赣州市赣南区域国土绿化试点示范项目成为国家首批、江西省唯一一个中央财政支持国土绿化试点示范项目，获得中央奖补资金 1.5 亿元；以综合排名第一的成绩入选全省 2021 年度财政支持深化民营和小微企业金融服务综合改革试点城市，获得中央财政奖补资金 4000 万元；成功争取亚洲开发银行批准 1.71 亿欧元的贷款支持全市乡村振兴和生态保护建设等。

对接大湾区精准招商，拨付外贸发展资金 3738 万元，对企业外贸平台建设、外贸企业转型升级等 427 个项目予以扶持。支持构建联通老区湾区的对外开放交通枢纽，安排 7602 万元支持赣州国际陆港口岸物流发展，对赣州国际陆港常态化开行中欧（亚）班列和铁海联运“三同”（进境与沿海同价到港、出境与沿海同价起运、通关与沿海同样效率）班列给予支持。支持打造营造比肩大湾区的营商环境，出台《赣州市本级惠企政策专项资金管理暂行办法》，梳理兑现市本级 44 项惠企政策事项，拨付兑现首批惠企资金 9379.9 万元，惠及企业 1368 家，率先在全省推出惠企政策“线上一网、线下一窗”集中兑现改革，开辟惠企资金兑现快速通道，增强企业获得感。

【财政体制改革】 深化财政体制改革。调整优化市区土地出让收入分成体制，市与“五区”土地出让收入统一实行 2：8 分成，实现“五区”土地出让收入分成体制“一体化”；对市区土地出让收入分成体制调整后所涉财政事权支出责任进行明确，市区权责关系更加明晰。同时，对生态环境、应急救援等领域市与县财政事权和支出责任进行划分，全面完成县级法院、检察院财物上划市级统一管理改革。

深化预算管理改革。9 月 24 日，市县预算管理一体化支付系统 100%上线，并运用预算管理一体化系统编制 2022 年预算，实现财政核心业务“一体化”、资金支付“无纸化”、资金运行“透明化”、财政管理“数字化”，预算管理“信息化”水平迈上新台阶。

深化绩效管理改革。在全省率先开展国有资产使用财政绩效评价、启动下级政府财政运行综合绩效评价。“四本预算”（一般公共预算、政府性基金预算、国有资本经营预算、社会保险基金预算）全部纳入绩效管理，实现绩效目标与部门预算同步编制、同步审核、同步公开。对 20 个项目开展财政重点评价（监控），涉及财政资金 73.4 亿元。建立绩效评价结果应用机制，向市人大报告财政评价结果，并将评价结果与预算编制、强化整改和主动公开相结合，倒逼部门提高财政资金使用效益，“全方位、全过程、全覆盖”预算绩效管理体系加快构建。

（刘洪婷）

税务管理

【概况】 2021 年，全市税务系统锚定税收现代化目标，统筹推进疫情防控和税收工作，充分发挥税收职能作用，改革发展取得新的成绩。全市税务系统保持和创建国家级文明单位 5 个，获得省部级以上荣誉表彰 62 项，创新项目获评全省税务系统第一名。坚持依法治税理念，严守组织收入原则，全年入库税收 454.03 亿元，增收 30.27 亿元，增长 7.1%，总量列居全省第三名；一般公共预算收入首次超过九江市，列居全省第二名。

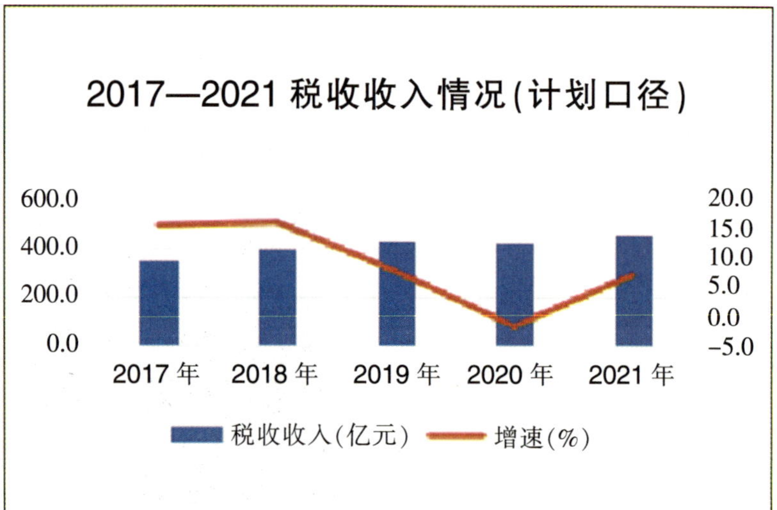

图 1 2017—2021 年赣州市税收收入情况

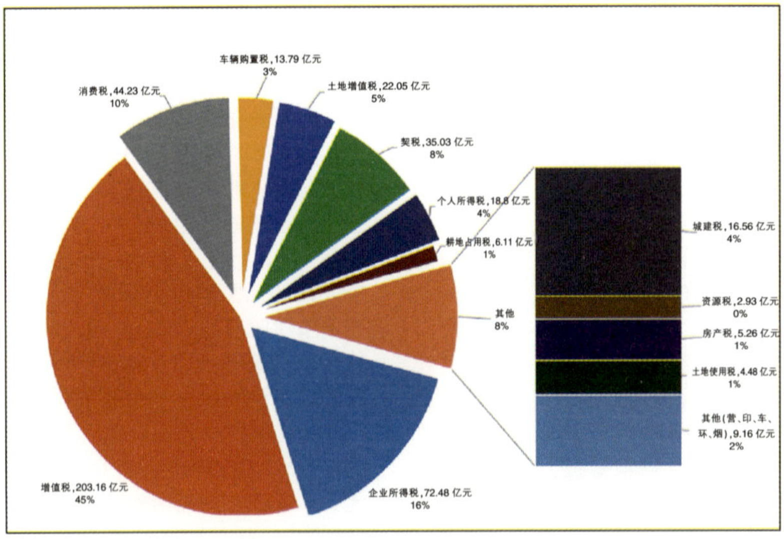

图 2　2021 年赣州市税收收入分税种结构

【组织收入】　全年完成各项税收收入 461.6 亿元（含海关代征增值税、消费税，未扣减出口退税）。其中，税务部门组织收入 454.03 亿元，总量居全省第三，增速列全省第十。海关代征完成 7.6 亿元，比上年增加 1 亿元，增长 15.3%。办理出口退税 36.9 亿元，减少 1.6 亿元，下降 4.1%。全年征收社会保险费 197.36 亿元，各项非税收入 18.87 亿元（含代征工会经费），年内新增企业缴费 1.9 万家、个体缴费 128 万人次。

【税收政策落实】　全年减免税费 143.1 亿元，其中新增减税降费 27.1 亿元。落实增值税税收优惠政策，为 372 户次纳税人办理增值税期末留抵退税 17.23 亿元，为 1517 户次纳税人办理增值税即征即退 15.12 亿元，34.47 万户次小规模纳税人享受免征增值税政策（含未达起征点）9.41 亿元。优化出口退税管理，办理出口退税 26.83 亿元，增长 48.2%。支持煤电企业纾困解难办理增值税增量留抵退税 1.74 亿元，办理制造业中小微企业缓税（费）4.69 亿元，运用西部大开发税收优惠政策帮助 218 家企业预缴申报减免企业所得税 7.22 亿元，增长 21.75%。

【服务经济发展】　国家税务总局赣州市税务局与赣州国际陆港管理委员会签署《对接大湾区建设桥头堡合作备忘录》，约定在落实“一带一路”倡议、支持新业态经济发展等 10 项重点业务和项目上展开合作。年内，全市税务系统获得厅级以上领导批示 23 次，报送税收分析、专报 30 余篇，省委书记、省长批示各 1 次，市委书记批示 5 次，其中剖析南康家具产业的《形势持续向好，短板尚需突破》税收分析，在省委内刊采用并获省委书记批示。联合江西省税务局撰写的《创新引领成效显，绿色发展成色足》税收经济分析报告，获省长批示肯定。提请赣州市政府并带动 15 个县政府印发《税收精诚共治工作方案》，首次将税收共治工作纳入地方政府绩效考核。

【征收管理】　全市有税收管理户 25.4 万户，较年初增长 4.32 万户。配合赣州市政府在全省设区市率先印发《赣州市税收精诚共治工作方案》，制定涉税信息采集目录，采集各类涉税信息 14.3 万条。在《江西改革动态》第 88 期刊登《赣州市探索税收治理“三变”模式打造市场化法治化税收营商环境》。在全省税务系统中，率先在江西省委全面深化改革办公室刊登税收改革经验。规范行业税收管理，创新做好“山水”征管文章，选取稀土、钨、河砂、石灰石等 17 个行业开展“一县一行业一特色”税收管理品牌创建，17 个“山水”行业税收增收 7 亿元，增长 23%。赣州河沙治理做法在国务院第八次大督查中得到江西省、赣州市政府推荐。

【办税缴费服务】　全市“非接触式”办税比例 89.03%，居全省第一。实体窗口评价率 99.22%，居全省第二，好评率 100%。预约取票人次全省第一，达 1.05 万次。为对接融入大湾区，联合赣州市南康区人民政府共同打造南康区“赣税行”智慧办税服务厅。全市开展 119 场税法宣传活动，涉及纳税人 2.89 万人次，招募 96 名税费服务体验师，并联合工商联开展 68 场次服务体验活动、71 场小微企业税费专题培训，涉及纳税人 1.08 万户。组建“春雨”税收志愿服务团队，获评全省“创先争优”评比第一名。

【税收秩序规范】　全年立案检查 263 户，结案 303 户，查补税费 8.04 亿元，入库 6.66 亿元，增长 712%。继续保持“双打”（打击虚开骗税、联合打击骗取增值税留抵退税）高压态势，查处发票金额 3.05 亿元，移送公安机关案件及线索 75 起，抓捕犯罪嫌疑人 9 人，投案自首 17 人。常态化推进扫黑除恶专项斗争，核查线索 8 条，组织开展重点行业税务领域整治查补税费 5.4 亿元，加收滞纳金 0.26 亿元。深化发票受托协查改革，对专票 100 万元、普票 200 万元协查工作下放至县级局处理。创新部门合作，首次协调法院退还罚没收入 70.8 万元作为稽查查补税款入库，通过运用金融专网实现在 22 家市级银行无账户情况下全覆盖存款查询，获取存款账户 177 个，冻结账户 42 个、强制划拨 337.85 万元。

（黄　蕾　黄　鑫）

审　计

【概况】　2021 年，全市审计部门完成审计项目 1012 个，其中审计 995 个，专项审计调查 17 个。查出主要问题金额 86.26 亿元，其中违规金额 33.11 亿元、损失浪费金额 185 万元、管理不规范金额 53.13 亿元。

审计发现非金额计量问题4590个，损益（收支）不实金额8217万元，出具审计报告和专项审计调查报告1012篇，被批示、采用36篇次。审计处理处罚金额53.77亿元，其中应上缴财政12.07亿元、应减少财政拨款或补贴39万元、应归还原渠道资金11.39亿元、应缴纳其他资金27.83亿元、应调账处理金额2.48亿元。移送司法机关、纪检监察机关和有关部门处理事项27件，移送处理人员38人，移送处理金额1577万元。审计促进整改落实有关问题资金42.14亿元，审计促进拨付资金到位7.8亿元，核减投资额13.35亿元，移送处理落实事项14件。审计提出建议2552条，被采纳1783条。推动被审计单位制定整改措施524项，促进被审计单位建立、健全规章制度19项，提交审计信息278篇，被批示、采用77篇次。向社会公告审计结果60篇。

【政策跟踪审计】 全市聚焦治理乱收费、减税降费、疫情防控常态化相关政策和决策部署，乡村振兴、防范化解重大风险、金融服务实体经济等政策落实情况，抽审278个单位256个项目，抽查资金75.18亿元，累计查出问题36个。

【财政审计】 全市完成市本级、赣州经济技术开发区、蓉江新区及市公安局、市人民检察院、市人民法院、市交通运输局、市医疗保障局、市自然资源局等6个部门预算执行及决算草案情况审计。完成信丰县、章贡区、瑞金市、宁都县、全南县、崇义县6个县（市、区）县级财政政策提质增效情况审计，审计发现宁都县财政局工作人员涉嫌挪用财政资金1082万元（最后法院认定1350万元）的重大问题线索，追回赃款322.98万元，涉案人员被判处贪污罪、偷越国（边）境罪有期徒刑10年10个月。该案例引起市政府主要领导高度重视，推动开展全市公共资金安全管理专项检查。

【国企国资审计】 全市审计部门完成7家市属国企2019—2020年资产负债损益专项审计，审计发现问题229个，查出问题金额87.3亿元，移送违法违纪问题线索1起，推动以市委办、市政府办印发《关于加强市属国有企业规范管理的若干规定》。

【农业农村审计】 完成兴国县、于都县2018—2020年度新农村建设资金审计调查，审计发现问题27个，查出问题金额1.46亿元，移送违法违规问题线索1起，处理问责6人，完善制度10项。完成信丰县、章贡区等6个县（市、区）乡村振兴专项审计调查，审计发现问题49个，查出问题金额6463.57万元，追缴违规资金172.77万元，提出审计建议19条。

【民生审计】 全市审计部门完成全市基本养老保险基金和基本医疗保险基金审计，审计发现问题567个，查出问题金额5.77亿元，移送违法违规问题线索6起。完成全市保障性安居工程审计，审计发现问题176个，查出问题金额7.89亿元，移送违法违规问题线索3起、涉及人员17人。完成章贡区、赣州经济技术开发区、蓉江新区“厕所革命”三年攻坚行动项目审计，审计发现问题41个，查出问题金额1616.12万元，移送违法违规问题线索1起。

【金融审计】 全市完成赣州银行15个县域支行、上饶银行赣州分行2020年度资产负债损益审计，揭示国家经济金融政策落实、公司治理及内部管理、业务经营及风险管理、财务管理等方面的突出问题，发挥审计监督在打好防范化解重大风险攻坚战、确保不发生区域性和系统性金融风险方面的积极作用。

【专项资金与经济责任审计】 完成于都县、兴国县2018—2021年地方政府专项债券管理使用情况审计、全市网络安全和信息化建设审计、市本级财政出资的政府产业引导基金审计以及全市108家市直单位（含下属单位）及9家市属国有企业不动产情况审计调查。完成领导干部经济责任审计项目79个，县（市、区）党政主要领导干部自然资源资产审计项目2个。

（杨琼玉）

8月2日，市委审计委员会第二次会议召开（市审计局供图）

统　计

【概况】 2021年，全市统计部门以服务全市经济社会发展为核心，牢固树立新发展理念，全面提升统计服务水平，持续深化统计改革创新，为推动全市经济社会高质量跨越式发展提供坚实统计保障。

【统计改革创新试点】 全市加快构

建信息化统计体系，创新建立“赣州市统计数据信息系统（GSDS）”，实现数据采集及时准确、数据处理及台账查询高效便利的系统成效，为全国地理信息系统建设和五经普（全国第五次经济普查）单位清查工作提供重要参考依据，获国家统计局领导充分肯定。积极承接省统计局服务业生产指数测算、试点工作，成果获省统计局肯定。在全省率先开展数字产业增加值核算、企业电子台账建设，试点成果获省统计局肯定。

【重点领域改革】 市统计局研究制定《关于推进赣州市统计现代化改革的实施方案》，做好统计调查制度、方法手段、综合核算、管理体制、法治监督等现代化改革的总体规划。健全完善部门协调联动机制，继续完善统一核算改革、投资及消费统计、人口和社会民生统计改革。

【统计监测】 全市建立和落实经济指标数据预计、日报和沟通对接制度，积极协助市政府召开经济形势分析会，为市委、市政府加强经济运行调节，主要经济指标持续保持全省“第一方阵”贡献统计智慧。充分发挥考评的“指挥棒”作用，牵头修订完善全市高质量发展综合绩效考评体系，对标省级考评指标，协助各地各部门补短板、强弱项，为赣州市连续5年荣获全省高质量发展综合考评先进作出突出贡献。

【统计服务】 深入开展供应链企业、总部经济、入规入统等专题调研，撰写的《兴国再调查》调研报告在国家级期刊《调研世界》刊登。全年撰写统计信息412条，报送统计分析专报130篇，获省、市领导肯定批示28篇次。精心编印经济动态、统计提要、统计年鉴等10余种统计产品资料，全面总结市、县（市、区）“十三五”经济社会发展成就并汇编成册，为领导决策提供客观、真实、准确的基础数据服务。召开经济运行等新闻发布会5次，发布解读全市第七次全国人口普查主要数据，主动参与“十三五”时期赣州经济社会发展成就在线访谈，成功举办第十二届“统计开放日”活动。

10月16日，国家统计局第16期部门统计人员业务培训班在赣州开班
（市统计局供图）

【统计法治建设】 全市推动统计法律法规重大统计改革文件及统计违纪违法案件纳入党校（行政学院）必修课，列入市、县两级党委政府等专题学习内容。针对国家统计局第四统计督察组对赣州的延伸督察反馈问题，制定整改方案，落实落细整改工作，反馈涉及全市3个方面7个具体问题均已全面整改到位。邀请国家统计执法监督局领导在市委中心组学习会上作统计法律知识专题讲座，市委、市政府印发《赣州市防范和惩治统计造假弄虚作假责任制实施办法》。落实统计执法“三项制度”（行政执法公示制度、执法全过程记录制度、重大执法决定法制审核制度），统筹力量集中开展统计执法检查和“双随机”（随机抽取检查对象，随机选派执法检查人员）检查，检查企业328家，对相关企业作出限期责令整改、责任追究的处罚。

【统计基层基础建设】 市政府印发《关于进一步加强统计基层基础工作的实施意见》。邀请国家统计局和省统计局专家到赣州授课，争取国家统计局第16期中央部门统计业务培训班在赣州开班，分片区开展业务知识轮训。修订完善专业数据质量评审办法，加强对统计数据的协调性、匹配性、科学性和规范化质量审核，加强部门间沟通对接，科学指导企业入规入统。

（林晓霞）

国家统计调查

【概况】 2021年，国家统计局赣州调查队依法独立开展国家统计调查，主动服务地方经济社会发展，为全市经济社会高质量发展和“十四五”开好局、起好步提供坚实的统计保障。

【常规调查与专项调查】 以《国家统计质量保证框架》《国家调查队业务流程》为基础，赣州调查队致力于服务全市高质量发展。坚持以高质量统计服务高质量发展，扎实开展农村粮食调查、农村居民消费调查、城镇居民消费调查、农村居民收入调查、城镇居民收入调查、城镇劳动力调查、农村贫困监测调查、房价调查等8项常规调查，为粮食生产稳定度、居民人均消费支出、居民人均可支配收入，城乡居民可支配收入比、城镇调查失业率、农村贫困发生率、地区居民人均可支配收入差异系数、住房成套率等8个高质量发展考核评价指标提供数据支持，真实准确反映全面小康市经济社会高质量发展成果。

【统计调查分析研究】 发挥“轻骑兵”优势，快速回应民生热点和百姓关切，开展系列专题调研，持续深入将“大兴调研之风”落到实处。主动对接联系赣州电视台、《赣南日报》等主流媒体，解读全面小康市（物价指数 CPI）、居民收入等民生调查数据，与群众共享调查成果。全年“快、精、准”高效组织开展快速调查、专题调研和约稿 92 个，其中市“两办”约稿 37 个，编发《赣州调查》42 期，完成 6 项课题研究，国家统计局内网采用 47 篇，获市领导批示 6 篇，其中 1 篇专题调研获得省委主要领导的批示，信息、分析采用量在总队及全市位居前列。

【统计法治】 持续推进统计法治工作，创新普法方式，多维度开展统计法治学习教育和宣传。创新开展统计法治宣传动漫微视频制作活动，将《中华人民共和国统计法》列为市委党校和瑞金干部学院主体培训班的课程，并常态化开展统计执法监督，以统计数据质量检查和“双随机”执法检查为抓手，对工业生产者价格调查和采购经理调查专业的 10 家企业开展“双随机”统计执法检查，完成全年统计执法检查工作任务，捍卫统计调查工作的生命线。

（肖燕春）

7 月，国家统计局赣州调查队在兴国举行新时代长冈乡再调查座谈会

（国家统计局赣州调查队供图）

市场监督管理

【概况】 2021 年，赣州市市场监管局实施“三大战略、八大行动”决策部署，保安全、优环境、提质量、稳秩序、强队伍，各项工作取得较好成效。全市“质量强省建设”和食品安全考核位于全省第一档，药品安全考核排名全省第一。市市场监管局获评“全国文明单位”“全国食品安全工作先进集体”“全国知识产权系统先进集体”“全国消费维权先进集体”“省文明单位”“全省扫黑除恶专项斗争先进集体”“全省促进非公有制经济发展先进单位”等称号。

【市场主体登记】 至年底，全市实有各类市场主体 742726 户，增长 13.30%，市场主体总量居全省第一；注册资本（金）15645.11 亿元，增长 12.41%。各类市场主体存量情况：内资企业 10237 户，增长 11.87%；期末注册资本 3335.18 亿元，增长 19.25%。外资企业 1242 户，增长 3.85%；期末注册资本 759.95 亿元，增长 39.71%。私营企业 156680 户，增长 17.00%；期末注册资本 10416.77 亿元，增长 9.31%。个体工商户 564261 户，增长 12.64%；期末注册资本 916.36 亿元，增长 11.37%。农民专业合作社 10306 户，增长-0.39%；期末注册资本 216.85 亿元，增长-3.47%。

全市新登记注册各类市场主体 154928 户，新增注册资本（金）1722.57 亿元，分别增长 42.36%、11.15%。各类市场主体新增情况：内资企业新发展 1603 户，增长 37.48%；新增注册资本（金）256.54 亿元，增长 21.41%。外资企业新发展 90 户，增长 2.27%；新增注册资本（金）142.83 亿元，增长 1570.53%。私营企业新发展 33648 户，增长 17%；新增注册资本（金）1148.03 亿元，增长-0.40%。个体工商户新发展 119144 户，增长 53.99%；新增注册资本（金）167.18 亿元，增长 5.05%。农民合作社新发展 443 户，增长-69.21%；新增注册资本（金）7.99 亿元，增长-56.12%。

全市注（吊）销各类市场主体 67688 户，分别增长 15.91%。各类市场主体注（吊）销情况：内资企业注（吊）销 572 户，增长 23.01%。外资企业注（吊）销展 48 户，增长-45.45%。

私营企业注（吊）销 10455 户，增长 7.81%。个体工商户注（吊）销 56203 户，增长 17.70%。

农民合作社注（吊）销 410 户，增长 3.80%。

【优化营商环境】 市市场监管局行政许可事项实现应划尽划、应放尽放，共划转行政审批局行政事项 24 项主项、66 项子项，实行市县同权行政事项 12 项主项、44 项子项。推进“一照含证”“证照分离”改革，企业开办“一网通办”率达 93.8%，12 项涉企“一件事一次办”事项全部在赣服通和电脑端上线试用，占全市首批 28 项事项的 42.9%；压缩审批时限，企业开办最快 0.5 个工作日；5 项惠企政策项目兑现全部纳入“亲清赣商”平台，实现“网上申报、即申即享”。

优化服务举措。强化公平竞争

审查，对新业态、新领域实行包容审慎监管，组织涉企收费专项检查；举办银企对接会，帮助企业完成专利、商标权质押融资5.7亿元，列全省第一。

助推产业发展。举办第二届中国纺织服装博览会等大型活动5次，纺织服装产业签约项目93个，总投资232.9亿元，营业收入突破1000亿元；生物医药产业签约项目24个，总投资141.2亿元，营业收入435.5亿元。

【信用监管】 多形式开展年报宣传，指导市场主体依法履行2020年度年报公示义务。截至6月30日，全市应年报企业137169户，已年报企业123180户，企业年报公示率89.8%；应年报农民专业合作社10100户，已年报农专社9473户，农专社年报公示率93.79%；应年报个体工商户462992户，已年报个体工商户438684户，个体年报公示率94.75%。

推进涉企信息公示。全年新增涉企信用信息数据109183条，均归集至企业名下并通过国家企业信用信息公示，为实施信用监管、联合惩戒奠定信息基础。

实施联合激励惩戒。通过国家企业信用信息公示系统（江西）向社会公示企业经营异常名录信息16097条，严重违法失信企业信息2249条，为实施联合惩戒措施提供依据和参考。

指导企业信用修复，全市1752户企业因补报年报、更正公示的错误信息、失联后重新取得联系，经审核合格后依法移出经营异常名录，完成信用修复。

组织抽查16次，开展部门联合抽查4次，共抽查市场主体9502户。其中组织企业公示信息和登记事项随机抽查9次（项），抽查结果：未发现问题5051户、未按规定公示即时信息255户、公示信息隐瞒真实情况、弄虚作假311户、通过登记的住所（经营场所）无法取得联系2858户、不予配合情节严重128户、发现问题已责令整改116户，未发现开展本次抽查涉及的经营活动390户，发现问题待后续处理105户，注销288户，依法将3169户企业列入经营异常名录，检查结果均通过国家企业信用信息公示系统向社会公示。

【商品合同监管】 强化示范引领，营造重诺守信的诚信环境、安全放心的消费环境，提升消费质量、推动消费升级。创建放心消费示范单位456个，创建文明诚信经营示范街区6个，创建放心消费维权服务示范站40个，线下购物7日无理由退货承诺单位357个。

开展房屋买卖、房产中介行业合同格式条款专项整治，召开房地产开发企业及中介、代理机构行政约谈会，对房地产领域存在的不正当竞争、价格、格式合同、虚假宣传等问题，提出明确整改要求。

开展“守合同重信用”企业推荐、公示。制定《赣州市守合同重信用公示工作规范（试行）》。全市共有107家企业获评江西省“2020年度守合同重信用”单位，116家企业获评赣州市“2020年守合同重信用”单位。

【网络交易监管】 开展网络监管示范区创建。对标国家市场监管总局创建国家网络市场监管与服务示范区的要求，推进网络监管服务示范区创建工作。截至年底，全市共有电子商务经营主体9万余家，网络零售额突破509.9亿元，约占全省的1/3，增长47.71%，总量居全省第一。

加强网络交易日常监管。开展日常网络交易监测，对监测的违法线索及省市场监管局下发的网络交易大数据违法线索进行核实处理。全年开展在线网上检查网站、网店4889户次，实地检查网站、网店经营者416个次，删除违法商品信息112条，责令整改网店31个次。组织开展约谈，法律法规宣传培训工作。全年召开约谈会3次，组织法律法规业务培训2次，约谈平台企业和商户42户次，督促平台经营者认真履行法定责任义务，履行主体责任。

开展电子商务平台“双随机、一公开”（在监管过程中随机抽取检查对象，随机选派执法检查人员，抽查情况及查处结果及时向社会公开）抽查。重点检查电子商务平台经营者是否依法依规亮照亮证经营，是否履行平台主体责任，及对公示的平台服务协议和交易规则的行政检查。共抽查电子商务平台5户，其中未开展经营活动1户，未按规定公示应当公示的信息1户，通过登记住所（经营场所）无法联系1户，已责令整改。

【消费者权益保护】 赣州市“12315”投诉举报中心共受理消费者各类诉求104463件，诉求总量较2020年增长36%，办结率100%，调解成功率72%，为消费者挽回经济损失1650.29万元。

各类诉求中有咨询69059件，占受理总量的66%，较2020年增长40.6%。其中涉及市场监管业务6841件，增长47%，占咨询量的10%，主要咨询的问题关联网络交易监管、产品质量、食品安全、注册登记等方面内容；涉及非市场监管业务22291件，增长68.7%，占咨询量的32.2%，咨询的问题主要关联快递、货运、通信、房屋质量、销售假烟等方面的业务；咨询消费法律法规知识39927件，增长27.8%，占咨询量的57.8%，主要咨询网购纠纷维权知识、消费维权基本知识等方面的问题。

各类诉求中有投诉件26524件，占受理总量的25.4%，较2020年增长53.8%。以投诉客体类别分类，涉及商品类投诉18996件，反映的商品主要有家居用品6932件、食品4882件、交通工具1071件、服装鞋帽938件、房屋744件等；涉及服务类投诉7528件，主要涉及的服务有：餐饮和住宿服务1793件、教育培训服务875件、文化娱乐体育服务786件、美容美发洗浴服务784件、制作保养修理服务477件等。以投诉问题类别分类，反映产品质量问题6785件，占比25.5%；反映售后服务问题4582件，占比17.2%；反映食品安全问题3104件，占比11.7%；反映合同问题2882件，占比10.8%；反映虚假广告问题1119件，占比4.2%。以投诉销售类别分类，反映线下消费问题投诉

13948 件，占投诉总比 52.5%，增长 26.6%；反映网购消费问题投诉 12576 件，占投诉总比 47.5%，增长 99%。

各类诉求中有消费者举报件 8880 件，占受理总量的 8.6%，较 2020 年同期减少 11.64%。从举报客体类别分类，属于商品类举报 7245 件，主要涉及的商品有：家居用品 1987 件、食品 2137 件、药品 574 件、化妆品 411 件；属于服务类举报 1635 件，涉及的服务主要是：餐饮和住宿服务 499 件、其他服务 208 件、教育培训服务 196 件、美容美发洗浴服务 182 件、销售服务 80 件。以举报问题类别分类，反映的问题主要有：广告违法行为 3746 件、侵害消费者权益行为 1571 件、食品违法行为 896 件、产品质量违法行为 736 件。

【价格监管】 加强价格监管执法，开展涉企、教育、医疗、协会商会、民生等领域价格监管专项检查。全市检查各类收费单位 3150 个，退还用（客）户 6182.7 万元，立案查处 109 件。

开展全市教育收费专项检查。对市县两级教育行政主管部门、市属大中专院校、职业院校教育乱收费进行专项检查，共检查单位 274 家，立案 31 起，责令退款 3358.2 万元。对国务院大督查发现的赣州育才职业（技工）学校乱收费问题进行立案调查，责令退款 774 万余元。

开展涉企收费专项整治。印发《赣州市市场监督管理局关于开展 2021 年涉企收费专项整治工作的通知》，重点开展水电气等公用事业收费、商业银行收费、行业协会商会收费、行政事业单位等乱收费问题整治。检查供水企业 26 家，查处 3 家，退还用户 22.5 万元；检查供电企业 17 家，查处 1 家。检查转供电主体 42 家，查处 8 家。检查供气企业 26 家，涉及用户 1030 户，立案查处 1 家。检查商业银行 7 家，责令退款 2181.5 万元，立案查处 2 家。检查行业协会商会 33 家，查处 1 家。

开展药品医疗服务价格检查。重点检查药品和医疗服务价格是否存在自立项目、自定标准、扩大范围、分解项目收费、只收费不服务等行为的检查，查处违反相关法律法规、诊疗技术规范及损害人民群众利益的不合理药品和医疗服务价格行为，保障人民群众健康权益。全年检查药品医疗服务单位 150 家，查处案件 19 件。

【质量强市】 赣州在长三角质量提升推进会上代表江西作经验介绍。举办重点产业质量提升现场交流会，4 个项目纳入全省质量提升重点项目。组织市长质量奖获奖企业进高校系列活动。建成全省首个质量知识学习平台，赣州市质量基础设施“一站式”服务线上平台纳入全省试点。市级政府质量工作考核得分全省第一。

参与制定发布国家、行业标准 30 项、省级地方标准 18 项、团体标准 11 项，发布首个省级富硒地方标准，获批筹建省级富硒产业标准化技术委员会。“国家油茶标准化区域服务与推广平台”落户赣州。3 个国家技术标准创新基地（江西绿色生态）分中心获授牌，获批“江西绿色生态”品牌试点县 2 个。会昌贝贝南瓜国家农业标准化示范区通过中期评估。申报省级有机产品认证示范区 3 个，通过富硒产品认证产品 131 个。建成全国唯一的国家油茶产品质检中心（江西）。国家市场监管重点实验室（稀土产品检测与溯源）获批建设，国家有序推进家钨与稀土计量测试中心建设，申报筹建国家富硒产品质检中心。

【特种设备安全监管】 全市未发生特种设备人员安全生产事故，特种设备综合定检率达 99.58%，连续 3 年列全省第一。在全省特种设备安全监察工作会议上，市市场监管局作典型发言。

全面排查隐患。先后开展特种设备安全生产集中治理百日行动，以及液化石油气瓶、特种设备安全隐患大排查大整治等专项行动，全覆盖检查电梯维保单位、特种设备重点使用单位，共检查特种设备使用单位 6197 家，排查化解电站锅炉、气瓶充装站、检验站、电梯、景区索道及大型游乐设施等重点领域安全隐患 407 个，全市近 6 万台特种设备平稳安全运行。

做好“五一”国际劳动节、中秋、两会等重大节日、活动期间特种设备安全保障。落实市政府关于方特东方欲晓（赣州）旅游发展有限公司项目建设专题调度会精神，从特种设备参数、检验注册登记、人员取证、特种设备安全管理制度建立、应急救援预案演练等方面，助力方特按时、有序、安全开园。妥善解决华东城、红土地物流园区个体工商户叉车注册等难题。

开展应急演练。承办全省市场监管系统特种设备安全监察技能提升“千人大比武”决赛和全省客运索道应急演练，在方特东方欲晓主题乐园举办 2021 年赣州大型游乐设施应急救援演练，各县（市、区）特种设备专业委员会组织电梯应急演练 20 场次，完善全市大型游乐设施安全生产应急救援管理体系，提高全市游乐设施突发事件快速反应和应急处置能力。

加强特种设备安全宣传教育，举办“电梯安全宣传周”“安全生产月”等宣传咨询活动 21 场，组织 1176 家使用单位开展特种设备安全“三进”（进社区、进校园、进企业）活动。强化行政约谈，制定《特种设备安全行政约谈办法（试行）》，约谈气瓶充装单位 47 家、C 级和 D 级电梯维保单位 9 家，特种设备安装和使用单位安全意识得到提高。

加强特种设备安全监察员队伍建设，举办全市特种设备安全监察能力提升班，在工业园区、旅游景点、液化气站现场讲授特种设备监察要点、难点和注意事项，提升全市特种设备监察员能力和素质。加强建设特种设备监察队伍后备力量，举办为期 7 天的全市特种设备安全监察员取证培训班，全市特种设备监察员取证人数近 500 人，创历史新高。

【产品质量安全监管】 开展监督抽查。对生产领域的预拌商品混凝土、木家具、食品相关产品、液化石油气等22类产品进行监督抽查，共抽取样品441批次，其中404批次合格，合格率91.6%。对流通领域的车用汽柴油、儿童用品、消防产品、汽车配件、化肥、钢筋等9类商品进行监督抽查，共抽查样品1085批次，其中930批次合格，合格率85.7%。对抽查中发现的不合格产（商）品，均落实复查整改等后处理工作措施，不合格产品后处理工作完成率100%。全年未发生区域性、行业性、系统性产品质量问题。

实施分类监管。至年底，全市获证工业企业104家，其中危险化学品生产企业21家，对21家危化品生产企业实行每年一次的全覆盖检查，合格率达100%。对其他获证工业企业实行“双随机、一公开”方式检查，对辖区获证企业按照产品风险高低实行分类监管。全年未出现产品质量安全事故。

开展专项整治。针对2021年中央电视台“3·15”晚会曝光的“瘦身钢筋”问题，在全市范围内组织开展钢材暨“瘦身钢筋”排查整治行动，共抽查样品66批次，其中61批次合格，合格率92.4%，未发现销售“瘦身钢筋”行为。与消防、住建、公安联合开展电动自行车、电器产品和消防产品质量专项整治行动，印发《2021年赣州市消防安全专项整治实施方案》，保障全市电动车、电器和消防产品质量安全。组织开展儿童和学生用品专项守护行动、安全防护用品专项整治，守住全市儿童和学生用品产品质量。

组织开展成品油专项整治行动。印发《全市查处打击制售不合格油品和黑加油站点实施方案》，对全市成品油市场开展专项整治。共抽检成品油样品116个，查封非法成品油储罐58个、柴油298.46吨、加油设备12台。检查非法改装加油车17辆，查扣非法流动加油车4辆，查办无证无照经营成品油案件36起、有照无证经营成品油案件6起，案值共计202.5万元。向公安机关移送案件4起。

开展危险化学品及危险化学品包装物、容器生产企业专项整治。印发《危险化学品质量安全专项整治三年行动实施方案》《关于进一步强化危险化学品获证企业监管的通知》等文件，在全市危险化学品生产领域开展无证擅自生产、分装列入国家工业产品生产许可证发证产品目录的危险化学品和危险化学品包装物及容器产品的非法违法“小化工”企业的专项排查。对排查中发现的2家未经批准擅自生产列入目录的危险化学品企业，依法查处并取缔。

开展塑料污染治理行动。印发《赣州市市场监管局关于做好2021年塑料污染治理有关工作的通知》，监督抽查21批次大棚膜、合格21批次。对12家使用不可降解一次性塑料吸管的奶茶店，进行立案查处。

【食品安全监管】 管控风险。组建市综合检验检测院，统筹优化市级食品检验检测资源。市食品药品检验检测中心增资扩项，年检测能力达到1.1万批次，可检测项目2096个。构建覆盖全部乡镇的快检网络。加大抽检监测力度，全年完成食品抽检监测4.5万批次，每千人达4.59批次。农产品批发市场和中心城区农贸市场快检室建设率100%，数据实时上传“智慧监管”系统，实现精准监管。召开风险会商和预警交流会10次，及时研判食品安全形势，堵住食品安全风险漏洞。建立食品安全分级监管工作机制，强化粮油、肉制品、水果制品等中高风险食品品种的隐患治理。

坚持全程监管。抓实源头治理，累计排查疑似镉等重金属污染源168处，分类实施受污染耕地安全利用改造300公顷；完成严格管控和安全利用污染耕地1.21万公顷，超出省下达任务11.6%。开展食用农产品“治违禁、控药残、促提升”三年行动，以豇豆、韭菜等11类产品为重点，解决食用农产品农兽药残留超标等问题。强化过程管理，加强获证食品生产企业证后检查，推行“赣溯源”电子追溯系统运用，全面实行食品安全管理人员网上培训考核；推行校园食品安全“六必查”制（必查各项制度建立健全情况，确保学校食品安全管理制度和责任制度健全；必查场所、用具清洗消杀情况，确保对食品经营场所地面、墙面、设施设备、公用具、餐饮具等进行彻底清扫或清洁；必查各类设施设备使用情况，确保冷藏冷冻、加热保温、清洗消毒等设施设备正常运转；必查各类原料采购使用情况，确保学校食堂不采购贮存腐败变质、超过保质期、感官性状异常等问题的食品和原料；必查从业人员晨检等落实情况，确保从业人员全部持有有效健康证明上岗，并且无发热等症状；必查食堂

11月26日，赣州市2021年度食品安全突发事件（IV级）应急演练在全南县举行　　（市市场监督管理局供图）

供水、饮水情况，确保学校食堂或学生饮用水符合生活饮用水卫生标准），确保每年检查不少于4次，学校食堂“互联网+明厨亮灶”覆盖率达到69.59%。实施进口冷链食品“四证”（严格查验进口冷链食品入境检验检疫合格证明、核酸检测证明、消毒证明、溯源信息凭证）、“四专”（进口冷链食品专用通道进货、专区存放、专区售卖、专人操作）、集中监管仓管理，累计审核出仓进口冷冻食品338批次，2966.67吨。全年受理食品类投诉举报5235件，查办案件1039件，侦破食品安全刑事案件7起。

持续推进“双安双创”（食品安全示范城市创建、农产品质量安全县创建）建设，赣州市被列为部省共建绿色有机农产品全域先行先试单位，4个县区获全省食品安全治理示范县命名，命名8个县区为全市食品安全示范县。建设粤港澳大湾区“菜篮子”生产基地32家、绿色防控示范区70个，新增绿色有机农产品55个。大余县、于都县被确定为2021年追溯管理与推行食用农产品达标合格证制度先行先试单位。新改建标准化农贸市场163个，建成活禽集中屠宰企业4家，活禽“集中宰杀、生鲜上市”扩大至15个县（市、区）。建设小作坊集中加工区4个，创建省级优秀食品小作坊162个，创建工作经验在全省推广。中心城区大型超市创建“放心肉菜示范超市”全覆盖。推进餐饮示范区、示范店创建，建成“明厨亮灶”单位1万余家、“互联网+明厨亮灶”单位160余家。

发挥行业协会自律作用，组织食品企业集中培训、参与公开承诺等活动。完善风险分担机制，推行食品安全责任保险，办理食品安全保险357笔，保险金额20.7亿元。

【药械化安全监管】 赣州市全面加强药品监管能力建设，强化药品监管能力，提升智慧监管效能，全年未发生重大或以上级别药品安全突发事件，省对市药品安全考核等级为A级。

开展中药饮片、处方药销售、药品网络销售和医疗器械、化妆品、打击非法医疗美容服务等专项整治，以麻醉药品和精神药品使用单位专项检查，含兴奋剂药品经营专项检查，药品流通环节专项检查为重点的“三检查”工作。查处相关违法案件427起。完成药品抽样1574批次、化妆品抽样94批次、医疗器械抽样3批，合格率分别达99.36%、94.7%和100%。

加强药械化抽检。药品省抽抽样1067批，完成计划的101.6%，不合格药品8批次，合格率为99.2%；药品市抽抽样507批，完成计划的101.4%，不合格药品2批次，合格率为99.6%；化妆品省抽抽样61批，完成计划的101.6%，不合格化妆品3批次，合格率为95.0%；化妆品市抽抽样33批，完成计划的110%，不合格化妆品2批次，合格率为93.9%。医疗器械抽样3批，全部合格。

【综合执法】 突出重点领域整治。组织食品药品、价格收费、粮食市场等重点领域专项执法行动51次，查办各类违法案件3326件。其中民生领域“铁拳”行动查办案件778件，移送公安机关案件8件。

强化反不正当竞争执法。全市查处不正当竞争案17件，罚没金额269.5万元。建立反不正当竞争工作局际联席会议制度，出台《赣州市市场监督管理局关于促进企业商业秘密保护工作的意见》，下发《赣州市市场监督管理局关于做好2021年重点领域反不正当竞争执法专项行动的通知》，加强网络领域知识产权保护和商誉保护，打击违规商业炒作行为和违法促销行为，查处医药购销企业不正当营销行为，规范医疗美容等医疗服务行为，保护消费者合法权益，加强反不正当竞争执法，提升市场综合监管能力。

打击传销行为，通过开展“无传销社区”创建活动、打击传销宣传教育、坚持群防共治、清除传销滋生场所等，持续打击传销行为，遏制传销活动发展蔓延。2021年，全市未发生暴力传销、聚集式传销案件和网络传销案件，传销案件数量明显下降。全市公安、市场监管部门共查处传销案件7起（其中公安5起、市场监管2起），捣毁传销窝点2处，采取强制措施7人。全市广泛开展各形式的打击传销宣传，共开展宣传活动450次，印发宣传资料5600份，举办咨询活动60次，接受咨询人数1200人次。处置各种传销舆情举报等12件，解决率100%。

（陈和金）

本栏编辑：赖建明

农　业

综　述

【概况】 2021年，全市农业经济平稳健康运行，农林牧渔业总产值、增加值、农村居民人均可支配收入分别为696.58亿元、440.87亿元、14675元，分别增长9%、7.2%、12.6%。全省加快蔬菜产业发展座谈会、全省宅基地制度改革试点推进会、粤港澳大湾区蔬菜产业合作交流大会相继在赣州市召开。在2020年度全省实施乡村振兴战略实绩考核中，赣州市位列设区市第一名，被评为“优秀”等次。

【富硒产业】 赣州市在全省率先出台示范基地认定管理办法和创建工作方案，圈定富硒农业产业发展区6.53万公顷（98万亩），认定富硒产业发展示范基地118个，启动于都、会昌富硒产业园区建设。筹建成立江西省富硒产品标准化技术委员会，推动全省富硒标准研究制定。全市培育涉硒农业经营主体400余家。推动创建国家级富硒产品质量监督检验中心建设（全国仅2个），市富硒农业与产品开发技术创新中心开工建设，成功注册“赣南高山茶”集体商标，完成富硒农产品认证263个，位居全省第一；全市富硒农业总产值突破260亿元。

【绿色农业发展】 成功争取将赣州市列入部省共建绿色有机农产品基地试点省先行先试单位，新发展绿色有机农产品151个，全市有效期内的绿色有机地理标志农产品达591个，宁都黄鸡、定南茭白等13个农产品获评全国名特优新农产品。农产品产地生态环境得到改善，化肥利用率达41%，农作物病虫害统防统治覆盖率达45.34%，全市畜禽粪污综合利用率达97.67%，中央第二轮环保督察转办涉农问题整改率达97.2%。为退捕渔民发放社保补助资金307人次、16.86万元。规范中心城区渔船停泊，在章贡区、赣县区设立12个停泊点，开展为期一个月的打击非法捕捞规范渔船停泊专项行动。加大联合执法力度，出动执法人员4万余人次，查处违法违规案件172起，清理取缔涉渔“三无”（即无船籍港、无船名号、无船舶证书）船舶166艘，责令400余家水产经营单位予以整改。强化农产品质量安全监管，推行承诺达标合格证制度，试行主体达2339家。建立红火蚁联防联控工作机制，做好非洲猪瘟、草地贪夜蛾等重大动植物疫情监测和防控工作，全市未发生重大动植物疫情和农产品质量安全事件。

【现代种业发展】 全年办理3家一级种畜禽场和4家二级种畜禽场经营许可证，赣县区的一级湖羊种羊场为江西省首家湖羊规模繁育场，开创当地自主繁育的先河。红一种业科技股份有限公司选育的水稻品种“长田优8号”被评为江西省十大“新优”品种。

【乡村建设全面启动】 全市深化拓展“六清二改一管护”（即清垃圾、清塘沟、清废弃物、清乱堆乱放、清乱搭乱建、清残檐断臂，改美庭院、改好习惯，管护村庄环境村庄清洁行动），完成2812个村点整治建设，村庄环境得到净化美化，崇义县获评“全国村庄清洁行动先进县”。全市“户分类、村收集、乡转运、区域处理”生活垃圾收运处置体系基本建成，所有自然村组实现保洁全覆盖。建成的污水处理设施及覆盖村庄数量均居全省第一。全面完成农村户厕摸排和年度问题户厕整改任务，农村户用卫生厕所普及率稳定在99.6%以上。建成市级村庄环境长效管护信息系统，村庄环境基本实现规范化、常态化管护。全南县、上犹县、崇义县获得全省村庄环境长效管护工作评估前10名。

【农村改革】 全市总结前期2批347个试点村庄经验，谋划农村宅基地规范化管理和改革三年行动。大余县“智慧宅改”等做法得到中央、省级层面肯定，并承办全省宅基地制度改革试点推进会。深入研究赣州市乡镇经济发展具体思路和措施，形成调研成果呈市委主要领导参阅。在前期摸排、研判的基础上，形成《创新管理体制推进乡镇经济发展的意见》讨论稿报市政府。深化农村产权制度改革，在全省率先开展村级组织“财务分开”工作，制定出台进一步加强农村集体“三资”规范化管理的若干措施，加快盘活农村集体资产资源，核查农村集体资产128.82亿元。

推进“放管服”改革，对标大

湾区开展行政权力事项梳理和优化提升，对市、县两级农业农村部门的381项行政权力事项规范统一事项名称、办事流程、权力类型和行使层级，促进“市县同权”改革，16项行政权力事项赋权给国家级开发区，在市农业农村局门户网站和“赣州三农”微信公众号开设办事服务专栏，推动事项网上快捷办理。完成市农业综合行政执法改革，基本实现“五区一体化”改革目标，入选农业农村部农业综合执法改革典型，获评“全国农业综合执法示范窗口”，立案421件，办结355件。深入推进农垦改革发展，巩固理顺县级农垦管理职能运行机制，全面完成农垦国有土地确权建库上图4.73万公顷（70.948万亩）。

【生产条件改善】 高标准农田建设。2020年度2.08万公顷（31.15万亩）建设任务完成，并通过省级抽查，5个县（市）获全省激励表彰；2021年度4.19万公顷（62.8万亩）建设任务有序推进，各项目县（市、区）抓紧有利施工时机，加快工程建设。农机化作业服务。全市投入农机具13.5万台（套），完成机耕作业62.82万公顷（942.3万亩），机械浇（灌）地2.89万公顷（43.42万亩），机播作业面积18.64万公顷（279.55万亩），机收作业面积47.91万公顷（718.72万亩）。受理国家农机购置补贴资金申请4247.83万元，受益农户1.26万户，补贴30个品目的农机具1.39万台（套）。农业信息化普及。建成农业物联网示范基地14个，信丰县被认定为全国“互联网+”农产品出村进城工程试点地区，赣县区中新云农入选江西数字经济案例100强，并与信明公司同时被认定为2021年全国农业农村信息化示范基地。用活用好农业产业振兴信贷通政策，发放贷款57.72亿元，惠及各类农业经营主体3.87万户。持续落实好“财政惠农信贷通”政策，积极向上争取信贷计划18.89亿元，已向3252户经营主体发放融资贷款13.2亿元，农业企业融资难题有效破解。金融保险支农助农。争取将赣州市列为全省首批农业巨灾保险试点市，2021—2023年每年省级财政补助667万元，市、县两级筹集1000万元，创新开展试点工作，至年底已完成保险机构遴选和年度保费的拨付工作，市农业农村局联合市财政局出台《赣州市农业巨灾保险试点项目资金管理办法》。争取省级小农户特色农业价格保险试点资金1000万元，在宁都县、上犹县等5县有序开展试点工作，惠及主体及农户4397个。

（杨小文　潘旋宇）

种植业

【粮食生产】 2021年，创新种粮形式，推广代耕代种、集中育秧和托管服务，水稻代耕服务、集中育秧分别占42%、51%以上。全力培育合作社、种粮大户等各类主体，全市3.33公顷（50亩）以上的水稻种植大户5514户，增加943户。引导各地出台奖补扶持政策，对集中育秧、适度规模经营、农机购置等，给予不同程度奖补。市级成立12支粮食生产指导服务组，巡回田间地头做好技术指导服务。全市粮食生产稳定发展，实现“十八连丰”，面积50.31万公顷（754.62万亩），超省定任务60公顷（0.09万亩）；产量261.82万吨，超省定任务3.27万吨。

【油料生产】 持续实施花生等油料作物提质扩面行动，在大余县、于都县、安远县、兴国县、石城县开展稻油轮作试点，大力发展油料生产。全市花生面积4.06万公顷（60.85万亩），增加0.17%；产量12.19万吨，增长0.47%。春收油菜面积2.04万公顷（30.57万亩），增长228.85%。抓好油菜等冬种生产，及早谋划部署，广泛宣传发动，推广良种良法，各县（市、区）均出台油菜扶持政策。全市冬播油菜面积2.02万公顷（30.35万亩），超目标任务233.33公顷（0.35万亩）。

【“赣南高山茶”区域公用品牌】 “赣南高山茶”集体商标成功注册。通过网络、邀请央视制作宣传片、高铁站海报以及召开赣州市第三届“赣南高山茶”品鉴暨品牌宣传推进会、“赣南高山茶”成功注册新闻发布会、“赣南高山茶”高质量发展座谈会等方式，提升品牌影响力。推进市级茶叶产业发展项目建设，示范推广无性系良种栽培、测土配方施肥等绿色种植技术。推广现代化、智能化茶叶加工设备。发展绿色、有机、富硒茶产品分别17个、37个、24个。打造馨阳岭、益香园等一批标准生态茶园以及崇义上堡、龙南虔心小镇等一批茶旅融合精品路线。全市茶叶面积1.33万公顷（19.99万亩），增长2.71%；产量0.5万吨，增长0.4%。

【白莲、中药材等特色产业】 主抓石城县、瑞金市、宁都县等白莲主产区建设，大力推广普及“建选17”“太空莲”系列等品种，积极推行“莲稻”等套种、轮作技术，全市白莲面积1.36万公顷（20.39万亩），增加4.51%；产量2.06万吨，增长6.68%。加快中药材基地建设，落实2021年省级中药材产业发展项目资金88万元，并在信丰县、石城县布局发展。2021年全市农田中药材面积0.26万公顷（3.94万亩），增长6.94%。

【农业防灾减灾】 市农业农村局与市气象局签订《深化气象为农服务合作协议》，在监测预警、信息共享、技术指导、防灾减灾等方面加强协作，提升农业防灾减灾能力。派出农技人员，深入乡村一线指导防灾减灾，争取农业生产救灾资金758万元，将灾害损失降到最低限度。

（杨小文　潘旋宇）

蔬菜产业

【概况】 2021年，全市按照“一套班子抓蔬菜产业”要求，把发展蔬菜产业列为县长工程强力推进。市第六次党代会明确提出，要坚定不移发展蔬菜产业，创建更多大湾区“菜篮子”生产基地，建设中部地区蔬菜产业发展中心、南方重要蔬菜集散地。全市累计建成大棚设施蔬菜基地1.9万公顷（28.48万亩），是2015年的25倍。新增设施规模蔬菜基地393个，建成大棚0.56万公顷（8.36万亩）、在建大棚113.33公顷（0.17万亩）；新增露地蔬菜基地0.33万公顷（4.99万亩）。新落实职业菜农8472户，累计培育职业菜农1.37万户。50个蔬菜产品通过富硒产品认证，制定芦笋、丝瓜、番茄3个富硒蔬菜标准，17个蔬菜基地被认定为赣州市首批富硒产业示范基地，25家蔬菜基地获大湾区“菜篮子”蔬菜生产基地认证，建成运营全国蔬菜质量标准中心（赣州）分中心、粤港澳大湾区“菜篮子”产品赣州配送分中心、中国赣州富硒科普馆（于都）。在信丰县举办粤港澳大湾区蔬菜产业合作交流大会。推动信丰、上犹、于都3县与广东省化州、阳西、惠来3县（市）签订农业结对合作协议。全市蔬菜产业快速发展，设施基地产销两旺，经济效益明显增强，利润普遍在8000—15000元/亩·年，设施蔬菜成为全省产业发展的标杆，赣南蔬菜入围中央电视台广告宣传，赣南蔬菜产品进入全国大流通市场。

【专业化区域化蔬菜种植】 各地重视培育主导品种和拳头产品，集约化育苗，打造专业乡镇、专业村、专业基地。宁都县、信丰县、于都县50%以上的设施基地栽培辣椒，兴国县30%以上的设施基地转向栽培芦笋，会昌县80%的设施基地种植贝贝南瓜，“三南”地区利用毗邻大湾区优势，发展一批高端叶菜类蔬菜基地。宁都县辣椒成功注册地理标志集体（证明）商标，会昌县贝贝南瓜评价标准获得省级认定。

【技术管理】 加强技术培训和指导服务，通过政府购买服务聘请275名技术员蹲点一线指导，开展线上培训13期，线上线下全年技术培训5万人次以上。年内，在众多基地推广吊蔓、密植、喷滴灌、水肥一体、土壤改良等新技术，产品商品性大幅提高，特别是辣椒种植技术规程在宁都县、信丰县等地的普及率达80%，全南县自然之星基地实现全程有机溯源生产。赣州市蔬菜产业“两中心一基地”获评“全国优秀农民田间学校”。

【“龙头企业+合作社+职业菜农”组织模式】 “龙头企业+合作社+职业菜农”组织模式在全市逐步推广，由龙头企业通过合作社培育带动职业菜农，把种植环节交还给职业菜农，龙头企业逐步转向提供种子种苗、技术服务、销售流通、设施配套等全产业链综合服务。如宁都瑞克斯旺、于都仁禾专门进行种苗繁育，南康堃阳、赣县华垦专门进行全程技术服务，赣县铭宸、于都金瑞盛转型开拓流通销售市场，信丰城投发展大棚设施材料加工、配套和建设。

【粤港澳大湾区蔬菜产业合作交流大会(赣州)】 4月30日，粤港澳大湾区蔬菜产业合作交流大会（赣州）在信丰县举行。赣州市有23个重点农业项目在会上集中签约，签约总资金168.2亿元，其中10亿元以上项目5个，50亿元项目1个，签约项目涵盖农机智能制造、富硒农业、农旅产业发展、农产品种养加工、存储物流等农业全产业链。大会为2021年赣州市新增的20个粤港澳大湾区“菜篮子”生产基地授牌，并组织与会人员到粤港澳大湾区“菜篮子”产品赣州配送分中心暨冷链物流园和赣南农特产品馆、赣南蔬菜配套产业园、农夫山泉信丰加工厂、全国蔬菜质量标准中心（赣州）分中心等参观点现场观摩。

（杨小文　潘旋宇）

生猪养殖

【概况】 2021年，全市抓好生猪产业发展，积极落实各项扶持政策，加快推进生猪屠宰行业转型升级，做好非洲猪瘟等重大动物疫病防控。全市动物疫情形势稳定，未发生非洲猪瘟等重大动物疫情。生猪复产增养势头良好，全市完成新改扩建养殖场598个，新增产能141万头；新改扩建中的养殖场99个。全年全市生猪出栏创历史新高，达692万头；年末生猪存栏372万头，能繁母猪存栏33.7万头，产能稳居全省第一。

【重大动物疫病防控】 开展重大动物疫病防疫集中行动，常年免疫密度达95%以上，常年免疫抗体合格率达90%以上。开展动物疫病监测流调工作，落实实验室监测工作。开展重点场所“大清洗、大消毒”行动，1676家企业完成生物安全改造升级。市农业农村局指导4家生

4月30日，粤港澳大湾区蔬菜产业合作交流大会（赣州）在信丰县举行。图为与会嘉宾参观蔬菜优良品种展示　　　　（郭芷汇摄）

猪养殖企业创建非洲猪瘟无疫小区。加强犬类狂犬病免疫工作，审核设立免疫场所57家。严格动物检疫监管，持续做好养殖环节无害化处理和动物产品调运备案。全市动物疫情形势稳定，未发生非洲猪瘟、禽流感等重大动物疫情。

【屠宰加工转型升级】 信丰温氏100万头、龙南50万头等大型生猪屠宰等屠宰加工项目建成投产；兴国加大100万头、大余东进80万头生猪屠宰项目完成主体工程建设；其他县（市、区）新建或改建项目按时序进度推进。实施屠宰企业冷链体系建设奖补，支持屠宰企业冷链体系建设，对符合条件的赣州温氏晶鸿等3家企业奖补308.26万元。

（杨小文　潘旋宇）

水产业

【概况】 2021年，全市水产品总体供应充足，总产量31.2万吨，同比增长3.61%，特种水产品产量9.4万吨，同比增长2.59%。繁育水产早繁苗88亿尾；规模［3.33公顷（50亩）］以上稻虾综合种养面积2000多公顷（3万多亩），小龙虾产量4968吨；鳗鱼产量4179吨，加工烤鳗5477吨（内销4470吨、出口1007吨），销售收入10.6亿元，出口创汇2862万美元。

【渔业高质量发展】 市农业农村局联合市水产研究所举办水产养殖新技术培训，邀请省水产科学研究所专家、本地"土专家"就养殖尾水处理、稻虾综合种养技术进行讲解；确定2021年渔业油价补贴市统筹资金用于养殖尾水处理设施建设项目、渔业渔政培训、水产品加工流通设施建设项目、新建特种水产品良种场项目、休闲渔业精品基地建设项目；中央第二轮环保督察转办信访件水产养殖有关问题全部整改到位；将大余县纳入2021年度江西鄱阳湖小龙虾产业集群续建项目，获得中央财政投资金额500万元，用于小龙虾苗种标准化生产基地、无环沟稻虾标准化生产基地、加工厂及交易市场建设；在崇义县开展33.33公顷（500亩）稻渔综合种养示范、大余县开展66.67公顷（1000亩）稻虾综合种养示范、石城县开展3.33公顷（50亩）鲢鱼综合种养示范、瑞金市开展6.67公顷（100亩）工厂化水产养殖场进行尾水处理技术示范；完成水产养殖种质资源普查2021年度工作，已普查主体数36961个。

【渔业资源保护】 巩固重点水域禁捕成果，继续开展退捕渔民就业帮扶工作，全市建档立卡退捕渔民中需要转产安置的290人全部完成转产就业，310名退捕渔民2021年度社保政府补助全部发放到位。属珠江流域的寻乌县、安远县、定南县、信丰县均按期在禁渔区范围实施禁渔管理，印发禁渔通告、召开部署工作会议、开展禁渔宣传，严厉打击非法捕捞行为。渔政执法保持高压态势，2021年累计出动渔政执法人员9861人次，清理取缔涉渔"三无船舶"169艘、违规网具3702张（顶），查办违法违规案件172件，涉案人员205人，行政处罚金额23.12万元，司法移送案件16件，司法移送23人。在赣县区、寻乌县、上犹县、石城县、兴国县、崇义县、大余县、会昌县、安远县、南康区、龙南市、宁都县等12个县（市、区）开展水生生物增殖放流活动，累计放流四大家鱼鱼苗（≥3厘米）2945万尾；在中心城区设置12个渔船集中停靠点，印发《关于建立中心城区渔船规范停泊打击非法捕捞长效机制的通知》，并安装渔政执法码头、竖立标识牌，引导渔船有序停靠。

（杨小文　潘旋宇）

休闲农业

【概况】 2021年，全市共发展各类休闲农业经营主体2598个，年营业总收入86.4亿元。上犹县梅水乡园村村被农业农村部评为"中国美丽休闲乡村"，江西凤溪湾生态农庄（五星）、寻乌县花开生态农庄（五星）、江西省弘铭源生态农庄有限公司（宁都县）（四星）、南康区方言农庄（三星）4家企业新晋为全国休闲农业与乡村旅游星级企业（园区），崇义县万长山田园综合体和兴国益香园茶叶有限公司田园综合体新晋为省级田园综合体。

【品牌建设】 全年新增国家级、省级品牌7个。至年底，全市创建国家级休闲农业示范县4个、省级示范县5个，国家、省级各类休闲农业品牌105个，打造江西休闲农业精品线路4条。

【宣传推介】 积极组织安远县、崇义县、宁都县、兴国县、定南县、上犹县6个县的休闲农业企业的30余种特色美食在现场制作并集中展示比拼。兴国县宝福源种植专业合作社、宁都县江源餐饮有限公司等7家企业美食获得中国农民丰收节江西活动丰收大集"曲水流觞"主题赛金奖，赣州市代表团获优秀组织奖。

【休闲农业培训】 10月底，省农业农村厅在江西凤凰村农村实用人才培训基地举办民宿培训班，赣州市组织各县（市、区）休闲乡村民宿从业人员、管理人员、服务人员等80人参加培训。

（杨小文　潘旋宇）

农业服务体系

【农业企业融资服务】 农业产业振兴信贷通　2021年，持续落实农业产业振兴信贷通政策，发放贷款44.98亿元，惠及贷款主体26786户。其中，脱贫户7.47亿元、15762户，一般农户2.14亿元、2270户，种养大户19.43亿元、7769户，家庭农场和农民合作社11.8亿元、887户，市级及以上龙头企业4.14亿元、98户。

财政惠农信贷通　积极向上争取信贷计划18.89亿元，已向3858户经营主体发放融资贷款15.37亿元。

【农业巨灾保险试点】 2021年，积极向上争取农业巨灾保险试点项目落地赣州，获得省级试点项目资金667万元，落实市县财政配套资金1000万元，南康区、信丰县触发理赔标准，各获得理赔金20万元。

【农业社会化服务项目】 争取中央财政支持农业生产社会化服务发展项目资金1150万元，用于补助薄弱和农户急需的集中育秧、机插（抛）秧、统防统治、秸秆还田、烘干等生产环节。全年组织开展培训人数达160人次。

【农业产业化发展服务】 省级农产品加工项目 完成2021年省级农产品加工（农业产业化联合体）项目、2021年省级龙头企业加工项目贴息申报，支持全市11家省级龙头企业建设农产品加工项目、对57家省级龙头企业进行贴息补助。

农业产业强镇项目 崇义县麟潭乡成功入选2021年农业农村部农业产业强镇创建名单，麟潭乡围绕刺葡萄产业，打造成为主导产业地位突出、产业链条深度融合、产业融合经营主体不断壮大、推进机制基本形成的全国农业产业强镇。

龙头企业培育 至2021年年底，全市有市级以上农业产业化龙头企业349家，其中国家重点龙头企业8家，同比新增3家；省级龙头企业113家；市级龙头企业228家、同比新增31家。

【农村经济组织带头人培训】 全市开展村支部书记、村干部业务培训3批400余人次。选派30余名村干部参加全省乡村发展与治理发展培训；选派22名合作社理事长和家庭农场主参加全省农村实用带头人培训。

【质量提升行动】 市委农办、市农业农村局联合发改等14个部门出台《关于开展全市家庭农场和农民合作社质量提升行动的实施方案》，实施规范提升促进行动、示范引领带动行动、政策支持助力行动三大质量提升行动。修订完善市级示范社和示范家庭农场监测评定办法，出台家庭农场名录管理办法。

（杨小文 潘旋宇）

林 业

【概况】 2021年，全市林业系统强化措施、狠抓落实，各项工作取得显著成效。赣州市获全省2020年林业高质量发展考核前三名，林长制工作获评优秀等次，松材线虫病疫木清理成效评价列全省第三，成功争取国家首批、全省唯一中央财政国土绿化试点示范项目。赣州市推进林业振兴发展的经验做法在国家林草局简报刊发推广。全市争取中央、省生态公益林补偿、低产低效林改造和林业有害生物防治等项目35个，下达赣州市林业生态建设资金14.73亿元，其中中央资金11.86亿元、省级资金2.87亿元，与2020年度13.85亿元同比增长6.4%。8月，市林业局与市发改委联合印发赣州市林业发展“十四五”规划。

【造林绿化】 2021年，全市完成人工造林1.33万公顷（20万亩），占省局下达赣州市计划任务1.02万公顷（15.23万亩）的130.39%；新增封山育林面积2.17万公顷（32.58万亩），占省下达赣州市计划任务2.1万公顷（31.45万亩）的103.33%；完成国家木材战略储备林建设566.67公顷（8500亩），占计划任务的100%。完成低质低效林改造面积7.84万公顷（117.66万亩），占年度改造任务7.33万公顷（110万亩）的106.96%，其中：完成重点区域森林“四化”3000公顷（4.48万亩），占计划任务2600公顷（3.86万亩）的116.06%。

【生态公益林和天然林保护】 全市有生态公益林100.5万公顷（1507.59万亩），其中国家级生态公益林77.13万公顷（1157.01万亩），省级生态公益林23.37万公顷（350.58万亩）；天然林保护任务62.69万公顷（940.39万亩），两者共占全市林地面积的53%，基本覆盖主要江河源头、两侧及高速、铁路周边等重要生态区位和生态脆弱地区。

【林地保护管理】 2021年，全市林业系统严格落实林地定额管理制度，严格执行林地用途管制制度，不断加强林地执法管理队伍建设，有效遏制破坏林地资源的行为。全市共审核上报办理长期占用征收林地项目394宗，面积2162公顷。

【林木采伐限额管理】 “十四五”期间，省政府批准赣州市年森林采伐限额为461.03万立方米，各地严格执行森林采伐限额和凭证采伐制度。2021年，全市办理木材采伐证9923份，采伐林木蓄积量140.5万立方米，占年采伐限额总量的30.4%。

【林长制实施】 2021年，全面落实“四单一函”（目标任务清单、森林资源清单、重点问题清单、工作提示单和督办函）工作机制。11位市级林长开展巡林调研39次，274位县级林长开展巡林调研1097次。全市18个县（市、区）及赣州经济技术开发区、赣州蓉江新区建设“林长+示范基地”103个，推动28个乡镇29个村启动林长制示范乡村创建工作。积极向上争取建档立卡贫困人口生态护林员指标，全年全市新增生态护林员53人，生态护林员累计总数达12147人。

【野生动植物保护】 2021年，赣州市陆生野生动植物资源保护开展“清风行动”“网剑行动”，严厉惩处各类走私、乱捕滥猎、非法交易陆生野生动植物等违法违规行为。全年未发生较大野生动植物资源破坏事件。

【集体林权制度改革】 各地积极探索公益林（天然林）补偿收益权质押贷款制度，全市累计林权抵押贷款面积达36.3万公顷（544.51万亩），贷款金额85.5亿元，其中2021年新增抵押面积1.76万公顷（26.46万亩），贷款金额6.03亿元。加大“林农快贷”宣传推广力度，截至2021年年底，全市“林农快贷”授信 80 户，授信金额 1090.35 万元，其中 2021 年新增授信 14 户，金额 111.24 万元。

【国有林场改革】 至 2021 年年底，全市有国有林场 48 个（原 50 个国有林场，崇义县、于都县各撤销 1 个），其中生态公益型林场 32 个，商品经营型林场 16 个。经营总面积为 44.76 万公顷（671.53 万亩），其中国有面积 34.05 万公顷（510.81 万亩）、联营面积 10.26 万公顷（153.96 万亩）、场外造林 0.45 万公顷（6.76 万亩），占全市林地面积的 14.62%。全市国有林场公益林面积 23.34 万公顷（350.17 万亩），其中国家级公益林面积 20.11 万公顷（301.77 万亩），省级公益林面积 3.23 万公顷（48.40 万亩）；天然林面积 20.14 万公顷（302.16 万亩）。全市国有林场活立木蓄积量 4416.22 万立方米，占全市活立木蓄积量的 21.97%，其中天然林蓄积量 2304.41 万立方米。全市国有林场有职工总人数 9122 人。

【森林公园】 至 2021 年年底，赣州市设立国家和省级森林公园 31 个，经营总面积 14.93 万公顷。其中，国家级森林公园 10 个（安远三百山、宁都翠微峰、大余梅关、上犹五指峰、崇义阳明山、赣州阳明湖、龙南九连山、赣州峰山、信丰金盆山、会昌会昌山），经营面积 12.1 万公顷；省级森林公园 21 个（安远龙泉山、赣县水鸡岽、石城西华山、龙南武当山、瑞金罗汉岩、兴国均福山、南康南山、于都罗田岩、寻乌黄畬山、于都屏山、寻乌东江源桠髻钵山、石城通天寨、石城李腊石、兴国园岭、全南梅子山、南康大山脑、寻乌东江源仙人寨、宁都老鹰山、龙南安基山、龙南金鸡寨、定南神仙岭），经营面积 2.83 万公顷。森林公园个数位居全省第一。

【自然保护区】 2021 年，全市共有省级以上自然保护区 11 个，批复面积 10.41 万公顷。其中，国家级自然保护区 3 个，面积 46617.45 公顷；省级自然保护区 8 个，面积 5.75 万公顷。

【湿地公园与地质公园】 2021 年，全市有湿地公园 20 个，批复面积 3.39 万公顷。其中，国家湿地公园 13 个，面积 3.13 万公顷，省级湿地公园 7 个，面积 2554.82 公顷。全市有地质公园 4 个，批复面积 2.25 万公顷。其中，国家级地质公园 1 个，面积 2039 公顷；省级地质公园 3 个，面积 2.05 万公顷。

【风景名胜资源】 赣州市共有风景名胜区 9 个，面积 50491 公顷，其中国家级风景名胜区 4 个，面积 32581 公顷；省级风景名胜区 5 个，批复面积 17910 公顷。

2021 年 7 月省政府批复同意《通天岩风景名胜区总体规划（2020—2035 年）》，2021 年 12 月省林业局批复同意《翠微峰风景名胜区翠微峰与青龙岩景区详细规划》。

【林业执法】 2021 年，赣州市林政管理稽查支队共受理各类林业行政违法案件 5 起，查处 5 起，处罚违法金额 7.86 万元。加强中心城区执法力度，与五区联动共办理各类林业行政案件 78 起，处罚 130.37 万元，其中非法征占用林地 44 起，处罚 99.67 万元；滥伐林木 31 起，处罚 29 万元；毁坏林木 1 起，处罚 1000 元；违规占用湿地 2 起，处罚 1.6 万元。制定并印发《松材线虫病防控综合执法专项行动实施方案》，进一步强化松材线虫病疫木管控，严厉打击非法调运、经营、加工和使用松木及其制品行为，开展巡查巡逻 47 次，没收并无害化处理疫木 38 立方米。组织执法专业人员开展全市林业综合行政执法指导调研，形成并印发《林业综合行政执法指导调研报告》，指导各地开展执法。组织业务骨干对各县（市、区）开展林业执法案卷评查工作，通过抽查案卷、现场交流、现场点评、现场反馈问题等方式进行业务指导，并将存在的问题梳理形成《林业行政执法监督建议书》印发各县（市、区），提高全市依法办案和案卷制作水平。

【林下经济】 2021 年，全年新增林下经济发展涉及林地面积 4.26 万公顷（63.87 万亩）。其中，新造 0.75 万公顷（11.29 万亩），含新造森林药材与香精香料 0.69 万公顷（10.37 万亩）、新造森林食品林 613.33 公顷（0.92 万亩），改造 0.51 万公顷（7.67 万亩），含改造低产毛竹林 0.44 万公顷（6.6 万亩），改建笋用和笋材兼用林 713.33 公顷（1.07 万亩）；养殖涉及林地 2.99 万公顷（44.91 万亩），含养殖家禽 3032.5 万羽、增养蜜蜂 1.86 万箱。新增省级森林康养基地 5 处，花卉苗木新育苗面积 388.3 公顷（5825.6 亩）。争取省级财政森林药材种植补助 1604.82 万元、竹产业高质量发展补助资金 1220.9 万元。

【油茶产业】 2021 年，全市完成新造（含更新改造）油茶林面积 0.43 万公顷（6.42 万亩），占年度任务 0.4 万公顷（6 万亩）的 107.5%；完成低产油茶林改造面积 0.67 万公顷（10.11 万亩），占年度任务 0.67 万公顷（10 万亩）的 101.08%；完成低产油茶林提升面积 0.73 万公顷（10.88 万亩），占年度任务 0.67 万公顷（10 万亩）的 108.82%。培育扶植 100 个科学化、标准化、规范化的低产油茶林改造提升示范基地，安排 610 万元市级专项财政扶持资金奖补，发挥示范基地的示范引领作用。2021 年，全市油茶林总面积达 20.4 万公顷（306 万亩），年产茶油 4.8 万吨，“赣南茶油”连续四年登上中国地理标志产品区域品牌百强榜，位列第 54 名。

【油茶科技推广和服务】 建立“1+4”油茶科技推广人才体系，全市组建一支百人以上的油茶科技推广服务队伍，建立技术人员挂点服务责任制。加强油茶改造提升技术培训，举办省、市、县、乡不同层级的培训班，逐级普及低产油茶林改造提升技术。2021 年，全市开展油茶产业高质量发展技术培训班 149 期，开展“良种良法”送油茶科技下乡活动 218 期，累计服务、培训 6500 余人次。其中，市级开展油茶科技服务培训 6 期，联合省林业局开展

5 月 28 日，市林业局在于都县举办全市油茶产业高质量发展综合技术培训班——于都县仙下乡富坑村油茶基地现场培训　（市林业局供图）

“百团千人送油茶科技服务培训”2 期。积极开展油茶树体、油茶产量两项保险试点，全年全市投保面积 4.96 万公顷（74.43 万亩），保额达 24.95 亿元，投入保费 3269 万元，其中由地方财政补贴保费比例达 75%，进一步降低油茶资源培育经营的风险；率先在全省将油茶采后加工机械等纳入 2021 年赣州市乡村产业振兴农机购置补贴，全年受理 4 家企业油茶果实脱壳、茶籽筛选等 8 台（套）采后加工设备补助申请，共兑现市级财政补助资金 41.76 万元，提高油茶采后加工机械化水平。

【林业有害生物防治】 2021 年，全市主要林业有害生物发生面积 18.31 万公顷（274.63 万亩），其中病害 10.15 万公顷（152.22 万亩），虫害 8.16 万公顷（122.41 万亩）；无公害防治面积 13.78 万公顷（206.69 万亩），无公害防治率 99.67%。根据 2021 年秋季普查结果，全市松材线虫病发生面积 9.53 万公顷（143 万亩），疫情小班死亡松树 133.84 万株，疫情小班数量 7462 个，疫情分布在章贡区（含赣州经济技术开发区、赣州蓉江新区）、赣县区、南康区、大余县、上犹县（含阳明湖景区）、信丰县、崇义县、安远县、龙南市、定南县、全南县、宁都县、于都县、兴国县、瑞金市、会昌县、寻乌县等 17 个县（市、区）的 142 个乡镇。

【林业科技合作与推广】 2021 年，争取国家、省级林业科技项目 5 个，下达项目资金 280 万元，其中中央财政林业科技推广项目 2 个，分别是崇义县林业技术推广站“南酸枣林枣 1 号良种推广与示范项目”、赣州市林科所“油茶低产林综合改造技术推广项目”；省级良种良法项目 3 个，分别是全南县林业技术推广站“油茶改造提升推广示范项目”、于都县林业技术推广站“油茶改造提升推广示范项目”及信丰县林木良种场“森林‘四化’良种良法推广示范基地项目”。建立市级林业科技项目库，收录林业科技项目 114 个；抽调 41 名市级油茶科技推广特派员到 18 个县（市、区）及赣州经济技术开发区挂点指导，开展低产油茶林改造提升科技推广服务年活动；举办 6 期油茶技术培训班，培训 600 余人次，组织市、县级 300 多名科技人员参加省林业局组织的“百团千人”送科技下乡活动，市级送科技到林业企业和林农户数达到 793 户，现场技术交流会 88 次；4 人被省科技局选派为省级科技特派员；推荐杨清心等 3 人为国家和省级“最美林业科技推广员”，推荐刘新颂等 6 人为国家和省级“乡土专家”。

【林木种苗】 2021 年，全市共有国家级林木良种基地 3 处，省级林木良种基地 2 处，国家级林木种质资源库 1 处，省级林木种质资源库 5 处，省级示范保障性苗圃 3 处（新增），省级保障性苗圃 8 处，苗圃共 826 处。全年全市花卉苗木总面积 1.4 万公顷（21 万亩），花卉苗木产量 3.6 亿株。

（鲍宾彬）

果　业

【概况】 2021 年，全市全力推进赣南脐橙产业高质量发展，取得扎实成效。全市脐橙种植面积 116.6 千公顷，产量 150 万吨，产值 166 亿元；完成新基地开发 5913 公顷，建设标准化生态果园 206 个，建设面积 1558 公顷。全年繁育出圃柑橘容器苗木 499.02 万株、初选优良单株 9 株；柑橘黄龙病发病率降至 2.37%，疫情连续 5 年控制在低度流行状态；成功举办 2021 赣南脐橙博览会暨赣南脐橙产业发展五十周年纪念活动启动仪式、2021 品牌建设与保护论坛暨赣南脐橙无假劣试点发布会、赣南脐橙（北京）文化周等活动，赣南脐橙以品牌价值 681.85 亿元位居区域品牌（地理标志产品）第六位、水果类第一，实现品牌价值七连冠。赣南脐橙位列 2021 年江西农产品“二十大区域公用品牌”第一名、“2021 中国品牌·区域农业产业品牌影响力指数”前十。

【标准化生态果园建设】 2021 年，赣州市高质量完成 206 个标准化生态果园。

科学谋划印发《2021 年赣南脐橙示范基地建设实施方案》，明确目标任务、工作举措和保障措施和考核细则，全年建设 200 个标准化生态示范基地，分为新开发示范基地、高品质栽培示范基地、主要交通干线果园提升改造示范基地。

培训指导线上线下多形式开展技术培训。全市累计举办技术培训班 1983 期，培训 154595 人次，其中通过直播观看 8.43 万人次。为进一步扩大培训覆盖面和培训效果，通过自媒体发布《脐橙气象服务专项》17 期、《每月农事》10 期、《每周一园》5 期、其他技术文稿 10 篇，仅市果业发展中心公众号点击量达 272557 人次。

9 月中旬，市果业发展中心组织人员对全市 2016—2020 年标准化生态果园建设“回头看”，并下发通报，督促各地积极整改。10 月 28—29 日，召开赣南脐橙示范基地建设现场观摩培训会，要求各地把好的经验做法带回去，落实到项目建设中去。12 月 8—17 日，206 个标准化生态果园建设面积 1557.93 公顷（23369 亩）完成市级验收。

资金保障落实市级标准化生态果园建设经费补助 1610 万元，是 2020 年资金量的 1.38 倍。各地根据市级分配任务数和补助标准，足额落实奖补资金。

【柑橘黄龙病防控】 2021 年，全市平均发病率为 2.37%，疫情持续处于低度流行状态。3 月 15 日，市政府办公室印发《关于印发 2020 年赣州市柑橘黄龙病防控工作方案的通知》，明确全年防控工作目标和内容。市果业发展中心制定印发《2021 年全市柑橘黄龙病防控示范基地建设实施方案》，在全市新建 6.67 公顷（100 亩）以上的市级柑橘黄龙病防控示范基地 100 个，面积 1340 公顷（2.01 万亩）。通过规范落实各项综合防控措施，示范基地内柑橘黄龙病病株率控制在 1% 以内，示范带动作用明显。定点、定人、定时监测全市 58 个监测点的柑橘黄龙病、柑橘木虱、柑橘小实蝇等危险性病虫害发生情况，发布虫情预报及防治信息 4 期；针对 6 月以来柑橘木虱发生数量明显增多的情况，组织专业技术人员对全市柑橘木虱发生情况进行 2 次全面调查，并印发《全市柑橘木虱发生情况调查通报》。根据柑橘木虱监测调查情况，7 月 21 日印发《关于抓紧做好当前全市柑橘木虱防治工作的通知》，并于 8 月 6 日召开防控工作部署会，要求各地高度重视，把柑橘木虱防控作为当前果业重点工作来抓，采取有力措施及时控制虫情。8 月 7 日起各县（市、区）木虱防治工作开展情况实行周报制，累计印发《全市柑橘木虱防治工作周报》8 期；对集中连片种植且柑橘木虱发生较重的区域，组织果农开展联防联控和统防统治，统一压低虫口基数，木虱防控取得明显成效。开展病树普查清理专项行动，在 9—12 月黄龙病树识别关键期，对全市柑橘果园分类进行病树普查清理，重点加强 6 年生以下幼龄果园的病树普查清理力度，并从 11 月 19 日开始对各县（市、区）病树普查清理工作实行一周一调度。全市累计普查柑橘果园面积 15.49 万公顷（232.28 万亩），普查率 100%，普查总株数 9138.93 万株，普查出病树 216.41 万株，平均病株率 2.37%，清除病树 189.26 万株，病树清理率 87.45%；清除失管果园 1160 个，面积 820 公顷（1.23 万亩），总株数 45.44 万株。

【2021 赣南脐橙博览会暨赣南脐橙产业发展五十周年纪念活动】 11 月 19 日，2021 赣南脐橙博览会暨赣南脐橙产业发展五十周年纪念活动在信丰启动。此次活动以“产业兴旺感党恩，创新引领迈征程”为主题，由江西省农业农村厅、赣州市人民政府主办，信丰县人民政府、赣州市农业农村局、赣州市果业发展中心、赣州市商务局、赣州市文广新旅局承办，活动展示赣南脐橙产业五十年发展取得的巨大成就，进一步推动赣南脐橙品质品牌提升，加快赣南脐橙产业数字化发展，拓宽赣南脐橙销售市场，拓宽赣南脐橙网络销售渠道，推动赣南脐橙产业高质量发展。活动有 2021 赣南脐橙博览会暨赣南脐橙产业发展五十周年纪念活动启动仪式、亲近橙园采摘活动、“赣南脐橙”号高铁首发仪式、2021 赣南脐橙采摘旅游季、赣南脐橙产业发展五十周年纪念宣传活动、赣南脐橙电子商务推广活动、赣南脐橙品牌维权打假活动等，时间从 2021 年 11 月开始，一直持续到 2022 年 3 月。活动现场，赣州市果业发展中心与中国国家品牌网、深圳亚太国旅、京东、美团等企业签署一批电商、文旅项目。与会领导和嘉宾参观赣南脐橙优良品种展示、深加工企业产品、优质电商企业展示及直播、果业机械展示演示和赣南脐橙产业发展五十周年成就展，感受赣州市、信丰县脐橙产业高质量、全产业链发展的良好态势和成果。

【赣南脐橙文化周活动】 12 月 12—18 日，由赣州市人民政府、中国欧洲经济技术合作协会欧盟工作委员会联合主办，信丰县人民政府、赣州市果业服务中心、赣州广播电视台

11 月 19 日，赣州市果业发展中心与中国国家品牌网、深圳亚太国旅、京东、美团等企业签署电商、文旅项目（市果业发展中心供图）

12 月 12 日，赣南脐橙（北京）文化周活动在北京举行
（市果业发展中心供图）

承办的赣南脐橙文化周活动在北京启动。活动现场分为四个区域，分别为“橙”色客厅，展示“中华名果”、全国首批中欧地理标志协定保护产品赣南脐橙的多姿多彩；心想事“橙”脐橙展示品鉴区，展示不同品种、不同包装、不同规格的赣南脐橙实物；“橙”心“橙”意脐橙文化展示区，展示赣南脐橙产业的发展历程；礼遇全“橙”品尝售卖区，宾客可以现场进行品尝和购买赣南脐橙，还可以通过“学习强国”强国城进行线上购买。其间，通过赣南脐橙走进王府井等一系列活动，搭建交流合作的高端平台，宣传脐橙品牌、弘扬脐橙文化，扩大赣南脐橙及赣州在全世界的知名度和美誉度，助力赣州高质量跨越式发展。

（梁梅青）

水　利

【概况】 2021 年，全市水利系统加快推动水利高质量发展，水安全保障能力持续提升、重大水利项目实现突破、水生态文明彰显赣南特色，实现“十四五”水利工作的强劲开局。赣州市被水利部列为全国水土保持高质量发展先行区，市水利局获评全省脱贫攻坚先进集体、河湖长制工作考核获得全省第一，在全省水利工作会上作典型发言。水利部、省水利厅在赣州市举办“水利是农业的命脉”暨中央苏区水利史学习研讨会，确立赣南等原中央苏区水利“六个第一”（第一个水利政府机构、第一个水利著名论断、第一个农村饮水工程、第一座农田灌溉工程、第一个水利施工标准、第一次水土保持工作）、“四个源头”的历史地位。上犹县、寻乌县获评省政府“鄱湖杯”水利建设先进县。

【防汛抗旱】 年内，全市有 1006 座水库、1125 个水电站落实责任人，指导调度大中型水库 395 次，减淹耕地 2.6 万公顷，减淹人口 55 万人，减免直接经济损失 1.66 亿元，实现人员零伤亡、水库零出险、万亩以上圩堤零溃决。

【水利建设】 水利建设三年行动。2021 年全社会水利投入 47.35 亿元，全年实施水利建设三年行动项目 259 个，完成河流治理项目 26 个，治理河长 396 千米。定南洋前坝、会昌石陂、石城七机排 3 座水库主体完工，龙南茶坑、于都岭下、兴国洋池口、安远永镇 4 座水库施工建设中。推进 102 个重点水利项目百日攻坚。打破近三十年没有重大水利项目的局面，全市梅江灌区、营口水库、茅店水利枢纽、平江灌区、寒信水利枢纽、极富水利枢纽等 6 个重大项目进入国家“十四五”水安全保障规划重点项目以及国家发改委《“十四五”革命老区基础设施建设方案》，总投资约 638 亿元。瑞金梅江引调水工程已开工建设，投资 47 亿元的梅江灌区、投资 60 亿元的中心城区五江十岸防洪提升与生态修复工程、投资 29 亿元的茅店水利枢纽前期工作进展较快。全面推进城乡供水一体化，组织各地完成规划编制，构建一体化管理服务模式，落实主管单位、实施主体、供水单位。2021 年全市实施项目 30 个，已全部完工，完成投资 3.2 亿元，占比 106.7%，受益人口 24.14 万人。

【水利改革】 水土保持“赣南模式”示范推广。全面完成全国水土保持改革试验区建设，成功争取被列为全国 5 个水土保持高质量发展先行区之一，水土保持生态治理“赣州模式”得到中央环保督察组和水利部的充分肯定，《赣州市水土保持高质量发展规划》和《赣州市建设全国水土保持高质量发展先行区实施方案》通过省水利厅审查，并报市政府常务会审议。水利部发展研究中心专题参阅报告介绍赣州水土保持工作，《人民日报》头条刊发文章推介。新增 3 个、累计 6 个县完成县域节水型社会达标建设。推进农业水价综合改革，探索章贡区“供销合作社模式”。大余县和南康区完成全省第一例跨县域水权交易，宁都县走马陂灌区和竹坑自来水厂完成在省平台的水权交易。河湖管护持续创新，在全省率先全面建立跨地区河长制工作协作机制，与广东省韶关市、梅州市，福建省龙岩市，湖南省郴州市，江西省吉安市等地签订交界地区合作协议，实现跨界流域联防联控。全市重要水功能区和赣江、东江出境断面水质达标率达 100%。强化水利行业清源和长效监管，深入开展水利资源领域扫黑除恶斗争，组织联合执法行动 2276 次、出动人员 9386 人次，查处涉砂案件 68 起。投入 170 万元拓展“技防”，在赣县区、于都县等砂石资源丰富县建设全市水行政执法监控平台。

【水资源管理】 落实水资源管理制度，全面提升水资源利用效率。全市用水总量 33.96 亿立方米，万元 GDP（当年价）用水量 81.5 立方米，指标均达到控制目标。积极推进企业、高校、公共机构、小区等（不含灌区）节水载体创建和水效领跑者引领行动。组织全市开展节水型载体创建工作，向省水利厅推荐 12 家公共机构水效领跑者、6 家节水型企业，2 所高校、21 个居民小区申报省级命名。江西和润宇电源科技有限公司获评省级节水标杆企业，赣南医学院获评江西省 2021 年度节水型高校，章贡区雍盛状元府邸、石城县福德爱琴广场、幸福里小区等 16 个小区获评省级节水型小区。依法开展取水许可审批和日常监督管理，严格水资源论证管理，加强取水计量管理，按标准足额征收水资源费，依法开展取水许可审批和日常监督管理。建立水资源刚性约束制度和河湖生态流量保障制度。分配下达《赣州市 2030 年用水量指标分配方案》，将省分配给赣州市的赣江、东江、北江、韩江流域的用水量指标全部分配到相关县（市、区）。完善河湖生态流量保障建设，委托赣江上游水文水资源监测中心做好平江生态流量保障实施方案工作。县级以上城市饮用水水源地安全保障达标建设通过省级评估。

【水生态保护】 深入实施河（湖）长制，全市 4604 名河长巡河 20 万余次，督办解决清河行动问题 392 个。持续打造水土保持“赣南模式”，全年完成水土流失治理面积 513 平方千米，达省级下达任务的 163%。加强人为水土流失监管，积极引入信息化监管手段，应用卫星遥感、无人机等技术，总结形成“准实时+精细化”信息化监管新模式，并在赣州市全面推广应用；同时，利用遥感监管手段，开展铁路沿线和山地林果开发专项整治。2021 年，全市共审批水土保持方案 1073 个，办理水土保持设施自主验收报备项目 366 个，开展监督检查 1779 次，检查生产建设项目 1730 个，查处水土保持违法案件 74 起。推进小水电清理整治，各地均按照“一站一策”整改方案，完成验收销号。开展农村水电站安全隐患清查整治，全市 1259 座电站已拆除退出 122 座（其中因灌溉保留大坝的 54 座），完成安全鉴定或评估 1127 座，病险坝完成整改 35 座、整改中 1 座。

11 月 26—28 日，“水利是农业的命脉”暨中央苏区水利史学习研讨会在赣州瑞金召开（市水利局供图）

【水文化建设】 深度发掘苏区红色水利文化，中央苏区水利史陈列馆正式开馆。11 月 26—28 日，水利部、省水利厅在赣州市举办“水利是农业的命脉”暨中央苏区水利史学习研讨会，会上确立赣南等原中央苏区水利“六个第一”“四个源头”的历史地位。在瑞金有旧址的 55 个国家部委中，水利部是第一个在源头地召开会议的单位。由中央党校出版社出版发行《红色土地上的绿色华章——水土保持生态治理的赣州模式》，并联合市委宣传部在北京举行出版座谈会暨新书首发式，中科院院士傅伯杰，原中央党校副校长、全国政协委员黄宪起等领导出席并讲话，新华网、《人民日报》等 10 余家媒体现场采访报道，水土保持“赣州模式”唱响全国。章贡区福寿沟、瑞金红井申报全国水利遗产初步入选，推动崇义上堡梯田申报世界灌溉遗产。

（盛晓晓）

本栏编辑：徐文菁

乡村振兴

综　述

【概况】 2021年是"十四五"规划开局之年，是巩固拓展脱贫攻坚成果同乡村振兴有效衔接之年。赣州市在夺取脱贫攻坚战全面胜利后，传承脱贫攻坚精神，乘势而上，乡村振兴工作执行五年过渡期和"四个不摘"要求，扎实推进"三落实一巩固"，强化责任、政策和工作落实，巩固脱贫成果，坚决守住防止规模性返贫底线，实现巩固拓展脱贫攻坚成果同乡村振兴有效衔接，接续推动脱贫地区发展和乡村全面振兴。赣州市易地搬迁"点长制""四个一"特色做法以及防贫监测"织密防贫网坚决守牢返贫底线"经验做法在全国、全省推广；全国第四个"农民丰收节"国家乡村振兴局"兴产业促消费　庆丰收感党恩"活动在赣州市于都县举办。2月，赣州市扶贫办被党中央、国务院授予"全国脱贫攻坚先进集体"称号。

【组织保障】 市、县两级均成立由书记挂帅的巩固拓展脱贫攻坚成果同乡村振兴有效衔接工作领导小组，办公室设在乡村振兴局。出台巩固拓展脱贫攻坚成果同乡村振兴有效衔接实施意见，并将这项工作纳入县级领导班子及领导干部实绩考核的重要内容，作为县（市、区）高质量发展综合考评"一票否决"事项，树立鲜明工作导向。制定行业部门职责清单，明确责任分工，加强调度督导，督促行业部门履职尽责、抓好落实。换届后及时调整市四套班子领导挂点联系县的安排，每个市领导至少挂点联系1个重点帮扶村，新选派1775支工作队、5395名队员驻村帮扶，并按照分类帮扶的原则，实现干部结对帮扶监测对象和脱贫户全覆盖。狠抓国家和省考核、暗访等反馈问题整改，并举一反三，全面自查自纠，市级层面组织开展6次全面督查，通过挂片督战、定期通报、回访抽查等措施督促问题整改落实到位。

【"兴产业促消费　庆丰收感党恩"主题活动】 9月23日是第四个中国农民丰收节，国家乡村振兴局联合江西省人民政府在赣州市于都县举办"兴产业促消费　庆丰收感党恩"主题活动。此次活动分为主题论坛和现场观摩2个部分。主题论坛上，55家单位发起企业消费帮扶联合倡议，22家企业举行消费帮扶现场签约，达成意向签约30项，签约资金9.4亿元，相关省（区、市）推荐28个消费帮扶签约项目，签约金额61.1亿元。江西、山西、湖北、广东、广西、甘肃等6个省（自治区）乡村振兴局代表，中粮集团、江西国兴集团百丈泉食品饮料有限公司等企业代表发言，交流产业帮扶、消费帮扶工作成效和经验。参会人员先后到于都县禾丰镇兰花博览园、园岭新村、兰心社区，梓山镇蔬菜产业园、潭头社区和江西消费帮扶于都馆等地，实地调研乡村振兴工作实践。

9月23日，"兴产业促消费 庆丰收感党恩""中国农民丰收节"江西活动在于都县举行　　　　（市地方志研究室供图）

7月21日，江西省乡村振兴职业技能大赛暨全国乡村振兴职业技能大赛江西省选拔赛在赣州举行　（市乡村振兴局供图）

【全省乡村振兴职业技能大赛在赣州举行】 7月21—23日，江西省乡村振兴职业技能大赛暨全国乡村振兴职业技能大赛江西省选拔赛在赣州举行。大赛由江西省人社厅、省乡村振兴局、团省委、省妇联、赣州市人民政府共同主办，是江西省首次举办，也是首次集中举办的职业技能大赛。大赛围绕江西省乡村振兴特色产业发展，充分对接全国乡村振兴职业技能大赛赛项要求，设置13个赛项，包括砌筑工、汽车维修工、农机修理工、电工、美发师、养老护理员、育婴员、西式面点师、餐厅服务员、电子商务师、中式烹调师（羊肉烘烤）、手工木工、服装缝纫工，前11个为全国乡村振兴职业技能大赛比赛项目，后2个为江西省特设比赛项目。所有赛项分设职工组与学生组，参赛选手均需具备农业家庭户籍。经过各设区市以及各相关厅、局的前期选拔推荐，来自11个设区市，11家省直厅局，11家行业、院校、培训机构等280名选手以及来自全省各地的141名裁判员参与此次大赛。选手们通过赛、展、演的形式，多角度、全方位地展现他们的绝技、绝活。

防止返贫监测和帮扶

【监测预警】 2021年，全市加强排查监测。对监测对象不设规模限制，建立农户书面或手机App申报、村干部和驻村工作队定期排查、乡镇审核上报、行业部门数据预警、县级及时比对认定的快速响应机制。聚焦大病户、残疾户、意外事故造成收入骤减、新增低保户和整户低保户以及相关省厅单位下发的监测名单，开展横向到边、纵向到底的农户全覆盖入户核实，确保“应纳尽纳”。截至2021年年底，全市累计识别监测对象13600户53689人。

【帮扶措施】 综合考虑监测对象不同困难和帮扶需求，发挥行业部门和乡村基层组织作用，用好产业、就业、低保、小额信贷、医疗保险、防贫保险等政策，按照“缺什么补什么”的原则，开展“一对一”的帮扶，实行“点对点”的措施，确保有人管、管到位。通过防贫保险为2229个面临返贫风险的农村家庭理赔2121万余元，发挥返贫致贫“拦洪闸”作用，守住返贫致贫的底线。

【风险消除】 加强动态管理，杜绝各地盲目追求风险消除率，坚持审慎退出，严格把握退出标准，规范退出程序，稳定消除返贫致贫风险。通过落实各类帮扶措施，2021年年底全市已消除风险7907户31363人，占“三类人群”总数的57.9%，还有5753户22549人未消除风险。

巩固“两不愁三保障”成果

【饮水安全】 2021年，全市开展农村饮水安全百日攻坚，摸排出饮水问题隐患农户3.05万户，安排投资2.56亿元，实施495处农村饮水工程。推进城乡供水一体化，全年全市投入城区水厂新（改、扩）建、管网延伸等项目资金25亿元，新增覆盖人口153万人，从根本上破解设施不通、源头缺水问题。开展农村供水水质监督监测工作，通过聘请第三方，对全市297个乡镇的供水水质每月开展一次监督监测，掌握农村生活饮用水卫生安全状况及水质动态变化，及时发现和处置农村饮用水卫生安全隐患，保障农村供水安全。

【教育帮扶】 持续做好控辍保学，在每学期开学前后集中开展控辍保学专项行动，通过随班就读、送教上门、入读特教学校等方式，9976名适龄残疾儿童少年接受义务教育问题全部解决。完善从学前教育到高等教育全学段的学生资助体系，巩固拓展学校校长与乡镇属地“双负责制”，按照学籍地原则落实家庭经济困难学生资助政策，2021年全市资助家庭经济困难学生75.23万人次，资助金额5.1亿元。

【健康帮扶】 深化“先诊疗后付费”制度，从脱贫人口推广到农村低保对象、特困人员、低保边缘家庭、支出型困难家庭和因病纳入防止返贫监测对象等人群，全市54家县级以上定点医院开展试点，免去排队挂号和多次缴费的环节。持续做好脱贫人口家庭医生签约服务，脱贫人口慢病患者应履尽履率达100%。优化乡村医疗卫生服务覆盖，按照机构“三个一”、人员“三合格”、服务“三条线”标准，构建“一村一卫生室、一镇一卫生院”的乡村30分钟医疗服务圈，让群众方便看病、看得起病。

【住房保障】 继续实施危旧房改造政策，由“四类重点对象”（建档立卡贫困户、低保户、农村分散供养特困人员、贫困残疾家庭）扩面为“六类对象”，对排查发现住房等级属C级或D级的，制定维修加固和新建实施计划，建立农村低收入群体等重点对象住房安全保障长效机制，实施危旧房改造159户。推动农房安全隐患排查整治全覆盖，2021年排查农村房屋154.88万户，发现风险隐患的90户房屋已全面整改到位。

【兜底保障】 全面完成各类困难对象提标提补工作，落实落细特殊困难对象“单人保”、低保延退、刚性支出扣减等政策，全市农村低保对象16.6万户33.35万人，其中脱贫人口占比83.6%。开展社会救助专项治理，整治救助政策不及时、不精准等问题25个。有序推进残疾人“两项补贴”（即困难残疾人生活补贴和重度残疾人护理补贴）资格认定“跨省通办”，全市享受残疾人“两项补贴”19.8万人次，为2086名困难重度失能残疾人发放照护和托养资金。

巩固拓展提升

【就业帮扶】 2021年，延续和补充完善37条就业帮扶举措，完善帮扶机制、政策支持、资金补助等保障，依托就业监测系统动态管理，提供岗位信息、劳务组织、就业援助等服务。全市70.02万脱贫人口劳动力就业信息精准到人。强化“雨露计划”政策，落实中高职补助人数3.89万人次，发放补助资金9478.65万元。加强就业技能培训，组织培训10373人。拓宽渠道促稳岗，加强劳务输出服务，完善本地企业、产业基地、帮扶车间、公益岗位等就近就地就业平台，促进脱贫人口稳岗增收，全市1071家就业帮扶车间吸纳脱贫劳动力1.18万人，公益性岗位安置脱贫劳动力4.95万人。截至12月31日，全市有55.57万名脱贫劳动力实现就业。

【产业帮扶】 加大产业发展资金投入，2021年财政衔接资金用于产业发展的比例达55.62%，提高5.35个百分点。累计培育新型农业主体1.8万家、创业致富带头人9361人，持续带动26.07万户脱贫户稳定增收，比2020年增加0.25万户。深化拓展消费帮扶，拓宽产品销售渠道，销售帮扶产品34.45亿元，其中机关事业单位采购帮扶产品累计2.35亿元；完善脱贫人口信贷政策，规范贷款用途，确保应贷尽贷，新增小额贷款2.38万笔10.84亿元。

【易地扶贫搬迁后扶】 紧盯易地扶贫搬迁安置点、安置房、安置户，334个易地搬迁集中安置点全面实行“点长制”，102个安置人口200人及以上安置点全部设立“一站式”服务窗口，方便搬迁群众办事。聚焦17785户73918人搬迁脱贫群众后续帮扶，不断强化产业、就业、创业帮扶，筑牢兜底保障帮扶，全市17785户搬迁群众需办理产权证17161套（其中因死亡、养老院和幸福院安置的鳏、寡、孤、独等特殊群体624户无须办理），已全部登记并发证。严格落实每月回访制度，开展防止返贫动态监测帮扶，全市排查出监测对象192户780人，已消除风险157户623人。壮大安置社区管理队伍，完善安置点基础设施和公共服务，每月开展地质灾害、房屋安全和消防安全排查，定期整治安置点内人居环境，促进搬迁群众尽快融入社区生活。

【资金投入】 推进资金项目衔接，通过“争取上级、保障本级、压实县级、统筹整合”，加大资金投入。2021年，全市投入各级财政衔接资金37.09亿元，增长5.88%，其中争取中央、省级衔接资金27.31亿元（比上年增长10.66%），市级投入衔接资金3.88亿元，县级投入财政衔接资金5.89亿元。整合涉农资金33.2亿元。全市安排巩固拓展和有效衔接项目6072万个，并强化项目库建设和资金项目监管，实行“月调度、月通报”机制，力促资金使用规范、绩效提升。

【资产管理】 组织开展扶贫资产大清查行动，全面摸清2013年以来扶贫资金、社会资金、对口支援资金等形成的资产。截至2021年年底，全市清查出扶贫资产8.3万个，资产总值192.85亿元。按照公益性资产、经营性资产、到户类资产分类确权登记，建立管护台账，健全管护机制，落实后续管护责任，确保扶贫资产持续发挥效益。

【驻村帮扶】 10月，换届后及时调整市四套班子领导挂点联系县，每个市领导至少挂点联系1个重点帮

6月2日，会昌县文武坝镇小坝村安置区　　（赣南日报社供图）

扶村；推进驻村帮扶衔接，制定出台驻村第一书记和工作队选派管理办法，抓好新一轮驻村帮扶工作落实，新选派1809支工作队、5477名队员驻村帮扶，坚持“选、管、培、优”并举，抓实抓细帮扶工作。按照分类帮扶的原则，实现干部结对帮扶监测对象和脱贫户全覆盖。

（赖　莹）

统筹推进“五个振兴”

【乡村产业振兴】　全市新建设施蔬菜大棚0.46万公顷（6.97万亩）、在建大棚426.67公顷（0.64万亩），新增露地蔬菜基地0.32万公顷（4.79万亩）。新增粤港澳大湾区“菜篮子”生产基地20个，总数达32个（占全省的96.97%）。新开发脐橙基地0.53公顷（8.06万亩），赣南脐橙品牌价值连续7年蝉联水果类区域品牌全国榜首。扎实推进低产油茶林改造提升三年行动，创新组建赣南茶油高品质联盟，获批成立国家油茶产品质量检验检测中心（江西）。完成新（改、扩）建生猪养殖场591个，全市生猪出栏675万头、存栏395万头，分别增长10.82%、20.12%。成功注册“赣南高山茶”集体商标。有序推进绿色食品产业链建设，建成信丰温氏等一批大型畜禽屠宰加工项目。休闲农业和乡村旅游持续升温，省级田园综合体、休闲农业品牌、AAA级以上乡村旅游点创评亮点纷呈。扎实推进农业基础设施建设，完成2020年度2.08万公顷（31.15万亩）建设任务，2021年度4.19万公顷（62.8万亩）建设任务稳步推进，开工建设兴国长冈灌区等4个中型灌区续建配套与节水改造项目。现代农业装备水平进一步提升，主要农作物综合机械化率达75.5%。在全省率先开展农业种质资源普查，完成农作物种质资源品种收集。

【乡村人才振兴】　一大批在乡村振兴一线表现突出的干部受到提拔重用，换届后县级班子成员近八成具有涉农工作经历，乡镇领导班子成员近九成有两年以上乡镇工作经历。“一村一名大学生工程”本科招生348人，招录“三支一扶”大学生341人、乡镇蔬菜技术人员30人、基层农技人员22人，高职扩招高素质农民916人，首次评审确定职业农民中级职称579人、初级职称1054人。全省30多个科研院所和高等院校的22个科技特派团、62名科技特派员在赣州市挂点开展科技服务。

【乡村文化振兴】　推进图书馆、文化馆总分馆制建设，开展文化惠民活动，累计开展送戏下乡1132场。深化拓展新时代文明实践中心（所、站）建设，建成乡镇（街道）实践所287个、村（社区）实践站2451个。深入开展乡风文明行动，定期发布道德“红黑榜”，推进文明村镇创评，高价彩礼等不良风气得到有效遏制。倡导移风易俗、丧葬简办，央视《新闻联播》对赣州市清明节祭扫和服务保障工作进行专门报道。

【乡村生态振兴】　加快乡村绿化美化，深入实施林长制，改造低质低效林7.68万公顷（115.19万亩），创建省级森林乡村103个、省级乡村森林公园10处。实施水土流失综合治理工程，治理水土流失面积513.58平方千米。打造河湖长制升级版，全市重要水功能区和赣江、东江出境断面水质达标率达100%。大力开展农业面源污染防治，全市农作物秸秆综合利用继续保持在93%以上，畜禽粪污综合利用率达97.67%。持续推广化肥农药减量增效技术，建立健全农业投入品废弃物回收处置体系。“三沿六区”乱埋乱葬专项整治扎实推进。

【乡村组织振兴】　实施新时代基层干部“凝心·强基·赋能”主题培训行动，干部抓乡村振兴履职能力得到全面提升。高质量完成村“两委”换届工作，支部书记、主任“一肩挑”比例达99.88%，大专以上学历比例达52.37%，交叉任职比例达64.04%。选优配强红色带头人的做法在中共中央组织部《全国基层组织建设工作情况通报》刊发。常态化摸排整顿软弱涣散党组织，重点打造105个红色名村、100个乡村振兴模范党组织。推行“1+N+1”强村带弱村模式，发展壮大村集体经济。全市村集体经济总收入达15.6亿元，经营性总收入达11.3亿元，所有行政村年经营性收入均超过10万元。加快构建党组织领导的“三治融合”治理体系，“小微权力”清单制度有效推行。建成市县乡村四级综治中心4190个，配备网格员14142人，化解各类矛盾纠纷9.7万件。“联村共治、法润乡风”的“寻乌经验”获最高人民法院肯定。全市累计培养“法律明白人”149.6万余人。

（市乡村振兴局）

美丽乡村建设

【概况】　2021年，全市美丽宜居乡村建设取得显著成效。赣州市“推进乡村建设和农村人居环境整治”获评全省“我为群众办实事”三十佳典型事例，信丰县获评“全国农村人居环境整治成效明显激励县”，崇义县获评“全国村庄清洁行动先进县”，定南县、大余县、龙南市获评全省第二批美丽宜居示范县，崇义县获评全省首批“美丽宜居与活力乡村（+民宿）”联动建设先行县，全南县、上犹县、崇义县获评全省村庄环境长效管护工作评估前10名。

【村容村貌整治】　按照“缺什么补什么”原则，全年累计投入村庄整治建设资金26.14亿元，全面完成2812个村点“七整一管护”（村内道路、村内供水、户用厕所、公共照明、排水沟渠、村内河塘、搭靠“三房”整治建设，村庄环境日常管护）建设，基本实现25户以上自然村组全覆盖。深化美丽宜居示范创建，打造全域美丽乡镇31个、美丽村庄361个和美丽庭院5.6万个，新

于都县银坑镇天华山（2021年，市委宣传部供图）

建或提升美丽宜居示范带40条，推动形成县域“点上精美、线上出彩、面上宜居”新发展格局。协同推进农村垃圾污水治理，全市“户分类、村收集、乡转运、区域处理”生活垃圾收运处置体系基本建成，所有自然村组实现保洁全覆盖；梯次建成污水处理设施1706个、覆盖行政村1220个，居全省第一。

【农村厕所革命】 按照国家最新标准改造农村户厕，全市全面完成农村户厕摸排，分类推进问题户厕整改5.79万个，其中不能使用和不能全年使用的问题户厕全部整改完成，农村卫生厕所普及率稳定在99.6%以上。探索厕所粪污处理新模式，有效衔接农村改厕和污水治理，提高粪污无害化处理与资源化利用水平。

【村庄环境长效管护】 广泛动员农民群众，在全市所有行政村深入开展“六清二改一管护”（即清垃圾、清塘沟、清废弃物、清乱堆乱放、清乱搭乱建、清残檐断臂，改美庭院、改好习惯，管护村庄环境）村庄清洁行动，巩固提升村容村貌。健全完善有制度、有标准、有队伍、有经费、有督查的村庄环境长效管护机制，按每个行政村不少于5万元标准落实管护资金2.09亿元。建成市级“万村码上通”5G+长效管护平台，平台关注量达18.8万人，处理群众反馈问题17.4万件，推动村庄环境由“一时美”迈向“持久美”。

（杨小文　潘旋宇）

自然资源部定点帮扶

【概况】 2021年，自然资源部赣南老区乡村振兴发展中心（简称乡村振兴发展中心）按照中央单位定点帮扶工作要求和自身工作职责，严格落实“四个不摘”的要求，保障赣县区、于都县、兴国县和宁都县4个县（区）帮扶政策、资金支持和帮扶力量总体稳定，继续发扬脱贫攻坚精神，做好巩固拓展脱贫攻坚成果同乡村振兴有效衔接的各项工作。9月9日，自然资源部原赣南老区扶贫开发中心更名为“自然资源部赣南老区乡村振兴发展中心”，工作任务由脱贫攻坚全面转向巩固脱贫攻坚成果和乡村振兴的有效衔接。

【定点帮扶意见出台】 乡村振兴发展中心结合自然资源部定点帮扶4个县（区）的实际情况，经过全面调研，促成《2021年支持江西省赣县区、兴国县、于都县和宁都县实现巩固拓展脱贫攻坚成果同乡村振兴有效衔接的意见》的出台，明确继续保持“保留新增建设用地指标600亩专项安排措施”“继续开展城乡建设用地增减挂钩结余指标跨省域调剂”“支持合理确定国土空间规划建设用地规模”“引导定点帮扶县构建国土空间开发保护新格局”“支持定点帮扶县国土空间规划编制”“支持符合条件的定点帮扶县按照国家统一部署开展农村集体经营性建设用地入市”“支持定点帮扶县矿山生态修复和土地整治”“支持做好地质灾害防治”“支持定点帮扶县天然富硒地认定”等9项支持措施。针对4个县（区）的不同需要，特别安排“指导赣县区开发利用地下空间”“支持兴国县节约集约模范县创建工作”“支持于都县开展地下管线普查”“支持于都县获取三维模型和卫星影像图制作”“支持国家电投宁都发电产业园建设”等“一对一”5项具体举措。

【帮扶调研】 12月5—6日，自然资源部党组书记、部长、国家自然资源总督察陆昊一行到于都县、赣县区调研乡村振兴定点帮扶和自然资源工作，督促地方党委、政府落实中央重大决策部署，运行好防止返贫动态监测机制，慰问脱贫群众，并在赣州章江宾馆召开“三区三线”试划工作座谈会；11月9—11日，自然资源部党组成员、副部长凌月明在兴国县、宁都县调研乡村振兴定点帮扶及自然资源管理等工作；12月7—8日，自然资源部人力中心党委书记沈廷霞到瑞金市调研苏维埃政府土地部旧址，并到宁都县调研定点帮扶项目；12月14—16日，自然资源部人力中心纪委书记唐文俊一行，在赣州开展定点帮扶县项目督查及党建结对帮扶活动。乡村振兴发展中心积极与赣州市委、市政府，江西省自然资源厅，自然资源部定点扶贫四县（区）政府等沟通对接，制定初步调研方案，实地勘查调研路线和优选调研点，提前了解有关情况。乡村振兴发展中心认真做好后勤保障和联络对接工作，接待自然资源部有关司局及其下属单位人员到赣州进行乡村振兴调研工作10余批次40余人。

【人才培训】 全年举办培训班2期，累计培训学员2000余人次，促进定点帮扶县（区）人才振兴，增强内生发展动力。9月13—28日，自然资源部赣州定点帮扶县（区）实用技术人才培训班分别在赣县区、兴国县、于都县、宁都县举行。培训由乡村振兴发展中心和中国地质大学（武汉）远教学院培训中心组织实施。邀请赣南医学院、江西农业大学、江西省作物学会的专家教授作专题讲座，来自赣县区、兴国县、于都县、宁都县各乡镇的基层干部、技术人员和乡村振兴带头人共1798人次参加培训。培训内容包括基本公共卫生服务、当地特色农产品种养、作物病虫害防治等14个专题，全面提高基层专业人员技术水平，以点带面满足广大农户的养殖种植技术需求，帮助农户增加收入，从源头上巩固脱贫攻坚成果、助力乡村全面振兴。11月2—3日，自然资源部赣州定点帮扶县（区）基层干部和乡村振兴带头人培训班在赣州举行。此次培训由自然资源部赣南老区乡村振兴发展中心组织实施，江西应用技术职业学院具体承办。培训班邀请长期从事乡村振兴领域研究的教授、理论功底深厚的党建领域学者、电商培训和农村土地管理方面的指导专家，开展乡村全面振兴、基层党组织建设、相关法律解读、农产品新媒体营销实践等方面专题讲座，来自赣县区、兴国县、于都县、宁都县的基层干部、乡村振兴带头人等240余人参加培训。

【定点帮扶项目】 2021年，确定自然资源部支持赣州4个县（区）乡村振兴帮扶项目9个，落实帮扶资金400万元，用于支持定点帮扶县（区）重点帮扶村发展富硒芦笋、湖羊养殖、小布岩茶等特色种（养）殖产业和油茶、黄粿等特色农产品加工业，完善休闲健身、乡村旅游等基础设施建设。在帮扶项目实施过程中，乡村振兴发展中心严格按照自然资源部乡村振兴办的要求，与自然资源部人力资源开发中心、乡（镇）政府签订三方协议，项目建设按照“谁主管、谁负责”的原则由项目所属地政府负责组织实施。乡村振兴发展中心对项目经费进行日常监督管理，跟踪、监督、检查项目进展情况，督促项目按时保质保量完成建设。

【消费帮扶】 乡村振兴发展中心积极与自然资源部部属机关、省地质局等单位沟通联系，通过举办部点扶贫县特色农产品展销，设置特色农产品专卖点等方式，全系统购买4个县（区）农产品545.28万元，其中采购赣县区农产品46.6万元，兴国县284.9万元，于都县137.69万元，宁都县76.09万元。同时，乡村振兴发展中心在江西省自然资源厅、赣州市自然资源局、江西应用技术职业学院、浙江省核工业二六二大队、江西省地质局第七大队、江西省地质局第十地质大队、天津淡化所、陕西西安测绘院、成都工艺所等自然资源系统单位的支持下，帮助定点扶贫县（区）销售农产品5907.43万元，其中赣县区1363.49万元，兴国县2567.48万元，于都县1525.5万元，宁都县450.96万元。

【帮扶宣传】 10月，开通微信公众号“自然资源部赣南乡村振兴发展中心”，通过微信公众号等新媒体强化宣传阵地，发布稿件7篇，将部定点帮扶赣南老区巩固脱贫攻坚成果、实施乡村振兴项目的部分信息进行发布，扩大新时期自然资源部定点帮扶的影响力，助力乡村振兴。

（乡村振兴发展中心）

本栏编辑：徐文菁

工 业

综 述

【概况】 2021年，赣州市大力实施工业倍增升级行动，工业发展提速、量质齐升的势头更加明显。全年规模以上工业实现营收4500亿元，增长30%，有色金属、电子信息规模以上工业营收均首次突破1000亿元，于都县获评中国服装优质制造创新示范基地，现代家居产业集群成为全省5个“五星级产业集群”之一。全市规模以上工业企业2478家，总数列全省第1位；全市规模以上工业增加值增长11.6%，列全省第4位；工业固定资产投资增长13.7%。新增开源科技、同兴达科技、江钨新材、東薪再生资源等4家营业收入超100亿元的规上工业企业，结束赣州规上工业无千亿元产业、千亿元园区（赣州经开区工业营收突破千亿元）、百亿元企业历史。赣州市被评为2021年度全省工业高质量发展先进设区市。章贡区被评为2021年度全省工业高质量发展一类先进县（市、区），龙南市、信丰县被评为2021年度全省工业高质量发展二类先进县（市、区）。举办“纪念人民军工90周年”系列活动。

【产业集群】 打造以现代家居、有色金属、电子信息、纺织服装、新能源及新能源汽车、医药食品等为主导，以建材、化工等为特色的“1+5+N”产业体系，加强延链补链强链，产业集群建设取得新成果。

2021年，赣州市建材行业规模以上企业252家，建材产业主营业务收入303.88亿元，增长1.9%。化工行业规上企业89家，化工产业主营

赣州市规模以上工业经济结构分析一览表

表15　　单位:%

指标	2021年	2021年比2020年增长
规模以上工业增加值	—	11.6
#轻工业	—	4.8
重工业	—	15.6
#国有企业	—	-16.9
集体企业	—	123.7
股份制企业	—	13.1
私营企业	—	11.7
外商及港澳台商投资企业	—	1.7
#国有控股企业	—	3.2
#非公有制工业	—	12.5
#大型企业	—	31.1
中型企业	—	14.4
小微型企业	—	7.4
规模以上工业增加值构成		
#轻工业	32.2	-7.8
重工业	67.8	7.8
#国有企业	0.2	-0.1
集体企业	0.0	-1.6
股份制企业	87.3	2.7
外商及港澳台商投资企业	11.4	-1.5
#国有控股企业	9.9	1.1
#非公有制工业	89.5	0.5
#大型企业	11.4	-2.1
中型企业	26.6	2.4
小微型企业	61.9	-0.2

注：本表增长速度按可比口径计算。

业务收入130.65亿元，增长6.8%；实现利润13.55亿元，增长39%。

【人才资源集聚】 坚持以业聚才、以才兴业，紧盯“1+5+N”主导产业和各地首位产业，实现一个细分领域培养1名领军人才、一个县建立1个人才产业园、一家规上企业设立1个研发机构，凝聚全市工业高质量发展的强大动能。

通过发放人才津贴、给项目资助、解后顾之忧、配基金支持、定土地财税优惠等措施，引进培养85名产业领军人才、24710名产业急需紧缺人才，有力促进人才链、产业链、创新链深度融合。聚焦主导产业，全市集成最优政策、集聚高端人才，建成全省首批2个国家高层次人才产业园，集聚国家级高层次人才78人、领办创办创新企业60家，示范带动县（市、区）全覆盖建成18个人才产业园。同时，大力发展新型研发机构，出台企业研发平台建管用制度，支持引导企事业单位打造工程研究中心、实验室等206个。

引进一个人才、带来一个团队、带动一个产业。用项目挂榜、招引人才揭榜的方式，引进国家高层次人才共建共享喷涂中心等；通过与甘中学博士团队全方位合作，建成家居产业“一网五中心”（家居产业智联网，共享智能备料与零部件中心、共享喷涂中心、研发设计中心、销售物流中心和国际木材集散中心），推动南康家居产业向数字化、网络化、智能化方向发展，打造现代家居5000亿元产业集群。

推动发展

【项目建设】 狠抓产业招商，创新招商举措，采取资本招商、商协会招商、中介招商等方式，积极对接紫荆汇富、盈科资本等知名投资机构，联合开展产业项目精准招商，举办中国（赣州）新材料产业发展供需对接会、2021年赣州瑞兴于“3+2”经济振兴试验区产业合作推介会等各类招商推介会。2021年，新签约工业项目351个，总投资2802.31亿元；新引进“5020”项目（“5020”项目指的是国家级开发区每年至少引进1个50亿元的产业项目，省级开发区每年至少引进1个20亿元的产业项目）23个，总投资758.25亿元；累计引进“5020”项目65个，总投资2101.35亿元。投资125亿元的龙南佳纳新能源项目开工，投资100亿元的格力智能电器项目进展顺利，投资85亿元的吉利12亿瓦时动力电池项目，美克美家、恩嘉智能科技均已试产，中科三环高端稀土永磁材料项目开工建设，寒锐新能源、吉锐新能源、济民可信一期项目主体厂房均已封顶。

【园区平台建设】 赣州市现有3个国家级经济技术开发区、1个国家级高新区、15个省级工业园区。持续加大投入，完善公共配套，园区基础设施投入实现3年“翻两番”，2021年，全市开发区完成基础设施投入748.58亿元，增长21.66%，总量列全省第一。积极推进标准厂房建设，新开工标准厂房1081.36万平方米、建成1124.7万平方米（含续建）。2016年以来，累计建成3975.72万平方米，已使用3460.52万平方米，利用率达87.04%，入驻企业3000多户。园区综合实力持续增强，赣州经济技术开发区营收突破1000亿元。

【企业培育】 强化龙头企业培育，“一企一策”支持龙头企业发展，2021年，新增开源科技、同兴达科技、江钨新材、東薪再生资源等4家营业收入超100亿元的规上工业企业。实施中小企业成长工程，全市净增规上工业企业192家，列全省第2位。优质中小企业队伍不断壮大，全市共有省级专精特新中小企业291家，位居全省第1位，拥有国家制造业单项冠军企业1家、国家专精特新“小巨人”企业12家、省专业化“小巨人”企业24家、省制造业“单项冠军”企业3家。大力推动企业上市，新培育汇森家居、悦安新材、九丰能源3家上市企业，全市累计16家，其中境外7家、境内9家。

【新旧动能转换】 积极构建绿色低碳产业体系，瑞金经济技术开发区入选省级绿色园区，龙南骏亚、定南鑫盛钨业等7户企业入选省级绿色工厂。全市共获批国家级绿色园区3个、绿色工厂7个、绿色产品3个，省级绿色园区7个、绿色工厂17个。大力推动企业创新能力建设，江西赣璞设计有限公司获批建设国家工业设计中心；金力永磁、龙南骏亚、腾远钴业等13家企业被认定为省级企业技术中心。全市共有省级企业技术中心55家。推动企业数字化、智能化改造，全市上云企业超8000家，同兴达电子、赣悦新材料、章源钨业等7家企业获评省级智能制造标杆企业，深联电路、赢家时装、瀚兰工业等5家企业被评为全省首批“5G+工业互联网”应用示范企业，骏亚精密、富尔特、于都南方万年青等3家企业入围工信部企业上云典型案例，数量列全省第一。成立中国电信（江西）工业互联网研究院赣州分院、赣州稀土行业“5G+工业互联网”联合创新实验室。

【营商环境】 全面对标大湾区，优化惠企政策兑现流程，推进免申即享、线上办理、直达企业。梳理出惠企政策办理事项8项，其中国家级、省级工业设计中心奖补，国家级、省级企业技术中心奖补，工业电价补贴，专精特新、“专业化小巨人”、制造业单项冠军企业奖励，中小企业公共服务示范平台和小型微型企业创业创新示范基地奖补，市中小企业参展经费补助，优强企业奖补等7项事项兑现程序已经精简为“免申即享”。工业技术投资专项资金申报办事材料由5项缩减为4项，办事时限由90个工作日缩减为72个工作日。落实政企圆桌会议制度，用情用力帮助企业纾困解难，市、县两级共召开政企圆桌会议102次，梳理问题545个，至年底已办结478个，重点协调解决威高集团跨省委托生产、佳纳新能源项目能耗指标、超越电子和荣晖电子线路板扩能项目准入等一批制约企业发展的个性问题，加速推进电镀配套、纺织服装水洗产业园和面辅料市场建设等产业链共性问题的解决。加大中小微企业资金支持，共发放“三个信贷通”贷款95亿元，惠及企业2768户。举办2021年企业高级管理人员培训班，近百名规上企业高管参训。

现代家居

【概况】 2021年，加快实施南康家具品牌企业“百城千店”计划，推动南康家具线上线下融合发展；举办第八届家具博览会，进一步提升“南康家具”品牌影响力；推动“一网五中心”建设，构建一张图数字产业链；积极支持南康创建国家级工业设计中心；加快格力电器智能家电一期项目，推动南康家居向“家电+家具+家装”加速融合发展。坚持走规模化、智能化、品牌化发展路子，建立完善家居产业智联网、木材交易、创新设计、智能备料、共享喷涂、销售物流等“一网五中心”，依托家居小镇，建成全国最有影响力的家居研发设计中心。连续举办八届家具产业博览会，依托赣州国际陆港实现“木材买全球、家具卖全球”；引进世界500强企业格力电器，已落户居然之家、美克美家、大自然家居、左右等家具家装龙头企业，家具、家电、家装融合发展格局初步形成。2021年，实现总产值达2270亿元，增长13.5%。现代家居产业集群已经成为全省5个“五星级产业集群”之一。

【精准招商】 积极外出考察招商，主要领导带队招商，左右家私、A家、仁豪、万恒通等大湾区知名企业入驻南康。举办4次项目签约仪式，城市之窗、居然之家等一批重大项目先后签约落户南康，累计签约金额超200亿元，规划建设龙华软体家具产业园、名家具产业园等招商引资“主阵地”，创造招商引资的“南康新速度”。“展会+招商”精准招商。举办第八届家具产业博览会和首届秋季订货会，签约项目47个，涵盖从产品展示到品牌营销，从研发设计到整装定制，从软体家具、智能家具到床垫生产等各个环节和品类，为打造5000亿元产业集群带来“生力军”“顶梁柱”，南康家具生产制造的根基更加稳固。

【强链补链】 利用龙华36.33公顷现有的家具集聚区标准厂房，通过制定入园方案、出台优惠政策、完善配套设施等一系列举措，遴选左右家私等优质软体家具企业和团团圆、自由王国等本土软体企业入驻，有效盘活园区资源，打造首个软体家具产业园区，签约入驻超30万平方米。发挥软体企业集聚效应，为构建南康家具产业集群垂直分工体系提供建设标准和样本。

【做优做强“一网五中心”】 推动200多家家具企业完成数字化升级改造，500多家企业实现“上云”，初步实现“供产销运融”全产业链网络覆盖：自主打造全国第一个使用区块链技术的国际木材电子交易平台；赣璞设计有限公司成功获批第五批国家工业设计中心，引进美克美家、大自然家居2家国家级工业（家具）设计中心；打造全球首座单体产能最大、工艺最全的实木家具共享智能备料中心和零部件生产基地；华赣喷涂、汇有美共享喷涂二期、博士粉末喷涂投入使用，推动家具产业绿色发展。

【市场营销】 利用抖音、快手、小红书等新媒体平台进行直播带货和短视频营销系列活动，形成多管齐下的南康家具线上全平台营销矩阵，全年南康家具电商交易额639.4亿元。做强展会经济，第八届家具产业博览会成效显著，专业观展人数超18万人，线上线下交易额突破150亿元。首届以市场运作为主的秋季订货会，取得线上线下交易额超70亿元、专业观展人数超8万人。

【特色品牌】 加强品牌建设，进一步提升南康家具品牌影响力，首家家具品牌馆——南京金盛店的开业对于南康家具“百城千店”计划具有里程碑意义。至年底南康家具品牌已在南京、长沙、海安等17个城市陆续签约，打造一批南康家具品牌馆和连锁专卖店，南康家具在北京、上海、广州、深圳等一线城市、高端卖场的影响力越来越大、越唱越响。12月23日“南康家具高铁专列”的首发亮相标志着南康家具正式开启“高铁之旅”，为推动南康家具品牌影响力再添新优势。

有色金属

【概况】 2021年，赣州市推进稀土、钨国家重点实验室和国家技术创新中心申报工作；充分发挥中科院赣江创新研究院和国家稀土功能材料创新中心等科研平台作用，重点攻关一批关键核心技术，规划建设稀土精深加工配套产业园；加快建设首期200公顷稀土永磁电机产业园，加快中石化石油催化剂、中核独居石等项目落地建设，实现中国南方稀有金属集散中心一期建设运营。支持建设百亿级钴盐及三元正极材料产业。全年有色金属产业规上企业实现营收1377亿元。培育南方稀土、金力永磁、开源科技、江钨新材、腾远钴业等一批龙头企业，12月中国稀土集团总部落户赣州。金力永磁已成为全球第一大稀土磁材工厂；腾远钴业获得深交所创业板上市委审议通过。稀土永磁电机产业园一期、江钨产业园开工建设。中科院赣江创新研究院组建科研团队16个，引进科研人员233名，启动14项科研攻关项目，国家稀土功能材料创新中心加快建设，承担稀土领域科研及产业化项目200余项，成果转移转化20余项。

【体系建设】 中科院赣江创新研究院建设加速推进。首批7.35万平方米科研楼、办公楼、研究生宿舍、食堂全面完工并完成联合验收，第二批建设用地300公顷、建筑面积

12 万平方米的建设工程年底全面完工。推进江西省实验室申报工作，组建科研团队 16 个（其中院士团队 9 个），引进科研人员 233 名（其中院士、杰青、百人 16 名），启动 14 项科研攻关项目，获批中科院稀土先导专项项目资金 5 亿元。赣江创新研究院被列为组建国家稀土新材料技术创新中心候选单位之一。加快中国科技大学江西稀土学院建设，稀土学院在读研究生 333 人，其中 2020 级硕士生 149 人，博士生 14 人；2021 级硕士生 150 人，博士生 20 人。

国家稀土功能材料创新中心获建设。承担稀土领域科研及产业化项目 200 余项，申请或授权专利 150 余项，PCT（专利合作条约）国际专利 5 项，主持或参与标准制定 100 余项，成果转移转化 20 余项。启动中科融合赣江源创新园区建设。该园区承载“中科融合科技发展有限公司”科技成果转化项目，计划投资 113 亿元，主要打造一个集会务、酒店、商住、企业孵化、检测、中试于一体的产城融合带。一期规划面积约 30.66 公顷，其中位于赣州高新区洋塘园区的产业园区占地约 15 公顷，位于赣州高新区储潭园区的总部基地占地约 6.2 公顷、创新科技园区占地约 4.46 公顷。“国家钨与稀土产业计量测试中心”获国家市场监管总局批复同意，这是全国唯一的国家钨与稀土计量测试中心。赣州高新区科技企业孵化器被认定为国家级科技企业孵化器，成功创建了虔东稀土国家企业技术中心。华南泵业顾国彪院士科研中心、江西理工大学稀土资源省部共建协同创新中心等一批科创平台。整合江西理工大学等科研院所力量，与钢研院、有研集团、中国科技大学等 8 家国内顶级科研院所开展深度合作。

【产业集群】 全力推进稀土产业链发展。建立链长制议事机制，6 月 3 日，市委副书记、市长、市稀土钨稀有金属产业链链长许南吉主持召开市政企圆桌会暨稀土钨稀有金属产业链链长会议，面对面听取企业家的意见建议。对部分重点企业所提 10 个重点事项进行责任分工，每月底上报事项办理进展和销号意见，至年底已销号项目 8 个，完成 80%。编制《赣州市稀土钨稀有金属产业“十四五”发展规划》，梳理产业链图、技术路线图、应用领域图、产业区域分布图，以及产业重点企业清单、产业重点项目清单、产业集群清单、产业问题清单、产业政策清单，形成《赣州市稀土钨稀有金属产业链资料汇编》。

稀土永磁电机产业园建设。在“中国稀金谷”高标准规划建设 666.66 公顷稀土永磁电机产业园，建设重点布局稀土永磁电机及配套的研发和制造项目，培育千亿级稀土永磁电机产业。一期 200 公顷已开工建设，60 万平方米标准厂房建设已封顶。

江钨集团已研究编制并出台《江钨控股集团公司赣州市区搬迁升级方案》。4 月 29 日，市政府副市长胡聚文主持召开江钨产业园项目选址协调推进会，会议明确由赣州高新区承接江钨控股集团铜材加工，钨、钴冶炼及深加工和稀土永磁电机等项目；赣州经济技术开发区承接江钨控股集团稀土深加工、机械加工等项目。赣州经济技术开发区现有铜材加工项目搬迁至赣州高新区。赣州高新区与江钨控股集团签订合作协议，11 月 30 日江钨产业园项目举行开工仪式。

【项目引进】 引进一批重大项目落户“中国稀金谷”，先后引进中车电机、中科三环、江丰电子、腾远钴业、金拉铜箔等一批行业龙头企业。其中，中科三环高端磁材项目已完成建设用地摘牌、项目立项、规划设计、用地规划许可、一期环评等，正在土地平整。组织专家对江丰电子半导体超高纯金属材料研发中心及产业化项目进行可行性评审认定，该项目填补国内空白，结束产品依赖进口的历史，成功获得台积电、中芯国际、意法半导体等国际一流芯片制造商的认证，并在全球领先端 5 纳米 FinFET（FF+）技术超大规模集成电路制造领域批量应用，成为电子材料领域成功参与国际市场竞争的中国力量。江西翔鹭精密制造有限公司年产 600 万支整体式硬质合金数控刀具项目已完成第一阶段 25 台磨床、1 台喷涂设备及相应配套设备、设施的试生产工作，生产设备已进入批量生产阶段。江西金拉铜箔有限公司铜箔、铜带生产项目：1 号、3 号厂房已投产，2 号厂房附属工程施工。

【绿色发展】 全面推广使用绿色无铵新工艺，加快推动稀土矿山复产。赣州稀土矿山（整合）一期技改项目已有 5 个获得安评矿证，恢复产能 3000 吨以上；赣州稀土矿山（整合）二期技改项目、赣州稀土矿山（整合）一期技改项目的后处理生产县项目已获得省工信厅批复。继续安排专项资金支持发展稀土钨新材料及应用产品。稀土新材料及应用领域占全产业比重由 2016 年的 33.7%提升至 2021 年的 42%，钨新材料及应用领域占比由 2016 年的 15%提升至 2021 年的 27%。

建设一批绿色园区、绿色工厂、绿色产品等，其中赣州经开区、龙南经开区获批国家绿色园区，虔东稀土、富尔特电子、龙南龙钇重稀土获批绿色工厂，富尔特电子“烧结钕铁硼”两个牌号产品获评为绿色产品。扎实推进有色金属行业淘汰落后产能工作，印发《有色金属行业淘汰落后产能工作方案》，组织相关县（市、区）开展排查工作，至 7 月底全市自查企业 149 家，其中重点排查的有色金属行业冶炼企业 112 家。10 月与省工信厅共同组织第一批有色金属冶炼专家组，对 9 个县（市、区）的 64 家有色金属行业冶炼企业进行淘汰落后产能现场验收工作。其中大余明发矿业、龙南市顺德明辉荧光材料等 4 户企业排查发现的落后设备已拆除到位。

【传统项目技改】 按照国家、省行业管理有关要求，积极引导、推动一批稀土、钨企业开展技术改造升级，提高审核、转呈效率，优化企业技改升级服务保障工作。2021 年，完成赣州中凯稀土材料有限公司年处理8000吨稀土二次资源综合利用技术改造项目、定南大华新材料资源有限公司年产4400吨稀土冶炼分离技术改造项目、赣州步莱铽新资源有限公司水处理升级改造与循环利用项目、赣州通诚稀土新材料有限公司实施年产800吨稀土氧化物（钕铁硼废料综合利用）生产线智能化改造项目、赣州一点金属冶炼有限公司年综合处理6000吨稀土废料智能化生产线技术改造项目、赣州稀土友力科技开发有限公司年产6000吨稀土氧化物钕铁硼废料综合回收利用技术改造项目、崇义县昌信矿业有限公司小坑铜矿6万吨/年采选改扩建工程项目、江西赣州钨矿笔架山坑口深部延伸建设工程技改项目、赣州市金海稀土有限公司技改项目、江西华科稀土新材料有限公司技改项目等企业技改升级审核、转报。

电子信息

【概况】 积极参与大湾区产业协作分工、承接大湾区产业转移，大力引进行业巨头，加快补链延链强链，已形成液晶显示模组、印制线路板2条完整的产业链条。培育营收超100亿元的同兴达科技、50亿元的立德电子、20亿元的联茂电子和深联电路等龙头骨干企业。编制印发《赣州市电子信息产业“十四五”发展规划》。召开2次产业链政企圆桌会，推动链长制实施工作，研究回应16个需市级层面解决的困难问题，明确相关事项，全面部署电子信息产业发展工作，进一步推动电子信息产业高质量发展。2021年，全市电子信息产业规上企业实现营收1327亿元。

【项目引进】 引进龙南佳纳新能源锂离子电池材料、恩嘉智能电子，章贡九木大数据等一批50亿元以上重大项目，上市公司宁波江丰电子落户赣州。全年全市引进签约电子信息产业项目82个，签约额518.09亿元，其中10亿元以上项目26个。列入全市亿元以上调度项目128个，总投资1614亿元，其中50亿元以上项目9个、100亿元以上项目4个。

【信创和5G产业发展】 成功引进航天科工、超越数控、奇安信等一批重点企业，建设全省首个信创计算机整机生产制造基地，实现信创计算机“赣州造”，建成全省最大的信创适配与培训基地。5G相关产品生产制造企业已有26家，实现营收46.56亿元。信丰、龙南2个园区获评全省首批5G产业基地（全省5个）。志浩电子5G应用高精密线路板项目入围工信部工业互联网试点示范项目，全省唯一。深联电路、赢家时装、瀚兰工业等5家企业被评为江西省首批“5G+工业互联网”应用示范企业（全省14家），占全省1/3以上。骏亚精密、富尔特、于都南方万年青等3家企业入围工信部企业上云典型案例，数量列全省第一。

纺织服装

【概况】 大力发展纺织服装产业，将纺织服装产业发展成为赣州工业“六大主导产业”之一，着力打造2千亿元级纺织服装产业集群。积极承接海西经济区、粤港澳大湾区、长三角地区产业升级转移，不断建链、补链、强链、延链，推动产业倍增升级，形成了于都女装、宁都童装、石城鞋服、兴国牛仔等一批区域特色生产基地，引进了赢家、宝姿等知名品牌服装企业。2021年，纺织服装产业集群营收突破1000亿元。

2021年，全市有纺织服装规模以上工业企业290家，分布在全市18个县（市、区）和赣州经开区，主要集聚在纺织服装产业带5个（县、市），共有200家（于都109家、宁都23家、石城35家、兴国19家、瑞金14家），占全市纺织服装企业总数的68.97%。2021年，规上企业实现营业收入310亿元，同比增长9.1%。

【发展模式】 加快建设于都、兴国、石城和瑞金物流园项目，搭建赣州市纺织服装产业公共信息平台，构建“核心工厂+卫星工厂”网络协同发展新模式。组织参展2021时尚深圳展，举办2021年苏赣（浙赣）纺织服装产业招商推介会。推动永泰纺织、柯文时尚、洪兴实业、三晟（李宁）鞋服等一批重大项目建设。积极主动承接福建、广东等省纺织服装产业转移，打造区域特色生产基地，完善线上线下面辅料、服装专业市场、研发设计中心，进一步畅通产业链、供应链。培育赢家时装、新百伦领跑等营收超10亿元的龙头企业。

【产业发展布局】 重点围绕“一核四区”（以于都为核心，宁都、石城、瑞金、兴国为集聚区）建设赣州纺织服装产业带，紧扣研发设计、生产制造、市场培育主线，建、延、补、强产业链条，推动形成特色鲜明、定位明确、错位发展、优势互补的产业发展新格局。

于都县以发展女装为重点，兼顾发展牛仔、休闲类服装。统筹建设纺织服装产品质量监督检验中心、纺织服装设计中心、商贸物流中心、供应链生产调度中心等各类产业服务总部机构和平台，辐射和带动全市纺织服装产业共同发展。将于都打造成为国内知名的时尚女装优质制造基地。

宁都县以发展品牌童装和商务型男装为重点，配套发展与童装、男装生产相关的工艺型产业，如拉链、绣花、成衣印花等。

石城县以发展运动鞋服为重点，配套发展与鞋服生产相关的皮（革）料、布料、鞋底、胶水、鞋带以及其他辅料产业。同步建设鞋类产品质量监督检验中心、工业设计中心、鞋材市场等公共服务平台。

瑞金市以发展织造和无纺布为主，重点发展针织布类面料和高档无纺布产品，兼顾发展红色文化服装、运动休闲服装和产业用无纺布产品。

兴国县以发展牛仔服装为主，重点发展突出产品设计特征以及天然面料应用的时尚休闲服装，配套发展洗水、绣花、成衣印花、牛仔模特等关联产业。

新能源及新能源汽车

【概况】 全力推动本地龙头企业引进战略投资者，打造行业领军企业；落实新能源汽车推广应用奖励政策，进一步提高国机智骏、凯马汽车、中电汽车等整车企业产能利用率；围绕核心三电、动力总成、汽车电子、车身、汽车轻量化、内饰和智能装备等主要零部件及装备技术研发、产品检测补链延链；大力发展光伏、风力发电、锂电等清洁能源产业链。利用资源优势及动力电池、永磁电机和电控等产业基础，着力打造从新能源汽车零部件到整车的完整产业链。国机智骏、凯马汽车、中电汽车3个整车项目实现量产。锂电池方面，孚能科技软包电池产量居国内第一、世界第二，引进吉利科技总投资300亿元、年产能42亿瓦时的动力电池项目。永磁电机方面，高标准建设永磁电机产业园，中国中车、中科三环等国内知名企业相继落户。正极材料方面，道氏技术在投资125亿元建设钴盐前驱体正极材料项目，腾远、寒锐等企业在国内钴行业领先。

【规划编制】 完成《赣州市新能源及新能源汽车产业发展规划（2021—2025年）》编制。对到2025年产业实现产值2000亿元的目标进行全面的分析研究，规划“一核心两基地多区域”的发展布局，提出建设全国重要的新能源（汽车）产业集聚区的发展目标和路径。

【项目引进】 新引进的总投资300亿元的吉利年产能42亿瓦时动力电池项目和总投资125亿元锂离子电池材料全生命周期绿色制造项目（道氏技术动力电池正极材料项目）等重大项目已开工建设，爱康光电一期项目全面完成正式投产，赣悦光伏二期项目厂房已建成，进入设备调试。

【产业政策调整】 为推动新能源汽车产业快速发展，帮助企业渡过难关，出台《赣州市调整和完善新能源汽车产业发展的若干政策》，在原有政策的基础上结合企业目前发展现状，降低兑现门槛，增加奖励政策，切实把服务企业的宗旨落到实处。

医药食品

【概况】 以青峰医药集团、威高集团、济民可信集团为龙头引领，大力发展高端仿制药、化学创新药、中成药、功能保健食品、中高端医疗器械产业；做大做强饲料、肉制品、酒与饮料、特色农产品、果蔬加工等产业链条，发挥客家、红色旅游优势，做优做精旅游休闲食品，推动正大集团生猪全产业链项目建设。依托中国医药工业百强企业青峰药业、威高集团，大力发展中成药、高端仿制药、化学创新药、中高端医疗器械产业，形成以青峰药业、威高集团为引领的“药品+医疗器械”产业集群；赣南脐橙、赣南茶油等品牌价值持续提升，富硒食品特色鲜明。同时，积极构建富硒食品工业体系，大力发展功能性食品、旅游休闲食品。

【医药产业】 全市现有规上医药工业企业32家，分布在14个县（市、区）和赣州经济技术开发区，主要聚集在赣州经济技术开发区（7家）、章贡区（4家）、龙南市（4家），其他县市区分别有1—3家不等，产品涵盖中药、化学原料药及制剂、医疗器械、医药中间体、兽药等领域。2021年规上企业实现营业收入62.75亿元；增长28.1%；利润9.19亿元，增长163.4%。

【食品产业】 全市现有规上食品工业企业132家，分布在17个县（市、区）和赣州经济技术开发区，只有上犹和全南2个县无规上企业，主要聚集在赣州经开区28家、赣县区14家、信丰县12家、宁都县12家、寻乌县11家、瑞金市9家等6个县（市、区），种类包括农副食品加工业、食品制造业、酒（饮料）和精制茶制造业、烟草制品业等4个大类。2021年规上企业实现营业收入244.61亿元，下降12.3%。

中小企业发展

【概况】 截至2021年年底，全市新增中小企业35341户，增长17.75%；企业总户数达168159户，增长16.56%，户数总量居全省设区市第一；注册资本14511.90亿元，增长12.76%。全市有市级中小企业公共服务示范平台23个、省级10个，国家级6个；有市级小型微型企业创业创新示范基地19个、省级8个、国家级3个。

【创业培训】 全年举办培训班5期，培训各类学员470人，其中创业型中小微企业经营管理培训班1期，培训90人；成长型中小企业高管研修班3期，培训310人；中小企业人才创新创业管理能力提升高级研修班1期，培训70人。

【中小企业培育】 实施中小企业成长工程，全年全市共有获得认定并在有效期内的省级专精特新中小企业291家，列全省第一，拥有国家制造业单项冠军企业1家、国家专精特新“小巨人”企业12家、省专业化“小巨人”企业24家、省制造业“单项冠军”企业3家。

（郭 琳）

本栏编辑：陈晔明

园区建设

综　述

【概况】 2021年，全市19个开发区实现营业收入4385.76亿元，增长35.19%，总量和增速分别列全省第四和第三位；实现利润283.35亿元，增长43.94%，总量和增速分别列全省第六和第二位；完成基础设施投入748.58亿元，增长21.66%，总量和增速分别列全省第一和第八位。

【聚焦首位产业发展】 按照市委、市政府印发的《赣州市“1+5+N”工业倍增升级行动方案（2021—2023年）》文件精神，围绕首位产业集群倍增升级的目标，各地首位产业集群发展。至9月，全市首位产业规上企业数达到1416家，实现营业收入1817.98亿元，分别占全市规模以上企业数和营收的58.46%和58.78%。引导园区差异化发展，将瑞金市首位产业调整为绿色食品和电子电气及材料产业；将定南县电子信息首位产业细分领域调整为“智能消费设备及配套、智能电声及配套、新型电子材料及元器件”。配合市政府督察室对宁都县、兴国县、大余县等县首位产业同质化问题进行督查。聚焦首位产业集群发展。2021年省级产业集群综合评价中，赣州市南康经开区家具产业集群、赣州经济技术开发区电子信息产业集群分别获评五星级、四星级产业集群，并分别获得300万元、100万元省级奖补资金。

【开展“亩产效益”综合评价】 落实省委、省政府深化企业“亩产论英雄”改革决策部署，市工信局印发《赣州市2020年度工业企业亩产效益综合评价工作方案》，指导省亩产效益评价试点县做好评价工作，其中章贡区为突出发展生物医药、电子信息首位产业，在原有六项指标基础上引入企业生产经营情况和产业类别两项评价指标，更加科学全面地体现章贡区工业企业“亩产效益”英雄榜。上犹县结合往年工作实际及县域发展情况，采取规模以上企业以企业为主体，规模以下企业以地块为主体的评价方式。各县（市、区）开展2020年度工业企业“亩产效益”综合评价工作，至年底，共评价1057家企业，其中A类249家、B类601家、C类150家、D类57家。

【园区配套设施建设】 市工信局印发《赣州市标准厂房建设考核办法》，严格把控容积率、入驻率“两率”指标。加强标准厂房建设情况调度，2021年第三季度全市新开工标准厂房979.06万平方米，建成933.59万平方米（含续建），自2016年以来累计建成3754.43万平方米，累计使用2724.16万平方米，使用率达72.56%。

【园区发展提质增效】 加快推进产业集群培育，指导园区建设产业创新服务载体。2021年新增赣州高新区稀土稀有金属新材料及应用产业创新服务综合体、赣州经济技术开发区新能源汽车产业创新服务综合体、信丰高新区电子信息产业创新服务综合体3个省级产业创新服务综合体，以及赣县稀土金属新材料及应用产业集群、瑞金电线电缆产业集群2个省级产业集群。至年底，全市共有11个省级产业集群、2个省级培育产业集群、5个省级产业创新服务综合体以及3个战略性新兴产业集聚区。园区调区扩区，提升园区土地节约集约水平，信丰高新区、定南工业园区已获省发改委批复同意开展前期工作。

（市工信局）

赣州经济技术开发区

【概况】 赣州经济技术开发区代管6个乡（镇、街道、管理处）和1个综保区、1个高铁新区，总面积228平方千米，建成区面积54.5平方千米，常住人口38万人。2021年，实现工业营业收入1160亿元，增长35%；财政总收入82.84亿元；实际利用省外资金150亿元，增长10.8%；实际利用外资3亿美元，增长12%，进出口总额首次突破200亿元，出口总额首次突破150亿元。新增规模以上工业企业57家，总数292家。

【营商环境】 深化“放管服”改革，“最多跑一次”比例达95.8%、“一次不跑”比例超61%。推行政务服务事项网上办，为企业和群众网上办件80万件，网上办件率由40%

提升到 80%。开展“六减一增”（减环节、减材料、减证明、减跑动、减时限、减费用，增加政务服务透明度）专项行动，69 项政务服务事项审批时限压减 53.62%。推行“容缺审批+承诺制”改革，在全市率先启动不见面开标和惠企政策免申即享。承接省、市 143 项权限下放，实现园区事园区办、群众事身边办。组建运行“招商项目落地马上办”，推动企业报建环节优化 85%、材料精简 85%。推行一线工作法和践诺工作法，常态化全覆盖帮扶企业，全年为企业解决问题 1000 余个。持续深化“政银担企”对接机制，坚持每季度举办产融对接活动，帮助企业解决市场化融资需求 419 亿元，赣州数字金融产业园正式开园，获批全省首个 QFLP（合格境外有限合伙人）业务试点。

【工业发展】 新能源及新能源汽车产业汇聚的 103 家相关企业，实现营业收入 180 亿元，增长 36.54%。整车产销 1.8 万辆，是 2020 年的 2 倍。电子信息产业汇聚相关重点企业 206 家，形成“芯、屏、端、网、器”产品体系，实现营业收入 420 亿元，增长 60%，获评江西省四星级产业集群。培育营业收入超 10 亿元企业 22 家、年内净增 6 家，其中同兴达科技等 4 家企业营业收入超 100 亿元。立德电子营业收入超 70 亿元。金力永磁营业收入超 40 亿元，成为全球单体最大的钕铁硼生产工厂。宝明显示营业收入 6.12 亿元，增长 593.47%，成为世界单体最大的减薄工厂。

【招大引强】 实施“四个一”（“一办”即成立招大引强追梦办；“一院”即与清华大学经管学院合作，组建产业政策研究院；“一军”即组建社会化招商盟军；“一杠”即用小财政撬动大资本杠杆，吸引大项目落户）招大引强机制，2021 年签约项目 137 个、签约资金 1314.38 亿元。签约资金 1 亿元以上项目 95 个，其中 10 亿—50 亿元项目 34 个、50 亿—100 亿元项目 7 个、100 亿元以上项目 4 个，引进世界 500 强企业项目 6 个、服务业民企 100 强 1 家，特别是引进总投资 300 亿元的吉利（赣州）42 亿瓦时动力电池项目和总投资 101 亿元的富士康智能制造项目。

【吉利动力电池落地开工】 5 月 17 日，吉利赣州动力电池（一期）12 亿瓦时项目在赣州经济技术开发区开工建设。该项目是 2021 年 3 月吉利科技集团与赣州人民政府、赣州经济技术开发区管委会签署的动力电池项目的一期工程。吉利科技集团在赣州经济技术开发区规划建设年产能 42 亿瓦时动力电池项目，总投资 300 亿元，其中一期建设年产能 12 亿瓦时。项目主要进行动力电池电芯、模组、PACK 的生产制造，整体产能规划 42 亿瓦时。吉利动力电池赣州项目落地后，吉利科技集团安排工作专班加班加点，抢抓进度。赣州经济技术开发区和市直有关部门全力做好土地报批、资金准备、手续办理等各项工作，2 个月实现项目开工建设。

【产城融合】 赣州新能源科技城、赣州现代电子科技城、赣州综保区规划总面积 71.7 平方千米，已建成面积 31.3 平方千米。赣州新能源科技城完成“七横五纵”循环路网、唐龙公园、科技城学校等配套设施建设，江西理工大学三江校区、南方新能源汽车工程研究中心、区技工学校投入使用。赣州现代电子科技城建成“两横三纵”47.1 千米循环路网，叶山大道—横江大道—涌泉大道“小循环”全面畅通，涌泉科技园、泉岗科技园、秋葵科技园建成。赣州综合保税区新建成 RCEP 东盟产业园，开行至东盟跨境直通车，全年进出口总额 120.3 亿元。实施工业标准厂房“梧桐树”计划，开工建设 578 万平方米，其中建成面积超 300 万平方米。安能物流、顺丰物流创新产业园项目投入运营，台湾部落民俗文化村、五彩城花博园、共享农庄对外开放，“城市之眼”嘉福万达广场综合体封顶，锦晖广场、中环广场建成运营。打好污染防治攻坚战，PM2.5 浓度首次达到世界卫生组织第二阶段标准，在全省设区市建成区排名第三。

【粤港澳大湾区产业招商推介会】 12 月 10 日，2021 年赣州经济技术开发区（粤港澳大湾区）产业招商推介会在深圳举行。推介会现场签约 12 个电子信息产业项目，签约金额 86.2 亿元，粤企、台企、港企、澳企等 150 余家大湾区企业参加推介会。推介会向嘉宾介绍赣州市、赣州经济技术开发区、赣州综保区的投资环境和相关政策。智能穿戴、

5 月 17 日，吉利赣州动力电池（一期）12 亿瓦时项目在赣州经济技术开发区开工建设 （赣州经济技术开发区供图）

8月18日，赣州经开区税务人员指导前来办事的群众操作自助办税系统促进税务服务提速增效，持续优化营商环境　（赣州经济技术开发区供图）

触摸屏玻璃镜片生产项目，大健康电子产品研发、生产、销售项目，新能源电池碳纳米管导电液生产项目，IC引导线框架生产项目，电子设备产业及设备保税检测维修项目等12个电子信息产业项目在推介会现场签约。赣州经济技术开发区派出招商小分队8个，招商队员100余人，向大湾区广大客商带去招商优惠政策，创造更加广泛的合作前景。

【区属国有企业改革】 持续做大做强赣州建控集团、赣州经开区工发集团、赣州保税实业集团、赣州国瑞新能源公司4大国有投融资平台。赣州建控集团总资产突破900亿元、增长23.47%，累计获得3家资信机构AA+信用评级，全市首个28亿元“险资入赣”项目落地，发行全市首单2.7亿美元境外债券。赣州经开区工发集团总资产突破100亿元。赣州保税实业集团总资产突破50亿元，为企业提供供应链服务51.6亿元、增长78%，实现跨境电商单量52.14万单，为企业提供报关服务超百亿元。

【乡村振兴】 2021年，区内脱贫户人均纯收入17480元，增长9.6%。村集体经济经营性收入总额6308万元，15个村经营性收入超100万元，黄金岭街道大坪、金星2个村经营性收入超1000万元。三江乡新江村获评全国民主法治示范村，黄金岭街道杨梅村获评全国示范性老年友好型社区。全区61个行政村、社区自来水、太阳能路灯全覆盖，建成新农村建设点40个、美丽村庄4个、美丽庭院635户。

【民生实事】 2021年，全区民生支出26.62亿元，占一般公共预算支出的66.93%；投入超82亿元，办好40件120项民生实事。新（改、扩）建各类学校18所，增加学位1.1万个；与清华大学附属中学实现合作办学，与江西理工大学共建金岭学校。“双减”政策落地，义务教育学校课后服务实现全覆盖。为所有公办中小学校、幼儿园安装空调和直饮水。区第二人民医院（湖边镇卫生院）住院楼、区第三人民医院（科技城医院）住院楼、黄金岭社区卫生服务大楼完工，新增城乡养老服务站点8个。完成返迁安置房建设总建筑面积约205万平方米，累计安置9060户、分配1.8万套。常态化抓好疫情防控，全年排查“三站一场”人员350万余人次、接种74.65万剂新冠疫苗。

【科技创新】 全区有国家级、省级研发和检测机构59个，其中国家级科技创新平台19个；有院士工作站、海智计划工作站、博士后科研工作站等11个。全年引进高层次人才项目10个，高层次人才53名（其中国家级人才11名），全区共汇聚院士、博士等高层次人才856名；引进行业急需紧缺人才215名。建成创新创业平台9个，孵化面积101万余平方米，在孵企业2250家，恒科东方科技企业孵化器获评全国创业孵化示范基地，全省唯一的“2021年中国创新创业成果交易会成果转化基地”，与中国科技开发院合作共建“科创飞地”。加大研发经费投入，R&D经费支出占地区生产总值的3.15%。2021年全区科学技术财政支出增长10%以上，达4.04亿元。新增高新技术企业50余家，总数212家；新增发明专利授权1302件、企业发明专利授权407件、PCT专利申请106件。年内，新增国家专精特新“小巨人”企业3家，省级专精特新中小企业26家，省级专业化“小巨人”企业1家。培育种子独角兽企业1家、潜在独角兽企业1家、瞪羚企业5家、潜在瞪羚企业1家。

（施恩沁　王　颖）

拓展资料

表16

赣州经济技术开发区各级研发检测机构和创新创业平台载体汇总表（国家级）

序号	创新创业平台名称	依托（或运营）单位	认定部门	层级	认定时间	平台载体类别
1	国家企业技术中心	孚能科技（赣州）股份有限公司	国家发改委	国家级	2020年	国家级企业技术中心
2	国家离子型稀土资源高效开发利用工程技术研究中心	中国南方稀土集团有限公司 赣州有色冶金研究所 江西理工大学	科技部	国家级	2018年	国家级工程技术研究中心

续表 16

序号	创新创业平台名称	依托（或运营）单位	认定部门	层级	认定时间	平台载体类别
3	钨与稀土采冶及深加工技术国家地方联合工程研究中心	江西钨与稀土研究院	国家发改委	国家级	2011 年	国家级工程研究中心
4	国家钨与稀土产品质量监督检验中心	江西省钨与稀土产品质量监督检验中心	国家质监总局	国家级	2010 年	国家钨与稀土产品质量监督检验中心
5	国家级科技企业孵化器	赣州市创业服务中心有限公司	科技部	国家级	2016 年	国家级科技企业孵化器
6	赣州恒科东方国家级科技企业孵化器	赣州恒科东方实业有限公司	科技部	国家级	2016 年	国家级科技企业孵化器
7	中科（赣州）科创智库国家级众创空间	赣州市创业服务中心有限公司	科技部	国家级	2017 年	国家级众创空间
8	赣州国际企业中心国家级众创空间	赣州恒科东方实业有限公司	科技部	国家级	2017 年	国家级众创空间
9	工信部第三批产业技术基础公共服务平台	江西钨与稀土研究院	工信部	国家级	2018 年	工信部第三批产业技术基础公共服务平台
10	赣州国际企业中心创业园第五批全国创业孵化示范基地	赣州恒科东方实业有限公司	人社部	国家级	2021 年	国家级创业孵化示范基地
11	国家级小型微型企业创新创业示范基地	赣州恒科东方实业有限公司	工信部	国家级	2018 年	国家级小型微型企业创新创业示范基地
12	国家级小型微型企业创新创业示范基地	赣州市创业服务中心有限公司	工信部	国家级	2019 年	国家级小型微型企业创新创业示范基地
13	国家级中小企业公共服务示范平台	江西钨与稀土研究院	工信部	国家级	2016 年	国家级中小企业公共服务示范平台
14	赣州新能源汽车科技城专家服务基地	赣州新能源汽车科技城	人社部	国家级	2018 年	国家级专家服务基地
15	中国（赣州）稀土产学研合作创新示范基地	赣州经济技术开发区	中国产学研合作创新促进会	国家级	2012 年	中国（赣州）稀土产学研合作创新示范基地
16	赣州钨和稀土新材料科技兴贸出口创新基地	赣州经济技术开发区	商务部和科技部	国家级	2017 年	赣州钨和稀土新材料科技兴贸出口创新基地
17	赣州钨与稀土新材料国家HJ 计划特色产业基地	赣州经济技术开发区	科技部	国家级	2009 年	赣州钨与稀土新材料国家 HJ 计划特色产业基地
18	赣州钨与稀土新材料国家新型工业化示范基地	赣州经济技术开发区	工信部	国家级	2010 年	赣州钨与稀土新材料国家新型工业化示范基地
19	国家新型工业化赣州稀土新材料产业示范基地	赣州经济技术开发区	工信部	国家级	2010 年	国家新型工业化赣州稀土新材料产业示范基地

龙南经济技术开发区

【概况】 2021 年，龙南经济技术开发区工业增加值增长 12.9%；营业收入 314.5 亿元，增长 40.4%；利润总额 17.04 亿元，增长 58.9%；园区税收 12.59 亿元，增长 10.04%；实现进出口总值 70.5 亿元，增长 15.1%，其中出口总值 52.1 亿元，增长 6.56%。龙南经济技术开发区规划环评获生态环境部批复，化工集中区获批省级化工园区。

【招大招强】 紧扣“高大上、链群配”，践行“二四四招商法”（“二”即紧盯线路板、稀土新材料和锂电延链补链强链，打造两大全产业链；第一个“四”即拿起“四把尺子”，以“首位产业、招大引强、科技引领、财税贡献”这四把尺子衡量项目；第二个“四”即解析“四个焦点”，以“做什么、谁来做、怎么做、为谁做”来评判项目），发挥 13 支专业招商团力量招大引强选优，保持每月至少一次集中签约的速度，全年集中签约 17 次。2021 年签约招商引资项目 58 个，签约资金 390.67 亿元，其中亿元以上项目 51 个，10

亿元以上项目15个，20亿元以上项目5个，50亿元以上项目2个。省商务厅认定佳纳新能源、新涛亚克力2个50亿元以上项目。开展“当日签约当日推进，当场签约当场推进，明天签约今天推进”提速提效行动，佳纳、天奇、嘉元、广臻、华卓等上市公司投资项目开工建设，吉祥达、阔叶、佳音王、洲煌等项目快速推进，恩嘉、柔驰、祥益鼎盛、亿铖达等项目试产投产。亿铖达、祥益鼎盛和柔驰3个项目代表龙南接受全市项目大会战流动现场会的检阅。

【产业集群】 建立产业链长制工作推进体系和推进机制，完善支持工业发展若干政策，常态化召开经济运行分析会、企业入规工作调度会、政企圆桌会，全面增强要素保障能力，推动电子信息、新材料双首位产业和食品药品、现代轻工等产业加速集聚发展。获批全省首批数字经济集聚区、5G产业基地、新型工业化产业基地（电子信息）。全省“5G+工业互联网”现场会在龙南召开。电子信息产业科技城落户电子信息企业150余家，其中92家规模以上电子信息企业（含配套企业）实现营业收入195.3亿元，增长43.32%，产业集聚度63.43%，培育形成PCB（印制电路板）产业群、PCB装备制造产业群和电子化学品产业群。净增规上工业企业50家。年营业收入超10亿元企业达9家，其中福鑫钢铁营收突破50亿元。

【平台建设】 高标准推动园区基础设施建设，完成投资5.2亿元，建成道路约20千米，完成土方平整120公顷（1800亩），共为企业落户供地173.33公顷（2600亩）。新建成标准厂房面积96.59万平方米，其中政府资金投资建设标准厂房面积39.4万平方米。优化修编赣州电子信息产业科技城、富康工业园西南片区等园区系列规划，推进开疆拓土工作，启动高峇脑片区、共大片区、综合物流园等项目建设工作，90天完成近万亩园区开疆拓土征迁任务。国有企业高质量发展。建投控股集团新增孚润石油化工等9家子公司，主体评级提升至AA，全年融资到位金额13.49亿元，筹集1亿元支持汇森公司在香港成功上市，筹集8850万元支持道氏公司定向增资。三南发投公司融资到位资金9.4亿元，加快推进5G智能产业科技园项目建设，20栋厂房主体工程全面完成。220千伏东江2号主变建成投入使用。中国赛宝实验室龙南检验检测认证服务中心成立。龙南至深圳铁海联运班列开通运行。跨境电商网购保税进口交易额增长5倍，业务量列全省第二。

【改革创新】 对接融入粤港澳大湾区，探索区域合作共建体制改革创新，龙南与东莞共建“飞地园区”有序推进。持续抓好“三南”园区一体化发展，在深圳举行江西“三南”园区一体化发展暨对接融入粤港澳大湾区电子信息产业合作推介会，共签约19个项目，签约总金额207亿元。深入实施科技创新赋能行动，彩艺、骏能化工、鑫龙业、亿铖达4家企业获批组建赣州市技术创新中心，龙钇稀土获批省级工程技术研究中心，新正耀、骏亚精密、诺威获批省级企业技术中心和省级潜在瞪羚企业。骏亚电子入选国家专精特新“小巨人”企业，天奇金泰阁入选国家级绿色工厂，志浩5G+数字孪生智能工厂应用示范项目纳入2021年江西省03专项及5G应用示范项目。新增国家高新技术企业21家、国家级科技型中小企业达50家，新增授权专利92件。兑现企业“科技创新企业奖”等奖励金额2656.17万元。

【“腾笼换鸟”专项行动】 出台《龙南“腾笼换鸟”专项行动计划》《龙南“腾笼换鸟”工作实施方案》等文件，大力开展“腾笼换鸟”集中攻坚活动。灵活运用政府收、市场换、司法拍、异地挪、低效提等“腾换”形式，腾退一批低产能、低产值、低贡献的“三低企业”和占据厂房资源却生产停滞的“僵尸企业”，引进一批优质高效升级版“好鸟”项目，把有限资源配置给大项目、好项目，探索出一条具有龙南辨识度的工业园区土地高效利用新路子。年内，集中“腾换”38家企业，盘活工业用地93.33公顷（1400余亩）、厂房38.4万平方米，43家低效促履约企业全部签订承诺书。同时，严格把控“腾笼”后的“换鸟”方向，按照“高大上”“链群配”要求，围绕电子信息和新材料双首位产业扎实招引项目，“腾笼”后引进的22家企业全部符合“高大上”“链群配”的招引标准。

【园区环境综合整治“百日攻坚”行动】 出台《龙南经开区市容和环境卫生管理细则（试行）》，强化园区的精细管理。抓紧抓实园区环境综合整治“百日攻坚”行动，完成富康大道、富祥大道、八纬路、志浩路与龙湾大道十字路口和柔驰企业周边等园区主干道的绿化提升，实施富康大道、富祥大道、联茂大道、八纬路、骏亚大道、新圳大道延伸段等主干道约12千米“白改黑”工程，对志浩路与龙湾路节点、齐畅厂区对面节点、第二人民医院对面空地处节点等9个园区重要节点进行改造提升。31家企业外立面和12家企业烟囱完成改造，西多利、格仕乐、隆南药化等15家企业的实体墙改造成文化墙，园区品位得到大幅提升。

【“龙易办”营商品牌打造】 打造“龙易办”营商环境品牌，践行“七个一”（即一个网格、一名网格长、一个企业、一名责任领导、一个部门、一套方案、一抓到底）安商服务机制，安排网格长、48名县处级以上领导、70余家单位（部门），挂点服务320家企业，压实网格和安商服务单位两道责任，为招商引资项目落地、开工建设、竣工投产、生产经营等提供全方位服务。对标大湾区深化“放管服”改革，设立企业服务专区，实现“一窗进、一窗出、一窗通办”，全年兑现工业发展奖励资金9300万元，发放财园信贷通贷款55919.25万元，办结企业诉求205个、办结率达96.39%。举办线上线下招聘会17场，累计帮助企业招工 2861 人。抓实抓细园区疫情防控工作，动员 3.7 万余名企业员工接种疫苗，在园区设立 6 个核酸检测应急采集点，大罗园区、科技城等核酸采集点开展“真采真检”核酸检测实战演练。

（廖星雨）

瑞金经济技术开发区

【概况】 瑞金经济技术开发区总规划面积 66 平方千米（9.9 万亩），其中核心区规划面积 25 平方千米（3.75 万亩），已开发面积 13 平方千米（1.95 万亩）。2021 年，瑞金经开区落户各类工业企业 259 家，其中规模以上企业 100 家；实现工业营业收入 280 亿元，增长 29.4%；利润总额 23.15 亿元，增长 43.9%；工业增加值 64.28 亿元，增长 12.4%；实际利用外资 10243 万美元，增长 8.47%，其中现汇进资 1402 万美元，净增 874 万美元；进出口总额 46 亿元，增长 37.08%；安排劳动就业 10865 人。瑞金经济技术开发区在全国国家级经济技术开发区中位列第 182 名，较上年度排名中前移 13 位，在全省国家级经济技术开发区排名前移 1 位，创历史新高。瑞金经济技术开发区被评选为国家级绿色园区、省级绿色园区、省级省模范劳动关系和谐园区。

【工业经济】 2021 年，瑞金经济技术开发区新增规模以上企业 22 家，总量突破 100 家；培育产值超 40 亿元的骨干企业 3 家，产值超 15 亿元的骨干企业 3 家，税收超亿元的企业 4 家；金一电缆集团入选年度中国线缆产业最具竞争力企业 100 强，营业收入达到 70.26 亿元；金纳铜业、恒吉铜材入选省制造业百强企业，3 家企业入选省制造业领航企业培育名单。

【主导产业集聚发展】 围绕以电子电气及材料为首位产业，食品医药、轻工纺织为特色产业，港口经济、节能环保、智能制造、数字经济等为新兴产业的“1+2+N”工业产业体系，深入实施产业链长制，出台电子电气及材料首位产业扶持办法，全年引进昊宇重工、明葳电子等产业项目 44 个，其中 50 亿元以上项目 1 个、20 亿元以上项目 2 个，签约资金 507.89 亿元，增长 10.37%，促进工业产业集群集聚发展。

【平台建设】 2021 年，瑞金经济技术开发区获得建设融资 10.7 亿元，开工建设标准厂房 200 万平方米，建成标准厂房 38.4 万平方米，收购标准厂房 14.76 万平方米，建成通车道路 9.1 千米。至 2021 年，瑞金经济技术开发区共建成标准厂房 61.12 万平方米，建成 35 千伏及以上变电站 4 座和日处理能力 1.5 吨工业污水处理厂 1 座，铺设电力线路总长 271.25 千米、污水管网 67.5 千米；建成区幼儿园、区小学、沙洲坝中学、职工活动中心等教学场所；投入运营瑞金国际陆港，开通瑞金至厦门铁海联运班列，打通铁海联运门对门“最后一公里”。

【科技赋能】 2021 年，瑞金经济技术开发区新增高新技术企业 7 家，省级专精特新中小企业 9 家，国家科技型中小企业 21 家，省级以上科技研发平台 1 个，省级以上科技创新载体 2 个，赣州市级技术创新中心 3 家，发明专利授权 25 件，实现高新技术产业产值 104.08 亿元，R&D（科学研究与试验发展）经费投入 3.29 亿元，占 GDP 比重达 1.88%，获评省级绿色技术创新培育企业 1 家，入选“苏区之光”人才计划项目 1 个。至 2021 年，瑞金经济技术开发区共有高新技术企业 37 家，省级专精特新中小企业 19 家，国家科技型中小企业 56 家，省级以上科技研发平台 9 个，省级以上科技创新载体 2 个，赣州市级技术创新中心 3 家，拥有发明专利 137 件，设立博士工作站 2 个。

【节地增效】 坚持“亩产论英雄”导向，深化节地增效和“腾笼换鸟”，试行“标准地+承诺制”，2021 年盘活闲置用地 48.33 公顷，利用批而未用土地 46.13 公顷，亩均营业收入达 380.58 万元/亩，亩均税收达 20.33 万元/亩，亩均投资强度达 451.69 万元/亩。

（郭经伟　李　媛）

赣州高新技术产业开发区

【概况】 2021 年，赣州高新技术产业开发区（简称“赣州高新区”）工业增加值增长 12.9%，增速排名全市经开区第 3 位；实现营业收入 353.98 亿元，增长 35.59%，三年工业倍增计划一年完成；实现利润总额 24.11 亿元，增长 82.35%；完成工业固定资产投资 69.38 亿元，增长 29.24%，增速排名全市经开区第 2 位。赣州高新区在国家高新区中总体排名位列全国第 109 名、在全省开发区争先创优中排位列第 18 名、在江西省 2021 年度鄱阳湖自创区建设综合评价结果中排名第 2 位、在 2021 年度全市六大主攻方向流动现场会取得全市第四的成绩，保持在全市经开区第一方阵。

【工业倍增】 稀土稀有金属新材料及应用为赣州高新区的首位产业，赣州高新区围绕“两高两新”（推动高质量发展、打造高品质城市，挖掘文化与科技融合发展新动力、构建新型城市形态）产业导向，推进铸链引链强链补链延链，推动产业向稀土高性能磁性材料、稀土功能材料、稀土永磁电机等下游产业发展，形成集勘探、开采、冶炼分离、加工、检测、科研、贸易等全产业链，逐步掌握产业市场话语权。重点培育中科三环、粤磁稀土、腾远钴业、寒锐钴业、中科拓又达等一批稀土稀有金属产业链上下游龙头企业发展，逐步形成龙头引领、链条延伸、配套集聚发展态势，做大做强稀土钨新材料战略性新兴产业集群，打造稀土钨新材料、新能源动力电池材料、稀土永磁电机、先进智能装备制造等 4 个超百亿元产业集群，推动工业倍增升级。

赣州腾远钴业新材料股份有限公司（2021 年，赣州高新区供图）

【招大引强】 坚持“项目为王”，实施“全民大招商”活动，组建 8 支工业专业队和 4 支驻外招商队，集中力量招大引强，共签约工业项目 23 个，签约总额 413.2 亿元，首位产业项目占比 88%。引进半导体材料全球十强企业、上市公司、半导体超高纯金属溅射靶材领域龙头企业江丰电子，高性磁体产量国内第一、世界第二的上市公司中科三环。投资 113 亿元的中科融合产业园、52 亿元的江钨产业园、50 亿元的生一伦电投等一批龙头企业、优质项目落户赣州高新区。

【科技赋能】 强化科技创新赋能，推动项目建设，增强企业自主创新能力，引导创新要素集聚。中科院赣江创新研究院一期新建项目、中科融合赣江源创新产业园建设项目、国家稀土功能材料创新中心建设项目、中科育成科研成果转移转化示范项目相继开工，其中国家稀土功能材料创新中心建设项目实现当年开工当年完工，并在 2021 年度全市六大主攻方向流动现场会上获得单个项目全市第二名的好成绩。2021 年，全区技术合同成交额达 4.95 亿元；科贷通放贷 11 家，放贷金额 2850 万元；新增独角兽、瞪羚企业等高成长性企业 2 家，瞪羚（含潜在）企业累计 5 家；科技型中小企业 52 家，组织 51 家企业申报高新技术企业，通过 21 家，至年底共有 71 家高新技术企业，在全市保持前列；2 家企业入选省级企业技术中心；组织企业申报省、市“揭榜挂帅”项目 6 个，其中中科拓又达、诚正稀土申报的省级揭榜挂帅项目入榜公示；引进培养创新人才和团队 23 人（个）。

【“一区三园”平台建设】 经市委、市政府研究同意，在全市构建管理协同、资源协同、产业协同、政策协同、空间互补的“一区三园”（“一区”为赣州国家高新区，“三园”为赣州高新区、赣州国家高新区章贡园区、赣州国家高新区信丰园区）发展格局，构建创新共同体，打造千亿元级高新技术产业集聚区。实施“一区三园”改革后，在空间规划上，赣州国家高新区规划面积由 52 平方千米调整为 101.88 平方千米。在产业布局上，打造“一区三园”各具特色的产业集群，赣州国家高新区重点打造稀金新材料产业园，赣州国家高新区章贡园区重点打造生物医药产业园，赣州国家高新区信丰园区重点打造电子信息产业园。在管理机制上，统筹协调、资源共享、科学发展；统一领导、统一政策、统一规划、统一招商、统一建设；将优势资源、优质项目、优良企业向“一区三园”集中。

（陈　婧）

赣州蓉江新区

【概况】 2021 年，赣州蓉江新区地区生产总值完成 55.32 亿元，增长 9.5%；固定资产投资增长 30.9%；财政总收入完成 6.4 亿元，增长 39.3%；一般公共预算收入完成 2.87 亿元、增长 8.7%；社会消费品零售总额完成 20.78 亿元，增长 16.3%；城镇和农村居民人均可支配收入分别完成 36110 元、18131 元，分别增长 10.07%、9.01%。

【项目建设】 全区 17 个省大中型项目、95 个城建项目分别完成投资 76.91 亿元、67.8 亿元，完成年度投资率为 148.6%、100.4%。10 月，启动“奋战一百天夺取全年胜”重点工作攻坚行动，全力推进 252 项任务，项目建设攻坚项目 103 个，蓉江大道、和谐大道等 21 个项目完工，中央景观走廊、白鹭湖公园等 35 个项目顺利开工。全年征收房屋 21.35 万平方米、土地 229.8 公顷（3447 亩），60 天时间完成南方医科大学南方医院赣州医院项目用地征收搬迁。全年完成土地储备 219.44 公顷（3291.6 亩）、土地供应 234.85 公顷（3522.73 亩），保障全民健身中心、大数据产业园二期、“一环三纵”等重点项目用地。

【城市建设】 2021 年，“一环五横八纵”主干路网框架基本形成，城市框架不断拉大，蓉江大道等 18 条道路开放通车，新增通车里程 19.2 千米。创业大桥完成总工程量的 85%，平安大桥钢栈桥全线贯通，过江隧道建设稳步推进，城市建成区达 19.5 平方千米。城市配套日益完善，滨江公园中段、新世纪公园（十里花溪）中北段基本建成，累计建设公园绿地近 266.67 公顷（4000 亩）。武陵大道地下综合管廊建成，新时代大道地下综合管廊管线入廊逐步推进。新时代大道 4 座人行天桥投入使用，新路、坪路和水岸康居小区改造提升加快推进。建成海绵城市面积 10.63 平方千米，新增停车泊位 2277 个、5G 基站 109 个。

城市管理日趋精细，智慧城市运行调度指挥中心“城市大脑”功能日益凸显，城市精细化管理平台、智慧停车云平台、智慧工地等12个平台系统上线试运行。编制完成城市精细化管理工作手册，推进城乡环卫一体化常态化保洁，定期开展园林绿化、市政设施维护管养，建成智慧安防小区34个，城市管理更智慧更高效。

【产业发展】 2021年，智能驾驶示范路等3个项目正式签约，数创智联产业园、数创智联高端电子产业项目、机器人制造等8个框架协议正式签订，总投资额达274亿元。启迪K栈投入运行，大数据产业园一期示范园项目数字展厅建设完成，大数据产业园二期开工建设。赣南数据湖示范园项目运营良好，数创智联科技园引进中科吉芯、华腾数字科技等企业10余家；1万平方米的赣南VR（虚拟现实）科创园项目封顶，3000平方米VR直播基地引进江西华虔等企业5家；启迪科技城新材料研发创新中心、科技研发孵化中心基本完工，并同步开展招商。“公园+”城市旅游加快建设，打造音乐会、营地乐园、书院文化等城市旅游品牌，成功举办2021年赣州蓉江新区第二届COART麋鹿嘉年华活动，同时常态化举办落日市集、音乐喷泉、营地光影秀等各类活动。全区全年接待游客达230万人次，实现旅游收入约13亿元。

【农业农村工作】 按照“四个不减”要求，保持原有主要帮扶政策总体稳定，健全防止返贫动态监测和帮扶机制，推动“两不愁三保障”和饮水安全问题动态清零，确保不发生规模性返贫底线，脱贫攻坚成果不断巩固。完成全区粮食作物种植面积0.19万公顷（2.89万亩），总产量1345万千克。探索“稻+旅游”“花卉+旅游”等发展模式，迳背“米花菜园”开放运营。推进农耕体验、苗木培育等生态休闲项目建设，种植彩色水稻3.33公顷、油菜108.6公顷。6米长、3.5米宽农村道路完工通车，建成“一环三纵”主干路网15千米、农村道路86千米，铺设自来水管网约4千米，坳上、迳背安置点污水处理站投入运行。龙塘小学等3所学校完成改造，学校教学条件改善。落实林长制河长制，改造低质低效林24.2公顷（363亩）、除治松材线虫病树9000余棵，新建生物防火林带近133.33公顷（2000亩），森林资源质量持续向好。开展污水治理，断面水质和饮用水源水质优良率均为100%。推进农村人居环境整治，移风易俗，乡村面貌得到改善。

【改革发展】 全年谋划推进83项改革任务，全部如期完成，完成率100%，制定出台28个改革文件。15个事业单位改革试点工作顺利完成，养老服务中心、新时代文明实践促进中心等5个事业单位挂牌成立。推进相对集中行政许可权改革，区行政审批局挂牌成立，实现一枚印章管审批。率先在全市开展“交房即交证”试点改革，武陵村探索出“党建+”的村集体经济发展道路。全市首家知识产权工作站挂牌成立，国家（赣州）知识产权保护中心项目顺利落地，云创智谷新经济双创园成功入选2021年度国家小型微型企业创业创新示范基地，启迪K栈入选赣州市小型微型企业创业创新示范基地。落实“科贷通”资金政策，新增高新技术企业2家，柔性引进科技专家7名。建立健全首问负责制等6项制度，设立政务服务帮代办中心，推进“一窗式”审批服务，实现企业开办“一日办结”以及不动产交易、税费缴纳、不动产登记“三合一”办理。落实政企圆桌会议制度，健全企业帮扶机制，开展助企纾困，减税降费7536万元，帮助企业解决问题85个，市场主体达1.08万余家。通过省营商环境企业评价，排名大幅提升至全市第10名、全省第50名。

【民生实事】 2021年，新增城镇就业1683人，发放就业补贴729万元、创业担保贷款558万元。累计化解欠薪案件68件，为农民工追回工资1220万元。赣州市第十五中学、赣州市飞扬路小学、赣州市保育院蓉江院区、赣州市青少年宫活动中心幼儿园蓉江分园等12所学校（幼儿园）投入使用。深化校地合作，与驻区6所高校召开校地合作座谈会，初步达成一批合作事项。区疾控中心大楼开工建设，惠民医院、南方医科大学南方医院赣州医院、市中医院等重点医疗卫生项目加快推进。村（居）级居家养老服务中心新建9个，累计建成28个，新路村获评“全国首批示范性老年友好型社区”。蓉龙人文纪念园正式运营，填补公益性公墓建设的空白。蓉江花园一区等安置房加快建设，全年完成

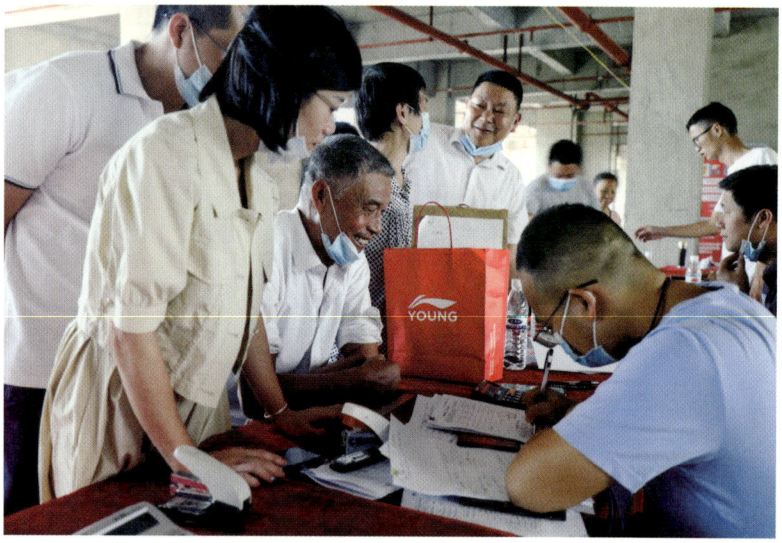

9月14日，赣州蓉江新区温馨家园C1-8小区分房现场（赣州蓉江新区供图）

2896户5398套59.52万平方米房屋的安置工作。社会治理更加高效，高校园区交警中队、潭口法庭、高校园区派出所项目建成，设立“一站式”矛盾纠纷调解室40个，全区信访积案化解率为93.1%，打击整治涉诈银行卡核查率位列全市第一，赣州师范高等专科学校纳入全省反电诈现场会示范点，高校反诈宣传工作经验在全省推广。

（赣州蓉江新区）

赣州综合保税区

5月20日，赣州—东盟跨境直通车正式开通（赣州综合保税区供图）

【概况】 2021年，赣州综合保税区外贸数据、签约资金、跨境电商单量等主要指标均创历史新高。全年实现一线进出口额120.28亿元，历史性迈入百亿阵营，是2020年进出口总量的3.8倍，同比增长280.5%，总量占全市的1/6，增量占全市的37.8%。全年签约引进项目17个，总投资227.25亿元，同比增长58.4%。完成跨境电商业务订单52.14万单，实现进出口货值28.18亿元，实现爆发式增长。

【改革创新】 继开行赣州—香港货运直通车后，在全省率先开行赣州—东盟跨境直通车，贯通东盟七国，为全市、全省新增出境、出海通道。正式开通跨境电商“9710”（“B2B直接进出口”）模式，进一步拓宽跨境电商企业的出口通道，为外贸高质量发展提供新动能，成为赣州综保区外贸的重要增长点。仓储货物按状态分类监管政策、一般纳税人资格试点、保税维修等一批新政策落地见效。

【“赣州—东盟”跨境直通车开通】 5月20日，赣州RCEP（区域全面经济伙伴关系协定）东盟产业园竣工暨“赣州—东盟”跨境直通车开通仪式在赣州综保区举行。“赣州—东盟”跨境直通车项目由深圳诺亚供应链管理有限公司投资建设。项目运营后，实现“中国—东盟”货物“门到门”抵运，改变赣州市乃至周边地区货物需在边境停留、集散、报关的现状，对赣州市乃至江西省新增出境、出海通道、降低综合物流成本，将进一步助力赣州市对接融入“一带一路”建设、粤港澳大湾区桥头堡建设。运行以来累计开行563车次，货值1.96亿美元。

【平台发展】 聚焦产业发展、项目建设和服务保障，推动综保区平台开发建设，促进综保区高质量发展。保税加工、保税贸易、保税物流三大产业发展初具规模。蓝芯科技、锐晶科技相继竣工投产，新增3家企业实现入规。进境粮谷产业“1+N”发展体系初步形成；跨境电商等保税贸易产业蓬勃发展；以“赣州—香港”货运直通车、“赣州—东盟”跨境直通车以及供应链服务为主体的保税物流逐步壮大。总体量29.8万平方米的标准厂房三期、标准厂房项目相继交付企业使用；中国（赣州）跨境电商产业园、网外配套宿舍实现开工建设，为综保区企业入驻、产业发展提供有力支撑。赣州保税实业集团总资产突破50亿元，市场化运营程度逐步提高。全年共完成融资16.7亿元，为区内外企业提供供应链服务51.58亿元，提供进出口报关服务2707单次，金额超百亿元。

（戚箭斌）

本栏编辑：徐文菁

商贸服务业

综 述

【概况】 2021年，赣州市商贸服务工作坚持稳中求进工作总基调，推动全市商务事业高质量跨越式发展。全年社会消费品零售总额1987.68亿元，增长18.0%，社会消费品零售总额增幅列全省第三位，外贸出口总量和出口增幅均居全省第二位。限额以上单位实现消费品零售额526.5亿元，增长21.1%。其中，商品零售额500.2亿元，增长20.9%；餐饮收入26.3亿元，增长39.4%。通过公共网络平台实现的商品销售额26.9亿元，增长101.7%。限额以上单位商品零售额分类中，粮油、食品类增长22.0%，服装、鞋帽、针纺织品类增长62.1%，日用品类增长29.9%，家用电器和音像器材类下降3.5%，汽车类增长18.7%，石油及制品类增长18.7%，化妆品类、建筑及装潢材料类和中西药品类分别增长86.2%、17.3%和19.5%。

全市进出口总值737.39亿元，增长46.6%。其中，出口576.47亿元，增长37.1%；进口160.92亿元，增长94.9%。批发业实现销售额1200.47亿元，增长28.7%；零售业实现销售额1472.30亿元，增长18.9%；住宿业实现营业额38.32亿元，增长24%；餐饮业实现营业额253.94亿元，增长32.7%。

【消费促进】 2021年全国（赣州）消费促进月、赣州2021相约春天消费季活动和2021赣州金秋商贸旅游消费季系列活动开展，围绕零售消费、餐饮消费、汽车消费、网络消费等四大板块举办近1000场促消费活动，发展首店经济，建成江南宋城商业街区、渔湾里美食街、万象城商圈等夜间经济示范区。

【商务诚信建设】 在全市商务领域持续开展“诚信兴商宣传月”“食品安全宣传周”“打击侵犯知识产权和制售假冒伪劣商品宣传咨询日”等活动，倡导“诚信兴商”的经营理念，营造诚信经营社会氛围。收集汇总全市商务领域市场主体违法违规信息，录入“江西省商务领域信用信息系统”，建立商务领域市场主体信息数据库，并向社会公众提供查询服务。转发制定《赣州市商务局推进诚信建设制度化工作方案》，推进商务领域诚信建设制度化规范化长效化。

电子商务

【概况】 2021年，赣州市网络零售额640.67亿元，全省占比33.26%，总量全省排名第一，增长36.19%，增幅高出全省平均增幅12个百分点，排名全省第三名，连续4年电子商务高质量考核全省排名第一名。稳步推进产业扶贫，先后有3个县市入围“中国电商示范百佳县”、3个县市入围“全国贫困县农产品电商前50强”、7个县市入围“全国贫困县非农产品电商50强”，2人获全国脱贫攻坚奋进奖、6人获“中国农村电商致富带头人”奖、1人获全省脱贫攻坚奋进奖。3次全国性网络扶贫现场会在赣州市召开，瑞金市“廖奶奶咸鸭蛋”创始人廖秀英、宁都县“残疾人电商创业园”创始人廖竹生获全国脱贫攻坚先进个人荣誉称号，江西省电商扶贫所获的2个国家级奖项全部由赣州获得。

编制出台《赣州市城乡高效配送专项规划（2022—2024年）》，为全市商贸物流产业发展提供翔实目标值、时间表和路线图。推进城乡高效配送专项行动和邮政“快递进村”工程建设，培育市区一级配送基地3个，县级配送中心、乡镇快递网点和村级快递网点实现100%全覆盖。

【电商规模】 推动电商与家具、服装、脐橙等优势、特色产业融合发展，电商产业日益壮大，网络零售额快速增长。2021年，全市网络零售额总量首次居全省第一，并超过第二名近100亿元。有TOP（顶级）企业8271家、TOP企业店铺98872个，名列全省前茅；淘宝村总数31个、占全省的54.39%，淘宝镇总数22个、占全省的28.94%，淘宝村、淘宝镇数量均居全省第一名。南康区上榜“2021中国县域电商竞争力百强榜”，列全国第四十九名、江西省第一名。

【电商示范基地建设】 于都县、寻乌县获批2021年国家电子商务进农村综合示范“二次支持”县，全市获批国家级电子商务进农村综合示范“首次支持”县达17个、“二次支持”县6个，在全国都是唯一。全市先后获评国家电子商务示范城市1个、国家级电子商务示范基地1个、省级电子商务示范基地8个、省级电子商务示范企业8个，位居全省前列。组织评选一批电商网络零售示范基地、直播示范基地和电商乡村振兴示范基地、示范服务站，开展电商培训244次、培训人员9047人，培养网红达人614人、电商新农人667人。

【电商消费】 创新电商应用，推动线上线下融合发展，组织电商企业参与“双品网购节”“网上年货节”“2021江西金秋网购季”，组织开展直播带货、“赣品网上行”等系列网络营销活动，推动农产品出村上行。2021年，全市举办直播带货、“赣品网上行”等网销活动342次，直接带动农特产品网络销售32.1亿元。“双十一”期间，全市网络零售额达33.1亿元，全省占比34.1%，排名全省第一。

【跨境电商】 赣州国际陆港、赣州综合保税区、龙南保税物流中心（B型）打通跨境电商进出口通道，成为全省首个实现跨境电商全业态开通的综试区，带动赣州全年实现“1210”（保税跨境贸易电子商务）进口、“9610”（跨境贸易电子商务）出口81.06万票，订单量是2020年的8.1倍，累计实现“9710”（跨境电子商务企业对企业直接出口）、“9810”（跨境电子商务出口海外仓）出口近100亿元，带动一批本地产品出口。中国（赣州）跨境电子商务综合试验区与匈牙利中欧商贸物流合作园区签署“双区联动”合作协议，并作为共建“一带一路”国际合作项目，被列入“中国—中东欧国家领导人峰会”成果清单。探索开展“中欧班列+跨境电商+海外仓”融合发展新路径，全年运行31列，跨境电商出口130标箱。

【中国（赣州）跨境电子商务发展峰会】 4月26日，中国（赣州）跨境电子商务发展峰会在赣州国际木材集散中心举行。赣州市商务局、赣州国际陆港分别就赣州市跨境电商选品、“双区联动”和跨境电商国际物流方案作推介。各县（市、区）商务主管部门负责人、赣州跨境企业代表、深圳跨境电商协会会员单位等200余人参加会议。会议期间，市商务局等部门动员全市家具家饰、服装、鞋类、户外运动、电子等优质产品，建设赣州市跨境电商选品中心和线上选品平台，组织近20家企业参展为期2天的中东欧国家线上贸易洽谈会，推介赣州跨境电商选品平台，对赣州“1+5+N”（1个产值超5000亿元、5个超2000亿元、N个超500亿元的产业集群）特色产业资源进行整合，探索跨境电商及实体产业深度融合新模式，助力赣州传统贸易产业数字化转型。深圳跨境电商协会、亚马逊、阿里巴巴国际站、以星航运、万邑通等企业作主题演讲和行业趋势推介，举行赣州国际陆港跨境电商欧洲海外仓投入运营揭牌仪式和中东欧国家线上贸易洽谈会。

4月26日，中国（赣州）跨境电子商务发展峰会在赣州国际木材集散中心举行　　（市地方志研究室供图）

市场建设

【农贸市场建设】 编制《赣州市城市商业网点规划（2021—2035）》，联合市财政局印发《赣州市2021年中心城区蔬菜便利店建设市级奖补资金管理办法》，中心城区新建社区蔬菜便利店14家，覆盖小区30个，惠及市民2万余人，有效解决周边社区居民买菜问题。联合市财政局出台《2021年赣州市县乡农贸市场建设改造实施方案》，争取省、市级专项资金340万元，支持11个县（市、区）的17个县乡农贸市场建设改造。新建嘉福万达、星州润达、新旅中书艺术等13个商业综合体和赣南特色文化一条街以及金凤梅园世客街等10条特色商业街区。

【商业综合体建设】 南康爱琴海购物公园、赣州经济技术开发区锦晖广场、于都万达广场等商业综合体开业运营。江南宋城商业街区被省商务厅等3个部门确定为省级商业街区改造提升试点街区。华东农副产品综合商贸物流城和南康家具大市场2个百亿元市场被商务部列为全国重点联系商品交易市场。全省最大的赣州冷链物流中心一期15万吨库容建成投入使用，全市落地7个省冷链物流骨干网项目，总投资41.1亿元，项目落地数量列全省各设区市首位。全市组织90余家企业参加中国绿色食品博览会等大型展销活动，推动全市农产品企业与省内外农产品流通企业农商互联，拓宽赣州市农特产品和绿色食品销售渠道。印发《赣州市支持汽车展览展销活动资金管理办法》，争取省级专项奖补资金100万元。举办车展30余场，销售额超3亿元。印发《关于进一步加强二手车和报废机动车回收拆解行业安全生产与生态环保的通知》，不定期实地检查相关企业安全生产和规范经营等情况。开展二手车交易经营主体和市场备案，对报废机动车回收拆解企业资质认定进行初审。

家政服务业

【信用体系建设】 推进家政服务业"领跑者"行动试点申报。推动卓恒家政、鸿运家政、久治物业等企业申报全国家政服务业示范企业。全市36家较大型家政企业在商务部家政服务业信息管理平台完成信用信息提交，3564名家政服务员录入信用信息。组织开展赣州市第一届家政服务业诚信企业和优秀家政服务员评选活动。开展全市家政服务业信用体系建设专题宣传进社区活动，组织家政服务企业集中进行"放心消费承诺"，有50多家家政企业、200多名家政服务人员和赣南日报社、赣州电视台、客家新闻网等媒体参与。将全市有条件的企业纳入信用建设体系，引导企业规范化经营。截至2021年底，赣州市录入家政服务员信息6759人，居全省第一。

【提质扩容】 全市落实省发改委、省商务厅《江西省促进家政服务提质扩容行动方案》，推动家庭服务业的发展家庭服务业服务机构和从事家政服务人员明显增加，江西卓恒家政服务有限公司被认定为家政服务业提质扩容省级重点联系企业，赣州鸿运家政服务有限公司等7家家政服务企业被评为江西省家政服务业诚信企业，占全省的23%。赣州市家政扶贫工作纪实《江西省赣州市以家政服务精品化发展促精准脱贫攻坚》入选国家发改委《推进家政服务提质扩容——家政服务业发展典型案例汇编》，是全省唯一入选案例。

【家政扶贫】 贯彻落实商务部、发展改革委、财政部、国务院扶贫办、全国妇联《关于深化提升"百城万村"家政扶贫工作的指导意见》和省商务厅有关工作部署要求，充分发挥家政服务业在脱贫攻坚方面的作用，下发《关于深化提升"百城万村"家政扶贫工作的通知》，积极组织家政服务企业与国家级贫困县进行供需对接，带动贫困人口就业，帮助贫困人口脱贫取得阶段性成效。

（林玉珍）

物流业

【概况】 2021年，赣州市强化物流枢纽和集疏运体系规划，推进物流基础设施建设，优化物流发展环境，物流业对全市国民经济及社会发展支撑作用持续增强。赣州市先后获批第二批和第三批全国多式联运示范工程、全国首批商贸服务型物流枢纽承载城市。

【项目建设】 全市重点推进39个物流项目，项目总投资443亿元，完成投资138.7亿元，超额完成年度计划，是历年物流项目最多的一年。顺丰创新产业园、南康区臻顺智慧物流园等9个物流园建成并运营。全市建成物流园区53个。重点推进会昌农产品冷链仓储物流园以及定南县、全南县、信丰县供销冷链物流园等冷链物流项目，完成投资26亿元，全市冷库容量67.58万吨。

【供销流通网络建设】 落地实施信丰、于都、定南、全南、会昌、石城等6个全省冷链物流骨干网建设项目，总投资约36.6亿元，落地项目数和投资总额列全省设区市第一，其中信丰供销冷链物流园8个月时间实现竣工，创造"供销速度"，成为全市加快打造对接融入粤港澳大湾区桥头堡的标杆项目。推进"互联网+第四方物流"供销集配体系建设，争取市政府专门印发实施方案支持推动，全市18个县（市、区）供销集配企业和集配中心实现全覆盖，建成乡村集配网点1034个，实现上下行物流总件数1.07亿件。

【物流运输】 赣州国际陆港、定南、龙南、瑞金、信丰、赣州东、赣州南等8个铁路场站开展铁海联运集装箱业务，铁海联运完成货运量22.68万吨，争取"公转铁"（调整运输结构、增加铁路货运量的背景下，将更多的大宗商品从公路运输转到铁路运输上）货源运量350万吨，全市综合物流运输成本进一步

赣州国际陆港　（2021年，市地方志研究室供图）

降低。11月，赣州国际陆港被交通运输部、国家发改委授予“国家多式联运示范工程”称号。

【物流企业发展】 全市在册物流企业有1799家，其中运输型物流企业1144家，仓储型物流企业34家，综合型企业621家。全市国家标准A级物流企业78家，占全省近1/3。引进顺丰速运有限公司、“三通一达”（圆通速递、申通速递、中通速递、韵达快递这4家快递公司的简称）、传化物流集团有限公司等龙头物流企业落户，建设区域物流分拨中心，其中顺丰速运有限公司、中通快递股份有限公司、安能物流集团有限公司、申通快递股份有限公司区域分拨中心投入运营。上海圆通速递有限公司、韵达分拨中心项目签约。

【物流新业态】 在交通运输部的对口支援下，安远县首创“智慧园区+智运快线+数字平台”三位一体城乡绿色智慧物流发展新模式，以“互联网+物流”变革产业链，化解农产品上行和消费品下行的“最初和最后一公里”问题，有效满足“小批量、多批次、低成本、高时效”的农村物流需求，助力乡村经济发展。该模式获得国家第二批农村物流服务品牌，并刊登在中国交通报上作经验推广。无人机物流配送试点获批赣州空域约2.6万平方千米，飞行总空域为赣州市主空域，实现常态化运营。在赣州市人民医院建立开展常态化的医学样本无人机运输试点项目，构建低空物流运输网路，有效提升运输效率，代替高频多次低时效的陆运，大幅提升服务时效和品质。

（市交通运输局）

餐饮住宿业

【概况】 全市住宿业建设提档升级，建有住宿酒店2246家，客房6.22万间（套），床位9.66万个，餐位数20.08万个，停车位9.49万个，从业人数量12.88万人，其中五星级2家、四星级21家、三星级及以下51家。在建四星级标准以上住宿酒店47家，其中五星级标准21家、四星级标准26家。全市住宿业实现营业额38.32亿元，增长24%。

9月14日，赣州市出台《赣州市打造赣南客家菜品牌三年行动计划（2021—2023年）》。赣南客家菜“扬名”行动成效显著。1月14日，赣州美食“醋果子炒大肠”“石城芋饺”“赣南小炒鱼”“石城肉丸”亮相央视2套《回家吃饭》栏目。开展赣南客家名菜名小吃评选活动，“四星望月”“宁都三杯鸡”“瑞金牛肉汤”“安远三鲜粉”分别获评赣菜“十大名菜”和“十大名小吃”，数量居全省首位。

【餐饮消费】 推动162家餐饮门店和13家餐饮门店获评赣菜“百城千店”特色门店和“百佳赣菜名店”。赣南客家菜“明星级”“网红级”门店崛起，餐饮门店“阿姆源辣椒炒肉”开展连锁经营，开设连锁店面近50家，建立15家重点餐饮企业重点联系名录，常态化调度重点餐饮企业。2021年“十一”期间，赣州客家大院旗下7家门店实现餐饮营业额64.7万元，增长76%；上客天下酒店旗下4家门店实现餐饮营业额27万元，增长68%。组织开展“2021年赣州客家菜传承创新菜品交流会”，邀请广州、珠海、连城、抚州、吉安等地共200余名厨师及餐饮从业者进行厨艺竞赛和交流。首届中国客家小吃节期间，安远县西街坝美食街日均游客达5万人以上，餐饮营业额达500万元以上。全年餐饮业实现营业额253.94亿元，增长32.7%。

【赣南客家菜品牌推广】 推动赣菜“走出去”。组织全市25家米粉企业参加第一届中国米粉节；组织市16家餐饮企业参加在萍乡举办的赣菜美食节；组织举办首届中国客家小吃节、信丰县塘头湾美食文化节、会昌县灰水米果文化节等，不断提升赣南客家菜品牌在全国的知名度。推动东河车站客家小吃博物馆在南昌万寿宫开设“八景台赣南客家菜博物馆”，在南昌中华米粉一条街开设“安远三鲜粉”专营门店，推动赣州旅投集团在北京开设橙芷·秋果酒店（北京天安门广场观旗店），打造赣南客家菜“赴省进京”的典范；提档升级客家大院在吉安市开设的状元楼，在省内扩大赣南客家菜影响力。

【夜间经济】 根据市政府《关于进一步推动夜间经济发展促进消费升级的实施方案》《关于加快发展地摊经济的指导意见》，重点打造中心城区郁孤台历史文化街区、渔湾里美食街、虔州不夜城、万象城商圈、赣坊1969等夜间经济示范区以及全南县港澳台街、石城县仙源坊等县级夜间经济特色街区。开展中心城区夜间经济示范街区以及县（市、区）夜间经济特色街区及地摊经济聚集区评选活动。评选章贡区南外街道渔湾里美食街等5条街区符合中心城区夜间经济示范街区，资金支持安远县西街坝等5条县（市、区）夜间经济特色街区。依托原有知名夜间经济街区，融入红色文化、阳明文化、宋城文化元素，提升街区品味和文化内涵。章贡区渔湾里以餐饮美食为主题，将原篮球场改造成地摊广场，完善指路标识宣传牌，更换亮化灯笼和照明灯具，安装休闲座椅等，引进赣南客家菜非遗技艺传承人打造的老派赣州菜馆“小财神”、龙坛酸菜鱼、快乐番薯，吉事果等一批餐饮企业，新增多家非小吃业态入驻。“十一”国庆节期间，渔湾里美食街区日均客流量3.1万人，增长20%；营业额达到150万元，增长30%。

【江南宋城商业街区】 江南宋城商业街区位于赣州市章贡区，具有厚重的文化底蕴，且极具鲜明的宋文化和客家文化特色。街区内有宋代古城墙、福寿沟2处全国重点文物保护单位，八境台、郁孤台、蒋经国旧居、魏家大院4处省级文物保护单位，李政道纪念馆、张乐平旧居等历史建筑37栋，博物馆10家，军门楼、古戏台、田螺岭、花园塘

江南宋城商业街区　　　　　　　　（2021 年，市商务局供图）

等 15 处公共文化场所。街区保持着宋代的城市布局，是全国鲜有、保存最完好的宋代古城之一。街区内入驻商户 123 家，营业面积 3.13 万平方米，其中文化创意类商户 57 家，占总数的 41%，总占地面积 1.31 万平方米，占总经营面积的 53%。夜间营业的商户有 115 家，占总数的 93%。江南宋城被新华社、人民网、中央广播电视台等广大主流媒体广泛关注和报道，总浏览量突破 10 亿次，占据江西省历史古镇打卡榜首。

街区文化创意有以郁孤台、八境台、蒋经国旧居为代表的历史博物馆；以赣州文礼、赣南非遗为代表的文化创意展示中心；以江南宋城文化艺术馆、江南宋城文化研究院为代表的文化休闲展馆，以及以江南宋城研学中心、小戏鼓为代表的文化研学机构。街区拥有国家级非遗项目赣南采茶戏和兴国山歌，有客家瓷板画、客家纸雕、客家竹雕、客家根雕等 6 项省市级非遗项目。引进有餐饮小吃、咖啡水饮、客栈民宿、酒吧书屋等文旅业态。其中赣南十八坊汇集有赣州 18 个县（市、区）的传统小吃。街区累计举办大型文化主题活动 50 余场，常态化演艺活动 500 余场次。其中国风文化节、民俗文化节、非遗文化节、夜市文化节、宋橙狂欢节、赣南特色文化节作为常态化文化节事活动贯穿全年，各类文化主题活动吸引 500 多万名市民、游客参与。街区共接待游客 350 万人次，综合收入达 4 亿元。9 月 15 日，江南宋城商业街区入选江西省省级商业街区改造提升试点街区名单。

（林玉珍）

房地产业

【概况】　2021 年，围绕省域副中心城市建设，加快推进五区一体化，提升城市功能品质，不断提升住房保障水平，推动建筑业转型升级发展，取得较好成效。全市商品房成交 1189.76 万平方米，其中商品住宅成交 964.47 万平方米，分别上涨 3.87%、2.25%。中心城区（含章贡区、赣州经济技术开发区、赣州蓉江新区）商品房成交 284.61 万平方米，其中商品住宅成交 207.35 万平方米。全市商品房成交均价为 7285 元/平方米，商品住宅成交均价为 7404 元/平方米，分别上涨 2.57%、3.79%。中心城区商品房成交均价为 10435 元/平方米，商品住宅成交均价为 10950 元/平方米，分别上涨 5.24%、6.70%。全市商品住宅库存 731.78 万平方米、57641 套，去化时间为 9.2 个月；中心城区商品住宅库存 102.2 万平方米、8082 套，去化时间 5.96 个月。全市新建商品房销售面积、既有住宅加装电梯建成数列全省第一。

【房地产调控】　坚持“房住不炒”定位，继续执行中心城区限购、限价、限贷政策，重新修订中心城区住房价格指导办法，及时调整房地产调控措施，市房地产“一城一策”工作方案率先获得省政府备案通过。2021 年，全市销售面积保持全省各设区市首位。建立房地产风险排查和处置常态化机制，实施重大信访案件化解处置班子成员包案制度和包片指导制度，推进房地产领域风险防范化解。房地产项目信访涉稳问题 31 个，销号化解项目 13 个，7 个项目基本平稳，剩余 11 个项目正在积极化解；全市 5 个恒大地产停工项目于 10 月全部复工。开展房地产市场秩序 3 年行动，联合市发改委等 8 部门严肃查处房地产企业违法违规行为，整治行业乱象。

【民生项目】　全市推进城镇老旧小区改造 3 年行动，全年全市计划改造小区 137 个、涉及住户 3.37 万户，提前 2 个月实现全面开工，至 12 月底，完成投资额 7.63 亿元、完成投资率 74.1%，其中完成改造小区 94 个、惠及住户 19754 户。推进既有住宅加装电梯工作，至 12 月底，全市既有住宅加装电梯累计受理申请 548 台，通过审批 477 台，正建设 188 台，已建成 227 台，已建成数列全省第一。

（市住建局）

粮食流通

【概况】　2021 年，全市粮食收购进展平稳有序，全年粮食收购粮 53.75 万吨，减少 5.6%。全面落实省下达的粮食增储规模，首批增储计划和食用植物油储备实物按时入库。完善建章立制，市、县两级均出台同级储备粮油管理办法。赣州国家粮食储备库“退城进郊”暨军粮供应项目建设进展顺利，军粮供应项目完成主体工程形象进度 100%，退城进郊项目完成项目总工程形象进度的30%。强化粮食流通监管和储备粮日常监管，保障全市粮食安全。实行军粮全国统筹，实现军粮指标全市统一刷卡，全面完成军粮供应保障任务，做到部队满意政府放心。完成粮食安全责任制考核。

【粮食收购】 全市发展粮食生产成效显著，本地商品粮源增多。国有粮食企业、社会加工企业等多元主体及早入市，以高于最低收购价的标准按需收购。早稻、中晚稻价格倒挂，主流收购价格早稻274—278元每百千克、中晚稻264—272元每百千克。优粮优价表现明显，优质稻300—340元每百千克，价格保持坚挺。全年天时地利人和，有效保障粮农种粮收益。

【储备管理】 按照中央、省级关于加强粮食储备管理的意见精神，市、县两级分别以政府规范性文件形式出台同级储备粮油管理办法，以部门联合文件形式出台同级储备粮油轮换管理办法，规范储备粮收储计划管理，并首次明确要求政策性和经营性分离、储备纳入保险、各月末实物库存量最低比例、承储企业收储不达标粮油的处置方式、储备粮油纳入审计监督范围等。

【粮油加工】 全市入统粮油企业工业总产值125.8亿元，比上年增加20.5亿元，增长率19.47%，主要是饲料企业产值飙升。粮食产后服务取得成效，赣粮集团获评“中国粮油‘五优’示范企业”“赣州市供应链创新与应用示范企业”等称号。“天润禾盈”富硒米参加第十八届中国国际农产品交易会，获“最受欢迎农产品奖”，赣粮集团作为全省唯一粮油企业代表入选参加2021年中国品牌日活动。

【粮油仓储】 崇义县粮食和物资应急综合储备库项目成功申报2021年粮食等重要农产品仓储设施项目，获得中央补助资金1047万元。全南县粮食应急储备库（一期）项目1万吨、寻乌县粮食储备冷链物流项目（一期）1万吨开工。组织实施2021年全省粮食仓储设施建设专项资金支持重点项目建设项目，包括新建粮食仓储设施、绿色储粮改造提升、粮食仓储设施维修改造3个子项目，获得省级财政补助资金1838万元。

【粮食安全】 全面完成地方储备原粮规模。强化粮食监督检查，确保数据真实、质量可靠。压实安全生产责任，全年未发生安全生产和安全储粮责任事故。中国好粮油行动计划示范县项目基本建成，推进赣州国家储备库“退城进郊”暨军粮供应工程项目，保质保量完成粮食质量安全监测任务。遂行保障需求，创优军供服务，驻市和入训部队军粮供应满意度连续19年为100%。以优异的成绩完成粮食安全责任制考核。

（市农业农村局）

供销合作

【概况】 2021年，全市供销系统坚持新发展理念，不断完善体制机制，全市供销系统实现商品购进总额、销售总额、利润总额、所有者权益均实现大幅增长，高质量完成各项工作任务，获“2016—2020全国普法工作先进单位”称号，在全省供销合作社系统综合业绩考核中连续3年获一等奖，排名从第六名前移至第一名。全市供销合作社系统累计发展农资经营企业30家，农资销售总额66.56亿元。累计发展农产品经营企业39家，农产品销售总额201.61亿元。累计发展再生资源经营企业17家，再生资源销售总额16.72亿元。全系统领办创办中药材种植专业合作社106个，发展中药材种植面积7080公顷。

全市有资产、有人员、有业务的基层社127个，形成章贡区沙石、南康区横市等一批综合型示范性基层社。围绕脐橙、富矽蔬菜、中药材、油茶等特色主导产业，创办农民合作社，全市供销系统农民合作社数量967家，大余县农合联等11家农民专业合作社获评“全国农民专业合作社示范社”，数量创历年新高。

【农业服务】 全市供销系统累计完成土地托管服务面积10.4万公顷，列全省第一。引导农资保供重点企业打好春耕、“三夏”农资供应“保供稳价”战役，农资主渠道作用有效发挥。江西赣州现代农业服务中心建设项目获批总社“新网工程”专项资金3532.24万元。争取总社昆明食用菌研究所在章贡区设立分院。发挥电商服务功能，累计引导全市437家企业入驻脱贫地区农副产品网络销售平台（“832”平台），上架赣州地区农副产品6555个，实现销售额1.72亿元，位居全省前列，其中瑞金市社销售额达3600万元，连续2年在全省县（市、区）中排名第一，获得瑞金市政府奖励150万元。

【供销企业发展】 赣供源食品科技公司获批全市首家中央厨房经营许可，年内中标配送金额达7000余万元。总投资1.5亿元的市供销食品科技园项目加快推进。注册成立赣州市供销企业管理公司，对直属企业进行整合管理，开发全新物业管理信息系统。推进社有企业整合重组，市供销集团组建方案获市委深改委会议和市政府常务会议审议通过。

（市供销合作社联合社）

烟草专卖

【概况】 2021年，全市烟草专卖系统克服新冠肺炎疫情等因素的不利影响，继续保持良好发展态势。实现税利25.93亿元，增加2.96亿元，增长12.9%。营销、专卖、内管、财务工作单项考核居全省第一方阵，赣州市烟草专卖局（公司）获全省系统目标管理考核第一名，获全国烟草行业“七五”普法先进单位。

【销售网络建设】 全市卷烟销售25.26万箱，多销1129箱；全市吉品金圣单个品牌产量规模超过2万箱，宁都县金圣烟首破万箱，金圣品牌总量达12.7万箱，品牌规模、万箱县数量、单品万箱规格全省第一；单箱卷烟销售收入增加1840元，增长

5.76%。销售总量、重点品牌、市场状态、客户盈利全省领先。推行零售终端基础工作督导工程，全市实现特巴客品牌加盟终端51户，党员零售客户1033户，诚信互助小组3238个，客户参与率100%，现代终端11868户，覆盖面27.7%，云POS终端4719户，终端数据上传率39.7%，客户依存度、满意度持续增加。

【专卖管理】 全市查处各类违法案件2485起，查获各类违法卷烟10409件，增长17.5%；查获5万元以上重案201起；刑拘79人、逮捕34人、判刑58人；破获国标案件4起，省标案件6起。定南县“3·2”销售假烟网络案件和兴国县“8·12”非法经营案件列为部级督办案件。市局稽查支队被评为全省打假先进集体。

【烟叶生产与现代烟草农业建设】 烟叶生产规模保持全省龙头地位，收购总量26.89万担（1.35万吨），石城县、会昌县恢复发展成为5万担（2500吨）规模产烟县，全市核心产区产能89.7%。烟农效益稳中有升，全市烟叶收购均价7.32元/千克，亩产量128.5千克，亩产值4311元（含补贴），户均收入达14.44万元，亩产量、亩产值、户均收入均创历史新高。

全市实施援建项目2195套（个），投入援建资金3.46万元，其中烟叶基础设施建设项目2181件，新农村项目12个，水源性工程2个。

【科技创新】 市烟草专卖局创新工作获得国家实用新型专利3件，“烟草商业企业重点区域安全防范管理系统研究”“提高网上结算货款占比”分获省烟草公司科技创新二等奖、三等奖，1人获评行业“十三五”科技创新工作先进个人。

（赖经仁）

食盐经营

【概况】 2021年，江西省赣州江盐华康盐业有限公司（以下简称“赣州公司”）精细化管理提升效益、精准施策奋战，各项工作取得较好的成绩，赣州公司销售小包盐1.64万吨，完成华康“保五计划”（全省食盐年产量5万吨的计划）赣州市食盐年产量16111吨的101.79%，其中竞品盐完成3128.43吨，占总销量的19.12%；高端盐完成498.81吨，占总销售3.48%。公司销售大包盐4168.75吨，增加953.05吨，增幅29.63%。公司实现利润476万元（含储补270万元）。

【食盐市场】 开展“江盐原生态、绿色健康行”原生深井盐促销活动，促进消费，拉动清江古海原生深井盐终端销售。通过活动开发社区商超，在58家各大小商超开展活动，销售原生深井盐570多箱，送出鸡蛋3.2万多个。对赣州公司1878家任务数分解到各业务团队，至年底，赣州公司开发终端精品店数量2136家，超额完成1878家精品店计划的113.61%。赣州公司累计有效拜访数14405户，超额完成全年拜访任务数13801的104.38%。

在全市范围内开展以“科学补碘，健康一生”防治碘缺乏病为主题的宣传活动，发放科学补碘宣传资料，张贴宣传海报，利用微信朋友圈、短信等媒介进行防治碘缺乏病宣传。宣传活动共进行11个场次，发放相关车贴、价格标贴5000个、碘缺乏宣传单2.3万张、科学补碘大张不干胶2000张、江盐品牌宣传单5000张、喜乐宣传单5000张、脸盆1000余个等宣传广告和促销物品料，通过超市、集市摆摊活动现场、进村入户贴心讲解、社区互动活动、微信、朋友圈、短信等宣传80余频次，接待群众问答800多人次，以形式多样的宣传方式提升全市食盐市场对江盐盐品的认知和认可度，增强消费者对江盐产品的主动选购力。

【线上营销】 赣州公司与电商平台赣州仓对接京喜拼拼、多多买菜和美团优选等平台，上架百仙盐、善盐坊和清江盐、百仙加碘食用盐等品种，至12月底，销售237吨，其中善盐坊127.28吨，百仙加碘食用盐42.74吨，餐饮盐32吨左右，清江盐4.38吨，其他30.6吨。

【终端市场销售】 提升小包装市场占有率，开发研制新的营销办法，制订组合拳经营方案，全年分别开展《赣州公司“江盐原生态、绿色健康行”迎“五一”促销活动方案》《关于下发终端促销陈列活动方案》《“学党史，我为群众办实事”关于开展进村、进户、进社区活动》《小包装盐促销活动方案》《关于“江盐原生态、绿色健康行”系列促销活动》《赣州公司关于开展原生深井盐促销活动方案》《赣州公司八月份盐产品销售组合方案》《赣州公司关于开展中秋佳节促销活动》等一系列促销手段和措施，有效保证华康下达的“保五争六”（全省食盐年产量5万吨、争取6万吨的计划）的经营指标，增强业态的经营地位。

【食盐物流配送】 有序推进赣南食盐物流配送中心项目建设，完成项目建设施工前期的地勘、施工图设计、消防设计、绿建设计等以及相关图审工作，推进工程建设招标工作，完成投资367.92万元。

（赣州江盐公司）

成品油经营

【中国石化江西赣州销售分公司】 2021年，中国石化江西赣州销售分公司成品油经营总量119.96万吨，全省系统排名第一；机出零售量101.59万吨，其中汽油61.40万吨，柴油40.19万吨；直分销15.94万吨；非油品营业额2.85亿元，毛利额5315.31万元，增长5.60%；实现销售收入90.6亿元，利润总额1.62亿元，上交地方税收7067.71万元；累计投资1.15亿元用于加油（气）站新建及改造、隐患治理等项目。在销售公司区内地市级公司“综合竞争力”排名22位。获江西石油“比学赶帮超”工作标杆单位、安全环保生产先进单位、机关作风建设先进单位、地市公司“四好”班子等荣誉、在全省系统“比学赶帮超”工作中获得红旗38面，全省系统排名第三名。

开展柴油豆会员制积分活动，通过“小幅直降+限时优惠+洗车优惠”以及“APP线上营销”等组合方式开展精准营销。投入133.42万元专项资金改造47座加油站厕所，给84座加油站配置智能水箱、香薰机，营造干净、整洁、舒适的消费环境。对82座加油站加大灯光亮化，夜间（23点至次日6点）加油笔数增长13.81%，加油量增长5.37%。打造12座站卡车司机之家，推广微信、支付宝、ETC（电子不停车收费）、电子钱包、人脸加油等智慧化支付手段，实现站级一体化全覆盖，减少客户排队等候时间。运用“我要买油”营销平台，吸引客户线上注册和下单，增强客户黏性，新增直分销客户341个，其中终端客户288个，新增客户直分销销量2.48万吨。全年完成直分销销量15.94万吨，其中在三季度效益保卫战中，直分销销售4.86万吨，完成目标任务的111.23%。开展市场整治行动，向执法部门提供“自流黑”摸排线索197条，配合执法部门查处非法流动加油车118辆，查处非法自建罐61个，取缔非法销售黑窝点28个，取缔非法加油站8座、撬装站2座，查封加油机68台，缴获油品764.4吨，罚款13.17万元，取得非法经营成品油案件刑事判决书1份，刑拘、治安拘留非法从业者20人。

推进“安全生产专项整治三年行动”“百日安全无事故”“五查五严”活动，推行“安全环保+信息+N”管理模式，组织研发安全风险监测预警系统，通过AI视频监控系统实现对人、机、环境中的不安全因素进行准确识别，能够对加油站人员接打手机、抽烟、非法进入指定区域等不规范行为及工作区域内初期火情进行实时报警。完成水东油库消防管线老化、龙南油库罐区无隔堤等销售公司、省公司级6个安全环保隐患治理项目，实现隐患治理不跨年。识别安全环保风险8项，实现风险销项5项，风险总值下降41.3%，完成年初5%降值的目标。100%完成278座在营库站的油气回收装置检测工作，出具油气回收检测报告，检测结果均合格，100%完成2021年度191座加油站绿色基层创建。

（朱淑娟）

【中国石油江西赣州销售分公司】 2021年，中国石油江西赣州销售分公司统筹做好疫情防控和提质增效等各项工作，全年成品油销售16.86万吨，非油品店销收入5069万元，投运加油站2座；全面实现安全环保、计量质量整体受控运行。

参与地方成品油市场专项整治，摸排线索128条。利用“一单一议”“一户一策”等，做好新客户开发，持续开展“节假日”“会员日”等主题促销活动，精选以奶类为主的非油“爆款”商品，开展“以非促油”销售。研究推进汽服业务，先后开通8个网点洗车业务，有效推动人车生活驿站一体化营销。稳步推进散装尿素加注机业务，新增散装尿素加注机业务网点3个，积极开展化肥及家用电器销售。

编制《加油站投运倒排任务清单》，明确责任人和完成期限，确保寻乌县吉潭、南桥2个项目投运。推动解决龙南市龙鼎加油站拆迁置换，签订置换协议和土地出让合同，争取新置换土地40年产权，较原土地使用期限延长9年。毅德城LNG加气站获得项目核准，合资公司南康汽车城项目进入施工阶段。

提升加油站的服务理念。严格落实新入职、晋升及转岗员工三级安全教育和岗前安全培训，完成重要岗位安全履职能力评估。安全生产月期间，围绕罐装油品着火、加油车辆着火突发事件组织开展专项应急演练。巩固常态化疫情防控成果，守住办公场所、经营场所“零疫情”的防控底线，全员疫苗接种率99.6%。严格把关油品进销存的质量管理，确保非油商品质量合格，全年油品检测合格率100%。规范做好加油站排污许可环境监测，VOCs得到全过程管控。

（向俊禺）

6月，中国石化江西赣州销售分公司举行智慧能源公众开放日活动

（中国石化江西赣州销售分公司供图）

邮政管理

【概况】 2021年，全市邮政业在服务地方经济社会发展中不断增强作用，为改善民生和维护社会稳定作出贡献。完成邮政业业务总量30.08亿元，增长31.07%；邮政业务收入32.12亿元，增长19.28%。其中，快递业务量1.98亿件，增长48.53%；快递业务收入

21.52 亿元，增长 42.17%。

【快递园区建设】 加速快递企业区域总部引进工作，实现邮政、顺丰、中通、申通、韵达、圆通、京东、德邦等主要快递品牌在赣州已建或购土地建设区域分拨中心。顺丰速运投资 8 亿元在赣州经开区建设丰泰产业园，最大快件处理量可达 100 万件/日，11 月正式投入运营。圆通速递赣南智创园项目 10 月开工，项目占地 13.27 公顷，总投资约 10 亿元。韵达快递总部 4 月签约在南康区投资兴建韵达赣州产业园项目，总投资 30 亿元。全市建成市级快递电商园区 2 个，县级快递电商园区 15 个，市级邮件快件分拣处理场所 12 个，自动化、半自动分拣设备 550 套，从业人员 1 万余人。顺丰无人机试点项目扩大至中心城区，安远县“智运快线+数字平台”入选交通运输部农村物流服务品牌，行业科技水平快速提升。

【“两进一出”工程实施】 全市实施“两进一出”（进村、进厂，出海）工程，各地邮政、快递企业加快“快递进村”，总结出直接进村、政策进村、邮快合作、产业进村、科技进村 5 种快递进村模式。建成 3424 个村级邮政快递服务站点，快递服务建制村覆盖率 100%，全市“邮政+2 个以上快递品牌”快递进村覆盖率 85.9%。指导企业通过出台优惠政策、进村入厂揽收、开通直发专线、定制专用包装等一系列服务措施，为全市赣南脐橙、南康家居、赣南服装等主导产业提供一套寄递服务体系和行业解决方案，培育 3 个“快递+”千万级项目。“快递+赣南脐橙”项目业务量 3049 万件，支撑脐橙产值 30 亿元。“快递+南康家居”项目业务量 1263 万件，支撑产值 26 亿元。“快递+赣南服装”项目实现业务量 1146 万件，支撑产值 8.39 亿元。促进“快递出海”，协同相关部门开通赣州综保区、龙南 B 保“1210”、“9610”业务，配合市商务局于 7 月顺利开通“9710”“9810”出口试点业务。

【行业安全管理】 市邮政局实行局机关干部挂点督导制度，督促企业健全安全生产内部管控机制，落实安全生产主体责任。全市邮件快件实名率稳定在 99%左右，配置安检机 120 台，重要时期定向邮件快件实现 100%过机安检。与公安、国安等部门协作，做好重点时期寄递渠道安保工作和寄递渠道反恐、禁毒、扫黄打非、打击侵权假冒等工作，完成中国共产党成立 100 周年庆祝活动、全国两会等重大活动期间寄递渠道安保任务。推进安全生产专项整治 3 年行动，持续开展寄递渠道涉枪涉爆、消防安全、打非治违等专项整治，全年排查一般安全隐患 161 项，均整改到位。加大执法力度，开展以案示警，全年作出行政处罚决定 33 起。加大赣州邮管信息化平台推广，提升安全监管信息化水平，有 1928 家企业、网点注册安装 App，实现市级分拨中心、县级法人企业和分支机构全覆盖。

（邱小燕）

11 月，市邮政管理局工作人员在顺丰市级分拨中心调研脐橙寄递情况

（市邮政管理局供图）

邮政经营

【概况】 中国邮政集团有限公司赣州市分公司（简称“赣州邮政分公司”）以高质量发展为主题，坚持“质量第一效益优先”，发挥行业优势，转变服务理念，主动融入地方经济发展，在满足人民群众用邮需求，农村电商发展和乡村振兴等方面积极作为，体现行业“国家队”的责任担当。下辖 18 个县（市、区）邮政分公司，有从业人员 2363 人，赣州邮政设立邮政支局所（含储蓄营业所）376 处，其中城区网点 94 个，农村网点 282 个，邮政储蓄网点 239 个。开通各类邮路和物流专线 279 条，单程总长度 17463 千米，直通全市所有县及乡镇农村，旺季直发全国 15 个省市范围，年处理邮件量达 1.25 亿件以上。在城市主干道设立报刊亭 72 个，设置邮筒 393 个。

【邮政服务】 按照国家“十三五”规划纲领“村村直接通邮”的要求，加大投入，建制村直接通邮率 100%，乡镇普服网点覆盖率 100%，建制村投递频次达标率 100%，用户咨询投诉及时答复解决达标率 100%，普邮投送全面达标。县及县以上城市党政机关《人民日报》《江西日报》当日见报率 100%。机要通信连续 39 年质量全红。加快提升普服网点形象，投入资金 600 万元，完成 71 个老旧网点装修改造，完成率 120%。

增设赣州至广州、海口、郑州等 17 条省际邮路，5 条省内邮路。

扩能瑞金邮件处理场地，由1600平方米调整到3600平方米。新增矩阵设备、扫描仪、直线机等，改造后场地处理能力65万件/天，处理场地面积1.1万平方米。保障赣南脐橙、蜜橘、柚子等农产品外销。

建设新邮件处理中心。核定建设规模为2.67万平方米，其中生产主楼2.22万平方米，搭建4500平方米设备承载平台。处理中心定位为江西南部邮件集散中心，主要负责全国邮件的分发和运输，包括处理广东、广西、海南等省的省际进出口邮件经转和赣南片区省内邮件集散。

【电商服务】 搭建电商扶贫服务体系，累计建成179个电商脱贫站点，涉及合作社、家庭农场400余户，服务辐射贫困人口8370人，帮助贫困户增收近2140万元。建设农品产业基地20个，按照“一县一品”，打造“老俵情”品牌化体系建设，上线农产品363款，重点打造“赣南脐橙、廖奶奶咸鸭蛋、瑞金果蔬、宁都井冈茶油”4个重点品牌，累计销售额1亿元。

【邮政服务乡村振兴】 落实《中国邮政服务乡村振兴战略2021—2022年行动方案》，加快普遍服务、寄递业务、金融业务、和农村电商“四梁”业务在乡村布局，加快推进惠农合作项目。主动对接合作社需求，开展走访及信贷业务推介，为农业产业链上的种养殖户、采购商、加工商等客户群体提供个性化的服务方案。累计结余涉农贷款120.48亿元，其中发放融资E贷款7393万元；建立信用村（社区）1549个，建成信用户2.88万户，新增放款20.9亿元。利用邮政自有微营销工具，配套专项激励政策，在邮乐网建设扶贫地方馆，累计上线产品363款，涉及合作社、家庭农场400余户，累计实现农产品销售7973万元。依托邮政农村电商运营团队、邮乐购电商扶贫站点和对口扶贫驻村干部挖掘和收集贫困村的农特产品，重点培育和打造兴国九山生姜、龙南鹰嘴桃、瑞金去壳板栗、石城白莲等产品。将寻乌夏橙、蜜橘、百香果、定南胜仙面条、瑞金廖奶奶咸鸭蛋等产品上线“学习强国”商城。

扩展物流基础服务网络节点，建设市、县级农村电商运营中心18个，县级仓储配送中心6个，在运营的电商扶贫站点179个，邮乐购站点2372个。产区揽收，减少农产品损耗。通过大客户驻场揽收、现有网点揽收、主产区设点揽收，扩大服务范围，从源头把好服务标准，最大限度地减少损耗。推行农产品够量直发，从县收寄局直达目标地市，脐橙采摘销售旺季期间累计直发751车、8694.25吨，有效缩短寄递时间，降低客户寄递资费。根据农产品交寄总量、运寄特点与合作社签订大客户寄递协议，累计揽收标准箱邮件1179.85万件、极速鲜169.35万件。

【寄递服务】 强化综合物流配送体系建设，全市邮政在每个县（市、区）建有1个邮件处理中心，全市县级处理中心面积1.72万平方米，所有处理中心都安装半自动化处理设备。县城建成和使用的“家邮栈”代投站点298个，村级包裹自提点1049个，作为邮件代投和农品进城社区转运配送点。在乡镇，邮路100%覆盖至乡镇，1151条乡镇邮路。在乡镇村建设邮乐购网点3848个，站点实现邮件投送等功能。与交通运输主管部门联系，联动协同，统筹利用当地公共交通运输资源，为农村地区提供日用生活消费品、农资以及快件接取送达服务，补齐偏远农村地区物流运输短板。交邮合作县6个、合作乡镇16个。强化“邮快合作”。整合社会快递资源，拓宽农村消费者快件寄递服务渠道，推进乡镇快递超市建设，7月联合市邮政管理局，与全市8家社会品牌快递公司签订合作协议，全年邮快合作业务量119.12万件。推动赣服通项目服务提升，提供证照邮寄服务，为群众邮寄营业执照、身份证、房产证、会计证、普通话证等相关证照年超30万件。助力“智慧法院”建设，优化升级法院专递邮寄送达集约化服务，集约化超60万件，邮寄送达平均时限从7天缩短至3天。助力交管“网上办、掌上办、邮寄办”，开通全省首家车牌申办“报一制一”系统，实现公安交管、号牌制证、号牌邮寄“三系统合一”，全年为群众提供驾驶证、免检标、行驶证等寄递3.78万件，号牌15.04万件，号牌办理时限从出证（牌）到到达车主手中由3天缩短至1天。推进“智能+”税邮发票寄递服务。150个乡镇邮政网点提供代征税款、发票寄递等服务，推进“网上申领，线下邮寄”便民办税服务，发票网上申领23.1万户次，实现纳税人“一次不跑，轻松办税”。

（曾洪祥）

本栏编辑：王　宇

旅游业

综　述

【概况】 2021年，赣州市扎实推动文化旅游高质量发展，重磅出台国庆假期、第四季度旅游商贸消费优惠政策，充分搅动旅游商贸市场，赣州市以71%的增幅位居全国“十一”假期消费商圈第一名，央视3个栏目密集报道赣州市国庆假期繁荣景象。全年全市累计接待旅游总人数1.41亿人次，增长3.63%；旅游总收入1528.8亿元，增长8.13%。2021年，全市接待红色旅游6348.7万人次，增长56.4%，占全市旅游人次的45.18%；红色旅游收入613.5亿元，增长70.4%，占全市旅游收入40.13%。5月，赣州市获“全省旅游产业发展先进设区市”称号；11月，市文广新旅局获由人力资源社会保障部、文化和旅游部联合颁发的全国文化和旅游系统先进集体，赣州市江南宋城街区获评国家级夜间文化和旅游消费集聚区。

【旅游产业发展】 文化旅游产业发展成效显著。积极推进长征国家文化公园赣州段项目建设，方特东方欲晓主题公园盛大开园。坚持项目建设和“招大引强”并举，全市新签约11个亿元以上文旅项目，签约金额116.5亿元，引进“功夫动漫”项目落地赣州。积极打造高品质文旅品牌，城市旅游、康养旅游、工业旅游、研学旅游取得新突破，重点推进安远三百山创AAAAA级景区、大余丫山创国家级旅游度假区，对照国家标准，以创促建推动景区（度假区）品质全面提升，开通“三站一场”（火车站、地铁站、汽车客运站、飞机场）到三百山、丫山等地的旅游直通车。2021年全市新增全国乡村旅游重点村等品牌14个。“红色摇篮·革命赣南”精品线路成功入选国家“建党百年百条精品红色旅游线路”。

【旅游规划】 编制《赣州市“十四五”文化和旅游发展规划》《赣州市全域旅游发展总体规划（2021—2035年）》《赣州市旅游产业高质量发展三年行动计划（2021—2023年）》，完成《支持赣州红色旅游发展实施方案》起草工作。

旅游资源

【概况】 赣州市旅游资源特色鲜明，拥有红色故都、客家摇篮、江南宋城、阳明文化、生态家园、世界橙乡等品牌资源。赣州是共和国的摇篮，中华苏维埃共和国在这里诞生，中央红军长征从这里出发，此外还有模范兴国、寻乌调查、宁都起义、南方红军三年游击战争等优质红色旅游资源；赣州是客家先民南迁的第一站，是客家民系形成的摇篮，也是赣南围屋保存最好、分布最为集中的地区；赣州是水上丝绸之路的关键节点，是宋代江南城市代表，有江南地区保存最完好的宋代街道格局，福寿沟是至今仍在使用的、历史最为悠久的地下排水工程；赣州是王阳明“立德、立言、立功”重要实践地、心学主要形成地、学术思想主要成熟地，阳明文化独具特色；赣州是东江和赣江的发源地，拥有丰富的生态资源，全市森林覆盖率达76.2%，国家森林公园9个，国家湿地公园12个，数量全省第一；赣州已成为脐橙种植面积世界第一，年产量世界第三、全国最大的脐橙主产区，赣南脐橙是中国国家地理标志产品。共和国摇篮、长征出发地、赣南围屋、阳明文化、江南宋城、丝路古驿道（梅岭）、三百山景区、上堡梯田等资源具备世界级影响力。

【品牌创建】 2021年全市新增全国乡村旅游重点村、省级旅游度假区等品牌29个。其中，全国乡村旅游重点村2个（于都县梓山镇潭头村、瑞金市叶坪镇华屋村）、国家级夜间文化和旅游消费集聚区1个（赣州市江南宋城街区）、省级全域旅游示范区4个（崇义县、于都县、安远县、大余县）、省级旅游度假区2个（会昌汉仙温泉旅游度假区、阳明湖旅游度假区）、省AAAA级乡村旅游点2个（于都县梓山镇潭头村、于都县禾丰镇禾丰兰花小镇）、省级乡村旅游重点镇2个（龙南市临塘乡、上犹县梅水乡）、省级乡村旅游重点村2个（崇义县上堡乡水南村、信丰县新田镇坪地山村）、省AAA级乡村旅游点6个（龙南市云山渔谷景区、南康区方言农庄、南康区黄田乐辣小城、寻乌县岑峰酒寨景区、石城县赣江源共大知青文化园、石城县丹溪红色古村）、AAA级景区1

个（寻乌花开了景区）、省工业旅游示范基地2个（江西南安板鸭有限公司、江西省佰盈体育科技有限公司）、省工业遗产旅游基地2个（岗鼓山钨矿矿山旧址、兴国官田中央兵工厂旧址群）、省级文化产业示范基地1个（上犹赏石文化城）、省级旅游休闲街区1个（江南宋城旅游休闲街区）、省级生态旅游示范区1个（全南天龙山景区）。

【国家A级旅游景区】 年内，赣州市有国家AAAAA级旅游景区1处（瑞金共和国摇篮旅游景区），国家AAAA级旅游景区32处，国家级AAA级旅游景区22处。

赣州市国家AAAA级旅游景区一览表

表17

县(市、区)	景区	县(市、区)	景区
章贡区(3处)	通天岩风景名胜区	全南县(2处)	全南县雅溪古村景区
	五龙客家风情园景区		全南县天龙山景区
	江南宋城历史文化旅游区	定南县(2处)	定南县桃源乐境景区
南康区(1处)	南康区家居小镇景区		定南九曲度假村
赣县区(1处)	江西客家博物院	兴国县(1处)	兴国县苏区干部好作风纪念园
信丰县(2处)	信丰县中国赣南脐橙产业园景区	宁都县(2处)	宁都县小布镇景区
	信丰县谷山景区		宁都翠微峰景区
大余县(1处)	大余丫山风景区	于都县(2处)	于都屏山旅游区
上犹县(1处)	上犹阳明湖景区		于都县中央红军长征集结出发地纪念园景区
崇义县(2处)	崇义阳岭国家森林公园	瑞金市(2处)	瑞金市浴血瑞京景区
	崇义县上堡梯田景区		瑞金市罗汉岩景区
安远县(2处)	安远三百山景区	会昌县(2处)	会昌汉仙岩景区
	安远县东生围景区		会昌县小密花乡景区
龙南市(3处)	龙南市南武当山景区	寻乌县(1处)	寻乌县青龙岩景区
	龙南市虔心小镇景区	石城县(2处)	石城通天寨景区
	龙南关西围屋景区		石城县八卦脑景区

赣州市国家AAA级旅游景区一览表

表18

县(市、区)	景区	县(市、区)	景区
章贡区(6处)	章贡区宋城壹号文化创意产业园	定南县(1处)	定南县客家风情村
	章贡区马祖岩景区	兴国县(1处)	兴国县四星望月文化景区
	章贡区赣州极地海洋世界	瑞金市(3处)	瑞金市中共中央政治局、中央军委旧址群景区
	章贡酒文化园		瑞金市都市田园旅游区
	江西环境工程职业学院(赣州市生态文明教育基地景区)		瑞金市红都幸福花海景区
	章贡区赣坊1969文化创意产业园	会昌县(2处)	会昌县月季园景区
信丰县(1处)	信丰县坪地山村旅游景区		会昌县紫云山景区
大余县(2处)	大余县黄龙花木产业旅游示范园	寻乌县(1处)	寻乌花开了景区
	大余新城镇周屋乡村旅游景区	石城县(2处)	石城阻击战纪念园景区
上犹县(1处)	上犹县柏水寨景区		石城县赣江源景区
龙南市(2处)	龙南市悦龙湾景区		
	龙南市客家酒堡		

旅游项目建设

【重点项目建设】 推进重点项目建设。市级调度的102个亿元以上文旅项目完成投资278.85亿元，年内新开工于都兰花主题酒店暨科普研学基地等16个项目，新竣工全国首家红色文化主题公园——方特东方欲晓等19个项目。

【招商引资】 积极开展招商引资。编印2021年全市文旅重点招商项目手册，在广州举办"红土情深·嘉游赣"旅游招商推荐活动，现场共签约旅游重点项目10个，涉及特色小镇、文化街区、康养、景区开发等项目签约资金达142.5亿元；在深圳举行"红色故都·客家摇篮"江西赣州（深圳）旅游推介会；在长沙举行江西赣州旅游推介会；争取全国工商联旅游业商会动员企业开展赣州行，举办全国工商联旅游商会专场对接会；接待各类知名客商10余批次。2021年，全市新签约26个亿元以上文旅项目，签约金额268亿元。推动方特二期、"功夫动漫"等一批文旅项目落地。

旅游推介

【概况】 实施"引客入赣"项目，重点围绕粤港澳大湾区、海西经济区、长三角地区等重点客源城市，以"宋城"+思路，深入培育初心路、客家情、阳明游"三大旅游产品体系"，推出"点单式"自由组合服务，引导旅行社组织大型团队到赣州旅游，让引客带来的游客团队传播形成良好的口碑，撬动游客散客市场。通过"走出去"的方式，先后在广州、深圳、珠海、佛山、中山、东莞、南昌、桂林、长沙等9个城市举办"红土情深 嘉游赣"赣州旅游推介活动。组织各县（市、区）参加2021广东国际旅游产业博览会、中国（深圳）国际产业博览会、2021中国（大连）国际文化旅游产业交易博览会等各类旅游展会。充分利用Facebook、Twitter、Instagram等平台，加大对"一带一路"沿线国家文化旅游线上宣传推广力度，赣南采茶戏《八子参军》在巴基斯坦中国文化中心脸书账号上线。

【形象宣传】 以打造粤港澳大湾区生态康养旅游后花园为目标，以赣深高铁为宣传推广纽带，印发《赣深高铁开通赣州文旅宣传方案》，在深圳北站举办"从深圳出发嘉游赣"赣深高铁首发仪式暨赣州旅游产品推介会、"红色故都 客家摇篮"赣州文旅号高铁冠名首发仪式、在赣州市举办"乐乘高铁 畅游赣州"赣州文旅推介会。为营造"乐乘高铁畅游赣州"火热氛围，在赣深高铁沿线所有站点、江西、广东片区各112组动车、广惠城际轻轨、广州深圳地铁、南昌公交、南昌机场、赣州公交、黄金机场上投放赣州文化旅游宣传广告。在"抖音"APP上线"乐乘高铁 畅游赣州"话题挑战赛，以抖音短视频大赛有奖激励（设置10万元现金奖励）的形式，推动创作乘着高铁游赣州短视频，截至年底视频播放量1.1亿余次。邀请抖音达人、携程微博达人到赣州采风拍摄短视频。制作《我在赣州等你来》高铁宣传短视频在全网热播。与移动、电信、联通三大运营商合作开展城市名片宣传，与新华网、《江南都市报》、《赣南日报》、客家新闻网等主流媒体以及抖音、同程、携程等头部新媒体平台开展线上线下宣传活动。至年底赣州文旅微博粉丝超52万人、微信粉丝超21万人、文旅抖音号粉丝超17.6万人。

【旅游消费】 发布《关于克服疫情影响全面激活旅游市场奖励措施》，安排2000万元奖励收客到赣州旅游的旅行社。开展百趟专列进苏区、"红色初心号"系列研学专列团走进赣州。落实《江西省人民政府办公厅关于严格落实疫情防控措施促进四季度旅游消费的通知》要求，按照江西"百县百日"文旅消费季活动部署安排，下发《支持促进2021年国庆假期、第四季度旅游商贸消费优惠政策》，市本级安排2000万元旅游商贸消费券，各县（市、区）配套发放超过5800万元的文旅消费券。国庆期间，赣州商圈热度增幅71%，在全国68个重点城市商圈中排名第一；在江西"百县百日"文旅消费季活动直播带货大赛中，赣州市销售总额位列全省第一名。

【节庆活动】 以节庆活动汇聚人气，举办赣州旅游宣传口号征集活动、赣南脐橙采摘旅游季、赣州·章贡区文化旅游节、"百万学子研学行·

12月10日，赣州市在深圳北站东广场举办"从深圳出发嘉游赣"赣深高铁首发仪式暨赣州旅游产品推介会　　（市文广新旅局供图）

4月23日，“红土情深·嘉游赣”系列推广活动（广州）暨2021江西赣州旅游推广及项目招商会在广州举行　　（市文广新旅局供图）

品读江西嘉游赣”学子游赣州、“乐乘高铁　畅游赣州”系列推广活动、赣州阳明湖第十届赏枫节、石城县第九届旅游文化节、江南宋城非遗文化节、大余丫山乡趣泼水节、安远东生围花火光影艺术节、“寻百味　驾游琴江”大型美食主题自驾游活动、“纵情东江源　驾游三百山”系列大型自驾游活动、“乡约崇义上堡——庆国庆迎丰收”等千余场文旅活动精彩纷呈。在节假日期间，赣州方特东方欲晓主题乐园、通天岩、安远东生围等一批景区景点夜间延时开放，增加夜间演艺、光影秀、星空露营等夜间项目。研发制作VR漫游、互动体验内容进入红色旅游景区，持续吸引市民游客眼球，极大增加旅游出行的吸引力。

【智慧旅游】　完成赣州智慧展示平台建设，上线赣州旅游APP4.0版，完善智慧旅游功能，积极落实推进一部手机游江西以及江西文旅云等相关建设工作。推进赣州智慧旅游年卡的发行，推进惠民赣州游。旅游年卡合作项目达84家，累计入园总数达100万人次，年卡累计发行数量达55万张，为疫期稳定文旅消费提供有力保障。建设VR+红色文化产业扶贫示范项目。完成50台VR智能体验终端，“一苏大”“红井”“大柏地战役”等一批体验式内容的建设，红色VR云课堂、夜渡于都河数字化体验初步成型。加快景区智慧化建设。赣州高等级景区的智慧化、信息化建设初显成效，对接到省级大数据系统平台，景区视频监控、入园情况、预约数据实现在线连接。推进国家、省级文旅科创项目的创新研发。赣州全域智慧旅游云平台建设项目成功入选国家文化和旅游科技创新工程项目，赣州5G+红色VR助推赣南红色精品旅游线路示范项目成功入选省级03专项扶持。

【森林旅游】　做好森林旅游工作，打造粤港澳生态旅游后花园。5月，组织大余县、崇义县、全南县等地森林旅游、森林康养企业到井冈山参加省林业局组织的旅游招商项目洽谈活动；7月，组织粤港澳大湾区文旅企业负责人到大余县等地实地考察旅游项目，寻求招商合作事宜，7月25日，在靖安县举办的“2021江西森林旅游项目招商推介会”上，龙南绿天泉康养项目成功签约，项目资金达80多亿元。2021年，全市森林旅游接待游客4373.2万人次，森林旅游实现总收入450.4亿元。

红色旅游

【概况】　“红色摇篮·革命赣南”精品线路成功入选由中宣部、文旅部、中央党史和文献研究院、国家发改委联合发布的“建党百年百条精品红色旅游线路”。红色旅游创意产品“智慧云多功能笔记本”和“红色足迹苏区精神”文创产品成功入选全国红色旅游创意产品，43件产品入围2021年江西省红色旅游创意产品征集展示活动。瑞金中央革命根据地纪念馆提升改造项目完成并对外开放。

【长征国家文化公园赣州段建设】　长征国家文化公园赣州段是以中央红军长征出发，突破第一道封锁线，以及主力突围后留守根据地开展三年游击战争等一系列长征史实为基础，对赣州市范围内的长征文物和文化资源进行统一整合而形成。赣州市18个县（市、区）均被列入长征国家文化公园赣州段的建设规划中。2021年长征国家文化公园赣州段建设有序推进。信丰县长征突破第一道封锁线遗址保护项目、长征历史步道于都祁禄山段基本建成。瑞金市中央红军长征决策和出发展示园项目完成规划编制并开工建设。寻乌红色资源保护传承项目开展初步设计、施工设计等前期工作。兴国中央红军长征出发准备展示园总体规划正完善，一期中央兵工厂旧址群内部展陈提升、游客中心、生态停车场等完成建设。于都长征学院和瑞金干部学院项目建设主体有序施工。

【赣州方特东方欲晓乐园】　全国首个以红色文化为主题的方特东方欲晓乐园建成运营。公园以百余年来中华民族的奋斗征程为背景精心策划，包括“六大历史主题”（王朝印记、激情岁月、天高云淡、都会记忆、峥嵘岁月、欢乐港湾）区域，众多大型红色文化主题项目，全景式演绎中华民族寻求国家独立和民族复兴的近现代历史，展现中国近现代时期独具特色的社会风貌和人文风情，为广大游客带来前所未有的“红色旅游新体验”。

【南方红军三年游击战争纪念馆】　位于赣州市大余县的南方红军三年游击战争纪念馆，是全国首家系统梳理记载和全面展示南方8个省15个游击区三年艰苦斗争历史的纪念馆。南方红军三年游击战争纪念馆园区总占地面积14公顷，建筑面积

2万平方米，建有纪念馆主馆、红色文化街、梅岭三章干部学院、战争体验区、红色故事园、红色文化表演区等。纪念馆主馆分3层，整座建筑以“革命的曲折之路与光明之路”为设计理念。馆内陈展以《南国烽烟举红旗》为主题，以三年游击战争的主要战斗历程为轴，以15个游击区的主要历史事件为块，分为序厅，“红军主力长征，苏区军民坚持斗争”“原中央苏区各游击区的形成与坚持”“原闽浙赣、湘赣、湘鄂赣苏区各游击区的形成与坚持”“原鄂豫皖苏区和闽东、闽中、琼崖等游击区的形成与坚持”“八省健儿汇抗日铁流”“功勋卓著，精神永存”6个部分以及尾厅。全景式展现中央红军主力长征后，奉命留守在南方8省的红军游击队长期分散、独立坚持，战斗在赣粤边、闽赣边等15个游击区并取得胜利的光辉历史。

【长征先锋动漫】 由兴国县人民政府联合“功夫动漫”联合打造的3D动画片《长征先锋》在全国各大卫视及网络平台上线播出。《长征先锋》主要讲述以肖强、葛毅为主的一支独特的作战小分队——“兴国之剑”连凭借着大智大勇，为中央军委执行先锋侦察及特种作战的长征之旅故事，生动形象地表达红军战士执着追求的共产主义信念，浴血奋战不怕牺牲的长征精神。在剧情设定上，《长征先锋》围绕红军长征二万五千里征程展开，战士们涉险滩、闯雄关、爬雪山、过草地，一路上“风雨侵衣骨更硬，野菜充饥志越坚”，蹚出一条胜利革命大道的故事。动画中的每个场景故事都富有红色教育意义，在渡乌江、进遵义、翻越娄山关、四渡赤水、占领茅台镇、巧渡金沙江中，展现红军战士不怕牺牲、排除万难、夺取胜利的革命精神和理念，激励着年轻一代继承革命传统，携手并肩创未来而奋斗。

乡村旅游

【概况】 截至2021年年底，赣州市共有江西省AAAA级以上乡村旅游重点村32处，其中AAAAA级3处，AAAA级29处；全国乡村旅游重点村7个，省级乡村旅游重点村5个，省级乡村旅游重点镇2个。

【乡村A级旅游景区】 年内，赣州市江西省AAAAA级乡村旅游点3处：大余县丫山乡村生态园、龙南市虔心小镇、石城县大畲旅游区；江西省AAAA级乡村旅游点29处。

江西省AAAA级乡村旅游点一览表

表19

县(市、区)	景区
章贡区(1处)	章贡区花田小镇
赣县区(2处)	赣县白鹭乡白鹭古村
	赣县祥云湖紫薇小镇
信丰县(1处)	信丰县坪地山旅游景区
大余县(2处)	大余县元龙畲族村
	大余县新城周屋乡村旅游点
上犹县(2处)	上犹县梅水乡园村
	柏水寨休闲创意农业园
崇义县(1处)	崇义县冷杉良田花海影视基地
安远县(1处)	安远县东生围
龙南市(5处)	龙南市里仁镇客家酒堡
	龙南市里仁镇栗园围
	龙南市正桂美丽乡村
	龙南市梦里桃乡
	龙南市宝贝田园
全南县(2处)	全南县沙坝仔神农文化园
	全南县雅溪古村景区
兴国县(1处)	兴国县高兴归元生态园
宁都县(1处)	宁都县长木欢乐谷
于都县(3处)	于都屏山牧场旅游区
	于都县梓山镇潭头村(2021年新增)
	于都县禾丰镇禾丰兰花小镇(2021年新增)
瑞金市(3处)	瑞金市沙洲坝乡沙洲坝村
	瑞金市云石乡松山坪村
	瑞金源润潭生态农庄
会昌县(1处)	会昌县洞头乡乡村旅游点
寻乌县(1处)	寻乌县花开了生态旅游区
石城县(2处)	石城县麒麟山现代农业观光园
	石城县旺龙湖

【全国乡村旅游重点村】 大余县黄龙镇大龙村、龙南市临塘乡东坑村、石城县琴江镇大畲村、上犹县梅水乡园村村、大余县新城镇周屋村、于都县梓山镇潭头村、瑞金市叶坪镇华屋村。

【省级乡村旅游重点村】 全南县龙源坝镇雅溪村、赣县区白鹭乡白鹭村、龙南市里仁镇正桂村、崇义县上堡乡水南村（2021年新增）、信丰县新田镇坪地山村（2021年新增）。

【省级乡村旅游重点镇】 龙南市临塘乡（2021年新增）、上犹县梅水乡（2021年新增）。

【全国乡村旅游学习体验线路】 结合庆祝中国共产党成立100周年，开展“四史”宣传教育活动，文化和旅游部联合国家发改委推出“体验脱贫成就·助力乡村振兴”乡村旅游学习体验线路300条，其中江西入选10条，涉及赣州5处乡村旅游景点。“最美乡村”田园古村精品游：婺源—南昌·

安义古村群—金溪·竹桥古村·浒湾镇—乐安·流坑古村—吉安·渼陂古村·钓源古村·燕坊古村—崇义·上堡梯田。赣州客家原乡情之旅：上犹园村—崇义上堡梯田—大余丫山—全南雅溪古村—龙南虔心小镇。

旅游管理

【星级饭店】 全市有四星级以上饭店35家，其中五星级旅游饭店3家：赣州锦江国际酒店、南康大酒店、瑞金荣誉国际酒店（2021年新增）；四星级旅游饭店32家。

AAAA级旅游饭店一览表

表20

县(市、区)	旅游饭店	县(市、区)	旅游饭店
章贡区(4家)	山水大厦宾馆	定南县(2家)	定南山水香格里拉酒店
	赣甸大厦		定南沃尔顿酒店
	赣州香江湾大酒店	兴国县(2家)	兴国宾馆
	龙安围客家主题酒店(五龙客家风情园内)		兴国品禄园酒店
南康区(1家)	宝辉酒店	宁都县(2家)	宁都沃尔顿国际酒店
赣县区(1家)	爱客森酒店		宁都忆境江南花园酒店
信丰县(2家)	信丰康莱博酒店	于都县(2家)	维也纳酒店于都高铁站店
	信丰桃江大酒店		于都枫叶花园酒店
大余县(1家)	大余县章源宾馆	瑞金市(7家)	瑞金沃尔顿酒店
崇义县(2家)	崇义耀升国际饭店		瑞金海亚国际酒店
	阳明花园酒店		瑞金市欧利大酒店
安远县(1家)	热泉河大酒店		瑞金市金和大酒店有限公司
龙南市(3家)	龙南沃尔顿国际酒店		星洲湾国际酒店
	龙南维也纳国际酒店		瑞金铂林国际酒店
	龙南富业大酒店		瑞金宾馆
全南县(1家)	全南希桥酒店	石城县(1家)	赣江源国际酒店

【旅行社】 年内，全市有国际旅行社6家：赣州国际旅行社有限公司、赣州宝中观光国际旅行社、赣州旅游集散中心有限公司、赣州华侨国际旅行社有限公司、江西乐享国际旅行社有限公司、江西鹿客国际旅行社有限公司。赣州有国内旅行社111家。

【旅游要素管理】 全市评定星级旅游饭店84家，星级旅行社24家，客家美食旅游旗舰店38家，旅游美食街6条，旅游地方特色宴席20桌，完成“四证”（旅游经营许可证、质保金交纳证明、旅游保险保证书、营业执照）办理的民宿216家。2021年全市新增全国乡村旅游重点村、省级旅游度假区等品牌31个。

【旅游投诉】 做好“12301”平台和日常旅游投诉及各类信访件协调处理工作；认真做好旅游咨询投诉工作。全年共收到来电、来访、“12301”平台以及上级转办的各类咨询、情况反映、投诉件38件，年内未发生一起重大旅游投诉事件，结案率和游客满意率均达100%。对电话投诉做到耐心接听，耐心处理。对在全国旅游监管服务平台“12301”平台中的旅游投诉做到及时与投诉者沟通、成功调解旅游投诉处理投诉事件。

【旅游人才队伍建设】 做好旅游职业经理人培养，成功推荐3名旅游职业经理人到赣州旅游投资集团有限公司就业，新招录10名旅游职业经理人；开展11个县（市、区）文化人才专项帮扶选派等工作；组织全市星级以上酒店服务人员培训120人次；开展全市文化旅游讲解员培训工作，完成全市培养320名新持证文旅讲解员任务。举办2021年赣州市旅游饭店服务职业技能大赛，全市20个县（市、区）参赛队伍围绕理论、服务英语、中餐、西餐、前台、客房服务等6个项目展开竞赛。66名优胜选手代表赣州参加2021全省旅游饭店服务职业技能大赛。

（王晓燕）

本栏编辑：钟　强

金融业

综　述

【概况】　2021年，全市金融系统推进“双中心”（省域金融次中心、区域性金融中心）建设，全市金融业发展稳中向好。全市金融业增加值295.64亿元，增长5.81%。金融业税收33.83亿元，增长2.39%。贷款余额6611.66亿元，新增贷款847.25亿元，增长14.7%，增量居全省第二。存款余额6415.49亿元，新增存款406.14亿元，增长6.76%，增量居全省第二。全年实现保费收入136.65亿元，增长-6.3%，增量居全省第二。有效对接险资项目8个，落地险资75.1亿元，排名全省第一。全市直接融资809.59亿元，增长38.13%。九丰能源、悦安新材料成功上市，新增上市企业5家，排名全省第一。

赣州市2021年金融业主要指标一览表

表21

金融业指标	单位	2020年底数据	同比增长(%)	2021年底数据	同比增长(%)
金融业增加值	亿元	279.40	5.70	295.64	5.81
金融业税收	亿元	33.04	5.83	33.83	2.39
全市存款余额	亿元	6009.35	10.67	6415.49	6.76
全市贷款余额	亿元	5764.41	19.49	6611.66	14.70
全年保费收入	亿元	145.82	6.52	136.65	-6.30
融资担保余额	亿元	133.52	91.78	223.93	67.71
直接融资金额	亿元	586.11	53.79	809.59	38.13
债券融资金额	亿元	302.03	31.37	449.86	48.94
上市企业数量	个	14.00	40.00	16.00	14.29

【金融服务机制】　完善“1+4+3”（即建立一项政银企对接机制；4项金融服务制度，即问题企业贷款协调处置、银行抽贷定期通报、地方政府倒贷、金融诉讼案件快审制度；开展融资、融智、融产业“三大专项”行动）金融服务机制，至2021年，赣州市连续7年举办“江西省金融机构服务赣州市经济发展产融对接会”，促成79个融资项目签约，签约金额176.86亿元。持续落实企业贷款协调处置、银行抽贷定期通报、地方政府倒贷、金融诉讼案件快审金融服务制度。开展融资、融智、融产业“三大专项”行动，常态化开展项目推介和包装，已落地15个、25.395亿元。发挥机构总行优势，引入江西水务、正邦集团、粤旺农业、清瀚蓝环境、九木科技、吉利、中韵联合集团7家重量客户。

【普惠金融改革试验区】　12月27日，印发《赣州市普惠金融改革试验区建设工作考核结果运用办法（试行）》，是全国五省七市（河南省兰考县，浙江省宁波市，福建省宁德市和龙岩市，江西省赣州市和吉安市，山东省临沂市）试验区中唯一对中国人民银行总行考核评估体系进行细化。总结10个可复制可推广案例，其中巨灾保险、信贷通矩阵、国盛投教基地入选央行案例库在全国推广。9个县级金融服务中心挂牌，村村建有普惠金融服务站，全市实现城商行、农商行、村镇银行、证券营业部、还贷周转金公司等金融机构县域全覆盖。推动机构网点下沉，新增银行营业网点16家，新增社区支行、小微支行、科技支行、绿色支行等特色支行5家，新增保险机构县支公司4个，新增证券机构1家（华泰证券赣州营业部于5月开业）。运用小微企业融资服务等4个平台，累计办贷880亿元。推动设立市级金融审判庭。

【多层次资本市场】 新增上市企业5家（1月A股上市企业美克家居迁址南康区、4月“返利科技”上交所上市、5月九丰能源登陆上交所主板、8月悦安新材登陆上交所科创板、9月腾远钴业过会），占全省42%，排名全省第一；直接融资达809.59亿元，其中债券融资449.96亿元，全市债券余额达1035.24亿元，首次发行境外债券，发行全国首单专项乡村振兴定向融资工具；规模100亿元“两城两谷两带”（新能源汽车科技城、现代家居城、中国稀金谷、青峰药谷、赣粤电子信息产业带、赣州纺织服装产业带）产业基金新增投资项目6个，累计投资项目20余个，包含7家上市公司，引进美克家居、道氏技术、金信诺、同益股份等多家上市公司产能落地。企业主体评级实现县域全覆盖；上交所资本市场服务江西基地落户，成为全省首个有上交所、深交所服务平台地级市，与期货业协会、大商所、上海期货交易所建立战略合作关系。

【保险保障和险资入赣】 太平洋产险在定南县和兴国县创新推出生猪饲料、大地财险于都县创新推出肉鸡饲料“保险+期货”项目，全国首创的农业巨灾保险，满足不同小微企业的金融需求。全年保险资金落地75.1亿元。推动平安保险28亿元、太平洋保险7.5亿元、长江养老保险15亿元、太平保险14亿元、建信保险3.6亿元，泰康资管7亿元险资项目落地。

【地方金融组织】 强化融资担保增信，赣州市出台《尽职免责工作指引（试行）》，为全国设区市首个出台的城市。全市融资在保余额223.93亿元，融资担保放大倍数6.47倍，“总对总”（银担“总对总”批量担保是国家融资担保基金推出的“见贷即保”模式，年担保费率不高于1%，先放款，后备案，极大的简化担保流程、缩短审批时间，是政府性融资担保机构与银行金融机构实现贷款、担保服务快速匹配，所采取的一项创新担保模式）批量业务规模突破22.83亿元，在保责任余额、担保业务净增量为全省最大设区市。

【金融稳定工作】 全年非法集资案件化解33件，其中2018年之前案件化解10件，2018—2020年之间案件化解22件，2021年新发案件化解1件。2021年全市新发涉嫌非法集资刑事案件16件，涉案金额2.79亿元，涉及1325人，案件数、涉案金额及人数分别降低48.39%、49.49%、70.92%，连续24个月保持降低态势。筑牢防范和处置非法集资五道防线。市县联动开展全覆盖式的防范非法集资集中宣传月活动，发布媒体宣传报道368次、投放公益广告14.57万条、投放宣传展板及传单113万份，精准向企事业单位干部职工、老年人群和学生群体发送公益短信267.99万条。开展防范“非法校园贷、非法集资”、联合赣州师范高等专科学校开展“夯实金融基础，远离非法借贷”、投资者权益保护等直播宣讲，收看群众达45.3万人次。联合金融机构，充分发挥市县两级防范金融风险公益宣讲团作用，持续开展“3·15”金融消费者权益日、“5·15”投资者保护宣传、投教活动进校园、亮剑行动系列等120余场专题宣教活动。联合国盛证券投资者教育基地等专业机构，开展“普及金融知识防范金融风险”“学党史办实事学条例防风险”等专题宣教活动160余场。

【对接交流合作】 2021年，积极“北上”对接争取国家、省对口支援单位支持，中国人民银行党委书记、银保监会主席郭树清，中国人民银行副行长刘桂平到赣州市指导开展普惠金融改革工作；国家开发银行党委书记、董事长赵欢，副行长周清玉；中国进出口银行党委委员、副行长李钧分别到赣州市开展调研、听取建议。中国证监会出台《新时代中国证监会支持赣南等原中央苏区振兴发展的实施意见》，从企业上市、发债、设立法人机构、发展期货市场等9个方面给予赣州统筹支持。推动上海期货交易所、江西省地方金融监管局、江西证监局与赣州市签订战略合作协议；国家开发银行江西省分行与赣州市签署“十四五”时期系列合作协议、约定信贷资金投放800亿元；中国进出口银行江西省分行联合省商务厅与赣州市签署《支持赣州市国家级经济技术开发区创新提升打造改革开放新高地合作协议》。强化金融知识培训，到上海、深圳举办“赣州企业家走进上交所”“地方金融监管与发展”等培训班；邀请深圳市创新投资集团有限公司等专家到赣州市开展“服务赣州创新发展路演与培训”活动；联合深圳市创新投资集团有限公司、招商银行总行在深圳举办“2021年度深湾汇项目路演暨赣企融湾路演活动”。国盛证券投资者教育基地获中国证监会授牌，成为全省首个国家级投教基地，全年开展金融知识培训50余期、参与人数4000余人。

（蔡运梅）

银行保险监管

【概况】 2021年，赣州银保监分局坚持守底线、保平安、创亮点、有进步、稳中有为、稳中求进，各项工作迈出坚实步伐、取得积极成效。赣州银保监分局落实“六稳”“六保”工作成效获市政府嘉奖，获全省扫黑除恶专项斗争先进单位、全市社会治安综合治理目标管理（平安赣州建设）先进单位、全市深化全国文明城市建设工作先进集体等表彰，赣州银保监分局崇义监管组获评“江西省五一巾帼标兵岗”。

【风险防范化解】 召开银行业、保险业运行形势分析会，引导各机构主要负责人进一步认清形势、知责明责。综合运用现场检查、信访核查、监管会谈、风险提示、监管问责等手段，压实机构主体责任。开展重大信息虚假专项整治行动，督促机构全面揭示问题、及时纠错纠偏、举一反三整改、强化追责问责。年末，全市银行业不良贷款余额62.79亿元，不良率0.95%，低于全省0.2个百分点，保险市场秩序保持平稳，行业运行总体稳健。健全上下协同、左右衔接、内外联动的风险防控机制，针对发现的问题，召开监管会谈40次、约谈26次。及时向市委市政府报告风险，获高度重视和批示，成立风险处置领导小组，建立风险处置协同机制。全市银行业法人机构全年累计处置不良资产53.86亿元，多处置13.22亿元。其中，大余农商行全年处置不良资产3.04亿元，不良率下降1.32个百分点至3.67%，有效防止其演变为高风险机构，得到省局分管领导和对口处室充分肯定；赣州银行排查发现的隐性不良贷款全部入账反映，全年累计处置25.5亿元，多处置10.85亿元。开展经营贷违规流入房地产领域专项排查，对查实的问题全部立案查处，问责6人、罚款110万元，全市房地产贷款占比下降2.29个百分点。强化地方政府性债务风险监测提示，及时传导政策要求，完善应急处置预案。促请地方政府加快脱贫人口小额信贷风险代偿，全市脱贫人口小额信贷逾期率和不良率分别下降2.89个、2.18个百分点。开展案件集中清理活动，累计追赃挽损1.09亿元，责成机构内部问责94人次，其中开除1人、解除劳动合同4人。

【乱象治理】 开展“内控合规管理建设年”活动，对6家机构开展全面现场检查，针对发现的问题，强化整改问责。深化保险市场乱象整治，开展监管约谈7次，集中督导5次，对5家机构立案调查，纠正不科学发展理念。依法从严实施行政处罚，全年立案调查32件，处罚机构14家次，罚款363.9万元，处罚26人，监管震慑力持续增强。开展非法集资查处5次，提供线索4条；指导银行机构堵截受骗客户汇款472起、金额1.01亿元。改进公司治理，组织开展股权和关联交易专项整治、股东股权排查整治，推进法人机构合规管理、风险管理、内部审计“三道防线”建设。法人银行补充资本47.40亿元，增提拨备12.41亿元，年末资本充足率15.42%，拨备覆盖率246.39%，分别高于监管标准4.92个、96.39个百分点。

【深化改革转型】 围绕推动赣州银行、辖内农村中小银行、赣州市保险业高质量发展出台3个指导意见，推动法人银行专注主责主业，稳步压降高风险业务，持续优化经营结构。赣州银行贷款占总资产比例上升5.71个百分点，普惠型小微企业贷款占比上升3.56个百分点；全市农商行存贷比上升1.11个百分点，普惠型小微企业贷款占比上升1.53个百分点；全市商业车险单均保费全年降幅达27.37%，累计为消费者节省保费支出约7.5亿元。

6月15日，赣州银保监分局联合市政府金融办等单位，在赣县区开展以“学法用法护小家　防非处非靠大家”为主题的防范非法集资集中宣传日活动

（赣州银保监分局供图）

【服务地方经济】 引导银行保险机构积极策应赣州“三大战略、八大行动”决策部署，发挥融资主渠道作用和保险保障功能。2021年，全市新增各项贷款850亿元，增长14.73%，高于全省1.4个百分点；累计赔付支出52.08亿元，增长11.15%。紧扣市政府“工业倍增升级”目标，引导机构强化金融精准对接。年末，全市工业贷款余额754.8亿元，增长23.68%，其中制造业贷款余额587.02亿元，增长25.92%。引导机构发展绿色金融，绿色信贷增长33.19%。创建普惠金融“赣州样板”。将发展惠普金融作为金融改革“一号工程”来抓，印发支持普惠金融改革试验区建设九项措施，完成各项普惠金融考核目标任务。2021年全市新增普惠型小微企业贷款户数2.05万户，新增普惠型小微企业贷款余额223亿元，增长23.6%，其中法人银行普惠型小微企业贷款占其各项贷款比重升至31.32%，高于全省6.5个百分点；新发放普惠型小微企业贷款平均利率下降46BP（基点）。印发提质增效指导意见，做实做优普惠金融服务中心运行机制，全力推进样板打造工作，建成6个中心，累计接受业务咨询1万余人次，发放贷款金额31.57亿元。推进保险机构全面实施人身保险销售行为可回溯管理，做实保险合同纠纷人民调解委员会功能，全面推进消保站建设，与公安联手打击“代理退保”黑产，全年稳妥处置信访投诉754件，维护金融消费者合法权益。

【普惠金融建设】 将发展普惠金融作为“一号工程”来抓，切实强化监

3 月 12 日，赣州银保监分局组织召开辖内法人银行机构 2021 年度普惠金融工作专题座谈会（赣州银保监分局供图）

管引领、创新工作举措，有效提升普惠金融服务质效。积极争取政策支持。协调印发《江西银保监局关于支持赣州、吉安普惠金融改革试验区建设的意见》，并在业务准入审批、机构设立和网点规划等方面给予试验区政策支持。赣州银保监分局配套印发《辖内银行保险业支持普惠金融改革试验区建设九项措施》，落实落细各项目标任务，压紧压实银行保险机构责任。强化监管引领。建立覆盖所有县（市、区）的分局领导班子成员普惠金融联系制度，普惠金融科专司统筹工作，实施按月监测、按季通报、按年考核，先后召开专题推进会 10 余次，下发监管提示及意见书 20 余份，持续强化监管引导、跟踪督导和压力传导，将普惠金融考核目标任务完成情况与银行机构市场准入、监管评级挂钩，激励担当作为。推进精准对接。先后制定印发《赣州市全面开展普惠金融服务中心建设工作实施方案》《推动赣州市普惠金融服务中心高质量发展的工作意见》等文件，积极协调在条件成熟的县域试点创建普惠金融服务中心，将其打造集政策宣传传导、信贷主体信用信息、信贷业务撮合、信贷增信、金融知识培训与咨询等功能为一体的一站式金融服务平台。聚焦提升小微企业融资的可得性、便利度和覆盖面，建立涵盖一个金融服务专班、一个金融信息管理平台、一套融资快速响应机制在内的“1+1+1”普惠金融服务机制。截至 2021 年年末，建成 6 个县普惠金融服务中心，累计接受业务咨询 1.28 万人次，发放贷款 40.23 亿元、涉及户数 2500 户。

（钟剑雄）

【中国人民银行赣州市中心支银行】 2021 年，中国人民银行赣州市中心支银行印发货币信贷工作指引，引导金融机构积极主动对接全市“三大战略、八大行动”明确的重点产业、重大项目。截至 12 月末，全市各项贷款余额 6622.47 亿元，比年初增长 850.09 亿元，增速达 14.73%。货币政策工具运用力度不断加大，全年全市累计投放再贷款 159.35 亿元，办理再贴现 72.2 亿元，12 月末再贷款、再贴现余额分别达 204.8 亿元和 28.1 亿元，增长 61.2%和 6.04%。迅速落实总行新增 3000 亿支小再贷款政策，累计向辖内法人银行新增 3000 亿支小再贷款资金 37 亿元，惠及 5925 户小微企业和个体工商户，加权平均利率低至 5.00%。

稳企业保就业强化两项创新货币政策工具的运用，累计向地方法人银行发放激励资金 23.37 亿元，支持和带动银行对 5.05 万户小微企业发放普惠小微企业信用贷款和实施延期贷款本金 195.8 亿元。建立定期调度、通报考核机制，督促两项直达实体经济货币政策的全面落实，截至 2021 年末，全市到期的普惠小微贷款已办理延期还本的达 198.55 亿元，延期率为 62.66%，发放普惠小微信用贷款 422.69 亿元，占比为 40.18%。持续开展“一十百千”专项行动，辖内央行行长、商业银行行长累计开展政策宣讲活动 6969 次，协调解决 213 家企业融资需求 21.53 亿元。创业担保贷款政策效力持续发挥，推动全市创业担保贷款发放 30.28 亿元。巩固 LPR 改革成果，引导继续降低小微、普惠贷款利率，1—12 月辖内法人银行机构普惠小微贷款加权平均利率 6.76%，下降 0.21 个百分点。

银行信贷结构调整做好脱贫攻坚与乡村振兴金融服务有效衔接，在全省首创农业产业振兴信贷通模式，全年累计发放农业产业振兴信贷通 44.95 亿元，支持贫困户、一般农户、职业农民以及市场经营主体 2.68 万户，相关经验做法获南昌中支行领导批示肯定。加大绿色低碳信贷支持力度，截至 2021 年年末，全市绿色贷款余额 312.62 亿元，增长 45.68%，高于同期各项贷款增速 30.98 个百分点，指导九江银行赣州分行在全省首创并发放首笔碳排放交易质押贷款 500 万元。持续加大制造业信贷投放，将制造业信贷投放考核纳入信贷指导意见，制定信贷支持赣州经济高质量发展目标指导值，2021 年末，全市制造业贷款余额 368.3 亿元，比年初增加 71.03 亿元，增长 23.89%，高于同期各项贷款增速 9.16 个百分点。落实房地产贷款集中度管理，指导辖内超限法人银行有序压降房地产贷款比重，12 月末全市房地产贷款余额占各项贷款比重 34.98%，下降 3.48 个百分点。

稳外贸外资政策推进跨境人民币业务，指导全市 26 家企业办理 633 笔 9.5 亿元跨境人民币结算便利化试点业务，推动贸易投资便利化。开展重点企业大走访活动，建立赣州市重点涉外企业一类和二类名单，成立 15 个重点企业跨境人民币金融服务工作队，引导重点国有企业建立人民币国际使用工作机制，推动赣州国际陆港发展集团使用跨境人民币业务，相关工作得到上级行领导批示肯定。支持开放型经济高质量发展取得明显进展，辖内企业境外发债有序推进，推动赣州建投、城投境外发债4.2亿美元，发债资金全部回流境内。跨境金融区块链服务平台融资规模扩大，推动辖内17家企业在平台上融资145笔1.09亿元，融资笔数和金额分别增长159%和19.7%，位居全省前列。助力企业提升汇率风险管理能力取得较好效果，全年外汇衍生产品签约1.9亿美元，增长89.1%，外汇套保率为6.03%，上升0.67个百分点。

“两平台”宣传推广运用力度加大。小微客户融资服务平台推广运用持续推进，全年累计宣传推广19次，整理、推介各类民营和小微企业信贷产品149个，推动全市95%的中小企业在平台注册使用，覆盖率位居全省第一，2.51万户获得贷款344.4亿元，首贷户占比53.2%，较年初提升11.9个百分点。企业收支流水大数据平台查询量和支持发放企业贷款数量实现快速增长，试点7家银行机构积极发挥企业收支流水数据价值和平台优势，先后创新推出流水贷等信贷产品，12月末累计查询企业收支流水报告6401笔，支持发放企业贷款2669笔，放款金额62.75亿元，其中首贷企业贷款笔数954笔，金额10.71亿元，分别占14.9%和17.07%。“四项机制”建设取得突破性进展。农村经营户信用信息联网核查机制取得突破，推动全市农房、林权、农机具等涉农资产信息基本归集到位，农业补贴数据采集取得突破性进展，累计归集涉农资产等信用信息65.3万条。以信用园区建设试点为抓手，推动应收账款资产池融资业务迈上新台阶，印发实施《赣州市工业园区信用建设试点工作方案》《赣州市应收账款资产池融资管理办法》，选取5个重点工业园区试点推进应收账款资产池融资业务，成功在赣州高新区举办应收账款资产池融资政银企对接签约活动，签约项目26个3亿元，签订意向性融资项目46个10亿元。普惠金融风险分担机制持续完善，推动市政府印发完善“产业扶贫信贷通”代偿有关政策，进一步加快不良贷款进度和效率，相关工作得到市政府领导批示肯定。农户有形资产抵押融资机制稳步推进，牵头草拟《赣州市关于推进农村资产抵（质）押融资工作的意见》，推动扩大农村抵质押范围。

2021年全市金融机构各项存贷款年末余额及构成（不含外资）一览表

表22

项目	余额(万元)	占比(%)	比年初增加额(万元)
一、各项存款	64154872.01	100.00	4061420.88
(一)境内存款	64107918.86	99.93	4059747.72
1. 住户存款	42706804.57	66.57	4324598.42
(1)活期存款	16286355.81	25.39	690120.73
(2)定期及其他存款	26420448.76	41.18	3634477.69
2. 非金融企业存款	13829511.97	21.56	8339.26
(1)活期存款	8331226.38	12.99	-266383.09
(2)定期及其他存款	5498285.59	8.57	274722.35
3. 广义政府存款	7472935.95	11.65	-295304.16
(1)财政性存款	670967.41	1.05	-268250.20
(2)机关团体存款	6801968.54	10.60	-27053.96
4. 非银行业金融机构存款	98666.38	0.15	22114.21
(二)境外存款	46953.15	0.07	1673.16
二、各项贷款	66116574.29	103.06	8472487.97
(一)境内贷款	66115614.73	103.06	8472366.87
1. 住户贷款	34937145.06	54.46	4079557.39
(1)短期贷款	9603015.18	14.97	906284.03
消费贷款	2201919.86	3.43	163455.29
经营贷款	7401095.32	11.54	742828.73
(2)中长期贷款	25334129.88	39.49	3173273.36
消费贷款	20687149.75	32.25	2459508.07

续表 22

项目	余额(万元)	占比(%)	比年初增加额(万元)
经营贷款	4646980.13	7.24	713765.29
2. 企(事)业单位贷款	31178469.67	48.60	4392809.48
(1)短期贷款	6346522.35	9.89	980028.71
(2)中长期贷款	19893039.09	31.01	2059592.11
(3)票据融资	4932522.13	7.69	1353727.54
(4)融资租赁	0.00	0.00	0.00
(5)各项垫款	6386.10	0.01	-538.89
3. 非银行业金融机构贷款	0.00	0.00	0.00
(二)境外贷款	959.57	0.00	121.10

（叶赣华）

银　行

【中国农业发展银行赣州市分行】 2021年，农发行赣州市分行坚持“项目为王”理念，全力支持赣州经济社会高质量发展。全年累放贷款102.3亿元，各项贷款余额523亿元，比年初净增52.4亿元，信贷资产总额620亿元，首次突破600亿元大关，实现综合绩效考评、信贷资产总额、项目入库额、调查评估额、贷款审批额、项目推进速度、存款余额、存款日均余额“八个全省系统第一”。获全国金融五一劳动奖状、全省金融领域担当作为先进集体等称号。

支持重点产业发展壮大紧扣赣州市“两城两谷两带”、瑞兴于“3+2”经济振兴试验区、三南一体化等区域发展战略，以标准厂房建设为抓手，累放贷款24亿元，支持12个县（市、区）、总面积超100万平方米的标准厂房建设，筑巢引凤，招商引资，引大引强各类企业落户赣州。其中，推出于都县5亿元时尚新城标准厂房项目、大余县4.3亿元城乡一体化项目2个办贷落地分别用时10天、14天的高效案例，在全省系统推广运用。

服务乡村全面振兴行动持续加大11个脱贫县易地扶贫搬迁后续扶持、脱贫地区产业发展、乡村建设等重点领域资金投入，累放脱贫攻坚与乡村振兴巩固衔接贷款76.5亿元，占全行贷款投放的75%，支持42个乡村振兴项目建设。其中，累放帮扶贷款48.3亿元，帮扶已脱贫人口超42万人，助力探索具有赣南特色的乡村振兴路径。

保障现代农业强市建设　累放粮棉油类贷款7.6亿元，其中发放市场化收购贷款1.8亿元，粮食收购市场份额超过50%，贷款余额达30亿元，助力守好“三农”战略后院。支持赣南脐橙、油茶、蔬菜、茶叶、生猪等区域特色农业发展，累放贷款1.9亿元，推动培育“一村一品”示范村镇、农业产业强镇、特色产业集群。支持农业科技创新，累放贷款10.2亿元，支持现代农业园区、农业科技创新平台建设，促进一、二、三产融合发展。

打响特色文旅品牌　深挖赣南红色、绿色、古色旅游资源，累放各类贷款12.3亿元，支持大余县南方三年游击战争纪念馆、安远县东生围景区等重点项目5个，以点带面、连线成片，助力打响“红色故都”“客家摇篮”“江南宋城”“阳明圣地”4张文化旅游特色牌。持续加大农村污水垃圾处理、“厕所革命”“四好农村路”等领域投入，累放改善人居环境贷款21.2亿元，扮靓新时代“五美”（产业兴旺之美、自然生态之美、文明淳朴之美、共建共享之美、和谐有序之美）。

2021年，中国农业发展银行赣州市分行与南康区人民政府达成100亿元信贷合作意向　　（中国农业发展银行赣州市分行供图）

推进美丽赣州建设 贯彻碳达峰、碳中和战略部署，做好政策性金融服务“治山理水、显山露水”文章，支持20个县（市、区）河流治理、城市供水、示范乡镇、环境治理等项目建设。12月末，支持绿色贷款项目36个、绿色贷款余额71.9亿元，增加15.4亿元，增幅28%，助力打造全国生态文明建设“赣州样板”。

服务普惠金改试验区建设 把握赣州创建国家级普惠金改试验区契机，采取“降低准入门槛、持续减费让利、创新担保方式、提升服务质效、扩大收购贷款范围、接受客户监督”等6大举措，新增支持民营小微企业客户16户、累放贷款8905万元，增贷优质客户3户、金额750万元，续贷存量客户8户、金额3058万元，实施延期付息3笔、延期利息金额7.11万元、涉及贷款本金1860万元，有效解决企业“融资难”“融资贵”问题。

（郭　航）

【中国工商银行赣州分行】 2021年，实现拨备前利润18亿元、营业收入22.58亿元，均超额完成年度任务，创历史新高。中间业务收入3.85亿元，增长5.49%，总量同业第一。各项存款余额545.21亿元，增加22.04亿元。其中机构存款增加21.24亿元，系统第二，余额和增量稳居同业双第一。各项贷款余额593.67亿元，增加66.38亿元，信贷结构优化明显加速。其中制造业贷款增加11.01亿元，增长39.11%，提升22.05个百分点。民营企业贷款增量2.27亿元，超额完成序时任务。普惠贷款增量12.7亿元，增速居四行（工商银行、农业银行、中国银行、建设银行）同业第一，超额完成任务。风险防控质效提升。资产质量稳中向好，不良贷款实现“双降”。其中不良额2.01亿元，下降3378万元；不良率0.34%，下降0.11个百分点，四行同业最优。

响应策略做大项目 抓住赣州市“十四五”规划及建设省域副中心城市的战略规划，以及赣州市打造对接粤港澳大湾区桥头堡的历史机遇，根据全市2021年重点建设项目、产融对接签约活动推介融资项目等项目清单，坚持服务实体经济发展，引导全行聚焦先进制造业、优质民企、文化旅游、医教养等领域筛选项目，优中选优。

助推赣州普惠金改实验区建设。坚持“做真普惠、真做普惠”理念，以“工银普惠行”为载体，制定支持赣州普惠金融改革实验区建设的实施意见，开展“千名专家进小微”“万名小微成长计划” “百行进万企”等系列活动，提升小微和民营金融服务水平。在持续推动银政信贷通的同时，创新推出经营快贷、e抵快贷、国担快贷、红培贷等线上业务，提高办贷效率，为小微和民营企业发展注入低成本金融活水。至12月末，实现银保监口径普惠贷款余额为39.8亿元，比年初增加12.9亿元，增速同业占比47.9%，位列同业第一。

稳健发展做优个贷。在有效防控风险前提下，优选优质楼盘，加大发放力度，发挥个贷中心的集中处理作用，提高办贷效率，继续保持个人住房贷款稳定发展，全行累计投放个人住房贷款44.8亿元，全行个人住房贷款余额254.8亿元，余额列系统第二，同业第二。

2021年个人全量客户增加13.44万户，增量在全省占比15.39%，代发工资客户比年初净增588户，代发工资客户数比年初净增5.38万户；对公结算账户新增11070户，为全省历史首家年新开账户破万户的二级分行，其中有效账户6411户。机构客户净增346户，列全省第一；信用卡新增发卡27373张，全省系统第三。以点带面全量拓户。开展系列营销竞赛活动，全力营销规模以上工业企业、民办学校、物流管理企业、会计或律师事务所的代发工资业务。聚焦重点精准拓户。重点做好场景建设搭建平台，着力推进财政、医保、公积金、政法、教培等场景建设，教培领域取得重大突破，与15个区县教育主管部门签订合作协议，10个县区实现系统投产，全市共营销教培机构开户611户。加大行内重点客群获客力度。加快对代发工资、中高端客户、ETC客户、企业年金、融e借、预审批客群等优质客群信用卡渗透攻坚，实现“一日一网点一柜一客户”，积极推广信用卡获客新工具。各行要将“面签码”作为线上线下一体化营销获客新利器，了解其在线办卡可面签，支持代发工资集体营销、可提高办卡通过率等优势，迅速在信用卡营销工作中熟练运用。

整固信贷质量基础，完善信贷风险管理机制，加大对剪刀差贷款和个人经营贷款风险管控力度，对存量贷款、融资大户和潜在风险融资开展常态化风险排查，着力治理“痛点”“难点”，夯实信贷管理基础，强化信贷风险控制，加快不良贷款处置，优化信贷结构调整，努力保持资产质量稳定。加快不良处置进程，制定清收处置方案，明确清收处置责任人，充分挖掘潜在风险贷款清收潜力，狠抓现金清收和重组转化不良贷款，不良贷款率0.34%，比上年下降0.11个百分点，全面稳固信贷资产质量。四行同业资产质量最优。

（袁忠华）

【中国农业银行赣州分行】 2021年，中国农业银行赣州分行认真落实上级行决策部署，结合当地市情行情，立目标、抓队伍、塑文化、谋发展，业务发展总体平稳，经营管理取得明显成效，致力于实现“员工收入增长、优秀干部成长、农行形象提升”三大目标，全力将赣州分行打造成同业强行、系统内标杆行。截至2021年年末，全行人民币各项存款时点余额635.76亿元（含同业和保本型理财），净增23.73亿元，余额、增量四行份额首位。全行人民币各项贷款余额654.22亿元，累计投放325亿元，净增101.96亿元，突破百亿元大关，多增52.64亿元，余额、增量四行首位。分结构看，个人贷款净增66.33亿元，对公贷款（不含直贴及转贴现）净增34.63亿元。全行营业收入、中间业务收入、净利润分别为25.96亿元、3.17亿元、11.65亿元。全行不良贷款余额4.08亿元，较2020年底下降4321万元，不良率为0.63%，较2020年底下降0.18%，不良贷款实现“双降”。全行实现表内外清收处置总额突破6亿元，达到6.24亿元，创历史新高。

坚持“送贷上门、廉洁办贷、效率办贷”，提升金融服务质效，跑出农行加速度，获得市场广泛认可。2021年获评“赣州抗疫先锋企业”，连续多年荣获赣州市“金融支持商会企业特别贡献奖”。积极支持重大项目。为重点基础设施项目建设和重要交通规划提供信贷支持9亿元，为实体经济发展打造良好的基础设施环境。服务重点产业集群。围绕主导产业，积极对接市政府招商引资企业，吉利集团、孚能科技、威高集团、汇进集团、海尔医疗、美克美家、中科融合、中国稀土等一大批重点招商知名企业落户农行，映山红行动和专精特新企业新增12户。2021年，发放新增法人贷款737户，金额54.41亿元。政银企合作再上台阶。中标3家国库集中支付代理、市土储中心资金存放银行项目、亚行贷款“金融中介贷款”子项目、赣南科技学院“智慧校园”合作银行等项目。先后与章贡高新区管委会、石城县人民政府、市医疗保障局、市肿瘤医院签订战略合作协议。

策应赣州普惠金融改革试验区建设，监管普惠贷款余额106亿元，净增34亿元，增速48%，余额、增量均居全省农行首位，四行份额全面第一，支持普惠金改成效卓著，先后3次在市政府会议作先进发言，“惠农e贷”获赣州市政府主办的普惠金融产品创新评比一等奖。普惠业务下沉所有网点，推广“e贷”系列线上信贷产品，实行限时办结，优化办贷流程，提高获贷便捷性，普惠贷款增量线上化率达到81%。以“金融服务乡村振兴农行在行动”为主题，开展覆盖全市农村网点的百场普惠金融服务宣讲，参训人员累计1.1万人次，组建80多个普惠金融服务工作微信群，13家媒体报道，拉近银政企农关系。执行好企业纾困解难信贷政策，助力“六稳”“六保”。小微法人贷款净增16亿元，普惠小微企业延期还本326户、12.9亿元。执行“应信尽信”政策，推广“总对总”信用贷款产品，发放“总对总”贷款9.5亿元，小微企业信用贷款余额较年初净增5.6亿元。营销拓展小微企业首贷户，扩大普惠金融覆盖面，全年累计发放小微企业首贷户513户、金额7.81亿元。

（肖丽芳）

10月1日，南康农业银行大力开展小微企业减费让利宣传活动
（中国农业银行赣州分行供图）

【中国银行赣州市分行】 2021年，中国银行赣州市分行围绕银保监部门的监管规定和上级行稳中求进管理要求，把发展存款作为筹集信贷资金来源、改善存贷结构、提升支持地方经济发展能力的源头性工作来抓。坚持抓早与抓紧，向黄金时段要存款。2021年全面推进“开门红”战役，坚持立体营销与组合销售，向市场要存款。坚持抓重点、重点抓，向新的增长点要存款。整合集聚资源向重点产品、重点区域、重点机构、重点行业、重点客户倾斜，扩大增存优势。坚持精细化过程管理，向管理要存款。以跑赢大市为准则，以发展核心存款为主线，实行严格的销控目标动态管理和“洼地”帮扶制度，促进存款的持续快速发展。截至2021年年末，人民币各项存款余额328.98亿元，较上年新增15.22亿元，四大行市场份额提升0.12个百分点，排名四大行第二。以扩大客户、业务规模和优化收入结构为主线，开源与节流并重提升经营效益。截至2021年年末，该行实现净收入13.72亿元，增加9611万元，增幅7.53%；实现净利润8.18亿元，增加2.19亿元，增幅36.64%；实现非利息收入2.02亿元；实现拨备前利润10.9亿元，增加7845万元，增幅7.75%。

贯彻落实国家宏观调控政策、产业政策和中国银行授信业务指引，用足、用好、用活各项政策资源，支持赣南苏区振兴发展，支持企业复工复产。继续加大对重大基础设施建设项目、钨稀土等资源型优势行业龙头企业及医疗卫生等民生行业的支持力度，并把“扶小助微”作为转变业务增长方式、优化客户结构的重要工作来抓，提升“中银信贷工厂”运营效率，贴近市民日益增长的住房、汽车、家装消费及投资创业融资需求，提升金融扶贫力度，保持信贷的持续稳定增长。截至2021年年末，该行人民币各项贷款余额达397.07亿元，较上年新增41.22亿元，其中公司贷款余额新增24.74亿元，个人贷款余额新增16.48亿元。截至2021年年末，该行不良资产余额较上年减少4840万元，不良率0.7%，较上年下降0.22个百分点，不良资产控制在省分行管控目标以内，资产质量总体保持稳定。

紧盯重大战略、重点产业和重要领域，全力以赴加大资源配置力度，纵深推进省域副中心城市建设打造，积极对接融入粤港澳大湾区桥头堡，为工业倍增升级、乡村振兴、新型城镇化、现代服务业和基础设施建设贡献金融力量。2021 年，累计投放旧城改造、公路铁路、管网建设、能源电力等基础设施领域贷款 10.4 亿元，投放医疗及文旅行业贷款 5.63 亿元，并向稀土、钨新材料、电子信息产业等制造业及各县（市、区）首位产业投放贷款 12.1 亿元。

普惠金融“两增两控”（增贷款增速、增户数、合理控制小微企业贷款资产质量水平和贷款综合成本）余额达 36.03 亿元，新增 8.4 亿元，贷款增速 30.38%，完成监管考核目标要求。与南康区、赣县区、安远县、瑞金市、会昌县、石城县、宁都县、寻乌县、上犹县、兴国县等 11 个县（市、区）政府签署乡村振兴战略合作协议，全力对农业产业基金、农村特色产业、农业龙头企业、农户生产经营等提供多维度金融支持。

响应绿色发展理念　围绕国家“碳达峰”“碳中和”等重要战略规划，贯彻落实总行“八大金融”发展战略，大力发展绿色金融，促进行业绿色转型升级。截至 12 月末，绿色信贷余额为 21.44 亿元，增加 10 亿元，增长 87.67%；绿色信贷占全行对公贷款的比例为 14.96%，占比提升 5.29 个百分点；在绿色金融贷款余额、绿色金融贷款增长率和绿色金融贷款占比 3 个维度上均实现持续提升。

（伍誉瑶）

【中国建设银行赣州市分行】 2021 年，中国建设银行赣州市分行本外币一般性存款时点余额 376.40 亿元，新增 14.55 亿元，其中对公存款时点余额 149.02 亿元，减少 13.22 亿元；个人存款时点余额 227.38 亿元，新增 27.77 亿元。各项贷款余额（还原个贷证券化余额 35.97 亿元，还原对公证券化余额 2.5 亿元）541.99 亿元，新增 63.14 亿元，其中，对公贷款余额 189.62 亿元，新增 32.74 亿元；个人类贷款（含信用卡）余额 352.37 亿元，新增 30.40 亿元。实现中间业务净收入 34457 万元，完成年度计划的 88.61%，减少 2631 万元。不良贷款额 20961 万元，增加 8685 万元，其中公司不良贷款额 14625 万元，增加 8092 万元；个人不良贷款额 6336 万元，初增加 593 万元。

信用卡不良额 5523 万元，减少 173 万元。实现拨备前利润 144564 万元，减少 5768 万元。

聚焦政府基础设施和重点项目、“两城两谷两带”产业集群建设项目，加大信贷投放力度，全年累计投放对公贷款 144.46 亿元，其中公司集团条线投放贷款 68.76 亿元；普惠金融投放贷款 75.70 亿元。2021 年，基础设施建设贷款净增 5.64 亿元；支持对赣州新能源汽车科技城住房租赁项目等，累计投放贷款 11.5 亿元。

2021 年无新设网点，完成 3 个网点（赣州长征支行、石城支行、崇义支行）装修。加强自助银行和自助设备的管理。自助银行 128 个（附行式 45 个、离行式 62 个），其中离行式自助银行 62 个（城区 16 个、县域 46 个）。现金类自助设备 302 台（其中 CRS 297 台，ATM 5 台），自助设备台日均账务性交易量 28 笔。“裕农通”服务点总量 3373 个，减少 473 个，乡村有效覆盖度 86%，活跃服务点 3361 个，占比 99.5%，新增裕农通卡 16430 张，完成计划 33.53%。

公租房系统实质性使用笔数全省第一，累计代扣笔数 38731 笔，共 782.38 万元。支持发展保障性租赁住房，资金规模 9500 万元。其中，赣州新能源汽车科技城员工倒班宿舍项目支持贷款审批额度 2 亿元，实际投放 9500 万元。普惠金融方面，贷款余额 85.07 亿元，新增 24.26 亿元。全年新增计划（新增 23 亿元）完成率 105.49%，全省排名第二。普惠金融客户新增 13229 户，新增 2624 户，全省系统内排名第二，新增计划（比年初新增 1600 户）完成率 164%。小微企业信用贷款余额 28.61 亿元，增长 93387 万元，增速 48.45%；小微企业中长期贷款占比 50.11%，高于年初占比 47.98%；小微企业制造业贷款占比 13.73%，低于年初占比 17.63%；小微企业法人首贷户 847 户，高于年初 370 户；银税互动小微企业贷款 38519 万元，占比 5.49%，低于年初占比 6.58%。金融科技方面，金融科技平台金融总量为 71.9 亿元，增长 5.58 亿元；平台转化数为 11130 户，增长 5429 户，全省排名第一。其中，对公平台金融总量为 197731 万元，增长 7492 万元，全省排名第二；对私平台金融总量为 521253 万元，增长 48339 万元，全省排名第七。对公平台转化数为 19 户，增长 3 户，全省排名第二。对私平台转化数 11111 户，增长 5426 户，全省排名第二。

（冯世文）

【上海浦东发展银行赣州分行】 2021 年，上海浦东发展银行赣州分行一般性存款余额 25.41 亿元。其中，对公一般性存款余额 15.45 亿元；零售一般性存款余额 9.96 亿元。全行一般性存款日均 29.81 亿元。其中，对公存款日均 20.13 亿元，零售存款日均 9.68 亿元。各项贷款余额 63.24 亿元，其中公司贷款余额 16.24 亿元，个人贷款余额 47 亿元。累计完成营收 2.12 亿元；模拟利润 1.9 亿元；中收 5626.63 万元；EVA（经济附加值）1.12 亿元；以上 4 项指标绝对值均位列南昌分行前列，经营规模和效益在系统内始终保持领先。

截至 2021 年年末，结算性存款日均较年初新增 2.49 亿元。其中，对公结算性较年初新增 1.17 亿元，零售结算性存款日均新增 9213 万元。代发业务势头强劲。截至 2021 年年末，新拓有效代发企业 34 户（其中百人代发企业 8 户），累计代发金额 12.14 亿元，代发客户 AUM（资产管理规模）新增 1.22 亿元，当年新增连续代发金额 6.02 亿元。因代发业务拓展较好，带动基础客户快速增长，2021 年，新增基础客户7059户。

落地赣州城投12.5亿元保债资金计划，获批赣州建控5亿元北金所债券投资计划、赣州城投——民生通惠7亿元瑞金红色培训保债计划等项目。贷款方面，实现瑞京金融1亿元短期流贷、龙南关西围1亿元项目贷款等16个重点项目落地，共6.1亿元。通过抓好重点项目营销和落地，有效推动各项业务快速发展。

2021年初，新增普惠金融贷款"硬缺口"近1亿元。举全行之力推进普惠金融工作。截至2021年年末，普惠小微贷款余额6.3亿元，较年初新增0.65万元，普惠小微贷款新增完成全年计划155%，远超南昌分行下达的任务目标。

截至2021年年末，不良贷款额、不良率较年初均实现"双降"。其中，不良贷款余额3986万元，较年初减少1699万元；不良率0.63%，较年初下降0.27%。逾期贷款3822万元，较年初下降1792万元。现金清收不良贷款3002万元，完成江西宝华山恒丰矿冶不良贷款处置等分行重点清收任务。资产质量的持续改善，筑牢可持续健康发展的根基。

私行客群经营方面，新增私行客户4户。落地南昌分行头两单家族信托业务，金额3000万元，引入行外资金3000万元，创造中收24.75万元。落地分行头两单保险金信托业务，年交保费600万元，引入行外资金3000万元，创造中收78万元，私行客群经营效果显著提升。

（肖玥镕）

【招商银行赣州分行】 2021年，招商银行赣州分行各项存款余额117.51亿元，较年初新增10.53亿元，增长9.84%；规模在全市股份制银行中分别占比28.69%。各项贷款余额186.26亿元，较年初新增2.5亿元，增长5.73%，规模在全市股份制银行中分别占比26.49%。成立制造与新材料行业团队，聚焦赣州稀土、钨等新材料行业，改变以往客户经理因管户行业杂乱，无法聚焦行业、提升专业能力的局面，实现客户经营的专业化和集约化，以高专业度为客户提供更优质的金融服务。高规格承办中国金融工会和总行主办的"新时代金融职工讲习堂"暨党建共建活动，监管机构代表、招商银行代表100余人参会、线上1万余人参加，获得监管机构的高度肯定。响应赣深高铁开通后省市融湾需求，承办"赣企融湾路演"活动，得到省市领导和总分行领导认可，新华网、深圳卫视、凤凰新闻等多家主流媒体跟进报道。

（钟重骏）

【中国邮政储蓄银行赣州市分行】 2021年，中国邮政储蓄银行赣州市分行累计向赣州投放资金225亿元，增长31.7%。在房贷少增6.77亿元前提下，全年净增各项贷款38.89亿元，增长15.41%、列全市六大国有商业银行第三位，净增规模及完成比均列全省邮储银行第一位。

聚焦"1+5+N"产业集群，主动参与地方重点项目。2021年，向江西金力永磁、崇义章源钨业等上市企业投放资金超22亿元，支持稀土产业资金超14亿元，发放家具企业贷款13亿元。累计向赣州重点项目和企业授信超60亿元，民营企业贷款增幅超17.35%，支持赣州工业倍增计划。全面贯彻碳达峰、碳中和重大决策部署，落实《2021年赣州市绿色金融工作要点》相关要求，加大清洁能源、节能环保和生态农业领域信贷投放，向赣南风力发电项目授信资金超40亿元。截至2021年年末，绿色信贷余额20.6亿元，较年初净增5亿元，增长32%，绿色信贷增速连续5年高于各项贷款增速。自营网点手机银行月活跃客户9.94万户，完成计划的110%，县域网点自助设备数占比达到92%，农村金融服务电子化、自助化水平不断提升。

构建农贷通、商贷通、政贷通、网贷通产品体系，加快信用贷、E捷贷、银担惠农贷、创业担保贷、赣州爱工贷等利民惠民产品及小水电抵押贷、排污贷、科技贷、抗疫担保贷、银担复工贷、抗疫应急贷等系列小微信贷产品投放，基于小微企业、个体工商户"短频快"金融服务需求，推出线上小微易贷产品。建立"限时办结"服务机制，优化审批流程，审查审批笔均耗时1.16天，有效提升客户服务效率。在疫情期间开通绿色通道，助力企业复工复产，累计对接支持赣州疫情防控重点企业、医疗机构，全年实施延期还本付息金额23.2亿元、发放信用贷款26.64亿元，2021年普惠小微企业延期还本占比较2020年提高31.57个百分点，信用贷款发放占比较2020年提高2.65个百分点。全年投放小企业贷款18.23亿元，净增2.24亿元，增加6900万元，新增小企业客户数列全省邮储银行第一位。

建成信用村1540个、完成计划164%，建成信用户2.88万户、完成计划101%，新增贷款投放22亿元、完成计划391%。打造"一县一品"特色品牌。立足地方特色农业产业，成功开办"农业产业振兴贷"，落地"惠农经营贷"，先后创新退出白莲贷、橘柚贷、脐橙贷、甜柚贷、鹰嘴桃贷、葡萄贷、水稻贷、茶叶贷等多款具有地方特色的信贷产品，加大家庭农场、专业大户和涉农企业等新型农业主体信贷支持力度。全年"三农"贷款净增7.2亿元，多增2.2亿元，涉农贷款新增11.11亿元、完成监管计划212%，提前4个月完成监管计划，惠农经营贷净增及余额规模均列全省邮储银行第1位。支持的"廖奶奶咸鸭蛋"扶贫项目获得2019年由世界银行、联合国粮农组织、国际农业发展基金、联合国世界粮食计划署、亚洲开发银行、中国国际扶贫中心联合发起的110个"全球经典减贫案例"之一，以及总行2020年"优秀扶贫项目奖"。

发挥点多面广线长和连接城乡优势，打通普惠金融"最后一公里"。成立参与赣州市普惠金融改革试验区建设工作领导小组，在全市率先研究制定参会普惠金改实施方案，从加大重点领域、群体支持，完善基础金融渠道，强化金融科技赋能。普惠型小微企业贷款净增8.94亿元，完成监管计划的139.65%，普惠小微企业户数增加 1121 户，年内投放普惠型小微企业贷款利率下降 52 个 BP；普惠型涉农贷款净增 3.79 亿元，完成监管计划的 275%，全市 11 个国家重点帮扶的脱贫县各项贷款余额均实现正增长。

（王世琦）

【江西省联社赣州辖区】 2021 年，省联社赣州辖区坚持“立足本土、服务社区、支农支小”的市场定位，发挥地方金融主力军作用，主动对接全市经济社会发展大局，为打造革命老区高质量发展示范区发挥重要的金融支撑作用。全市农商银行存贷款余额分别达 1703 亿元和 1286 亿元，分别占全市市场份额的 27% 和 19.5%，分别增加 164 亿元、141 亿元，增幅分别为 10.67%、12.32%。

深入推进贷款扩面、提额、增效“三大工程”，在农区实行“985”（力争在农区实现 90% 以上的农户建档率，80% 以上的农户授信率，50% 以上的农户用信率）整村授信模式，在城区推进“863”（在网格化营销过程中，居民、商户、小微企业建档覆盖率至少 80%、授信至少 60%、用信面至少 30%）网格营销模式，在外出务工创业人员聚集地主动开展外拓活动，贷款客户总数超 70 万户，占符合授信条件人口的 12.27%，覆盖全市 1/4 家庭。探索“首贷户”低利率获客机制，新增首贷户 8.2 万户，占全省农商银行的 23.5%。率先全省农商银行、全市银行业专设科技支行，引入科技贷款担保机制，创新推出“科贷通”“科创通保贷”，支持科创型企业发展。结合普惠金融政策要求和市场需求，与地方政府、担保公司、保险等部门合作，加大产品创新和迭代力度，实现风险互担、互惠共赢的局面。如瑞金的见贷即保“稳保贷”、宁都的“创业贷”等。策应提高民生品质行动，推广百福惠农网贷、惠农易贷等线上贷款产品，个人贷款线上放款占比超过 90%，电子替代率达 96.49%，高于全省农商银行 1.41 个百分点。率先推出全国农信系统、全省银行业首张“乡村振兴主题卡”，累计发放 3.2 万张。累计投入 1.1 亿元支持金保工程，免费代理发行社保卡 813 万张，覆盖、全市 80% 以上的人口。在全市 3461 个行政村设立 5236 个普惠金融服务站，是全市唯一实现普惠金融“村村通”工程的金融机构。赣州农商银行是全省唯一一家获得国债承销资格的地方法人银行，累计承销国债 4.77 亿元，得到财政部和人民银行总行的肯定和表扬。

普惠小微企业贷款 442 亿元，占全市的 36.89%，惠及 4.5 万户小微企业。中长期贷款占比 46.1%，比年初提高 3.6 个百分点。制造业、批发零售业贷款余额 463 亿元，占比 36.2%，新增 45.1 亿元，占各项贷款的 35%。做好“六稳”工作，全面落实“六保”任务，对符合延期还本付息的企业贷款做到应延尽延，累计办理延期还本付息贷款 1.52 万户，金额 105.6 亿元。全面落实减费让利政策，减免收费 12 项，客户综合融资成本下降 50BP，节省融资成本达到 8.2 亿元。持续巩固脱贫攻坚成果，以农业产业振兴信贷通主动承接到期产业扶贫信贷通，累计发放 34 亿元，占全市的 72%。率先全省农商银行创新“农村集体经济组织信贷通”“百福农权贷”，累计发放贷款 2700 万元，解决 320 个村集体经济组织融资难题。支持脐橙、蔬菜、油茶等现代农业产业发展，涉农贷款余额突破 680 亿元，新增 22 亿元，占各项贷款的 53%。

全省 86 家农商银行中，监管评级 2 级的有 6 家，其中赣州辖区就有 3 家，其余 14 家为 3 级，赣州农商银行是全省 11 家市级农商银行中的唯一一家 2 级行。开展不良贷款清收攻坚战，共处置不良贷款 33 亿元，不良贷款占比 1.83%，下降 0.32 个百分点，分别低于全省、全国农商银行系统 1.06 个和 1.76 个百分点。全市 2 家农商银行不良贷款占比低于 1%。组织对多头授信、银团贷款、大额贷款进行风险排查，全市农商银行整体资产质量仍然稳健。贷款拨备覆盖率 349.49%，提高 29.35 个百分点，分别高于全省、全国农商银行系统 148.47 个和 217.77 个百分点。

（刘　云）

【兴业银行赣州分行】 2021 年，兴业银行赣州分行坚持“专业致胜、合规致胜”的经营理念，立足赣南新发展阶段，落实落细各项金融改革发展决策部署及总分行年初工作会议精神，全方位服务赣南苏区振兴发展，全年获得省市两级政府、监管及总分行荣誉 26 项，风险合规内控管理水平持续提升，业务结构持续优化调整，经营管理水平和服务质量明显提高，呈现出良好的发展势头。

持续加大金融对赣州市产业集群重点项目的服务支持力度。截至 2021 年年末，批复“1+5+N”产业客户综合授信 45 亿元，全口径信贷融资余额 26.73 亿元，实体企业客户全口径融资余额 44.60 亿元。

向总分行争取优惠政策和信贷专项额度，运用普惠贷等产品，引入江西省融担等风险分担机制，支持普惠小微企业。2021 年新增普惠贷款 1.75 亿元，大幅超额完成市普惠金改领导小组下达的指导任务数，完成率达 313%。该行践行“惠企利民”理念，严格落实总行政策，主动将监管要求对小微企业和个体工商户实施的优惠政策扩大至所有机构客户。

重点支持环保等绿色产业客户，提高经营机构发展绿色金融业务的积极性。截至 12 月末，绿色融资余额 33.13 亿元，较年初新增 1.84 亿元；绿色贷款余额 12.11 亿元，较年初新增 1.25 亿元。

（高超华）

【交通银行赣州分行】 2021 年交通银行赣州分行累计为赣州重点项目、企业提供各项资金 28 亿元（不含个贷）。截至 2021 年年末，各项贷款余额 129.12 亿元，较年初增长 10.3 亿元，增长 8.67%。其中，对公贷款余额 80.57 亿元，较年初增长 5.87 亿元；个贷余额 48.55 亿元，较年初增长 4.43 亿元。推进普惠业务发展，截至 2021 年年末，分行普惠“两增”贷款余额 8.31 亿元，较年初新增 1.29 亿元，完成全年计划的 129.06%；客户数达 673 户，较年初新增 103 户，完成全年计划的

137.33%，居全省第二。投入约百万资金，与步步高、万象、九方、渔湾里、奥特莱斯等热点商圈的150户商家合作，推出支持餐饮行业复苏让利优惠活动，推动消费扩容升级。

在授信客户数持续增长、贷款余额突破129亿元情况下，年末分行不良资产705.64万元，不良率0.55‰；逾期贷款1755.71万元，逾期率1.36‰。不良率及逾期率较上年均有上升，合规案防取得实绩。

（孙健平）

【江西赣州银座村镇银行】 2021年，江西赣州银座村镇银行坚持“中小企业的伙伴银行”市场定位，为小微企业、“三农”和个体工商户等群体提供“简单、方便、快捷”的优质金融服务。截至2021年年末，实现存款余额144.96亿元，较年初增长16.53亿元；贷款余额145.28亿元，较年初增长8.77亿元。从贷款结构上来看，贷款户数51646户，其中小微企业贷款余额108.79亿元，占比74.88%，小微企业贷款户数25113户，占比48.63%。其中100万元以下贷款户数49521户，占总贷款户数的95.88%，全行户均贷款28.13万元。累计缴纳税金9.63亿元，其中2021年缴纳税金1.31亿元。

发挥普惠金融服务特色，进村整村逐户建档，组织普惠金融专营客户经理深入村居，挨家挨户开展信用档案的建档工作，做到应建档尽建档。开展“扫码贷“业务，推广村民的预授信工作，建档后，对符合授信条件的村民根据其家庭净收入大小给予最高30万元的授信额度，并授予“普惠金融示范户”荣誉证书，证书上布设专属金融服务二维码，村民在家即可扫码获得贷款等金融服务，增加贷款的便利度。开展信用村、信用户、普惠金融示范村的评选活动，对信用村进行授牌、颁发奖金或折价成等价实物，对信用村村民颁发荣誉证书、优惠贷款利率、提升贷款额度和慰问贫困户等措施，营造村居良好的信用环境。截至2021年年末，该行开展村居普惠金融共完成标准建档43079户，授信7844户，授信额度11.54亿元。

以金融支持稳企业、保就业为着力点，为小微企业架起首贷、增贷、续贷、延期、减费、让利“六座桥”，组织专门营销人员队伍，深入企业一线，开展全员客户大拜访活动，所有员工、领导入园区、进厂区，主动问需于企、问技于企，传递政策温度，联系客户43318户，其中实地走访25343户。

针对脐橙复种，为农户量身打造“橙长贷”产品，脐橙种植贷款余额54264.49万元，惠及脐橙种植户3264户；针对小微企业生产技术改造，该行推出“畅易贷”贷款产品，累计发放96户，金额1.11亿元。量身定做“小微订单贷”产品，以最优惠的利率价格发放给有订单的小微客户，解决部分小微企业、加工型或贸易型客户的临时订单资金缺口，2021年累计发放订单贷2339户，金额16.6亿元。创制“商贸备货贷、家具智造贷、金兰易贷、机械易贷、光伏易贷、流水优惠贷”等6个新信贷产品，提升产品竞争力与行业开发深度，进一步实现金融产品的本土化，受到当地小微客户的广泛欢迎与认可。

支持小微企业、个体工商户主在新冠肺炎疫情过后的复工复产及生产经营，加大对政策的宣传，让客户了解延期还本政策，告知贷款到期有特殊困难的企业可与本行自主协商延期。对经办无还本续贷业务的客户经理和主管实行单户发放奖励政策，鼓励营销人员开展延期还本业务，解决企业贷款到期续贷压力与资金成本。下发《关于落实中国人民银行等五部委延期还本、信用贷款业务相关政策的通知》《关于加速推进延期还本和信用贷款两项业务发展的通知》等文件，研发“战疫接力贷”产品对接办理延期还本业务。所有符合准入条件的客户，遵循“应延尽延，应办尽办”原则，到期贷款统一执行无还本续贷操作。截至12月末，发放“无还本续贷”产品笔数7795笔，金额37.88亿元，占到期贷款的77.06%。

适应移动互联网时代的发展，推广“互联网+金融”服务模式，创建“一站、一分行、一平台、一中心”，构建小微金融服务智慧平台。客户经理人手一台移动智能终端iPad（苹果公司制造的平板电脑），即可实现客户开卡、网银、积分卡、征信、影像、报表和电子签约等，实行移动办贷和无纸化办公，将金融服务从支行固定窗口延伸到社区、村居及农村田间地头，真正做到“最多跑一次”和“一次都不用跑”的一站式金融服务，打通金融服务“最后一公里”。2021年，建设“生意圈”“生活圈”平台，借助物联

4月，江西赣州银座村镇银行客户经理到村居推广预授信工作

（江西赣州银座村镇银行供图）

网、大数据、人工智能等前沿技术，实现线上线下相结合的小微供应链金融作业模式。

（钟界会）

【九江银行股份有限公司赣州分行】 2021年，九江银行股份有限公司赣州分行表内外资产总额196.73亿元，较年初增长15.83%，其中各项贷款余额140.23亿元，较年初增长25.86%；表外投资信托、产业基金余额56.51亿元，较年初下降1.32%。全行吸收存款174.42亿元，较年初增长22.77%，存款增长主要系储蓄存款较年初增长24.15%。全行2021年累计实现营业净收入53732万元，增长7.58%，其中手续费及佣金净收入1775万元，增长61.82%，主要系积极拓展信用证、保函业务以及银团贷款业务产生手续费收入，全年实现净利润36.425万元，较上年同期增长5.34%。

“新三农”金融业务，截至2021年年末，“新三农”产业贷款余额为22.03亿元，较年初增长165.74%；普惠型涉农贷款余额14.41亿元，较年初增长157.78%；涉农贷款余额51.31亿元，较年初增长38.04%；乡村振兴领域贷款余额46.38亿元，较年初增长36.99%；发放普惠惠农卡、乡村振兴借记卡10.39万张，较年初增长104.53%。创新推出“橙香贷”“果农贷”业务，分行脐橙产业链业务涵盖种植农户、贸易商、脐橙分选加工设备制造等产业链条上各类客户群体，做到“金融+产业链”无缝隙信贷支持，累计投放约5亿元；响应《赣州市蔬菜产业发展规划》部署，支持赣州蔬菜产业发展，授信总额11.65亿元，涉及654户，涵盖服务周边农户100余户，带动农户就业超2000余人，助力农户在家门口实现就业增收。为深耕南康家具产业，成立以分行行长为组长的家具产业链工作推进小组，定制推出特色产品——南康木材贷，针对家具生产企业、家具消费群体累计发放贷款金额约1.92亿元。主动响应行内外普惠金融服务站设立的规划部署，持续推进服务站设立工作，截至2021年年末，完成普惠金融服务站设立49家，开展“金融知识送下乡”“普惠金融心贴心、银村联动助振兴”等现场互动活动150余场次，受众人数5000余人，发放宣传材料5000余份。

推行普惠信贷产品线上化，扩大线上业务客群范围。优化线上业务审批流程设计，提高业务办理效率，截至2021年年末，线上经营性小额贷款9.45亿元，惠及4481户农户及个体工商户小微企业主。强化与省农担、省融担、金盛源等政策性担保公司合作，推行“见贷即保”政策，拓宽融资渠道，推进业务落地，截至2021年年末，银担“总对总”担保业务规模14.75亿元，涵盖农户及小微企业1799户。拓宽融资渠道，积极推广“江西省小微客户融资服务平台”，截至2021年年末，共有3333户小微企业主通过小微融资平台获得信贷资金支持。

2021年新取得国库集中支付代理资格数量2个、新增预算单位零余额21个、财政业务代理市场份额达33.33%。投资类业务金额数量创新高，主承业务取得较大突破。截至2021年年末，在赣州地区投资债券类业务总金额达43亿元。轻资本业务不断发展，年内，累计完成银行承兑汇票签发308705.70万元、实现票据贴现671098.49万元，办理再贴现49171.13万元；实现贸易金融业务结算量25083.95万美元，贸易金融业务收入1322.04万元，2021年末分行外汇贷款及贸易融资余额为7132.61万美元。积极响应支持实体经济政策，减费让利优化业务结构，客户基础进一步夯实。2021年末制造业授信余额为28.20亿元，较上年末新增20.53亿元。通过为企业减免转账手续费、降低贷款利率等措施，提高中小微客户结算活跃度，增加对公客户流量。

零售业务始终坚持以服务小微客群为中心，持续稳定发展。截至2021年年末，零售客户数34.55万户，分行储蓄存款余额85.59亿元，较2020年末增长16.65亿元，增长24.15%。在零售储蓄业务结构上，活期储蓄存款余额15.7亿元，占比18.34%，较年初新增6.47亿元；定期储蓄存款余额69.89亿元，占比81.66%，较年初新增10.18亿元。零售贷款余额45.06亿元，较上年新增9.81亿元，其中个人按揭贷款27.40亿元，较上年新增1.24亿元；个人经营性贷款9.12亿元，较上年新增5.7亿元；个人消费贷款8.54亿元，较上年新增2.87亿元。零售条线两增两控贷款余额8.49亿元，较上年度新增5.18亿元。

2021年新增发行庐山卡8.7万张，累计发行庐山银联卡34.55万张；信用卡累计发卡6.51万张；累计代销实物贵金属158.65万元，代销基金产品0.93亿元；累计销售个人理财39.22亿元；理财存续余额18.3亿元；2021年末分行收单商户数15781户，其中有效收单商户13075户，较年初新增3481户。

贷款规模稳步增长的同时，将不良率控制在较低水平。截至12月末，各项贷款余额140.23亿元，较年初新增28.81亿元，增幅25.86%。全年处置不良3233.98万元，全年提起金融借款诉讼案件15起，不良贷款率为0.74%，较年初持平，维持在一个较低水平，资产质量稳中向好。

（赖昱君）

【北京银行赣州分行】 2021年年末，赣州分行各项存款余额47.80亿元，较年初增长3.47亿元，增长7.82%。各项贷款余额88.79亿元，较年初增长11.90亿元，增长15.48%。2021年赣州分行个贷规模较年初新增6.2亿元，保持较好的增长态势。个人普惠贷款较年初新增5000多万元，进一步优化个贷业务结构。

以“简化流程、提高效率、保持优势”为目标，完善简化小微企业信贷审批及放款流程。扩大普惠金融队伍，优先审批普惠小微业务，提升审批效率；贷款额度优先满足普惠小微企业放款需求。积极营销推广银税贷、文企贷、京采信易贷等特色金融产品，于9月28日正式推出首款对公全流程线上产品“普惠速贷”。主动对接赣州市重点项目和产业融资需求，大力支持稀土行业、家具行业、新能源汽车产业和青峰药业等代表性产业，2021年，赣州分行发放项目贷款9.67亿元。

支持赣州城投集团、赣州章贡区建投集团等重点集团的发债业务，2021年新投放人民币发债业务3.6亿元，发债业务余额达4.5亿元，是2020年末的5倍。参加产融签约活动。3月26日，江西省金融机构支持赣州市经济高质量发展产融对接会在赣州锦江国际酒店多功能厅举办，赣州分行与信丰县旅游投资开发有限公司签订2亿元项目融资贷款。参加2021年赣州市金融专家服务团助力重点产业发展系列专题活动，如“赣州市金融专家服务团助力信丰产业发展政策宣讲活动”、重点产业专题调研等活动。

（黄　雯）

【赣州银行】 2021年，赣州银行资产总额2423亿元，较年初增232亿元，增长10.6%；贷款余额1486亿元，较年初增267亿元，增长22%；存款余额1827亿元，较年初增61亿元，增长3.47%。全年实现营业净收入49.57亿元，增长22.34%；拨备前利润31.8亿元，增长15.73%。

启动新一轮战略规划编制工作，牢固树立“强合规、控风险、降成本”的思想，走普惠金融、绿色金融、小微金融、科技金融转型之路，实施“精品工程”，打造“精而美”的银行，对公贷款户均由3200万元降至2800万元，5000万元以上大额贷款余额由463亿元降至381亿元。聚焦市委市政府中心工作，将信贷资源优先保障全市“三大战略、八大行动”，服务重点产业客户300余户，支持重点项目200余个，全市重点领域授信余额突破800亿元。调整信贷投放结构，加快普惠、绿色、制造业贷款投放，三类贷款全年新增近140亿元，占全行新投放贷款比重接近50%。

主动融入普惠金改试验区建设，把握先行先试政策机遇，解放思想，创新打法，推动普惠金融增量扩面、提质增效、换挡提速。至2021年末，赣州银行普惠小微贷款比年初新增71.39亿元，增速达49.3%，普惠小微客户新增1.1万户，增速达62%，连续4年实现“两增”，连续3年取得40%以上的快速增长；小微企业无还本续贷占比、信用贷款占比和普惠小微贷款余额占比分别比年初提高2.01个、1.6个和3.56个百分点，业务结构不断优化。

科技自主能力得到提升。取得计算机软件著作权7项，核心、中间业务平台、统一渠道平台、智慧银行等系统部分功能实现行内技术人员自主设计与开发。制订“十四五”IT（信息技术）规划，新核心项目群建设稳步推进，顺利完成南康同城机房搬迁。应用落地赋能增强。完成江西铁航、瑞金砂石、房管局等18个对接第三方系统建设，工期缩短33%，如江西铁航对接项目提前上线为机构增加存款6亿元。对缴费通和POS收单进行整合，成功搭建龙南医院诊间支付、市住房公积金中心系统对接、自来水费批量扣收等场景建设，为机构业务拓展提供“样板”。

（张青山）

1月14日，赣州银行举办“感恩有你　共同成长”客户代表金融服务座谈会，40名客户代表受邀出席（市地方志研究室供图）

保险　证券

【中国人民财产保险股份有限公司赣州市分公司】 2021年，中国人保财险赣州市分公司实现保费收入27.81亿元，减少2.73亿元，下降8.94%，其中车险保费16.56亿元，农险保费3.26亿元，商业非车险保费3.18亿元，社保保费4.74亿元，累计提供各类风险保障3.13万亿元，支付各类直接赔款17.68亿元（不含未决），缴纳税款2.35亿元（其中代收代缴车船税1.7亿元）。提供各类风险保障3.13万亿元，处理各类赔案45.18万件，支付各类直接赔款17.68亿元，缴纳税款2.35亿元。

助力农业产业高质量发展。截至12月底，累计为全市156.28万种、养农户提供262.23亿元风险保障，已支付赔款1.54亿元（不含未决），增长26.1%，直接受益农户7.5万户次。探索开发宁都黄椒、会昌蔬菜、上犹茶叶、兴国灰鹅、石城山地鸡等小农户特色农业价格（收入）保险，累计承保面积达4.32万公顷（64.85万亩）/头，为246户小农户/农业合作社提供风险保障1.43亿元。开办中药材种植保险，截至12月底，在南康区、瑞金市、赣县区、石城县、大余县、定南县、兴国县、上犹县、信丰县等9个县（市、区）相继落地，品种涵盖茯苓、上苍子、黄精、白及、灵芝、白莲等多味中药材，为18217户中药材种植户提供2.81亿元风险保障，累计承保面积达1.04万公顷（15.58万亩）。为赣县区、章贡区、赣州经济技术开发区等10个县（市、区）的农业生产提供风险保障 3769 万元，为赣州农业救灾及灾后恢复生产探索出一条新的资金道路，弥补赣州市农业政策性巨灾保险的空白。联合瑞奇期货为定南县江西万丰养殖有限公司等 7 家生猪养殖企业的 4.6 万头生猪、13721.4 吨豆粕、玉米提供 1292 万元风险保障，这也是全省系统落地的首单生猪养殖饲料期货价格保险，有效规避饲料价格波动，进一步提升农业生产企业抗风险能力。承办全市 18 个县（市、区）困难人口疾病医疗补充保险、于都县 65 周岁以上老年人疾病商业补充保险、寻乌县暖心基金、石城县非贫困人口疾病医疗补充保险等政策性惠民保险工作，累计服务全市 335.89 万人次，支付赔款 3.32 亿元。

服务社会市域治理现代化建设。行业首创“乡村振兴保”和“社区安全保”双保计划，通过提供一揽子风险保障解决方案，为乡村振兴保驾护航，累计覆盖 100 万余村民及驻村干部；持续推进精准防贫责任保险，为全市 16 个县（市、区）的 37.85 万余户“两非户”提供风险保障 2726 亿元，累计赔付 2215.98 万元，惠及近 3000 人次。创新推出农民工工资支付履约保证保险，为全市 400 余家建筑施工企业累计提供风险保障 5.3 亿元，释放近 10 亿元农民工工资保证金，进一步减轻建筑企业资金压力。推进农房保险连续 2 年实现 18 个县（市、区）全覆盖，为全市 123.64 万户农户提供 476 亿元的自然灾害风险保障；承保覆盖全市大、中、小、幼学生的校园方责任保险及学意险，为全市 45 万余名学生提供意外风险保障 3025 亿元。创新开发环境污染责任保险，为崇义章源钨业等 20 余家企业提供风险保障 3755 万元；推动赣州市首笔“野生动物致害政府救助保险”落地定南，为定南辖区内遭受野生动物侵害的居民累计提供风险保障 800 万元。开发新能源汽车专属商业保险，为进一步落实中国银保监会《关于印发实施车险综合改革指导意见的通知》精神，积极响应新能源汽车销量迅速增长的市场趋势，12 月 27 日推出新能源汽车商业保险，服务于新能源汽车车主的专属产品。

服务实体经济稳健发展。创新推出首台（套）重大技术装备综合保险、重点新材料首批次应用综合保险，为江西孺子牛智能科技等 10 余家高新企业提供风险保障 5.57 亿元，助力解决高新企业“有材不好用，好材不敢用”、生产与应用脱节、创新产品推广应用困难等问题，服务国家创新驱动发展战略。为大型企业、重大工程项目提供各类风险保障，2021 年为章源钨业、赣州稀土、江西亚美达等大型企业，南康家具特色小镇、赣州国际陆港等重大工程项目累计承担风险保障责任金额 487 亿元。开展短期贸易出口信用保险，2021 年为 149 家小微出口企业提供风险保障、管理和咨询服务，累计支持赣州市出口金额 26.11 亿元。

服务普惠金融改革。高标准、高质量完成全市 41 家中心乡镇五级机构建设，完善农村服务网络，并推动农村普惠金融服务站建设，持续在乡村振兴、“三农”金融服务、“支农支小”融资等领域，服务和支持赣州打造全国普惠金融改革试验区样板。发挥桥梁纽带作用，推进“险资入虔”项目，向上级公司申请在“险资入虔”方面给予资金、政策倾斜，推进“保险+投资”融合发展，形成投资—保险联动机制。2021 年，人保资产与赣州发展投资控股集团有限公司就赣州高铁新区东广场及出租车蓄车场工程项目签订合同，投资金额达 8.8 亿元，进入筹资阶段。推动中国人保财险总公司普惠金融（保险）创新实验室落地赣州，围绕普惠金融保险产品，推动普惠金融政策落地，满足乡村振兴多样化金融需求，并为赣州市广大中小微企业及“双创”群体拓宽融资渠道、降低融资成本、提高融资效率，助力赣州普惠金融改革试验区建设。累计为赣州市 1637 名客户提供约 1842.6 万元的融资需求，其中中小微企业承保占比达 78%，将承保贷款投放到小微企业主群体中，提升小微企业融资能力，缓解小微企业融资难、融资贵问题；启动“虔吉惠”专属贷款保证保险产品，并向上级公司争取政策支持，提升贷款额度，放宽贷款条件，优先重点支持当地特色农业、家具和建筑建材行业、个体工商户及小微企业、红色旅游等领域，推动“农业保险+经营贷”综合金融服务升级。

（曾小锋）

【中国人寿保险股份有限公司赣州分公司】 2021 年，市系统实现总保费 25.53 亿元，在全系统整体呈负增长形势下，基本保持 2020 年同期水平。整体指标，还是大个险与多元板块，核心指标绝对数均为全省第一。首年期交、政策性健康险完成比例全省第二，标保、十年期及以上期交、短期险完成比例全省前五；营销渠道标保、首年期交、十年期及以上期交和团险渠道短期险完成比例进入全省前四；银保渠道标保、首年期交、5 年期及以上期交完成比例均全省第一，提前 4 个月以上完成目标。收展渠道标保、首年期交、十年期及以上期交完成比例全省排位均前移。公司主要考核指标贡献度均为全省第一。主要考核指标大部分贡献度都较 2020 年同期有所提升，其中大个险标保贡献度 18.28%，较 2020 年同期提高 1.42 个点，期交贡献度 19.34%，较 2020 年同期提高 1.43 个点，十年期贡献度 18.54%，较 2020 年同期提高 0.29 个点；银保渠道标保贡献度 26.58%，较 2020 年同期提高 5.52 个点；期交贡献度 22.9%，较 2020 年同期提高 4.39 个点；五年期贡献度 24.65%，较 2020 年同期提高 0.77 个点；团险渠道短险业务贡献度 19.8%，较 2020 年同期提高 3.45 个点，为全省各项业务发展贡献较大力量。截至 12 月底，公司新单期交对标主要竞争对手比值为 316.5%，较年初提升 45 个百分点；县域双领先单位由年初的 7 家增至 9 家，单领先单位 7 家。

根据监管部门和上级公司部署，开展人身保险市场乱象治理、重点风险专项排查、案件集中清理专项行动、“虚挂人力虚列费用”专项整治、“五虚”（虚假承保、虚假退保、虚挂保费、虚列费用、虚假理赔）和虚假数据问题专项整治、银行业保险业“内控合规管理建设年”活动、人身保险销售行为专项排查等12项排查整治工作，对5家单位开展专项风险现场检查，并针对发现的问题及时进行整改，对相应责任人均进行了严肃问责。积极配合省公司完成中介渠道业务、消费者权益保护、后续审计等11个审计项目，根据审计报告，督促相关条线和单位做好问题整改工作和问责处理。严格执行监管要求，处理反洗钱信息管理系统异常交易数据571笔，处理智能可疑交易数据248笔。组织风控联系人培训，开展风险排查及现场审计，对发现的问题，立即开展整改。严格落实柜面“六做好、一建立”工作要求，做到“防非”宣传教育全覆盖，及时对关键岗位人员进行异常行为评估。

坚持“保本微利”，积极参与赣州大病保险承保，协助政府为赣州8个县（市）277万名城乡民众筑牢“四道医疗保障线”。2021年赔付6.41万人次，累计赔款2.04亿元，还赔付贫困人口疾病医疗补充保险3366人次，累计赔款713.52万元，有效防止“因病致贫、因病返贫”。2021年为近100万人次在校学生提供约500亿元的风险保障，提供理赔服务3.86万人次，理赔金额1.84亿元。

（刘思琪）

【中国太平洋人寿保险股份有限公司赣州中心支公司】 2021年，中国太平洋人寿保险股份有限公司赣州中心支公司完成保费收入11.17亿元，增长4.3%。其中：普通寿险保费收入6.34亿元，分红产品保费收入4.2亿元，健康险保费收入0.33亿元，意外险保费收入0.3亿元。

公司秉承“客户至上”的理赔理念。按照集团公司转型2.0和“数字太保”战略部署，围绕寿险公司“智能营运”整体规划，以理赔服务打造公司诚信品牌，助力公司转型发展，2018年上线的“太e赔”项目通过神行太保、太平洋寿险APP、新理赔系统等技术平台，再造理赔作业模式、流程和系统，打造自助化、智能化、无纸化的太保e理赔服务体系，改善客户体验。疫情期间加大线上化产品的创新力度，为客户和业务员提供咨询，加快理赔。通过太平洋寿险APP，简化理赔流程，提高理赔效率，发挥保险“经济补偿和社服风险管理”职能，做到“用心承诺，用爱负责”。公司作为第一批推选自保件“双录”试点单位，对辖内大个险业务员自保件、60岁（含）以上投保人购买个人长期险“双录”保单件以及银行兼业代理机构销售长期险“双录”保单件进行100%质检。

响应集团提出的“风控能力最强、客户体验最佳、业务品质最优，成为保险行业健康发展的引领者”的“三最一引领”（“客户体验最佳、业务质量最优、风控能力最强”的“行业健康稳定发展引领者”）发展愿景，从上至下启动转型2.0的战役。改革转型主要内容涉及风控一体化、产品升级改造、系统优化、业务品质管理、人才队伍建设等多个方面。全力打造以年金险、健康险、意外险、普通寿险为组成的产品体系，其中年金险、健康险占有较为重要的地位。年金险可满足客户在养老等方面的需求，具有长期储蓄性的特点，是公司专注保险主业的一个表现形式。健康险成为产品体系中的重要支柱，产品种类较为丰富，有符合不同年龄段的健康险、也有针对少儿市场的健康险，有低件均的健康险、也有较为高端的健康险。为此，通过转型发展，公司形成年金险和健康险较为完整的推动规划。同时根据集团转型2.0的要求，公司积极调整产品销售策略，回归以保障类产品为核心的保险产品组合销售。通过转型，产品结构得到有效的优化，切实履行“保险姓保”的核心要义。

（吴晨洁）

【中国人寿财产保险股份有限公司赣州市中心支公司】 2021年，中国人寿财产保险股份有限公司赣州市中心支公司实现保费收入48339.33万元，增长3.34%，达成省分公司下达全年预算目标51590万元的93.70%，达成调整后的底线目标4.8亿元。车险保费收入28455.76万元，负增长16.93%；非车险保费收入19883.57万元，非车占比41.13%。其中非农非车险保费收入12181.96万元，增长55.77%；农险保费收入7701.61万元，增长63.84%。全市财险行业实现保费收入51.86亿元，负增长5.21个百分点。车险方面，行业累计实现保费收入32.46亿元，负增长14.70个百分点。新车累计实现5.35亿元，负增长14.13个百分点。业务增速虽高于赣州财险行业平均水平8.55个百分点，但车险业务增

11月2日，中国人寿财产保险股份有限公司人员对油茶进行验标（杨琳摄）

速低于行业平均水平 2.23 个百分点。家用车方面，业务增速低于行业 8.45 个百分点，总量较“太保”少 5492.23 万元，其中新车业务总量在行业排第五（与排名第四的“大地”相差 772.51 万元）。非车险方面，业务增速高于行业平均水平 42.87 个百分点，公司非车业务总量排名第二，低于“人保”，增速排名第二，低于“太保”。公司市场份额占比 9.31%，提升 0.73 个百分点，成为市场份额排名第三的主体（份额高于“太保”0.07 个百分点）。

非车险方面，做好保证保险。强化攻关，重点突破农民工工资履约保证保险业务，实现全市农民工保险全覆盖，截至 12 月底，农民工工资履约保证保险累计实现保费收入 1666.48 万元，增长 335.4%，该险种占非农非车险的比重达 13.68%。做优工程险。坚持效益原则，摒弃承保桥梁隧道占比高的工程项目的建工险、意外险，有选择地承保公路改扩建项目、房屋建工险等业务，确保经营效益。做精财产险，特别是针对南康家具厂的财产险业务，严格甄别业务风险，一单一议，确保业务品质得到有效管控。全面推动责任险领域的业务拓展并实现突破性进展。抓住新安全生产法实施机遇，积极与寿险公司合作，将寿险公司拓展的建工团意险转化成建工安责险。借力农民工工资履约保证保险的拓展成果，深挖重点客户的市场潜力，争取为其提供一揽子的金融服务方案。其中安责险实现保费收入 994.2 万元、食责险 27.05 万元、电梯安全责任险 39.17 万元、诉讼保全责任险 25.7 万元。推动落实医责险续保及宁都县、瑞金市、于都县防贫保业务的续保工作，截至 12 月底，医责险实现保费收入 1396.3 万元，防贫保实现保费收入 853.85 万元。

针对新型险种，重点突破燃气公司燃气意外险和家财险、不动产登记责任保险、首台套责任保险、环污险、小额贷款保证保险等业务，加大手术意外险、超赔险等业务的拓展力度。其中，不动产登记责任保险实现保费 3.3 万元、首台套业务实现保费 28.65 万元、环污险 25.33 万元。

（吉玉琴）

【恒邦财产保险股份有限公司赣州中心支公司】 2021 年，恒邦财产保险股份有限公司赣州中心支公司累计实现保费收入 10290.63 万元，增长 59.19%，增长 3822.75 万元，保费增速超行业 65.56 个百分点，其中车险实现保费收入 3964.5 万元，非车险实现保费收入 1486.32 万元，农险实现保费收入 4839.81 万元。全年保费收入超年度预算 14.24%，增长 1281.21 万元。2021 年，公司全险种综合成本率为 95.24%，较上年下降 1.21 个百分点，盈利 309 万元。

稳定车险业务。积极适应市场的发展与变化，加强传统渠道业务拓展力度，一季度末保费收入 1304.21 万元，增长 12.26%，上半年累计实现保费收入 2749.71 万元，增长 15.3%。持续推进非车险业务发展。2021 年，非车险总保费收入 1486.32 万元。学平险为主要险种，实现保费收入 954.7 万元，校责险 81.33 万元，2020 年小险种有所突破，实现保费收入 76.2 万元，增长 61.68%。

发挥保险职能。2021 年理赔管理部重点围绕“降赔增效”全面加强理赔管理工作，提升管理效率和服务效能。全年清理往年遗留案件 899 件，赔付金额 1469.88 万元，占 2021 年总赔付金额的 38.99%，车险报案结案周期 31.22 天，较上年下降 4.25 天。持续严控理赔风险，防止“跑、冒、滴、漏”，截至 12 月 31 日，打假、降责、降残减损金额 425.53 万元，上升 87.68%。

（袁佳欣）

【长江证券股份有限公司赣州五指峰路证券营业部】 长江证券股份有限公司赣州五指峰路证券营业部（简称长江证券营业部）由营销服务体系和营运保障体系组成。营销服务体系负责营销团队建设，组织实施市场营销、产品销售、客户开发与服务工作。营运保障体系负责业务受理、基础服务、人力资源、行政办公和后勤保障等营运支持工作，以及合规检查和督导等事项。2021 年营业部客户数为 10798 户，客户资产 2.0 亿元，交易量 69.81 亿元，营业部收入 253 万元。2021 年，营业部坚持以客户为导向，寻找新机遇，融合新理念，拓展新业务，发掘新渠道，为政府、企业、个人提供全面且满足客户不同发展阶段需求的投融资服务。持续为赣州辖区内各级政府、平台提供债券融资服务，全面提升长江证券在辖区内品牌影响力和收获良好的社会口碑。参与推进大中小微企业走进资本市

5 月，长江证券营业部投教团队走进赣南师范大学科技学院和体育学院，宣讲“股东来了”专项投教活动　　　（长江证券营业部供图）

场，为大中小企业宣讲资本市场最新政策，鼓励更多优秀企业登陆资本市场，通过资本市场的价值发现功能助力中国经济腾飞。联合各地金融办走访优秀企业，通过与各级企业的深入沟通交流，在企业的战略发展、资源整合、市场需求、财务规范等方面出谋划策，为广大企业提供全生命周期的综合金融服务。

（刘凌飞）

【兴业证券股份有限公司赣州分公司】 2021年，兴业证券股份有限公司赣州分公司。累计实现营业净收入358.28万元，增长65.82%；累计实现净利润48万元，增长274.8%。营业净收入中，财富管理业务354.48万元，机构业务3.80万元。

与上海分公司协同的赣州蓉江新区基础设施建设投资管理有限公司发债业务已经完成；与上海分公司协同的XX公司发债业务，年底已通过备案；赣州XX公司财务顾问项目签约，IPO（首次公开募股）业务加紧对接中。

6月29日变更许可证营业场所，完成许可证变更及监管报备各项工作，7月31日搬迁至新址。开展反洗钱2020年年报、自评估，同时开展反洗钱、适当性、合规经营、从业人员执业行为等自查工作，通过新反洗钱管理系统开展客户身份识别工作，落实反洗钱管理要求。自查中未发现重大问题，及时高效地完成了各项自查工作。

结合金融知识宣传月、防范非法集资、投资者保护宣传日等活动，制定活动具体实施方案，确保各分支机构辖内员工全员参与，力争扩大受众范围和数量，利用新媒体平台等网络途径及其他渠道，灵活运用宣传材料，以多种形式宣传，通过线上、线下相结合，共计开展投教活动20余场。

（张雪梅）

【民生证券股份有限公司赣州分公司】 2021年，民生证券股份有限公司赣州分公司总资产2724.08万元，交易性资产2723.27万元，累计新增资产83.42万元。融资融券余额37.34万元，余额市场占比0.0002‰，累计签约总户数2户，客户总授信额度331万元，当年息费收入9.29万元，信用交易佣金收入0.11万元，年累计信用综合收入9.41万元。

按照"经纪业务、分支机构合规检查要点指引"完成"要点指引"26项检查及"计划表"9项检查。每月开展合规培训，培训内容包含"自律规范检查中的合规风险点""证券分支机构、投资咨询机构违法违规案例的情况通报""证券期货分支机构日常监管问题通报""合规意见书""廉洁从业管理工作手册"等，累计培训33次。不定期检查员工及账户开立情况，分公司外网电脑IP（网络之间互联的协议）、MAC（媒体存取控制）变更，以及员工手机号码使用情况。与监管部门的沟通，收到监管部门的工作通知文件22份，均已按要求完成并及时反馈。

债融协同业务：兴国城投工业项目收益专项公司债15亿元，取得批文，4月20日完成第一期7亿元发行，第二期8亿元发行中。分公司协同收入92.03万元，已备案，在决算流程中。株洲高科非公开发行公司债15亿元，完成二期发行，分公司协同收入36.82万元，已备案，在决算流程中。江西章江源旅游发展公司绿色债2.3亿元，已取得批文。赣州发展投资集团非公开发行公司债30亿元，报融资方案，协助发行人梳理集团资产，剥离不实资产。赣州蓉江新区建设投资公司非公开发行公司债20亿元，已报融资方案。投行协同业务：与赣州力道新能源有限公司签订《资本市场运作总体服务协议》，于9月30日，帮助企业完成A轮融资1.4亿元。

（傅景奇）

【中航证券有限公司赣州红旗大道证券营业部】 2021年，中航证券有限公司赣州红旗大道证券营业部（简称中航证券）以服务地方经济发展为中心，强力推进赣州地区发债和企业上市等业务发展。7月以中航证券作为主承销商的公司债"信丰高新区投资开发有限公司非公开发行项目收益专项公司债券"成功簿记发行，发行规模为5.0亿元，票面利率为6.5%，为AA-主体发行的3+2期限私募债。8月以中航证券作为主承销商的"定南城建投资集团有限公司非公开发行绿色项目收益专项公司债券"（第一期）成功簿记发行，发行总规模为4亿元，票面利率为6.8%，为主体评级AA-发行的3+2+2期限私募债。11月以中航证券作为主承销商的"定南城建投资集团有限公司非公开发行绿色项目收益专项公司债券"（第二期）成功簿记发行，发行总规模为4亿元，票面利率为7.0%，为主体评级AA-发行的3+2+2期限私募债。

积极开展形式多样的投资者教育活动。3月，在章贡区南门口东园开展"3·15"保护投资者合法权益，我们在行动的主题宣传。5月，在社区开展"5·15"全国投资者保护月宣传活动。7月，在客户和员工中开展以"建设平安社区，构建和谐社会"为主题的宣传。9月和10月，在社区和营业部开展为期1个多月的"2021年世界投资者周活动"。12月，以现场客户为重点的"12·4"国家宪法日宣传活动。举办"2021年北交所投教"活动，"2021年股东来了"网络竞答大赛，以及公募RAILS、期权等丰富多样的线上线下投教活动。

（冯麒谕）

本栏编辑：朱俐华

经济贸易

综　述

【概况】　2021年，全市实际利用外资23.5亿美元，增长8.6%，增幅列全省第一。实际利用省外2000万元以上项目资金1093.58亿元，增长9.53%，增幅列全省第一。进出口总值737.39亿元，增长46.6%。其中，出口576.47亿元，增长37.1%；进口160.92亿元，增长94.9%。资金进出口和进口增幅均列全省第一位，出口增幅列全省第二位。实际利用外资增幅、实际利用省外资金增幅均列全省第一位，外贸出口增幅列全省第二位，4个商务经济主要指标增幅全部挺进全省前三位，创历史最好成绩。

【利用省外和国外资金】　2021年，全市开工纳入统计省外2000万元以上项目414个，增长5.34%；合同资金1116.57亿元，增长5.11%；实际利用省外2000万元以上项目资金1093.58亿元，增长9.53%，增幅列全省第一位，高于全省0.5个百分点。全年全市现汇进资3.7亿美元，超过2020年现汇总量7593万美元，创历史新高，居全省第二，增长25.83%，高于2020年44.2个百分点。合同外资大幅增长，新批外资项目73个，增长14.06%；新批（含增资）合同外资额19.73亿美元，增长44.79%。湾区利用外资比重大，新批大湾区外资项目57家，合同外资18.28亿美元，实际利用外资20.52亿美元，分别占全市比重的78%、93%、87%。

【口岸平台】　深化与深圳盐田港合作，正式开通运营“赣深组合港”，在全国首创“跨省、跨关区、跨陆海港”通关新模式。启动黄金机场T1航站楼二期改造工程建设，赣州国际陆港多式联运示范工程通过交通运输部验收，铁海联运和中欧班列发展基础设施更加完善。赣州综保区在2020年全国综保区发展绩效评估中前进10位，迈入全国综保区B类方阵。赣州综保区调整至赣州国际陆港获国家正式批复。赣州国际陆港获批平行车进口试点，2020年以来进口采购平行车超1600辆。赣州综保区建成RCEP东盟产业园，全年实现一线进出口总额120.27亿元，增长280%。龙南保税物流中心在全省率先实现跨境电商“9610”陆路出口转关首单业务，跨境电商进口交易额和单量超2020年5倍以上；全年实现一线进出口2.17亿元，增长203%。

招商引资

【概况】　2021年，全市签约项目397个，增长7.88%；签约金额3158.97亿元，增长6.01%。全年各县（市、区）主要领导外出招商324次，县（市、区）其他领导和部门领导外出招商3972次，全市共举办招商活动160场次。到赣州市考察、洽谈项目的客商58批次500余人。通过强化产业招商，引进一批投资体量大、带动能力强的商贸产业项目。上报“5020”（国家级开发区每年至少引进一个50亿元的产业项目，省级开发区每年至少引进一个20亿元的产业项目）项目23个，投资总额758.25亿元，完成投资额187.54亿元，完成投资率24.73%，其中“50”项目7个，“20”项目16个。

【招大引强】　全市引进10亿元以上项目96个，50亿元以上项目16个，百亿元以上（含2亿美元以上）项目5个。重点引进广东道氏、中国科学院、吉利科技集团、天能控股、大自然家居（中国）、深圳市吉祥达、安徽海螺水泥、北京居然之家、江苏立华牧业、天奇自动化等上市、国内500强、行业500强企业在赣州市投资项目。全市新签约工业项目351个，签约金额1967.41亿元，占比分别为88.41%、85.79%。“1+5+N”主导产业项目212个，签约金额1315.68亿元，分别占工业项目的67.30%、66.87%。其中，电子信息和纺织服装项目140个，签约金额826.88亿元，分别占主导产业项目的66.04%、62.85%。

【对接融入粤港澳大湾区】　对接融入粤港澳大湾区加速推进，常态化开展“粤企入赣”系列活动，各地各部门主动前往粤港澳大湾区对接百强企业和行业龙头企业，成功对接华为、中国振烨集团、富士康集团等知名企业。全市共引进大湾区项目242个，占比60.96%；签约金额1621.94亿元，占比51.34%。仅2021年江西省对接粤港澳大湾区经贸合作活动期间，签约项目 42 个，投资总额 629.1 亿元。

【推进重大招商项目落地】 全面落实“5020”重大招商引资项目“五个一”推进机制，稳步推进市领导挂点联系重大项目。举办或参加省、市重大招商推介活动 14 场次，签约项目 120 个，签约金额 1742.83 亿元。已注册 113 个，注册率 94.17%；完成投资 558.88 亿元，完成投资率 32.07%；已开工 113 个，开工率 94.17%；已投产 70 个，投产率 58.33%。

【项目引进】 中心确定“1+1+1+N”（办好 1 个网站，办好 1 份简报，组建 1 支招商队伍，办好 N 个展会）工作思路，积极调研纺织鞋帽、电子信息、新能源汽车等产业发展现状，了解产业链发展的瓶颈和薄弱环节，及时调整产业招商政策。接待客商 50 余批次，洽谈江西金誉智能制造产业园、住建云（赣州）建筑机器人产业园、网易创新中心、陕西建工集团智能装配等重大项目。

【赣州市举办第三届世界赣商大会】 12 月 5—7 日，第三届世界赣商大会在赣州举办，组织开展第三届世界赣商大会主题活动及 6 场专题活动（宜春锂电产业对接会、赣江新区中医药产业对接会暨大型中医药文化纪录片《道地寻踪》开机仪式、第二届会展赣军合作发展研讨会、第三届世界赣商大会“战友”座谈会、江西绿色食品产业对接会、校友与园区招商对接会），包括省委、省政府主要领导和其他有关省领导以及 800 余名客商在内的 2000 余名嘉宾参加。

12 月 7 日，第三届世界赣商大会赣商赣才故里行活动在赣州市举办，赣商赣才们分别到瑞金市、于都县、龙南市、信丰县、赣州经济技术开发区和南康区等地，考察市红色旅游、电子信息、新能源汽车和现代家居产业。按瑞金市—于都县、龙南市—信丰县、赣州经济技术开发区—南康区 3 条路线，体验赣南脐橙采摘活动。活动期间，全市各地各部门对接全国 35 个江西商会及其会员企业，精准对接香港东英金融集团北京分公司、南南合作金融中心、中润达集团、中国中车永济电机有限公司、香港凯迪斯科技有限公司、青岛昊宇重工有限公司等知名企业。筛选并邀请珠海格力电器股份有限公司董事长兼总裁董明珠、深圳同兴达科技股份有限公司董事长万锋等 27 名重要嘉宾在大会发言。大会共签约项目 135 个（其中赣州市 26 个），签约金额 2003.75 亿元（其中赣州市 375.3 亿元）；集中签约项目 30 个（其中赣州市 7 个），签约金额 747.6 亿元（其中赣州市 161 亿元）。大会还表彰 50 名 2019—2020 年回乡投资优秀赣商（其中赣州市 9 名）。邀请鸿利智汇集团股份有限公司名誉董事长、2019 年国家科技进步一等奖获得者李国平、武汉大学教授李红良等 20 名知名专家、学者与企业家、一批专家学者，从不同的视角开展研讨交流与专题对话。

12 月 6 日，分别召开 6 场专题活动。在第三届世界赣商大会“战友”企业家座谈会上，50 余名“战友”企业家参会，企业家们谈创业经历和投资收获，为江西经济发展共谋良策。在宜春市赣州举办锂电产业对接会上，宜春市集中签约“5020”项目 8 个。在赣州重点产业招商推介会上，市委副书记、市长许南吉向出席大会的赣商赣才推介赣州重点产业，让投资者在赣州专心创业、放心投资、安心发展。在江西绿色食品产业对接会暨赣州市现代农业产业招商推介会上，现场签约项目 18 个，总投资 55.5 亿元。在第二届会展赣军合作发展研讨会会上，与会专家、学者、企业家分别以“数实融合，产业推动会展提质升级”“江西会展业发展的新理念、新定位与新格局”“深度融合粤港澳大湾区，推动江西会展业高质量发展”“产业节庆——产业振兴新动能”为主题作研讨交流，激发广大“会展赣军”回乡投资、办展的热情。在赣江新区中医药产业对接会暨大型中医药文化纪录片《道地寻踪》开机仪式上，全国的企业家、专家及嘉宾共 100 余人参加，中医药科创城、经开（临空）组团、永修组团、共青组团作推介发言，通过展示推介、合作交流、纪录片拍摄等形式，搭建中医药发展与产业招商平台，助推江西中医药产业高质量发展。

【招商服务】 规范外商投资企业事中事后监管，营造公平的竞争发展环境，对 2021 年外国投资者或外商投资企业履行信息报告义务的监督检查工作，开展对上年度外资企业年度报告公示信息事项抽查工作，规范企业事中事后监管，提升外商

12 月 7 日，参加第三届世界赣商大会的赣商考察参观赣州经开区恒科产业园 （市投资促进中心供图）

在全市投资信心。鼓励在赣州市经济建设、社会发展和对外交流与合作等方面作出突出贡献的华侨、港澳台同胞、外国友人和市外境内人士，完成“赣州市荣誉市民”的评选工作，4月13日市人大常委会授给予董明珠等10人“赣州市荣誉市民”称号。参与商务部外资司、商务部亚洲司、商务部驻上海特派员办事处、中国欧洲经济技术合作协会、日本贸易振兴机构北京事务所、香港特区政府驻武汉经贸办事处、韩国LG化学大中华区总部、香港永通集团、香港国锐集团、朗盛投资、南南合作金融中心、上海晶华胶粘新材料、达闼科技、梅花创投等在赣州市考察调研的接待工作。

【信息服务】 市投资促进中心设计编印《赣州投资促进工作简报》，实现招商引资信息常态化发布和共享。收集整理发布市、县和国家级经济技术开发区及市直（驻点）招商小分队投资促进工作等信息300余条，为全市投资促进工作提供重要信息支撑和决策参考，并通过简报及时发现和总结项目“赛马比武”好经验、好做法、好成效，营造大招商、招大商的浓厚氛围。

【会展工作】 全市围绕主导集群产业，举办中国（赣州）家具产业博览会，现场集中签约项目13个总投资额375亿元。举办中国（赣州）纺织服装产业博览会，现场签约项目20个总投资129.1亿元。举办赣南脐橙博览会等展会，参与组织第三届世界赣商大会，签约135个项目，金额2003.75亿元。其中，30个项目现场签约，金额747.6亿元。研究制定《关于进一步促进赣州市会展业高质量发展的实施意见》，推动成立赣州市会展行业协会。

（何　艳）

对外及对港澳台贸易

【概况】 2021年，一般贸易进出口557.8亿元，增长37.8%。其中出口454.8亿元，增长29%；进口103亿元，增长97.6%。同期，加工贸易进出口101.1亿元，增长17.7%，其中出口71.8亿元，增长16.9%；进口29.3亿元，增长19.5%。全市对外直接投资和对外承包工程规模均实现稳定增长，对外直接投资和对外承包工程总额为533.91万美元、4897万美元，分别增长43.34%和19.24%。

【重点外贸企业出口】 支持重点外贸企业扩大进出口规模，建立重点外贸企业三级帮扶制度及跟踪服务台账，定期赴重点出口企业调研，为企业解决难点问题。全年进出口超10亿元企业达到8家、进出口超5亿元企业达到20家，龙头企业对全市外贸发展的引领带动作用明显。全市主导产业出口大幅增长，1—12月，机电产品出口276.77亿元，增长47.09%；高新技术产品出口133.14亿元，增长112.25%；家具出口63.38亿元，增长19.33%；服装及衣着附件出口45.99亿元，增长45.98%。

【外贸新业态】 龙南市国家外贸转型升级基地（电子信息）成功获批，赣州市国家外贸转型升级基地（家具）老基地通过考核，全市拥有4个国家外贸转型升级基地。跨境电商生态不断健全，线上线下综合服务平台不断完善，全市建设跨境电商园区5个，实现“1210”“9610”“9710”“9810”跨境电商全业态开通，在全省率先开展跨境电商+中欧班列B2B业务试点，赣州跨境电商综试区与匈牙利中欧商贸物流园区“双区联动”项目运行顺畅，建设赣州国际陆港公共海外仓。全年赣州累计实现“1210”进口、“9610”出口81万票，订单量是2020年的8.1倍。赣州港跨境电商班列累计出口2598标箱，货物超3000万票（件），贸易额近12亿元；一批生产型企业探索通过跨境电商B2B新模式出口，全市累计实现“9710”“9810”出口近93.43亿元。

【外贸平台】 赣州国际陆港开通19条中欧（亚）班列、5条铁海联运“三同”（同港同价同效率）班列、26条内贸班列线路，实现与50多个国家和地区进出口货物互联互通，赣州综保区、龙南保税物流中心（B型）等海关特殊监管区域发展加快，黄金机场航空口岸获批临时开放，全国加工贸易承接转移示范地、中国跨境电子商务综合试验区等国家级试点示范平台成效逐步显现，全市外贸开放平台体系更加健全。全年赣州国际陆港依托进口木材、肉类、汽车整车指定口岸、跨境电商监管场站等平台优势，开行中欧（亚）班列277列，“三同”铁海联运班列尽管受上半年广东方向疫情、平湖南站维修导致班列无法进港等因素影响，依然发行1589列。

【惠企帮扶活动】 建立年出口5亿元以上重点外贸企业跟踪服务台账，举办30余场外贸政策宣讲及外贸和跨境电商等业务知识培训班，400余家外贸企业参加培训。加快外贸资金审核及拨付效率，严格资金管理，增加对失信企业不纳入扶持等条款，全年共拨付外贸扶持资金5428.12万元。

对外及对港澳台经济合作

【概况】 全年全市实际利用外资及港澳台23.5亿美元，增长8.55%，增速高于全省0.5个百分点，绝对值和增幅分别列全省第三位和第一位。全市新批外资及港澳台企业73家，增长14.06%，合同外资（含增资）19.73亿美元，增长44.79%。

【利用外资及港澳台资金】 承接粤港澳大湾区外资产业转移力度不断加大，推动项目落地成效。新引进投资1000万美元以上项目22家，增长83.33%，其中亿美元以上重大项目10家，增长400%，引进全省最大的工业外资项目总投资4.5亿美元的锐晶科技功率芯片制造项目。引导高技术企业进资10.98亿美元，占全市比重46.7%。支持外资企业上市、利润再投资。实现九丰能源公司在上海证券交易所主板成功上市。联茂电子、华教教育、技研新阳等重大外资企业增资扩产，实现利润再投资达4000万美元。组织参加2021江西（东莞）对台招商活动、2021江西省与跨国公司（上海）交流会、2021世界VR产业大会云峰会、第三届世界赣商大会及2021年江西省对接粤港澳大湾区经贸合作活动等省、市重大招商活动，澳门南光、圆通国际、香港金锋、台湾广仑等一批高质量重大项目签约落户。

【外资保障】 全面推进落实外商投资法及其实施条例，对与外商投资法不符的法规、规章和规范性文件开展专项清理工作。组织各县（市、区）全面梳理、排查708份相关文件，确保外商投资法的有效实施。加大稳外资政策支持力度，加快兑现赣州市“稳外资”奖励政策，为2020年度符合条件的37家外资企业，申请现汇进资奖励资金，奖励资金由市财政和受益财政各分担50%，上半年市财政拨付302.5万元，有力支持全市外资企业发展。宣传“稳外资”相关政策。通过编印发放《“稳外资”政策宣传册》，举办2021年外资培训班，邀请省商务厅、市金融办业务专家授课等方式推动国家、省、市“稳外资”政策直通企业，提升全市招商人员服务企业的水平。

【对外经济技术合作】 稳步推进对外经济技术合作，克服疫情影响，在做好“走出去”企业人员疫情防控及境外人员安全跟踪服务的同时，推动对外投资和对外承包工程实现的“零的突破”，赣州虔东稀土有限公司在泰国设立的稀土金属生产企业运营良好，全年新增投资300万美元；赣州腾远钴业有限公司在刚果（金）建设钴铜矿湿法冶炼厂（二期）项目收官，全年承包工程额1000万美元。

（林玉珍）

赣州国际陆港

【概况】 2021年，赣州国际陆港主动融入“一带一路”建设，强化港口辐射和集聚能力，为赣州国际陆港高质量发展、高水平开放增加新动力。货物吞吐量上新台阶。通过提升运营服务、优化班列线路、争取运价下浮等“组合拳”，港口集聚效应日趋明显。全年开行内贸班列1490列，增长34.3%，铁路集装箱吞吐量达到16.9万标箱，增长13.9%，实现赣州国际陆港在国际贸易中“起运港”功能，开辟出一条中国中部陆海新通道。

港口影响力得到大提升。与匈牙利中欧商贸物流合作园区成功签署“双区联动”合作协议，并列入中国—中东欧国家领导人峰会成果清单，上升为国家战略。“赣州—布达佩斯”跨境电商班列常态化开行，开展“9610”（跨境贸易电子商务）、“9710”（跨境电子商务企业对企业直接出口）、“9810”（跨境电子商务出口海外仓），服务跨境电商卖家510余家，吸引华为、京东、格力等大客户选择这一跨境物流通道，为中欧班列的可持续发展做出突破性的尝试。

【市场化运营】 市场化运营取得大突破，为服务和发展好本地进出口企业，打造跨境贸易选品中心和进口商品，进口商品汇集80多个国家地区，涵盖100多个品牌，利用大数据选品，挖掘赣州市适合跨境贸易的优势产品，打造跨境贸易选品中心，为外商、贸易企业、跨境电商企业提供一个选品平台。举办中国（赣州）跨境电子商务发展峰会，创新采取“线下峰会+线上选品”的模式，成为在新时代立足新发展格局、发展外贸新业态的一大重要尝试。借助“双区联动”，跨境电商货物在赣州国际陆港集聚，高质量发展趋势明显，相对于其他地方需要3年以上才能实现市场化不同，到第四季度，以赣州—布达佩斯出口班列为代表的中欧班列出口初步实现市场化，为中欧班列的可持续发展做出突破性的尝试。

【与大湾区合作】 赣州国际陆港主动与粤港澳大湾区国际大港开展合作，进一步加快融入粤港澳大湾区。创新设立组合港。4月，赣深组合港正式开通运营，通过与海关、铁路等部门对接协商，实现常态化操作，使赣州国际陆港拥有海港功能，真正实现同港、同价、同效率，有效推动陆海港一体化融合发展。启动建设深赣港产城特别合作区。形成《深赣港产城特别合作示范区概念规划》《深赣科创城概念性规划》等成果，明确深赣港产城特别合作区项目清单。根据项目协议，启动深赣科创城、临港经济区和合作区（一期）项目建设，助力革命老区对接融入粤港澳大湾区。“一带一路”多式联运示范工程成功验收。2021年

大量新车整车停靠在赣州国际陆港（2021年，赣州国际陆港供图）

11月，赣州国际陆港被授予“国家多式联运示范工程”称号，赣州国际陆港“一带一路”多式联运示范工程位列其中，标志赣州国际陆港“一带一路”多式联运示范工程成功通过国家级验收。设立国际汽车小镇运营管理有限公司，启动国际汽车展示中心项目。根据赣深“港产城”特别合作区规划，围绕“因港而立、依港而兴”的策略方针，以整车进口口岸为平台，把赣南汽车城打造成全国知名国际汽车小镇。

【赣州国际木材集散中心】 强化国际木材集散功能。赣州国际木材集散中心自投入使用以来，实现28家国内一手进口木材贸易商入驻国际木材集散中心，25家物流、船代、货代、报关公司等服务机构和4家供应链金融公司同步入驻开展业务，为国际木材市场深度合作注入强大动力。举办首届国际进口木材贸易博览会暨第二届中国家具进口木材博览会，被授予“国际进口木材贸易博览会永久举办地”，举办2021年南康家具秋季订货会（木材集散中心分会场），取得家具木材进口累计签约4.5亿元，投放2亿元，存量余额1亿元的可喜成绩。

【汽车整车进口口岸】 提升汽车进口与供应链服务。全年累计开具国际信用证149笔，进口汽车657辆，进口额4.25亿元。通过在汽车进口的供应链业务尝试，逐渐受到华为、京东等顶级头部企业的青睐，华为公司首次通过赣州国际陆港物流通道产品直供欧洲配送中心，辐射50余个国家和地区；同时，从类金融服务扩展至供应链，助推成为京东集团的供应商，成功融入世界级企业集团产业链、供应链，为助推融湾战略、服务构建新发展格局迈出坚实的步伐。

【拓展快消品板块经营和优化配套服务】 与深圳市怡亚通供应链管理有限公司展开业务合作，投放2.2亿元为其代理采购快消品，在乙二醇、机油、电器类业务等方面实现近5000万元营收，形成木材、汽车、快消品业务“三驾马车”齐头并进，乙二醇、机油、电器类业务遍地开花之势。为企业办事提供“保姆式”配套服务，设立班列、保险、信保、政策等办事窗口，为进出口企业提供班列、外贸、金融等服务，全力支持汽车、机油、木材、纸品等商品进口贸易，有效提升服务水平。

【疫情防控和复工复产】 赣州国际陆港统筹推进疫情防控和社会经济发展各项工作，完善防疫体制机制。针对疫情形势变化，制定《赣州国际陆港应对新型冠状病毒感染的肺炎疫情防控工作方案》《赣州国际陆港疫情防控工作应急预案》，加强对铁路场站、海关监管场所、指定口岸、周边园区人员、货物特别是一线作业人员、外来人员和货物的日常管理和体温检测、外箱消杀等工作，及时发现和整改问题。以人为本抓好疫情防控。结合“我为群众办实事”活动，联合南康区疾控中心为赣州国际陆港全体干部职工及港区企业职工接种新冠肺炎疫苗，接种率达100%；多次组织一线职工进行核酸检测，为港区生产建设提供安全稳定环境。疫情防控全面覆盖。领导班子成员及各部门负责人全部下沉一线，发挥党员先锋战斗堡垒作用，实行“分片包干、责任到人”“一对一”蹲点指导督促企业落实疫情防控措施，完善应急处置方案，筑牢疫情防线。

（赣州国际陆港）

海关监管

【赣州海关】 2021年，赣州海关坚持“内外同防”“人物同防”，全员核酸检测、全体接种疫苗、全程顶格监督。“国门利剑2021”专项行动成绩显著，移交立案侦办刑事案件3起，案值5100余万元，涉嫌偷逃税款1490余万元，抓获犯罪嫌疑人15人，首次查获跨境电商走私案件，被口岸监管司列为“断链刨根”专项整治行动典型案例。《“跨境电商+赣欧班列”促“双区联动”项目落地见效》入选总署第二批我为群众办实事“百佳项目”名单。

筑牢检疫防线，压实防疫主体责任，规范赣州国际陆港、赣州综保区等防护服脱卸区，组织应急演练9次，累计核酸检测1696人次；强化“多疫同防”，抽取非洲猪瘟检测任务样品680个，血液、尿样150个，时隔2年恢复辖区供港生猪出口；首次在辖区海关监管场所发现红火蚁，检测检疫性实蝇3003头，截获检疫性杂草25种次、一般有害生物397种次。强化安全监管。强

9月18日，赣州海关保障第1000列中欧班列（赣州）开行

（赣州海关供图）

化进出口危化品、稀土、医用物资等检验监管，检出不合格65批，口岸查验增长5.61倍。开展“国门守护”行动，开展进口粮食后续监管10.78万吨。“龙腾行动2021”中查获侵权陶瓷杯、汽车配件等案件2起，销毁侵权物资2.3万件。高压严打走私。监管进口废铜碎料2152.6吨，人工分析稽核查指令有效率列关区第一。办理行政案件21起，案值2322余万元。健全完善赣州市反走私综合治理体制机制，相关工作专报获市领导批示肯定。

口岸平台提质增效，打通“丝路电商”新通道，成功开通“赣州—万象”江西省首列至老挝“一带一路”国际班列，全年监管服务中欧班列275列、26686标箱，分别增长16%、43.5%，累计开行“破千列”。全力促进赣州综保区调整至赣州国际陆港获国务院批复，赣州综保区进出口总值突破100亿元，增长5.37倍。协调推进赣州黄金机场正式对外开放改造纳入国家口岸发展“十四五”规划。营商环境提速增效。促成南昌海关与赣州市签订合作协议，全面实施铁路“两步申报”监管通关新模式，创新实施“抵场直装”即到即查即放，推行企业“不见面”审批、货主“不到场”查验、7×24小时预约通关服务，“单一窗口”海关主要业务覆盖率100%，海关业务实现“一网受理、一网通办”。连续3年实施“通关与沿海同样效率”专项行动，12月赣州海关进口、出口整体通关时间为17.37小时、0.29小时，通关效率持续走在全国前列。“十百千万”提能增效。结合“我为群众办实事”活动，培育高级认证企业2家，打通出口美国化妆品铁海联运新通道，实现赣南啤酒、香菇等产品首次出口，相关工作被央媒报道5次。推广“数据共享+智能审核+自助打印”智慧审签模式，全年签发各类原产地证书4246份，金额26242万美元，增长30.2%，其中签发出口至RCEP成员国自贸协定原产地证书2145份、金额13737万美元，分别增长22.4%、43.9%。

（温　序）

7月15日，南昌海关派员到龙南保税物流中心（B型）调研跨境电商新业态发展　（龙南海关供图）

【龙南海关】 2021年，龙南海关落实海关全面深化业务改革各项要求，推进“两步申报”“提前申报”改革，持续深化行政审批制度改革，进一步精简进出口环节监管证件和随附单证，稳步推进关税保证保险，启动属地纳税人管理改革，全面推广原产地证书智能审核和自助打印，原产地证书签证实现“零跑路”“零接触”“零等待”的“三零”模式。全年累计签发原产地证书2969份，签证金额1亿美元。开展新一轮“十百千万”服务工程，建立重点企业“一对一”帮扶机制，加大政策宣讲频次，指导企业用好用足总署对口支援优惠政策。全年辖区外贸进出口总值148.5亿元，增长20.4%。加大关地合作共建力度，推动南昌海关与赣州市签订全力推进新时代赣南苏区振兴发展合作协议。围绕赣州市“三大战略、八大行动”，全面对标海南自由贸易港政策体系，支持开放型经济平台建设，全力助推龙南跨境电商业务快速发展。2021年，共验放跨境电商网购保税进口清单38.9万份、货值8200万元，分别增长7倍和5.4倍，交易金额位列全省第二。制定实施《龙南海关乡村振兴定点帮扶三年工作计划》，不断巩固脱贫攻坚成果，推进全面脱贫与乡村振兴有效衔接。发挥辖区毗邻粤港澳大湾区区位优势，支持龙南开通至深圳铁海联运班列，帮扶6家供港蔬菜企业入选地方“菜篮子”工程。

坚持“外防输入、内防反弹”总策略，持续压实“五方责任”。成立疫情内部防控工作专班，严格落实属地防疫要求，顶格做好一线关员安全防护。坚持核酸检测“应检尽检”和疫苗接种“应接尽接”，疫苗接种率达到100%。连续3年实施“通关与沿海同样效率”专项行动，2021年，进、出口整体通关时间分别为0.75小时、0.15小时，分别位列关区第4位、第8位，均低于全国及南昌海关平均水平。扎实开展安全生产专项整治三年行动，强化进出口货物属地质量安全监管。深入推进“国门利剑2021”“国门绿盾2021”“断链刨根”等专项行动，坚决打击洋垃圾、象牙等濒危物种及其制品、非法引进外来物种和种子苗木、跨境电商进口走私等违法犯罪活动。加强国门生物安全风险防控，科学制定国门生物安全监测实施方案，加强对辖区外来杂草、检疫性实蝇监测。2021年，共检验检疫货物1.4万批次、货值30.6亿元；累计监测到检疫性实蝇3262头、杂草387种次，检疫监装活猪189车、20025头。

（任忠虎）

本栏编辑：王志辉

交通运输

综述

【概况】 2021年，赣州市交通运输系统围绕建设全国性综合交通枢纽目标，推进交通运输“三大攻坚行动、三大提升工程”，推动交通运输高质量跨越式发展，各项工作取得显著成效。

全市63个重点交通项目全部开工建设，开工率100%，完成投资268亿元，占年度计划的116.5%。市交通运输局获全国交通运输脱贫攻坚成绩突出集体、全省交通运输工作先进单位、全省道路运输工作先进单位，市交通运输综合行政执法支队获全省交通运输执法工作先进单位。

【高速公路建设】 年内高速公路建设完成投资92.57亿元，其中大庆至广州高速、南康至龙南段扩容工程完成主体工程；寻乌至龙川高速路基、桥涵、隧道工程完成；大广高速吉安至南康段改扩建、信丰至南雄高速快速推进，均超额完成建设任务；遂川至大余高速开工建设。

大广高速公路南康至龙南段（扩容）路线全长142.672千米（含小江联络线9.996千米），途经赣州市南康区、信丰县、全南县、龙南市4个县（市、区），项目总投资199.58亿元。主线采用双向六车道高速公路标准建设，路基宽33.5米，小江联络线路基宽度为26米（双向四车道），设计时速为100千米。

12月28日，2条高速公路开工建设。信丰至南雄高速公路征地拆迁，赣州段路线全长13.92千米，项目总投资约18.75亿元，年内完成投资7.94亿元，占比42.34%。采用双向四车道高速公路标准建设，设计时速为100千米，路基宽度为26米。

寻乌至龙川高速公路路基工程基本完成，路线全长约35.625千米，其中寻乌县境内26.815千米，广东省龙川县境内8.81千米。项目采用双向四车道高速公路建设标准，设计时速为100千米，路基宽度为26米，项目总投资约35.7亿元，完成投资29.9亿元，占比83.7%。

12月28日，开工建设遂川至大余高速公路，路线全长127千米，项目总投资244.5亿元（赣州市境内约98.4千米，总投资198亿元）。上犹、崇义、大余3个县开展征拆相关工作。全线采用双向四车道高速公路标准建设，设计时速为100千米，路基宽度为26米。共设置桥梁（含分离立交）42582米/103座（其中特大桥11807米/9座），隧道29200米/19座（其中特长隧道16028米/4座，长隧道5座，中隧道4座，短隧道6座），桥隧比高达60.3%；互通立交8处（其中枢纽2处），分离立交3处；服务区3处，收费站6处。

12月28日，G45大广高速吉安至南康段改扩建工程开工，路线全长146.3千米，估算总投资为175.63亿元，其中赣州境内里程33.8千米，投资38.83亿元，完成投资15.98亿元，占比39.95%，为

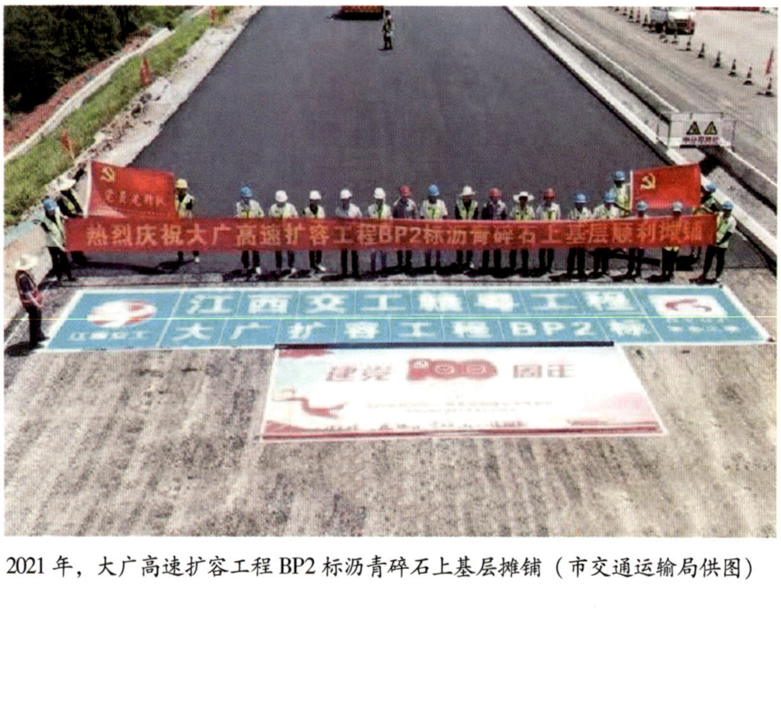

2021年，大广高速扩容工程BP2标沥青碎石上基层摊铺（市交通运输局供图）

政府专项债投资。全线采用双向八车道的高速公路标准，设计时速为100千米。

【农村公路建设】 全市农村公路建设完成2271千米，完成投资45.68亿元，其中升级改造完成875千米，美丽生态示范路完成466千米，旅游路、资源路、产业路、公益事业路、路网联通路完成140千米等。全市“四好农村路”建设累计完成7111.4千米。全市农村公路（县道、乡道、村道）总里程达40131.77千米，其中县道4747.39千米，乡道7008.86千米，村道28375.52千米，县道三级及以上公路比例为48.9%，通三级公路及以上乡镇比例为96.8%，通双车道建制村比例为51.4%。

【瑞金机场建设】 瑞金机场建设完成投资9.43亿元，民航专业场道完成土石方工程，非民航专业工程开工建设。黄金机场三期改扩建总体规划修编完成征求意见稿，T1航站楼二期改造工程可行性研究报告获批复。

公路管理与养护

【概况】 2021年，赣州市公路管理部门攻坚克难、锐意进取，有效完成各项目标任务，获得“十三五”全省普通国省干线公路养护管理评价第一名、省脱贫攻坚先进集体等荣誉称号。全市普通国、省道总里程为3605千米（国道11条，1973千米；省道30条，1632千米），占全省总里程的1/5。其中，一级公路504.7千米，二级公路2287.6千米，三级公路542.7千米，四级公路252千米，等外公路18千米。有桥梁1208座，包括大桥109座，中桥411座，小桥688座；隧道7座，均为中短隧道。

【项目建设】 全年向上争取建设与养护补助资金计划12.05亿元，下达市级补助（配套）6.87亿元。纳入部、省“十四五”规划建设项目库（含储备库）普通国道34个，706千米；普通省道29个，547千米。积极应对资金、土地等要素制约，加强项目建设调度，推动32个项目开工建设，完成投资38.19亿元。争取部省支持赣州市调整新增普通国、省道660千米（其中普通国道160千米、普通省道500千米），占全省拟新增里程40%，全市普通国、省道里程突破4000千米，实现国省干线县县双通，解决石城县、龙南市不通普通省道的历史问题，普通国道网密度位居全省前列。向上争取普通国、省道建设与养护补助资金计划12.05亿元，增长14%；全市纳入国家规划的普通国道建设项目17个，411千米，占全省普通国道纳入国家建设里程35%；全市“十四五”申请车购税资金规模46亿元，占全省规模的49%。

【公路养护】 建立科学规范的养护管理体系，做好挖补路面坑槽、完善附属设施、补齐标志、标牌、施划标线等日常养护工作。完成应急水毁抢通17.07千米、危桥改造3座，实施路面大、中修及预防性养护工程137.80千米，实施灾毁恢复重建14个，完成示范路建设工程和桥梁防护提升工程施工图设计等工作。完成驿站建设2个，在建2个，道班开工建设3个，服务设施覆盖全市主要干线公路。

【公路管理】 坚持用制度管人管事，制定完善16项规章制度和19项工作流程。在全系统开展“转作风、树形象、创一流”集中培训，常态化组织专项业务知识培训。开展公路日常巡查，主动对接执法部门，初步建立信息抄告、协作处置等联合工作机制，依法保护公路路产、路权。加强建设项目监管，采用“飞行检测”、委托第三方检测等方式，常态化开展工程质量和施工安全监管，对检测不合格的及时下发整改通知，确保工程质量。利用路网监测平台加强路况信息发布和监测分析，发布各类公路信息837条。根据监测数据，主动分析公路路网运行特征，为全市公路路网平安运行提供信息保障。

【安全生产】 强化落实安全生产监管“一岗双责”，细化职责分工，签订安全生产目标管理责任书，确保安全生产人人有责。开展“安全生产月”等系列活动，依托宁都县省级应急保障中心开展应急演练，强化应急保通能力。常态化开展安全隐患排查，共排查隐患1633处，投入整治资金741万元，完成整治销号1383项。开展专项整治工作，全部完成市级督办的69处、县级督办的161处安全隐患的整治销号。瑞金市、于都县安防二期工程全面完成，全面清除一级路中央分隔带安全隐患。

（钟长江）

道路运输管理

【概况】 2021年，赣州市有公路营运车辆28522辆，其中客车2433辆，货运26089辆，客运班线通达6个省、市，拥有班线1299条。截至年底，完成公路货物运输量22955万吨，公路货物周转量1602452万吨千米，公路客运量2469万人，公路旅客周转量208241万人千米。

【运输服务】 持续推广、定制客运服务，新开通寻乌至梅州等4条定制客运班线，新投放85辆定制客运运力，截至年底，全市共开通定制客运班线32条，投放7—9座定制客车245辆，定制客运开通班线数和投放车辆数均居全省第一。2021年，“四好农村路”（镇村公交）试点县章贡区和会昌县通过省厅专家组考核，全市6个“四好农村路”（镇村公交）试点县对57条农村客运班线进行公交化改造，27条城市公交线路向乡村延伸，使用149辆新能源客车运行农村客运。安远县入选全国第二批“城乡交通运输一体化示范创建县”，信丰县、赣县区、南康区等县（区）推动辖区城市公交线路向乡村延伸和农村客运班线公交化改造，提升辖区城乡交通运输一体化水平。市中心城区新增优化公交线路42条，开设社区专线18条、拥军专线3条、其他专线2条，推出网上预约定制公交，打造多元化公交服务模式，逐步构建方便、快捷的“快（干）、普、支、微”四级公共交通体系。

【道路运输执法】 建立跨部门、跨区域联勤、联动执法协作机制，联合赣州交警、高速交警、高速路政等多部门开展“破冰”行动，率先建立有奖举报制度，保持打击“黑车”非法营运高压态势，并在探索利用大数据锁定轨迹精准查处和实施源头打击方面取得积极成效。联合公安交警部门对全市2.6万辆面包车“见人见车”签订驾驶员《交通安全承诺书》，累计发放“拒乘黑车”宣传资料15.3万份。组织联合执法5784次，出动执法人员7.7万人次，执法车辆1.88万辆次，查处非法营运“黑车”1240辆，查处其他道路运输违法违规行为为1023起，查处案件数量全省第一。整治驾培领域违法违规行为。对辖区175所机动车驾培机构全覆盖检查，重点查处直视摆拍、视频截图、后排打卡等学时造假行为。查处驾培领域违法行为22起，查获造假设备3套，刑事拘留5人。整治中心城区出租车营运秩序。安排执法人员在“三站一场”（高铁站、地铁站、汽车客运站、飞机场）驻点24小时维护出租车营运秩序，整治出租车不打表、议价、拒载、擅自拼客等违规行为。累计出动执法人员3620人次，执法车辆520台次，查处巡游出租车和网约车违规经营151起。联合整治危货运输市场。联合市场监督管理等5个部门开展燃气运输安全大整治，累计查处未经许可擅自从事道路危险货物运输188起。

高速公路管理

【概况】 2021年，赣州高速公路路政管辖赣州境内“三纵三横六联”高速公路，即大广高速、厦蓉高速、龙河高速、赣韶高速、赣州绕城高速、济广高速、泉南高速、寻全高速、宁定高速及定南联络线、兴赣高速、宁兴高速的路政管理工作。管辖高速公路总里程1727.48千米，其中主线里程1418.84千米，匝道、连接线308.64千米。设有20个路政大队。

【法治路政建设】 坚持依法依规决策，全面推进政务公开，推动行政执法“三项制度”落实，强化法治审核制度落实，巩固迎“十三五”国评期间路域环境整治工作成果，突出对违法涉路设施进行清理整治。加大执法办案力度，共办结行政处罚案件754起，累计罚款143.02万元，其中入口劝返治超案件360起，大件车违法超限运输行驶高速公路案件365起，偷逃通行费案件14起，违法涉路设施案件13起，航道执法案件2起。

【智慧路政建设】 创新工作方法，8月获得国家发明专利1项，即《一种计算机辅助大件运输路线规划的方法及系统》。试点采用“人巡+车巡+网巡”相结合的方式进行路政巡查，探索建立低、中、高风险路段分布图，通过对各风险路段进行有针对性的“打卡”巡查，提升有效巡查。优化行政许可流程，在大件运输行政许可、涉路施工养护报备、涉路行政许可等事项中提高行政审批效率，落实一站式审理办理要求。办理行政许可27起、养护施工报表340起、大件运输许可29731件。做好省厅交通综合执法系统测试，选定第一、第十四大队参与系统测试和完善工作，通过定期测试，共反馈修改意见建议24条；统一为170名在岗在编干部职工配发手持式执法终端，增强执法人员的信息化水平。

（刘志江）

铁路建设

【概况】 2021年，赣州市铁路建设坚持“主攻高铁、完善路网、打造枢纽”的工作思路，积极作为，推动全市铁路建设取得较好成效。建成铁路7条，全市总铁路营运里程达923千米，铁路网密度增加至234千米/万平方千米，人均铁路营运里程增加至1.03千米/万人。全市通铁路的县（市、区）共有13个。

【项目对接】 2月，中国国家铁路集团有限公司（简称国铁集团）、江西省政府《关于推进铁路建设的会谈纪要》明确瑞梅铁路（瑞金至梅州）、长赣铁路（长沙至赣州）线路走向及出资比例。赣郴永兴铁路（赣州至郴州至兴义）项目和赣韶铁路（赣州至韶关）扩能工程项目纳入国家《中长期铁路网规划》（2016版），沿线地市委托设计单位开展项目方案研究工作。景鹰瑞铁路（景德镇至鹰潭至瑞金）、赣龙厦高铁（赣州经龙岩至厦门）、赣广高铁（赣州至广州）3个项目形成初步规划研究成果。

【在建铁路】 赣深客专 设计速度350千米/时，正线为双线，线路全长436.37千米，赣州境内134.57千米；赣州至塘厦段总投资约514.95亿元，赣州境内投资约154.66亿元。项目5月16日完成江西段轨道铺设，12月10日正式建成通车，年度计划投资63亿元，完成年度计划投资的100%。

兴泉铁路 设计速度为160千米/时，正线为单线，兴国至宁化段正线里程159千米，赣州境内124.78千米；项目总投资约94.25亿元，赣州境内投资约76.63亿元。项目于3月29日完成兴国至宁化段轨道铺设，9月30日正式建成通车（兴国至清流段），2021年度计划投资13.3亿元，完成年度计划投资的100%。

（刘经晶 谢英忠 殷秀珍）

铁路运输

【概况】 2021年，赣州车务段统筹安全生产和疫情防控、统筹运输服务和经营创效、开展党史学习教育，全段工作呈现良好发展态势。全年完成运输收入17.9亿元，增长15.8%（其中客运收入14.2亿元，增长9.1%；货运收入3.7亿元，增长52.9%）。客发1621.1万人次，完成年度计划的96.4%，增长12.17%；货发468.6万吨，完成年度计划的110.3%，增长86.8%；完成其他业务收入4438.8万元，完成年度计划的108.1%，增长36%。

车务段辖赣州、吉安2个市，营业里程1346千米，有6条铁路线。京九线峡江站至定南站、京港高铁峡江站至定南南站、兴泉线兴国站至石城东站、赣龙线赣州东站至瑞金站、赣瑞龙线赣县站至瑞金站、吉衡线吉安南站至睦村站、赣韶线赣州国际港站至梅关站。共69个车站（所），办理客运业务车站26个，办理货运业务车站21个，同时办理客、货运车站13个，其中一等站2个（赣州站、井冈山站），二等站3个（赣州西站、赣州东站、吉安站），三等站9个（瑞金站、于都站、赣县站、信丰站、定南站、宁都站、吉安西站、泰和站、兴国站），四等站20个，五等站25个，无人站（所）9个，列尾所1个。年末，在册职工1865人。

【安全管控】 健全安全管理体系，科学运用安全双重预防机制，坚持安全风险分级管控，开展安全风险系统性辨识研判，确定安全风险10大类，安全风险源74个，安全风险点233个。建立风险库和突出安全隐患问题库，挂牌督办、逐一销号，抓好隐患整治闭环管理。规范作业标准和考核评价机制，推进科室、车站、岗位作业标准，统一考核标准，形成对标对表作业习惯。制定管理效能综合考评办法，将管理人员作风督查问责、日常安全问题追踪分析通报、工作质量等扣分情况作为绩效考核的依据，提升工作质量。发挥监控指导中心作用。接入行车、客运、货运各专业信息系统，利用科技设备、信息系统进行统计分析，做到全天候、全覆盖、全过程的监督管理。推进标准化规范化建设，检查问题349条，专题通报6期，组织召开南昌局集团公司客运、货运系统标准化规范化现场会。做好新线开通，从人员配备、安全管理、规章制度、教育培训、应急演练等方面，制定预介入任务清单和时间表，召开4场现场推进会，成立新线运营工作小组驻点包站，确保兴泉铁路和赣深高铁安全运营。

【客运服务】 强化客运作业标准，开展“多看一眼、多问一句、多走一步”客运服务专项整治活动，降低旅客投诉率。2021年，客服中心流转投诉下降15%，集团公司通报的有效投诉下降50%。强化安检作业标准，常态化组织岗前培训，强化手检作业，提高安检查危人员的技能。强化保洁作业标准，为旅客提供干净、整洁、舒适的乘车环境。加强对兴泉、赣深新线的客运营销宣传，加快培育新线客流；优化“高铁+景区”出行攻略，通过建立车站、景区和公共交通管理部门沟通协调工作机制，梳理火车站至周边景区的公交线路、车票票价等信息，制定“旅行攻略”在携程、百度等平台上发布，吸引旅客乘坐高铁动车出行。

【货运营销】 加强与重点企业的信息互通和营销走访，通过采取“合作共赢、一企一案”物流解决方案，引导客户增加发到站，提高运能紧张时段装车兑现能力，灵活运用竞争性一口价政策，争取公路运输货源，加快发展集装箱和集装化运输。全年开行中欧班列176列，发送集装箱367万吨。制定《赣州车务段装卸安全监督管理考核办法》，从严管控装卸作业安全、劳动安全等16种突出安全隐患。制定《赣州车务段货场场地使用、租赁、投资建设管理办法》，严格货位使用、场地租赁、投资建设，规范货场管理。

（陈春生）

航空运输

【概况】 2021年，赣州机场分公司按照“作示范，勇争先”要求，落实安全发展领导责任、主体责任，完成各项工作。获评江西省机场集团公司2020年度新闻宣传先进单位，全年对外发布稿件640篇，宣传积分排名在全集团第一。赣州机场荣获“第十六届江西省文明单位”称号。

【安全保障】 持续完善安全管理体系。全年制定、修订全面落实安全生产责任督导问责办法等安全管理制度37部。完成机场使用许可证变更和机场使用手册的修订工作。联合各驻场单位成立赣州机场运行管理委员会。开展安全生产专项整治三年行动推进集中攻坚行动、隐患排查治理及风险管控工作、“安全我主动”主题活动。完成空防安全保障能力自评工作。对网络信息系统开展全面梳理和隐患排查。开展控制区防侵入专项风险评估，加强控制区非法入侵防范工作。成立作风建设工作领导小组，制定安全作风建设和宣传教育实施方案以及作风宣教活动实施计划。结合行业典型案例按计划开展作风宣教，将“安全生产月”活动与作风建设专项整治、安全整治“攻坚年”等工作融合实施，制定印发“安全生产月”活动方案。持续巩固净空保护和鸟防工作成果，净空保护联防机制，派人员到市自然资源局开展机场净空管理专题知识宣讲，组织人员到机场周边村庄开展鸟害防治及净空保护宣传科普活动。开展2021年度应急救援综合实战演练，有效提升分公司整体应急处置能力。

【航空运输】 全年旅客吞吐量、货邮吞吐量、航班起降分别完成180.8万人次、4623.4吨、17635架次，分别增长16.5%、23.7%、13.2%。单日高峰起降达到72架次，单日高峰旅客达到8838人次，创赣州机场单日运输量历史新高。旅客吞吐量全国机场排名66位，较上年前进一位。进出港平均客座率为71.7%，上升1.1个百分点。全年运营14家航空公司、1家通航公司、32条运输航线、2条通航短途航线、通航点35个。

完善航线网络布局，优化航线结构，开拓新航线。通过新闻、报纸、公众号、交通频道、赣州智慧旅游 LED 屏、进出口道闸等平台，宣传新增及加密航线动态、安全旅行、航司优惠机票活动等信息。

在疫情防控常态化形势下，确保北京、上海、广州和福州等重点航线平稳运营。北京大兴至赣州转场执行，深圳至赣州航线复航。年内实现赣州机场进京、进沪航班每日 3 班的通达性。开通大连至烟台至赣州、郑州至赣州至福州航线。夏航换季后加密赣州至湛江航线，12 月 12 日，开通赣州至景德镇短途运输航线，完善江西省综合交通“1 小时交通圈”建设。

【运输服务】 完善服务管理体系、强化服务管理效能。推进“民航服务质量标准建设年”、“适老化”(适应中老年人)、“我为群众办实事”等 6 项专项行动，正式启用“无纸化通关”，允许旅客持电子登机牌通关。从投诉受理率、及时率、和解率、合规率、重复率 5 个维度制定投诉考核指标，做好投诉管理工作。每月开展服务监察和服务短板排查工作，从组织、系统、基础设施等层面共计排查入库服务短板 45 项，整改完成 45 项，整改率达 100%。全年旅客满意度达到 4.83 分，高于年度目标值。

（钟剑霞）

港航管理

【航道管养】 强化航道养护。执行航道巡查制度，特别关注重点航道重点浅滩的水深情况，适当增加巡查次数，确保辖区航道畅通。做好辖区桥梁桥区航道水上航标及委托维护的桥梁永久性航标的日常维护，确保标灯功能正常发挥，保障桥区水域通航安全畅通。

做好标志、标位调整等工作，配合并完成赣江三级航道“南昌—赣州”首航保障工作，协调解决辖区赣江三级航道通航存在的问题，沟通协商峡江水利枢纽水位运行调度，峡江枢纽坝上水位提升至 45.56 米（黄海高程），解决神岗山至石虎塘枢纽未达到三级航道通航标准的问题。督促并完成石虎塘船闸下游引航道淤积及夏家圩等浅滩疏浚工作，完成赣州航道段趸船港池清理工作，协商宋家滩疏浚设计变更和石溪码头港区航标设置及右岸丁坝拆除工作。赣江（吉安至吉水）大型航标 60 座实现遥控遥测。5 月，启动年度航标器材专用材料采购工作，完成赣江新干大坝至赣州水尺 334.7 千米航道航标配布图，逐步推进航标规范化、标准化。

【航道辅助工作】 协助省交通运输厅进行航道通航条件影响评价工作，配合做好辖区相关涉航建设项目的航道行政事务。完成赣州市章江慢行桥、遂川至大余高速上犹江大桥和阳明湖连接线、吉州窑旅游客运码头、万安县嵩阳二桥、吉安芙蓉 220 千瓦变电站输出线路跨赣江、遂川江 2 座跨河缆线航评的审核意见。完成上犹江引水工程清水管线穿越上犹江、G319 瑞金至兴国改线工程杨公坝大桥等 10 座涉航项目航道通航条件影响评价报告专家评审。配合协助省航道工程局做好赣深高铁信丰桃江水库、大广高速扩建（南康至龙南段）等 12 座在建涉航项目施工期通航维护管理工作及赣州城区 16 座市政桥梁的助航标志养护工作。配合航道工程局做好赣州港赣县港区五云作业区综合码头一期工程、万安二线船闸等 6 个涉航项目施工期通航维护等相关事宜，完成赣州港赣县港区五云作业区综合码头一期工程、万安二线船闸等 4 座涉航项目施工期通航维护协议签订。

开展船舶碰撞桥梁隐患治理三年行动。5 月，完成辖区 171 座桥梁的桥区水域航道安全风险隐患排查。开展自然灾害综合风险水路承灾体普查工作，对辖区航道、通航建筑物、航运枢纽的空间分布、设防等级等属性信息进行全面普查。

落实防汛各项工作，制定 2021 年度防汛工作方案，严格实行领导带班和 24 小时值班制度，在各航道段所储备充足各类防汛物资，落实防汛工作方案部署，加强汛期航道检查。

【航道基础建设】 2 月 24 日，与赣州市交通运输局完成关于 8 艘船艇划转移交手续。到达报废年限的 5 艘船艇分别获得赣州市财政局及吉安市财政局批复。2 艘趸船装修工作完成。22 艘船艇安装防油污设备。

【财审归并】 严格遵守财经制度，统筹原赣州分局和原吉安分局财务的审核、报销、账务处理及编制报表等日常财务工作，完成部分往来账款的清理工作，对原赣州分局资产和呆账进行清理，3 艘符合报废条件的船舶及时按规定要求报废。督促原吉安分局对已到报废年限并符合报废条件的 2 艘船舶及部分通用设备进行清理。完成 2021 年预算调整工作及 2022 年预算数据的上报。率先完成吉安航道所的税务登记工作，为下一步的公积金及医保账户对接打好基础。完成原赣州分局、原吉安分局资产整合工作。

（罗　帅）

本栏编辑：王　宇

信息化建设

信息基础设施

【信息基础设施建设】 2021年，赣州市在天翼华为云、国信移动云基础上，建成全市第三个云计算数据中心赣南数据湖。党政机关、事业单位信息基础设施集约化建设，累计推进152个信息系统上云，信息系统业务连续性保障水平提升。科学评估政务云资源使用情况，提高政务云使用效能。加强与省工信厅、省信息中心等部门对接，省信息中心支持赣州打造区域备份数据中心和建设江西省电子政务外网备份网管中心。加快推进赣州大数据产业园建设，年内完成土地摘牌并开工建设，完成投资7763万元。启动区块链技术产业园二期项目，推进区块链创新大厦、区块链研究院、粤港澳大湾区区块链离岸孵化中心等建设。

【光纤宽带网络设施】 推动运营商对光纤宽带网络进行升级改造，加快部署千兆宽带网络，提升网络用户覆盖能力，城区千兆光纤网络家庭覆盖率达91.6%，500兆及以上速率宽带接入用户占固定宽带接入用户的比例达10.2%，义务教育学校全部实现光纤接入。

【4G及5G网络体系】 5G产业发展迅速，全市累计开通5G基站数11195个，网络建设走在全省前列，实现市县中心城区、重点工业园区和部分AAAA级旅游景区连续覆盖，龙南市成为全省首个“城区+工业园区”5G网络全覆盖的行政区。有5G上下游及关联企业100余家，有9个项目被列入省级工业转型升级专项扶持项目，初步形成上游有5G电子基材、中游有高频PCB（印制线路板）等5G元器件、下游有消费电子组装和应用研究于一体的5G产业链。信丰县建成运营全省第一个5G科技产业园，并入选江西省第一批数字经济重点项目。全市4G基站总数达3.25万个，实现全市所有行政村全覆盖。

（曾海鸣）

公共服务信息化

【概况】 2021年，建设基于省、市、县三级互联互通的赣州市政务大数据交换平台，围绕治理数据质量、挖掘数据价值、保障数据安全等方面开展优化升级，高质量打造全市数据资源管理平台；推动实现数据开放共享工作常态化和制度化，按照推进数据落地形成本地化的数据资源中心思路，推进数据共享工作，整合各部门数据和行业数据，在完善人口库、法人库、地理空间信息库和电子证照库基础上，建设环保、生态云、智慧城管、智慧交通、社会治理、大数据核验及秒批专题库和12个基础主题库。有效打通49个市直（驻市）单位167个业务系统，汇聚39个部门的数据达8.63亿条。为各部门提供数据（接口）服务2359个（包含国家、省、市、县四级），接口调用5.74亿余次。上线电子证照服务208种，其中市级证照87种，区县级证照16种，累计签发电子证照482万余张。数据交换平台为“赣服通”赣州分厅、居民经济核查比对系统、公共信用信息平台、不动产登记金融服务平台、新生报名“一链办”预审系统等30余个政务应用系统提供数据交换服务。

【智慧教育】 全市建成市、县、校三级联动的教育城域网，所有中小学实现城域网和宽带网“校校通”，51340间多媒体教室（含功能教室）安装多媒体教学设备，配备796间录播教室、200余套专递课堂，专递课堂覆盖农村教学点1348个；建设300余所智慧（数字）校园，达到省级智慧（数字）校园标准的112所；全市普及“国教云”“赣教云”应用，免费共享优质教学资源、教学工具、第三方应用等，9.7万名教师、136万名学生开通网络学习空间，推动形成“班班通”应用新模式和“课堂用、经常用、普遍用”的信息化教学新常态。

【智慧城管】 赣州市是全国首批采用“一体化+云”建设模式实施智慧城管建设的城市，建设范围覆盖18个县（市、区），有效解决县（市、区）城管部门缺乏技术支撑的瓶颈问题；避免县（市、区）政府重复建设的资金投入，保障市、县二级数字城管平台的互联互通和快速联动。平台运行过程中采用一体化管理机制、部件专项普查机制、案件自行处置机制，从源头统一规范处置标准，集中清理城市热、难点问题，简化案件处理办理流程，大幅提升数字城管平台运行和城市管理工作效率。平台运用大数据技术将平台内海量数据进行分类处理、分析挖掘、查询检索，实现对案件、人员等全方位、多维度的大数据决策辅助分析，全面掌控全市城市管理运行状况。

【智慧旅游】 推动“一部手机游赣州”项目逐步提质升级。赣州旅游APP（手机里的第三方应用软件）4.0版本和赣智旅小程序上线，实现全市重点景区在线预约、在线购票、文旅产品在线展销、旅游线路定制、旅游直通车、在线投诉、景区导览等功能，收录大量农家乐民宿等旅游要素，服务体系齐全，最大限度地方便游客的出游。推进VR（虚拟现实技术）+红色文化产业扶贫示范项目。根据《VR+红色文化产业扶贫示范项目合作协议》的内容，推进VR+红色文化产业扶贫示范项目。完成“一苏大”球幕影院的影片制作展示，红色VR终端设备的生产，建成赣州红色旅游“等你出发”小程序、“红色初心”移动端APP，研发大柏地战役、第三次反“围剿”战役、十七棵松、苏区红小鬼等VR场景体验产品。

【智慧交通】 推进智慧交通数据中心暨展示平台（一期）项目建设，系统功能完成公共信息服务系统、可视化系统、应急处置系统、交通大数据中心的开发工作，以及视频资源管理系统的搭建，交通大数据中心从省厅接入大部分数据。项目上线运行后，对日常综合交通运行及节假日专题情况下数据展示，整合数据资源以可视、直观的形式在大屏上进行展示，形成信息互通、协调高效的全市交通领域应急处置体系，提高应急协调指挥能力和信息服务水平，维护社会稳定。

【智慧医疗】 6月28日，赣州市智慧医疗数字化平台正式上线。赣州市智能产业创新研究院和东软医疗华中公司在活动现场分别介绍并演示“看医生”掌上医疗平台、全民健康信息平台。

赣州“看医生”掌上医疗平台旨在惠民便民和改善患者就医体验，制作赣州市“一站式”卫生健康线上服务窗口，涵盖预约挂号、报告单查询、母子健康手册、电子健康卡、掌上支付、数字影像、电子居民健康档案等便民、惠民服务，打通医患关系“最后一公里”。赣州市全民健康信息平台建设赣州市医疗健康大数据中心，汇集全市各级医疗卫生机构业务数据，生成电子居民健康档案，实现全市医疗卫生机构互联互通与数据共享，推动检验检查结果互认。通过大数据等信息技术，对医疗卫生服务过程、质量、费用等数据进行统计分析，实现对医疗卫生机构高效监管，提升医疗卫生机构服务水平。平台可持续完善电子居民健康档案，帮助群众管理好“个人健康”，真正实现“让群众少跑腿、让数据多跑路”，推动“健康赣州”建设，提升群众就医获得感。

【信创产业发展】 成立全省首个信创产业联盟，落地省内首个省市共建信息安全产业园，聚集航天科工等企业近100家，落地企业52家。建设全省首个信创计算机整机生产制造基地，江西航天国数信息科技有限公司供应全省30%的信创整机设备，实现信创计算机“赣州造”。信息安全产业园入驻新能源充电桩龙头企业江西国特新能源公司、政府网站检测领域龙头开普云公司，工信部评价赣州信创产业“走在全国地级市第一方阵”。北斗时空大数据产业蓬勃发展，2021年5月数创智联科技园项目签约金额超100亿元，推动全市“北斗+时空大数据”产业取得重大进展。

【北斗产业建设】 以数创智联科技园规划建设为依托，借助物联网、北斗空间等新一代信息技术，建设数创智联产业创新生态圈。5月，举办数创智联科技园项目集中签约仪式，章贡区政府、蓉江新区管委会与数创智联、中科云图、武汉依迅等10余家企业共签署14个项目合作协议，签约金额超100亿元，“北斗+时空大数据”产业取得重大进展。“一路”项目（车路协同）开始建设，预计一期于2022年3月全部建成。

【产业数字化建设】 加快产业数字化转型。率先在省内落地工业互联网标识解析综合二级节点和纺织服

5月21日，数创智联科技园项目集中签约仪式在赣州举行
（市大数据局供图）

装行业二级节点，建成多个特色产业工业互联网平台。建设特色产业智联网。赢家时装打造“众服联”服装云平台，有上平台服装企业112家。赣州富尔特企业上云平台建设项目、于都南方万年青水泥5G智能工厂云平台，入选2020年工信部企业上云典型案例，全市入选数量占全省一半。赢家时装工业互联网标识解析服装行业二级节点等3个项目，入选2020年度全省5G+工业互联网应用创新十大案例，为全省设区市最多。促进新技术融合应用。持续推进信丰、龙南5G产业园区建设，丰富5G场景应用，带动全产业链发展。加强人工智能技术应用，全市工业领域初步形成一批具有自主知识产权的人工智能工业装备和产品。科睿特软件集团股份有限公司、江西绿萌科技控股有限公司等8家企业入选国家第三批专精特新“小巨人”企业。

【数字化治理】 数据共享开放，建成省、市、县三级一体化的政务数据交换平台，累计打通49个市直（驻市）单位167个业务系统，市级自建系统全部打通，国家级、省级系统打通率达80%，有效保障全市线上化办理各类便民惠企业务。建设多领域专题数据库，为居民经济核查比对、公共信用信息平台、赣服通、政务服务网、亲清赣商等30余个政务应用系统提供数据共享服务。推进与大湾区电子证照互通互认，实现江西省和广东省身份证、户口簿、结婚证、出生医学证明等高频使用电子证照互通互认，在“赣服通”“粤省事”上实现查证亮证。建成“一表通享”基层填报数据平台，推进“一表通享”平台使用，填报表格共有17个单位59项，累计汇聚数据万余条，通过全市数据共享互通，有效降低基层填表数量。推进智慧城市建设，多个智慧应用场景助力数字化社会建设，智慧医疗实现市直医院“掌上看医生”全覆盖，获批国家健康医疗大数据应用示范中心。智慧城管实现市、县一体化智慧管理，获住建部典型案例。数据管理体系逐步完善。制定《赣州市政务数据资源共享与开放管理办法》《赣州市政务信息资源共享责任清单》，明确数据标准规范和共享开放流程，规范和促进全市政务信息资源共享、开放与应用，推动智慧城市建设和数字经济发展。

（曾海鸣）

经济领域信息化

【区块链发展】 创新发展区块链应用，成功入围2021年国家区块链创新应用综合性试点城市名单（全国仅15个），推进全市形成多方协同的区块链产业生态和经济社会数字化转型。建成全省唯一的区块链技术产业园，赣州区块链技术产业园汇聚区块链+金融、智慧农业、智能供应链等领域创新企业145家，全年营业收入突破4亿元，园区产值达5.7亿元，获评2021年度赣州市小型、微型企业创新示范基地。建设运行全国首个区块链服务大厅和区块链创新示范展示中心，上线脐橙链应用，吸纳7万多家果企果农和数十个赣南脐橙品牌上链发码，链管监督发放“脐橙贷”金融资金2亿多元，直接拉动上链果品平均每千克提高单价2.06元，被工信部评为区块链十大经典案例并写入白皮书。在教育、商品防伪、食品安全、公益慈善等方面为企业和群众提供“听得懂、看得见、用得上”的区块链应用服务。先后吸引苏州、成都、乌鲁木齐等地加盟，“赣州模式”有效复制推广。发挥好本土特色产业优势，加快建设运营“赣州链”平台，包括“脐橙链、家具链、木材链、数字身份链、版权链、旅游链”等多条子链，上线2.0新版，新增乡村治理积分项目，联合国家林草局推进木材家具上下游全流程溯源，并向全国推广。探索区块链技术融合旅游业、汽车产业等，启动“元宇宙产业融合”等项目试点。“赣南脐橙链”先后参与博鳌论坛品牌建设与保护暨2021年赣南脐橙无假劣产品发布会，应邀参与第十六届欧洽会并向海外推介。“赣州国际木材交易链”与国家林草局国贸中心联合打通木材跨境产业链全流程溯源。与中青旅控股股份有限公司合资成立中国旅游链平台，通过国家网信办备案，中国旅游积分上线三亚国际资产交易中心，打造全国唯一的线上线下可信旅游平台。

【“众服联”应用平台】 截至12月底，服装行业二级节点标识解析平台正式接入企业130家，注册超过1969万个标识编码，解析量达到2736万次。服装行业“众服联”应用平台有上平台工业企业1262家，服装企业112家。

【“5G+工业互联网”】 争取省级“5G+工业互联网”项目。赣州市南康区城发家具产业智联网系统科技有限责任公司机器视觉检测、厂区智能物流、赣州市众恒光电科技有限公司生产现场监测、远程设备操控被列为2021年省级“5G+工业互联网”应用示范场景，信丰迅捷兴电路科技有限公司5G高频高速智能化生产工厂、江西志浩电子科技有限公司5G+工业互联网高精密线路板工业5G+智慧工厂、国机智骏汽车有限公司基于5G+工业互联网的新能源汽车智能制造工厂被列为2021年省级“5G+工业互联网”应用示范工厂。截至年底，有10家企业获得省级“5G+工业互联网”示范场景和工厂称号，占全省1/5以上。

工业互联网方面，率先在省内落地工业互联网标识解析综合二级节点和纺织服装行业二级节点，其中综合二级节点平台荣获工信部2020工业互联网试点示范项目；志浩电子5G应用高精密线路板项目入围工信部工业互联网试点示范项目，全省唯一；建设特色产业智联网，打造家具产业“一网五中心”，整合上万家分散企业，构建“供产销运”全产业链网络，助力南康家具产业产值突破2000亿元大关，家具产业智联网和共享备料工厂项目得到国务院“十四五”智能制造战略咨询小组以及省委省政府的一致认可和推广。

【企业上云】 截至年底，全市累计上云企业10142家次，其中工业企业4515家次。章贡区、赣州经开区、南康区、于都县、赣县区等县（市、区）企业上云数量约占全市上云总数的60%。龙南骏亚入选工信部2019年企业上云典型案例，江西仅此一家，打破江西省工业互联网项目没有部级典型成果的历史。江西志浩项目2020年被评为工信部工业互联网试点示范项目。骏亚精密、富尔特、于都南方万年青等3家企业入选2020年工信部企业上云典型案例，数量位列全省第一。培育江西荧光磁业有限公司、江西九华药业有限公司、江西驴充充电技术有限公司、江西晶力康新材料科技有限公司、江西文钦服饰有限公司等企业上云。江西九华药业有限公司、江西荧光磁业有限公司被省工信厅评为新基建、新业态专题——企业上云项目，获得相关资金支持。

平台建设引进联通（江西）工业互联网研究院、宁波智能制造研究院等一批创新平台落户赣州。赣州特色产业云平台（含“众服联”云平台）、赣州市工业云平台（能源管理云平台）、南康家具智联网、稀土产业大数据平台等一批公共服务云平台上线运营。工业能源云平台有102家上云企业，安装122套智能电表进行数据采集；家具产业智联网注册用户有221家，其中家具生产制造型企业122家；赢家时装公司建设的“众服联”服装云平台，引领国内高端女装智能化、个性化定制新潮流，有上平台工业企业973家，服装企业112家，纺织服装产业集群产值突破900亿元。

（郭　琳）

数字产业

【概况】 2021年，赣州拥有电子信息产业规模以上企业493家，位列全省第一，营业收入突破1300亿元，百亿企业实现零的突破。信创、区块链、5G、北斗时空大数据等数字经济产业加速发展。赣州数字经济产业园获批省级数字经济创新发展试验基地，信创产业“走在全国地级市第一方阵”；建成全省唯一的区块链技术产业园，上线脐橙链应用，被工信部评为区块链十大经典案例并写入白皮书；赣州市入选国家区块链创新应用综合性试点城市名单。

编制赣州市“十四五”数字经济发展、时空大数据应用与产业发展等规划，明确大数据产业的发展方向和实施路径。出台加快5G网络建设、云计算数据中心电费补贴等一系列政策措施，推行政企圆桌会议制度，帮助企业纾困解难，推动企业提质增效，产业发展环境持续优化。

【数字园区发展】 章贡区规划建设数字经济产业园，获批省级数字经济创新发展试验基地，落地江西首个信息安全产业园，聚集航天科工等企业近100家，实现信创计算机“赣州造”。赣州经开区建成全省唯一的区块链技术产业园，招引入园企业近114家，赣州市入选国家区块链创新应用综合性试点城市名单（全国仅15个）。基本形成从基础材料、配套器件、关联芯片到终端设备、平台应用的产业链条，园区产值分别达到50亿元、40亿元。数创智联科技园加快建设，举办数创智联科技园项目集中签约仪式，签约金额超100亿元。

【稀土大数据中心建设】 稀土、钨大数据平台中心平台运用标准化数据治理体系完成稀土、钨源数据的采集、清洗、分类、存储。形成“资讯、产品、机构、专家、专利、科技成果、进出口、工艺方法、价格、能耗”等十大类数据，利用大数据采集、清洗、分析等技术打造权威、完整、标准化的稀金行业专题数据库，构建“权威稀金资讯聚类”“稀金垂直搜索”、“稀金仪器设备共享基地”“稀金科技信息知识图谱”“稀金行业发展周报”等功能。全年平台累计存储数据达41G，其中获取行业网页70余万个，索引国内外新闻资讯74万多条，知识库16万余条，企业机构近1500家，专家近650人，专利20万余条，进出口数据近3万条，价格数据4.7万多条，科技文献数据近50万条。通过平台及微信公众号对外发布资讯与价格。平台及微信公众号累计关注人数近6000人，访问量近200万人次。通过公众号累计发布稀金资讯1000余期、价格指数500余期，稀土、钨周报206期，关注人数近1000人，月均访问近1万人次。

【智能制造产业】 发展智能制造，孚能科技、国泰特种化工智能制造项目被列为“工信部智能制造试点示范项目”，其中孚能科技智能制造项目被列为“工信部智能制造综合标准化与新模式应用项目”，赢家时装、南康城发家具智能制造项目获评“工信部智能制造优秀场景”；赣州市章贡高新区、赣州经济技术开发区被评为“江西省智能制造基地”，同兴达电子、澳克泰、龙南骏亚、富尔特电子等33家企业智能制造项目获评省级智能制造项目，好朋友科技、绿萌科技、孺子牛等13家企业的16种产品列为省级首台（套）产品，获评项目连续3年位居全省第一。赣州市智能产业创新研究院开发缺陷检测等多种人工智能应用，并在南康家具产业相关企业部署和测试使用；赣州经开区好朋友科技的矿石分拣设备和智能检测分选装备、信丰绿盟科技的果蔬多源信息智能分选装备获得市场广泛认可；憶源科技与赣南师范大学合作组建“赣南师范大学憶源人工智能研究院”，开展人工智能基础研究、应用开发、人才培养和成果转化。在全市制造业中实施智能制造技改并取得显著成效（技改完成后基本实现生产自动化、数字化）的企业超过100家。重点打造13个以上市级智能工厂、20个以上市级数字化示范车间、5家家居企业转型升级。

【5G产业】 成立赣州市5G发展工作领导小组，制定《赣州市5G发展工作方案》，出台《赣州市加快5G网络建设的若干措施》，优化5G网络设施建设环境，提升网络设施建

设水平。截至年底，累计开通 5G 基站 11195 个，实现市、县中心城区、重点工业园区和部分 AAAA 级旅游景区连续覆盖。

突出 5G 产业发展链条打造和集群建设，形成从基础材料、配套器件、关联芯片，到终端设备、平台应用比较完整的产业链条。信丰、龙南 2 个园区获评全省首批 5G 产业基地，全市引进 5G 关联项目 48 个，投资总额 623 亿元，5G 相关产品生产制造企业达 50 余家，实现营收 100 多亿元。华为供应链企业从 18 家增加到 25 家，一级供应链企业由 4 家升至 9 家。

5G 融合应用，整合 5000 万元专项资金，支持打造工业互联网平台、企业上云和智能制造，实现 5G 在电子信息、家具、服装、装备制造等行业的深度应用。上云企业超 7000 家，深联电路、赢家时装、瀚兰工业等 10 家企业被评为江西省首批“5G+工业互联网”应用示范企业，位列全省第一；赢家时装、瀚兰工业等企业项目入选 2020 年度全省 5G+工业互联网应用创新十大案例，为全省最多；通过两化融合管理体系贯标评定企业有 25 家，国家贯标试点企业 14 家，省级两化融合示范企业 39 家，市级两化融合示范企 94 家，省级两化融合示范园区 2 个，市级两化融合示范园区 7 个；第四届“绽放杯”5G 应用征集大赛，赣州入围 18 个项目，其中 10 个项目分别获得区域赛一、二、三等奖。

5G 创新平台建设，引进宁波智能制造研究院、中国联通工业互联网研究院、江西节点江西（赣州）物联网开放实验室、赣州区块链研究院、中国移动 5G 联合创新江西（赣州）开放实验室、中国电信（江西）工业互联网研究院赣州分院、赣州稀土行业“5G+工业互联网”联合创新实验室等 5G 行业龙头研究机构，开展技术攻关，推进 5G 技术和相关产品研发，涌现 5G+赣南果业大数据平台、南康 5G 家具产业智联网等一系列优秀 5G 应用场景案例。

【信息产业】 参与大湾区产业协作分工、承接大湾区产业转移，引进行业巨头，加快补链、延链、强链，形成液晶显示模组、印制线路板 2 条完整的产业链条。培育营收 100 亿元的同兴达科技、50 亿元的立德电子、20 亿元的联茂电子和深联电路等龙头骨干企业，引进恩嘉智能电子、章贡九木大数据等一批 50 亿元以上项目，上市公司宁波江丰电子落户。建设全省首个信创计算机整机生产制造基地，实现信创计算机“赣州造”，建成全省最大的信创适配与培训基地。

（郭　琳）

【数字化改革】 为破解部门间数据壁垒、信息孤岛问题，6 月中旬，启动“一网通办”数字化改革攻坚，抽调 11 个部门 18 名业务骨干组成工作专班，启动数字政务业务中台、智能审批平台、“亲清赣商”平台建设。创新建设全省首个“数字政务指挥舱”，打通 12 个省、市级部门业务系统，实现 62 项智能审批和“一件事一次办”，333 个事项“全程网办”。

【组建赣州市政务服务数据管理局】 12 月 14 日，经省委、编委批准，在“赣州市行政审批局”加挂“赣州市政务服务数据管理局”的牌子，这是赣州市对标大湾区机制创新的探索实践。

（庄明辉）

广电和通信网络

【广电网络】 全市广电网络共实现经营创收 3.4 亿元，完成省公司年初下达确保任务数，其中指令性收入 1.4 亿元，完成省公司下达指令性任务的 97%，市本级 2021 年实现总收入 5832 万元。全市下设 9 个部门和章贡区、蓉江新区、开发区 3 个直属分公司。

章贡区、赣县区、大余县、龙南市、宁都县、信丰县、安远县、崇义县、寻乌县等 12 个县（市、区）共投入资金超 5000 万元建设市级应急广播平台，共覆盖 166 个乡镇，1624 个行政村，终端点位 5264 个。

利用广电网络资源和技术，建设“一云”（智慧管理云）、“一平台”（电视学习平台）、“三系统”（指挥调度、大数据分析、云讲堂）、“四端”（电视端、电脑端、手机端、大屏中心端）。赣县、定南、南康等县（区）完成建设，实现辖区范围类文明实践站所全覆盖。借助云计算、大数据技术，将视频监控、应急广播、图形分析、地理信息、联网报警、大屏指挥等系统进行综合利用，把治安防范措施延伸到群众身边，解决乡镇村、社区安防体系盲点问题，实现治安防控“全覆盖、无死角”。全市共承接天网雪亮项目总金额超 3 亿元，赣州市分公司本级和上犹县分公司先后中标天网、“雪亮工程”达 5 个，中标金额近 3200 万元。独家代理深圳零壹公司产品，全市签约智慧社区项目资金超 5500 余万元，签约小区达 40 余个。全市 18 个分公司（含市本级）共签约新业务、新项目 155 个，签约资金达 1.35 亿元，结转收入 1.09 亿元。

（李慧娟）

【电信】 2021 年，中国电信赣州分公司发挥综合信息服务优势和信息化建设主力军作用，完成各项目标。主营收入完成全年预算 100.36%，主营收入增幅全省第一，手机发展、电信电视规模发展进位，出账用户数实现全省第一。公司加快 5G 网络建设，全年开通 5G 基站 1658 个；加快千兆网络深覆盖，新增千兆端口 1.47 万个，全市千兆端口总数达 2.8 万个，利用率达 92%，城区千兆改造率达 80%；加快网络基础设施建设，落实“5G 点亮赣南乡镇行动”，完成 273 个乡镇千兆网络能力发布。继续做好移动网络建设和优化工作，盘活相关资源做好 4G 网络优化，加快移动基站故障处理，重点开展重大网络隐患整治，提升网络健壮性，用户移动网络感知进一步改善。

公司网络信息安全小组每季度召开网信安全联席会，定期开展培训学习、安全演练和日常检查，提升应急处置能力；开展 2021 年网络安全宣传周活动，完成中国共产党成立 100 周年网络与信息安全保障工作。常态化开展反诈工作，全面加强涉诈骚扰电话专项整治，落实实名制管理要求，配合当地公安开展疑似诈骗、骚扰电话“断卡”行动。公司网络与信息安全工作综合评比全省第一、并荣获“打猫行动”先进集体等荣誉。

（陈　勇）

【移动】 2021 年赣州移动公司坚持以客户为中心，创新改革推动发展。收入增长 7.0%；收入份额 63.3%；净利润规模占比全省第一；建成 4G 基站 2 万个、5G 基站 5000 个，5G 信号率先实现“乡乡通”，通信客户到达 522.2 万户；发挥国企税收主力军作用，累计上缴税收 2.44 亿元；推动社会就业，创造就业岗位 1.6 万个。

推动通信基础设施建设，全年完成 10.03 亿元工程建设投入，5G 建设围绕“覆盖领先、布局合理、性能优越”标准，精准建设 4G、5G 高效协同的精品网络，4G 信号实现行政村 100%覆盖、自然村 95%以上覆盖，5G 信号率先实现“乡乡通”。宽带累计建成宽带信息点数 440 万个，网络覆盖能力增强。

开展“牛转乾坤行动”、“包村入户行动”等一系列市场拓展行动，有效客户重回历史新高，5G 终端客户达 153 万户、5G 资费客户到达 235 万户。宽带新增 24.63 万户，宽带净增 19.14 万户，宽带用户达 155.42 万户；机顶盒新增 22.48 万户，机顶盒用户达 115.42 万户。

开展“支部书记服务日”活动 168 场，书记项目完成率 87.7%，“心级服务”体验活动 87 场，5G 服务进集团、宽带义诊进小区 349 场；坚持服务先行，抓源治本，压实全方位、全过程、全员额“三全”服务责任体系。开展套餐适配、营销规范整治及不满客户修复；开展网络结构优化，群障压降、代维能力及高价小区网络攻坚；建立投诉风险预警机制，开展“由点到面”溯源分析，将风险消灭在萌芽期。2021 年整体服务满意度 KPI（关键绩效指标）居全省前列，关键满意度，手机客户满意度全省第四；宽带客户满意度全省第一，5G 客户满意度全省第三，政企满意度全省第二。

投资 1300 万元承建赣州市工业互联网安全态势感知平台，为龙南志浩电子、富尔特、章源钨业等 8 家企业提供服务；依托移动云，建设赣州区块链 BSN（区块链服务网络）网络节点；促进企业上云、降本增效，累计上云企业达 2000 余家。

参与平安赣州的建设，建设市本级、宁都县、大余县、瑞金市、蓉江新区、兴国县、南康区、寻乌县、石城县、会昌县、安远县、上犹县的“雪亮工程”及智慧安防小区，完成多个监控点位的建设，助力赣州完善治安立体防控体系。

将 5G 与人工智能、物联网、云计算、大数据、边缘计算结合，构建智慧城市的核心。5 月，赣州移动中标“智慧全南建设项目（一期）”，重点建设 1 个运营中心和 1 个数字平台（城市大脑）、建成“五大智慧”应用（智慧综治、智慧应急、智慧城管、智慧文旅、智慧住建）和 1 个专题场景（“互联网+不动产”）。该案例先后获第四届“绽放杯”5G 应用征集大赛江西区域赛二等奖、中国信息通信研究院“2021 年数字政府十佳案例”、集团公司金牌标杆案例、2021 年度混合云“行业实践类”优秀案例等殊荣。

依托中国移动 5G 联合创新（赣州）实验室，探索 5G 应用试点示范。围绕“1+5+N”特色工业，助力工业倍增升级，建设家具方面的南康备料中心智能工厂，制造装备方面的寻乌孺子牛、华南泵业 5G+AR，电子行业的佳腾电业、联茂电子、赣悦新材料等智能制造示范，建材方面的于都万年青 5G+智慧工厂等。围绕赣南特色种植和养殖业，联合生态建设 5G+赣南脐橙大数据平台、正邦 5G+VR 养殖项目等，提升农业生产效率和产品品质。联合研发 5G+VR 红色旅游终端，建设客家新闻网 5G 数字融媒体。依托 5G 专网+十大行业公共服务平台，打造 5G 智慧医疗、智慧交通、智慧物流、数字乡村等省级 5G 典型应用案例 23 个。参与第四届 5G“绽放杯”，获得江西区域赛一等奖项目 2 个、二等奖项目 3 个、三等奖项目 2 个。

（黄沛中）

【联通】 中国联合网络通信有限公司赣州市分公司主要经营固定通信业务、移动通信业务、国内国际通信设施服务业务、数据通信业务、网络接入业务和各类电信增值业务等全方位、多层次的综合电信业。全市有 17 个县分公司、7 个市区划小网格、13 个市分政企行业团队，负责当地的市场开拓和业务服务。

2021 年，赣州联通 4G 基站新增 1180 站，4G 人口覆盖率再提升达到 88%。通过加强 5G 共建共享，打造 3000 兆网络能力，与电信共建 5G 基站 1658 个，5G 基站达 3619 个，实现主城区、县城全覆盖。全年宽带新增端口 4.1 万个，新增接入强标小区 215 个、跟进老旧小区改造 136 个，以及社会化合作建网，宽带住宅覆盖率提升至 57%。全年完成 30 次通信重要保障，涉及赣州方特主题公园主题活动、宁都小布党史学习教育、石城温泉产业论坛活动等，网络保障效果显著。

（刘烈洋　张立桥）

【铁塔】 中国铁塔股份有限公司赣州市分公司，全年累计投资 1.27 亿元，建设 5G 通信基站 2974 个、室分面积 874859 平方米。先后完成赣深、兴泉高铁 2 个大型项目公网覆盖及龙南嘉和半岛等 74 个室分建设。对全市 1.4 万余个通信基站搭建“四位一体”维护体系，对基站配套设施进行更新整治，实现生产安全零事故。保障通信基站 24 小时有效运行。做好汛期、台风、重要会议、春节、中秋、国庆等重要时点的应急通信保障，确保全市通信网络正常运行。赣州市共享换电项目为近 1 万名外卖、快递等行业骑手提供换电服务，每天支撑订单准时送达；在 111 个小区部署约 4500 个电动车充电桩端口，为逾 4 万用户提供充电业务，解决小区充电难和充电不安全问题。2021 年赣州铁塔收入增长 0.09%，净利润增长 8.1%，公司整体实力得到提升。全年累计启动应急保障 20651 次，出动人员 41302 人次，出动车辆 20651 车次、油机 33651 台次，完成市第六次党代会、赣商大会等重要会议、中国共产党成立 100 周年、中秋国庆等重要节点的应急通信保障，全年应急保障工作高效有序，得到政府及电信企业的一致认可。

（谢艳敏）

3 月 22 日，赣南无线电监测中心在信丰县排查一起“黑广播”

（赣南无线电监测中心供图）

无线电管理

【概况】 2021 年，赣南无线电监测中心围绕“三管理、三服务、一重点”（管资源、管台站、管秩序，服务经济社会发展、服务国防建设、服务党政机关，突出做好重点无线电安全保障工作）及省 2021 年无线电管理工作要点，主动融入赣州经济社会发展大局。7 月，完成南康、赣县小型站升级改造项目验收工作。9 月，启动瑞金、信丰小型站升级改造项目工作，11 月 5 日完成项目招标工作，并与中标公司成都华日通信技术股份有限公司签订合同。

【建设“三南”监测站】 4 月底，项目拟购置的房屋完成封顶。9 月，完成北京德辰科技股份有限公司签订“三南”监测设备采购项目合同。11 月 15 日，完成室内二次装修项目竞争性磋商。派员参加“三南”无线电监测站项目建设推进会，了解建设计划、建设进度消防设施、交付标准、竣工验收等情况，提出有关功能布局、铁塔安装、预埋管线管件等要求。

【用频需求保障】 落实 2021 年度常规无线电监测工作计划，对民航、广播、铁路、防火、防汛、公安消防等重点频段实施常规保护性监测；每月按时完成工信部下达的频谱监测任务，累计监测时长达 1580 小时，并做好占用度统计、分析、上报工作，编写监测月报 12 期；按照年度监测计划完成市辖区内 18 个县（市、区）中心城区全频段电磁环境监测任务。专项无线电监测。落实省工信厅无线电监督检查处打击“黑广播”、“伪基站”常态化工作要求，每月安排专人负责监测、查处“黑广播”、“伪基站”任务，年内查处“黑广播”4 起；在国庆、春节等重要节假日期间，落实监测值班制度，启用固定监测站开展航空、列车调度频点的保护性监测，确保无线电通信畅通；做好考试期间无线电监测保障工作，参与各类考试期间的无线电安全保障 17 次，出动监测车辆 35 次，车辆行程 1000 余千米，派出人员 118 人次，监测时长累计达 246 小时，保障考点 103 个，监测考场 4683 个。重大活动、重点项目、重点工程的电磁环境保障。5 月，派出技术骨干到瑞金“二苏大”旧址参与保障“无线电点亮革命征程”短波通联系列庆祝活动全要素彩排保障监测。7 月 14—15 日，协助省无线电监测中心为省重点工程瑞金机场项目完成电磁环境测试任务。8 月 25 日，中心协助省工信厅无线电管理处、省无线电监测中心对兴国气象雷达站项目选址开展电磁环境测试。

【维护电波秩序】 查处“黑广播”4 起。3 月 22 日，在信丰县某小区排查一起“黑广播”。6 月 8 日，中心技术人员在中廷广场再查一起“黑广播”。6 月 13 日，在福祥小区查处 2 台播放的“黑广播”设备。保障公众移动通信安全。6 月 15 日，技术人员在于都县仙下乡排查一起移动基站带外干扰联通公司使用频段案件。6 月 30 日，排查一起由南康区宝明科技园“远距离大功率无线网桥”干扰移动公司 5G 频段案件。11 月 3 日，联合公安部门在会昌县城开展联合排查，成功捣毁一起干扰联通公司的电信诈骗窝点。6—7 月，在“净空”行动期间，接连查获 4 起干扰公众移动 900 兆赫频段车载干扰器案件。

（曾　飞）

本栏编辑：王　宇

城乡建设

综　述

【概况】 2021年，赣州市住房和城乡建设局推进省域副中心城市建设，提升城市功能品质，加快推进美丽乡镇建设，推动建筑业转型升级发展，保持全市房地产市场平稳健康发展，各项工作任务较好地完成。全年全市完成建筑业总产值606.4亿元，增长15.2%，位列全省第二；累计入库税收40.5亿元，增长4.4%，占总税收的比重为8.9%；建筑业增加值占GDP的比重为6.7%，经济增长贡献率为4.2%，拉动GDP增长0.4个百分点。全市有建筑施工企业2569家，新增入规入统建筑业企业210家，创历年新增之最。推进绿色建筑和装配式建筑发展，新开工、竣工绿色建筑分别达99%、83.7%，新增装配式建筑674.86万平方米。

【基础设施建设】 围绕省域副中心城市建设，加速推进“五区”（章贡区、赣县区、南康区、赣州经济技术开发区、赣州蓉江新区）基础设施互联共享，推进城市快速路、过江通道、主次干路等道路交通设施建设，拓展中心城区发展框架。开工建设6条快速路，其中蓉江三路快速路完成工程量的55.5%，武陵大道快速路、黄金大道快速路、沙河大道快速路、东江源大道快速路北延有序推进，赣南大道快速路正进行项目部驻地建设及临设搭建工作。完工1座（南康机场快速路跨上犹江大桥）、开工6座跨江大桥，其中南河大桥拓宽改造工程二期已具备通平条件，蟠龙大桥、螺溪洲大桥、创业大桥、平安大桥、和谐大道东延（赣县区段汶潭大桥）等建设推进。完工3条、新开工建设1条跨区主干路，施工蓉江四路过江隧道，完成总工程量的36%。

【海绵城市建设】 推广海绵城市建设理念，市中心城区海绵城市面积达54.82平方千米，占比27.41%。4月，在全省推进城市高质量发展示范省建设暨城市功能与品质提升工作部署视频会上，作先进典型发言。

【示范乡镇建设】 持续推进示范乡镇建设，完成第一批15个示范乡镇考核，第二批20个示范乡镇中期评估，示范带动效应明显；启动25个第三批示范乡镇创建，3年创建60个示范乡镇的目标任务完成。推进乡镇建设3年行动，做好美丽乡镇与示范乡镇有效衔接与协同推进，全市265个乡镇实施开展美丽乡镇建设5年行动，其中示范类64个、提升类127个、基础类74个。做好农村住房安全保障工作，全年全市危房改造、抗震设防农房改造计划共159户，截至12月底全部完工。全面开展农村房屋安全隐患排查，提前完成全市域范围内农村房屋安全摸底排查，排查农房1548880户，发现存在风险90户、完成整治78户。开展“送服务”技术下乡行动，培训农村个体建筑工匠5767人，提升农房规划设计和建造质量。

蓉江三路快速路建设　　（2021年，市住建局供图）

【建筑业发展】 全市累计入库建筑业税收40.5亿元，增长4.4%，占总税收比重为8.9%。扶持建筑企业升级发展，2021年全市有159家建筑企业申报晋升或增项资质，二级以上建筑业企业数持续提高，其中新增一级建筑业企业资质数达37项，新增入规入统建筑业企业210家。推进绿色建筑和装配式建筑发展，稳步推进国家装配式建筑范例城市建设，第二届全国装配式钢结构建筑发展研讨会在于都县召开。全市新开工、新竣工绿色建筑占比分别达99%和83.7%，新开工装配式建筑674.86万平方米，占同期新开工建筑面积的32.16%。加强工程质量安全监管，严格落实安全生产责任制，全市建筑工程质量安全水平得到有效提升，全市2个项目获“鲁班奖”，占全省获奖总数的33%，4个项目获“杜鹃花奖”，占全省获奖总数的50%；全市建筑施工生产安全事故起数和死亡人数较上年呈“双下降”态势。

【老旧小区改造】 推进城镇老旧小区改造3年行动，2021年全市计划改造小区137个，涉及住户33735户，提前2个月实现全面开工，截至12月底，完成投资额7.63亿元、完成投资率为74.1%，其中完成改造小区94个，惠及住户19754户。

【加装电梯】 推进既有住宅加装电梯工作，构建完备政策体系，全市从政策指引、资金奖补、具体操作、责任落实等方面为加装电梯提供制度保障，尤其是实行市中心城区20万元/台的财政奖补，减轻群众负担。优化审批验收服务。围绕“能加愿加则尽加快加”的目标，按照就近受理、集中审批、高效验收、优质服务的原则，加快推进加装电梯的审批验收。在社区设立加装电梯受理加装电梯“专窗”，由社区统一上报住建部门，在审批大厅进行一站式联合审批，让群众少跑腿。建立开工报告制度，对竣工验收事项实行一次性告知，并由质量监督管理部门提供免费技术支持。提高财政奖补发放效率，及时兑现政府奖补，全市累计兑现奖补资金1581万元。摸索协商机制。由社区党组织牵头，发动小区老党员、老干部、退伍军人，组建“章贡大妈”“老管家”“老师傅”调解员队伍，协助业主协商费用分摊、采光、通风、噪声影响等问题，将问题矛盾化解在基层。截至12月底，全市既有住宅加装电梯受理申请548台，通过审批477台、建设188台、建成227台，建成数全省第一。

（钟　品）

章贡区红杉里小区改造前后对比（2021年，市住建局供图）

重点工程

【概况】 2021年，全市推进三大战略、六大方向主攻，开展“项目大会战”，推进项目建设提速、提质、提效，为全市固投位列全省第二提供有力支撑。

【市重点建设项目】 57个项目列入省重点调度，总投资1376.58亿元、年度投资322.2亿元。截至年底，完成投资428.2亿元，占比132.9%。列入市重点项目249个，总投资5474.82亿元、年度计划投资1431.26亿元。截至年底，完成投资2042亿元，占比142.7%。赣深高铁、华能瑞金电厂二期百万机组提前建成投运，信丰电厂一期首台机组并网运行，格力电器智能制造第一条总装线进场安装调试。

【督促推进】 实施市四套班子领导“一对一”挂点、市政府副市长包干挂点“双挂制”，每季开展“进现场、解难题、促进度”活动。建立重大项目三级协调调度机制，分类别、分权限、分层级解决影响项目实施的突出问题220余个。组织开展“我在项目一线”新闻媒体舆论监督活动，跟踪报道20亿元以上项目150个，曝光项目建设问题23个，先后3次对9个推进项目不力的县（市、区）进行提醒约谈，有效传导工作压力、形成推进合力。

【提质服务】 在全省率先开展工程建设项目“一站式集成”审批、“全产业一链办”“一网通办”数字化、简化施工图审查等改革，创新异地招投标、“不见面开标”等做法，推动美克数创家具智能制造、卫棉纺织科技产业园等项目实现“当年开工、当年投产、当年入规”。设置“奔牛奖”“蜗牛奖”等奖项，营造“大抓项目、大干项目”氛围，推动项目建设按下“快进键”、跑出“加速度”。

【项目投资】 争取中央和省项目资金32亿元，获批企业债、境外债、公司债、专项债等各类资金620亿元，支持中科院赣江创新研究院、五江十岸防洪工程等478个项目建设。发挥对口支援优势，争取上级配置信雄高速、G45大广高速吉安至南康段改扩建工程、G319瑞金至兴国改线工程等项目新增建设用地指标866.67公顷。创新开展重大项目建设百日攻坚活动，项目开工239个、竣工315个、加快建设357个、加快前期293个，拆迁房屋115万平方米，完成住房安置10797套，消化批而未用土地4373.33公顷、处置闲置工业土地369.07公顷。

公共交通

【概况】 2021年，赣州市公交公司攻坚克难、扎实工作，较好完成分管的集团公司风险控制和主管的公交公司的各项工作任务。公交公司荣获“省第十六届文明单位”和第六届全国公交驾驶员节能技术大赛“优秀组织奖”，被提名为全市创建国家卫生城市先进集体；实现减亏1673.85万元（连续3年减亏），其中公交板块节约运营成本1442.49万元；公交出租车板块减亏49.72万元，连续3年减亏；公务用车板块实现盈利181.64万元，连续3年盈利。节约融资成本和财务费用126万元，实现理财收益50万元；公交运营122.45万趟次、里程3884.97万千米，运客量3681.65万人次（其中免费乘车1450.32万人次），机动化出行分担率20.25%。人车比由2017年最高2.0455∶1降低至历史最低1.4795∶1。

新增、置换的新能源纯电动公交车（2021年，市公交公司供图）

【新冠肺炎疫情防控】 制定疫情防控方案，坚持常态化消毒以及司乘人员和一线服务保障人员戴口罩、“两站一场”测体温扫码乘车等。加强职工、家属、乘客、服务单位“四方人员”管控，全年排查重点地区返回赣州职工及其家属9次、共5.6万人次，排查出12人均未按属地要求落实防控措施；按照“应接尽接、全员检测”的原则，组织接种新冠疫苗和开展核酸检测，公司职工2180人（含退休275人），疫苗接种率为98.94%，其中在职职工疫苗接种率为99.58%，退休职工疫苗接种率为94.50%。10月31日，8个小时完成全员核酸检测，检测结果均为阴性。

【安全生产】 压紧、压实全员安全生产责任制，打好同上（下）班、家访、结对帮扶、跟车稽查、推广工间操以及禁止调停时间玩手机等一系列“组合拳”的基础上，构建家企共管、警企联动、科技支撑“三位一体”安全生产管控格局，实现公交车安全生产3项指标大幅下降、同责及以上死亡事故为零的成绩。

【优质出行】 根据《市中心城区公交系统优化方案》，新增公交线路27条，运营公交线路增至106条，完善四级线网体系，选送的《赣州D5路线开通纪实》获市“学史力行·我为群众办实事”短视频大赛优秀组织奖。按标准建设公交场站3处，新建（恢复）公交专用道5条和公交候车亭57座，完善公交基础设施。新增、置换新能源纯电动公交车94辆，助力绿色发展。每月开展文明服务大比武，全年评定“流动红旗线路”101条次、“流动红旗车”1159辆次，形成争当先进的良好氛围。推行公交IC卡45分钟内优惠换乘和学生卡不清零，方便市民群众乘车。

【管理改革】 2021年，调整公司内设机构设置，公司人车比由2017年最高 2.0455 : 1 降低至历史最低 1.4795 : 1。探索对公交场站进行上盖物业综合开发利用，完成初步规划编制。按照“常规改定时、大车改小车”的思路，持续推进运营班次改革，全年节约运营成本 1442.49 万元。多措并举做大资产、拓宽融资、降低负债，公司总资产由 35413.88 万元增加至 60056 万元，资产负债率由上年同期 136.76%降低至 81.52%，首次将融资租赁综合成本由最高 7.78%降低至 6%以内，全年节约融资成本和财务费用 126 万元，实现理财收益 50 万元。内控系统 9 月 23 日上线运行，开发功能模块 29 个、流程 218 个，实现数据多跑腿，职工少跑路。

（周兆生）

供　水

【概况】 2021 年，赣州水务股份有限公司做好常态化疫情防控，抓好安全稳定供水，推进供排水设施建设，提升企业服务水平，企业高质量发展取得明显成效。公司实现业务收入 8.32 亿元，其中公司本部 6.6 亿元，增加 48.86%；实现利润 1.39 亿元，其中公司本部 1.28 亿元，增加 0.45%。完成供水量 23136 万吨，增加 13.76%，其中公司本部 15600 万吨、南康自来水公司 4366 万吨、赣县自来水公司 2210 万吨，上犹自来水公司 960 万吨。完成售水量 19542 万吨，增加 11.66%，其中公司本部 13061 万吨、南康自来水公司 3755 万吨、赣县自来水公司 1847 吨、上犹自来水公司 879 万吨。新增用户 76855 户，其中公司本部新增 50093 户。公司本部水费回收率 95.15%，漏失率为 13.93%。公司下辖赣县、南康、上犹自来水公司、给排水工程公司、污水处理公司等 7 个具有法人资格的子公司。有自来水厂 7 座，其中中心城区 3 座；供水加压站 11 座，其中中心城区 8 座；设计日供水能力 102 万吨，其中中心城区 65 万吨。自来水用户 71 万户，其中集团本部 41 万户。供水管道总长 4339.83 千米，其中中心城区 3427 千米。拥有日处理污水能力 16 万吨的污水处理厂 1 座。截至年底，公司资产总额达 41.78 亿元。

【供排水设施建设】 投资约 2.05 亿元的上犹江引水工程一期暨龙华水厂配套至上犹县清水管线工程完工，提升公司本部和上犹自来水公司供水安全。推进赣州市五区一体供水系统建设工程建设，实现谭东、沙河、叶山供水加压站通水，有效解决沙河片区、新能源汽车科技城、高铁新区、综合保税区、电子信息产业园区等区域供水紧张问题。赣县自来水公司投资 4448 万元城北加压泵站竣工投产，为城北片区、中科院赣江创新研究院提供供水保障。建春湿地公园地埋式再生水处理站通水试运行，有效改善周边水域环境。全年新增管网总长 200.73 千米。其中，中心城区完成和谐大道、保税大道、新能源大道等输水主管工程 125.63 千米，保证城市道路修到哪里，供水管网就跟进到哪里。协助章贡区、赣州经济技术开发区和蓉江新区完成《城乡供水一体化规划报告》编制工作，投资约 1925 万元，完成 3424 户农村自来水工程建设，保障农村居民饮水安全。

二水厂单台高压柜逐台进行高压预防性试验

（2021 年，赣州市水务有限公司供图）

【安全生产】 强化安全生产管理，开展安全生产专项整治三年行动“十大攻坚战”。对因工艺、环境、政策变化所导致的 109 篇规章制度进行修编。做好消防安全专项行动，加强市政消火栓的检查、维护、保养工作。开展有限空间作业、窨井盖问题等专项整治。每月定期开展安全隐患排查，共排查并整改问题隐患 81 项。常态化举行水厂水源水质污染事故应急演练及消防安全培训，做到关键岗位、关键部门全覆盖。

加强水质检测能力，赣州水质检测有限责任公司完成资质扩项，获生活饮用水 106 项资质认定证书。坚持每月对水质进行全分析检测，全年完成全分析水样检测 412 例，3 个水厂车间巡检 5838 次，管网水监测 929 次，中心城区水质综合合格率达 100%。

深化企业技术改造，在不停产的情况下，为二水厂单台高压柜逐台进行高压预防性试验。先后投入 620 万元资金，实施技术改造工作 6 项，有效保障制水供水安全。

【企业改革】 1 月，公司上市辅导备案材料正式被江西省证监局受理，进入辅导期。年底，公司完成 83 项辅导期问题整改工作，企业上市取得重大进展。抓好白塔污水处理厂生产运营管理，通过技术改造和工艺升级，处理污水 5062.94 万吨，增长 45.64%，消减 COD（化学需氧量）9246.78 吨，增长 62.97%；完成安装管道 125.63 千米，安装产值完成 1.33 亿元。二次供水累计签订工程合同总额 1.28 亿元，完成安装产值 1.01 亿元。推进水费回收“攻坚战”，追回欠款约 453.18 万元。加强用水稽查、管网测漏、维修工作，完成管网维修 13325 余处，测出漏水点 381 处。严厉打击偷盗水行为，处理违章用水 203 起，追回水费损失 218.75 万元。三水厂取用峰山水源水、二水厂使用章江水轮泵，节约电费 257.96 万元。公司本部全年水费回收率达 95.15%，较好完成年度目标。

【供水服务】 持续为用户减负，取消新装申报、移改表等业务的勘察费用及过户、销户等业务的办理费用。用水申请、签订合同、验收通水等只收实际发生工程费用。落实国务院《关于清理规范城镇供水供电供气供暖行业收费促进行业高质量发展的意见》，取消建筑区划红线外收费。全面梳理所有窗口业务，删减一切“重复证明、循环证明”，对需要的证明材料设定多种替代方式及后期补给等方法，实现业务灵活办理。

持续优化营商环境，常态化开展“供水服务进社区”，现场帮助用户解决用水问题。受理各类政务平台等转来的工单 1160 件，其中投诉转办件 118 件。压缩企业获得用水报装环节，将获得用水环节由 3 个简化为 2 个，并在 4 个工作日内办结。在赣州市审批局增设企业报装用水业务窗口，企业报装可在市工程建设项目系统统一办理。为部分急需用水企业开辟绿色通道，先勘察、后受理。

抓好“智慧水务”建设，完善支付方式，增加支付宝、微信等扫码支付渠道。上线微信公众号“指尖水务”“网上营业厅”，让群众足不出户办理各项业务。完善营销服务综合管理平台建设，推进“一站式”和“互联网+”服务模式，做到“一窗受理、一网通办、一站办结”。

做好老旧小区管网改造，配合赣州市背街小巷老旧小区改造工程，投资 200 余万元为中心城区 21 个老旧小区实施市政供水管道改造，改造管网长度 8.9 千米。为金钻广场、中银信托宿舍、赣电电南苑 3 个老旧小区实施二次供水改造，直接受益用户 209 户。

（刘志刚）

供　气

【概况】 赣州深燃天然气有限公司是深圳市燃气集团股份有限公司与赣州市政府合资成立的一家国有控股企业，拥有赣州中心城区管道燃气特许经营权，是建设、经营、管理和发展赣州中心城区管道燃气事业的唯一主体。

2021 年，公司以卓越的经营、科学的管理、优质的产品、专业的服务，推广使用清洁能源，致力于为客户、为市民、为社会“成就绿色品质生活”。全年公司实现天然气销售总量 2.19 亿立方米。

【安全管理】 通过多种形式传导安全压力，增强全员安全意识；加快推进老旧管网改造和圈占压隐患整改，跟踪督促整改成效，形成闭环管理。成立管道保护工作专班和工作小组，开展专项检查，强化第三方工地管理；借鉴深圳区域经验，完善工地现场安全警示，加大宣传力度，并通过开展事故复盘会，管道保护专题沙龙等，分析内部原因，制定改进措施。服务民生，完成所有老旧中压铸铁管道（20 千米）的更新改造，铸铁（镀锌）庭院管道改造 89.3 千米，涉及小区庭院项目 158 个，老旧管道安全运行风险得到有效控制。

【优质服务】 对标营商环境先进经验做法，缩减用气办理时限。安排专人配合市政府“一网通办”系统建设，实现数据共享、业务协同，提高服务效率。全面投放 IC 卡圈存设备，使客户“足不出小区（社区）”即可圈存；自主研发“智慧前台”创新项目，有效解决客户热点、难点问题。2021 年，收到锦旗 14 面，市民综合服务中心营业窗口被评为“优秀窗口单位”，赣州经开区公管处和多家企业先后送锦旗致谢。

（陈孝国）

供　电

【概况】 2021 年，国网江西省电力有限公司赣州供电分公司围绕电网

赣州深燃天然气有限公司沙河气站
（2021 年，赣州深燃天然气有限公司供图）

企业“三大责任”（安全责任、社会责任、经营责任）和“明方向、强基础、优作风、保安全、聚力量”工作要求，形成“想干事、能干事、干成事”的浓厚氛围。公司继续保持全国文明单位称号，1个团支部获评全国五四红旗团支部；公司党委获评国家电网公司红旗党委，1支共产党员服务队获评国家电网公司优秀服务队，1名员工获评“国网工匠”，取得历史性突破；11家单位获评省文明单位、1名员工获评省公司劳动模范；公司连续4年获评市直机关工委党建红旗单位；13个党支部、23名优秀党员和优秀党务工作者分别获得上级“一先两优”表彰。

截至年底，公司多项指标都取得进步与增量。全年电网完成投资27.63亿元，占比全省18.1%，全省排名第1位；主网建成投产35千伏及以上线路522千米，新（扩）建变电站17座；配网下达年度投资计划13.11亿元，投资计划及建设规模均创历史新高；公司投诉下降82%；综合线损率4.15%，较年初下降1.01个百分点；售电量232.13亿千瓦时，增长15.1%，增速全省排名第5位。定南公司获得“省公司同业对标年度优秀县级供电企业”称号，城北、城南供电中心均获得“国网江西省电力有限公司同业对标年度城区优秀供电中心”称号。

截至年底，公司在运220千伏变电站27座，110千伏变电站106座，35千伏变电站209座（其中35千伏配电化台区5座），比年初分别增加0座、6座、4座。

【安全生产】 压实安全主体责任，坚持市县公司主要负责人主持召开事故分析会，不给安全留后门。开展安全生产专项整治“二下二上”和“五查五严”（查思想认识，严明政治规矩；查制度体系，严肃制度执行；查安全管理，严细落实责任；查事故隐患，严抓安全防控；查法治建设，严格依法治企）等一系列排查整治行动，公司七级事件下降57%、八级事件下降34%。

落实“四个管住”（管住计划、管住队伍、管住人员、管住现场）要求，狠抓“三种人”（工作票签发人、工作负责人和工作许可人）作业能力评估，坚决执行不合格“三种人”退出机制。出台安全生产“明白人”管理办法，严把施工队伍安全准入和退出机制，4家施工队伍列入“安全黑名单”，排查清退作业人员500余人次。安全管控中心“技防”与“人防”并举，聚焦高风险等级、“自己干”等作业现场，月均稽查施工作业项目达6000余项。

变革设备管理模式，全面落实省公司输电线路属地管理要求，发挥供电所距离近、响应快等优势。优化输变电运维管理，构建“通道日巡+本体年巡+人工标巡”的输电运维及“无人值守+集中监控”变电运维管理新模式，500千伏线路全年零跳闸，220千伏、110千伏线路跳闸率下降均超35%。

国网赣州供电公司职工带电作业
（2021年，国网赣州供电公司供图）

【经营管理】 增供扩销抓好主责主业。围绕“度电必争”，开展“快接电、少停电、降损耗”攻关，由各单位主要负责人跟踪1000千伏安及以上客户受电工程进度，压实营销关键业务治理，发现问题1.24万个。严格停电计划管控，台区平均停电时长减少55%，增供1600万千瓦时。率先铺开运用“蜈蚣梯”带电作业新技术，做实“少停多供”。出台降线损十项硬措施，公司综合线损率下降1.01个百分点，降损超2亿千瓦时。严格生产成本项目审计监督和现场抽查，审减663.45万元。优化后勤业务管理模式，办公用品及杂费下降35%。

【电网建设】 靠前开展电网规划，完成《电网“十四五”高质量发展、跨越式提升专题研究》，促成省公司调增赣州“十四五”规划负荷边界97万千瓦，为电网谋得更大发展空间。政企联动，争取“赣闽联网”落点赣州，落实省内首例跨江大桥预留高压电缆通道。

超额完成电网前期规划与建设。完成35千伏及以上电网项目可研前期30项，开竣工60项，投产38项，投产率达115%。完成4个县220千伏扩主变工程，实现每个县220千伏双主变。因地制宜开展山区35千伏配电化应用，消除无变电站的4个乡镇，大幅提升乡村供电可靠性。竹岗110千伏输变电工程获国家电网公司建设安全管理“五好”示范工地称号。

争取自主实施8.03亿元，占全省的20%，11个国家级贫困县投入中央预算内农网改造资金2.22亿元，占全省的44%，支撑重点民生工程、美丽乡村建设有序推进。

（刘　童）

城市管理

【概况】 2021年，赣州市城市管理局统筹推进城市管理提质增效，提升城市人居环境质量，城市管理取得新突破、新发展、新提升。全市通过全国文明城市复核、成功创建国家卫生城市，市城管局记创建国家卫生城市集体二等功，市政工程管理中心、市园林环卫管理中心、市城市管理综合行政执法支队等局属3个单位创建国家卫生城市工作，市城市管理监督指挥中心被评为深化全国文明城市建设工作先进集体；瑞金市金都大道北一巷背街小巷整治案例被省住建厅推荐为住建部背街小巷整治典型案例。市城管局被评为全国“扫黄打非”先进集体，荣获“江西省住建系统扫黑除恶专项斗争表现突出单位”称号，被评选为第十六届江西省文明单位。

【重点治理】 紧扣“干净、整洁、安全、有序”目标定位，以农贸市场周边、城郊接合部、城中村和居民小区为重点，落实常态化管理措施，环境卫生市容秩序改善。开展屋顶“平改坡”、防盗网“凸改平”、架空线缆“上改下”、道路“白改黑”，市容市貌大幅改观。针对杂乱管线、防盗网（窗）、违法建设、广告店招、建筑工地、闲置土地、杂物乱堆、占道经营等重点、难点问题发力，开展专项整治。

【突出问题治理】 重点解决社会关注、群众反映强烈的突出问题。全面开展城市窨井盖问题治理专项行动，消除城市窨井盖缺失、破损变形、松动错位、与路面不平、通车异响等问题，排查出各类窨井盖556063个，排查出问题井盖9107个，全部完成整改，整改率达100%。利用问政赣州、“12319”城管服务热线等平台，发动市民监督窨井盖管理的做法被列为全省窨井盖整治工作特色亮点。推进园林绿化，开展三角梅种植推广，加强古树名木保护，强化城市绿线管制，通过省级生态园林城市复查。严把绿地设计方案审查关，加强绿化工程质量监督考核，强化城市绿线管制，第一时间传达学习贯彻中央纪委国家监委关于广州市大规模迁移砍伐城市树木事件问责情况通报精神，严格落实省、市主要领导关于城市精细化管理有关批示要求，在全市开展摸排，严厉打击各类破坏、乱砍滥伐、非法侵占城市绿地的违法行为，制定出台《赣州市园林绿化管理若干规定》，加强城市园林绿化成果保护。全年处理非法占用绿地、毁绿、非法砍伐树木16起，应急抢险30起，以强有力的举措持续推动园林绿化品质提升。

【查处城管案件】 聚焦主责主业，严肃查处户外广告、园林绿化、环卫垃圾、市政设施、生活污水等城管领域案件45件。迅速集中力量整治赣州电视台630播报曝光的“僵尸围挡”，统筹五区一体化推进施工围挡整治工作，制定出台《赣州市围挡设置管理若干规定》，排查问题围挡231处，全部整改到位，实现赣州市围挡设置系统治理、依法治理，推动城市管理法治化、标准化、专业化。全面推开“城管进社区”工作，全市共进驻136个社区，进驻城管队员318名，推进城市管理由被动管理向主动服务转变，由末端执法向前端服务转变，实现投诉件下降25%，社区类执法案件下降35%，拆违类案件下降40%。安远县开展城管“六进”行动，受到省住建厅表扬；赣县区“城管进社区服务面对面”与“老旧小区改造”相结合，经验做法在人民网刊发。常态化开展扫黑除恶专项斗争，被评为“全省住建系统2018—2020年扫黑除恶专项斗争表现突出单位”以及“全市扫黑除恶专项斗争先进单位”，强化渣土运输管理经验做法被市扫黑办全市推广。

【专项整治】 开展“路见本色”行动、洗城行动，全覆盖开展城中村和城乡接合部、住宅区环境卫生、“牛皮癣”等一系列专项整治，全面推行环卫深度保洁标准，环卫机械化作业率达90%以上。推进生活垃圾分类，中心城区党政机关、事业单位实现生活垃圾分类投放、分类收集，在25个居民生活小区开展居民生活垃圾分类试点，启动章贡区解放街道生活垃圾分类示范片区建设。各县（市）基本实现公共机构生活垃圾分类投放、分类收集全覆盖，在城区49个居民生活小区和265个行政村（社区）开展居民生活垃圾分类试点。

【环保督查反馈问题整改】 通过强化整治、实地督导等措施，抓实环保督查反馈问题整改，序时推进环保反馈问题整改和转办信访件办理，解决一批历史遗留环保问题“积案”。2016年中央环保督查反馈的“我市龙南、定南等6个县（市）生活垃圾填埋场采取简易填埋方式”问题接受省、市查验核实组现场查验核实；2018年省环保督查转办“华城名苑”信访件顺利实施销号。坚持精准治污、科学治污、依法治污，推动出台《赣州市城镇生活污水治理三年攻坚行动方案（2021—2024年）》，赣州市第一水厂及其上游的一级水源保护区的7个排污口治理完工，中心城区5个黑臭水体全部消除黑臭，通过住建部“长制久清”效果评估，消除比例为100%。

（刘雨纯）

本栏编辑：王　宇

生态环境

综 述

【概况】 2021年，打好污染防治攻坚战，奋力实施美丽赣州建设行动，生态环境保护各项工作扎实推进，中心城区 $PM_{2.5}$ 平均浓度和空气优良率实现“双第一”，赣江干流（赣州段）水质达到Ⅱ类水质，完成省政府工作报告设定的目标任务，赣州市在全省污染防治攻坚战成效考核中获评优秀、排名全省第二，市生态环境局在全省生态环境目标管理考核中获评综合先进、排名全省第一，实现全年圆满收官和“十四五”良好开局。

【生态文明示范区创建】 2021年，市委、市政府推进生态文明示范创建工作，将生态文明示范创建工作特别是国家生态文明建设示范市纳入市委、市政府工作报告重要内容。印发《赣州市生态文明示范创建工作实施方案》，构建县（市、区）、乡（镇）、村三级创建工作体系，有计划、有步骤系统整体推进“十四五”创建工作，把条件成熟、积极性高的县（市、区）打造成国家级创建“样板工程”，通过精心打造一批典范样本，典型引路，引领带动全市各县（市、区）深入推进生态文明建设。

坚持“好中选优”，制定《市级生态村考核验收规定》，认真贯彻落实国家、省级生态县、乡镇等管理规程，按照自下而上、层层推选、逐级审核的方式，规范创建、申报、审核程序。加强技术指导，组织专家开展材料审查及实地核查，严格审核把关，发挥指导、示范作用。实行动态管理，定期对已命名的生态县、乡镇、村进行“回头看”复核，发现问题责令限期整改。

全市累计创建国家级生态文明建设示范县3个（崇义县、寻乌县、石城县）、国家“绿水青山就是金山银山”实践创新基地1个（崇义县）、国家级生态乡镇11个、国家级生态村1个；成功创建省级生态县6个（崇义县、寻乌县、石城县、全南县、上犹县、信丰县）、省级“绿水青山就是金山银山”实践创新基地3个（石城县、寻乌县、大余县丫山景区）、省级生态乡镇116个、省级生态村161个，市级生态村1589个。

【美丽赣州建设】 “北上”赴生态环境部对接汇报，邀请生态环境部环境规划院2次到赣州调研，初步达成战略合作意向。完成《美丽赣州建设行动实施方案（2022—2025年）》编制，启动《美丽赣州建设实施纲要（2022—2035年）》前期调研论证。美丽赣州建设行动领导小组年内召开2次会议部署推进，设“一办五组”（即办公室和绿色低碳发展、污染防治攻坚、生态保护修复、农村环境提升、治理体系创新5个工作组），成员单位在14个基础上，增加10个配合单位，各工作组齐心协力，各项工作顺利推进。制定《美丽赣州建设行动2022年度工作方案》，明确总体要求、工作目标、重点任务和工作措施。

【服务项目建设和“放管服”改革】 服务重大项目建设。围绕服务全市重大项目建设百日攻坚活动，积极争取省生态环境厅领导带队3次到赣州现场办公，给予赣州特殊环评审批模式，有效解决江西金力永磁、北京中科三环、江钨集团企业搬迁等30多个重大项目的环评审批制约问题。组建工作专班，抽调精干力量，从正面清单、环评服务、重金属污染物排放总量、生态环保基础设施建设等方面积极提供支持，协调解决市级审批线路板、稀土等主导产业重大项目及生猪养殖等民生工程环评审批问题。2021年，累计完成环评审批或登记项目2415个，涉及项目建设投资超过1860亿元。

实行“两个正面清单”。修订市生态环境保护监督执法正面清单并制定实施细则，将全市196家企业纳入正面清单，实施差异化监管。继续实施环评审批正面清单，对重大项目清单中的101个项目实行环评豁免，对111个项目实行环评告知承诺制审批。2021年，累计核发排污许可证1615家，其中重点管理230家、简化管理1385家。

开展“对标大湾区事项梳理优化提升行动”。通过精简材料、简化程序、减少环节、缩短时限等方式对8项行政许可事项进行调整优化。持续加大行政权力下放力度，53项行政权力事项可在县级办理47项，占比达88.7%。在将非辐射类建设项目环境影响评价文件市级审批权以及相关行政编制、人员划转市行政审批局的基础上，再次划转辐射类建设项目环评审批权和2名专业人员。全面推行“双随机、一公开”，在20个县（市、区）启动跨区域交叉执法检查，减少执法干扰，营造公平竞争的营商环境。

生态环境质量

【概况】 2021年，全市生态质量指数（EQI）稳中向好，大气环境质量领跑全省，赣江干流（赣州段）达到Ⅱ类水质。

【空气环境质量】 2021年，市中心城区$PM_{2.5}$平均浓度23微克每立方米，下降11.5%，空气质量优良率高达99.5%，增加2.8个百分点，2项指标均领跑全省，实现“双第一”；各县（市、区）$PM_{2.5}$平均浓度在14—27微克每立方米之间，环境空气6项主要污染物浓度实现了“全达标”。

【水环境质量】 全市13个地表水国家级考核水质优良率保持在100%；22个地表水省级考核断面水质优良率为100%；国控、省控、市控、县界断面已消灭Ⅴ类及劣Ⅴ类水。73个地表水断面水质优良率98.6%（国控断面水质优良率96.2%），县级及以上城市集中式饮用水水源、水质优良率100%。

【土壤环境质量】 全市重点建设用地安全利用率、受污染耕地安全利用率分别达到100%、95%，地下水环境总体安全可控。

污染防治

【概况】 推动出台《生态环境部对口支援江西省崇义县“十四五”工作实施方案》，争取将赣州9个县纳入革命老区“十四五”生态环境保护修复实施方案，获得中央大气、水（含地下水）、土壤污染防治和农村环境综合整治、东江流域上下游横向生态补偿等各类生态环境专项资金6.8亿元，14个项目被纳入中央生态环境专项资金项目储备库。

【大气污染防治】 2021年，市生态环境局建立赣州市大气污染防治作战指挥机制，实现市、县两级作战指挥、科技支撑、形势分析、预警提醒、分级响应等措施有效融合。2021年，赣州市环境空气质量达到历史最佳水平，$PM_{2.5}$年均浓度和空气优良率指标实现全省“双第一”，市中心城区$PM_{2.5}$平均浓度23微克每立方米，下降11.5%，空气质量优良率高达99.5%，增加2.8个百分点，2项指标均领跑全省，实现了“双第一”；各县（市、区）$PM_{2.5}$平均浓度在14—27微克每立方米之间，环境空气6项主要污染物浓度实现了“全达标”。

【水污染防治】 11月24日，由赣州市生态环境局、寻乌县人民政府主办，河源市生态环境局和龙川县人民政府协办开展东江流域赣粤跨省界寻乌—龙川段突发环境事件应急演练活动。演练有效提升跨省界突发环境事件应对能力和水平，探索保障东江流域赣粤跨省界水生态环境安全经验，积累处置跨省界突发环境事件应急能力，达到以演习促培训、以演习促宣传、以演习促提升的目的。市生态环境局以中心城区饮用水源地——龙华江流域作为试点，推广实施突发水环境应急“南阳实践”工作经验，试点经验走在全省前列。强化尾矿库、工业园区、涉危涉重企业、饮用水水源地等重点区域隐患排查，累计开展环境应急演练39次。

采取高密度排查调查、高标准整改整治、高强度督查督办、高质量落实落地等超常规举措，投资1.92亿元完成赣江干流（赣州段）24项水生态环境问题整治，确保赣江干流（赣州段）4个断面水质达到Ⅱ类。印发《关于配合做好市级河长巡河工作的通知》，配合开展市级河长巡河13次，大力开展“清河行动”，整治完成21个问题，全面完成“河长制”工作任务。73个地表水断面水质优良率为98.6%（国控断面水质优良率为96.2%），县级及以上城市集中式饮用水水源、水质优良率100%。强化超标或风险水质断面管控，对全市19家定点医院、113个集中隔离点医疗废水收集、转运、处置情况进行全面监督检查，建立全市乡镇主要河流跨界断面水质监测考核机制，织密水质监测网。全年全市地表水水质总体为优，监测断面水质优良（Ⅰ—Ⅲ类）比例为95.9%；赣江流域地表水水质总体为优，断面水质优良比例为95.24%；国家考核断面水质优良比例为100%；全市县级以上集中

12月，市生态环境局开展大气巡察管控工作（市生态环境局供图）

式饮用水源地水质达标率为100%；赣江干流（赣州段）4个断面均为Ⅱ类水质；东江流域出境断面水质达标率为100%。

【土地污染防治】 开展《中华人民共和国固体废物污染环境防治法》贯彻实施情况自查，完成2016年中央第一轮生态环境保护督察涉及固体废物管理问题销号，完成42个污染地块土壤调查，排查疑似涉镉污染源168处，开展涉镉等重金属企业污染源排查整治，完成215个行政村的生活污水设施建设，列入国家清单的农村黑臭水体已整治54处。全市受污染耕地安全利用累计实施1.2万公顷，重点建设用地安全利用率、受污染耕地安全利用率分别达到100%、95%，地下水环境总体安全可控。

按照耕地土壤环境质量类别划分成果，实现全面分类管控，全市受污染耕地安全利用1.08万公顷、严格管控1176.13公顷。严格建设用地准入管理和农用地分类管理，重点实施土壤污染源头防控，开展土壤、地下水和农村环境综合整治中央专项资金项目建设攻坚，建设国家级农村生活污水治理重点区，推进“无废城市”建设。

【农村环境治理】 按照“厚底板、补短板、锻长板、造新板、树样板”目标要求，实施市场运作的“石城经验”、整体推进的“瑞金模式”、智慧环保的“定南特色”等一批经济实用、稳定管用、方便好用、易检耐用的农村环境整治项目。2021年全市完成78个行政村生活污水治理任务。年内，全市有1220个行政村建有污水处理设施或进行纳管处理，建成集中式处理设施1070个，分散式处理设施618个，总处理规模17.27万吨/日，服务户数42.1万户，服务人口164.8万人，建成的污水处理设施及覆盖村庄数量均居全省第一。全市列入国家清单的农村黑臭水体85处，整治完成54处，完成占比63.53%，超额完成既定任务目标。

生态环境监察

【环保督察问题整改】 制定出台《贯彻落实中央生态环境保护督察报告整改方案》，抓实各类问题整改。

抓好中央、省环保督察反馈问题整改。市主要领导亲自推动、高频次调度中央、省环保督察问题整改，各分管市领导协调10个专项工作小组分领域、分行业推进环保督察整改、信访件整改销号，集中力量开展地毯式排查、跟踪式督导、过堂式审核。

集中攻坚突出环境问题整改。开展问题整改销号“百日攻坚战”专项行动，按照“制定一个方案压实责任、理清一套清单分类管理、制作一个图表挂图作战、建立一个通报跟踪督办、召开一项会议定期调度、落实一项督办全面覆盖、完善一套档案查验销号”工作模式，整合10个部门力量组建5个工作小组，深入一线推进突出生态环境问题整改销号。

持续巩固环保督察问题整改成效。建立反馈问题和交办信访件重点督办问题清单，分片挂点与行业领域相结合的督导制度，分片挂点督办重点信访件处理，定期调度公示整改进展。将交办信访件整改作为“我为群众办实事”活动重要内容，推行县（市、区）“一个举报对象、一套整改方案、一名县级包案领导”模式，高标准、高质量、高效率解决好重复信访问题。截至12月底，全市2016—2021年中央、省反馈各类问题346个，完成整改264个，完成率达76.3%，销号148个，销号率达42.8%；交办信访件2133件，已解决2065件，解决率达96.8%；销号1783件，销号率达83.6%。

【环境监管】 加强生态保护监管，保持打击环境违法的高压态势，有效保障生态安全。

持续开展“绿盾”强化监督、矿山大排查、大整治等专项行动，加强生物多样性宣传和保护。启动国家生态文明建设示范市、“无废城市”创建工作，累计创建国家生态文明建设示范县3个、“绿水青山就是金山银山”实践创新基地1个，数量排名全省第一。

严密防控环境风险。开展严厉打击危险废物环境违法犯罪、重点排污单位自动监测数据弄虚作假、交叉执法检查等行动，出动执法人员2052次开展风险源排查，发现并整改环境安全风险357处，有效防范化解环境风险。实施龙华江流域突发水环境应急“一河一策一图”“南阳实践”，试点经验走在全省前列。强化尾矿库、工业园区、涉危涉重企业、饮用水水源地等重点区域排查，联合广东省河源市开展东江流域赣粤跨省界寻乌至龙川段突发环境事件应急演练活动，累计开展环境应急演练39次，抓好核与辐射安全监管。赣州市未发生较大及以上突发环境事件。

生态环境执法

【概况】 2021年，市生态环境保护综合执法支队以执法大练兵、执法专项行动为抓手，围绕生态环境保护中心工作，全方位开展生态环境监管执法工作，取得显著成效。全年立案查处违法案件318起，处罚金额3780万元。办理163例生态环境损害赔偿案件，涉及金额300万元。处罚案件数及罚款金额均比2020年同期大幅度提升，各项数据均位居全省首位。市生态环境保护综合执法支队被生态环境部评为2021年全国打击危险废物环境违法犯罪和重点排污单位自动监测数据弄虚作假违法犯罪专项行动表现突出集体（全省唯一），被省委、省政府表彰为江西省生态文明建设先进集体。

【执法大练兵活动】 学习练兵。以“党建”为引领，结合中国共产党成立100周年和党史学习教育，开展“我为群众办实事”实践活动，组织全市生态环境保护执法业务集中培训，由综合执法支队派出业务骨干，邀请相关专家就在线监控、危险废物、排污许可证执法检查等进行现场授课。

实战练兵。落实“每日一调度、每月一通报”，全面提升市、县两级移动执法系统使用率。开展以赛促练，模拟执法现场比发现问题能力、比移动执法设备使用熟练程度、比相关文书制作水平，对敢于发现问题、善于查案办案的执法能手推送到赣州环境微信公众号“执法铁军风采”专栏，用榜样力量激励全市执法队伍前行。

帮扶练兵。综合执法支队分成5个小组，分片对20个县（市、区）进行工作帮扶和指导。帮扶小组定期查处挂点区域存在的生态环境问题、工作进展滞后问题；挖掘挂点区域特色亮点和做法，促进区域间工作交流；统筹协调跨区域执法问题，消除监管盲区；督促协调挂点区域及时整改存在的问题，稳步推进基层执法能力水平提升。

评审练兵。选拔历年执法大练兵表现突出个人、一线执法业务骨干和法律顾问等，成立全市生态环境保护执法大练兵活动案卷评查小组，负责开展全市执法案卷交叉评审工作。在案卷评查过程中建立“办案能手”库，入库人员采取“每周一议”（语音视频互动）、“每月一审”（电子阅卷）的灵活交流模式，对全市“重大疑难复杂案卷”进行审议、对办案过程中遇到的问题出具指导意见、对案卷办理程序等研究制定统一规范、参与跨区域案件审查工作。

联合练兵。实时分析、研判执法工作的重点区域、重点行业、敏感区域，抽调县级执法机构业务素质高、工作经验丰富的执法人员组成联合执法专项队伍，全面启动跨区域交叉执法检查，聚焦严厉打击危险废物环境违法犯罪和重点排污单位自动监测数据弄虚作假违法犯罪专项行动，形成执法合力，共同查处和协调解决生态环境重点、难点、热点问题。

【专项行动】 加强“双随机、一公开”监管，全年共完成60家企业的抽选及60家企业的现场执法检查和信息公开工作。优化生态环境保护执法方式提高执法效能，实施生态环境监督执法正面清单，推动差异化分类监管，全市196家企业纳入正面清单。

开展打击危险废物环境违法犯罪专项行动，全市移送行政拘留26件（拘留30人）、移送污染犯罪刑事拘留13件；开展严厉打击重点排污单位自动监测数据弄虚作假专项执法行动，全市累计出动执法人员2657人次，排查在线监控企业341家，发现环境违法问题82个，查处案件16起，涉案金额98.1万元，批捕犯罪嫌疑人3人。

开展交叉执法检查行动，全年出动执法检查人员835人次，检查企业229家，发现问题企业126家，发现环境违法问题318个；对赣江干流278个长江入河排污口点位开展溯源排查，核销非排口23个，剩余255个排口全部完成编码命名，对有水外排的154个排口开展监测，完成81个排口标志牌树立，整治长江入河排污口22个。

开展“散乱污”企业整治，化工园区整治（含问题化工企业），工业企业达标排放“回头看”行动。整治“散乱污”企业42家，82家问题化工企业完成整改，排查工业企业626家，纳入2019—2020年整治清单的59个超标问题均已整改到位。按照《消耗臭氧层物质监管指南（试行）》要求，通过查资质、查备案、查台账，切实加强对全市3家涉ODS（操作型数据存储）企业的日常监管执法。

开展医疗机构环保专项执法检查，现场检查医疗机构393家、医疗废物处置单位1家，发现各类问题240个，纳入常态化监管。

开展打击干扰生态环境保护执法行为排查整治专项行动，全面排查整治以纳税大户和重点企业不依法进行执法检查、实施行政处罚，领导干部“打招呼”干扰生态环境执法工作等问题。

2021年，市生态环境局工作人员到龙南江西天奇金泰钴业有限公司查看企业污水收集情况（市生态环境局供图）

【环境应急处置与管理】 积极推进“南阳实践”。选择龙华江作为试点河流，委托生态环境部华南环境科学研究所编制《赣州市龙华江流域突发水环境应急“一河一策一图”项目实施方案》，至年底全面完成资料收集、影响识别、现场踏勘、方案评审、系统填报、实战演练等工作。赣州市此项工作走在全省前列，作为全省典型报送生态环境部。

加强风险隐患排查。重点加强对尾矿库、工业园区污水处理厂和园区雨水排口、涉危涉重企业、饮用水水源地等重点区域排查，出动执法人员2052次，检查企业1117家（其中涉危企业465家），发现环境风险隐患357处并全部整改到位。

全市长江经济带228家涉危涉重企业在全国环境应急预案电子备案系统完成备案。

开展环境应急演练。全市举行应急演练39次，企业自行组织50次，其中市生态环境局与寻乌县政府主办、河源市生态环境局和龙川县政府协办，联合开展的“东江流域赣粤跨省界寻乌至龙川段突发环境事件应急演练”，得到江西省、广东省生态环境厅肯定。

建立健全联防联控机制。与广东省河源市重新签订《赣粤赣州市、河源市跨界流域水污染联防联控合作协议》，进一步明确双方在保障跨界流域水环境安全任务要求；开展跨区域河道机制沙、赣深铁路赣州段生态修复等联合检查；加强东江流域出入境断面水量、水质调度，共同保障跨界流域生态环境安全。

水土保持

【全国水土保持高质量发展先行区建设】 7月26日，水利部办公厅下发《水利部办公厅关于开展全国水土保持高质量发展先行区建设的通知》（办水保〔2021〕225号）文件，将赣州市、延安市和福建长汀县、山西右玉县、黑龙江拜泉县“两市三县”列为“全国水土保持高质量发展先行区”建设试点，赣州作为南方红壤区典型代表，位列全国水土保持质量发展先行区建设试点之首；12月10日，签订《全国水土保持高质量发展先行区创建联盟》。

【水土保持示范工程创建】 2021年，成功创建上犹县国家水土保持示范县、宁都县勾刀咀生态清洁小流域国家水土保持示范工程和全南县天排山风电场生产建设项目国家水土保持示范工程，全市新增创建3个、累计9个国家级水土保持示范工程，为全国设区市之首。

【水土流失综合治理】 坚持以小流域为单元，实行“山水林田湖草、村路能居人”统一规划、综合治理的小流域综合治理模式，全年完成水土流失治理面积513.39平方千米，完成省级下达任务的163.55%。

加强与省水利厅对接沟通，争取国家水土保持重点工程项目财政资金1.3256亿元。及时将年度投资计划落实到具体项目，不定期督促各项目实施县加快计划执行进度。年内全市完成未整合项目总投资5810万元，完成率为100%，提前完成水利部年初要求的南方地区12月底前完成90%的建设目标。

【水土流失监管】 联合市发改委“投资项目在线监管平台”获取2016年以来备案登记的项目，催报水土保持方案2646个；与市行政审批局联合印发《赣州市生产建设项目水土保持方案审批与监管联动机制的通知》《赣州市水土保持技术审查专家库管理办法（试行）》，完善水土保持方案审批与监管的制度，建立市级水土保持专家库，规范水土保持方案审查工作。

应用遥感、无人机、移动终端、智能识别等技术，总结形成赣州市水土保持“准实时+精细化”的创新监管模式。开展1次全市范围遥感监管，在中心城区开展“准实时”遥感监管，10个生产建设项目“包干式”精细化监管。上半年水利部、省水利厅组织遥感监管发现全市违法违规项目34个，下降90%。通过聘请第三方利用遥感监测方法，查处1起风电项目乱堆乱弃土石方水土保持违法行为，探索解决取证难问题。

开展铁路沿线、山地林果开发和矿产资源开发等领域专项整治行动，不断加强重点领域水土保持监管。利用遥感监管手段，解译下发铁路沿线新增图斑91个，对存在问题的19个图斑下发整改通知书。通过信息化技术在山地林果开发监管上的应用，探索山地林果开发遥感监管新模式，发现问题图斑264个并全部责令开展整改。开展矿山生态环境问题大排查、大整治专项行动，排查发现矿山存在水土保持方面问题257个，年内全部完成整改。

2021年，全市审批水土保持方案1073个，办理水土保持设施自主验收报备项目366个，开展监督检查1779批，检查生产建设项目1730个，查处水土保持违法案件74起。

【水土保持宣传】 开展“赣州40年水土保持生态文明实践”专题研究。6月25日，由中央党校出版社出版的《红色土地上的绿色华章——水土保持生态治理的赣州模式》，在北京举行出版座谈会暨新书首发会。新华网、人民日报、中国教育电视台等10余家新闻和网络媒体到现场采访报道，“赣州模式”在全国唱响。

市水土保持宣传周及《赣州市水土保持条例》实施1周年等主题宣传活动，推动水土保持宣传教育进农村、进机关、进党校、进学校、进企业、进社区，把水土保持列入党校主体班课题，组织人员到相关企业开设水土保持政策培训班，执法人员坚持边执法边普法。

（市生态环境局）

山水林田湖草生态保护

【概况】 2021年，探索山地丘陵地区山水林田湖草系统治理经验，建成以“废弃稀土矿山环境修复样板、我国南方地区崩岗治理示范、多层次流域生态补偿先行”为明显特点的山水林田湖草综合治理样板区。废弃矿山治理“寻乌模式”入选中国生态修复典型案例，完成28个山水林田湖草生态保护修复试点项目市级验收。财政部与亚洲开发银行签署《贷款协定》，江西省人民政府、赣州市人民政府和亚洲开发银行签署《项目协议》，江西省赣州乡村振兴环境综合治理项目争取2亿美元亚洲开发银行优惠贷款。赣州市山水林田湖草生态保护中心获评省委、省政府颁发的“江西省生态文明先进集体”称号。

【保障机制】 统筹考虑区域内突出生态环境问题的综合治理和各要素之间的系统保护，统筹空间、时间和目标3个维度进行科学规划、整体设计。在空间上，以境内东江、章江、贡江、桃江四大流域为整体，划分出东北、西北、东南、西南四大片区，根据片区的生态环境特点布局实施流域水环境保护与整治、矿山环境修复、水土流失治理、生态系统与生物多样性保护、土地整治与土壤改良等五大生态建设和系统治理工程。在时间上，以生态问题治理和生态系统保护为导向，按轻重缓急分年度、分批次推进项目实施，将有限的资金集中用于筛选出的矿山环境修复、流域水环境治理、集中连片崩岗治理、低质低效林改造等迫切需要修复的项目。在目标上，以项目实施为抓手，确定5个方面量化目标和1个定性目标，形成一套科学可行、针对性强的生态保护修复技术模式，生态保护修复体制机制进一步完善。

赣州市把山水林田湖草生态保护修复试点工作列为全市重大改革事项，由市委主要领导领衔推进，率先在全国成立专职机构——赣州市山水林田湖草生态保护中心，负责统筹推进试点工作。加强制度保障。全市严守生态保护红线，重点生态功能区全部实行产业准入“负面清单”，建立市、县、乡、村、组五级“林长制”和市、县、乡、村四级“河湖长”体系，有效护航生态保护。加强资金保障。在用好20亿元中央基础奖补资金的基础上，创新资金运作模式，建立多元化资金投入机制。截至年底，累计投入180多亿元，确保生态保护修复可持续。

【矿山修复】 实施“三同治理”，成为赣州市推动矿山修复的重要经验。山上山下同治：山上实行地形整治、边坡修复、截水拦沙、植被复绿等治理措施；山下填筑沟壑、沉沙排水、兴建生态挡墙，消除矿山崩塌、滑坡、泥石流等地质灾害隐患，控制水土流失。地上地下同治，地上改良土壤、种植经济作物，坡面采取穴播、条播、撒播、喷播等方式恢复植被，兴建排水沟分流平面水流；地下采用截水墙、水泥搅拌桩、高压旋喷桩等工艺截水拦沙。流域上下游同治：上游稳沙固土、建梯级人工湿地，实现稀土尾沙、水质氨氮源头减量；下游清淤疏浚、建水终端处理设施，实现水质末端控制，上下游治理目标系统一致，确保全流域稳定有效治理。推动全市34.1平方千米的废弃矿山披上绿装，418处地质灾害点得到有效治理，还清40年的矿山生态环境欠账，水土流失得到有效控制，植被质量大幅提升，矿区河流水质逐步改善，土壤理化性状显著改良。

寻乌县实施以文峰乡石排、柯树塘、涵水和七墩石4个片区为核心的废弃矿山环境修复工程，投入12亿元对废弃稀土矿山进行全面治理修复。其经验入选2021年中国生态修复典型案例，成为中国向全球推介生态与发展共赢的“中国方案”之一。

【崩岗治理】 按照宜草则草、宜果则果、宜游则游的治理原则，探索出因地制宜的“生态修复型、生态开发型、生态旅游型”3种方式，“三型共治”加快崩岗治理。

对交通不便、远离居民点的崩岗，以“生态修复型”来治理，采取“上拦下堵、中间削土、坡面绿化”等方式，全方位蓄水保土，加快崩岗自然恢复进程。对交通便利、靠近居民点的崩岗，以“生态开发型”来治理，采取“山顶戴帽、山腰种果、山脚穿靴”的治理模式，坡面铺设椰丝草毯，撒播草籽、种植树苗固土复绿，平面则种植杨梅、脐橙、油茶等经济果林，让生态效益得到更好实现，打造山水林田湖草生态保护修复“升级版”。对城镇周边、靠近旅游景点的崩岗，以“生态旅游型”来治理，把崩岗、水系、农田、村庄、道路作为一个有机整体进行统一规划设计、综合治理，建设水土保持生态示范园，让曾经的“伤疤”变成休闲旅游后花园。全市累计治理崩岗4675座、治理水土流失面积4310平方千米，9706.66公顷的灾毁和沟坡丘壑土地得到整治修复，土壤理化性质有效改善。水利部称赞赣州是南方水土流失治理的一面旗帜和新时期全国水土保持工作的“火车头”，赣州市被列为全国水土保持高质量发展示范先行区。

【流域治理】 按照小流域分区治理的思路，针对溪流湖泊修复、农村生活污水处理、稀土尾水治理等难题，开辟流域治理的“三化模式”。生态化“疏河理水”，在溪流湖泊岸上进行植被修复，岸下进行清淤疏浚，水上进行渔业整治，水下进行增殖放流，推动水体自净能力不断增强，湖泊（流域）水质由原来的近Ⅳ类水提升至Ⅱ类水。多元化“治污洁水”，采用单户式一体化污水厌氧处理、分散性多户式氧化塘生化处理、片区式人工湿地集中处理等多种模式，有效收集处理农村生活污水，改善农村人居环境。生物化“消劣净水”，创新采用BIONET（生物反应器）生物处理工艺、双级渗滤耦合技术等工艺技术，对稀土尾水生物化减污消氮处理，流域水质达标排放，所有断面水质全面消除Ⅴ类和劣Ⅴ类水，有效攻克稀土尾水治理世界难题。赣江、东江出境断面水质100%达标，水质综合指数排全省前列，实现两江清水送南北。全市全年治理小流域770条，治理区内林草覆盖率均在85%以上。

（市发改委）

本栏编辑：陈晔明

教　育

综　述

【概况】 2021年，全市教育系统扎实推进区域性教育中心建设、对接融入粤港澳大湾区和教育“十四五”开局起步。赣南科技学院、和君职业学院成功开办，结束赣州市没有市属本科和民办高职历史。《中国教育报》头版头条报道赣州市应用“智慧”教学让课堂提质增效经验做法，专题报道赣州市发挥红色资源优势铸魂育人工作。赣州市创新研发的“比对平台”和“资助查询”小程序作为全省资助信息化工作典型案例报送全国资助中心。赣州市先后在全省教育工作视频会、全省基础教育综合改革暨中小学德育工作会、全省语言文字会议、全省“双减”工作专题培训会、全省高校党建工作会议、全省教育系统党史学习教育交流推进视频会议等12项会议上作典型发言。赣州市在2021年学校安全稳定工作中期跟踪考评列全省第一名，在全省平安校园考核中位列第二名，2020年教育高质量发展综合考评获一类设区市第三名。市委教育工委、市教育局连续2年被评为全省扫黑除恶专项斗争先进单位，年内共获全国巾帼建功先进集体、全国教育系统关心下一代工作先进集体等20余项国家、省、市级荣誉称号。

全市共有各级各类学校7038所（含教学点1505个），学生217.38万人，专任教师13.54万人。其中，幼儿园3429所，在园幼儿34.48万人，专任教师2.47万人；小学3036所（含教学点1505个），学生82.07万人，专任教师5.16万人；初中417所，学生46.25万人，专任教师3.13万人；普通高中75所，学生24.08万人，专任教师1.58万人；特教学校17所，学生2615人，专任教师437人；工读1所，学生314人，专任教师42人；中职41所，学生11.87万人，专任教师4516人；进修学校4所，专任教师101人；市属、驻市高校12所，学生18.33万人，专任教师6903人。

【思政教育】 在全市率先编印《党史学习教育党史知识手册》，推进“我为群众办实事”重点项目21个；落实“双减”政策化解“四点半”难题民生项目被评为全省“我为群众办实事”三十佳典型案例；创新“党史学习+红色教育”模式、组织党史专家与教师开发“我们的榜样”思政课程2项经验做法被中央工作简报刊载。做好庆祝中国共产党成立100周年工作，评选表彰“两优一先”100名（个）。设立市委教育工作领导小组秘书组秘书科。出台《2021年度全市教育系统党组织书记抓基层党建工作述职细则》，推进领导干部“五带头”（市教育系统领导干部“五带头”即带头联系学校、带头联系老师、带头联系学生、带头登台上课、带头推门听课），市、县党政领导到学校上党史思政课135场，委局班子成员上专题党课94场，年内共协调推动463名市、县党政领导到学校上思政课。开展2期全市思政教师示范培训。开展“亮身份、强党性、作表率”活动，设立党员示范岗2.34万个。

【教育管理】 民办学校管理。启动实施规范民办义务教育发展专项工作，推动民办学校分类登记，围绕“严格控制增量、逐步消化存量”的总目标，组织各地教育部门对辖区内民办学校办学情况进行摸底核实。规范教育收费。联合市发改委印发《关于规范全市中小学幼儿园2021年春季收费工作的通知》《关于规范全市中小学幼儿园2021年秋季收费工作的通知》，联合市发改委、市监局、市人社局先后印发《关于进一步规范非营利性民办学校收费管理工作的通知》《关于做好非营利性民办学校收费管理的补充通知》《关于印发〈赣州市非营利性民办学校乱收费专项清理整治工作方案〉的通知》《关于开展全市非营利性民办学校收费行为摸底调研的通知》，受理审批市本级民办学校调整收费申请、督促指导民办学校严格履行调费程序、规范赣州市非营利性民办学校教育收费行为。校园安全管理。深入开展防溺水、消防安全、交通安全等6项专项行动，赣州市在全省11个设区市中取得2021年学校安全稳定工作中期跟踪考评全省第一的好成绩。赣州市在全省率先完成“四个一”（一个安检门、一键报警器、一组储物柜、一间会客室）工程建设，并在全省安全工作会议上作典型发言。

【教育保障】 开展中心城区急需建设项目调研和学校网点布局规划落实情况摸底。年内新（改、扩）建公办幼儿园51所，建成投用学校73所，新增学位6.9万个，其中中心城区2所普通高中于秋季投入使用。赣州市超大班额全面消除，义务教育大班额占比为1.59%。全市10.02万名进城务工随迁子女在392所城区学校就学，入学率为100%。全年劝返疑似辍学学生81人，送教上门3562人次，成立市特殊教育资源指导中心，全市残疾儿童少年入学率99.15%。2389所农村义务教育学校、46.24万名农村中小学生享受营养改善计划。赣州市4所试点学校接收实事助学基金会项目资金101.166万元，受益学生629人。全市资助学生90.78万人次，发放资金6.4亿元；为8.77万名大学生办理生源地信用助学贷款7.69亿元；引导社会力量资助1872.14万元，1.86万名贫困学生和747名特困教师受益。全市建录播教室627间、多媒体教室（含功能教室）39933间、"专递课堂"覆盖教学点1326个，覆盖率达87%。

【教育服务能力】 先后赴广州、深圳、天津、鞍山、宜宾等地考察学习，赣州职业技术学院和深圳信息职业技术学院正式签订合作协议，"十大特色专业"建设校与深圳中职学校实现"专业有帮扶、校校有对接"。全市省级达标中职学校37所，达标率位全省前列。中职学校参加全省中职学校教学能力比赛、班主任能力比赛获奖总数和一等奖获奖数均位列设区市第一。全力争取将拟新设7所院校纳入省"十四五"高等学校设置规划，赣南师范大学科技学院转设、赣南医学院更名、中科院赣江创新研究院与江西理工大学共建稀土学院等工作稳步推进。

【教师队伍建设】 推动出台《关于推动义务教育教师工资收入政策落实有关工作的通知》，成立市级领导小组，建立健全长效机制。以市委办、市政府办名义印发《赣州中小学学校和教师减负正面清单》，通过列准"数量"、严控"增量"、规范"存量"等系列措施，减轻中小学校和教师负担。完成全市高级中学（中职）教师资格认定网报和现场确认工作，共收到13591条认定数据申请，13084人通过认定。启动师德师风建设年活动，开辟"我身边的师德故事"专栏，通过"赣教云·直播"举办"师德典型事迹宣讲报告会"，教师节表彰教育系统先进个人797名，连续3年在全市标志性建筑为教师亮灯。在全市中小学开展违规有偿补课、违规推销教辅教材、违规收费等"三违"行为专项整治，加强督查力度，严肃查处侵害学生利益的行为。会同市文广新旅局延续给予市政府表彰教师在市内公办景区免门票政策。开展"三违"行为和酒驾、醉驾专项整治。全年共招聘"特岗计划"1456人、中小学教师4111人，安置定向师范生664人，接收公费师范生97人；组织参加"国培""省培"计划各8516人、93402人。

【教育改革】 推进"双减"工作，组成工作专班。建立作业公示制度、开展课后服务学校、课后服务时间达标学校、作业时间达标学校占比均达到100%，位列全省第一；校外培训机构总数由最高峰时的1964个减少到527个，其中学科类机构由282个减少到2个，压减率达99.3%，居全省前列；全市实行课后服务学校609所，参与学生99.5万人，"智慧作业"使用人数位列全省第一。推进教育评价改革，修订《赣州市中学教学质量综合评价方案》，出台《赣州市加强新时代中小学劳动教育实施方案》。推进"县管校聘"改革，组织章贡区、大余县等试点县（区）相关人员赴青岛、成都等地考察学习。深化"放管服"改革，合并行政权力8项、新下放权限3项、新进驻政务服务中心1项、压缩办理时限3项，教育营商环境进一步优化。

【教育安全稳定】 常态化做好校园疫情防控，联合市公安局召开全市新型警力护校园行动推进会，在全省率先完成校园安防"四个一"工程建设工作，推进"四个百分百"向农村和民办学校延伸工作。完善校安委工作规则和成员单位职责分工。邀请国内知名专家开展专题讲座，为全市11万多名考生缓解应考压力，中、高考均实现平安考试、健康考试。在全省率先加入全国安全教育试验区，架构全市安全教育平台，年内完成安全教育课时15万节，训练480万人次。

学前教育

【概况】 2021年，全市新改（扩建）幼儿园51所。全市共有幼儿园3429所，其中公办幼儿园1804所，占幼儿园总数的52.61%；民办幼儿园1625所，已认定的普惠民办园数1157所，占民办幼儿园总数的71.2%；有省、市示范性幼儿园332所。有在园幼儿34.48万人，公办在园幼儿占比为54.33%，普惠园在园幼儿占比为90.8%。

【幼教质量建设】 开展幼儿园保教活动核查工作，全面核查幼儿园课程内容、资质管理、宣传招生等方面行为，督促各地做好民办幼儿园年检工作中，逐步淘汰一批办园条件较差的幼儿园。

学前质量提升工程稳步推进，年内创评省、市示范园42所；章贡区观江明月小区幼儿园和赣州经济技术开发区绿地国际博览城小区配套幼儿园等在建小区配套幼儿园顺利收回。督促各地落实普惠民办园生均公用经费。赣州教育微信公众号开设"砥砺十年奠基未来"专栏，宣传全市学前教育十年发展成效。

【幼师队伍建设】 幼教师资素质进一步提升，会同赣南师范大学研究中心对民办幼儿园教师情况开展专题调研。指导各地建立青年园长成长计划，力争用2—3年时间培养一批专业突出的名园长。组织陈鹤琴"活教育"课程共建实验园园长及骨干教师赴南京市鹤琴幼儿园培训学习，并与南京市鹤琴幼儿园签订“活教育”课程共建协议。年内分批选派优秀园长前往北京、成都等地跟岗学习，邀请虞永平、张俊等一批国内幼教专家开展入园指导、现场教研、专题授课，累计培训园长、教师3万人次。

基础教育

【概况】 义务教育工作有成效。持续开展义务教育薄弱环节改善与能力提升，推动各县（市、区）完成《义务教育薄弱环节改善与能力提升项目规划（2021—2025年）》编制工作。切实保障流动人口随迁子女公平接受教育，2021年秋季学期，全市10.02万名进城务工随迁子女在392所城区学校就学，入学率达100%。其中375所公办学校接纳随迁子女（含政府购买服务）9.45万人就读，公办学校接纳比例为94.83%。

【控辍保学工作】 持续做好控辍保学工作，2021年劝返81名疑似辍学学生。下发《关于进一步加强全市农村留守儿童关心关爱工作的通知》，进一步推动各地扎实做好农村留守儿童关心关爱。全力化解义务教育大班额，2021年全面消除超大班额，义务教育大班额占比为1.59%。

【高中教育工作提升】 实施普通高中改造计划和集中连片特困县（市、区）普通高中改善办学条件项目，全市争取中央专项资金11.5亿元改造普通高中54所，66人以上超大班额清零。印发《赣州市推进高中阶段学校考试招生制度改革实施意见（修订）》，实施普通高中教育教学质量提升3年行动计划，建立重点高中结对帮扶机制，构建发展共同体。督促各县（市、区）落实1000元/年普通高中生均公用经费。

【推动普通高中特色多样发展】 推动普通高中特色多样发展，赣州中学等5所中学被评为“全省普通高中特色学校”。特殊教育工作有突破，成立赣州市特殊教育资源指导中心，组织融合教育学习考察小组赴江苏南京进行学习考察，进一步推动全市融合教育的发展。2021年4月，中央电视台《新闻联播》和《中国教育报》专题报道赣州市信丰县“送教上门”改革试点工作取得的成效。2021年春季学期送教上门1563人，秋季学期送教上门1999人，全市残疾儿童少年入学率达99.15%。

【赣州中学】 2021年，赣州中学以落实立德树人根本任务为中心，推动教育评价改革，促进学生全面发展；以十大创新举措为抓手，强化内部管理，推动教风、学风持续向好；以新高考为目标，科学谋划布局，抢占改革先机；以巡察整改为重点，强化党建领航，狠抓作风建设，进一步浓厚干事创业氛围。学校教师队伍成长加速，新增1个省级名师工作室、2个市级名师工作室、3名省特级教师，陈巧巧、杨东冬、刘文欣、罗超群、龙慧、廖信昆等教师分别被评为全国敬老爱老助老模范人物、全省教育系统优秀共产党员、江西省“百名优秀思想政治教师”、省新时代学生心中的好教师、全市优秀共产党员。学校还被评为“全国中小学中华优秀传统文化传承学校”（赣南采茶戏和书法项目），入选“首批全国急救教育试点学校”，被认定为“江西省儿童青少年近视防控示范学校”。

教学质量　被市教育局评为“2020—2021学年度重点中学教学质量综合评价先进单位”，蝉联全市第一名，这是全校2013年首届中高考以来，连续9年获此殊荣。学校教育教学综合评价各项指标继续保持往年水平并略有增长，学生多元成才取得重大突破，其中空军招飞2人、综合评价6人、高校专项计划10人、港澳升学5人、强基计划7人、高水平运动员1人、体育单招6人。罗庆翰被北京大学和解放军空军航空大学录取为“双学籍”空军飞行学员；薛芳、刘宇川、廖祥一等优秀毕业生在庆祝中国共产党成立100周年系列活动中表现卓越。新华社等媒体报道学生陈昭康因患有先天成骨不全症（俗称“脆骨病”），自小无法行走，但其自身残志坚，品学兼优的励志故事。

教师队伍建设　常态化落实学术月、微备课、最受欢迎教师评比和校务会成员推门听课等制度，推动教师潜心钻研教学，关心关爱学生。定期召开教代会，出台激励政策，最大限度地调动教师工作积极性。分年级、分期召开教师沙龙，举行各种学科、专业竞赛评比活动，每月评比最受欢迎教师，2021年的优秀党员和优秀教师表彰中增设敬业奉献老教师、教坛新秀奖等奖项，有效激励和助推教师专业成长。

全年新增省级名师工作室1个、市级名师工作室2个、省特级教师3人，陈巧巧、杨东冬、刘文欣、罗超群、龙慧、廖信昆等教师分别被评为全国敬老爱老助老模范人物、全省教育系统优秀共产党员、江西省“百名优秀思想政治教师”、省新时代学生心中的好教师、全市优秀共产党员。年底全校有正高级教师5人，省特级教师8人，省市学科带头人52人、骨干教师117名，金牌教练24名。师资结构合理，业务素质精良，队伍年富力强。

办学特色　形成学科奥赛、科技创新、学生社团、英语创新能力、心理健康教育等“五大办学特色”，教育教学质量位列全市第一、全省前列。开设有全国首创的“红色班”、全市首个“珍珠班”，每年坚持面向全市招收老红军、老八路、离休老干部等的直系亲属子女入学，让更多的革命后代均等享受优质的教育资源。年内被教育部授予全国首批“中小学心理健康教育特色学校”，“心育”工作走在全市乃至全省前列。

素质教育　秉持“五育并举”的教育理念，努力培养德、智、体、美、劳全面发展人才，积极探索学生多元成长路径，为学生未来的发展拓宽渠道。学生黄麟在全国中学生数学奥林匹克竞赛中荣获全省一等奖；学生赖致远在10月中国计算机学会主办的信息学竞赛（CCFCSP-J/S2021）中获得提高组一等奖。12月19日，在江西省青少年啦啦操锦标赛暨2021—2022年全国啦啦操联赛（江西省站），赣州中学啦啦操队荣获公开少年乙组啦啦操规定动作2级第一名，公开少年乙组啦啦操规定动作0级第一名，公开少年乙组街舞校园啦啦操示范套路（第三套）第一名。在获评“全国青少年校园足球特色学校”“江西省体育传统项目学校”的基础上，2021年获评“全国青少年校园篮球体育传统特色学校”“赣州中学篮球训练单位”。

（汪建生　邱显淋　蓝　平）

【赣州市第一中学】　赣州市第一中学有教学班91个，在籍学生4595人，其中初中部32个班，1583人；高中部59个班，3012人。在编在岗教职工317人，其中高级或以上职称人员124人，另有特级教师3人，省市学科带头人36人。赣州一中坚持以学生发展为本，全面贯彻党的教育方针，落实立德树人根本任务，把“双减”工作作为一项重要政治任务抓实、抓细、抓好。制定《赣州一中五项管理工作方案》《赣州市第一中学“双减”工作实施方案》《赣州一中作业管理实施细则》。做好初中各年级课后延时服务、周末（寒假）托管服务工作，制定《赣州一中寒假托管工作方案》《赣州一中寒假托管服务申请书》《赣州一中关于开展2021—2022学年度寒假托管服务告知书》等。

教育教学　加强教学巡查，积极推行行政听课制度以及监控巡查。每天安排专人不定期抽查各年级各班的上课情况，并在《赣州一中教学巡视督导记录簿》做好记录，推出《赣州一中某某学科特色及成果展》系列报道。完成新课程、新教材实施省级示范校的申报与建设工作，评为“普通高中新课程新教材实施省级示范校”。

教学科研　多措施并重提升教师专业素养，6月和12月分别聘请2批市教科所课题研究专家到校评审课题。1月20日聘请市教科所李德志到校开展“中学教育教学课题研究”的专题培训。打造“教师竞赛合作共同体”，由科研处牵头，教师主备、教研组集体磨课。学校派出58人次参加各级、各类培训。其中彭小明、华禄和叶天莲3名教师获评江西省特级教师，教师教学竞赛获国家级奖5人、省级奖128人、市级奖125人，其中优质课比赛获国家级奖1人、省级奖25人、市级奖26人；教师论文发表省级（含）以上共38篇、获奖14篇；辅导学生获国家级奖23人次、省级奖17人次、市级奖45人次。12月在全市中小学党员教师“课堂教学比武”活动中，学校荣获“优秀组织奖”，一等奖5人，二等奖9人，三等奖2人；校长陈智钢、教师华禄等获省级教学成果奖二等奖，彭小明、华禄、曾凡华和曾春英获得市级教学成果奖4项。积极参与、申报基础教育课题、“十四五”规划课题和信息技术（智慧作业）课题研究，全年3个省级、5个市级和8个校级课题结题，15个省级、5个市级和7个校级课题立项，其中10个省级智慧作业课堂立项，1个省级龙头课题立项。9—10月开展赣州一中第二届“濂溪教学能手”综合素养评比暨新教材优秀课例展示活动。

德育工作　抓实学校的常规管理，完善午休、课间纪律、公共卫生管理制度。注重学生心理健康教育，心理咨询室举办多场专题讲座和体验活动。2021年被教育部评为“第三批全国中小学中华优秀传统文化传承学校”。12月，校关工委获“全国教育系统关心下一代工作先进集体”，是赣州市唯一获得此荣誉的学校。暑期组织学生前往西安、浙江等地研学，举办社团招新和风采展，开展线上“我们这样庆国庆”活动，在第70届校运会期间组织社团风采展和“励志书香温馨校园”书展，开展“请党放心，强国有我”演讲比赛和迎新文化月活动，科普讲座、校歌、班歌、经典诵读、社团表演、游园等活动丰富校园文化。

体育竞赛　在赣州市2021年第十九届“英东杯”体育比赛中，校田径队荣获市直中学团体总分第一名（全市第二名），女子篮球队、男子篮球队分别获得冠军、季军。在2021年江西省中学生田径锦标赛上，校田径队取得高中组团体总分第三名、高中组男子团体总分第二名的优异成绩，其中学生邹嘉航、赖政企取得国家一级运动员资格。在2021年江西省中学生篮球锦标赛中，学校女子篮球队荣获女子组第三名（季军）。10月上旬，学校举办第70届田径运动会，多名学生打破以往纪录。

【赣州市第三中学】　赣州市第三中学为“一校三区”，有学生6271人、教学班112个、教职工413人，其中特级教师11人，省、市学科带头人和骨干教师125人，高级教师近200人，赣州市名学科9个。2021年，青年路校区综合楼投入使用，新增图书馆、排球馆、学生宿舍；赞贤路校区扩建工程开工建设，主体工程完成75%，累计完成投资3400万元。制定《赣州三中教学笔记本电脑管理办法》，完成337台教师备课笔记本电脑的招标采购和借用前期准备工作。完成青年路校区高考听力广播、田径场广播的升级改造工作。

教育教学　2021年高考，杜奕成以691分的成绩获赣州市理科状元，被录取北京大学元培学院，600分以上82人次，一本上线率是33.42%，二本上线率是77.12%，在尖优生方面有突破，600分以上人数和一本、二本上线率仍然稳居全市前列。2021年中考，全校800分以上4人，780分以上36人，750分以上106人，各项指标均居全市前列。

落实“双减”政策，开发5种课程，提升“五育”（教育“五育”指德育、智育、体育、美育、劳动教育）品质，丰富学校课后服务，减负提质。通过全体教师大会、集体备课、集体备班等形式，专题学习“双减”相关文件精神。学校和全体教职工签订《落实“双减”承诺书》，压实责任，让每一位教师明确职责。通过网络研学、集中学习提升落实“双减”的方法技能。为让“双减”务求实效，初中部充分发挥年级组、备课组、班级组三方责任，控制作业总量，提升作业质量，保障学生效率。做到有布置、有公示、有反馈。高效发挥课后托管服务，执行“三加一”模式，即有效自主作业30分钟，答疑辅导（阅读）10分钟。学生在校在班作业，教师现场督促看管，即有效缓解“家长辅导难、学生不认真作业”的困局，教师及时、规范、专业的讲解与指点，化解学生作业效率低、作业遇到困难无所适从的问题。

教师队伍建设　2021年，有11名教师荣获省一等奖，17名教师荣获市一等奖。化学组教师陈起香、语文组教师朱丽珍、生物组教师陈娟在全省优秀课例现场展示交流活动中荣获全省一等奖，教师廖暑芃获全省信息化教学展示课一等奖，教师罗越荣获公共安全知识说课一等奖，钟继平、钟林林、程玲、蓝芳丽、李娇娇、杨富有、余世华等17人在市级教学竞赛中荣获一等奖。鼓励教师教研结合，抓好教师培训，及时落实校内培训和教师外出学习的选派工作，完成高三年级全体教师新高考培训，完成2021年度校本培训；督促教师凝练教学成果，2021年推荐江西省电教课题立项4个，智慧作业专项课题立项11个，推荐省基础教育课题立项6个、市级课题立项5个，市级结题3个。在课题的基础上推荐省、市教学成果奖，邹金平、谢福泉教师主持的研究成果荣获全市基础教育成果奖一等奖，教师曾凡伟主持的研究成果荣获全省基础教育成果奖二等奖。助推名师申报，完成江西省第九届特级教师的评选推荐工作，徐义辉、程玉娟教师荣膺第九届省特级教师，完成市学科带头人、市骨干教师的推荐和申报工作。

教学改革　采取多种措施，为提高教师的业务水平和教改能力搭建学习、展示、提高的平台。校本培训与外出轮训相结合。适应新课程新教材，暑假期间安排新高一教师赴南昌师范学院进行新课程新教材的培训学习，加强青年教师“校本培训”，鼓励承担江西省“化学优秀课例比赛”，组织各科教师积极参赛，并且在语文、物理、化学等多个学科均获全省一等奖，召开教学反思会和“我学新课标”论文等的评选活动，合理安排教师外出学习、进修，提升教师的教学水平，上好高一新生的“生涯规划课”，为下学期的选科做好准备。

学科竞赛　完善学科竞赛培训管理及奖励制度，注重教练团队梯队建设，将一批年轻教师纳入团队培养。高三年级谢佳兴获2021年化学奥赛全省一等奖，曾子华、龚钰洲、廖开琦、李家树、谢政等获“全国青少年信息学奥林匹克竞赛”一等奖。在2021年青少年网络信息安全与信息科技大赛中初三（7）班廖开琦荣获省一等奖，初一（1）班廖泽凯获省二等奖。

德育体美劳　德育教育以“赓续百年血脉，培育时代新人”为主线，以党史教育融入日常德育工作，通过党建带团建的方式，开展党史知识教育。高三腾飞班陆志成代表赣州市参加江西省“四史”知识竞赛，高一（7）班胡晨茜参加赣州市第五届红色故事讲解大赛获第一名，每天中午课前10分钟开展“献礼百年、唱响红歌”的活动，运动会开幕式组织的“学习百年党史，绽放青春光芒”方阵表演，被中国教育网转载；组织好新生军训活动，其间还开展军体拳、朗诵比赛、红色日记的撰写等活动，开好第六十届校运会，2个校区8个单项、5个集体项目参赛。年内篮球获得省体校比赛第一名；女子排球队蝉联省中学生女子排球比赛第一名，男子排球第一次出战获得全省第六名，田径比赛在省赛中有3个项目进入前八名。高二（2）班林莎莎参加省青少年武术套路比赛获得查拳项目第一名、剑术项目第二名。

发挥劳动综合育人功能，制定劳动教育课程，加强学生生活实践。初一年级学生开展以“走出课堂，拥抱自然”为主题的劳动教育活动；组织学生参加江西省“艺德杯”书法、绘画、摄影比赛，共收集作品120余幅；在江西省书写规范字比赛中，高二（25）班学生眭新宇获省三等奖；在家乡的幸福河主题征文比赛中，何楚辞等4人获得市一等奖，陈江榕、范丽盈等12人获得市二等奖。

心理健康教育　有18名心理健康专、兼教师，做好从新生心理普查工作到后期的随访、日常的咨询、心理案例的研讨等工作。聘请北京四中赵淑敏、长沙麓山国际实验学校胡云等名师为高一选科新高考、高中学生亲子沟通难等命题开展针对性的专题讲解。举办2期“心理普查后数据分析及初步访谈技巧”讲座。

安全工作　签订安全承诺书，组织禁毒知识竞赛、安全知识竞赛、学宪法知识竞赛等，落实安全平台学习、每周一报、每月一查安全制度。开展校园安保培训，安全教育、人防演练、消防知识家庭巡检活动等，加强与校外公安部门的联防联动，学校安防工作得到极大提升。

（叶志峰　陈　芸）

【赣州市第四中学】　2021年，赣州市第四中学高考600分以上3人，一本上线38人，二本上线134人，体艺二本过双控线91人，上线率达80%以上。中考最高分781分，720分以上40人，700分以上54人。学校获评“江西省文明校园”“江西省平安校园”“创建全国文明校园先进学校”“赣州市节能减排先进单位”。

教育教学　教师参加各级、各类教学竞赛获国家级奖2人次，省级奖25人次，市级奖32人次，在国家级、省级刊物发表论文30余篇，撰写论文获国家级、省级奖6篇，市级奖8篇。教师辅导学生参加各级、各类竞赛获国家级奖2人次，省级奖5人次，市级奖31人次。3个市级教研课题立项，5个省级电教课题和2个省级基础教育课题立项，2个规划课题、2个省级基础教育课题和4个市级教研课题结项。学生荣获赣州市第三届青少年红色歌曲合唱大赛一等奖，全市英东杯足球赛高中组第二名，在江西省青少年武术套路锦标赛中武术队获得2金5银2铜的优异成绩。

教师队伍建设　召开青年教师座谈会，做实、做细“蓝青结对”活动，组织教研组进行青年教师汇报课和行政听课活动，举办教研论坛3次，分享教研经验、引领教研前沿、促进专业成长；举办2次“游艺杯”教学比武和5期“幼幼论坛”。教师罗硕被评为江西省特级教师，教师刘雅慧在全市信息化教学应用成果展示活动中荣获一等奖，教师魏子玲的精品课程被评为部级优课。举办10余次班主任业务培训会，树牢“以学生为中心”管理理念，提高班主任管理能力，张媛、李杨辉2名教师参加全市安全说课分别获一等奖和二等奖。

学科建设　推进“双减”工作，写好“减”与“增”的辩证文章，推动特色办学提质增效。聘请6名教研员到校进行专业指导，抓细抓实《赣州四中教学十二条》，强化“四校联盟”建设，开展“汉字书写大赛、地图绘制比赛、数学思维导图”等10余次学科周活动，积极推进“先学后教，当堂训练”教学模式，各备课组开发500余个课时导学案，进行3期经验分享，邀请大连市第三十六中学的领导及教师莅临学校指导学案的开发工作，多措并举推进学科建设内涵式发展。补齐优质教学资源短板，重点实现与国内名校资源共享。

体艺活动　坚持“每周一歌”活动，组织开展毽球、足球、篮球、乒乓球、羽毛球技能考核测试，组建初中美术、音乐兴趣班，举办美术画展、校园“十佳歌手”大赛、“弘毅杯”辩论赛、“红五月”校园文化艺术节、体育节、“一二·九”合唱节、“请党放心强国有我”主题朗诵比赛等丰富多彩的校园活动，在各类校园活动中化人、育人。充分利用幼幼文学社、棋思妙想社、校园广播站、学生记者团、志愿服务等16个学生社团，以点带面激发学生的青春活力，把爱国情、强国志、报国行自觉融入教育教学实践中。

（赣州四中供稿）

中等职业教育

【概况】　2021年，全市有省级以上示范性中职学校19所，占职业学校总数的49%，被命名为国家中职教育改革发展示范学校的有5所、国家级重点职校2所、省级重点职校6所，省级示范性职校6所、省高水平中职学校1所、全国中职学校50强学校1所。招生规模稳步扩大。2021年全市中职学校招生5.85万人，其中教育口4.5万人、技工口1.35万人，2021年招生数比2020年增加1.1万人。

【办学层次规模】　办学层次不断提升，2021年省教育厅对全省190所中职学校进行首次分级评定，赣州市39所学校参评，37所学校评为C档及以上、占94.9%（全省为80%），A档8所、占全省的29.6%。省级中职达标校37所，占全省的95%，高出全省平均水平15个百分点。市政府印发《关于打造赣南革命老区职业教育创新发展高地的若干措施的通知》（赣市府字〔2021〕9号），提出20条举措，助力赣州职业教育快速发展。

【技能大赛】　技能大赛成绩实现历史性突破。省级教学成果奖赣州市中职学校获奖及入选首批立项省职业教育名师工作室，均在设区市中名列第一，其中教学能力比赛一、二等奖分别占全省获奖总数的30%、29%；班主任能力比赛一、二等奖分别占全省获奖总数的37.5%、31.3%。

【结对交流与合作】　对接大湾区取得显著进展，赣州市中职“十大特色专业”建设校均与深圳中职学校建立交流合作关系，实现“专业有帮扶、校校有对接”，其中上犹中等专业学校、安远中等专业学校的数控技术应用专业和于都中等专业学校服装专业与深圳宝安职业学校结对，兴国中等专业学校汽车运用与维修专业、会昌中等专业学校电子商务专业与深圳第二职业学校结对。

（市教育局供稿）

高等教育

【概况】　2021年，赣州市有市属和驻市高校12所，其中，本科院校5所、高职高专院校6所、成人高校1所；学生18.33万人，专任教师6903人。

全市高等职业教育体系日趋完备，全国唯一一所建在乡村的大学和君职业学院，赣州市第一所本科院校——赣南科学院先后获批，江西理工大学应用科学学院正式完成转设，2所学校的设立填补了赣州市没有市属全日制本科院校和民办高职学校的空白。以市政府名义向省教育厅书面报送《关于恳请将赣州市9所学校纳入省“十四五”期间高等学校设置规划的请示》，拟于“十四五”期间在赣州市赣州经开区、南康、大余、安远、于都、瑞金等地新设7所高等职业院校。

【高等教育内涵发展】　高等教育内涵发展稳步推进，江西理工大学离子型稀土资源开发利用培养项目被列入服务国家特殊需求博士人才培养项目，实现赣州高校博士层次教育零的突破；赣南医学院获批硕士学位授予单位。

【合作办学】　高等职业教育招大引强工作初见成效。深圳远恒佳教育集团拟投资15亿元在安远县新建高职学校，启动一期工程建设，预计2023年8月投入使用；江西应用科技学院在龙南投资建设高职学院，江西财院拟与信丰中专共建产业学院共同培养人才。赣州职业技术学院和深圳信息职业技术学院正式签订合作协议，赣州卫生健康职业学院与深圳职业技术学院医护学院达成合作意向，赣州师范高等专科学校与深圳职业技术学院教育学院建立交流互访意愿。

（桂　兰）

【江西理工大学】　2021年，江西理工大学学科建设成效显著，材料科学、工程科学、化学学科3个学科同步进入ESI（基本科学指标）全球前1%。冶金工程、矿业工程、材料科学与工程等3个学科入选省“十四五”一流学科。冶金工程、应用经济学、矿业工程、材料科学与工程等4个学科入选“2021软科中国最好学科排名”榜。大学排名全面提升，在2022年校友会网大学排行榜位列全国第145名，较2021年前进8位。

印发《江西理工大学章程(2021年修订核准稿)》，颁布实施学校“十四五”发展规划，高质量完成“1+6+N”规划体系的编制。制定《江西理工大学关于深化新时代教育评价改革的实施方案》，教师综合评价改革入选省教育评价改革试点项目。制定《江西理工大学二级单位（部门）年度考核实施方案》。成立红旗校区管理服务中心。

教育教学　本科教育改革稳步推进，成立课程思政教学研究中心。获批工信部“十四五”规划教材3部、基地1个。新增8个国家一流专业建设点，获批国家新文科项目2项。先进铜产业学院入选国家首批50个现代产业学院（全省唯一）。与3所高职院校开展专升本联合培养工作。研究生教育扎实开展，完成博士招生62人、硕士招生1441人，均位于全省高校前列。出台直博生、硕博连读生培养方案，首次完成7名直博生录取工作。与赣州市经开区等单位开展在职研究生联合培养。获批省级优秀博硕士学位论文45篇，获批数创历史最佳成绩。教育国际化与继续教育、培训工作有新进展，实施“江理国际”工程，成为中泰教育联盟、中乌高校教育联盟成员，主办国际会议2次，新增校际合作大学4所，新增赴国外留学教师2人、学生18人，新增联合国实习学生5人。2021年成人高等教育招生人数和在籍学生规模创历史新高。

学科及文体竞赛　学校在“全国普通高校学科竞赛排行榜”上排名63位，位列全省第二。学生共获国家级奖项424项、省部级奖项746项，其中A类竞赛国家一等奖14项。校啦啦操队受邀参加北京冬奥会新闻发布会演出。学校在全国所有省份实现普通专业全一本批招生，在20个省份实现所有本科专业全一本批招生，是江西省唯一实现所有专业在本省全一本批招生的高校。初次毕业去向落实率、留赣就业率、升学率均再创新高。喜获教育部首批“全国高校毕业生就业能力培训基地”，获批省留赣就业创业补助资金768万元。

人才培训与引进　新增双聘院士1名和国家级人才1名，实现国家级高层次人才引进工作的重大突破。获批省部级人才43名，其中江西省“双千计划”25名，连续3年居全省高校前二。“稀有稀土资源高效开发与应用创新引智基地”入选2021年度“高等学校学科创新引智计划”并正式揭牌。“铜资源高效开发及高值化利用教师团队”入选教育部第二批“全国高校黄大年式教师团队”。全面建立能上能下的考核与岗位聘任制度。顺利完成江西省人社厅对学校聘期岗位动态管理评估工作，学校获“优秀”等级。

科技创新　获批国家自然科学基金项目60项、国家社会科学基金项目7项。获评2020年度江西省科学技术奖励14项，位居全省第二。获评2021年江西省社会科学优秀成果奖13项，获奖数量再次实现突破。获批牵头组建国家市场监管重点实验室（稀土产品检测与溯源）。巴基斯坦研究中心成为江西省唯一入选教育部高校国别与区域研究“高水平建设单位”。与南昌市高新区签约共建国际创新研究院。《有色金属科学与工程》入选北京大学《中文核心期刊要目总览》（2020年版）“冶金工业类TF”中文核心期刊。

社会服务与合作　积极支持新时代赣南苏区振兴发展，继续对口支援兴国县、赣州经开区。与赣州经开区合作共建金岭学校并冠名为江西理工大学附属金岭学校，与大余县共建赣州钨产业技术研究院，与赣州城投集团共建赣州城市发展创新研究院。与20余个重点地区、上市公司、龙头企业签订合作协议。选派24名服务区域特派员及科技特派员赴地方开展工作。国家稀土功能材料创新中心正式挂牌，入驻赣州高新区，大力推进实体化运行，加快建设稀土领域世界一流学科。积极推动新型高效智能稀土永磁磁浮技术攻关及应用工程示范线建设，牵头自主研发的国内首列磁浮空轨车辆“兴国号”下线。加强江西先进铜产业研究院建设，在关键技术攻关、高端新材料研制、智能化系统开发、企业转型升级、知识产权申报上取得重要成果。大力推进江西理工大学先进铜产业学院（鹰潭）筹建。圆满召开校友会、基金会换届大会。推进“三请三回”工作，邀请全国60余个地区校友回母校参加第四届发展论坛。拓展基金保值增值渠道，基金会首次参与股权投资。

校园建设　三江校区一期建设项目于2021年9月按期投入使用，加快推进三江校区配套设施建设。启动应用科学学院转设置换项目设计招标工作。教职工周转房2021年底完成租户钥匙交付。服务保障工作持续提升。江西理工大学获评2020年度综治先进单位和2020年度省直教育系统公共机构节能工作优秀单位。

教育信息化建设夯实智慧校园基础架构，建成全新的超融合云资源平台，F5G智简全光网络成功落地。积极完善文献资源建设和智慧图书馆建设。推进档案数据化，保护“理工记忆”。

（任思阅）

【赣南师范大学】 2021年，赣南师范大学新增5个国家级一流本科专业建设点和3个省级一流本科专业建设点；获评24门省级一流课程。学校列入江西省公费师范生培养高校，思想政治教育等6个专业圆满完成教育部师范类专业二级认证专家进校考查。荣获12项省级教学成果奖，其中，特等奖1项、一等奖4项；获第七届中国国际“互联网+”大赛金奖1项、铜奖1项和第十七届“挑战杯”全国大学生课外学术科技作品竞赛红色专项活动一等奖，实现历史性突破。新增一本招生专业4个，一本招生人数占比40.41%，毕业去向落实率为82.9%，研究生毕业去向落实率为93.52%，留赣就业率为47.11%。考取博士研究生12人；考取研究生1103人，考研录取率达24.27%，再创历史新高。

内涵建设　获批江西省“十四五”新增博士学位授予单位立项规

划建设高校。化学学科进入 ESI 世界排名前 1%；园艺学、马克思主义理论被列为省“十四五”双一流潜力学科。全年新增博士 48 人，新增博士生导师 12 人。国家脐橙工程技术研究中心成功获评“第六届全国专业技术人才先进集体”荣誉称号，相关经验做法得到省委书记易炼红批示。家具工业设计中心成功获批“国家级工业设计中心”，新增 1 个国家级平台，是江西省首次获批工业设计企业类国家级工业设计中心。加快推进竹基新材料科技成果转化，获批省科技厅“揭榜挂帅”重大专项，获批科研经费 1353 万元。荣获省科学技术奖和省社会科学优秀成果奖等多项一等奖。

综合改革　有效推进深化新时代教育评价改革工作，着力破除妨碍学校发展的体制机制障碍和堵点、难点。“教师综合评价”项目获批省教育评价改革工作第一批试点单位，试点实施教师职称评审分类评价改革。做好“三定”工作，进一步优化人力资源配置。精心编制并组织实施学校事业发展“十四五”规划。稳慎推进独立学院转设工作。

社会服务　与南康区、崇义县、定南县、全南县深入开展校地合作。与江西环境工程职业学院、抚州幼儿高等师范专科学校联合培养本科层次技术技能型人才。扎实开展非学历继续教育培训，获批“江西省中小学研学实践基地”。积极组织专家、科技特派员深入地方举办柑橘种植技术培训等近 2000 人次；高质量完成并正式出版由龙南市委宣传部委托的《王阳明龙南史料辑录》。指导申报的“赣南客家服饰”入选第五批国家级非物质文化遗产代表性项目名录。

办学保障　统筹做好常态化疫情防控和平安校园建设，连续 9 年荣膺“江西省平安校园”称号，第 7 次荣获全省平安建设先进单位。推进重点项目建设，人才周转房一期工程开工建设。持续做好节能工作，获省直教育系统公共机构节能工作考核优秀单位。继续设立附属中学教育发展专项资金，支持附属中学建设发展。系统推进附属蓉江小学和附属幼儿园建设。不断提升信息化服务水平。

（廖子龙）

【赣南医学院】　教育教学　专业建设不断加强，临床医学和护理学专业获批为国家级一流本科专业建设点，实现国家级一流专业“零的突破”。停止 3 个专业招生，撤销工业设计专业，新增智能医学工程专业。“生物化学与分子生物学”课程获首批教育部课程思政示范课程，实现国家级课程建设“零的突破”，教学团队分别被评为国家级课程思政教学名师和团队。13 门课程被认定为省级一流本科课程，推进医学微生物学等 20 门课程进行线上线下混合式教学改革。签约 5 个全科医学实践教学基地、7 个社区卫生服务中心实践教学基地，立项 7 项教学平台建设。获第十七批省级教学成果奖高等教育（本科层次）一等奖 1 项、二等奖 1 项，获省高等学校（本科层次）教学改革研究课题立项 21 项。学生获第十届中国大学生医学技术技能大赛总决赛“一银两铜”、第七届全国大学生基础医学创新研究暨实验设计论坛全国决赛金奖、第五届全国医学检验技术专业大学生在线形态大赛一等奖 2 项、第七届中国国际“互联网+”大学生创新创业大赛总决赛高教主赛道铜奖 1 项。临床执业医师考试资格通过率高出全国平均水平 12.34 个百分点，再创学校历史新高。2021 年考研升学率为 27.72%，专升本升学率为 27.12%。

招收硕士研究生 402 人，增加 23.69%。获省教学成果一等奖 1 项、省优质课程 1 门、省教改研究项目 6 项。研究生创新专项资金项目立项 36 项。获江西省“挑战杯”大学生课外学术科技作品竞赛二等奖。获评全省优秀硕士学位论文 2 篇。持续推进联合培养博士研究生工作，12 人考取全校与中国医科大学、苏州大学联合培养博士研究生，新增 2 名兼职博士生导师，6 名教师上岗博士生导师。新增成人教育函授站 2 个，与江西医学高等专科学校、萍乡卫生职业学院开展联合办学，2022 级成人学历教育录取新生 5410 人。举办 1 期“海欣班”，完成 238 名住院医师规范培训公共科目的培训工作。创新创业教育深入开展。出台《大学生创新创业训练计划实施管理办法》，获批“国创计划”国家级项目 20 项，省级项目 50 项。项目首次入围第十四届全国大学生创新创业年会，获创新创业实践优秀案例 1 项。

学科建设　获批江西省“十四

10 月 28 日，赣南师范大学国家脐橙工程技术研究中心被中组部、中宣部、人社部、科技部联合授予“全国专业技术人才先进集体”称号

（赣南师范大学供图）

五”新增博士授予重点建设单位。新增生物医学工程一级学科硕士学位授权点，新增应用心理、生物与医药2个硕士专业学位授权点；“双一流”建设取得新进展。临床医学学科、公共卫生与预防医学学科获批为江西省“十四五”期间一流学科（潜力发展学科）。学科评估发挥新作用。首次组织临床医学、基础医学、医学技术3个一级学科参加全国第五轮学科评估。组建全科医学学院和附属口腔医院，挂牌成立智能医学现代产业学院。

队伍建设　全年引进博士40人，学校博士总数达到216人。专任教师中博士数占比达到25.3%。新增在职培养博士28人，在读培养博士达到145人。入选省“双千计划”青年项目、省井冈学者特聘教授等人才项目11人次。选派9人到武汉大学动物模式研究所进修学习。调整学校内设机构和处级领导干部职数、校本部科级机构及科级干部职数设置。一附院正式获批开展编制备案制改革试点工作，核定人员总量3713名。完成第三轮岗位聘任工作，实施人员聘任动态管理，顺利通过江西省高校岗位动态管理工作考核，被省人社厅考核为优秀。做好高层次人才服务工作，积极解决引进人才的后顾之忧，重点解决住房、配偶工作、子女入学入托问题。教师获江西省第十三届“外教社杯”教学大赛一等奖，首届江西省高校教师教学创新大赛正高组三等奖、中级及以下组三等奖各1项，江西省高校公共安全教育骨干教师教学能力展示活动二等奖1项。1名教师获“江西省优秀科普使者”称号。

科研创新　获江西省科学技术奖3项，其中二等奖1项，三等奖2项。获江西省社会科学优秀成果奖4项，其中一等奖1项，填补学校空白。江西医学科技奖1项。新授权专利57项、发表论文722篇，其中SCI（科学引文索引）收录418篇，增长62%。在医学顶级期刊《柳叶刀·肿瘤学》发表论文1篇。全年新增科研经费3500余万元；获批国家自然科学基金项目22项，增长30%，新增横向课题14项。省级科技计划项目质量不断提升，其中“基于‘自发荧光模式’技术智能化新型腹腔镜的研发与应用”获批省重点研发计划重点项目，获批经费100万元，填补历史空白。联合组建江西省康复临床医学研究中心，获批市级科研平台4个。“赣南创新与转化医学研究院”列入主攻科技创新赣州市级重点推进项目，团队化全职引进博士科研人员13名，专职研发技术人员20名，兼职教授7名，以第一单位在国际权威期刊 *Hepatology* 发表高水平研究成果论文2篇。学校与章贡高新区管委会及赣州哈克生物科技有限公司三方共同建立油茶副产品深加工中试生产平台，研发出的油茶深加工产品全部获得生产许可证。结合建校80周年庆典，举办“创新与转化医学（赣州）高峰论坛”、全国“红医精神与健康中国战略”学术研讨会以及“创新与转化医学”系列学术报告会。全年共举办蓉江论坛20期，“蓉江论坛”学科分论坛体系形成。

招生就业　全年招收本、专科生3051人。新增临床医学（全科医学方向）、智能医学工程2个招生专业。首次承办全省高校毕业生医药类大型招聘会，与南昌大学抚州医学院等7家院校联合举办医药类毕业生空中双选会。累计举办249场专场招聘会，共758家单位到校招聘，提供岗位3万余个。毕业生就业率达到84.99%。做实留赣就业工作，全年留省就业人数达1611人，占就业总人数的62.92%，其中留赣州就业人数为949人，占就业总人数的37.07%。毕业生应征入伍人数再创新高。

合作交流　新招收2021级留学生14人，推进和林肯纪念大学生物技术中外合作办学项目。促进与德国比勒菲尔德应用技术大学心理学2+2学分互认合作项目落实。与赣州蓉江新区管委会就科技创新、人才培养、产教融合等方面进行合作，实质性推进蓉江惠民医院托管及蓉江人民医院建设项目。成功举办全国“红医精神与健康中国战略”学术研讨会，近百名专家、学者参加研讨会。参加“一带一路”国际医学教育联盟第二届理事大会第一次会议、第五届国际高等医学教育论坛暨中国医科大学国际医学教育研究院建院40周年纪念大会等。

校庆活动　10月2日，举办创新与转化医学（赣州）高峰论坛暨赣南医学院80周年校庆活动。校庆回顾了建校80周年以来的奋斗历程，展示了80周年的办学成就，展望学校的美好未来。副省长罗小云等200余名上级领导和各界嘉宾，4名“两院”院士，以及680余名校友代表、4000名师生代表参加校庆纪念大会。大会收到贺信、贺函76封，10万余人次通过学校官方微信直播平台关注大会。收到捐赠现金共计1943.44万元。

（郭友贤）

【赣南科技学院】　赣南科技学院是一所经教育部批准，由江西省人民政府管理、赣州市人民政府举办的公办普通本科高校，其前身为创建于2001年的江西理工大学应用科学学院。根据教育部2020年5月发布的《关于加快推进独立学院转设工作的实施方案》，明确各独立学院转设路径。为顺应独立学院转设新形势和新要求，省、市、校、院多方联动，高效推进江西理工大学应用科学学院转设为赣南科技学院相关工作。2020年3月30日，江西省高评委专家组进校考察。2020年9月19日，教育部高评委专家组进校考察。2020年12月18日教育部印发《教育部关于同意江西理工大学应用科学学院转设为赣南科技学院的函》（教发函〔2020〕114号），批复同意江西理工大学应用科学学院转设为赣南科技学院（学校标识码为4136013434），同时撤销江西理工大学应用科学学院的建制。2021年4月2日，省人民政府印发《江西省人民政府关于同意设立赣南科技学院的批复》（赣府字〔2021〕16号），明确学院为独立设置的本科层次公办普通高等学校，办学规模暂定1万人，学院由赣州市人民政府举办，学院建设、运行保障等经费由赣州市人民政府统筹安排，省教育厅为业务主管部门。

赣州市人民政府为确保江西理工大学应用科学学院向赣南科技学院平稳过渡，于3月29日下发《中共赣州市委赣州市人民政府关于成立赣南科技学院过渡期管理委员会的通知》（赣市干字〔2021〕77号）。管委会作为赣南科技学院过渡期办学临时决策机构，依据《中华人民共和国高等教育法》行使办学自主权。学院成功转设，代表着国家教育主管部门对学院建设发展、办学成果、社会贡献的肯定，标志学院作为赣州市属第一所本科院校开启新的发展征程。

7月，市委编委印发《关于赣南科技学院有关机构编制事项的批复》（赣市编〔2021〕29号），明确学院为市政府直属公益二类事业单位，暂不定机构规格和领导职数，核定高校人员编制备案数705名（事业编制300名，备案编制405名）；设25个内设机构，其中党政管理机构11个、教学机构9个、教辅机构5个（教学教辅机构由学院自主设置、市委编办备案管理）。

赣南科技学院现有本科生8620人，教职工427人，其中专任教师394人。在专任教师中，有副高及以上专业技术资格教师86人，硕士及以上学位教师159人。

招生就业 2021年，学院可招生专业35个，实际招生24个专业（类），共计29个专业。2021年新生报到人数为2346人，报到率为97.44%，比2020年提高0.34个百分点，再创学院历史新高，14个省份的报到率达100%。2021届毕业生1848人（男生1183人、女生665人）。截至8月31日，一次就业率为86.85%，其中升学222人（含出国留学2人，双学位1人），升学率为12.01%，比2020年高出0.49个百分点，升学率再创历史新高；建档立卡毕业生67人，就业率达95.52%，其中江西省建档立卡毕业生60人，就业人数58人，就业率为96.67%，实现有就业意愿的建档立卡毕业生100%就业；留赣就业人数624人，留赣就业率为38.88%。

本科教育 学院布局现代产业学院，申报智能制造和信息安全2个新专业，推进一流专业建设、一流课程建设、教学改革项目、教材建设、课程思政示范课程等项目建设。2021年共开出1049门课程，其中理论课884门（含38门网络通识课），实验实践课165门；完成224个教学班的教学任务；全年有6667名学生利用超星尔雅和智慧树网络课程平台进行学习。全年学院学科竞赛获国家特等奖1项、国家一等奖7项、二等奖18项、三等奖32项，省级奖项113项。

学院教师谢小云主持的“依托特色育人平台的‘一体两翼’人才培养体系的探索与实践”项目荣获第十七批江西省教学成果奖项一等奖，是全省同类高校唯一一个获此奖项的学校，实现学院该项目“零的突破”；教师陈倩获得2021年度江西省高校思政理论课青年教师教学竞赛本科组二等奖；教师顾玲获得江西省高校第十三届“外教社杯”英语教学大赛英语语言文学专业组二等奖。立项省级教改课题4项、国家级大创项目5项、省级大创项目35项，发表教改论文18篇，出版“应用型”教材3部，完成教育部产学研协同育人项目9项。

科研工作 博士康岚兰申报的《面向边缘计算资源调度问题的动态多目标进化优化研究》项目获批国家自然科学基金立项，获批直接经费36万元。2021年度立项江西省03专项及5G项目1项；立项江西省社会科学“十四五”规划项目1项，获批立项经费1万元；立项江西省教育科学“十四五”规划课题1项，获批立项经费3万元；立项江西省文化艺术科学规划项目5项，获批立项经费0.25万元；立项江西省高校人文社科课题6项，获批立项经费10万元；立项江西省教育厅科学技术项目推荐20项备案，获批立项经费54万元；立项赣州市科技局科技计划项目2项；立项赣州市社会科学联合会课题29项；立项赣州市金融研究院项目1项；新增立项纵向课题34项，获批经费共计104.25万元；新增横向课题11项，获批经费共计387.5万元。学院教师发表中文核心19篇、C刊及以上高档次论文25篇、专著5部，授权发明专利8项、实用新型16项、软件著作21项。学院获批5个市级重点实验室1个市级科技创新中心，在科研平台数目上实现“零的突破”。

5月24日，赣南科技学院揭牌仪式举行　　（赣南科技学院供图）

其他院校简介

【江西应用技术职业学院】 “双高建设”推进重点项目实施，加快国土资源调查与管理专业群建设，明确产业学院、科创中心、师资培训基地、教师创新团队、产教融合实训基地、数字化教学资源开发等17项重点任务，进行重点监控。建立四大产业学院、9个校级科技创新平台，12支科技创新团队、6支教师教学创新团队，完成省“双高”（中国特色高水平高职学校和专业建设计划）建设验收任务。

人才培养　学校坚持立足自然资源行业，服务区域经济社会发展，实施“学训赛创”相衔接的人才培养模式。年内获首届全国乡村振兴职业技能大赛“双冠军”、第七届中国国际“互联网+”大学生创新创业大赛金奖、国际大学生数学建模竞赛突破一等奖、2021“一带一路”暨金砖国家技能发展与技术创新大赛一等奖等。获得国家级一等奖19项，省级以上大赛奖项106项。其中学校获得乡村振兴职业技能大赛为江西省的2/3奖牌，学院攀岩队在第28届全国攀岩锦标赛获两银一铜，五名运动员入选杭州亚运会训练营。

招生就业　学校完成录取新生6833人，实际报到6459人，录取分数线创新高。高质量完成4091名毕业生就业，就业落实率达93%。在省内高校名列前茅。顺应“双创”大势，全面深化“双创”教育改革，将创新创业教育融入人才培养全过程，成立创新创业学院，建成一个校级实践平台，每年投入60万元作为项目扶持资金，重点培育校内创业项目20个，建立校外创新创业实践平台15个。

教师队伍建设　出台《“双师型”教师培养认定管理办法》《兼职“双师型”教师管理办法》，建立科学合理的双师素质提升管理机制。完成65名“双师型”（指具有双证书或双职称的教师，即“教师+中级以上技术职务”，如“教师+律师、工程师”等）教师的认定，其中初级46人，中级14人，高级4人，兼职1人，经省教育厅认定，备案“双师型”教师437人，居江西省内高职院校前列。学校被确立为“十四五”期间第一批省级“双师型”教师培养培训基地，制定《师德专题教育实施方案》《“教师思想政治工作强化年”工作方案》，积极动员部署，做好全校教职工师德专题教育工作。组织全体教师546人参加师德师风应知应会测试，通过率达100%；突出示范引领，遴选推荐2名江西省“新时代学生心中的好教师”，推荐1名赣州市大中小学思政课一体化建设指导委员会专家成员。新增省级教师教学创新团队4个，获评“江西省能工巧匠”1人，江西省2020年“青年井冈学者”1人，“江西省技术能手”10人，获全省职业院校技能大赛教学能力比赛一等奖1项、二等奖5项、三等奖2项，江西省学校共青团“微团课”大赛一等奖1项，第三届全国大学青年教师地质课程教学比赛二等奖2项。

校企校地合作对接　上市公司、龙头企业、地方政府，深化校企合作，推进讯方技术学院和江西应用华测检测产业学院建设，新建成立吉利汽车产业学院、砺剑天眼产业学院。推进国土资源产业学院建设。与赣州市、于都县、南康县、龙南市、寻乌县等地方政府建立校地合作关系。境外地质调查项目合作取得新进展，与伊朗金开旺矿业公司合作，实习、培训基地正式挂牌。

服务区域经济　获评“第二批全国示范性职业教育集团（联盟）培育单位”，自然资源部离子型稀土资源与环境重点实验室正式落户学校，是江西省首个由高职院校牵头建设的部级重点实验室，也是自然资源部重点实验室首批布局江西省。学校地质博物馆被评为“江西省第二批中小学生研学实践教育基地”，实现“自然资源行业特色文化基地”挂牌，完成校属企业改制更名，主持的江西省万载县1/5万地质灾害调查项目报告通过终审验收。

（曾　洁）

【赣州师范高等专科学校】　教育教学　加强课程和教学资源建设，赣州师范高等专科学校在2021年江西省高等职业学校精品在线开放课程申报6个课程项目。其中，卢敏《教育心理学》和卢慧玲《外国文学》2个项目被认定为江西省高等职业学校精品在线开放课程。继续加强书法特色库、特色古籍阅览室、儿童绘本库等特色馆藏建设，新增纸质图书约4万册；完成2021年度电子资源采购计划，年底有电子资源总量260T。

首批学前教育专业本科班联合培养工作取得新进展，从2022年起增加体育教育专业与南昌师院联合培养专升本学生。加强与教育部足球课题组和深圳足球队青训部的对接和沟通，争取面向赣州市定向培养5年制足球人才。推进职业教育提质创优，与方特东方欲晓（赣州）旅游发展有限公司等多家企业、幼儿园、特教学校签订校企、校校合作协议，新增加2个“1+X”证书制度试点项目，学生参加“1+X”证书考试通过率超过90%。主动对接融入粤港澳大湾区，与深圳职业技术学院建立合作联系。组织245名学生参加2021年春季实习支教，实习支教规模为全省高校最大，获得省、市、县三级教育行政部门和基层学校的高度评价。

内涵建设　优化专业结构，成功申报应用日语、舞蹈表演2个专业，全校专业数量增加到23个，职业教育类专业达13个。成功申报省级精品在线开放课程2门，新立项一批校级课程思政示范课。开展第24届推普周活动，举办规范汉字书写、中华经典诵写等比赛，赴全校乡村振兴点所在安远县塘村学校开展乡村推普系列活动。2021年新立项省级以上科研项目39项，结题17项，教师公开发表论文（文学艺术作品）281篇，出版论著3部。加强图书资源建设和利用，建设书法特色库、特色古籍阅览室、儿童绘本库等特色馆藏，新增纸质图书约4万册。

学术与科研　教师参加2021年全省高职院校职业技能大赛教学能力比赛创历史最好成绩，6个参赛团队获一等奖2项、二等奖3项、三等奖1项，1个团队代表江西省参加国赛获三等奖。学生参加2021年全国大学生数学建模竞赛获一等奖，参加第九届全国科学教育专业师范生教学技能大赛获一等奖，合唱团参加江西省职业院校技能大赛获二等奖，瑜伽队参加2021年全国健身瑜伽大赛（金华站）比赛获得集体项目第一名。

招生就业　努力克服疫情影响，始终将毕业生就业工作作为“一把手”工程，定期召开就业工作推进会，鼓励毕业生积极落实政策性岗位，全员帮扶困难毕业生就业，2021届毕业生初次去向落实率为84.34%，截至12月底，毕业生整体去向落实率为92.26%，毕业生在江西就业落实率为87.71%，高于全省18.7个百分点。

校园安全　面向学生组织开展18次主题安全教育，将安全教育贯穿于全校教育教学全过程。积极构建一体化反电信网络诈骗工作格局，全校做法在2021年全省平安校园建设工作培训会上作经验交流发言，2021年全省系统整治电信网络诈骗违法犯罪工作现场推进会在赣州召开，全校作为全市4个参观点之一，接受省委常委、省委政法委书记尹建业，省政府副省长、省公安厅厅长秦义等领导的现场观摩指导，得到充分肯定。

数字校园　持续开展“AIC智能校园系统”个性化需求征集并不断完善系统；完成智慧教室、桌面云办公系统建设和校园网络扁平化改造。建设财务信息化系统，财务上线业务完成率87.86%。获评为2021年度“江西省高校信息化工作先进单位”。

后勤保障　扎实推进基础设施建设。重点工程附属幼儿园项目基本完成前期工作，具备施工招标条件，可研方案获得通过。完善教育教学中心设施设备，完成校园东北面围墙及东大门建设、文明实践中心、音乐系舞蹈教室、云网络智慧听说译多功能实训室等36个教学设施设备项目建设，教学基础条件明显改善。加快项目建设进度，完成全年采购项目106个。加强资产统筹调配，使用效率提高。及时根据学校人事调整安排完成各部门（系部）的资产调拨；加强对学校物资购入、使用、管理、存储、维修、更新、报废等环节的监督力度，建立固定资产账目，做到配置合理、高效使用、确保安全完整。

（江声玉　凌智勇　邱秀花）

【江西环境工程职业学院】　2021年，江西环境工程职业学院全面贯彻落实党的教育方针，落实立德树人根本任务，努力强内涵、抓特色，高标准推动合并转设本科申报准备工作，水处理技术世界冠军团队获“全国工人先锋号”荣誉称号（2021年度全省唯一获评的高校团队），林业技术专业团队获评国家级职业教育教师教学创新团队，获评全国职业教育示范性虚拟仿真实训基地1个，森林菌物工程中心成为江西高职院校首个省级工程中心，学院荣获第七届中国国际“互联网+”大学生创新创业大赛2金1银2铜（金牌数位于高职院校全国并列第三，全省第一），5名在校学生入选第46届世界技能大赛国家集训队（入选人数位居全省第二，其中3人进入前五名），新图书馆顺利竣工，省“双高”顺利通过验收，学院各项事业实现高质量发展。学院荣获全国林草科普基地、乡村振兴人才培养优质校、全国行业职业技能竞赛“轻工技能人才培育突出贡献奖”等称号。学院“十四五”规划通过省林业局审定，并报省教育厅备案，明确“十四五”期间力争达到11个本科专业，力争进入职教本科办学行列的奋斗目标。6月，学院完成与赣南师大科技学院转设的申报筹备工作，签订“四方”协议，江西省高等职业院校G10联盟研讨会在学院召开，与南昌工程学院等5所本科院校开展专升本联合培养工作，全额完成8个专业招生计划800人。

“双高”建设　通过省“双高”实地验收。林业技术团队获评国家级职业教育教师教学创新团队。林业专业群虚拟仿真实训基地入选全国职业教育示范性虚拟仿真实训基地培育项目。家具设计与制造等3个专业顺利通过教育部第三批现代学徒制试点单位验收。获评国家级高等职业教育林业校外综合生产性实训基地1个，国家级高等职业教育油茶应用技术协同创新中心1个。“智慧林业经世学堂”项目揭牌成立，入选首批“经世国际学院”院校，获省教育厅批复准许招收智慧林业来华留学生，首批15名泰国留学生将到校学习。获批国家级职业教育教师教学创新团队课题研究项目1项、江西省高校人文社科课题14项，立项数位居全省高职院校第一。出版《林木种苗生产技术》等3部国家林业和草原局职业教育“十三五”规划教材，立项《油茶栽培技术》等9部“十四五”规划教材。

教育教学　全年共录取新生6581人，其中专升本联合培养800人，林业定向培养73人。2021届毕业生3975人，毕业生初次就业率93.16%，留省就业率达68.83%。学院被人社部确定为第46届世界技能大赛家具制作项目中国集训基地，5人入选第46世界技能大赛国家集训队。2021年获全国职业院校技能大赛一等奖1项、二等奖2项，第七届中国国际“互联网+”大学生创新创业大赛国赛金奖2项、银奖1项、铜奖2项，第四届全国职业院校林草技能大赛一等奖1项、三等奖4项。在首届江西省乡村振兴职业技能大赛中获2金2银。根据中国高等教育学会发布的《2020年全国普通高校大学生竞赛排行榜》，学院位列高职院校全国第二名。3名学生获评“全国林科十佳毕业生”，1名辅导员获评江西省高校“最美辅导员”。获批2个省级名师工作室。

人才建设　全面实施人才强校战略，对接学院“十四五”教育事业发展规划，修订完善学院《高层次人才引进与培养实施办法》。优化人才引进政策，争取42套人才住房，为高层次人才子女就学、医疗保健提供政策服务。加强干部人才队伍建设，开展培训8场，线上培训1期32学时，举办科级干部培训班1期；落实人才强校战略，柔性引进2名教授，并聘任为学院“特聘教授”，引进博士6名，教师76名，选拔任用科级干部21名。

社会服务　启用恒科教学基地，完成社会培训43811次，其中开展林业专业培训6期，培训学员3040人次。建成家具产业学院、人工智能产业学院，与信丰县油山镇政府共建油山红色文化培训学院。成立江西省森林菌物资源综合开发工程研究中心，是江西高职院校中首个省级工程中心。组织成立油茶团队、用材林团队和苗木花卉服务团队等3个科技服务团队，参加全省林业"百团千人送科技下乡助力乡村振兴"社会服务活动。中国教育电视台《职教中国》栏目组采访学院党委书记肖忠优，《中国绿色时报》专稿报道学院在林业生态人才培养方面，提升学院社会美誉度。

校园建设　新图书馆主体竣工，装修进入收尾阶段；收到省林业局及下属单位捐赠图书2.5万余册，完成运行前准备工作。开放性综合实训大楼投入使用实验实训室、工程中心及工作室等29个。改造更新学生食堂1个，新增红旗校区食堂1个，学生用餐环境明显改善。启动新教师公寓电梯加装、附属幼儿园、人才交流房等重大工程的筹建工作。启用红旗校区，缓解学院教学用地紧张的局面。围绕建设"千亩校园"目标，积极争取以职教本科标准扩大校园教学用地。

（曾　毅　郑新瑜）

【赣州开放大学】　8月，经赣州市政府同意并批复将赣州广播电视大学更名为赣州开放大学，12月2日，举行赣州开放大学揭牌仪式。校园占地0.67公顷，校舍建筑面积1.8万多平方米，其中教学用房9500多平方米，包括1个可容纳186人的学术报告厅、多媒体教室6间、普通教室18间、微机房4间。学校拥有"电大在线"远程教学平台、双向视频系统、电子图书馆等现代教学设施，可保证1500人同时参训，可容纳133人住宿、180人同时用餐。学校坚持立足赣州，面向基层，服务地方，广泛开展社区教育、干部党性教育培训、行业培训、技能培训，办学类型包括学历继续教育和非学历继续教育两大类。其中，学历继续教育包括开放教育本、专科、"一村一名大学生工程"。建校40年来，为赣州培养9万名留得住、用得上的应用型人才。截至年底，学校下辖22个学院或教学点，开设国家开放教育本科专业14个、专科专业37个，有本、专科在校生20227人。

学历教育　规范招生秩序，加强招生监管。2021年全市春秋季招生6665人，其中校本部1073人，各教学点5592人，较2020年同期招生增长21.3%，完成省校下达任务的121%，招生工作持续排名全省第二。持续治教，立足教学抓常规。加强网上教学的指导和监督，优化教学资源建设。开展网上学习技能培训，扎实上好"开学第一课"。重拳治理替考，确保考试安全稳定；健全完善考试工作制度，建立健全监考人员资质审核制度；加强考前警示教育，严肃考风考纪；开展专项整治，加强监督管理。持续提升科研能力，完成市社联2020年课题结题工作，组织申报2021年度赣州市社会科学研究课题；组织申报并立项1个全省电大系统思政理论课教学改革和理论校级专项课题。

社会化培训　积极开展社会化培训，全年累计培训学员1665人。顺利完成2020年度和2021年度全市中小学教师心理健康教育培训，培训学员800人。完成红色培训3期201人，行业培训2期163人。积极参与赣州市职业技能提升行动。开展家政服务员、电子商务人员、创业培训（SYB项目）培训，全年共计培训501人，取得职业技能培训的较好成绩。拓展社区教育。积极探索社区教育新路径，与社区联合开展多层次、多内容、多形式、成系列的文化教育活动，助推赣州市社区教育发展。完善全市社区教育四级办学体系建设，创建社区教育实验区、示范区。

系统建设　8月，启动赣州市县广播电视大学更名工作，9月17日圆满完成任务。20个县（市、区）电大教学点更名为开放学院，基本实现县县都有一所开放学院的布局。在全省率先完成更名工作，受到江西开放大学的点赞及肯定。在全省建立第一所开放大学行业学院——龙南新兴产业人才学院。

（邱小丽）

【赣南卫生健康职业学院】　赣南卫生健康职业学院共设有护理系、药学系、医学技术系、临床医学系、康养系、口腔医学系，医学基础部、思政部、文化体育劳动部等"六系三部"，开设有护理、药学、医学检验技术、康复治疗技术、中医康复技术等18个高职专业，涵盖临床医学、口腔医学、中医学、预防医学4个临床医学类国控专业，是全省医药卫生类专业齐全的高职院校之一，全日制在校学生13578人，其中高职在校生8663余人。学院先后获得"江西省平安校园""江西省禁毒工作先进学校""平安赣州建设暨社会治安综合治理目标管理先进单位""赣州市文明校园""赣州市无烟校园"等。

学生教育　开展学生团体心理辅导、"重温革命历史·赓续红色基因"心理趣味运动会、心理云课堂、学生心理健康普查、第13届心理健康文化节、新生心理适应讲座等心理健康主题系列活动，强化心理健康咨询教育，开通心理咨询热线、心理咨询微信号，提供24小时心理咨询服务，帮助学生消除疫情下的心理困扰。学生的安全意识、法治意识明显提高，实施宿舍网格化管理，加强宿舍卫生安全知识宣传和卫生检查力度，开展"防疫有我，爱卫同行""宿舍垃圾下楼"等爱卫活动。

学科建设　对标省级"双高"计划院校建设目标，推进教研室标准化建设，强化课程教学资源建设。2021年，立项建设13门精品课程资源建设项目，启动试题库建设。成功承办2021年江西省职业院校技能大赛中药传统技能竞赛（高职组）大赛，学院参赛选手分获一、二名；2021年江西省职业院校技能大赛护理赛项（高职组）分别荣获二等奖、三等奖；江西省"振兴杯"医药行业职业技能竞赛，刘超、刘晓庆团队获得药物制剂工项目三等奖，钟巧雯、廖文娟分获中药调剂员个人三等奖；2021年全省首届健康照护行业职业技能竞赛暨全国选拔赛，阳世青获学生组第二名（银奖、江西省技术能手）；全国卫生职业教育内科研究会2021年学术会议，李银、陈娟获中青年教师临床技能操作比赛特等奖；中国解剖学会第八届解剖学技术学术会议，刘燕荣获标本制作（三叉神经）比赛三等奖；第四届全国医学检验信息化教学能力大赛和第五届全国医学检验技术专业大学生在线形态大赛，《血细胞之歌》（廖园美、曾琼辉、张婧、吴剑威）荣获“金微课”特等奖；邱春娇、黄冰分别获形态学竞赛一等奖和二等奖；护理类高职护理、助产专业护考通过率为95.49%，稳居全省前列。

教师队伍建设　办理编制备案制管理职数的审批，增加事业编制外编制备案数185个，全院共有编制数467个；完成内设机构增设审批任务，内设机构增至29个。全年组织2批次招聘工作，完成招聘计划；组织开展副高以上专技职务系列转换工作，62名副高及以上专技人员转换高校教师系列副教授、教授职称；完成学院95人高职“双师”资格申报工作，初级“双师”53名，中级“双师”19人，高级“双师”16人，校外兼职“双师”7人；组织2021年新入职教师岗前培训，申请设立赣南卫职院2021年教学点。

选派专业教师参加国培、省培等各类培训58人次，深入校企合作医院、药品企业开展岗位实践93人次。实施“青蓝结对”工程，推进“双师”教师培训基地建设，学院为省级“双师型”教师培训基地，赣州市人民医院、学院附属口腔医院、赣州木吒化妆品有限公司3个校企合作单位为“企业实践培训基地”。

教育科研　制定学院《科研工作量计分暂行办法》，首次实施教职工科研计分考核，强化推进科研工作，2021年教师发表论文130余篇，其中SCI收录2篇、北大中文核心期刊3篇，申请实用新型专利10余项，申报并确立各类项目147项；加强交流合作，做好科研服务咨询工作，举办学术讲座60次，参与讲座的师生达2万余人次。

帮困助学　积极落实国家资助政策，2021年学院（高职）评选获国家奖学金7人、获国家励志奖学金208人、获国家助学金1670人，金额660.7万元；卫校（中职）评出国家奖学金6人、免学费4710人、助学金2115人，金额1718.25万元。办理生源地助学贷款750笔，金额612.6万元。为应征入伍及退役复学学生办理学费补偿助学贷款代偿及学费减免18.5万元，发放退役士兵国家助学金9.515万元。2021年学院接受思利及人基金会50万元，资助2021级30名新生，实际发放资助金16.6668万元。开展校内优秀学生奖学金的评审，共评出885人，奖励金额29.74万元。

招生就业　2021年面向13个省（市）完成各项招生计划工作，高职招生录取3294人、五年制141人、中职1270人、社会扩招140人，共计4845人，高职录取分数线基本高于各省最低控制线150分以上，部分专业录取超出国家控制线190分，接近本科录取分数线，生源质量显著提升。积极拓宽就业渠道，通过各类平台资源，主动联系用人单位160余家，召开网络双选会2次，校园双选会2次，发布就业信息300余条，提供岗位8000余个，按工作节点、工作要求、工作程序、就业政策指导辅导员做好就业指导工作，一次就业落实率为85.56%，其中留赣就业人数789人，留赣率为82.97%。

社会服务　推进校医院建设，完成100万元的医疗设备采购，改善诊疗服务条件和服务保障能力，2021年师生门诊量达6935人次。配合市民政局为全市各县、市（区）选拔的参加江西省“振兴杯”养老护理员职业大赛的45名队员举办赛前集训，配合市卫健委举办2期医院医疗护理员（护工）规范管理培训班（培训人数99人），作为江西中医药大学校外实训考试中心完成1147人的实操培训，开展中医药适宜技术推广培训班（培训人数243人）等。依托专业优势，组织康养产业学员（育婴员、养老护理、健康管理师等）社会培训8052人。

（曾　彬）

【赣州职业技术学院】　赣州职业技术学院于2019年5月22日经教育部备案设立，为赣州市人民政府直属公益二类事业单位，实行党委领导下的院长负责制。

组织95名领导和骨干教师在金华职业技术学院举办“教育教学高级研修班”，提升教育教学水平；面向社会公开招录77名专业教师和管理人员，进一步充实师资队伍。通过加强学生安全教育、心理健康教育、主题班会及各类主题教育活动，不断完善学生工作体系，积极落实疫情防控工作要求，加大安全管控力度，加强日常安全隐患排查及安全防范工作，推进防范电信网络诈骗宣传工作，确保校园和谐、安全、稳定。

参加省级、市级班主任能力大赛和“最美班主任”的评选，获得国赛三等奖1个，省赛一等奖2个、二等奖2个，市赛一等奖1个、二等奖3个，1名教师获得省级、市级“最美班主任”称号。向外报送课题44项，立项28项，其中省级课题项目达17项。4名教师被确定为2021年江西省科技特派员，7名教师被纳入赣州市第二批哲学社会科学专家库专家名单，1名教师获得“江西省优秀科普使者”称号。

制订“十四五”发展规划，建立健全各项规章制度，为教育教学稳定运行提供支撑。扎实做好对机房、图书馆、网络安全和校园网的管理工作，促进学院教育信息化的发展。认真做好项目建设、资产管理、采购管理、食堂管理、医务卫生和节能减排工作，为全体师生的学习、工作和生活提供有力保障。牵头组织赣州市40余家中高职院校召开成立赣州职教集团筹备会，为下一步正式组建赣州职教集团、吸引更多优质企业的加入及合作奠定基础。校校合作工作有突破，学院与深圳信息职业技术学院签订协议，达成深度合作意向，为学院借鉴成熟的办学经验，提供有力保障。校地合作开创新局面，学院与全南县人民政府签订校地合作协议，通过建立合作机制，根据全南产业发展需求精准设置学院专业，同时用好政策吸引学院学生到全南就业，实现校地共同发展、合作共赢。

（刘　蓓）

【赣州农业学校】 赣州农业学校有教师200人、学生5115人，开设食品生物工艺、农产品贮藏与加工、园林技术、作物生产技术、园艺技术、畜禽生产技术、宠物养护与经营、模具制造技术、数控技术应用、新能源汽车装调与检修、工业机器人技术应用、计算机应用、计算机网络技术、计算机平面设计、物联网技术运用、机电技术应用、电子设备运行与控制、服装设计与工艺、会计事务、电子商务、客户信息服务、幼儿保育、文秘等24个专业。2005年学校被评为国家级重点中专；2015年被评为国家中等职业教育改革发展示范学校，为全省唯一一所获此奖的农业类国家级中职示范学校；2019年被列为“中国中职教育50强”，2021年学校“e型杂交水稻系列品种选育与示范推广”项目获江西省科学技术进步奖。

教育教学 完成首轮蔬菜定向班模块化教学活动，推广模块化教学改革经验，形成完善规范的模块化教学制度与管理方法。开展“学农、知农、爱农”“科苑讲堂”专家讲堂，邀请蔬菜行业的专家为学生进行专业知识指导，并举办行业发展讲座，开创“课堂设在企业，车间搬进校园”校企双元育人之路。开展师德师风活动、听评课活动、教研活动。开展2次“三江讲坛”，组织12名骨干教师参加省级精品课程培训和“学银杯”精品课程建设，申报27个市科联新课题项目。第五届涉农职业院校教学能力比赛获得一等奖1个、二等奖3个；市级教学能力大赛获得一等奖1个、二等奖2个、三等奖3个；5个团队进入省赛，并获省赛一等奖2个、二等奖2个、三等奖1个；服装、牧医2个教师团队进入国赛，取得现场答辩资格，创历年最好成绩。组织5名班主任参加省级、市级班主任能力大赛和“最美班主任”的评选，获得国赛三等奖1个，省赛一等奖2个、二等奖2个，市赛一等奖1个、二等奖3个，黄玉生获得省级、市级“最美班主任”称号。

校企合作 与江西瑞敏、福建利郎、南昌卡拉多等企业继续开展校企合作。江西瑞敏携手电商专业教师在校组织19级电商学生参与无人车道路辨识项目、组织20级电商学生参与“双十一”“双十二”天猫旗舰店客服项目；南昌卡拉多携手食品专业教师在校内建设烘焙生产实训基地及创新创业门店并投入生成运营，实现“校中厂”“校中店”，实训基地共建共享，实行校企双元协同育人，将行业标准融入课堂教学，实现学生与企业的无缝衔接。

技能竞赛 精心组织各类竞赛，以赛促教以赛促学。举办第三届思源杯校赛，共有37个赛项，参赛对象涵盖学校的所有专业所有班级学生，涉及面最广、参加人数和获奖人数创新高。承办2021年赣州市中等职业学校技能竞赛10个学生组项目、2个教师组项目，参赛师生达200余人次；组织6名教师、71名学生赴外校参加市技能大赛，学生组获得一等奖13个、二等奖16个、三等奖10个，教师组获一等奖4个、二等奖1个；组织学生参加省技能大赛，省级一等奖5个、二等奖11个、三等奖5个。全国职业院校技能大赛中职虚拟现实（VR）制作与应用比赛中全校参赛团队代表江西荣获团体三等奖；第七届全国青年科技创新实验作品大赛（江西赛区）比赛中全校作品荣获一等奖；在首届“校园杯”全国职业院校宠物护理与美容职业技能大赛中全校参赛团队荣获一等奖。

招生就业 2021年学校招收联合培养高职层次学生95人，中职层次学生1739人，计划完成率达116.47%，办学规模稳步增长，生源质量普遍提升。2021年，学校毕业生1568人，就业人数为1500人，直接就业人数为625人，就业率为95.28%，对口就业率为86.10%；学校通过职教高考升学90人，通过对口单独招生升学793人，通过中高贯通升学52人，技能拔尖人才免试升学38人，升入高职院校人数973人，在职业教育高速发展的大背景下，学校升学人数稳步增加。

校园安全 以“平安法治校园”建设为主线，多形式、多渠道开展法治教育、学生预防溺水、心理健康、消防安全、防盗防骗、就业安全等法治宣传教育。积极推进安全网格化管理模式，完善学校安全动态监管机制，落实校园防控封闭管理和学生线上线下安全教育，校园安全长效机制不断增强。

社会服务 发挥农业学校特色，主动加强和省市农业部门联系，承接好省农技员、新型职业农民等培训项目。入围赣县区、崇义县等9个县（区）的高素质农民教育培训机构，开展休闲农业、经验管理、种植、养殖等高素质农民培训30班次，培训学员1357余人，培训量占全市2021年高素质农民培训总额的1/3。开展各类职业技能提升23班次，培训学员830余人。开展赣州市县级基础农技员培训，培训学员75人；开展农药经营从业人员培训，培训学员63人。2021年以来，委托全校开展各类培训的业务主管单位数量和实际培训学员数量创历史新高。强化培训师资库建设，将本校、农业农村局、赣南科学院、江西环境工程学院、赣州市委党校等100余名专家教师纳入培训师资库；与犹江绿月、江口苗圃基地、南康花果园农庄、赣县绿林湾养殖基地、赣州市蔬菜“二中心一基地”、花田小镇、蘑菇小镇、荷花塘农庄等20余家优秀的种植业、养殖业、休闲农业等基地或公司建立和强化合作关系，更新完善农业培训实训基地资源。

（赣州农业学校供稿）

【赣州技师学院】 2021年，赣州技师学院核定的编制数为260人，现有在编（含合同制）教职工267人，其中高级职称（高级讲师、高级技师）73人，有国家津贴专家1人，江西省首席技师6人。2021年，学院承办2021年江西省乡村振兴职业技能大赛暨全国乡村振兴职业技能大赛江西选拔赛的汽车维修项目、电工项目比赛。教师曾海源获汽车维修项目职工组金牌，钟亦云获电工项目职工组银牌；学生肖辉获汽车维修项目学生组金牌，曾梓榕获电工项目学生组银牌。教师冯发勇获“江西省能工巧匠”称号；在南昌举办的首届江西省技工院校学生创新创业大赛上，获集体二等奖；在全市教育系统“我的思政故事”演讲比赛中，党员教师林晶晶获二等奖。党员魏新获“全省优秀党务工作者”称号，杨苍佑等8人获市“优秀共产党员”称号或市“优秀党务工作者”称号，第六党支部荣获市“先进基层党组织”称号。

招生培训　就业学院有在籍学生6659人，2021年学院全年招收学生总计2290人（其中全日制2144人、非全日制146人）。招收高技生（预备技师）的比重大幅度提升。2021年招收高级工学生1394人，预备技师学生415人，高级工及其以上学生占全年招生人数的91%。设立全南校区，预计每年新增500名学生。与江西正浩瑞森公司等5家企业合作开办“企业新型学徒制”班；对江西金力永磁科技股份有限公司等10家企业开展技能培训班共计15个；对接政府职能部门，为本地残疾人、劳动力转移农民、基层服务工作人员、市就业局网创教师等，开展各类职业技能提升培训，人员近500人次。2021年度学院获得14个工种校内自主评价的备案资格，对“汽车维修”专业高级班、国机智骏新型学徒制班学员、深联电路新型学徒制班开展技能人才等级自主评价工作。开展“线上培训”，主要有“技能+素养”项目计算机网络技术和机电一体化技术2个班，学生95人。拓宽渠道精准安排就业。6月，学院召开校企对接会，有本地百余家企业应邀参加对接会。承办赣州市2021年“校企政”就业合作对接会。2021年学院毕业生2204人，其中安排就业2137人，就业率达96.96%，市内、省内就业率达61.9%。

教育教学　学院利用人才引进政策，引进肖楠等21名硕士研究生，选派朱力菲等17名教师到西安、广东、成都等外出培训、学习；选派叶景川等29名教师参加线上教学能力提升培训，提升教师教学能力。组织全体思政课教师到于都、瑞金、兴国、井冈山开展红色教学研讨6次。承办各级、各类技能大赛5次，并积极组织师生参与2021年江西省乡村振兴职业技能大赛暨全国乡村振兴职业技能大赛江西省选拔赛、江西省第二届赣鄱工匠职业技能大赛等比赛，在校内举办第九届技能节。2021年，全院师生获省赛教师组一等奖5个、学生组一等奖2个；市赛教师组一等奖6个，学生组一等奖16个。充分发挥骨干教师的示范引领作用，调动广大教师参与教学、科学研究的积极性。全年学院1项省级重点课题和31项市级课题结题，公开发表论文20篇，获得8项实用新型专利和1项软件著作权；教学能力竞赛获得省级一等奖7个、市级一等奖22个；有省级能工巧匠1人、技术能手4人、技能大师工作室1个。提升办学层次与能力，根据学制改革修订、完善学院2021级四年制预备技师和五年制高级技师的人才培养方案，并在秋季顺利开展招生，全年招录的高级工生和预备技师生占招生人数的比重大幅度提高。全年学院投入380万元建设智慧教室70间和1间直录播间，投入90万元改造教室灯光，投入160万元更新课桌椅，投入80万元建设智慧实训室。

学生管理　精心挑选班主任，努力打造一支精干合格的班主任队伍，先后举办“学期班主任业务学习”“规范填写学籍档案”“班主任素质提高”“资助业务培训会”“班级文化建设”“心理健康教育讲座”培训，通过培训和交流活动，提升班主任的综合能力和创新能力。改进日常管理，培养学生良好习惯。围绕“上好开学第一堂课”、坚持“一日常规”等主题开展活动，培养学生树立家国情怀和感恩意识；以“五条红线”“四严禁两养成”“一日四点”等规定规范学生日常行为，教育学生自觉遵守校规校纪。推进“心防工程”，促进学生健康成长。心理健康教育中心年内接待学生100余人次。持续推行光盘行动，增强学生节约意识。规范做好学生资助申报，2021年春季学期，省人社厅审批通过免学费学生6599人，获助学金学生3162人，市教育局审批通过免学费354人，获助学金学生31人；2021年秋季学期，省人社厅审批通过免学费学生6419人，获助学金学生3008人，市教育局审批通过免学费学生31人。组织评选出7名学生申报中等职业教育国家奖学金。

平安文明校园建设　落实平安校园建设工作责任制。学院把综治和平安建设工作纳入重要议事日程，与业务工作同规划、同部署、同考核，形成主要领导全面抓、分管领导具体抓，把平安建设工作任务落到实处。加强骨干队伍和群防群治队伍建设，积极参加上级部门举办的各类培训，强化队伍思想教育和业务培训，全年开展消防“一警六员”（一警：社区公安民警和中央在京单位执勤武警，六员：各街道、乡镇政府、村（居）委会基层工作人员，安全生产巡查员，物业服务企业职员，保安员，消防安全重点单位及餐饮、娱乐等火灾高风险场所职员，微型消防站、义务消防队和社会志愿力量等多种形式消防队员）培训2次，指导物业在校安保、宿管工作人员开展消防培训2次，强化“校卫队”“校园110”等群防队伍建设，各班级设置安全信息员，及时掌握学生思想和行为动态，把学生矛盾纠纷化解在“萌芽”状态。开展“文明寝室”“优秀班级”创评，“优秀学生干部”“三好学生”评比，“优秀班会”“优质课教学”示范，“技师好声音”“我能出彩”技能节等文艺、体育和专业知识技能比赛活动，丰富学生的课余文化生活。全年持续组织开展志愿者活动，增强学生服务社会、乐意助人、无私奉献的良好道德情操。

（肖国丰）

本栏编辑：王志辉

科学技术

综　述

【科技改革】　2021年，赣州市营造比肩大湾区的科技创新环境，制定《关于进一步完善市级财政科研项目资金管理的若干措施》，落实扩大科研经费使用自主权，切实减轻科研人员负担。强化科技创新政策保障，着力改变市级科技创新政策分散的局面，从打造创新生态的角度系统谋划，围绕增强企业科技创新能力、提升创新平台能级、激发区域创新活力、推动创新要素集聚等方面，拟定《赣州市进一步强化科技创新赋能的若干政策措施》，凝练科技新政20条措施，新增科技激励资金预算8000余万元。夯实科技管理服务队伍，全市18个县（市、区）新组建科技创新中心，是全省事业单位改革中唯一县级均设立科创中心的设区市。加强顶层设计，组织编制并以市政府名义印发《赣州市“十四五”科技创新规划》。

【科技创新】　制定印发《2021年赣州市主攻科技创新工作要点》和年度考评方案，按照市委“六大方向办”要求每季度对县（市、区）开展督查，调度推进全市主攻科技创新项目建设。全市208个主攻科技创新项目，完成投资额677.78亿元，年度完成投资率达181.54%；116个项目竣工，竣工率达55.77%。市级12个调度重点项目，完成投资额187.14亿元，年度完成投资率达195.17%。中科院赣江创新研究院一期新建第一批工程正在装修，第二批工程物理楼、化学楼封顶，27项重大科研项目顺利实施，南方离子型矿高纯钇及相关重稀土分离新工艺等成果落地转化。赣南创新与转化医学研究院项目签订项目补充协议和产业基地项目合作协议，明确宠物产业基地选址，动物中心设计通过专家论证。高端人才引领型特色孵化载体项目通过中期验收，获补助资金4000万元。国家稀土功能材料创新中心建成运营，入驻科研团队8个。粤港澳大湾区“科创飞地”建设项目择优确定中国科技开发院作为首批“科创飞地”共建合作对象。

【科技型企业培育】　组织推荐全市51家企业申报省独角兽、瞪羚企业，21家入榜（2018年度9家、2020年度14家），其中好朋友科技入榜潜在独角兽企业，裕丰智能入榜种子独角兽企业，10家企业入榜瞪羚企业，9家企业入榜潜在瞪羚企业。组织推荐314家企业申报第一批国家高新技术企业，通过认定193家；243家企业申报第二批国家高新技术企业，通过认定41家，全年新增高新技术企业234家。开展效期内高新技术企业全覆盖检查，兑现新认定的374家高新技术企业奖励5220万元。全年入库备案科技型中小企业1147家，研发费用加计扣除合计6.22亿元。

【创新平台提质增效】　组织11家企事业单位申报省级科技创新平台，澳克泰、松岩冶金、赢家时装列入省级技术创新中心组建名单；赣南师范大学申报的城市固体废物绿色循环与污染控制重点实验室，江西理工大学申报钨资源高效开发与利用重点实验室和分子化学与先进材料重点实验室列入省重点实验室组建名单。受理市级平台组建申请105项，经形式审查，批准组建市重点实验室29个、市技术创新中心48个；完成已组建的70个市级平台的评价评估。中科院赣江创新院入驻科研团队16个（其中院士团队9个）、科研人员233名，被列为组建国家稀土技术创新中心候选单位，稀土全国重点实验室通过专家答辩和中科院院长办公会研究；获中科院“稀土先导专项”和“重点部署项目”支持，项目资金约10亿元。

【科研攻关】　争取省级以上科技计划项目182项，获项目资金支持5600余万元，市级评审立项实施科技计划项目95项，安排科技计划项目资金1700万元。围绕“1+5+N”产业集群发展的“卡脖子”关键核心技术，促进产业链与创新链深度融合，印发《赣州市“揭榜挂帅”制项目试点工作方案（试行）》，市级探索实施重大科研攻关“揭榜挂帅”制项目3项，每项资助研发经费500万元；“竹基新材料产品关键技术研发及产业化示范”等2项关键技术被列入省“揭榜挂帅”选题，“稀土永磁高性能伺服电机研究”等4项需求获省“揭榜挂帅”项目支持。全市24项科研成果获省科技奖

(其中：一等奖 4 项，二等奖 7 项，三等奖 13 项)，居全省前列。

【人才集聚高地建设】 入选省“双千计划”(自然科学类)、海外高层次和急需紧缺人才计划等 69 人，获立项省“一村一品”产业项目 16 个。赣州市首届“苏区之光”扶持本土科技创新人才团队 37 个；立项市级创新人才项目、大学生科技创业扶持项目 44 个。举办“智荟赣鄱——服务苏区·科技振兴营养健康食品产业行动”等活动，借助高端智力助推科技服务人民健康。组织 15 家企业参加“第十九届中国国际人才网上交流大会”，制作赣州市“十三五”期间科技创新、赣州高新区科技创新、中科院赣江创新研究院展板在大会宣传展示，通过“虚拟展厅”征集企业引智引才需求 56 项，促成先进科技成果对接和高层次人才洽谈 12 项。

【科技特派员帮扶】 围绕脐橙、油茶、花卉苗木、蔬菜等特色优势农业产业发展，争取省级科技特派团到赣州开展科技服务，来自 30 多个科研院所、高等院校及有关单位的 212 名科技特派员组成 22 支科技特派团队和 62 名个人科技特派员派往各县(市、区)挂点开展科技服务，签订三方协议 96 个，服务 108 个乡镇 246 个村庄，带动农户 7394 户，服务企业、合作社、农民协会 119 个，创办领办企业、合作社、农民协会等机构 2 个。科技特派团累计引进新品种 85 个，推广新技术 69 个，建立示范基地 37 个，组织培训 80 余场次，培训农民 8000 余人次，帮助受援对象增收 17 万余元。赣江创新院选派 30 余名科技特派员入驻赣州重点企业。

(李千洲)

【科技服务】 2021 年，赣南科学院开展科技服务活动 232 次，参加科技服务人员 644 人次，咨询 3645 人次，培训 4145 人次，服务企业 240 家，服务面积达 1.47 万公顷。举办“赣州市第三届设施蔬菜新品种展示会”，集中展示 7 类 51 个蔬菜新品种，吸引全市各县(市、区)500 余人参观，通过展示蔬菜新品种、新技术、新模式集成创新性成果，丰富全市设施蔬菜良种库，提高本地蔬菜种植大户发展设施蔬菜生产的信心和“赣南蔬菜”品牌影响力；举办“江西省富民强县工程花卉苗木产业新品种新技术专题巡回培训班”，培训省级花卉苗木龙头企业、苗木种植大户等近 500 人。引进新特优园林花卉品种资源 500 余份，培育新优花卉种苗 20 万株；参加“2021 年全市科技活动周”和 2021 年赣州市“科技下乡”活动，组织蔬菜、脐橙、油茶、畜禽、水产、花卉苗木等专业科技专家 50 余名开展现场科技咨询，现场发放 20 余种科技资料、技术挂图和技术手册 5000 余份，展示蔬菜、脐橙、油茶等 12 种科研产品、10 项农业新技术成果，为农业增产增效、农民增收提供精准帮扶。

(刘跃清　罗鑫尧)

3 月 13 日，省委书记刘奇(前排左一)和省委常委、市委书记吴忠琼(前排左三)到赣南科学院位于兴国县龙口镇蔬菜科技示范基地考察指导

(赣南科学院供图)

科技项目和成果

【科研基地建设】 新增平台 7 个，分别为市富硒农业与产品开发技术创新中心、市柑橘高品质栽培技术创新中心、市油茶遗传育种与栽培技术创新中心、市水稻产业体系技术创新中心及市农业种质资源创新与利用重点实验室、市作物遗传育种重点实验室、市蔬菜花卉种质资源开发与利用重点实验室。通过高端引智、人才交流、项目合作、平台共建有效推进平台建设与运行，全院科研环境氛围日益优化。江西省设施蔬菜技术创新配套设施建设持续推进，完成第一期蔬菜产业基地建设，建成 2 公顷蔬菜大棚及配套设施；生猪育种中心开工建设，市畜牧水产研究所、市蔬菜花卉研究所科研基地条件持续改善提升，部分基层所“老破旧”形象已有较大改善。

【科研项目】 截至年底，赣南科学院实施在研项目 212 项，其中国家级 13 项，省级 38 项，新增项目资金 2410.86 万元，增长 36%。

赣江创新院承担 30 项纵向科研项目，经费 10317 万元。其中，国家级项目 5 项、院省部项目 17 项、其他项目 8 项。在省市筹建经费总盘子中挤出 4.1 亿元，自主部署科研项目 13 项。积极策划申报国家重点实验室、科技部攻关专项、发改委“十四五”科教基础设施平台项目、改善科研条件专项等重大任务，全国重点实验室已列为典型国重实验室管理，科技部攻关专项12月23日进行实施方案论证。完成专利申请53件，授权5件，推动签订科技成果转移转化项目7项，合同金额1250万元，“高性能铁氧体永磁材料”知识产权作价3000万元。积极响应乡村振兴科技支撑行动，示范推广6.67公顷转光农膜大棚，成效显著。选派30余名科技特派员入驻赣州重点企业。

（刘跃清　罗鑫尧　张心宇）

【科技合作与交流】　柔性引进博士以上高层次人才项目初显成效，截至年底，联合开展实验研究10余项，指导登记成果1项，收集到信丰萝卜、兰花等种质资源32份，筛选出优良高油酸花生品系49份，申报专利10项，撰写发表论文22篇。主动对接粤港澳大湾区科技创新。组织院所科技人员赴华南农业大学、中国林业科学院热带林业研究所、中科院华南植物园、广州国家现代农业科技创新中心调研学习。加强与大湾区高校、龙头企业、科研院所合作，促进与大湾区在人才建设、科技合作、科技成果转移转化等方面协同合作。对外合作交流平稳发展。与中科院、华中农业大学、江西农业大学、省科学院、省农科院等省内外科研院校的合作交流持续巩固发展。其中市蔬菜花卉研究所与省农科院合作申报的省农作物良种联合攻关项目“辣椒优异种质创制及优质丰产新品种选育”已获立项支持；市柑桔科学研究所与江西省农科院协同创新联盟联合开展“柑橘黄龙病综合防控技术集成与示范”“柑橘木虱年周期内世代发育与发生规律”2个项目；市畜牧水产研究所与省农业科学院联合开展“赣南番鸭种质资源保护试验”；市农科所与华南农业大学合作，承担“华南地区大豆良种重大科研协议攻关”项目的子课题“华南地区大豆性状鉴定及新种质创制”。

（刘跃清　罗鑫尧）

【科技成果】　2021年，赣南科学院通过验收、鉴定项目21项，其中国家级2项、市级19项。撰写发表《赣南地区番茄青枯菌分离及菌系多样性分析》等论文论著50篇。

全年申报科技奖励省级奖1项、市级奖1项，获得省部级奖励4项、市厅级奖励2项、省级表彰3项。其中“柑橘害虫专家系统与绿色防控技术研发与应用”“柑橘绿色保鲜关键技术研发与应用”分别获神农中华农业科技奖一等奖、三等奖；“农村小流域面源污染控制与生态修复关键技术与应用”“e型杂交水稻系列品种选育与示范推广”获江西省科技进步奖三等奖。

赣江创新院首创含磷羧酸萃取分离钇的新工艺，替代现行环烷酸分离钇工艺，已通过外部专家科技成果评价。新型合金储氢材料绿色技术获国家绿色技术交易中心上架技术登记证书。与虔东集团合作建成万吨高性能铁氧体示范工程，正在试车运行。

（刘跃清　罗鑫尧　张心宇）

【科技成果转化】　发挥赣州科技大市场作用，线上平台整合发布科技成果40238项、高校院所78家、技术专家2197名、产业技术服务商202家、各类科技服务机构64家，累计入库科技型中小企业2782家、国家高新技术企业1107家。举办线上线下活动33场，达成合作项目19项。全市认定登记技术合同1349份，技术合同成交额69.7亿元，技术交易额63.4亿元。

（李千洲）

知识产权

【概况】　全年共申请专利29项，授权专利28项，颁布标准5项，登记成果5项，新品种审定1项，发表SCI核心期刊4篇。其中，授权“修复稀土尾矿的方法及饲料桑的种植方法”等28项专利；颁布“花生种子翻秋生产技术规程”“‘春花生-晚稻’轮作栽培技术规程”“牛羊粪养殖蚯蚓技术规程”“脚板薯间作冬瓜生产技术规程”“五云冬瓜栽培技术规程”等5项地方标准；登记成果“一种大刺鳅的池塘养殖方法”“利用蚯蚓连续高效处理羊粪的方法”“赣南叶菜类蔬菜绿色高效栽培技术”“赣南脚板薯种质资源的收集与鉴定”“桃金娘种质资源收集与扦插快繁技术研究”5项；“赣南黑米”通过新品种审定。

【知识产权管理服务】　赣州市人民政府和国家知识产权局专利局专利审查协作广东中心签订战略合作框架协议。江西青峰药业有限公司的“合成拉考沙胺的新方法”获得中国专利优秀奖，美克国际家居用品股份有限公司的“壁柜（caracole-CLA-016）”获得中国外观设计优秀奖，其中美克家居的外观设计专利是全市首次被评为中国外观设计优秀奖。章贡区、大余县、寻乌县顺利通过国家知识产权强县工程试点县验收，考核等次均为优秀。江西理工大学成功获批国家知识产权信息公共服务网点，在南康区、蓉江新区等维权案件高发区、创新主体集聚区建立知识产权维权援助工作站。抓好商标注册便利化服务，积极发挥赣州商标受理窗口作用，为申请人提供更为快捷优质的服务。2021年底，赣州商标受理窗口共受理商标注册申请429件，变更、转让、续展、许可备案等后续业务307件，受理商标咨询4623人次。

【知识产权保护】　推进中国（赣州）知识产权保护中心建设，一次性通过国家知识产权局资料审核和专家现场考察。7月12日，国家知识产权局正式批复同意建设中国（赣州）知识产权保护中心。完善知识产权纠纷多元化解机制，成立赣州市知识产权纠纷人民调解委员会和赣州仲裁委知识产权仲裁中心。出台《2021年赣州市知识产权行政保护工作方案》，组织开展专利、商标、地理标志、专用标志等各类专项整治活动。开展展会知识产权保护，在中国（赣州）第八届家具博览会、第二届中国（赣州）纺织服装产业博览会会展中心开设专利维权工作站，现场调解专利侵权案件3

件。开展民生领域案件查办“铁拳”行动，突出对辖区内的“山寨”酒水饮料、节令食品等进行检查和抽检。2021 年，全市立案查处各类专利案件 88 件，其中专利侵权纠纷 31 件，作出行政裁决 11 件；商标违法案件 79 件，移送司法机关 2 件。

【知识产权运用】 推进知识产权融资工作，举办知识产权质押融资银企对接会，现场签约 3500 万元；全年知识产权质押融资 5.7 亿元，增长 27%。组建电子信息、家具知识产权联盟，共享内部资源，共同防御知识产权风险。启动专利导航工作，组织专家对南康家具产业进行调研，编制南康家具产业专利导航报告。组织赣南脐橙、赣南茶油参加 2021 中国品牌价值评价，赣南脐橙、赣南茶油分别位列地理标志百强榜第 6 位和第 54 位。其中，赣南脐橙列水果类第一，被列入首批中欧地理标志协定“100+100”保护名录。推动富硒农产品商标品牌建设，建立全市年度富硒农产品商标和地理标志商标培育库。

【知识产权创造】 全年发明专利授权 1399 件，增长 41.5%。全市拥有有效发明专利 3641 件，每万人有效发明专利拥有量 4.06 件，增长 30%。“宁都辣椒”“石城翻秋花生”核准注册为地理标志证明商标，“赣南高山茶”核准注册为普通集体商标，全市地理标志商标 32 件，地理标志保护产品 12 件，均位列全省第一。信丰县茶油生产企业“友尼宝”被认定为中国驰名商标。

（陈和金）

行业科技

【农业（烟草）科学研究】 4 月，事业单位改革重新组建赣州市农业科学研究所。将市烟草科学研究所（市旱作物科学研究所）、市农机化研究所并入市农业科学研究所，重新组建赣州市农业科学研究所，加挂市烟草科学研究所牌子，隶属于赣南科学院，为正科级公益二类事业单位。赣州市农业科学研究所的职责有农作物新品种选育、植物保护、农业装备（农机）、农业实用技术的研发引进和示范推广，地方特色农作物种质资源收集保护和开发利用加工，农产品质量分析、农业环境治理研究、农业产业发展规划技术咨询和产学研服务等。

全年共实施项目 69 项。国家级项目 10 项，即国家水稻产业技术体系——赣州综合试验站；国家花生产业技术体系赣州试验站；农业基础性长期性科技工作观测监测任务国家种质资源章贡观测实验点；农业基础性长期性科技工作观测监测任务国家土壤质量章贡观测实验点；农业基础性长期性科技工作观测监测任务国家农业环境章贡观测实验点；全国（南方稻区）水稻新品种区域试验；2021 年国家鲜食甜、糯玉米品种试验；2021 年国家（南方）鲜食甜、糯玉米品种试验；2021 年国家（东南区）鲜食甜、糯玉米品种试验；国家热带、亚热带春、夏大豆品种区域试验及生产试验。

省级项目 14 项，即全国芝麻新品种区域试验（南方区）；江西省花生芝麻产业技术体系赣南综合试验推广站；江西省农机装备应用产业技术体系赣南试验推广站；江西省水稻新品种区域试验；江西省 2021 年鲜食甜、糯玉米品种区域试验实施方案；江西省大豆区试；江西省油菜优质高产、早熟品种对比试验；高油酸花生种质资源创新与利用；赣州烟草主要病虫害绿色防控集成技术推广应用；赣州烟区营养土配方研究与应用；提高烤烟中部上等烟叶比例关键技术研究；提高烤烟上部烟叶可用性关键技术研究、集成与示范；烤烟国标修订农业转化验证研究；赤星病、野火病植保无人机精准施药技术研究。

市、院级项目 39 项，即南繁；两系法；空间诱变水稻新品种选育；太空育种；赣南水稻直播技术集成与示范；优质稻丰产提质增效关键技术研究与应用；赣南黑米 2 号栽培模式及其配套技术研究；赣南优质特色稻种质资源发掘与利用研究；空间诱双元表达不育系双兴 A 的配组研究；适宜赣州地区种植的粳稻品种筛选；优质稻适宜播栽技术研究与应用；富硒水稻生产加工技术创新与集成；低耗、高效 e 型杂交水稻技术体系的创建；赣南糯稻种质资源收集与利用；赣南花生优质高效栽培技术研究；优质、高产、高油酸花生新品种选育、花生优异种质资源引进、筛选与研究应用；高油酸花生新品种选育与示范推广；

7 月 24 日，江西省花生芝麻产业技术体系花生新品种“昌花 18”及花生高产高效栽培技术示范的田间测产及现场观摩会在大余召开

（市农业科学研究所供图）

9 月 19 日，中国科学院院士张启发到市农科所调研

（市农业科学研究所供图）

江西省花生主产区土壤养分状况调查与改良利鲜食大豆品种筛选与配套栽培技术研究与应用；赣南地区茄科蔬菜青枯病菌菌系研究；鲜食玉米新品种选育及推广应用；赣州市花生等主要油料作物产业发展规划编制与应用；赣州烤烟专用基、穴、追肥研制；提高赣州烟叶可用性的施肥量和种植密度研究；江西省烟草公司赣州市公司专用肥和早生快发项目；提高赣州烟叶工业可用性研究；基于上部烟叶提质增效的施肥技术研究及应用；赣州烟区不同苗龄对提高烤烟早生快发和产品质量研究；赣州烟区烟青虫斜纹夜蛾发生规律及综合防治技术研究；赣州烤烟优质配方肥研究与应用；优质油菜新品种引进及绿色高效栽培技术研究与推广；富硒花生新品种选育与示范推广；赣南山地多功能果园管理机的研制；鲜切花去刺修剪设备的研制；适用于赣南设施蔬菜的小型开沟起垄机引进与推广；蔬菜中硒元素的快速检测技术研究；设施蔬菜——水稻轮作模式土壤养分迁移特征和平衡施肥技术研究；赣南优良茶树种质资源调查与利用。

其他项目 6 项，即 2021 年国家级镉低积累水稻品种审定自主试验；2021 年基因编辑镉低积累水稻品种试验；水稻新品种试验示范 4 项。

主持项目“e 型杂交水稻系列品种选育与示范推广”成果获江西省科学技术进步奖三等奖，参与项目“江西省烟蚜茧蜂防治烟蚜技术研究与推广”分别获江西省烟草公司科学技术一等奖、三等奖；赣南黑米获江西省主要农作物品种审定证书，“虔油 2 号”“虔油 D77”“虔油 0834”等 3 个品种已申请江西省非主要农作物品种登记；发布江西省地方标准 2 项《花生种子翻秋生产技术规程》《“春花生—晚稻”轮作栽培技术规程》；“虔两优 329”“双兴优 30”等 7 个水稻品种参加江西省预试试验，“赣南红米”“赣南麻糯”2 个水稻品种参加江西省特种稻试验，虔油粉色花生品种参加了南方花生联合鉴定试验，“虔油红衣”、“虔油 D77”2 个花生品种参加江西省花生新品种区域试验，“GN1-3”“GN3-1”“GN30-10”等 3 个烤烟新品系参加省区域试验；“一种可自动加水的植物水培桶”“一种集开沟、施肥及覆土为一体的水稻直播器”“一种自动聚焦的 LIBS 富硒中药检测设备”等 9 项技术获得实用新型专利，全年累计发表科技论文 12 篇。

年内，通过国家水稻、花生综合试验站等 10 个科研体系平台，开展高素质农民技术培训和技术指导 71 次，服务咨询 1200 余人，建立科技示范基地 9 个，发布科技信息 25 条，发放科普宣传资料 1000 余份。推广水稻超高产栽培技术、再生稻栽培技术、“昌花 18 号”等花生良种及其配套的高产高效栽培技术、花生地膜覆盖高产栽培技术、秸秆全量还田油菜化肥农药减施技术和植保无人机飞防技术等关键技术，助推产业发展，并通过科技特派员深入基层、企业、种植大户开展科技服务工作，切实为企业、种植户解决了生产技术问题。

（汪雨萍）

【林业科学研究】 市林业科学研究所成立于 1959 年，位于赣州市中心城区近郊的江西峰山国家森林公园内，原为副县级事业单位。2021 年事业单位改革后，隶属于赣南科学院的正科级公益二类事业单位。主要承担经济林、用材林、园林绿化树种的品种选育、苗木繁育、栽培及林业有害生物防控、野生动植物保护、林下经济等科技攻关、科技服务和技术推广；开展林业资源调查、规划设计、生态评价、检验检测等服务；从事白僵菌等微生物产品的研发与推广；开展青少年科普教育、自然教育、劳动实践教育等工作。

市林业科学研究所有山林面积 635.52 公顷（其中国家重点生态公益林面积 208.48 公顷），自有育苗圃地 3.33 公顷，育苗大棚 1600 平方米；建有 300 平方米综合实验室 1 个，配备有先进的分析化验仪器设备；建有森林生态展览馆 1 座，馆藏有动、植物标本 3 万余件；建有国家油茶良种基地 123.63 公顷；收集保存大量优良绿化树种；建有年生产能力 50 吨的微生物农药白僵菌生产基地。

科研攻关在研项目 18 项，其中国家级 1 项，市级 17 项。申报各级科研项目 30 项，争取项目资金 480 多万元。申请专利 5 项，其中发明专利 2 项、实用新型专利 3 项。主动服务对接赣县金溪农业、赣县裕嘉合作社、赣县农食汇、大余马蹄山农业、兴国富山农业、龙南荣华苗圃、兴国上洛山、寻乌恒和农业等农业公司，在章贡区、兴国县长岗乡建立油茶低产林改造示范基地 4 个。完成 4 个杂交组配、8 个优良基因型、360 组油茶品种杂交育种。培育出的800余株杂交子代苗木完成营造子代测定林0.47公顷。开展航天育种试验，经过一系列种子催芽、种子组织培养、种子石蜡切片等试验，为破解油茶种子在反季节情况下不能出苗的困境，开展油茶种子贮藏和生活力实验，分阶段对油茶种子内含生理生化物质的变化情况进行检测，取得大量的试验数据。柔性引进博士项目"油茶林复合经营增效模式构建与示范"，在国家油茶科学中心首席专家姚小华博士的指导下，完成初筛模式试验基地种植，扩增布点种植，油茶复合经营示范基地的前期建设准备及油茶复合经营项目中期评估。

2021年，国家（江西赣州）油茶产业园——油茶良种繁育科技园区建设项目落户赣州市林科所。国家林业和草原局调查规划设计院完成国家（江西赣州）油茶产业园茶良种繁育科技园区详规编制初稿。结合国家油茶产业园规划建设，完成中国林科院亚林所、江西省林科院、湖南省林科院、广西林科院的油茶国审良种或者主推品种的收集工作，收集良种33个。完成园区作业道路及步道建设1000米，进入园区主干道路完成扩宽硬化。申报的市级"油茶遗传育种与栽培技术创新中心"获批建设，此平台的组建将为打造全市油茶良种繁育中心奠定更加坚实的基础。全年培育"赣州油"系列油茶优良品种育苗100万株，培育容器大苗5.6万株。销售油茶苗30万株，销售额达108.37万元。全年销售球孢白僵菌56.17吨，销售总额52万余元，成为自创收入的另一重要渠道，同时也为全市马尾松毛虫、竹蝗的防治做出贡献。对引进的洒金桃叶珊瑚、彩色鹅掌柴、"泰山红"石榴和"突尼斯软籽"石榴4个品种积极养护。重点打造中药材资源圃，种植收集中药材种质资源。对森林生态馆内展出的动植物标本进行分类统计建档，汇编标本馆馆藏标本目录。接受捐赠珍藏多年的红腹锦鸡、小熊猫等珍稀动物标本，丰富生态馆展出内容。

市林业科学研究所到赣县区、大余县、于都县、瑞金市、会昌县等地开展科技服务30余次，派出科技支撑专家135人次，直接服务种植户770人次，发放各类科普资料500多份，帮扶企业5家。

（李春花）

【畜牧水产研究】 6月，市畜牧水产研究所由原赣州市畜牧研究所和赣州市水产研究所整合成立的正科级科研事业单位，隶属于赣南科学院。主要从事畜禽、水产良种选育、引进和推广；畜禽、水产饲养管理与疾病防治新技术、新产品的研制、推广、技术服务和饲料、保健品的研发；地方特色畜禽、水产品种资源的收集保护和开发利用；畜禽、水产品加工和综合利用技术研究。

市畜牧水产研究所有江西省实验兔生产繁育基地、江西省生猪产业技术体系赣南山区综合试验站、江西省家禽产业技术体系赣南片综合试验站、江西省牛羊产业技术体系赣中南综合试验推广站、江西省大宗淡水鱼产业技术体系赣南综合试验站、江西省省级水产原良种场、江西省省级专家工作站、江西省省级科普教育基地及赣州市高素质农民培训机构等平台，是农业农村部动物防疫基础设施项目建设点，在赣县南塘清溪国家级现代农业示范园内建有104.87公顷的赣州市现代畜牧科技示范基地、在赣县茅店坝高建有10公顷现代水产科研示范基地、农业农村部水产健康养殖示范场；所部还建有饲料添加剂中试车间、畜产品加工中试车间、饲料加工中试车间及畜禽粪污资源化处理示范基地等多个试验、示范基地。

全年申报8个富硒攻关项目；形成"富硒禽蛋"、"富硒蚯蚓养殖技术规程"和"富硒蚯蚓粪有机肥"3个企业标准，其中"富硒禽蛋"企业标准完成备案并发布；形成富硒鸡蛋和蚯蚓硒饲料添加剂产品，富硒鸡蛋、富硒有机肥已与企业签订生产合作协议；富硒鸡、富硒鸡蛋和富硒赣南香猪3个产品获得认证。全年实施科研项目48项；申报项目33项，新增项目16项；新增到账各类项目和技术服务资金547.5万元。授权发明专利2项，使用新型专利2项；发布江西地方标准1项，立项地方标准5项；出版著作2部，发表论文31篇（其中SCI 3篇，核心期刊13篇）；登记省级成果2项；科技人员中有2名晋升为正高、3名晋升为副高、3名晋升为中级职称。全年投资55万元完成江西省实验兔繁育基地升级改造，生产能力实现翻番，再获省科技厅50万元经费支持；投资46万元完成番鸭育种中心升级改造，孵化室、育雏室和育成舍建成投入使用；一期

3月26日，赣州市2021年水产养殖新技术培训班在赣南宾馆举行

（市畜牧水产研究所供图）

投资370万元的赣南香猪核心育种场基本完工；一期投资40万元的实验仪器完成采购；中央预算投资项目“水生动物疫病防控监测区域中心建设”完成可研报告和评审。全年向社会培育良种赣南番鸭3239只，水产苗种约350万尾；先后为大余县、定南县等政府有关部门撰写产业发展报告或建议书3份，与上犹县农业农村局等3家单位签订有偿技术服务协议。同时，推动启动动物疫病诊疗服务中心建设；全年开展各类科技服务74次，举办培训6次，培训404人次，多次获央视、江西电视台报道，并获省科技厅通报表扬。

授权发明专利2项：“修复稀土尾矿的方法”及“饲料桑的种植方法”，专利号ZL202010157113.8；“一种大刺鳅室外池塘的自然越冬方法”，申请号/专利号ZL2020100386002。实用新型专利2项：番鸭养殖床，专利号ZL202020996925.8；应用于大刺鳅繁殖的孵化设备，专利号ZL202023297143.3。

发布江西地方标准1项：牛羊粪养殖蚯蚓技术规程，标准号DB36/T1424—2021。立项地方标准5项：废弃稀土矿区王草种植技术规范；赣南藏香猪生产技术规程；商品番鸭网床垫料养殖技术规程；大刺鳅苗种培育技术规程；大刺鳅成鱼养殖技术规程。出版著作2部：《常见鸡病诊断与防治技术》2021年1月第一次印刷出版；《江西生猪产业高质量发展研究与实践》2021年9月第一次印刷出版。发表论文31篇，其中SCI3篇，中文核心期刊13篇。登记省级成果2项：利用蚯蚓连续高效处理羊粪的方法，登记号Y20000171；一种大刺鳅的池塘养殖方法，登记号Y20001060。

（孔智伟）

【柑橘科学研究】 2021年，市柑桔科学研究所推进17项在研项目顺利实施，其中国家级项目3项、省级项目4项、市院级项目10项。科研项目管理规范有序，完成结题项目3项，其中国家重点研发计划项目2项（柑橘化肥农药减施技术集成研究与示范、柑橘黄龙病综合防控技术集成研究与示范），市级项目1项（新型保鲜剂对赣南脐橙贮藏期病害的防治效果）；申报市院级（含富硒专项）项目13项；新增立项项目2项（赣南脐橙高品质栽培技术研究、柑橘小实蝇田间监测及其防治）；到账项目资金165.19万元。科技成果方面，市柑桔科学研究所获得2020—2021年度“神农中华农业科技奖”2项，其中“柑橘绿色保鲜关键技术研发与应用”项目获一等奖，“柑橘害虫专家系统与绿色防控技术研发与应用”项目获三等奖；授权实用新型专利2项（一种防治柑橘黑点病的简易设施、一种应用于山地的果园快速施肥设备）；受理发明专利1项（一种抑制纽荷尔脐橙夏梢旺长的种植管理方法）；参与编写省级技术规程2项。获批市级技术创新中心1个，市级专家工作站1个，与华中农业大学成功合作共建基地2个。申报省级专家工作站，筹备申报农药登记试验定点单位资质。

赣南脐橙品质提升和土壤改良技术研究与推广。完成“赣南纽荷尔脐橙高品质施肥技术研究”课题的整地改土，为后续种植脐橙并监测果实品质奠定基础。

新优品种选育。完成不知火（♀）×鸡尾葡萄柚等6个组合的杂交授粉工作。开展早熟脐橙品种对比试验；对5个引进品种（爱媛28号、清见、春见、不知火杂柑、园丰脐橙）和2个自主选育品种（赣南1号，赣脐橙5号）、2个对照品种进行科学的引种试验。种质资源方面，收集野生柑橘资源7份，对4个变异柑橘资源观察选育。开展赣南自主选育品种赣脐橙5号、赣南早、龙回红果实品质变化分析。到各主产县开展脐橙优良单株的筛选工作。

柑橘黄龙病综合防控技术研究。开展柑橘木虱发生规律调查、土施药防治柑橘木虱试验、感黄龙病后柑橘存活时长试验；与湖北省果茶所合作开展防控黄龙病试验，与华中农业大学园艺林学学院合作开展抗黄龙病柑橘资源筛选工作；继续开展柑橘木虱人工饲养技术研究、赣南脐橙园内病菌孢子分离鉴定及其释放规律研究等。

开展科技服务与科普宣传15次，通过快手直播平台发布柑橘栽培技术短视频7期，点赞数突破6万。与兴国县丰硒农业发展有限责任公司签订技术服务合同；服务江西省安远县农业生产资料有限责任公司，起草果园托管标准体系；与中国计量科学研究院签订科普服务协议，获得持续支持。

（孙静贤）

9月15日，中国工程院副院长、国家现代农业柑橘产业技术体系首席科学家邓秀新院士在信丰县开展调研指导工作（市柑桔科学研究所供图）

5月27日，“赣州市第三届设施蔬菜新品种展示会”在于都县梓山镇举办　　（市蔬菜花卉研究所供图）

【蔬菜花卉研究】 赣州市蔬菜花卉研究所为赣南科学院所属差额拨款、公益二类正科级事业单位。赣州市蔬菜花卉研究所地处赣州市南康区龙华赣丰线旁，占地面积17.3公顷。主要承担蔬菜、花卉及功能性植物新品种、新技术引进、研发和示范推广，开展科技协同创新、对外学术交流、科技成果转移转化、农业发展决策咨询、技术培训，以及蔬菜、花卉及功能性植物产品质量检验检测服务、土壤环境质量评价服务等职责。

全年实施项目（平台）39项（个），其中省级项目4项，市（院）级项目29项，其他合作类项目6项。组织申报各级科技项目40项，新增立项12项，各类到账经费820.57万元。组织申报赣州市现代农业攻坚及时奖，参与申报江西省科技进步奖、江西省种质资源确定单位——赣南地方蔬菜花卉作物种质资源圃；完成登记省科技成果3项，撰写发表论文6篇、参编著作2部，获得授权实用新型专利14项，发布省地方标准2项，完成《富硒丝瓜生产技术规程》等3个市级富硒标准立项；推广优质蔬菜新品种20余个和花卉新优品种10余个。推进江西省设施蔬菜创新中心建设，实验楼及配套设施建设进入施工阶段，成功申报“赣州市蔬菜花卉种质资源开发与利用重点实验室”市级平台1个。

全年开展科技服务80次，派出人员216人次，参与市科普宣传活动2次，发放资料2581份，发布科技信息21条，咨询人数1665人次，服务企业103家，示范面积总计81.67公顷。推广展示成果20项，精准服务企业20家，运用微视频、VR、抖音等新媒体科技服务6次，在市级以上媒体科技报道8次，为多家科技型企业转型升级提供前沿技术信息服务。举办蔬菜花卉集中培训班5期培训450人次，开展产学研培训2次。主动服务产业龙头企业，并建立科技示范基地。服务龙头企业30余家，建立县合作科技服务示范基地6个并挂牌，新增挂牌3个，示范面积约66.67公顷。

（蔡　磊）

【有色冶金研究】 赣州有色冶金研究所有限公司（简称“冶金研究公司”）正式成立于1952年，2001年5月办理企业法人营业执照，成为同时持有事业法人和企业法人的“双法人”单位。2020年12月，完成转企改制工作，注销事业编，全民所有制公司制改制更名为赣州有色冶金研究所有限公司，有在职职工149人，其中工程技术人员103名，占职工总数的69.13%；高级职称30人，其中教授级高级工程师11人，高级工程师19人；博士7人，硕士60人；拥有总资产12.49亿元。2021年，公司实现营业收入26.96亿元，增长69.13%。

冶金研究公司有国家离子型稀土资源高效开发利用工程技术研究中心、中国合格评定国家认可委员会认可实验室（钨和稀土）等14个国家级、省部级科研（检测）平台。全年新增科研项目（含标准）立项47项，新增科研经费3699万元（合同金额，部分需划拨外单位）；完成项目验收（结题）44项。累计授权专利33件；争取政府类专利、标准等科技奖励资金206万元，首次获省国资委科技创新补助资金260万元。获省部级（含行业协会）及以上科技奖励9项；完成成果评价（标准审定）13项；获批高新技术企业和省科技型中小企业；智能分选机等成果在集团内部企业产生显著效益，全年围绕企业提质降耗增效2044万元。

智能分选机累计完成生产组装13台，合同金额3256万元。《第三代新型智能矿石分选机研制》项目完成项目研究并通过集团公司验收。多功能智能气体检测仪累计销售330余套，销售额总计90余万元。可更换式工矿用防护面罩在大吉山钨业等7家矿山企业试用推广，获企业好评。

通过利用与高等院校、科研院所和行业企业开展科技合作交流的机会，促成与中南大学、江西理工大学、有研集团、省固体废物管理中心、长沙微纳坤宸新材料有限公司等联合开展国家重点研发、省重大专项、集团重大专项和赣州市科技计划项目等不同层级的项目10余项，涉及新材料研发、危废处理、资源二次利用和安全高效开采等不同领域。借助《中国钨业》期刊和省有色金属学会搭建学术交流传播平台，组织召开江西省有色金属选矿技术交流会、江西省有色金属分析检测交流会，协助筹备中国钨业创刊30周年暨钨业发展报告会。

（曾满齐）

【钨与稀土产品质检】 国家钨与稀土产品质检中心有员工78人，具有本科及以上学历60名，其中博士1

人，硕士20人，具有中级以上技术职称20人，其中具有副高级职称7人。2021年检测收入中稀土样品673万元，钨样品126万元，有色金属样品43万元，其他样品64万元，物性样品66万元，环保样品675万元。

申报20项纵向科研项目，立项5项。其中，中心首次牵头立项省级科技项目：江西省科技厅“2021年江西省重点研发计划项目”《重要产品稀土产品追溯体系设计与实施指南》地方标准研制，项目资金20万元，这是中心第二次获批省级科技项目。项目的开展将为稀土企业提供有效的追溯体系编码规则和示例。完成“高纯超细镝基氧化物粉体标准的研制”、“稀土金属及合金中痕量氧的测定技术研究”“稀土—稀土矿中铀含量的测定电感耦合等离子体质谱法”稀土国际标准的研究以及“X荧光法测定高锡钨中锡含量的研究”等6项省局科技项目结题验收；完成省局技改项目“钨、稀土新材料热分析检测能力建设提升”的验收；提交2020年中央引导地方科技发展资金项目“高性能钨铜电触头材料制备及产业化研究”验收材料；提交“高性能W-Cu复合材料制备及产业化研究”等8项赣州市科技项目验收材料。全年获授权专利1项，申请国家发明专利2项，发表科技论文7篇。其中，“一种低氧高纯稀土合金的制备方法”发明专利已获授权；辉光放电质谱仪（GD-MS）团队申报的发明专利《一种用于辉光放电质谱检测低熔点材料的测试方法》初审通过。

获批专精特新中小企业高质量发展服务平台。为江西省的有色金属领域内的中小企业，特别是专精特新“小巨人”企业提升创新能力、掌握核心技术、提高产品质量和市场占有率，提供技术支撑和保障。为省内100余家专精特新“小巨人”企业和国内外1500余家科研院所、高校和中小企业提供技术服务；获批2021年度国家中小企业公共服务示范平台。通过为中小企业开展公益性服务，承担政府部门委托的各项任务，反映中小企业发展面临的困难问题及政策建议，提高服务能力和组织带动社会服务资源的能力，发挥在提升产业链供应链现代化水平、助力制造业做实做强做优等方面的支撑作用；中心与江西理工大学等联合申报的国家市场监管重点实验室（稀土产品检测与溯源）获批筹建，实验室组建将有利于保护和合理利用战略资源，解决产品检测与溯源关键科学问题，有利于国家从技术层面构建稀土产品市场监管模式，促进稀土产业高质量发展。

4月13—15日，国家钨与稀土质检中心工作人员到广西平桂飞碟钨业有限公司，主动上门为企业提供更为优质高效的服务
（国家钨与稀土质检中心供图）

抓好江西省稀土标准化技术委员会、国家技术标准创新基地（江西绿色生态）稀土中心的建设和运营，标准化成绩显著；加强稀土地方标准制修订和项目研发工作，完成《稀土产品追溯设计与实施指南第1部分：钕铁硼永磁材料》的起草和报批，推进《稀土产品追溯设计与实施指南第2部分相关稀土产品》的申报和起草工作，并在2家企业进行标准应用示范，推广项目的应用经验。在企业实施稀土产品追溯GS1（全球编码标识系统）编码标识技术应用试验项目，实现企业产品追溯和管理，为稀土永磁行业产品追溯起到带头示范作用；积极制定及参与起草国家、行业标准，主导制定及申报国家、行业标准5项，其中在研3项，完成1项，申报2项；参与起草国家行业标准7项，其中稀土类3项，有色类4项。2021年，获全国稀土标准化技术委员会技术标准优秀奖一等奖1项、二等奖1项、三等奖3项；积极参与稀土国际标准相关活动；参与制定的稀土国际标准《稀土—术语—第2部分：金属及其合金》已发布实施，实现省稀标委实质性参与稀土国际标准的良好开局，为中国标准“走出去”发挥省稀标委应有的贡献，年内参与制定稀土国际标准2项；中心提出的《稀土矿及稀土产品总α、β放射线的测定厚源法》年内正式立项，同时该标准也同步研制外文版，是中心外文版标准研制“零的突破”，该外文版标准的研制对促进稀土产品贸易纠纷及提升中国稀土产业国际影响力具有重要意义。

（谢　晶）

【地质调查】 2021年，省地质局第七地质大队成功申报赣州市地质灾害防治重点实验室，新增升级环境污染治理工程设计能力评价（生态修复乙级）、环境污染治理工程总承包能力评价（生态修复二级）等资质，增加国土空间规划编制、规划设计管理、水土流失防治服务、环保咨询服务等经营范围，服务美丽赣州建设的能力得到提升。获省“振兴杯”地质勘查行业首届地质调查员（地灾方向）职业技能竞赛团体二等奖，与市自然资源局联合举办“绿水青山守护者”地质灾害应急调查技能大赛。队属单位QC（质量控制小组）小组获评中国质量协会“全国优秀质量管理小组”。

承担赣州市本级和全南等9个县（市、区）的矿产资源规划、赣州市本级生态修复专项规划、67个矿区国情调查报告、于都等6个县（市、区）的地灾调查与风险区划、崇义等4个县（市、区）的地灾防治规划等编写工作，赣州市赣县区夏湖重稀土矿普查等4个省基金项目通过设计评审。与国家地质实验测试中心共同开展重点地区健康地质调查试点项目，协助建设赣州市健康地质野外示范基地。完成汛期地质灾害应急和防治工作，保障人民财产安全。

中国地调局项目“江西会昌岩背—寻乌铜坑嶂锡多金属矿集区矿产地质调查”等3个项目均以优秀级通过成果验收，财政项目、市场项目探获一批钨、锡、钼、稀土、萤石、地热水等资源量，为赣州工业倍增升级提供矿产资源保障。联合申报的自然资源部离子型稀土资源与环境重点实验获批，“离子吸附型稀土矿新类型矿床的发现与勘查手段的创新研发”获稀土科学技术奖一等奖，“江西省石城县楂山里矿区萤石矿找矿成果”“江西省安远县园岭寨钼矿找矿成果”入选自然资源部找矿突破战略行动优秀找矿成果名单，“赣南钻——人力冲击取样钻”获第六届全国职工优秀技术创新成果优秀奖。国家重点研发计划“中重稀土矿床成矿规律及勘查评价技术”等一系列科研项目取得实效。

（漆富勇）

【地质勘查】 2021年10月，根据《中共江西省地质局党组江西省地质局关于印发〈江西省地质局所属事业单位调整组建工作方案〉的通知》，整合江西有色地质勘查二队、江西省核工业地质局二六四大队，组建江西省地质局有色地质大队，为江西省地质局所属正处级公益二类事业单位，主要承担全省有色矿产资源勘查、有色矿产资源储量评价、有色矿产勘查新技术应用研究等工作。2021年全队完成经营收入4.97亿元。其中，地质及地质延伸产业共完成经营收入2.66亿元，房地产开发产业完成经营收入1.01亿元，工业智造产业完成经营收入0.56亿元。江西省地质局有色地质大队获“第十六届江西省文明单位”荣誉称号；离退休滨江党支部获全省离退休干部“示范党支部”称号。

全队签订各地质类项目65个，其中报告编制类项目合同49份。主要做好省地质局2个基金项目，龙南市新岭铁矿、兴国县田福塅脉石英矿等7个地质勘查项目，完成浙江省丽水市龙泉县、大余县左拔等3个矿区水文地质调查，上坪尾砂库稳定性分析勘查工作和全南县岐山稀土矿详查报告，龙南市、定南县、会昌县的“十四五”矿产资源总体规划项目、兴国县忠田矿区萤石矿绿色矿山建设工作等3个项目，指导安远县、兴国县、瑞金市等地绿色矿山建设项目5个。实施开展机械岩心钻探项目14个，总计进尺9636.19米。提交中型硅石矿床和瓷石矿床各1处，大型建筑用花岗岩矿床1处。

全年参与汛期地质灾害“三查”177次，调查地质灾害及隐患点282处；出动应急调查小组16个、实施应急调查35次；完成农村建房、易地扶贫搬迁安置点调查57次，调查点34处；开展科普宣传42场、组织专业技术培训7场、受训约903人。取得省科技厅重点研发计划一般项目2项；成为赣州市地质灾害防治“十四五”规划的编制单位，参与地方政府地质灾害防治工作，协助大余县申报地质灾害基层防灾能力建设项目。

做好全市2021年度地质灾害专群结合监测预警点建设项目，守护受威胁群众1218户7197人，成功避让山体滑坡1起。先后完成瑞金市、寻乌县、景德镇市浮梁县、定南县、龙南市、章贡区、景德镇市昌江区等7个县（市、区）1/5万地质灾害风险调查与区划项目，“三南”稀土矿山地下水调查项目水文勘查部分项目，龙南工业园区地下水调查和赣州经开区地下水环评专片项目等77个专项。承担大余县下垄钨矿左拔、樟斗、西华山等8个矿区生态修复设计和崇义县大坪矿区生态修复施工；完成安远县8个乡镇非正规垃圾填埋场场地环境初步调查环境检测项目。同时，生态文明产业范围已涵盖地下水环境状况调查、地下水环境影响评价、水文地质勘查、地下水污染防治规划、地下水污染防控设计与施工、土壤污染状况调查、水土监测、水资源论证和科研等9个项目，高质量发展再提速。

4月15—16日，中国工程院院士陈毓川到石城县楂山里矿区指导
（江西省地质局第七地质大队供图）

7月8日，江西省地质局有色地质大队工作人员在于都进行地质灾害调查
（陈峰摄）

核工业赣州工程勘察设计集团有限公司成功取得综合甲级资质后，业务量保持持续提升，2021年度承揽各类项目517个，其中勘察类项目248个，测绘类项目176个，物探类项目60个，岩土设计类项目23个，工程管理类项目10个，成功进入贵州市场，项目范围覆盖江西、广东、福建等7个省域，中标数量位列2021年全国建筑业勘察设计中标百强、排名30位，位居全省勘察设计企业榜首。获2021年全国优秀测绘工程奖银奖，“赣县区农村宅基地和集体建设用房地一体确权登记发证项目”“蓉江新区农村宅基地和集体建设用地房地一体确权登记发证项目”获江西省优秀测绘地理信息工程奖二等奖，在全国行业评选中超10个项目获奖，核心竞争力和品牌影响力实现快速提升。

（陈　峰）

【气象测报】 2021年，全市出现5次区域性暴雨、5次冰雹大风、1次强冷空气、春旱等天气过程，每次天气过程全市气象部门均提前以呈阅件、情况反映、天气专报等形式报送决策气象服务材料和提前发布预警信号。全市气象部门发布决策气象服务材料2159期、新闻通稿52篇，发布气象灾害预警信号2716次，发送预警等气象服务短信2946条，受众489.5万人次。市、县各级各部门领导及时作出批示、指示和调度指挥，市防办根据预报预警紧急转移4803人，避免人员伤亡和财产损失。

年内全市新建碘化银地面发生器9个。全年常态化开展生态型人工影响天气地面作业492次、飞机增雨作业10架次，累计影响面积约16.2万平方千米，作业量创历史新高。强化脐橙产业气象服务，与省农业气象中心、市果业发展中心等单位联合开展脐橙特色气象服务，其中脐橙最早采摘期气象预测被市果业发展中心和赣南脐橙协会采用，社会媒体广泛转发。发掘生态旅游气象资源。全南县成功创建“中国天然氧吧”称号，写入市政府工作报告，全南县天龙山成功创建“江西避暑旅游目的地”称号，会昌县汉仙岩、大余县丫山获评首届“江西省避寒养生福地”称号。气象灾害风险普查全面推开。全面完成兴国县、大余县2个气象灾害风险普查国家级试点的工作任务。全市各县（市、区）均完成8个灾种的致灾因子调查，实现调查数据进度和数据审核进度“双100%”。

推进农业气象服务体系建设，印发《赣州市生态气候与农业气象服务业务体系建设方案》，整合优化市县服务布局。加强粮食安全与特色农产品气象服务，制作发布春播气象服务专报110期、秋收秋种气象服务专报144期、农业天气材料200余期，制作水稻、油菜、柑橘等农作物产量预测产品21期。面向新型农业经营主体开展多渠道直通式农业气象服务，2021年联合市农业农村局开展实地调查83次，田间调查37次，联合会商52次，通过“江西微农”智慧平台上传农业气象服务产品1348期，农情反馈、灾情互动229条。脐橙气候品质评价工作，组织17个脐橙种植基地（合作社）开展脐橙气候品质评价，联合省农气中心对石城县和丰农业专业合作社开展脐橙气候品质认证，有效提升产品附加值。加强气象信息员队伍建设，建成一支4000多人的气象信息员队伍，气象灾害预警信息“绿色通道”初步建立，气象灾害预警信息公众覆盖率达到90%，发布手段涵盖广播、电视、电话、手机短信、网络、微博、微信、大喇叭、电子显示屏等10余种，基本实现预警信息第一时间发送到灾害可能影响区域。

联合农业农村、财政、保险等部门在全省率先成功研发农业巨灾保险气象指数。与市农业农村局签署深化气象为农服务合作协议、农业巨灾保险气象信息服务提供和使用协议，与中国人民财产保险股份有限公司赣州市分公司、中国太平洋财产保险股份有限公司赣州中心支公司分别签订深化防灾减损战略合作协议，与中国人寿财险赣州分公司开展脐橙灾害气象指数保险合作，形成多部门联动、共同推进农业巨灾保险的良好态势。

结合“世界气象日”“全国防灾减灾日”“科技活动周”“安全生产月”“全国法宣日”等主题活动，开展气象防灾减灾科普宣传。加强对农村的科普宣传，深入到田间地头、乡镇集市广泛宣传气象防灾减灾知识，发放农业与气象、科学认知雷电和防雷技术等气象科普资料。邀请省、市气象台首席预报员、天气预报主持人到中小学校开展气象科普活动，市、县、区气象局开展首席预报员进校园科普讲座7次。开放气象科普教育基地，鼓励中小学生现场感受气象科学技术和防灾避灾基本知识。

动态调整权责清单、“互联网+监管”清单和政务事项清单。全面推行防雷产品安装记录、防雷产品出厂合格证书两项证明事项告知承诺制，持续推进“减证便民”，严格落实“证照分离”改革，优化营商环境。进一步对标粤港澳大湾区，制定《赣州市气象局对标粤港澳大湾区政务服务提升行动计划》《赣州市气象局对标广州市及深圳市政务服务先进做法整改提升任务清单》，逐步实现政务服务“一网通办”数字化改革3年攻坚目标，主动对接“赣服通”4.0版建设需求，推动高频政务服务事项雷电防护装置设计审核、雷电防护装置竣工验收事项上线“赣服通”平台，对“互联网+政务服务”赣服通存量数据电子证照进行梳理汇总并编制清单。持续推进落实“互联网+监管”模式，定期发布监管动态和曝光台信息，提升监督管理效能。年内分别对定南县盛凯威实业有限公司、安远县和信房地产有限公司和新东江房地产开发有限公司破坏探测环境事件进行立案处理。加强与地方政府沟通协调，加快推进安远县、定南县气象局整体搬迁进度。全南县某公司危害气象探测环境案案卷获全省气象行政执法案卷评查评比优秀案卷一等奖。推动《江西省气候资源保护和利用条例》《江西省重点发展区域区域性气候可行性论证工作管理办法（暂行）》取得实际成效。开展“天然氧吧”“避暑目的地”气候可行性论证。根据赣州市人民政府办公室印发《赣州市企业投资项目“标准地+承诺制”试点工作方案》，明确“标准地”试点区域开展气候可行性论证工作，全市17个县（市、区）逐步落实区域气候可行性论证或重点项目气候可行性论证。

（戴文娟）

【水文测报】 全市设有41个水文站（其中26个基本水文站），332个水位站（其中4个基本水位站），1042个水、雨情遥测站点（其中165个基本雨量站），99个水环境监测站，15个地下水监测站，97个土壤墒情监测站（其中自动监测站18个），9个蒸发站（其中自动监测站6个）。

全市实测流量1646次，站均40次；单沙1301次，站均145次；输沙125次，站均16次。单颗138次，站均34次；断颗23次，站均12次。2021年，全市平均降雨1289.4毫米，比多年均值（1583.2毫米）偏少近两成。全年有2站小幅超警戒水位：大余县横江樟斗站洪峰水位94.12米，超警戒水位0.12米；全南县桃江南迳站洪峰水位301.40米，超警戒水位0.10米。主要大江大河持续低水位，其中汾坑、瑞金、石城、翰林桥、居龙滩、峡山（二）等水文站出现历史最低水位。

全年发送预警短信约24万条，提供雨水情专报120期，水情信息33期，旬月水情7期，水文呈阅件3期；发布洪水预报11次，洪水蓝色预警2次，中小河流预警11期，水情预估预报5期，旱情专报12期。

完成孔田、柳塘、古陂、利村、移陂5处水文站标准化建设，巩固提升坝上等21站标准化管理，使站容站貌得到提升。完成羊信江等16站高杆视频系统的安装，实现监测可视化、信息化。

对全市29个国家重要水功能区、58个省级水功能区和28个省、市、县界河水体共99个断面进行监测评价，与赣州市生态环境局共同发布《赣州市水功能区水资源质量月报》。加强城乡饮用水供水水源地水资源质量监测评价，每月定期对赣州18个县（市、区）25个城市供水水源地和寻乌县6个乡（镇）农村饮水安全工程供水水源地水资源进行监测评价。国家重要江河湖库水功能区、省际缓冲区、国家重要饮用水源地水质达标率均为100%，赣州市一水厂、赣州市二水厂、赣州市三水厂水质优良率分别为83.3%、75.0%、100%。

2021年全市水资源量为180.77亿立方米，与上年比较减少27.9%，与多年平均值比较减少46.4%，属枯水年。2021年全市人均水资源量约2000立方米。全市总用水量33.9632亿立方米。

完成全市《年度水资源简报》《年度水资源公报》编制，完成18个县（市、区）水资源公报编制工作，实现县域水资源公报和全覆盖；为加强重要江河生态流量（水量）监管，开展生态流量分析及监测试点工作；编制《平江流域生态流量保障实施方案》；对20个水文站及县行政区界河6个断面的生态流量进行分析及监测，积极推进生态流量监测；积极主动开展中心城区用水调查工作，对中心城区的“章贡区、经开区、蓉江新区”进行用水分析；不断拓展水文技术服务覆盖面。

全年实测径流量151.54亿立方米，全市径流年内分配不均衡，汛期（3—9月）实测径流量为118.63亿立方米，占全年径流量的78.3%，非汛期径流量为32.91亿立方米，占全年径流量的21.7%。本市河川径流量补给主要是降水，属雨水补给型。

2021年赣州市主要江河重要水域全年水质状况一览表

表23

水质类别 / 时间	Ⅰ、Ⅱ(%)	Ⅲ(%)	Ⅳ(%)	Ⅴ(%)	劣Ⅴ(%)
全年	78.1	19.2	2.4	0	0.3
丰水期	85.3	12.6	1.9	0	0.2
枯水期	70.9	25.7	2.9	0	0.5

注：优良（Ⅰ、Ⅱ）、合格（Ⅲ）、轻度污染（Ⅳ）、重度污染（Ⅴ）、严重污染（劣Ⅴ）。（刘海辉）

本栏编辑：徐井生　赖　芳

文化

公共文化

【概况】 2021年，赣州市承办文化和旅游部“非遗中的红色资源寻访活动启动暨革命故事、红色歌谣新书发布仪式”。赣南采茶戏《一个人的长征》入选国家艺术基金，庆祝中国共产党成立100周年优秀展演剧目、重点扶持作品，采茶戏《八子参军》、音乐《新长征再出发》入选庆祝中国共产党成立100周年舞台艺术精品创作工程重点扶持作品。中央苏区历史博物馆等3个陈列展览入选全国庆祝中国共产党成立100周年的精品展览。宁都采茶戏、东河戏被列为濒危剧种。开展全市农家书屋提质增效监督检查工作，对全市基层公共文化服务设施基本运行情况进行排查；督促各县（市、区）加快推进县级图书馆文化馆总分馆制建设工作，完成任务数的78%。赣州市文化馆、兴国县文化馆、会昌县文化馆、信丰县文化馆、南康区文化馆报送作品入围江西省第四届“赣鄱群星奖”决赛。兴国县获评“中国民间文化艺术之乡”，信丰县、兴国县获评“江西省民间文化艺术之乡”。

【文化惠民】 开展2021赣州第六届文化惠民周系列活动、“同心颂华诞 奋进新征程”、“传承红色基因舞出时代风采”2021年赣州市红色歌曲广场舞快闪等活动。开展红色歌曲传唱群众歌咏活动36场，广场舞展演活动209场，红色广场舞快闪活动76场；创排红色歌曲广场舞100余个，培训班6期。举办“永远跟党走”暨“传承红色基因舞出时代风采”2021年赣州市红色歌曲广场舞展演活动；开展“光辉百年路 奋进新征程”赣州市群众书画摄影展。以“百姓大舞台大家一起来”为平台，组织开展“舞动赣鄱颂党恩”庆祝中国共产党成立100周年主题广场舞展演活动、庆祝中国共产党成立100周年戏剧曲艺音乐舞蹈大赛等大型文艺活动。建设国家长征文化公园。承办江西省文化强省建设推进大会。创排赣南采茶戏《一个人的长征》。市图书馆全年举行展览5场、报告厅讲座13场；文献外借40.6万册次，流通人员19.08万人次；以“百年华章你我共读”为主题开展“4·23”世界读书日系列活动16项。

10月21日，2021赣州第六届文化惠民周活动开幕（市文广新旅局供图）

【数字文化】 市文化馆运用微信、抖音、视频号、公众号等，开展线上群文活动。举办线上直播2场，艺术慕课77个，发布自媒体信息200多条，数字文化服务受益人100多万人次。开设“线上过大年好戏连连看”“开春大戏”“奋斗百年路、启航新征程”等赣州市优秀群众文化艺术展。“永远跟党走”暨“传承红色基因舞出时代风采”2021年赣州市红色歌曲广场舞展演活动与国家公共文化云平台进行同步直播。市图书馆运用微信公众号，整合线上听书、看书资源，打造线上党史学习专区，推出“党史学习”“党史荐读”“党史故事”“有声图书”“连环画中的党史故事”等栏目。

【美术展览】 市美术馆开展《“初心永恒”赣州红色美术作品龙岩巡展》《“印记赣鄱”江西版画研究展赣州巡展》《“赣匠同行我画非遗”成果展》《江西省第七届漫画展》《“中国共产党成立100周年暨纪念中国工农红军长征胜利85周年”美术书法作品展》《梅骨兰韵——吴本清书法展》《艺术新长征庆祝中国共产党成立100周年赣州、遵义、白银红色美术作品联展》《学党史听党话跟党走庆祝中国共产党成立100周年书法美术作品联展（赣州站）》《在正道上行——赣州开明画院美术书法作品展》《百年风华赣州市美术书法作品展》《梁真书画百幅展》《吾乡吾土·赣南新象——张义宾中国画创作展》等优秀展览12场，参展观众2万人次。

（王晓燕）

文学艺术

【概况】 实施采茶戏精品创作工程，创排赣南采茶戏《一个人的长征》、瑞金音乐剧《闪闪的红星》、兴国山歌剧《苏区干部好作风》、赣南采茶戏《盘山魂》、宁都采茶戏《宁都起义》等剧目。赣南采茶戏《一个人的长征》入选国家艺术基金、庆祝中国共产党成立100周年优秀展演剧目、重点扶持作品，并作为开幕剧在2021年“茶香中国”第二届全国采茶戏会演中展示，受邀在中央电视台戏曲频道录播。市文广新旅局联合市教育局、赣州师范高等专科学校开展2021年定向培养赣南采茶戏表演专业学生招生工作，招录定向生34人。开展11个县（市、区）文化人才专项帮扶选派工作。

【重大展演】 开展2021第六届文化惠民周——红色精品剧目展演活动，《一个人的长征》《苏区干部好作风》《赣南游击词》《盘山魂》在赣州市展演。赣州大剧院引进歌舞晚会《花开东方》、话剧《哥本哈根》、歌舞剧《云南印象》和《千与千寻久石让宫崎骏动漫作品视听音乐会》《俞峰与上海交响乐团音乐会》《方锦龙与新九州爱乐乐团音乐会》等剧目。

【《百年征程江西红》展览】 10月1日，在市博物馆老馆建成《百年征程江西红》展览，该展览是2021年江西省文化强省推进大会的重点项目。建设面积1960平方米，其中陈展面积1212平方米，配套文创商店、微电影、休闲书吧、入党誓词宣誓区等改造面积748平方米。展览以江西红色文化为底色，以江西百年奋斗征程为主题，分为9个篇章展示在中国共产党领导下的江西百年征程和江西红色文化。《百年征程江西红》展览项目被《江西日报》要闻专栏推介。

【2021江西文化产业发展高峰论坛】 10月21日，省委宣传部和赣州市委、市政府主办的2021江西文化产业发展高峰论坛在赣州市举行。论坛主题为“红色基因传承与红色文化旅游创新发展”。省委常委、省委宣传部部长梁桂，省委常委、市委书记吴忠琼出席并致辞。市委副书记、市长许南吉等出席相关活动。论坛发布《江西文化产业发展报告（2021）》蓝皮书和《江西省红色经典旅游精品线路》，举行“金融助力红色文化旅游发展”“影视创作与红色资源开发”“红色文化与旅游融合发展”等专题论坛3个。与会嘉宾实地考察江南宋城、方特东方欲晓主题公园等赣州重大文旅项目。

（王晓燕）

文化遗产保护与利用

【概况】 在全市开展第五批市级非遗代表性传承人推荐申报工作，公布市级传承人85名。开展第六批市级非遗代表性项目推荐申报工作，完成项目评审和公示，确定107项推荐名单。发布一批市级非遗小镇名单，公布一批市级非遗基地，其中研究基地7个、传承基地18个、传播基地19个和生产性保护示范基地21个。“石城砚制作技艺”“赣南客家服饰”“赣南客家唱船习俗”列入第五批国家级非遗代表性项目名录；推荐申报郭英雄等25名传承人列入省级非遗传承人名录。

【非物质文化遗产保护传承活动】 赣州市承办文化和旅游部2021年“文化和自然遗产日”非遗宣传展示重点活动——“非遗中的红色资源寻访活动启动暨革命故事、红色歌谣新书发布仪式”。举办全市非遗传承人培训班，传统表演艺术类非遗

10月1日，《百年征程江西红》展览在市博物馆老馆开展

（市文广新旅局供图）

传承人及文艺工作者70余人参加培训。举办客家文化（赣南）生态保护实验区建设与管理培训班2期，邀请文化和旅游部民族民间文艺发展中心、浙江师范大学、省非遗研究保护中心等专家就国家级文化生态保护区的建设与考核、非遗中的红色资源寻访等内容进行授课交流。

【文物保护利用】 赣州市出台《关于加强文物保护利用改革的实施意见》。大余南方三年游击战争纪念馆建成并对外开放，会昌县革命历史纪念地入选全国爱国主义教育示范基地。中央苏区历史博物馆等3个陈列展览入选全国庆祝中国共产党成立100周年精品展览，赣州宋城历史与文化获全国文化遗产云传播优秀项目。赣州市在全省革命文物工作会议上作典型发言。中央红军长征出发地旧址、中共苏区中央局旧址等409个文物保护单位被列入江西省第一批革命文物名录，基本实现对外开放。宁都县小布中共苏区中央局旧址群保护利用获评“江西省革命文物保护利用示范案例”。“中共华南分局扩大会议旧址展陈”项目入选全省百处革命旧址保护利用案例、全省百项红色主题社教项目。赣州市博物馆、于都中央红军长征集结出发历史博物馆组织专家对红色标语的历史事件、内涵进行研究，分别编印《中央苏区红军标语》《于都县红色标语资料汇编》；于都县“红色标语保护利用+乡村振兴发展+红色教育研学”案例被省文化和旅游厅评为“江西省红色标语保护利用优秀工作案例”。瑞金中央革命根据地纪念馆打造的红色文化“五进”（进学校、进乡村、进社区、进机关、进军营）志愿服务项目，入选2020年度全国学雷锋志愿服务“四个一百”先进典型最佳志愿服务项目。

完成楼梯岭会议旧址、坝上红军标语维修工程，启动刘氏宗祠维修、武庙维修、赣州城墙东段维修、通天岩石窟保护工程、馆藏文物预防性保护工作等项目的招投标工作；配合省考古院完成赣州市七鲤古镇文化旅游PPP项目涉及七里镇窑遗址建设控制地带用地考古勘探工作。

（王晓燕）

新闻出版

【概况】 2021年，赣州市重点围绕庆祝中国共产党成立100周年、中共中央总书记习近平视察江西和赣州2周年、学习宣传贯彻中共十九届六中全会精神、党史学习教育、省第十次党代会、市第六次党代会等内容，开设系列专栏、推出系列宣传报道，完成各项宣传工作任务。赣州市在《人民日报》《光明日报》《经济日报》发稿629篇，其中《人民日报》268篇、《光明日报》192篇、《经济日报》169篇，发稿量连续4年位列全省第一。

【赣南日报社】 宣传报道　赣南日报社获2020年度省级以上新闻奖85件，其中江西新闻奖作品13件、江西报刊网络新闻奖39件、中国报纸副刊研究会奖项1件、中国地市报新闻奖19件、中国地市报新闻奖（摄影）12件、中国城市党报媒体融合奖1件。组织策划庆祝中国共产党成立100周年宣传报道，推出《百年芳华丹心向党——庆祝中国共产党成立100周年》特刊，出版版面104个。做好中共中央总书记习近平视察江西和赣州2周年宣传报道，聚焦赣州市推进革命老区高质量发展示范区建设的生动实践，推出《幸福潭头村》等融媒体报道。深入宣传中共十九届六中全会精神，以“学习贯彻六中全会精神”为总栏题，推出系列专栏，刊发一系列赣州市各地、各部门学习贯彻落实中共十九届六中全会精神和宣讲活动的报道。做好党史学习教育宣传报道，开设“学党史、悟思想、办实事、开新局”“学史力行我为群众办实事”专栏，推送党史学习教育系列社论、评论等，报道赣州市各行各业和党员干部深入开展党史学习教育的方式、成效。做好省第十次党代会、市第六次党代会宣传报道。赣深高铁开通前夕，联合沿线城市党媒举办“五城耀粤赣融抱大湾区”大型采访及通车直播活动；围绕“优化营商环境”“创造六个第一等工作”“解放思想推进高质量发展”等主题，推出重要评论员文章70余篇。其中，“解放思想推进高质量发展”系列评论员文章获省委副书记、市委书记吴忠琼点赞，并被列为全市党委（党组）中心组学习重点内容。

融媒体平台建设　赣南日报社有新媒体平台20个，全媒体矩阵粉丝突破1000万人，基本完成“两中心一平台”（赣州市融媒体中心、赣州网上新时代文明实践中心、“学习强国”赣州学习平台）项目建设。网上新时代文明实践中心的前端展示平台——“赣南红”客户端进入测试阶段，即将上线运行。申请开通“赣南日报”学习强国号，举办“学习强国”赣州学习平台上线一周年暨赣州市“学习达人”总结表彰大会。赣南日报社成为全省唯一同时运营“学习强国”平台和2个学习强国号的市级媒体。2021年抖音播放量超过15亿人次，增加5亿人次。“赣州晚报”微信公众号更名为“晚妹报哥”，推送赣州的吃喝玩乐游等服务性内容；打造“主题诵读”“书记去哪儿”“晚妹带你玩”等栏目，提升栏目品牌价值，其中“主题诵读”栏目刊发的诵读作品成为赣州市各地、各部门开展党史学习教育的鲜活教材。

广告发行　赣南日报社全年实现广告经营收入3708.35万元，增长28%。《赣南日报》有效发行90321份。承接策划“喜邻小书童”评比活动推广、南康家博“快闪”、“百丈泉3·15形象宣传”等系列活动。组织公益直播课、脱贫画展画册等活动。策划乡（镇）2021年度媒体宣传战略合作，走访各县（市、区）乡镇，将宣传做到田间地头。做好网络司法拍卖辅助等跨界经营项目，完成收入477.56万元。将“赣南日报电子商城”委托企业运营，取得赣州市国有资产投资集团有限公司赣州名特优产品线上线下展销中心运营权；对接数字江西相关业务，大余县县域普惠金融项目上线。全年完成专题经营收入 1281.8 万元。

（李　鹏）

【江西日报社赣州分社】　江西日报社赣州分社是《江西日报》派驻赣州的正处级单位，负责反映报道赣州市政治、经济、文化、党建、民生、生态等方面新闻。2021 年采写的《赣州用心用情办好民生实事》《红土地续写新传奇》《赣州“筑巢引凤”让人才安居安心》《红都瑞金：开启治国理政的伟大预演》《富硒蔬菜托起富裕希望》《平民英雄赵之林》等稿件在《江西日报》刊发。完成“新春走基层”“奋斗百年路、启航新征程”“红色印记、百年荣光”“战贫记”、全省文化强省推进大会、第三届世界赣商大会等重大新闻报道。采写的《长征源合唱团献上第 500 场公益巡演》《装点此关山今朝更好看——聆听苏区精神的时代回响》《“老”居民乐享新生活》《赣州首批 1633 名“田秀才”成人才“正规军”》等稿件获月评 B 等以上好稿。分社全年报纸发稿近 300 篇、客户端发稿 200 多篇，分别获月评 C 等以上好稿 15 篇、7 篇，其中通信《春暖潭头》获第 23 届江西报刊网络新闻奖二等奖、第 28 届江西省新闻奖二等奖。省委宣传部公布新闻单位驻地方机构综合评估结果中，江西日报社赣州分社获评“优秀单位”。

（唐　燕）

图书发行

【概况】　全市新华发行系统坚持“为社会主义服务，为读者服务”的宗旨，秉承“为好书找读者，为读者找好书”的服务理念，成为全市网点遍布城乡、经营种类齐全、具有重要社会影响力的大型国有文化企业。3 月，赣州书城完成升级改造，总面积 2500 平方米，图书品种近 5 万种。赣州书城获评“标杆大书城”“第二届‘江西最美书店’”“全民阅读・书店之选”优秀参与门店。

【重点图书发行】　做好党史学习教育系列重点读物的宣传和发行服务工作。发行习近平《论中国共产党历史》3.31 万册、《毛泽东、邓小平、江泽民、胡锦涛关于中国共产党历史论述摘编》3.37 万册、《习近平新时代中国特色社会主义思想学习问答》3.43 万册、《中国共产党简史》3.81 万册，《关于若干历史问题的决议》《关于建国以来党的若干历史问题的决议》一共 2.3 万册，《中华人民共和国简史》《改革开放简史》《社会主义简史》一共 2.4 万套。截至 12 月，完成全市 3418 个“农家书屋”网点的图书配送工作。

【新华书店新时代文明实践点建设】　市新华书店新时代文明实践点依托图书、出版社、名师作家等资源，联合市内各机关、企事业单位、学校、社区等，陆续开展“生命教育，帮助孩子成为最好的自己”讲座活动、母亲节 DIY 康乃馨制作、“香飘万家阅读润心田”读书活动、“学百年党史润书香成长”党史学习、消防安全知识讲座、家庭教育讲座、“大中华寻宝记”读书会、“小年送春联”活动等等，让更多市民参与“书香赣州”建设。在新时代文明实践点设立阅读基地并进行授牌，利用延时服务的时间，每月定期在基地开展志愿服务、阅读分享、素质教育等方面的活动。在 2021 年赣州市新时代文明实践中心（所、站）星级评估验收工作中，赣州市新华书店新时代文明实践点被评为“文明单位示范阵地”。

【“全民阅读”活动】　4 月 23 日，全市新华发行系统组织开展“书香赣鄱、全民阅读”活动。其中，市公司举办“生命教育，帮孩子成为最好的自己”读书沙龙活动，会昌县分公司举办“岚山读书”活动，瑞金市分公司举办“名著进万家”活动，于都县分公司举办图书展销活动，龙南市分公司举办“龙之声”朗读活动，寻乌县分公司举办“童心向党红色行，亲子阅读共成长”主题读书活动，石城县分公司联合县图书馆举办“你读书、我买单”活动。

（陈凯城）

广播电视

【概况】　2021 年，赣州广播电视台有 800 平方米的演播厅 1 个、120 平方米多景区演播室 1 个、500 平方米的全媒体融媒中心 1 个。其中，全媒体融媒中心设有全媒体演播、全媒体指挥调度、高清云制作等八大

3 月 31 日，装修升级改造完成的赣州书城开业
（江西新华发行集团有限公司赣州市分公司供图）

功能区域。有新闻综合频道、公共频道、教育频道3个电视频道，937综合广播，945交通音乐广播，992农村科教广播（赣州应急广播）3个广播频道，时空赣州网站1个，赣州网络台应用程序1个，赣州广播电视台等微信、微博和抖音等媒体号20多个。3个电视频道全天播出节目53小时56分钟，开设《赣州新闻联播》《赣州午新闻》《630播报》《赣州经济报道》《城乡直通车》等自办栏目7个。3个广播频率全天播出节目56小时，开设“阳光热线”“一路顺心”“绝对意外”等自办栏目25个。全年获省级一等奖4个、二等奖14个、三等奖25个。

【融媒体平台建设】 完成融媒体平台建设，实现大数据推送、线索选题报送、稿件采编、视音频制作、多平台分发、网络直播、智能化生产、在线非编、媒资管理、设备管理、宣传管理、指挥调度、舆情监控、通联协作、传播分析、大屏展示等媒体融合功能。6月1日，正式开播新闻综合频道、经济生活频道、教育频道等3个频道的高标清同播节目，在全省率先实现所有电视频道的高清播出。全台按照“六个统一”（统一指挥管理、统一策划选题、统一调配人员、统一共享资源、统一调度生产、统一安排播发）要求，打造“移动优先，多屏（频）互动”新媒体矩阵，重点从完善机制、优化内容、推广增粉方面下功夫，2021年获评“全省媒体融合先导单位”。官方微信公众号、赣州《新闻联播》微信号，微博、抖音号、快手号、央视频、今日头条号等新媒体矩阵粉丝数达600万人。微信阅读数量超过10万人次的文章有12篇，短视频产品在抖音、视频号、快手三大短视频平台的播放总量近5亿人次。新媒体发布原创短视频1590条，平均每天5条，其中《司机昏迷，高速交警紧急救助》在抖音平台播放量1230多万人次，点赞量52万人次。赣州市第六次党代会期间，生产新媒体产品112条，点击率超过500万人次。成功举办赣州、深圳、东莞、惠州、河源等5市“赣深两地一线牵，老区湾区心连心”高铁通车大型全媒体直播，观看人数超过1.2亿人次，中央广播电视总台央视频、中国之声、广东台等媒体并网同步直播。赣深高铁开通总点击量超过4亿人次，登上抖音热榜12次。

【主题宣传】 组织策划中国共产党成立100周年系列宣传报道。电视、广播《赣州新闻联播》《630播报》《赣州午新闻》等栏目把中国共产党成立100周年元素贯穿全年宣传报道，开设《奋斗百年路、启航新征程》《纪录小康工程》等专栏。利用省广播电视局搭建的红色题材广播电视和网络视听优秀节目共享平台，开展优秀广播电视展播活动，播出《可爱的中国》《油菜花香》等一批红色题材优秀影视节目。

中共十九届六中全会，省、市党代会，市两会等主题宣传。推出《喜迎市党代会》《聚焦市党代会》《贯彻党代会精神书记谈发展》《聚焦市两会》《重大项目建设百日攻坚大会战》等专栏，播发相关报道210余篇（条）。与市委宣传部、市妇联、共青团赣州市委联合举办“新时代赋予新使命新征程彰显新担当”学习贯彻赣州市第六次党代会精神演讲比赛，决赛直播收看人数达139万多人次。

“三大战略、八大行动”主题宣传。开设《在习近平新时代中国特色社会主义思想指引下——贯彻新发展理念推动高质量发展》《推进三大战略实施八大行动》《优化营商环境对接融入大湾区》《贯彻全会精神优化营商环境——市直部门负责人访谈》等专栏，特别是围绕各地完善融入大湾区交通网络、对标大湾区提升开放水平、打造大湾区产业协作高地等方面展开重点报道，播发稿件80多条。向市委作《“优化营商环境，对接融入大湾区”宣传工作》专报。

党史学习教育主题宣传。开设党史学习教育专栏16个，包括《学党史悟思想办实事开新局》《学史力行我为群众办实事》《党史上的今天》等专栏，播出稿件800多条。与市直（驻市）有关部门合作推出“党史故事汇”、唱支山歌给党听MV传唱、“我为群众办实事”新时代文明实践等一系列活动。向上级台推送赣州市开展党史学习教育的经验做法，先后在中央台、省台播出相关稿件100多条。

新冠肺炎疫情防控主题宣传。采用短视频、H5、漫画等方式，及时更新播发疫情防控相关信息，加强健康教育引导，普及疫情防控知识，做好网上舆论引导，播出各类相关稿件100多条。其中，原创疫情防控短视频《再帅也要戴口罩》获省疫情防控指挥部的肯定，并在省级新媒体转发。《戴口罩！测温！查码……江西发布最新紧急通知+紧急风险提示》等内容，微信阅读量达20多万人次。

【对外宣传】 全年在中央广播电视总台主要新闻栏目发稿601条（其中电视460条、广播141条），比上年发稿量多231条。广播、电视发稿数量均列全省各设区市台第一名。赣州广播电视台获中央广播电视总台“中国之声”新闻发稿全国地市台“十强”称号。

【2021年度优秀及热播节目】 《畅游赣州》栏目。由赣州广播电视台和赣州市文化广电新闻出版旅游局联办，构建赣州游、购、娱、吃、住、行的传播平台，是赣州公共频道的周播栏目，全市唯一一档宣传赣州文化旅游生活的电视专栏，每期时长10分钟。播出时间：首播每周日19：45；重播每周日21：45，每周一7：45、12：15。《630播报》栏目。具有赣州本土特色的品牌民生栏目，收视覆盖全市900多万人，是赣州新闻综合频道的日播栏目，每期时长40分钟。播出时间：首播每日18：20；重播每日22：00，次日7：00、10：20、12：20。

【广播电视保障机制】 坚持“一四四”（即坚持一个阅评机制，宣传管理实行及时准确落实上级宣传指令常态化、新闻和节目三级审稿审片常态化、节目重播重审常态化、传统媒体和新媒体一体化管理常态化，对自产节目、存量节目、转载引进节目和公益广告做到“四个净化”）监管机制，常态化开展广播电视节目阅评，每月审听审看各频道、频率节目和新媒体内容，形成宣传质量差错负面清单，每周做好“赣州广播电视台”微信公众号和市内主流媒体数据统计分析。在重要播出保障期，实行技术、值机人员双岗值机制度，严格执行“零”报告制度。顺利通过国家广电总局检查组和江西省广播电视局检查组“确保迎接中国共产党成立100周年广播电视行业安全播出大检查”。全年广播、电视停播率为零。

（丁　忠　胡　童）

档案管理

【概况】 2021年，市档案馆馆藏档案有全宗290个、档案342789卷、297415件，其中专业档案251588卷，民国档案2809卷，革命历史档案189卷。录音录像368盒，照片档案7786张，实物档案1489件、图书资料38286册。《跨越千里的档案查询》在全市“学史力行·我为群众办实事”短视频大赛中获三等奖。新建档案特藏室，突出地域文化，维护珍贵档案安全。市档案馆撰写宣传稿件81篇，上报至《中国档案报》、江西档案信息网等。

【档案资源建设】 推进脱贫攻坚和新冠肺炎疫情防控“两类档案”的归集工作，确保应收尽收、应归尽归。建立全市重要政务和重大活动声像档案移交进馆常态工作机制，每季度盘点全市重大活动情况，下发提醒函督促档案移交进馆。征集红色档案资料近3000件，梳理红色档案目录1.4万条。接收红色电影声像档案和市委组织部电教专题片500部。围绕中国共产党成立100周年专题，征集中国共产党成立以来，赣州市形成和留存的相关档案文献资料3000余件（册），照片近300张；征集一批照片和铭文砖、拓片。启动“赣州市名人档案库”建设，开展为全国劳模、三八红旗手等英模建档活动，征集赣州籍中国载人航天工程航天员系统总设计师、中国航天员科研训练中心研究员黄伟芬档案资料。开展“书写奋进新时代”书法作品征集建档活动，征集赣州籍中国书法家协会会员作品41件。

【档案安全体系建设】 修改完善《赣州市档案馆业务工作制度（试行）》制度，设计业务技术用房工作台账、安全巡查台账、出入库台账、库房温湿度记录、门禁记录、档案整理台账、档案消毒台账、声像档案处理台账、档案接收进馆检查记录、档案清点台账、档案检查记录表、档案接收台账等。档案库房坚持做好温湿度记录监测，及时降温、除湿，执行一天三次的库房检查、一周一次的库房巡查制度。全年对290个全宗进行数量清点、核对。开展信息安全隐患排查整治，建立健全人防、物防、技防“三位一体”的档案信息安全防护体系。完善档案异地异质备份机制。

【档案利用】 开展“立足岗位作贡献、争当兰台时代先锋”活动，推行真心、热心、尽心、暖心、耐心“五心”工作法。与北京海淀区、上海浦东新区签订区域合作查阅协议，实现跨馆查阅出证。全年接待到馆利用人员2926人次，来电咨询13958人次，提供档案资料2329卷1986件，复制、摘抄、打印档案10869页。服务党史学习教育965人次，服务民生1051人次。探索档案开放审核机制，完成4个全宗、4万件馆藏档案一审工作。

【档案编研】 拍摄大型地方历史文化系列电视节目《档案里的赣州》，年内推出《话说赣一中》《赣州战役》《书法人生》《魏家大院》，并在“学习强国”学习平台刊播。编印《赣州抗战文丛》《王阳明巡抚南赣档案文献选》《王阳明巡抚南赣诗文集》《百年芳华·赣州记忆》等书籍。

【庆祝中国共产党成立100周年档案文献展】 6月9日，市委党史学习教育领导小组办公室、市档案局、市档案馆联合举办的“档案里的赣州——庆祝中国共产党成立100周年档案文献展”在市政中心双子楼一楼大厅展出。展览由图片档案展和实物档案展组成，用档案再现100年来一代又一代共产党人在赣南大地上艰苦卓绝的奋斗历程。图片档案展分为“为有牺牲多壮志”“天翻地覆慨而慷”“敢教日月换新天”“风景这边独好”4个部分，共80块展板、65

6月9—18日，市档案馆在市政中心双子楼一楼举办“庆祝中国共产党成立100周年档案文献展”　（市档案馆供图）

个重大事件、540张图片，其中首次公开的图片230张。实物展由18个展柜组成，展出实物档案61件，其中首次公开的实物档案28件。展览展出时间为6月9—18日，其间有138个市直单位组织观展。

【档案信息化建设】 按照“存量数字化、增量电子化”的要求，定期实施增量纸质档案、声像档案数字化，馆藏档案数字化率达85%。完成中华人民共和国成立后档案扫描73.8万页、民国档案扫描4.2万页，完成《赣南新闻联播》音像档案抢救保护数字化时长1400小时，完成赣南宾馆老照片档案扫描保护工作（含中央及省部级领导人照片及合影55张、题词92份）；接收自然资源、不动产登记、城建重点项目、工商企业注册电子档案数据9太字节。加快区域共享平台建设，接收南康区档案馆4.45太字节档案数据、大余县档案馆0.99太字节档案数据。

（肖赣军　罗香慧）

文化产业

【概况】 2021年，全市规模以上文化及相关产业企业260家，实现营业收入381.33亿元，增速24.8%。推动宋城壹号文化创意产业园、赣坊1969文化创意产业园等园区提档升级，推动建设上犹县观赏文化产业园、于都县服装文化产业园。全市建成数字影院70家，银幕387块，全年票房收入1.81亿元。

【文化企业培育】 用好“文旅贷”信贷产品，2021年入库文旅企业15家，放款1家500万元。指导56家影院、4个影视项目申报中央、省级电影事业专项资金。全市规模以上文化企业净增48家。赣州立德电子有限公司、朝阳聚声泰（信丰）科技有限公司获评“2020年度江西省文化企业20强提名企业”，郁孤台历史文化街区被列为首批江西省特色文化街区培育单位，江西千盛文化科技有限公司在2021亚洲视觉智能与沉浸产业博览会中获评年度优秀数字文旅项目奖、年度沉浸式视觉解决方案企业50强、年度优秀VR/AR行业应用奖等。

【文创产品开发】 开展全市文创产品摸底工作，梳理日用品、休闲食品、纪念品、手工艺品、个护清洁、文具、首饰、服饰等类型文创产品381件。组织宁都天合香业、崇义启慧竹等文创开发企业参加2021年中国特色旅游商品大赛、中国（大连）国际文化旅游产业交易博览会、中国（武汉）首届文化旅游博览会等赛事和展会，宁都县天和香舍·天和名香系列获中国特色旅游商品大赛铜奖。

文化市场管理

【概况】 2021年，全市开展大型文化市场整治行动8次，出动检查80651人次，检查经营单位35214家次，责令改正80家次，警告13家次；依法办理行政处罚案件45起，责令停业整顿3家次，行政罚款131.29万元。开展校园周边文化经营场所专项整治检查3次、日常检查621次，出动检查7068人次、排查企业531家次，责令改正9起。

【出版物市场及网络环境监管】 坚持网下清查与网上净化相结合，严密封堵销售传播政治性有害出版物及信息的境外网站，严厉查处代售政治性有害出版物的境内网站。加强对网上书店、出版物网络交易平台的监管，严格惩处违法违规行为。查处非法少儿网络出版物、非法网络报纸及各种网络侵权盗版行为。依法依规排查全市印刷企业。

【专项整治】 市专项整治办公室印发《2021年赣州市非法卫星地面接收设施专项整治工作实施方案》《关于进一步加强境外卫星电视传播秩序整治力度的通知》等文件。组织各县（市、区）和相关单位开展打击非法生产、销售卫星地面接收设施和境外电视网络接收设备，打击邪教组织非法接收、传播境外电视节目，打击宾馆酒店非法接收传播境外电视节目三大集中整治行动。全市共出动执法人员9500多人次，检查乡村、企业、商户736处，查处非法销售网点25家，收缴非法卫星地面接收设施99套，拆除非法接收设施3656台，联合公安部门查办近年来赣州市首个“非法境外电视”刑事立案案件1起，查处违规插播广告案件1起。

【扫黑除恶专项斗争常态化】 在网吧、影院、KTV等人流聚集场所发放扫黑除恶专项宣传单、利用LED屏播放标语，宣传扫黑除恶的意义和重要性。出台《赣州市文化市场综合执法程序规范办法》《投诉举报办理规范》等文件，通过公布举报电话、走访监管对象等方式，对章贡区、赣县区、南康区、赣州经济技术开发区、蓉江新区文化旅游行业涉黑涉恶线索进行摸底排查，与各经营单位签订“拒绝黄赌毒承诺书”。开展“双随机”检查，集中开展文化和旅游市场“零点行动”、文化和旅游市场“风暴”整治行动、扫黄打非、清理KTV等娱乐场所有害歌曲和打击非法卫星地面接收设施等专项整治行动。至年底，全市立案40件，办结36件。

【专项行动】 开展“正道”“新风”集中行动，全市累计出动执法人员1.37万人次，检查各类经营场所27910余家次，检查印刷复制企业、打字复印店6820余家次，检查文具店1280余家次、物流企业297家次、宗教场所624家次。查缴各类非法出版物36190余（册）盘件，检查网站、网店1530家次，清理学习类应用15个，删除屏蔽网络有害信息1947条，取缔无证经营摊点82家。全年查办案件59起。

（王晓燕）

本栏编辑：曹　虹

卫生健康

综　述

【概况】　2021年，全市医疗机构9522所，床位数60857张（营利性和非政府办非营利性医疗机构床位数14883张）；一级、二级、三级医疗机构各303所、93所、19所（未定级9066所，未填写41所），一级、二级、三级医疗机构床位数分别为13758张、20535张、16425张（未定级机构床位数9624张，未填写级别机构床位数515张）。45家医院核酸检测实验室、2家第三方检验实验室和1辆移动核酸检测车，全市日单检最高可91085份。全年总投资183亿元建设医疗卫生项目。7家市属公立医院全部建设新院，新建县级综合医院18所、专科医院20所，333个乡镇卫生院新建率达85%以上。市级财政安排5000万元医改专项资金，公立医院“零加成”后补偿全部落实到位。财政卫生健康预算执行率100.76%。

【医疗服务】　优质医疗资源不断扩容，推动省政府与南方医科大学南方医院和广东省人民医院签订2个共建国家区域医疗中心合作协议，2家医院选派118名专家和6批次博士服务团到赣州市开展共建工作，引入一批新技术、新方法，填补省内技术空白21项、市内技术空白42项。赣州市人民医院、赣南医学院第一附属医院迈入全国地级城市综合医院百强，赣州市人民医院普外科、赣南医学院第一附属医院疼痛科、泌外科等3个科室列入国家临床重点专科建设项目。实现全国一流医院对口帮扶全市17所县级综合医院全覆盖。全市有6家医疗机构进入全省三级综合医院前20强，6家进入全省二级综合医院前10强。

【医疗资源】　医疗资源供给不断增加，开展“医疗卫生项目建设百日攻坚”活动，重点调度56个医疗卫生项目，完成投资45.75亿元，新增床位数3500张。市妇保院新院建成并试运行，于都县人民医院、兴国县人民医院等25个县级医疗卫生项目全面投入使用，群众看病就医环境得到明显改善。市中医院获批新一批全国中医住院医师规范化培训基地以及全国中医特色重点医院建设项目，全市卫生院中医馆建设实现全覆盖。

【全民健康推进】　健康知识普及行动创新推进，举办健康赣州行“百名千场”健康科普巡讲“六进”、首届居民健康素养大赛等系列活动，自己是自身健康第一责任人的理念更加深入人心。妇幼健康促进行动加快实施，全市婚检率达98.9%，新生儿遗传代谢性疾病筛查率达98.2%，农村适龄妇女宫颈癌和乳腺癌筛查覆盖率达100%。不断推进妇幼保健机构规范化建设，赣州市妇幼保健院通过三甲评审，7家县级妇幼保健院通过二甲评审。积极开展老年健康促进行动，全市有5个社区（村）被评为“全国示范性老年友好型社区”，70个医疗机构被命名为“江西省老年友善医疗机构”。国家卫生县城（乡镇）创建工作有效推进，寻乌县成功命名省级卫生县城，定南县等6个县（定南、上犹、于都、信丰、安远、寻乌）全面启动国家卫生县城创建并完成省级技术指导，74个乡镇完成市级评审。优化生育政策工作有序推进，依法组织实施三孩生育政策，扎实推进托育服务发展，全市新增托位数9223个，增长83.6%。同时，安宁疗护、医养结合、社会心理服务、计生协综合改革等4个国家级试点取得良好成效。

新冠肺炎疫情防控

【概况】　2021年，全市疫情防控重大战略成果持续巩固，全力抓好新冠肺炎疫情防控和疫苗接种工作。严把输入关口，坚持“人、物、环境”同防，始终把重点地区来（返）赣州人员、境外人员、非法入境人员和进口冷链产品作为常态化防控重点，成功处置进口车厘子等8起阳性产品事件，排除多起新冠核酸疑似阳性人员疫情，对多名密切接触者和多名次密切接触者进行精准管控，全年未新增1例本地确诊病例，全市疫情防控平稳有序。精准有效防控，面对国内陆续出现的疫情，均第一时间研判疫情形势，动态调整防控策略，常态化进行预警和风险提示，全力保障全市重大活动共计40余场次。及时总结全市

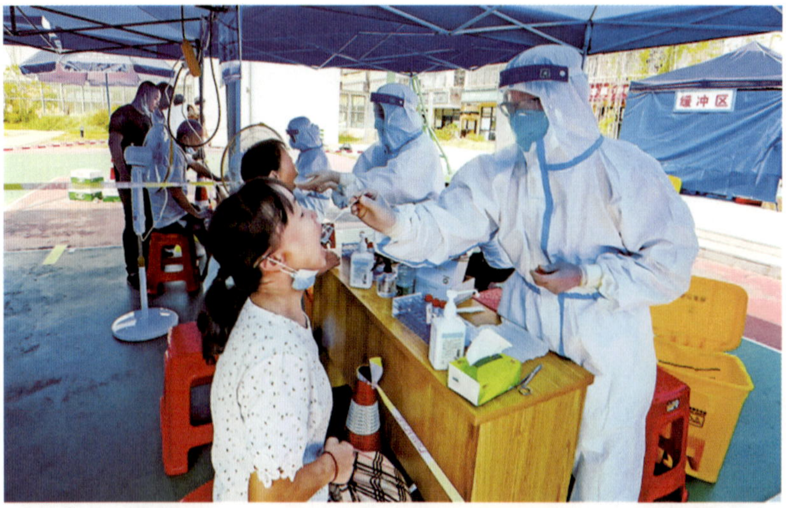

9月18日，市民在章江街道龙舟文化广场进行核酸检测
（赣南日报社供图）

及各地疫情防控经验，完善全市疫情防控应急演练预案，开展市、县两级新冠肺炎疫情防控应急处置大演练，提升处置能力。举办全市新冠肺炎流行病学调查大比武活动，提升流调队伍调查能力。构筑免疫屏障，有序推动新冠疫苗接种工作，全市新冠疫苗累计接种共1719.29万剂次，全人群接种率为84.07%，完成上级接种任务。上饶市发生疫情后，159名医疗防疫人员驰援上饶，获得省卫健委“投入工作最快、工作质量最高”的评价。

【精准排查与管控】 坚持“人、物、环境”同防，建立网格化管理体系，持续强化风险人员排查管控、进口（冷链）物品全链条监管和重点场所监测预警，坚决筑牢“外防输入”的坚固屏障。持续加强境外和国内中高风险地区来（返）赣州人员精准管控，根据省大数据专班信息开展风险人员定点排查，实行清单销号管理，对联系不上的重点人员，由公安部门、大数据局、三大通信运营商追踪行程，确保排查管控到位。

【进口冷链物品的监管】 针对国内口岸城市疫情输入高发风险，紧盯赣州国际陆港和龙泰安进口冷链集中监管仓的疫情防控措施，2021年成功处置涉疫进口冷链食品（进口水果）11起。12月29日，组织人员到国际陆港和龙泰安监管仓进行实地走访检查，督促落实进口货物、冷链食品“四专四证”（四专”即专用通道进货、专区存放、专区售卖、专人操作，“四证”即应具备检验检疫证明、核酸检测报告、消毒证明、追溯信息）和集中监管仓管理，压实境外物品及其从业人员核酸检测、健康监测、消毒管理等闭环管理工作。

【重点场所监测预警】 严把“三站一场”（火车站、高铁西站、汽车站，黄金机场）入口关，在赣州火车站、高铁西站、黄金机场、汽车站等重要交通场站安装32台“赣通码”人脸识别设备，实现“人、证、码”同检的快速通道。充分发挥医疗机构和药店“哨点”作用，全市发热门诊实行发热病人闭环管理，各类药店（诊所）严格落实发热人员登记报告制度。

【核酸检测】 成立全员核酸检测工作领导小组，制定《赣州市全员核酸检测应急预案》《赣州市中心城区全员核酸检测应急预案》。按照网格化管理模式设置核酸采样组4563个，每个采样组开设2—3个采样点，每个采样点配备至少20名工作人员，实行组长负责制。截至12月，全市具备检测能力机构共有69家（46家医院、21家疾控机构和2家第三方实验室），全市单检量最高可达11.14万份；在应急情况下，通过快速搭建气膜实验室和配置移动检测车，最大单检量可增加至46万份，确保2—3天完成辖区内全员核酸检测任务，全市核酸检测信息系统实现所有县（市、区）全覆盖。

【定点医院建设】 全市持续推进定点医院达标建设，赣州市第五人民医院传染病负压救治大楼（600张床位）封顶，15个县级人民医院建有独立的传染病楼，2个县级人民医院传染病楼即将投入使用，全市县级医院传染病区床位数1144张，负压病床102张。全市正积极筹备市级方舱医院建设，已拟定方舱医院建设方案。制定《定点医院腾空处置方案和确诊患者应急转运方案》，确定各级定点收治医院分批分层启动原则，零星散发疫情原则上当地县级定点医院收治、中心城区在市第五人民医院收治；大规模聚集性疫情由市第五人民医院作为第一批集中收治医院，县级定点收治医院作为第二批收治医院，确保患者收治效率。

【应急处置预案】 严格按照国家标准做好应急预案准备，加强流调梯队建设，储备充足的隔离场所。市疫情防控指挥部组织人员到厦门学习考察疫情应急处置工作经验，邀请相关行业领域专家参加应急预案研判会。每个应急预案都由1名市领导牵头担任组长，实行提级调度指导，切实压实各部门工作职责、落实相关责任。根据预案组织实兵演练，全市开展“以练备战”应急培训和演练104次。加强流调溯源能力建设，组建3个梯次流调队伍。12月，市疫情防控指挥部与赣南医学院协议，将公共卫生学院的高年级毕业生纳入全市流调人员队伍梯队。备足隔离场所，全市启用隔离场所26个、隔离房间1938间，备有隔离场所183个、隔离房间1.5万间。

医药卫生体制改革

【概况】 全面推进公立医院改革，创新医联体建设方式，推进南方医院赣州医院、广东省人民医院赣州医院2个国家级区域医疗中心医院建设，219名专家进驻赣州，引入新技术110余项，2所赣州医院三、四级手术均增长8%。瑞金市和于都县依托人民医院组建总医院，建立县域紧密型医共体。基层建设不断夯实，持续实施乡村卫生健康服务能力和医疗卫生人才双向交流，新增88所乡镇卫生院通过国家服务能力标准评审；14个县（市、区）实施乡村卫生一体化，2024个行政村实现乡聘村用，2612名乡村医生完成竞争上岗，入选国家卫健委2021年乡村医生队伍建设典型案例。扎实开展“我为群众办实事”实践活动，建成人口健康信息平台和掌上“看医生”平台，实现医疗健康信息精准汇聚和集成共享，实现检验检查结果互认，“互联网+医疗”便民惠民走进千家万户。

【医疗服务能力提升】 不断提升医疗服务能力，实现全国一流医院对口帮扶17所县级综合医院。6所县级综合医院设置为三级医院。19家胸痛中心、12家卒中中心、11家创伤急救中心通过验收。连续3年开展卫生人才双向交流，派出84人下派挂职或上派进修。建立在粤、在沪医学专家智库，以统一备案方式实行高级职称医师顺向自由执业制度。

【乡村医疗机构改革】 构建分级诊疗新格局，化解卫生院存量债务9653万元，投入3950万元用于专项建设，新增卫生院床位508张。实行“公益一类保障、公益二类管理”，新增投入7.39亿元保障卫生院人员工资。新增88所乡镇卫生院通过国家服务能力标准评审。基层医疗机构业务量逆势增长22.11%。全面推行村卫生室“八统一”（人员、工资、待遇、业务、药械、财务、培训、考核统一）管理，2612名村医实行乡聘村用，全部办理养老保险，为边远乡村的村医发放补贴。入选国家卫健委2021年乡村医生队伍建设典型案例。

【群众就医体验改革】 改善群众就医体验，建成全民健康信息平台和掌上看医生平台，实现一平台看病就医，实现检验检查结果互认。推行“互联网+护理服务”，提供皮下注射等35项入户服务。建成市、县、乡全覆盖的远程会诊系统，实现数据多跑路、患者少跑腿。实施美丽医院和人文医院建设，日间手术量增长8.97%。门诊患者、住院患者满意度提高至96.26%、96.79%。

【三医联动机制改革】 完善三医联动（医疗、医保、医药改革联动）机制，执行11个批次药品和医用耗材集采政策，减少患者药费支出2.8亿元。拨付全市采购结余留用资金4060万元。先后5次调整2883个医疗服务项目，2021年调整103项医疗服务项目价格。激活运用医保电子凭证，推进医保经办服务下沉。推行“先诊疗、后付费”服务模式。开展不合理医疗检查专项治理，医疗检查收入占医疗业务总收入比由13.18%降至9.1%。开展国家区域点数法总额预算试点和按病种分值付费（DIP）改革试点，控制高倍率病例（下降3%）和提高低倍率病例（上升1.5%）。

医政管理

【概况】 开展疫苗接种不良反应救治培训和核酸检测人员培训。制定《新冠肺炎疫情预防与控制工作指引》等防控工作指导方案。南方医科大学南方医院、广东省人民医院分别与赣州市人民医院、赣州市立医院共创国家区域医疗中心。持续推进美丽医院和人文医院建设，联合相关部门开展不合理医疗检查专项治理和规范医疗行为促进合理医疗检查行动，继续实施“驾照式”用药管理，加强用药监测和合理用药考核。全国社会心理服务体系建设试点取得较好成效。8月10日，江西电视台《今日赣鄱》栏目播出时长15分钟《建立健全社会心理服务体系：赣州市试点工作高效推进》，介绍赣州市通过试点形成“四双”（双牵头、双推进、双实施、双共进）工作模式。

【“互联网+护理服务”试点成效初显】 5月，被省卫生健康委确定为江西省“互联网+护理服务”试点城市，经过试点，初步形成“卫健部门授权、质控中心主导、第三方平台服务、医院与患者参与”的赣州模式。城市医疗联合体试点深入推进。以赣州市人民医院、赣州医学院第一附属医院和赣州市立医院分别牵头，在章贡区、赣州经开区、蓉江新区、赣县区和南康区等中心城区组建3个城市医疗联合体。以赣州市人民医院、赣州医学院第一附属医院组建的松散医疗联合体，推进管理资源下沉和医护人员下沉，着力推进城市医联体内医疗机构医疗管理的同质化。

【民营医院管理】 开展以“规范促发展、质量提内涵”为主题的民营医院管理年活动。将28家二级综合民营医院、二级民营中医医院、二级民营妇保院以及其他专科民营医院等纳入全市DRG（疾病诊断相关分组）数据监测医院。

【医疗求助】 全市共有12家医疗机构申请77人次疾病应急救助，共计申请金额是72.26万元，经市疾病应急救助基金管理委员会办公室审核通过71人次，共计拨付54.63万元，有效避免患者因病致贫、因病还贫现象的发生，减轻医疗机构垫资的压力。

【医疗纠纷预防和处理】 健全完善医疗纠纷预防和处理机制，做好医疗纠纷处理和矛盾化解工作。全年处理各类医疗纠纷信访507件。打击查处过度检查、过度治疗、过度用药、分解收费、超标准收费、重复收费、串换项目收费、套取医保资金、欺骗患者诱导消费、非法行医、非法医疗广告、术中加价、使用非卫生技术人员从事医疗行为以及盘踞在医疗机构周边“医托”诈骗等行业乱象突出问题366起，行政处罚331起，罚款金额411.73万元，没收违法所得32.18万元，合计处罚金额443.92万元。

妇幼保健

【概况】 赣州市妇幼保健院、于都县妇保院、寻乌县妇保院、兴国县妇保院新院建成并投入使用。开展首次妇幼保健机构绩效考核工作，2家三级妇保院、17家二级及以下妇保院参与绩效考核。赣州市妇保院通过“三级甲等”妇幼保健机构评审，信丰县、于都县、赣县区、崇义县、石城县、会昌县、大余县妇保院通过“二级甲等”妇幼保健机构评审。全年城乡农村妇女“两癌”筛查县（市、区）全覆盖，开展贫困地区儿童营养改善工作，惠及近8万名适龄儿童。

【产前筛查和诊断】 全市孕期艾滋病、梅毒、乙肝检测率达99.7%以上，乙肝表面抗原阳性产妇所生新生儿乙肝免疫球蛋白注射率达99.88%。

【婚前医学检查】 全市婚检率为98.9%，为6万余名育龄妇女增补叶酸预防胎儿神经管缺陷，为新婚夫妻开展免费地贫基因检测，对300余个困难家庭免费开展无创产前基因检测和新生儿耳聋基因筛查，开展新生儿疾病筛查，全市新生儿筛查率达98%以上。

健康赣州建设

【概况】 推动健康赣州建设考核纳入全市高质量发展考核，江西省卫健委对全市健康赣州建设的首次考核作出高度评价。2021年，全市共有各级健康教育专家572人，科普讲师989人，市级健康科普讲师团和各级医疗卫生单位在全市范围内开展健康科普巡讲“六进”（进社区、进乡村、进学校、进机关、进企业、进家庭）活动23.79万次，健康科普进机关近千个、进学校1000余所、进企业近200家、进社区500多个、进乡村近3000个、进家庭40余万户，发放各类宣传材料和日用宣传品1325.31万份，服务群众近600万人次。

【健康环境持续改善】 强力实施“控煤、减排、管车、降尘、禁烧、禁放、治油烟”7项措施，中心城区细颗粒物（PM2.5）年均浓度23微克/立方米，空气质量优良率99.5%，2项指标在全省排位实现“双第一”。水环境质量保持稳定优良，地表水国考断面水质优良率（达到或优于Ⅲ类）为100%，高于国家考核目标（96.2%）3.8个百分点，城市集中式饮用水水源水质优良率为100%。城市人均公园绿地面积达到13.65平方米，全市城市生活垃圾无害化处理率达到100%。

【健康教育宣传】 健康宣传微信公众号连续多月进入赣州市新媒体传播力排行榜（市直、驻市）前20，以世界防治结核病日、全国儿童预防接种宣传日、职业病防治法宣传周、世界艾滋病日等活动为契机，根据不同人群特点，开展一系列宣传科普为主的进学校、进社区、进乡村、进家庭“四进”活动，实现科普资源和科普服务“双下沉”，是全省唯一以市为单位参加全国第六届“万步有约”健走激励大赛的设区市。全年开展健康教育宣传110次，覆盖人数超10万人，居民健康素养水平稳步提升。在信丰县举办“江西省老年人群艾滋病防治主题宣传月活动”，活动辐射人口24万人。

【全民健身设施】 全民健身设施建设不断完善，全市人均体育场地面积达2.34平方米（较2020年末增长17%），城市社区“15分钟健身圈”基本建成，经常参加体育锻炼人数比例达到38.2%，超过全省和全国水平（全国37.2%、全省37.6%）。全市建成及在建大中型体育场馆共120个，篮球场5783个、社会足球场233个、羽毛球场（馆）3101个、社区（行政村）体育设施3590个（实现社区体育设施全覆盖）、社区全民健身设施示范工程43个、乡镇多功能运动场32个、建成健身步道5552.30千米。

【病媒生物监测】 积极推进病媒生物监测工作，完成中央抗疫国债病媒生物监测项目。印发《赣州市病媒生物病原学监测方案（试行）》，组织举办2021年赣州市病媒生物监测工作培训班。完成赣州市中心城区、寻乌县、石城县等县（市、区）开展生态学监测工作。完成石城县、南康区等部分县区的蟑螂试虫采集工作以及预实验，于都县、赣县区伊蚊抗药性监测。实地赴于都县、信丰县开展鼠病原学监测工作和蜱、恙螨监测工作。

【“无烟单位”创建】 开展2021年度赣州市“无烟单位”创建工作，按照无烟单位创建程序，各县（市、区）对申报和复核单位进行县（市、区）级验收和复核，并对本级申报创建2021年市级“无烟单位”验收，并对历年市级“无烟单位”进行抽查。5月26日，赣州市在赣州公园开展全市“世界无烟日”科普宣传活动。5月31日，开展第34个“世界无烟日”主题宣传“亮灯行动”，在市中心城区地标建筑和20余处大型商场、商业综合体、“高炮”广告显示屏投放控烟宣传标语和公益广告，取得良好的效果。

卫生健康监督执法

【概况】 2021年，全市查办案件3282件，罚没款945.9万元，其中查办大案要案81起，其中传染病防治案件1699件、医疗卫生案件864件、公共场所卫生案件513件。完成国家对赣州市全年的“双随机”抽检任务2171家，监督完成率100%。组织开展“守护美丽”“守护患者”“护佑母婴”专项整治交叉检查和全市卫生监督交叉检查，抽检单位158家，发现案件线索41条。参照市委巡察模式，市卫监局进驻9家县级公立医院开展综合监督执法检查。

【梳理优化全市卫生健康权力清单】根据赣府发〔2020〕20号文公布的《全省卫生健康系统统一行政权力清单》要求，制定《赣州市卫生健康系统统一行政权力清单》，逐项梳理本级承担的行政权力事项，按层级逐项进行认领实施，并统一规范本级各项行政权力编码、名称、权力类型、行使层级和相关备注说明；组织开展规范性文件清理，对重大行政执法，决策、政策文件按法定程序进行合法性审查，有效规范行政行为。

【执法决定法制审核】 全年集体学法12次，年终网上分类学法考试参考率和合格率均100%。先后制定本单位法治建设年度工作重点、卫健系统“八五”普法规划和年度法律法规学习目录，党员领导干部带头学法用法，全委学法用法普法成效明显。2021年完成重大执法决定法制审核案件30件，完成重大行政决策合法性审查1项，依法依规，积极稳妥处理行政涉法案件，全年规范有序处理行政诉讼、行政复议等案件24起，制作相关法律文书100余份，落实行政机关负责人出庭应诉制度，出庭应诉率100%；整理发布全市卫生健康领域包容免罚清单，涉及各监督专业包容免罚事项28项。

【疫情防控监督】 在元旦、春节、“五一”国际劳动节、国庆等重要节假日加大检查力度，针对辽宁安徽疫情、广东疫情、上饶疫情，及时响应，迅速行动，监督检查医疗机构、公共场所等单位5429家，停业整顿基层医疗机构70余家，守好疫情防控监督线。

老龄健康

【概况】 2021年，全市老龄健康工作以“积极应对人口老龄化”精神为指引，着力完善老年健康服务体系，深入推进医养结合、安宁疗护试点，加速健康养老产业建设，大力推动老年友好型社会建设，不断提升广大老年人获得感、幸福感、安全感。印发《全国老年友好型社区评定标准》，章贡区解放街道和平路社区、信丰县嘉定镇花园路社区、赣州经开区黄金岭街道杨梅村、赣州蓉江新区高校园区管理处新路村、南康区唐江镇白石村等5个社区（村居）被国家卫健委、全国老龄办命名为“全国示范性老年友好型社区”。在全市医疗机构落实老年人看病就病36条便利举措。联合市教育局开展全市中小学生“孝亲敬老我们在行动”主题征文活动；赣州市老年大学等6个单位获评全国“敬老文明号”，胡继红等10人获评全国“敬老爱老助老模范人物”；全市共登记不孝行为1056起，各级媒体曝光192起，依法处理136人，纳入诚信黑名单12人。召开市老年工作委员会全体会议审议《赣州市“十四五”康养产业发展规划》。

【健康养老产业】 稳步推进健康养老产业，制定“四区一中心”（四区：赣州东部片区、赣州南部片区、赣州西部片区和赣州北部片区。一中心：赣州中心城区）健康养老产业布局，编制《赣州市“十四五”康养产业发展规划》。全年共19个健康养老产业项目纳入调度，总投资258亿元。全年共培训养老服务从业人员400余人次。赣南卫职院开设老年护理班，推进老年护理重点实验室建设，开设“老年保健与管理”专业，获批成立康养系。

【医养结合试点工作】 医养结合试点稳步推进，投入运行的医养结合机构51家，有床位12107张。开展医养结合与失能老人评估指导项目试点。下发《医养结合机构审批登记工作的通知》《关于赣州市医养结合机构认定标准和备案管理的通知》《医养结合机构服务指南（试行）的通知》《医养结合机构服务规范（试行）》《医养结合机构管理指南（试行）的通知》等系列文件。全市71%二级以上综合医院设立老年病科（国家要求50%）。3家医养结合机构被国家卫健委确定为第二批老龄健康医养结合远程协同服务试点机构（会昌县湘江医院、大余县五福居医院、大余县荡坪医院）。举办全市医养结合安宁疗护培训班。市医养结合领导小组印发《关于公布赣州市第一批备案医养结合机构名单的通知》。

【安宁疗护试点】 安宁疗护试点全面铺开，全市所有县（市、区）结合实际开展安宁疗护试点工作，共有50家安宁疗护试点机构，床位470张，有医生222人、护士362人，其中三级、二级、一级医疗机构开展安宁疗护试点分别为7家、14家、29家，服务患者2000多人。

职业健康

【概况】 2021年共调查随访存活职业性尘肺病1513例，占全省调查随访的15.67%。重新调整由市长担任组长的职业病防治工作领导小组，开展赣州市尘肺病防治攻坚行动评审工作。新版“职业病危害项目申报系统”于2019年8月22日正式启用，国家、省要求原申报单位需要在新系统中重新注册。截至12月31日，全市申报1666家，新版申报系统申报量为原申报系统总量的108.9%。持续完善推广四级网格员协同监管新模式，充分发挥乡村、街道专兼职协管员作用，形成“政府+监督+网格管理+卫生协管+企业”的网格化管理模式，督促、落实用人单位职业健康各项工作的闭环监管。

【职业健康保护】 2021年开展赣州市职业健康保护行动，进一步推进全市健康企业建设，组织提交南康区赣州芳祯建材有限公司和江西曼妮芬有限公司开展建设健康企业优秀案例，组织开展“职业健康达人”评选活动，做好全国第二届职业健康传播作品征集活动，其中《一名接尘工人肺的自白》作品成功获得视频类优秀奖。

【职业健康宣传】 组织开展形式多样的《中华人民共和国职业病防治法》宣传周活动，联合省卫生健康委、省职防院、于都县卫生健康委等单位于4月28日在于都县长征公园现场职业病防治法宣传活动。联合市医保局、市总工会等五部门深入开展职业健康知识“五进”（进企业、进学校、进乡村、进社区、进机构）活动。

【常态化疫情防控】 持续指导企业做好常态化疫情防控。坚持系统思维，服务“放管服”改革，帮扶企业渡过疫情难关，织牢织密疫情防控网，切实保障人民身体健康和生命安全。修订完善《关于加强新冠肺炎疫情防控期间职业健康保护的通知》《赣州市企业新冠肺炎防控工作应急预案》等系列指导文件，对全市8509家用人单位进行走访指导，持续压实用人单位疫情防控主体责任。

【职业卫生与放射卫生】 顺利通过职业卫生技术服务资质延续评审。超额完成职业卫生监测项目工作，职业健康核心指标常规监测3.4万例，任务完成率122.47%；完成放射卫生监测项目，对辖区内的2140名放射工作人员进行个人剂量监测；对辖区内296家放射诊疗机构进行医疗机构医用辐射防护监测。

中医药事业

【概况】 2021年，全市中医药系统贯彻落实《关于加快中医药特色发展的若干政策措施》等文件精神，紧紧围绕“在新发展格局下努力打造中医药服务高地，为全市对接融入粤港澳大湾区经济社会高质量发展提供强力中医药需求保障”，坚持在抓好疫情防控的同时，加快中医药服务体系建设和能力提升，促进中医药事业全面、均衡、充分发展，推进健康赣州建设并助力中医药强省目标前行。瑞金市被确认为全国基层中医药工作先进单位，兴国县、会昌县均以高分顺利通过全国基层中医药工作先进县国家复审；兴国县中医院被国家中医药局评为“2018—2020年全国改善医疗服务先进典型”；10月18日，兴国县代表江西省在第五届华东地区基层中医药发展大会上作题目为《聚焦“五新”，推动中医药事业高质量发展》交流发言。印发《2021年全市中医药预安排工作任务》，以视频形式召开全市中医药工作会议，市、县、乡三级参会人员计800余人。分别下发《关于开展“市级中医药文化宣传教育基地”创建活动的通知》《关于开展“市级中医药适宜技术培训推广基地”创建活动的通知》《关于在全市开展中医药文化知识“进机关、进企业、进社区、进农村、进学校、进家庭”活动的通知》和《2021年全市中医药工作考核方案》等指导性文件。

【中医药服务体系】 兴国县中医院、上犹县中医院实现整体搬迁并投入使用，赣县区中医院完成新院建设并投入使用，宁都县中医院住院大楼、寻乌县中医院住院楼及内科大楼完成建设并陆续投入使用。加快推动赣州市中医院新院区建设，支持于都县中医院、瑞金市中医院尽早启动整体搬迁工作，督促信丰县中医院城南院区、南康区中医院门诊综合楼、安远县中西医结合医院等项目建设并争取尽快投入使用。推动安远县版石镇中心卫生院、南康区镜坝卫生院高标准建设省级示范中医馆项目。贯彻全省中医药高质量发展工作推进会议精神，11月19日，市政府专门召开建设调度会，明确规划、建设、使用的具体时间节点，督促信丰县、龙南市等8个县（市）落实政府办医责任，确保在“十四五”期间规划建设公立中医院并实现全市公立中医医院全覆盖。积极争取中医临床建设项目，赣州市中医院项痹病被批准为全省中医临床优势病种建设项目并获中央补助100万元，赣州市肿瘤医院被批准为全省中西医协作建设项目并获得中央补助40万元，赣县区中医院被列为全省基层中医药人才培训基地建设项目并获得中央补助62万元。青峰药谷中医养生街获批全省中医特色治疗平台建设项目后，组织召开全省中医特色治疗平台试点建设工作恳谈会，在市中心城区举行义诊活动并赴杭州中医街实地学习，力争加快平台建设并带给群众更好的中医药服务。

【中医药人才培养】 选拔8名中医药临床骨干申报全省第三批中青年骨干人才培养计划（市中医院孙小波、张晓飞列为培养对象）。结合实际印发《关于做好2021年传统医学师承和确有专长人员医师资格考核考试有关工作的通知》，7月10—11日，组织实施全市确有专长人员现场考核考试（参考人员45人，合格人员21人），组织185人师承人员赴昌参加考核考试，合格人员67人，通过临床实践技能考核（成绩2年有效）36人。8月11日，召开全市2020—2021年中医医术确有专长人员医师资格考核工作部署会，据统计，各县（市、区）网上报名人数246人，县级初审上报159人，市级复审上报133人，省级复核通过133人并赴昌参加现场考核。组织36名取得医师执业资格中医确有专长人员开展岗前培训。组织11名乡镇卫生院中医执业（助理）医师参加为期1年的中医全科医生转岗培训。支持瑞金市卫健委、赣州市中医院联合江西中医药大学开展为期2年的西学中培训，累计招收学员112人（其中瑞金市65人、市中医院47人）。承办全省中医药法制监督与知识能力提升培训班（参训学员200人）。组织24名县、乡两级中医技术骨干计参加全省中医药适宜技术培训。组织35名基层中医临床医生参加全省乡镇中医馆骨干人才培训班。结合中国医师协会“合理用药”宣传活动，支持章贡区、赣县区、南康区、龙南市、瑞金市、宁都县、石城县、定南县、大余县、崇义县、兴国县、上犹县等地的1795名中医药人员参加中医药适宜技术专场培训。6月上旬，举办全市中医康复技术骨干培训班（参训学员130人）。

【中医药临床科研】 组织11名公立中医院临床人员参加全省中医药人员科研能力提升培训班。积极申报全省第二批中医药重点研究室（临床研究基地）。组织申报2021年度中医药科技计划项目222个，上年109个增幅达103.67%，经省中医药管理局批复立项112个，其中资助研究经费27个、自筹研究经费85个。组织申报岐黄学者（市人民医院钟叙春）、第五批全国中医临床优秀人才研修项目培养对象（市人民医院钟叙春）、全国名中医专家传承工作室、全国中医护理骨干人才培养对象等一批国家级高水平集医教研于一体的建设项目。

【对外合作交流】 坚持“北上南下、争资争项、靠大联强”的原则，做强做优市、县中医院，加快引领中医药高质量发展。4月上旬，协调对接市发改委和省中医药局，确保国家中医特色重点医院建设项目（中央财政补助资金1亿元）落户在赣州市中医院。5月下旬，在广泛征求意见建议的基础上，制定印发《赣州市全面对接融入粤港澳大湾区中医药高地建设的若干措施》，督促指导市中医院拟订与广东省中医院合作协议。4月22—23日，上海中医药大学党委书记曹锡康率队到赣州考察并与市政府签订《中医药发展战略合作框架协议》。4月27日，组织县级公立中医院党政主要负责人召开合作需求部署会。5月下旬，印发《关于贯彻落实市政府与上海中医药大学战略合作框架协议的实施意见》。7月18—20日，市中医院有关人员赴上海中医药大学附属医院学习考察及洽谈帮扶事项，并督促指导市中医院制定印发推进合作发展实施方案。

【中医药宣传】 组织中医药文化知识进机关、进企业、进社区、进农村、进学校、进家庭活动，截至10月30日，全市参与活动医护人员4507人，直接受益群众77618人次。实施中医药健康促进专项行动，组织委机关干部职工中医药知识与监督能力提升活动，购置10万元中医治疗设备支持乡镇卫生院中医馆服务能力提升，扎实推进健康赣州建设。举办全市首届中医护理技能选拔赛，连续2年举办全市中医药文化知识擂台赛。扎实开展贯彻落实中医药法情况自查，组织开展中医药法实施4周年宣传活动，认真办理市人大代表建议与政协委员提案，以及中医药项目资金绩效评价等。

【疫情防控中医药保障】 按照“思想不松、策略不变、措施不减”的要求，积极参与疫情防控各项工作。认真做好疫情防控物资储备供应保障工作，督促市县两级中医医院加快提升公共卫生事件应急处置能力建设。积极组织中医医院开展院感防控专项排查，2月1—9日，组织市、县中医院应对重大公共卫生事件和疫病防治骨干人才（市中医院20人、18个县级中医院各4人，合计92人）参加全省中医药应对重大公共卫生事件和疫病防治知识线上培训。积极协助疾控部门组织符合条件的中医医院设置接种台及实施疫苗接种，加快推动全市接种覆盖率提升，进而筑起疫情防控坚固屏障。8月7日，组织市、县两级中医药管理人员（45名）、国家中医应急医疗队成员（3名）、国家中医应急医疗队成员（2名）和省级中医应急医疗专家组成员（2名）参加全国中医药系统德尔塔毒株影响下的新冠疫情防控知识培训。对集中隔离点人员使用中药预防方药，充分发挥中医药在预防疾病中的重要作用，并每周报送使用情况。针对10月底上饶铅山突发疫情，进一步压实中医药工作责任，落实防控要求，鼓励坚持使用中药预防方药，从源头上有效杜绝疫情流入，做到“外防输入、精准防控”。

（金忠明　刘　滢）

疾病预防与控制

【概况】 2021年，市疾控中心，以疾病防控为主线，以新冠疫情常态化防控和疫苗接种为重点，注重上下联动、部门配合、迎难而上、敢于担当，各项工作取得新成效。全市新冠疫苗预防接种日接种量最高32万余剂次，提前超额完成省下达第一阶段任务。全市接种台设置1496个，远超省级968个的要求。全市全年累计接种新冠疫苗1719.29万剂次，疫苗接种率84.07%。首次开展疫苗Ⅳ期临床试验工作。赣州市确定南康区等6个县（市、区）开展新冠疫苗（腺病毒载体）安全性Ⅳ期临床试验工作，计划将1万受种者纳入观察。做好新冠肺炎疫情常规监测。24小时专人专班对疫情进行动态监测分析研判，分析国内外和省内疫情形势，开展风险评估，研判风险点，科学规范处置风险事件，确保赣州市无输入性疫情及本土疫情发生。特别是广东疫情、上饶疫情发生后，由于地理位置临近，疫情复杂风险高，防控压力加大，及时开展风险沟通，加大防控技术指导力度。

上饶铅山出现疫情后，火速集结选派7名技术骨干驰援上饶、铅山，执甲逆行在疫情一线夜以继日开展流调、检验工作。发布疫情风险提示322期，收到和发出密切接触者协查函1726份。服务全市疫情防控大局，主动参与防控技术指导。参与省、市两级新冠肺炎督导工作60余人次，做好市两会等重大活动疫情防控保障。协助做好2021年春秋季高校、高职院校开学期间新冠肺炎防控工作，进驻市高校、市属高校开展疫情防控现场指导。

【免疫规划管理】 新建1间疫苗储存仓库，淘汰、更新、添置一批疫苗冷库存储设备。在完成繁重的新冠疫苗接种同时，常规疫苗接种按国家要求的接种率完成。落实脊髓灰质炎疫苗免疫策略转换工作，阻断相应型别病毒的传播，在全市范围内开展脊髓灰质炎疫苗等免疫规划疫苗查漏补种工作。首次举办免疫规划疫苗针对传染病监测和疫情处置专题培训班，培训班对免疫规划疫苗针对传染病监测和疫情处置相关工作做全面梳理，涵盖常见免疫规划针对疾病暴发疫情现场处置工作。

【公共卫生服务能力提升】 疾控体系建设。紧扣省域副中心城市定位，依托中央抗疫国债项目，提升新冠肺炎等重点传染病监测、国家致病菌识别网细菌性传染病监测、疫苗冷链、基层人才疫情防控、基层呼吸系统早期筛查干预等能力。检验检测能力。扩建1间核酸检测实验室，添置3台96T核酸提取仪、2台荧光扩增仪等设备，实验室日检测量2400人份，是之前的3倍。检测结果零误差，病毒检测数量和质量显著提升。新增1间基因检测实验室，新开展基因测序项目，为流调溯源提供有力支撑，填补全市在基因测序方面的空白。

【卫生应急监测与处置】 严守不发生重大传染病暴发流行的底线，法定传染病报告继续保持平稳态势，无甲类传染病报告，无甲、乙类传染病暴发疫情发生。根据国家、省各病种监测方案要求，积极开展新冠、流感、手足口病、霍乱等重点传染病监测工作。组织各县区监测点积极推进伤寒（副伤寒）、登革热、布病等监测工作。以全国试点项目（室内环境健康危害因素试点调查与检测）为重点，卫生监测的各项工作全面完成。水样监测、食源性疾病病例、食品安全风险监测、农村环境监测、儿童青少年近视及常见病监测、室内环境健康危害因素调查监测全部完成，为卫生行政部门信息公开提供技术支撑。科学指导章贡区及时有效处置1起水痘疫情局部突发公共卫生事件。及时排除6起新冠核酸疑似阳性事件，及时处置8起新冠病毒核酸阳性物品事件。

【重点场所公共卫生安全保障】 全年参与完成重大活动公共卫生保障4次：1月14日“六大攻坚战”流动现场会保障工作（消杀）；2月8日市两会应急保障演练；2月16日（春节期间）对市政中心会议中心1号会议厅等11个两会会场及相关场所消毒指导与效果评价；12月21日赣州市项目大会战流动现场会公共卫生安全保障工作（消杀指导）。

【艾滋病与性病防治】 艾滋病防控工作全省前列。以干预和检测为抓手，持续扩大高危人群干预覆盖面，并引进流行病学溯源调查新方法。全市开展HIV抗体检测17.6万人次，检测量上升13.3%。全省率先探索以市为单位公布艾滋病疫情形势和防治总体工作情况。力抓社会组织参与艾滋病防控工作。完成“赣州市社会心理健康服务协会对赣州市章贡区艾滋病患者心理支持项目”2020年度工作考核和验收工作。组织各地参与99腾讯公益“爱你爱我艾检测”项目，共筹集资金3200.66元，获得腾讯公益配捐。

【结核病防治】 结防主要工作指标，肺结核报告发病率、肺结核患者病原学阳性率、病原学检测阳性肺结核患者密切接触者筛查率高于2020年同期水平。报告肺结核患者和疑似肺结核患者总体到位率、基层医疗卫生机构肺结核患者规范管理率、新病原学阳性患者耐药筛查率与2020年同期水平持平。救助耐多药肺结核患者33人，补助金额218336.91元，继续处于全省领先水平。“探索提高贫困地区肺结核发现水平”项目圆满收官，提高全市结核病的诊疗能力及肺结核、利福平耐药肺结核患者发现水平和发现力度，项目成果在全国会议上作交流发言。年内为全市6915例肺结核患者及疑似肺结核患者免费开展耐药检测，减轻患者经济负担约387万元。顺利完成赣州市“十三五”结核病防治规划评估和“遏制结核病行动计划”中期评估，为“十四五”规划的制定谋篇布局。全市开展新生入学体检学校结核病筛查工作的县区由44%提高到100%。在全省首次开展基因溯源，为流行病学调查提供科学依据；首次开展学校结核病疫情桌面推演，有效提高结防人员的流行病学调查能力和疫情处置能力。

【地方病、慢性病、寄生虫病防控】 地方病和寄生虫病防治能力在全省居前。全市以重点人群碘营养和饮水型氟中毒监测为抓手，巩固提升地方病防治能力。加强监测、防治结合，借力扶贫、综合施策，不断加强重点人群碘营养监测、饮水型氟中毒监测、消除疟疾后监测和地方病现症病人管理。2021年监测结果显示，全市儿童甲状腺肿大率0.14%，合格碘盐食用率96.43%，9个饮水型氟中毒病区县氟斑牙检出率≤30%，改水工程水氟含量符合国家饮用水标准，继续维持地方病3年攻坚行动成果（碘缺乏病维持消除状态，饮水型氟中毒维持消除控制状态）。组织省、市竞赛活动，充分调动寄生虫病防治人员工作的积极性、主动性，实现以赛促学、以赛促训目标。赣州市代表队在全省血防系统“喜迎建党百年华诞，致敬血防关辉历程”系列活动，荣获党史和血防知识竞赛团体一等奖，演讲比赛一等奖。

【科研与培训】 完成传染病防治省市共建学科项目验收，被授予“江西省省市共建医学先进学科”称号。中心获2022年度省卫健委科技计划项目立项6项，通过历年项目结题2项。申报赣州市新冠肺炎科技攻关项目结题1项。全年刊发论文6篇，以第一作者身份刊发3篇。教育培训。举办市级继续教育项目4项。聘请广东省疾控中心等外单位知名专家10人次，中心组织举办传染病防控技术、检验检测技术、信息化建设等培训。采取“线上+线下”相结合方式，每月对中心内部专业技术人员进行全员培训，每周对应急流调人员和参加市指挥部督导人员进行有针对性专业知识培训、演练和实操。落实对接粤港澳大湾区战略的要求，市疾控中心与广东省疾控中心在提升业务能力、管理水平等方面达成合作，选派13名专业技术人员赴广东省疾控中心进修学习，其中2名检验人员还参与广东本土疫情的基因测序实战。选派8人先后到国家疾控中心、江西省疾控中心进修学习。接收赣南医学院4名攻读MPH（公共卫生硕士）专业硕士学生到中心参加教学实践，接收赣南医学院7名预防医学专业本科生实习。

（周发根）

医疗用血服务

【概况】 2021年，市中心血站是“十四五”期间建设成省内领先、国内一流地市级中心血站的起步之年，克服疫情影响，采供血工作取得可喜的成绩，各项指标再创新高。全市每千人口献血率9.17‰，全年共有82219人次成功献血，献血总量29.58吨，献血人次增长9.95%，献血量增长9.32%，其中全血73796人次，增长9.45%，全血血量26.43吨，增长8.59%，机采献血8423人次，增长14.52%，机采量15785.5个治疗量，增长15.87%。全市供血总量316958.6U（28.94吨），同期增长8.09%。血液库存状态较好，红细胞库存仅告急5天5型次，限采170天315型次，在满足本市临床用血需求前提下向武汉血液中心、江西省血液中心调出红细胞2771U，向上饶市中心血站调出血小板12个治疗量。全市血费报销2172人次，报销金额174.14万元，血费直报率超出上级要求的90%，全年实现血费收入6970万元，增长16.7%，购置固定资产911万元，增长330%。3月24—26日在兴国县召开赣州市第三期无偿献血工作管理干部培训班暨无偿献血工作现场会，各县（市、区）卫生健康委分管无偿献血工作领导、医政医管科（股）长，相关业务骨干等50余人参加现场会，国家卫健委医政医管和血液管理处处长高新强到会指导，邀请中国输血协会副理事长付涌水等授课。

【无偿献血】 持续推进无偿献血网点建设，优化中心城区固定采血点布局，给献血者提供一个安静整洁、环境优雅的场所。7月，升级单位微信公众号，增设预约自助登记功能，减少献血者现场手工填表排队等候的时间。

开展岗位练兵，提升服务水平。提高一针穿刺成功率，提升采血效率和服务满意率。优化招募模式，增强成分献血者队伍粘附性，增加线上解答知识的频次，做到成分献血者“有问必答”，形成微信、电话、APP三位一体的血小板预约机制。献血补贴方式由发放实物纪念品提货券改为发放现金，避免实物纪念品提货券带来的浪费与不便。

【学术交流与科研】 3月25日，与广州血液中心签署技术合作协议。4月21日，站领导带领相关业务科室骨干到广州血液中心就血源招募、献血服务、成分血采集、供血等业务情况进行交流学习，通过学习规范管理，开展血小板配型工作，解决临床血小板输注无效难题。省级课题实现“零的突破”，申报7项，立项4项；市级课题6项，立项3项。

【血液质量与安全】 严格遵守国家法律法规和各项标准、规范以及质量管理体系要求，年内未发生影响输血安全的血液检测差错事故。全市全年共完成82152份献血者标本检测，检测量增长9.94%。其中，不合格976人，不合格率为1.24%，下降0.56%。血液核酸检测率100%，同时开展覆盖50%献血者的HTLV（人类嗜T细胞病毒）检测工作。2021年实验室参加国、省采供血系统传染病指标、血型及核酸检测盲样标本的外部质量评价活动，检测成绩均为100%，各单项及总体合格率均超过国家规定的合格率大于80%的标准要求。得到国家卫生健康委临床检验中心血液安全与免疫血液学实验室和省卫健委延续执业验收评审现场监督检查专家组的充分肯定。

印发《赣州市中心血站质量改进管理制度》，建立62个采供血流程关键质量监测指标，并进行质量指标的收集与分析，强化关键质量指标的监控。加强采供血过程质量的监管，及时发现、解决质量问题及隐患，有效地提升过程质量。7月28日至8月11日完成全年的内审，对内审发现问题及时整改与跟踪验证，有效提升质量管理体系的运行效果。

【血液保障能力建设】 建立机制夯实“政府主导、部门协作、全社会参与”长效机制，确保采供血业务稳定增长。积极争取落实无偿献血奉献奖以上获得者“两优五免”政策，提升献血者荣誉感和社会地位，激励更多市民参与无偿献血，大余县、安远县、龙南县等无偿献血者实行免景区门票措施，瑞金市每年为累计献血总量前100名的献血者提供免费健康体检，市中心城区万象城、九方、杉杉等影院，献血者持献血证可得到商家给予的最大折扣优惠。

打造品牌 针对节假日开展系列街头、商场情怀类活动，“五一”国际劳动节期间开展热血青年节无偿献血活动，8月开展“七夕约定，热血有我”七夕情人节无偿献血街头活动，国庆、中秋期间开展“团圆中秋，带爱回家”——团圆月无偿献血主题活动。针对人群特点开展活动，联合高校开展“我的热血态度”——我的热血方程式大型主题公益活动；联手红十字会开展“三献”宣传月活动；联合妇联开展“关爱孕产妇、地贫儿童”暖爱行动；联合团市委、教育局开展“感恩奋进跟党走，热血汇聚正能量”活动；联合市总工会开展“不忘热血初心，牢记热血使命”全市职工无偿献血主题活动等。全年开展各类主题活动101场次，其中品牌主题活动6场次、中心城区33场次、高校20场次。志愿者服务队由14支增加到20支，志愿者人数由217人增长到338人，服务工时全年13801小时，增长21%，志愿者活动全年39场（培训14场）。

创新宣传 2021年为“无偿献血宣传年”，全方位推进无偿献血宣传，在高铁站、机场、出租车顶灯以及各县、市、区、乡镇国省道路口等显眼位置均悬挂无偿献血宣传广告；在市内部分写字楼、小区、企事业的电梯内悬挂无偿献血公益广告；积极与各商业综合体联系对接，在九方、步步高、万象城、五龙客家风情园和奥特莱斯张贴无偿献血公益海报，播放无偿献血公益宣传片。做好无偿献血科普知识宣传，组织员工参加2021年家庭健康知识授课竞赛赣州市选拔赛，获二等奖，并代表赣州市参与全省健康科普竞赛获优秀奖。完成《血站党建宣传片》《献出热血、热爱生命、血浓情更浓》《一心为民守健康——献血科采血掠影》《国际志愿者日专题宣传片》拍摄，其中《一心为民守健康——献血科采血掠影》获全市卫生健康系统“学党史树榜样争先进”讲述赣州医生好故事演讲视频展播三等奖。发布68个官方视频，完成3场直播活动，6月10日，迎接世界献血者日——无偿献血抖音直播，赣州市“献血达人”黄水清做客抖音直播间；9月15，日赣南日报社直播团队走进赣州市中心血站，为大家揭开一袋袋血液从采集到临床的“爱心之旅”，近4万网名观看直播；10月20日，赣州市红十字无偿献血志愿工作者服务队做客FM99.2直播间，抖音号同步直播。

【质控中心建设】 赣州市临床检验中心（赣州市医学检验质量控制中心）在国家卫健委医政医管局的协助下，5月12—13日软件开发商免费安装“CLInetEQA网络化室间质量评价系统”，是目前全国唯一一家地市级临检中心上线该系统。完成2021年第2次基层医疗机构临床实验室质间质评及全市新冠病毒核酸检测每月一次的室间质评，组织举办全市血液管理和检验医学质量管理工作暨学术交流会议，开展市直（驻市）11家医疗机构新冠核酸检测调研，完成市直（驻市）11家医疗机构新冠核酸检测驻点监督结果的汇总与随机抽检工作。

（李鹏飞）

医疗机构选介

【赣州市人民医院】 2021年，赣州市人民医院统筹疫情防控和医院改革发展，以创建国家区域医疗中心和“质量效率提升年”发展定位为主抓手，按照突出“一个引领”、提升“五大效率”，擦亮“十大品牌”的工作思路，开拓创新、攻坚克难，圆满完成年初制定的各项工作目标。医院以排名全省第一的综合得分再次荣登全国地级城市百强医院榜单，与南方医科大学南方医院（简称南方医院）共建国家区域医疗中心，掀开医院发展史上具有里程碑意义的崭新一页，实现“十四五”良好开局。全年业务总收入29.04亿元，其中医疗收入27.84亿元；门急诊219.19万人次，出院13.39万人次，住院手术5.54万台，增量均为医院历史最大，综合服务能力继续稳居全市第一、全省第三。医院获评“第十六届江西省文明单位”“全省无偿献血促进奖单位奖”“全市党建红旗单位”“全市党史知识大赛优秀组织奖”等荣誉称号。

国家区域医疗中心建设 按照国务院《关于新时代支持革命老区振兴发展的意见》提出的“支持革命老区重点城市提升功能品质”，第一时间赴国家发改委、国家卫生健康委汇报沟通和争取支持，先后10余次赴广州、上海、福建等地考察学习，为项目启动奠定扎实的基础。8月14日，市人民政府与综合实力排名国内前列的南方医院签订项目名称为南方医院赣州医院的国家区域医疗中心共建协议，落实建设资金和位于蓉江新区的近20公顷建设用地，工作进展和质量得到国家相关部委领导的高度评价和赞誉。9月16日，南方医院派出规模最大、级别最高、人数最多的管理和专家团队入驻医院，按照前期重点建设神经、消化、血液和创伤急救“四大中心、六大专科”的思路迅速开展工作，全方位、立体式推动医教研全面协同发展。项目启动后，南方医院专家开展疑难手术1100例次，引进新技术、新项目97项，其中31项填补江西省技术空白；开展疑难病例诊疗1900余次，示教246场，开展省级以上学术会议及培训33场；深入赣州7个县（市、区）开展医疗科技帮扶11场次。医院三、四级手术增长8%，外转病人明显下降，DRG（疾病诊断相关分组）总量、CMI（病例组合指数）值、DRGs（疾病诊断相关分组系统）组数等核心指标稳步提升。

主动融入粤港澳 选派1名综合素质高、业务能力强的工作人员到赣州市政府驻广州办事处，专门负责对接在粤赣州籍医学专家委员会和粤港澳大湾区有关医院，承办“苏区健康快车——赣州行”在粤赣籍专家返乡义诊活动，开展学术年会系列活动之“多学科联合高质量发展”巡讲活动，争取中山大学中山眼科中心教授余克明工作室和中山大学光华口腔医院教授李春阳工作室落户。在国家区域医疗中心项目启动后，多次赴南方医院对接沟

4月30日，赣州市人民医院举行第三届“医学博士赣南行”系列活动

（杨院群摄）

通，在共建医院的运营模式、学科发展、专科布局、设备配置、功能定位等方面达成广泛共识，为国家区域医疗中心的建设找准方向。同时，积极协调有关部门，为南方医院进驻专家提供优质住房，对配偶工作安排和小孩入托入学等出台相应文件和政策，确定驻点专家和人员的待遇、生活补助等，让专家们更加安心、舒心、潜心投入工作中。

服务能力提升 围绕与建设省域副中心城市相匹配的医疗中心目标，着力推动服务能力大幅加强，确保综合服务能力稳居全省前三。学科建设大进步。成功创建江西省1级创伤急救中心，普外科被列为国家临床重点专科建设项目，卒中中心被国家卫生健康委评为五星高级卒中中心，血液内科获评国家血友病诊疗中心，神经外科获评国家卫生健康委脑出血外科诊疗中心和国家二级癫痫中心、肿瘤科被授予国家级“2021年肿瘤免疫诊疗适宜技术推广基层培训基地”称号。26个专业108个病种实施临床路径管理，入径数增长16.4%，按临床路径管理的病例数占出院人数的36%；出台《新技术新项目临床应用管理规定》，强化医疗技术的能力论证、准入审核和监督评估。2021年收到新技术新项目申请46项，其中42项经医疗技术临床应用管理委员会批准，通过率91.3%。联合诊疗大进步。优化和开设肺结节等多个多学科联合门诊，儿科中西医融合门诊的社会效益得到省卫生健康委领导的充分肯定，推行以“固定的学科、一定的人员、围绕一个疾病”的门诊MDT诊疗，提高门诊就医精准度和整合度，成立肿瘤、癫痫、心脏等多个联合诊疗中心并良性运行，开展7期医院大查房活动，通过病例分享，培养年轻医师临床思维能力。技术革新大进步。CAR-T细胞治疗、保留后交叉韧带的全膝关节置换术、主动脉夹层并迷走右锁骨下动脉体内开窗术等31项新技术、新项目填补省内空白，全腹腔镜下胰十二指肠切除术、腹腔镜下胰体尾切除术等处于国内领先水平。日间医疗大进步。独立设置日间医疗科，大力开展以日间手术、日间化疗、日间放疗为主要内容的“日间诊疗”，共有22个科室101个手术病种申请开展日间手术，累计开展7395例日间手术。成立人体器官移植工作委员会，加快推进医院器官移植中心建设，筹建人体器官移植医师队伍，全年完成器官捐献9例，创下历史最高纪录。

教学科研 新增南昌大学博士研究生导师3人，硕士研究生导师20人，导师总数及覆盖专业均创历史新高，接近往年导师数量的总和；首次开展全日制博士研究生招生工作，全年招录全日制硕士研究生15人、博士研究生1人，招生人数实现大突破。招收规培生50人，选拔10人到南方医科大学就读2021年临床/口腔医学专业高级研修班，在省卫生健康委组织的开展医疗服务与保障能力提升项目绩效评价工作中，住院医师规范化培训项目获全省表彰。全年中标国家自然科学基金项目2项、省科技厅计划项目2项，获得实用新型专利58项，主编著作7部，发表论文850余篇，其中SCI论文82篇，核心期刊12篇。出台《科研失信违规行为的管理规定》《科研经费支出类别及报销流程》《科技成果转化管理规定（试行）》《申报国家自然科学基金管理规定》等制度，召开首次国家自然科学基金申报誓师大会，医院科研氛围日益浓厚。与上海白玉兰谈家桢生命科学发展基金会签订合作协议，完成赣州市转化医学研究院注册工作，成功实施首例实用新型专利的成果转化。与南方医院开展“中国肾脏病大数据协作网”平台建设合作、生物样本库构建等项目20余项，血液内科获批建设省卫生健康“白血病”重点实验室和“江西省血液病临床医学研究中心”。成功举办4个国家级继续教育学习班和16个省级继续教育学习班，12个市级继续教育学习班，完成15个科室省市共建项目的验收工作，赣州市医学会超声医学分会和糖尿病分会等主委单位相继挂靠，与赣南卫生健康职业学院联合开设病理检验方向定向班。

改革增效 深入推进医改攻坚，大力建设效率医院，打造效率文化，着力提升行政、门诊、住院、手术、检查“五大效率”，医院运营管理更高效。行政效率明显提升。上线新版OA（办公自动化）系统、HRP（医院资源规划）系统，全面推行医院内部涉及的请销假、用章申请、进修申请、物资和设备申购、合同审签、资产申报等各类行政事务审批线上办理，让科室和职工办事“一次不跑”。门诊效率明显提升。结合患者就医特点和需求，优化预约诊疗平台相关内容，将预约时长从20分钟精确至10分钟，并根据出诊医师的平均问诊时长、个人业务能力等特点，合理优化号源设置，提高号源利用效率。住院效率明显提升。在北院成立预住院中心，建立南北院区床位调配机制，做到全院床位统一调配，全年床位使用率保持在82%以上。手术效率明显提升。在全市率先开放手术预麻室，手术整体效率、术者效率、麻醉医生效率、手术室护理人员效率均得到大幅提升，接台手术时间缩短，平均等待麻醉时间缩短，在没有增加手术间的情况下，全年手术量提升1万余台。检查效率明显提升。借助信息化系统，实现LIS（实验室信息管理）系统升级，提高检查效率，建立远程心电诊断、远程超声诊断、远程影像诊断，把部分检查项目“消化”在基层。

患者服务 在省内率先建立“SGSQualicert服务体系”，深入开展“全面评估、全人护理、全程服务”优质护理工作模式，开展“护理人文关怀示范病房”及“温情护理·舒心服务”主题活动，为患者量身定制集医疗、护理、心理等于一体的整合服务。成为全省首批通过验收的互联网医院，推出互联网医院药品“配送到家”、中药邮寄、“腕带付” “处方付”等服务。开展“互联网+护理服务”，50名专科护士在互联网平台注册，上门开展82例居家护理服务。全市卫生健康系统首个“新时代文明实践站”落户，在南北院开设“证明盖章一站通”服务点，将涉及患者的用章事项全部整合在一起，微信公众号的“就

医直通车”版块新增院内导航功能，让患者“最多跑一次”，住院患者满意度 92.85%。完善智慧医疗体系，将预约挂号、线上缴费、电子就诊卡、报告查询、费用查询等功能融为一体，开通手机端自助核酸检测功能，电子医保卡实现院内自助挂号、缴费、自助报到机自助报到等功能全覆盖，减少患者在院的来回奔波。

助力江西省第四周期医院评审体系建设　协助省卫生健康委编写《三级医院评审标准（2020 年版）江西省实施细则》《医院评审现场检查评价指南》《医院评审现场评价工作手册》等，为江西省开展等级医院评审贡献的智慧和力量。营造浓厚的持续质量改进文化。开展七大类质量改进项目 267 项，其中获全国医院品管圈大赛三等奖、优秀奖各 1 项；持续开展质量安全月活动，营造浓厚的人人参与的质量安全文化氛围。加强指标数据监测改进。强化三级公立医院绩效考核工作，完善质量指标信息监测反馈平台，上线和运行指标管理信息系统，开展第二轮医院综合竞争力评估和专科实力评价，每季度发布 DRG 质量管理报告，关键绩效评价指标稳步改善。强化不良事件监管。改良不良事件信息系统功能，增加 VTE 相关事件报单；全年共收集不良事件与近似错误 3551 例，不良事件与近似错误上报率 102.99 例/百床，上升 14.47%，员工的不良事件与近似错误的上报、改进意识得到较大提升。夯实医疗质量控制中心建设。完善医疗质量管理与控制体系，新增 3 个专业质量控制中心挂靠，同时为现有的 36 个医疗质量控制中心提供开展工作所需的办公场所、设备、经费等，确保医疗质量控制中心正常运转。增强全面运营管理。举办“中高层运营管理能力提升”主题培训，将现代管理理念方法和技术融入医院运营管理的各个领域、层级和环节；开展包括医院全面运营分析、手术室运行效率、门诊诊间利用率、平均住院日与周末出院率、全院床位使用率调控、蓉江院区床位配置、日间手术占比等专题调研与改进共 11 项，有效提升医疗服务能力和运行效率。深化院感防控工作。对全院各科进行感控及新冠疫情常态化防控督查并形成简报，及时处理感控监测负性指标，逐步做到“精准监测、科学防控”，提升医院感染防控的规范性和全面性，保障感控工作高效运行。

人才队伍建设　举办第三届“医学博士赣南行”活动，引培博士 6 名，博士总数 49 人，高层次人才逐年递增。创新硕士研究生招聘方式，在市人社局、市卫生健康委组织下，赴广州、南昌进行现场面试考核录用，全年引进硕士及本科学历人员 303 人，有效缓解临床人员紧缺的问题。首次推行劳务派遣用工，完成 2 批次 230 余人劳务派遣人员的面试考核工作，有 85 名劳务派遣人员补充辅助岗位，用工形式更加灵活。顺利实施 2021 年卫生高级职称自主评审工作，11 人取得卫生正高资格，37 人取得卫生副高资格，完成全院 1100 余人的职称聘用和 591 人的岗位设置工作，并培养国家级和省级专科护士 18 名。认真做好“双千人才”“苏区之光”人才申报工作，柔性引进南方医院多名高层次人才和专家团队，建立包括南方医院侯凡凡、李国新等大牌专家在内的 10 个“名医工作室”。

对外协作与帮扶　做大做精专科联盟，赣州市心电远程会诊中心挂靠，心电会诊中心接入网络医院 100 余家，建立专科联盟及市级区域医疗中心共 28 个。相继与南方医院、北京天坛医院、上海瑞金医院等 20 多家国内顶尖医院对接远程会诊系统，全年开展会诊、会议 200 余次，充分发挥远程医学中心在医疗服务中的积极作用。成功承办中国医院协会地（市）级医院分会 2021 年学术年会、江西省医院协会地（市）县级医院分会年会暨赣州市第五届医院管理论坛，“新百年·新征程”医联体建设大会，极大提升医院影响力。精心组织慢病管理活动，开展慢病管理活动 20 余场，服务患者 2000 余人次。做深做实巡回医疗队服务，在基层医疗单位开展手术示教 100 余台、教学查房 400 余次、疑难病例讨论 130 余例、学术讲座 40 余次，推进“门诊前移”并在县级医院设立专家门诊 10 家。派出对口帮扶、非计划外派人员 52 人次，开展新技术项目 47 项，为提高受援医院诊疗水平发挥积极作用。

后勤保障。采购直线加速器、复合手术室、CT、DSA（数字减影血管造影技术）等大型设备，极大地缓解患者诊疗项目预约时间长的问题。有序推进南院区项目改造和建设，完成南院体检一楼、口腔科改造项目，皮肤科门诊设置皮肤美容中心项目，儿科一楼大厅扩大及三楼新生儿病房接诊处改造项目建设，启用重症监护病房（ICU）仿真实训室，南院急诊一楼、儿科一楼手术室、桂花林建设项目正有序推进。上线医用耗材集约化管理平台 SPD（浪涌保护器）系统，实现耗材的“零库存”、耗材全生命周期的追溯、高效的物流配送等，极大地节约医院的运营成本。升级 HIS 和电子病历系统，优化门诊病历，查看历史病历更便捷，会诊和病历书写更规范。推进智慧病房系统项目建设，上线物联网系统、移动护理 PDA（掌上电脑）系统、输液闭环系统、智能发药系统、智能抢救车和生命体征一体机，将医务人员、患者、设备通过物联网连接，形成集智能发药、抢救车、生命体征采集、闭环管理一体的智能系统，提高工作效率，有效保障医疗质量和安全。

（温建东　朱　琦）

【赣南医学院第一附属医院】　赣南医学院第一附属医院是赣州市唯一一家省直省管三级甲等医院，江西省第三周期医院评审首批三级甲等综合医院。全国医院百强院，在国家卫健委公布的全国三级公立医院绩效考核评价中，综合排名位列全国第 97 位，国家监测指标等级 A+，跻身全国前百名行列，名列江西第三，为江西省会城市外最佳；其中 CMI 值全国排名第 77 位。蝉联 2019 年度、2018 年度 DRG 综合排名全省第三、全市第一。智慧医院影响力排名进入全国前 150 名，是江西省现代医院管理制度省级试点医院及江西省人员总量管理试点医院。2021年医院有黄金、章贡两个院区，编制床位3328张。2021年，总诊疗人次157万余人次，出院12万余人次。

医院在全国省会城市外首家开展最新一代达芬奇机器人手术。在省内率先开展空地一体化紧急医学救援，完成救援33人次，单中心救援例数位居全国第三、省内第一。获批成为江西省航空紧急医学救援队，牵头建立“赣南地区空地一体化紧急医学救援联盟”。获批组建成立江西省医疗应急队。获批牵头建设赣州市微创泌尿外科医疗中心等10个市级区域医疗中心。医院高标准打造五大中心，建有江西省1级创伤急救中心、江西省1级胸痛中心［顺利通过2019年第三批次中国胸痛中心（标准版）现场认证］、1级卒中中心、江西省急危孕产妇救治中心、江西省危重新生儿救治中心、江西省儿童医学中心。拥有区域内唯一的海扶微无创治疗中心。是全省唯一一家获批产前诊断技术服务项目的综合性医院。入选全国罕见病诊疗协作网，是区域内唯一的协作单位。入选第一批全国儿童血液病定点医院。医院获批建设江西省会城市外唯一的省级重大疫情防控救治基地，获中央预算内投资专项资金1亿元。

2021年员工3300余人，其中专业技术人员近3000人，高级职称人员500余人，博士及博士后90余人，在读博士90余人，硕士800余人，博士研究生导师7名，硕士研究生导师166名，有教育部高等学校麻醉学专业教指委委员1人，全国卫生系统先进工作者1人，“中国医师奖”专家1人，全国卫生健康系统新冠肺炎疫情防控工作先进个人1人，享受国务院及省、市政府特殊津贴专家6人，入选省“赣鄱英才555工程”领军人才培养计划专家2人，省新世纪百千万人才工程专家7人，青年井冈学者1人，省高校学科带头人6人，省高校中青年骨干教师14人，江西省医师优秀团队1个，江西省医师优秀个人2人，省卫健委有突出贡献中青年专家5人，省卫生系统学术和技术带头人培养对象40人，江西省卫生人才服务团专家17人等。

赣南医学院第一附属医院与赣南医学院第一临床医学院两块牌子一套人马，有完整的在校教育、毕业后教育和继续医学教育体系，充分发挥培育功能，着力打造人才孵化高地。学院设置有临床医学、麻醉学、医学检验技术、医学影像学、儿科学等本科专业，其中临床医学专业通过教育部临床医学专业认证，获批为国家级一流本科专业建设点，是江西省一流（优势）专业；麻醉学、医学影像学为江西省一流（特色）专业；临床医学、麻醉学、儿科学等专业为一本批次招生。医院自主培养硕士研究生254人，现有在校硕士研究生851人，其中全日制硕士研究生541人，在职硕士研究生310人。与苏州大学、中国医科大学联合培养博士研究生，成建制联合培养临床医学博士42人。自2011年以来，由医院教师组成的教官团队指导学生参加全国高等医学院校大学生临床技能竞赛荣获全国总决赛一等奖1次，实现江西省医学院校历史性突破。同时获银奖1次、二等奖2次、三等奖2次，华东分区赛一等奖2次、二等奖3次和三等奖3次。医院于2018年被教育部、国家卫生健康委认定为首批国家临床教学培训示范中心，2014年获批为国家级住院医师规范化培训基地，共有专业基地25个。医院开展国际化医学人才合作培养，与美国林肯纪念大学、德国心脏中心（柏林）协作培养人才，医院现为美国林肯纪念大学临床实习基地，同时拥有国家级大学生校外教学实践教育基地、临床药师培训基地和江西省全科医学临床培训基地、江西省高校实验教学示范中心等。通过辛勤教学为全社会输送一批又一批高素质医学人才，服务分级诊疗政策，促进医疗资源合理配置。

临床医学学科为硕士学位授权学科（学术学位和专业学位），系江西省“十三五”“十四五”期间“一流学科”；拥有国家临床重点专科入围科室2个（泌尿外科、疼痛医学科），江西省医学领先学科3个（泌尿外科、疼痛医学科、检验科）；省级临床重点专科建设项目5个（心血管内科、普外科、神经外科、重症医学科、中医科）；江西省医学学科省市共建计划项目1个；省医学学科省县共建计划项目援建学科12个；赣州市医学领先学科16个。泌尿外科为中华医学会县级医院人才培养计划泌尿外科腹腔镜培训基地、江西省尿路结石现代治疗中心，拥有中国医师协会腹腔镜外科医师培训基地、中华医学会县级医院人才培养计划项目妇科腹腔镜培训基地。各学科努力探索国内外相关学科发展的新思路、新技术、新方法，通过创新提升医疗服务品质，涌现出以享誉国内外的泌尿外科NOTES（经自然腔道内镜手术）、LESS（单孔腹腔镜手术）及重症医学ECMO（体外膜肺氧合，俗称人工肺）为代表的一大批高、精、尖技术，填补众多省市及国内、国际空白。泌尿外科跻身全国医学学科影响力百强行列，连续3年名列江西第一。在2019中国医院影响力排行榜中泌尿外科、耳鼻喉科、普外科、消化内科跻身全国各专业百强榜，分别名列第75名、81名、82名、92名。在2021年“中国医院影响力排行榜”中泌尿外科、眼科、普外科、血液科4个学科居全国百强行列，其中泌尿外科位列全国第64名，华东地区第18名；眼科位列全国第84名，华东地区第25名；普外科位列全国第92名，华东地区第36名；血液科位列全国第95名，华东地区第34名。

心脑血管疾病防治教育部重点实验室、国家药物/医疗器械临床试验机构（GCP）、国家老年疾病临床医学研究中心江西省分中心、江西省结石防治工程技术研究中心、江西省人体音频信号智慧医疗工程研究中心、江西省泌尿系统疾病临床医学研究中心、江西省脉管性疾病临床医学研究中心、江西省恶性肿瘤临床医学研究中心、江西省高校临床医学重点实验室、赣州市人体音频信号智能诊断工程技术研究中心、赣州市疼痛医学工程技术研究中心等众多国家、省、市级学科平台。获批联合组建江西省儿童遗传代谢性疾病临床医学研究中心、江西省老年系统疾病临床医学研究中心、江西省内分泌代谢病临床医学研究中心、江西省血液病临床医学研究中心、江西省医学检验临床医学研究中心、江西省皮肤病临床医学研究中心、江西省骨伤科疾病中西医结合临床医学研究中心、江西省康复临床医学研究中心。

医院崇尚学术，不断强化科研理念，加快创新驱动发展，科研能力与学术水平取得跨越式提升。医院成为江西省医学会泌尿内镜学分会、妇科微无创学分会的主委单位以及江西省医师协会公共卫生医师分会会长单位。承担60余项国家自然科学基金项目，成为江西省会城市外承担国基项目最多的医疗机构。获3项国家“863计划”项目子课题、4项国家科技支撑计划项目子课题，省部级科研项目150余项，市、厅级课题2000余项；获国家科技进步二等奖1项；省部级科技奖一等奖1项、二等奖2项，三等奖14项，省社科优秀成果三等奖1项；省卫生厅技术创新奖2项；省教育厅科技成果奖7项；赣州市政府科技进步奖47项。通过省、市级鉴定的成果100余项，验收的新技术项目200余项。

在《*Lancet Oncology*》《*European Urology*》《*Journalof Hepatology*》《*Nature Communications*》等顶级SCI收录期刊发表论文600余篇，在国家中文核心期刊发表论文900余篇，出版教材和专著100余部；获国家发明专利、实用新型专利100余项。拥有全国省会城市外第一台最新一代达芬奇Xi型手术机器人，高强度聚焦超声肿瘤治疗系统（海扶刀）、车载移动CT和PCR检测仪、美国GE Infinia Hawkeye4型SPECT、新一代3.0T核磁共振系统、256排512层CT、双源光子CT等螺旋CT机、DSA、直线加速器等大批高精尖医疗设备。医院建立以电子病历为核心信息系统，成为全市首家通过电子病历四级、互联互通成熟度测评四乙的医院，为患者提供全流程的移动便捷服务、人性化的智慧病房医疗服务，构筑起国内先进的数字化医院信息平台。

医院大力支援地方抗疫，负责赣州、吉安两地的疫情防控医疗救治会诊和赣州市的疫情防控期间院感管理督导工作，派出3名医疗队员支援赣州市第五人民医院抗疫工作。医院受到央视《新闻联播》等官方媒体的广泛关注。医院在赣服通开通江西首家新冠肺炎网上义诊平台，得到省委主要领导的充分肯定。医院成功研发全国首套非接触式筛查诊断智能导诊系统并投入使用，有关成果荣获江西省科技进步奖三等奖；撰写并出版国内首本为医务工作者编写的疫情防控图书，并入选十大赣版好书。有省级医疗救治专家组10人，市级医疗救护专家组9人，是赣州市入选省、市两级专家组成员最多，江西省会城市外唯一拥有省级专家的医院。《健康报》等媒体就疫情防控工作进行专题报道。

牵头成立赣医一附院医联体、城市医疗联合体，全方位帮扶同质化质量管理，常态化开展篮球赛等单位间互动活动，促进优质资源下沉。托管龙南市第一人民医院。创新帮扶形式，在龙南市、会昌县、寻乌县、兴国县、于都县人民医院等12家医院设立赣医一附院博士专家工作站。医院勇担社会责任，积极开展对口支援等工作，深入开展各县籍医务人员返乡帮扶义诊等活动，走进校园、社区、基层开展送医送药、听力筛查、健康科普等公益活动。医院获批“全国护理科普教育基地”。在省内率先开展“互联网+护理服务”试点工作，通过多平台、多渠道培训基层专业技术人员，促进管理技术双下沉，推动基层医院协同发展提升，有效延伸医疗服务。

贯彻落实中共中央总书记习近平“没有全民健康，就没有全面小康”指示精神，坚守初心、砥砺前行，始终把人民生命安全和身体健康放在第一位，为“健康中国”建设贡献赣医一附院力量。承办2020年全省“改善群众就医体验”主题活动经验交流现场会，在2020年全省“改善群众就医体验”主题活动经验交流暨公立医院高质量发展研讨班上作改善群众就医体验和高质量发展工作经验交流发言。2021年度建立运营管理会议常态化机制、开展人员总量管理试点、人文医院年活动和大力实施党政“暖心工程”4项现代医院管理制度省级试点工作受到省卫生健康委通报表扬。

（胡智昕　邱润华）

【赣州市妇幼保健院】　赣州市妇幼保健院是赣州市唯一一家三级甲等妇幼保健院。截至2021年年底，医院拥有在职职工1022人，卫技人员891人，占职工总数的87.18%；本科以上学历职工723人，博士学位1人，硕士学位82人。内设科室63个，其中临床科室33个，医技科室9个，行政后勤科室21个。拥有市级医学领先学科3个，即儿科、产科（围产医学）、生殖与遗传科。省、市共建学科9个，即儿童呼吸内科、产科、小儿外科、儿童神经内科、小儿内分泌科、小儿肾内科、新生儿外科、麻醉科、新生儿科（遗传代谢病筛查）。全年门诊量89.3万人次，出院病人2.69万人次，分娩活产数5067人次，手术9164台。2021年，顺利通过三级甲等妇幼保健院复评并授牌，在三级公立医院绩效考核中，位列全国妇产类（含妇幼保健院）专科系列第38名，新院如期实现试运行目标，各项工作取得新成就。定期研究疫情防控工作，成立由党委委员担任组长的3个小组常态化开展疫情防控督查，对全院医务人员及第三方服务人员常态化进行新冠病毒核酸检测，改善发热门诊就医环境，新增核酸采样室和采血室，预防接种门诊顺利投入使用，全年接种新冠疫苗83542人次，无严重不良反应发生。全院干部职工接种新冠疫苗完成率97.63%。派出4名医务人员赴南昌开展入境人员疫情防控工作，2名检验人员赴上饶抗疫，6名儿科医师到乡镇卫生院协助进行儿童疫苗接种，

245 人次值守“三站一场”。

质量控制　建立科级质控层、职能部门层和质量管理委员会的三级质控组织架构，组建院科两级质控员团，制定应急管理工作制度和流程，积极落实重点目标改进管理，医疗质量安全不良事件报告率上升 57.9%，阴道分娩并发症发生率下降 21.15%，DIP 质控数据病案首页上传率、入组率、数据准确率达 100%。CMI 值 0.79，增长 0.03。大力实施过程质控管理，规范单病种质控表单和问责指标，强化临床路径管理，实现临床入径占比 51.54%，入径率 92.10%，完成率 96%。

就医服务　每季度开展“服务明星”评比，打造服务品牌；对苯丙酮尿症患儿予以补助，帮助四氢生物蝶呤缺乏症（BH4D）患儿申请医疗保障救助金，对全市困难家庭孕妇免费开展无创产前基因检测、地中海贫血基因检测，对困难家庭新生儿开展免费遗传性耳聋基因检测；实施多学科诊疗，开展母胎医学、妇科恶性肿瘤、乳腺癌、植入前胚胎遗传学和抗菌药物等多学科会诊，打造一站式诊疗服务新模式；新设早产防治病区，以及青春期、更年期、孕前咨询门诊；提供全产程 10 项免费服务，解决孕妈妈急难愁盼；开设全市首家妊娠期哺乳期合理用药专科咨询门诊；以日间服务为切入点，推进急慢分治；与外院签订合作协议，免费运送肿瘤患者放射治疗。开展互联网+护理服务，开展专科护士培养，成为全市唯一一个获批的省级儿科护理专科护士实习基地。

学科人才建设　成立预防保健科、肿瘤科、医学影像科放射治疗等诊疗，急诊（内）科和眼耳鼻喉独立成科，新生儿科（遗传代谢病筛查）获批省市共建项目。在省级妇幼保健特色专科建设工作中，获批省级孕产期、新生儿保健特色专科建设单位。顺利通过国家一级癫痫中心评审，成为省内首个获批该中心的地市级妇幼保健院；全年准入新技术 18 项，其中在全省率先新开展“丹佛早期干预模式”，实现孤独症高危儿得到治愈性“干预治疗”。成功实施赣州市“第三代试管婴儿”填补全市空白；人才队伍不断壮大，全年招聘 59 人，研究生以上学历 11 人，中级以上职称 14 人。2021 年，共计 28 人被确定为赣州市第一批卫生健康“十百千”人才；全年科研立项 118 项，其中省卫健委 46 项，省中医药 7 项、市科技局 48 项、市卫健委 17 项。获批科研成果 60 项，省卫健委结题 15 项，省中医药 4 项，市卫健委验收 16 项，市科技局结题 25 项。发表论文共 96 篇，SCI 期刊 7 篇，核心期刊 2 篇，国家级期刊 68 篇，省级期刊 19 篇。

协作交流　与广州市妇女儿童医疗中心交流合作，新增儿童肝胆外科、儿童呼吸科、儿童重症医学、产科急救和超声诊断等 5 个学科帮扶项目。合作共建医学远程会诊中心，联合开展胎儿罕见病和全外显子产前诊断工作。对接上海市儿童医院，达成合作意向。持续强化妇幼健康服务体系。充分发挥市妇幼保健医联体牵头单位辐射作用，通过党建+院际协作、等级医院评审指导、人才双向交流、专科联盟和专家工作室等多种形式，与赣州市妇幼保健医联体成员开展交流活动。

（夏　兰　周小梅）

【赣州市第三人民医院】　2021 年，市第三人民医院围绕“服务品质提升年”工作主题，以“我为群众办实事”为着力点，统筹协调疫情防控，提升专科服务品质，改善患者就医体验，突出公立医院性质，不断推进医院高质量发展。全年门诊量 14.92 万人次，出院患者 1.23 万人次，DRGs 综合指数连续 4 年在全省同类专科医院中排名第一，DRGs 总量占全省同类医院服务总量的 1/3，时间指数和费用指数均为全省最优。

专科特色　初步建成心理、睡眠及儿少诊疗中心，优化专科布局，形成特色优势，打造“三大中心”一站式服务，建成具有专科特色的诊疗规模。对睡眠科、睡眠监测室及治疗室内部环境进行硬件设施的升级改造，引进睡眠监测设备，进一步强化睡眠科综合诊疗能力。扩大心理咨询师及治疗师队伍，实现心理治疗师为首诊患者当天完成心理咨询与治疗服务。打造具有个性服务的特需门诊，安排院内知名专家定期坐诊，满足不同层次患者的就诊需求。

拓展外延　8 月，外科正式成立，开展首例胫骨平台骨折切开复位内固定术，逐步实施人工全髋关节置换术，腰椎固定术，锁骨固定术，甲状腺切除术及手部缝合等外科手术项目共 16 台，其中三、四级手术 7 台，内镜室各项诊疗、检查等辅助功能不断完善，辅助临床能力不断提升，医院综合救治能力达到史上最强水平。

便民就医　合理划分门诊各诊室分类，分科、分区布局，方便患者就诊。与中国银行签订银医合作项目，提供“一站式”缴费、挂号、查询、打印报告、发票等服务，实现诊间结算，提升广大患者就医体验。在门诊等候区域、住院陪护病区、心理康复院区安装公共 Wi-Fi 系统，人性化提供网络服务，优化排队叫号系统，缩短患者排队时间。“我为群众办实事”活动各项工作圆满完成。分别制定为患者及职工办好的 10 件实事，各项实事顺利完成。其中，为 40 余名偏远地区患者开展邮寄药品服务，解决多年来患者长途跋涉定期到院取药的难题。为各临床科室配备智能手机，人性化提供远程探视服务，解决因疫情防控带来的无法探视问题。

学术科研　全年申报省卫健委课题 38 项，申报省中医药课题 5 项，市科技局计划课题 4 项，市科技局指导性课题 52 项，各级、各类课题立项数位居省内同类和市内同级医院前列。第一作者、第一承担单位发表 SCI 论文 1 篇，发表北大中文核心期刊（中华医学期刊）论文 1 篇，中华行为医学与脑科学杂志 1 篇，国家级会议论文录用 5 篇，国家级会议口头交流报告 1 次，国家级会议壁报交流 10 篇。各级、各类论文的发表及学术影响力领跑省内同类医院。

交流合作　推进与南京脑科医院的沟通联络，达成建立“姚志剑

10月14日，赣州市首届老年健康文化节启动仪式举行（市第三人民医院供图）

博士团队工作室”意向。与北京回龙观医院、北大六院、上海精神卫生中心建立良好的沟通机制，为今后医联体工作奠定坚实基础。与崇义县综治委等部门达成建立“严重精神障碍患者服务管理工作”双向沟通协调工作机制，并以崇义县为推行试点，陆续与蓉江新区综治办、湖边镇政府综治办、水西镇政府综治办等部门建立管理合作关系。资源下沉，与基层联络，到市内18个县（市、区）的社区卫生服务中心、卫生院、乡镇综治办等开展会诊、讲座、疑难病例讨论、技能培训等业务交流活动190余次，增进与基层单位的业务互动。组织讲师团进校园、社区、老年机构及企事业单位，开展健康科普知识讲座40余场次，进一步提升品牌影响力。与12家市直单位及学校建立“心理健康服务”合作关系，对外服务范围不断拓展。

社会公益活动 举办赣州市首届老年健康文化节。与赣州市卫生健康委、赣州市文明办、赣州广播电视台联合举办“‘学党史践初心夕阳红再青春’赣州市首届老年健康文化节大型新时代文明实践活动”。活动以义诊、科普宣传、文艺展演、老年人才艺大赛、敬老爱老视频展播等形式，帮助广大老年人及其家人掌握老年健康知识，充分发挥老年人的余热，促进社会正能量传播，营造尊老、敬老、孝老、助老的社会风尚，弘扬中华民族敬老爱老的传统美德。

开展“儿童青少年心理健康宣传月”活动 结合10月世界精神卫生日开展以“青春之心灵，青春之少年”为主题的儿童青少年系列关爱活动。分别组织线上名医直播、职业技能大赛、广播电台专题访谈、青少年心理健康科普短视频、线上儿童青少年心理危机干预培训班、心理科普进校园等系列活动，通过心理专家团队进学校、下乡村、入社区开展专家讲座、名医直播、知识宣讲，多渠道普及儿童青少年心理健康知识，推动赣州儿童青少年健康事业发展。

（田洪铎）

【赣州市第五人民医院】 2021年，市第五人民医院（赣州市肝病医院、赣州市肺病医院）坚持党建引领，围绕学科建设、人才队伍、美丽医院、信息化、现代医院管理等高质量发展，荣获“全国优质服务示范医院”“全国百姓放心示范医院”“江西省抗击新冠肺炎疫情先进集体”“江西省第十五届文明单位”“江西省先进基层党组织”“党建工作红旗单位”等荣誉称号。医院分为南院和北院，占地面积9.87公顷，开放床位600张，设有9间层流手术室、9张ICU病床。现有在岗职工600余人，其中博士、硕士20余名，硕士生导师2名，江西省“百千万”人才1名，中高级职称235人。业务收入2.98亿元，增长16.08%，其中门、急诊0.38亿元，住院2.6亿元，门诊13.66万人次，增长5.82%，医院有省、市共建学科3个（结核科、呼吸介入、呼吸与危重症医学科），市级医学领先学科2个（肝病科、结核科）；赣州市肝病研究所和赣州市呼吸病防治研究所，是赣州市传染病诊疗、传染病护理、结核病诊疗、呼吸内科诊疗质量控制中心挂靠单位。

品牌建设 鼓励倡导全院干部职工做有情有义、有担当的五院人，以此报送的《党建搭台汇聚力量文化唱戏温暖民心》案例获得2021年全省公立医院党建典型案例，党委书记在全省公立医院党组织书记培训示范班上作典型发言。持之以恒擦亮党建工作金字招牌。党员教育管理手段更接地气，修订“蒲公英”党员先锋创绩平台和党员积分考核方案，持续落实“连心一刻”谈心谈话工作制度、党员教育7项任务、补课制等；完善党建与业务同考核标准，规范督查检查考核，考核结果与月绩效、年终绩效挂钩，党建引领业务发展的氛围更浓。用行动吹响“青年文明号”。12月31日，胸外科被赣州市创建青年文明号活动组委会授予“2019—2020年度赣州市青年文明号”荣誉称号。

新冠肺炎疫情救治 作为新冠肺炎疫情市级定点医院，坚持“平战结合”的工作思路，常态化开展疫情防控工作。将内科楼一楼作为应急病区，常年处于腾空备战状态，始终把政治责任、社会责任放在首位，凸显五院担当。切实加强监测预警和疫情风险评估，规范医疗救治、预检分诊、人员培训、物资储备、防控督导、院感防控等各项工作流程，重点加强4个关口和三类人员管理。充实9个应急梯队，进入“备战”状态，确保万无一失。组建4个督查小组对全院疫情防控工作常态化督导。按照疫情防控的工作要求，对病人收治、门诊、预检分诊、门禁、陪护与探视等情况进行督导检查。开展7次新冠肺炎医疗救治应急演练。严格按照国家

的标准、要求建设隔离病房、发热门诊等场所，从严、从实常态化抓好疫情防控工作。高标准完成市指挥部和章贡区指挥部交予的疫苗接种任务，接种总人数113113人。作为市级第一定点医院，疫情防控工作多次接受国家、省、市疫情防控督导检查。12月30日国务院联防联控综合督导组到院检查，对疫情防控工作给予高度肯定。

学科建设　借力引智、靠大联强，不断加快学科体系建设，补齐学科短板。与中山三院、上海肺科医院、深圳三院、南大二附院、省胸科医院等医院加强协作交流；签约上海肺科医院沙巍博士团队，深圳大学陈心春（国家杰青）团队；柔性引进南大一附院张伦理教授，市人民医院原肾内科主任方卫东教授等名医“一对一”帮扶科室建设，助力医院学科发展。

医疗服务与后勤建设　不断改善患者就医过程中的等待、诊疗、环境和费用等方面的体验，持续提升医务人员医疗技术水平，进行流程改造，改进医疗服务。传染病重症大楼项目于12月8日封顶，门诊综合楼建设项目如期推进。投入1892万元全面提升医院软件、硬件、网络基础设施系统改造。现正按照电子病历四级、互联互通四甲的要求不断完善系统建设，推进无纸化病历、电子签名等系统上线工作，以及对接赣州“看医生”掌上医疗和区域影像平台。

（袁　艳）

【赣州市肿瘤医院】　赣州市肿瘤医院位于赣州市章贡区水东镇万松山下，是赣南及周边地区唯一一所集医疗、教学、科研、预防为一体的临床研究型三级甲等肿瘤专科医院，也是江西省唯一的一所地市级三甲肿瘤专科医院。医院承担着赣南及周边区域肿瘤防控和质控工作，是赣州市癌症中心、赣州市肿瘤防治研究所、赣州市肿瘤质量控制中心挂靠单位，赣州市抗癌协会、赣州市肿瘤防治专科联盟理事长单位。医院占地面积约10.3万平方米，医疗用房面积约3.8万平方米，设有临床、医技科室26个，职能科室26个，开放床位560张；有职工631人，卫生技术人员557人，卫生高级专业技术人才69人。2021年，“赣州市癌症中心”落户医院，医院党委被市委授予“全市先进基层党组织”。钟青茹、刘弯2名检验人员驰援上饶核酸检测。

管理改革　推行职能科室“大部制”改革，设立党务工作部、行政人事部、医疗事业部、后勤保障部、经济管理部等5个大部，理顺职能科室运行机制，提升职能部门管理效能；整合医院设备、信息、耗材、后勤物资等采购职能，成立采购办，实现采购、使用相分离，规范采购行为；成立效能办，采取“循迹追踪”督查方法，督促各职能、临床、医技科室提升工作质量。

医疗服务　推进“无痛”“无呕”“无栓”医院建设。顺利通过省“癌痛规范化治疗示范病房”复评；省肿瘤性疾病医疗质量控制中心莅临医院开展“无呕”病房创建研讨会，标志着全市第一家“无呕”病房创建工作取得显著成效。

学科建设　与赣南师范大学药物筛选研究中心合作共建肿瘤防治联合研究中心。成立赣州市抗癌协会肿瘤介入、肿瘤靶向治疗、肿瘤病理、肿瘤标志物、肿瘤临床药学，赣州市护理学会安宁疗护等6个专委会并当选主委单位。乳腺肿瘤科和放射肿瘤科成功通过江西省医学学科省市共建项目验收，腹部外科确定为第十三批省、市共建医学学科建设项目。

对外协作　与中山大学肿瘤防治中心签订新一轮帮扶协议，推动中山大学肿瘤防治中心、中山大学附属第一医院在建立头颈、腹部、骨肿瘤、放疗、介入等5个名医专家工作室；与中国科学院大学附属肿瘤医院签订协作医院协议，在建立妇瘤科名医专家工作室。

平台建设　推进门诊医技综合大楼完成主体工程，现进入全面装修施工当中；推进外科大楼完成项目土建施工招标等开工建设前各项工作。医用直线加速器、三维后装治疗机、大孔径CT模拟定位机、移动式C型臂X光机等一批高、精、尖设备投入使用。完成信息化升级改造（第一期）上线。

（谢淑坚　娄馨元）

2021年，赣州市肿瘤医院与赣南师范大学合作共建肿瘤防治联合研究中心
（赣州市肿瘤医院供图）

【赣州市中医院】　赣州市中医院是赣南地区唯一一家集医疗、急救、科研、教学、预防、保健、康复和养生为一体的国家三级甲等中医医院，是江西中医药大学附属赣州中医院，广东省中医院合作医院，首都医科大学附属北京中医医院技术合作医院，中国中医科学院广安门

医院医联体单位。荣获“江西省示范中医医院”、赣州市“十佳医院”、“市级群众满意医院”、“市级无烟医院”、“2021年度全市中医药工作先进单位”、“赣州市科技工作先进集体”等称号。一院两区协同发展，总占地面积6.8公顷，章贡院区1.47公顷，蓉江院区5.33公顷。章贡院区坐落在章贡两江交汇处，风景秀丽的郁孤台历史文化街区，占地面积1.47公顷，建筑面积2.1万平方米。开设17个临床科室，9个病区，开放病床438张，设有9个医技科室，有全国名老中医药专家传承工作室、国医堂及30个中医特色专病门诊。蓉江院区住院楼、医技楼、门诊楼等已全面开工建设。2021年引进硕士生6人，本科生12人。

质量建设与安全管控　推动医疗质量持续改进与发展，有效保障医疗质量和患者安全。进一步建立和完善质控体系及指标，持续强化医疗质量安全管理，坚持做好医疗纠纷防范及控制工作。积极推进改善医疗服务专项行动，中医特色护理项目实现全覆盖。2021年4月起启动“互联网+护理服务”，组建34人的“互联网+护理服务”护理团队。逐步增强院感防控力量和硬件建设，加强公立医院公共卫生职能建设。严格落实常态化疫情防控，定期开展新冠防控知识和技能的培训考核。启动老年友善医疗机构建设，突出重点专科建设。

中医特色建设　成功申报中医特色重点医院项目建设单位；针灸康复科的项痹病成功申报中医药特色优势有关项目建设；完成中医肿瘤规范化诊疗基地备案。制定院内名老中医跟师规定和“一医一病种一名医”活动方案，全面强化人才培养和科室建设。举办第二届“杏林杯”中医经典知识竞赛、教师节传统中医拜师仪式、“冬病夏治节”、“膏方节”等具有中医特色文化活动等，进一步丰富医院中医药文化内涵。开展中医药文化知识“六进”（进机关、进企业、进社区、进农村、进学校、进家庭）等活动，推动中医药文化与养生知识科普。

科研培训　成功申报江西省中医药管理局课题10项、赣州市科技局指导性课题12项。结题项目28项，其中赣州市指导性计划项目9项、江西省卫健委课题3项、江西省中医药管理局课题12项、赣州市科技局计划性课题4项。发表论文29篇，其中SCI 1篇，核心期刊论文2篇，国家级期刊22篇，省级期刊4篇，出版专著3部，新型专利1项。举办市级继续教育项目9项，完成院级继续教育项目21项，培训5000余人次，卫生专业技术人员继续医学教育达标率达100%。

医疗服务　逐步完善信息化升级改造，改进就诊预约服务，实现便捷挂号、支付、取药，提升患者看病就医体验。制定《关于印发赣州市中医院人性化落实好全省老年人看病就医36条助老便利举措实施方案的通知》，启动老年友善医疗机构建设，优化相关流程，解决老年人就医看病不便问题。深入推进“美丽医院”“人文医院”建设。持续推进医院6S精益管理和“厕所革命”，保持整洁就医环境，加强服务意识。规范医疗收费，推进按病种分值付费（DIP）工作。及时发现医疗纠纷隐患，查缺堵漏，进一步提高患者满意度。

协作交流　坚持“靠大联强”，加强对外协作工作。2021年，继续深化与广东省中医院、北京中医医院协作。开启与上海中医药大学及其附属龙华医院、曙光医院、岳阳中西医结合医院交流协作。持续加强医联体建设，促进优质资源下沉，强化基层医疗服务。2021年选派10名医务人员到宁都县中医院和兴国县中医院开展对口帮扶，通过与县（市、区）医疗机构联合举办义诊、开展中医药知识和中医适宜技术讲演等活动，加强交流合作，拓展中医药适宜技术的运用。

（伍　媛）

【赣州市立医院】　2021年，赣州市立医院（广东省人民医院赣州医院）总收入增长7.91%；全年门、急诊人数增长16.3%；三、四级手术量增长23.1%；职工人均收入增长6.51%。与赣南创新医学与转化研究院合作，科研场所新增面积1.12万平方米。学科能力不断突破，新技术、新项目38项，科研项目申报及成果产出2020年实现翻倍，科研纵向经费增长5倍以上，省自然科学基金实现“零的突破”，SCI论文发表7篇，比2020年增加5篇，其中影响因子6分以上3篇，最高影响因子8.469分。全院获得国家、省、市、区各项奖励155项。

2021年，医院牢固树立政治意识和大局意识，坚决履行赣州中心城区疫情防控重大政治任务。根据疫情防控的需要，第一时间在中心城区设立隔离医学观察点，全年先后开设隔离点20多个，医护人员1300多人次，隔离观察人员约3600人次；承担中心城区1个固定疫苗接种点和56个流动疫苗接种点的疫苗接种工作，医护人员牺牲自己的休息时间，晚上在院值班、白天参与疫苗接种工作，截至2021年12月31日接种点先后接种疫苗194108剂次，参与接种的医护人员6462人次；核酸检测132525人次，为赣州中心城区筑起一道疫情防控防火墙。2021年，赣州未出现新冠确诊病例，也未出现疑似或无症状感染病例。

项目建设　结合现有建设规模和学科水平，坚持以项目为抓手，顺势发力推动市立医院振兴发展。老院区外部升级改造。项目投资1000万元，2021年5月开工，通过对医院正门、侧门改建，1、2、4、5号楼，西侧围墙外立面升级改造，主入口广场及院内道路的重新铺设，打通厚德路出口，5号楼电梯加建，整体楼宇亮化，百年老院换新颜。新院区建设项目。投资约21.48亿元在沙河医疗板块建设广东省人民医院赣州医院（沙河院区），完成项目可研批复、设计招标、规划方案设计等，完成场地平整。计划于2024年6月21日医院百年院庆前投入使用。科室内部改造。投资近300万元对介入手术室，DSA机房，三江酒楼9、10层装修升级改造，病案室、GCP（药物临床试验管理规范）、临床技能中心等科室顺利搬迁投入使用。

平台建设　完成复杂冠脉介入治疗200余人次，包含冠脉介入领域的绝大部分新技术［冠脉旋磨术、逆向导丝开通术、FFR（冠状动脉血流储备分数）、QFR（定量血流分数）、IVUS（血管内超声）、药物洗脱球囊技术等］；远端桡动脉穿刺术在冠脉介入诊治方面数量达全省前三，完成并发表SCI论文2篇，外观设计专利1个。

肿瘤中心建设　启动肺结节免费筛查项目，建立肿瘤患者数据库，健全常态化肿瘤中心会议制度。完成全省首例全胸腔镜下微创技术巧治心肺两大疾病、全省首例经腋窝入路保留乳头乳晕乳房切除+胸大肌前乳房假体1期重建术；完成院首例荧光腹腔镜下肝癌切除手术、1例结肠巨大腺瘤内镜下切除术；普外科、胸外科联合完成乳腺癌合并肺癌同期手术切除，完成103岁高龄乳腺癌全切术，突破全省纪录。2021年，肿瘤中心出院人次增长23.6%，手术台次增幅34.1%。

肾脏中心建设　完成血透室升级改造，含中央供液系统、血液净化信息化系统、VIP血透室。全面开展胆红素吸附、免疫吸附、内毒素吸附等血液净化新技术。开展B超引导下血管通路并发症介入治疗新技术，DSA（数字减影血管造影）、B超引导的动静脉内瘘、中心静脉并发症球囊扩张成形术，疑难血管通路建立术等。

消化中心建设　中心逐渐培养年轻医护人员的诊疗能力及科研能力，省卫健委课题立项1项，市科技局立项1项。举办1次省级继续教育学术会议，成立赣州市保健学会消化疾病分会。2021年消化中心手术台次增幅21.1%，内镜检查人次增长43.8%，内镜治疗人次增长96.5%。

神经医学中心建设　打造神经内科、神经外科、康复科、急诊科、ICU等科室高度融合的脑卒中救治体系，以功能分组全面优化人员结构，继续保持国家高效质控中心水平。加大卒中急救地图管理医院建设，成立赣州市取栓医生俱乐部，举办2场赣州市神经介入沙龙，启动2项GCP（药物临床试管理规范）临床试验项目。进一步完善自主研发的卒中管理软件，有13家县级联盟医院使用开发的软件，县医院转诊患者明显增多，通过全中心人员努力，荣获江西省2021年度优秀卒中中心奖。

其他学科建设　烧伤科续签“夏照帆院士工作站”，耳鼻喉科人工耳蜗救助例数全省第一。为提升学科能力，设立付小兵院士工作室、吴一龙教授工作室、刘再毅杰青工作室等，以知名专家资源带动学科整体提升。

科研工作　2021年，获得科研项目47项，立项资助153.8万元，增加103万元，其中省自然实现历史性突破。临床药物试验项目立项8项，启动2项。公开发表省级以上学术论文49篇，其中SCI（美国《科学引文索引》期刊所刊登）论文7篇，增加5篇，最高影响因子8.469分，实现历史性突破，实用新型专利13项，增长160%。副院长张小安获聘省医学会眩晕医学分会副主委。创造担任省级副主委以上学术任职历史。李勇入选“苏区之光”人才计划，姚学清荣获赣州市第五届“十大科技创新人物”。姚学清获得2021年赣州市重点研发计划重点项目50万元资助，属医院历史上第一个获此项目者。成立赣州市第一家医院科学技术协会，与赣南医学与转化研究院合作共建实验室11200平方米。科研平台建设创历史新高。

人才建设　出台“四类人才”选拔及培养办法，确定医院第一批“四类人才”培养对象19名。出台医疗集团人才上派下挂管理办法，下派骨干19人，因地制宜帮助分院开展多项技术，上派进修39人，学习总院技术、经验，集团凝聚力不断增强。广东省人民医院专家团队定期开展临床科研系列基础入门讲座，包括文献检索、科研选题、资料收集、数据统计、论文写作投稿等，循序渐进开展培训，不断壮大医院科研人才队伍。

医疗集团转接诊　不断推进分级诊疗、双向转诊机制，出台“医疗集团双向转诊工作制度”，全年转诊1064人次，创历史新高。以“防大病、管慢病、促健康”为抓手，开展重大疾病筛查与干预项目，有效降低区域重大疾病发生率、死亡率。防大病，重点防范肿瘤。开展前列腺癌、肺结节、甲状腺癌、乳腺癌、幽门螺杆菌、眼底疾病等大病筛查，探索区、镇（街）、村（居）三级分级、分类管理模式。管慢病，摸清底数、精准施策。组织开展全区高血压、糖尿病及心脑血管疾病调查项目。18岁以上居民糖尿病患病率为7.78%，高血压患病率为25.69%。开展居民高血压、糖尿病的健康教育、干预管理提供决策依据。促健康，提高人群对健康的认识和管理。在全区中小学校开展青少年脊柱侧弯健康筛查与教育，为18023名中小学生提供免费体检，筛查出1422人存在脊柱侧弯问题，占比7.88%。

（胡宏凯　郭玉华）

本栏编辑：王志辉

体 育

综 述

【概况】 2021年，全力实施全民健身国家战略，全民健康水平不断提升，全市体育影响力排行稳居全省前列。全市举办有影响有规模的全民健身赛事活动500余场，服务健身人群超500万人次。编制完成《赣州市体育发展“十四五”规划》及《赣州市体育产业发展“十四五”规划》，在全省率先编制《中心城区全民健身体育设施建设补短板五年行动计划（2021—2025）》。各县（市、区）相继制定出台县级体育设施补短板计划，确保全面建成城市社区“十五分钟健身圈”和行政村健身设施全覆盖。

【赣州14家单位入选“全国群众体育先进单位”】 根据《国家体育总局办公厅关于开展2017—2020年度全国群众体育先进单位和先进个人评选表彰工作的通知》，赣州市入选“全国群众体育先进单位”有14家，分别为赣州市体育局、定南县人民政府、章贡区教育体育局、全南县教育科技体育局、南康区龙回镇人民政府、龙南市城市社区管委会、大余章源生态旅游有限公司、于都县长征源红军小学、市老年人体育协会、市税务局机关工会委员会、市青少年武术健身俱乐部、市射击运动协会、瑞金市体育局、赣县区残疾人联合会。

【赖正文荣获“2020年全国体育事业突出贡献奖”】 12月，根据《国家体育总局关于表彰2020年全国体育事业突出贡献集体和个人的决定》，赣州市定南县委书记赖正文荣获“2020年全国体育事业突出贡献奖”，江西仅2人。

【全市体育工作会议】 3月12日，全市体育工作会议在于都县召开。会议全面回顾和总结“十三五”时期全市体育工作情况，提出“十四五”时期全市体育工作总体思路、指导思想、总体目标和主要任务，并对2021年全市体育工作进行具体部署。

【“一县一品”工作研讨会召开】 12月30日，赣州市体育“一县一品”工作研讨会召开，全国体育运动学校联合会理事长韦迪，副市长赖正

12月30日，全市体育“一县一品”工作研讨会在赣州市缦廷酒店召开　　（市体育局供图）

文出席。会议全面总结全市“一县一品”工作成效，并就下步工作提出具体要求，作出具体部署。章贡区、定南县、于都县、全南县、信丰县、安远县围绕推进体育项目“一县一品”工作做交流发言。

【全国体育运动学校联合会办事处成立】 12月30日，全国体育运动学校联合会办事处、全国体育运动学校体教融合改革试点校在赣州市少年儿童体育学校揭牌成立。全国体育运动学校联合会理事长韦迪，副市长赖正文出席揭牌仪式。全国体育运动学校联合会是由体育运动学校、竞技体校、少儿体校（业余体校）、单项体校、体育中学、体育传统项目学校、青少年体育俱乐部、体育户外营地、校外体育活动中心及关心青少年体育发展的企事业单位、社会组织和个人自愿结成的全国性、行业性非营利性体育社会组织。其主要宗旨是团结和推动全国各级、各类体育运动学校、青少年体育俱乐部等会员单位的建设与发展，为提高青少年身体素质、培养输送高水平竞技体育后备人才和为社会培养合格的体育专业人才服务，努力为各类青少年体育组织提供一个发展和交流平台，推动中国青少年儿童体育事业发展，促进体育强国和健康中国建设。

体育设施建设

【概况】 全市全年争取各类补助项目近130个、资金达6463万元。全市建成或正在建设的大中型体育场、体育馆、游泳馆等共120个。城市社区体育设施实现全覆盖，“15分钟健身圈”基本形成，全市人均体育场地面积2.34平方米。市中心城区体育服务活动站点达146个，基本实现全覆盖。国家级社区体育健身俱乐部1个，国家级户外体育活动营地1个。全民健身中心项目建设累计完成总工程量的19%，全市新建社区全民健身场地设施示范工程28个。成功打造定南足球、南康乒乓球、全南攀岩、于都冰雪、上犹垂钓赛车、大余马术户外及崇义户外等“一县一品”体育项目。

【基础设施建设】 2021年，新增篮球场76个、羽毛球场（馆）79个、社会足球场13个、社区（行政村）体育设施114个、农民体育健身工程23个、社区体育健身示范工程28个、乡镇多功能运动场32个。截至年底，全市建有篮球场5707个、社会足球场198个、羽毛球场（馆）3022个、社区（行政村）体育设施3476个，实现社区体育设施全覆盖，村级农民体育健身工程2971个。

12月30日，全国体育运动学校联合办事处在赣州市正式揭牌成立
（赣州市体育局供图）

【全国县域足球典型】 5月27日，国家体育总局公布首批全国县域足球典型名单，赣州市定南县荣获首批“全国县域足球典型”。截至年底，定南全县拥有标准化足球场42个，其中县城25个，每个乡镇都有足球场。

【民营体育设施】 2021年，由社会组织或个人兴办的游泳馆（池）、台球厅、跆拳道馆、舞蹈培训部、健身俱乐部、羽毛球馆等体育场馆超百个。赣州市首个以民营方式建设的章江足球主题公园已投入使用，南康体育公园、兴国县体育公园等多个项目成功引入社会资本建设运营。

体育产业

【概况】 2021年，赣州市规模以上体育企业达5家，体育产品供给不断加大。运动休闲、竞赛表演、体育培训、场馆服务、体育彩票、体育旅游等业态不断丰富并稳步发展，体育产业质量逐步提升。全市体育产业法人单位有600余家，入归企业9家，全市涉及体育用品制造销售企业300余家，涵盖运动服装、运动鞋袜、健身器材、康体器械等各类体育用品。全市申报省级体育产业示范单位（项目）5个，淦龙集团有限公司获评省级示范单位，赣县区大湖江特色帆船小镇获评省级示范项目。申报省级示范健身步道13条，其中6条步道获评省级示范步道，每条步道获奖励资金100万元。瑞金市红区运动休闲旅游线路、于都县新长征红色之旅体育旅游线路获评全国十佳体育旅游精品线路，大余丫山旅游度假区获评全国十佳体育旅游精品景区，五龙客家风情园获评全国体育旅游精品景区。

【体育彩票】 2021年，赣州市体育彩票销售额递增发展，稳居全省前列。全市销售网点达到1050个，销售额达13.44亿元，超额完成年度体育彩票销售任务，连续3年荣获全省“体育彩票工作先进单位”。

【体育消费升级】 赣州市通过专项购买体育赛事活动服务、开放体育夜市、发放体育消费券等，持续推动体育消费升级。积极出台政府购买体育公共服务办法，创新路径、鼓励全市体育社会组织举办、承办“新时代·新长征”马拉松系列赛、中国崇义阳明山万人徒步大会等各类精品赛事活动，促进本地体育消费。

【体育产业市场扩展】 赣州市不断促进体育培训、体育服务、体育用品生产销售、体育旅游赛事等体育产业多元发展，积极吸引民间资本投资兴建体育场地设施，以“政府为主导，社会为主体”的体育产业发展新格局已初步形成。大余县和章源生态旅游有限公司合作，累计投资近20亿元打造大余丫山运动休闲特色小镇。南康引进江西嘉宏体育公司市场化运作，打造“江西省乒乓球项目后备人才南康训练基地”。定南县与江西省地产开发集团、江西嘉宏体育集团合作，通过土地占补平衡指标上市交易获得建设资金，用于投资改造校园足球场，建设足球训练中心、足球村等场地设施。石城县与厦门卡尔特公司签订战略合作协议，积极响应国家体育总局“北冰南展东移西扩”战略，着力打造“一县一品”陆地冰球品牌特色项目。

群众体育

【概况】 2021年，全市体育人口比例达38.2%，城乡居民《国民体质测定标准》合格率达96.7%，各项指标位居全省前列。体育社会组织持续壮大，新增体育社会组织7个，全市各级成立体育社会组织541个，成立市级体育社会组织行业综合党委，体育社会组织基本实现“党建入章”。创新创特打造赣州市首届云上运动会，推出“体育惠民卡”，参与关注人超1万人次。章贡区、崇义县、定南县等地入选2021年全国全民运动健身模范县评选名单。

【赣州市第二届轮滑锦标赛】 1月1日，赣州市第二届轮滑锦标赛在赣州市体育中心体育馆开赛，本次比赛由赣州市体育局主办，赣州市轮滑运动协会、赣州零柒玖柒体育文化发展有限公司承办，全市各地29支队伍，400余名轮滑爱好者参加。

【“全民健身日”活动】 8月8日，受新冠肺炎疫情影响，2021年赣州市“全民健身日”主题活动通过“线上+线下”的方式同步开展。其中，线上全民健身展示活动选取全市群众喜闻乐见、参与度高、观赏性强、示范性好的13个体育项目进行展示，实时开展线上评比。

【江西省首届百县快乐体操运动会】 12月24日，由江西省体育局、江西省教育厅主办，江西省体操运动管理中心、于都县人民政府承办的2021年江西省首届百县快乐体操运动会在于都县体育中心综合馆闭幕。本次比赛共有来自全省各县（市、区）的56支代表队1600余人参赛。赣州市于都县等15个县区市获得快乐体操团体成绩一等奖；南昌市新建区等15个县区市获得快乐体操团体成绩二等奖；抚州市乐安县等10个县区市获得快乐体操团体成绩三等奖。

竞技体育

【概况】 2021年，赣州市举办、承办10余项大型竞技体育赛事。积极组队参加全国、全省体育赛事。赣州市残疾人运动员邓雪梅在东京残奥会举重女子86公斤以上级比赛中，荣获金牌。在第十四届全国运动会中，赣州共派代表23人，成功斩获3个第三名、9个第四至八名的好成绩。在江西省青少年赛艇锦标赛中，赣州市共获六金三银六铜的优异成绩。在江西省青少年足球锦标赛女子U11组别赛中，赣州市喜获冠军。在全国第十一届残疾人运动会暨第八届特殊奥林匹克运动会上，赣州市运动员何珊珊勇夺T11级1500米冠军和T11级400米亚军。

【2020年江西省青少年武术套路、散打冠军赛】 1月7日，为期2天的2020年江西省青少年武术套路、散打冠军赛在婺源落下帷幕，本次赛事由江西省体育局主办，来自全省各设区市24支队伍，257名武术爱好者参加。赣州市共派出4支队伍

8月8日，赣州市举办2021年赣州市“全民健身日”主题活动暨赣州市“市民健身大联动”线上活动　　（市地方志研究室供图）

参赛，其中赣州市青少年武术俱乐部 18 名队员参赛，荣获 4 项第一名、4 项第二名和 7 项第三名的好成绩，在此次比赛中赣州市青少年武术俱乐部 13 名队员荣获“国家二级运动员”称号，并荣获“体育道德风尚奖”。

【江西省百县青少年足球精英挑战赛暨江西省青少年足球精英训练营】 4 月 21 日，由国家体育总局青少年体育局指导，江西省体育局、江西省教育厅共同主办，江西省足球协会、江西省校足办、定南县人民政府、赣州市体育局、赣州市教育局共同承办，赣州市足球协会、定南县教育科技体育局、江西定南国家青少年足球训练中心共同协办的 2021 年江西省百县青少年足球精英挑战赛暨江西省青少年足球精英训练营在江西定南国家足球训练中心开赛。此次竞赛项目为八人制足球比赛（男子组、女子组），共吸引来自定南县、兴国县、井冈山市、瑞昌市等县（市、区）的 30 个代表队、560 名参赛者参加。最终，东湖区足球代表队、青云谱区足球代表队、瑞金市足球代表队夺得男子组前三名，定南县足球代表队、信丰县足球代表队、修水县足球代表队获得女子组前三名。

【赣州市青少年羽毛球锦标赛】 7 月 6 日，由赣州市体育局、赣州市教育局、南康区人民政府主办，南康区教科体局和赣州市羽毛球协会承办的 2021 年赣州市青少年羽毛球锦标赛在南康区体育公园乒羽训练中心“收拍”。来自赣州各县、(市、区）的 16 支代表队，近 300 名青少年运动员参加比赛。最终，章贡区、南康区、经开区分获此次羽毛球锦标赛团体总分前三名。

10 月 18 日，2021 年全国“体校杯”男子组足球比赛在于都开赛
（赣州市体育局供图）

【“新长征杯”全国青少年冰雪（滑轮）邀请赛】 7 月 25 日，由全国体育运动学校联合会主办，江西省体育局、江西省教育厅、赣州市人民政府支持，江西省青少年体育联合会、北京斯科威尔体育文化有限公司协办，赣州市体育局、赣州市教育局、于都县人民政府承办的“奔跑吧·少年”2021 年全国青少年万人滑启动仪式暨“新长征杯”全国青少年冰雪（滑轮）邀请赛，来自江西、贵州、福建等不同区域、省份的 18 支参赛队伍参赛，在于都县体育中心体育场开幕。比赛分为俱乐部组、体校组、中学组和小学组四个组别，设立个人和团体接力、长距离、短距离共 40 个比赛项目。共决出 36 个单项冠军。

【2021 年全国“体校杯”男子组足球比赛】 10 月 18 日，由国家体育总局青少司、中国足球协会主办，全国体育运动学校联合会、于都县人民政府、贺州市人民政府承办，中国足球发展基金会支持，江西省体育局、广西壮族自治区体育局、赣州市人民政府、平桂区人民政府协办的 2021 年全国“体校杯”男子组足球比赛在于都开赛，共有来自全国 26 个省、自治区、直辖市和北京体育大学的 30 支队伍超过 800 人参赛。广州体育职业技术学院附属体育运动学校获得冠军，湖北省足球学校获得亚军，苏州市体育运动学校获得季军。

【江西省第七届百县青少年“五人制”足球运动会】 10 月 30 日至 11 月 6 日，由江西省体育局、江西省教育厅主办，江西省足球协会、定南县人民政府、赣州市体育局、赣州市教育局承办的江西省第七届百县青少年“五人制”足球运动会在定南县举行。此次运动会，全省有 87 个县（市、区），131 支代表队共计 1259 人参赛。定南县女子队喜获全省百县青少年“五人制”足球运动会冠军。

（沈　亮）

本栏编辑：肖　佳

社会生活

收入消费

【概况】 2021年，全市居民消费价格比2020年上涨1.4%，其中食品烟酒价格下跌0.9%。在食品烟酒价格中，粮食价格下跌0.5%，鲜菜价格上涨12.9%，畜肉价格下跌19.5%。商品零售价格上涨2.5%。

2021年赣州市居民消费价格比上年涨跌幅度一览表

表24　　单位：%

指标	比2020年涨跌	指标	比2020年涨跌
居民消费价格	1.4	交通和通信	4.6
食品烟酒	-0.9	教育文化和娱乐	6.8
衣着	0.8	医疗保健	0.2
居住	0.7	其他用品和服务	1.5
生活用品及服务	0.1		

【城乡居民消费收入】 全年城镇居民人均可支配收入40160元，比上年增长8.5%；农村居民人均可支配收入14675元，比上年增长12.6%。城镇居民人均消费支出24357元，增长10.8%；农村居民人均消费支出13604元，增长16.5%。城镇居民家庭恩格尔系数31.8%，比上年下降0.4个百分点；农村居民家庭恩格尔系数34.7%，比上年下降0.8个百分点。

全年批发和零售业增加值327.58亿元，比上年增长12.0%；住宿和餐饮业增加值112.49亿元，比上年增长20.0%；金融保险业增加值295.64亿元，比上年增长4.4%；房地产业增加值344.45亿元，增长7.1%。全年规模以上服务业企业营业收入增长23.8%。

年末民用汽车保有量127.94万辆，增长9.1%。年末私人汽车保有量120.58万辆，增长9.2%。

2017—2021年赣州市城乡居民生活改善情况一览表

表25

指标	单位	2017年	2018年	2019年	2020年	2021年
城镇居民人均可支配收入	元	29567.0	32163.0	34826.0	37031.0	40160.0
农村居民人均可支配收入	元	9717.0	10782.0	11941.0	13036.0	14675.0
城镇居民家庭恩格尔系数	%	33.6	31.9	30.8	32.2	31.8
农村居民家庭恩格尔系数	%	36.1	34.0	33.4	35.5	34.7

计生服务与优生优育

【概况】 2021年末，全市户籍总人口984.02万人，其中城镇人口327.21万人，乡村人口656.81万人。年末常住人口898.00万人，常住人口城镇化率为56.35%，男性462.12万人，女性435.88万人。全年出生人口7.8万人，其中男婴4.23万人、女婴3.57万人，出生人口性别比118（女性为100），出生率7.47‰。

【推进实施三孩生育政策】 做好全面二孩和全面三孩生育政策衔接，清理市、县、乡三级人民政府相关规章、规范性文件167件。深入推进“互联网+政务服务”，推广通过“赣服通”“婚育户一链办”等方式办理生育登记，全年网上办理生育登记60503例。持续提升婚检质量，一站式婚育中心实现县（市、区）

全覆盖，全市免费婚检率达 98.9%。组织全市人社、卫健、妇联等部门联合开展侵害女职工产假等权益专项执法行动，对全市 492 家用人单位进行抽查检查，查办违法案件 8 件、涉及女职工 37 人。

【发展托育服务】 将托育服务纳入经济社会发展规划，配套完善规划、土地、住房、财政、金融、人才等支持政策。细化全市“十四五”婴幼儿照护服务发展目标任务，开展全市示范性托育机构创建活动。开展市级托育服务试点，4 个县（市）被列为试点单位。扩大托育服务供给，2021 年全市托位数达 1.9 万余个，每千常住人口拥有托位数约 2.18 个。

【维护计划生育家庭合法权益】 对全面两孩政策调整前的独生子女家庭和农村计划生育双女家庭，落实好现行各项奖励扶助政策。推动计划生育特殊家庭联系人制度、家庭医生签约服务制度、就医绿色通道制度实现全覆盖，计生特殊家庭凭就诊服务卡可以在定点医院享受就医绿色通道服务。2021 年，全市农村计划生育家庭奖励扶助人数 26296 人、发放奖扶资金 3155.5 万元，城镇独生子女家庭奖励人数 62743 人、发放奖励资金 7529.2 万元。资助农村一女、二女户家庭女孩就学 2347 人、资助金 234.7 万元。向 120 名计划生育手术并发症患者发放补助资金 34.6 万元，1721 个失独家庭和 626 个独生子女伤残家庭发放国家特别扶助资金 1345.8 万元。免费体检计划生育特别扶助家庭 1532 人，免费金额 40.2 万元。为特别扶助家庭 2272 人办理住院护理保险，投保金额 15.9 万元。

【家庭健康建设】 组织开展全市首届家庭健康知识授课大赛，参与选手 400 余人，聘任 36 名市级家庭健康指导员和 1 名省级家庭健康指导员；获省级三等奖 1 项、优秀组织奖 1 项。建设家庭健康服务中心项目点 3 个。推选 18 户家庭入选省级“健康家庭”。

【“亲子小屋”项目】 赣州市承接国家和省级“亲子小屋”项目 2 个，建设项目点 8 个，开展亲子活动、家长课堂 800 余场次，覆盖婴幼儿家庭 4600 余户。瑞金市“亲子小屋”入选全国典型案例。依托妇幼保健机构新建优生优育指导中心 9 个。

【青春健康教育】 全年承接省级青春健康高校项目 2 个，新建青春健康俱乐部 11 个。实施“护航青春健康绽放”公益项目，募集资金总额位列全省第二。组织 11 所高校开展青春健康知识网上答题竞赛，参与人数 83440 人。承接省级“沟通之道”项目 1 个，开展“沟通之道”“成长之道”等活动 72 场次。

（市卫健委）

劳动就业

【概况】 2021 年，赣州市深入实施就业优先战略和更加积极的就业政策，出台《赣州市“十四五”就业促进规划》《关于加强就业帮扶巩固拓展脱贫攻坚成果助力乡村振兴工作的通知》，全面落实减负稳岗扩就业系列政策举措，拨付各类稳就业资金 4.43 亿元。全市城镇新增就业 8.27 万人、转移农村劳动力 11.8 万人，分别完成年度目标任务数的 148.74% 和 118.4%。

【就业创业服务】 市人力资源和社会保障局组织开展促进就业“十个一”系列活动，建立健全校政企就业合作议事协调机制，举办招聘会 620 余场，落实就业去向 12 万人次。新增发放创业担保贷款 30.28 亿元，扶持创业 1.8 万人，带动就业 7.9 万人。赣州国企中心创业园获批第五批全国创业孵化示范基地，“南康木匠”获评国家级“我最关注的劳务品牌”“行业引领类劳务品牌”。

【重点群体就业】 创新高校毕业生就业服务举措，向驻市（市属）院校派驻就业服务专员 15 名，2021 年吸引应届高校毕业生 20650 人留赣、回赣就业，2021 届驻市（市属）高校毕业生去向落实率达 89%。做好脱贫劳动力、农民工、就业困难人员等重点群体就业工作，“零就业家庭”保持动态清零，57.18 万名脱贫劳动力实现就业增收，市人社局获全省脱贫攻坚先进集体。

【职业技能培训】 全市开展补贴性职业技能培训 15.27 万人次，拨付专账资金 8362.72 万元。加快推进人力资源服务业发展，全市 350 家

9 月 28 日，赣州市选手在首届全国乡村振兴职业技能大赛中获 2 枚金牌

（市人社局供图）

11 月 27 日，赣州市为首批职业农民颁发职称证书　　（市人社局供图）

人力资源服务机构（含劳务派遣）服务人员 97.8 万人次，帮助实现就业和流动 69.15 万人次，营业收入达 23.9 亿元。成功举办赣州市首届人力资源服务创新大赛、赣州市重点产业人力资源服务供需对接会暨人力资本高峰论坛等活动。

【构建和谐劳动关系】 做好劳动关系协调工作，创新开展劳动关系和谐企业培育共同行动，出台 21 条正向激励政策措施，赣州市 3 家企业、1 个工业园区、2 个街道（乡镇）获评全省第二届模范劳动关系和谐单位，相关做法在全国“和谐同行”千户企业培育共同行动工作部署视频会上作经验介绍。开展维护新就业形态劳动者劳动保障权益专项行动，对全市寄递企业劳动用工情况开展调研。强化全市劳动关系领域风险隐患排查和风险监测预警，加强教育培训、房地产等重点领域裁员风险防范化解。深化收入分配制度改革，完成 1689 户企业薪酬调查，分职业、分岗位等级对外发布劳动力市场工资价位。完善国企工资分配政策，加强国企工资分配监管，合理调节企业工资分配秩序。不断提高调解仲裁效能，开展星级仲裁院创建和金牌调解组织建设，全市 10 家仲裁院获评全省首批星级仲裁院，4 家调解组织获评全省首批金牌调解组织。推广“互联网+调解”“智慧仲裁”办案系统，全市调解仲裁受理劳动人事争议案件 4190 件，涉案金额约 1.7 亿元，调解成功率达 74.24%，仲裁结案率达 98.1%。压实根治欠薪工作责任，全面推广劳资纠纷调解平台联调联处机制。推行“流动仲裁庭”，劳动监察、劳动仲裁共同到企业一线调解欠薪问题。狠抓建设领域“两金六制”（农民工工资保证金、政府应急周转金，以及劳动用工实名制管理、农民工工资专户、按月发放工资、总包代发、工程款支付担保、施工现场维权信息告示牌）落实，强化源头预防。严厉打击恶意欠薪和借讨薪严重扰乱社会秩序等违法行为，移送公安立案查处涉嫌拒不支付劳动报酬罪案件 30 起，向社会公布重大劳动保障违法行为 3 件，将 1 家企业列入欠薪黑名单。强化劳动监察执法，为 1.05 万人追发工资 1.22 亿元，劳动监察案件结案率 100%，市劳动监察局获评 2019—2020 年度全国“青少年维权岗”，宁都县劳动监察大队被授予“全国人力资源社会保障系统优质服务窗口”称号。

【人力资源建设】 创新完善人才培养评价机制，在全省率先开展职业农民职称评审，评定“土专家”“田秀才”的做法受到《人民日报》《新闻联播》关注并报道，成为赣州市人才工作“亮丽名片”。探索家具行业工程师职称评审，争取农业系列副高职称自主评审，完善稀土行业职称评审。开展职业技能等级评价，指导企业开展首批技能人才自主评价理论和实操考核。推进招才引才，全年发布事业单位公开招聘计划 10916 个，发布高层次专技人才、重点产业链急需紧缺人才需求计划 1182 个。高技能人才新增 10.13 万人，增长 10.71%。创新人才招引形式，采取直接考核方式引进医学类急需紧缺硕士研究生 120 人。将初级工以上技能人才和中级工班以上技工院校毕业生纳入全市人才分类目录，在享受人才住房政策和应征入伍方面给予更大支持。

“中国稀金谷”专家服务基地获评国家级专家服务基地。举办第 93 批中国博士后科技服务基层活动，27 名专家到赣州市开展智力服务，建立对接项目 7 个。不断壮大技工教育，出台《关于加快技工教育发展加强技能人才队伍建设的实施意见》，实施“赣州技工”5 项工程。全市技工院校新增 7 所，技工院校在校生 3.24 万人。新增 2 家市级高技能人才培训基地和 10 家市级技能大师工作室，2 个项目获评省级技能大师工作室。成功承办江西省乡村振兴职业技能大赛并获得 9 枚金牌、12 枚银牌、12 枚铜牌的佳绩；2 名选手获得首届全国乡村振兴职业技能大赛金牌。

【人事制度改革】 有序推进事业单位改革，启动实施县以下事业单位管理岗位职员等级晋升。组织开展各类人事考试 22 项，参考人数达 15.41 万人次。持续保障义务教育教师工资待遇，有效落实农村中小学教师特殊津贴等政策。深化市级公立医院薪酬人事制度改革，赋予公立医院更多的招聘自主权。

（吴　昊）

社会保险

【概况】 2021 年，全市社会保险基金筹集总额 239.57 亿元，比上年增加 20.99 亿元。城乡居民养老保险基金筹集总额 32.64 亿元，增加

3.98亿元；城镇职工养老保险基金筹集总额183.62亿元，增加37.44亿元；机关事业养老保险基金筹集总额42.19亿元，增加2.04亿元；工伤保险基金筹集总额2.54亿元，增加0.32亿元；失业保险基金筹集总额2.04亿元，增加0.19亿元。

年末参加城镇职工基本养老保险人数165.64万人，比上年末增加20.74万人；参加城乡居民基本养老保险人数438.11万人，增加17.59万人。参加工伤保险人数71.40万人，增加2.71万人。参加失业保险人数40.15万人，增加2.15万人。全市3.64万名城镇居民和33.37万名农村居民得到政府最低生活保障。全市有综合福利院和敬老院271个。其中综合福利院16个、敬老院255个。全市有民办养老服务机构55个。

推进社保卡发放及“一卡通”应用，全市发放社保卡1013.87万张，电子社保卡签发总量达510.15万张。全省第三代社保卡率先在于都县发放，全市发行第三代社保卡14.22万张，发行量占全省79.2%。加快推广社保卡在交通出行、旅游观光、文化体验、医疗健康、待遇补贴等领域的“一卡通”应用，逐步实现“一卡在手，便捷无忧”。

【养老保险】 2021年，赣州市持续推进全民参保计划，常态化开展社保政策宣传，引导更多的农民工、灵活就业人员、新业态就业人员、城乡居民依法参保。截至年底，全市城乡居民、城镇企业职工、机关事业单位养老保险参保人数分别达438.11万人、137.56万人、28.08万人，分别增长0.25%、16.89%、2.78%。

健全完善社保制度，推进建立企业年金制度，全市共有37家单位建立企业年金，参加人数9339人，年金规模超3亿元。建立全市统一的城乡居民基本养老保险丧葬补助金制度。推进助保贷款政策落实落地，2021年全市累计办理助保贷款957人，发放贷款5228.28万元。

提高社保待遇水平，完成全市40.92万名退休人员基本养老金调待工作，职工养老保险退休待遇同比增长3.8%。两次提高城乡居民基本养老保险基础养老金，每人每月增加基础养老金30元，人均待遇水平达159.31元/月。1.73万名未参保城镇大集体企业退休人员等的养老生活补助标准由每人每月455元提高到525元。

维护社保基金安全稳定，全市三项保险基金征缴收入达124.96亿元。开展社保基金管理问题专项整治行动，核查疑点数据27.51万条，追回社保基金857.49万元。在全省率先开展社保基金第三方现场审计。开展社保待遇领取资格认证工作，截至年底，全市城乡居民养老保险、企业职工养老保险、机关事业养老保险、工伤保险待遇领取资格认证率分别达97.32、97.30%、96.59%、88.17%。

【工伤保险】 推进工伤保险扩面计划，继续执行降低工伤保险费率政策，开展尘肺病重点行业工伤保险扩面专项行动，落实建筑业等工程项目参加工伤保险工作。2021年，全市工伤保险累计71.40万人参保，其中农民工参保11.86万人，享受伤残待遇人数4400人，享受工亡待遇人数2632人；工伤保险费收入1.45亿元，工伤待遇支出2.34亿元，全市工伤保险累计结余7亿元。至年底，全市累计减收19650家企业工伤保险费14526万元。

推进补充工伤保险工作，争取开展补充工伤保险试点政策，启动工伤预防五年行动计划，赣州市被人社部确定为工伤预防重点联系城市。

【失业保险】 落实《江西省失业保险基金省级统筹实施方案》要求，市人社局联合财政、审计部门对各地失业保险基金账户设立、基金收支、欠缴、定期存款、购买国债、累计结余等开展自查，按时上交失业保险基金，举办全市失业保险业务经办培训会，印发《赣州市失业保险市级统收统支实施办法》，推动实行失业保险省级统筹、市级统收统支工作。2021年，全市参加失业保险人数为40.15万人，失业保险基金收入2.04亿元，基金支出2.32亿元，基金结余2.78亿元。全市发放失业补助金23936人、9927.3万元。发放失业保险金6157人、4416.44万元，为领取失业金人员代缴医疗保险费722.4万元。全市为173名职工发放提升技能补贴24.2万元。继续执行阶段性降费率政策，失业保险缴费比例统一下降至1%（单位和个人各0.5%），仅此一项全市为5340家企业减负1.99亿元。加大稳岗返还力度，为4173家一般企业发放稳岗返还2592.05万元，为19家困难企业发放稳岗返还3055.93万元。

【医疗保险】 2021年，赣州市医疗保障局贯彻落实《中共中央 国务院关于深化医疗保障制度改革的意见》，全力推动江西医保“1235”工程落地落实落效，通过医保市级统筹改革，全面实现全市医保基金统收统支，进一步减少基金的管理层级和节点，提高资金流转效率，提升基金使用效益，基金运行更加安全平稳可持续。全市医疗保险参保人数933.95万人，基本医疗保险参保率持续稳定在95%以上。全市城镇职工基本医疗保险（含生育保险）基金收入35.25亿元，支出29.43亿元，当年结余5.82亿元，期末累计结余55.61亿元，可支付月数23个月。全市城乡居民基本医疗保险基金收入91.69亿元，支出86.67亿元，当年结余5.02亿元，期末累计结余58.24亿元，可支付月数8个月，医保基金安全整体可控，保障能力位于全省前列。

（市人社局　市医保局）

社会救助

【概况】 2021年，赣州市深入开展社会救助专项治理巩固提升专项行动、巩固拓展脱贫攻坚成果全面排查整改“回头看”等工作，做好“六稳”工作，全面落实“六保”任务。赣州市民政局被省委、省政府表彰为“全省脱贫攻坚先进集体”。巩固拓展社会救助兜底保障成果同乡村振兴有效衔接，认真开展农村低收入人口的全员摸排和信息比对，建立健全全市农村低收入人口监测库。全市新增低收入监测对象4.8万人，其中低保边缘家庭2.48万人，支出型困难家庭2.32万人。赣州市低收入人口识别认定和监测预警经验做法在省民政厅《民政工作通报》第26期刊载并在全省推广，市民政局在全省低收入人口动态监测工作调度会暨培训视频会上作交流发言。

【社会救助改革创新】 年内，市政府办公室名义印发《赣州市社会救助对象认定办法》，从2022年1月1日起施行。"办法"统一社会救助对象的认定标准，规范社会救助对象的认定程序，提高社会救助政策的可及性，是全省首个出台规范性认定办法的设区市。指导章贡区、南康区、龙南县、定南市、安远县、于都县等六县（市、区）开展"党建+"等6项社会救助改革创新任务试点，累计有31篇经验总结理论文章被《中国民政》《中国社会报》《江西日报》《江西民政》《赣南日报》等媒体刊载，"江西省城乡困难家庭社会救助精准识别预警模型的构建研究"理论研究成果获得民政部二等奖，是江西唯一获得该奖项的设区市；指导龙南市、于都县和宁都县开展的精准识别、"物质+服务"分层分因试点成果研究经验分别入选民政部社会救助司组织的"第七届社会救助研讨会"进行交流发言，在全市民政系统营造"比学赶超"的社会救助改革创新氛围。

【城镇困难群众解困脱困】 组织完成城镇贫困群众脱贫解困工作市级初核评估，顺利通过省级第三方机构复核评估，政策落实率达99.5%以上。有序推进低保审批权限下放至乡镇（街道），将特困救助供养覆盖的未成年人年龄从16周岁延长至18周岁，积极实施残疾人2项补贴资格认定申请"跨省通办"；在全省率先实施城镇困难群众防贫保险制度，累计实现困境理赔590例277.29万元。发挥民政部门统筹功能，运用专项救助以及社会力量支持等政策措施，实现医疗服务水平提档升级，基本住房政策落地见效，教育救助体系不断完善，综合帮扶措施持续发力，困难群众的医疗健康、住房安全、义务教育等"三保障"权益得到有效落实。2021年，赣州市城镇困难群众解困脱困在全省高质量考评中继续位列第一名。

【流浪乞讨人员救助管理】 召开市流浪乞讨人员救助管理工作联席会议，赣州市出台《加强流浪乞讨人员源头治理和回归稳固工作实施方案》。开展"寒冬送温暖""夏日送清凉"活动，市民政局联合公安、城管等部门到街头、桥梁涵洞、火车站等流浪乞讨人员经常出现的地方进行救助，提供防寒防暑物资，活动期间救助流浪乞讨人员663人次。开展救助管理服务质量大提升专项行动，行动期间全市查明滞留人员身份信息90人，落户安置171人。在全市建立领导干部定点联系救助管理机构制度和救助管理机构特邀监督员制度，聘请人大代表、党员、媒体记者、社会组织负责人等组成特邀监督小组。举办"携手相助，让爱团聚""6·19"救助开放日活动，进一步提高社会各界对救助管理工作的了解和参与。2021年全市救助流浪乞讨人员1868人次。（林海洋）

社会福利

【儿童福利保障】 儿童福利保障体系建设将268名重度残疾儿童、886名孤儿、1929名事实无人抚养儿童、90710名困境儿童纳入保障范围。建立孤儿、事实无人抚养儿童基本生活养育标准自然增长机制，将机构养育孤儿和城乡散居孤儿的基本生活最低养育标准提高250元，分别达每人每月1600元和1200元。事实上，无人抚养儿童按与孤儿保障标准，每人每月发放1200元基本生活补贴。建立残疾孤儿、残疾事实无人抚养儿童照料护理补贴政策制度，落实全市268名残疾孤弃儿童每月1200元的照料护理补贴。全面做好孤儿及事实无人抚养儿童助学活动。市人社局与市财政局联合印发《关于进一步做好孤儿和事实无人抚养儿童精细化服务保障工作的通知》，全省率先出台对年满18周岁仍在接受义务教育或者在普通高中、中等职业学校就读的孤儿、事实无人抚养儿童继续享受生活补贴政策。2021年，全市累计为205名孤儿、6名事实无人抚养儿童发放助学金202万元。

未成年人关爱保护机制市、县两级同步推进成立未成年人保护工作委员会，组织体系初步形成。制定完善市未成年人保护工作委员会及其办公室工作规则、成员单位职责任务分工及2021—2022年度工作要点，并将市未成年人保护工作纳入平安建设考核内容，充分发挥考核"指挥棒"作用，助推未成年人保护工作高质量发展。推进儿童福利机构优化提质和创新转型高质量发展，加强标准化建设，以赣州市儿童福利院为背景，牵头编制儿童福利机构安全管理规范，填补全省空白。推动设立乡镇（街道）未成年人保护工作站，印发赣州市《乡镇人民政府（街道办事处）未成年人保护工作站设置指导方案（试行）》。建立"1+1+N"儿童工作队伍，实行常态化培训机制，全市儿童督导员、儿童主任培训覆盖率达100%。针对困境儿童、留守儿童等特殊未成年人群体成长个性化需求，通过购买服务、公益创投等方式开展"牵手相伴，快乐周末"留守儿童关爱项目、困境儿童关爱项目、残障儿童成长项目等活动，全市全年开展专业个案1869个，情绪管理、防性侵等小组活动496个、防溺水、心理健康等团体辅导980余场，服务未成年人13万余名，以多样化、个性化、精准化帮扶持续做好特殊未成年人群体健康成长服务，受到公众的广泛好评。

【养老服务】 2021年，赣州市有综合福利院和敬老院270个（其中综合福利院15个、敬老院255个），民办养老服务机构56个。

老龄福利推进居家社区机构协调发展，打造15分钟"养老服务圈"，在城市社区广泛开展助餐、助急、助医、助行、助浴、助洁等服务，各类城市社区养老服务设施达479个，基本实现城市社区全覆盖。通过整合社区闲置资源、配建、腾退、租赁等方式，推进社区嵌入式养老院建设，发挥社区养老服务机构短期照料、日间托养、居家照护、“喘息服务”等功能。为2759户特殊困难老年人实施居家适老化改造，在章贡区开展家庭养老床位试点，设立家庭养老床位121张，城市社区养老服务短板加速补齐。推进“党建+农村互助养老服务”模式，建成具备助餐等功能的农村互助养老服务设施2833个，覆盖81.7%的行政村。建设市、县养老服务信息平台，政府投入资金1316.5万元购买居家养老上门服务，全年共服务失能、半失能老年人13.2万人，52.6万人次。在市、县、乡、村四级建立孝老爱亲志愿服务队伍。

开放养老服务市场围绕把赣州打造成国内知名的养生养老基地和粤港澳生态康养后花园，支持社会力量采取独资、合资、合作、政府和社会资本合作（PPP）等模式投资发展养老服务，招商引进天津天同、深圳任达、湖南康乐年华、深圳第一养老等10余家专业化、连锁化品牌养老服务企业。全市实行公建民营的公办养老机构43家。养老机构实行登记备案制，市、县均制定民办养老机构建设、运营补贴制度，对纳入城企联动普惠养老试点的养老服务企业按照每张床位2万元标准给予补助，有关税费减免优惠政策均得到落实，养老服务市场活力明显增强。全市养老产业发展迅速，与广东省韶关市、湖南省郴州市签订“红三角”旅居养老合作框架协议。

提升养老服务质量持续开展养老服务质量建设专项行动，推动各县（市、区）建立健全消防安全、食品卫生、疫情防控等管理制度，组织开展大排查、大整治，筑牢养老机构安全基础。全市有153家养老机构已内设医疗机构或医务室，176家养老机构与当地医疗机构签订合作协议，基本实现医养结合全覆盖。突破性解决养老机构消防审验难题，全市公办机构和民办机构审验率分别达到81%和96%。健全部门联席会议机制，强化宣传教育，规范服务行为，着力防范化解养老服务领域诈骗风险。推进养老服务信息化、标准化、专业化发展。实施养老护理员素质提升工程和养老服务人才“领头雁”计划，每年培训养老院院长近200名、从业人员3000人次，在全省养老护理职业技能大赛中，赣州市选手屡获佳绩。

【残疾人福利】 稳步有序推进残疾人“两项补贴”（困难残疾人生活补贴和重度残疾人护理补贴）资格认定申请“跨省通办”，2021年全市已成功办理3例。全市享受残疾人两项补贴的残疾人有19.8万人次，其中困难残疾人10.3万人次，重度残疾人9.5万人次。加快推进困难重度失能残疾人照护和托养工作，为3847名困难重度失能残疾人提供照护和托养服务。市精神卫生社会福利院于2021年2月20日正式投入运营，争取2021年中央预算内资金2686万元用于支持信丰县建设市第二精神卫生社会福利院。推进国家康复辅助器具社区租赁服务试点工作，12月16日开展试点工作评估时，得到中国康复辅助器具协会会长闫和平充分肯定。组织实施“福康工程”项目，稳妥做好符合条件的残疾人假肢筛查、取模和装配工作，共为107人安装假肢。在3月24—25日召开的全省社会事务工作会议暨社会事务重点业务培训班上，市民政局作题为《“三个推进”兜牢提质残疾人福利保障》的典型发言。

（林海洋）

住房保障

【保障性安居工程建设】 2021年，全市开工棚户区改造住房15203套，开工率100%（含城市棚户区14982户，开工率100%；国有垦区221户，开工率100%），基本建成11019套，基本建成率197.24%（含城市棚户区10798套，基本建成率199.59%；国有垦区221户、基本建成率103.76%）。公租房新开工建设1470套，开工率100%，发放住房租赁补贴9603户、1807.25万元，目标完成率为116.16%。对8455户符合条件的城镇住房贫困群众实施住房解困，做到“应保尽保”，其中实物保障7103户［含棚户区（危旧房）改造322户］，租赁补贴1352户。赣州市及石城县被省政府评为2020年度棚户区改造工作积极作为成效明显的地方，并予以激励支持。

（市住建局）

【住房公积金管理】 2021年，全市住房公积金管理归集金额70.87亿元，增长11.51%；办理住房公积金提取91.82万笔，提取金额43.08亿元，增长16.14%；发放住房公积金贷款10438笔，金额43.32亿元，增长19%，个贷率为92.63%；回收贷款21.51亿元，增长7.40%；贷款逾期率为0.11‰；实现增值收益4.01亿元，增长13.87%。各项主要业务指标均在全省位居前列，其中贷款金额、贷款数量位居全省第一，归集金额、提取金额、提取数量、增值收益位居全省第二。

全年离柜率达81.32%，比上年提升22个百分点，离柜率大幅攀升。企业公积金缴存登记模块上线试运行，初步实现企业开办同时公积金缴存登记开户；赣州公积金网上服务大厅开发商版上线，实现期房贷款前置材料在线受理；年度5项“跨省通办”、9项“省内通办”任务全面完成。为深入推进放管服改革，增设赣州经济技术开发区住房公积金管理分中心，实现住房公积金业务“就近办”。

5月13日，市住房公积金管理委员会印发《关于印发〈赣州市住房公积金归集和提取管理办法〉和〈赣州市住房公积金贷款管理办法〉的通知》，对“两个办法”进行修订，调整优化使用次数认定标准、第二套住房公积金贷款首付比例、贷款额度计算方式等十多项规定。12月24日，市住房公积金管理委员会印发《赣州市住房公积金人才优惠政策（试行）》，对相应层次人才在贷款办理、租房提取、还贷提取等方面给予一系列优惠措施，支持在赣州就业人才解决住房问题；印发《赣州市住房公积金资金风险防控动态应急管理工作预案（试行）》，根据资金流动性变化实行公积金业务分级动态管理，全面提高风险防控管理能力，切实防控住房公积金资金流动性风险。

（刘宏兴）

社区建设

【城乡社区治理】 开展“新时代新社区新生活”服务质量提升行动，指导规范村级综合服务设施建设，推动社区智慧化建设，开展社区服务满意度调查，实施“办实事、解难题、送温暖、传党恩”主题活动。江西广播电视台都市频道驻赣州办事处、市文明办、市民政局联合实施“都市天天乐社区大舞台”公益文化活动项目，在章贡区南外街道红环路社区、赣江街道钓鱼台社区等社区举办7场会演。于都县梓山镇潭头村、石城县珠坑乡坳背村、瑞金市泽覃乡安治畲族村、全南县南迳镇马古塘村、赣州经济技术开发区三江乡新江村、大余县青龙镇元龙畲族村，被司法部、民政部命名为第八批“全国民主法治示范村（社区）”。大余县新城镇水南村、大余县黄龙镇叶墩村、上犹县梅水乡园村村、安远县车头镇车头村，被中央农办、农业农村部、中共中央宣传部、民政部、司法部、国家乡村振兴局表彰为第二批“全国乡村治理示范村镇”。赣州市章贡区红环路社区、瑞金市象湖镇解放路社区、于都县贡江新区泰达城项目，被省住建厅、省发改委、省财政厅、省自然资源厅、省民政厅入选为“江西省高品质智慧社区建设试点”。

【社区服务建设】 推进城市社区综合服务设施标准化建设。2021年，市中心城区累计规划核实24起新建小区配套社区管理服务用房，总建筑面积约1.06万平方米；市财政下拨306.44万元支持市中心城区社区服务体系建设项目13个，城市社区综合服务设施覆盖率达100%，市中心城区城市社区综合服务设施建筑面积达300平方米及以上的占比81%。市财政局、市民政局联合下拨市级福彩公益金补助200万元用于支持29个村开展农村社区建设，不断优化农村社区服务设施功能布局，提升农村社区服务群众能力，农村社区综合服务设施覆盖率达90%。对标组织体系规范化、平台建设标准化、办事服务便捷化、协商议事制度化、居民活动常态化、生活环境宜居化“六化”创建标准，章贡区解放街道八境路社区、章贡区赣江街道天竺山社区等38个城乡社区，被省民政厅命名为2020—2021年度全省“绿色社区美丽家园”创建活动示范社区。

【社区队伍建设】 全市完成3981个村（社区）党组织和第十一届村（居）民委员会选举工作，选举产生村（社区）“两委”委员24313名，其中村（居）委会委员18327名（村委会委员16413名，居委会委员1914名）；“两委”交叉任职10690名，交叉任职比例达64.10%；村（社区）党组织书记、主任“一肩挑”比例达到99.52%；所有村（社区）“两委”班子实现“至少有1名35岁以下且具有大专以上文化程度成员”指标。村（社区）“两委”委员中，大专以上学历人数10653名，占比43.81%；35岁以下7336名，占比30.17%；女性7743名，占比31.84%；村（社区）“两委”委员女性正职468名（其中464名“一肩挑”），村“两委”委员女性正职259名，占比7%，社区“两委”女性正职209名，占社区“两委”正职的58%；村委女性委员占比大幅提升，达到30.82%。全国基层组织建设工作情况通报（第11期）刊发《江西省赣州市大力选优配强“红色带头人”队伍》，介绍赣州市基层组织工作的典型经验。市民政局先后举办全市2021年村委会主任示范培训班和两期全市2021年城市社区工作者能力提升示范培训班，参训人员达290余人；县（市、区）对第十一届村（居）委会主任进行全员轮训或集中培训，乡镇（街道）对村“两委”其他委员开展培训，培训村（社区）“两委”干部2.4万余人。

抓好《关于加强城镇社区工作者队伍建设的实施意见》贯彻落实，全市均建立社区干部“三岗11级”报酬自然增长机制，逐步提高社区干部补助，落实社区工作者“五险一金”、工会福利等待遇；进一步规范城镇社区工作人员的“进”“出”、日常管理、绩效考核等机制，助推城镇社区工作者队伍专业化、职业化、规范化建设。市中心城区社区正职报酬最高可达5900多

10月27—29日，赣州市民政局举办全市2021年城市社区工作者能力提升示范培训班（第二期） （市民政局供图）

元/月，最低4300元/月，一般工作人员至少达到3010元/月；其他县城（市）所在地社区正职报酬最高可达5000元/月，最低3870元/月，一般工作人员至少达到2709元/月。市财政下拨2021年社区工作者报酬市级补助资金2330.71万元。

【村(居)民自治】 加强配套组织建设，依法推选产生村（居）民委员会下属委员会。全市3981个村（社区）共推选产生妇联组织总人数50892人［其中村（居）民妇女小组长41026人］，共青团组织总人数25101人，村（居）民理事会成员28386人，村（居）民代表150661人，村（居）务监督委员会成员13715人［其中党组织纪委书记或纪检委员担任村（居）务监督委员会主任的有3955个］。

开展城乡社区协商推动“我为群众办实事”实践活动，规范城乡社区协商主体、内容、方式和流程，精心打造全南县陂头镇太和村、定南县天九镇东山村、瑞金市象湖镇金星村3个“全国议事协商创新实验试点”，以点带面，切实解决社区矛盾和分歧，促进居民自治。2021年，全市实施城乡社区协商案例达48845件。《中国社区》《当代江西》《乡镇论坛》和“江西城乡社区治理公众号”先后刊载《章贡区东外街道东外社区：建立议事协商机制有效解决社区治理难题》《南康区：搭建议事协商连心桥》《全南：打造“有事好商量”示范点，推动乡村治理体系建设》等，介绍赣州市多地城乡社区协商经验做法。

（林海洋）

社会事务

【殡葬改革】 2021年，赣州市印发《全市“三沿六区”散埋乱葬巡查制度》《关于明确市殡葬改革工作领导小组成员单位工作职责及联点包干督导的通知》《关于进一步加强殡葬管理工作巩固殡葬改革成果的通知》等制度文件，推动市殡改办“实体化”运行，建立市、县、乡、村四级常态化巡查机制。全面加强设施建设管理，印发《关于开展2021年度创建示范性殡葬服务设施工作的通知》，打造一批示范性殡葬服务设施。先后印发《关于“进一步巩固殡葬改革成果加强殡葬服务企业管理规范殡葬服务收费问题”专项整治工作方案》《全市殡葬业价格秩序、公益性安葬设施建设经营专项整治实施方案》，深化殡葬领域问题治理，有效规范殡葬服务市场秩序。做好清明节、中元、冬至等传统祭祀节日期间安全祭扫与服务保障工作，持续开展“鲜花换纸钱、文明寄哀思”活动，持续深化丧葬移风易俗。

【婚姻登记管理】 严格执行《中华人民共和国民法典》中关于离婚冷静期等新规定，做好宣传引导和公示。2021年，全市办理结婚登记4.7万对、离婚登记1.2万对。整理市本级涉外（含华侨、港澳台）婚姻登记档案1690份移交至省涉外婚姻登记中心，并指导各县（市、区）有序推进中华人民共和国成立以来婚姻登记历史档案电子化工作。指导全南县开展省级婚俗改革试点，大力倡导文明婚嫁新风。瑞金市婚姻家庭辅导教育经验做法、石城县婚俗改革经验做法在江西省婚俗改革试点工作简报刊登。全南县喜事简办“新婚尚”经验做法在全省婚丧领域移风易俗试点工作现场推进会上作经验交流发言，并被民政部官网刊载。

【区划地名边界管理】 1月，经省人民政府批准，同意赣州市南康区龙华乡、瑞金市叶坪乡、兴国县永丰乡撤乡设镇，三地已挂牌成立。按照行政区划变更业务程序有关要求，做实、做细专家论证、风险评估、征求社会公众等意见、实地调查等工作。市政府常务会议、市政协、市人大常委会、市委常委会会议、市委全会依次审议通过上犹县撤县设区事项。市政府向省政府呈报《关于恳请同意撤销上犹县设立赣州市上犹区的请示》。印发《关于开展“保护地名文化、记住美丽乡愁”活动的通知》，在“赣州市民政局”微信公众号开辟专栏，刊载“赣州”“瑞金”等红色地名12条。选报地名文化宣传作品（含红色地名故事、摄影作品、海报、短视频）180个，编写红色地名故事48篇，提供社会地名信息支持1810人次。在国家地名信息库新增完善赣州地名信息79条，采集地名照片125张。被列入民政部清理整治不规范地名清单16项。深化“平安边界”建设，完成10条县级、108条乡级行政区域界线联检工作。

（林海洋）

关心下一代

【开展主题教育】 2021年，赣州市关心下一代工作委员会（以下简称市关工委）联合市文明办、市老干部局、市教育局、团市委、市妇联等5个部门单位印发《关于开展“传承红色基因，弘扬井冈山精神，新长征再出发”主题教育活动的指导意见》，并于5月28日在于都县中央红军长征出发纪念碑前举行全市“传承红色基因 弘扬井冈山精神 新长征再出发”主题教育活动现场会。各县（市、区）随后跟进印发相关文件、举办启动仪式，结合当地实际，开展各具特色的活动。编写《永远热爱党、永远跟党走——“感党恩、听党话、跟党走”》《红色于都》等一批红色文化系列教材，制作《永远的荣光——南康“红色记忆”回眸》等60余篇优质红色故事宣讲课件，创作《八子参军》《红土地上的望夫石》《满门忠烈》等一批青少年喜闻乐见的优秀红色文化作品。各县（市、区）组织一支数量充足、身体好、素质高、深受青少年欢迎的“五老”报告团宣讲队伍。各地各单位通过各种形式开展咏诵红色诗词，歌唱红色歌曲活动。让每一个青少年都能咏诵几首毛泽东等老一辈革命家在赣南苏区和长征时期创作的光辉诗词，都能学唱几首红色歌曲。利用革命旧址、纪念馆、展览馆，爱国主义教育基地、传统节庆日、国家公祭日等，开展清明祭扫、重温誓词、实地体验、拓展训练等活动。利用寒暑假组织青少年开展参观学习、重走长征路、红色文化夏令营等研学活动，接受革命传统教育，推动主题教育活动走深走实。

围绕“树家风、育新人”，推动优秀家风家训进万家。市关工委结合实际制定印发《赣州市关工委系统开展“树家风、育新人”主题活动方案》，以有一定传承家风基础的古村落和红色家风厚重的村为重点，市关工委领导和成员单位各抓一个县，每个县抓好一个乡镇，每个乡镇抓好一个示范村。各县（市、区）立足当地特色、挖掘提升。章贡区开展“传立家训、家风、家教”，弘扬“孝爱文化”主题教育等实践活动，打造赣州市第九中学这一全国优秀家长学校“树家风 育新人”活动示范点。大余县打造青龙镇元龙畲族村、新城镇周屋村“树良好家风、育时代新人”活动示范点，通过党员示范引领，开设“阳明心学”课堂和“濂溪理学”课堂，征集一批“好家风、好家训”，印制1万余册《家规家训学习手册》。于都县先后在马安乡溪背村、仙下乡观背村、岭背镇谢屋村、大窝村开展家风家训家教试点工作。全南县选取城厢镇镇仔村国学堂、龙源坝雅溪古村陈氏宗祠、雅溪书院等开展好家教、好家风活动，搜集客家优秀家训家规陈列在祠堂中，挂在厅堂、门楣上。南康区发挥百家姓和谐城有集中连片108个宗祠的优势，成立家风家教基地，编印书籍《家训集》，持续开展以好家长、好媳妇、好孩子为主要内容的“三好家庭”家风家训教育活动。石城县充分利用丰富的祠堂客家文化资源，挖掘祠堂优秀文化和传统道德积淀，全面提升打造示范基地22个。上犹县开展“牌匾上的家风家训”活动，组织编写《家庭教育 一个永恒的课题（父母课堂50篇）》《遵家训 守家风》

5月28日，赣州市在于都县中央红军长征出发纪念碑前举办全市“传承红色基因，弘扬井冈山精神，新长征再出发”主题教育活动启动仪式

（市地方志研究室供图）

《承千年古训 育现代新人》《客家风和乐诵》等教材。安远县依托民间浓郁的正门楹联文化氛围，开展“门风家规”教育，教育孩子和村民耕读传家、勤俭立业、修身齐家等方面的家风家训内容。寻乌县拍摄《润物细无声》专题片，讲述寻乌潘氏利用宗祠开展关心下一代工作的事迹，受到社会各界的好评。

【关爱助学】 6月，市关工委建立赣州市品学兼优贫困学生数据库，经过层层筛选，共2700名品学兼优的贫困学生入库，从中挑800名重点帮扶，给予每人每年1600元扶助金。各县（市、区）关工委完善健全爱心卡，助学帮教活动蓬勃开展。南康区和谐城30个姓的“教育基金会”共奖励优秀学子690人，发放奖学助学金125万元。崇义县关工委联合县教育基金理事会，发放奖教助学金220万元，筹集关爱基金30万元。会昌县积极引导深圳“点燃爱·一对一”爱心助学团队，结对资助贫困学生231人，解决帮扶资金80.64万元；与县红十字会合作实施“会昌县教育济困与奖励工程”网络众筹公益项目，筹款80万元，创造新业绩。

利用网络开展募捐活动。在省关心下一代基金会发起的2021年“一对一”结对帮扶帮教——99公益日网络募捐活动中，全市各级关工委组织和广大“五老”、机关干部、社会爱心人士积极参与，踊跃捐款，涌现出活动组织严密，参与人数众多，捐款金额名列全省前列的喜人景象和良好氛围。仅3天，就有4万余人次参与活动，筹集捐款94万余元，占全省募捐总金额的1/3，开启线上服务关心下一代的新模式。

实施一批基金会项目。全年实施捐赠赣县区江口中学学生食堂新建、兴国平川中学用电扩容等一批百万元的捐资助学项目；持续实施中小学“直饮水”工程项目。同时，深入开展“少年硅谷”《创客教室》公益项目，于1月初、3月底在赣州市第五中学举办两期“少年硅谷”公益项目科技教师培训班，并积极参与2020—2021学年“少年硅谷——全国青少年人工智能教育成果展示大赛”，赣州市第五中学、龙南市第四中学代表队取得优异成绩。

（市关工委）

本栏编辑：徐文菁

应急管理

综　述

【概况】 2021年，赣州市积极推进县、乡应急指挥平台建设，县级平台实现全覆盖，安远县、石城县乡镇指挥平台建设已完成。全市县级专业森林消防队实现全覆盖，队员人数全部达到省定不少于30人要求，11个县编制超50人。编制印发《赣州市“智慧应急”工作方案》，对未来信息化建设工作方向进行规划。完成市应急综合指挥平台升级改造，实现与18个应急委成员单位和各县（市、区）政府应急平台互联互通。积极推动县、乡应急综合指挥平台建设并召开现场会，提升信息化指挥调度能力。在全省率先组建村级安全员队伍，全市3989个行政村（社区）共确定兼职安全员3997名，全部完成培训。推动将全市1.5万名综治网格员纳入安全生产管理体系，并进行专门安全培训。市应急管理局被评为第十六届省级文明单位、第十届市级文明单位、深化全国文明城市建设工作先进集体。

【救援力量】 10月25日，在于都县开展全市专业森林消防队大练兵大比武活动。12月13—15日，江西省第二届专业森林消防队大比武在南昌举办，赣州市专业森林消防队伍在全省比武竞赛中获团体第二、水泵操作集体项目第一。12月31日，章贡区正式组建区级森林消防大队，县级专业森林消防队实现全覆盖。市应急救援综合保障基地一期救灾物资储备库主体工程全面完工，二期专业森林消防队营房及训练场地、航空护林站项目已启动。

【宣传培训】 10月10—11日，举办全市县、乡安全防范和森林防灭火指挥长培训班，全面培训各县常务副指挥长、副指挥长和290名乡镇长。全面完成行政村（社区）安全员队伍组建，确定3997名“两委”干部兼职安全员，全部完成培训，建立考核机制并积极履职。向中国网、大江网、江西新闻、《赣南日报》等媒体推送《厉兵秣马纾民困披坚执锐保平安——赣州市应急管理局组建以来工作纪实》等稿件，对应急管理局组建以来工作进行重点宣传。在大江网发布稿件123篇、《赣南日报》发布稿件184篇，中国网发布21篇，制作电视专题节目21期，网站发布新闻430条，微信公众号发布1104条。培训考核“三项岗位人员”644期，考核19865人次，其中主要负责人和安全管理人员培训考核62期，考核人数1377人；特种作业培训582期，人数18488人。

安全生产

【概况】 2021年，全市发生安全生产事故103起、死亡108人，同比分别下降27%、13.6%，事故起数、死亡人数分别占全省的7.9%、11.5%，远低于赣州国土面积、人口在全省占比；发生较大安全生产事故1起，同比减少1起，连续11个月未发生较大以上生产安全事故，为近5年来最长间隔期；杜绝重大及以上事故。

【安全防范】 全年市安委会、安委办先后召开45次会议，部署、调度、推动安全防范工作，在中共十九届六中全会，省、市党代会等重点时期和节假日期间实行每日一调度，市应急管理局节假日至少保障1/3以上力量在岗值守。组织13个专委会每月开展分析研判，13个专委会第一主任（市政府分管领导）均召开会议调度分管行业领域安全防范工作，带头深入县（区）开展督导检查。在全省率先制定《市委市政府领导班子成员安全生产职责清单》，修订《赣州市安全生产工作职责规定》，全面厘清13个专委会、56个部门安全生产工作职责，消除模糊边界、监管盲区。对10个县（区）开展安全生产巡查，组织6轮安全防范综合督查，对安全生产工作落实不到位的安远县予以黄牌警告，约谈于都县、信丰县、安远县、宁都县、上犹县、南康区等6个县（区）政府负责人。从市第六次党代会至中共十九届六中全会结束连续1个半月，实施安全生产事故提级调查。在全省率先启动死亡1至2人的生产经营性道路交通事故调查。

【十大攻坚战】 在全市部署开展重大安全风险管控“回头看”、安全隐患排查治理“清零”等安全生产三年行动“十大攻坚战”（开展重大安全风险管控“回头看”攻坚战、安全隐患排查治理“清零”攻坚战、安全生产“打非治违”攻坚战、高危行业领域淘汰落后产能攻坚战、安全生产监管执法能力攻坚战、企业从业人员安全技能提升攻坚战、公共安全文化建设攻坚战、企业技术改造升级攻坚战、“双千示范”工程建设攻坚战、安全生产应急救援能力建设攻坚战），239项攻坚任务全面完成，通过省安委会中期评估。组织开展道路交通、工业企业、燃气安全、既有房屋、涉农等领域专项治理行动，排查整治隐患16.7万条。开展矿山安全设施设计符合性诊断做法走在全国前列，矿山“一优六严”（优化产业结构，严格安全准入标准、严格安全设施设计、严格矿山安全管理、严格设备设施管理、严格矿山监督管理、严查违法违规行为）整治做法被全省推广。在全省率先完成工业园区整体安全风险评估，建立全市化工和涉及“两重点、一重大”（重点监管的危险化工工艺、重点监管的危险化学品和重大危险源的监管）建设项目安全风险防控机制，依法否决20个危险性高的项目入园。超常规部署开展道路交通安全整治，在全省道路交通事故预防“减量控大”（减少事故的数量，控制特大交通事故的发生）考核中，赣州市7个月排名全省第一。全市先后开展钢结构建筑、园区项目等多轮次全覆盖专项治理，组织各地开展5轮次城市既有房屋安全隐患排查整治。市财政拨付620万元专款用于城市老旧燃气管网改造。小型消防站、乡镇专职消防队实现乡镇（街道）全覆盖。深入开展“打非治违”，责令停产整顿企业69家，江西凯鑫化工违法建设案获评全国安全生产优秀执法案例，全省唯一。

【安全生产投入】 全市投入2500万元资金用于国、省道公路安全防护项目；投入3.85亿元完成931千米农村公路安全防护设施建设70座危桥改造工作。从源头上消除风险隐患，完成137个城镇老旧小区改造。积极加强安全生产经费、装备保障，2021年市、县两级分别安排500万元、100万元安全生产专项经费。

防灾减灾

【概况】 2021年，全市共历经14次自然灾害过程，其中洪涝灾害11次、干旱2次、低温冷冻1次，累计造成18个县（市、区）49.48万人受灾，因雷击死亡2人，农作物受灾面积3.3万公顷，不同程度损坏房屋1951间，直接经济损失3.9亿元。成功应对17次强降雨过程和阶段性干旱，近3年来首次实现“未垮坝、零伤亡”目标。自然灾害造成损失近3年最少。面对洪涝灾害，全市累计投入应急抢险救援人力3805人，主要为辖区排涝、农业排涝、人员转移等；投入机械设备144台（套），救援艇6艘，砂石料0.196万立方米，编织袋2.13万条；共减淹人口43.65万人，防洪减灾经济效益达4.04亿元。面对阶段旱情，全市累计投入抗旱资金2873.98万元、投入抗旱人数约6.77万人，投入抗旱设施机电井0.14万眼，泵站548处，机动抗旱设备约1.07万台（套）、机动运水车辆0.031万辆、抗旱用电244.23万千瓦时、抗旱用油53.56吨，组织气象部门充分利用有利条件及时开展人工增雨作业492次，解决约1.89万人、1.60万头大牲畜饮水困难，减少农业因旱经济作物损失约1.48亿元、减少粮食损失0.756亿元。

【宣传防灾】 积极谋划、精心组织全国防灾、减灾日和国际减灾日大型主题宣传活动，现场参观群众1600余人次，累计展出展板近80余块，悬挂大型横幅70余条，发放各类宣传资料6000多册。举办国际减灾日活动经验做法在《中国减灾》杂志宣传报道。开展在线访谈、召开新闻发布会、播放防灾、减灾公益滚动信息、组织中小学生学习防溺水知识，进一步增强社会公众防灾、减灾意识。开展防灾、减灾知识“五进”（进企业、进社区、进农村、进学校、进家庭）活动，普及各类自然灾害知识和防范应对基本技能，提高群众应对突发自然灾害的自救、互救能力。动员全市群众参与江西省“5·12”防灾、减灾网络答题101.4万余人次，参赛人次总量位居全省第一。

【风险普查】 落实市普查办工作职责，统筹推进各涉灾部门普查进度，及时下拨上级补助资金537万元。

6月16日，江西省（赣州市）安全宣传咨询日活动举行暨国家安全生产应急救护（瑞金）体验中心正式开馆　　（市应急管理局供图）

在全省率先全面进入市级质检阶段，采取先打“集中歼灭战”，再分组、分片区“多点开花”，最后县级交叉互学的措施，做到质检核查标准“一把尺子量到底”。通过加强组织领导、突出“稳”字，加强工作督导、突出“快”字，加强统筹调度、突出“实”字，加强宣传发动、突出“特”字，核查错误数据1004条，完成市级质检核工作任务，赣州市应急管理局典型经验做法被国务院普查办通报推广。

【防汛抗旱】 组织开展联合会商36次，建立“预报到县、预警到乡”工作机制，针对性电话预警500余次，发布各类预警信息63.4万条，调度大中型水库395次，联合赣州军分区对18个县（市、区）抢险队伍进行培训演练，组织提前避险转移4820人，实现“未垮坝、零伤亡”。协调开展人工增雨作业492次，解决1.89万人饮水困难。

【防震减灾】 加强震情监测和会商，全市发生1级以上地震7次，最大震级2.3级，未造成人员伤亡和财产损失。赣州市地震趋势会商报告获得全省评比第一名。加强综合减灾，全面推进自然灾害风险普查，在全省率先进入市级质检阶段，工作做法获国普办通报表扬。“5·12”全国防灾、减灾日参与人数全省第一。农房保险参保总量全省第一，赣州市在全省会议作典型发言。在指导创建50个全国、全省综合减灾示范县（乡镇、社区）基础上，2021年推荐38个国家和省级示范单位。

【物资保障】 市救灾物资储备库已经竣工。按照省、市疫情防控预案要求，及时采购折叠床、应急灯、棉被、帐篷等生活类救灾物资价值43万元，争取省厅下拨市本级棉被、棉大衣、毛毯等冬、春救助物资1400件（套、床），丰富市本级生活类救灾物资的种类和数量。主动应对防范寒潮天气过程，先后向瑞金、南康、宁都等7个县（市、区）下拨棉衣、羽绒服、折叠床等救灾物资3350件（套、床）。组织各地下拨救灾物资5.37万床（件），救助受灾群众42.29万人。

【示范创建】 做好综合减灾示范社区、示范乡镇（街道）和示范县（市、区）创建工作。印发《关于大余县创建全国综合减灾示范县试点工作方案》，有序推进大余县创建全国综合减灾示范县。大余县城市社区管委会、石城县赣江源镇获评全省综合减灾示范乡镇；章贡区南外街道南外社区、赣州经开区黄金岭街道民生路社区、赣县区五云镇夏潭村、大余县南安镇余东街社区、兴国县城市社区管委会滨江社区、宁都县黄陂镇山堂村、瑞金市城市社区管委会红都国际城社区、石城县赣江源镇秋溪村、安远县龙布镇中邦村、上犹县黄埠镇合溪社区、全南县金龙镇陂头村、崇义县上堡乡水南社区等12个社区获评全省综合减灾示范社区。

森林防火

【概况】 2021年，全市共发生森林火灾15起，过火面积约106.9公顷，森林受害面积为106.9公顷，森林火灾发生率为0.49次/10万公顷，森林火灾受害率为0.035‰，森林火灾控制率为7.13公顷/次，森林火灾案件查处率100%。森林火灾起数、过火面积、受害面积比2020年分别下降11.8%、32.7%、22.6%，火灾形势近5年同期最好。特别是进入重点防火期后，全市仅发生1起森林火灾，为2017年以来最低，实现重要节日和重要敏感时期“零火灾”，核心景区、重要区域没有发生森林火灾，未发生重大及以上森林火灾。

【严控森林火灾】 狠抓火源管控，在高火险天气和重点敏感时期发布《禁火令》，严禁一切野外用火，市森林防火指挥部先后4次派出68个督查组深入各地督查，建立乡镇联防联控和靠前驻防机制，森林火灾起数、过火面积、受害面积同比分别下降11.8%、32.7%、22.6%，9—12月共发生森林火灾1起，火灾形势2017年以来最好，清明、五一国际劳动节、国庆等重要节日期间以及中共十九届六中全会，省、市党代表大会等期间实现“零火灾”。

【责任落实】 建立健全森林防灭火“五包”责任制。全面落实“市领导包县、县领导包镇、镇领导包村、村干部包组，护林员包山头”的森林防灭火工作责任制，建立由42名市领导、600余名县级领导、3500余名乡镇领导、1.75万名村干部和1.35万名护林员组成的五级责任体系网，确保山有人管、林有人护、火有人防；市、县两级逐级建立森防指成员和应急、林业领导班子成员挂点联系机制，构建“横向到边、纵向到底”的责任体系；在重要敏感时期或高火险等级天气，包片市、县、乡领导经常深入林区一线进行明察暗访，发现问题及时指出，限期整改，取得明显成效。建立健全森林防灭火工作协同机制。印发市森林防火指挥部《工作规则》《工作方案》等文件，完善协调联动、信息共享、会商研判、联合督查等制度，实现应急、林业、公安等部门有效融合，各部门主动履职、密切协作，形成齐抓、共管的工作合力。建立健全中心户长联防责任机制。全市7.6万名中心户长通过召开户主会，宗祠会，建立村规民约等，教育引导村民自觉遵守野外用火规定。先后6次派出调查评估组，分别对于都县岭背镇“1·13”森林火灾、寻乌县南桥镇“1·14”森林火灾、龙南市金塘新区“1·1”森林火灾、南康区十八塘乡“1·15”森林火灾、赣县区王母渡镇“1·14”森林火灾、瑞金市云石山乡“3·28”等森林火灾进行调查评估。启动问责程序，对于都县岭背镇、寻乌县南桥镇实施森林防灭火重点管理，并对其他相关责任单位及人员进行问责处理。

【宣传培训】 组织开展平安春季行动、宣传月和森林防火主题海报设计比赛等系列活动，采取“线上+线下”宣传形式，发放宣传单304万份、《禁火令》23万份，发送提醒短信698万条，出动宣传车8万次，制作公益广告1200余条，推动森林防火进林区、进社区、进学校、进村组、进家庭，群众森林防火意识得到有效提升。10月10—11日，在兴国县举办全市、县、乡安全防范和森林防灭火指挥长培训班，邀请省、市专家对各县（市、区）常务副县长、应急局局长、林业局局长、乡镇长400余人进行培训，进一步提升森林防火工作的管理水平和履职能力。10月20日，举办森林防火工作新闻发布会，通报全市森林防灭火工作情况，通过答记者问的形式对预防森林火灾、野外用火规定、典型案例等进行宣传。

【火源管控】 在元旦、春节、两会、清明、国庆、十九届六中全会节假日和重要时期，发布《禁火令》，严禁一切野外用火，应急、林业、公安等部门联合开展打击森林违法用火行为和专项整治行动，做到见烟就查、见火就罚，全市累计派出巡察组6.18万个，出动人数52.16万人，行政处罚328人；加强重点时段、重点地域及五类重点人群管控，设立劝导站共1万余处，鲜花换香烛316万束，倡导文明祭祀，杜绝火种进山入林。

（杨九林）

消防救援

【概况】 2021年，全市消防救援队伍围绕消防救援局党委“全面发展年”目标任务，推动全面争先”奋斗目标，高质量完成年度各项工作任务，确保全市火灾形势和队伍管理持续高度稳定，各项建设实现全面发展。全市21个集体、30余名个人获省（市）级表彰。赣州市消防救援支队被司法部表彰为2016—2020年全国普法先进单位，被应急管理部消防救援局评为2021年调查研究先进单位，被省消防救援总队表彰为先进支队。

【消防安全治理】 围绕庆祝中国共产党成立100周年消防安保及消防安全专项整治三年行动攻坚，压实各级责任，落实分类施策、精准治理，着力防范化解消防安全风险，防住大火、控制小火、遏制亡人。推动市委常委会、市政府常务会定期研究消防工作，市委、市政府主要领导带队开展消防检查6次，分管领导专题调度消防工作7次。提请市政府出台《2021年度消防工作目标任务》《赣州市火灾事故调查处理规定》《赣州市“十四五”消防救援事业发展规划》《关于进一步加强和改进新时代消防安全治理工作的通知》等文件。运行市消防安全委员会办公室，坚持每月警情研判和定期联席会议制度，及时通报情况、警示风险，年内向各县（市、区）政府和行业部门发送《督办函》《提示函》《告知函》80余份。深化系统治理，重点攻坚打通“生命通道”、大型商业综合体和“九小”（小商店、小旅馆、小学校、小医院、小网吧、小餐饮场所、小歌舞娱乐场所、小美容洗浴场所、小生产加工企业）场所专项整治，累计督改火灾隐患1.63万处，整改销案重大火灾隐患单位29家。加强基层消防监管力量建设，协调市、县两级编办落实约600名事业编制人员，用于组建18个县（市、区）消防安全服务中心和乡镇（街道）消防所，构建乡镇消防“一所一队”（一个乡镇消防所、一个政府专职队）新格局。深化“智慧消防”建设，将“智慧消防”纳入“智慧城市”整体规划建设，推广安装NB（Narrow-Band Internet of Things的简称，意为窄带物联网）智能型独立烟感12.5万个，重点单位接入620家，逐步实现精准动态防控。

【优化营商环境】 成立优化消防营商环境办公室，推出消防“放管服”八项措施和“12345”便民利企举措，将公众聚集场所告知承诺管理纳入“互联网+政务服务”全程流转，让群众办事“一次不跑”，全市办理告知承诺项目51件。在微信小程序整合消防安全咨询、“消防+”联勤联动等功能模块，依托371个专职队站建立消防便民服务站，打造全时段、一站式服务平台。举办全市消防监督业务培训，70余名执法干部完成执法培训及考试。规范“双随机、一公开”消防监管，积极推动消防救援站指战员开展防火检查，健全消防政务服务“好差评”等制度，至年底，全市“好差评”评价回复数超过7110次，好评率达99.89%。坚持每月开展执法回访，全市回访单位3028家。将“96119”并入“12345”政务服务便民热线，

7月27日，市消防救援支队在宝能中心开展高层建筑灭火救援跨区域实战拉动演练 （市消防救援支队供图）

受理举报投诉 12 起，群众满意度 100%。

【消防宣传】 深化消防安全宣传“五进”（进企业、进农村、进社区、进学校、进家庭）工作，充分借助传统媒体和新媒体，广泛开展提示性和警示性宣传教育，新媒体运营成果丰硕，市消防救援支队微信公众号位列全国支队级微信第三名，多起救援救助被表彰为全国年度消防事迹并在中央级媒体广泛宣传报道；结合“119”消防宣传月，举办全民消防技能大比武、媒体记者消防行等活动，营造浓厚的消防宣传氛围。坚持精准式和普惠式、“请进来”和“走出去”相结合，持续推进“一警六员”［一线社区民警，多种形式消防队伍队员、村（居）委会工作人员、综治网格员、保安员、物业服务企业职员、消防安全重点单位工作职员］实操实训和体验站建设，培训准消防员 26.1 万人，培训合格人数居全省第一；落实“一警六员”体验站等建设经费 1925 万元。

【队站力量建设】 专职队站经费投入总额、队站数量、增长速度、队员征招、装备建设等均居全省前列，各地落实队站专项建设资金 2.2 亿多元，建成具备 24 小时执勤能力的城市政府专职消防队（含小型消防站）106 个、乡镇政府专职消防队 265 个，征召政府专职消防队员 2081 名，消防文员 201 名，所有专职队站均落实空调，247 辆消防车完成上地方车牌，办理高速免费通行 ETC，所有专职队员全面落实“六险一金”（养老保险、生育险、工伤保险、失业险、医疗保险、人身意外伤害险以及公积金）及年度健康体检。市消防救援支队为专职队站配发业务书籍 1100 余册，为 98 个专职队站配发文体健身器材 458 件（套）。各地深化队伍“四联”（联动、联训、联调、联战）、“四个一体化”（一体化训练、一体化作战、一体化管理、一体化保障）和“三员一队”（即火灾隐患巡查员、消防安全宣传员、灭火救援战斗员，指消防便民服务队）作用发挥，督促各地坚持每日开展摩托化巡回宣传和徒步式上门排查。全年，全市各地专职消防队伍参与处置灭火救援 5803 起，其中专职队独立处置 3211 起（占 55.3%），营救和疏散被困人员 2228 人，抢救和保护财产价值 8.2 亿余元，开展日常巡查 33 万余次，排查各类场所 17.9 万余家，开展消防宣传培训 1.7 万余次，培训人数达到 10.2 万人，开展为民服务 5123 次，献血 191 人次、7.08 万毫升。

8 月 24 日，会昌县筠门岭镇消防所正式揭牌成立 （市消防救援支队供图）

【灭火应急救援】 持续深化 8 大类 21 支应急救援机动队建设，先后组织开展攻坚组集训 2 期、全员普考 1236 人次、桌面推演 15 次、超高层建筑火灾扑救和地震灾害救援等大型实战拉动演练 10 次，积极举办火蓝尖兵比武对抗赛，在省消防救援总队执勤岗位练兵比武竞赛中取得团体总分第四名，并取得 2 个单项第一、1 个单项第三。各级开展“高低大化”（高层建筑场所、地下建筑场所、大型商业综合体场所、危险化学品场所）及群租房等高风险区域场所熟悉演练 1218 次、修订完善重点单位数字化预案 632 份、进行建筑消防设施测试 213 次，训战基础有力夯实。成功处置章贡区“1·7”赣锡工贸有限公司厂房火灾、“11·16”云星公园大观商品房火灾等急难险重任务。

【典型案例】 “1·5”章贡区江西赣锡工贸有限公司火灾。2021 年 1 月 5 日 9 时 17 分，位于章贡区水西工业园求新路的江西赣锡工贸有限公司发生火灾，市消防救援支队接到报警后，先后调派章贡区、赣州经开区、赣县区 3 个大队、4 个消防救援站、7 个政府专职消防队、117 名指战员、26 辆消防车、2 台灭火机器人、1 架无人机到场处置。火灾发生后，市委副书记、市长曾文明，电话过问处置情况，全体参战人员经过 6 个小时的英勇战斗，成功营救 7 名被困人员，并于当日 15 时将火灾扑灭。火灾未造成人员伤亡。

（黎　隆）

本栏编辑：钟　强

县（市、区）

章贡区

【概况】 章贡区辖8个镇、7个街道办事处（含赣州经济技术开发区管理的4个镇、1个街道办事处），54个行政村、72个城区街道办管辖社区居委会、18个镇管辖社区居委会。面积351.3平方千米。全区林地面积21066公顷，森林面积20593公顷，森林覆盖率60%以上。年末户籍总户数17.71万户，总人口55.29万人，其中城镇人口51.45万人，人口自然增长率5.53‰。全年地区生产总值606.86亿元，增长9.9%。其中，第一产业增加值4.02亿元，增长5.6%；第二产业增加值221.18亿元，增长8.6%；第三产业增加值381.66亿元，增长10.7%。第三产业服务业对章贡区GDP的贡献率达到69.2%，拉动全区GDP增长6.85个百分点。一般公共预算收入22.7亿元，增长9.4%；一般公共预算支出39.5亿元，下降3.8%。规模以上工业增加值增长11.8%，固定资产投资增长12.5%。实际利用外资1.89亿美元，增长9.7%。全年进出口总额71亿元，其中出口总额53.4亿元，增长11.25%。农业总产值6.4亿元，增长7%。全年粮食总产量2.3万吨，肉类总产量370吨、蔬菜及食用菌产量104167吨、水产品总产量1990吨。社会消费品零售总额392.8亿元，增长19.9%。城镇居民人均可支配收入48663元，增长9.4%；农村居民人均可支配收入20936元，增长12.6%；居民消费价格水平涨幅1.4%。基本养老保险参保人数19.4万人，增长率是9.7%。城乡基本医疗保险年末参保人数达46万人，增长率是2.2%。章贡区在2020年度全省营商环境评价中获评全省第八。章贡区连续8年获省、市高质量发展（科学发展）综合考评先进，获评“全国投资潜力百强区”“全国科技创新百强区”“全国绿色发展百强区”。中国稀土集团有限公司落户章贡区，成为江西首家中央企业总部。

【“四中心”建设】 大健康产业中心。形成“药品+医疗器械”双链条、“青峰+威高”双龙头引领新格局。青峰药谷更名为赣州医药健康产业园，入驻企业115家，营业收入突破200亿元。新引进生物医药大健康产业项目24个，总投资135.33亿元，新获批二类医疗器械注册证书21张。赣州威高医疗产业园、海尔医疗等项目正式投产。动物模式研究中心等核心研发项目落地，2个月实现近6000万元产值。

文化旅游中心。章贡区获评全国市辖区旅游综合实力百强区，成功举办第四届赣州章贡文化旅游节，方特东方欲晓开园，七鲤古镇项目加快推进，江南宋城历史文化街区获评省级商业街区改造提升试点街区。全区文化企业主营业务收入7.62亿元，增长132%。

金融商务中心。推进普惠金融改革试验区建设，引进华泰证券等金融机构5家。总部经济及赣州苏区振兴并购基金园实现税收5.2亿元，新入驻企业173家。

区域科技和数字创新中心。数字经济核心企业53家，引进阿里巴巴赣州中心。章贡区人民政府被中国信息协会评为“2020—2021年度信创优秀实践单位”。赣南创新与转化医学研究院加速建设，赣州国家生物医药科创园实现满园。金环磁选、科睿特获评国家专精特新“小巨人”企业，超跃科技、中盛隆获评省级瞪羚企业。江西挺进环保科技股份有限公司获评省级绿色技术创新企业。全区拥有国家级创新平台和载体5个。全社会研发投入占国内生产总值比重的2.06%。章贡区成功通过全省首批创新型县（市、区）验收并获评优秀。

【改革创新】 推进“放管服”改革，对中低风险项目实施“豁免审批”，相对集中行政许可权改革试点工作取得阶段性成效，实行“一枚印章管审批”，集中审批办理事项累计20701件。实施“园区事园区办”改革，设立章贡高新区综合政务服务大厅，梳理放权赋能事项267个。推进国资国企改革，出台《章贡区国资国企改革创新发展三年行动实施方案（2021—2023年）》，推进国有传统（集体）企业清算关闭，完成国有传统（集体）企业改制注销7户，进入改制程序14户，新组建建兴控股集团。与大连市旅顺口区、深圳市南山区建立战略合作关系，与东莞市江西章贡商会签订招商引资战略合作协议。全区新引进项目68个，总投资470亿元，其中50亿元以上项目2个，20亿—50亿元项目8个。

【经济建设】 79个项目完成投资278.6亿元，完成年度计划的131.51%。33个省大中型项目完成投资142.43亿元，完成年度计划的159.13%。争取上级补助资金17.75亿元，签约央企项目4个。招引集聚各类品牌首店，51个首店品牌落户章贡区。鼓励商贸促销，发放政府消费券755.04万元，拉动消费额居全市第一，助力赣州市登上国庆期间全国商圈热度增幅榜首。实现现汇进资9291万美元，现汇比重全市第一。利用省外资金项目实际进资83.7亿元，增长8.34%。第五大道城市综合体内建设全省首个“保税+新零售”门店。进出口总额72.9亿元，增长26.68%，其中进口总额17.8亿元，增长86.96%。

【城乡面貌】 高标准规划建设三江口片区，水西老街开发启动，沙河大道快速路、东江源大道快速路等重点项目快速推进，国道323改（扩）建工程开工建设。既有住宅加装电梯257台，完成棚户区改造房屋征收2094户26万平方米；完成返迁安置房分配3437户5078套。改造提升老旧小区135个，红杉里街区城市更新示范项目完工。累计开通第五代移动通信技术基站1602个，实现城区第五代移动通信技术网络全覆盖。新增停车场13个、停车位4978个。全区54个村集体经济总收入突破1.1亿元。新建蔬菜大棚40.67公顷，生姜特色种植面积66.67公顷，食用菌生产2000万袋。建立标准化富硒农产品生产基地4个，培育发展农民专业合作社165家。全区休闲农业经营主体65家，产值6.5亿元。建成省级村庄整治点19个、区级村庄自建点24个，实现所有村组亮化全覆盖。全区空气质量优良率98.9%，PM2.5浓度均值每立方米24微克，下降4%。水环境质量不断改善，饮用水水源地水质达标率100%，赣江干流断面水质达到Ⅱ类标准。

【民生建设】 民生支出32.06亿元，占公共财政预算支出的81.2%。城镇新增就业10133人，新增农村劳动力转移就业3621人；新增发放创业担保贷款13754.6万元，带动就业2657人。实施校建项目23个，新增学位6730个。文清路小学豪德校区分部、章贡区第十八保育院等7个项目投入使用。赣州第一职业技术学校完成搬迁，章贡中学赞贤路校区投入使用。启动广东省人民医院赣州医院沙河院区建设，市立医院老院区提升改造基本完成，区中医院项目公卫大楼完成主体封顶，区妇幼保健院新院将投入使用，全省首家公办护理型社会福利院医养大楼投入使用。全民健身点实现村（社区）全覆盖，新增体育场地8.1万平方米。章贡区获评全国群众体育先进单位、全省竞技体育十强县（市、区）。推进“雪亮工程”建设，改造提升综治中心2个，配齐综治视联网视频会议系统12套。发挥“老师傅”“章贡大妈”“一村（社区）一队”作用，共同参与基层社会治理。

【赣州方特东方欲晓主题公园开园】 5月28日，赣州方特东方欲晓主题公园开园营业。省委常委、市委书记吴忠琼出席活动并宣布开园。市委副书记、市长许南吉致辞。华强集团董事局副主席李明，华强方特集团总裁刘道强、执行总裁顿忠杰、副总裁任海平等出席活动。主题公园位于赣州市章贡区水西镇，占地66.67公顷，总投资约34.8亿元，是国内500强文化科技企业深圳华强方特集团打造的国内首个以红色文化为主题的大型主题公园，由6个大区域、11个主题场馆、30多个室外游乐设施组成。

（张　凤）

赣县区

【概况】 赣县区辖12个镇、7个乡。总面积2993.09平方千米。耕地2.15万公顷，林地23.16万公顷，森林覆盖率76.16%。全年新增公园绿地面积442.2公顷，总计1046.76公顷，绿地率47.4%。年末总人口660492人，其中乡村人口506534人，城镇人口153958人；人口自然增长率5.8‰。2021年地区生产总值增长9.2%；一般公共预算收入增长5.9%；规模以上工业增加值增长11.7%；固定资产投资增长12.8%；外贸进出口总额增长43.6%；实际利用外资增长7.56%；社会消费品零售总额突破100亿元，增长13.2%；城镇居民人均可支配收入36368元，增长9.3%；农村居民人均可支配收入14410元，增长12.7%。赣县区主要经济指标增速居全市第一方阵，在全省营商环境综合考评中列全省第四、全市第一，在全市“项目大会战”流动现场会评比中获评第四。

【工业发展】 工业营业收入突破350亿元，实现3年倍增计划1年完成。工业投资增速29.2%，列全市第二，推进江丰电子、中科三环等52个重大项目建设，寒锐钴业实现当年开工当年试产，赣州华茂钨材料有限公司实现当年签约当年开工。新增规模以上工业企业14家。产业集群加速发展，首位产业集聚度72.35%；钴盐材料产能占全国1/3，成为世界最大的钴产品生产基地。永磁电机产业园1期项目完成97%，新增标准厂房60万平方米；完善稀金大道、稀金4路等15条园区路网。

【科技建设】 中科院赣江创新研究院1期物理楼、化学楼主体封顶，国家稀土功能材料创新中心交付使用。“中国稀金谷”专家服务基地获评第七批国家级专家服务基地，欧博空调、中科拓又达入选省级企业技术中心，国、省字号研发创新平台总数22家，形成以“两院四中心”中科院赣江创新研究院、中国稀金（赣州）新材料研究院；国家稀土功能材料创新中心、国家钨与稀土产品质量监督检验中心、中国稀金谷中科产业育成中心、国家离子型稀土资源高效开发利用工程技术研究中心为核心的科技创新平台集群。中科院赣江创新研究院实施重大科研项目27项，国家稀土功能材料创新中心实施关键技术攻关21项，转化落地成果8项。诚正稀土等2家企业入选省级“揭榜挂帅”

项目。入库科技型中小企业52家，认定高新技术企业72家，获批省级“瞪羚”企业5家，新增省级专精特新企业7家，高新技术产业增加值占规模以上工业增加值的43%。引进国家级人才9人，培育入选省“双千计划”13人、市“苏区之光”7人。

【改革事项】 “放管服”改革纵深推进，完成186个审批服务事项划转，实现“一枚印章管审批”；推进工程建设项目“一站式集成”审批改革，平均时限压缩21个工作日；推进“赣服通”赣县分厅迭代升级，861个事项实现掌上办；完成“不见面开标”系统建设；在全市率先推出“营商在线”惠企政策兑付平台，52项惠企政策网上直达企业，线上兑付2262万元。农村集体产权制度、农业农村“三改合一”、农村宅基地试点等改革稳步推进。与深圳高新区续签深化合作协议，同大湾区在平台共建、成果转化、创新创业、人才交流等领域开展合作，“融湾”步伐不断加快。全年新引进项目44个，总投资额526.4亿元，引进江钨产业园、生一伦电投等“5020”项目10个，获评全省开放型经济外贸进出口先进单位、全市开放型经济工作先进单位。

【城市建设】 成功创建省级生态园林城市，顺利通过全国文明城市复评。完成21个片区41个老旧小区改造，惠及居民近5000户2万余人；实施全省最大、标准最高、受益群众最多的井前家园集中连片老旧小区改造，在全国老旧小区改造视频会上作经验介绍；完成棚户区改造499户，建成安置房1916套。完善配套服务，梅林大街西延连接水东组团道路竣工通车，建成公共停车场6处，新建停车位810个，新增充电桩1200根；新购置新能源公交车36辆，新增100路、22路2条公交线路；新建游园公园2处，新增绿地面积25万平方米。推进精细化治理，“网格化管理”“社区夜话”举措在全市推广，城乡环境综合整治列全市第三。引进海外仓等一批项目，南方金属贸易集散中心等8个项目竣工，白鹭客家印象、沙地会仙谷等项目建设进展顺利，湖江蜜月岛成为新一批网红打卡地。星洲润达商业综合体完成主体建设，万佳酒店试营业。电商销售额接近100亿元，全年接待游客511.94万人次，实现旅游综合收入40.96亿元。

【乡村振兴】 完善产业帮扶和驻村帮扶，选派驻村工作队172个、乡村振兴帮扶工作组104个。启动5666.67公顷高标准农田建设；种植粮食35940公顷，产量18万吨。种植蔬菜7466.67公顷，新增脐橙200公顷，提升改造油茶林1666.67公顷，年出栏生猪48.12万头。建成全市最大的湖羊养殖基地，年出栏湖羊1万头以上，全国首个湖羊产业“科技小院”落户三溪乡。开展农村人居环境整治和“厕所革命”，完成188个新农村建设点整治建设。全域启动“客家风”改造，初步建成江口镇河埠村、五云镇大岭村2个赣南建筑风貌管控试点，创建五云镇、石芫乡2个全域美丽宜居示范乡镇，韩坊镇樟坑村等24个美丽村庄、4000个美丽庭院。推进湖江镇洲坪村、南塘镇黄屋村、茅店镇东田村等示范村建设。江口镇获评全省第二批“五型”政府建设示范乡镇。

【基础设施建设】 规划“一圈五环”（“一圈”：由沙地至湖江、湖江大桥、湖江至石芫、石芫至吉埠、吉埠至江口、江口至梅林大桥、义源至大田、大田至大埠、大埠至王母渡、王母渡至阳埠、阳埠至信丰、章贡区境内105国道、五云至沙地、沙地至沙圩桥等主干公路组成的循环交通圈。“五环”：由沙地至沙圩桥、南康区境内的S226和S221公路构成的小循环圈；由沙地至湖江、湖江大桥、沙地至五云，加上章贡区水西镇的虔东大道构成的小循环圈；由湖江至田村、田村至南塘、南塘至江口、湖江至江口公路构成的小循环圈；由大田至长洛、长洛至大埠、大田至大埠公路构成的小循环圈；由王母渡至阳埠、阳埠至信丰、王母渡至信丰公路构成的小循环圈）战略布局，实施“决战三年、畅通赣县”道路提升行动。启动国道323江口至梅林大桥段、国道105五云至石岩前段、县道805义源至大田等项目建设，完成公路新改建96.8千米、修复提升64.9千米，改造危桥4座。华能瑞金电厂2期建成投运，光伏发电装机规模3.2万千瓦；建成梅林南、湖沙线等一批输变电工程，新建农村电网154.6千米，改造低压线路325.9千米。实施农村饮水“百日攻坚行动”项目12个，改造提升小型供水工程45处，受益人口2.75万人。完成南塘镇、吉埠圩镇、城区储潭段、茅店段防洪工程建设，5个水库除险加固进展顺利。实施5G网络覆盖提升工程，建成5G基站258个。完成稀金大数据中心1期建设。

【民生事业】 全年民生支出42.86亿元，占一般公共预算支出的86.89%。新增城镇就业4228人，转移农村劳动力7667人。建成居家和社区养老服务站点298个，7个站点被评为省级养老服务示范站点。全面落实“双减”政策，实施城关第三小学、茅店中心学校等校建项目28个，新增学位2500余个。工人文化宫、档案馆建成投入运行，游泳馆开业运营，推进人民医院综合楼、疾控中心等项目建设。扫黑除恶专项斗争列全市第四；全民反诈经验做法在全省推广，全省公众安全感综合排名列县级层面第19名。城区空气质量优良天数占99.4%，PM2.5平均浓度下降12%，空气质量全省排名前进21名。“我为群众办实事”实践活动事项全部办结，群众满意率98.85%。办理人大代表建议和政协委员提案135件，办复率、满意和基本满意度均达100%。

【赣州港赣县港区五云作业区综合枢纽码头建设】 2020年12月8日，全省重点公路水运项目之一的赣州港赣县港区五云作业区综合枢纽码头1期工程开工。至2021年底，完成码头平台主体工程、码头前沿辅助

赣州港赣县港区五云作业区综合枢纽码头 1 期工程（2021 年，赣县区供图）

建筑框架、走道板等附属工程。该项目由江西省港口集团投资建设，占地 29.78 公顷，使用岸线长度 500 米，新建多用途泊位 3 个、散货泊位 2 个（均为 1000 吨级，水工结构可兼顾 3000 吨级），设计年吞吐量为 370 万吨，投资约 7.97 亿元，计划 2022 年建成。按照与江西省港口集团签署的《赣州港（水运）综合枢纽投资建设框架协议》，赣州市将同步配套建设五云疏港公路。

（朱祥福）

南康区

【概况】 南康区辖 7 个镇、11 个乡、2 个街道（含赣州经济技术开发区管理的 1 个镇、1 个乡）。总面积 1623.02 平方千米，耕地面积 2.4 万公顷，林地面积 10.02 万公顷。户籍人口 775570 人，其中城镇人口 286333 人，人口自然增长率 0.037‰。2021 年，南康区生产总值 409.8 亿元，增长 9.4%，列全市第二，其中第一产业增加值 26.7 亿元，增长 7.4%；第二产业增加值 176.8 亿元，增长 8.7%；第三产业增加值 206.3 亿元，增长 10.3%。财政总收入 41.73 亿元，增长 10.9%，列全市第二；地方财政收入 24.8 亿元，增长 3.5%；地方财政支出 75.3 亿元，增长 0.5%。一般公共预算收入 24.8 亿元，列全市第二。规模以上工业增加值增长 11.9%，固定资产投资增长 12.7%，实际利用外商投资 2.34 亿美元，利用省外 2000 万元以上项目资金 73 亿元，一般公共预算支出和政府性基金预算支出 107.6 亿元，居赣州市前列。进出口总额 68.9 亿元，电商交易额突破 700 亿元。金融机构存贷款余额突破 1200 亿元，存贷比 117.8%。新增市场主体 1.6 万户，日均新增 45 户，总量突破 10 万户。全社会用电量、工业用电量均保持全市第二。新认定高新技术企业 16 家，总数突破 100 家。农林牧渔业总产值 43.56 亿元，增长 9.2%。粮食播种面积 3.33 公顷，下降 4.1%。油料播种面积 6426.67 公顷，增长 16.9%。花生播种面积 5373.33 公顷，增长 0.1%。蔬菜种植面积 1.12 万公顷，增长 2.2%。茶园种植面积 15.47 公顷。果园种植面积 7893.33 公顷，增长 1.3%。粮食总产量 19.53 万吨，增长 1%。油料产量 1.87 万吨，增长 7.3%，其中花生产量 1.75 万吨，增长 1.1%。蔬菜产量 25.47 万吨，增长 2.3%。茶叶总产量 21 吨。水果产量 7.54 万吨，增长 5.2%，其中脐橙产量 1.88 万吨，增长 5.3%；甜柚产量 3.92 万吨，增长 5.2%。肉类总产量 7.55 万吨，增长 9.4%，其中，猪肉产量 6.03 万吨，增长 3.8%；牛肉产量 0.29 万吨，增长 71.8%；禽肉产量 1.23 万吨。禽蛋产量 0.56 万吨。年末生猪存栏 47.15 万头，减少 5.1%；出栏 72.31 万头，增长 6%。全年城镇居民人均可支配收入 38851 元，增长 9.1%；农村居民人均可支配收入 14983 元，增长 11.2%。城镇居民人均消费支出 18199 元，增长 11.9%；农村居民人均消费支出 15043 元，增长 15.4%。

全年承办全省现代家具产业链链长制工作等市级以上现场推进会 11 个；在 22 个市级以上会议作先进典型发言，在上级各类党报党刊单条推介南康区改革创新经验做法 119 篇次；获批市级以上试点示范事项 10 个，获评 2020 年度全省高质量发展综合绩效先进县（市、区）、全省全面深化改革工作先进县（市、区）、2021 年度全市项目大会战综合评比第一名。

【“揭榜挂帅”专项行动】 9 月，开展“揭榜挂帅”专项行动，组建“1+1+N”（1 名领衔区领导+1 名或多名科级干部+N 名优秀年轻后备干部或业务骨干）项目攻坚专班，3 个月内完成重大产业类项目落地 30 个，开工重大平台建设项目 5 个，完成重要改革课题 3 个。28 个省大中型、3 个省重点、11 个市重点项目分别完成年度投资计划的 148.3%、136.5%、201.3%；99 个六大主攻方向项目完成投资 422.3 亿元，超目标 34.5 个百分点。报批土地 293.47 公顷，消化批而未用土地 680 公顷，完成土地出让收入 41.2 亿元，均列全市第一。签约项目 94 个，签约金额超 1000 亿元，比 2020 年净增 550 亿元。韵达物流、功夫动漫、长江精工、世纪文旅等一批项目先后落户南康区。

【首座工业级无人机射流式风洞试验室建成启用】 11 月，国内首座工业级无人机射流式风洞试验室落户南康区并建成启用。该无人机射流式风洞由直径为 2.5 米的 8 台轴流风扇阵列组成，可提供宽 4 米、高 2 米的风场范围；在保证风场有效范围的前提下，可提供正 60 度到负 30 度的吹风角度调节，可模拟爬坡风、风切变、下洗流等对无人机性能的影响；全自动化控制，可支持 24 小时不间断运行，可供消费级、工业级等无人机在有效精确的可控风速、吹风角度等试验条件进行起降抗风能力、飞行抗风能力、动力系统稳定性、电气系统功耗等性能、特性测试，在试验和评价技术方面的能力处于国内领先行列。该无人机射流式风洞项目由部委支持、政府引导、市场主导、企业共建。风洞试验室建成启用后，可承担无人机测试评价的部企地（部委、企业、政府）相关课题研究。

【赣州国际陆港建设】 南康区赣州国际陆港新打通经绥芬河入境通道，新开通经厦门港至美国、经广州港至非洲德班港海铁联运班列，开通全省首趟至老挝国际班列。开行中欧（亚）班列277列、“三同”班列1589列、内贸班列1630列，铁路集装箱吞吐量达22.2万标箱，增长19.1%。创新“中欧班列+跨境电商”新型贸易模式，开展“9710”（跨境电商B2B直接出口）、“9810”（跨境电商出口海外仓）业务，货物进出口量突破3000万票、出口额12亿元。陆港跨境贸易选品中心上线运营。获批平行进口汽车试点、国际进口木材贸易博览会永久举办地、国家进口松木板材利用试点资质。赣深组合港开通运营，在全国首创“跨省、跨关区、跨陆海港”通关新模式；陆港实现国际贸易“起运港”“目的港”功能，入选国家“一带一路”多式联运示范工程。赣州综保区调整至赣州国际陆港。推进赣粤产业合作区南康片区和深赣“港产城”特别合作区建设。

【家居小镇孵化器项目获“鲁班奖”】 12月22日，2020—2021年度建设工程“鲁班奖”获奖结果揭晓，由中建五局投资、建设、运营的赣州南康家居小镇项目孵化器工程获“建设工程鲁班奖”，该奖项是建筑行业工程质量的最高荣誉奖。孵化器工程是一座集家具产业推广、旅游、会议、餐饮、住宿等于一体的公共建筑工程，外形以独特的三枚蛋为造型，是赣州市南康区新地标，主体结构总用钢量达1.5亿吨，是赣州地区最大的异形钢结构酒店。孵化器外幕墙整体呈双叶双曲面布置，铝板呈木纹棕色，整体幕墙由2万多块玻璃及4万多块铝板组成。孵化器大堂内有巨幅浮雕世界地图背景墙和巨大的木匠刨子雕像，浮雕以赣州市为中心，通过铜丝线与世界各地连接，体现“一带一路”倡议、赣州与世界各地友好交流往来、南康工匠文化的输出以及南康“木材买全球、家具卖全球”的贸易理念。孵化器工程获省部级工法1项、国家发明专利2项、实用新型专利4项，获江西省优秀设计奖、江西省标化工地、江西建筑结构示范工程、江西省“杜鹃花”奖、“中建杯”优质工程金质奖等25项荣誉。

【“南康木匠”获评国家级品牌】 10月14—16日，由人力资源和社会保障部、吉林省人民政府共同主办的第三届全国创业就业服务展示交流活动在吉林省长春市举办。“南康木匠”被评为“我最关注的劳务品牌”和“行业引领类劳务品牌”，成为江西唯一一个获评这两大品牌的劳务品牌。

（倪贵清）

信丰县

【概况】 信丰县辖3个乡、13个镇、1个城市社区党工委、1个高新技术产业园区。总面积2866.04平方千米，总人口78.02万人。耕地面积4.36万公顷，森林覆盖率70.33%。2021年，全县地区生产总值280.2亿元，增长9.2%。其中，第一产业增加值43.13亿元，增长8%；第二产业增加值106.54亿元，增长8.8%；第三产业增加值130.53亿元，增长9.9%。一般公共预算收入实现15.13亿元，增长17.5%。公共财政支出50.05亿元，下降16.6%。固定资产投资增速11.7%。实际利用外资15719万美元，增长8.6%；实际利用省外资金68.40亿元。社会消费品零售总额62.15亿元，增长19.5%。全社会用电量21.12亿千瓦时，增长20.4%，其中工业用电量12.66亿千瓦时，增长22.2%。水泥产量463.5万吨。全年农业总产值实现74.6亿元，增长9.9%。农村居民人均可支配收入17597元，增长12.6%；城镇居民可支配收入37758元，增长8.8%；金融机构期末存款余额384.91亿元，增长7.8%；金融机构期末贷款余额356.16亿元，增长22%。

【工业发展】 工业总产值实现267.5亿元，增长38.4%；规模以上工业增加值增速11.7%。净增规模以上工业企业34家、全市第一，总数164家。规模以上工业企业营业收入突破270亿元，增长39%，其中电子信息产业134亿元，增长49.6%。产值超亿元企业58家。培育“瞪羚”企业2家、“两化”（信息化、工业化）融合的示范企业2家、专精特新中小企业13家、创新平台载体11家。新认定国家高新技术企业30家，总量全市第三。每万人拥有经国内外知识产权行政部门授权且在有效期内的发明专利数3.12件。信丰5G产业园获评江西省首批5G产业基地。

【现代农业】 粮食播种面积4.57万公顷，总产量4.59亿千克；蔬菜种植面积1.43万公顷，年产63万吨；脐橙种植面积1.67万公顷，产量20万吨，产值突破20亿元。全国蔬菜质量标准中心（赣州）分中心和粤港澳大湾区“菜篮子”产品赣州配送分中心建成投入使用。生猪年存栏44.21万头，年出栏86.46万头，连续3年全省第一。信丰县入选全国农业科技现代化共建先行县、全国县域农业农村信息化发展先进县、江西省数字乡村试点县。

【粤港澳大湾区蔬菜产业合作交流大会(赣州)在信丰县召开】 4月30日，由省农业农村厅、省供销联社、粤港澳大湾区“菜篮子”工作办公室、赣州市人民政府主办、信丰县人民政府承办的粤港澳大湾区蔬菜产业合作交流大会（赣州）在信丰县召开。大会包括开幕式、对接融入粤港澳大湾区现代农业招商推介会暨重大项目签约仪式、现场观摩、高峰论坛等活动。农业农村部、中华全国供销合作总社、中国蔬菜协会、广东省农业农村厅、粤港澳大湾区“菜篮子”工作办公室、江西省农业农村厅、江西省供销社（供销集团）、赣州市委、市人大常委会、市政府、市政协有关领导，国内知名专家学者，市直有关单位和各县（市、区）政府主要负责人、农业农村局主要负责人，以及粤港澳大湾区“菜篮子”产品配送中心（分中心）代表，国内农业龙头企业、客商代表，中央、省、市有关媒体记者和社会各界人士等500余人参会。会上，举行粤港澳大湾区“菜篮子”生产基地授牌仪式，为2021年赣州市新增的20个粤港澳大湾区“菜篮子”生产基地授牌；集中签约全市重点农业项目23个，签约总资金168.2亿元，其中10亿元以上项目5个，50亿元项目1个。签约项目涵盖农机智能制造、富硒农业、农旅产业发展、农产品种养加工、存储物流等农业全产业链。信丰县在会上签约中国（赣南）农机智能装备产业园、信丰县麦金地中央厨房、信丰县油茶产业园和江西省富硒农业产业园等项目4个。

【2021赣南脐橙博览会暨赣南脐橙产业发展五十周年纪念活动在信丰县启动】 11月19日，由省农业农村厅、市人民政府主办的2021赣南脐橙博览会暨赣南脐橙产业发展五十周年纪念活动在信丰县启动。全国人大常委会副委员长、中国农工民主党主席、中国红十字会会长陈竺通过视频致辞。省委副书记、市委书记吴忠琼出席并宣布开幕。各级领导以及脐橙产业方面的专家学者、国内农业龙头企业、客商代表和社会各界人士等300余人参加活动。活动主题为“产业兴旺感党恩，创新引领迈征程”，持续至2022年3月。其间，将举办亲近橙园采摘、赣南脐橙产业高质量发展高峰论坛、“赣南脐橙”号高铁首发仪式、赣南脐橙采摘旅游季等系列活动。活动现场，市果业发展中心与中国国家品牌网、深圳亚太国旅、京东、美团等企业签署一批电商、文旅项目。与会领导和嘉宾还参观赣南脐橙优良品种展示、深加工企业产品、优质电商企业展示及直播、果业机械展示演示和赣南脐橙产业发展50周年成就展。

【信丰县获评省级生态县】 12月8—9日，江西省生态文明示范建设现场会在景德镇举行，信丰县作为全省9个第五批“江西省省级生态县”称号之一在大会上接受表彰并授牌。1—11月，信丰县中心城区空气优良天数比例99.1%，上升1.8%。PM2.5浓度均值每立方米23微克，下降8%；县级以上城市集中饮用水水源达标率100%，15个农村集中式饮用水水源达标率100%。全县地表水考核断面水质优良率100%，水质综合指数3.75，上升3.76%；在2020年度赣州市污染防治攻坚战成效考核中，信丰县被评为优秀等次。至年底，信丰县累计成功创建国家级生态乡（镇）1个，省级生态乡（镇）10个，省级生态村40个，市级生态村220个，全县生态创建率84.73%。

4月30日，粤港澳大湾区蔬菜产业合作交流大会（赣州）在信丰县召开

（信丰县供图）

【赣深高铁信丰西站开站】 12月10日，赣深高铁信丰西站开站，由信丰县冠名的“世界橙乡·赣州信丰”号G4615次高铁列车从赣州西站首发，终点站深圳北站。该站坚持“站城一体、站场一体”理念，坐落在北江源·高铁新城，距离县城4.5千米。建筑以脐橙之乡——橙花为元素，融合守信文化、橙乡文化、客家文化、红色文化的特点，采用白色橙花瓣造型，表达“人信物丰地、玉带橙花开”的内涵。候车厅吊顶线条以玉带桥为原型，在多处使用橙花、祥云图案。总建筑面积1.85万平方米，总投资1.91亿元，辐射信丰县、南康区、赣县区、安远县、大余县及广东省南雄市等周边县（市）约200万人口，是中国国家铁路集团有限公司江西段唯一的示范站。信丰西站开站后，信丰县到深圳市时间由原来的5.5小时压缩到1.5小时。

【信丰县第一中学竣工开学】 信丰县第一中学2020年5月开工，2021年8月完成项目建设。中学位于桃江河畔，嘉定镇山塘村、水北村交界处，占地30.63公顷，总投资6.4亿元，办学规模6000人，新建校舍总建筑面积17万多平方米。9月，高一年级30个教学班1607名学生入学。

（罗才胜）

大余县

【概况】 大余县辖8个镇、3个乡、1个城市社区管委会，105个村

(居)。土地总面积1343.67平方千米，其中耕地面积13027.48公顷，森林覆盖率73.3%，新增城镇绿地面积10.2万平方米。全县总人口30.29万人，其中城镇人口15.12万人，下降1%。人口出生率5.57‰，自然增长率2.68‰；有畲族、壮族、苗族等19个少数民族，人口以畲族居多，有池江镇九水村、青龙镇元龙村、黄龙镇黄龙村、内良乡李洞村4个畲族民族行政村。2021年，实现地区生产总值126.33亿元，增长9%。其中，第一产业增加值14.67亿元，增长7.3%；第二产业增加值53.96亿元，增长8%；第三产业增加值57.7亿元，增长10.4%。三次产业结构比调整为11.6∶42.7∶45.7。实现财政总收入13.79亿元，增长3.7%；财政支出30.16亿元，下降12.8%。500万元以上固定资产投资增长7.4%，实际利用外资1.47亿美元，增长7.4%。全年农林牧渔总产值24.08亿元，增长9%。粮食总产量9.03万吨。粮食单产每亩380.5千克。社会消费品零售额57.24亿元，增长18.7%。全年接待旅游观光人数848.26万人次，增长90.9%；旅游总收入68.37亿元，增长33.5%。金融机构存款余额157.16亿元，增长8.3%，人均储蓄存款59381元，增长8.9%；金融机构贷款151.37亿元，增长15.5%。城镇居民人均可支配收入34533元，增长7.3%；农村居民人均可支配收入15539元，增长11.2%。新增城乡个体私营企业2650家，增长2.6%。

【主攻工业】 设立工业企业上台阶奖和纳税贡献奖，企业产销增长90%以上，盛源新材料、福鑫矿业2家企业营业收入突破10亿元。8月，悦安新材料在科创板上市，填补大余县无本土企业上市的空白。引入第三方对行业主管部门和引进服务单位在优化营商环境方面满意度进行每季测评，在2020年度全省营商环境评价中，大余县综合排名全省第23名、全市第五。大余县和江西理工大学合作共建“大余县钨产业技术研究院”。悦安新材料与江西师范大学共同筹建悦安微特创新研究院，正在创建“博士后创新实践基地”。海创钨业获江西省科学技术进步奖二等奖，漂塘钨业参与完成的项目获省科学技术进步奖三等奖，悦安新材料获国家第六批制造业单项冠军，翔鹭钨业获省专业化“小巨人”企业，盛源新材料、东宏锡制品、松瀛化工等5家企业获省专精特新中小企业。大余县工业园区获批市第四批大众创业万众创新示范基地。

【项目建设】 全年纳入市调度项目70个，全部开工。年度计划投资133.17亿元，完成投资183.67亿元，完成投资率137.92%。聚焦钨及有色金属新材料和新能源及汽车配件“双首位产业”，推动产业链、供应链优化升级。大余县成功创建省级全域旅游示范区。教育支出7亿元，全县义务教育学校课后服务实现全覆盖。实施“四好农村路”（把农村公路建好、管好、护好、运营好）建设，全县行政村通客车率100%。推进危桥改造等交通基础设施项目建设。实施农村饮水安全工程，农村集中供水率提高到88.8%。推进农田水利工程建设，农业水价综合改革工作有序开展。人才住房建设开工328套，城市棚户区改造开工108套。

【乡村振兴】 狠抓乡村治理、宅基地改革等2项“国字号”改革试点，全省农村宅基地制度改革试点工作流动现场会在大余县召开，智慧宅改“五个一”（数据管理“一个库”、便民服务“一云端”、申请审批“一条链”、巡查监管“一张网”、综合利用“一中心”）模式作为大余县试点经验在全省推广学习，乡村治理改革经验做法2次在全省作典型发言，入选第三批全国乡村治理典型案例，被农业农村部、国家乡村振兴局在全国推介。大余县获评全省“美丽宜居示范县”。全年新建高标准农田1186.67公顷，新开发或复种脐橙基地156.51公顷，粮食种植面积15820公顷，蔬菜播种面积6066.67公顷。建设麻鸭家禽保种提纯复壮与开发利用、花艺小镇等项目。全年花卉苗木种植面积3000公顷，形成沿国道323和余崇线省道为主的花木长廊；肉鸭总出笼数430万只，板鸭产量180万只；建成稻虾养殖基地、中药材基地，面积各200公顷。开展新农村建设、低质低效林改造、章江河道水环境治理等项目。打造新农村建设点137个，新增绿色有机农产品5个、全国名特优新农产品2个，申报国家农产品地理标志1个，认定粤港澳大湾区“菜篮子”生产基地1家。大余县获评第一批全国农作物病虫害绿色防控示范县。

【疫情防控】 安排2500万元用于疫苗费用、接种点各接种设备、救治设备和药品、疫苗接种人员补贴等。对部分高龄人群、有特殊困难不能及时进行疫苗接种的人群，组织乡镇村干部、志愿者提供优质服务，完成疫苗接种。2020年12月31日至2021年11月25日，全县累计接种437575剂次，共接种233212人，其中接种灭活疫苗232732人，完成两剂次人数占比86.14%，完成加强针3886人；接种腺病毒疫苗480人。

【悦安新材料在科创板上市】 8月26日，江西悦安新材料股份有限公司（简称悦安新材）在上海证券交易所科创板上市，是大余县第一家上市企业。悦安新材是大余县本地企业，有省级企业技术中心和省级羰基金属粉体材料工程研究中心，拥有境内发明专利14项、实用新型专利20项，境外发明专利1项，起草和参与制定《微米级羰基铁粉》等国家及行业标准7项，在金属注射成型喂料、软磁材料、吸波材料、金属3D打印材料等领域成绩突出，公司主要产品羰基铁粉市场占有率居世界前列。

【南方红军三年游击战争纪念馆开馆】 7月30日，经中共中央办公厅批准的南方红军三年游击战争纪念馆在大余县开馆。纪念馆坐落在大余县黄龙镇丫山南麓，总投资2.86亿元，占地面积14.05公顷，建筑面积1.97万平方米，整体建筑包括主馆、红色文化街、游击体验区及红色文化表演区等。纪念馆陈展面积约5000平方米，展览以南方红军三年游击战争的主要战斗历程为主线，从各游击区的重点和特色出发，提炼山岭、丛林、山洞、海浪等环境元素，运用AR互动、3D投影、多媒体场景、微缩景观、视频动漫等陈展手段，全方位展示南方8省15个地区的游击战争历史，是全国首座全面展示中国共产党3年游击战争历史的革命展馆。纪念馆主题展览《南国烽烟举红旗——南方红军三年游击战争历史陈列》获中央宣传部、国家文物局联合推介庆祝中国共产党成立100周年精品展览，并入选第六批江西省爱国主义教育示范基地。

【2021江西省森林旅游节在大余县举行】 12月18—20日，2021江西森林旅游节大余分会场活动举行，活动以“健跑丝路明珠，畅游生态大余”为主题，采取“1+3”[2021江西森林马拉松系列赛（大余站）为主体，大余美食特产展、乡村篝火狂欢夜、黄元米果节3个子活动]的形式开展。参赛人员2081人，其中4.5千米全民健身跑1000人，21千米半程马拉松1081人，50千米森勇毅径越野徒步200人。

（叶　妍）

上犹县

【概况】 上犹县辖6个镇、8个乡，总面积1543.87平方千米。耕地面积8666.7公顷，森林面积1.2万公顷，森林覆盖率81.4%。总人口32.63万人，其中非农业人口5.01万人。2021年，全县生产总值105亿元，增长8.4%。完成财政总收入11.84亿元，增长8.3%。社会消费品零售总额45.76亿元，增长19%；实际利用外资1.02亿美元，增长7.3%；出口总额11.92亿元，增长18.6%；城镇、农村居民人均可支配收入分别达33178元、13634元，分别增长9%、12.7%。全年完成民生支出24.9亿元，占一般公共预算支出的80.1%。高标准改造老旧小区16个1268户，完成棚户区改造226户。安排巩固衔接资金2.18亿元，发放“两个信贷通”（产业扶贫信贷通、农业产业振兴信贷通）贷款1.6亿元；安置农村就业扶贫公益性岗位3205人，发放工资补贴1436万元。完成粮食播种面积17020公顷产量10.58万吨，生猪出栏11.4万头。新建设施蔬菜150.6公顷、茶园333.33公顷、中药材533.33公顷，新种植（低改）油茶1273.33公顷。新认定粤港澳大湾区“菜篮子”生产基地2家、“湘赣红”品牌授权企业6家、富硒农产品11个。改造低质低效林1520公顷，治理水土流失47平方千米。上犹县梅水乡被评为省级乡村旅游重点镇。

【工业产业】 新建标准厂房4万平方米。新入规工业企业11家，规模以上工业主营业务收入133.6亿元。新引进工业项目20个，溢联科技等15个亿元以上项目建成投产，工业固定资产投资增长11.5%。星科电子建成，填补玻纤复材首位产业深加工空白。首位产业集群企业突破160家，集中度提升至55%。新增省级以上企业创新平台2家、科技型中小企业56家，国家高新技术企业突破80家。新认定江西名牌产品3个、省“专精特新”企业5家，企业参与国家和行业标准制定44项。获授权发明专利18件。

【民生事业】 完成相对集中行政许可权改革，实现“一枚印章管审批”事项135项。“赣服通”上犹分厅4.0上线，4家单位79项服务事项进驻政务服务大厅。赋权乡（镇）行政权力及公共服务事项106项、村（居）服务事项62项。农业农村、普惠金融等重点领域改革不断深入。全年新签约引进项目31个，总投资103亿元，其中10亿元以上项目5个。争取上级各类资金20.73亿元、新增债券8.06亿元。城乡低保、“五保”（保吃、保穿、保医、保住、保教或保葬）户等困难群体生活补贴全面提标，居民养老、医疗保险基本实现全覆盖。城镇登记失业率控制在4.2%以内。城区居家综合养老服务中心、紫阳中心敬老院投入使用，农村居家养老服务站点覆盖率85%。城区第五幼儿园、第六小学建成开学。落实“双减”政策，义务教育学校课后服务实现全覆盖。县文化馆获评国家一级馆。县中医院完成整体搬迁，中医馆实现乡镇全覆盖。安全生产事故起数、死亡人数实现“双下降”，公安满意度、扫黑除恶知晓率均列全省第一。上犹县获评全省首批食品安全治理示范县。松鹤森林公园启用，赣州市殡改工作流动现场会在上犹县召开。

【旅游服务】 溪舍、拾间宿、沃尔顿等民宿酒店开始营业。举办环鄱阳湖自行车精英赛、百万联盟杯钓鱼拉力赛等各类赛事65场次。旅游接待人次、综合收入分别增长32.2%、28.7%。成功创建阳明湖省级旅游度假区，梅水乡获评省级乡村旅游重点乡镇，营前蛛岭、平富上寨入选省级红色名村。非遗购物节、“百县百日”文旅消费季等系列活动实现网络零售额7.66亿元，增长35.8%。

【全国生态补偿试点工作现场会在上犹参观示范项目】 5月13日，由国家发改委主持召开的全国生态补偿试点工作现场会在赣州市召开。会议期间，组织与会人员到上犹县，与会代表一行先后到上犹县阳明湖流域生态补偿典型案例现场教学点（南湖国际垂钓基地）、赣南树木园森林生态效益综合补偿案例现场教学点开展教学。通过实地查看、听取汇报等方式了解上犹县在开展生态补偿工作方面的措施、成效。2020年来，上犹县获评全国生态保护与建设示范区、国家重点生态功能区、国家绿色能源示范县、全国村庄清洁行动先进县、全国全面推进河（湖）长制工作先进单位、全国黑臭水体治理试点县、全省生态文明示范县、全省生态文明建设十大领跑县、全省第五批“生态县”和全省生态扶贫试点县。

【"物业进乡村"模式被推介为全国乡村振兴典型案例】 上犹县以村为单位组建131个村集体股份经济合作社，依托合作社成立物业公司，由乡（镇）政府、村委会与物业公司签订乡村物业服务合同，将清扫保洁和日常管护业务外包给物业公司，将农村乱搭乱建、乱拉乱挂、乱堆乱放、乱扔乱倒、乱披乱围、畜禽散养等"五乱一散"整治内容列入物业公司服务范围，并细化物业清单20余项，实行"乡村物业"收费模式，按每户每月3—5元标准收取物业费，实现农村人居环境整治公司化运营、市场化运作，基本形成以乡（镇）政府主导、村委会委托、合作社运营、量化绩效考核的农村物业管理模式。全县享受物业上门服务的农户5600余户，群众满意率98.3%。

（谢东才）

崇义县

【概况】 崇义县辖6个镇、10个乡。总面积2206.7平方千米。森林资源丰富，森林总面积20.07万公顷，其中林地面积17.93万公顷，占土地总面积的89.3%，森林覆盖率88.3%，居全国集体林区县首位。西部诸广山脉齐云山海拔2061.3米，为江西第二，赣南第一高峰。总人口21.45万人，其中城镇人口5.04万人；人口自然增长率2.3‰。2021年，地区生产总值101.8亿元，增长8.8%。其中，第一产业增加值11.48亿元，增长7%；第二产业增加值41.89亿元，增长9.4%；第三产业增加值48.43亿元，增长8.9%。税收收入12.8亿元，增长31.1%。一般公共预算收入9.08亿元，下降3.1%。一般公共预算支出29.61亿元，下降3.1%。全县工业增加值35.03亿元，增长9.8%。规模以上工业增加值增长11.5%。500万元以上固定资产投资增长10.9%。实际利用外资2524万美元，增长7.1%。实际利用省外资金2000万元以上项目资金22.44亿元，增长8.04%。农林牧渔业总产值18.19亿元。粮食总产量3.75万吨。主要农产品及产量：油料作物2336吨、茶叶163吨、水果5.43万吨、水产品1.33万吨。社会消费品零售总额36.37亿元，增长18.2%。城镇居民可支配收入3.42万元，增长8.9%；农村居民人均可支配收入1.38万元，增长11.1%。金融机构年末各项存款余额123.1亿元，增长4.8%；各项贷款余额165.2亿元，增长21.6%。崇义县"三产融合"，做法入选全国"绿水青山就是金山银山"实践模式与典型案例，为全省唯一；获评全国农村创业创新典型县、全国村庄清洁行动先进县，均为全市唯一；推进"两山银行""湿地银行"模式创新，成为全省首批、全市唯一的"湿地银行"建设试点县；以全省第一的成绩获评省级全域旅游示范区；上堡梯田亮相中央电视台、《人民日报》等主流媒体。

【项目建设】 28个省、市考核"项目大会战"项目，64个"六大主攻方向"项目全部开工，分别完成年度投资54亿元、118亿元，超额超进度完成年度目标。争取上级资金26.3亿元、省级以上重大政策成果16项。对接融入粤港澳大湾区，签约引进项目21个，签约额190.2亿元。

【产业发展】 工业建设。新增规模以上工业企业13家、科技型中小企业31家、高新技术企业7家、专精特新企业5家。规模以上工业实现营业收入108亿元，增长42.6%；利润总额4.9亿元，增长76.1%。规模以上企业研发经费支出1.6亿元，增长202%。齐云山公司获评省级企业技术中心，2项产品分别获省优秀新产品一等奖、二等奖；君子谷等8家企业入选全省产融合作主导产业重点企业；章源钨业获评全省智能制造标杆企业，新增省科技进步二等奖技术2项。总投资20亿元的集装箱配套地板生产基地、年产3万吨锂电池正极材料等项目落地。发展绿色食品加工，崇义水饺连锁经营质量提升相关经验在全市推广。工业园区新建标准厂房6.5万平方米。

现代农业。粮食播种面积666.67公顷，总产量3.75万吨。崇义县获评全省乡村振兴战略实绩考核优秀县。壮大绿色、有机、富硒农业，培育地理标志农产品认证企业13家，建成高标准富硒产业示范基地8个。

现代服务业。建成上堡农耕文化体验园，投入运营知行湖水舞秀、左溪阳明寨等项目，崇义县获评最美中国文化旅游县、全国森林康养基地试点建设县，上堡整训旧址获评建党百年红色旅游精品线路，君子谷获评省级生态旅游示范区。全年接待游客634万人次，实现旅游综合收入55.2亿元。

【城乡建设】 投资4.5亿元推进城乡污水处理厂网一体化建设，阳明路、健康路老旧小区提升改造竣工，崇义县入选全国文明城市提名城市。关田镇、铅厂镇获评全省首批生态园林城镇。推进城乡环境综合整治和新时代"五美"（环境美、生活美、人文美、和谐美、建设美）乡村建设，打造省级新农村建设点37个、美丽宜居示范村9个，崇义县获评全省农村人居环境整治工作先进集体。完善基础设施，推进扬眉江流域河道治理，遂大（遂川至大余）高速开工建设，国道220过埠至西门一级公路、左溪旅游公路完工通车，南山口应急水源项目竣工投运。崇义县入选全省农村宅基地规范管理示范先行县创建名单。

【生态建设】 创新实施乡镇间断面水质考核监测，城区环境空气优良率99.7%，受污染耕地安全利用率93%。做好中央和省环保督察及"回头看"问题整改，完成长江经济带生态环境警示片披露问题、生态环境保护专项审计问题整改。落实碳达峰、碳中和部署，推进全省碳中和、林业碳汇试点。推进山水林田湖草生命共同体建设，生态补偿、生态农业融合发展机制、森林经营试点等经验在全国推广。

【民生事业】 完成民生实事51件，民生支出23.2亿元，占财政总支出的78.3%。推进校园建设项目27

个，完成“双减”任务，高考一本、二本上线人数实现新突破，初中教学质量居全市前列。城镇新增就业1924人，城镇登记失业率控制在2.4%以内，零就业家庭实现100%安置。县人民医院门（急）诊综合楼和感染性疾病科用房投入使用。农村“雪亮工程”、智慧安防小区建设项目稳步实施，公安满意度98.5%，连续5年列全省前五；民调评警工作列全市第一，连续5年列全市前三；法律明白人培训完成率、电信网络诈骗破案率列全市第一。

【崇义县“三产融合”做法入选全国“绿水青山就是金山银山”实践模式与典型案例】 2021年7月，生态环境部发布《“绿水青山就是金山银山”实践模式与典型案例（第一批）》，《江西省崇义县立足特色果业资源引领三产互促并进》案例入选，是江西省唯一。崇义县实施三产融合发展战略，确立“以三产融合发展为切入点和总抓手，坚持问题导向，最终打通绿水青山与金山银山之间的双向转换通道，实现生态产品价值最大化”的基本思路。成立推进三产融合发展工作领导小组，制定出台“1+7”（《崇义县推进一、二、三产业融合发展实施意见》，刺葡萄、南酸枣、竹木、茶叶、崇义水饺、梯田米、生态鱼等专项实施方案）政策文件，按照“产业园+新型经营主体”的生产经营模式，投资3.5亿元建设集产业孵化、招商洽谈、电子商务、技能培训、政策服务等功能于一体的江西省崇义县三产融合示范产业园。按照“线下体验、线上销售”的思路，推动“线上”“线下”融合对接，创新营销方式。创新“政企银”对接合作机制，设立“产业融合发展信贷通”和“崇义绿色生态板块”股权服务平台。推进国家有机食品生产基地建设示范县、国家农村产业融合发展示范、江西省生态产品价值实现机制、江西省经济生态生产总值核算、上堡梯田景区江西省碳中和试点示范，生态产业真正成为“富民产业”“富县产业”。

（朱建华）

安远县

【概况】 安远县辖8个镇、10个乡、1个城市社区管理委员会，152个行政村、24个居民委员会。总面积2350平方千米，其中城区面积18平方千米。森林面积23.26万公顷，森林覆盖率82.72%，城区绿化覆盖率43.14%。总人口408406人，其中非农业人口101203人；人口自然增长率7.76‰。2021年，地区生产总值102.15亿元，增长8.4%。其中，第一产业增加值22.35亿元，增长6%；第二产业增加值26.87亿元，增长11.4%；第三产业增加值52.93亿元，增长8%。财政总收入11.13亿元，增长7.5%，税收占财政总收入的45.2%；地方财政收入7.13亿元，增长7.6%；地方财政支出32.09亿元，下降13.8%。规模以上工业总产值57.38亿元，增长37.1%。外贸出口1.05亿元，占地区生产总值的1.03%。固定资产投资增长10.3%；实际利用外商投资4358万美元，增长7.95%；实际利用省外投资25.99亿元，增长9.39%。主要工业产品：单一稀土金属368.4万千克、手机56.7万台、智能音箱957.5万台、电子元件12.1万只、印刷电路板123.7万平方米。农业总产值35.82亿元，增长7.5%。粮食总产量9.76万吨，增长2.9%。主要农产品：蔬菜21.2万吨、脐橙17.2万吨、烟叶3.9万担（1950吨）、生猪出栏42.2万头、家禽出笼475.1万只。社会消费品零售总额52.27亿元，增长16.6%。城镇居民人均可支配收入30270元，增长7.2%；农村居民人均纯收入13545元，增长10.1%。城乡居民年末储蓄余额117.6亿元，增长11.1%。全县金融机构各项存款余额163.2亿元、贷款余额190.5亿元，分别增长6.7%、15.9%。

【产业发展】 工业产业。全年签约引进项目40个，签约资金165.2亿元，8月以来签约项目27个、总投资122亿元，16个项目从签约到开工或投产用时仅4个月。新增规模以上工业企业12家，超过全市平均数；实现规模以上工业主营收入52.5亿元，增长33.1%；规模以上工业增加值增长11.6%，增速排名全市第七。

现代农业。全年粮食产量9.75万吨。生猪存栏25.6万头、出栏42.2万头，分别增长70%、21%。新增脐橙复产面积1133.33公顷，建成全市第一个赣南脐橙大数据中心——橙信通赣南脐橙大数据平台。种植烟叶933.33公顷，产量3.9万担（1950吨）；种植蔬菜3866.67公顷，产值4.3亿元；发展猕猴桃、紫山药等特色产业3933.33公顷。建成富硒示范基地800公顷，完成富硒绿色有机农产品认证42个。建设油茶示范基地4个。

现代服务业。三百山索道、星空·房车露营基地建成投用。承办“2021环鄱阳湖自行车精英赛”。全年接待游客521.6万人次，旅游总收入41.7亿元，分别增长6.2%、11.8%。电商交易额28亿元，增长12%，电商产业园获评省级电商示范基地。

【城乡建设】 城市建设。夏日风情园建成投用，东风湖路、米生围路等城市道路完工，天灯下、老屋边等老旧小区完成改造。乡村建设。鹤子示范镇建设竣工，天心示范镇建设有序推进；推进乡（镇）农贸市场、交通运输综合服务站建设，建成乡村振兴示范点18个；建成甲江林场至安信亭段国道，新（改）建农村公路23千米；完成农村“厕所革命”年度目标任务。

生态建设。空气质量优良天数比例稳定在98%左右，集中饮用水水源地和出境断面水质连续5年100%达标；城区污水处理厂2期扩容工程建成，推进中北片乡镇污水处理厂及管网建设；实施山水林田湖草保护修复等生态工程，新争取东江流域上下游横向生态补偿资金1.5亿元，实施项目16个，改造低质低效林9200公顷。

基础设施建设。欣山修田110千伏输变电工程建成投用；永镇水库、县第二自来水厂、三百山镇供水工程建成；营口水库建设列入国家“十四五”规划。车头镇车头村入选第二批全国乡村治理示范村。安远县天心镇水头村、蔡坊乡蔡坊村、天心镇深溪村、浮槎乡长河村、长沙乡光明村、高云山乡濂丰村、车头镇官溪村、鹤子镇新围村、孔田镇和务村等9个村获评“江西省森林乡村”。

【民生事业】 全年民生支出28亿元，占一般公共预算支出的86.3%，完成民生实事50件。城镇新增就业2832人，新增转移农村劳动力5449人，失业率控制在3%。新（改、扩）建城区第三幼儿园、城北小学等学校13所，义务教育学校课后服务实现全覆盖。做好常态化疫情防控，累计疫苗接种63.8万剂次。推进新人民医院、中西结合医院、第三人民医院等项目建设。建成城市社区居家养老服务设施站点19个、农村互助养老服务设施站点26个。丰富群众文化生活，《油菜花开》《尊三围四十日》等一批文艺作品进行演绎。安全生产形势稳中向好，全市“新型警力护校园行动”现场会在安远县召开，公众安全感满意度各项指数排名全省前列。

【《安远年鉴(2021)》入选中国年鉴精品工程】 《安远年鉴（2021）》是江西省第一部成功入选中国地方志指导小组的“中国年鉴精品工程”，填补全省县级综合年鉴获评“中国年鉴精品工程”的空白。《安远年鉴（2021）》由方志出版社出版，全书约70万字，资料翔实，体例完备，分类科学，文风朴实，突出地域特色和时代特征，全面记载安远县2020年自然、政治、经济、文化、社会和生态文明等方面情况。

【安远县“智运快线+数字平台”入选全国第二批农村物流服务品牌】 8月24日，安远县“智运快线+数字平台”入选交通运输部第二批农村物流服务品牌，其典型经验被作为案例向全国推广。

安远县以“智慧园区”新仓储，构建仓配服务一体化；以“智运快线”新基建，推进城乡配送智能化；以“数字平台”新零售，实现本地生活数字化。探索“智慧园区+智运快线+数字平台”城乡绿色智慧物流模式，在全国具有首创意义。

【安远县入选全国第二批城乡交通运输一体化示范创建县】 10月8日，安远县入选交通运输部第二批城乡交通运输一体化示范创建县。安远县推进城乡交通运输基础设施、客运服务、货运物流服务一体化体系建设，累计投入120亿元交通建设资金，建成外通内畅、北上南下、东延西进的综合交通网络。实行长线短线并重、客运公交结合，形成城乡客运一体化的“安远模式”，全县城乡道路客运公交化率100%。依托县级物流场站、镇村交邮服务站，整合交通、供销、电商、快递等资源，推进“快递进村”，形成覆盖县乡村3级的物流综合服务体系。

【安远县获评“中国最美生态文化旅游名县”】 9月，安远县被中国亚洲经济发展协会休闲产业促进委员会、中国红色文化研究会研学旅行工作委员会授予“中国最美生态文化旅游名县”称号。安远县旅游资源丰富，生态环境优越，森林覆盖率84.3%，是东江源头、生态之都。中国气象局授予安远县为“中国天然氧吧”。境内的三百山是国家级风景名胜区、国家级森林公园、国家AAAA级旅游景区、全国首批保护母亲河行动生态教育示范基地、香港青少年国民教育基地、港澳青少年内地游学推荐产品。

【三百山森林康养基地入选国家级森林康养试点建设基地】 1月10日，三百山森林康养基地入选2021年国家级森林康养试点建设基地。三百山森林康养基地位于安远县三百山国家级风景名胜区，规划总面积68.14平方千米，包括福鳌塘景区、九曲溪景区、东风湖景区、尖峰笔景区及部分三级保护区。三百山森林康养基地分为三百山温泉养生康复中心、过桥垄森林康养服务中心、东河森林康养服务中心3个中心，福鳌塘森林休闲科普区、尖峰笔森林运动探险区、东风湖森林滨湖休闲区、九曲溪溯溪探源健身区、环山脚村落康养休闲区5个功能区。

【2021环鄱阳湖自行车精英赛赣州·安远·三百山站开赛】 12月19日，2021环鄱阳湖自行车精英赛在赣州市安远县三百山风景区举行，参赛选手160多人。大赛赛程为35.8千米，设男子公路精英、男子山地精英、男子山地大师、女子山地精英4个组别，覆盖18—65岁各年龄层次，实现公路车、山地车全车种覆盖。来自Santic-Attack车队的周克强获男子公路精英组冠军，长沙顺时针（SSZ）车队的陈凯获男子山地精英组冠军，羚锐制药车队的陈湘源获男子山地大师赛组冠军。来自伊诺华轮胎女子车队的李思获女子山地精英组冠军。

【安远县获评第七届“江西省文明城市”】 11月12日，安远县被省文明办评为第七届“江西省文明城市”。安远县对照创建文明城市测评标准，将城区分为37个片区，实行责任单位网格化包干管理、“月检查、季评比、年终综合评定”考核机制；引导党员干部群众参与“全民卫生日”活动，开展城乡环境卫生整治、交通秩序劝导、公共秩序整治等；对创建工作中重大问题实行挂牌督办，督促相关部门落实；健全城乡生活垃圾一体化处置，完善城市基础设施，对城区道路进行扩建、升级改造，改建城区供水设施、雨污收集系统、农贸市场等。

【安远县获评省级“全域旅游示范区”】 11月12日，安远县被省文化和旅游厅评为省级“全域旅游示范区”。安远县推进全域旅游，建设以三百山为核心的“两天半生态旅游圈”，整合三百山镇、镇岗乡、凤山乡、重石乡等乡（镇）的生态、旅游、产业等优势资源，打造以生态、围屋、温泉、公园等为主题的特色景区景点30多个，发展农家乐、林家乐、采摘园200余家，龙头村、官溪村、大坑村成功创建省双十佳休闲旅游秀美乡村、省AAA级乡村旅游点，评定三星级农家旅馆10家。

【安远县9个村荣获“江西省森林乡村”称号】 安远县按照省政府和省林业局关于开展省级森林乡村建设的工作部署，编制实施方案，开展乡村绿化美化，提升乡村绿化水平，改善农村人居环境，为推动乡村振兴，满足群众对美好生态环境的需要发挥了典型示范作用。

（叶国丰）

龙南市

【概况】 龙南市辖9个镇、5个乡、1个林场、2个管委会，107个村（居）委会，行政区域总面积1640.55平方千米，其中城区面积30.85平方千米。耕地面积1.23万公顷，有林面积13.16万公顷，森林覆盖率82.2%，城区绿化率40.5%。2021年总人口33.7万人，其中非农业人口16.4万人；人口自然增长率3.83‰。生产总值200.12亿元，增长9.3%。其中，第一产业增加值16.04亿元，增长6.4%；第二产业增加值100.22亿元，增长8.7%；第三产业增加值83.86亿元，增长10.6%。财政总收入27.02亿元，增长15.17%，税收占财政总收入的比重77.97%；地方财政收入16.2亿元，增长5.86%；地方财政支出39.2亿元，增长3.51%。工业增加值89.8亿元，增长9.4%。外贸出口额为52.11亿元，实际利用外商投资16217万美元，实际利用省外2000万元以上项目资金95.76亿元。主要规模以上工业产品：家具582.2万件，商砼128.5万立方米，钢材106.4万吨，稀土氧化物135.1吨，风力发电3.07亿千瓦时。农业总产值26.94亿元，增长6.21%。粮食总产量6.02万吨。主要农业产品：油料4897吨，蔬菜21.5万吨，油菜籽4905吨，板栗780吨。城镇居民人均可支配收入37577元，增长8.3%；农村居民人均可支配收入15395元，增长12.5%。

【产业发展】 龙南市获评全省首批5G产业基地（全省仅5个）、全省唯一一个新型工业化电子信息产业示范基地。骏亚电子入选国家专精特新“小巨人”企业，获评省级企业技术中心企业3家，获评省级工程技术中心企业1家，新增数量列赣州市第一。诺威获评省级潜在瞪羚企业，志浩电子5G+数字孪生智能工厂应用示范项目纳入省03专项及5G应用示范项目。新增高新技术企业21家、科技型中小企业50家，高新技术企业占规模以上工业企业的52.56%。引进国家级高层次人才6人、省级高层次人才9人，4人入选首批赣州“苏区之光”人才计划。发明专利授权、每万人有效发明专利拥有量分别增长17.21%、22.59%，全社会研发经费支出占工业主营业务收入提高0.6%。

【工业升级】 龙南经济技术开发区净增规模以上工业企业50家，园区规模以上企业营业收入突破300亿元。电子信息首位产业集聚度64.68%。全年签约项目58个，签约资金390.67亿元，其中20亿元以上项目5个，50亿元以上项目2个。全省“5G+工业互联网”现场会、赣州工业倍增升级推进会在龙南市召开。龙南市在赣州招商引资工作调度会上作典型发言。出台惠企政策，兑现工作办法，为企业减免税费5.4亿元，减少审批环节246项。90天完成近万亩园区开疆拓土征迁；120天完成园区32家企业“腾笼换鸟”评估认定，19家企业签订腾换协议。佳纳、天奇等50亿元项目开工建设，恩嘉、诺威等项目竣工投产，5G智能科技园年内建成，培育形成PCB产业群、PCB装备制造产业群和电子化学品产业群。龙南市获评2020年度全省工业高质量发展先进县，连续4年获评赣州主攻工业先进县，获批国家外贸转型升级基地，龙南经济技术开发区大环评通过生态环境部专家评审，化工集中区获全省化工园区认定。

【乡村振兴】 探索建立“345”（农户自主申报、干部走访、摸排和部门数据筛查“三线”并行预警；会议培训、入户走访、政策宣传以及数据共享等“四个到位”；产业、就业、教育、兜底保障和防贫保险等“五大举措”）监测帮扶机制。投入衔接资金1.13亿元，向54个村（社区）择优派驻第一书记和工作队员159人，组建乡村振兴工作组53个，实现帮扶全覆盖。抓好产业就业帮扶，建设带贫经营主体286个，联结带动户数7323户，创办就业帮扶车间35个，吸纳就业困难人员1294人。连续3年在全省党委和政

龙南新貌　　（2021年，龙南市供图）

府脱贫攻坚工作成效考核中被评为“好”等次。赣州首家推行“定点屠宰、冷链配送”的龙南畜禽定点屠宰厂投用，打造太平山现代农业高质量发展项目，完成粮食作物播种面积5193.33公顷，新（扩）建大棚蔬菜基地面积169.33公顷，认证粤港澳大湾区“菜篮子”生产基地2个、富硒农产品18种。在全省率先开展“乡贤乡居”改革试点，甜蜜谷养蜂场被农业农村部推介为第三批全国家庭农场典型案例。龙南市获评全省首批“美丽宜居与活力乡村（+民宿）”联动建设试点县。

【民生事业】 土地征收成片开发方案在全省第一个通过联审，批复用地168.53公顷，报批量列赣州市第一。50天完成“两江四岸”城市更新、本科院校项目1780户房屋征拆。高铁新区与中心城区第二通道全面打通。江西文理技师学院龙南校区开工。阳明中学、总部经济区、平安驿特色文化街区、汇晟赣南商贸城、华屹时代购物公园、五星级标准华屹雅苑酒店等加快建设。龙南市第一人民医院由赣南医学院第一附属医院托管运营。一体推进城区园区、乡村环境综合整治，按照“新客家风”风格，完成赣深高铁、大广高速复线沿线环境整治提升。实施1341个“网格+万元工程”。汤湖温泉、塔下生态环境治理、7家红砖厂拆除等难题得到解决。国家重点生态功能区县域生态环境质量监测评价列全省第一。

【第三产业】 全年接待国内外游客716万人次，实现旅游综合收入58亿元，均增长17%以上。《围屋之变》艺术展亮相第17届威尼斯国际建筑双年展，被国际媒体誉为本届最好看的5个展览之一。成功举办第三届阳明国际论坛。依托保税物流中心拓展跨境电商业务，跨境电商进口交易额8500万元，列赣州第一。龙南市至深圳盐田港、蛇口港铁海联运开通并常态化运行，龙南及周边县市到港口运输成本较公路运输降低30%。引导56家物流企业整合形成本土物流集团，加快培育产值超1000亿元的国家AAAAA级物流“航母”。

【城乡建设】 全省唯一桥下式站房高铁龙南东站建成投运，赣深高铁开通运营。大广高速复线加快建设，桃江互通项目获省级批复同意，境内高速出入口增加至5个。国道535汶龙至渡江段全线通车。总库容2220万立方米的中型水利枢纽工程茶坑水库、日供水6万吨的润泉第二水厂加快建设。桃江水西段、新埠段等防洪工程完工，城市封闭防洪圈建成。东江220千伏输变电工程竣工投运。

【江西文理技师学院龙南校区开工】 9月30日，江西文理技师学院龙南校区举行开工仪式。该项目由辰林教育集团控股有限公司投资兴建，位于东江大稳村，投资总额20亿元，占地20公顷，建筑总面积20.6万平方米，能同时容纳1万人。

【承办第三届阳明文化国际论坛】 10月23—25日，第三届阳明文化国际论坛暨第二十一届明史国际学术研讨会在龙南市召开。论坛由中国明史学会、中共赣州市委宣传部、赣南师范大学主办，中共龙南市委、龙南市人民政府、赣州市社联、中国明史学会王阳明研究分会、赣南师范大学王阳明研究中心承办。活动通过主旨发言、实地考察、学术讨论等形式，加强对王阳明思想与实践方面的研究，海内外阳明文化知名专家学者160余人参加活动。

（唐升旗　蔡东林）

全南县

【概况】 全南县辖6个镇、3个乡，86个村委会和11个居委会。总面积1535平方千米，其中耕地面积1.05万公顷，林地面积13.43万公顷。总人口19.37万人。全年完成地区生产总值97.53亿元，增长8.6%。其中第一产业16.29亿元，增长6.5%；第二产业39.9亿元，增长8.3%；第三产业41.34亿元，增长9.7%。财政总收入增长12.4%，一般公共预算收入同口径增长8.9%。规模以上工业增加值增长11.4%；固定资产投资增长11.3%；社会消费品零售总额48.74亿元，增长15.7%；实际利用外资9835万美元，增长7.3%；完成出口总额18.19亿元，增长18.4%左右；城镇居民人均可支配收入32748元，增长7%；农村居民人均可支配收入11912元，增长11.2%；金融机构各项存款为111.4亿元，增长13.1%，增速列全市第一，贷款余额

10月23—25日，第三届阳明文化国际论坛暨第二十一届明史国际学术研讨会在龙南市召开

（龙南市供图）

为116.84亿元，增长19.4%，增速列全市第三。至年底，全县规模以上工业、建筑业、贸易和服务业企业共129家，其中新入规模以上企业20家；投资项目38个，其中工业项目29个（5000万元以上项目15个，500万—5000万元项目14个）；工业固定资产投资增长14.3%，工业用电量增长18.1%。矿产品加工业、电子信息产业、金属新材料产业形成优势产业，其中规模以上电子信息企业营收34.34亿元，增长77.6%。主要工业产品有钨精矿3176吨，萤石4.51万吨，钢材5724吨，服装1846万件，组合音响371万台，液晶显示屏1711万片，液晶显示模组236万套，灯具及照明装置67.9万套，印刷电路板31.6万平方米，电力电缆36623千米。全县农林牧渔业总产值26.12亿元，比上年增长2.2%。主要农产品有粮食产量6.42万吨，比上年增长0.2%；蔬菜及食用菌产量22.7万吨，增长3.2%；猪肉产量3.84万吨，增长19.3%；花生产量5100吨，柑橘产量2.5万吨，葡萄产量2368吨。全县经济综合实力跃上新台阶，连续2年获评全省高质量发展先进县，连续3年获评全市高质量发展先进县，全年获评国家、省、市重要荣誉50项。

【产业发展】 工业方面：引进重点产业项目32个，总投资419亿元，增长30.3%。实施省重点项目6个、市重点项目7个、省大中型项目18个、市“项目大会战”项目41个，分别完成年度投资计划的123.3%、202.4%、159%、137%。全县新增规模以上工业企业15家，规模以上工业企业完成营收75.11亿元，增长33.3%；实现利润总额6.96亿元，增长69.9%。工业固定投资增长14.3%。新引进络鑫科技、圣昌科技等15家电子信息企业，以及国威锆铪、盛和新材料、赣锋锂业等金属新材料产业项目，规模以上电子信息企业实现营收34.34亿元，增长77.6%，产业集聚度达60%。

旅游康养产业获评中国天然氧吧、省级全域旅游示范区，陂头镇陂头村获“江西省森林乡村”称号；天龙山景区被评为省级生态旅游示范区、2021江西“避暑旅游目的地”；攀岩小镇通过国家AAAA级旅游景区景观质量评审，并承办江西省青少年攀岩锦标赛；首创组建全南旅游营销联盟，举办全南旅游宣传营销推介会、“百团万人游全南”活动，“百县百日”文旅消费季活动综合指数排名全省第三、全市第一。

农业方面：创建省级现代农业产业园1个，新增大湾区“菜篮子”生产基地1个，发展地理标志产品3个，认证绿色食品2个、有机农产品25个和富硒产品17个，建成有机蔬菜基地173.33公顷、富硒农产品基地4个、田间冷库12个；种植灵芝、石斛、草珊瑚等森林药材233.33公顷，新（改）造油茶林333.33公顷；获评全省非洲猪瘟防控工作先进县，现代牧业有限公司列入第七批农业产业化国家重点龙头企业名单。加快建设江西供销（全南）冷链物流园区，推进家禽定点屠宰场及商品深加工、粮食应急储备库一期等项目。

【城乡建设】 建成河边街商贸休闲街、城市生活广场、商贸物流城等项目，完成县体育中心改造升级，提升城区道路6条，白改黑4.8千米，改造老旧小区9个，新增城区停车位1000余个，建成智慧城市运营中心，在城市功能与品质提升综合考核中获评全省先进、全市第一。完成南迳、龙源坝示范镇建设，全面建设陂头示范镇，常住人口城镇化率达到56.4%。巩固拓展脱贫攻坚成果，连续2年获评全省实施乡村振兴战略实绩考核优秀县。全域整治农村人居环境，拆除农村“空心房”和危旧土坯房22.43万平方米，自然村组实现保洁全覆盖，新（改）建农村户厕2000座、农村污水处理设施42座，建成1个美丽宜居示范乡镇、9个活力示范乡村、9个美丽宜居示范村庄、56个新农村示范点、1200多个美丽宜居示范庭院，村庄长效管护工作获评全省第四、全市第一，城乡环境综合整治工作连续2年获全省先进、全市第一。打好污染防治攻坚战，PM2.5（大气中空气动力学当量直径小于或等于2.5微米的颗粒物，也称可入肺颗粒物）年均浓度值18微克/立方米，空气优良率达99.4%，2个过境断面水质基本稳定Ⅲ类以上，县集中式饮用水水质优良率为100%，土壤环境质量保持稳定，生态质量稳步提升。

【民生事业】 全年民生支出28.28亿元，占一般公共预算支出的77.1%。通用机场选址获批，新（改、扩）建县乡道路33.6千米，改造危桥3座，获评“四好农村路”省级示范县；加速推进城乡供水一体化，加快建设第二自来水厂，完成农饮工程建设34处；改造灌区48千米，加固山塘26座，建设水陂12座。城镇新增就业1920人，新增转移农村劳动力2632人，为工业园区企业输送员工4145人。社保扩面提标，医保参保率列全市前三。新建农村居家养老服务站点24个，行政村覆盖率达87%。新（改、扩）建学校4所，燕园实验学校开学并新增学位3000个，“双减”政策全面落实，义务教育学校课后服务实现全覆盖。县人民医院康复大楼、县疫情防控集中收治病区、县疾病预防控制中心大楼基本完工，柔性引进医学人才21人。发展文化体育事业，新增数字阅读点3个、体育场面积1.56万平方米。常态化疫情防控连续24个月无新增病例。金融、房地产市场健康发展，政府债务指标控制在合理区间。社会治安、安全生产、信访、食品药品安全形势良好，公众安全感满意度居全省第六，连续5年蝉联全市平安建设先进县，获2017—2021年度平安江西建设示范县，获评全省首批食品安全治理示范县。

【全域旅游持续升温】 高标准编制《全南县“十四五”文化和旅游发展规划》《全南县旅游产业高质量发展三年行动计划（2021—2023年）》，组织“旅游+康养”“旅游+文化”“旅游+乡村振兴”等系列活动，提升2个国家AAAA级旅游景区、2个省AAAA级和3个省AAA级乡村旅游点的建设水平，推进“135”特色街区、航空博览园、户外赛车、大吉山矿山公园、精品民宿等项目招商，并协办2021第六届全国少年攀岩锦标赛暨2021全国青少年U系列攀岩联赛，组织开设“遇见绝美全南”抖音话题、“绝美全南更胜画”微博话题等，《全南旅游》公众号在江西旅游微信影响力排行居前10名。在全要素提升旅游公共服务上，提升食宿品质，改善旅游交通，拓展文旅消费。“全南芳香宴”参加全市旅游饭店服务技能大赛并获评三等奖，荣胜园、雅溪客家食府被评定为赣州客家美食旅游旗舰店，建成蓝湾游客集散中心，投入运营攀岩小镇主题民宿，湖沿居民宿被评定为全省首批18家丙级旅游民宿之一，全县旅游床位数2195张；设立全域旅游交通服务中心，开通景区直通大巴，并引进“滴滴青桔”共享电动车、“江南出行”网约车；组织景区、酒店、餐饮业、商超参加全省“百县百日”文旅消费季活动，以及系列营销活动。全南县获评省级全域旅游示范区，入选省首批“美丽宜居与活力乡村（+民宿）”联动建设试点县，中国天然氧吧，雅溪古村、攀岩小镇入选赣州市首批高层次人才疗养基地名单，攀岩小镇创建国家AAAA级旅游景区通过景观质量评审，天龙山景区获评2021江西“避暑旅游目的地”、江西省级研学基地、省级生态旅游示范区。

【全南县入选“中国天然氧吧”地区】 “中国天然氧吧”评定活动由中国气象局指导、中国气象协会发起，由地区自愿申报，经过规范程序，对该区域的气候、空气质量、大气负离子水平等生态环境质量、生态及旅游发展规划、旅游配套情况等进行严格考核和综合评比后，对符合条件的地区予以认定授牌。11月，中国气象局公共气象服务中心公示2021年度56个“中国天然氧吧”地区名单，江西省入选2家（全南县、浮梁县）。

全南县坚持“绿水青山就是金山银山”的发展理念，坚定推进绿色转型发展，坚持打好污染防治攻坚战，生态文明建设成效显著。全县森林覆盖率稳定在83.39%以上，林木蓄积量1300万立方米；境内的桃江和黄田江2条赣江上游支流水质常年保持在Ⅰ类、Ⅱ类；年平均负离子浓度为每立方米2061个，空气质量优良率99.4%，达到国家环境空气质量一级标准。注重处理好生态保护、生态治理与生态发展的关系，促进生态旅游、康养度假等产业发展。全县依托生态优势，打造服务粤港澳大湾区旅游康养目的地，建成4个核心景区、10个乡村旅游点，旅游康养产业逐步成为县域经济发展新的增长点。

（赖春梅）

定南县

【概况】 定南县辖7个镇，120个行政村、16个居委会。总面积1321.13平方千米，耕地面积76.10平方千米，有林面积10.55万公顷，森林覆盖率80.9%。总人口21.93万人，其中城镇人口6.41万人。2021年，实现地区生产总值97.76亿元，增长8.5%。其中，第一产业增加值13.04亿元，增长6.8%；第二产业34.54亿元，增长11.2%；第三产业50.18亿元，增长7.3%。规模以上工业增加值增长11.5%。全年财政总收入12.73亿元，增长2.5%。社会消费品零售总额37.13亿元，增长17.2%。实际利用外资1.12万美元、增长7.2%。外贸出口总额8.25亿元，增长25.4%。城镇居民人均可支配收入3.49万元，增长6.7%；农村居民人均可支配收入1.34万元，增长12.7%。

【产业发展】 工业方面：规模以上工业实现营收86.7亿元，增长34.4%。实现利润6.92亿元，增长81.1%，增速列全市第一名。工业投资增长26.4%、工业用电量增长37.4%，均列全市第三名。新增16家规模以上工业企业，战略性新兴产业、高新技术产业占规模以上工业增加值比重分别达56.9%、59.3%。电子信息、新材料双首位产业集群营收均突破45亿元，分别增长41%和53%。10家企业完成技改升级，明高科技三期、建南科技等项目智慧车间建成投产，全社会研发支出占地区生产总值比重达到1.4%，超过省、市平均水平。赣悦新材料、龙邦科技等企业获评全国全省行业内优秀企业、标杆企业，惠亚科技获评江西省专精特新中小企业，稀土永磁材料及应用基地通过省级复核。

农业方面：新增高标准农田348.13公顷，实现粮食总产0.575亿千克，生猪出栏61.89万头。生态复产脐橙240公顷，新（改）造油茶林533.33公顷，累计种植中药材3020公顷。梦江南农场等6家企业获评全市首批富硒产业示范基地，大湾区“菜篮子”生产基地达到5个。新增有机产品认证11个、市级农业龙头企业6家，获评全省绿色种养循环农业试点县、全省水利改革发展优秀单位，畜禽粪污资源化利用模式获农业农村部表彰、在全国推广。

服务业方面：“定南号”高铁专列开通，九曲度假村通过国家AAAA级景区复核评估，岿美山镇获评江西省工业旅游示范基地，全县实现旅游总收入44.2亿元。建成运营普惠金融服务中心，发行8亿元公司债券，设立1亿元产业发展基金，获评全省绿色金融先进县、大健康产业示范县。定南港铁路集装箱吞吐量达1.6万标箱，增长529%。全年服务业增加值突破50亿元。

【民生事业】 全年民生支出31.3亿元，占一般公共预算支出比例超过89%，71项民生实事基本完成。城镇新增就业2194人、新增转移农村劳动力2629人。“双减”政策有效落实，义务教育课后服务实现“全覆盖”，获评全省平安校园建设优秀县。新增城区学位1430个。第六公办幼儿园开园招生，公办幼儿园在园幼儿占比达59.3%。常态化疫情防控，疫苗接种“应接尽接”，保持“零疫情”良好态势。智慧医疗平台覆盖所有行政村，乡村医疗机构一体化管理做法在全省推广。城市居家和社区养老服务设施实现全覆盖，农村互助养老服务设施覆盖80%以上行政村。定南瑞狮成为全省唯一登上央视的地方民俗项目，“赣南客家服饰”被列入第五批国家级非物质文化遗产代表性项目。工矿商贸等各领域安全生产“零事故”、自然灾害“零伤亡”，获评全省春季森林防灭火平安县、全市首批食品安全治理示范县、全市食品安全考核优秀县。全民反诈工作成效明显，扫黑除恶专项斗争满意度列全省第五，公安满意度下半年列全省第一，获评平安赣州建设先进县。化解重复信访工作获评全国、全省信访工作“三无”县。

【“放管服”改革】 对标大湾区“放管服”改革，实现“一枚印章管审批”。1287 项依申请类事项全面推行“一窗”综合受理，311 个政务事项“全程网办”，175 项业务 24 小时“不打烊”自助办，企业注册开办压缩至 1 个工作日，政务服务好评率达到 100%。落实企业安静生产期、政企圆桌会议制度，为市场主体减税降费 1.5 亿元。新增市场主体 3263 户增长 16.3%。举办 12 场重大招商活动，新签约项目 38 个、总投资 198 亿元，获评全省利用外资先进县、全市开放型经济工作先进县。

【赣深高铁定南南站开通运营】 12 月 10 日，赣深客专建成，“赣粤门户生态定南”号高铁冠名专列开通。赣深高铁定南南站站前广场举行拥抱高铁时代喜迎赣深高铁开通仪式。赣深高铁是全国“八纵八横”高速铁路网中京港高速的重要组成部分，是沟通南北经济文化交流的重要纽带，对推动赣粤地区协调发展，促进赣南等原中央苏区振兴发展具有重要意义。开通初期，赣深高铁每日有 9 趟列车途经定南南站。

【定南县获评首批“全国首批县域足球典型”】 5 月，国家体育总局办公厅公布首批全国县域足球典型名单，定南县获评。定南县创新推动足球与基础教育、文化旅游、城乡建设等领域融合发展，设立县足球融合发展服务中心，“江西定南国家青少年足球训练中心”获国家体育总局授牌，走出一条“四个落实、三不脱离”（场地、教练、课时、赛事落实，不脱离学校、不脱离家庭、不脱离社会）的足球青训模式。先后获评全国社会足球场地设施建设重点推进城市、全国青少年校园足球试点县、全国青少年校园足球“满天星”训练营。全县有 12 所全国青少年校园足球特色学校、6 所全国青少年校园足球特色幼儿园，占全县中小学和公办幼儿园总数的 41.68%。U10 女队先后在“菁英杯”青少年足球联赛、“育新杯”全国足球邀请赛获第三名、第五名，江西省足球协会杯获冠军；在 2020 年赣州市青少年足球锦标赛，包揽 5 个组别的冠军；U10 混合组梯队代表赣州市参加 2020 年全国“北体青训杯”足球赛获第三名；U9 男、女队获 2020 年江西省第六届百县青少年足球运动会一等奖；2021 年江西省百县精英挑战赛获女子第一名；2021 年江西省足球协会杯 U10 男队、U9 女队分别获第一名。至年底，获市级以上冠军 20 个。

6 月 2 日，定南县 U9 女子足球队代表赣州市参加 2021 年江西省足协杯比赛，五战全胜获得冠军载誉归来　　（定南县供图）

【定南县获评“全国群众体育先进单位”】 8 月，国家体育总局公布 2017—2020 年度全国群众体育先进单位表彰对象名单，定南县入选。定南县执行党中央、国务院关于全民健身工作的方针、政策，贯彻执行国务院《全民健身条例》《全民健身计划（2021—2025）》。引进江西嘉宏体育产业集团投资 3 亿元，建成足球场地 42 块，每万人拥足球场地达到 1.91 块，长期参与足球运动的人口比例上升到 13%，约 1.2 万名中小学生经常性参与足球运动。实现全县农民体育健身场地全覆盖，人均场地面积达 2.42 平方米，保障群众健身场地需求。年均投入 200 多万元用于开展各级群众体育赛事，打造以气排球为特色的招牌群众体育项目，形成月月有赛事，周周有活动的良好格局，全县经常健身人数、群众健身意识和身体素质都有明显提高。

（赖春梅）

兴国县

【概况】 兴国县辖 25 个乡镇、1 个经济开发区、1 个城市社区管委会，303 个行政村、14 个社区（居委会）。总面积 3215 平方千米，常住人口 71.5 万人。2021 年，实现地区生产总值达 226 亿元，增长 8.3%；一般公共预算收入增长 5.3%，高出全市 2.4 个百分点；固定资产投资增长 12.7%，排名全市第三；社会消费品零售总额达 106.1 亿元，增长 16.3%；实际利用外资 1.25 亿美元，增长 5%；城乡居民人均可支配收入分别为34227元、14525元，分别增长7.6%、11.3%。农业农村部发布《关于表彰全国粮食生产先进集体和先进个人的决定》，兴国县农业农村局被评为“全国粮食生产先进集体”。举办纪念人民军工创建90周年系列活动，获得国家国防科工局高度评价。在全市项目大会战流动现场会中，排名突破性前进5位，取得历史最好成绩。

【项目建设】 全年向上争取各类资金54.35亿元，31个省大中型项目、81个市调度项目投资完成率分别超年度计划35.66个、38.47个百分点，S219蕉坑至莲塘（一期）、S449隘上至杉村、S452船溪至鹅公塘、X463隆坪至上龙公路改建工程建成通车，火车站完成升级改造，兴国至桂东、兴国至樟树高速公路等30个重大项目列入上级规划。国内首条永磁磁浮空轨列车“兴国号”成功挂线，兴泉铁路、赣深高铁开通运营，兴国到深圳仅需2.5小时。

【农业生产】 突出抓好早稻生产，引导农户发展双季稻种植，完成“单改双”面积3946.67公顷；推进高标准农田建设，支持各类农业社会化服务组织发展，全年粮食播种面积5.48万公顷，总产2.86亿千克，完成粮食生产目标任务。获评全省食品安全治理示范县及全省绿色种养循环农业试点县。创建全国绿色食品原料标准化水稻生产基地，新增蔬菜面积573.33公顷；培育富硒芦笋173.33公顷，品质产量均位居全省前列。新植改造油茶林2533.33公顷、脐橙林800公顷，收购烟叶1595吨（3.19万担），茶叶产值达3.68亿元。新认证富硒农产品55个、绿色有机农产品9个，培育全国名特优新农产品2个，百丈泉、红天下获评“赣鄱正品”首批认证品牌，南坑乡明珠蜂业荣获省四星级中蜂示范蜂场。

【招商引资】 签约引进项目85个，其中，1亿元以上项目66个、10亿元以上项目10个。新增入规企业13户，规模以上工业增加值增长11%。累计建成标准厂房50万平方米，“腾笼换鸟”1.5万平方米。举办首届红色创意设计大赛，共收集6246件参赛作品，选出75件获奖作品。依托IP人物形象，签约合作企业数22家，授权45个品类，《苏区干部好作风》山歌剧亮相中国共产党成立100周年文艺演出《伟大征程》，驿博红兴谷正式揭牌，苏区干部好作风培训学院（县委党校迁建）基本完工。兴国县获评2021—2023年度“中国民间文化艺术之乡”。

【城乡建设】 推进红军大桥重建等项目，推动供销社家属楼等5个老旧小区改造工作。开展将军大道、凤凰大道等街道立面整治，累计拆除外挑式防盗窗5.1万平方米、铁皮棚2.16万平方米，新（改）建污水管网27.8千米，新增绿地面积30公顷。高标准完成244个新农村建设点和3条精品干道（县城至兴莲官田兵工厂、龙口睦埠至埠头至杰村含田至江背华坪、兴泉铁路埠头至江背沿线），乡镇主街道“白改黑”工程全面完成，新建生活污水处理设施48个、公厕30座，乡容镇貌逐步改善。良村亩元、方太井口、城岗长保、梅窖店山、兴江墅田、鼎龙杨村、樟木肖南、永丰蕉溪等一批乡村振兴示范样板村成型，高兴高多、潋江坝南、社富桂江获评省级传统村落，茶园乡获评省级文明村镇。

【民生事业】 生态环境持续向好。单位GDP能耗下降8.3%，全市排名第一。空气优良天数比例达99.2%，出境断面水年平均水质达优良标准，县级集中式饮用水源地水质优良率达100%。超额完成低质低效林改造任务，治理水土流失41.18平方千米，完成国家级绿色矿山建设2个，长冈椰木、崇贤上沔等村荣获“江西省森林乡村”称号。

完成46件民生实事，好评率达100%。教育“双减”工作有效落实，高考本科上线人数创新高，获评全市教学质量综合评价先进单位。兴国县第九幼儿园新建项目完工，长冈幼儿园被教育部命名为“全国足球特色”幼儿园。医疗服务能力增强。做好复旦大学附属华山医院与县人民医院对口帮扶工作，学科建设和医疗服务能力提升。县妇幼保健院完成整体搬迁，县中医院通过“全国基层中医药工作先进单位”复审评估。推进公立医院改革，在全市率先实行县级公立医院绩效考核，县域医疗服务总体水平居全市前列。城乡居民、城镇职工养老保险参保人数分别达38.92万人、9.17万人。发放创业贷款1.87亿元，扶持带动就业7900余人。举办全省首届县级慈善晚会。常态化推进扫黑除恶专项斗争，有利于金融风险防范，各领域安全生产管控有序，全县公众安全感列全省第十一、全市第三。

【优化营商环境】 挂牌成立县行政审批局，实现一枚印章管审批。建成工程建设项目审批“一窗办”平台，“不见面开标”正式上线，社会投资工业类项目审批时间由80个工作日压减至52个工作日。推进“跨省通办”，开设企业综合服务中心代办窗口，累计为企业减税降费7000万元。推动党史学习教育和“我为群众办实事”实践活动落地，解决老百姓的急难事、麻烦事、烦心事1196件。推进“五型”（忠诚型、创新型、担当型、服务型、过硬型）政府建设，出台“奔牛奖、蜗牛奖”评选办法，商务局、住建局、城投公司、棚改办、隆坪乡、潋江镇、古龙岗镇荣获第一批“奔牛奖”。健全《县政府重点工作制度》，完善政府议事决策规程，推进法治政府建设，全面完成“七五”普法工作任务。主动接受人大法律监督和政协民主监督，办理人大代表建议130件、政协委员提案239件。

【获评“全国粮食生产先进集体”】 保障粮食安全。紧盯2021年全县粮食播种目标任务，将粮食生产纳入乡镇高质量发展考评内容。严格执行耕地地力补贴新规定，树立农户种粮能获得补贴的政策导向。出台一系列促粮惠农新政策，鼓励发展规模种植、集中育秧。推进高标准农田建设，推进2021年度3000公顷高标准农田建设；落实国家农机购置补贴政策，发放1925台农机补贴304.37万元，有效提升粮食生产能力。2021年全县粮食播种5.45万公顷、产量26.2万吨，超额完成粮食生产任务，并被评为全国粮食生产先进集体。

【创作并播出3D动画片《长征先锋》】 兴国县政府联合功夫动漫公司创作52集3D动画片《长征先锋》在优漫卡通卫视播出。《长征先锋》主要讲述以肖强、葛毅为主的一支独特的作战小分队——“兴国之剑”连凭借着大智大勇，为中央军委执行先锋侦察及特种作战的长征之旅故事，表达红军战士执着追求的共产主义信念，浴血奋战不怕牺牲的长征精神。剧情围绕红军长征二万五千里征程展开，战士们涉险滩、闯雄关、爬雪山、过草地，一路上“风雨侵衣骨更硬，野菜充饥志越坚”，蹚出一条胜利革命大道的故事。动画中的每个场景故事都有红色教育意义，在渡乌江、进遵义、翻越娄山关、四渡赤水、占领茅台镇、巧渡金沙江中，展现红军战士不怕牺牲、排除万难、夺取胜利的革命精神，激励年轻一代继承革命传统，携手并肩创未来而奋斗。

【纪念人民军工创建90周年系列活动】 9月24—25日，由中国和平利用军工技术协会、江西省工业和信息化厅（省国防科工办）、赣州市人民政府共同主办的纪念人民军工创建90周年江西系列活动在兴国县启动。副省长任珠峰，国家国防科技工业局副局长吴艳华，市委副书记、市长许南吉致辞。中国工程院院士丁文江、中国和平利用军工技术协会理事长宋宝丽出席，省工信厅厅长杨贵平主持开幕式。市领导何琦、胡聚文，以及中国和平利用军工技术协会会员企业、用户单位，省内相关单位代表和市新材料企业、合作单位等参加活动。开幕式上，兴国县人民政府与中国和平利用军工技术协会签订战略合作协议。其间举行中国（赣州）新材料产业发展研讨会暨产业供需对接会、“纪念人民军工创建90周年”第三届国防科技工业青年论坛总论坛和“寻根兴国不忘初心”红色晚会。1931年10月，中国共产党和红军在兴国县兴莲乡官田村创办第一个大型综合性兵工厂，被誉为“人民兵工的始祖”。此次活动为庆祝建党百年的系列活动之一。

（潘　玲）

宁都县

【概况】 宁都县辖12个乡、12个镇，299个村委会、39个居委会，3797个村民小组。总面积4048.82平方千米。总人口83.3万人，其中城镇人口21.7万人。地区生产总值245.6亿元，增长8.7%。其中，第一产业增加值46.84亿元，增长7.8%；第二产业增加值69.60亿元，增长7.7%；第三产业增加值129.16亿元，增长9.5%。财政总收入14.3亿元，增长6.7%；一般公共预算收入9.2亿元，增长2.5%。规模以上工业增加值增长11.3%。500万元以上固定资产投资增长11.9%。实际利用外资9466万美元，增长8.2%。社会消费品零售总额109.1亿元，增长19.2%。城镇居民人均可支配收入30275元，增长8.6%；农村居民人均可支配收入14265元，增长12.3%。金融机构存款余额390.60亿元，增长4.9%；贷款余额250.26亿元，增长14.9%。

【产业发展】 工业全县新增规模以上企业12家，总数达87家。增加值增长11.3%、营业收入增长29%、固定资产投资增长15.9%。依托宁都火车站，高标准建设产城融合示范区。推进园区医院、第九幼儿园等配套建设。启动开发区+童装智造产业园改革试点，建成投用标准厂房35万平方米，完善鸿业路、赖村路、安福路等园区路网，完成铺设雨污管网1.9万米，新建公交站台17座。围绕以童装为主的轻纺服装首位产业和电子信息产业、食品产业、矿产品精深加工三大主导产业，实现华映光电、温氏乳业等重大项目落户宁都，七波辉、彪马、卡特兔等知名企业入驻童装智造产业园。与江西师大、江西服装学院、香港大学管轶团队等建立科技创新战略合作关系，建设科研成果转化基地。全县规模以上企业研发投入达2.8亿元，培育高新技术企业10家、科技型中小企业30家，建设市级工程技术研究中心2家。

实施“中国好粮油”项目，建成高标准农田3066.67公顷，完成粮食播种面积6.73万公顷、总产40.4万吨。推进特色产业发展。新增设施蔬菜1000公顷，总面积达3300公顷，建设大湾区“菜篮子”基地7个。宁都黄鸡出笼1亿只，品牌价值近30亿元。新增脐橙种植面积600公顷、总面积达1.85万公顷。

服务推进翠微峰、宁都起义纪念馆和中央苏区反“围剿”战争纪念馆创国家AAAA级旅游景区，建设小布苏区小镇。中央苏区反“围剿”战争纪念馆列入全国“建党百年红色旅游百条精品线路”，小布红色旧址群列入省级爱国主义教育基地。大型采茶戏《宁都起义》上演。推广宁都菜，“宁都三杯鸡”位列赣菜“十大名菜”之首，10家宁都餐饮企业获得全省“百城千店”荣誉，1家企业被评为“百城名店”。

【城乡建设】 以“三城同创”（创建全省文明城市、省级卫生城市、全省双拥模范城）为抓手，加快推进新型城镇化建设，新增建成区面积0.7平方千米。改造城市老旧小区3个，建设宁都大道、中山南大道、登峰大道等6条示范路，完成城南、河东污水管网建设，提标改造县污水处理厂污泥处置项目，提升改造城北、复兴、商贸城、新庄、西厢等5个农贸市场，启动新建翠微、东门农贸市场，推进城区停车场、公厕建设，新增停车位6000个、厕位150个。实施乡村建设行动，推进美丽圩镇和新时代“五美”（产业兴旺之美、自然生态之美、文明淳朴之美、共建共享之美、和谐有序之美）乡村示范点建设，建成24个乡村振兴示范点、235个新农村建设点，创建全国文明村镇3个、省级文明村镇7个。

【项目建设】 争取中央、省、市补助资金支持事项337个、项目33个、资金47亿元、政策8个。实施“项目大会战”、重大项目“百日攻坚”活动，累计完成重点项目投资138.8亿元。推进通用机场项目，梅江灌区项目取得重大进展，火车站站前广场、县委党校易址新建、县综合档案馆、生活垃圾焚烧发电等项目竣工，省道448宁都城区段改建、“瑞兴于”快速交通走廊等项目加快建设。推进中小河流治理、五河治理、重点中型灌区节水改造等水利基础设施建设，石上洋溪口河堤除险加固、洛口灌区节水改造工程竣工投用，新（改、扩）建东江大桥等农村危桥7座，启动宁河大桥改建项目建设。

【生态环境建设】 全县空气质量优良率达99.7%，PM2.5（环境空气中空气动力学当量直径小于等于2.5微米的颗粒物）平均浓度17微克/立方米，居全省、全市前列；地表水质综合指数居全市第二，集中式饮用水源地水质达标率100%；农业面源污染治理成效显著，受污染耕地安全利用率达93%。获评全国第一批绿色防控示范县。增绿复绿裸露山体180公顷，改造低质低效林0.34万公顷，新增封山育林0.21万公顷、森林抚育0.93万公顷、油茶林改造333公顷，修复废弃矿山51公顷。

【民生实事】 完成支出民生资金46.4亿元，占一般公共预算支出的85%以上。健全防返贫动态监测和帮扶机制，统筹整合资金4.97亿元，实施产业发展、基础设施、人居环境整治、教育扶贫、雨露计划等项目712个，发放各类教育资助金4.58亿元，建成集中供水工程498处。发放创业担保贷款2.2亿元，新增城镇就业5000个，农村转移劳动力就业1.38万人。启动实施学校、幼儿园、卫生院、敬老院3年改造提升行动。田头中心小学、长胜青树小学竣工，加快推进博士生职业高中建设，招聘教师399名。落实“双减”政策，关停校外培训机构150所。全县高考二本以上人数2916人，比2020年新增274人。南大一附院宁都医院挂牌，县医院内科综合楼、县中医院住院楼投入使用，县传染病医院主体完工。推进敬老院管理体制机制改革，启动19个农村敬老院升级改造，建成颐养中心扩建工程、儿童福利院、50个居家养老站点。食品安全考核获全市优秀等次。

【“放管服”改革】 完成事业单位改革试点，精简优化机构设置。组建县行政审批局，第一批划转行政许可事项126项，网上可办事项1000项。推进社保“一卡通”试点服务，实现重点领域“一卡通用”。实施县属国有企业重组，新组建旅投、工投、农投、教育后勤保障等4个县属国有企业，提升国有企业助推经济发展能力。

【兴泉铁路通车】 兴泉铁路由京九铁路兴国站引出，经江西省于都、宁都、石城等县进入福建宁化、清流、明溪、永安、大田、德化、永春等县，终点为泉州。兴泉铁路全长464.16千米，设计时速160千米，是客货共线的国家Ⅰ级电气化铁路。经5年建设，10月30日10时37分，赣州开往福建龙岩的K8751次列车首趟抵达宁都火车站，结束宁都县不通火车的历史。此次开通兴国至清流段正线长174.21千米。

【纪念宁都起义暨红五军团成立90周年座谈会】 12月14日，由中共赣州市委、赣州市人民政府、赣州军分区主办，中共赣州市委宣传部、中共赣州市委党史研究室、中共宁都县委、宁都县人民政府、宁都县人民武装部承办的纪念宁都起义暨红五军团成立90周年座谈会在宁都县举行。省委副书记、市委书记吴忠琼，中央档案馆原馆长、国家档案局原局长杨冬权，江西省军区少将副政委李晓亮出席并讲话。宁都县委书记肖斐杰、宁都起义革命后代代表、红五军团革命后代代表、红五军团长征战地代表，中央党史和文献研究院七部副主任班永吉、中共江西省委党史研究室副主任彭勃等领导出席。市委副书记唐舒龙主持。座谈会期间，与会人员观看采茶戏《宁都起义》，瞻仰赵博生烈士陵园，参观宁都起义指挥部旧址和中央苏区反“围剿”战争纪念馆等活动。

【何珊珊在全国第十一届残疾人运动会暨第八届特殊奥林匹克运动会上获2金2银】 赣州籍选手何珊珊1999年出生于宁都县洛口镇谢坊村，2015年入选省残疾人田径队，为田径中长跑运动员。2015年9月，在四川省成都市举办的第九届全国残运会上，入队仅半年在中长跑项目中摘得1枚银牌、2枚铜牌；2015年10月，在江西吉安举办的全省残疾人田径比赛中获视力女子组100米和800米跑2个第一名；2017年6月，在江苏省镇江市举办的“华诺菲”杯全国残疾人田径锦标赛上，获女子青年组T11级400米、800米、1500米比赛3个冠军，被评选为“体育道德风尚奖”运动员；2018年5月，在世界残奥田径大奖赛（北京站）暨第6届中国残疾人田径公开赛上，获女子T11级4×100米接力金牌；2019年8月，在全国第十届残运会暨第七届特奥会上获得女子T11级800米、1500米2枚金牌和T11级400米亚军；2020年6月，被江西省人民政府记一等功；2021年10月，何珊珊在陕西省西安市举行的全国第十一届残疾人运动会暨第八届特殊奥林匹克运动会比赛中，共参加女子T11级400米、800米、1500米和4×100米接力4个项目的比赛，获2枚金牌、2枚银牌。

【石上镇入选省级非遗传承小镇名录】 石上镇境内古迹众多，客家民俗活动丰富，每年元宵、中秋期间，人们用不同的活动方式来庆祝节日。曾坊“桥帮灯”、石上“割鸡担灯”、江背“扛灯”入选省级非物质文化遗产名录。其中，曾坊村的桥帮灯有200多年历史，活动时间为每年正月十四、十五日；石上村的割鸡担灯有1000多年的传承历史，活动时间为每年正月十四、十五日；江背村扛灯有4层，高达1.8米左右，围宽1.3米，“扛灯”装扮得花红柳绿，活动时间为每年正月十五日；湖岭村火老虎由成年男子扮成，所用材料为农田里的芋梗和莲叶，扮成老虎形状，活动时间为每年农历八月十五日。根据《江西省非物质文化遗产条例》，培育一批有示范性、影响力的非物质文化遗产小镇，经江西省文旅厅非遗处审核，3月，石上镇入选非遗传承小镇（建设）名录。

【宁都辣椒入选第一批全国名特优新农产品名录】 4月16日，农业农村部农产品质量安全中心公布宁都辣椒入选2021年为第一批全国名特优新农产品名录。宁都辣椒形似羊角，果面光滑有光泽，微有褶皱，呈深绿色等特征。鲜椒既可为蔬，又可当水果鲜食。长8—10厘米，一般果实重75—150克；果实硬实，不萎蔫；果肉厚0.1—0.3厘米，辣度约800斯科威尔（辣度指数单位斯科威尔），口感清脆，辣味平和。这是赣州农产品首次入选全国名特优新农产品名录。

【宁都黄鸡入选第一批全国名特优新农产品名录】 4月16日，农业农村部农产品质量安全中心公布宁都黄鸡入选为2021年第一批全国名特优新农产品名录。宁都黄鸡具有“三黄”（羽黄、胫黄、喙黄）、“五红”（冠红、髯红、脸红、耳叶红、眼圈红）特征。个体矮小、肉质鲜嫩。其蛋白质、总氨基酸及单位面积鸡纤维数量等指标均优于国内多个肉鸡品种。宁都黄鸡原产于江西省宁都县黄石、对坊等南部乡镇，有1500多年的饲养历史。这是赣州农产品首次入选全国名特优新农产品名录。

（曾春生）

于都县

【概况】 于都县辖23个乡镇、357个行政村和1个工业园，总面积2893平方千米，拥有丰富的水资源和银、钨、锌、铅、煤等27种矿产资源，森林覆盖率71.8%，获评“省级森林城市”“省级文明城市”。总人口105.4万人。2021年地区生产总值达318.06亿元，增长9.1%；三次产业比优化为10.4∶39.6∶50.0；规模以上工业增加值增长11.4%；财政总收入24.15亿元，增长7.3%，其中一般公共预算收入跨上15亿元台阶、达15.06亿元，增长5.8%；社会消费品零售总额增长18.4%；出口总额增长51.25%；实际利用外资增长7.6%；城镇、农村居民人均可支配收入分别增长8.8%、10.5%。

【产业发展】 工业发展提质增效。于都县规模以上工业企业达181家，实现营收306亿元，增长16.7%。纺织服装首位产业链式发展，新增规模以上企业24家，全行业产值达602亿元，宝姿、朗姿、万旗等知名品牌企业进驻于都，江西卫棉、星途科技等项目投产，FDC时尚产业综合体、省级质检中心等平台建成运营，北京服装学院（于都）培训中心、武汉纺织大学于都牛仔产业研究院组建运行，跨境电商综合服务中心挂牌运营；纺织服装入选第二批国家级消费品标准化试点项目，于都被评为中国服装优质制造创新示范基地。光电电声产业集群发展，硅基金黄光产品上线销售，天键电声被评为省级瞪羚企业，全行业产值突破70亿元。加快发展绿色装配式建筑产业，累计推广装配式建筑300万平方米，全行业产值突破30亿元。创建省级技术创新中心、企业技术中心、创新平台各1个，新增科技型中小企业63家、高新技术企业6家。

粮食生产超额完成省定任务，总产量达2.185亿千克，为粮食生产“六连丰”。生猪复产增养势头良好，加快发展脐橙、梾木果等优势产业，蔬菜和油茶种植面积居赣州市第一，获评全国油茶产业发展示范县。禾丰兰花小镇年产花卉超4000万株，于都寒兰获第十届中国花卉博览会银奖。建设富硒产业基地2733.33公顷，完成富硒农产品认证51个、富硒产品商标注册5个，硒博馆建成运营，梓山片区被认定为全国首批天然富硒土地，于都获评中国富硒脐橙产业基地；《富硒大米》企业标准获评全国企业标准“领跑者”称号，填补赣州市此项荣誉空白。长征国家文化公园（于都段）项目推进，红军小镇基本成型，雩都古城、客家文化大观园等项目开工建设。新建旅游公路2条、旅游公厕16座，加快建设兰花主题酒店、万达酒店等项目。获评省AAAA级乡村旅游点2个，潭头村被评为全国乡村旅游重点村，于都成功入选中国旅游赋能乡村振兴发展案例，“于都县新长征体育旅游精品线”获评全国十佳，创建省级全域旅游示范区。银行业金融机构增加到13家，存贷款余额分别达423亿元、376亿元，分别增长7.4%、19.2%，存贷比提高到88.9%。建成农村普惠金融服务站44个。九丰能源主板上市，天键电声深交所上市在审，东祺鞋业完成股改，首次实现“上市、在审、挂牌、备案、股改、后备”6个阶段企业全覆盖，“映山红行动”居赣州市前列。江西省首个县级万达广场开业。县、乡、村三级物流快递业务实现全覆盖，网络零售额达25亿元，被评为国家电子商务进农村综合示范县。

【改革发展】 新政务服务大楼投入使用，“赣服通4.0”于都分厅上线运行，825项政务事项实现“掌上办”，999项事项实现“一次不跑”或“最多跑一次”。推动惠企政策“免申即享、即申即享”，天键电声获赣州市首批直达资金300万元。财税体制改革实施，预算一体化系统上线运行，政府采购“不见面开标”模式全面施行，县属国企完成重组运营。推进体育融合，中小学阳光体育锻炼参与率达100%。持续公立医院改革化，紧密型医共体试点开展，卫生健康服务平台上线运行。出台56项措施优化营商环境，为市场主体减税降费1.2亿元，发放“三个信贷通”贷款 5.5 亿元。新增市场主体 2.13 万户，增长 33.2%。签约项目 90 个、金额 364 亿元，其中 10 亿元以上项目 8 个。

【城乡建设】 雩都河大桥、起元大桥开工建设，岭背路、梓山路等建设推进，思源大道、桥头路等竣工通车；新建农贸市场 6 个、停车场 22 个、山体公园 3 个；完成老旧小区改造 2086 户、棚户区改造 1280 户；3961 套安置统建房摇号分配，2500 套人才住房交付使用。新（改）建县乡村道路 117 千米，铺设城乡供水管网 427 千米；建设农村生活污水处理设施 58 座，生活垃圾焚烧发电厂投入运营；启动 22 个圩镇建设，银坑等 3 个市级示范镇加快建设，建成“五美”乡村示范点 162 个。城区空气质量优良率达 99.2%，境内地表水考核断面水质优良比例保持 100%，创建省级乡村森林公园 1 个、森林村庄 5 个，获评全国国土绿化试点示范县。

【民生事业】 教育“双减”政策落地；新（改）建公办幼儿园 13 所，上欧中小学、胜利学校初中部投入使用，新长征技工学校开学，县职业中专通过省级评估。南昌大学一附院于都医院挂牌运营，县人民医院医疗综合服务能力评价居全省县级医院第一，县中医院、县妇保院在全省同类医院位居前列，县妇保院升格为三级专科医院。常态化推进疫情防控，接种疫苗 158 万剂次，连续 24 个月无新增病例。文化事业完成 8 个乡村图书馆、文化馆数字化建设，送戏下乡 217 场次，长征源合唱团累计巡演 540 场，中央红军长征出发地纪念园被列为中国华侨国际文化交流基地。完善保障体系，城镇新增就业 5633 人，新增农村劳动力转移就业 10840 人，基本养老保险参保率达 95.2%，城乡低保、特困供养、残疾人生活保障水平提高。连续 2 年获评全省信访“三无”县，连续 3 年获评全市扫黑除恶专项斗争先进县。

（丁根发）

瑞金市

【概况】 瑞金市辖 10 乡、7 镇，240 个村居委会。总面积 2441 平方千米。其中城市建成区 36.6 平方千米。耕地 3.41 万公顷，总人口 70.7 万人，其中非农人口 19.9 万人。人口自然增长率 5.74‰。2021 年，瑞金市地区生产总值 195.2 亿元，增长 8.2%。其中，第一产业增加值 28.3 亿元，增长 7.3%；第二产业增加值 74.2 亿元，增长 10.8%；第三产业增加值 92.7 亿元，增长 6.6%。一般公共财政收入 15.8 亿元，增长 8.9%；税收收入 12.6 亿元、增长 0.1%，占一般公共预算收入的比重为 80%。财政支出 64 亿元，增长 0.03%。工业增加值增长 11.3%。规模以上工业总产值 272.8 亿元，增长 24.8%。外贸出口 45.5 亿元，增长 37.8%。固定资产总额增长 11.4%。实现利用外资 10243 万美元，增长 8.5%；实际引进内资 71.1 亿元，增长 8.7%。主要工业产品：服装 349.65 万件，萤石 61203 吨，烤鳗 1751 吨，水泥 410 万吨，电力电缆 484318 千米。农业总产值 46.1 亿元，增长 9%；粮食产量 19 万吨，主要农产品：脐橙 12.5 万吨，烟叶 2.97 万担（1486 吨），蔬菜 23.98 万吨，家禽出笼 268.29 万羽，生猪出栏 48.91 万头。金融机构期末存款余额 346.4 亿元，增长 3.2%；住户存款 262.2 亿元，增长 11.1%。金融机构期末贷款余额 347.3 亿元，增长 11.9%。社会消费品零售总额 101.1 亿元，增长 11.6%。游客 1814.1 万人次、旅游收入 94.1 亿元，分别增长 50.4%和 50.4%。地表水环境和饮用水水源地水质 100%达标，空气优良率 99.4%。城市生活污水处理率 90%，城镇垃圾处理率 100%，农村垃圾处理率 100%。

新增城镇就业 4849 人，新增转移农村劳动力 7535 人，城镇登记失业率控制在 4.5%以内。城镇居民人均可支配收入 37388 元，增长 7.5%；农村居民人均可支配收入 15360 元，增长 12.5%。

【工业发展】 新增工业建设用地 48.67 公顷，建成标准厂房 38.4 万平方米。新增规模以上工业企业 32 家，总量首次突破 100 家。规模以上工业实现营收 274.4 亿元，增长 29.5%。济民可信、昊宇重工一期等重点产业项目建成投产，金纳铜业、恒吉铜材入选省制造业百强企业，振兴铜业等 3 家企业入选省制造业领航企业培育名单。瑞金经开区获评国家级绿色园区、江西省模范劳动关系和谐园区，综合发展水平考核评价全国排名前移 13 位。

【现代农业】 全年建成高标准农田 2533.33 公顷，粮食种植 3.39 万公顷，全面完成粮食生产任务。生猪复产增养，出栏生猪 49 万头。新建蔬菜大棚 471.33 公顷、设施蔬菜基地 21 个，新增粤港澳大湾区“菜篮子”生产基地 2 个。脐橙、油茶、白莲等特色产业持续发展，新增富硒产业示范基地 11 个。正大集团百万头生猪全产业链、德保膳食全产业链项目加快推进，建成 6 万平方米果蔬冷链物流园，瑞金市被列为国家农产品产地冷藏保鲜整县推进试点。

【城乡建设】 科学编制《瑞金市国土空间规划（2021—2035 年）》，城市建成区面积 36.6 平方千米，常住人口城镇化率突破 50%。新改建国省道 72.5 千米、“四好农村路” 112.2 千米。金都大道东延四期、中山南路等道路建成通车，瑞明路、象湖路等“断头路”全面打通。完成棚户区改造 270 户。建成棚改安置房 6814 套。改造老旧小区 26 个，新增停车位 2762 个。金瑞湾城市公园基本建成，文化艺术中心正式启用，城市功能和品质提升。入选第七届全国文明城市提名城市，解放路社区入选省高品质智慧社区建设试点。统筹推进“厕所革命”和乡镇建设 5 年行动，建设美丽宜居示范带 2 条、全域美丽乡镇 2 个，重点整治新农村建设示范点 204 个，新（改）建农村户厕 620 余户，农村人居环境持续改善。

【生态保护】 完成中央和省环保督察反馈问题整改，瑞金万年青水泥公司获评国家绿色工厂。启动实施新一轮生态环保基础设施建设 3 年行动计划，新建农村污水处理管网 17.5 千米，城市生活污水日处理能力达 4.5 万吨，垃圾焚烧日处理能力达 350 吨。加快生态功能区建设，治理水土流失面积 20.6 平方千米，完成低质低效林改造 2200 公顷、森林抚育 8066.67 公顷，新增省级森林乡村 4 个。开展“无废城市”建设试点，畜禽粪污资源化利用模式入选全国《“无废城市”建设试点典型案例》。空气质量优良天数比例达 99.5%，地表水环境和饮用水源水质 100%达标。

【民生实事】 投入民生资金 53.1 亿元，占一般公共预算支出 83%。新增城镇就业 4896 人，转移农村劳动力 7784 人，城镇登记失业率控制在 4.5%，获 2021 年全国清理整顿人力资源市场秩序专项行动取得突出成绩单位。推进 21 所城乡学校建设项目，宝钢希望小学完成扩建，金穗幼儿园、幸福幼儿园投入使用，新增学位 1890 个。组建瑞金市总医院，争取南昌大学第一附属医院技术支持。推进市妇保院、市人民医院整体迁建，市结防所、云石山卫生院完成搬迁。九堡、武阳等 8 所区域性中心养老院投入使用，新增养老床位 940 张，农村互助养老服务设施覆盖 84%的行政村。城乡居民基本医疗保险参保覆盖率稳定在 95%以上，获评全省医疗保障综合改革先行示范县（市、区）。全面推行“尊崇工作法”，建成退役军人服务站 246 个。

【“共和国从这里走来——中华苏维埃共和国史基本陈列”入选“庆祝中国共产党成立 100 周年精品展览”】 11 月 8 日，经中共中央办公厅、中共中央宣传部、中央党史和文献研究院批复的“共和国从这里走来——中华苏维埃共和国史”陈列展览开展仪式在瑞金中央革命根据地历史博物馆举行。省委副书记、赣州市委书记吴忠琼宣布开展；省委宣传部副部长吴永明，赣州市人大常委会副主任、瑞金市委书记吴建平分别致辞；省委党史研究室副主任刘津，省文旅厅副厅长丁新权等副处级以上领导以及江西省博物馆、井冈山革命博物馆、八一南昌起义纪念馆、安源路矿工人运动纪念馆、赣州市博物馆负责人，中央苏区革命历史场馆联盟各成员单位负责人、相关专家，赣州各县（市、区）文广新旅局主要负责人出席开展仪式。

陈列展览汲取党史研究的最新成果和最新论述，分“开展武装斗争建立苏维埃区域”“中华苏维埃共和国的诞生”“中华苏维埃共和国在曲折中巩固发展”“中国共产党治国理政的伟大实践”“中华苏维埃共和国的战略转移”等五部分，全面展示中央革命根据地创建、中华苏维埃共和国成立及治国理政实践的艰辛历程、伟大探索和历史启示，回答“中华苏维埃共和国为何定都瑞金”“为什么说赣南等原中央苏区是我们党最重要的治国理政试验田”“伟大苏区精神有哪些深刻内涵和历史表现”等重大党史之问、时代之问。陈列布展中，挖掘利用文物史料，通过融合模拟实景、互动投影等科技手段，展示的 550 余件文物、1360 余张照片和 20 余处多媒体投影、电动地图、互动桌面，提高革命文物的吸引力和感染力，增强公众参观游览的互动性和参与性。

【象湖镇退役军人服务站获评“全国百强站”】 象湖镇开展红色退役军人服务站建设。每个村（社区）突出各自红色元素和主题，高标准建设红色荣誉室、思想政治引领室、红色图书角等场所。解决退役军人在政策咨询、优待抚恤、就业创业、权益维护等方面难题。利用红色资源开展红色教育，组织退役军人参加社区志愿服务、抗疫战贫等社会公益活动，树立退役军人典型。退役军人服务站获社会广泛认可，7 月，象湖镇退役军人服务站被国家退役军人服务中心评为“全国百家红色退役军人服务站”。

【获评全国群众体育先进单位】 瑞金市落实国务院《全民健身计划（2021—2025）》和国务院《全民健身条例》，出台《瑞金市体育事业“十三五”发展规划》《瑞金市全民健身实施计划》等系列加强体育工作的文件。编制《瑞金市公共体育设施专项规 2020—2035 年）》，围绕实现公共体育设施服务均等化，建设城市社区“十分钟健身圈”。强化经费保障，市财政资金累计投入超 3.2 亿元用于发展体育事业。全市体育场地面积累计达 142.974 万多平方米，人均体育设施面积 2.36 平方米。免费开放各类公共体育设施，全市经常参加体育锻炼的人数比例达 41.5%，国民体质合格率达 93%。金穗学校足球队、九堡中学篮球队、瑞金市青少年足球队在省、市比赛中分别获得二等奖、三等奖；瑞金市“井冈山小学”的《链枪操》体育教学案例被教育部评为“最佳课外体育活动案例”。9 月，瑞金市体育局被国家体育总局评为 2017—2020 年度全国群众体育先进单位。

【叶坪乡被党中央、国务院授予“全国脱贫攻坚楷模”】 叶坪乡有行政村 30 个，其中“十三五”贫困村 7 个。农业人口 7 万人，建档立卡贫困人口 2308 户、8908 人。乡党委政府坚持以脱贫攻坚统揽经济社会发展全局。为解决贫困户看病贵的问题，率先探索实施商业补充医疗保险、基本医疗保险、大病医疗保险、民政救助健康扶贫“四道保障线”，在全省乃至全国推广；为解决贫困群众住房困难问题，率先在全省建设农村保障房，探索实施安居扶贫“五个一”工程（即为特别困难的贫困户建一套房、预留一块土地用于生产、有劳动能力的安排一份工作、享受扶贫产业园一份“分红”、落实一份政府兜底保障），其做法在中央电视台 2 套《生财有道》栏目作深度报道。推进精准扶贫管长远问题，在全国率先探索实施产业扶贫“五个一”（选准一个产业、打造一个龙头、创新一套利益联结机制、扶持一笔资金、培育一套服务体系）机制及农村集体资产折股量化模式。

叶坪乡提出“片区发展、板块互动、先行先试、整体推进”的发展理念。在大胜村新建30公顷脐橙园，集体资产折股量化给贫困户，全村289名贫困人口享受1000元以上的产业扶贫“分红”收益。在合龙村，建成全省最大的光伏扶贫电站，链接全市1200户贫困户实现户均增收3000元以上。完善田坞、山岐现代农业“半小时经济圈”基础设施，建设农产品质量检测检疫中心和农产品交易中心，形成蔬菜、脐橙、生猪、蛋鸡、黄金鱼、白莲、特色水果、旅游产业等产值亿级产业，打造叶坪黄金鱼、华嬷嬷泡菜、仰山淮山、陂坞茄子等特色品牌。叶坪乡在2021年2月被党中央、国务院授予“全国脱贫攻坚楷模”称号。

【连续4年获评中国县域旅游竞争力百强县市】 11月2日，竞争力智库、中国经济导报社和北京中新城市规划设计研究院等机构在北京联合发布《中国县域旅游竞争力报告(2021)》。瑞金市获评“2021中国县域旅游综合竞争力百强县市”。

【入选全国农产品产地冷藏保鲜整县推进试点】 4月起，瑞金市根据农业农村部办公厅财政部办公厅关于全面推进农产品产地冷藏保鲜设施建设的通知，按农产品产地冷藏保鲜整县推进试点县工作方案，加强冷链物流基础设施建设，进一步拓宽冷链物流销售渠道，完善农产品冷链物流体系，强化冷链物流支撑能力，建设一批冷链物流经营主体，建成果蔬冷链物流园6万立方米。7月，瑞金入选全国农产品产地冷藏保鲜整县推进试点。

（杨　溢）

会昌县

【概况】 会昌县辖6镇、13乡、1个城市社区管委会，275个村（居）委员会，3192个村民小组。县城区面积14.5平方千米，城镇化率51.12%。耕地面积1.735万公顷，有林面积19.71万公顷，森林覆盖率80.87%。全县总户数142145户，总人口533611人。其中，乡村人口382924人，城镇人口150687人。人口自然增长率7.72‰。全年实现地区生产总值151亿元，增长8.1%；财政总收入15.9亿元，增长6.8%；一般公共预算收入10.4亿元，增长0.3%；500万元以上固定资产投资增长10.6%，工业投资增长20.6%，规模以上工业增加值增长11.2%；社会消费品零售总额65.1亿元，增长18.2%；实际利用外资7962万美元，增长4.3%；城镇居民人均可支配收入33165元、农村居民人均可支配收入14716元，分别增长9%、12%。

【工业经济】 全县实现规模以上工业总产值128.21亿元，增长19.3%。其中，首位产业氟盐新材料实现营业收入83.9亿元，增长67.9%，占规模以上工业企业66%。全县规模以上工业增加值增长11.2%，工业用电量增速38%；工业增值税增长16.9%；工业固定资产投资增长22.3%。全县实现营业收入123亿元，增长17.7%。实现利润13.5亿元，增长33.9%。全年投产工业项目25个，在建项目17个。引进深圳新星、广东华际融创、东莞新东方等重大氟盐新材料项目。产业园区入驻企业36家，项目46个，从业人员4300人，主要生产工业盐、食用盐、烧碱、氢氟酸、碳酸锂、六氟磷酸锂、甲烷氯化物、PTFE、水杨酸等产品。

【农业产业】 全年粮食种植2.97万公顷，粮食总产量15.99万吨。建成高标准农田2700公顷；种植脐橙、橘柚1.4万公顷，产量13.8万吨，种植贝贝小南瓜670公顷。种植烟叶1330公顷、收购烟叶5万担(2500吨)。生猪出栏52万只，羊存栏1.2万头，家禽出笼510.55万羽，禽蛋产量1315吨，肉牛出栏5.14万头，水产品1.78万吨；农产品生产经营主体“两品一标”（绿色食品、有机农产品和农产品地理标志）申报，新增绿色农产品4个，有机农产品3个，绿色有机地理标志农产品示范基地1个。完成矿山生态修复80公顷、低质低效林改造0.47万公顷。

【第三产业】 实现社会消费品零售总额65.06亿元，增长18.2%。其中，限额以上消费品零售额6.97亿元，增长24.8%。会昌革命历史纪念地入选全国爱国主义教育示范基地，会昌农歌会入选国家“百姓大舞台”网络群众文化品牌，会昌县文化馆获评国家一级文化馆，汉仙温泉成为省级旅游度假区，大型沉浸体验式光影剧《悟道·汉仙岩》投入运营，完工西北街戏剧小镇。推进全国电子商务进农村试点工作，电子商务交易额30亿元，增长25%，京东供销（会昌）智慧供应链中心竣工。

【项目建设】 实施“六大主攻方向”（科技创新、工业倍增升级、乡村振兴、新型城镇化、现代服务业、基础设施建设）项目123个，完成投资174.5亿元；实施省大中型项目18个，完成投资54亿元。项目开工19个、竣工25个、完成33个。全年争取各类资金63.7亿元，完成征地287.33公顷、拆迁509户，收储土地155.2公顷，争取用地指标79.27公顷、林地指标78.33公顷，处置批而未用土地84.67公顷，新增建设用地计划指标奖励93.33公顷。实施老旧小区改造3个，拆除违章建（构）筑物8.2万平方米，惠诚路、阳光路、文青路新（改）建道路建成通车。整体搬迁县客运汽车站，完成“三江六岸”整治提升工程。厦蓉高速白鹅互通工程、206国道周田至筠门岭段改建工程、中村至长岭三级公路改造等项目开工建设，省天然气管网铺设完成，完成5G基站建设100个，铺设5G基站配套光缆93千米，中心城区5G网络实现全覆盖。完善圩镇公共基础设施18个，打造美丽宜居村庄19个、美丽庭院3100个。

【民生事业】 年内，全县民生支出34.96亿元，下降12.6%，占财政一般公共预算支出79.2%。全县有农村低保对象1.31万户、2.31万人，农村特困供养对象2136人，残疾人

2项补贴享受对象8750人。全年共发放各类保障资金2866.82万元。年内，为1471户2791人城镇困难群众购买防贫保险，和君职业学院实现招生，会昌中专升级为A级职业学校；天玺湾、御花园小区配套幼儿园开园，开工建设第三幼儿园，希望小学黄坊校区投入使用，第四中学改为完全中学。医疗卫生条件改善，新人民医院发热门诊投入使用，新疾控中心开工建设。大步田全民健身活动中心、文武坝中心敬老院竣工。启动县妇幼保健院、县疾控中心整体搬迁项目，中南大学湘雅二医院对口帮扶县人民医院纳入国家卫健委“十四五”时期三级医院对口帮扶县级医院方案。文武坝敬老院、麻州老年护理院竣工，建设农村互助养老服务设施195个，建成城镇社区居家养老服务站点32个。《清平乐·会昌》组歌发布，开演大型红色历史采茶戏《盘山魂》。会昌非遗剪纸作品入选第十七届深圳文博会，《匾额薪传》获江西省第四届“赣鄱群星奖”。会昌革命历史纪念地入选全国爱国主义教育示范基地，会昌农歌会被文化和旅游部评为“百姓大舞台”网络群众文化品牌活动，汉仙温泉旅游度假区创建为省级旅游度假区。推进全面健身活动，建成农民体育健身工程172个，人均体育场地面积1.7平方米。

【建设独好会昌富硒产业园·小密硒谷项目】 在小密乡建设独好会昌富硒产业园小密硒谷项目，总投资3亿元，建设高标准、绿色、低碳、生态富硒产业基地。项目采取“公司+合作社+基地+农户”经营模式，统一流转土地、统一收购、统一销售；与京东、阿里等知名互联网平台企业合作，发展订单农业、定制农业。做强“独好会昌”富硒农产品品牌，推进产业振兴发展，带动农民增收，建成全省标杆、全国知名的乡村振兴示范基地，初步形成国家级现代农业（富硒）产业园区。

【实施“乡贤回归”工程】 出台《会昌县大力实施乡贤回归工程的若干意见》，制定政策激励、实行税收反哺、研发创新鼓励、土地金融教育配套支持、乡贤荣誉授予等17条措施，以“乡贤带富”模式，感召乡贤携资本、信息、技术、人脉回归家乡，开创县域经济发展新路。年内，建成拥有在库乡贤1000名的乡贤人员数据库。有60名乡贤回乡投资，投资总额150多亿元。邀请200多名在外乡贤回乡恳谈，现场签约乡贤回归项目8个，投资总额79.65亿元。

【厦蓉高速白鹅互通开工】 5月，开工建设厦蓉高速公路会昌白鹅互通工程。该工程位于会昌县白鹅乡洋口村和于都县黄麟乡于阳村，主线为厦蓉高速公路，对变速车道处主线进行加宽改造，新设5条匝道，总长3.57千米；新设劝返车道长1条0.3千米；新设连接线长2.86千米；新建三进五出匝道收费站1座，收费管理所1座，项目总投资37991.58万元。厦蓉高速公路采用全封闭、全立交、控制出入的双向四车道高速公路标准，设计速度100千米/时，整体式路基宽度26米。互通匝道设计速度40千米/时，连接线设计速度60千米/时，路基宽度10米。

（何慧娟）

寻乌县

【概况】 寻乌县辖7个镇、8个乡，有173个村民委员会、13个居民委员会。全县有93935户、329032人。其中女性157166人，非农业人口80516人。人口出生率为7.30‰，人口自然增长率为-1.45‰。人口密度为140人/平方千米。境内居民以汉族为主。

全县财政总收入11.76亿元，增收1.75亿元，增长17.5%。一般公共预算收入7.09亿元，增收0.53亿元，增长8.0%。财政总支出31.82亿元，减支1.28亿元，下降3.9%。全县社会消费品零售总额38.99亿元，增加8.42亿元，增长19.0%。全县在岗职工年人均工资73920元，增加4842元，增长7.0%；农村居民人均可支配收入14834元，增长13.4%，人均增加1757元。城乡居民年末储蓄余额92.14亿元，增加7.1亿元，增长8.4%。全县实现生产总值114.82亿元（现价，下同），增长9.0%。其中第一产业25.18亿元，第二产业36.2亿元，第三产业53.44亿元，分别增长8.2%、7.3%、10.6%。规模以上工业总产值67.06亿元，增长21.7%；农林牧渔业总产值41.53亿元，增长10.1%。主要工农业产品产量为铜金属含量14.67万吨、稀土化合物1508.9吨、陶质砖1226.96万平方米、泵10435台、气体压缩机19939台、水泥28.19万吨、商品混凝土27.12万平方米、发电量8.08万千瓦小时；粮食总产量12.37万吨、水果总产量47.73万吨、生猪出栏14.1万头、禽蛋产量7840吨、肉类总产量2.53万吨、蔬菜类及食用菌产量13.58万吨。

【工业发展】 推动工业倍增升级，通用设备制造首位产业及稀土综合利用主导产业实现从无到有、从有到特，主营业务收入分别增长22.48%、66.62%。招大引强，累计签约项目27个，总投资达123.7亿元，认定“5020”项目1个。加大开发区改革创新，新建标准厂房6万平方米，盘活闲置厂房5.7万平方米，清理低效用地15.67公顷。持续深化科技创新，新增科技型中小企业44家、高新技术企业6家、省首台（套）企业1家、市级专家工作站1家，省级以上科技人才实现零的突破。落实减税降费和政企圆桌会议等政策，为市场主体减负约4.5亿元，营商环境综合评价居全省第28名，“寻速办、乌差别”营商环境品牌初步形成。

【农业产业】 防控柑橘黄龙病，平均病株率控制在2.96%，达到3%以下目标，恢复柑橘种植约1133公顷。拓宽果品销售渠道，举办脐橙丰收节直播盛典等活动，果品售价上涨0.6元/千克，柑橘产值达11.5亿元，增长9%，实现“种好”向“卖好”转变。花卉产业示范园项目签约。有序推进粮食储备冷链物流项目，建设高标准农田793.33公顷，兜牢粮食安全底线。生猪复产增养，新建规模养猪场10家、改（扩）建5家，建成生猪定点屠宰场。新认证“两品一标”农产品13个，创建粤港澳大湾区“菜篮子”供应基地2个、市级富硒农产品示范基地7家，获省有机产品认证示范创建区。

【现代服务业】 纵深推进全域旅游，“一馆七址”（寻乌调查陈列馆，“三二五暴动”旧址、菖蒲会见旧址、圳下战斗旧址、罗福嶂会议旧址、澄江战斗遗址、寻乌调查旧址、罗塘谈判旧址）项目启动，项山至油房岗红色旅游公路投入使用，罗福嶂会议学习园开园，创建国家AAA级景区、省AAA级乡村旅游点和省红色名村各1个，累计接待游客481.7万人（次），增长35%，旅游收入33.9亿元，增长34.2%。举办客家戏剧联盟展演、江西“非遗购物节”寻乌巡展等活动，寻乌成为第十七届深圳国际文博会唯一单设展厅的县级单位。金融、客服、物流、电商等产业发展迅速，开展政银企融资对接2场，打响“做客寻乌、云服四海”客服品牌，农产品上行中心投入使用，供销配送做法在央视《新闻联播》播出，获评“国家电子商务进农村综合示范县”。

【城乡建设】 有序编制新一轮国土空间规划，完成1个公园、4个片区污水管网及7个停车场建设，改造25个老旧小区，新建8.1千米污水管道，新增76.12万平方米公园绿地，被评为“省卫生县城”。推进美丽乡镇建设5年行动，完成13个乡镇农贸市场改造，创建3个省级卫生乡镇、2个美丽乡镇和14个美丽宜居示范村，“万村码上通”5G+长效管护平台运营使用，寻乌入选全国乡村建设评价工作样本县和“四好农村路”示范县。

【生态保护】 开展污染防治，做好环保督察反馈问题整改，改造低质低效林502公顷，全年空气质量优良天数比例和PM2.5年均浓度分居全市第三位、第二位，饮用水源水质合格率100%，出境断面水质稳定Ⅲ类以上。推进七堡石片区综合治理和生态修复工程，“废弃矿山综合治理”入选中国生态修复典型案例。降碳减排工作获“省绿色低碳示范县”、“省级生态县称号”。启动实施东江源头“水转化”工作，寻乌被评为“绿水青山就是金山银山”省级实践创新基地。

【民生事业】 保持80%以上财政支出用于民生。强化返贫动态监测和帮扶，持续巩固脱贫攻坚成果，2人（晨光镇高布村第一书记吉志雄、项山乡福中村乡村医生潘昌荷）1集体（寻乌县中等职业技术学校）获评“全国脱贫攻坚先进”。推进疫苗接种，长期保持“零疫情”局面。县人民医院外科大楼和城东医院投入使用，县妇幼保健院实现整体搬迁，17个卫生院、148所村卫生室完成标准化建设。落实“双减”政策，家长、学生负担减轻。建成城东、城南幼儿园，新增托幼园位900个。城镇新增就业、新增转移农村劳动力均超额完成年度计划。城市居家和社区养老服务设施实现全覆盖，农村互助养老服务设施覆盖85%以上行政村。农村基本实现卫生厕所无害化，城区每平方千米拥有公厕4座。文化服务水平提升，新增市级非遗8项、县级非遗32项，被评为“第二批全国科普示范县创建单位”。

（钟誉华）

石城县

【概况】 石城县辖5乡、6镇，24个居委会、131个村委会，1880个村民小组。辖区总面积1567.4平方千米，其中建城区面积12.7平方千米。耕地面积1.9万公顷，林地面积12.42万公顷、森林覆盖率75.9%。全县总人口33.33万人，其中非农业人口86237人。实现地区生产总值94.79亿元，增长8.9%。其中，第一产业增加值18.68亿元，增长7.1%；第二产业增加值28.07亿元，增长7.9%（其中，工业实现增加值23.10亿元，增长9.0%，规模以上工业增加值增长11.3%；建筑业实现增加值4.79亿元，增长3.2%）；第三产业增加值48.04亿元，增长10.2%。三次产业占比19.7∶29.6∶50.7。全县财政收入12.22亿元，增长16.8%，一般公共预算收入7.29亿元，增长14.4%；税收收入占财政总收入比重为80.4%，地方财政支出30.46亿元，下降12.4%。固定资产投资增长12.4%，社会消费品零售总额增长18.7%；实际利用外资增长7.5%；城镇居民人均可支配收入31142元，增长8.2%；农村居民人均可支配收入13731元，增长14.0%。农业总产值30.29亿元，按可比价计算增长8.8%，粮食总产量12.33万吨，花生产量5018吨，烟叶总产量2940吨（5.88万担），白莲总产量7881吨。全县金融系统存款余额163.17亿元，增长8.9%，金融系统贷款余额158.37亿元，增长12.5%。城镇新增就业人口1872人，新增转移农村劳动力4018人，城乡居民基本医疗保险参保率95%。

【实施“两地三区”发展战略】 8月，中国共产党石城县第十五次代表大会提出“两地三区”（高质量打造品牌运动鞋服智造基地、全国知名温泉康养旅游地，建设生态文明先行示范区、乡村振兴示范区和红色基因传承示范区）发展战略。实施品牌运动鞋服三年提升工程，壮大品牌运动鞋服首位产业，全县鞋服企业超过600家，产值突破130亿元。重点推进森林温泉、天沐温泉、花海温泉等项目建设，差异化开发建设温泉康养项目，发展乡村旅游，重点建设大畲民宿村、赣江源民宿村，全年累计接待游客994.8万人次，实现旅游综合收入77.2亿元，分别增长15.01%和23.75%。开展国家生态综合补偿试点工作，建立完善流域上下游补偿机制，核查赣江源国家湿地公园违法建筑，实施修复屏山河东段4.3公顷湿地，在保护区实验区放置山林雨水收集装置，先期启动“山水工程”试验工作，全县入选第五批国家生态文明建设示范区。开展乡村建设行动，实施秀美乡村建设“1+2+N”（每年建成1个农村人居环境整治县级成型精品示范区、2 个县级储备示范区、N 个乡镇示范区）模式，建成珠坑乡乡村旅游点 1 个，菊花、葡萄、大棚蔬菜、脐橙等产业基地 14 个，完成赣江源镇友联、洋和生态农业产业园建设，建成秋溪片千亩黄桃基地第一期 20 公顷条带。加快长征国家文化公园（石城段）等项目建设，完成罗田支部旧址、宁都起义部队秋溪整编旧址等保护、修缮工程并对外开放，持续建设小松镇丹溪村、赣江源镇秋溪村、屏山镇屏山村等红色名村，打造八卦脑、小松镇丹溪村，赣江源镇秋溪村、友联村等红色旅游线路，完善友联红五军团司令部旧址、宁都起义部队秋溪整编旧址和毛泽东旧居等多处革命旧址旧居的硬件建设，并作为党史学习教育走读红色基地。

【兴泉铁路石城段建成通车】 9 月 30 日，经 4 年建设、总长 16.3 千米、投资约 10 亿元的兴泉铁路石城段正式通车，石城县告别不通火车的历史，打通承东启西的客运、货运通道，改善区位条件和发展环境。新建于石城县琴江镇境内的火车站命名为石城东站。该站为中国铁路南昌局集团有限公司管辖的铁路车站，建筑面积 6000 平方米，设计最高聚集旅客数 600 人，为线侧下式站房，规模为 2 台 4 线，主要包括站台、站前广场、货物仓库、维修工区以及相关配套设施等。

【全省首个鞋类产品质量监督检测中心运营】 12 月 31 日，江西省鞋类产品质量监督检验中心（石城）通过江西省市场监督管理局组织的资质认定评审。该中心是集鞋材、成品鞋检验检测、鞋类产品标准制定、科学研究、企业技术服务等功能为一体的省级制鞋行业公共检测平台，2018 年 6 月获批筹建，是江西省首家获批筹建的省级鞋类产品专业检验机构，2020 年 3 月获检验检测机构资质认定证书。该中心占地 2600 余平方米，总投资 2000 余万元，拥有气质联用仪、气相色谱仪、液相色谱仪、电感耦合等离子体光谱仪、电脑伺服控制拉力机、成品鞋动态防滑试验机等国内一流、国际先进的高精端检测仪器。具有鞋类产品与鞋材项目检测能力 160 项，行业重点产品的检测能力覆盖率 100%。该中心解决省内鞋企送检远的难题，全年服务企业 51 家 229 批次，解决技术问题 12 个，公开服务项目 160 个，主动减免检测费用 4.19 万元。

石城琴江风光（2021 年，黄洋摄）

【石城县入选第五批国家生态文明建设示范区】 10 月 14 日，在昆明举办的 2020 联合国生物多样性大会“生态文明论坛”上，石城县入选为第五批国家生态文明建设示范区。石城县在 2020 年创建省级生态县的基础上，构建生态文明建设推进机制，标本兼治打好“蓝天保卫战”“碧水保卫战”“净土保卫战”等污染防治攻坚战，实施生态修复与治理，发展生态可持续产业。推进“河长制”，县域出境断面、赣江源头、饮用水水源地水质优良率达 100%，县域水质综合指数位居省市前列；完成低质低效林改造 2000 公顷、矿山生态修复治理 18.2 公顷；森林覆盖率达 75.9%，空气优良率达 99.7%；拥有国家地质公园、国家级保护区 5 个、省级生态乡镇 10 个、省级生态村 7 个，先后获国家重点生态功能区、国家全域旅游示范区等称号。

【石城中学整体搬迁】 8 月 13 日，石城中学由旧校区（西华北路）整体搬迁至新校区（莲乡大道旁西外村毕家屋小组）。新校区总用地面积 25.3 万平方米，总建筑面积 18.5 万平方米，校舍建筑面积 12.3 万平方米，项目总投资 6.3 亿元（不含教学设施设备）。新校园分学习区、生活区、运动区，教学楼、办公楼、实验楼、艺术楼、科技楼、图书馆、科报厅、师生宿舍、食堂、标准运动场、地下停车场等，教育教学设施俱全，为高标准的学习生活场所。石城中学始建 1939 年，1944 年迁入老校区校址。1958 年，学校增设高中部，成为完全中学，改名为“江西省石城中学”。1977 年，学校被列为江西省重点中学。2004 年，学校剥离初中部，为高级中学。

【“石城翻秋花生”注册为国家地理标志证明商标】 11 月 21 日，“石城翻秋花生”获评地理标志证明商标。“翻秋”花生是石城县特有的花生品种，有百余年种植历史，以石城县屏山镇种植历史最为悠久，种植面最大。第一季花生收货后，留种到立秋前后播种，立冬前后收获，故名“翻秋”。其生长周期长，果实经特殊工艺炒制或烘制，味香、甜、脆，美味可口，为坚果上品。

（曾　燕）

本栏编辑：曹　虹　王　宇

人物 荣誉

全国五一劳动奖章获得者

（以姓氏笔画为序）

郑赖敏 男，汉族，1976年4月出生，江西赣县人，群众，高中学历，赢家时装（赣州）有限公司技术员。参与“天工杯”示范性劳动和技能大赛以及围绕于都县服装首位产业开展的纺织服装行业职业技能竞赛活动。2019年9月于都县第三届纺织服装行业职业技能大赛中荣获整件女士长袖衬衫项目一等奖。2020年9月江西省“天工杯”服装行业职工职业技能竞赛中获得女装成衣整件项目一等奖，被授予江西省五一劳动奖章。在工作中善于思考，向公司提交各种工艺改善方案38项，为企业节约生产成本约80余万元，提交“金点子”创新项目5项，共为企业节约生产成本20余万元。2021年，获全国五一劳动奖章。

黄小清 男，汉族，1974年9月出生，江西龙南人，中共党员，初中学历，江西铁山垅钨业有限公司丰田坑口101采矿台班班长。坚持以党员标准严于律己，拥有独到的打钻经验，钎头回收率达到80%，钎头使用效率提高，成本降低。所带班组先后获公司“工人先锋号”“头雁班组”和江钨集团“百强组”称号，个人先后荣获2020年江西省劳动模范、江控股集团公司劳动模范、优秀共产党员等荣誉称号。2021年，获全国五一劳动奖章。

黄培峰 男，汉族，1984年6月出生，湖南衡阳人，群众，大专学历，赣州市德普特科技有限公司研发部经理。自2003年参加工作后，一直从事生产一线的技术管理和项目研发工作，先后担任工程技术员、项目工程师，研发主管、研发经理。技术管理和项目研发经验丰富，多次带领研发团队在产品研发、项目量产、生产成本控制和产品专利等方面取得优异成绩，2006—2020年共获得31项产品专利证书。2017年荣获江西省五一劳动奖章称号。2021年，获全国五一劳动奖章。

温小珍 女，汉族，1985年9月出生，江西宁都人，群众，初中以下学历，江西金力永磁科技股份有限公司坯料工序手动成型操作员。操作成型压机将坯料制作成模具的业务精湛，乐于奉献。从2012年始，10年如一日兢兢业业工作，生产技术过硬，操作经验丰富。为车间的生产骨干和生产能手。工作期间，累计生产的模具数以万计，从无次品，培育车间生产骨干10余人。2020年被国务院农民工工作领导小组授予“全国优秀农民工”称号。2021年，获全国五一劳动奖章。

江西省五一劳动奖章

（以姓氏笔画为序）

王进平 男，汉族，1981年8月出生，四川乐山人，群众，初中学历，江西漂塘钨业有限公司装矿组组长。王进平带1个组应付2个准备矿的艰巨任务和大作业量，能够始终如一完成任务。2020年带领班组4人负责平巷掘进准备，鏖战268中段，先后攻克Ⅹ带19线E、21线、17线W，Ⅷ带27线E平巷和779、3131、3681、10179等采场底部结构，全年完成931.39米平巷准备矿，为计划任务的233.43%，实现安全生产。2020年，被评为公司和江钨控股集团“劳动模范”。2021年，获江西省五一劳动奖章。

王明华 男，汉族，1966年4月出生，江西赣州章贡区人，群众，高中学历，赣州稀土友力科技开发有限公司生产部副部长兼萃取车间主任。王明华在车间节能降耗工作中，组织车间员工开展各类小制作、小发明等技改活动。2017年，率先打破常规管理模式，推出新型的劳动竞赛体制，使车间的管理工作系统化、规范化。2020年公司技术改造中，王明华所在的萃取车间开展萃取传动技能改造及全有机进料的模糊联动萃取分离线升级项目，提出多项具有建设性的点子和意见，改造后为公司节约电费32.8万元/年，萃取车间成为全公司的学习型模范车间。2019 年获“赣州市五一劳动奖章”称号。2021 年，获江西省五一劳动奖章。

龙慧萍 女，汉族，1966 年 1 月出生，江西万载人，群众，高中学历，江西青峰药业有限公司第一制剂事业部设备工程部副经理。在公司先后担任固体制剂车间主任、小容量注射剂车间主任、制剂车间主任，有丰富的生产管理经验，具有创新意识，积极参与车间的各项技术改造工作，对车间各项管理提出合理化建议和意见，推动全公司的设备 TPM 管理。2018 年获赣州市五一劳动奖章称号，2019 年获江西省“五一”巾帼标兵称号。2021 年，获江西省五一劳动奖章。

刘云波 男，汉族，1965 年 4 月出生，江西赣县人，中共党员，大学学历，江西赣能股份有限公司居龙潭水电厂总经理、党支部书记。自担任企业高管后，挑重担、善于创新，积极带领企业员工谋发展、勇担当。各项工作始终位于全省同等规模行业标准的前列。居龙潭水电厂于 2018 年通过职业健康安全管理体系（GB/T28001）和环境管理体系（ISO14001）认证，2019 年通过质量管理体系（ISO 9001）认证。截至 2020 年 12 月 31 日，居龙潭水电厂累计连续安全生产 5035 天。2017 年，获赣州市五一劳动奖章称号。2021 年，获江西省五一劳动奖章。

许立新 男，汉族，1967 年 2 月出生，江西赣县人，中共党员，大学学历，江西理工大学人力资源部副经理。任江西理工大学驻兴国县崇贤乡崇义村第一书记、扶贫工作队队长期间，扎根在脱贫攻坚第一线，与村民同吃、同住、同劳动，开展“党建+扶贫”等多种帮扶措施取得好成绩，特别是为村民发展产业、消费、教育等帮扶成效显著，使帮扶村实现村风纯、民风正，社会各项事业蒸蒸日上的良好局面。个人先进事迹先后在江西手机报、中国江西网、中国新媒体信息网、凤凰网等知名网站媒体广泛宣传。2020 年被省委组织、省委宣传部、省扶贫办评为江西“最美扶贫干部”。2021 年，获江西省五一劳动奖章。

伦宗飞 男，汉族，1975 年 8 月出生，山东寿光人，中共党员，大专学历，山东凯马汽车制造有限公司赣州分公司副总经理。对待工作高要求、高标准，常到一线车间与车间主任和设备厂家一道检查指导生产设备的安装调试和试工试产。截至 2021 年 2 月底，所在赣州分公司共计完成生产 6800 辆商用汽车，实现产值 3.8 亿元。在伦宗飞的指导要求下，招入新员工进行培训和技能提升，为赣州带来近 600 人的就业岗位，其中贫困户就业近 50 人，有效带动赣州的就业和经济发展。2020 年被赣州经开区党工委、管委会评为赣州经济技术开发区劳动模范。2021 年，获江西省五一劳动奖章。

朱琴勤 男，汉族， 1982 年 7 月出生，江西于都人，群众，初中学历，赢家时装（赣州）有限公司技术主管。在工作中，朱琴勤重视产前研发，提前发现各工艺潜在性问题，对各工艺瓶颈工序提前测试操作方案，对各难点工艺优化创新；优化现场管理，对现场工艺进行指导，解决现场突发问题；注重人员管理培养，提升技术员技能及现场解决问题能力；在工作中做好工艺优化，出金点子为公司节约成本及保证品质，为公司提升效益。2019 年在赣州市第六届技术能手大赛中，荣获服装设计与加工项目一等奖，2020 年荣获赣州市五一劳动奖章称号。同年，代表公司参加江西省天工杯——服装行业职工职业技能竞赛，并获女装成衣整件项目二等奖。2021 年，获江西省五一劳动奖章。

陈一文 男，汉族，1988 年 11 月出生，江西瑞金人，群众，大专学历，赣州君拓网络科技有限公司（美团外卖瑞金站）骑手。自 2017 年入职美团外卖后，每日早到站点清洗装备开始工作，直至平台关闭送完最后一单才下班。4 年时间，他每个月都保持 2100 多单，最高订单峰值突破月送 2300 单。每单都安全送达到顾客手中，且从无差评，在送单排行榜每月位居站点公里数第一，每月稳居站点“单王”榜首。2021 年初，美团外卖在评选最佳服务骑手及订单最高骑手评选中，陈一文以 1 个月 1000 单的客人 5 星好评、好评量占月订单 50% 的优秀业绩，荣获服务最佳骑手奖。2021 年，获江西省五一劳动奖章。

余丽霞 女，汉族，1969 年 4 月出生，江西樟树人，中共党员，研究生学历，赣南卫生健康职业学院教师。坚守教育教学一线 32 年；主持完成多项省部级重点课题，主编多部国家级规划教材，多次指导学生在全省职业院校技能大赛中获奖，多次在省级国家级教学技能竞赛中获奖。首创基于 OBE（成果导向教育）的“一体两翼”国际护士培养模式，把考不上高中的孩子培养成国际护士，所带教涉外护理专业的学生遍布澳大利亚、美国、英国、新加坡等地，为“一带一路”倡议背景下涉外护理事业发展做出突出业绩。2019 年被江西省人力资源和社会保障厅、江西省教育厅评为“全省模范教师”，同年获“赣州市五一劳动奖章”称号。2021 年，获江西省五一劳动奖章。

李　斌 男，汉族，1977 年 3 月出生，江西信丰人，中共党员，本科学历，中国人寿财产保险赣州市中心支公司信丰支公司理赔查勘员。从 2009—2014 年，李斌连续 5 年获赣州市中心支公司“优秀员工”光荣称号；2011—2012 年，连续 2 年荣获江西省分公司颁发的“服务标兵”光荣称号。在 7 年多的工作中，始终把公司利益和客户服务放在第一位，坚守查勘定损岗位。2020 年，获得中国人寿财产保险股份有限总公司抗疫青年先锋。2021 年，获江西省五一劳动奖章。

欧阳水林 男，汉族，1988 年 11 月出生，江西南康人，中共党员，大学学历，赣州澳克泰工具技术有限公司基体研发工程师。2012 年 3 月入职赣州澳克泰工具技术有限公司后，长期从事硬质合金基体材质的研发工作，主导开发硬质合金基体材质32款用于工业化生产，带领基体研发团队攻坚克难，为公司涂层刀具事业发展做出突出贡献。先后培养5名研发工程师和1名试验技师，所带团队成员中2人被公司评为“优秀党员”，3人被公司评为季度“优秀员工”。他带领研发部基体组大胆创新，开发的多项关键技术达到国内领先水平，使公司成为赣南第一家高性能硬质合金生产研发型企业。2020年获赣州市劳动模范称号。2021年，获江西省五一劳动奖章。

徐国钻 男，汉族，1984年8月出生，江西崇义人，中共党员，研究生学历，崇义章源钨业股份有限公司技术中心主任。从事钨行业工艺技术研发工作，参与完成的白钨冶炼新工艺，实现钨冶炼废水零排放，生产成本下降30%；主持研发的传统钨冶炼环保项目，实现废水达标排放及氨尾气回收利用；提出并主持“钨冶炼钼渣回收钨、钼、铜产业化”项目，实现钼渣无害化处理，每年为企业增效约150万元；主持研发的“液-液掺杂制备高性能钨粉体及硬质合金研究”和“含Cr废旧硬质合金高值化利用”项目分别入选省“千人计划”和省重点研发项目。2016年被中华人民共和国国务院授予“国家科技进步二等奖”，2019年被江西省人力资源和社会保障厅选入“江西省百千万人才工程”人选，2020年被江西省人民政府授予“江西省政府特殊津贴”。2021年，获江西省五一劳动奖章。

谢春霞 女，汉族，1982年3月出生，江西安远人，群众，大学学历，安远中等专业学校信息中心副主任，中学高级教师。2003从赣南师范学院计算机科学与技术专业毕业后，在安远中等专业学校从事职业教育事业。她带领教学团队摸索中等职业学校教育的教学模式，打造的教学设计“卡片设计与制作”和组建的课程“CorelDRAW平面设计”均获江西省一、二等奖。指导学生参加省、市各类竞赛，分别获得省一等奖2个、二等奖8个、三等奖5个，市一等奖5个、二等奖3个，先后多次被评为省、市优秀指导教师。2020年被江西省教育厅评为“全省第四批中小学学科带头人”，同年在“江西省职业院校技能大赛教学能力比赛中职组”比赛中，荣获一等奖。2021年，获江西省五一劳动奖章。

赖春林 男，汉族，1977年3月出生，江西信丰人，中共党员，大学学历，信丰县弘业电子有限公司技术经理。2006年2月到信丰县弘业电子有限公司工作，他勤奋好学、吃苦耐劳，积累丰富的经验，练就精湛的技术，获国家发明专利8项、获国家使用型专利101项、领导完成自动化开发案130件、原材料评估改善案30件，为公司的发展做出巨大贡献。2019年荣获“赣州市五一劳动奖章”称号。2021年，获江西省五一劳动奖章。

赖昭盛 男，汉族，1984年3月出生，江西于都人，群众，大学学历，中国电信赣州分公司网络操作维护中心技术骨干。赖昭盛专业技术精湛、工作认真负责，为公司和客户发现弱口令、SQL（结构化查询语言）注入、越权等各类中高危漏洞230多个。对每个漏洞提出定制化整改建议并协助整改，多次获客户好评。累计支撑完成60多家市直单位及企业的100多个信息系统上云工作，通过云改数转，有效地推动数字赣州、智慧城市的发展。2019年获得“赣州市五一劳动奖章”称号。2021年，获江西省五一劳动奖章。

熊雪景 男，汉族，1977年1月出生，江西石城人，中共党员，大专学历，石城县扶贫办公室党组书记、主任。熊雪景按照“核心是精准、关键在落实、实现高质量、确保可持续”要求，带领石城县扶贫干部推动绝对贫困人口全面消除，石城县实现提前脱贫摘帽。2019年，石城县获评全国脱贫攻坚组织创新奖，并获省政府通报嘉奖。2020年，石城县扶贫办获评第六届“全省人民满意的公务员集体”。2020年，被赣州市委、市政府评为全市六大攻坚战工作先进个人。2021年，获江西省五一劳动奖章。

（市人社局）

中国好人榜

（以入选时间为序）

杨金莲 女，1967年11月出生，赣州市信丰县人。2020年7月8日中午，杨金莲下班回到出租屋，突然闻到从隔壁邻居1名70多岁的老人家房里冒出来的煤气味。杨金莲直接冲进老人家中关掉煤气，不料煤气罐意外发生爆炸，杨金莲瞬间被火球包围，全身深二度烧伤40%。危急关头，杨金莲置个人安危于度外，临危不惧、舍己为人，挽救老人生命，树立起见义勇为的榜样。2021年1—2月入选“中国好人榜”（见义勇为）。

蒙　芳 女，1978年11月出生，中共党员，赣州市上犹县特殊教育学校校长。建校8年时间，她争取捐赠物资160多万元，开办县内第一个幼儿康复部，免费为智力残疾儿童提供早期康复教育，连续7年为中重度残疾儿童开展送教上门活动4800多人次。本着“一个都不能少”的原则，她让上犹300多名适龄残疾少年圆上学梦。她就像一支蜡烛，在教育扶贫的路上燃烧着自己，照亮特殊儿童前行的路。2021年2月25日，在全国脱贫攻坚总结表彰大会上，被中共中央、国务院授予“全国脱贫攻坚先进个人”荣誉称号。同年3月1日，被全国妇联授予“全国巾帼建功标兵”荣誉。2021年4月入选“中国好人榜”（敬业奉献）。

刘友生 男，1958年3月出生，赣州市兴国县商务局退休干部。2021年3月15日凌晨，赣州市兴国县永福街背街社区1名九旬老人家里起火，现场浓烟滚滚情况不明。

屋内被困有2名老人，且屋内堆放的可燃物多，再加上屋顶盖的是树脂瓦，情况非常危急。刘友生当机立断，和另1名年轻人合力托起卷闸门，只身冲进火海将2名老人救出。刘友生，曾经有过在水库救助落水钓鱼人的事迹，热心肠是附近居民对他最多的评价，周围邻居和朋友只要有困难，他都会主动过去帮忙。2021年5月入选“中国好人榜”（见义勇为）。

陈观金　男，1963年3月出生，赣州龙南市九连山镇润洞村村民。陈观金有兄弟5人，为让兄弟们安心务工，他将母亲带在身边，几十年如一日，照顾母亲的生活起居。2009年，他的1名弟弟过世，弟媳改嫁，留下1名智力残疾的侄子和1名正在读书的侄女，无人照顾。陈观金毅然决定把侄子侄女带到家中一起抚养。夫妻俩省吃俭用，给几个孩子更好的条件。辛苦地供给一度想放弃学业的侄女直至毕业参加工作，陈观金还继续照顾智力残疾的侄子。2020年，他将积攒多年的10余万元积蓄全部拿出，帮兄妹俩在家新建起一栋房子。陈观金说：“我苦点没什么，后辈日子过好了就好。”2021年7月入选“中国好人榜”（孝老爱亲）。

袁长明、刘招娣　袁长明，男，1973年2月出生；刘招娣，女，1978年1月出生。夫妻俩为信丰县大桥镇竹村村民，原建档立卡贫困户。丈夫袁长明1992年因意外事故导致一条腿被截肢，妻子刘招娣因小儿麻痹导致双腿行动不便，全家年收入不足3000元。在党和政府的帮助下，袁长明夫妇回到家乡搞种植业。在村里指导下，种植0.53公顷脐橙，通过勤劳的双手使生活越来越好，以实际行动实现脱贫致富的小康梦。并通过新媒体平台帮助乡亲父老卖土特产品，回报社会。2021年9月入选“中国好人榜”（敬业奉献）。

孙兼军　男，1962年10月出生，中共党员，江西省赣州市于都县梓山镇潭头村村医。作为一名残疾人，孙兼军凭一只手坚守乡村医生岗位36载，对一些家境贫困的伤病人，从不催收医药费；对辖区内重点服务对象尤其是贫困人员状况，孙兼军如数家珍、了然于心。36年坚守当好村民健康守门人的使命担当，诠释一个共产党员身残志坚、不屈奋斗的要义。2021年9月入选“中国好人榜”（敬业奉献）。

曾宪红　男，汉族，1967年11月出生，赣州市会昌县文武坝镇联丰村村民。26年悉心照顾双目失明的妻子，经济的拮据、生活的压力从没有让曾宪红有过一丝离弃的念头，身背债务，母亲体弱，妻子失明，儿女年幼，他始终如一日地悉心守护在妻子身旁，用力支撑着一个完整的家，用行动谱写出一曲爱的赞歌。2021年10月入选“中国好人榜”（孝老爱亲）。

田长荣　男，汉族，1968年10月出生，赣州市崇义中学数学学科老师。执教30年时间，田长荣始终坚持每日亮起崇义中学第一盏灯，晚上最后一个离开教室。他从未因私事耽误过一节课，经常自费为贫困学生购买复习资料，每月资助特困生生活费，联系社会爱心人士帮助贫困学生。曾获“赣州优秀青年岗位能手”“赣州好人”“赣州市先进工作者”“江西省优秀班主任”“江西省先进工作者”等称号。2021年11月入选“中国好人榜”（敬业奉献）。

钟宏权　男，1970年10月出生，中共党员，赣州市信丰县脐橙场党支部书记、场长。截至2021年8月，钟宏权无偿献血达113次，累计捐献全血7300毫升、血浆1200毫升、血小板治疗量175.5个，所捐献血液可挽救近600人的生命。按一年献血2次计算，需要55年才能完成的事，钟宏权用16年时间做到。他还一直关注家乡的教育和乡村振兴等事业，从1998年至2021年，为家乡捐款18万余元，曾多次荣获国家级、省级无偿献血奉献奖。2021年12月入选“中国好人榜”（助人为乐）。

逝世老红军

王承登（1915—2020）男，江西兴国人，贵州省供销合作社监事会原监事委员。

王承登1915年5月出生，1930年7月参加中国工农红军，1934年12月加入中国共产党。经历土地革命战争、二万五千里长征、抗日战争、解放战争；历任勤务员、通讯员、班长、排长、连长、营长。

1949年10月1日中华人民共和国成立后，王承登转业到地方，历任贵州省贵阳市民航站副站长、贵州省交通厅副科长；贵州省五交化公司科长；贵州省商业厅化工厂、麻袋厂、淀粉厂、肉联厂党支部书记；贵州省商业汽车场副场长；贵州省供销社合作社监事委员；1972年退休，享受副地厅级政治、生活待遇；2019年9月经批准享受省（部）长级医疗待遇。

王承登是一名坚定的共产主义战士。在革命战争年代，作战勇敢，几次身负重伤仍坚持留在前线；1949年10月1日中华人民共和国成立后，勤奋工作，任劳任怨，为人诚恳，平易近人，严于律己，宽以待人，始终保持着共产党员的优良本色；在离休之后，王承登发扬光荣革命传统，关心支持地方经济社会建设，在关心下一代健康成长、弘扬苏区精神、推动赣南茶油产业发展、争取中央出台对赣南等原中央苏区支持政策等方面发挥积极作用。2015年3月全国“两会”期间，王承登委托全国人大代表给习近平总书记带信，希望国家加大对赣南茶油等产业扶贫支持，邀请习近平总书记到赣南走一走、看一看。习近平总书记见信后，当场要求国家有关部委深入调研，扶持赣南茶油产业发展。2018年王承登被评为第二届江西省“最美老干部”特别荣誉，其家庭被全国妇联授予第十二届全国“五好家庭”。

2020年8月19日，王承登因病医治无效在赣州逝世，享年106岁。

（市老干局）

2020—2021 年度赣州籍荣立二等功现役军人

（以年度和姓氏笔画为序）

表 26

姓 名	籍 贯	批准二等功时间	姓 名	籍 贯	批准二等功时间	姓 名	籍 贯	批准二等功时间
陈 俊	宁都县	2019 年	张海波	安远县	2020 年	谢 磊	寻乌县	2020 年
任继华	于都县	2020 年	张清禄	瑞金市	2020 年	占长荣	于都县	2021 年
刘意飞	赣县区	2020 年	陈 磊	上犹县	2020 年	叶浩欢	南康区	2021 年
李 顺	赣县区	2020 年	郑丰生	信丰县	2020 年	刘小飞	赣县区	2021 年
李 涛	赣县区	2020 年	钟家发	寻乌县	2020 年	刘运平	兴国县	2021 年
吴中禄	南康区	2020 年	黄奇珊	章贡区	2020 年	蓝国俊	上犹县	2021 年
余 庆	崇义县	2020 年	谢荣华	蓉江新区	2020 年	廖圣富	赣县区	2021 年

（市退役军人事务局）

2021 年度赣州市获正高级专业技术职务资格人员

表 27

姓 名	工作单位	资格名称
王永志	江西理工大学	教授
王俊峰	江西理工大学	教授
陈 飞	江西理工大学	教授
李明茂	江西理工大学	教授
刘亦晴	江西理工大学	教授
陈 军	江西理工大学	教授
张建平	江西理工大学	教授
项 波	江西理工大学	教授
胡建华	江西理工大学	教授
胡俊峰	江西理工大学	教授
梁 勇	江西理工大学	教授
黄学雨	江西理工大学	教授
黄微雅	江西理工大学	教授
曾国华	江西理工大学	教授
樊宽刚	江西理工大学	教授
王中原	赣南师范大学	教授
龙鸿祥	赣南师范大学	教授
肖 兴	赣南师范大学	教授

续表 27

姓　名	工作单位	资格名称
张世勇	赣南师范大学	教授
张　艮	赣南师范大学	教授
张海华	赣南师范大学	教授
张祖锦	赣南师范大学	教授
陈正旺	赣南师范大学	教授
陈永林	赣南师范大学	教授
周建华	赣南师范大学	教授
钟小明	赣南师范大学	教授
郭晓春	赣南师范大学	教授
黄平芳	赣南师范大学	教授
谭　净	赣南师范大学	教授
田原僮	赣南医学院	教授
刘　联	赣南医学院	教授
刘瑞珍	赣南医学院	教授
张书永	赣南医学院	教授
唐志贤	赣南医学院	教授
付玉华	赣南科技学院	教授
胡海祥	赣南科技学院	教授
胡克龙	赣州师范高等专科学校	教授
温晓东	赣州师范高等专科学校	教授
卢培文	赣州职业技术学院	教授
邹志华	赣州职业技术学院	教授
陈达林	赣南卫生健康职业学院	教授
姚德欣	赣南卫生健康职业学院	教授
俞宝明	赣南卫生健康职业学院	教授
许于生	赣州农业学校	中专正高级讲师
蔡　飞	赣州技师学院	正高级讲师
冉启芬	赣州技师学院	正高级讲师
李晓娟	赣州技师学院	正高级讲师
钟贵文	赣州中学	中小学正高级教师
华　禄	赣州一中	中小学正高级教师
刘凤英	赣州四中	中小学正高级教师
谢慧连	赣州市厚德外国语学校	中小学正高级教师
林月萍	赣州市阳明小学	中小学正高级教师
朱运林	赣州市人民医院	主任医师
李延萍	赣州市人民医院	主任护师
林　菁	赣州市人民医院	主任护师
赖朝晖	赣州市人民医院	主任医师

续表 27

姓　名	工作单位	资格名称
罗满生	赣州市人民医院	主任技师
温　薇	赣州市人民医院	主任护师
曾海江	赣州市人民医院	主任医师
刘　轩	赣州市肿瘤医院	主任医师
黄春兰	赣州市肿瘤医院	主任护师
李文艳	赣州市妇幼保健院	主任护师
陈俊坤	赣州市妇幼保健院	主任技师
罗丽萍	赣州市妇幼保健院	主任医师
黄仁英	赣州市妇幼保健院	主任医师
苏建宁	赣州市第三人民医院	主任医师
陈怡文	赣州市第三人民医院	主任医师
许　飞	赣州市第五人民医院	主任医师
姜曼蕾	赣州市第五人民医院	主任医师
曾　忠	赣州市第五人民医院	主任医师
张时文	赣州市中医院	主任中医师
刘印龙	赣州市立医院	主任医师
刘金华	赣州市立医院	主任医师
刘　宙	赣州市立医院	主任医师
刘春梅	赣州市立医院	主任护师
刘祖洪	赣州市立医院	主任医师
刘翰文	赣州市立医院	主任医师
肖　燕	赣州市立医院	主任护师
郑益红	赣州市立医院	主任医师
钟义华	赣州市立医院	主任医师
赖慧娟	赣州市立医院	主任药师
熊衍峰	赣州市疾控中心	主任技师
谢瑞洪	赣南日报社	高级记者
许　勇	赣州广播电视台	高级记者
傅心明	赣州广播电视台	高级记者
周　欢	赣南艺术创作研究所	一级演员
王兰英	赣南科学院	正高级农艺师
温扬汉	赣南科学院	研究员
邱光忠	赣州市畜牧水产研究所	正高级畜牧师
张家海	赣州市畜牧水产研究所	正高级水产师
刘小雄	江西省 707 电视台	正高级工程师
雷　迅	赣州市公路发展中心于都分中心	正高级工程师
栗正刚	赣州市国土整治修复中心	正高级工程师
李晓鸣	赣南公路勘察设计院有限公司	正高级工程师

续表 27

姓　名	工作单位	资格名称
何益民	赣州市农业技术推广中心	正高级农艺师
邓习金	赣州市防灾减灾中心	正高级工程师
吴晓华	赣州群星机械有限公司	正高级工程师
徐小红	江西红一种业科技股份有限公司	正高级农艺师
刘地发	江西科维协同创新药物有限公司	正高级工程师
朱　壹	江西绿萌科技控股有限公司	正高级工程师
朱　二	江西绿萌科技控股有限公司	正高级工程师
王韶毅	崇义章源钨业股份有限公司	正高级工程师
廖世亮	赣县区农业技术推广中心	农业技术推广研究员
胡展明	赣县区教育事业发展中心	中小学正高级教师
吴寿生	信丰县农业技术推广中心	农业技术推广研究员
何兴财	兴国县农业技术推广中心	农业技术推广研究员
华　斌	于都县农业技术推广中心	农业技术推广研究员
段爱华	于都县教育事业发展中心	中小学正高级教师
刘会生	会昌县农业农村发展服务中心	农业技术推广研究员
彭　瑜	赣州中盛隆电子有限公司	正高级工程师
黄福娇	章贡区教学研究中心	中小学正高级教师
刘先奎	南康区第一人民医院	主任医师
刘翼昌	南康区第一人民医院	主任医师
吴桂健	南康区第一人民医院	主任医师
欧阳贵平	南康区第一人民医院	主任技师
谢洪亮	南康区第一人民医院	主任医师
尹英斌	南康区中医院	主任医师
张义令	南康区中医院	主任中医师
陈　禄	南康区中医院	主任中医师
蒙　斌	南康区第二人民医院	主任医师
黄邦活	南康中学	中小学正高级教师
张　飞	南康区东山中心小学	中小学正高级教师
刘让万	赣县区人民医院	主任技师
高　贞	赣县区人民医院	主任医师
刘静娴	赣县区妇幼保健院	主任医师
张继中	赣县中学西校区	中小学正高级教师
施　彦	信丰县人民医院	主任医师
李兴旺	信丰县人民医院	主任医师
郭金春	信丰县人民医院	主任护师
罗剑斌	信丰县人民医院	主任医师
刘明德	信丰县人民医院	主任医师
邹小斌	信丰中学	中小学正高级教师

续表 27

姓　名	工作单位	资格名称
黄名伟	信丰县第一小学	中小学正高级教师
钟　飞	大余县人民医院	主任医师
龚俊飞	大余县人民医院	主任医师
张芳芳	大余中学	中小学正高级教师
谢晓灵	上犹县人民医院	主任医师
朱经林	崇义县人民医院	主任医师
李焕昌	安远县人民医院	主任医师
唐绍荣	安远县人民医院	主任医师
廖家龙	安远县人民医院	主任医师
欧阳洪华	安远县人民医院	主任医师
邵应花	安远中等专业学校	中专正高级讲师
赖俐珍	安远县濂江中学	中小学正高级教师
陈志宁	全南中学	中小学正高级教师
肖士桂	兴国县人民医院	主任护师
肖东泉	兴国县人民医院	主任医师
肖　冰	兴国县人民医院	主任护师
陈祚和	兴国县人民医院	主任医师
陈彦震	兴国县人民医院	主任医师
张　甜	兴国县人民医院	主任护师
甘宝兰	兴国县平川中学	中小学正高级教师
张福生	宁都县人民医院	主任中医师
丁荣椿	于都县人民医院	主任医师
邓石长	于都县人民医院	主任医师
张宝峰	于都县人民医院	主任医师
罗逢桢	于都县人民医院	主任医师
黄建灵	于都县人民医院	主任医师
谢志勇	于都县人民医院	主任医师
王戌萍	于都县中医院	主任护师
马桥生	于都县中医院	主任中医师
谭金长	于都县中医院	主任医师
梁建昕	于都县第二人民医院	主任中医师
杨庆华	于都县第二中学	中小学正高级教师
周邦园	瑞金市委党校	党校正高级讲师
李宗泽	瑞金市人民医院	主任医师
胡国华	瑞金市人民医院	主任医师
曾久平	瑞金市人民医院	主任医师
杨　玲	瑞金市人民医院	主任医师
朱志东	瑞金市妇幼保健院	主任医师

续表 27

姓　名	工作单位	资格名称
刘荣娇	瑞金市瑞明小学	中小学正高级教师
刘伟华	会昌县人民医院	主任护师
陈　琛	会昌县人民医院	主任医师
钟　鸣	会昌县人民医院	主任医师
陈小红	会昌中学	中小学正高级教师
陈华荣	石城县人民医院	主任医师
陈东方	石城县人民医院	主任医师
翁代勇	石城县人民医院	主任医师
曾令杰	寻乌县人民医院	主任药师
周东洪	石城中学	中小学正高级教师

（市人社局）

2021 年获省部级以上表彰的先进集体

表 28

单位名称	荣誉称号	颁奖部门
瑞金市叶坪镇	全国脱贫攻坚楷模	中共中央、国务院
于都县扶贫开发领导小组	全国脱贫攻坚先进集体	中共中央、国务院
赣州市	国家卫生城市	全国爱国卫生运动委员会
赣州市	全国文明城市	中央文明委
大余县	全国文明城市	中央文明委
龙南海关	全国文明单位	中央文明委
赣南师范大学	全国文明校园	中央文明委
赣州市第三中学	全国文明校园	中央文明委
赣州市	国家食品安全示范创建推荐城市	国务院食品安全委员会
赣州市市场监管局	全国食品安全工作先进集体	国务院食品安全委员会
赣州市统计局	第七次全国人口普查先进集体	国务院第七次全国人口普查领导小组
于都县人民政府残疾人工作委员会	全国残疾人工作先进单位	国务院残疾人工作委员会
宁都县人力资源和社会保障局	全国优秀农民工工作先进集体	国务院农民工工作领导小组
兴国县	土地节约集成利用成效好（获 1000 亩国家单列用地计划指标奖励）	国务院办公厅
信丰县	全国农村人居环境整治成效明显激励县	国务院办公厅
赣州市文广新旅局	全国文化和旅游系统先进集体	人社部、文化和旅游部
赣州市地方志办公室	全国地方志系统先进集体	人社部、中国地方志指导小组
国家统计局赣州调查队	国家贫困地区重大专项普查先进集体	国家脱贫攻坚普查领导小组

续表 28

单位名称	荣誉称号	颁奖部门
赣南师范大学国家脐橙工程技术研究中心	第六届全国杰出专业技术人才先进集体	中央组织部、中央宣传部、人社部、科技部
赣州市委组织部	全国组织部门 2021 年度信息报送先进单位	中央组织部
赣州市司法局	全国“七五”普法工作先进单位	中央宣传部、司法部、全国普法办
赣州市税务局	全国“七五”普法工作先进单位	中央宣传部、司法部、全国普法办
赣州市供销社	全国“七五”普法工作先进单位	中央宣传部、司法部、全国普法办
赣州市总工会	全国“七五”普法工作先进单位	中央宣传部、司法部、全国普法办
赣州市消防救援支队	全国“七五”普法工作先进单位	中央宣传部、司法部、全国普法办
于都县教育科技体育局	全国“七五”普法工作先进单位	中央宣传部、司法部、全国普法办
于都县扶贫办	全国学雷锋活动示范点	中央宣传部
赣州市工商联	各民主党派、工商联、无党派人士为全面建成小康社会作贡献先进集体	中央统战部、各民主党派中央、全国工商联
赣州市“扫黄打非”办公室	全国“扫黄打非”先进集体	全国“扫黄打非”工作小组
章贡区人民法院	全国扫黑除恶专项斗争先进集体	全国扫黑除恶专项斗争领导小组
崇义县	2020 年全国村庄清洁行动先进县	中央农办、农业农村部
赣州市中级人民法院刑一庭	人民法院扫黑除恶专项斗争先进集体	最高人民法院
赣州市中级人民法院办公室	人民法院保密工作先进集体	最高人民法院
南康区人民法院	人民法院党建工作先进集体	最高人民法院
赣州市人民检察院扫黑办	全国检察机关扫黑除恶专项斗争优秀集体	最高人民检察院
石城县	全国农民合作社质量提升整县推进试点单位	国家发改委、农业农村部、财政部、水利部、国家税务总局、国家市场监管总局、国家供销合作总社
石城县复兴蜂业专业合作社	国家农民合作社示范社	国家发改委、农业农村部、财政部、水利部、国家税务总局、国家市场监管总局、国家供销合作总社
赣南师范大学	全国大学生党史知识竞答大会团体一等奖	教育部、国家语委
赣州市教育局	全国教育系统关心下一代工作先进集体	教育部
赣州中学	江西省儿童青少年近视防控示范学校	教育部
赣州中学	全国中小学中华优秀传统文化传承学校	教育部
瑞金经济技术开发区	国家级绿色园区	工信部
赣州市公安局信访处	全国公安机关信访工作成绩突出集体	公安部、国家信访局
赣州市反诈中心	全国公安机关成绩突出集体	公安部、全国总工会
赣州市公安局指挥中心	全国公安机关 110 工作成绩突出集体	公安部
赣州市公安局治安支队	全国公安机关 2020 昆仑专项行动成绩突出集体	公安部
信丰县公安局交警大队	全国公安机关成绩突出交警大队	公安部
赣州市公安局扫黑除恶专项斗争领导小组办公室	一等功	公安部
赣州市公安局情报信息处	一等功	公安部
赣州市公安局章贡分局禁毒大队	一等功	公安部

续表 28

单位名称	荣誉称号	颁奖部门
于都县民政局	全国农村留守儿童关爱保护和困境儿童保障工作先进集体	农村留守儿童关爱保护和困境儿童保障工作部际联席会议、民政部
大余县青龙镇元龙村	全国民主法治示范村（社区）	司法部、民政部
全南县南迳镇马古塘村	全国民主法治示范村（社区）	司法部、民政部
于都县梓山镇潭头村	全国民主法治示范村（社区）	司法部、民政部
瑞金市泽覃乡安治村	全国民主法治示范村（社区）	司法部、民政部
石城县珠坑乡坳背村	全国民主法治示范村（社区）	司法部、民政部
赣州市司法局	2020年国家统一法律职业资格考试工作表现突出单位	司法部
赣州市司法局	“复议为民促和谐”专项行动表现突出单位	司法部
赣州市应急管理局	全国行政执法先进集体	司法部
赣州市税务局	2016—2020年全国普法工作先进单位	司法部
章贡区司法局东外司法所	全国模范司法所	司法部
瑞金市司法局泽覃司法所	全国模范司法所	司法部
江西理公律师事务所	全国优秀律师事务所	司法部
于都县	国家电子商务进农村综合示范县	财政部、商务部、国家乡村振兴局
赣州市知识产权局	全国知识产权系统先进集体	人社部
赣州高新区	“中国稀金谷”国家级专家服务基地	人社部
宁都县劳动监察大队	全国人力资源社会保障系统优质服务窗口	人社部
赣州市	平安中国建设示范市	平安中国建设协调小组、人社部
石城县	国家生态文明建设示范区	生态环境部
赣州国际陆港	国家多式联运示范工程	交通运输部、国家发改委
寻乌县	全国“四好农村路”示范县	交通运输部、农业农村部、国务院扶贫办
赣州市交通运输局	全国交通运输脱贫攻坚成绩突出集体	交通运输部
寻乌县水利局	全面推行河长制湖长制工作先进集体	水利部
石城县河长办公室	全面推行河长制湖长制工作先进集体	水利部
上饶县	国家水土保持示范县	水利部
兴国县	全国粮食生产先进集体	农业农村部
赣州市农业综合执法支队	全国农业综合行政执法示范窗口	农业农村部
信丰县	2021全国县域农业农村信息化发展先进县	农业农村部
全南县	2021全国县域农业农村信息化发展先进县	农业农村部
崇义县	全国村庄清洁行动先进县	农业农村部
兴国县	2021—2023年度“中国民间文化艺术之乡”	文化和旅游部
赣州蓉江新区高校园区管理处新路村	2021年全国示范性老年友好型社区	国家卫健委、全国老龄办
赣州市中心血站	2019—2020年度全国血站系统表现突出采血班组	国家卫健委

续表 28

单位名称	荣誉称号	颁奖部门
赣州市退役军人事务局	新闻宣传先进单位	退役军人事务部
赣州市公安局经侦支队二大队	全国打击虚开骗税违法犯罪两年专项行动成绩突出集体	国家税务总局、公安部、海关总署、中国人民银行
安远县税务局	全国税务系统文明单位	国家税务总局
瑞金市体育局	2017—2020 年度全国群众体育先进单位	国家体育总局
赣南医学院第一附属医院急诊科	全国青年文明号	共青团中央、国家卫健委
赣南师范大学	全国大中专学生志愿者暑期“三下乡”社会实践活动优秀团队	共青团中央
江西理工大学应用科学学院人文系社体 191 班团支部	2020 年度全国“活力团支部”	共青团中央
赣州市公安局出入境管理处	全国青年文明号	共青团中央
章贡区人民检察院	全国青年文明号	共青团中央
上犹县税务局第一税务分局	全国青年文明号	共青团中央
龙南海关	全国青年文明号	共青团中央
赣州市人民检察院第七检察部	全国青少年维权岗	共青团中央
赣州市市场监管局	全国青少年维权岗	共青团中央
赣州市劳动监察局	全国青少年维权岗	共青团中央
崇义中等专业学校团委	2020 年度全国五四红旗团委(团支部)	共青团中央
国网赣州供电分公司赣州智源电力勘测设计有限公司团支部	2020 年度全国五四红旗团委(团支部)	共青团中央
民进赣州市委会	民进全国脱贫攻坚民主监督工作先进集体	民进中央
民进赣州市委会	民进全国社会服务暨脱贫攻坚工作先进集体	民进中央
民进赣州市委会	民进全国反映社情民意信息工作先进集体	民进中央
农工党赣州市委会	农工党脱贫攻坚工作先进集体	农工党中央
农工党赣州市委会	2021 年度《前进论坛》发行工作先进单位	农工党中央
九三学社赣州市委会	九三学社脱贫攻坚民主监督先进集体	九三学社中央
赣州市总工会	2017—2020 年全国“尊法守法·携手筑梦”服务农民工公益法律服务行动成绩突出集体	全国总工会、司法部
赣州市总工会	在全国工会城市困难职工解困脱困工作中作出重要贡献的集体	全国总工会
石城县河长办公室	全国工人先锋号	全国总工会
赣州市信访局	全国三八红旗集体	全国妇联
赣州市人民来访接待中心	全国三八红旗集体	全国妇联
赣州市妇女联合会	全国三八红旗集体	全国妇联
赣州市教育局	全国巾帼建功先进集体	全国妇联
于都县税务局第一税务分局	全国巾帼建功先进集体	全国妇联
信丰县公安局户政科	全国巾帼文明岗	全国妇联
定南县公安局历市派出所	全国维护妇女儿童权益先进集体	全国妇联

续表 28

单位名称	荣誉称号	颁奖部门
兴国县妇女联合会	全国维护妇女儿童权益先进集体	全国妇联
赣州市红十字会	2021 年度报刊宣传先进集体一等奖	中国红十字会
赣州市消费者权益保护委员会	全国 2020—2021 年度消费维权先进集体	中国消费者协会
赣州市市场监管局	全国消费维权先进集体	中国消费者协会
赣州市纪律检查委员会	江西省脱贫攻坚先进集体	省委、省政府
赣州市发展和改革委员会	江西省脱贫攻坚先进集体	省委、省政府
赣州市司法局	江西省脱贫攻坚先进集体	省委、省政府
赣州市自然资源局	江西省脱贫攻坚先进集体	省委、省政府
赣州市水利局	江西省脱贫攻坚先进集体	省委、省政府
赣州市人力资源和社会保障局	江西省脱贫攻坚先进集体	省委、省政府
赣州市公路发展中心	江西省脱贫攻坚先进集体	省委、省政府
赣州市妇女联合会	江西省脱贫攻坚先进集体	省委、省政府
赣州市医疗保障局	江西省脱贫攻坚先进集体	省委、省政府
赣州蓉江新区农业农村工作办公室	江西省脱贫攻坚先进集体	省委、省政府
赣州市农业农村局驻安远县天心镇高塅村帮扶工作队	江西省脱贫攻坚先进集体	省委、省政府
赣州市工商联驻会昌县珠兰乡下照村帮扶工作队	江西省脱贫攻坚先进集体	省委、省政府
赣州蓉江新区高校园区管理处	江西省抗击新冠肺炎疫情先进集体	省委、省政府
赣州市生态环境局	江西省生态文明建设先进集体	省委、省政府
赣州市山水林田湖生态保护中心	江西省生态文明建设先进集体	省委、省政府
赣州市生态文明研究中心	江西省生态文明建设先进集体	省委、省政府
赣州市	全省开放型经济综合先进单位	省委、省政府
章贡区	全省开放型经济综合先进单位	省委、省政府
信丰县	全省开放型经济综合先进单位	省委、省政府
龙南市	全省开放型经济综合先进单位	省委、省政府
定南县	全省利用外资先进单位	省委、省政府
赣县区	全省外贸进出口先进单位	省委、省政府
南康区	全省外贸进出口先进单位	省委、省政府
安远县	全省外贸进出口先进单位	省委、省政府
全南县	全省外贸进出口先进单位	省委、省政府
于都县	全省外贸进出口先进单位	省委、省政府
瑞金市	全省外贸进出口先进单位	省委、省政府
赣县区	全省农业农村综合工作先进集体	省委、省政府
信丰县	全省农业农村综合工作先进集体	省委、省政府
大余县	全省农业农村综合工作先进集体	省委、省政府
安远县	全省农业农村综合工作先进集体	省委、省政府
宁都县	全省农业农村综合工作先进集体	省委、省政府

续表 28

单位名称	荣誉称号	颁奖部门
于都县	全省农业农村综合工作先进集体	省委、省政府
赣州经济技术开发区	全省开放平台先进单位	省委、省政府
赣州市统计局	2020 年度高质量发展先进设区市	省委、省政府
赣州市商务局	2018—2020 年度全省促进非公有制经济发展先进单位	省委、省政府
赣州市市场监督管理局	2018—2020 年全省促进非公有制经济发展先进单位	省委、省政府
赣州市中级人民法院	全省先进基层党组织	省委
赣州市扶贫办机关党总支	全省先进基层党组织	省委
瑞金市叶坪乡党委	全省先进基层党组织	省委
赣州市委统战部	2021 年度全省统战宣传信息工作先进单位	省委
章贡区	2021 年度江西省全面深化改革工作先进单位	省委
南康区	2021 年度江西省全面深化改革工作先进单位	省委
大余县	2021 年度江西省全面深化改革工作先进单位	省委
安远县	2021 年度江西省全面深化改革工作先进单位	省委
龙南市	2021 年度江西省全面深化改革工作先进单位	省委
瑞金经济技术开发区	江西省模范劳动关系和谐工业园区	省政府
于都县政府办公室	2020 年度全省政府系统“五型”政府建设先进集体	省政府
章贡区安全生产委员会	“十三五”期间全省安全生产工作先进集体	省政府
赣县区应急管理局	“十三五”期间全省安全生产工作先进集体	省政府
南康区安全生产委员会	“十三五”期间全省安全生产工作先进集体	省政府
崇义县应急管理局	“十三五”期间全省安全生产工作先进集体	省政府
江西于都南方万年青水泥有限公司	“十三五”期间全省安全生产工作先进集体	省政府
崇义章源钨业股份有限公司淘锡坑钨矿	“十三五”期间全省安全生产工作先进集体	省政府
江西省第十一建设有限公司	“十三五”期间全省安全生产工作先进集体	省政府

（王　宇）

2021 年获省部级以上表彰的先进个人

表 29

姓名	工作单位	荣誉称号	颁奖部门
李跃泉	赣州市市场监管执法稽查局	全国脱贫攻坚先进个人	中共中央、国务院
袁守根	信丰县人大常委会	全国脱贫攻坚先进个人	中共中央、国务院
钟勇晖	龙南市程龙镇五一村党支部	全国脱贫攻坚先进个人	中共中央、国务院

续表 29

姓名	工作单位	荣誉称号	颁奖部门
张武华	于都县人民政府办公室	全国脱贫攻坚先进个人	中共中央、国务院
陈胜昌	会昌县交通运输局	全国脱贫攻坚先进个人	中共中央、国务院
谢名胜	赣州蓉江新区农业农村工作办公室	全国脱贫攻坚先进个人	中共中央、国务院
袁守根	信丰县人大常委会	全国优秀共产党员	中共中央
温小珍	江西金力永磁科技股份有限公司	全国优秀农民工	国务院农民工工作领导小组
熊益飞	江西虔东稀土集团股份有限公司	全国优秀农民工	国务院农民工工作领导小组
李祥平	江西青峰药业有限公司	全国优秀农民工	国务院农民工工作领导小组
杨勇生	宁都县安福乡高岭油茶合作社	全国优秀农民工	国务院农民工工作领导小组
胡日旺	赣州市委党史研究室	全国党史和文献部门先进个人	人社部、中央党史和文献研究院
杨　俊	赣州市文广新旅局	全国文化和旅游系统先进工作者	人社部、文化和旅游部
李湘赣	赣州市中级人民法院	人民法院扫黑除恶专项斗争先进个人	最高人民法院
邓　超	赣州市人民检察院	全国检察机关扫黑除恶专项斗争优秀个人	最高人民检察院
朱仕栋	赣州市人民检察院	全国检察机关公益诉讼检察人才库	最高人民检察院
钟致雅	赣州市人民检察院	全国检察机关重罪检察人才库(国家安全)	最高人民检察院
王　恰	龙南县人民检察院	全国检察机关重罪检察人才库(理论研究)	最高人民检察院
钟圣源	南康区委组织部	全国老干部工作先进个人	中央组织部、人社部
张华荣	赣州华坚国际鞋城	最美退役军人	中央宣传部、退役军人事务部、中央军委政治工作部
董显祥	赣州市文广新旅局	全国"扫黄打非"先进个人	全国"扫黄打非"工作小组
杨经纬	赣州市委组织部	全国扫黑除恶专项斗争先进个人	全国扫黑除恶专项斗争领导小组
李江华	江西理工大学	第十一届蓝桥杯全国软件和信息技术专业人才大赛优秀指导教师	教育部
曾颜亮	江西理工大学	第三届全国大学生冶金科技竞赛(仿真实训类)二等奖	教育部
陈海英	赣州市公安局	全国公安系统二级英雄模范	公安部
张元辉	于都县公安局	全国公安系统二级英雄模范	公安部
肖承斌	赣州市公安局	一等功	公安部
曾　琦	赣州市公安局蓉江新区分局	一等功	公安部
张　毅	安远县公安局	一等功	公安部
谢维松	赣州市公安局	全国公安机关扫黑除恶专项斗争成绩突出个人	公安部
艾凡赫	赣州市公安局	二等功	公安部
巫锋清	赣州市公安局章贡分局	全国公安机关建党 100 周年安保维稳工作成绩突出个人	公安部
肖　刚	赣州市司法局	2020 年国家统一法律职业资格考试工作表现突出个人	司法部
吴智尧	赣县区法律援助中心	"法援惠民生·扶贫奔小康"品牌活动先进个人	司法部

续表 29

姓名	工作单位	荣誉称号	颁奖部门
戴　俊	大余县司法局池江司法所	全国司法所模范个人	司法部
刘常青	上犹县司法局梅水司法所	全国司法所模范个人	司法部
钟富明	全南县司法局金龙司法所	全国司法所模范个人	司法部
谢运城	于都县司法局贡江司法所	全国司法所模范个人	司法部
于继邦	石城县司法局珠坑司法所	全国司法所模范个人	司法部
廖泽方	江西南芳律师事务所	全国优秀律师	司法部
刘志友	赣州市委政法委	平安中国建设先进个人	平安中国建设协调小组、人社部
肖金水	赣州市交通运输局	全国交通运输系统“七五”普法突出成绩个人	交通运输部
徐广昌	赣州市水利局	全国水利扶贫先进个人	水利部
古德勤	寻乌县长宁镇党委	全国优秀河(湖)长	水利部
许贵州	石城县丰山乡党委	全国优秀河(湖)长	水利部
华明桂	上犹县水利局	全国推进河长制湖长制工作先进工作者	水利部
曾　晶	寻乌县水利局河湖长制工作股	全国推进河长制湖长制工作先进工作者	水利部
温萍水	石城县水利局	全国推进河长制湖长制工作先进工作者	水利部
牛王翠	赣州市柑桔科学研究所	神农中华农业科技奖一等奖	农业农村部、科技部
夏长秀	赣州市柑桔科学研究所	神农中华农业科技奖三等奖	农业农村部、科技部
许朝祥	赣州市农业农村局	全国粮食生产先进个人	农业农村部
叶军蓉	赣州市公安局交警支队蓉江新区大队	2018—2019 年度全国无偿献血奉献奖金奖	国家卫健委
朱志伟	赣州市市场监督管理局	全国市场监管卫士	国家市场监管总局
尹良湖	赣州市市场监督管理局	全国市场监管系统扫黑除恶专项斗争工作成绩突出个人	国家市场监管总局
孙益仁	民盟赣州市委会	组织发展工作先进个人	民盟中央
李　壮	民盟赣州市委会	民盟脱贫攻坚先进个人	民盟中央
蓝　文	民进赣州市委会	脱贫攻坚民主监督工作先进个人	民进中央
韩高峰	九三学社赣州市委会	九三学社脱贫攻坚民主监督先进个人	九三学社中央
黄志英	于都县人民医院	全国五一巾帼标兵	全国总工会
温小珍	江西金力永磁科技股份有限公司	全国五一劳动奖章	全国总工会
黄培峰	赣州市德普特科技有限公司	全国五一劳动奖章	全国总工会
郑赖敏	赢家时装(赣州)有限公司	全国五一劳动奖章	全国总工会
黄小清	江西铁山垅钨业有限公司	全国五一劳动奖章	全国总工会
黄鹤亭	赣南师范大学	全国优秀共青团员	共青团中央
吴其青	赣州市青少年发展服务中心	2020 年度全国优秀共青团干部	共青团中央
曾晓兰	赣州市中级人民法院	全国维护妇女儿童权益先进个人	全国妇联
邬海莹	赣州市人民检察院	全国维护妇女儿童权益先进个人	全国妇联
吴华萍	江西公仁律师事务所	全国维护妇女儿童权益先进个人	全国妇联
谭过生家庭	南康区	全国最美家庭	全国妇联

续表 29

姓名	工作单位	荣誉称号	颁奖部门
胡井安家庭	定南县	全国最美家庭	全国妇联
张　甜家庭	兴国县	全国最美家庭	全国妇联
许海英家庭	会昌县	全国最美家庭	全国妇联
廖学经家庭	石城县	全国最美家庭	全国妇联
周晓霖	寻乌县科学技术协会	全民科学素质工作先进个人	中国科协
杨卫国	赣州市人民检察院	全国普法工作先进个人	全国普法办
卢建华	定南县公安局	江西省抗击新冠肺炎疫情先进个人	省委、省政府
彭佛发	赣州蓉江新区公安分局	江西省抗击新冠肺炎疫情先进个人	省委、省政府
李小妹	赣州蓉江新区潭口镇卫生院	江西省抗击新冠肺炎疫情先进个人	省委、省政府
邓　明	赣州市教育局	江西省脱贫攻坚先进个人	省委、省政府
刘翊翔	赣州市公安局交警支队蓉江新区大队	江西省脱贫攻坚先进个人	省委、省政府
杨东阳	赣州市财政局	江西省脱贫攻坚先进个人	省委、省政府
曾伟民	赣州市交通运输局	江西省脱贫攻坚先进个人	省委、省政府
谭子良	赣州市市场监督管理局	江西省脱贫攻坚先进个人	省委、省政府
陈有联	赣州市农业农村局驻安远县天心镇高垳村帮扶工作队	江西省脱贫攻坚先进个人	省委、省政府
张齐斌	赣南医学院	江西省脱贫攻坚先进个人	省委、省政府
孔有宝	赣州市科学技术协会	江西省脱贫攻坚先进个人	省委、省政府
曹文剑	赣州市铁路建设发展中心	江西省脱贫攻坚先进个人	省委、省政府
陈　明	全南县公安局	江西省脱贫攻坚先进个人	省委、省政府
刘显庭	赣州蓉江新区潭口镇洋山村	江西省脱贫攻坚先进个人	省委、省政府
卢述银	赣州市发展和改革委员会	江西省生态文明先进个人	省委、省政府
严　翔	赣州市柑桔科学研究所	江西省生态文明先进个人	省委、省政府
邓海鹰	赣州市自然资源局	全省扫黑除恶专项斗争表现突出县处级干部	江西省扫黑除恶专项斗争领导小组、省委
万印华	中国科学院赣江创新研究院	最美科技工作者	省委
陈海英	赣州市公安局	全省优秀共产党员	省委
李跃泉	赣州市市场监管执法稽查局	全省优秀共产党员	省委
孙有德	赣州市统计局	全省优秀共产党员	省委
徐　霞	赣南师范大学	全省优秀共产党员	省委
袁小亮	赣南医学院	全省优秀共产党员	省委
邹金平	赣州三中	全省优秀共产党员	省委
朱运林	赣州市人民医院	全省优秀共产党员	省委
刘宝贵	赣州蓉江新区高校园区管理处	全省优秀共产党员	省委
卢盛宽	江西南芳律师事务所	全省优秀党务工作者	省委

续表 29

姓名	工作单位	荣誉称号	颁奖部门
蓝　蓉	赣州交控集团	全省优秀党务工作者	省委
徐东华	瑞金市公安局	全省优秀共产党员	省委
黄会锋	赣州市住房和城乡建设局	“十三五”期间全省安全生产工作先进个人	省政府
吕志飞	赣州市应急管理局	“十三五”期间全省安全生产工作先进个人	省政府
谭华君	赣州市消防救援支队	“十三五”期间全省安全生产工作先进个人	省政府
曾宪柏	信丰县委	“十三五”期间全省安全生产工作先进个人	省政府
陈　黎	兴国县政府	“十三五”期间全省安全生产工作先进个人	省政府
黄超荣	于都县应急管理局	“十三五”期间全省安全生产工作先进个人	省政府
尹　忠	石城县委	“十三五”期间全省安全生产工作先进个人	省政府
吴永祯	赣州经济技术开发区应急管理局	“十三五”期间全省安全生产工作先进个人	省政府
杨卫海	江西新世纪汽运集团有限公司客运一分公司	“十三五”期间全省安全生产工作先进个人	省政府
吴永平	中国石油江西赣州销售分公司	“十三五”期间全省安全生产工作先进个人	省政府
张　辉	江西曼妮芬服装有限公司	“十三五”期间全省安全生产工作先进个人	省政府
李先华	赣州建工集团有限公司	“十三五”期间全省安全生产工作先进个人	省政府
陈　瑜	江西大吉山钨业有限公司	“十三五”期间全省安全生产工作先进个人	省政府
黄　骁	赣州蓉江新区党政办	2020 年度全省政府系统‘五型’政府建设先进个人	省政府

（王　宇）

2021 年“赣州市荣誉市民”名单

（经赣州市第五届人民代表大会常务委员会第三十七次会议通过）

表 30

姓名	性别	出生年月	国家(地区)	单　位	职　务
董明珠	女	1954 年 8 月	中国江苏	珠海格力电器股份有限公司	董事长兼总裁
王奇锋	男	1982 年 2 月	中国浙江	南康区家具智能智造创新中心研究院	院　长
龙学勤	男	1975 年 8 月	中国广东	广东鼎龙实业集团有限公司	董事局主席兼总裁
丁　涛	男	1970 年 3 月	中国山东	江西科昂电子新材料有限公司	董事长
蔡志浩	男	1957 年 4 月	中国香港	江西志浩电子科技有限公司	董事长
唐宏祥	男	1982 年 1 月	中国江苏	江西联茂电子科技有限公司	经　理
赵　欣	男	1981 年 1 月	中国河北	赣州中科拓又达智能装备科技有限公司	董事长
斋藤整	男	1963 年 4 月	日本	江西科研新阳电子有限公司	社　长
陈伟浩	男	1986 年 10 月	中国广东	江西翔鹭钨业有限公司	总经理
陈灵梅	女	1946 年 6 月	中国浙江	赢家时装(赣州)有限公司	董事长

（市商务局）

附 录

组织机构及其负责人

（起讫时间：2021年1月—12月）

市“四套班子”领导

中共赣州市委

书　记:吴忠琼(女,1月任)
　李炳军(任至1月)
副书记:许南吉(2月任,任至12月)
　曾文明(任至2月)
　唐舒龙(5月任)
　胡雪梅(女,任至3月)
常　委:唐舒龙　陈李忠
　田　辉(8月任)　饶华东(8月任)
　邱建军(7月任)　胡剑飞(8月任)
　许忠华(9月任)　李文信(9月任)
　何　琦(8月任)　孙　敏(9月任)
　张　鹏(挂职)　李新民(挂职)
　王成兵(任至8月)
　高世文(任至8月)
　徐　兵(任至9月)
　何福洲(任至9月)
　邓忠平(任至9月)
一级巡视员:何福洲(8月任)
秘书长:孙　敏
副秘书长:刘　屾　钟春莲(女)
　黄辉伦　巫　琼(女)
　谢文忠(9月任)　黄晓东(9月任)
　陈相飞(任至9月)
　陈国庆(任至2月)

赣州市人大常委会

党组书记、主任:赵多仙
党组副书记、副主任:余学明(10月任)
　孙黎明(女,任至10月)
副主任:姚　勇(10月任)
　欧阳世麟(任至10月)
党组成员、副主任:陈俭生(10月任)
　张景霖(10月任)
　吴　青(女,10月任)
　陈　黎(女,10月任)
　何世林(10月任)　吴建平(10月任)
　郑世飘(任至10月)
　刘建明(任至10月)
　邱建军(任至10月)
　严水石(任至10月)
　鲍峰庭(2月任,任至3月)
一级巡视员:廖长荣
　孙黎明(女,12月任)
　郑世飘(12月任)
常委会党组成员、机关党组书记、
　秘书长:林长茂(2月任)
机关党组副书记、副秘书长、办公室
　主任:黄　立(任至11月)
　卓迅文(12月任)
机关党组成员、副秘书长:廖　琦
　(任至11月)
副秘书长:温宁花(女)

赣州市人民政府

市　长:许南吉(2月任,任至12月)
　曾文明(任至2月)
常务副市长:高世文(任至9月)
　胡剑飞(10月任)
副市长:何　琦(10月任)
　张　鹏　李新民　刘志强
　罗瑞华(3月任)　陈水连(10月任)
　张　骅(女,9月任)
　赖正文(10月任)　陈阳山(10月任)
　胡聚文(任至10月)
　张　逸(任至10月)
　许忠华(任至10月)
　李文信(任至10月)
一级巡视员:胡聚文(8月任)
　张　逸(8月任)
　缪兰英(女,2月任)
党组成员、秘书长:谢卫东(11月任)
　杨雍谨(任至11月)
副秘书长、办公室主任:
　温江涛(8月任)
副秘书长、驻京联络处主任:曾江明
副秘书长:邱志鹏　温　海(10月任)
　王　彦(10月任)　李正鹏(10月任)
　林　星(任至10月)　郭　澜(任至10月)　黄红民(任至10月)

政协赣州市委员会

主　席:徐　兵(10月任)
　彭业明(任至10月)
副主席:蓝应尚(畲族,10月任)
　陈朝清(10月任)　廖志刚(女)
　蓝　赟(畲族)　徐友洪(10月任)
　刘定辉(10月任)　朱　敏(10月任)
　刘春文(10月任)
　蓝　文(女,畲族,10月任)

苏传辉(任至10月)
姚　勇(任至10月)
华旭明(任至10月)
邹　军(任至10月)
孔刃非(任至10月)
胡晓平(任至10月)
柯岩松(任至10月)
一级巡视员:曾　凡
肖明华(任至11月)　谢宝河
秘书长:邓　明(10月任)
副秘书长:曾繁中　侯乐锋
朱甫林(10月任)
黄圣勇(任至10月)

市委工作机关

市委办公室
主　任:孙　敏
正处级督查专员:黄辉伦(任至12月)
副主任:王吉锋(9月任)
黎声清(挂职)　沈　针(女,9月任)
谢俊杰(9月任)　朱伏飞(9月任)
谢文忠(任至9月)　魏其凡(任至7月)　黄晓东(任至9月)
市纪委监委派驻纪检监察组组长:
聂瑞和(9月任)　李泽泉(任至3月)
市纪委监委派驻纪检监察组二级调研员:李泽泉(3月任三级调研员,4月任二级调研员)
副处级督查专员:　赖建明(9月任)
王吉锋(任至9月)
市专用通信局局长:李海青(12月任)
温志晖(任至12月)
四级调研员:文　武(任至8月)
市委组织部
部　长:田　辉(8月任)
王成兵(任至8月)
分管日常工作的副部长:吴　青(女)
副部长:李卫国(兼)　余路晓(9月兼)
严　晓　李祥鑫(9月任)
朱荣兰(挂职)
部务会专职委员:古义春
市纪委监委派驻纪检监察组组长:
刘江峰(9月任)
一级调研员:郑晓林(9月任)
市纪委监委派驻纪检监察组二级调研员:陈赤熏(4月任)
市委宣传部
部　长:许忠华(10月任)
何福洲(任至10月)
分管日常工作的副部长:
朱家柏(9月任)　明心平(任至8月)
副部长、二级调研员:杨运武
副部长:刘万春(女,9月任)
李少刚(9月任)　张冠军(任至9月)
市委讲师团团长:彭江闽(任至2月)
市纪委监委派驻纪检监察组组长:
缪春风(女,9月任)
何发迅(任至8月)
一级调研员:明心平(8月任)
二级调研员:李建华　何　勇(6月任)
原文明办副主任:
黄继辉　刘万春(女,任至9月)
融媒体推进中心主任:徐跃辉(9月任)
四级调研员:曾定柱(6月任)
市委统战部
部　长:李文信(10月任)
分管日常工作的副部长:张剑平
副部长:钟贤军(正处级)
副部长、市民宗局局长:尹林春
副部长:杨小妹(女)　伍春华(女)
市纪委监委派驻纪检监察组组长:
李粹豪(9月任)　熊伯彦(任至8月)
市纪委监委派驻纪检监察组一级调研员:黄启明(3月任,7月退休)
二级调研员:蒋金生
市纪委监委派驻纪检监察组三级调研员:熊伯彦(8月任)
四级调研员:方志华　陈　澍
市委政法委
书　记:邱建军(10月任)
邓忠平(任至9月)
副书记:刘志强
分管日常工作的副书记:邓增顺
副书记:颜叙平　邱荣生(8月任)
市纪委监委派驻纪检监察组组长:
容国文(9月任)
政治部主任:王　勇(9月任)
市法学会专职副会长:夏命远
二级巡视员:明经科
四级调研员:林海英　罗承彩(9月任)
廖　军(9月任)
市纪委监委派驻纪检监察组四级调研员:万洪波
市委政研室(改革办)
改革办主任:孙　敏(11月任)
唐舒龙(5月任,任至11月)
胡雪梅(女,任至3月)
政研室主任、改革办常务副主任:
刘　岫(9月任)　陈相飞(任至9月)
政研室副主任:吕浩泳(任至2月)
改革办专职副主任:刘文辉
政研室副主任:汪　峰
杜书福(9月任)　钟水明(9月任)
政研室四级调研员:钟远明
市委网信办(市互联网信息办)
主　任:张冠军(9月任)
朱家柏(任至9月)
副主任:梁　飞　黄德美(9月任)
柳　迈(任至8月)
二级调研员:欧阳安民(任至10月)
市委编办
主　任:黄　蕙(女,任至9月)
林　星(10月任)
副主任:刘永宏　邱　辉(任至8月)
刘智雄(10月任)
二级调研员:黄正财
四级调研员:刘冬云
市委台办(市政府台办)
主　任:高志坚(2月任)
副主任:杨秀芳(女)　张庆森(12月任)
二级巡视员:李坊涛(3月任)
二级调研员:刘东胜
三级调研员:叶　林(12月任)
王晶洋(12月任)
市直机关工委
第一书记:孙　敏(6月任书记)
书　记:吴诗东(任至2月)
分管日常工作的副书记:郭德帅(6月任)
副书记:刘检生　钟海梅(10月任)
谢庚福(任至10月)
工委委员:吕纬东　谢　秦　杨　军
工委委员、市直机关纪检监察工委书记:谭　晶(10月任)
刘江峰(任至10月)
三级调研员:赖秋生
四级调研员:古菊芬(女)
郭洪生(任至10月)
市委信访局
局　长:钟春莲(女)
副局长:谢福州　罗　明
缪作威(9月任,副处级信访督查专员任至9月)
副处级信访督查专员:
李春华(女,任至9月)
钟贵模　钟军红(9月任)
二级调研员:熊　晖　吕　青(女)
四级调研员:刘孔发
市委老干局
局　长:郑晓林(任至10月)
余路晓(10月任)

副局长：吴　宏　高　峰（2月任）
市老干部活动服务中心主任：
　黄小英（女）
市老年大学教育服务中心主任：
　刘春明（12月任）
市委保密和机要局
局　长：刘　屾（任至9月）
　黄辉伦（12月任）
副局长：徐忠堂
保密委专职副主任：温志晖（12月任）
专职密码督查员：陈贵根

市人大机关

监察和司法委主任委员：
　钟　健（任至10月）
　邓旺华（10月任）
监察和司法委副主任委员：刘建新
财经委主任委员：李石金（任至10月）
　曾为东（10月任）
财经委副主任委员：邹　冲（任至3月）
　杨长斌
法制委主任委员：仲先东（任至3月）
　赖　伟（10月任）
法制委副主任委员（兼）、法工委
　主任：赖栋华（任至11月）
法制委副主任委员：谢红烽（女）
社会建设委主任委员：叶文波
社会建设委副主任委员：曹金保
教科文卫委主任委员：
　余　炜（女，2月任，任至10月）
　王石水（10月任）
教科文卫委副主任委员：
　邝燕玲（女，2月任）
　古春洪（2月任）
农委主任委员：
　邓才华（2月任，任至10月）
机关党组成员：文红群（女，11月任）
农委副主任委员：袁建波（2月任）
　钟起平（2月任）
城建环资委主任委员：
　李德明（2月任，任至10月）
　黄建煌（10月任）
城建环资委副主任委员：
　王玉琴（女，瑶族，2月任）
　邱修荣（2月任，任至11月）
办公室主任：黄　立（任至11月）
办公室副主任：黄传生（任至11月）
　卓迅文　张昌忠（11月任）
办公室二级调研员：黄建平
　李升云　蓝显宾（畲族）
　李晋让（女，任至9月）
选任联工委主任：
　赖景春（任至11月）
　李晋让（11月任）
选任联工委副主任：
　黄传生（11月任）
　李爱军（3月任）
教科文卫工委主任：
　余　炜（女，任至2月）
教科文卫工委副主任：
　邝燕玲（女，任至2月）
　古春洪（任至2月）
农工委主任：邓才华（任至2月）
农工委副主任：袁建波（任至2月）
　钟起平（任至2月）
城建环资工委主任：
　李德明（任至2月）
城建环资工委副主任：
　王玉琴（女，瑶族，任至2月）
　邱修荣（任至2月）
外侨民宗工委主任：薛有长
外侨民宗工委副主任：
　文红群（女，任至11月）
　邱修荣（11月任）
法工委主任：赖栋华（任至11月）
法工委副主任：吴品才（任至4月）
　黄新荣
机关党组成员：黄新荣（12月任）
二级巡视员：钟小平
　仲先东（任至8月）
　陈冠平（任至8月）
　洪　明　邓才华（10月任）
　罗俊雄（10月任）
　李石金（12月任）
　廖跃春（12月任）
　余　炜（12月任）
常委会委员：罗俊雄（任至10月）
　孟　宁（10月任）
　梁铁民（10月任）
　龚建明（任至10月）
　赖俊贤（任至10月）
　廖跃春（任至10月）
　黄声兰（任至10月）　李鉴庆
一级调研员：廖　琦（8月任）
　钟　健（8月任）　赖俊贤（8月任）
　黄声兰（9月任）　赖景春（8月任）
　李德明（8月任）　赖栋华（8月任）
二级调研员：王世平　邹　冲（3月任）

市政协机关

办公室主任：曾繁中
提案委主任：毕生荣（任至10月）
　陈贵周（10月任）
提案委副主任：成海英（女）
经济委主任：杨中茂（任至10月）
　刘群英（女，10月任）
经济委副主任：曹四清
农业和农村委主任：温建荣
人口资源环境委主任：
　肖福云（任至10月）
社会法制和民族宗教委主任：
　谢芳桂（任至10月）
　李仲涛（10月任）
教科卫体委主任：钟　斌（任至10月）
　黄圣勇（10月任）
港澳台侨和外事委主任：
　王石水（任至10月）
港澳台侨和外事委副主任：刘延俊
文化文史和学习委主任：
　薛华平（任至10月）
　廖学春（10月任）

市纪委市监委机关

纪委书记、监委主任：
　饶华东（纪委书记8月任，9月任监委代主任，10月任监委主任）
　唐舒龙（任至8月）
纪委副书记、监委副主任：
　黄海军（5月任副书记，秘书长任至5月，6月任监委副主任）
　温光填（3月任监委委员，副处长级室主任任至5月，9月任副书记，11月任监委副主任）
　陈　珉（9月任纪委副书记，11月任监委副主任）
　陈定宇（纪委副书记任至8月，监委副主任任至9月）
　黄　华（女，纪委副书记任至9月，监委副主任任至11月）
市委巡察办主任：赖纯平
第八审查调查室主任：刘丰春
案件审理室主任：赖　辉
第六审查调查室主任：张丽群（女）
信访室主任：谢骏原（5月任）
第三监督检查室主任：叶成霖

党风政风监督室主任：钟　宏
二级调研员：马维新（8月任三级调研员，10月任二级调研员）
三级调研员：刘　安（副处长级室主任任至2月，8月任三级调研员）
办公室主任：杨兴国（10月任办公室主任，研究室主任任至10月）
组织部部长：肖　媛（女，9月任，副处级巡察专员任至9月）
肖松盛（任至8月）
宣传部部长：李建光（2月任）
案件监督管理室主任：
吉庆华（2月任）
第一监督检查室主任：肖世成（9月任，巡察组副组长任至9月）
李伟明（任至8月）
第二监督检查室主任：
周建洪（9月任）
第四监督检查室主任：
陈优明（任至12月）
第五监督检查室主任：华东云
二级调研员：曾庆华（副处长级室主任任至3月，3月任三级调研员；4月任二级调研员）
副处长级室主任：朱经华（12月任）
第九审查调查室主任：张　宁
纪检监察干部监督室主任：江　文
机关党委专职副书记：
陈忠玉（9月任）
市委巡察办副主任：温秋宁（9月任，副处级巡察专员任至9月）
杨经纬（9月任）
赖传涛（巡察办副主任任至8月）
谭建华（巡察办副主任任至2月）
市委巡察组组长：陈　萍（女）
市委巡察组副组长：曾拥军（9月任）
温志峰（任至9月）
市委巡察组副处级巡察专员：朱庆东
市委巡察组组长：廖耀军（9月任）
市委巡察组一级调研员：邓小荣（8月任，巡察组组长任至8月）
市委巡察组副组长：章真真
市委巡察组副处级巡察专员：
彭智峰（9月任）　彭良森（任至9月）
市委巡察组组长：陈章贡
市委巡察组副组长：陈京锋（9月任）
市委巡察组正处级巡察专员：
吉庆芳（女，9月任，副处长级室主任任至9月）
市委巡察组组长：黄隆聚
市委巡察组副组长：郭活生（9月任）
市委巡察组三级调研员：
黄心权（巡察组副组长任至8月，8月任三级调研员）
市委巡察组副处级巡察专员：
刘晓峰（9月任）
缪春风（女，任至9月）
市委巡察组组长：黄一新（9月任）
市委巡察组一级调研员：杨志军（8月任，巡察组组长任至8月）
市委巡察组副组长：黄兴海（9月任）
肖文军（任至9月）
市委巡察组副处级巡察专员：
赖奂名（9月任）

市中级人民法院

党组书记、院长：傅伟刚（10月任）
喻德红（女，任至9月）
党组副书记、副院长：谢定强
党组成员、副院长：朱　政　黄　忠
党组成员、市纪委监委派驻纪检监察组组长：温志峰
党组成员、政治部主任：樊　斌
刘新生（任至12月）
审判委员会专职委员、审判员：
谢　军（女）　吕纲翔
二级高级法官：葛志程
市纪委监委派驻纪检监察组
二级调研员：朱筠生

市人民检察院

党组书记、检察长：熊良明（9月任党组书记、副检察长，11月任检察长）　江阶虎（任至9月）
党组副书记、副检察长：
张继田（任至9月）
党组成员、副检察长：陈京东
党组成员、市纪委监委派驻纪检监察组组长：李晓明（9月任）
党组成员、副检察长：刘永晟（9月任党组成员，11月任副检察长）
党组成员、政治部主任：
李孟钱（9月任）
检察委员会专职委员：钟福英
俞　萍
二级高级检察官：季东浩　温　波（1月任二级高级检察官，党组成员任至5月，副检察长任至6月，6月任检察员）
二级调研员：董　军
三级调研员：胡承冬（党组成员、政治部主任任至8月，8月任三级调研员）　王井平（党组成员、市纪委监委派驻纪检监察组组长任至8月，8月任三级调研员）
三级高级检察官助理：
江　炜（12月任）
三级高级检察官：黄少华（4月任）
黄　伟（4月任）
三级高级检察官助理：
赖长润（12月任）
四级高级检察官：陈庆明
四级调研员：刘红卫
四级高级检察官助理：熊　静
四级高级检察官：刘　敏
四级高级检察官助理：
晏利民（9月任）
二级调研员：刘小平（3月任三级调研员，4月任二级调研员，二级调研员任至7月）
二级高级检察官助理：
彭日东（3月任三级高级检察官助理，4月任二级高级检察官助理，二级高级检察官助理任至12月）

市政府工作部门

市政府办公室

党组书记：杨雍谨（任至9月）
谢卫东（9月任）
党组副书记、办公室主任：
温江涛（8月任）
党组成员、市纪委监委派驻纪检监察组组长：刘辅中
党组成员、副主任：温　海（任至10月）
王小华　王　彦（任至10月）
钟福林　鲁华永（10月任）
二级调研员：杨威武　罗　璘
四级调研员：卢　翔

市发改委

党组书记、主任：卢述银
党组成员、市纪委监委派驻纪检监察组组长：杨文洪
党组成员、副主任：肖　鹏
党组成员、总经济师：廖少亭

党组成员、副主任：杨　赋
亓伟扬
二级巡视员：马晓聪（10月任，党组副书记、副主任任至8月，8月任一级调研员）
一级调研员：邱世禄（8月任，6月任党组成员、市铁路建设发展中心主任）
三级调研员：张玉廷（6月任市项目服务中心副主任）
党组成员、市重点工程办公室主任：李　兵（任至2月）
市铁路建设发展中心副主任：徐祥敏（6月任）
四级调研员：黄孝斌（任至10月）
市项目服务中心主任：邱　波（6月任）
市项目服务中心副主任：卢小兵（6月任）
市项目服务中心四级调研员：谢　筠（6月任）
市生态文明研究中心主任：吴良灿（6月任）
市生态文明研究中心副主任：何　翔（6月任）
市能源发展中心主任：陈小林

市委教育工委（市教育局）

市委教育工委书记、市教育局局长：孙传忠（9月任工委书记，11月任局长）　邓　明（任至9月）
市委教育工委副书记：胡敦祥（2月任）
市委教育工委委员：黄国杰
市委教育工委委员、市教育局副局长：赖晓琴（女，2月任委员，3月任局副局长）　郭　强
市委教育工委委员、市纪委监委派驻纪检监察组组长：邱轶群（女）
市委教育工委委员：陈智钢　罗招荣
市委教育工委委员、市教育局总督学：邓昌海
市委教育工委委员：杨东冬
二级巡视员：邝先元　刘昌明
二级调研员：仲年萍（女，畲族）
张卫民　余振柳（任至10月，四级调研员任至3月，3月任三级调研员，4月任二级调研员）
市教科所所长：刘春艳（10月任）
李　建（任至10月）

市科技局

党组书记、局长：郭　澜（10月任）
局　长：蓝　赟（畲族，任至9月）
党组书记：谢定强（任至9月）
党组成员、副局长：李　云（任至10月）
李伟东（9月任）　李银保　陈浩华
二级巡视员：李　云（10月任）
四级调研员：曾荣长

市工信局

党组书记、局长：梁丁盛
党组成员、副局长：林小兵
党组成员、市纪委监委派驻纪检监察组组长：刘小安（7月任）
党组成员、副局长：黄郁梅（9月任）
赖庆华（9月任）　杨　燕（9月任）
李伟东（任至9月）
殷　俊（任至9月）　胡　楠（挂职）
副局长：汪志成（挂职，4月任）
市纪委监委派驻纪检监察组二级调研员：李秋生（4月任）
二级调研员：黄麟球（4月任）
三级调研员：李华强
四级调研员：彭小柱

市公安局

党委书记、局长：刘志强
党委副书记、常务副局长：严全民（9月任党委副书记，10月任常务副局长）
党委委员、副局长、三级高级警长：黎连兴（4月任二级高级警长，党委委员任至9月，副局长任至10月）
党委委员、市纪委监委派驻纪检监察组组长、三级高级警长：郑武岳（党委委员、纪检监察组组长均任至9月）
党委委员、章贡分局局长、三级高级警长：陈应庭（任至8月）
党委委员、交警支队支队长、三级高级警长：朱桂林（党委委员、交警支队支队长任至9月）
市禁毒办主任、党委委员、副局长：郭声宏（3月任，5月任三级高级警长，11月任市禁毒委员会办公室主任）
党委委员、副局长：赖爱民（9月任，12月任三级高级警长）
党委委员、章贡分局局长：黄小波（8月任党委委员、章贡分局党委书记、局长，12月任三级高级警长）
党委委员、副局长、三级高级警长：刘立煌（4月任二级高级警长）
党委委员、政治部主任：周　伟（12月任三级高级警长）
一级高级警长：邓育成（任至3月）
二级高级警长：李柏生（4月任一级高级警长）　郭训东（3月任一级高级警长，4月任二级警务专员，二级警务专员任至8月）
何　骏　黄绍芳　陈智勇
三级高级警长：杨泰生
杨北钦（12月任）
杜隆郁（12月任）
四级高级警长：李春华（9月任）
钟　铮（9月任）
市禁毒办专职副主任：吴惠平（10月任）

市民政局

党组书记、局长：赖木生
党组成员、副局长：史方现　丁　毅
市纪委监委派驻纪检监察组组长：陈同发
党组成员、副局长：杨爱群　康仁禄
四级调研员：衡京南　陈佛招

市司法局

党组书记、局长：陈俭生（任至9月）
黄　立（9月任党组书记，11月任局长）
副局长：张爱荣（女，9月任）
党组成员、副局长：曾强华
谢飞龙　朱永金（任至2月）
党组成员、政治部主任：陈景新

市财政局

党组书记、局长：朱　敏
党组成员、副局长：黄京山　赖德炎
党组成员、市纪委监委派驻纪检监察组组长：万建生
党组成员、总会计师：朱　逸
党组成员、副局长：刁鸿锦
党组成员、市财政公共服务中心主任：邓文英（女）
二级调研员：陈玉英（女）
三级调研员：孔小媛（女）
四级调研员：甘华智

市人社局

党组书记、局长：李卫国
党组成员、副局长：
黄锋章（任至9月）
王孝友　杨　柳（女）
谢庚福（9月任）　饶秋平（9月任）
党组成员、市纪委监委派驻纪检监察组组长：叶艳辉
二级调研员：周　建　唐芳茂
三级调研员：吴玉明
四级调研员：詹海珍（女）

市就业创业服务中心主任：
李 俊(6月任)
市社会保险服务中心主任：
刘东平(6月任)
市劳动监察局局长：林 泉

市自然资源局

党组书记、局长：邓海鹰(女)
党组副书记、副局长：郭知明
刘新平
党组成员、三级调研员：
张 毅(11月任)
党组成员、副局长：罗 峰
朱挺旻
党组成员、市国土空间调查规划研究中心主任：谢建军(4月任)
党组成员、副局长：张诗福
魏清胜 肖风雷 吴敏华
副局长：王建辉(挂职)
党组成员、市纪委监委派驻纪检监察组组长：肖 翔
二级调研员：黄炎峰 罗志欣
邱春生(11月任)
三级调研员：谢新生(11月任)
市国土空间调查规划研究中心主任党总支书记、副主任：梁志明(6月任)
市土地储备中心主任：
何理长(4月任)
市不动产登记中心主任：唐惠全
市城乡规划设计研究院副处级干部：
谢衍忆
市土地收购储备中心副处级干部：
陈 炜

市生态环境局

党组书记、局长：傅小新
党组成员、二级调研员：许 健
党组成员、市纪委监委派驻纪检监察组组长：周邦春
党组成员、副局长：叶苞九
林宗圣 邓智勇 钟先斌
总工程师：肖利华
核与辐射安全总工程师：王 飚
四级调研员：刘庆勇 邱光明

市住房和建设局

党组书记、局长：余钟华(9月任党组书记，11月任局长)
党组成员：肖继来(6月任)
党组成员、副局长：肖 烽
刘越安 严裕华(党组成员任至9月，副局长任至10月)
党组成员、市公积金中心主任：
何宏杰
党组成员、市纪委监委派驻纪检监察组组长：滕福安
党组成员、市工程质量管理服务中心主任：邓建宇(6月任)
党组成员：赖昌洪
党组成员、副局长：温清林(9月任党组成员，10月任副局长)
一级调研员：廖光斌(9月任)
二级调研员：谭宝森(3月任)
王振旗 黄泽军(任至9月)
三级调研员：雷贻坤(12月任)
四级调研员：龚红卫(9月任)

市交通运输局

党组书记、局长：谢文才(9月任党组书记，11月任局长)
朱洪波(党组书记、局长任至8月，8月任一级调研员)
党组成员、副局长：胡超星
李干荣(10月任) 黄志云
党组成员：林朝阳(任至8月)
党组成员、市邮政管理局局长：
肖祥斌
二级调研员：彭炎明(党组成员任至2月，副局长任至3月，3月任二级调研员)
章广麟(12月任)
市交通运输综合服务中心主任：
张 慧(女，10月任)
市交通运输综合行政执法支队支队长：罗全发(10月任)

市水利局

党组书记、局长：宋怡萍(女，9月任)
副局长：陆经龙
党组成员、副局长：谢春景 肖卫平
温学松
党组成员、总工程师：许宝俊
党组成员、市河长办专职副主任：
肖建标
二级调研员：陈卫华
河湖保护中心主任：徐广昌
四级调研员：伍 松
市水利电力勘测设计研究院院长：
王兰天

市农业农村局

党组书记、局长：孙 晖(9月任)
党组成员、二级调研员：
董 菁(6月任)
党组成员：王喜龙(6月任)
党组成员、副局长：杨会清 邹建华
市纪委监委派驻纪检监察组组长：
夏唐耀(9月任)
党组成员、副局长：周 昱
党组成员、副局长、市招才引智局副局长：侯华伟(挂职)
一级调研员：吴至海(8月任)
市纪委监委派驻纪检监察组二级调研员：郭基琇
二级调研员：黄作芸(女) 曾凡生
市农业综合行政执法支队支队长：
刘卫江(6月任)
市畜牧业发展和动物疫病防控中心主任：肖永鸿(6月任)
市农业技术推广中心主任：
卓 旭(6月任)
市农业农村产业发展服务中心主任：
李卫明(6月任)

市商务局

党组书记、局长：华晓斌(9月任)
党组成员、市贸促会会长：
黄锋章(10月任)
党组成员、副局长：陈晓峰(女)
党组成员、市纪委监委派驻纪检监察组组长：王泽明
党组成员、副局长：黄桂昌(任至8月)
吴佳丽(女，2月任)
副局长：刘 建(4月任)
党组成员、副局长：李民湖(10月任)
一级调研员：董赣雄(9月任)
二级调研员：钟定岩
市纪委监委派驻纪检监察组二级调研员：钟心华(女)
四级调研员：张卫东

市文广新旅局

党组书记、局长：李俊锐(9月任)
刘文彦(任至8月)
党组成员、副局长：张 伟(9月任)
李升隆
党组成员、市纪委监委派驻纪检监察组组长：钟元浩(9月任)
党组成员、副局长：肖文军(9月任)
二级调研员：姚富桂(4月任)
市纪委监委派驻纪检监察组二级调研员：陈小青(9月任)
党组成员、副局长：
吴 昊(任至10月) 黄志云

市卫健委

党组书记、主任：刘春文
党组成员、副主任：李小才(任至12月)
党组成员、市纪委监委派驻纪检监察组组长：金 春
党组成员、计划生育协会常务副会长：刘欣君(任至12月)

党组成员、副主任：傅　伟（2 月任党组成员）
党组成员、计划生育协会专职副会长：张春玲（女，12 月任党组成员）
党组成员、副主任：谢　瑛（女，12 月任党组成员）
副主任：戴艳春
二级调研员：刘群英（女）
三级调研员：李小才（12 月任）　刘欣君（12 月任）
四级调研员：张春玲（女，任至 12 月）　方惠清（女）　谢　瑛（女，任至 12 月）　邱伟民　黄雪梅（女）
市纪委监委派驻纪检监察组四级调研员：刘宗信

市退役军人事务局

党组书记、局长：赖　伟（任至 11 月）　朱钦军（11 月任）
党组成员、副局长：陈玉川　余　军
赣州军供站站长：欧阳叶兵

市应急管理局

党委书记、局长：邹焕铁（9 月任）
党委委员、副局长：李兴荣　温学松　刘康生　胡　萍（女）
党委委员、市纪委监委派驻纪检监察组组长：徐绍仁
二级调研员：赖章忠　刘明石　罗志坚
四级调研员：康永生　罗才亮
市应急事务保障中心主任：邓习金
市防灾减灾中心主任：谢　旺

市审计局

党组书记、局长：谢京华（任至 9 月）　肖作信（9 月任党组书记、11 月任局长）
党组成员、副局长：赖　欣（女）　罗淑芳（女）　彭洪德
党组成员、总审计师：曾毓东
市经济责任审计工作联席会议办公室主任：彭蔚林（10 月任）
四级调研员：郭　竞　郁　滨　钟儒沁　廖扬彪

市国资委

党委书记、主任：吴诗东（2 月任党委书记，11 月任主任）
党委委员、副主任：王全生　黄晓东　刘　波（3 月任副主任，总经济师任至 3 月）
党委委员、市纪委监委派驻纪检监察组组长：彭良森（9 月任）
二级巡视员：黄志标（3 月任一级调研员，4 月任二级巡视员，二级巡视员任至 9 月）
一级调研员：吕小林（3 月任一级调研员至 11 月）
二级调研员：宋　英（女，2 月任三级调研员，3 月任二级调研员）
二级调研员：管庆明（任至 3 月）
外派监事会主席：叶扬焕　陈孝荣　朱志林　汪广春　吴文（任至 8 月）

市林业局

党组书记、局长：肖年生（局长任至 9 月）
局　长：叶日山（11 月任）
党组成员、市林业发展服务中心主任：刘洪生
党组成员、副局长：李红梅（女）　管　宏（9 月任党组成员，10 月任副局长）
党组成员、市林政管理稽查支队支队长：康敏卿（6 月任）
党组成员、副局长：刘满发（10 月任）
二级调研员：黄敬怡　肖厚华
四级调研员：刘立波　刘源祥

市政府金融办

党组书记、主任：蓝应尚（任至 10 月）　钟小刚（10 月任）
党组成员、副主任：杨蕙宇（女）　孟佳聪（挂职）

市市场监管局

党组书记、局长：黄　蕙（女，9 月任党组书记，11 月任局长）　王业有（任至 9 月）
党组成员、副局长：涂梁华
党组成员、市纪委监委派驻纪检监察组组长：肖　琤（女，任至 7 月）
党组成员、副局长：姜建昌
党组成员：杨海峰（任至 7 月）
二级调研员：王业有（9 月任）　熊小青（任至 3 月）　潘新萍（女）　刘　平　肖雪松（任至 1 月）
三级调研员：赖庆明（8 月任副局长、三级调研员，副局长任至 9 月）　朱日霖（12 月任）
四级调研员：郭素华（女）　陈玉珍（女）　夏雷风　王　莹（女）　朱冬兰（女）

市体育局

党组书记、局长：李诒芸（女）
党组成员、副局长：温为辅　严裕华（女）
二级调研员：钟　涛　涂毅敏

市统计局

党组书记、局长：李　兵（2 月任）
党组成员、总统计师：钟惠生
党组成员、副局长：李文诚（9 月任）　孙有德（9 月任）
三级调研员：周　芸（女）
四级调研员：宋金金（女）　刘友辉

市人防办

党组书记、主任：杨永飞（9 月任）　张龙彪（任至 8 月，8 月任一级调研员）
党组副书记、副主任：陈　捷（任至 8 月，8 月任一级调研员）
党组成员、副主任：黄玉鹏　范存勇（任至 3 月、3 月任三级调研员、4 月任二级调研员）
四级调研员：刘麟金

市乡村振兴局

党组书记、局长：廖丽萍（女）
党组成员、副局长：丘红宇　赖外来　廖顺尧
四级调研员：许武才

市医疗保障局

党组书记、局长：薛　斌
党组成员、副局长：杨　健（女）
党组成员、市医疗保障基金管理中心主任：徐晓明

市城管局

党组书记：曾宪柏
局　长：吴忠浩
党组成员、市城市管理监督指挥中心主任：刘健平
党组成员、副局长：肖九生　陈　敏　温亮浩
党组成员、市政工程管理处处长：张　健
三级调研员：许锡虎
四级调研员：王存彬

市行政审批局

党组书记、局长：刘洪梅（女）
党组成员、副局长：袁犬嵘（任至 9 月）　戴晓明　邱荣华　邓志刚（9 月任）
党组成员、市公共资源交易中心主任：明经华（女，10 月任）
政务服务中心主任：彭　博（10 月任）
二级调研员：肖　平
四级调研员：严志春

市苏区振兴办

党组书记、主任：卢述银
党组成员、副主任：刘卫红　刘光涛
一级调研员：缪小征

市政府驻外(派出)机构

市政府驻北京联络处
主　任:曾江明
副主任:钟慧敏(任至8月)
市政府驻上海联络处
主　任:黄红民(10月任)
副主任:李建军
二级巡视员:钟家伟
市政府驻南昌办事处
主　任:何春林(10月任)
副主任:曾繁荣(11月任)
市政府驻厦门办事处
主　任:欧阳安民(11月任)
副主任:杨　东
市政府驻深圳办事处
党组书记、主任:王　兵(9月任党组书记,10月任主任)
党组成员、副主任:王艳林(女,9月任党组成员,10月任副主任)
一级调研员:梅元生(8月任)
赣州综合保税区
党工委书记:谢卫东(任至9月)
党工委副书记、管委会主任:温荣喜
党工委委员、纪工委书记:毛瑞林
党工委委员、管委会副主任:谢卫东　陈华洪
赣州阳明湖管理委员会
党工委副书记、管委会主任:郑洁平
党工委副书记:陈乐林
党工委委员、管委会副主任:张昌凤
党工委委员、赣南树木园主任:胡小康
党工委委员、管委会副主任:杨自达　张石生
党工委委员、纪检监察工委书记:方立兵
副县级干部:王元武

市属事业单位

市机关事务管理中心
主　任:陈国庆(2月任)
副主任:廖盛标　肖惠文　张武华(9月任)
二级调研员:郭照春　易庚长(3月任三级调研员、4月任二级调研员)
四级调研员:钟　津(女)　袁细平
市档案馆
党组书记、馆长:钟　鸣
党组成员、副馆长:李　坚(任至3月)　肖　红(女)　黄心圣(9月任)
二级调研员:李　坚(4月任)
赣州广播电视台
台　长:许　勇
副台长:陈济才　黎庆琮　邓海明
市委党校
常务副校长:陈相飞(9月任)
二级调研员、校委委员:张卿均
副校长、校委委员:阳振乐　潘九根(12月任)　陈　刚(6月任)　李小平(6月任教育长、校委委员,12月任副校长,教育长任至12月)
一级调研员:张孝忠(9月任,副校长任至9月)
二级调研员:刘桂林　杨福洲　孙声荣
三级调研员:陆建平(8月任三级调研员,副校长、校委委员任至8月)　温晨阳(8月任,副校长、校委委员任至8月)
四级调研员:彭　敏
瑞金干部学院
院　长:吴忠琼(女)
第一副院长:王成兵(任至9月)　田　辉(9月任)
常务副院长:潘少平(任至8月)
副院长:朱荣兰(10月主持日常工作)　潘九根(任至12月)　刘前华　袁　勇(9月任)　袁　芳(女,12月任)
市委党史研究室(市地方志研究室)
主　任:陈上海(12月任)
副主任:廖伟东(6月任,任至8月)　陈上海(6月任,任至12月)　徐井生(6月任)　陈　安〔12月任,6月免原市中央苏区研究中心(市苏区精神研究所)主任(所长)〕
一级调研员:胡日旺(6月任,任至10月,主持工作)
三级调研员:廖伟东(8月任)
四级调研员:廖呈良(6月任)
赣南日报社
社　长:曾德军
总编辑:钟义勇
副社长:王子琨　谢万军　张明冠
副总编辑:谢运胜　王晓光　李忠生　傅志群　肖瑞华　林佛招
市红色资源保护发展中心
主　任:蔡小卫(9月任)
副主任:何定胜(9月任)　周　鸿(12月任)
市军民融合发展中心
副主任:黄世明　熊雪景
市公路发展中心
党组书记:刘晓龙(9月任)　谢文才(任至9月)
主　任:胡　烈(9月任)　谢文才(任至9月)
党组成员、副主任:刘自田(6月任,市公路管理局副局长任至6月)　黄志强(6月任,市公路管理局总工程师任至6月)　王勇忠(9月任)
二级调研员:鲍建文(三级调研员任至12月,12月任二级调研员)　刘智文(6月任)
四级调研员:余饶华(6月任,市公路管理局四级调研员任至6月)
市政府发展研究中心
党组书记、主任:钟金华(9月任)
党组成员、副主任:温明海　徐海洋(10月任)
赣南科学院
党组副书记、院长:温扬汉
党组书记:肖林长
党组成员、副院长:刘义生　吴海洋　朱恩华
党组成员:李建军(6月任)　郭小华　刘小全(6月任)
副处级干部:苏　州(6月任)　王兰英(女,6月任)　申昌优(6月任)
市铁路建设发展中心
党支部副书记、副主任:徐祥敏
副主任:黄孝斌(9月任)
市政府投融资服务中心
副主任:温晓云　魏　军
市城市住房服务中心
党组书记:黄　硕
主　任:魏更新
党组成员、副主任:钟华锋　陈峰云　邓巧君(女)
市水土保持中心
党组书记、主任:黄菊兰(女,9月任)

党组成员、副主任:何　震
尹九洪(12月任)
二级巡视员:周益萍(女,10月任)
三级调研员:陈标强(12月任)

市果业发展中心

党组书记、主任:王喜龙(6月任)
党组成员、副主任:朱柏州(6月任)
党组成员:赖晓桦(6月任)
党组成员、副主任:温明生(6月任)
四级调研员:刘丽华(女,6月任)

市投资促进中心

党组书记、主任:邹大勇(9月任)
党组成员、副主任:陈金玲(女)
谢　亮(9月任)
四级调研员:李　兵(6月任党组成员)

市供销联社

党组书记、理事会主任:罗红梅(女)
党组成员、理事会副主任:
孔青山　王会东(10月任)
党组成员、监事会主任:刘芃成
党组成员、理事会副主任:
古德勤(10月任)
二级调研员:廖德军　王文杰
三级调研员:钟乘云
四级调研员:朱润财(11月任)

群团组织　民主党派　工商联

市总工会

党组书记、主席:孙黎明(女)
党组副书记、常务副主席:刘文杰
党组成员、副主席:李晓明(任至9月)
刘裕裕(女,9月任)　徐雅静(女)
党组成员、经审会主任:何　敏
党组成员、市教育工会主席:
刘　晖
副主席(兼职):黄圣勇　丁声文
刘剑平
二级调研员:赖定铭
四级调研员:王光辉

团市委

书　记:张　琳(女,任至8月)
副书记:钟海梅(女,任至8月)
黎庆美(任至8月)
杨志正(9月任,主持工作)
陈安旖(女)　张　娴(女,11月任)
副书记(兼职):唐莉娟(女)
易少彬
四级调研员:陈代华
市青少年活动中心主任:
肖　青(11月任)

市妇联

党组书记、主席:
刘春香(女,9月任)
廖丽萍(女,任至9月)
党组成员、副主席:唐晓青(女)
肖宏蕾(女)　刘艳萍(女,9月任)
二级调研员:罗　云(女)
陈清萍(女)
副主席(兼职):刘艳琼(女)
周少蓉(女)　梁鸿梅(女)
江少清(女)

市科协

党组书记、主席:钟玉良
副主席:吴晓春
三级调研员:傅培文(9月任)
四级调研员:胡海平
党组成员、赣州科技馆馆长:张智辉

市文联

党组书记、主席:李　雷
党组成员、副主席:曹卫民
邵　滢(女)
二级调研员:黄家玲(女,任至11月)
四级调研员:蒙在伟(12月任)

市社联

主　席:郑成功(9月任)
李国生(任至8月)
副主席:幸　伟(女)　刘立刚(兼)

市侨联

党组书记、主席:王孝友(12月任)
党组成员、副主席:陈健鸣(女)
二级调研员:池峰龙
四级调研员:王　健(女)
副主席(兼职):李升隆　施至表
周世友　李建明　邱永宏

市残联

党组书记、理事长:何清平(女)
党组成员、副理事长:刘志敏
朱国清
三级调研员:冷晓虹(女)

市红十字协会

会　长:李文信(任至11月)
赖正文(11月任)
党组书记、常务副会长:
梁铁民(任至9月)
党组成员、专职副监事长:黄子珑

市计生协会

会　长:赖正文
第一副会长:刘春文
专职副会长:张春玲(女)
四级调研员:邱林英(女)

市贸促会

党组书记、会长:黄锋章(9月任)
董赣雄(任至8月)
党组成员、副会长:邹干昌
肖泽彬(9月任)　刘光磊(挂职)

民革市委会

主　委:蓝　赟
副主委:陈昌立　李志斌(专职)
刘发明　魏本柱
三级调研员:江　飞

民盟市委会

主　委:陈秀华
副主委:孙益仁(专职)　赖昭胜
刘南海　蓝志中　牛王翠

民建市委会

主　委:雷　鸣(畲族)
副主委:钟　彦(女,专职)
谢红烽(女)　吉朝晖　何　宏
二级调研员:郭宏文
四级调研员:康黎明(女)

民进市委会

主　委:蓝　文(女,畲族)
副主委:伍润华　刘艳琼(女)
欧阳荣华　张玉萍(女,12月任专职副主委)

农工党市委会

主　委:姚　勇
副主委:陈金清　邵银进　王　健(女)

九三学社市委会

主　委:韩高峰
副主委:胡　烈　钟友华(女)
刘建生　肖诗龙(专职)

市工商联(总商会)

主　席(会长):龚　斌
党组书记、常务副主席(常务副会长):杨小妹(女)
专职副主席(副会长):熊梅乐(女)
黄奇洁　林　波
二级调研员:夏命通
副主席:庄席福　王德文　黄世春
陈岳林　邓卫城　刘钦辉
赖诚明　朱开椿　许　磊
唐向阳　曾　彬　郭晓夏
刘　嘉　王家新　何光善
王小红(女)　肖　明(任至10月)
曾德强　张北京　袁春洋
副会长:袁　勇　赖林生
周　彬(女)　范立栋

喻 玺 谢晓明 江 锋
秘书长：叶 昊

中央、省驻市单位

中国科学院赣江创新研究院
党委书记、院长：齐 涛
党委委员、副院长：杨雍谨
副院长：万印华
党委委员、副院长：廖伍平
人民银行赣州市中心支行
行 长：夏春雷
副行长：刘国昆 刘惟煌 周东龙 龙建平
纪委书记：陈国华
赣州银保监分局
党委书记、局长：甘 露（女）
党委委员、副局长：杨维斌 肖 健
党委委员、纪委书记：王志祥
党委委员、副局长：谢晓勇
二级调研员：陈 勇
赣州海关
党委书记、关长、一级高级主办：王庆军
党委委员、缉私分局局长：
魏 凡（任至2月）
刘 平（8月任）
党委委员、第五派驻纪检监察组组长：施小华（任至9月）
周明翔（9月任）
党委委员、副关长、三级高级主办：黄海洺 黄文华
龙南海关
党委书记、关长：李郁炎
党委委员、副关长：钟义勇 赖 瑛（女）
市税务局
党委书记、局长、一级高级主办：曾长根
党委副书记、副局长：黄晓东（正处级）
党委委员、副局长、二级高级主办：何小川 欧阳升（副局长任至7月）
党委委员、副局长、三级高级主办：温群茂
党委委员、总经济师、三级高级主办：彭剑夫
党委委员、副局长、二级高级主办：刘和洪
党委委员、纪检监察组组长：
杨爱红（女，任至7月）
杨海麟（7月任）
国家统计局赣州调查队
党组书记、队长、一级调研员：郭 胜
党组成员、纪检组组长：陈 强（7月任三级调研员）
党组成员、副队长：韩 伟（12月任）
戴 曦（任至11月）
二级调研员：钟瑞贤（12月任）
钟艳莉（女）
四级调研员：熊 瑛（女）
市消防救援支队
支队长：李明华
政治委员：余小飞
副支队长：邹 路 刘 斌 谢一为 何祥磊 罗 翔
副政治委员：陈此兴
政治部主任：刘国华
市气象局
党组书记、局长：刘 彦
党组成员、纪检监察组长：刘建文
党组成员、副局长：张智勇 邱声春
三级调研员：王吉明 邓 江
四级调研员：车昌彪
市烟草专卖局（公司）
党组书记、局长（经理）：刘 辉
党组成员、纪检监察组长：徐里民
党组成员、副经理：彭耀东（任至3月）
党组成员、副局长：钟为俊
党组成员、副经理：李家人
调研员：韩爱平 于继成
钟运洁（任至11月）
市邮政管理局
党组书记、局长：肖祥斌
赣州无线电监测中心
主 任：李国根
三级调研员：胡益禄
四级调研员：邓 晓
赣州航道事务中心
党委书记、主 任：郭良斌（1月任）
党委委员、副主任：张晓崴（1月任）
熊 玮（9月任） 段 峰（9月任）
党委委员：谢朝阳（1月任）
省交通运输执法局八支队
党委书记：邱小平
副支队长：詹世俊
赣江上游水文水资源监测中心
党委书记、主 任：曾清勇
党委委员、副主任：刘旗福 鲁博文 黄国新
自然资源部赣南老区乡村振兴发展中心
常务副主任：谢新生（主持工作）
省钨与稀土质检中心（省钨与稀土研究院）
主 任（院长）：蒋小岗
副主任（副院长）：李 平（正处级）
朱红英（女）
江西日报社赣州分社
社 长：鄢朝晖
副社长：梁 健

院 校

江西理工大学
党委书记：杨 斌
党委副书记、校长：温和瑞
党委副书记：伍自强
副校长：钟健生（任至5月）
党委常委、副校长：邱廷省 李国金 刘祖文（党委常委任至9月，副校长任至10月）
党委常委、纪委书记：龙立福（4月任监察专员）
党委常委、副校长：龚姚腾 罗仙平
党委常委、副校长、党委组织部部长：廖春发（4月任副校长）
党委常委、副校长：赖晓军（8月任党委常委、9月任副校长）
党委常委、统战部部长：肖卫东
党委常委、宣传部部长：盛晓明
赣南师范大学
党委书记：范小林（任至4月）
卢 超（4月任）
党委副书记、校长：卢 超（任至10月）
朱小理（10月任）
党委副书记：胡龙华
党委委员、副校长：刘 民 邱小云 吴剑波 吴 磊 罗序中
党委委员、纪委书记：于保春
党委委员、副校长：易 龙
赣南医学院
党委书记：李恭进
党委副书记、院长：张小康（5月任，党委委员、副院长任至5月）
刘 潜（任至3月）
党委副书记：曾泽鑫

党委委员、副院长：陈　亮
　黄瑞忠　叶军明
党委委员、纪委书记、监察专员：
　肖树辉
党委委员、副院长：彭维杰
江西应用技术职业学院
党委书记：黄庆龄（任至4月）
　张家菁（4月任）
党委副书记、院长：徐志峰
党委副书记、副院长：徐有华
党委委员、副院长：陈传胜
　罗诗文　甘宏礼　胡堪东
党委委员、纪委书记：李　翼
党委委员、组织部部长：罗晓东
党委委员、宣传部（统战部）
　部长：宋东东
江西环境工程职业学院
党委书记：肖忠优
党委副书记、院长：熊起明
党委副书记：宋墩福
党委委员：曾东东
党委委员、副院长：张孝金　叶超飞
　廖忠明
副院长：徐　飞
党委委员、纪委书记：彭宗迁
党委委员、党委宣传部（统战部）
　部长：吉登星
党委委员、组织人事处处长：
　董新春
赣南科技学院
过渡期管理委员会临时
　党委委员、常务副主任：何锦龙
过渡期管理委员会临时
　党委委员、副主任：邓亦林
过渡期管理委员会临时党委委员、
　委员：张耀平　陶知翔　付玉华
　薛香恒
赣南师范高等专科学校
党委书记：廖　伟
校　长：姜在东
党委副书记：吴　虹
纪委书记：赵金霞
党委委员、副校长：刘润发
　李方柏　肖为民
党委委员、宣传统战部部长：
　胡克龙
正处级干部：凌发忠　陈和生
赣州职业技术学院
党委书记：温学延（9月任）
　邹志华（任至9月）
副书记、院长：黄　鹏
党委委员、纪委书记：赖昭忠（3月任）
副院长：欧阳荣华
赣南卫生健康职业学院
党委书记：何春明
党委副书记、院　长：杨明福
党委委员、副院长：陈昱如
　邓鼎森　廖　瑜
党委委员、纪委书记：陈　刚
党委委员、副院长：郑保平
副院长：刘国珍
赣州开放大学
党委书记：黄国杰
党委委员、副校长：王　强（党委委员任至12月）　卢旗英（女）　钟贤才
党委委员、纪委书记：廖　凌（女）
副处级干部：王　嫩（女）
赣州农业学校
党委书记：温学延（9月任）
党委副书记、校长：
　赖晓琴（女，任至3月）
党委委员、副校长：谢　敏
　潘建忠　汤晓军
党委委员、工会主席：叶晓明
党委委员、纪委书记：赖昭忠
赣州技师学院
党委书记：黄　鹏
院　长：陈秀华（女，任至1月）
党委委员、副院长：凌远方
　谢尉明　潘元生
党委委员、工会主席：熊晓林
党委委员、纪委书记：林青春
赣州中学
党委副书记、校长：杨东冬
党委书记：郭文东
赣州一中
党委副书记、校长：陈智钢
党委书记：王达全
赣州三中
党委副书记、校长：罗招荣
党委书记：王　玲

医　院

市人民医院
党委书记：赖卫国
党委副书记、院长：刘远飞
党委副书记：潘贤波
党委委员、副院长：李广生　杨明福
副院长：刘建生
党委委员、副院长：罗　骏
党委委员、纪委书记：谭南生
党委委员、副院长：蒋秋华
党委委员：段德正（12月任）
副院长：曾康华（女）
正处级干部：林　莉（女）
副院长：聂宇波（党委委员任至12月）
赣南医学院第一附属医院
党委书记：张小康
党委副书记、院长：邹晓峰
党委副书记：徐小军
副院长：危小军
党委委员、副院长：钟秋明（任至3月）
党委委员、纪委书记：吴　海
副院长：陈懿建
党委委员、副院长：张国玺
党委委员：曾祥泰
副院长：朱宏泉
市肿瘤医院（三六二医院）
党委书记：钟金平（女）
党委副书记、院　长：黄兴伟
市妇幼保健院
党委书记：丁　乐（女）
党委副书记、院长：陈友佳
市第三人民医院
党委书记：陈怡文
院长：刘少华
市第五人民医院
党委书记：张金兰（女）
党委副书记、院长：刘　辉
市中医院
党委书记：邓　辉
院长：赵乘明

市立医院
党委书记：刘福生
院长：李　勇

市属企业

赣州发投集团
党委书记、董事长：杨晓斌
党委副书记、总经理：梁敏辉
党委副书记：黄　强
党委委员、副总经理：刘　斌
　廖生兴
风控总监：曾紫明
党委委员、纪委书记：谢　斌
党委委员、副总经理：彭慧斌

赣州城投集团
党委书记、董事长：刘晓方（10月任）
党委副书记、总经理：
郭闽军（10月任）
党委副书记：黄家伟
党委委员、总工程师：王远平
财务总监：梁晓斌
党委委员、副总经理：赖连洪（10月任）
党委委员、纪委书记：
蔡　勇（9月任）
赣州市政集团
党委书记、董事长：李　聪
党委副书记、总经理：范秀刚
党委委员、副总经理：喻云星
钟云飞　梁文龙
党委委员、财务总监：刘　熹
党委委员、纪委书记：廖宏略
党委委员、总工程师：雷晓春
赣州旅投集团
党委书记、董事长：许志辉
党委副书记、总经理：吴　昊
党委副书记：朱赣洪
党委委员、财务总监：刘常运
副总经理：江学忠
党委委员、副总经理：黄冬梅
党委委员、纪委书记：曾绍海
党委委员、副总经理：蔡　粲
党委委员、总经济师：刘光磊
赣州交投集团
党委书记、董事长：赖才丁
党委副书记、总经理：李　辉
党委副书记：高光彬
副总经理：孙东岩
党委委员、总工程师：钟鑑方
党委委员、副总经理：袁　绍
党委委员、纪委书记：刘　雨
党委委员、副总经理：
杨河良（9月任）
赣州国投集团
党委书记、董事长：罗　迅
党委副书记、总经理：谢忠祥
党委副书记：罗红发
党委委员、纪委书记：王旭东
党委委员、副总经理：谢晓斌
刘小军
赣州银行
党委书记、董事长：徐　松（8月任）
行　长：钟哲敏（任至1月）
党委副书记：何志玲
驻行纪检监察组组长：聂为民
副行长：张春秀　谢　凯
工会主席：罗小明
副行长：李　敢　万祥勇（11月任）
首席信息官：李徽翡
行长助理：刘红福

驻市其他企事业单位

农发行赣州分行
党委书记、行长：欧阳文（5月任）
李凤儿（任至5月）
党委委员、纪委书记、副行长：
罗　平（6月任）　黎春生（任至6月）
党委委员、副行长：杨木林（9月任）
万利龙（任至9月）　廖明亮（6月任）
龚新发（任至6月）
工商银行赣州分行
行　长：陈世勇
副行长：熊　平　萧邦富　温博华
许含放
纪委书记：涂雪莉
高级经理：李明红　袁　颖
农业银行赣州分行
党委书记、行长：张军强
党委副书记、副行长：陈华林
党委委员、副行长：徐金山
张伟君（任至4月）　钟泽林（4月任）
文聪结
党委委员、纪委书记：
郝靖麓（任至1月）
涂洪波（1月任）
工会主席：魏细文（任至9月）
文聪结（9月兼任）
中国银行赣州分行
党委书记、行长：程学文（任至4月）
汪　武（4月任）
党委委员、纪委书记：夏侯寿良
党委委员、副行长：黄　平　罗诗运
魏　捷（2月任）　安洪波（9月任）
副行长：唐瑜玫（女，1月任）
主任级高级经理：李翔林
主办级高级经理：刘　广（任至8月）
建设银行赣州分行
党委书记、行长：熊　军（7月任，
党委委员、副行长任至7月）
党委副书记、副行长：
郭馨宁（女，7月任党委副书记，
8月任副行长）
党委委员、副行长：康　胜
陈　利（4月任党委委员，5月任
副行长）
党委委员、省行纪委驻市分行纪检组
组长：刘有金
党委委员、副行长：赵劲松　张　俭
刘晓华
交通银行赣州分行
党委书记、行长：田国强
党委委员、副行长：潘永红　曾　军
陈祥飞
邮储银行赣州分行
党委书记、行长：李　波
党委委员、副行长：江卫国
党委委员、副行长、工会主席：
温远平（任至4月）
党委委员、副行长：张素玉
党委委员、纪委书记、副行长：
朱志云
党委委员、副行长、工会主席：
李太煌（5月任）
招商银行赣州分行
党委书记、行长：涂井泉
副行长：赵　静
行长助理：徐文清
党委委员、纪委书记：何宏墩
党委委员：欧阳慧
浦发银行赣州分行
行　长：万小敏
副行长：何　泱　朱　琳
兴业银行赣州分行
党委书记、行长：王佳强
党委委员、副行长：吴武德　胡小玲
省农信联社赣州辖区党组
党组书记：吴　晓（任至2月）
陈迎宾（4月任）
党组副书记：杨文生（任至4月）
刘志勇（4月任）
党组成员、纪检组组长：黄　橙
江西赣州银座村镇银行
董事长：潘再友
行　长：王成明
副行长：丁名钦
人保财险赣州分公司
党委书记、总经理：刘　洋
党委委员、副总经理：巫春福
党委委员、总经理助理：蒋成立
危建国　田小军
人保寿险赣州中支
党委书记、总经理：黄　萍
党委委员、副总经理：谭云兰
钟　勤　邵百强
党委委员、纪委书记、副总经理：

黄吉君
太平人寿赣州中支
总经理:谢水泉
总经理助理:钟　乐　刘晓华
人寿财险赣州中支
党委书记、总经理:罗凌冰
党委委员、纪委书记、工会主任:
成东卫
党委委员、总经理助理:王显海
阎　妮(女)
国网赣州供电公司
总经理、党委副书记:谭黎明
党委书记、副总经理:金学成
党委委员、纪委书记、工会主席:
李　凡
副总经理、党委委员:郑山海
周　琦　易雪松　余　炜
赖文群
主任管理师(三级职员):刘　霞
康　毅
上犹江水电厂
厂长、党委副书记:蔡泽洪(任至4月)
吴新翔(4月任,党委书记、
副厂长任至4月)
党委书记(主持工作)、副厂长:
徐　臻(4月任)
纪委书记、工会主席:骆炳友
副厂长:张　尖
总工程师:叶　盛
中国邮政赣州分公司
党委书记、总经理:王　健
党委委员、纪委书记、副总经理:
许位宾
党委委员、副总经理:舒　琴
谢尚秉　肖　翔
中国电信赣州分公司
党委书记、总经理:叶雪青
党委委员、副总经理、纪委书记:
黄伟平
党委委员、副总经理、工会主席:
李　伟
党委委员、副总经理:许　明
督　导:黎庆仁
高级顾问:罗诗都
中国移动赣州分公司
党委书记、总经理:章　敏
副总经理:康世涛　朱建军
陈志坤
中国联通赣州分公司
党委书记、总经理:刘运忠
党委委员、副总经理:梁　喜
党委委员、派驻纪检组组长:
吴结根
党委委员、副总经理、工会主席:
王景行
党委委员、副总经理:张　悦
中国铁塔赣州分公司
党委书记、总经理:刘长忠(任至10月)
吴艳玲(11月任)
党委委员、纪委书记、副总经理:
凌金任(任至5月)
党委委员、副总经理、工会主席:
朱群英(6月任纪委书记)
总　监:万　军(6月任)
中国广电赣州分公司
党委副书记、总经理:黄　刚(畲族)
党委副书记:
廖美华(主持党委工作)
纪委书记:李永生
党委委员:欧阳澔　赖德阳
潘忠民
副总经理:郭树贤　肖士学
党委委员、副总经理:吴永德
资深经理:熊晓峰
中国石化赣州石油分公司
经　理、党委副书记:聂志群
党委书记、副经理:周文胜
副经理:李小华
党委副书记、纪委书记、工会主席:
丁　敏
副经理:李晓亮
经理助理:钟　帅　刘洪宾
安全总监:尹　俊
中国石油赣州销售分公司
党委书记、经　理:孙宏荣
党委副书记:吴永平
总会计师:陈海华
副经理:张小诚
省地质局第七地质大队
队　长:陈　武(10月任)
党委书记:黄明光(10月任)
副队长:黄敏华(10月任)
喻泽琼(10月任)
副队长、总工程师:
吴忠如(10月任)
纪委书记:胡兴国(10月任)
副队长:钟将忠(10月任)
欧阳玲(10月任)
省地质局有色地质大队
党委委员、队长:张世葵
党委书记、总工程师:吴明珠
党委委员、纪委书记:刘海波
党委委员、副队长、工会主席:卢　昱
党委委员、副队长:冯　艳
芦　江　罗明辉　张　衎
赣州江盐华康盐业有限公司
总经理:邹　飞
副总经理:谢小荣　古佳荣
汤　进(7月任)
江西新华发行集团赣州市分公司
书记、经理:曾　明
副书记:曾　辉
南铁赣州车务段
党委书记、副段长:熊文华
党委副书记、纪委书记:温正三
工会主席:曾繁红
副段长:吴　冰　李小安　刘小平
彭　杰
赣州机场分公司
总经理、党委副书记:李光生
党委书记、副总经理:李国清
副总经理:钟　伟(9月任)
支　亮　张俊俐

县(市、区)、国家级经开区、高新区、城市新区

章贡区

中共赣州市章贡区委员会
书记:连天浪(5月任)
高世文(任至3月)
副书记:刘志怀(8月任)
刘诗河(8月任)　卜治溢(挂职)
连天浪(任至5月)
许　伟(女,任至7月)
常委:吕浩泳(8月任)　何选明(8月任)
柳　迈(8月任)　林朝阳(8月任)
钟文峰(8月任)　蒋亚平
黄继苹(8月任)　邱　瑛(女,8月任)
韩家煜(挂职)　钟晓斌(任至7月)
张家斌(任至8月)
李志坚(任至8月)
杨忠万(任至8月)
张小东(任至8月)
范秀刚(任至8月)
区人大常委会
主任:黄　华(9月任)
刘铭忠(任至9月)
副主任:何建清(9月任)　何景炎
刘俊平　钟春华(9月任)

张　霖(9月任)　刘　炜(9月任)
张龙铨(9月任)
邱启发(任至9月)
钟晓伟(任至9月)
郭晓明(任至9月)
区人民政府
区长:刘志怀(8月任)
连天浪(任至8月)
副区长:卜治溢(挂职)　韩家煜(挂职)
吕浩泳(9月任)　林朝阳(9月任)
黄小波(9月任)　张　毅(9月任)
曾小英(女,9月任)
江文元(9月任)　曾小荣(9月任)
钟晓斌(任至8月)
李　鑫(任至8月)
陈　钊(任至8月)
陈应庭(任至8月)
肖　立(女,任至8月)
肖　强(任至8月)
区政协
主席:杨忠万(9月任)
曾庆征(任至9月)
副主席:陈昌立　肖春雷(9月任)
刘占海(9月任)　陈玉毅(9月任)
邓战荣(9月任)　卢小兴(9月任)
吴金华(任至9月)
郭才斌(任至9月)
何　玲(女,任至9月)
钟春华(任至9月)
明晓松(任至9月)

区人民法院院长:黄　捷(9月任)
曾祥全(任至9月)
区人民检察院检察长:葛振瑞(8月任)
方立春(任至8月)

南康区

中共赣州市南康区委员会
书记:何善锦(8月任)
徐　兵(任至8月)
副书记:李赣兴(8月任)
李干东(8月任)　何善锦(任至8月)
陈钰滢(女,任至8月)
陈帝霖(挂职,任至8月)
常委:陈培生(8月任)　李茂进(8月任)
刘婷婷(女,8月任)
曾军威(8月任)　朱隆泽(8月任)
王　俊(8月任)　陈晓亮(8月任)
李成胜(8月任)　李梓强(8月任)
黄　琨(任至8月)
黄晓明(任至8月)
赖彦辰(任至8月)
廖东根(任至8月)
李干东(任至8月)
李松柏(任至8月)
谷　军(任至8月)
彭民生(任至8月)
徐逸乐(挂职,任至8月)
区人大常委会
主任:赖彦辰(8月任)
彭秀生(任至8月)
副主任:赖剑鸣(8月任)
倪　静(女,8月任)
蓝希高(畲族)　刘经辉(8月任)
陈国正(8月任)　谢　兴(8月任)
吴　健(任至8月)
黄绍莲(任至8月)
赖剑鸣(任至8月)
张祥明(任至8月)
胡伏生(任至8月)
保留副处级待遇干部:
林豪煜(任至8月)
区人民政府
区长:李赣兴(8月任)
何善锦(任至8月)
副区长:李茂进(8月任)
李成胜　李小勇(8月任)
谭晓芳(女,8月任)
江晋斌(8月任)　黄明山(8月任)
刘东海(8月任)
李松柏(任至8月)
陈帝霖(挂职,任至8月)
徐逸乐(挂职,任至8月)
郭声宏(任至8月)
徐丽清(女,任至8月)
王　俊(任至8月)
蓝希华(畲族,任至8月)
陈国维(挂职,任至8月)
区政协
主　席:钟恢森(8月任)
严国雄(任至8月)
副主席:曹世明　蓝希华(畲族,8月任)
蓝志中(畲族)　吴少林(8月任)
刘芳艳(女,8月任)
倪　静(女,任至8月)
刘乘波(任至8月)
蓝永清(畲族,任至8月)
一级调研员:温　熹(任至8月)
谢　康(任至8月)

区人民法院院长:温金来
区人民检察院检察长:孔小毛

赣县区

中共赣州市赣县区委员会
书记:廖永平(7月任)
胡晓平(任至7月)
副书记:刘文彦(7月任)
郭佩群(8月任)　孙　超(挂职)
张景霖(任至7月)
彭江闽(任至7月)
常委:刘建华(8月任)
李云飞(8月任)　陈铁军(8月任)
黄桂昌(8月任)　王双喜(8月任)
邹小生　梅旭军(8月任)
赖根生(8月任)　乔　健(挂职)
丁振胜(任至8月)
廖新宇(任至8月)
肖承椿(任至8月)
何选明(任至8月)
胡敦祥(任至2月)
廖　伟(任至8月)
唐祎泾(任至8月)
钟晓斌(任至2月)
朱隆泽(任至8月)
区人大常委会
主任:潘少平(9月任)
副主任:邱春凡(9月任)
刘桂健(3月任)　刘森全(9月任)
刘运高(9月任)　简慧文(9月任)
龚世红(9月任)
一级调研员:卢和兴(任至12月)
二级调研员:钟　敏　温生平
谢志坚(任至8月)
区人民政府
区长:刘文彦(8月任)
张景霖(任至8月)
副区长:梅旭军　孙　超(挂职)
刘建华(8月任)　乔　健(挂职)
林　峰(8月任)　邹隆春(8月任)
陈婷婷(8月任)　左　兵(8月任)
张徽科(8月任)　肖承椿(任至8月)
廖肇洲(任至8月)
汤荣福(任至8月)
朱隆泽(任至3月)
谭晓芳(任至8月)
谭　晓(挂职,任至3月)
王新田(挂职,任至3月)
区政协
主席:廖新宇(9月任)
罗宗祺(任至9月)
副主席:范军明　张　军
曾发林(9月任)　孙美萍(9月任)
潘清生(任至9月)

潘振华(任至9月)
徐平华(任至9月)

区人民法院院长:肖　峻(8月任)
董　健(任至8月)
区人民检察院检察长:曹胜民

信丰县

中共信丰县委员会
书记:袁　炎(8月任)
何善锦(5月任,任至8月)
钟旭辉(任至5月)
副书记:张　琳(8月任)
钟小春(8月任)　明　星(挂职)
袁　炎(任至8月)
孙　晖(任至8月)
常委:彭　钢(8月任)
李绍武(8月任)　陈大林(8月任)
朱永金(8月任)　郝　佳(挂职)
陈金焘(8月任)　杨祥文(8月任)
许晓龙(8月任)　张凯波
李　季(10月任)
曾宪柏(任至8月)
邝冬明(任至8月)
沈宝春(任至8月)
杨北钦(任至8月)
王　豪(任至8月)
郑成功(任至8月)
钟雪姣(女,任至8月)
黄　强(任至10月)
县人大常委会
主任:何文庆(9月任)
邹长东(任至9月)
副主任:王晓升(9月任)
康诗平　殷志敏
邹小明(9月任)　刘贤联(9月任)
李　芳(9月任)
曾　勇(任至9月)
曾志忠(任至9月)
沈君兰(女,任至9月)
宋裕华(任至9月)
林毓春(5月任,任至9月)
县人民政府
县长:张　琳(9月任)
袁　炎(任至8月)
副县长:明　星(挂职)
彭　钢(9月任)　郝　佳(挂职)
林　蓉(女,9月任)
刘　宁(9月任)　钟宇龙(9月任)
吴德权(9月任)　陈明慧(9月任)
曾宪柏(任至8月)
胡　烈(任至8月)
朱新梅(任至8月)
赖根生(任至8月)
黄　刚(任至8月)
冯　建(挂职,任至8月)
刘宏春(任至8月)
县政协
主席:温岩松(9月任)
何文庆(任至9月)
副主席:王兴亿　王孚明
宋裕华(9月任)
黄晓玲(女,9月任)
李风英(女,9月任)
王晓升(任至9月)
黎训全(任至9月)
肖承洪(任至9月)
林　蓉(女,任至9月)

县人民法院院长:宋继忠(9月任)
莫　然(任至8月)
县人民检察院检察长:曾　涛(9月任)
王小荣(任至8月)

大余县

中共大余县委员会
书记:韩相云(8月任)
廖永平(任至8月)
副书记:曾志平(8月任)
周光仁(8月任)
费　华(挂职,2月任)
韩相云(任至8月)
李秋平(任至8月)
常委:王嘉卿(女,8月任)
刘　耿(8月任)　黄中华(8月任)
马永根(挂职)　林志为
刘日辉(8月任)
张小兰(女,8月任)
叶永恒(8月任)
廖　军(任至8月)
李过春(任至8月)
温岩松(任至8月)
彭　钢(2月任,任至8月)
黄一新(任至8月)
刘裕裕(女,任至8月)
何选明(任至2月)
县人大常委会
主任:邓金健(9月任)
黄文发(任至9月)
副主任:何华辉　廖君侦(9月任)
周恩娣(女,9月任)
李星发(9月任)　叶卫东(9月任)
罗志静(女,9月任)
刘晓明(任至9月)
周红英(女,任至9月)
陈贤俊(任至9月)
朱晓明(任至9月)
谢　海(任至8月)
县人民政府
县长:曾志平(9月任)
韩相云(任至8月)
副县长:刘　耿(9月任)
费　华(挂职)　马永根(挂职)
曾　毅(女,9月任)
黄龙国(9月任)　江志林(9月任)
徐俊华(9月任)　王　勤(9月任)
温岩松(任至8月)
罗少贵(任至8月)
邹隆春(任至8月)
刘　鹏(任至8月)
吴德权(任至8月)
吴晓慧(女,任至8月)
县政协
主席:沈宝春(9月任)
邓金健(任至9月)
副主席:刘传福
周红英(女,9月任)
李　武　刘会林(9月任)
钟　胜(9月任)
赵海远(任至9月)
廖君侦(任至9月)
周凤来(任至9月)
曾　毅(女,任至9月)

县人民法院院长:黄中林(9月任)
陈剑平(任至9月)
县人民检察院检察长:曾伟平

上犹县

中共上犹县委员会
书记:余业伟(7月任)
赖晓岚(女、任至7月)
副书记:钟晓斌(7月任)
何新平(8月任)　卢丽君(女)
余业伟(任至7月)
包礼斌(任至8月)
常委:刘红雨　罗　晶(女,8月任)
廖永明　胡正福　温　斌(8月任)
黄建华(8月任)　谢　海(8月任)
罗少贵(8月任)　肖　强(8月任)
刘永盛(8月任)
周光仁(任至8月)
陈济才(任至8月)
黄正发(任至8月)
刘鸿懿(任至8月)
董显明(任至8月,任二级调研员)

邹芬芬(女,任至8月)
朱志勇(任至8月)

县人大常委会

主任:包礼斌(9月任)
蓝 青(任至9月)
副主任:罗桂明 刘道军(9月任)
陈世干(9月任) 孔繁河(9月任)
刘明和(9月任) 邝光明(9月任)
曾祥荣(任至9月,任二级调研员)
吴 哲(任至9月,任一级调研员)
徐能旭(任至9月)
张志兴(任至9月)
何继胜(任至9月,任三级调研员)

县人民政府

县长:钟晓斌(9月任)
余业伟(任至7月)
副县长:罗 晶(女,9月任)
刘红雨 卢丽君(女)
胡正福 邹华声(9月任)
刘小林(9月任) 冯定春(9月任)
刘 艳(女、9月任)
蓝帮军(9月任) 周光仁(任至9月)
刘道军(任至9月)
赖爱民(任至9月)
卢杜林(任至9月)
李高华(女,任至9月)
刘 干(任至9月)
肖 强(任至9月)

县政协

主席:刘鸿懿(9月任)
钟恢森(任至9月)
副主席:徐能旭(9月任)
张志兴(9月任) 王丽玉(女)
田先德(9月任) 杨平发(9月任)
刘显尧(任至9月,任一级调研员)
黄建华(任至9月)
陈世干(任至9月)
邹华声(任至9月)
张绍著(2月任,任至9月)
副县级领导:黄 新

县人民法院院长:莫 然(9月任)
张文洲(女,任至9月)
县人民检察院检察长:段文冬(9月任)

崇义县

中共崇义县委员会

书记:李国泉(5月任)
副书记:黄 斌(8月任)
郭瑾珑(正处级,挂职)
秦 征 唐祎泾(8月任)
潘金城(任至8月)
边建忠(任至5月)
常 委:赖传涛(8月任)
刘自新 王育军(8月任)
吴晓慧(女,8月任)
吉跃平(8月任) 段建阳(8月任)
梅新华(8月任)
黄建煌(任至8月)
曾 帅(任至8月)
何 琳(任至8月)
钟小刚(任至8月)
陈培生(任至8月)
黄 硕(任至8月)
一级调研员:曾 帅(8月任)

县人大常委会

主任:李新维(8月任)
郭 兰(女,任至9月)
副主任:陆芳锋(女) 肖鸿斌
刘文辉(8月任) 黄平文(8月任)
曹梦飞(9月任) 邱光临(8月任)
刘向民(任至8月)
刘立伟(任至9月)
郭远君(任至9月)
二级巡视员:郭 兰(女,8月任)
一级调研员:刘立伟(7月任)
二级调研员:汤名东(9月任)
郭远君(8月任)

县人民政府

县长:黄 斌(8月任)
潘金城(任至8月)
副县长:郭瑾珑(正处级,挂职)
秦 征 王育军(8月任)
张 滟(女,8月任)
魏江华(8月任) 曾腾云(8月任)
危 俊(8月任) 张衍欣(8月任)
钟小刚(任至8月)
黄小波(任至8月)
张小兰(女,任至8月)
段建阳(任至8月)
李粹强(2月任,任至8月)
杨鹏飞(2月任,任至8月)

县政协

主席:王 豪(8月任)
陈金发(任至9月)
副主席:刘向民(8月任) 黄名兰(女)
廖梓琪(女) 黄炜华(8月任)
黄小罗(8月任)
黄义华(女,任至9月)
刘文泽(任至9月)
罗福生(任至9月)
刘事明(任至9月)
二级巡视员:陈金发(8月任)
三级调研员:黄义华(女,7月任)
刘文泽(7月任) 罗福生(7月任)
副处级干部:刘事明(8月任)
肖青云

县人民法院院长:唐艳艳(女,8月任)
李舒文(任至3月)
四级高级法官:李舒文
县人民检察院检察长:施 赛(8月任)
曾 涛(任至8月)

安远县

中共安远县委员会

书记:杨有谷(8月任)
严水石(任至8月)
副书记:邹治宇(挂职)
孙 巍(挂职) 李秋平(8月任)
彭民生(8月任)
肖斐杰(任至8月)
王天帅(任至6月,挂职)
李俊锐(任至8月)
常委:文启禄 张 晋(挂职)
肖 琤(女,8月任)
黄正发(8月任) 杨北林(8月任)
周 璇(女,8月任)
缪华林(8月任) 罗水养(8月任)
刘文丙(8月任)
邱 坚(任至8月)
严全民(任至8月)
周文孝(任至8月)
刘 飞(任至8月)
刘春林(任至8月)
罗高波(任至8月)
陈建伟(任至8月)

县人大常委会

主任:尧金娣(女,9月任)
曹志坚(任至9月)
副主任:欧阳绍进 凌素英(女,9月任)
刘旺清 唐伟霖
尧章龙(9月任)
钟吉源(9月任)
肖 旺(任至9月)
唐日全(任至9月)
李荣奇(任至9月)

县人民政府

县长:李秋平(8月任)
肖斐杰(任至8月)
副县长:邹治宇(挂职)
孙 巍(挂职) 张 晋
尧章龙(2月任,任至8月)
杨北林(8月任)
周 璇(女,8月任)

曾　琳(女,8月任)
林永祥(8月任)　辛梦飞(8月任)
何志勇(8月任)　黄天民(8月任)
王天帅(任至6月,挂职)
刘春林(任至8月)
杨国峰(任至8月)
钟思全(任至8月)
钟　琳(女,任至8月)
王春华(任至8月)
李　新(任至2月,挂职)
刘　峰(任至1月,挂职)
县政协
主席:刘　飞(9月任)
刘惠宗(任至9月)
副主席:魏洪亮
陈素梅(女,9月任)
赖永悠(9月任)
黄有莲(女,9月任)
唐德瑜(9月任)
廖家玲(女,任至9月)
叶　强(任至3月)
凌素英(女,任至9月)
林象森(任至9月)
凌祚亮(任至9月)

县人民法院院长:蒋桥生(9月任)
汪　清(任至9月)
县人民检察院检察长:王　鹏(9月任)
刘永晟(任至8月)

龙南市

中共龙南市委员会
书记:钟旭辉(7月任)
缪兰英(女,任至2月)
刘　勇(2月任,任至7月)
副书记:彭江闽(7月任)
廖东根(8月任)　卢　臻(挂职)
曹国俊(挂职)　刘　勇(任至2月)
钟旭辉(5月任,任至7月)
曾志平(任至7月)
常委:卢　臻(挂职)　曹国俊(挂职)
邱　辉(8月任)　周　翊(8月任)
朱志勇(8月任)　钟思勇(8月任)
陈　柯(8月任)　杨其信(8月任)
肖　立(女,8月任)
关立国(5月任)
廖耀军(任至8月)
梁敏辉(任至8月)
谢建林(任至8月)
罗　晶(女,任至8月)
刘建华(任至8月)
吕浩泳(2月任,任至8月)
滕宗超(任至5月)
王育军(任至8月)
市人大常委会
主任:叶金华(9月任)
廖小波(任至9月)
副主任:谢恒兴(9月任)
钟　万(9月任)　刘建荣(9月任)
陈宝权　凌志勋(9月任)
曾胜翔(9月任)
钟辉阳(任至9月)
刘榕生(任至9月)
陈春华(任至9月)
叶雪平(任至9月)
余美华(女,任至9月)
市人民政府
市长:彭江闽(8月代市长,9月任)
刘　勇(任至2月)
钟旭辉(6至8月代市长)
副市长:卢　臻(挂职)
曹国俊(挂职)朱志勇(9月任)
周　翊(9月任)
余美华(女,9月任)
刘熙华(9月任)　李俊锋(9月任)
聂志通(9月任)　曾祖腾(9月任)
梁敏辉(任至9月)
叶　为(女,任至9月)
刘日辉(任至9月)
王　冰(任至9月)
俞金林(任至9月)
叶永恒(3月任,任至9月)
市政协
主席:江树华(女,9月任)
王慧君(任至9月)
副主席:叶伟卿(9月任)
叶　为(女,9月任)　王惠敏(女)
廖承房　曾学文
谢恒兴(任至9月)
钟　万(任至9月)
刘建荣(任至9月)

市人民法院院长:李皋彬(9月任)
廖　迪(任至9月)
市人民检察院检察长:郭金红(10月任)
邓荣平(任至10月)

全南县

中共全南县委员会
书记:曾　平(5月任)
余钟华(任至5月)
副书记:边建忠(5月任)
冯健全(9月任)
曾　平(任至5月)
王大凯(挂职)
卢兴广(挂职)
常委:黎庆美(8月任)
朱新梅(女,8月任)
刘　干(8月任)　朱　旭(8月任)
彭智军(8月任)　刘宏春(8月任)
王　昂(8月任)
肖　兰(女,任至8月)
刘文秋(任至8月)
黄　健(任至8月)
冯健全(任至8月)
罗红辉(任至8月)
刘　耿(任至8月)
刘婷婷(女,任至8月)
县人大常委会
主任:马石旺(9月任)
曹东春(任至9月)
副主任:赖槐海　李素贞(女,9月任)
叶韶华(9月任)
李建华(任至9月)
钟元亨(任至9月)
谌　平(任至9月)
县人民政府
县长:边建忠(6月代县长,9月任)
曾　平(任至4月)
副县长:刘　干(9月任)
王大凯(挂职)　卢兴广(挂职)
曾宪荣(9月任)
许瑞强(9月任)
肖进林(9月任)
陈　慧(女,9月任)
罗书文(9月任)
肖　兰(女,任至9月)
刘震民(任至9月)
张　毅(任至9月)
刘永盛(任至9月)
县政协
主席:黄　健(9月任)
马石旺(任至9月)
副主席:袁春梅(女,9月任)
贺利民　黄忠明　邓增婴(9月任)
曾慧华(9月任)
肖运发(任至9月)
曾春平(任至9月)

县人民法院院长:
辛士俊(1月代院长,9月任)
县人民检察院检察长:
陈　萍(女,9月任)
段文冬(任至9月)

定南县

中共定南县委员会

书记:龙小东(8月任)
　赖正文(任至8月)
副书记:陈钰滢(女,8月任)
　李亮生(8月任)　刘文博(挂职)
　龙小东(任至8月)
　温学延(任至8月)
常委:肖松盛(8月任)
　林　敏(挂职)　邝冬明(8月任)
　蓝永清(畲族,8月任)
　刘　鹏(8月任)　杨鹏飞(8月任)
　刘成成(8月任)　李　胜(8月任)
　钟金华(任至8月)
　何春林(任至8月)
　王加卿(女,任至8月)
　朱永金(任至8月)
　吕进云(任至8月)
　赖晓强(任至8月)
　温　斌(任至8月)

县人大常委会

主任:叶富安
副主任:李　群　朱　铭(9月任)
　黄石柱(9月任)　张　勤(女,9月任)
　肖宣东(9月任)　彭东晓(9月任)
　李愈强(任至9月)
　周平滔(任至9月)
　李柳琴(女,任至9月)
　郭迪艳(任至9月)

县人民政府

县长:陈钰滢(女,8月任)
　龙小东(任至8月)
副县长:刘文博(挂职)
　林　敏(挂职)　赖秀明
　黄运华(8月任)　廖为星(8月任)
　余　文(8月任)
　蓝启玉(女,畲族,8月任)
　魏更新(任至8月)
　杨祥文(任至8月)
　吉跃平(任至8月)
　汪世海(任至8月)

县政协

主席:陈文新
副主席:周平滔(9月任)
　李柳琴(女,9月任)
　魏坤娇(女)　冯春明
　缪春梅(女,9月任)
　缪华林(任至9月)
　朱　铭(任至9月)
　黄石柱(任至9月)
　张润祥(任至9月)

县人民法院院长:廖美春(8月任)
　谢万安(任至8月)
县人民检察院检察长:钟振滨(8月任)
　晏利民(任至8月)

兴国县

中共兴国县委员会

书记:李贱贵(7月任)
　赖晓军(任至7月)
副书记:刘章宏(9月任)
　张人富(8月任)　李旭丹(正处级)
　潘薪如(4月任,正处级)
　陈　黎(任至9月)
　孙传忠(任至8月)
常委:李建华(8月任)
　李　敏　申维东(正处级)
　邹芬芬(8月任)　邓冬猛(8月任)
　王　冰(8月任)　文　武(8月任)
　汪世海(8月任)　梁　敏(8月任)
　任家胤(8月任)
　陈　琨(任至8月)
　李新维(任至8月)
　曾　森(任至8月)
　杨志正(任至8月)
　李明海(任至8月)
　邹焕铁(任至8月)
　杨其信(任至8月)
　李亮生(任至8月)

县人大常委会

主任:魏国寿(9月任)
　曾令峰(任至9月)
副主任:刘玉林　范景元
　王丽娟(9月任)　江　华
　庄　敏(9月任)　曾春生(9月任)
　夏唐耀(任至9月)
　吴晓文(任至9月)
　吕　敏(任至9月)

县人民政府

副县长:刘震民(9月任)
　唐芳浩(9月任)　刘　文(9月任)
　张茶根(9月任)　毕　潋(9月任)
　邓冬猛(任至9月)
　曹　东(任至9月)
　谢燕九(任至9月)
　涂佐明(任至9月)
　梁　敏(3月任,任至8月)

县政协

主席:邱小林(9月任)
　魏国寿(任至9月)
副主席:叶　方　雷从华
　吴晓文(9月任)
　李文涛　谢燕九(9月任)
　王丽娟(任至9月)
　庄　敏(任至9月)

县人民法院院长:陈俊奇(9月任)
　兰业福(任至9月)
县人民检察院检察长:谢　灯(10月任)
　郭复彬(任至10月)

宁都县

中共宁都县委员会

书记:肖斐杰(7月任)
　邱建军(任至7月)
副书记:何国杰(7月任)
　黄学森(8月任)　陶奎堂(挂职)
　陈何铠(挂职)
　刘定辉(任至7月)
　李德伟(任至8月)
常委:龚升炬　方　忠(8月任)
　曾富有(8月任)　汤荣福(8月任)
　廖丽萍(8月任)　李济成(8月任)
　王勇亮(8月任)　朱俊华(8月任)
　房国际(8月任)　郭闽军(任至8月)
　李少刚(任至8月)
　饶秋平(任至8月)
　谢志斌(任至8月)
　邱小林(任至8月)
　张人富(任至8月)
　王佑春(任至8月)
　黄继莘(任至8月)

县人大常委会

主任:邱　坚(9月任)
　余路晓(任至9月)
副主任:刘晓宝　陈晓义
　李振东(9月任)　李　明(9月任)
　周振明(9月任)　赖晓辉(9月任)
　李绮春(任至8月)
　黄　娟(任至9月)
二级调研员:李绮春(8月任)
副县级干部:揭晓鸿

县人民政府

县长:何国杰(9月任)
　刘定辉(任至9月)
副县长:龚升炬(9月任)
　陶奎堂(挂职)　陈何铠(挂职)
　方　忠(9月任)　段求明(9月任)
　陈林平(9月任)　王　磊(9月任)
　熊　凯(9月任)　钱枣园(9月任)
　梁宝英(9月任)
　邱小林(任至9月)
　张爱荣(任至9月)
　林　峰(任至9月)
　黄勇鹏(任至9月)

杨　飞(任至9月)
刘文丙(任至9月)
王勇亮(任至9月)
副县级领导:管际明(9月任)

县政协

主席:李过春(9月任)
黄海印(任至9月)
副主席:黄　娟(9月任)
孙毓民(9月任)　李　强(9月任)
邓　明(9月任)　孙法丹(9月任)
谢帆云(任至9月)
杨南生(任至9月)
舒地发(任至9月)
李松茂(任至9月)
李振东(任至9月)
二级调研员:温　琳
舒地发(9月任)
三级调研员:李松茂(9月任)
副县级干部:谢亦礼(9月任)
谢帆云(9月任)　肖荣华

县人民法院院长:曾文俊(9月任)
肖　峻(任至9月)
县人民检察院检察长:廖信明

于都县

中共于都县委员会

书记:黄　法(8月任)
陈阳山(任至8月)
副书记:李松柏(8月任)
高新强(挂职)　姜　超(挂职)
郭书珑(8月任)
黄　法(任至8月)
李赣兴(任至8月)
常委:罗沪京(8月任)
刘晓阳(8月任)　杨海峰(8月任)
李章荣　陈运明
郑宝华(挂职,3月任)
李高华(女,8月任)
邹时敏(8月任)　俞金林(8月任)
钟财亮(8月任)
刘红敏(任至8月)
李仲涛(任至8月)
刘秋天(任至8月)
曾军威(任至8月)
何新平(任至8月)
黄学森(任至8月)

县人大常委会

主任:罗高波(9月任)
黄小龙(任至9月)
副主任:邓晓斌　刘立新(9月任)
朱寿福　高宏伟(9月任)
王曲生(9月任)　刘爱民(9月任)
张晓荣(任至9月)
邓小兰(女,任至9月)
钟振海(3月任)

县人民政府

县长:李松柏(8月代县长,9月任)
黄　法(代县长任至3月,县长任至8月)
副县长:高新强(挂职)　姜　超(挂职)
郑宝华(挂职,4月任)
陈运明　杨海峰(9月任)
杨国峰(9月任)　廖　剑(9月任)
黄　娜(女,9月任)
杨俊刚(9月任)　李　兴(9月任)
刘秋天(任至8月)
蔡兰芳(女,任至8月)
廖旭东(任至8月)
管　宏(任至8月)
朱　旭(任至8月)
孟佳聪(9月任,挂职)

县政协

主席:赖晓强(9月任)
肖惜才(任至9月)
副主席:管世荣(9月任)
蔡兰芳(女,9月任)
蓝淑娟(女,畲族)
李祖高(9月任)　李　敏(9月任)
刘立新(任至9月)
蓝地寿(畲族,任至9月)
袁尚贵(任至9月)

县人民法院院长:陈文春(9月任)
伍振海(任至9月)
县人民检察院检察长:
曾萌芽(代检察长任至3月,4月任)

瑞金市

中共瑞金市委员会

书记:吴建平(2月任)
许　锐(任至2月)
副书记:刘春林(7月任)
李志坚(8月任)
吴建平(任至2月)
蓝贤林(任至7月)
常委:罗林生(8月任)
李伟明(8月任)
谢正文　陈建伟(8月任)
蒋小英(8月任)　李　鑫(8月任)
刘新远(8月任)　涂佐明(8月任)
杨　科(挂职)
汤晓斌(挂职)
杨　波(挂职)
杨北林(任至8月)
刘晓龙(任至8月)
陈大林(任至8月)
罗俊腾(任至8月)
宋平荣(任至8月)
郭德帅(任至8月)
罗沪京(任至8月)

市人大常委会

主任:谢志斌(9月任)
李学通(任至9月)
副主任:赖　林　刘剑平
温家振(9月任)　刘志斌(9月任)
黄　艳(女,9月任)
赖毅宇(9月任)
章　芸(女,任至9月)
李　光(任至9月)
二级巡视员:李学通(8月任)
一级调研员:朱建军
二级调研员:朱　敏

市人民政府

市长:刘春林(9月任)
吴建平(任至3月)
蓝贤林(3月任,任至9月)
副市长:李　鑫(9月任)
罗林生(9月任)　杨　科(挂职)
汤晓斌(挂职)　谢江溪(女)
陈浦鸿(9月任)　许建平(9月任)
黄发亮(9月任)　刘方淼(9月任)
钟　铮(任至9月)
许晓龙(任至9月)
刘晓龙(任至9月)
董良云(任至3月)

市政协

主席:刘红敏(9月任)
陈晓斌(任至9月)
副主席:章　芸(女、9月任)
陈殷鸿　刘瑞林　刘瑞平(9月任)
俞春荣(9月任)
钟天雨(任至9月)
陈家祥(任至9月)
温家振(任至9月)
二级巡视员:彭　强
二级调研员:钟天雨(8月任)

市人民法院院长:温雪岩(9月任)
温金来(任至9月)
市人民检察院检察长:温朝晖(9月任)
葛振瑞(任至9月)

会昌县

中共会昌县委员会

书记:潘金城(7月任)

蔡小卫(任至7月)

副书记:李德伟(7月任)

张 颖(女,挂职) 黄 波(挂职)

赖道德(8月任) 余学明(任至7月)

何国杰(任至7月)

常委:唐 莹(女,挂职,7月任)

何 琳(8月任) 卢杜林(8月任)

徐丽清(女,8月任)

王春华(8月任) 蓝晓植(8月任)

陈 斐(8月任) 王卫星(8月任)

张 彬(挂职,任至7月)

赖道德(任至9月)

李云飞(任至8月)

朱钦军(任至8月)

吴惠平(任至8月)

刘春香(女,任至8月)

施志福(任至8月)

徐诗荣(任至8月)

王双喜(女,任至8月)

县人大常委会

主任:李国生(9月任)

郭贤富(任至9月)

副主任:刘俊英(女,9月任)

宋流民 李义荣 朱鑫华(8月任)

钟虹彬(8月任) 刘金祥(8月任)

邱良东(8月任)

唐晓敏(任至9月)

肖鹏程(任至9月)

李跃龙(任至9月)

华水石(任至9月)

县人民政府

县长:李德伟(7月任)

余学明(任至7月)

副县长:张 颖(女,挂职)

黄 波(挂职) 何 琳(8月任)

钟友华(9月任) 陈 民(8月任)

丁荣威(8月任) 彭 麟(8月任)

文 彬(8月任)

张 彬(挂职,任至7月)

赖道德(任至9月)

朱鑫华(任至9月)

邱春凡(任至9月)

蒋小英(女,任至9月)

邹时敏(任至9月)

罗水养(任至9月)

县政协

主席:周文孝(8月任)

刘为民(任至9月)

副主席:唐晓敏(9月任)

肖鹏程(9月任) 曾兴忠(9月任)

刘 莉(9月任) 李 辉(9月任)

钟永忠(任至9月)

卢邦宁(任至9月)

周小毛(任至9月)

李启安(任至9月)

刘俊英(女,任至9月)

县人民法院院长:候为民(9月任)

温雪岩(任至9月)

县人民检察院检察长:钟伟民(9月任)

谢 灯(女,任至9月)

寻乌县

中共寻乌县委员会

书记:蓝贤林(8月任)

柯岩松(任至8月)

副书记:何善祥(8月任)

王子康(8月任) 王 冬

高 远 杨永飞(任至8月)

刘诗河(任至8月)

常委:许茂盛 王健洪(8月任)

罗俊腾(8月任) 钟 平(8月任)

廖永强(8月任) 王晓东(8月任)

钟 琳(女,8月任)

严考泉(8月任) 彭 晨(7月任)

罗承彩(任至8月)

张翠梅(女,任至8月)

严志林(任至8月)

李建华(任至8月)

黄 斌(任至8月)

李茂进(任至8月)

李正鹏(任至8月)

县人大常委会

主任:严志林(9月任)

曾 雷(任至9月)

副主任:邝 羽(9月任)

王 平 陈 敏 杨维彪(9月任)

凌 斌(9月任)

何小萍(女,任至8月)

赖剑锋 钟运梅(女,任至9月)

罗国芳(任至9月)

县人民政府

县长:何善祥(9月任)

杨永飞(任至8月)

副县长:罗俊腾(9月任)

王 冬(7月任) 高 远(7月任)

钟 平(9月任) 彭 晨(8月任)

谢庆浩(9月任) 彭 键(9月任)

孙 寰(9月任)

李秀红(女,9月任)

陈泽贤(9月任)

严志林(任至8月)

米雅娜(女,任至8月)

汪上红(任至8月) 雷鸣(任至7月)

陈 斐(任至9月)

彭长春(3月任,任至9月)

钟财亮(3月任,任至9月)

县政协

主席:张翠梅(女,9月任)

刘琼招(女,任至9月)

副主席:黎海锋 汪上红(9月任)

许 伟 古叶松(9月任)

侯清萍(女,9月任)

邝 羽(任至9月)

陈文华(任至9月)

钟 杰(任至9月)

严考泉(任至9月)

县人民法院院长:刘智军(9月任)

徐 俊(女,任至8月)

县人民检察院检察长:王泉花(10月任)

温朝晖(任至9月)

石城县

中共石城县委员会

书记:尹 忠(5月任)

鲍峰庭(任至5月)

副书记:张小川 刘秋天(8月任)

王 斐(挂职) 尹 忠(任至5月)

常委:钟本祥(8月任)

李明海(9月任)

钟慧敏(8月任) 宋平荣(10月任)

徐新舟 邓小兰(女,8月任)

黄勇鹏(8月任) 彭长春(9月任)

童 朗(挂职)

尧金娣(女,任至8月)

刘晓阳(任至8月)

王子康(任至8月)

赖松林(2月至8月)

钟文峰(任至8月)

王晓东(任至8月)

陈金焘(2月任,任至8月)

县人大常委会

副主任:廖水明 黄建伟

陈让其 朱志勇(9月任)

张小雄(11月任)

邓小京(9月任)

陈小荣(任至8月)

魏标根(任至8月)

许 俊(任至8月)

县人民政府

县长:张小川(5月任)

尹 忠(任至5月)
副县长:李明海(9月任)
王 斐(挂职) 彭长春(9月任)
童 朗(挂职) 刘 宾(9月任)
宁 雄(9月任) 郭景山(9月任)
李 芳(女,9月任)
刘衍志(女,9月任)
王子康(任至8月)
段求明(任至8月)
廖丽萍(任至8月)
杜隆郁(任至9月)
李济成(任至8月)
彭智军(2月任,任至8月)

县政协

主席:赖松林(9月任)
刘群楷(任至9月)
副主席:董外院(10月任)
赖继红 尹玉芳(10月任)
温桃芳 邓增华(9月任)

县人民法院院长:赖林仔(9月任)
陈文春(任至9月)
县人民检察院检察长:魏海涛(9月任)
赖长润(任至9月)

赣州经济技术开发区

党工委书记:陈水连
党工委副书记、管委会副主任:
欧阳巧文(9月任副书记、10月任副主任)
党工委副书记:
许 锐(2月任,任至12月)
党工委副书记、管委会副主任:
郭声琪 傅小新(任至6月)
党工委副书记:谢卫东(任至9月)
党工委副书记、管委会副主任:
宋 鹏
党工委委员、纪工委书记:
符艳冬(女,任至8月)
刘文秋(9月任)
党工委委员、管委会副主任:
刘群英(女,任至9月)
华晓斌(任至9月)
李其成(挂职,任至7月)
万利龙(挂职,11月任)
党工委委员、党群工作部部长:
郭书珑(任至8月)
党工委委员:吴汉波(12月任)
冯 钰(女,12月任)
魏清胜(9月任)
管委会副主任、区公安分局局长:
黄晓明(10月任)
一级调研员:符艳冬(女,8月任)
二级调研员:黎佐绩 卓邦友
吴汉波
三级调研员:曾 辉(12月任,任至12月)
四级调研员:吴小梅(女,9月任)
区人民法院院长:黄 捷(任至11月)
张文洲(女,11月任)
区人民检察院检察长:
黄林南(任至11月,12月任区检察院三级高级检察官)
郭复彬(11月任)

龙南经济技术开发区

党工委书记:
刘 勇(2月任,任至7月)
缪兰英(任至2月)
党工委副书记、管委会主任:
钟旭辉(5月任)
党工委副书记:彭江闽(9月任)
党工委委员、管委会副主任:
李森彪 叶雪平(9月任委员,10月任副主任)
刘 楠(挂职,12月任)
二级调研员:张 宽
党政办公室主任:钟 闯(9月任)
经济社会发展局局长:廖海旺
财政局局长:廖永旺
机关党委专职副书记:刘文明
招商与企业服务局局长:赖子安
纪工委副书记、监察室主任:
赖春明
项目办主任:林伟胜
社会事务局局长:何晓珍(9月任)

瑞金经济技术开发区

党工委书记:吴建平(2月任)
许 锐(任至2月)
党工委副书记、管委会主任:
刘春林(8月任)
吴建平(任至2月)
蓝贤林(2月任,任至8月)
党工委副书记:罗林生(8月任)
杨北林(任至8月)
党工委委员、纪工委书记、监察组组长:李莉娜
党工委委员、管委会副主任:
罗林生(任至8月)
谢 飞(9月任) 林 浩(10月任)
邓文英(任至9月)
郑洪立(挂职,任至7月)

赣州蓉江新区

党工委书记:王 凌(9月任)
党工委副书记、管委会主任:
许 伟(9月任)
党工委委员、管委会副主任:谢清泉
党工委委员:陈伟生
党工委委员、管委会副主任:
冯永洪(9月任)
党工委委员、纪工委书记,监察组组长:徐中宁
党工委委员、管委会副主任:
钟晓东(2月任)
四级调研员:曾宪炳

赣州高新技术产业开发区

党工委书记:廖永平(7月任)
党工委副书记、管委会主任:
刘文彦(7月任)
党工委委员、纪工委书记:谢秀平
党工委委员、管委会副主任:
谢 博 廖绍清(2月任)
李为平(8月任)
一级调研员:黄建鸫(8月任)
二级调研员:刘荣平
四级调研员:施新生

重要文献

牢记嘱托 解放思想 奋力建设革命老区高质量发展示范区

——在中国共产党赣州市第六次代表大会上的报告

（2021 年 9 月 27 日）

吴忠琼

同志们：

现在，我代表中国共产党赣州市第五届委员会向大会作报告。

中国共产党赣州市第六次代表大会，是在向第二个百年奋斗目标迈进的新起点上召开的一次十分重要的会议。大会的主题是：坚持以习近平新时代中国特色社会主义思想为指导，深入贯彻落实习近平总书记视察江西和赣州重要讲话精神，解放思想，牢记嘱托，奋力建设革命老区高质量发展示范区。

一、市第五次党代会以来的工作

*过去的五年，是极不平凡、极其不易的五年。*五年来，市委团结带领全市人民，坚决贯彻党中央、省委决策部署，打好攻坚战、同步奔小康，推动赣南苏区振兴发展取得重大进展，“十三五”圆满收官，“十四五”开局良好，赣州进入了经济社会发展最快、城乡面貌变化最大、老百姓受益最多的时期。

五年来，我们扎实推进振兴发展、争先进位，综合实力大幅提升。《国务院关于支持赣南等原中央苏区振兴发展的若干意见》各项目标任务较好完成。经济发展迈入快车道，主要经济指标增速保持全省“第一方阵”，连续四年获全省高质量发展考评第一名。地区生产总值跃升至全国百强城市第 66 位、前进 35 位，今年有望突破 4000 亿元。人均主要经济指标与全国、全省平均水平差距缩小。赣州在全国区域经济版图中的地位明显提升。

*五年来，我们全力以赴脱贫攻坚、改善民生，如期实现全面小康。*坚持把脱贫攻坚作为头等大事和第一民生工程，紧紧围绕“两不愁 三保障”目标，尽锐出战、精准施策，114.3 万农村贫困人口全部脱贫，11 个贫困县、1023 个贫困村全部退出，绝对贫困问题得到历史性解决。农民人均可支配收入增幅连续 8 年位居全省第一，城乡居民收入提前三年实现比 2010 年翻一番。五年民生支出 3603 亿元，年均增长 18.4%。新（改、扩）建城乡学校 2658 个，实施医疗项目 2845 个，改造城市棚户区 11.8 万户，学位、床位、厕位、车位紧张等问题有效缓解，公共服务水平持续提升，人民群众的获得感、幸福感、安全感明显增强。赣南科技学院成为第一所市属本科院校，赣州职业技术学院、和君职业学院获批设立。新冠肺炎疫情防控取得阶段性重大成果，较短时间内实现病例清零和复工复产，连续 19 个月没有新增病例。市域社会治理现代化试点扎实推进，扫黑除恶专项斗争、政法队伍教育整顿取得明显成效，安全生产形势持续稳定，连续四届蝉联全国综治最高奖“长安杯”，连续六届获评“全国综治工作优秀市”，公众安全感稳居全省第一，政法满意度大幅提升。

五年来，我们坚定不移主攻工业、壮大产业，“造血”功能明显增强。“两城两谷两带”主导产业加快发展，现代家居产业集群产值突破 2000 亿元，纺织服装、电子信息产业集群产值近千亿元。净增规模以上工业企业 1062 家、总数达 2250 家，增量和总量全省第一。高新技术企业由 137 家增至 1107 家。中科院赣江创新研究院挂牌运行，国家稀土功能材料创新中心等“国字号”科研平台落户赣州。粮食生产实现“十七连丰”，赣南脐橙品牌价值稳居水果类区域品牌全国榜首，蔬菜产业成为新的富民产业。第三产业占 GDP 比重突破 50%，商贸服务型国家物流枢纽、国家普惠金融改革试验区、跨境电商综合试验区加快建设，方特东方欲晓主题公园等重大文旅项目建成运营，赣州的知名度和美誉度不断提升。

*五年来，我们着力统筹城乡发展、补齐短板，城乡面貌焕然一新。*全市常住人口城镇化率由 45.51%提高至 55.31%。新设蓉江新区，赣县撤县设区，龙南撤县设市。中心城区建成区面积由 141 平方公里增加到 202 平方公里，人口由 130 万增加到近 200 万。五区一体化发展、六个区域性中心建设扎实推进，“一环三联”快速路网基本形成，城市功能品质全面提升，成功摘得全国文明城市、国家卫生城市、国家森林城市“金字招牌”。昌赣高铁开通，赣深高铁、兴泉铁路即将通车，铁路营运

里程将达924公里、增长66%，宁定、兴赣等高速公路建成通车，高速公路通车里程1559公里、增长40%，瑞金机场开工建设，全国性综合交通枢纽加快形成。华能瑞金电厂二期、信丰电厂一期即将投产，西气东输三线开口供气，能源保障能力大幅提升。农村人居环境显著改善，建设美丽乡村示范点1046个，全南、上犹、崇义获全国表彰。建成“四好农村”路6789公里，实现村村通客车、通动力电、连4G网，组组通水泥路。污染防治攻坚战取得阶段性成果，山水林田湖草生命共同体建设创造“赣州经验”，水土保持生态治理“赣州模式”全国推广，东江流域上下游横向生态补偿试点、低质低效林改造取得实效，废弃稀土矿山历史遗留问题有效解决，生态环境质量稳居全省前列。

*五年来，我们蹄疾步稳深化改革、扩大开放，发展活力持续迸发。*党政机构、农业农村、综合医改、国资国企等重点领域改革任务全面落实，一批改革经验成为全国典型，获评全省全面深化改革工作“五连冠”。“放管服”改革取得新突破，市县两级行政审批局全部组建，市本级“最多跑一次”事项占比达91%，企业开办实现半天办结，43个高频事项实现“跨省通办”，营商环境持续优化。对接融入粤港澳大湾区取得突破性进展，与深圳、广州、东莞等地深化合作，深赣港产城特别合作区开工建设。赣州国际陆港从无到有、实现爆发式增长，中欧（亚）班列开行量进入全国内陆港“第一方阵”，赣深组合港正式运营，在全国首创“跨省、跨关区、跨陆海港”通关新模式。黄金机场航空口岸临时开放。招大引强、招才引智成果显著，格力电器、威高集团等重大项目落户赣州，成立赣南苏区高质量发展院士专家战略咨询委员会，建设国家高层次人才产业园，越来越多的企业家和人才看好赣州、投资赣州。

*五年来，我们大力加强党的建设、强基固本，政治生态风清气正。*坚持把党的政治建设摆在首位，把政治标准和政治要求贯穿到各项事业中。高质量开展“两学一做”学习教育、“不忘初心、牢记使命”主题教育和党史学习教育，广大干部群众热爱党、跟党走的信念更加坚定。创新“3+X”集中学习模式，建立“每月学习日”制度，推动习近平新时代中国特色社会主义思想入脑入心。牢牢把握意识形态工作的领导权，隆重开展庆祝新中国成立70周年、中国共产党成立100周年等系列活动。狠抓基层党建“三化”建设，党建考核连续多年位居全省前列，村集体经济经营性收入村村突破10万元。建立失实检举控告澄清正名、容错纠错机制，基层干部工作积极性显著提升。圆满完成县乡换届，一批年轻有为、年富力强的干部走上重要工作岗位。严格落实中央八项规定精神，破除形式主义、官僚主义顽疾，基层减负成效明显。市县两级监委挂牌成立，高质量完成五届市委任期内巡察全覆盖。保持惩治腐败高压态势，坚决全面彻底肃清苏荣案余毒和史某某、冷某某、马某某、王某某等案件恶劣影响，反腐败斗争取得压倒性胜利并全面巩固。加强党对各项工作的全面领导，全力支持人大、政协履职尽责。民主法治建设不断加强，大统战工作格局逐步形成。党管武装工作稳步提升，荣获全国双拥模范城“四连冠”。群团、民族宗教、外事侨务、对台、老干部、关工委等工作取得新成效。

*五年的奋斗成就振奋人心。*这些成就的取得，得益于党中央、国务院的关心关怀，得益于省委、省政府的坚强领导，得益于国家部委的对口支援、倾力帮扶，得益于历届市委打下的坚实基础，得益于全市广大干部群众的团结拼搏，得益于各民主党派、工商联和无党派人士、驻市解放军指战员、武警官兵和社会各界的大力支持。在此，我代表中共赣州市委，向所有为赣州改革发展稳定作出贡献的同志们、朋友们，表示衷心的感谢和崇高的敬意！

*成绩来之不易，经验弥足珍贵。*回顾五年的奋斗历程，我们深刻体会到：必须把讲政治作为第一要求，始终与以习近平同志为核心的党中央保持高度一致。赣州能够实现同步全面小康，根本在于习近平总书记的关心关怀，在于全市上下始终把学懂弄通做实习近平新时代中国特色社会主义思想贯穿振兴发展全过程、各方面。迈进新征程，我们要永远铭记习近平总书记的深情大爱，把对总书记的感恩之情转化为加快发展的奋斗之志，增强“四个意识”、坚定“四个自信”、做到“两个维护”。必须把抓发展作为第一要务，走出有赣州特色的高质量跨越式发展之路。过去五年，我们从实际出发理清思路、完善举措，尽锐出战抓脱贫、坚定不移抓产业、久久为功抓项目，推动赣南大地发生翻天覆地的变化。迈进新征程，我们要瞄准高质量发展目标，找准符合党中央要求、发展需要、群众期望的正确路径，解放思想大胆闯、紧盯目标放手干、聚焦问题攻坚拔，努力在现代化进程中勇争先、创一流。必须把惠民生作为第一追求，以实际行动改善人民生活、赢得人民支持。过去五年，我们坚持以人民为中心的发展思想，做任何决策、干任何工作都为了人民、依靠人民、造福人民，得到群众的广泛支持，为振兴发展凝聚了战无不胜的磅礴力量。迈进新征程，我们要牢记“江山就是人民，人民就是江山”，用心用情用力解决群众急难愁盼问题，始终与人民想在一起、干在一起，把党中央的好政策变成群众的自觉行动，团结带领群众创造更加美好的未来。必须把强党建作为第一保障，大力营造干事创业的浓厚氛围。过去五年，我们纵深推进全面从严治党，压紧压实管党治党责任，各级干部改作风、提效率、敢担当，全市上下攻坚克难、你追我赶，办成了一批载入史册的大事要事。迈进新征程，我们要把抓好党建作为最大的政绩，把好作风、好传统弘扬在新时代，形成比学赶超、竞相发展的生动局面，持续巩固风清气正、向上向好的政治生态。这些宝贵经验，我们要倍加珍惜、长期坚持、不断发展。

二、实施“三大战略、八大行动”，推动革命老区高质量发展示范区建设阔步前行

习近平总书记一直关心赣南的发展，先后2次亲临赣州视察指导，9次对赣南苏区振兴发展作出重要指示批示，亲自推动《若干意见》等重大政策出台实施，反复强调“抓好赣南苏区振兴发展具有特殊的政治意义”

“要让老区人民过上富裕幸福的生活”。2019年5月，习近平总书记亲临江西和赣州视察，提出了“作示范、勇争先”的目标定位和“五个推进”的重要要求，这是做好赣州工作的行动指南和根本遵循。我们要牢记嘱托、勇担使命，始终沿着总书记指引的方向奋勇前进。

今后五年，是赣州在全面建成小康社会的基础上，乘势而上开启全面建设社会主义现代化国家新征程的关键时期，也是赣州市推进高质量跨越式发展的战略机遇期。从外部环境看，世界百年未有之大变局加速演变，国际环境错综复杂，经济全球化遭遇逆流，但“东升西降”的大趋势没有变。我国进入新发展阶段，制度优势显著，经济长期向好，市场空间广阔，发展韧性强劲，现代化建设具有多方面优势和条件，但也面临短期问题和长期问题交织、新冠肺炎疫情冲击等多重挑战。从自身发展看，党中央高度重视革命老区振兴发展和中部地区崛起，随着推进新时代赣南苏区振兴发展、打造对接融入粤港澳大湾区桥头堡和建设省域副中心城市“三大战略”深入实施，政策效应将叠加释放。赣州市产业发展、科技创新、基础设施建设水平显著提升，北上南下、西进东出的区位交通优势，“国字号”平台众多的优势，得天独厚的生态优势更加凸显，完全具备高质量跨越式发展的条件。但也要清醒地看到，全市发展不平衡不充分的问题仍然突出，经济总量不大、人均水平较低，创新能力不足、产业层次不高，基本公共服务水平偏低，面临土地、人才、能源、环境等要素制约，统筹发展与安全任务艰巨。环顾四周，区域竞争日趋激烈，前有标兵，后有追兵；展望未来，机遇与挑战并存，机遇大于挑战。我们一定要认清形势、抢抓机遇，切实增强“不进则退、慢进也是退”的紧迫感，善于在危机中育先机、于变局中开新局，不断迈出高质量跨越式发展新步伐。

未来五年工作的总体要求是：高举中国特色社会主义伟大旗帜，坚持以习近平新时代中国特色社会主义思想为指导，坚决贯彻习近平总书记视察江西和赣州重要讲话精神，聚焦“作示范、勇争先”目标定位和“五个推进”重要要求，立足新发展阶段，贯彻新发展理念，服务和融入构建新发展格局，认真落实省委决策部署，紧紧围绕建设革命老区高质量发展示范区，解放思想、改革攻坚、开放创新、担当实干，深入推进新时代赣南苏区振兴发展、打造对接融入粤港澳大湾区桥头堡、建设省域副中心城市“三大战略”，大力实施工业倍增升级、科技创新赋能、深化改革开放、乡村全面振兴、城市能级提升、美丽赣州建设、提高民生品质、党建质量过硬“八大行动”，统筹推进经济社会发展和党的建设各项工作，把赣州建设成为工业强市、开放高地、创业之州、区域中心、文化名城。

“解放思想、改革攻坚、开放创新、担当实干”工作思路，是过去五年赣州发展的经验总结，也是未来五年必须始终坚持的实践要求。解放思想，就是要坚决破除按部就班的惯性思维、凡事找文件的本本主义，遇事少说“不能办”、多想“怎么办”，以思想大解放引领事业大发展；改革攻坚，就是要坚决破除体制性障碍、机制性梗阻，直击改革发展的痛点难点堵点，敢啃“硬骨头”、敢趟“深水区”、敢打“攻坚战”；开放创新，就是要坚决破除坐井观天、因循守旧的保守观念，走出去学习先进，请进来搞活市场，放开手脚闯新路，无中生有求突破；担当实干，就是要坚决破除纸上谈兵、只重牌子、不重实效的漂浮作风，打太极、踢皮球的避责思维，定了的事情雷厉风行抓落实，“能办不请示，不行要报告”，确保干一件成一件。我们要把这“十六字”工作思路贯穿到各项工作中，走出一条革命老区高质量跨越式发展的新路。推进“三大战略”，是党中央和省委、省政府为赣州量身定制的重大支持政策，更是高站位的目标要求。我们要用好用活对口支援、部际联席会议等机制，在融入大湾区、建强副中心、建设示范区中不断取得新突破。实施“八大行动”，是未来赣州发展的重点任务，也是全市工作的主抓手。我们要把“八大行动”项目化、清单化，建立台账、挂图作战，每年召开项目大会战流动现场会，推动赣州一年一变样、五年大跨越。

今后五年的奋斗目标是：

——*经济实力进位赶超*。主要经济指标增速保持全省前列，经济总量向6000亿元迈进，在全国百强城市位次继续前移，发展质量和效益显著提升。创新能力明显增强，工业发展实现新突破，农业优势产业不断壮大，现代服务业提档升级，形成全国有影响力的产业集群。

——*开放水平全面提升*。“一带一路”重要节点城市、内陆开放型经济试验区、对接融入粤港澳大湾区桥头堡建设取得更大实效，高标准市场体系、高水平开放体系基本建成，形成全国一流营商环境，创新创业创造活力竞相迸发。

——*城乡环境美丽宜居*。城镇化质量和城市功能品质明显提升，综合实力和辐射带动能力显著增强，省域副中心城市地位更加凸显。国土空间开发保护格局不断优化，生态环境质量持续提升，绿色低碳发展走在前列，赣州的天更蓝、地更绿、水更清、环境更美丽。

——*社会大局和谐平安*。社会主义民主法治更加健全，公平正义充分彰显，市域社会治理水平明显提升，风险防范化解、突发事件处置能力显著增强，公众安全感、政法满意度稳居全省前列，人民安居乐业，社会安定有序。

——*人民生活更加幸福*。脱贫攻坚成果巩固拓展，乡村振兴全面推进，社会就业更加充分、更高质量，城乡居民收入水平明显提高，教育、医疗、文化、住房、养老等基本公共服务水平与全国差距明显缩小，社会保障体系更加完善，共同富裕基础更加坚实。

目标催人奋进，使命重于泰山。我们一定要团结一心、砥砺奋进，持续发力、久久为功，一棒接着一棒跑，一张蓝图绘到底，不断创造无愧于历史、无愧于时代、无愧于党和人民的新业绩！

三、大力实施工业倍增升级行动，打造具有赣州特色的现代产业体系

工业是赣州发展的突出短板。要始终坚持主攻工业，做强龙头、做大规模、做响品牌、做活营销，挺起高质量跨越式发展的脊梁。

（一）*壮大更具影响力的产业集群*。紧扣倍增升级目标，研究出台新一轮产业扶持政策，深入实施产业链链长制，推进强链延链补链和产业基础再造，培育 1 个 5000 亿元、5 个 2000 亿元和 N 个 500 亿元产业集群。推动现代家居产业向智能化、品牌化、多元化和个性化定制转型，促进家具、家电、家装融合发展，打造世界级家居制造之都和家居集散地。强化有色金属产业资源掌控，建设永磁变速器、永磁电机和硬质合金、电子级高纯金属材料生产基地，提升“中国稀金谷”建设水平，打造具有全球影响力的稀土稀有金属新材料产业集群。推动电子信息产业积极承接大湾区产业转移，做强显示模组、印制线路板产业链条，构建“芯屏端网”集群发展格局。加快纺织服装产业女装、童装、牛仔、鞋服、织造专业化生产基地建设，补齐面辅料市场、设计展销等短板，打造全国纺织服装优质智造基地。推动新能源和新能源汽车产业全链条发展，壮大整车及动力电池、正负极材料、电机电控、光伏组件等领域龙头企业，建设全国重要的新能源（汽车）产业集聚区。培优扶强医药食品产业，做强“药品+医疗器械”双链条，做大粮油、畜禽等特色食品深加工和宠物经济产业，打造全国知名的医药及大健康产业基地。鼓励引导各地立足资源禀赋发展首位产业，支持会昌氟盐化工、上犹玻纤、瑞金电子电气及材料、寻乌通用设备制造等特色产业发展，形成区域协同、互相配套、错位发展的产业布局。

（二）*建设更具支撑力的园区平台*。实施千亿园区培育计划，力争到 2025 年，赣州经开区营收突破 2000 亿元，章贡、南康、信丰、龙南、赣州高新区 5 个开发区营收分别突破 1000 亿元，各开发区在全国全省位次前移。推进符合条件的开发区扩区调区，完善园区平台载体，继续抓好标准厂房建设，提高基础设施和公共服务配套水平，增强园区承载能力。深入推进节地增效，全面实施工业企业亩产效益综合评价。优化完善开发区管理体制，赋予开发区更多自主权，推进市场化运行、企业化管理、绩效化考核，真正发挥开发区主平台、主战场、主引擎作用。

（三）*培育更具竞争力的龙头企业*。持续优化精准服务，鼓励支持优质企业通过兼并重组、资本运作、战略合作等方式靠大联强、做大做强。抓好企业梯次培育，力争五年内引进培育百亿级企业、行业龙头企业、上市企业各 10 家以上，专精特新中小企业 500 家以上。加大企业帮扶力度，用好政企圆桌会议等机制，高效落实各项惠企政策，让企业在赣州顺心舒心安心发展。

（四）*发展更具带动力的数字经济*。推进工业化与信息化、数字经济和实体经济深度融合，加强传统产业数字化、智能化改造，打造“5G+工业互联网”应用示范基地，力争到 2025 年，培育 100 家智能工厂、数字化车间，上云企业突破 1 万家。主动对接华为、中兴等头部企业，参与大湾区数字产业分工合作，加快龙南、信丰 5G 产业园建设。统筹整合数字经济产业和资源，做强“信创+网安”等特色产业，布局人工智能、区块链、北斗应用等前沿产业，力争形成营收 500 亿元的数字产业集群。

四、大力实施科技创新赋能行动，打造具有核心竞争力的科技创新高地

科技引领未来，创新驱动发展。要把科技创新作为高质量跨越式发展的战略支撑，完善区域科技创新体系，建设区域性科研创新中心和国家创新型城市。

（一）*着力提升创新能力*。建好用好中科院赣江创新研究院，创建国家稀土技术创新中心。积极对接北上广深创新资源，争取更多国家级大院大所落户赣州。开展科技特派员精准帮扶，引导企业加大研发投入，力争五年内高新技术企业数量突破 2000 家、高新技术产业增加值占规上工业增加值比重达 45% 以上，全社会研发投入占 GDP 比重位居全省前列。培育打造一批国家级、省级工业设计中心、检测中心。实行“揭榜挂帅”等制度，在稀土钨新材料、电子信息、生物医药等领域突破一批关键核心技术，提升重点产业科技水平，在新一轮科技大潮中抢占一席之地。

（二）*持续优化创新生态*。加强与粤港澳大湾区科技合作，探索共建科创“飞地”。加快建设中国（赣州）知识产权保护中心，建强赣州科技大市场，建好赣南创新与转化医学研究院，创建国家科技成果转移转化示范区。鼓励设立各类创投基金，加大国家级孵化器扶持力度，培育一批“独角兽”“瞪羚”企业。改进科技项目组织管理模式，完善科技成果评价机制，支持企业与高校、科研院所组建创新联合体，推动产业链、创新链、人才链、资金链深度融合。

（三）*广泛汇聚创新人才*。出台更有吸引力、竞争力的人才政策，实施“苏区之光”“赣才回归”等人才计划，探索“周末工程师”等柔性引才机制，以及高校、科研院所人才引培共享机制，创设特色产业“博士后工作站”，建设青年和人才友好型城市。优化高等教育和职业教育专业学科设置，开展职业技能培训，积极培养本土人才和“赣州工匠”。坚持事业留人、感情留人、环境留人，完善人才管理、评价、流动、激励机制，营造崇尚创新、宽容失败的良好氛围，让各类人才创新有平台、发展有机遇、梦想能成真。

五、大力实施深化改革开放行动，打造对接融入粤港澳大湾区桥头堡

改革开放是决定赣州未来的“关键一招”。要坚持向改革要动力，向开放要活力，推进更高水平对外开放合作，构建内陆双向开放新高地。

（一）*改革束缚生产力的体制机制*。高标准建设市场体系，提升土地、劳动力、资本、技术等要素市场化配置效率。在开发区、旅游景区、乡镇等管理体制改革方面推出硬招实招，力争取得突破性成果。健全以管资本为主的国有资产监管制度，深化国有资本投资、运营公司改革，做强做优做大国有企业。支持民营经济健康发展，全面实施市场准入负面清单制度，保障市场公平竞争。总结推广大余宅基地制度改革试点等经验，深化农村土地、集体产权等制度改革，全面激活农村资源要素。

（二）营造比肩大湾区的营商环境。按照“大湾区能做的，我们也要能做到”的要求，变“老区思维”为“湾区思维”，实施优化营商环境“一号工程”，打响“干就赣好”品牌，打造“四最”营商环境。深化“五型”政府建设，加大“放管服”改革力度，推进审批流程再造、“一网通办”数字化改革、“全产业一链办”改革，推动更多高频事项“跨省通办”“省内通办”。推进国际贸易“单一窗口”建设，强化与沿海地区口岸通关合作，提升口岸通关效率。规范涉企行政执法，完善营商环境监督机制，开展“小鬼难缠”“中梗阻”问题专项治理，构建亲清政商关系，做到无事不受扰、办事不求人。

（三）构建全方位融湾的开放格局。以赣深高铁开通为契机，在基础设施、开放平台、产业合作、体制机制等方面与大湾区紧密衔接，打造老区与湾区合作样板。加强与深圳、广州、东莞等大湾区城市合作，推动产业对接、平台共享、园区共建，主动融入大湾区产业链、供应链、服务链。完善赣州国际陆港口岸功能，发展现代食品、汽车进口、肉类加工分拨、木材集散等临港经济，创建中欧班列集结中心，打造内陆百万标箱大港。争取黄金机场航空口岸正式开放，提升赣州综保区能级，抓好跨境电商综合试验区建设。加快深赣港产城特别合作区、赣粤产业合作试验区南康和“三南”片区建设，打造国家级承接产业转移示范区。

（四）掀起全市大比拼的招商热潮。把招商引资作为“一把手”工程，发扬硬着头皮、厚着脸皮、磨破嘴皮、饿着肚皮、踏破脚皮的“五皮”精神，紧盯大湾区、长三角、闽东南等重点区域，尽锐出战招大引强、招才引智。聚焦“1+5+N”等特色优势产业，瞄准世界500强、国内200强，开展“三请三回”“三企入赣”等招商活动，创新产业链招商、资本招商、社会化招商、科技招商，引进更多行业头部企业和“5020”项目。发挥国有平台公司、产业引导基金作用，通过互相参股持股撬动资本、引入产业。

六、大力实施乡村全面振兴行动，打造革命老区乡村振兴示范区

脱贫攻坚全面胜利后，“三农”工作重心转入全面推进乡村振兴的新阶段。要坚持农业农村优先发展，统筹推进产业、人才、文化、生态、组织“五个振兴”，推进城乡融合发展，努力探索具有赣南特色的乡村振兴路径。

（一）巩固拓展脱贫成果。落实脱贫攻坚5年过渡期和“四个不摘”要求，保持现有主要帮扶政策总体稳定，健全防止返贫动态监测和帮扶机制，对易返贫致贫人口及时发现、及时帮扶，坚决守住不发生规模性返贫的底线。毫不放松巩固“两不愁 三保障”和饮水安全成果，做好易地扶贫搬迁后续帮扶工作，加强扶贫项目资产管理和监督，实现与乡村振兴有效衔接。

（二）加快发展现代农业。坚持最严格的耕地保护制度，稳定粮食生产，保障粮食安全和重要农产品有效供给。加强富硒农产品开发，打响赣南富硒农产品品牌。实施赣南脐橙品质品牌提升工程，坚持科技兴果，巩固黄龙病防治成果，打造世界级优质脐橙产业基地。坚定不移发展蔬菜产业，坚持扩面、提质、补链并举，调优品种、培育品牌，创建更多大湾区“菜篮子”生产基地，建设中部地区蔬菜产业发展中心、南方重要蔬菜集散地。推动油茶产业提质增效。积极发展生猪、畜禽、茶叶等区域特色产业。培育壮大各类农业龙头企业、经营主体、家庭农场，补齐农产品精深加工、冷链物流等短板，促进一、二、三产业融合发展。加强农业科技创新和技术推广，发展智慧农业。加快培育新型职业农民，培养一批乡土人才和农村致富带头人。

（三）扎实推进乡村建设。以圩镇建设为重点，完善道路、自来水、停车场等基础设施，健全农贸市场、公共厕所、电商网点、文化场所等公共服务设施，努力把乡镇建设成为服务农民的区域中心。科学编制村庄建设规划，强化约束执行力，分类有序推进村庄建设，形成舒朗有致的乡村空间。接续推进农村人居环境整治提升，深化厕所革命，加强生活垃圾和污水处理。强化农村建房管控，开展危旧空心房、超高超大房整治，提升农房设计水平和建设质量，保护好传统村落和赣南乡村特色风貌。完善农村寄递物流体系，打通工业品下乡、农副产品进城“最后一公里”，健全乡村消费配套，提振乡村消费。深入推进移风易俗，持续整治高价彩礼、薄养厚葬、封建迷信等陈规陋习，打造新时代“五美”乡村。

七、大力实施城市能级提升行动，打造省域副中心城市和国家区域中心城市

赣州正处于城镇化的快速推进期。要推进以人为核心的新型城镇化，按照“精心规划、精致建设、精细管理、精美呈现”要求，高标准编制国土空间总体规划，优化国土空间保护与开发格局，加快建成I型大城市。

（一）昂起中心城区龙头。加快五区一体联动发展，理顺城区管理体制机制，推进基础设施、公共服务、产业发展同城化，增强中心城区辐射带动力，力争到2025年中心城区建成区面积达240平方公里、人口达240万。加快城市快速路、主干路、桥梁等设施建设，建成“四纵六横”快速路网。推动城市组团式发展，高标准建设蓉江新区、高铁新区和三江口片区，积极推进上犹撤县设区、信丰撤县设市，打造以中心城区为核心的都市圈。加强城市设计和风貌管控，塑造美丽城市天际线，让城市更加灵动秀美。深入实施城市更新行动，强化设施嵌入、功能融入、文化代入，开展城市体检评估和生态、功能修复，进一步解决停车难、买菜难等问题，提升城市功能品质。强化特色历史文化、景观保护利用，集中改造一批老旧小区、街区、厂区、城中村，彰显赣州文脉、留住城市记忆。持续开展市容环境综合整治，巩固全国文明城市、卫生城市创建成果，推进智慧城市、韧性城市建设，提升城市治理水平。

（二）推进区域协调发展。赣州地域大、县市多，强市必强县，县兴则市兴。要推进瑞兴于“3+2”经济振兴试验区、“三南”一体化、会寻安生态经济区、大上崇幸福产业示范区、信丰高质量发展示范先行区协同发展，培育壮大瑞金、龙南副中心城市，打造赣深高铁经济带，推动河东片区融入海西经济区。推进以县城为重要载体的城镇化建设，加快农业转移人口市民化，推动县城公共服务设施提档升级。实施县域经济倍增计划，加大要素保障和政策扶持力度，引导县域经济差异化、特色化发展，推动各地争先进位、追赶跨越。大力发展乡镇经济，坚持宜工则工、宜农则农、宜游则游，推进放权赋能、放手搞活，建设一批工业强镇、农业大镇、文旅名镇。

（三）繁荣现代服务业。加快建设区域性文化旅游中心，深入挖掘红色、宋城、客家、阳明等特色文化内涵，将文物资源纳入旅游线路、融入景区景点，推动文化旅游融合发展。高标准建设长征国家文化公园（赣州段）、方特二期等标志性文旅项目，支持安远三百山创建国家AAAAA级旅游景区、大余丫山创建国家级旅游度假区、石城创建国家温泉旅游度假区。推进全域旅游发展，新建一批特色民宿和网红打卡地，打造一批精品线路，丰富景区业态，完善吃住行游购娱全链条要素，提升景区景点综合品质，把赣州打造成为粤港澳大湾区“后花园”。支持文化创意产业发展，实施骨干文化企业培育工程，推出承载赣州记忆、彰显赣州魅力的拳头文化产品，办好世界客属第32届恳亲大会等文化节会，打响国家历史文化名城品牌。

加快建设区域性金融中心，扎实推进国家普惠金融改革试验区建设，创新金融产品和服务模式，对接多层次资本市场，推动信用债券发行、险资入赣、企业上市量质齐升、全省领先。建设金融商务核心区，引进更多金融机构，做强地方法人机构，健全现代金融机构体系。

加快建设区域性商贸物流中心，引进大型物流企业设立营运、仓储、分拨中心，建设高铁快运基地，发展冷链、智慧物流，形成现代集疏运体系。提升城市综合体、大型商超、特色商业街区建设营运水平，引进国内外品牌连锁店，发展首店经济、总部经济、会展经济、电子商务等新模式新业态。办好家具博览会、服装节等重大节会活动，打造更多国家级特色化经贸交流展会，再现江南宋城“商贾如云、货物如雨”的辉煌。

（四）完善基础设施体系。积极推进革命老区交通强国试点。加密铁路运输通道，开工建设瑞梅铁路、长赣高铁；优化高速公路网络，提升普通国省道结构和水平，加强“四好农村路”建设；实施黄金机场三期改扩建工程，建成瑞金机场，支持有条件的地方建设通用机场；建成赣州港五云码头，实现赣江三级通航，推进赣粤运河前期工作，形成外联内畅的现代化立体交通体系。加快建成信丰电厂二期，推进“赣闽联网”“特高压入赣”和赣县、寻乌抽水蓄能电站等项目建设，实现县县通长输管道天然气。加快防洪控制性工程、大中型水库、梅江等大型灌区建设，强化防洪安全、供水安全、水生态安全保障，构建现代化赣南水网体系。抢抓新基建发展机遇，推进充电桩、物联网、大数据项目建设，形成支撑数字转型、智能升级、融合创新的新型基础设施体系。

八、大力实施美丽赣州建设行动，打造全国生态文明建设的赣州样板

绿色生态是赣州的最大财富、最大优势和最大品牌。要牢固树立“绿水青山就是金山银山”理念，认真做好治山理水、显山露水文章，努力建设人与自然和谐共生的现代化。

（一）坚决抓好污染防治。坚持精准治污、科学治污、依法治污，打好蓝天、碧水、净土保卫战，抓好环保督察反馈问题整改，推进“五气”同治、“清河行动”和土壤修复治理，解决好群众关注的突出环境问题。推进长江经济带共抓大保护，开展国家生态综合补偿试点，争取建立东江流域上下游横向生态补偿长效机制，实施矿山生态修复、低质低效林改造、水土流失治理等生态工程，加强松材线虫病防治，建设山水林田湖草生命共同体示范区、全国水土保持高质量发展先行区和绿色矿业发展示范区。加快城乡污水、垃圾、工业固废处理等环保基础设施建设。创新环境污染防治模式，引入市场机制，推行第三方治理，共同守护好赣南的绿水青山。

（二）全面推进绿色转型。落实碳达峰、碳中和战略部署，紧盯能耗“双控”目标，系统推进重点领域、重点行业节能降碳，坚决遏制“两高”项目盲目发展。推进“腾笼换鸟”，实施产业绿色化、园区循环化改造，发展生态节能环保产业。优化能源供给结构，提高风能、太阳能、生物质能等清洁低碳能源使用水平。拓展“两山”转化通道，支持崇义等地开展生态产品价值实现机制试点，推进排污权、用能权、用水权、碳排放权市场化交易。开展节约型机关、绿色家庭、绿色建筑等创建活动，抓好制止餐饮浪费等工作，形成绿色低碳生活新时尚。

（三）健全生态保护制度。全面实施国土空间监测预警和绩效考核机制，严格执行“三线一单”生态环境分区管控要求。强化领导干部自然资源资产离任审计、生态环境损害赔偿、生态环保执纪问责，打造河长制、湖长制、林长制升级版。压实企业环境治理责任，建立企业排污黑名单制度，推进固定污染源排污许可全覆盖。深化生态环境保护综合执法改革，落实环保督察制度，健全完善环保领域法规政策，保持打击环境违法的高压态势，坚决让破坏生态环境者付出沉重代价。

九、大力实施提高民生品质行动，打造安居乐业的幸福家园

带领人民创造美好生活，是我们始终不渝的奋斗目标。要把人民放在心中最高位置，每年实施一批民生工程，办好一批民生实事，逐步实现全市人民共同富裕。

（一）千方百计促进就业增收。实施更加积极的就业政策，健全覆盖城乡的就业创业服务体系，扎实推进高校毕业生、农民工、退役军人、脱贫劳动力等重点群体就业。深化“校企政”对接合作，有效缓解就业结构性矛盾，促进更多毕业生留在赣州发展。健全工资合理增长机制，拓宽低收入群体增收渠道，增加城乡居民经营性、财产性收入，培育壮大中等收入群体，让老百姓的生活芝麻开花节节高。

（二）努力办好人民满意教育。围绕加快建设区域性教育中心，深化教育教学改革。提高课内教学质量和效率，增强课后辅导的针对性，扩大四点半课堂等各类特色文体培训班，切实减轻义务教育阶段学生作业负担和校外培训负担。推进高水平综合性大学建设，支持创建一流大学、一流学科，办好赣南科技学院，推动高校转设升级。引进深圳等发达地区职业教育资源，筹建若干所高职学院，组建赣州职业教育集团，整合职教资源建设赣州职教园区，推动职普融通、产教融合，打造职业教育“赣南高地”。加强教师培训、轮岗交流和考核，建强新时代教师队伍，营造尊师重教的浓厚氛围。

（三）加快推进健康赣州建设。织牢公共卫生防护网，全方位全周期保障人民健康。落实常态化疫情防控机制，加强监测预警和突发公共卫生应急处置。推动优质医疗资源扩容和区域均衡布局，建设南方医院赣州医院、广东省人民医院赣州医院，推动国内一流医院对口帮扶县级综合医院，建成国家区域医疗中心。推进中医药传承创新发展，促进中西医技术融合。深入推进“三医联动”改革，完善县、乡、村三级医疗服务网，落实分级诊疗制度，努力让群众在家门口享受优质医疗服务。加大公共体育服务供给，打造全南攀岩、定南足球等特色体育品牌赛事，创建国家全民运动健身模范城市，办好第六届市运会。

（四）更好满足群众文化需求。完善公共文化服务体系，创新实施文化惠民工程，推进基层综合性文化服务中心提档升级，构建“15分钟文化生活圈”。推动文艺演出、艺术展览等传统业态线上线下融合，推进全民阅读，开展歌咏、舞蹈、琴棋书画社区培训等全民艺术普及活动，办好老年大学，丰富群众文化生活。加强非物质文化遗产传承发展，推出富有赣州特色的文艺精品。

（五）牢牢兜住社会保障底线。坚持应保尽保原则，按照兜底线、织密网、建机制的要求，建设多层次社会保障体系，稳步提高保障水平。完善社会救助制度，加强残疾人康复托养保障，扎实做好退役军人服务保障工作。积极应对人口老龄化，构建居家社区机构相协调、医养康养相结合的养老服务体系。优化人口生育服务，实施三孩配套政策措施，加快发展普惠托育服务。坚持“房住不炒”定位，健全房地产市场健康发展长效机制。大力发展保障性租赁住房，解决好新市民、青年人等群体住房困难问题，努力实现住有所居。

（六）建设更高水平平安赣州。坚持统筹发展和安全，坚决捍卫政治安全，着力防范化解各类重大风险挑战，守住不发生系统性风险的底线。全面推动科学立法、严格执法、公正司法、全民守法，解决法治领域突出问题，用法治之光守望公平正义。深入推进市域社会治理现代化，坚持和发展新时代“枫桥经验”，强化矛盾纠纷和信访积案化解，推进“雪亮工程”和智慧安防小区建设，健全社会心理服务疏导和危机干预机制，构建人人有责、人人尽责、人人享有的社会治理共同体。常态化开展扫黑除恶斗争，决不让黑恶势力死灰复燃。严厉打击网络电信诈骗等新型违法犯罪，坚决守住人民群众的“钱袋子”。持续抓好防汛抗旱、气象灾害防御、森林防火等防灾减灾工作。严格落实安全生产责任制，坚决防范重特大事故发生，争创国家安全发展示范城市。

十、大力实施党建质量过硬行动，打造最讲党性、最讲政治、最讲忠诚的红土圣地

推动赣州高质量跨越式发展，关键在党，关键在干部。要坚持和加强党的全面领导，大力弘扬伟大建党精神，以党的政治建设为统领，全面落实新时代党的建设总要求，不断提高党的建设质量和科学化水平。

（一）筑牢政治建设之魂。旗帜鲜明讲政治，胸怀“两个大局”，心系“国之大者”，增强“四个意识”、坚定“四个自信”、做到“两个维护”，不断提高政治判断力、政治领悟力、政治执行力。巩固拓展党史学习教育和“四史”宣传教育成果，引领干部群众感党恩、听党话、跟党走。严明政治纪律和政治规矩，严格执行民主集中制等各项法规制度，不折不扣落实党中央、省委决策部署，确保政令畅通、令行禁止。

（二）强化思想引领之力。坚持“每月学习日”和“第一议题”等制度，用好“学习强国”等平台，推动理论学习科学化、常态化、制度化，真学真懂真信真用习近平新时代中国特色社会主义思想。充分发挥新时代文明实践中心作用，让党的创新理论飞入寻常百姓家。弘扬苏区精神、长征精神，持续开展红色名村创建和“五红”活动，做强红色研学培训，传承红色基因，赓续红色血脉。践行社会主义核心价值观，广泛开展群众性精神文明创建活动，选树宣传道德模范、最美人物、身边好人等先进典型。扎实推进媒体融合发展，打造有影响力的新型主流媒体，讲好赣州故事，传播赣州声音。全面落实意识形态工作责任制，加强网络、农村、学校等重点领域管理，走好网上群众路线，确保意识形态领域绝对安全。

（三）夯实战斗堡垒之基。牢固树立大抓基层的鲜明导向，高质量抓好农村、社区、机关、国企、学校、医院、“两新”组织等各领域党建，常态化整顿软弱涣散基层党组织，推动基层党建“三化”建设提质增效。加强各级党校建设，抓实全国基层干部教育培训试点，突出履职能力和新知识培训，开展新时代基层干部“凝心·强基·赋能”主题大培训。加大党建工作考核权重，推动党建与业务融合共进，探索“党建+”特色品牌。推进抓党建促乡村振兴，充实乡镇工作力量，加强村党组织带头人队伍建设，推动村党组织书记在乡村振兴擂台“比武”。创新发展资源经济、服务经济、物业经济，培育一批产业强村、经济强村，力争三年内所有村集体经济经营性收入超20万元。

（四）严把选人用人之关。坚持新时代好干部标准，着力培育选拔优秀年轻干部，合理使用各年龄段优秀干部，配优建强各级领导班子。注重在经济发展主战场、“八大行动”一线做好干部育选管用工作，打造一支可堪大用、能担重任的高素质干部队伍，造就一批敢于冲锋陷阵的“猛将”“闯将”“干将”。优化干部知识结构，继续选派干部到国家部委、沿海发达地区跟班学习，提升干部队伍专业化能力。改进高质量发展政绩考核，强化重实干、重实绩的鲜明导向，让有为者有位、能干者能上、优秀者优先。坚持严管与厚爱结合、激励与约束并重，落实“三个区分开来”，健全完善澄清正名、容错纠错等机制，严肃查处诬告陷害行为，保护广大干部干事创业的积极性。

（五）永葆清正廉洁之风。落实“两个责任”，以永远在路上的政治自觉纵深推进全面从严治党。强化政治监督，开展政治谈话，加强对“一把手”和领导班子监督。持之以恒纠“四风”树新风，锲而不舍落实中央八项规定精神，深入纠治形式主义、官僚主义，深化为基层减负工作，持续整治群众身边腐败和不正之风，让新风正气不断充盈。扎实开展市级巡察机构在上下联动中更好发挥作用试点工作，高质量推进巡察全覆盖。深化纪检监察体制改革，健全完善监督体系。把严的主基调长期坚持下去，一体推进不敢腐、不能腐、不想腐，严查重点领域关键环节腐败问题，推进受贿行贿一起查。深化标本兼治，创新开展警示教育，精准运用监督执纪“四种形态”，抓早抓小、防微杜渐，以全面从严治党的新成效，引领保障赣州现代化建设行稳致远。

建设革命老区高质量发展示范区，需要全市上下凝心聚力共同奋斗。我们要支持和保证人大及其常委会依法行使职权，扎实开展立法、监督等工作，充分发挥人大代表主体作用，扩大人民有序政治参与。加强协商民主建设，提高政治协商、民主监督、参政议政水平。进一步做好统战、民族、宗教、侨务、对台等工作，加强党外代表人士队伍建设，画好最大同心圆。抓好党管武装工作，开展全民国防教育和双拥共建，全面提升国防动员能力。发挥工会、共青团、妇联、文联、残联、科协、关工委等团体组织作用，扎实做好老干部工作，汇聚起高质量跨越式发展的强大合力。

同志们，蓝图已绘就，奋进正当时。让我们更加紧密地团结在以习近平同志为核心的党中央周围，在省委的坚强领导下，不忘初心、牢记使命，开拓创新、苦干实干，奋力谱写全面建设社会主义现代化国家赣州篇章，为实现中华民族伟大复兴的中国梦而努力奋斗！

中共赣州市委常委会 2021 年工作报告

2021 年是中国共产党成立 100 周年、全面建设社会主义现代化国家新征程开启之年和“十四五”开局之年，是党和国家历史上具有里程碑意义的一年，也是赣州改革发展历史上具有重要意义的一年。一年来，市委常委会在党中央和省委的坚强领导下，高举中国特色社会主义伟大旗帜，坚持以习近平新时代中国特色社会主义思想为指导，全面落实党的十九大和十九届历次全会精神，坚决贯彻习近平总书记视察江西和赣州重要讲话精神，聚焦“作示范、勇争先”目标定位和“五个推进”重要要求，认真落实省第十五次党代会精神，以及省委书记易炼红对赣州提出的“六个第一等”要求，大力弘扬伟大建党精神和苏区精神、长征精神，坚持稳中求进工作总基调，立足新发展阶段，完整、准确、全面贯彻新发展理念，服务和融入新发展格局，统筹疫情防控和经济社会发展，持续做好“六稳”、“六保”工作，大力实施“三大战略、八大行动”，深入打好“项目大会战”，纵深推进全面从严治党，着力打造最讲党性、最讲政治、最讲忠诚、最讲担当的红土圣地，GDP 突破 4000 亿元，主要经济指标增幅持续保持全省“第一方阵”，连续五年获全省高质量发展考评先进，同步全面建成小康社会，革命老区高质量发展示范区建设取得新进展，“十四五”实现良好开局。

一、持续深入学习宣传贯彻习近平新时代中国特色社会主义思想，坚决拥护“两个确立”、坚定践行“两个维护”

精心组织学习宣传。深化党委（党组）会议“第一议题”、基层党组织“每月学习日”、“3+X”集中学习等制度，市委理论学习中心组带头开展集体学习 17 次；组织召开市委常委会会议、全市领导干部会议，举办专题读书班、研讨班，深入学习习近平总书记重要讲话、重要文章和重要指示批示精神，以及党的十九届五中、六中全会，省第十五次党代会等中央、省、市重要会议和文件精神，党委中心组学习巡听指导相关做法得到中宣部总结推介。广泛深入宣传宣讲，举行习近平总书记视察江西和赣州两周年系列活动，领导干部带头上思政课，实行党的十九届五中全会精神普遍轮训，组织市委宣讲团开展集中宣讲，组建“百姓宣讲团”、“红军后代宣讲团”等进行巡回宣讲，用好新时代文明实践中心、“学习强国”等平台，持续推动习近平新时代中国特色社会主义思想和上级精神进企业、进农村、进机关、进校园、进社区、进网络，全市干部群众、社会各界人士拥护“两个确立”、践行“两个维护”更加坚定坚决。

全面抓好贯彻落实。研究出台《关于深入贯彻习近平总书记视察江西和赣州重要讲话精神加快推进革命老区高质量跨越式发展的实施意见》，认真梳理贯彻落实情况，确保习近平总书记重要讲话精神在赣州落地生根、开花结果。健全完善抓工作落实机制，专题研究调度党史学习教育、赣南苏区振兴发展、优化营商环境、乡村振兴、疫情防控、政法队伍教育整顿、统一战线、宣传思想、基层党建、全面从严治党等各方面工作，持续推动党中央和省委决策部署落地见效。认真抓好中央巡视反馈意见、中央和省环保督察反馈问题、省政法队伍教育整顿评估反馈意见等整改落实，以整改成效推动赣州发展。

科学谋划赣州发展。召开市委五届十次、十一次全会，总结“十三五”时期的经验，高质量编制全市“十四五”规划建议和规划纲要，研究出台系列专项规划。胜利召开市第六次党代会，确立“建设革命老区高质量发展示范区”的总体目标，提出“解放思想、改革攻坚、开放创新、担当实干”的“十六字”工作思路，明确“三大战略、八大行动”的重点任务和建设工业强市、开放高地、创业之州、区域中心、文化名城的目标定位，科学描绘赣州未来五年的发展蓝图，进一步统一了思想、形成了共识，凝聚起了奋力建设革命老区高质量发展示范区的磅礴力量。

二、扎实开展党史学习教育，全市上下更加坚定感党恩、听党话、跟党走

压实学习教育政治责任。成立以市委主要领导为组长的领导小组，市委常委会先后4次进行专题研究部署，一体推进全市学习教育。明确将学习教育开展情况纳入领导班子和领导干部，以及党建工作年度考核重要内容，建立常态化调度机制，抓好抓实工作落实。持续加强宣传引导，市委主要领导带头宣讲引导，组织进行巡回宣讲，常态化开展基层宣讲。组建市县巡回指导队伍，分层次分类别全覆盖开展巡回指导。相关经验做法得到中央和省委肯定，并在省级以上主流媒体刊播报道。

创新学习教育方式方法。从市委常委会做起，市委中心组先后7次进行专题学习研讨，带头学党史、悟思想、办实事、开新局。举办县处级以上领导干部专题读书班，市委主要领导作专题辅导。组织开展“弘扬苏区干部好作风”和“重走长征路”现场教学，举办党史知识大赛，创新实行“送学上门”、“结对帮学”和“网络助学”，持续掀起学习教育热潮。统筹做好结合文章，市委主要领导带头开展重大课题领题调研，形成一批高质量调研成果。

深化红色基因传承创新。高规格举办纪念中央革命根据地创建暨中华苏维埃共和国成立90周年座谈会，举办学习中国共产党的历史学术研讨会、纪念宁都起义胜利暨红五军团成立90周年座谈会、纪念人民军工创建90周年系列活动等重大活动。推出“红色地标”700余处，建设市级以上爱国主义教育基地100个，会昌革命历史纪念地入选全国爱国主义教育示范基地，瑞金“人民共和国从这里走来——中华苏维埃共和国史”陈列展入选庆祝中国共产党成立100周年精品展览，赣南采茶戏《一个人的长征》、《八字参军》入选建党百年优秀舞台艺术作品展演剧目，大型理论文献纪录片《从瑞金出发》入选建党百年重点创作片目，大余南方三年游击战争纪念馆建成开馆。持续开展“五红”活动，创新“音乐党课”，以群众喜闻乐见的方式让党史飞入寻常百姓家。

集中精力办好群众实事。扎实开展“我为群众办实事”实践活动，制定完善重点民生项目清单，建立领导领办制度，市县两级1244项重点民生项目年度目标任务基本完成，解决了一大批群众身边的操心事、烦心事、揪心事。实施党员“亮身份、树形象”、“将心比心、终端检验”等活动，不断优化办事流程、提升办事效能。开展“替烈士看爹娘、为烈属办实事”活动，帮助办实事解难题4000余件，人民群众真切感受到了学习教育带来的变化和实惠。

三、下大力气稳增长促发展，革命老区高质量发展示范区建设迈出坚实步伐

新时代振兴发展进展顺利。全力推动更多政策支持纳入中央和省政策文件，争取国务院出台《关于新时代支持革命老区振兴发展的意见》，赣州市革命老区高质量发展示范区建设总体方案等“N+X”支持政策体系将陆续出台。成功延续对口支援、部际联席会议、执行西部大开发政策等核心政策，促成38位中央国家机关副职以上领导莅临指导，争取29个部委新出台支援帮扶文件，全年共争取上级各类资金820亿元。推动召开省赣南等原中央苏区振兴发展工作领导小组第十次会议和省支持赣南等原中央苏区振兴发展工作推进会，协调解决一批重大事项。全国信息消费示范城市建设、社会心理服务体系建设试点等稳步推进，12个国家级试点示范经验在省级以上推广。

工业倍增升级成效明显。全年规上工业营业收入、利润总额分别同比增长30%、35.9%。持续壮大“1+5+N”产业集群，美克美家总部迁址赣州，现代家居产业入列全省“五星级产业集群”；首家总部落户江西的央企——中国稀土集团挂牌成立，江钨产业园开工建设；举办第二届中国（赣州）纺织服装产业博览会，电子信息、纺织服装产业集群产值均突破1000亿元；吉利动力电池、佳纳能源等重大项目落地开工。推动打造赣深数字经济走廊，赣州上榜数字经济城市发展百强榜，龙南、信丰入选全省首批5G产业基地，战略性新兴产业、高技术制造业和装备制造业增加值均同比增长30%以上。扎实推进开发区创新发展，实施开发区放权赋能，赣州经开区营收突破1000亿元。开展优质企业梯次培育行动，新增营收超百亿企业5家，规上工业企业、省级专精特新中小企业数量均居全省第一，1个企业获评国家级工业设计中心。推行政企圆桌会议和企业安静生产期制度，积极落实惠企政策，全年为企业降低各类成本超130亿元。

科技创新动能加速集聚。实施科技创新赋能行动，加快打造区域性科研创新中心和国家创新型城市。中科院赣江创新研究院一期竣工投用，国家稀土功能材料创新中心、中国南方稀有金属贸易集散中心建成运营，国家市场监管重点实验室（稀土产品检测与溯源）获批建设，赣南创新与转化医学研究院有序推进。技术攻关取得重大突破，首批项目完成揭榜对接，省科学技术奖获奖数量再创历史新高。中科院赣江创新研究院一批成果落地转化，赣州科技大市场运营成效初显，引进大湾区高校院所设立成果转移转化中心，粤港澳大湾区“科创飞地”建设进展顺利。创新主体活力加速迸发，国家高新技术企业新增数占全省1/5，入库备案国家科技型中小企业居全省第二，上榜省独角兽和瞪羚企业同比增长50%。获批建设中国（赣州）知识产权保护中心，发明专利授权、每万人有效发明专利拥有量分别同比增长

55.4%、32.8%。

省域副中心城市加快建设。高标准编制国土空间总体规划，扎实建设“六个区域性中心”，城市能级不断提升。中心城区一体联动发展扎实推进。进一步理顺城区管理体制机制，实施中心城区城市管理、土地收入分成、高铁新区管理体制改革。基础设施加速互联共享，蓉江三路等6条快速路加快建设，和谐大道等城市主干路、南河大桥二期等过江桥梁建设进展顺利。城市功能与品质持续提升，综合文艺中心建成投用，现代会展中心、全民健身中心、“百里滨江生态绿廊”等项目加快建设，老旧小区改造和垃圾分类稳步推进，既有住宅加装电梯数全省第一。常态化开展“保文保卫”，创建成果持续巩固。高铁等重大基础设施建设成效明显。加快推进交通强国试点，赣深高铁、兴泉铁路建成通车，瑞梅铁路可研获批；大广高速扩容工程、寻龙高速、信雄高速等加速推进，遂大高速开工建设，国省干线实现县县双通；黄金机场T1航站楼二期改造工程可研获批，瑞金机场有序实施；赣粤运河规划研究稳步推进，赣州港五云综合枢纽码头加快建设。梅江灌区、茅店水利枢纽等项目列入国家“十四五”专项规划，打破赣州近30年没有国家重大水利项目的局面。华能瑞金电厂二期建成运营，信丰电厂并网发电，“赣闽联网”有序推进，西气东输三线开口供气，新增新能源装机容量占全省1/4。5G设施加速布局，建成全省最大充电设施覆盖网络。区域协调发展迈向更高质量。统筹抓好瑞兴于“3+2”经济振兴试验区、“三南”一体化、会寻安生态经济区、大上崇幸福产业示范区和信丰高质量发展示范先行区建设，因地制宜发展乡镇经济，县域经济持续壮大。

乡村全面振兴稳步推进。脱贫攻坚战取得全面胜利，31个集体和个人荣获全国脱贫攻坚先进。扎实推进巩固拓展脱贫攻坚成果同乡村振兴有效衔接，新选派1775支工作队、5395名队员驻村帮扶，实现结对帮扶全覆盖；保持主要帮扶政策总体稳定，持续加强易致贫返贫人群监测帮扶，着重抓好产业就业帮扶，实施农村饮水安全巩固提升“百日攻坚”行动，不断巩固“两不愁三保障”成果，易地搬迁后续扶持有关做法在全国推广。加快发展现代农业，粮食产量实现“十八连丰”；举办赣南脐橙博览会暨赣南脐橙产业发展五十周年纪念活动，赣南脐橙品牌价值蝉联全国水果类第一、实现“七连冠”；举办粤港澳大湾区蔬菜产业合作交流大会，新建规模设施蔬菜基地6.97万亩，大湾区“菜篮子”基地认定数占全省97%；建成全国唯一的国家油茶产品质检中心，“赣南茶油”连续四年荣登中国地理标志产品区域品牌百强榜；成功注册“赣南高山茶”集体商标；打造农业富硒产业示范基地118个，完成富硒农产品认证263个；生猪复产增养势头良好；一批规模屠宰加工和冷链仓储突破性项目建成投产；农业产业化省级龙头企业达113家，3个村镇入选全国“一村一品”示范村镇及特色产业十亿元镇亿元村。接续实施城乡环境综合整治，统筹完善城乡基础设施配套，全面推进城乡供水一体化，农村污水设施建成数、覆盖村庄数均列全省首位，寻乌县获评全国“四好农村路”示范县。持续加强乡风文明建设，石城县“请客不收礼、节俭办宴席”做法得到民政部肯定。

现代服务业实现新发展。安远三百山创国家AAAAA级景区、大余丫山创国家级旅游度假区有序推进，长征国家文化公园（赣州段）等项目加快建设，方特东方欲晓主题公园建成运营，“红色摇篮·革命赣南”精品线路入选国家“建党百年百条精品红色旅游线路”。普惠金融改革试验区建设成效明显，连续七年举办省金融机构支持赣州地方经济高质量发展产融对接活动，落户上交所资本市场服务江西基地，数字金融产业园开园运营，引进险资创历史新高，存贷比首次突破100%，直接融资规模、信用债券发行量均同比增长超80%，新增上市企业数量占全省42%、稳居第一。举办近千场促消费活动，国庆期间商圈热度增幅达71%、居全国68个大中城市第一。电子商务领跑全省，网络零售额继续占全省1/3，于都、寻乌入选国家电子商务进农村综合示范二次试点县。商贸服务型国家物流枢纽加快建设，引进京东、顺丰、韵达等品牌企业设立赣南总部中心，国家标准A级物流企业总数和增量稳居江西首位，“互联网+第四方物流”模式成为全国典型。

四、坚定不移深化改革开放，对接融入粤港澳大湾区取得显著成效

打造比肩湾区营商环境。全面对标大湾区，开展提升营商环境专项行动，市委主要领导高频调度、高位推动“放管服”改革，打响“干就赣好”品牌，有关经验做法获省委主要领导批示肯定，省委深改委会议专门审议赣州打造新时代“第一等”的营商环境调研报告，全市营商环境评价综合排名居全省前列。创新推出惠企政策集中兑现改革，“亲清赣商”惠企政策兑现平台上线运行，设立“惠企资金池”，44项惠企政策实现“免申即享”、“即申即享”、直达企业。探索推进“市县同权”改革，在全省率先组建市县两级行政审批局。在全省率先实施“全产业一链办”改革，相关做法在国务院办公厅内刊登载介绍。创造性开展工程建设项目“一站式集成”审批改革，在全省率先推进施工图审查改革，审批时限压减约30%。在全省率先探索异地招投标改革，最大限度“利企便民”。在全国率先启动政务服务“跨省通办”，覆盖3省11市、90个事项。开展“一网通办”数字化改革，整合政务服务和数据管理职能，一批高频事项实现“一件事一次办”。建立政务帮办机制，试点开展规范涉企行政执法改革，涉企服务不断优化提升。

重点领域改革走深走实。纵深推进改革攻坚，荣获全省改革工作考评“五连冠”。全面完成事业单位改革，机构精简率超60%，推进基层整合审批服务执法力量改革获中央编办肯定。推进实施赣州经开区、赣州综保区、赣州国际陆港建设管理体制改革，研究推动职业教育管理体制改革。稳步推进混合所有制改革和国有资本投资运营公司改革试点，国资国企改革取得新成效。大力实施农业农村改革，“三改合一”改革扩面提质，开展职业农民职称评审，农业综合行政执法改革入选农业农村部改革典型，“时间银行”助推乡村善治做法入围第三批全国乡村治理典型案例，大余县“智慧宅改”做法得到中央层面肯定。深化“三医”联动改革，在全省先行取消医用耗材加成，在全国率先实现市县医保部门行政和经办同步双线垂直管理，入选全国深化医疗服务价格改革试点城市和DIP付费示范点。易地扶贫搬迁后续扶持“点长制”在全国推广，“防贫保”长效机制助力乡村振兴入选“中国改革2021年度地方全面深化改革典型案例”。

内陆双向开放势头强劲。深化赣州国际陆港与沿海港口合作，创新运营“赣（州）深（圳）组合港”，在全国首创“跨省、跨关区、跨陆海港”通关新模式，“一带一路”多式联运示范工程通过验收，建设运营国际木材集散中心，获批平行进口汽车试点，新开通运营至匈牙利布达佩斯中欧班列、至上海铁海联运班列，常态化开行中欧（亚）班列、铁海联运“三同”班列和内贸班列，铁路集装箱吞吐量持续增长，成为全省开放型经济的引爆点。赣州综保区在全省率先开通运行至东盟货运直通车，成功迈入全国综保区B类方阵，正式获批调整至赣州国际陆港，一线外贸进出口总额首次突破百亿元大关。加快建设全国跨境电商综合试验区，在全省创新打造“中欧班列+跨境电商”贸易模式，实现跨境电商全业态开通，货物进出口量突破3000万票。

对外交流合作务实深化。组织党政代表团赴广东学习考察，深化与广州、深圳、东莞等城市合作，加快打造对接融入粤港澳大湾区桥头堡。赣粤产业合作试验区、深赣港产城特别合作区加快建设，格力电器即将竣工投产，开创“湾区+老区”合作共赢范例。常态化开展“三企入赣”“双招双引”活动，成功承办第三届世界赣商大会，举办“粤企入赣”投资合作推介会、第八届家具产业博览会等重大招商活动，新签约项目397个、总投资3159亿元，引进“5020”项目数量居全省第一、项目实现全覆盖，江丰电子、大自然家居等一批龙头企业落户赣州。对外经贸持续向好，进出口总值实现大幅增长。

五、千方百计提高民生品质，群众获得感幸福感安全感更加充实更可持续

民生福祉日益增进。扎实办好省市民生实事，用心用情用力解决群众“就业岗位、托幼园位、上学座位、医疗床位、养老点位、停车车位、如厕厕位”等急难愁盼问题。城镇新增就业和新增农村劳动力转移就业任务超额完成。加快建设区域性教育中心，新增学位6.9万个，超大班额全面消除；赣南科技学院、和君职业学院开办招生，结束了没有市属本科和民办高职历史；“双减”工作落地见效，开展课后服务学校占比、校外机构压减率等均居全省前列。深入推进健康赣州建设，推动与南方医科大学南方医院、广东省人民医院共建国家区域医疗中心，市妇保院新院建成试运行，智慧医疗数字化平台上线运行，2家医院迈入全国地级市综合医院百强；扎实做好新冠肺炎疫苗接种，连续23个月无新增新冠肺炎疫情确诊病例。全国医养结合和安宁疗护、居家和社区养老服务等改革试点有序推进，养老服务设施覆盖全部城市社区和81.7%行政村。新设一批停车泊位，“厕所革命”三年攻坚任务超额完成。社会保障提标扩面，棚户区改造基本建成1.1万套。

文体事业繁荣发展。加快打造文化名城，高质量举办2021年江西省文化强省建设推进大会系列活动、第三届阳明文化国际论坛，郁孤台特色文化街区入选首批国家级夜间文旅消费集聚区。大力弘扬红色文化，组建红色资源保护发展中心，大型原创音乐剧《闪闪的红星》成功开演，红色动漫《长征先锋》全网上线刊播。加强文化遗产保护传承，3项非遗项目列入国家级非遗代表性项目名录。常态化开展群众性文体活动，连续六年举办文化惠民周活动，累计惠及群众超300万人次，获批2017—2020年度全国群众体育先进单位。举办系列竞技体育赛事和全民健身活动，打造一批全国性体育旅游精品景区和线路，定南县获评首批“全国县域足球发展典型”。

美丽赣州加快创建。认真落实“双碳”目标，深化与三峡集团等合作，高标准打造全国生态文明建设“赣州样板”。持续打好污染防治攻坚战，长江经济带国家警示片披露问题、第一轮中央和省环保督察反馈问题基本整改到位。新建成投运一批环保基础设施，PM2.5平均浓度全省最低，空气优良率位列全省第一、空气质量创历史最佳水平，水质综合指数保持全省前列，土壤环境风险可控。扎实推进东江流域上下游横向生态补偿试点，河湖长制工作考核获全省第一。启动实施矿山生态修复三年行动，入选全国绿色矿业发展示范区，兴国县废弃矿山生态修复治理市场化运作模式得到自然资源部肯定，寻乌“废弃矿山综合治理”入选中国生态修复典型案例。水土保持生态治理“赣州模式”在全国推广，被列为全国水土保持高质量发展先行区。接续开展低质低效林改造和松材线虫病防控，获批全国首批中央财政国土绿化试点示范项目。举办中国国际生态竞争力峰会，崇义县三产融合相关做法入选全国“绿水青山就是金山银山”实践模式与典型案例，石城县被评为国家生态文明建设示范区，上犹县获评国家水土保持示范县。

社会治理和谐有序。坚持总体国家安全观，注重统筹发展和安全，全力防范化解各类重大风险挑战。稳步推进市域社会治理现代化试点，红色治理经验在全国会议上作典型发言，“联村共治、法润乡风”的“寻乌经验”获最高人民法院肯定。扎实开展政法队伍教育整顿，常态化推进扫黑除恶斗争，坚决打击违法犯罪行为，专项整治网络电信诈骗等突出问题，公众安全感、夜间出行安全感、法院群众满意度等排全省第一，被授予“平安中国建设示范市”荣誉称号，连续五届获平安中国建设最高奖“长安杯”。加强信访突出问题排查处置，信访积案化解走在全省前列，网上信访工作成为全国典型。坚决守住安全生产底线，事故起数、死亡人数继续实现“双下降”。严把建设工程安全关，2个项目获中国建设工程鲁班奖。持续抓好防灾减灾、食品安全等工作，地方政府债务、金融风险总体安全可控。

六、全面深化民主法治建设，团结和谐大局进一步巩固

民主政治建设扎实有效。支持和保证市人大常委会依法履职，《赣州市燃气管理条例》正式实施，物业管理、生活垃圾管理等立法工作有序推进，基层立法联系点实现县域全覆盖，监督工作和代表工作务实推进，持续打好人民代表大会制度初始发祥地品牌。加强和改进新时代人民政协工作，发挥政协专门协商机构作用，支持开展政治协商、民主监督和参政议政，强化基层工作力量配备，创新打造“好商量”协商品牌。坚持强化党管武装工作，扎实开展双拥共建和全民国防教育，积极推进国防动员准备，全力做好驻市部队服务保障。稳步推进计生协改革与转型发展国家试点，统筹加强工会、共青团、妇联、文联、社联、残联、侨联、台联、科协、红十字会、贸促会等群团工作。

*社会各方力量广泛汇聚。*持续夯实基层统战工作基础，统筹加强党外代表人士队伍建设，顺利完成各民主党派、工商联和知联会换届工作，大力支持民主党派、无党派和同心圆智库等方面力量建言献策、履职尽责，巩固深化大统战工作格局。着力促进非公经济“两个健康”发展，举办全国工商联携手知名民营企业振兴革命老区赣州行活动、签约金额超900亿元，实施“万企兴万村”行动，市非公企业维权服务中心诉求办结率达97%。深入开展民族团结进步创建，启动第六轮对口支援少数民族乡村工作。依法加强宗教事务管理，严厉打击非法宗教活动，坚决遏制宗教渗透蔓延，宗教领域保持和谐稳定。扎实做好港澳台侨各项工作，安远三百山香港青少年国民教育基地被列为全国统战工作实践创新项目。全省新的社会阶层人士统战工作“百城百点”实践创新基地建设经验交流会在赣州召开。

*全面依法治市深入推进。*纵深推进全面依法治市，高标准制定“八五”普法规划，深化拓展“法律明白人”培养工程，获评一批全国民主法治示范村（社区）。全面推行行政执法“三项制度”，统筹加强“双随机、一公开”执法监督，完成市县两级行政复议体制改革，行政机关负责人出庭应诉率保持全省前列。扎实开展法治惠民工程，在全省率先设立县级公共法律服务中心和司法所行政复议服务点。加快创建智慧社区矫正中心，做好特殊人群服务管理。持续加强基层司法所建设，2个基层所获评全国模范司法所。

七、大力加强新时代党的建设，全面从严治党向纵深推进

*班子自身建设不断加强。*市委常委班子旗帜鲜明讲政治，始终胸怀“两个大局”、心系“国之大者”，增强“四个意识”、坚定“四个自信”、做到“两个维护”，不断提高政治判断力、政治领悟力、政治执行力。严格遵守政治纪律和政治规矩，认真执行民主集中制、请示报告等各项法规制度，不折不扣贯彻落实党中央和省委决策部署。积极践行党的群众路线，带头结对帮扶群众、接待群众来访、开展调查研究、外出考察招商和挂点联系企业项目。加强和规范党内政治生活，高质量开好专题民主生活会，班子凝聚力、战斗力持续增强。

*主流思想舆论巩固壮大。*隆重举办庆祝中国共产党成立100周年系列活动，精心开展“两优一先”等评选表彰，向3.6万余老党员颁发“光荣在党50年”纪念章。全面加强意识形态工作的领导，及时妥善处置突发敏感网络舆情，中宣部内刊连续三年4次推介赣州市有关做法。率先在全省全域推进新时代文明实践中心（所、站）建设，相关经验做法在全国会议上作交流介绍。全方位加强对外宣传，在中央主流媒体刊载报道数量稳居全省第一。广泛开展群众性精神文明创建，获评一批全国五一劳动奖、全国工人先锋号、“中国好人”和“全国最美家庭”。

*基层党建质量更加过硬。*扎实推进基层党建“三化”建设提质增效和质量过硬行动，进一步夯实基层战斗堡垒，以高质量党建引领高质量发展有关做法在中央主流媒体刊载。深入推进抓党建促乡村振兴，打造一批“红色名村”和乡村振兴模范党组织。统筹抓好机关、国企、学校、医院、“两新”组织、社区等领域党建，在机关建立“四级五岗”责任清单和开展“三亮三创两服务”活动，在国有企业实施“党建引领·融合赋能”行动，大力推行中小学校党组织领导下的校长负责制，持续提升“两新”组织党建“两个占比”，党建引领城市基层治理做法在中组部刊物登载。持续壮大村集体经济，推行“1+N+1”强村带弱村模式，所有行政村集体经济经营性收入达10万元、超68%行政村达20万元。

*市县乡村换届圆满完成。*严格落实中央“十个严禁、十个一律”和省委“八个严格、八个不得”换届纪律要求，圆满完成市县乡领导班子和村（社区）“两委”换届选举工作，班子配备结构和质量历届最好，换出了心齐气顺劲足的新气象，全市上下一心一意谋发展、埋头苦干抓落实的氛围空前浓厚，村“两委”换届有关做法在中组部内刊刊发。严格按照省委部署，顺利完成出席省第十五次党代会代表推选工作。从严加强换届风气监督，开展换届纪律集体谈话和专项督导，以铁的纪律为换届选举清障护航。积极拓宽选人用人视野，从“五方面人员”、企事业单位中择优选拔（选调）一批乡镇（街道）领导班子成员。

*干部人才队伍持续优化。*深入推进“8590”年轻干部培养计划，统筹抓好省选调生和博士党政储备人才的培养管理。认真落实公务员职务与职级并行制度，继续实施乡镇干部夫妻跨县分居“团圆机制”。成功列为全国基层干部教育培训试点市，实施新时代基层干部“凝心·强基·赋能”主题大培训，大规模开展换届后党员干部教育培训，举办全市乡镇（街道）党委（党工委）书记（基层武装部教导员）专题培训班，持续加强党外干部培训，接续选派优秀干部到大湾区跟班学习锻炼。大力推进人才强市战略，与北航投资等深化人才合作，实施“苏区之光”人才计划，积极探索柔性引才模式，新引进培养一批产业领军人才、高层次人才和急需紧缺人才；实体化运转院士专家战略咨询委员会，落地一批院士项目；推进构建一站式人才服务体系，加快建设人才住房和人才服务综合体，人才工作考评实现全省“四连冠”，兴国县建设人才学校做法入选中组部全国人才工作创新最佳案例。

*正风肃纪反腐抓严抓实。*聚焦党中央和省委重大决

策部署，强化政治监督，严肃处理一批违反政治纪律、工作失职失责的人和事。驰而不息纠“四风”、树新风，严格落实中央八项规定精神，深化整治形式主义官僚主义，扎实开展优化营商环境专项监督。推动“两个责任”一体履行，深化开展政治谈话，持续加强“一把手”和领导班子监督、日常监督及巡察监督，市县两级首次实现一届任期内巡察全覆盖，新一届党委首轮巡察开局良好，市级巡察机构在上下联动中更好发挥作用全国试点工作获中央巡视办肯定。深入开展各领域腐败问题专项整治，查处一批群众身边的腐败和作风问题，在全省办理首例涉粮领域腐败专项整治留置案。坚持“三个区分开来”，开展失实检举控告澄清正名和容错纠错。坚决查处诬告陷害行为，在全省发布首起打击诬告陷害行为案件通报。保持惩治腐败高压态势，一体推进不敢腐、不能腐、不想腐，全年立案2989件、处分2930人、留置52人，风清气正的政治生态巩固发展。

在全市干部群众的共同努力下，革命老区高质量发展示范区建设扎实有效，办成了一系列大事、办好了一系列喜事、办妥了一系列难事，但全市发展不平衡不充分的问题仍然突出，经济总量不大、人均水平较低，创新能力不足、产业层次不高、要素制约不少，基本公共服务水平偏低，基础设施、社会治理、党的建设还要进一步加强，必须认清形势、坚定信心、加快破解。市委常委会将坚持把习近平新时代中国特色社会主义思想作为强大思想武器和行动指南，把习近平总书记视察江西和赣州重要讲话精神作为总方针总纲领总遵循，全面贯彻党的十九届六中全会、省第十五次党代会精神，认真落实省委书记易炼红提出的“六个第一等”要求，深入实施“三大战略、八大行动”，加快建设革命老区高质量发展示范区，着力打造新时代“第一等的工作”，为书写全面建设社会主义现代化江西的精彩华章贡献赣州力量、展现赣州担当，以优异成绩迎接党的二十大胜利召开。

政府工作报告

一、2021年的主要工作

2021年是党和国家历史上具有里程碑意义的一年，也是赣州发展史上极不平凡的一年。在省委、省政府和市委的坚强领导下，全市上下深入贯彻习近平总书记视察江西和赣州重要讲话精神，统筹疫情防控和经济社会发展，扎实做好“六稳”“六保”工作，奋发有为、勇毅前行，较好完成了市五届人大六次会议确定的目标任务，实现了“十四五”精彩开局。

——**最令人振奋的是，赣州发展迎来新的重大历史机遇。**党中央、国务院深切关怀赣南老区，《国务院关于新时代支持革命老区振兴发展的意见》出台实施，对口支援、部际联席会议制度、执行西部大开发政策顺利延续，支持赣州革命老区高质量发展示范区建设方案等“N+X”政策体系将陆续出台，赣州迎来新一轮重大政策利好！

——**最令人自豪的是，赣南老区与全国同步全面建成小康社会。**114.3万农村贫困人口全部脱贫，11个贫困县、1023个贫困村全部退出，消除了绝对贫困和区域性整体贫困，实现了习近平总书记“不让一个老区群众在全面小康中掉队”的殷殷嘱托，赣南人民满怀信心奔向第二个百年奋斗目标！

——**最令人鼓舞的是，办成了一批具有标志性意义的大事要事。**赣深高铁通车运营，赣南人民实现了在家门口坐高铁直达大湾区的梦想，赣州深度融入大湾区“2小时经济圈”。中国稀土集团在赣州组建成立，不仅填补了江西无央企总部的空白，更将有力提升中国稀土产业的国际话语权。中科院赣江创新研究院入驻科研团队16个、专家人才233名，标志着全省首个国家级大院大所直属机构投入运行。这些历史性、突破性的成就，必将对赣州未来发展产生重大而深远的影响！

回顾过去一年，我们主要做了以下工作：

（一）全力以赴稳增长，综合实力显著增强。加大力度扩投资，实施省大中型项目445个、市重点项目249个、“大会战”项目843个，分别完成年度计划投资的143.5%、142.7%、136.6%；兴泉铁路建成通车，遂大高速开工建设，信雄高速全线施工，瑞金电厂二期全面投产，信丰电厂一期首台机组具备并网条件，西气东输三线开口供气，4个抽水蓄能电站、6个重大水利项目纳入国家“十四五”规划。多措并举促消费，发放电子消费券近6000万元，国庆假期赣州线下商圈热度增幅列全国68个大中城市第一位，获全省“百县百日”文旅消费季活动直播带货大赛第一名，网络零售额突破600亿元、占全省1/3，获评全省唯一国家特色型信息消费示范城市。千方百计稳外贸，实现铁路集装箱吞吐量22.3万标箱、增长19.1%，跨境电商进出口订单81.1万票、增长8.1倍，赣州综保区外贸总量突破100亿元、增长280.5%。精准有效防风险，政府债务风险总体安全可控，金融和房地产市场保持平稳。经过不懈努力，全市主要经济指标增幅全部高于年初计划，GDP增长9.1%，一般公共预算收入同口径增长11.7%，固定资产投资增长11.6%，社会消费品零售总额增长18%，实际利用省外2000万元以上项目资金增长9.5%，实际利用外资增长8.6%，出口总额增长37.1%，城镇、农村居民人均可支配收入分别增长8.5%、12.6%，这9项指标增幅居全省前列；规模以上工业增加值增长11.6%、排名前移4位；经济总量突破4000亿元大关、达4169亿元，赣州综合实力跃上新台阶。

（二）持之以恒促转型，产业发展量质齐升。大力推动工业倍增升级，规上工业实现营收4500亿元、增长30%，有色金属、电子信息产业规上工业营收均首次突破1000亿元，于都获评中国服装优质制造创新示范基地，南康家具获评全省五星级产业集群，全市战略性新兴产业、高技术制造业、装备制造业增加值增幅均达20%以上；规上工业企业净增228家、达2478家、总量居全省第一，新增高新技术企业234家、占全省20%，入选省独角兽和瞪羚企业21家、增长50%，净增营收超百亿元企业4家、总数达5家；赣州经开区营收超1000亿元，赣州千亿园区实现“零”的突破；国家稀土功能材料创新中心、中国南方稀有金属贸易集散中心建成运营，赛宝实验室龙南检验检测认证服务中心挂牌成立，中国（赣州）知识产权保护中心、国家市场监管重点实验室（稀土产品检测与溯源）获批建设。加快发展现代农业，耕地保护得到严格落实，粮食生产超额完成省定任务、实现“十八连丰”；生猪复产增养恢复势头良好；新增脐橙8.87万亩，赣南脐橙品牌价值蝉联全国水果类第一；新建设施蔬菜基地8.36万亩，建成粤港澳大湾区“菜篮子”产品赣州配送分中心，新增大湾区“菜篮子”生产基地36个、总数达48个，增量、总量均为全省最多；改造提升低产油茶林20万亩，建成国家油茶产品质检中心；成功注册“赣南高山茶”集体商标；全省首个富硒产业标准化技术委员会获批筹建，建成富硒示范基地110个；新增农业产业化国家重点龙头企业3家；赣县入选全国农业农村信息化示范基地，瑞金被列为农产品产地冷藏保鲜整县推进试点，信丰温氏等大型畜禽屠宰和深加工项目建成投产。推动服务业强劲复苏，方特主题公园火爆运营，江南宋城街区入选首批国家级夜间文化和旅游消费集聚区，全市旅游接待1.4亿人次、总收入1529亿元，较2019年分别增长4.8%和8.5%；金融机构存贷比突破100%，新增上市企业5家、引进险资75.1亿元、均为全省最多，债券融资余额超千亿、创历史新高。

（三）坚持不懈抓统筹，城乡面貌日新月异。国土空间规划编制和“三区三线”[1]试划试点工作取得阶段性成果。预计中心城区建成区面积达208平方公里、人口达207万人，新（续）建快速路6条、40.3公里，南河大桥改造二期工程通车，市综合文艺中心投用；全市完成城市棚户区改造1.49万户，137个老旧小区改造全部开工，新增绿道绿廊50.2公里、停车泊位5.1万个，既有住宅加装电梯建成数全省第一，2项工程获中国建设工程鲁班奖，入选全国城市体检样本城市、中国十大“心仪之城”，全国文明城市顺利通过复检，安远、上犹、信丰跻身全省文明城市行列，定南、大余、龙南获评全省美丽宜居示范县。全面启动乡村建设行动，完成村点整治建设2812个，城乡环卫一体化第三方治理基本实现，自然村组实现保洁全覆盖，整改农村问题户厕3.8万个，农村生活污水处理设施建成数及覆盖村庄数、省级森林乡村创建数均居全省第一，崇义获评全国村庄清洁行动先进县；实施普通国省道升级改造660公里，完成农村公路建设2271公里，寻乌获评“四好农村路”全国示范县，安远入选全国城乡交通运输一体化示范创建县。全力打好污染防治攻坚战，中央和省环保督察反馈问题整改扎实推进，全面划定“生态保护红线”，启动实施新一轮生态环保基础设施建设三年行动计划，全国水土保持改革试验区建设全面完成，市“生态云+双碳”大数据平台建成试运行，成功争取全省唯一中央财政支持国土绿化试点示范项目，中心城区PM2.5平均浓度全省最低、空气质量优良天数比例全省第一，水质综合指数居全省前列，土壤环境质量保持稳定，入选全国绿色矿业发展示范区、水土保持高质量发展先行区，宁都、于都、兴国入选全国全域土地综合整治试点，上犹获评国家水土保持示范县，全南被授予“中国天然氧吧”称号，石城获评国家生态文明建设示范区，崇义三产融合做法入选全国“两山”实践模式与典型案例，寻乌“废弃矿山综合治理”入选中国生态修复典型案例。

（四）坚定不移强改革，发展活力竞相迸发。对标大湾区深化“放管服”改革，工程建设项目“一站式集成”审批、全产业一链办、施工图审查等改革在全省推广，333个政务事项“全程网办”，90个高频事项“跨省通办”，44项惠企政策实现“免申即享、即申即享”、直达企业，已为1368家企业线上兑付惠企资金9379万元，创新实施异地招投标、企业“安静生产期”[2]等做法，落实减税降费政策等为市场主体减负161亿元，市县两级共召开政企圆桌会议113次、为企业解决困难问题535个，营商环境评价前进4位、进入全省“第一方阵”。百户国企混改攻坚行动任务顺利完成，农业农村、自然资源、生态环保等重点领域改革深入推进，兴国节约集约用地获国务院督查激励。成功承办第三届世界赣商大会、全国工商联携手知名民营企业赣州行、“粤企入赣”投资合作推介会等重大招商活动，新签约项目397个、总投资3159亿元，引进吉利科技、佳纳能源等“5020”项目23个，新引育产业领军人才30名、高层次人才531名、急需紧缺人才7996名。与广州、东莞、郴州签订合作协议，成功加入大湾区科技协同创新联盟，赣州国际陆港实现国际贸易“起运港”“目的港”功能、入选国家“一带一路”多式联运示范工程，赣深组合港、赣州至东盟跨境直通车开通运营，龙南国家外贸转型升级基地获批，商贸服务型国家物流枢纽建设经验在全国推广。

（五）用情用力惠民生，人民生活更加幸福。全年民生支出804.8亿元、占一般公共预算支出的83.7%，50件民生实事基本完成。城镇新增就业8.27万人，新增转移农村劳动力11.8万人，均超额完成年度任务。新（改、扩）建公办幼儿园51所，建成投用学校73所、新增学位6.9万个，义务教育超大班额全面消除；“双减”政策有效落地，校外学科类培训机构压减率全省第一，义务教育学校课后服务实现全覆盖；赣南科技学院、和君职业学院开办招生，赣州告别了无市属本科和民办高校的历史。扎实做好常态化疫情防控，有序推进疫苗接种工作，连续23个月无新增病例。脱贫攻坚成果得到巩固拓展，1.36万户监测对象全部落实帮扶措施，易地搬迁后扶“点长制”在全国推广，“防贫保”入选中国地方全面深化改革典型案例。国家区域医疗中心建设取得积极进展，市妇保院新院建成试运行，智慧医疗数字化平台正式上线。医保市级统筹改革做法获国家推广，入选国家深化医疗服务价格改革试点城市。城市居家和社区养老服务设施基本实现全覆盖，农村互助养老服务设施覆盖81.7%的行政村。成功承办文化强省建设推进大会系列活动，采茶戏《一个人的长征》入选建党百年优秀舞台艺术作品，音乐舞蹈史诗《人民共和国从这里走来》入选高校原创文化精品推广行动计划，中央革命根据地纪念馆完成改造提升，南方红军三年游击战争纪念馆正式开馆，会昌革命历史纪念地入选全国爱国主义教育示范基地。城市社区“15分钟健身圈”基本形成，荣膺全国群众体育先进单位，定南获评全国县域足球发展典型。圆满完成第三次全国国土调查任务。荣获第七次全国人口普查工作先进集体。安全生产形势稳中向好，获批全省首批食品安全治理示范城市，信访积案化解成效显著，宗教领域保持和谐稳定，扫黑除恶斗争形成有力震慑，公众安全感、公安满意度和法院满意度等指数居全省第一，检察院满意度和司法行政满意度居全省前列，获评“平安中国建设示范市”，连续五届夺得“长安杯”。国防动员、国防教育、退役军人事务、统计调查、审计、外侨、人防、消防救援、科协、气象、残联、工青妇、红十字会等工作取得新成效。

扎实开展党史学习教育，办好庆祝中国共产党成立100周年、中央革命根据地创建暨中华苏维埃共和国成立90周年、纪念人民军工创建90周年赣州系列活动，传承红色基因，赓续精神血脉，汲取奋进力量。持续深化“五型”政府建设，章贡、定南获评全省“五型”政府建设示范县（区），大力实施破解制约高质量跨越式发展难题、提升政务服务满意度、解决群众“急难愁盼”问题、完成经济社会发展重点任务攻坚行动，建立重点民生实事项目库，推动“我为群众办实事”实践活动落地见效。加强法治政府建设，全面完成“七五”普法工作，颁布施行《赣州市燃气管理条例》，办理人大代表建议和政协提案553件，行政机关负责人出庭应诉率全省第二。坚决落实全面从严治党要求，狠抓正风肃纪反腐，政府系统党风廉政建设向纵深发展。

各位代表，奋斗充满艰辛，成绩来之不易！这是习近平新时代中国特色社会主义思想科学指引的结果，是省委、省政府和市委坚强领导的结果，是市人大、市政协和社会各界监督支持的结果，是全市上下牢记嘱托、感恩奋进的结果。在此，我谨代表市人民政府，向全市人民，向各民主党派、工商联、无党派人士和各人民团体，向驻市解放军和武警部队官兵、公安干警和消防救援人员，向中央和省属驻市单位、中央和国家对口支援单位及全体挂职干部，向所有关心支持赣州发展的各界人士和朋友，表示衷心的感谢和崇高的敬意！

回顾一年来的实践，我们深切体会到，做好政府工作，必须坚持党的全面领导，以党的政治建设为统领，不折不扣推动中央、省和市委决策部署落地见效；必须坚持发展第一要务，完整准确全面贯彻新发展理念，紧紧扭住项目关键抓手，深化改革开放创新，坚定不移走高质量跨越式发展之路；必须坚持以人民为中心的发展思想，设身处地解民忧、纾民困、暖民心，让发展更有“温度”、民生更有“质感”；必须坚持实干担当，发扬苏区干部好作风，努力干出新时代“第一等工作”。

在总结成绩的同时，我们也清醒认识到，赣州市发展不平衡不充分问题仍然突出，经济总量不大、结构效益不优，创新能力较弱、竞争实力不强，产业链供应链仍然存在断点堵点，风险防控、安全防范、污染防治等任务依然艰巨繁重，基础设施、民生保障、社会治理等领域还有不少短板，少数干部能力不足、担当不够、作风不实，等等。对此，我们一定直面问题、迎难而上，切实加以解决。

二、2022年的工作安排

2022年是党的二十大召开之年，是全面贯彻省、市党代会精神的开局之年，务必保持平稳健康的经济环境、国泰民安的社会环境、风清气正的政治环境。今年政府工作的总体要求是：以习近平新时代中国特色社会主义思想为指导，全面贯彻落实党的十九大和十九届历次全会精神，持续深入贯彻习近平总书记视察江西和赣州重要讲话精神，弘扬伟大建党精神和苏区精神、长征精神，按照省、市党代会部署要求，坚持稳字当头、稳中求进，完整准确全面贯彻新发展理念，加快构建新发展格局，坚持以供给侧结构性改革为主线，统筹疫情防控和经济社会发展，统筹发展和安全，继续做好“六稳”“六保”工作，深入实施“三大战略[3]、八大行动[4]”，加快建设革命老区高质量发展示范区，以优异成绩迎接党的二十大胜利召开。

主要预期目标是：GDP增长8%左右，规模以上工业增加值增长8.5%以上，一般公共预算收入增长5.5%以上，固定资产投资增长9.5%左右，社会消费品零售总额增长10%以上，实际利用省外2000万元以上项目资金增长8.5%左右，实际利用外资增长7%左右，出口总额量稳质升，城镇、农村居民人均可支配收入分别增长8%、10%左右，居民消费价格总水平涨幅3%左右，城镇调查失业率控制在5.5%以内，节能减排完成省下达任务。

各位代表，以上目标充分考虑了经济发展形势、中央政策预期、赣州市经济发展态势和需要，体现了“稳住、进好、调优”的原则要求。今年经济形势依然错综复杂，疫情仍然是最大的不确定因素，我国经济面临需求收缩、供给冲击、预期转弱三重压力，但长期向好的基本面不会改变，加之赣州市各类政策叠加增效、重大项目积聚成势、发展基础不断夯实，后发优势更加凸显。我们要牢牢把握机遇，用足用好用活利好政策，深挖“1+N+X”[5]政策“富矿”，加大争资争项力度，增强发展内生动力，久久为功，奋力开创赣州高质量跨越式发展新局面！

重点抓好八个方面工作：

（一）狠抓工业倍增升级，构建现代产业发展新格局。大力推动产业基础高级化、产业链现代化，提升产业链供应链稳定性、竞争力。

培育壮大产业集群。实施支持工业高质量发展的政策措施，全力扩总量、优存量、引增量，全年完成工业投资增长20%以上，实现规上工业营收5600亿元以上。打造产业链链长制升级版，加速“1+5+N”[6]产业集群发展，现代家居产业重点推动家居由实木为主向全品类、定制化、整装大家居发展，促进家具家电家装深度融合，实现集群营收3200亿元；有色金属产业重点掌控上游、做大中游、发展下游，加大战略性和优势资源找矿力度，推动稀土矿山复产，发挥中国稀土集团和中科院赣江创新研究院龙头作用，推动上下游企业集群集聚，拓展永磁电机、硬质合金刀钻具等应用领域，实现集群营收2000亿元；电子信息产业重点承接大湾区优质企业转移，培育有竞争力的细分领域集群，实现集群营收1800亿元、力争突破2000亿元；纺织服装产业重点向智能化、数字化、定制化、品牌化升级，完善专业市场、研发设计、检验检测、服装学校等公共服务配套，引进大型供应链服务公司，实现集群营收1300亿元；新能源及新能源汽车产业重点延伸“三电”、光伏等产业链，实现集群营收800亿元；医药食品产业重点做强“药品+医疗器械”双链条，加快赣南创新与转化医学研究院建设，发展大健康及宠物产业，壮大食品产业规模，实现集群营收800亿元。

促进开发区提档升级。强化开发区主战场作用，新增2个500亿元开发区，全市开发区实现营收5200亿元以上，力争所有开发区在全国全省位次前移。实施集群式项目“满园扩园”行动，国家级开发区引进30个、省级开发区引进15个亿元以上项目。深化开发区改革创新，实行“政区合一”管理体制改革试点，推进赣州高新区“一区多园”管理改革，支持有条件的开发区调区扩区，推动共建“飞地园区”“共管园区”。深化“亩均论英雄”改革，推进“两型三化”[7]管理提标提档、节地增效、工业低碳行动，提高标准厂房利用率，建设宜居宜业的产城融合新区。

增强企业核心竞争力。大力开展企业梯次培育行动，推动上下游协同、大中小企业协作发展，力争新培育营收超百亿元企业2家、超50亿元企业2至3家、超30亿元企业10家、专精特新企业100家、新建投产入规企业200家以上。完善和落实市县领导挂点帮扶企业、政企圆桌会议制度，持续开展“入企走访连心”活动，尽情尽力助企纾困。

积蓄数字经济势能。加快数字产业化、产业数字化、数字化治理，推进5G、大数据、信息安全、区块链技术等产业园建设，实施“上云用数赋智”行动和智能制造升级工程，培育智能工厂、数字化车间20家以上，力争上云企业突破8000家，推动工业互联网标识解析国家二级节点应用，打造“5G+工业互联网”应用示范基地。加快建设“城市大脑”，实现城市运行“一屏统管”、应急指挥“一键调度”、社会治理“一网共治”、普惠民生“一码智联”，打造新型智慧城市。

（二）强化科技创新赋能，激发高质量发展新动力。促进创新链与产业链深度融合，让科技创新这个“关键变量”成为发展的“最大增量”。

提升创新平台能级。高标准推进中科院赣江创新研究院建设，加快完善公共服务配套设施，积极创建国家稀土新材料技术创新中心、稀土国家重点实验室，谋划筹建“双一流”高校稀土学院。开展重点产业重大创新平台“清零”行动，支持各类创新主体建设新型研发机构、技术创新中心、重点实验室，研究组建工业科研院所，大力推进“一园区一院所”，新增国家级创新平台2个、省级创新平台载体20个。培育建强科技企业群体，新增高新技术企业200家，孵化独角兽、瞪羚企业20家以上。

优化科技创新生态。深化科技体制改革，开展项目经费使用“包干制”试点，设立企业技术革新奖，规上工业企业研发活动占比提高到45%，力争R&D经费支出占GDP比重达到2%。围绕“1+5+N”主导产业开展关键核心技术攻关，积极对接国家和省重大科技专项，实施5个左右“揭榜挂帅”项目，力争攻克产业技术难题20个以上。加快成果转移转化，举办创新创业大赛，用好中科融合等平台，建强赣州科技大市场，建成中国（赣州）知识产权保护中心，积极创建国家科技成果转移转化示范区。

建设创新人才高地。围绕打造赣粤闽湘区域性人才高地、革命老区人才改革示范区、对接融入大湾区人才先行区，实施更具吸引力、竞争力的人才政策，深入开展“双招双引”活动，探索“双聘制”“周末工程师”“第三方引才”等柔性引才模式，推动20个高层次人才产业园提档升级。探索实施院士培养计划，积极申报国家重大人才工程计划、省“双千计划”人选，力争全年引进培养产业领军人才和创新团队40个、各领域高层次人才400名。扩大学校、医院用人自主权，加大本土人才挖掘培育力度，建立乡贤人才档案，吸引2万名以上大学毕业生留赣回赣。弘扬工匠精神，培育“赣州工匠”。落实中长期青年发展规划，建设青年发展型城市。

（三）持续深化改革开放，迈出全方位融湾新步伐。以更大力度推进改革攻坚、开放提升，加速打造对接融入粤港澳大湾区桥头堡。

打响“干就赣好”品牌。实施新一轮对标大湾区优化提升营商环境专项行动，开展“放管服”改革全域试点，加强市级统筹，升级打造“赣服通”5.0版，全面落实“三集中三到位”要求，推出100件以上“一件事一次办”和“智能审批”事项，实现60%以上事项“一网通办”，扩大“跨省通办”范围，逐步实现赣粤两地证照互用、资质互认。按照“市级做了的、县级也要做到”的要求，推进“市县同权”等改革，加快实现同一事项“全市通办、同标准办理”，让企业和群众办事“不出县、不出园”。深入推进国资国企改革创新三年行动，加大开发区、市属科研院所、职业教育、乡镇管理体制等领域改革力度。落实市场准入“全国一张单”管理模式，有序推动工商业用户进入电力市场，积极培育和发展中介服务市场。支持民营经济健康发展，探索创建新时代民营经济“两个健康”[8]示范区。完善营商环境监督机制，开展“小鬼难缠”“中梗阻”问题专项治理。落实新的组合式减税降费政策，新增40项以上惠企政策“免申即享、即申即享”。

推进融湾合作升级。推动与大湾区城市建立对口合作机制，探索建设粤闽赣三省边界改革试验区。加快赣粤产业合作试验区建设，抓好深赣港产城特别合作区物流仓储及配套、国际汽车小镇等项目，推动与东莞共建产业园，建设赣粤高铁经济带。对接广深港澳科技创新走廊，推动共建“科创飞地”、人才服务站。引进大湾区企业建立直供基地、发展订单农业，新增大湾区“菜篮子”生产基地20家以上。推进饮水思源·香港青少年国民教育基地提标升级。实施“引客入赣”升级版项目，每个县（市、区）打造一个特色乡村森林康养基地，建设大湾区生态康养旅游“后花园”。

构筑对外开放新优势。掀起大招商、招大商热潮，坚持党政“一把手”带头招商，主攻大湾区、长三角、海西经济区等重点区域，大力开展产业链招商、资本招商、以商招商、乡贤招商、驻点招商，办好“三企入赣”“三请三回”等招商活动，引进“5020”项目30个、超百亿元项目7个以上，引进世界500强、国内200强、上市公司、行业龙头企业70家以上。做大做强赣州国际陆港，推动与赣州综保区、跨境电商综合试验区“三区合一”，建设“一港多区”，推广运营“组合港”模式，申报建设中欧班列集结中心。促进外贸稳定增长，推动“赣货赣出”，促进“优进优出”，鼓励发展外贸新业态，实现跨境电商进出口突破100万单。

（四）全面推进乡村振兴，开创农业农村现代化新局面。统筹推进“五个振兴”，在建设革命老区乡村振兴示范区上取得更大突破。

持续巩固拓展脱贫成果。建立巩固脱贫成果挂牌督办制度，坚决抓好国家后评估和省级考核反馈问题整改。强化“三类人员”[9]监测帮扶，确保做到“应纳尽纳、应帮尽帮”，鼓励各地建立防返贫保险机制，守牢不发生规模性返贫的底线。巩固提升“两不愁三保障”水平，扎实开展控辍保学工作，优化调整脱贫人口和监测对象医疗救助资助参保政策，实现农村危房动态清零。抓实产业就业帮扶，财政衔接推进乡村振兴补助资金投入产业比例不低于50%，深入推进“万企兴万村”行动，全面做好易地扶贫搬迁后续扶持工作，让脱贫群众持续稳定增收、生活更上一层楼。

提升现代农业发展水平。增强重要农产品稳产保供能力，加强农业种质资源保护与利用，确保549.9万亩耕地总量不减少、实现占补平衡、进出平衡，完成高标准农田建设62.8万亩，确保粮食产量稳定在52亿斤以上，生猪出栏稳定在660万头以上。推进赣南脐橙提品质、强品牌，抓实柑橘黄龙病防控，开发新基地6万亩，认定标准果园12万亩以上。推动蔬菜产业扩面提质，培育壮大职业菜农队伍，巩固提升现有蔬菜基地，新建大棚设施蔬菜基地5万亩、露地蔬菜基地2万亩。深入实施低产油茶林改造提升三年行动，完成20万亩建设任务，抓好100个示范基地建设，举办首届赣南油茶文化节。培育壮大茶叶、白莲、三黄鸡、灰鹅等特色产业，推进全域创建绿色有机农产品基地。扶持竹产业加快发展。加快国家富硒产品质检中心、富硒农业与产品开发技术创新中心、富硒产业园区建设，打造全国重要的富硒农产品供应基地。加大农业招商力度，大力发展生猪、家禽、果蔬等精深加工，推进城乡冷链物流骨干网等仓储保鲜冷链项目建设，把农产品产业链增值更多留在当地、惠及农民。

深入实施乡村建设行动。全面推进美丽乡镇建设五年行动，扎实开展示范乡镇创建，打造新时代“五美”乡村。完成705个重点村庄“多规合一”实用性村庄规划编制，加强农房管控，持续抓好赣南乡村建筑风貌特色保护与传承。启动村庄环境整治提升“扫一遍”行动，新选择2600个左右村点开展整治建设，实施新一轮农村电网改造升级，加快“四好农村路”建设，新安装农村路灯5万盏，完成农村改厕1.2万户、基本实现农村无害化卫生厕所全覆盖，推动农村人居环境由村庄整治向功能品质提升迈进。深化供销合作社综合改革，稳步实施农村宅基地改革试点和规范管理三年行动，接续推进大余宅改国家试点，加快乡镇经济发展，力争80%的村集体经营性收入过20万元。深入开展乡村治理体系建设试点示范工作，深化惠民绿色文明殡葬改革，持续推进移风易俗。

（五）大力提升城市能级，展现省域副中心城市新面貌。高质量编制国土空间规划，划定落实“三区三线”，推动区域优势互补、城乡融合共进。

强化基础设施支撑能力。推进革命老区交通强国试点，建成大广高速南康至龙南段扩容、寻龙高速及赣州港五云综合枢纽码头、瑞金机场主体工程，加快信雄高速、遂大高速、大广高速吉安至南康段改扩建等项目建设，开工瑞梅铁路、长赣铁路、G105中心城区改线二期等项目，推动寻全高速西延、赣安寻高速、兴国至樟树高速等项目前期工作，加快赣粤运河前期研究论证。构建现代能源体系，实现信丰电厂一期全面投产、县县通长输管道天然气，信丰电厂二期、抽水蓄能电站、“赣闽联网”输电工程前期工作取得实质进展。全面完成现有病险水库除险加固，开工梅江大型现代化灌区，加快平江灌区项目前期工作，推进茅店水利枢纽、城乡防洪提升工程、城乡供水一体化等项目建设，打造革命老区水利高质量发展先行示范区。

促进区域板块协同发展。加速五区一体化发展，新（续）建7条快速路、16条城市主干道，加快建设现代会展中心，推进基础设施互联互通、公共服务共建共享。推动中心城区组团式、多中心发展，加强重点区域城市设计和风貌塑造，高品质建设蓉江新区，完善起步区公共服务配套，大力发展金融商务、数字经济等现代产业；优化高铁新区开发布局，加快完善公共服务设施，实施机场、高铁西站周边环境整治提升工程，积极培育和发展高科技工业、跨境电商、现代商务、会展经济；高标准规划建设三江口片区，统筹河套老城区改造和水东、水西、储潭组团开发，打造赣州城市新名片。加快区域板块崛起，做强瑞兴于“3+2”经济振兴试验区产业支撑，推动“三南”积极承接大湾区产业转移，加快会寻安生态经济区生态长廊建设，推进大上崇幸福产业示范区幸福产业项目建设，支持信丰高质量发展示范先行，增强区域板块发展协同性。实施县域经济倍增计划，壮大县域经济实力，构建各展所长、优势互补、错位发展新格局。

全面提升城市功能品质。深入推进城市更新，实施城市“微改造”，严禁大规模迁移、砍伐城市内树木，新开工老旧小区改造151个，改造城市棚户区1.87万户，推进既有住宅加装电梯，新增停车泊位2.52万个、新建社会公共停车场按不低于10%的车位比例建设充电设施。深入开展城市“双修”[10]，新开工装配式建筑、绿色建筑面积占比分别达30%和95%，加强历史建筑保护修缮，积极申报海绵城市国家示范城市。推动韧性城市建设，加强高层建筑、大型综合体等重点场所设施安全和应急管理，完成中心城区110公里燃气老旧管网改造，开工生活污水治理厂网一体化工程。深化全国文明城市和国家卫生城市建设，启动新一轮国家卫生县城（乡镇）创建工作，推动新时代文明实践中心（所、站）建设全覆盖。因地制宜推进县城建设，补齐市政基础和公共服务设施短板，建设精致、整洁、便民、宜居的美丽县城。

充分释放市场消费潜力。围绕建设区域性消费中心城市，实施新一轮商贸消费升级三年行动，改善提升现有商业综合体和楼宇底商业态，建设一批特色商业街，大力发展夜间经济、首店经济、会展经济、赛事经济，擦亮赣南客家菜品牌，开拓县乡消费市场。促进文旅消费，加快长征国家文化公园（赣州段）、方特二期、七鲤古镇等重大文旅项目建设，推进安远三百山创国家AAAAA级旅游景区、大余丫山和石城温泉创国家级旅游度假区，积极筹备世界客属第32届恳亲大会，大力发展乡村民宿、休闲农业、生态康养等业态。推动普惠金融改革试验区提档升级，引导信贷资金更多投向本地实体经济，新增上市企业5家。完善“互联网+第四方物流”供销集配体系，实现快递服务基本覆盖行政村，打造城乡高效配送升级版。

（六）加快建设美丽赣州，实现生态环境质量新提升。加强生态环境保护和修复，拓展“两山”转化通道，建设全面绿色转型引领区。

深入打好污染防治攻坚战。持续抓好环保督察反馈问题整改，实施新的“八大标志性战役、30个专项行动”，打好蓝天、碧水、净土提升攻坚战，推进长江经济带“共抓大保护”，开展“幸福河湖”建设。强化固体废物和新污染物治理，完成水土流失治理346平方公里、废弃矿山生态修复407.85公顷、低质低效林改造100万亩，确保中心城区PM2.5平均浓度控制在26微克/立方米以内，空气质量优良天数比例达96%以上，地表水全省监测断面水质优良比例达98.6%以上，受污染耕地安全利用率达93%以上。推进生态环保基础设施建设三年行动，确保中心城区污水收集率提高5个百分点、处理率达95%，县城建成区污水处理率达95%，农村生活污水治理率达24%，县级以上城市建成区医疗废物无害化处置率达99%以上。

加快推动绿色低碳发展。有序推进碳达峰碳中和，启动实施重点领域碳达峰行动，落实能耗“双控”[11]制度，坚决遏制“两高”项目盲目发展，支持“两高”企业技改升级。实施可再生能源替代行动，积极发展风电、光伏发电、生物质发电等清洁能源。开展绿色低碳技术攻关，培育壮大低碳、零碳、负碳产业。推动园区企业循环式生产、产业循环式组合，强化工业固体废弃物综合循环利用。持续推动绿色生活创建，积极创建绿色出行城市，实现“全民减碳”。

拓展生态价值实现机制。开展全民所有自然资源资产所有权委托代理机制试点，推进自然资源统一确权登记。探索构建生态产品价值核算方法体系，抓好“两山银行”、“湿地银行”、林业碳汇试点，全面实行排污许可制度，大力发展绿色金融。建立“污染者付费+第三方治理”等生态损害赔偿机制，健全东江流域上下游横向生态补偿长效制度，打造河长制、湖长制、林长制升级版。启动“无废城市”建设，推动创建国家生态文明建设示范市。

（七）不断提高民生品质，满足人民美好生活新期待。办好83件民生实事，着力解决就业岗位、托幼园位、上学座位、医疗床位、养老点位、停车车位、如厕厕位等群众“急难愁盼”问题。

更大力度促进就业增收。延续实施减负稳岗政策，扎实做好高校毕业生、退役军人、农民工、城镇困难人员、残疾人等重点群体就业工作，抓好零就业家庭动态清零，城镇新增就业5.56万人、新增转移农村劳动力9.97万人，力争新增创业担保贷款20亿元以上。开展根治欠薪专项行动，积极维护农民工的“钱袋子”。

推进教育高质量发展。提升学前教育普惠园在园幼儿占比，新（改、扩）建公办幼儿园37所，新增幼儿园位9200个。推进义务教育优质均衡，新（改、扩）建中小学校67所、普通高中18所，新增学位6.8万个；深化落实“双减”工作，加快体教融合，推动校外治理与校内提质联动；鼓励有条件的地方建设精品高中，引进名校帮扶赣州学校。加快赣州职业教育集团组建运行，整合市级职教资源，办好赣州职教园区和骨干职业院校。支持高校“双一流”学科建设、高职院校“双高”建设，积极推动赣南师大科技学院和江西环境工程职业学院合并转设本科高校。深化新时代教育评价改革，推动高考综合改革平稳落地，改革教师评价，打造稳定的高素质教师队伍。

全力守护人民健康。毫不放松抓好常态化疫情防控，守牢“外防输入、内防反弹”坚固防线，有序推进疫苗接种工作，坚决筑牢全民免疫屏障。加快南方医科大学南方医院赣州医院、广东省人民医院赣州医院建设，全力创建国家区域医疗中心，建成市肿瘤医院门诊医技大楼等项目，新（改、扩）建34个县级人民医院（中医院、妇保院）。深化医药卫生体制改革，全面启动紧密型县域医共体建设，推动国内一流医院对口帮扶县级综合医院全覆盖，实施村医大专定向生培养计划，稳定和优化基层人才队伍。

优化公共文化体育供给。实施文艺作品质量提升工程，常态化开展文化惠民活动，改造建设城市和社区共享书房30个，推进乡村图书馆分馆服务点建设，打造“书香赣州”。落实全民健身实施计划，推进全民健身“六个身边”[12]工程和竞技体育“一县一品”工作，让群众参与体育运动、乐享健康生活。

兜牢社会保障底线。健全多层次社会保障体系，深入实施全民参保计划，推进外卖骑手等新就业形态劳动者参保，实现基本养老保险法定人员广覆盖。着力解决“一老一小”问题，健全城市“15分钟”养老服务网络，新增社区嵌入式养老院20个，实施特殊困难老年人家庭居家适老化改造2200户，推动农村互助养老服务设施常态化运营；落实三孩生育政策支持配套措施，推进普惠性托育服务机构、县级综合托育中心建设。加大保障性住房建设力度，新建保障性租赁住房1.67万套、新筹集公共租赁住房1222套。开展社会救助改革创新试点，扎实做好城镇困难群众解困脱困工作，确保共同富裕路上“一个不掉队”。

更好统筹发展和安全。深入开展全民国防教育，全面提升国防动员能力，扛起政府备战职责，打造双拥共建“赣州品牌”。提高第六轮对口支援民族乡村工作成效，依法加强宗教事务管理。坚持遏制增量和处置存量并举，推动地方政府隐性债务按年度计划有序出清；严厉打击非法金融活动，治理恶意拖欠账款和逃废债行为；坚持“房住不炒”定位，积极稳妥做好房地产领域涉稳风险防范处置，因城施策促进房地产业良性循环和健康发展。高质量完成安全生产专项整治三年行动任务，深入开展“打非治违”，推进重点行业领域风险识别和隐患治理，加强应急救援队伍建设及物资储备，提高防灾减灾救灾能力，启动创建国家安全发展示范城市，推动国家食品安全示范城市创建。深入推进市域社会治理现代化，持续抓好集中治理重复信访和信访积案化解，高标准建设农村“雪亮工程”、智慧安防小区，常态化推进扫黑除恶斗争，纵深推进全民反诈，建设更高水平平安赣州。

（八）加强政府自身建设，树牢为民务实清廉新形象。巩固拓展党史学习教育成果，认真落实党建质量过硬行动，纵深推进“五型”政府建设，全面提升政府理解力、执行力、创造力。

强化政治引领。持续学懂弄通做实习近平新时代中国特色社会主义思想，始终胸怀“两个大局”、牢记“国之大者”，忠诚捍卫“两个确立”，坚决做到“两个维护”，在思想上政治上行动上始终同以习近平同志为核心的党中央保持高度一致，坚决做到“总书记有号令、党中央有部署，赣州见行动”，牢牢把握正确的政治方向。

严格依法行政。加强法治政府建设，严格执行民主集中制和“三重一大”决策机制，加强政府立法工作，严格依法履职办事，严禁滥用行政权力，严格规范文明公正执法，构建覆盖城乡、便捷高效、均等普惠的公共法律服务体系。深化政务公开，自觉接受人大法律监督、工作监督和政协民主监督，自觉接受社会监督和舆论监督，加强审计监督，让权力始终在阳光下运行、始终用来为人民服务。

锻造过硬作风。大力倡导“事事马上办、人人钉钉子、个个敢担当”“不为不办找理由、只为办好想办法”“能办不请示、不行要报告”，坚决整治形式主义、官僚主义，让躺平式干部躺不住，让混日子的没有市场。积极开展“大干项目、大抓落实”年活动，坚决围绕“八大行动”抓项目，坚持每月一调度、每季一考核、半年一奖惩，确保“八大行动”落地见效。

坚守廉洁底线。坚定不移贯彻全面从严治党要求，坚决扛起党风廉政建设和意识形态工作主体责任，严格落实中央八项规定精神，树牢“过紧日子”思想，严控“三公”经费支出，深化预算管理制度改革，加强对项目审批、工程建设、资金拨付等重点领域重点环节的监管，持续整治群众身边的腐败问题和不正之风，让忠诚干净担当在全市政府系统蔚然成风！

各位代表！风好正扬帆，奋进正当时。让我们更加紧密地团结在以习近平同志为核心的党中央周围，在省委、省政府和市委的坚强领导下，踔厉奋发、笃行不怠，以新时代“第一等”的发展态势和业绩，迎接党的二十大胜利召开！

附件：《政府工作报告》名词注释

1. **三区三线**：“三区”指城镇空间、农业空间、生态空间三种类型的国土空间，“三线”指永久基本农田保护红线、生态保护红线、城镇开发边界三条控制线。

2. **安静生产期**：每月1日至25日，除涉及国家安全、公共安全、安全生产、生态环境以及投诉举报、案件查处、上级交办等情形，各级行政执法部门原则上不入园对企业开展行政执法检查。

3. **三大战略**：推进新时代赣南苏区振兴发展、打造对接融入粤港澳大湾区桥头堡和建设省域副中心城市。

4. **八大行动**：工业倍增升级、科技创新赋能、深化改革开放、乡村全面振兴、城市能级提升、美丽赣州建设、提高民生品质、党建质量过硬行动。

5. **1+N+X**：“1”指《国务院关于新时代支持革命老区振兴发展的意见》，“N”指支持革命老区巩固拓展脱贫攻坚成果、基础设施建设、生态环境保护修复、红色旅游等重点领域实施方案，“X”指相关配套政策。

6. **“1+5+N”产业集群**：培育现代家居1个产值超5000亿元，电子信息、有色金属、纺织服装、新能源及新能源汽车、医药食品等5个超2000亿元，建材、化工、通航等N个超500亿元的产业集群。

7. 两型三化："两型"指资源节约型、环境友好型，"三化"指智慧化、绿色化、服务化。

8. 两个健康：非公有制经济健康发展和非公有制经济人士健康成长。

9. 三类人员：脱贫不稳定户、边缘易致贫户、突发严重困难户。

10. 城市"双修"：生态修复、城市修补。

11. 能耗"双控"：实行能源消费强度和总量双控。

12. 六个身边：健全群众身边的体育健身组织、建设群众身边的体育健身设施、丰富群众身边的体育健身活动、支持群众身边的体育健身赛事、加强群众身边的体育健身指导、弘扬群众身边的体育健身文化。

国务院关于新时代支持革命老区振兴发展的意见

国发〔2021〕3号

各省、自治区、直辖市人民政府，国务院各部委、各直属机构：

革命老区是党和人民军队的根，是中国人民选择中国共产党的历史见证。革命老区大部分位于多省交界地区，很多仍属于欠发达地区。为加大对革命老区支持力度，2012年以来国务院先后批准了支持赣南等原中央苏区和陕甘宁、左右江、大别山、川陕等革命老区振兴发展的政策文件，部署实施了一批支持措施和重大项目，助力革命老区如期打赢脱贫攻坚战，持续改善基本公共服务，发挥特色优势推进高质量发展，为全面建成小康社会作出了积极贡献。为深入贯彻落实党中央、国务院决策部署，支持革命老区在新发展阶段巩固拓展脱贫攻坚成果，开启社会主义现代化建设新征程，让革命老区人民逐步过上更加富裕幸福的生活，现提出以下意见。

一、总体要求

（一）指导思想。以习近平新时代中国特色社会主义思想为指导，全面贯彻党的十九大和十九届二中、三中、四中、五中全会精神，坚持和加强党的全面领导，坚持以人民为中心，立足新发展阶段、贯彻新发展理念、构建新发展格局、推动高质量发展，巩固拓展脱贫攻坚成果，激发内生动力，发挥比较优势，努力走出一条新时代振兴发展新路，把革命老区建设得更好，让革命老区人民过上更好生活，逐步实现共同富裕。

（二）主要目标。到2025年，革命老区脱贫攻坚成果全面巩固拓展，乡村振兴和新型城镇化建设取得明显进展，基础设施和基本公共服务进一步改善，居民收入增长幅度高于全国平均水平，对内对外开放合作水平显著提高，红色文化影响力明显增强，生态环境质量持续改善。到2035年，革命老区与全国同步基本实现社会主义现代化，现代化经济体系基本形成，居民收入水平显著提升，基本公共服务实现均等化，人民生活更加美好，形成红色文化繁荣、生态环境优美、基础设施完善、产业发展兴旺、居民生活幸福、社会和谐稳定的发展新局面。

二、巩固拓展脱贫攻坚成果，因地制宜推进振兴发展

坚持统筹谋划、因地制宜、各扬所长，聚焦重点区域、重点领域、重点人群巩固拓展脱贫攻坚成果，促进革命老区振兴发展。

（三）推动实现巩固拓展脱贫攻坚成果同乡村振兴有效衔接。一定时期内保持脱贫攻坚政策总体稳定，完善防止返贫监测和帮扶机制，优先支持将革命老区县列为国家乡村振兴重点帮扶县，巩固"两不愁三保障"等脱贫攻坚成果。做好易地扶贫搬迁后续帮扶工作，建设配套产业园区，提升完善安置区公共服务设施。加大以工代赈对革命老区的支持力度，合理确定建设领域、赈济方式。统筹城乡规划，以交通、能源、水利、信息网络等为重点，加快推进革命老区美丽生态宜居乡村建设。提高农房设计和建造水平，改善群众住房条件和居住环境。因地制宜发展规模化供水、建设小型标准化供水设施，大力实施乡村电气化提升工程，全面推进"四好农村路"建设，开展数字乡村试点，加快乡村绿化美化。坚持扶志扶智相结合，加大对革命老区农村低收入群体就业技能培训和外出务工的扶持力度。完善城乡低保对象认定方法，适当提高低保标准，落实符合条件的"三红"人员（在乡退伍红军老战士、在乡西路军红军老战士、红军失散人员）、烈士老年子女、年满60周岁农村籍退役士兵等人群的优抚待遇。

（四）促进大中小城市协调发展。落实推进以人为核心的新型城镇化要求，支持革命老区重点城市提升功能品质、承接产业转移，建设区域性中心城市和综合交通枢纽城市。研究支持赣州、三明等城市建设革命老区高质量发展示范区。支持革命老区县城建设和县域经济发展，促进环境卫生设施、市政公用设施、公共服务设施、产业配套设施提质增效，支持符合条件的县城建设一批产业转型升级示范园区，增强内生发展动力和服务农业农村能力。健全城乡融合发展体制机制，推进经济发达镇行政管理体制改革。推动信息网络等新型基础设施建设，加快打造智慧城市，提升城市管理和社会治理的数字化、智能化、精准化水平。

（五）对接国家重大区域战略。将支持革命老区振兴发展纳入国家重大区域战略和经济区、城市群、都市圈

相关规划并放在突出重要位置，加强革命老区与中心城市、城市群合作，共同探索生态、交通、产业、园区等多领域合作机制。支持赣南等原中央苏区和海陆丰革命老区深度参与粤港澳大湾区建设，支持赣州、龙岩与粤港澳大湾区共建产业合作试验区，建设好赣州、井冈山、梅州综合保税区和龙岩、梅州跨境电商综合试验区，支持吉安申请设立跨境电商综合试验区，支持三明推动海峡两岸乡村融合发展。鼓励大别山、川陕、湘鄂渝黔等革命老区对接长江经济带发展、成渝地区双城经济圈建设，陕甘宁、太行、沂蒙等革命老区重点对接黄河流域生态保护和高质量发展，浙西南革命老区融入长江三角洲区域一体化发展，琼崖革命老区在海南自由贸易港建设中发挥独特作用。鼓励左右江革命老区开展全方位开放合作，引导赣南等原中央苏区与湘赣边区域协同发展。支持革命老区积极参与“一带一路”建设，以开放合作增强振兴发展活力。

三、促进实体经济发展，增强革命老区发展活力

加快完善革命老区基础设施，发展特色产业体系，提升创新能力，培育革命老区振兴发展新动能，提高经济质量效益和核心竞争力。

（六）完善基础设施网络。支持将革命老区公路、铁路、机场和能源、水利、应急等重大基础设施项目列入国家相关规划，具备条件后尽快启动建设，促进实现互联互通。加快建设京港（台）、包（银）海、沿江、厦渝等高铁主通道，规划建设相关区域连接线，加大普速货运铁路路网投资建设和改造升级力度。大力支持革命老区高速公路规划建设，优化高速公路出入口布局，便捷连接重点城镇和重点红色文化纪念地，加快国省道干线改造。支持革命老区民用运输机场新建和改扩建，规划建设一批通用机场。加快综合水运枢纽建设和航道整治，推进百色水利枢纽过船设施等工程，研究论证赣粤运河可行性。建设一批重点水源工程和大型灌区工程，推进大中型灌区续建配套与现代化改造、中小河流治理、病险水库除险加固和山洪灾害防治等工程。有序规划建设支撑性清洁煤电项目、煤运通道和煤炭储备基地，加快建设跨区域输电工程，持续完善电力骨干网架，推动石油、天然气管道和配套项目建设，保障革命老区能源稳定供应。

（七）培育壮大特色产业。支持革命老区加强农田水利和高标准农田建设，深入推进优质粮食工程，稳步提升粮食生产能力。加强绿色食品、有机农产品、地理标志农产品认证和管理，推行食用农产品合格证制度，推动品种培优、品质提升、品牌打造和标准化生产。做大做强水果、蔬菜、茶叶等特色农林产业，支持发展沙县小吃等特色富民产业。建设一批农村产业融合发展园区、农业标准化示范区、农产品质量检验检测中心和冷链物流基地，鼓励电商企业与革命老区共建农林全产业链加工、物流和交易平台。支持有条件的地区建设新材料、能源化工、生物医药、电子信息、新能源汽车等特色优势产业集群，支持符合条件的地区建设承接产业转移示范区。推进“中国稀金谷”建设，研究中重稀土和钨资源收储政策。支持革命老区立足红色文化、民族文化和绿色生态资源，加快特色旅游产业发展，推出一批乡村旅游重点村镇和精品线路。支持有条件的地区规划建设稀土、旅游等行业大数据中心，鼓励互联网企业在革命老区发展运营中心、呼叫中心等业务。

（八）提升创新驱动发展能力。支持革命老区重点高校、重点学科和重点实验室建设，加大对口支援革命老区重点高校工作力度，鼓励“双一流”建设高校、中国特色高水平高职学校与革命老区开展合作共建。完善东中西部科技合作机制，促进中西部革命老区与东部地区加强科技合作。鼓励科研院所、高校与革命老区合作，共建中科院赣江创新研究院、国家钨与稀土产业计量测试中心等创新平台，研究建设稀土绿色高效利用等重大创新平台，支持有条件的地区组建专业化技术转移机构，创建国家科技成果转移转化示范区。支持在革命老区建设创新型城市和创新型县（市），布局建设一批国家级高新区、创新研发基地等创新载体。支持地方完善人才政策和激励机制，加大人才培养和引进力度，在科技特派员制度创新等方面先行先试，深入推进大众创业、万众创新。强化企业创新主体地位，鼓励企业加大研发投入。鼓励革命老区完善第五代移动通信（5G）网络、工业互联网、物联网等新一代信息基础设施，因地制宜促进数字经济发展，鼓励有条件的地区开展北斗系统应用。

四、补齐公共服务短板，增进革命老区人民福祉

健全基本公共服务体系，改善人民生活品质，提高社会治理水平，繁荣发展红色文化，促进人与自然和谐共生，增强革命老区人民群众获得感、幸福感、安全感。

（九）提升公共服务质量。支持革命老区依据国家基本公共服务标准，结合本地实际，尽力而为、量力而行，建立健全本地区基本公共服务标准，保障群众基本生活。完善革命老区中小学和幼儿园布局，加大教师培训力度。继续推进“八一爱民学校”援建工作。继续面向革命老区实施相关专项招生计划倾斜。推进高职学校、技工院校建设，实施省部共建职业教育试点项目。加强革命老区公共卫生防控救治能力建设，支持市县级综合医院、传染病医院（传染科）和卫生应急监测预警体系建设。鼓励国内一流医院与革命老区重点医院开展对口帮扶，合作共建医联体。按照“保基本、强基层、建机制”要求，深化县域综合医改，整合县域医疗卫生资源，推动发展县域医共体。实施中医临床优势培育工程和中医康复服务能力提升工程，建设中医优势专科。提升公共文化和公共体育设施建设运营水平，优化广播电视公共服务供给和基层公共文化服务网络，建设一批体育公园，鼓励革命老区承办全国性、区域性文化交流和体育赛事活动。

（十）弘扬传承红色文化。把红色资源作为坚定理想信念、加强党性修养的生动教材，围绕革命历史创作一批文艺作品，将红色经典、革命故事纳入中小学教材，在干部培训中加强党史、新中国史、改革开放史、社会主义发展史教育。加大对瑞金中央苏区旧址、古田会议旧址、杨家岭革命旧址、鄂豫皖苏区首府革命博物馆、川陕革命根据地博物馆等革命历史类纪念设施、遗址和

英雄烈士纪念设施的保护修缮力度，加强西路军、东北抗联等战斗过的革命老区县现存革命文物保护修复和纪念设施保护修缮。统筹推进长征国家文化公园建设，建设一批标志性工程。公布革命文物名录，实施革命文物保护利用工程。支持革命历史类纪念设施、遗址积极申报全国爱国主义教育示范基地、全国重点文物保护单位、国家级英雄烈士纪念设施和国家级抗战纪念设施、遗址。推动红色旅游高质量发展，建设红色旅游融合发展示范区，支持中央和地方各类媒体通过新闻报道、公益广告等多种方式宣传推广红色旅游。

（十一）促进绿色转型发展。坚持绿水青山就是金山银山理念，促进生态保护和经济发展、民生保障相得益彰。统筹推进革命老区山水林田湖草一体化保护和修复，加强长江、黄河等大江大河和其他重要江河源头生态环境治理，支持赣南等原中央苏区和陕甘宁、左右江等革命老区建设长江、黄河、珠江流域重要生态安全屏障。深入总结浙西南等革命老区生态保护修复成果经验，继续支持新安江等流域探索生态保护补偿，复制推广经验做法，建立健全流域上下游横向生态保护补偿机制。支持大别山、川陕等革命老区实施生物多样性保护重大工程。支持科学布局建设国家公园。支持革命老区开展促进生态保护修复的产权激励机制试点。鼓励地方依法依规通过租赁、置换、合作等方式规范流转集体林地。加快能源资源产业绿色发展，延伸拓展产业链，鼓励资源就地转化和综合利用，支持资源开发和地方经济协同发展。推动绿色矿山建设，加强赣南、陕北等历史遗留矿山生态修复，开展尾矿库综合治理，推进采煤沉陷区综合治理，推动将部分厂矿旧址、遗址列为工业遗产。

五、健全政策体系和长效机制

坚持目标导向和问题导向，健全长效普惠性的扶持机制和精准有效的差别化支持机制，激发革命老区振兴发展内生动力。

（十二）加强党的全面领导。增强“四个意识”、坚定“四个自信”、做到“两个维护”，充分发挥党总揽全局、协调各方的领导核心作用，把党的领导始终贯穿革命老区振兴发展全过程和各领域各方面各环节。完善支持赣南等原中央苏区振兴发展部际联席会议制度，研究建立省部会商和省际协商机制，及时协调推动陕甘宁、大别山、左右江、川陕等革命老区振兴发展重要事项。出台中央国家机关及有关单位对口支援赣南等原中央苏区工作方案，继续组织对口支援工作。研究建立发达省市与革命老区重点城市对口合作机制，支持革命老区重点城市与中央国家机关及有关单位、重点高校、经济发达地区开展干部双向挂职交流。发挥井冈山、延安等干部学院作用，支持地方办好瑞金、古田、百色、大别山等干部学院，开展理想信念和党性教育。大力弘扬老区精神，广泛凝聚正能量，表彰奖励正面典型，努力营造全社会支持参与革命老区振兴发展的良好氛围。

（十三）加大财政金融支持力度。中央财政在安排革命老区转移支付、地方政府专项债券时，对革命老区所在省份予以倾斜支持。探索制定革命老区转移支付绩效评估和奖惩激励办法。继续支持赣州执行西部大开发政策，在加快革命老区高质量发展上作示范。中央预算内投资对赣南等原中央苏区参照执行西部地区政策，对沂蒙革命老区参照执行中部地区政策，研究安排专项资金支持革命老区产业转型升级平台建设。支持符合条件的革命老区海关特殊监管区域按规定开展增值税一般纳税人资格试点，对其他地区向革命老区重点城市转移的企业，按原所在地区已取得的海关信用等级实施监督。鼓励政策性金融机构结合职能定位和业务范围加大对革命老区支持力度，鼓励商业性金融机构通过市场化方式积极参与革命老区振兴发展，支持符合条件的革命老区重点企业上市融资。

（十四）优化土地资源配置。支持革命老区重点城市开展城镇低效用地再开发，对损毁的建设用地和零星分散的未利用地开发整理成耕地的，经认定可用于占补平衡，允许城乡建设用地增减挂钩节余指标按规定在省域范围内流转使用。对革命老区列入国家有关规划和政策文件的建设项目，纳入国家重大建设项目范围并按规定加大用地保障力度。支持探索革命老区乡村产业发展用地政策。

（十五）强化组织实施。相关省（自治区、直辖市）要将革命老区振兴发展列为本地区重点工作，加强组织领导，完善工作机制，明确责任分工，制定配套政策，健全对革命老区的差别化绩效评估体系，对重点城市和城市化地区侧重考核经济转型发展和常住人口基本公共服务等方面指标，对重点生态功能区和农产品主产区进一步强化生态服务功能和农产品供给能力相关指标考核，在开展试点示范和安排中央补助时对革命老区给予倾斜支持。有关部门要加强工作指导，在国土空间规划、专项规划、区域规划等相关规划编制实施过程中强化对革命老区的统筹支持，研究制定支持革命老区巩固拓展脱贫攻坚成果、基础设施建设、生态环境保护修复、红色旅游等重点领域实施方案，细化具体支持政策，指导地方开展革命老区振兴发展规划修编。国家发展改革委要加强对革命老区振兴发展各项工作的协调，制定重点任务分工和年度工作要点，重大事项及时向国务院报告。

国务院

2021 年 1 月 24 日

中共赣州市委 赣州市人民政府 贯彻落实《国务院关于新时代支持革命老区振兴发展的意见》的实施意见

（赣市发〔2021〕7号）

为认真贯彻落实《国务院关于新时代支持革命老区振兴发展的意见》（国发〔2021〕3号，以下简称《意见》），紧紧抓住新时代党中央、国务院支持革命老区振兴发展的重大历史机遇，在新发展阶段进一步巩固拓展脱贫攻坚成果，奋力开启社会主义现代化建设新征程，让全市人民过上更加富裕幸福的生活，制定如下实施意见。

一、充分认识贯彻落实《意见》的重大意义

《意见》是党中央、国务院着眼全局、关心革命老区作出的战略安排，是新时代国家战略层面支持全国革命老区振兴发展的顶层设计。赣南是全国著名的革命老区，是土地革命战争时期中央革命根据地的主体和核心区域，是中国共产党初期最重要的治国理政试验田，是践行党的初心使命的重要起源地。《意见》把支持赣南等原中央苏区振兴发展作为重要内容，提出支持赣州建设革命老区高质量发展示范区，是继《国务院关于支持赣南等原中央苏区振兴发展的若干意见》（国发〔2012〕21号）后国家给予赣南老区的又一重大政策文件，饱含着习近平总书记和党中央、国务院的深切关怀，凝结着国家部委的倾力支持，有利于为革命老区振兴发展探索可复制、可推广的经验，有利于推动赣南等原中央苏区融入沿海发达地区、促进区域协调发展、优化国土空间生产力布局，有利于传承红色基因、巩固党的执政基础、彰显中国特色社会主义制度的优越性。全市上下要从全局和战略的高度，充分认识贯彻落实《意见》的重大意义，认真学习领会《意见》的精神实质和丰富内涵，感恩奋进、积极作为，持之以恒抓好《意见》提出的各项目标任务和政策措施落实，全面开启新时代赣南苏区振兴发展工作新局面。

二、全面把握《意见》总体要求和工作目标

（一）总体要求。《意见》提出的总体要求，为赣南苏区加快实现高质量发展、建设革命老区高质量发展示范区指明了方向。全市上下要以习近平新时代中国特色社会主义思想为指导，全面贯彻落实党的十九大和十九届二中、三中、四中、五中全会精神，持续深化落实习近平总书记视察江西和赣州重要讲话精神，坚持和加强党的全面领导，坚持以人民为中心，立足新发展阶段、贯彻新发展理念、构建新发展格局、推动高质量发展，紧紧围绕在革命老区高质量发展上作示范，巩固拓展脱贫攻坚成果，激发内生动力，发挥比较优势，努力走出一条新时代振兴发展新路，把赣南老区建设得更好，让赣南老区人民过上更好生活，逐步实现共同富裕目标，奋力谱写全面建设社会主义现代化国家赣州篇章，以实际行动回报习近平总书记和党中央、国务院的关心关怀。

（二）工作目标。到2025年，赣南苏区建设革命老区高质量发展示范区取得重大进展，脱贫攻坚成果全面巩固拓展，乡村振兴和新型城镇化建设走在前列，基础设施和基本公共服务进一步完善，经济增长质量和效益显著提高，生态环境质量持续提升，对内对外开放合作水平显著提高，红色文化影响力明显增强，居民收入增长幅度高于全国平均水平，人均水平与全国、全省差距进一步缩小。到2035年，赣南苏区与全国同步基本实现社会主义现代化，革命老区高质量发展示范区全面建成，现代化经济体系基本形成，居民收入水平显著提升，基本公共服务实现均等化，人均地区生产总值达到全国平均水平，人民生活更加美好，形成红色文化繁荣、生态环境优美、基础设施完善、产业发展兴旺、居民生活幸福、社会和谐稳定的发展格局。

三、认真落实《意见》提出的各项任务

（一）巩固拓展脱贫攻坚成果，推进城乡区域协调发展

1. 推动实现巩固拓展脱贫攻坚成果同乡村振兴有效衔接。一定时期内保持脱贫攻坚政策总体稳定，完善防止返贫监测和帮扶机制，争取更多县（市、区）列为国家乡村振兴重点帮扶县，巩固“两不愁三保障”等脱贫攻坚成果。〔责任单位：市扶贫办、市农业农村局、市发改委、市民政局、市财政局、市卫健委、市医疗保障局，各县（市、区）〕做好易地扶贫搬迁后续帮扶工作，建设配套产业园区，提升完善安置区公共服务设施。争取以工代赈更大支持，拓展赈济方式。〔责任单位：市发改委、市扶贫办、市农业农村局、市民政局、市财政局等，各县（市、区）〕统筹城乡规划，以交通、能源、水利、信息网络等为重点，加快推进美丽生态宜居乡村建设。提高农房设计和建造水平，改善群众住房条件和居住环境。因地制宜发展规模化供水和建设小型标准化供水设施，大力实施乡村电气化提升工程，全面推进“四好农村路”建设，开展数字乡村试点，加快乡村绿化美化。〔责任单位：市农业农村局、市交通运输局、市发改委、市水利局、市委网信办、市科技局、市市场监管局、

市扶贫办、市大数据发展管理局、市住建局、市自然资源局、市林业局、市城管局、市公路发展中心、国网赣州供电公司，各县（市、区）〕坚持扶志扶智相结合，加大对农村低收入群体就业技能培训和外出务工的扶持力度。〔责任单位：市人社局、市扶贫办等，各县（市、区）〕完善城乡低保对象认定办法，适当提高低保标准，落实符合条件的在乡退伍红军老战士、在乡西路军红军老战士、红军失散人员等“三红”人员及烈士老年子女、年满60周岁农村籍退役士兵等人群的优抚待遇。〔责任单位：市民政局、市退役军人事务局、市财政局，各县（市、区）〕

2. 加快国家区域中心城市建设。落实推进以人为核心的新型城镇化要求，提升功能品质，承接产业转移。加快省域副中心城市建设，建设区域性教育中心、科研创新中心、金融中心、商贸物流中心、文化旅游中心、医疗养老中心，打造国家区域中心城市和全国性综合交通枢纽。加快上犹撤县设区、信丰撤县设市。〔责任单位：市发改委、市自然资源局、市交通运输局等，各县（市、区）〕争取国家出台赣州市建设革命老区高质量发展示范区的实施方案。〔责任单位：市苏区振兴办、市委政研室、市发改委、市政府发展研究中心等〕加快县城建设和县域经济发展，促进环境卫生设施、市政公用设施、公共服务设施、产业配套设施提质增效，加快建设一批产业转型升级示范园区，增强内生发展动力和服务农业农村能力。〔责任单位：市住建局、市发改委等，各县（市、区）〕健全城乡融合发展体制机制，推进经济发达镇行政管理体制改革。〔责任单位：市委编办、市委改革办、市发改委、市民政局，各县（市、区）〕推动信息网络等新型基础设施建设，加快打造智慧城市，提升城市管理和社会治理的数字化、智能化、精准化水平。〔责任单位：市大数据发展管理局、市发改委、市城管局、市委政法委〕

3. 对接国家重大区域战略。争取将支持赣南苏区振兴发展纳入国家重大区域战略和经济区、城市群、都市圈相关规划并放在突出重要位置，加强与中心城市、城市群合作，共同探索生态、交通、产业、园区等多领域合作机制。〔责任单位：市发改委、市生态环境局、市交通运输局、市工信局、市住建局等，有关县（市、区）〕全力打造对接融入粤港澳大湾区桥头堡，推动广州、深圳等大湾区城市与赣州市建立对口合作机制，争取共建赣粤产业合作试验区。争取粤港澳大湾区科研院所、高等院校、龙头企业在赣州设立技术转移中心分中心、国家重点实验室分支机构。〔责任单位：市发改委、市科技局、市教育局、市文广新旅局、市工信局、市商务局、赣州国际陆港，有关县（市、区）〕争取赣州国际陆港设立正式口岸，创建国家中欧班列集结中心，打造“中欧（亚）班列”、多式联运品牌，实现汽车、木材、粮食、肉类等多品种运营。推动与深圳盐田港共建深赣港产城特别合作区。加快赣州综合保税区建设，申报建设赣州国际陆港综合保税区。〔责任单位：赣州国际陆港、市商务局、市发改委、市财政局、市税务局、赣州海关、赣州综合保税区，有关县（市、区）〕积极融入湘赣边区域协同发展。〔责任单位：市发改委、市交通运输局、市商务局、市生态环境局、市文广新旅局、市公路发展中心，有关县（市、区）〕积极打造“一带一路”重要节点城市和战略枢纽，建设商贸服务型国家物流枢纽，加快推进国家跨境电子商务综合试验区，加强与“一带一路”国家和地区的贸易合作。〔责任单位：市发改委、市交通运输局、市商务局、赣州国际陆港，有关县（市、区）〕

（二）促进实体经济发展，增强振兴发展活力

4. 完善基础设施网络。争取更多政策资金支持及更多公路、铁路、机场和能源、水利、应急等重大基础设施项目列入国家相关规划，推动尽快启动建设，实现互联互通。〔责任单位：市发改委、市交通运输局、市铁路建设发展中心、市水利局、市应急管理局、市公路发展中心等，各县（市、区）〕争取赣郴永兴（赣郴桂）铁路、赣韶铁路扩能工程等纳入国家、省铁路“十四五”发展规划，景鹰瑞铁路和赣广、赣龙厦高铁纳入国家、省中长期铁路网规划。推动加密铁路运输通道，加快形成“两纵三横两放射”铁路网布局，推动加大普速货运铁路路网投资建设和改造升级力度。加快赣州城市轨道交通建设规划和市域铁路规划研究，完善城市快速路网。〔责任单位：市铁路建设发展中心、市住建局、市发改委，有关县（市、区）〕优化高速公路出入口布局，加快形成“四纵四横八联”高速公路网，便捷连接重点城镇和重点红色文化纪念地，推动加快国省道干线改造。〔责任单位：市交通运输局、市发改委、赣州交控集团、市公路发展中心，有关县（市、区）〕加快瑞金机场建设，推动实施赣州黄金机场三期扩建工程，建设黄金机场航空口岸并正式对外开放，争取建设国际邮件互换局、国际快件监管中心。推动规划建设一批通用机场。〔责任单位：市发改委、市交通运输局、市邮政管理局、市商务局、赣州海关，有关县（市、区）〕加快综合水运枢纽建设和航道整治，争取国家加快赣粤运河前期研究工作。推动建设一批重点水源工程和大型灌区工程，推进大中型灌区续建配套与现代化改造、中小河流治理、病险水库除险加固和山洪灾害防治等工程。〔责任单位：市水利局、市交通运输局、市自然资源局、市生态环境局、市发改委、赣南航道事务中心，有关县（市、区）〕争取规划建设支撑性清洁煤电项目、煤运通道和煤炭储备基地，推动加快建设跨区域输电工程，完善电力骨干网架，推动加快石油、天然气管道和配套项目建设，保障能源稳定供应。〔责任单位：市发改委、国网赣州供电公司，有关县（市、区）〕

5. 培育壮大特色产业。争取更多农田水利和高标准农田建设支持，深入推进优质粮食工程，稳步提升粮食生产能力。〔责任单位：市农业农村局、市财政局、市水利局，各县（市、区）〕加强绿色食品、有机农产品、富硒食品、地理标志农产品认证和管理，推行食用农产品合格证制度，推动品种培优、品质提升、品牌打造和标准化生产，全力打造赣南脐橙等一批知名品牌。做大

做强脐橙、油茶、蔬菜、茶叶等特色农林产业，发展传统小吃等特色富民产业。〔责任单位：市农业农村局、市市场监管局、市林业局、市商务局、市发改委、市果业发展中心〕推动建设一批农村产业融合发展园区、农业标准化示范区、农产品质量检验检测中心和冷链物流基地，争取电商企业共建农林全产业链加工、物流和交易平台。〔责任单位：市农业农村局、市发改委、市商务局、市市场监管局、市邮政管理局、市供销联社〕推动建设钨与稀土新材料、生物医药、电子信息、新能源汽车及配套、现代家居、纺织服装等特色优势产业集群，加快建设承接产业转移示范区。推进“中国稀金谷”建设，争取实施中重稀土和钨资源收储政策。〔责任单位：市工信局、市发改委、市国资委、市市场监管局、市自然资源局、市商务局、市大数据发展管理局、市科技局、赣州稀土集团，各县（市、区）〕立足红色文化、民族文化和绿色生态资源，加快特色旅游产业发展，推动建设一批乡村旅游重点村镇和精品线路。〔责任单位：市文广新旅局、市发改委、赣州旅投集团，各县（市、区）〕争取建设稀土、旅游等行业大数据中心，争取互联网企业在赣州发展运营中心、呼叫中心等业务。〔责任单位：市大数据发展管理局、市工信局、市文广新旅局〕

6. 提升创新驱动发展能力。争取国家加大支持驻市高校及重点学科、重点实验室的建设力度，争取“双一流”建设高校、中国特色高水平高职学校与驻市高校、高职院校开展合作共建。〔责任单位：市教育局、市科技局、市发改委、驻市高校及相关高职院校〕推动完善东中西部科技合作机制，促进与东部地区加强科技合作。争取与科研院所、高校开展合作，推动共建中国科学院赣江创新研究院、国家钨与稀土产业计量测试中心等创新平台，推动建设稀土绿色高效利用等重大创新平台，争取组建专业化技术转移机构，争取创建国家科技成果转移转化示范区。推动创建国家创新型城市和创新型县（市、区）试点，加快推进国家级高新区建设，争取建设创新研发基地等创新载体。〔责任单位：市科技局、市发改委、市工信局、市自然资源局、市市场监管局、赣州高新区、中国科学院赣江创新研究院、江西理工大学，各县（市、区）〕争取国家支持完善人才政策和激励机制，加大人才培养和引进力度，争取在科技特派员制度创新等方面开展先行先试，深入推进大众创业、万众创新。〔责任单位：市委组织部、市人社局、市科技局、市发改委〕强化企业创新主体地位，鼓励企业加大研发投入。〔责任单位：市科技局、市工信局、市发改委〕推动完善第五代移动通信（5G）网络、工业互联网、物联网等新一代信息基础设施，推动数字经济发展，推动开展北斗系统应用。〔责任单位：市大数据发展管理局、市工信局、市科技局、市发改委〕

（三）补齐公共服务短板，增进老区人民福祉

7. 提升公共服务质量。依据国家基本公共服务标准，推动建立健全赣州基本公共服务标准，保障群众基本生活。〔责任单位：市发改委等〕完善中小学和幼儿园布局，加大教师培训力度。争取“八一爱民学校”援建。继续争取相关专项招生计划倾斜。推进高职学校、技工院校建设，推动实施省部共建职业教育试点项目。〔责任单位：市教育局、市发改委、市财政局、市人社局〕推动公共卫生防控救治能力建设，争取国家、省在市县级综合医院、传染病医院（传染科）和卫生应急监测预警体系建设上加大对赣州的支持力度。争取国内一流医院与赣州重点医院开展对口帮扶，合作共建医联体。按照保基本、强基层、建机制要求，深化县域综合医改，整合县域医疗卫生资源，推动发展县域医共体。扎实推动实施中医临床优势培育工程和中医康复服务能力提升工程，努力建设省级中医临床优势专科。〔责任单位：市卫健委、市发改委、市财政局、市市场监管局、市医疗保障局，各县（市、区）〕推动提升公共文化和公共体育设施建设运营水平，优化广播电视公共服务供给和基层公共文化服务网络，建设一批体育公园，争取承办全国性、区域性文化交流和体育赛事活动。〔责任单位：市文广新旅局、市体育局、市财政局，各县（市、区）〕

8. 弘扬传承红色文化。把红色资源作为坚定理想信念、加强党性修养的生动教材，围绕苏区革命历史创作一批文艺作品，推动将红色经典、革命故事纳入中小学教材，在干部培训中加强党史、新中国史、改革开放史、社会主义发展史教育。〔责任单位：市委宣传部、市委组织部、市委党史研究室、市文广新旅局、市教育局等〕争取加大对瑞金中央苏区旧址等革命历史类纪念设施、遗址和英雄烈士纪念设施的保护修缮力度，加大对现存革命文物的保护修复和纪念设施的保护修缮。统筹推进长征国家文化公园（赣州段）建设，建设一批标志性工程。争取国家支持实施革命文物保护利用工程。推动革命历史类纪念设施、遗址积极申报全国爱国主义教育示范基地、全国重点文物保护单位、国家级英雄烈士纪念设施和国家级抗战纪念设施、遗址。〔责任单位：市文广新旅局、市委宣传部、市退役军人事务局、市财政局、市发改委、市教育局，各县（市、区）〕推动红色旅游高质量发展，建设红色旅游融合发展示范区，争取中央和地方各类媒体通过新闻报道、公益广告等方式宣传推广红色旅游。〔责任单位：市委宣传部、市文广新旅局〕

9. 促进绿色转型发展。坚持绿水青山就是金山银山理念，促进生态保护和经济发展、民生保障相得益彰。统筹推进山水林田湖草一体化保护和修复，加强赣江源、东江源、北江源及桃江源等重要江河源头生态环境治理。推动建设珠江流域重要生态安全屏障。建立健全流域上下游横向生态保护补偿机制。〔责任单位：市生态环境局、市发改委、市财政局、市自然资源局、市水利局、市林业局〕推动实施生物多样性保护重大工程。推动科学布局建设国家公园。争取开展促进生态保护修复的产权激励机制试点。推动依法依规通过租赁、置换、合作等方式规范流转集体林地。〔责任单位：市生态环境局、市林业局、市自然资源局、市农业农村局〕加快能源资源产业绿色发展，延伸拓展产业链，推动资源就地转化和综合利用，推进资源开发和地方经济协同发展。推动绿色矿山建设，加强历史遗留矿山生态修复，开展尾矿库综合治理，推进采

煤沉陷区综合治理，推动将部分厂矿旧址、遗址列为工业遗产。〔责任单位：市自然资源局、市发改委、市生态环境局、市工信局、市应急管理局等〕

（四）健全政策体系和长效机制

10. 加强党的全面领导。增强“四个意识”、坚定“四个自信”、做到“两个维护”，充分发挥党总揽全局、协调各方的领导核心作用，把党的领导始终贯穿赣南苏区振兴发展全过程和各领域各方面各环节。〔责任单位：各级党组织〕发挥好支持赣南等原中央苏区振兴发展部际联席会议机制作用。〔责任单位：市苏区振兴办等，各县（市、区）〕跟踪并推动加快出台中央国家机关及有关单位对口支援赣南等原中央苏区工作方案，继续承接好对口支援工作。争取建立发达省市与赣州对口合作机制。〔责任单位：市苏区振兴办、市委组织部、市发改委等，各县（市、区）〕争取与中央国家机关及有关单位、重点高校、经济发达地区建立干部双向挂职交流机制。争取国家支持瑞金干部学院建设，开展理想信念和党性教育。〔责任单位：市委组织部、市苏区振兴办、市发改委、市教育局、瑞金干部学院等，各县（市、区）〕大力弘扬苏区精神，广泛凝聚正能量，表彰奖励正面典型，努力营造全社会支持参与赣南苏区振兴发展的良好氛围。〔责任单位：市委宣传部、市苏区振兴办、市发改委、市人社局，各县（市、区）〕

11. 加大财政金融支持力度。争取中央财政在安排转移支付、省财政在安排地方政府专项债券时对赣州予以倾斜支持。争取国家制定革命老区转移支付绩效评估和奖惩激励办法。〔责任单位：市财政局、市发改委等，各县（市、区）〕全面落实赣州执行西部大开发政策，对接落实中央预算内投资、金融优惠、税收优惠，落实国家规定的省级配套政策。〔责任单位：市苏区振兴办、市财政局、市税务局、市发改委、赣州海关、龙南海关等，各县（市、区）〕争取国家安排专项资金支持赣州产业转型升级平台建设。〔责任单位：市发改委、市工信局、市科技局、市财政局〕推动赣州综合保税区按规定开展好增值税一般纳税人资格试点工作，争取对其他地区向赣州市转移的企业，按原所在地区已取得的海关信用等级实施监督。〔责任单位：赣州海关、龙南海关、市财政局、市税务局、赣州综合保税区〕争取政策性金融机构在赣州设立分支机构，并结合职能定位和业务范围加大对赣州支持力度，商业性金融机构通过市场化方式加大对赣南苏区振兴发展的支持力度，争取符合条件的重点企业上市融资。〔责任单位：市政府金融办、市发改委、赣州银保监分局、市财政局、人民银行赣州市中支〕

12. 优化土地资源配置。争取开展城镇低效用地再开发，对损毁的建设用地和零星分散的未利用地开发整理成耕地的，经认定可用于占补平衡，允许城乡建设用地增减挂钩节余指标按规定在省域范围内流转使用。对赣州市列入国家有关规划和政策文件的建设项目，争取纳入国家重大建设项目范围并按规定加大用地保障支持力度。争取国家加大对赣州乡村产业发展用地政策支持力度。〔责任单位：市自然资源局、市发改委、市住建局、市生态环境局、市农业农村局、市林业局等〕

13. 强化组织实施。争取将赣南苏区振兴发展工作列为省重点工作，争取省级层面进一步加强组织领导，完善工作机制，明确责任分工，制定配套政策。〔责任单位：市苏区振兴办、市发改委等〕争取国家、省在开展试点示范和安排中央补助时对赣州市给予倾斜支持。〔责任单位：市发改委、市财政局、市苏区振兴办等，各县（市、区）〕争取国家部委加强对赣州的工作指导，争取将更多涉及赣州的重大事项纳入国家级国土空间规划、专项规划、区域规划等相关规划。研究制定巩固拓展脱贫攻坚成果、基础设施建设、生态环境保护修复、红色旅游等重点领域实施方案，做好与国家相应实施方案衔接。争取国家部委支持和指导赣州开展相关规划修编工作。〔责任单位：市苏区振兴办、市发改委、市扶贫办、市自然资源局、市文广新旅局、市生态环境局等〕

四、加强对贯彻落实《意见》的组织领导

（一）加强组织领导。完善赣南苏区振兴发展工作领导小组及其办公室职能，强化对《意见》实施工作的统筹调度。发挥好支持赣南等原中央苏区振兴发展部际联席会、省赣南等原中央苏区振兴发展工作领导小组会和省支持赣南等原中央苏区振兴发展工作推进会的作用，召开赣南苏区振兴发展工作领导小组会，协调解决推进《意见》落实中的重大问题。各地各部门各单位要调整充实组织领导机构，主要领导亲自抓、负总责，分管领导具体抓，建立一级抓一级、层层抓落实的责任机制；要健全苏区振兴工作机构，强化工作力量，加强人力、物力、财力保障，抓好《意见》各项任务的落地落实。

（二）深挖政策内涵。各地各部门各单位要深挖《意见》政策内涵，坚持将支持政策项目化、清单化、实体化。梳理一批惠民生、强基础、补短板的政策项目，建立政策项目储备库及工作台账，实行销号管理，确保落地实施。全力发挥好对口支援优势，加强与国家部委沟通对接，争取重大政策项目支持。市苏区振兴办要牵头加大向上对接工作力度，全力争取国家、省更大力度支持。

（三）明确职责分工。各地各部门各单位要按照本实施意见的责任分工要求，各司其职、各负其责，抓紧制定本部门本单位本系统工作方案及各项政策具体工作方案，细化工作内容，强化工作措施，明确时间节点，确保落实到位。牵头单位（列第一位的责任单位为牵头单位）要树立大局意识、加强组织协调，配合单位要按照职责分工主动担责、协调配合，形成齐抓共管的强大合力。

（四）强化督促检查。要制定专门考评方案，将《意见》实施情况纳入各地各部门各单位年度目标考核范围，列为高质量发展综合考核和绩效考评的重要内容。将《意见》实施情况列入市委、市政府年度督查计划，加强督促检查，督查考评情况作为考核评价班子和干部的重要依据。市苏区振兴办要不定期对各地各部门各单位工作落实情况进行协调督促。

中共赣州市委　赣州市人民政府

2021 年 4 月 15 日

赣州市深化事业单位改革试点实施方案

按照中央、省关于深化事业单位改革试点要求，根据《中共江西省委机构编制委员会关于赣州市深化事业单位改革试点工作方案的批复》（赣编文〔2021〕31号）精神，为稳妥有序推进我市深化事业单位改革试点工作，制定本实施方案。

一、总体要求（略）

二、坚持和加强党对事业单位的全面领导（略）

三、优化布局结构

围绕完善党和国家机构职能体系，实现基本公共服务均等化可及性、公益事业集约化可持续发展的要求，适应高质量跨越式发展和民生保障需求，对事业单位职责定位及功能类别全面分析，推动事业单位系统性、整体性重构，做到该撤销的撤销、该合并的合并、该转企的转企、该精简的精简、该加强的加强。

（一）优化重组事业单位

1. 加强市委党校职责。为加强党对干部培训工作的集中统一领导，统一开展干部教育工作，将市直机关工委党校、市委教育工委党校等单位及相关职能并入市委党校（赣州社会主义学院、赣州行政学院）。市委党校（赣州社会主义学院、赣州行政学院）仍为正处级，市委直属。

2. 组建市委党史研究室。为推进党史、地方志一体融合，更好地发挥“存史、资政、育人”的作用，整合市委党史工作办公室、市地方志办公室、市中央苏区研究中心（市苏区精神研究所）等单位及相关职能，组建市委党史研究室，加挂市地方志研究室牌子，正处级，市委直属。

3. 组建市机关事务管理中心。为提升党政机关保障和管理效能，推进节约型机关建设，在市机关事务管理局的基础上，整合党政机关后勤保障等相关职能，组建市机关事务管理中心，正处级，市委、市政府直属。

4. 重新组建市委市政府接待办公室。整合市委市政府接待办公室、市委市政府接待办公室接待服务中心等单位及相关职能，重新组建市委市政府接待办公室，正处级，市委、市政府直属。

5. 整合市级传媒单位。为优化媒体资源配置，推进传统媒体与网络媒体深度融合、一体发展，将赣州客家新闻网管理中心并入赣南日报社。赣南日报社加挂赣州客家新闻网管理中心牌子，仍为正处级，市委直属。赣南日报报业集团不再作为事业单位管理，其设立按企业有关法律法规执行。

6. 调整市委讲师团设置。为更好地统筹理论宣讲工作资源和力量，强化理论宣传教育工作政治性、系统性，优化市委讲师团工作机制，将组织实施重大主题和基层理论宣讲活动等职能并入市委宣传部，不再保留市委讲师团事业单位建制。

7. 组建市红色资源保护发展中心。为加强党对红色资源传承保护和开发利用的统一领导，着力把赣州打造成为红色教育培训和红色旅游“一线城市”，在市旅游发展委员会的基础上，整合红色教育培训的策划及宣传、红色文化研究推介等职能，组建市红色资源保护发展中心，正处级，市委直属，由市委宣传部代管。

8. 组建市军民融合发展中心。为贯彻落实军民融合发展战略，加快推进省级军民融合创新示范区建设，组建市军民融合发展中心，正处级，市委直属，由市发展和改革委员会代管。

9. 加强赣南科学院职责。为进一步推进科技协同攻关，更好地为优势产业发挥科技支撑作用，将赣南科学院科技发展中心、赣南科学院中心实验室等单位及相关职能并入赣南科学院。赣南科学院仍为正处级，市政府直属。

10. 组建市公路发展中心。为进一步增强公路行业发展优势，加快公路互联互通，促进公路事业持续高质量发展，在市公路管理局的基础上，整合县（市、区）国省道公路养护管理等职能，组建市公路发展中心，正处级，市政府直属。

11. 组建市政府投融资服务中心。为落实政府投融资体制改革要求，进一步增强政府投融资能力，逐步构建程序科学、运作规范、监管严格的政府投融资管理体制，整合市政府融资监督局、市财政局票据中心、市财政研究所、市政府购买服务管理中心、市财政局西部大开发政策协作交流办公室、市注册会计师管理中心、市财政投资运营中心、市政府投资评审中心（市政府和社会资本合作〈PPP〉中心）等单位及相关职能，组建市政府投融资服务中心，正处级，市政府直属，由市财政局代管。

12. 组建市城市住房服务中心。为强化住房服务资源统筹和工作协同，构建住房服务一体化保障体系，进一步提高人民群众的幸福指数，整合市房地产管理局、市住房制度改革领导小组办公室、市城市住房保障管理中心、市建设工程招标投标办公室、市住房资金管理中心、市房地产信息中心、市白蚁防治管理处等单位及相关职能，组建市城市住房服务中心，正处级，市政府直属，由市住房和城乡建设局代管。

13. 组建市水土保持中心。为持续推进全国水土保持改革试验区建设，加大水土保持生态文明建设力度，实现全市水土保持工作继续走在全国前列，在市水土保持局（市水土保持委员会办公室）的基础上，整合水土流失规律及水土保持技术研究等相关职能，组建市水土保持中心，正处级，市政府直属，由市水利局代管。

14. 组建市果业发展中心。为推动全市果业产业高质量发展，提升赣南脐橙等主导产业的品牌美誉度和影响力，在市果业局的基础上，整合果树新品种引进及技术研究等相关职能，组建市果业发展中心，正处级，市政府直属，由市农业农村局代管。

15. 组建市投资促进中心。为健全完善投资促进工作体制机制，进一步强化全市招商引资工作，在市人民政府口岸办公室的基础上，整合招商引资宣传推介等相关职能，组建市投资促进中心，正处级，市政府直属，由市商务局代管。

16. 组建市人才服务中心。为统筹落实好市“人才新政 30 条”及其“18 条补充措施”等政策，加快补齐人才短板，更好地提供人才支撑与智力支持，整合人才政策研究、宣传推介等职能，组建市人才服务中心，副处级，由市委组织部管理。

17. 组建市融媒体推进中心。为进一步深化拓展媒体融合发展，强化统筹协调和协同推进，对接推动“学习强国”平台建设，在市委报道组的基础上，整合媒体融合发展等相关职能，组建市融媒体推进中心，副处级，由市委宣传部管理。

18. 组建市老年大学教育服务中心。为满足老年人多样化、多层次精神文化需求，进一步推动老年大学建设，在市老年大学办公室的基础上，整合市老年大学教学组织和管理、老年人教学课程评估等职能，组建市老年大学教育服务中心，副处级，由市委老干部局管理。

19. 组建市项目服务中心。为加强全市重大、重点项目的统筹调度，加快推进项目落地，整合市重点工程办公室、市项目办公室等单位及相关职能，组建市项目服务中心，副处级，由市发展和改革委员会管理。

20. 组建市生态文明研究中心。为加强生态文明理论、治理体系、体制机制等方面的研究，推动生态文明先行示范区建设，整合市山水林田湖生态保护中心、市生态文明先行示范区建设办公室等单位及相关职能，组建市生态文明研究中心，副处级，由市发展和改革委员会管理。

21. 组建市能源发展中心。为充分发挥全市丰富的能源资源优势，不断提升能源资源综合利用和市场竞争力，整合市节能监察监测中心及能源发展服务相关职能，组建市能源发展中心，副处级，由市发展和改革委员会管理。

22. 组建市中小企业发展促进中心。为整合服务资源，更好地为中小企业提供系统服务，促进中小企业健康快速发展，整合市中小企业管理局（市手工业合作联社、市中小微企业服务中心）、市工业和信息化委员会综合行业管理办公室、市中小微企业综合办事处等单位及相关职能，组建市中小企业发展促进中心，副处级，由市工业和信息化局管理。

23. 组建市防灾减灾中心。为加强自然灾害应对工作的统筹协调，构建信息预警及发布、物资采购及储备、群众宣传教育等一体化工作体系，整合市减灾备灾中心、赣州地震数字台网中心等单位及相关职能，组建市防灾减灾中心，副处级，由市应急管理局管理。

24. 组建市应急事务保障中心。为加强安全生产、应急管理技术保障和科技支撑，整合市生产安全应急救援指挥中心（市生产安全事故应急救援中心）、市抗震工程技术服务中心等单位及相关职能，组建市应急事务保障中心，副处级，由市应急管理局管理。

25. 组建市教育考试中心。为深入推进教育考试招生改革，加强考试机构服务能力建设，提高工作效能，整合市高等学校招生考试委员会办公室、市中等学校招生委员会办公室等单位及相关职能，组建市教育考试中心，副处级，由市教育局管理。

26. 优化市教育教学科学研究所职能。为强化教育评估监测基础性作用，推动完善教育评估监测工作体系，市教育教学科学研究所增加教育质量监测与评估等职能，加挂市教育评估监测研究室牌子，不再挂市教学研究室牌子，副处级，由市教育局管理。

27. 组建市财政公共服务中心。为强化财政资源统筹和综合协调，完善财政治理体系，提升财政治理效能，整合市非税收入征收管理局、市国库集中支付中心、市财政预算绩效管理办公室等单位及相关职能，组建市财政公共服务中心，副处级，由市财政局管理。

28. 组建市就业创业服务中心。为全面落实就业优先政策，强化就业创业资源共享和政策协同，提升就业指导和技能培训等方面服务能力，整合市人力资源和社会保障局所属市劳动就业服务管理局、市人才交流中心（赣州人才市场）、市创业贷款担保中心，市教育局所属市高等院校中等专业学校就业工作办公室、市职业技能鉴定指导中心，市市场监督管理局所属市个体创业指导服务中心、赣州经济技术开发区个体创业指导服务中心等单位及相关职能，组建市就业创业服务中心，副处级，由市人力资源和社会保障局管理。

29. 组建市社会保险服务中心。为构建“两保合一”的经办管理服务体系，整合市社会保险事业管理局、市农村社会养老保险局等单位及相关职能，组建市社会保险服务中心，副处级，由市人力资源和社会保障局管理。

30. 组建市国土空间调查规划研究中心。为加强自然资源调查，推进“多规合一”，加快构建国土空间规划体系，整合市城乡规划设计研究院、赣县区住房和城乡建设局城乡规划设计院、赣县区住房和城乡建设局规划建设技术推广中心、赣县区住房和城乡建设局城乡规划建设档案馆等单位及相关职能，市森林资源监测中心（市林业调查规划研究院）的林业生态工程调查规划等职能，组建市国土空间调查规划研究中心，副处级，由市自然资源局管理。

31. 组建市土地储备中心。为加强中心城区土地供应的宏观调控，优化土地资源配置，规范土地市场秩序，整合市土地收购储备中心、市土地收购储备中心南康分中心、市土地收购储备中心赣县分中心、市土地交易管理中心、市矿业权交易中心、南康区土地交易管理中心、赣县区土地市场交易管理所等单位及相关职能，组建市土地储备中心，副处级，由市自然资源局管理。

32. 优化市不动产登记中心职责。为加强中心城区不动产登记业务一体化管理，提升服务保障水平，将市不动产登记中心赣县区分中心、市不动产登记中心赣州经济技术开发区分中心、南康区不动产登记中心等单位及相关职能并入市不动产登记中心。市不动产登记中心仍为副处级，由市自然资源局管理。

33. 组建市工程质量管理服务中心。为全面提升建设工程质量安全水平，整合市中心城区建设项目管理办公室、市建设工程质量监督管理站（市建设业安全生产监督管理站）、市建设工程造价管理站、市建设工程装饰装修管理站等单位及相关职能，组建市工程质量管理服务中心，副处级，由市住房和城乡建设局管理。

34. 组建市生态环境技术服务中心。为统筹生态环境服务保障资源，强化生态环境保护技术支撑，整合市环境评估中心、市机动车排气污染防治监督管理中心（市大气环境管理中心）、市环境科学研究所、市环境应急监控指挥中心（市环境信息中心）、市污染物总量控制办公室（市固体废物管理中心）等单位及相关职能，组建市生态环境技术服务中心，副处级，由市生态环境局管理。

35. 组建市交通运输综合服务中心。为加快建设智慧交通、绿色交通，不断提升交通运输保障服务能力，整合市道路运输管理局、市港航管理处、市高等级公路管理处等单位及相关职能，组建市交通运输综合服务中心，副处级，由市交通运输局管理。

36. 组建市河湖保护中心。为统筹推进河湖水域空间管控，落实节水优先、空间均衡、系统治理、两手发力的治水方针，全面提升河湖管理水平，整合市章江水轮泵管理站、市计划与节约用水办公室、市城区河道堤防管理处、市水利建设工程质量监督站、市农村水电电气化发展中心、市防汛机动抢险队（市抗旱服务队）、市南河水库管理站等单位及相关职能，组建市河湖保护中心，副处级，由市水利局管理。

37. 组建市乡村振兴发展中心。为全面实施乡村振兴战略，加快推进乡村治理体系和治理能力现代化，整合市农业综合开发办公室、市农业机械局等单位及相关职能，组建市乡村振兴发展中心，副处级，由市农业农村局管理。

38. 组建市农业技术推广中心。为发挥科技对优化农业产业结构、促进农业产业高质量发展的重要支撑作用，进一步统筹农业技术推广资源，整合市农业利用外资办公室（市农村社会事业发展局）、市农业技术推广站、市经济作物技术推广站、市农业机械化技术推广服务站、市种子管理局（市农作物种子质量监督检验中心）、市植保植检局（市农药管理局）、市土壤肥料工作站（市土壤肥料质量监督检验站、市土耕地质量评估中心）等单位及相关职能，以及市农产品质量安全检测检验中心的农产品质量安全技术指导等职能，组建市农业技术推广中心，副处级，由市农业农村局管理。

39. 组建市蔬菜质量标准中心。为切实发挥全国蔬菜质量标准中心（赣州）分中心在标准制定推广、品牌培育认证等方面的示范引领作用，推动完善江西省乃至中国南方片区蔬菜产业体系、生产体系和经营体系，提升全市蔬菜产业质量效益和竞争力，整合蔬菜品种筛选引进等相关职能，组建市蔬菜质量标准中心，副处级，为市农业农村局下属事业单位，由信丰县人民政府代管。

40. 组建市林业发展服务中心。为加强林业治理能力建设，统筹做好国家级自然保护区协调服务工作，推动林业产业高质量发展，整合市林业产业发展管理局、市林业技术推广站、市林业有害生物防治检疫局、市林垦老干部管理所、市林木种苗站等单位及相关职能，组建市林业发展服务中心，加挂赣江源国家级自然保护区管理中心牌子，副处级，由市林业局管理。

41. 组建市综合检验检测院。为加强质量检验检测技术服务，统筹资源资质，推动设备共享、结果互认，整合市市场监督管理局所属市产品质量监督检验所、市计量检定测试所、市医疗仪器检测站、市食品药品检验检测中心（市药品不良反应监测中心），市工业和信息化委员会综合行业管理办公室所属市建材产品质量监督检验站，市农业农村局所属市粮油质量监督检验站（市粮油科技情报站）等单位及相关职能，以及市农业农村局所属市农产品质量安全检测检验中心的农产品检验检测等职能，组建市综合检验检测院，加挂国家油茶产品质量监督检验中心（江西）、国家钨与稀土产业计量测试中心、国家药品监督管理局重点实验室（赣州）牌子，副处级，由市市场监督管理局管理。

42. 重新组建市博物馆。为加强文化遗产传承，弘扬苏区精神，整合历史文物、赣南客家历史文化、中央苏区历史文献资料宣传教育和研究等相关职能，重新组建市博物馆，加挂赣南客家博物馆、赣州中央苏区历史博物馆牌子，副处级，由市文化广电新闻出版旅游局管理。

43. 组建市政务服务中心。为深入推进“放管服”改革，加强政府行政能力建设，提升群众的获得感、幸福感，整合行政审批和公共服务事项的技术与服务保障等相关职能，组建市政务服务中心，副处级，由市行政审批局管理。

（二）调整优化执法机构

1. 优化五大领域综合行政执法机构设置。为理顺执法体制，统筹执法资源和执法力量，强化跨区域执法的统筹协调和指导监督，提升执法能力和水平，市生态环境保护综合执法支队、市交通运输综合行政执法支队、市农业综合行政执法支队、市文化市场综合执法支队、市市场监督管理执法稽查局均为副处级。

2. 优化应急执法机构设置。为强化跨区域执法的统筹协调和指导监督，加快推进应急管理体系和能力现代化，将市安全生产执法监察支队（市安全生产行业协调办公室）更名为市应急管理综合行政执法支队，正科级，由市应急管理局管理。

3. 在更多领域更大范围探索综合行政执法改革。按照减少层次、整合队伍、提高效率的原则，大幅减少执法队伍种类，合理配置执法力量，推动整合同一领域或相近领域执法队伍，实行综合设置。整合市国土资源监察支队、市矿产资源执法监察支队、市城乡规划监察支队，组建市自然资源监察支队，副处级，由市自然资源局管理。整合市林政管理稽查支队（市木材检查站）、市白塔水上木材检查站，重新组建市林政管理稽查支队，正科级，由市林业局管理。整合市水政监察支队、市水土保持生态环境监督支队，重新组建市水政监察支队，正科级，由市水利局管理。整合市房地产执法稽查支队、市建设市场督察站，组建市住房和城乡建设执法稽查支队，正科级，由市住房和城乡建设局管理。市卫生计生综合监督执法局更名为市卫生健康综合监督执法局，副处级，由市卫生健康委员会管理。保留市劳动监察局，副处级，由市人力资源和社会保障局管理。

（三）统筹推进专项改革

1. 巩固承担行政职能事业单位改革成果。市防震减灾局、市文物管理局、市老龄工作委员会办公室、市人民政府森林防火指挥部办公室、市防汛抗旱指挥部办公室等单位主要承担的行政职能回归机关，机构撤销，根除“事业局”。

2. 全面完成经营类事业单位改革。根据党中央和省委的部署要求，坚持强化组织领导和统筹协调，以人为本、因地制宜、精准实施，在 2020 年 6 月底已基本完成市建筑设计研究院等 42 个经营类事业单位改革任务的基础上，稳妥有序做好经营类事业单位改革相关收尾工作。

3. 持续推进培训疗养机构改革。按照“脱钩是原则，保留是例外”的要求，撤销市现代教育培训中心、市民政干部培训中心、市人力资源和社会保障培训中心、市劳动培训中心、市就业训练中心、市城乡建设职工教育培训中心、市交通职工学校、江西省农业广播学校赣州市分校、市林业职工培训中心、市广播电视人员培训站、市统计干部培训中心、市科技培训服务中心、市工商行政管理局培训中心。

4. 加快推进信息机构改革。为打破“信息孤岛”，实现数据共享，强化政务云支撑，优化赣服通平台建设，不再保留市交通通信信息中心、赣州经济技术开发区工商行政管理局信息中心、市财政局信息中心、市国土资源局信息中心、市国土资源局赣县分局信息中心、市水利信息中心、市统计信息中心、市卫生和计划生育委员会信息中心等机构。市财政局、市人力资源和社会保障局、市自然资源局、市水利局、市卫生健康委员会等承担国家统一建设的“金”字工程的部门，可由市大数据发展管理局新设立的市大数据发展服务中心统一派驻。

5. 积极推进后勤服务体制改革。按照管理规范化、服务社会化方向，改革机关后勤服务体制，转换服务机制，撤销市市场监督管理局所属市工商行政管理局机关后勤服务中心、市质量技术监督局机关后勤服务中心。

6. 有序推进社会组织脱钩。取消社会组织与行政机关及事业单位的主办、主管、联系和挂靠关系，市老年人体育协会等社会组织注销事业单位法人，实行政社分开、依法登记。

7. 统筹推进城市管理系统改革。坚持管理扁平化、队伍专业化，按照市政工程、园林环卫、行政执法三块工作内容，分类整合，建立适应经济社会发展需要的城市管理工作体系。整合市市政工程管理处及其下属 7 个单位、市城镇污水处理设施建设及运行管理办公室、市市政园林环卫工程质量监督站等单位及相关职能，组建市市政工程管理中心，副处级，由市城市管理局管理。整合市园林局及其下属 15 个单位、市市容环境卫生管理处及其下属 7 个单位、市城区绿化办公室、赣州和谐钟塔公园管理所、赣州火车站广场管理所等单位及相关职能，组建市园林环卫管理中心，副处级，由市城市管理局管理。整合市城市管理监督指挥中心、市城市管理局直属 6 个大队和 2 个分局，组建市城市管理综合行政执法支队，加挂市城市管理监督指挥中心牌子，副处级，由市城市管理局管理。

8. 优化开发区和功能区事业单位设置。立足开发区和功能区实际，聚焦功能定位、发展方向，围绕优化营商环境、招商引资、协调服务等职能，加大整合重组力度，整体重塑事业单位结构。赣州经济技术开发区管理委员会所属事业单位（不含学校、医院、敬老院、乡镇事业站所等）整合为 21 个，其中市科技创业服务中心更名为市科技创新服务中心，加挂市小企业创业基地、市科技企业孵化基地、市大学生创业园牌子，副处级；赣州经济技术开发区公用事业服务管理处更名为赣州经济技术开发区公用事业服务中心，调整为副处级；赣州经济技术开发区项目建设办公室与其他事业单位整合为科级事业单位。赣州蓉江新区管理委员会所属事业单位（不含学校、医院、敬老院、乡镇事业站所等）整合为 16 个。龙南经济技术开发区管理委员会所属事业单位整合为 3 个。瑞金经济技术开发区管理委员会所属事业单位整合为 2 个。赣州高新技术产业开发区管理委员会所属事业单位整合为 3 个。赣州国际陆港管理委员会所属事业单位整合为 2 个。赣州阳明湖景区管理委员会所属事业单位整合为 1 个。

9. 稳步推进科研院所改革。以分类推进科研院所改革为着力点和突破口，盘活、融合、利用好现有科技研发力量，着力构建布局合理、职能清晰、协同高效的现代科研院所治理体系，整合设置赣南科学院管理的研究所。市烟草科学研究所（市旱作物科学研究所）、市农机化研究所等单位及相关职能并入市农业科学研究所，加挂市烟草科学研究所牌子；整合市畜牧研究所、市水产研究所等单位及相关职能，组建市畜牧水产研究所；整合市花卉研究（市甘蔗研究所、江西省甘蔗研究所）及蔬菜新品种、新技术研发与推广等相关职能，组建市蔬菜花卉研究所；保留市林业科学研究所（江西省林业科学院赣州分院）、市柑桔（脐橙）研究所。改革后，赣南科学院所属事业单位机构规格均为正科级。

（四）科学配置机构编制资源

1. 推进部分事业单位功能再造和优化调整。市公路管理局所属 18 个分局统一更名为“赣州市公路发展中心××分中心”，作为市公路发展中心分支机构。市生态环境局所属 17 个县（市、区）生态环境监测站调整设置为市生态环境技术服务中心分支机构。市林业局章贡分局、赣县分局、南康分局所属19个事业单位按区域分别整合为市林业发展服务中心分支机构。市自然资源局章贡分局、赣县分局、南康分局、赣州经济技术开发区分局所属事业单位分别与市城乡规划局章贡分局、赣县分局、南康分局、赣州经济技术开发区分局整合组建“××分局综合服务中心”，其中分局所属自然资源所按区域调整设置为分局综合服务中心分支机构，市自然资源局蓉江新区分局所属自然资源所调整设置为市自然资源局蓉江新区分局分支机构。保留市住房公积金管理中心，副处级，由市住房和城乡建设局管理，所属17个县（市、区）公积金办事机构调整设置为市住房公积金管理中心分支机构。18个县（市、区）和赣州经济技术开发区、赣州蓉江新区医疗保障经办机构调整设置为市医疗基金保障管理中心分支机构。市生态环境保护综合执法支队、市交通运输综合行政执法支队、市农业综合行政执法支队、市文化市场综合执法支队、市市场监督管理执法稽查局所属事业单位和下设机构统一调整设置为分支机构。市自然资源局所属执法大队调整设置为市自然资源监察支队分支机构。市林业局所属区林业执法机构按区域调整设置为市林政管理稽查支队分支机构。

2. 大幅整合职责相同相近事业单位。为集中优势资源、强化主责主业，对设置交叉重叠、职责相同相近的事业单位进行优化整合。市公路管理局路网管理中心与市公路建设管理处，市统战宣传信息中心与市统战工作“三会”联络办公室，市企业离休干部管理中心、市老干部休养所与市老干部活动中心，市价格监测中心与市价格认定中心，市企业投诉服务中心与市工业经济监测分析中心，市墙体材料革新办公室与市散装水泥和预拌混凝土管理办公室，市电化教育馆与市教育技术装备站，市学校后勤与产业办公室和市学生资助管理中心，市科技情报研究所（市生产力促进中心）与赣南山区开发办公室，市劳动人事争议仲裁院与市专家服务中心，市矿产资源管理局与市矿产资源管理局直属分局、南康区矿产资源管理局、赣县区矿产资源管理局，市地质矿产遥感监测中心、市地质灾害应急中心与市地质队，市土地开发整理中心与南康区土地开发整理中心、赣县区土地开发整理中心，市城乡规划研究中心（市城乡规划信息中心）、市城市规划展示馆、市国土资源（不动产权籍）档案馆与市城乡规划档案馆，市城市建设档案馆（市城市建设档案管理处）与市房地产档案馆，市道路运输管理局直属管理所与市港航管理处直属管理所，市果树技术指导站、市果树苗木站、市果树植保站与赣南脐橙工程技术研究中心，市畜牧兽医局、市渔业局（市渔政局）、市饲料质量监督检验站（市饲料工业办公室）、市动物疫病预防控制中心与市动物卫生监督所，市森林资源监测中心（市林业调查规划研究院）与市风景名胜区管理中心，市峰山森林公园管理处、市专业森林消防大队与市峰山营林林场，赣州体育中心与市体育总会秘书处，市健康教育中心与市卫生和计划生育委员会药具管理中心，市统计局普查中心与市社情民意调查中心，市工商行政管理局企业档案室与市工商行政管理局信息数据管理中心，市消费者协会办公室与市工商行政管理局12315投诉举报中心，市人防工程养护所与市人防工程质量监督管理站，市电子商务中心与市跨境电子商务综合试验区管理中心，市退役军人服务中心与市自主择业军官管理服务中心，市总工会职工教育活动中心与江西省职工保障互助会赣州办事处，市青少年发展服务中心与市青年志愿者和社会组织服务中心，市红十字会捐献服务中心（市红十字会救护赈济中心）与市红十字会人道资源发展中心，市科技创新指导中心、市院士专家联络处和市科协宣传与信息化中心，市残疾人法律救助站（市残疾人辅助器具服务中心）与市残疾人康复就业服务中心等80个单位合并为33个，重新确定主要职责和机构名称、规格。江西省家具产品质量监督检验中心、江西石城国家地质公园管理处按照属地管理的原则跨层级整合，分别划转南康区、石城县进行综合设置。

3. 清理撤销规模过小和职能弱化事业单位。加大力度清理规模过小、功能萎缩的事业单位，盘活低效资源，加强重点工作。撤销市档案科技服务中心、市委组织部《党员之窗》编辑部、《半月谈》杂志赣州市通联站、市企业技术服务中心、市企业职工保障服务中心、市自然资源局赣县分局（不动产权籍）档案馆、市高速公路路政管理大队、市水土保持监测分站、市粮油交易市场管理中心、市粮食铁路专用线转运站、市港澳同胞接待办公室、市通天岩文物管理所、市老龄事业服务中心、市老专家门诊部（市社区康复咨询服务中心）、市医疗卫生服务中心、市儿童医院筹建处、市统计计算中心、赣南老区扶贫开发服务中心、赣州共青

团新媒体中心、市雷电防护管理局、市人民政府驻深圳办事处港澳台胞接待站、市预备役训练中心、赣州地区国家税务局直属分局、赣南新华信息中心等24个编制不足5名或有编无人、特定任务已完成的事业单位。

4. 调整部分事业单位机构规格。江西省七〇七电视台、赣州军供站由副处级调整为正科级。市通天岩风景名胜区管理局更名为市文化旅游发展和文物保护中心，加挂市客家文化生态保护区管理中心牌子，由副处级调整为正科级。市优化发展环境机关效能监察投诉中心更名为市纪委市监委技术保障服务中心，由副处级调整为正科级。

5. 新设部分正科级事业单位。按照“该加强的加强”原则，根据事业发展和工作需要，设立赣南苏区振兴发展研究中心、市保密技术服务中心（市电子政务内网管理中心）、市直机关党员服务中心、市知识产权保护中心、市国有企业改革发展服务中心、市网络安全应急指挥中心、市大数据发展服务中心、市养老服务中心、市城市公共交通发展服务中心、市医疗保障监测中心、市邮政业安全中心。

6. 规范部分事业单位机构名称。以“委、办、局”命名和职能发生变化的事业单位，按照政事分开、事企分开的原则，根据工作职能和发展定位，重新规范机构名称。市铁路建设办公室更名为市铁路建设发展中心，

由市发展和改革委员会代管。保留市人民政府发展研究中心，不再加挂市十大体系办公室牌子。按规范化机构名称要求，对市委办公厅文件管理室（市保密技术检查中心）、市电子政务内网管理办公室（市委办公厅网站管理办公室）、市委组织部干部信息管理中心、市党员电化教育中心（市党员干部现代远程教育工作办公室）、市综治网格化信息管理中心、市志愿服务指导办公室（市精神文明指导委员会办公室宣教中心）、《今日赣州》编辑部、市人民政府办公厅网站管理办公室、市国际交流服务中心、市新能源汽车产业办公室、市矿山救护支队、市经济责任审计工作办公室、市慈善总会办公室、市社会福利有奖募捐委员会办公室（市福利彩票发行中心）、市人力资源和社会保障信息中心（市社会保障卡管理服务中心）、市公房管理处、市建设技术推广服务中心、市建设工程质量检测中心（市建筑科学试验所）、市城镇燃气管理办公室、市辐射环境监督站、市农村公路管理处、市农村环保能源站、市军粮供应管理中心、市医药学会办公室、市卫生和计划生育委员会考务中心、市扶贫信息中心、市人防指挥信息保障中心（市123工程管理中心）、市人大常委会办公室信息中心、市政协委员联络处、市社联学会工作部（《赣南社会科学》编辑部）、市人民政府驻深圳办事处港澳台胞广州接待站、市人工影响天气办公室（市突发事件预警信息发布中心）、赣州经济技术开发区消费者协会办公室等33个科级事业单位予以更名。

7. 保留的事业单位。保留瑞金干部学院（瑞金廉政教育学院、瑞金国家公务员培训中心、市委党校瑞金分校）、市档案馆、赣州广播电视台、市专用通信局、市图书馆、市疾病预防控制中心、市医疗急救中心、市公共资源交易中心、市医疗保障基金管理中心、市青少年活动中心等10个处级事业单位，以及市党风廉政教育管理中心、市新时代文明实践促进中心、市民族宗教服务中心、市网电信访信息服务中心（市人民来访接待中心）、市机构编制实名制管理中心、市互联网信息研究中心（市网络舆情监测中心）、市公共信用信息中心、市居民家庭经济状况核对中心、市救助管理站（市未成年人〈留守儿童〉保护中心）、市儿童福利院、市殡葬管理所、市人事考试中心、市民工工资保障服务中心、市房地产交易管理中心、市自然资源局赣州经济技术开发区分局、市自然资源局蓉江新区分局、市生态环境局赣州经济技术开发区分局、市生态环境局蓉江新区分局、市章江国家湿地公园管理处、市广播电视节目传输中心、市非物质文化遗产研究保护中心、赣州八五一台（市广播电视监测中心、市广播电视安全播出调度中心）、赣州八五二台、兴国微波站、市文化馆、赣州美术馆（赣州画院）、赣南艺术创作研究所、市中心血站、市农村社会经济调查队、赣南公证处、市政法干部学校、市行政复议中心、市12345政府服务热线管理中心、市金融研究中心、市革命烈士纪念馆、市军队离退休干部休养所、市困难职工帮扶中心、赣州科技馆、市文艺创作中心（赣州文学院）、市非公经济组织流动党员服务中心（市非公有制企业维权服务中心）、市华侨文化交流服务中心、市妇女儿童活动中心、市展览展会商事法律服务中心、市武装干部培训中心（市全民国防教育培训中心）等44个科级事业单位。改革后，除按照深化事业单位改革试点要求调整设置的事业单位和医院、学校、开发区和功能区管理机关、市供销合作社联合社外，其他事业单位不再保留。

四、建立健全制度机制（略）

五、完善支持保障政策（略）

六、组织实施（略）

统计资料

赣州市主要经济指标

表31

指　标	单位	2020年	2021年	2021年比2020年增长(%)
生产总值(GDP)	亿元	3657.26	4169.37	9.10
一般公共预算收入	亿元	285.82	294.07	2.90
#税收收入	亿元	203.76	200.07	-1.80
农业总产值	亿元	674.40	696.58	9.00
规模以上工业增加值	亿元	—	—	11.60
固定资产投资	亿元	—	—	11.60
#工业投资	亿元	—	—	13.70

续表 31

指 标	单位	2020 年	2021 年	2021 年比 2020 年增长(%)
社会消费品零售总额	亿元	1684.48	1987.68	18.00
进出口总额	亿元	503.03	737.39	46.60
#出口总额	亿元	420.61	576.47	37.10
实际使用外商直接投资	亿美元	21.66	23.51	8.60
实际利用省外资金	亿元	998.41	1093.58	9.50
金融机构人民币存款余额	亿元	6009.35	6415.49	6.80
#住户存款	亿元	3838.22	4270.68	11.30
金融机构人民币贷款余额	亿元	5764.41	6611.66	14.70
居民消费价格指数	%	102.10	101.40	1.40
发电量	亿千瓦时	84.74	116.70	21.70
全社会用电量	亿千瓦时	223.52	256.95	15.00
#工业用电量	亿千瓦时	118.49	139.88	18.10
城镇化率	%	55.31	56.35	1.04
高速公路里程	公里	1559.00	1559.00	0.00
年末常住人口	万人	897.12	898.00	0.10
人口自然增长率	‰	—	1.96	—
城镇新增就业人数	万人	8.45	8.27	-2.10
跨省劳务输出人数	万人	143.02	151.68	6.10
城镇登记失业率	%	3.10	2.78	-0.32

注：发电量为规模以上工业企业的发电量。

赣州市主要人均指标

表 32

指 标	单位	2020 年	2021 年	2021 年比 2020 年增长(%)
生产总值	元/人	40888	46452	8.7
一般公共预算收入	元/人	3195	3276	2.5
#税收收入	元/人	2278	2229	-2.2
社会消费品零售总额	元/人	18833	22145	17.6
住户存款	元/人	42784	47558	11.2
城镇居民人均可支配收入	元/人	37031	40160	8.5
农村居民人均可支配收入	元/人	13036	14675	12.6
全社会用电量	千瓦时/人	2499	2863	14.6

赣州市生产总值结构分析

表 33

指 标	2021 年	2021 年比 2020 年增长(%)
生产总值(亿元)	4169.37	9.1
第一产业	427.52	7.2
第二产业	1652.34	8.7
#工业	1373.80	9.4
第三产业	2089.51	9.8

续表 33

指　标	2021 年	2021 年比 2020 年增长(%)
#交通运输、仓储和邮政业	169.79	12.0
批发和零售业	327.58	12.0
住宿和餐饮业	112.49	20.0
房地产业	344.45	7.1
金融业	295.64	4.4
生产总值构成(%)	100.00	0.0
第一产业	10.30	-1.0
第二产业	39.60	1.6
#工业	32.90	1.5
第三产业	50.10	-0.6
#交通运输、仓储和邮政业	4.10	0.2
批发和零售业	7.90	0.2
住宿和餐饮业	2.70	0.2
房地产业	8.30	-0.3
金融业	7.10	-0.2

全市 2016 年和 2021 年主要指标

表 34

指　标	单位	2016 年	2021 年	2021 年为 2016 年(倍)	五年年均增长(%)
生产总值(GDP)	亿元	2541.21	4169.37	1.64	8.10
工业增加值占 GDP 比重	%	35.40	32.90	—	-0.50
一般公共预算收入	亿元	243.18	294.07	1.21	3.90
规模以上工业增加值	亿元	847.90	—	—	—
固定资产投资	亿元	2205.51	—	—	—
社会消费品零售总额	亿元	1240.46	1987.68	1.60	11.00
进出口总额	亿元	271.04	737.39	2.72	22.20
出口总额	亿元	223.54	576.47	2.58	20.90
实际使用外商直接投资	亿美元	15.15	23.51	1.55	9.20
金融机构人民币存款余额	亿元	4141.84	6415.49	1.55	9.20
住户存款余额	亿元	2342.27	4270.68	1.82	12.80
金融机构人民币贷款余额	亿元	2842.18	6611.66	2.33	18.40
城镇居民人均可支配收入	元	27086.00	40160.00	1.48	8.20
农村居民人均可支配收入	元	8729.00	14675.00	1.68	11.00
高速公路里程	公里	1441.00	1559.00	1.08	—
全社会用电量	亿千瓦时	155.53	256.95	1.65	10.60
城镇新增就业人数	万人	7.32	8.27	1.13	—
城镇登记失业率	%	3.10	2.78	—	—
城镇化率	%	48.14	56.35	—	1.64
森林覆盖率	%	76.20	76.20	—	—

赣州主要指标在全省的地位（2021年）

表35

指 标	单位	赣州	全省	赣州占全省(%)	赣州在全省的位次
地区生产总值(GDP)	亿元	4169.37	29619.67	14.1	2
#第一产业	亿元	427.52	2334.29	18.3	1
第二产业	亿元	1652.34	13183.21	12.5	3
第三产业	亿元	2089.51	14102.17	14.8	2
一般公共预算收入	亿元	294.07	2812.30	10.5	2
社会消费品零售总额	亿元	1987.69	12206.69	16.3	2
进出口总额	亿元	737.39	4980.39	14.8	2
#出口总额	亿元	576.47	3671.80	15.7	2
实际使用外资	亿美元	23.51	157.78	14.9	3
利用2000万元以上省外资金	亿元	1093.58	9541.76	11.5	3
金融机构人民币存款余额	亿元	6415.49	47455.74	13.5	2
金融机构人民币贷款余额	亿元	6611.66	46920.69	14.1	2
全社会用电量	亿千瓦时	256.95	1862.52	13.8	3
#工业用电量	亿千瓦时	139.88	1185.89	11.8	4
常住总人口	万人	898.00	4517.40	19.9	1
城镇化率	%	56.35	61.46	—	9

赣州主要人均指标与全省比较（2021年）

表36

指 标	单 位	赣州	全省	赣州为全省(%)
生产总值(GDP)	元/人	46452	65560	70.9
#一般公共预算收入	元/人	3276	6224	52.6
社会消费品零售总额	元/人	22145	27015	82.0
进出口总额	元/人	8215	11022	74.5
#出口总额	元/人	6423	8126	79.0
实际使用外资	美元/人	262	349	75.0
利用省外2000万元以上资金	元/人	12184	21117	57.7
金融机构人民币存款余额	元/人	71442	105051	68.0
金融机构人民币贷款余额	元/人	73626	103867	70.9
城镇居民人均可支配收入	元/人	40160	41684	96.3
农村居民人均可支配收入	元/人	14675	18684	78.5
全社会用电量	千瓦时/人	2863	4122	69.5
#工业用电量	千瓦时/人	1558	2625	59.4

赣州主要指标在全国的地位（2021 年）

表 37

指　标	单　位	赣州	全国	赣州占全国%
生产总值(GDP)	亿元	4169.37	1143670	0.36
#第一产业	亿元	427.52	83086	0.51
第二产业	亿元	1652.34	450904	0.37
第三产业	亿元	2089.51	609680	0.34
一般公共预算收入	亿元	294.07	202539	0.15
固定资产投资	亿元	—	552884	—
社会消费品零售总额	亿元	1987.68	440823	0.45
进出口总额	亿元	737.39	391009	0.19
#出口总额	亿元	576.47	217348	0.27
实际使用外资	亿美元	23.51	1735	1.36
金融机构人民币存款余额	亿元	6415.49	2322500	0.28
金融机构人民币贷款余额	亿元	6611.66	1926903	0.34
全社会用电量	亿千瓦时	256.95	83128	0.31
#工业用电量	亿千瓦时	139.88	55090	0.25
总人口	万人	898.00	141260	0.64
城镇化率	%	56.35	64.72	—

赣州主要人均指标与全国比较（2021 年）

表 38

指　标	单　位	赣州	全国	赣州为全国%
生产总值(GDP)	元/人	46452	80976	57.4
一般公共预算收入	元/人	3276	7866	41.7
固定资产投资	元/人	—	39151	—
社会消费品零售总额	元/人	22145	31216	70.9
进出口总额	元/人	8215	27688	29.7
#出口总额	元/人	6423	15391	41.7
实际使用外资	美元/人	262	123	213.2
实际利用省外资金	元/人	12184	—	—
金融机构人民币存款余额	元/人	71442	164413	43.5
金融机构人民币贷款余额	元/人	73626	136408	54.0
城镇居民人均可支配收入	元/人	40160	47412	84.7
农村居民人均可支配收入	元/人	14675	18931	77.5
全社会用电量	千瓦时/人	2863	5886	48.6
#工业用电量	千瓦时/人	1558	3901	40.0

索 引

说 明

一、索引采用主题分析法编制，大部分选用关键词。

二、索引按标引词汉语拼音字母顺序排列。

三、由类目、分目提取的索引采用黑体字，条目采用宋体字。标引词后面的数字表示内容所在页码，数字后的a、b、c分别表示页码从左至右的第一、二、三栏。标引词后第二个页码起，表示该索引同一主题参见内容所在位置。

四、为便于读者检索，在赣州市的企事业单位和赣州发生的事件名称前的“赣州”二字，除非产生歧义，均省略。特载、大事记、人物及附录等内容未作索引。

主题索引

A

B

C

D

E

F

G

H

J

K

L

M

N

P

Q

R

S

T

W

X

Y

Z

图表索引